유통관리사 2급

한권으로 끝내기

1권 1과목+2과목

SD에듀
(주)시대고시기획

머리말

유통관리사 시험은 매년 출제수준이 높아지고 있습니다. 그러다보니 학습해야 할 이론도 점차 방대해져 수험생들의 부담이 커지고 있습니다. 하지만 출제수준에 상관없이 전 과목 평균 60점 이상이면 자격증을 취득할 수 있기 때문에 보다 체계적이고 효율적인 학습이 필요합니다. 이에 2024 개정판에서는 최소한의 시간투자로 수험생들의 학습효율을 높이기 위하여 많은 부분에 신경을 썼습니다.

01 최다 출제 POINT와 학습목표 제시

시험을 앞두고 어떻게 마무리해야 할지 난감한 수험생들, 처음 시험을 준비하여 어떻게 공부해야 할지 모르는 수험생들을 위해 과목별 출제경향 분석을 통한 최다 출제 POINT와 구체적인 학습목표를 제시하였습니다.

02 10개년 기출문제를 분석한 핵심이론과 필수기출문제 수록

10개년 기출문제 데이터를 분석하여 각 챕터별로 핵심이론과 관련 필수기출문제를 수록하였습니다. 본문에서 실제 기출문제에 2회 이상 출제된 내용에는 별 1개(★)를, 3회 이상 출제된 내용에는 별 2개(★★)를 표시하여 수험생들이 중요내용을 선별하여 효과적으로 학습할 수 있도록 구성하였습니다.

03 주제별로 과년도 기출표시

문제풀이에 있어서 기출문제는 매우 중요하기 때문에 지금까지 출제된 기출문제를 전면 분석하여 각 이론 내용에 "기출표시"를 하였습니다. 이론 내용을 전체적으로 습득하기 부족한 수험생들이 "기출표시"된 내용만이라도 정리해둔다면 최종 정리에 많은 도움을 받을 수 있을 것입니다.

04 필수암기 필기노트와 최빈출 200제 제공

시험 전 반드시 암기해야하는 내용만 주제별로 요약한 필수암기 필기노트와 시험에 자주 출제된 200문제를 엄선한 최빈출 200제를 수록하여 수험생들이 시험 직전 최종 마무리 학습을 효율적으로 할 수 있도록 구성하였습니다.

05 2024 최신 출제기준 반영

새롭게 변경된 2024 유통관리사 출제기준을 도서에 반영하여 수험생들이 최신 출제기준을 토대로 수록한 이론을 학습할 수 있도록 하였습니다.

본서는 자격증을 준비하는 수험생 여러분께 한 권의 책 이상의 도움을 드리고자 기획되었습니다. 아무쪼록 본서가 자격증 취득에 길라잡이가 되길 바라며, 수험생 모두의 합격을 진심으로 기원합니다.

집필진 · 편집진 일동

검정기준

유통업 경영에 관한 전문적인 지식을 터득하고 경영계획의 입안과 종합적인 관리업무를 수행할 수 있는 자 및 중소유통업의 경영지도능력을 갖춘 자

응시자격

제한 없음

검정 세부사항

등 급	시험방법	시험과목	출제형태	시험시간	합격기준
2급	필기시험	유통물류일반관리 상권분석 유통마케팅 유통정보	객관식 5지선다형 (90문항)	100분	매 과목 40점 이상, 평균 60점 이상

가점 부여기준

10점 가산

→ 유통산업분야에서 3년 이상 근무한 자로서 산업통상자원부가 지정한 연수기관에서 40시간 이상 수료 후 2년 이내 2급 시험에 응시한 자

2024 주요 개편 내용

구 분	개편 내용	변경 사항(일부)
2급	○ 주요항목 이하 적합한 과목에 맞춰 재배정	(상권분석) 세부항목 '상권의 개요' 중 '상권조사의 방법과 분석' 세부항목 '상권설정 및 분석'으로 위치 변경
	○ 최신 경향 및 트렌드 반영하여 내용 추가	(유통마케팅) 주요항목 '디지털 마케팅 전략' 추가
	○ 최신 경향 및 트렌드 반영하여 내용 축소	(유통정보) 주요항목 '주요 유통정보화기술 및 시스템'의 세부항목 이하를 최근 감소된 중요도를 고려하여 내용 축소
	○ 2급 수준으로 적절하지 않은 항목 조정	(유통물류일반관리) 주요항목 '유통경영관리'의 세세항목으로 제시된 '조직이론의 변천과정'을 '조직이론'으로 위치 변경
	○ NCS 유통관리 내용 반영	(유통마케팅) NCS 유통관리에 제시되어 있는 '상품 로스(Loss) 관리'를 주요항목 '상품판매와 고객관리'의 세세항목으로 추가

1과목 유통·물류일반관리

대분류	중분류	세분류
유통의 이해	유통의 이해	• 유통의 개념과 분류 • 유통(중간상)의 필요성 • 유통기능(function)과 유통흐름(flow)
	유통경로 및 구조	• 유통경로의 개념 　　　　　　• 유통경로의 유용성 • 유통경로의 유형과 조직 　　• 유통경로의 믹스
	유통경제	• 유통산업의 경제적 역할 • 상품생산·소비 및 교환 • 유통비용과 이윤
	유통산업의 이해 및 환경	• 유통의 발전과정 　　　　　• 유통환경의 변화와 특징 • 유통산업관련 정책 　　　　• 글로벌 유통산업의 동향과 추세
유통경영전략	유통경영 환경분석	• 유통경영전략의 필요성과 이해 　• 유통경영의 비전과 목표 • 유통경영의 외부적 요소 분석 　• 유통경영의 내부적 요소 분석
	유통경영전략의 수립과 실행	• 유통기업의 사업방향 결정 • 기업수준의 경영전략, 사업부수준의 경영전략, 기능별 경영전략 • 경쟁우위와 경쟁전략 　　　　　• 경영혁신 • 다각화·통합전략과 아웃소싱전략 • 전략적 제휴, 합작투자, 인수합병전략 • 유통기업의 글로벌화 전략 　　• 기타 유통경영전략 • 경영전략의 대안 평가 및 선택
	유통경영전략의 평가 및 통제	• 전략의 평가 • 전략의 통제 • 성과의 환류(feedback)
유통경영관리	조직관리	• 조직이론 • 조직구조의 유형 및 설계 　　• 조직의 목표관리와 동기부여 • 조직의 의사전달과 갈등관리 　• 조직문화와 리더십
	인적자원관리	• 인사관리의 기초와 개념 　　• 직무분석과 직무평가 • 인적자원의 확보와 개발 　　• 인적자원의 활용과 배치 • 인적자원의 보상과 유지
	재무관리	• 재무관리의 개요 • 화폐의 시간적 가치와 현재가치 및 균형가격 • 자본예산과 자본조달 • 자본비용
	구매 및 조달관리	• 구매 및 조달관리의 개념 및 절차 • 공급자 선택 및 관리 • 구매실무(원가계산, 구매가격, 구매계약, 구매협상, 재고관리) • 품질관리 • 글로벌 구매 및 조달관리

	도소매물류의 이해	• 도소매물류의 기초 • 도소매물류의 고객서비스
물류경영관리	도소매물류관리	• 물류계획 • 운송, 보관, 하역, 창고관리 • 포장관리 • 물류관리를 위한 정보기술 • 물류비 • 물류아웃소싱과 3자물류, 4자물류 • 국제물류
유통기업의 윤리와 법규	기업윤리의 기본개념	• 기업윤리의 기본개념 • 기업윤리의 기본원칙 • 유통기업의 사회적 책임 • 유통기업윤리 프로그램의 도입과 관리 • 기업환경의 변화와 기업윤리 • 시장구조와 윤리 • 양성평등에 대한 이해
	유통관련 법규	• 유통산업발전법 • 전자문서 및 전자거래기본법 • 소비자기본법

2과목 상권분석

대분류	중분류	세분류	
유통 상권조사	상권의 개요	• 상권의 정의와 유형	• 상권의 계층성
	상권분석에서의 정보기술 활용	• 상권분석과 상권정보	• 상권정보시스템, 지리정보 활용
	상권설정 및 분석	• 상권분석의 개념 및 평가 방법 • 업태 및 업종별 상권의 분석과 설정 • 상권·입지분석의 제이론	• 상권설정 • 상권조사의 방법과 분석
입지분석	입지의 개요	• 도매입지와 소매입지의 개요 • 물류와 입지	• 업태 및 업종과 입지
	입지별 유형	• 지역 공간 구조 • 쇼핑센터	• 도심입지 • 기타입지
	입지선정 및 분석	• 입지선정의 의의 • 업태별 입지 개발방법 • 입지의 선정	• 입지영향인자 • 경쟁점(채널) 분석
개점전략	개점계획	• 점포개점 의의 및 원칙 • 개점입지에 대한 법률규제검토	• 투자의 기본계획
	개점과 폐점	• 출점 및 개점 • 업종전환과 폐점	• 점포개점을 위한 준비

3과목 유통마케팅

대분류	중분류	세분류	
유통마케팅 전략기획	유통마케팅전략	• 시장세분화 • 포지셔닝 전략	• 목표시장 선정
	유통경쟁전략	• 유통경쟁의 개요 • 소매업태의 성장과 경쟁 • 서비스 마케팅	• 유통경쟁의 형태 • 글로벌 경쟁전략
	상품관리 및 머천다이징전략	• 머천다이징 및 상품관리의 개요 • 업태별 머천다이징 및 상품기획 • 상품 매입과 구매계획 • 단품관리전략	• 머천다이징과 브랜드 • 상품 카테고리 계획과 관리 • 상품수명주기별 상품관리전략
	가격관리전략	• 가격관리의 개요 • 가격설정 정책	• 가격설정의 방법 • 업태별 가격관리
	촉진관리전략	• 촉진관리전략의 개요 • 업태별 촉진전략(옴니채널, O2O, O4O 등) • e-Retailing 촉진	• 프로모션믹스 • 소매정보와 촉진
디지털 마케팅 전략	소매점의 디지털 마케팅 전략	• 디지털 마케팅에 대한 이해 • 소매점의 디지털 마케팅을 위한 목표결정 • 경쟁분석과 마케팅 포지셔닝	• 온라인 구매결정과정에 대한 이해 • 타겟 고객층 파악
	웹사이트 및 온라인 쇼핑몰 구축	• 사용자 경험(UX)에 대한 이해 • 온라인 쇼핑몰 기능과 결제 시스템 • 검색엔진 마케팅과 검색엔진 최적화(SEO) • 보안과 개인정보 보호	• 온라인 쇼핑몰의 중요성과 이점
	소셜미디어 마케팅	• 소셜미디어 플랫폼에 대한 이해 • 소셜미디어 광고	• 소셜미디어 마케팅 전략과 콘텐츠 제작
	데이터분석과 성과측정	• 디지털 마케팅 데이터 분석의 개요 • 사용자 데이터 수집과 분석	• 효과적인 분석도구와 측정지표
점포관리	점포구성	• 점포구성의 개요 • 점포 디자인 • 온라인 쇼핑몰 UI,UX 등	• 점포의 구성과 설계 • 온라인 쇼핑몰 구성과 설계
	매장 레이아웃 및 디스플레이	• 매장 레이아웃의 개요 • 매장 배치와 통로 설정 • 상품진열 및 배열기법 • 컬러 머천다이징의 기초지식	• 매장의 구성과 분류 • 상품진열의 조건 및 형식 • 비주얼 프리젠테이션 개요 및 기술 • 디스플레이 웨어와 POP 광고 취급방법
	매장환경관리	• 매장 환경의 개요 • 매장 구성요소와 관리 및 통제	• 매장 내외부 환경관리 • 매장 안전관리
상품판매와 고객관리	상품판매	• 상품판매의 개요 • 상품 로스(Loss)관리	• 판매서비스
	고객관리	• 고객의 이해 • 고객정보의 수집과 활용	• 고객관리의 개요 • 고객응대기법
	CRM전략 및 구현방안	• CRM의 배경 및 장점 • CRM의 정의 및 필요성 • CRM 구현 단계	• CRM의 도입방법 및 고려사항 • CRM의 유형 • 유통기업의 CRM 구축방안
유통마케팅 조사와 평가	유통마케팅 조사	• 유통마케팅 조사의 개요 • 유통마케팅 자료분석기법	• 유통마케팅 조사의 방법과 절차
	유통마케팅 성과 평가	• 유통마케팅 성과 평가의 개요 • 유통업의 성과평가 • 영향력 및 갈등 평가 • 온라인유통마케팅의 성과지표(전환율, 노출수, CPC, CPM 등)	• 유통마케팅 목표의 평가 • 경로구성원의 평가

4과목 유통정보

대분류	중분류	세분류
유통정보의 이해	정보의 개념과 정보화 사회	• 정보와 자료의 개념 • 정보혁명의 의의와 특성 • 정보화 사회의 특징과 문제점 • 정보·자료·지식 간의 관계 • 정보화 사회의 개요 • 정보의 유형
	정보와 유통혁명	• 유통정보혁명의 시대 • 정보화 진전에 따른 유통업태의 변화 • 유통업에 있어서의 정보혁명
	정보와 의사결정	• 의사결정의 이해 • 의사결정의 단계와 정보 • 의사결정지원 정보시스템(DSS, GDSS, EIS 등) • 지식경영과 지식관리시스템 활용 • 의사결정의 종류와 정보
	유통정보시스템	• 유통정보시스템의 개념 • 유통정보시스템의 운영환경적 특성 • 유통정보시스템의 기획 • 정보 네트워크 • 유통정보시스템의 유형 • 유통정보시스템의 구성요소 • 유통정보시스템의 분석/설계/구축
주요 유통정보화기술 및 시스템	바코드, POS EDI, QR 시스템 구축 및 효과	• 바코드의 개념 및 활용 • EDI의 개념 및 활용 • POS의 개념 및 활용 • QR의 개념 및 활용
유통정보의 관리와 활용	데이터관리	• 데이터베이스, 데이터웨어하우징, 데이터마트 • 빅데이터, R, 데이터마이닝 등 데이터 수집·분석·관리기술 및 관련 장비 • 데이터 거버넌스
	개인정보보호와 프라이버시	• 개인정보보호 개념 • 개인정보보호 기술 • 프라이버시 개념 • 프라이버시 보호 기술 • 개인정보보호 정책 • 보안시스템 • 프라이버시 보호 정책
	고객충성도 프로그램	• 고객충성도 프로그램의 개념과 필요성 • 고객충성도 프로그램을 위한 정보기술
전자상거래	전자상거래 운영	• 전자상거래 프로세스 • 전자결제시스템 • 물류 및 배송 관리시스템
유통혁신을 위한 정보자원관리	ERP 시스템	• ERP 개념 • ERP 구축 • ERP 요소기술 • 유통분야에서의 ERP 활용
	CRM 시스템	• CRM 개념 • CRM 구축 • CRM 요소기술 • 유통분야에서의 CRM 활용
	SCM 시스템	• SCM 개념 • SCM 구축 • SCM 요소기술 • 유통분야에서의 SCM 활용
신융합기술의 유통분야에서의 응용	신융합기술	• 신융합기술 개요 • 신융합 핵심기술 • 신융합기술에 따른 유통업체 비즈니스 모델 변화 • 디지털 신기술 현황
	신융합기술의 개념 및 활용	• 빅데이터와 애널리틱스의 개념 및 활용 • 인공지능의 개념 및 활용 • RFID의 사물인터넷의 개념 및 활용 • 로보틱스와 자동화의 개념 및 활용 • 블록체인과 핀테크의 개념 및 활용 • 클라우드컴퓨팅의 개념 및 활용 • 가상현실과 메타버스의 개념 및 활용 • 스마트물류와 자율주행의 개념 및 활용

비전공자 유통관리사 2급 합격수기(2022년 2회 시험 합격자 김*현)

우선 요약해서 말씀드리자면 "3권 핵심요약"을 기본으로 강의수강 및 암기하신 뒤 "기출문제"를 많이 풀어보는 게 가장 중요합니다. 물론 강사님께서는 요약만 보지 말라고 하시지만 꼭 핵심요약에서 나오는 게 아닌 문제들 때문입니다. 물론 저도 그런 문제에 심각성을 느꼈습니다. 하지만 기본베이스 자체가 거의 핵심요약을 기반으로 하면 못해도 40~50점은 나옵니다. 약 40점이 나온다고 가정했을 때 나머지 30점 이상은 기출문제를 기반으로 부족한 부분을 토대로 공부하는 게 중요합니다. 즉 목표는 70~80점으로 잡고 시작하는 게 가장 바람직합니다. 필자는 30대 중반입니다. 우선 제 공부방법을 알려드리겠습니다.

공부방법

물론 푸시는 분들에 따라 다르겠지만 저는 이런 방식으로 생각해두었습니다.
2과목 → 4과목 → 1+3과목 순서를 추천드립니다. 내용이 좀 길 수 있지만 제가 풀던 방식에 상세 내용을 적어봅니다.

2과목 상권분석

많은 분들이 이 과목을 과락이라 하셨는데 상식적으로 가장 많은 고득점을 가질 수 있는 과목이 "상권분석과 유통정보"입니다. 간단하게 생각해서 1과목 25, 2과목 20, 3과목 25, 4과목 20을 총점 100으로 환산했을 때 1, 3과목을 15개 이상 맞을시 60점이고 2, 4과목에서 15개를 맞을시 75점입니다. 즉 평균점수 중에 동 숫자일시 15점이라는 이점을 가져올 수 있습니다. 그렇기에 저는 이 과목을 과락을 면하는 게 아닌 "초집중"해서 85점 이상 점수를 받았습니다. 가장 중요한건 이해입니다. 이 과목에서 가장 중요한건 학자들이 무슨 공식을 냈는지 미칠 정도로 달달 외워대는 것입니다. 범위가 좁고 한정적인만큼 꾸준히 나오는 것 위주로 공부하면 가장 고득점이 가능한 과목입니다.

4과목 유통정보

기본적으로 4과목은 간단암기입니다. 예를 들어서 EDI(전자문서교환), CRP(지속적인 상품보충), BSC(균형성과표) 등 용어의 정의만 외우고 유추해서 풀었습니다. 즉 용어를 암기 및 이해한 뒤 문제를 읽고 유추하는 방식을 토대로 푸시는 게 가장 좋은 방법입니다. 4과목도 75점 맞췄습니다.

1과목 유통물류일반관리 + 3과목 유통마케팅

가장 중복이 많고 겹치는 부분이 많아서 굳이 설명한다면 각종 중요 이론들(소매수레바퀴이론, 차륜이론, 아코디언이론, 정성, 정량. 수직/수평적 유통경로, bcg매트릭스, 마이클포터 등)은 무조건 풀로 암기하시는 전제 하에 공부하시는 것을 추천드립니다. 그리고 어려운 것 중 하나가 법률과 재무관련 문제입니다. 솔직히 법률과 재무 둘 다 버렸습니다. 시간도 많이 잡아먹고 공부범위도 넓을뿐더러 난해합니다. 그냥 간단하게 (문제/답) 외워서 똑같은 문제가 나오면 그대로 문제/답 찍기하고 아니면 찍는 게 낫습니다. 반복 숙지 위주로 하시다 1과목과 3과목 기본베이스 위주로 공부하되 각 과목에 특색적인 부분을 보충해서 공부한다고 생각하시면 최소 합격점수 나옵니다. 저는 1과목 64점, 3과목 56점을 획득했습니다.

위의 공부방법으로 저는 평균 70점대로 무난하게 합격했습니다.
무엇보다 30대 중반 넘어가도 다 이해되고 암기가 쉬웠기 때문에 강사님들께서 굉장히 잘 가르치시는 게 느껴졌습니다. 다만, 잘 알려주시는 건 좋으나 불필요한 수준까지 알려주는 건 다소 아쉬웠습니다. 하지만 전체적으로 알려주기 위함이기 때문에 충분히 이해합니다. 정말 강사님들께 감사드리고 추후 CS, 물류관리사 등을 다시 배울 의향이 있습니다.
정말 시대교육에 감사함을 느낍니다. 이상입니다.

도서 활용법

최다 출제 POINT & 학습목표

| 최다 출제 POINT & 학습목표 | 중요도 ★ 실제 시험에 2회 이상 출제 / ★★ 실자 |

❶ 조직의 구성 및 설계, 조직의 목표관리(MBO)
❷ 동기부여이론(내용이론, 과정이론)
❸ 조직의 갈등관리(조직갈등의 유형, 생성단계)
❹ 조직의 리더십(피들러의 상황적합성이론, 블레이크와 무튼의 관리격자 모형)
❺ 리더십의 현대적 이론 연구(변혁적 리더십, 카리스마적 리더십 등)
❻ 프렌치와 레이븐의 리더의 권력기반(Power Source)
❼ 직무분석과 직무평가
❽ 재무분석(수익성과 활동성)과 재무비율
❾ 손익분기점(Break Even Point ; BEP)분석
❿ 재무제표의 주요구성, 집중구매와 분산구매

각 챕터별로 최다 출제 POINT와 학습목표를 제시하여 이론을 학습하기에 앞서 핵심이 되는 중요이론을 큰 틀에서 짚어볼 수 있도록 하였습니다.

기출표시

04 조직과 인간(동기부여이론) 기출 21 · 20 · 19 · 17 · 14 · 12

(1) 동기부여이론의 의의

① 동기부여란 조직의 구성원이 개인의 욕구충족 능력을 자발적인 행동을 이끌어내고 충동질하여 계속되도록 데, 무엇이 이러한 동기를 유발시키며, 어떻게 동기가 부여이론이다.

② 동기부여이론은 동기부여의 외재성을 강조한 고전적 여 1960년대 이후 본격적으로 연구되었다.

(2) 동기부여이론의 체계

해당 이론이 몇 년도에 출제되었는지 기출표시를 하여 자주 출제되었던 중요한 이론을 쉽게 파악하고, 기출빈도를 정확히 확인할 수 있도록 하였습니다.

출제지문 돋보기 OX

출제지문 돋보기 OX

01   [19-3]
상권은 점포를 경영하기 위해 선택한 장소(부지, 위치)를 말하고, 입지는 점포를 이용하는 소비자들이 분포하는 공간적 범위를 말한다.
( )

출제지문 OX 문제를 통해 실제 기출문제에 관련 내용이 어떤 방식으로 출제되었는지를 파악할 수 있도록 하였습니다.

개념 Plus

개념 Plus

쇼핑센터 내에서의 점포위치의 결정
• 취급 상품이 고객의 충동적인 구매 성향을 유발하는지를 감안하여 점포 위치를 정한다.
• 의류와 같은 선매품 판매 점포는 비교점포들이 많이 몰려있는 장소

본문 핵심이론 이외에 추가적으로 짚고 넘어가야 할 중요이론을 날갯단에 개념 Plus로 수록하여 응용문제에도 대비할 수 있도록 구성하였습니다.

중요내용에 별(★) 표기

③ 제품시장확장 그리드를 이용한 성장전략★★

구 분		상품 및 접
		기존제품으로 접근
시 장	현재 : 기존시장	시장침투전략
	신규 : 신시장	시장개척전략

- ㉠ 시장침투전략 : 기존시장 + 기존제품의 경우로 어떤 형
  않고 기존 고객들에게 보다 많이 판매하도록 하는 전략
- ㉡ 시장개척전략 : 신시장 + 기존제품의 경우로 시장개척의
  수립한다.
- ㉢ 제품개발전략 : 기존시장 + 신제품의 경우로 기존시장에
  을 공급하는 전략을 수립한다.
- ㉣ 다각화 전략 : 신시장 + 신제품의 경우로 기존의 제품

본문에서 실제 기출문제에 2회 이상 출제된 내용에는 별 1개
(★)를, 3회 이상 출제된 내용에는 별 2개(★★)를 표시하여 수
험생들이 중요내용을 선별하여 효과적으로 학습할 수 있도록
구성하였습니다.

필수기출문제

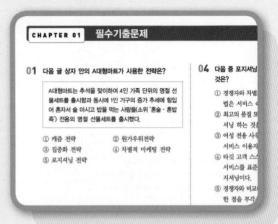

CHAPTER 01 필수기출문제

01 다음 글 상자 안의 A대형마트가 사용한 전략은?

A대형마트는 추석을 맞이하여 4인 가족 단위의 명절 선
물세트를 출시함과 동시에 1인 가구의 증가 추세에 힘입
어 혼자서 술 마시고 밥을 먹는 사람들(소위 '혼술·혼밥
족') 전용의 명절 선물세트를 출시했다.

① 캐즘 전략 　　② 원가우위전략
③ 집중화 전략 　　④ 차별적 마케팅 전략
⑤ 포지셔닝 전략

04 다음 중 포지셔닝
것은?

① 경쟁자와 차별
법은 서비스 ㅅ
② 최고의 품질 또
셔닝 하는 것은
③ 여성 전용 사ㅇ
서비스 이용자
④ 타깃 고객 스
서비스를 표준
지셔닝이다.
⑤ 경쟁자와 비교
한 점을 부각

10개년 기출문제 데이터를 분석하여 각 챕터별로 핵심이론과
관련된 필수기출문제를 상세한 해설과 함께 수록하였습니다.

필수암기 필기노트

046 상권경쟁구조의 분석

① 업태내 경쟁구조 : 유사한 상품을 판매하는 서로 동일한 형태의
　↳ 백화점, 할인점, SSM, 재래시장 상호 간의 경쟁관계(X)
② 업태간 경쟁구조 : 유사한 상품을 판매하는 서로 상이한 형태의
　↳ 동일 상권 내 편의점들 간의 경쟁관계(X)
③ 위계별 경쟁구조 : 도심, 부심, 지역중심, 지구중심의 업종을 파
④ 잠재적 경쟁구조 : 신규 소매업 진출 예정 사업체 및 업종의 ㅁ
　↳ 근접한 동종점포 간 보완 및 경쟁관계(X)
⑤ 업체간 보완관계 : 단골고객의 선호도 조사, 고객의 특성 및 쇼피
　↳ 상권 내 진입 가능한 잠재경쟁자와의 경쟁관계(X)

시험 전 반드시 암기해야하는 내용만 주제별로 요약한 필수
암기 필기노트를 통해 시험 직전까지 빈출 이론을 체크할 수
있도록 하였습니다.

최빈출 200제

최빈출 200제 문제 + 해설

001
실제 소비자 주문의 변화 정도는 적은데 소매상과 도매상을 거쳐
상위단계의 제조업체에 전달되는 변화의 정도는 크게 증폭되는
효과를 설명하는 용어로 가장 옳은 것은?

① ABC효과　　　　　⑦ 재피효과
② 베블런효과　　　　⑤ 바넘효과
③ 후광효과

해설
① ABC분석 : 상품의 가치가 동일하지 않기 때문에 기업이익에 미치는
영향을 고려하여 상품을 통계적 방법의 의해 A, B, C 그룹으로 구분
하여 관리하는 것으로, A 그룹을 최중점 관리대상으로 선정하여 관
리에 노력함으로써 관리효과를 높이는는 분석방법을 의미한다.
③ 베블런효과 : 가격이 오르고 있음에도 불구하고 수요가 줄어들지 않
고 오히려 증가하는 현상을 말한다.
④ 바넘효과 : 보편적으로 적용되는 성격 특성을 자신의 성격과 일치한
다고 믿으려는 현상을 말한다.
⑤ 후광효과 : 어떤 대상이나 사람에 대한 두드러진 특성이 그 대상이
나 사람의 다른 세부적인 특성을 평가하는 데도 영향을 미치는 현상
이다.

003
유통기업의 경로구조에 대한 설명으로 옳지 ㅇ

① 도매상이 제조업체를 통합하는 것은 후방ㅅ
② 유통경로의 수직적 통합을 이루는 방법에는
업, M&A 등이 있다.
③ 기업형 수직적 경로구조를 통해 유통경로상
제품 생산, 유통에 있어 규모의 경제를 실
④ 기업형 수직적 경로구조는 소유의 규모가 커
에 신속하고 우연하게 대응할 수 있다.
⑤ 관리형 수직적 경로구조는 독립적인 경로구
체와 협력에 의존하고 있지만 협력을 해야ㅎ
양자의 의무는 없다.

해설
기업형 수직적 경로구조는 시장이나 기술의 변화에
어려워 소유의 규모가 커질수록 환경변화에 신속하
수 없다.

시험에 자주 출제된 200문제를 엄선한 최빈출 200제를 수록
하여 수험생들이 시험 직전 최종 마무리 학습을 효율적으로 할
수 있도록 구성하였습니다.

이 책의 차례

PART 01 유통 · 물류일반관리

이 책의 차례

CONTENTS

DISTRIBUTION MANAGER

유통 · 물류 일반관리

이론 + 필수기출문제

CHAPTER 01 | 유통의 이해

최근 5개년 출제경향   회당 평균 7.4문제 출제(5개년 기준 총 15회)

	출제영역	2019	2020	2021	2022	2023	합계
제1장	유통의 이해	26	18	23	19	25	111
제2장	유통경영전략	10	15	10	7	8	50
제3장	유통경영관리	13	15	15	19	21	83
제4장	물류경영관리	21	21	19	21	14	96
제5장	유통기업의 윤리와 법규	5	6	8	9	7	35
	합계(문항수)	75	75	75	75	75	375

29.6%
13.3%
22.1%
25.7%
9.3%

35 30 25 20 15 10 5

CHAPTER

01

유통의 이해

1 유통산업의 이해

01 유통의 개념과 기능 기출 06 · 05

(1) 유통의 개념

① 유통의 사전적 의미는 "거침없이 흘러서 통한다" 또는 "세상에 널리 통용 된다"는 뜻으로 쓰이는 용어였으나, 서구적 마케팅 개념이 도입됨에 따라 그 의미가 새롭게 부여되었다.

② 유통의 일반적 의미는 "생산자로부터 소비자에게 **상품(재화. 물품. 제품) 및 용역**(用役, goods and services)의 이전을 통해 장소(place), 시간(time) 및 소유(possession), 형태(form)의 효용을 창조하는 활동으로 생산과 소비를 이어주는 중간기능이며, 생산품의 사회적 이동에 관계되는 모든 경제활동"이라고 정의할 수 있다.

③ 넓은 의미의 유통은 **상적 유통**(협의) 이외의 물류이동을 의미하는 **물적 유통**과 정보처리 및 광고·통신의 유통인 **정보 유통**, 그리고 금융·보험 등 보조활동을 포괄하는 상업활동으로 정의할 수 있다(광의).

유통관리 기출 17 · 16

• 유통관리란 유통활동을 통하여 소비자의 만족을 증대시키고, 유통비용을 절감시키기 위해 유통이 능률적으로 수행될 수 있도록 조절·통제하는 활동을 말한다.

• 상거래활동과 물적 활동을 관리하여 고객에 대한 서비스를 향상시키고 유통비용을 절감시키며, 매출의 증대와 가격의 안정화를 꾀하는 데 그 목적이 있다.

```
유통활동 ┬ 물적 유통활동 ┬ 물자 유통활동 ┬ 수송기초시설제공활동
         │              │              ├ 수송활동/보관활동
         │              │              ├ 하역활동/포장활동
         │              │              └ 유통가공활동
         │              └ 정보 유통활동 ─ 통신기초시설제공활동/전달활동
         └ 상적 유통활동 ─ 상거래활동 ─ 거래기초시설제공활동/거래활동
유통조성활동 ──────────────────────── 금융, 보험, 규격화·표준화 활동
```

(2) 유통의 기능(Distribution Function) 기출 16·15·14·09·08

① 유통기능의 개념

ㄱ 유통기능의 가장 기본적인 역할은 생산자에서부터 소비자까지 상품과 서비스를 인격적으로 이전시켜 적합하게 하는 경제적 활동과 그 과정이라고 할 수 있다. ★

ㄴ 유통기능은 크게 소유권 이전기능, 물류기능(운송·보관 등), 유통조성기능 등으로 구분할 수 있다. 이 중 조성기능은 소유권 이전기능과 물류기능이 원활히 수행될 수 있도록 지원해 주는 기능으로 표준화기능, 시장금융기능, 위험부담기능, 시장정보기능 등으로 세분화 할 수 있다.

ㄷ 소유권 이전기능은 주로 도매상과 소매상이 담당하며, 구매활동과 판매활동을 통하여 유통기업의 이익을 창출한다. 이때, 소유권 이전의 유무는 중간도매상인과 중간대리인을 구분하게 해 주는 가장 중요한 기준이 된다. ★

② 유통기능의 종류

ㄱ 인격적 통일기능(소유권 이전기능) : 현대사회에서는 재화의 생산과 소비가 인격적으로 상이하므로 재화를 생산자로부터 소비자에게 사회적으로 유통시켜 인격적으로 이전시키는 기능이 필요한데 이를 인격적 통일기능이라 한다.

ㄴ 장소적 기능 : 상품 및 재화의 생산과 소비 사이의 공간·장소적 불일치를 극복하고 사회적 유통을 조성하는 것이 장소적 기능이며, 운송이 그 역할을 담당한다. ★

ㄷ 시간적 기능(보관기능) : 상품을 생산시점에서 소비시점까지 저장함으로써 상품의 효용가치를 창조하는 것으로 생산·소비의 시간적 간격을 해소하는 기능이며, 수급의 시간적 조절기능이다. 시간적 기능은 보관기능에 의해서 이루어지는데, 보관이란 생산과 소비의 시간적 분리를 극복하기 위해서 상품을 생산 시기에서부터 소비시기까지 안전하게 관리하는 기능을 말한다.

ㄹ 양적 통일기능 : 대부분의 상품들은 대량 생산되고 있지만 소비단위는 소량으로 이루어지고 있기 때문에 생산과 소비의 수량이 일치하지 않는다. 수량적 불일치가 발생하는 경우 수집과 분산을 통한 생산과 소비를 양적으로 합치시키는 기능이 필요한데, 이를 양적 통일기능이라 한다. 예를 들면, 농산물과 같이 소규모·분산적으로 생산된 상품이 중매인이나 산지의 중개인을 통해서 수집되고, 다시 도매시장을 경유하여 도매상·소매상을 통해서 많은 소비자에게 분할, 공급된다. ★

ㅁ 품질적 통일기능(표준화) : 유통기관은 생산자가 공급하는 물품과 소비자가 수요하는 물품이 품질적으로 적합하지 않을 때, 이 같은 품질적 거리(품종, 품질특성, 포장, 스타일, 색상 및 디자인 등)를 선별(sorting)·조절하여 인격적인 통일을 수행한다(ISO, 인증, 국가별 표준규격 등). ★

ㅂ 금융적 통일기능(거래기능) : 생산자와 유통업자는 소비자에게 상품을 전달하고 그 대가로 화폐를 받는다. 이 경우 화폐의 흐름(flow)이 원활하게 이루어질 필요가 있는데 이를 담당하는 기능이 금융적 통일기능이다. 생산된 상품이 소비자에게 전달되어 매매업자에게 대금이 회수되기까지 시간적 공백이 발생하게 되는데, 이때 금융은 자금이 필요한 사람에게 융통해 줌으로써 생산과 매매의 성립을 용이하게 하고 거래의 확대를 도모할 수 있도록 하는 역할을 한다.

ⓐ 위험부담기능(보험기능) : 상품이 생산자에서 소비자에게 유통되는 과정에 있어서 **물질적 위험이나 경제적 위험**이 생긴다. 이들의 위험은 상업기관이 부담하므로 위험 부담의 기능이라고 한다. 위험부담은 주로 **보험에 의해서 해결**되는데 보험이란 유통 과정상의 사고로 인한 상품파손, 천재지변 등의 위험을 부담하여 생산이나 매매업 무가 안전하게 이루어질 수 있도록 하는 것이다. ★

ⓞ 시장정보기능 : 생산자의 의사정보를 소비자에게 전달하고 반대로 소비자의 의사정 보를 생산자에게 전달하는 것을 정보제공의 기능이라 한다. 생산자와 소비자 간의 정보를 수집하고 전달하여 상호 의사소통을 원활하게 해주며, 물적 유통 비용을 절 감하고, 고객서비스를 향상시키기 위해서 정보통신이 절대적으로 필요하게 되었다.

위험의 종류
- **물리적 위험** : 상품의 유통과정에 있어서 생기는 천재지변, 풍수해, 화재, 홍수, 도난, 상품의 파손 등에 의한 상품의 물리적·화학적 변화가 생기는 상품의 품질 저하를 말한다. 물리적 위험 은 상품관리의 적정화에 의해 어느 정도 방지하는 것이 가능하지만 자연 및 인위적인 우발적 사고의 방지는 불가능하다.
- **경제적 위험** : 가격 변동이 수반되는 것으로 시황의 변동, 경쟁조건의 변화, 법률상의 변화에 따라 상품의 가격이 변동되거나 신용거래에 의해 대손이나 어음부도 등이 발생하는 경우를 말한 다. 경제적 위험의 경기변동, 신용거래에 따른 위험 등에 대해서 유통기관은 가능한 한 방지에 힘써 위험이 전가되지 않도록 하는 대책이 필요하다.

---

(3) 유통기능의 분류 `기출` 21 · 19 · 17 · 15 · 13 · 10 · 09

① 상적 유통(상류)
ⓐ 유통경로가 수행하는 기능 중 가장 본질적인 기능인 **상품의 매매 자체를 의미**하는 것으로, 생산자를 포함하여 중간상과 소비자 사이에서 발생하는 **교환과정의 총칭이** 며, 유통의 거래에 관한 **제도적 측면의 기능**을 설명하는 표현이다. ★
ⓑ 상적 유통은 소유권 이전기능이라고도 하는데, 이를 줄여서 **상류(商流)**라고 한다.
ⓒ 상적 유통활동은 상업활동을 통한 **이익의 최대화를 지향**하게 된다. ★

② 물적 유통(물류)
ⓐ 물류는 일반적으로 상거래가 성립된 후 해당하는 물품인도의 이행 기간 중에 생산 자로부터 소비자에게 **물품을 인도함으로써 인격적·시간적·공간적 효용을 창출하** 는 경제활동이다. ★
ⓑ 물류는 구체적으로는 수송, 포장, 보관, 하역 등 여러 활동을 포함하며, 상거래 과정 에서 유형적인 물자를 운송하므로 재화의 공간적·시간적인 한계를 극복하게 해준 다. ★★
ⓒ 물적 유통은 제품의 실질적 이동 및 보관에 관련된 사항을 설명하는 표현으로 이를 줄여서 **물류(物流)**라고도 한다. ★
ⓓ 물적 유통활동은 물적교류권의 축소와 수송거리의 단축화를 통해 **비용의 극소화를** 지향한다.

③ 유통조성활동 : 금융, 보험, 표준화, 거래의 효율화, 정보의 활동 등 상적·물적 유통을 지원하는 활동을 의미한다. ★

(4) 유통기능의 담당자

① 제조업자 : 소비자가 원하는 제품을 생산하는 자로서 최종소비자가 사용하는 데 있어 시간적 차이가 없도록 하여야 한다.

② 도매업자 : 제조업자와 소매업자의 사이를 연결하는 역할을 주 업무로 한다.

③ 소매업자 : 제조업자나 도매업자로부터 구입한 재화를 최종소비자에게 판매하는 것을 주된 목적으로 한다.

④ 운송업자 : 제조업자와 도매업자 사이의 거리, 제조업자 또는 도매업자와 소매업자 사이의 공간적인 차이를 해소시키기 위하여 운송로에 따라 운송을 담당하는 자를 말한다.

⑤ 창고업자 : 재화를 최종소비자가 소비하기까지 보관하는 기능을 담당한다. 생산이나 소비 사이에서 발생할 수 있는 시간적인 불일치를 해소하여, 제조업자와 최종소비자 사이의 시간적 불일치를 극복할 수 있게 해준다.

⑥ 금융업자 : 자금을 대여함으로써 유통기능을 원활하게 하는 역할을 한다.

⑦ 보험업자 : 재화에 대한 화재나 사고 등으로 인하여 발생할 수 있는 재산상의 손실을 보전함으로써 안전한 유통업무를 보장한다.

02 도·소매 유통기관(업태 및 시설)의 유형과 특징 기출 11·08

(1) 유통기구의 유형

① 업종(Kind of business)

㉠ 업태 중에서 세분화된 사업의 분류를 뜻하는 것으로 영업 또는 사업의 소매업 형태로서 '무엇을 판매하고 있는가(What to sell)'를 의미한다.

㉡ 구체적으로 소매기업이 취급하는 주력상품의 총칭이며, 무엇을 주력으로 판매하고 있느냐 하는 것을 나타낸다(예 의류점, 정육점, 가구점, 가전판매점 등).

㉢ 업종은 유통기업(점포)이 취급하는 상품의 품목에 따라 여러 가지 형태로 구분한다.

② 업태(Type of Management)

㉠ 영업 또는 기업의 소매업 형태로서 '어떠한 방법으로 판매하고 있는가(How to sell)'의 의미이다. 즉, 가격대의 차이로 분류한 것을 말한다.

㉡ 구체적으로 상품계열별, 취급상품의 가격대별, 판매방법별, 시스템 통제방법 등에 따라 다양한 형태로 나타난다(예 백화점, 편의점, 할인점, 카테고리 킬러 등).

㉢ 최근 유통업계에서는 점포가 취급하는 상품의 물리적 특성을 강조하여 판매하는 방식에서 탈피하여 소비자의 편익·가치를 중시하는 경영방식이 기업의 성과에 중요한 영향을 미친다는 인식이 확대됨에 따라서 업종의 개념보다 업태의 개념에 입각한 분류가 중시되고 있다.

(2) 제조업자 직접 판매와 중간상(소매상 · 도매상) 경유 판매

① 제조업자의 직접 판매 : 공산품을 생산하는 제조업자가 직접 판매점을 운영한다면, 고객에게 다양한 구색 수준을 충족시킬 수 있는 제품공급을 제약받게 된다. 따라서 중간상을 경유하는 경우보다 경제적 효율성이 떨어진다. 한편, 산업재를 생산하는 제조기업은 유통전문기업에 유통기능을 맡기는 것보다 소비자에게 직접 판매하는 것이 더 효율적이다.

② 중간상(소매상 · 도매상) 경유 판매

   ㉠ 중간상은 동질적인 제품을 소량의 단위로 축소하는 분할기능, 재판매를 위해 특정한 제품군으로 통합하는 구색기능, 이질적인 제품들을 동질적인 몇 개의 제품군으로 조정하는 분류기능 등을 수행한다.

   ㉡ 중간상이 개입하게 되면, 이론적으로 중간마진의 발생으로 인하여 상품과 서비스의 가격이 높아질 수 있다.

   ㉢ 하지만 중간상이 제조기업과 소비자 사이에서 소유, 장소, 시간상의 효용창출을 추구할수록 소비자들에게는 다양한 구색의 수준을 제공받을 기회가 확대된다.

   ㉣ 중간상이 제조기업에 대해 일체감을 갖고 있거나 갖게 되기를 바라기 때문에 발생하는 파워를 준거적 파워라 한다.

③ 중간상이 유통과정에서 창출하는 효용

   ㉠ 교환에 필요한 다양한 거래사항을 표준화를 통해 거래의 단순화로 거래를 촉진하고 주문관련비용을 감소시키는 기능을 한다.

   ㉡ 생산자들과 구매자들 사이에서 거래의 수를 대폭 감소시켜 거래비용을 낮춘다.

   ㉢ 기업이 필요로 하는 소비자 정보와 소비자가 필요로 하는 상품 정보를 수집 · 제공한다.

   ㉣ 중간상은 중요한 신제품 아이디어를 제공하고 시장의 반응을 빠르게 제공하는 등 정보원천의 역할을 한다.

   ㉤ 선별(sorting)기능을 통해 생산자와 소비자 사이의 **제품구색의 불일치를 완화시킨다.**

   ㉥ 판매대상에 따른 구분, 즉 가계 및 개인이 주된 고객이 되면 소매상(업)이 되며, 가계 및 개인을 제외한 나머지 고객들 즉, 공공기관을 대상으로 판매가 될 경우 도매상(업)이라고 규정한다.

올더슨(W. Alderson)의 구색창출과정(→ 중간상의 선별 기능) `기출` 22 · 21 · 17 · 16 · 15 · 14

- **분류(Sorting Out)** : 생산과정에서 **이질적인 생산물을 동질적인 단위로 나누는 과정**을 말하며, 생산자가 직접 행한다. 흔히 **생산자의 표준화 기능**이라고도 한다. ★
- **집적(Accumulation)** : 여러 경로를 통해 들어온 제품들을 **비슷한 기준으로 묶는 기능**이며, 도매상이나 소매상들이 행한다. ★
- **배분(Allocation)** : **동질적인 제품 덩어리를 나누는 기능**이며, 흔히 작은 단위로 나누는 것(bulk, breaking)을 뜻하는데, 중계기구라 불리는 **중간상인들이 이 기능을 수행**한다. 이런 중계기구를 **중계도매상**이라 한다.
- **구색(Assortment)** : 이질적인 것이 모두 다시 모이는 단계를 말한다. 즉 여러 경로를 통해 들어온 제품을 다시 판매하기 위해서 **나누어진 제품들을 관련성 있게 모으는 것**을 의미하며, 도매상과 소매상들이 판매대상을 위해 하는 일이다. ★★

(3) 소매업과 도매업의 개념

① **소매업** : 소비재를 타인으로부터 조달하거나 또는 스스로 제조하여 소비자에게 최종적으로 판매하는 일을 주 업무로 하는 유통업을 말한다.

② **도매업** : 제품을 소매업 및 기타 상인, 산업체와 기관 사용자에게 판매하는 유통업을 말한다. 즉, 도매거래란 최종 소비자와의 거래를 제외한 모든 거래를 포함한다.

(4) 소매업(소매상)과 도매업(도매상) 기능 및 특성 기출 19 · 17 · 16 · 14 · 13 · 12 · 11

① 소매업(소매상)의 기능 및 특성

소비자에 대한 기능	생산 및 공급업자에 대한 기능
• 올바른 상품 제공 : 품질이 우량하고 가격이 적정한 상품을 엄선 • 적절한 상품 구색을 갖추는 역할 : 소비 욕구의 개성화·다양화 추세에 맞추어 소비자가 필요로 하는 상품구색을 갖추는 역할 • 상품정보·유행정보·생활정보 제공 • 쇼핑의 장소·즐거움·편의 제공 • 구매환경 형성 : 내점한 고객의 구매확률과 구매량을 높이고 만족스러운 구매활동을 할 수 있는 점포 분위기 형성 • 가격설정 : 반입한 물품에 대해 적정폭의 마진을 붙여 소매가격 결정	• 판매활동을 대신하는 역할 • 올바른 소비자정보를 전달 • 물적 유통기능 수행 : 상품의 구입시점부터 판매시점까지 발생하는 보관·운송에 따른 각종 위험과 비용 부담 • 필요한 상품의 재고를 유지하는 역할 • 촉진기능 수행 : 소비자들에게 수행하는 광고와 판매촉진활동으로 인해 간접적으로 생산 및 공급업자들의 판매촉진활동에 도움을 주는 역할 수행 • 생산노력 지원 : 제조단계의 경제활동을 판매활동이라는 과정을 통해 지원

소매업의 특성
• 소매상은 여러 공급업자들로부터 제품과 서비스를 제공받아 다양한 상품구색을 갖춤으로써 소비자들에게 제품선택에 소요되는 비용과 시간을 절감할 수 있게 하고 선택의 폭을 넓혀주기도 한다. • 소매상은 소매광고, 판매원 서비스, 점포 디스플레이 등을 통해 고객에게 제품관련 정보를 제공하여 소비자들의 제품구매를 돕기도 한다. • 소매상 자체의 신용정책을 통하여 제조업체 대신 소비자와의 거래에서 발생하는 제비용을 부담하거나 고객에게 신용이나 할부판매를 제공함으로써 소비자의 금융 부담을 덜어주는 기능을 수행하기도 한다. • 소매상은 소비자에게 애프터서비스의 제공, 제품의 배달, 설치, 사용방법의 교육 등과 같은 서비스를 제공한다. • 소매상은 소비자와 가까운 장소에서 다양한 상품구색에 대한 재고부담을 함으로써 공급선의 비용감소와 소비자의 구매편의를 돕는다. • 소매업체들도 소매상 협동조합을 통해 도매행위를 할 수 있다. • 소매상은 수요자에게 기존상품, 새로운 상품 및 시장의 트렌드에 관한 정보를 제공해준다.

> **소매상의 구매 관리에서 적정한 거래처를 확보하기 위한 평가 기준**
> • 최적의 가격
> • 납기의 신뢰성 발생
> • 적정서비스의 수준
> • 구매자의 목표 달성에 부합되는 적정 품질

② 도매업(도매상)의 기능 및 특성

제조업자를 위한 기능	소매상을 위한 기능
• 시장확대기능 • 재고유지기능 • 주문처리기능 • 시장정보제공기능 • 고객서비스대행기능	• 구색갖춤기능 • 소단위판매기능 • 신용 및 금융기능 • 소매상서비스기능 • 기술지원기능
도매상의 특성	
• 제조업체에서 보유해야 하는 재고의 일부를 대신 보유하게 됨으로써 제조업체의 재정적인 부담을 감소시킨다. • 고객의 다양한 욕구를 충족시키기 위해 다수 제조업자의 제품을 구비하여 고객에게 제공함으로써 시장을 확대하는 기능을 수행하기도 한다. • 제조업체를 대신하여 광범위한 시장에 산재해 있는 소매상들을 포괄한다. • 생산자보다 더 고객과 밀착되어 있으므로 고객의 욕구를 파악하여 전달하는 기능을 한다. • 소매상 지원기능을 통해 제품교환, 반환, 설치, 보수 등의 기술적 지원과 다양한 서비스를 제조업체 대신 소매상에게 제공한다. • 소매상에 비해 비교적 넓은 상권을 대상으로 하기 때문에, 1회 거래규모가 일반적으로 소매상보다 월등히 크다. • 최종 소비자보다는 주로 재판매 고객과 거래를 하며, 소매상과 달리 상이한 법적 규제와 세법이 적용된다.	

(5) 소매상 진화발전 이론

① 소매상 수레바퀴 이론(Wheel of Retailing, 소매차륜이론) **기출** 19 · 17 · 16 · 14 · 13 · 12 · 11

㉠ 하버드 경영대학원 말콤 맥나이어 교수는 1958년 '소매업의 수레바퀴'라는 가설을 발표했다. 사회 · 경제적 환경이 변화됨에 따른 소매상의 진화와 발전을 설명하는 대표적인 이론이다.

㉡ 이론에 따르면 새로운 형태의 소매점은 시장 진입 초기에는 저가격, 저서비스, 제한적 제품 구색으로 시장에 진입한다. ★

㉢ 점차 동일 유형의 새로운 소매점들이 진입하여 이들 사이에 경쟁이 격화되면 경쟁적 우위를 확보하기 위하여 보다 세련된 점포 시설과 차별적 서비스의 증가로 성장기에는 고비용, 고가격, 고서비스 소매점으로 위치가 확립된다. ★

㉣ 그 결과 새로운 유형의 혁신적인 소매점이 저가격, 저마진, 저서비스로 시장에 진입할 수 있는 여지를 제공하게 되고, 이 새로운 유형의 소매점 역시 위와 동일한 과정을 따르게 된다는 것이다.

㉤ 역사적으로 볼 때 소매점은 전문점 → 백화점 → 할인점 순으로 등장하여 이 이론이 부분적으로 입증되었지만 후진국의 경우는 이런 모든 유형의 소매점이 동시에 또는 순서가 뒤바뀌어 도입되기도 하였다. ★

▼ 소매차륜이론의 변화 단계

도입기(혁신자적 소매 형태)
저가격 · 저서비스 · 제한적 제품구색

⇩

성장기(전통적 소매 형태)
고비용 · 고가격 · 고서비스(차별적 서비스)

⇩

취약기
저가격 · 저마진 · 저서비스 · 수익감소

ⓗ 이 이론은 근래에 들어와 개발된 TV홈쇼핑, 인터넷 전자상거래, 할인점, 회원제 창고형 소매점 등이 소매시장에의 성공적인 진입을 잘 설명해준다. 그러나 가격적인 요인들만 지나치게 강조한 나머지 비가격적인 요소들은 설명하지 못한다는 한계가 있다.

② **소매점 아코디언 이론(Retail Accordion Theory)** `기출` `19·17·16·14·13·12·11`

ⓐ 홀랜더(S. C. Hollander) 교수가 주장한 이론으로서 소매점의 진화과정을 소매점에서 취급하는 **상품믹스**로 설명한다.

ⓑ 소매점은 다양한 상품 구색을 갖춘 점포로 시작하여 시간이 경과함에 따라 점차 전문화된 한정된 상품 계열을 취급하는 소매점 형태로 진화하며, 이는 다시 다양하고 전문적인 상품 계열을 취급하는 소매점으로 진화해간다고 한다. 그 진화과정은 **상품믹스의 확대 → 수축 → 확대** 과정이 아코디언과 유사하여 이름 붙여진 이론이다. ★

ⓒ 저관여상품 소매업태와 고관여상품 소매업태의 발전과정을 구분하지 못한 결정적 한계를 지니고 있다.

③ **변증법적 과정(Dialectic Process)** `기출` `19·17`

ⓐ 변증법적 과정이론은 두 개의 서로 다른 경쟁적인 소매업태가 하나의 새로운 소매업태로 합쳐지는 소매업태 혁신의 **합성이론**을 의미한다.

ⓑ 변증법적 과정은 소매점의 진화 과정을 변증법적 유물론에 입각하여 해석하고 있다. 즉, 고가격, 고마진, 고서비스, 저회전율 등의 특징을 가지고 있는 백화점이 출현하면(정) 이에 대응하여 저가격, 저마진, 저서비스, 고회전율 등의 반대적 특징을 가진 할인점(반)이 나타나 백화점과 경쟁하게 된다. ★

ⓒ 그 결과 백화점과 할인점의 특징이 적절한 수준으로 절충되어 새로운 형태의 소매점인 할인 백화점(합)으로 진화해간다는 이론으로 소매점의 진화과정을 정반합의 과정으로 설명한다. ★

④ **소매상의 적응행동 이론(Adaptive Theory)**

ⓐ 소매변천원인을 환경적 변수에서 찾고 있는데, 소매상을 둘러싸고 있는 환경변화(소비자의 구매행동, 구매욕망, 과학기술, 환경 등)에 가장 효율적으로 적응할 수 있는 소매상만이 살아남아 번창한다고 본다.

ⓑ 적응행동 이론은 자연도태설에서 추출한 이론으로, 환경에 적응하는 소매상만이 생존·발전하게 된다는 이론이다.

⑤ **진공지대 이론(Vacuum Zone Theory)** `기출` `19·12`

ⓐ 기존의 소매업태가 다른 유형의 소매로 변화할 때 그 빈자리, 즉 **진공지대**를 새로운 형태의 소매업태가 자리를 메운다는 이론이다. ★

ⓑ 진공지대이론은 **동일한 시장에 소비자집단이 있다는 것**을 가정하고 있다.

ⓒ 특정 제품 계열의 상품을 판매하는 복수의 소매점이 있고, 이들 소매점이 제공하는 서비스 정도는 각각 **상이한 수준**에서 행해지며, 서비스의 제공은 그 점포의 평균판매가격 수준에 반영되어 **서비스가 고도화될수록 그만큼 가격은 높아지고, 반대로 서비스가 낮아질수록 그만큼 가격은 낮아진다.**

ⓔ 예를 들어, 저가서비스를 제공하는 A점포와 고가서비스를 제공하는 B점포가 있다면, 이 두 점포 사이에 중립적인 가격과 서비스를 제공하는 틈새시장을 공략한다는 이론이다.

　　ⓜ 이러한 이론을 배경으로 하여 국내에서도 가격파괴의 선두주자인 E-마트 등이 유통업태의 진공지대를 파고드는 틈새전략(Niche Strategy)에서 출발하여 상당한 점유율을 획득하였다. ★

⑥ 소매상 수명주기이론(Retail Life Cycle Theory) `기출` `19 · 17 · 12 · 11`

　　㉠ 소매수명주기이론은 새로운 소매형태가 시장에 도입된 이후에 시간이 흘러감에 따라 제품수명주기와 같은 도입기 → 성장기 → 성숙기 → 쇠퇴기를 거치는 현상을 설명하는 이론이다. ★

　　㉡ 새로운 소매점 유형은 도입 초기에 높은 성장률과 성장 가능성을 보유하게 된다.

　　㉢ 성장기에는 충성고객의 확보와 취급 상품계열의 확대를 통해 시장점유율을 높이는 것이 강조된다.

소매상 수명주기이론의 단계별 특징 `기출` `17`

구 분	도입기	성장기	성숙기	쇠퇴기
판매량	낮 음	고성장	저성장	감 소
이 익	극 소	급성장	정 점	낮거나 없음
고 객	혁신층	대중층	대중층	보수층
경쟁사 수	소 수	증 가	다 수	감 소
관리스타일	기업가적	집권적	전문적	관리적
통제정도	최 소	중 간	최 대	중 간
전략의 초점	시장확대	시장침투	점유율 유지	생산성
마케팅 비용	고	고	하 락	저
유통경로	확보단계	집약적	집약적	선택적
가 격	고	저	최 저	유지, 인상

⑦ 위기모델 이론(Risk Model Theory) : 위기상황이 발생하면 이에 적합한 새로운 소매업태가 등장하여 이를 극복해 가면서 소매상이 발전해 간다는 이론이다.

빅 미들(big middle)이론
• 세계 유통학 석학인 마이클 레비(Michael Levy)의 저서 「소매경영(Retailing Management)」에 나오는 소매업계 경쟁이론이다.
• 각 소매업체들은 '혁신'과 '저가격'이라는 무기를 들고 '빅 미들'이라는 이름의 링에 오르는 싸움꾼들이라고 하며, 빅 미들에 진입한 소매업체들은 업태간 치열한 경쟁 속에서 '혁신'과 '저가격'으로 생존(지속 성장)을 도모하고 있다.
• 최근 성장이 정체되고 있는 슈퍼마켓, 대형마트, 백화점 등 오프라인 유통을 대표하는 업계는 '쇠퇴'라는 빅 미들의 출구에 가까이 있는 반면, 플랫폼 비즈니스를 추구하는 온라인 쇼핑은 높은 성장률과 가장 큰 시장규모로 출구에서 가장 먼 곳에 위치해 있다고 설명한다.

03 소매업태의 종류와 특징 기출 11·10·08

(1) 백화점(Department Store)

① 백화점의 개념 : 선매품을 중심으로 생활필수품, 전문품에 이르기까지 다양한 상품 계열을 취급하며 대면판매, 현금정찰판매, 풍부한 인적·물적 서비스로써 판매활동을 전개하는 상품 계열별로 부문 조직화된 대규모 소매상이다.

② 백화점의 특징 : 현대적인 건물과 시설, 대량 매입의 경제성, 기능별 전문화에 의한 합리적 경영, 균형 있는 상품구성과 다양한 서비스, 엄격한 정찰제 실시, 대량 판매 촉진과 명성을 배경으로 한 고객유치 및 강력한 재정능력, 낮은 직매입 비중

③ 백화점 성장 요인 : 유리한 경쟁조건과 입지조건, 강력한 스토어 로열티, 소비자 라이프 스타일이 고도화·개성화·차별화·다양화로 변화, 대중매체의 발달, 다양한 서비스 제공

(2) 슈퍼마켓(Supermarket)

① 슈퍼마켓의 개념 : 식품·세제 및 가정 일용품 등에 대한 소비자의 전체적인 요구를 충족시켜 주며, 저비용·저마진·대량판매 및 셀프서비스에 의해 운영되는 규모가 큰 상점이다. 이에 반해 동네슈퍼는 마진이 낮지만 회전율이 높은 상품을 중심으로 소량 취급하고 지역주민 친화적 서비스를 특징으로 하는 소매점이다. ★

② 슈퍼마켓의 특징 : 셀프서비스와 자기선택식 진열, 체크아웃 카운터(Checkout Counter)에 의한 고객서비스 집중화, 저가격 소구, 대규모 시설, 넓은 구색과 다양한 상품

③ SSM(Super Supermarket) : 대규모 유통 기업에서 체인 형식으로 운영하는 슈퍼마켓으로, 면적은 1,000~3,000제곱미터 미만이며, 일반 슈퍼마켓과 편의점보다는 크고 대형마트보다는 작다. 주로 식료품과 공산품 및 잡화류를 취급하며, 일반소매점 보다 저렴한 가격을 유지하는 셀프서비스 방식을 취하는 소매점포이다.

(3) 쇼핑몰(Shopping Mall) 기출 17

① 쇼핑몰의 개념 : 도심 지역의 재활성화를 위하여 도시 재개발(Urban Development)의 일환으로 형성된 새로운 쇼핑센터의 유형을 말한다.

② 쇼핑몰의 종류

㉠ 폐쇄형 몰(Enclosed Mall) : 쇼핑센터의 모든 점포를 하나의 지붕과 건물 안에 수용하고 중앙부에서 공기 조절을 함으로써 전천후 구매 환경을 제공할 수 있도록 한 몰로, 주 통로가 각 점포를 이어주고, 광장이나 분수 및 나무가 있으며 의자도 놓여 있다.

㉡ 개방형 몰(Open Mall) : 각 입주점은 연동식으로 된 독립 점포를 가지며, 소규모의 전문점만이 공통의 건물 안에 수용되는 몰로, 옥외의 통로에 대해 개방적인 유형이다.

출제지문 돋보기 OX

01   [08-1]
넓이 측면에서 비교할 경우, 음·식료품에 있어서는 대형마트가, 섬·의류에 있어서는 백화점이 더욱 넓은 상품정책을 추구하고 있다.
( )

02   [12-3]
동네슈퍼는 마진이 낮지만 회전율이 높은 상품을 중심으로 소량 취급하고 지역주민 친화적 서비스를 특징으로 하는 소매점이다. ( )

03   [12-3]
슈퍼슈퍼마켓은 대체로 대형 유통업체의 소속인 경우가 많고, 규모면에서는 3,000제곱미터 이상이며, 가공식품 위주의 상품을 주로 취급하면서 마진율과 회전율이 대형마트에 비해 높은 특징을 지닌다.
( )

정답 1. ○ 2. ○ 3. ×

개념 Plus

백화점과의 지불시스템 비교
할인점은 출구에서 한꺼번에 지불
하게 하는 시스템(Checkout)을 채
택하여 인건비의 절약을 실현하고
있는 반면, 백화점의 경우는 상대적
으로 인건비가 많이 소요되는 카테
고리별 지불시스템을 채택하고 있다.

개념 Plus

신(新) 유통업태의 특징
• 체인화(다점포망)
• 고도로 집중화된 전문점 체인의
  증가추세
• 경제성 추구(저가지향)
• 매장면적의 대형화

③ 복합쇼핑몰(Multi Shopping Mall)

　㉠ 단순한 쇼핑공간뿐만 아니라 각종 레포츠와 휴식·외식·문화 등의 여가를 즐길
　　수 있도록 의류 및 잡화를 판매하는 매장은 물론 **영화관, 식당** 등을 포함한 대규모
　　상업시설을 의미한다. ★

　㉡ 복합쇼핑몰은 '몰링(malling)'문화의 확산과 새로움을 추구하는 수요자들의 니즈에
　　맞춰 등장하기 시작하였으며, 일본, 미국, 유럽 등 선진국에서는 이미 보편화된 소
　　매업태로 국내에서는 '스타필드'가 대표적이다.

(4) 전문점(Specialty Store) 기출 17·14·13·08

① 전문점의 개념 : 특정 범위 내의 상품군을 전문으로 취급하는 소매점으로, 취급하는 제
　품계열이 한정되어 있으나 해당제품계열 내에서는 매우 다양한 품목들을 취급한다.

② 전문점의 특징 : 제한된 상품·업종에 대해서 다양한 품목을 골고루 깊이 있게 취급한
　다. 우수한 머천다이징 능력을 바탕으로 소비자의 욕구에 보다 부응할 수 있는 개성
　있는 상품과 차별된 상품을 취급하며, 고객에 대한 고도의 상담(Consultation)과 서
　비스를 제공한다.

04 신(新) 유통업태의 이해 기출 18·11·10·09·08

(1) 할인점(DS ; Discount Store)

① 할인점의 개념 : 표준적인 상품을 저가격으로 대량 판매하는 상점으로, 일시적으로 특정
　제품의 가격을 인하하여 판매하는 것이 아닌 모든 제품에 대하여 **상시적으로 싼 가격**
　(EDLP ; Every Day Low Price)으로 판매하는 소매점이다. 할인점은 신속하고 높은
　상품회전율에 중점을 둔다.

② 할인점의 특징 : 저가격 판매, 셀프서비스, 낮은 마진율로 박리다매에 의한 대량판매를
　하는 형태이다.

(2) 편의점(CVS ; Convenience Store)

① 편의점의 개념 : 보통 고객의 **접근성**이 높은 편리한 위치에 입지하여 매우 작은 상권을
　가진 점포로 제품구색의 폭은 넓지만 깊이는 비교적 낮은 점포를 말한다. 우리나라의
　경우에는 식료품위주로 대면판매방식 또는 셀프서비스방식에 의하여 판매하는 소매점
　포이다. 다른 업태들에 비해 편의점의 경쟁우위인 **장소효용**과 **24시간 구매가 가능한**
　시간상의 편리성 등이 편의점에서 판매하는 상품의 높은 가격을 상쇄하며, **상품의 회전**
　율이 높은 업태에 속한다.

출제지문 돌보기 OX

01　　　　　　　　[13-3]
편의점의 상품구색은 산업환경 및
소비자의 구매성향에 맞게 갖추는
것보다 편의점 본부에서 권장하는
품목을 우선적으로 갖추어야 한다.
　　　　　　　　　　　(　　)

02　　　　　　　　[12-3]
편의점은 고객이 원하는 낮은 가격
을 위해 점포임대료가 저렴한 교외
입지에 많이 개점한다. 　(　　)

03　　　　　　　　[11-1]
할인점은 신속하고 높은 상품회전
율에 중점을 둔다. 　　(　　)

정답 1. ✕　2. ✕　3. ○

② 편의점의 특징(기본 조건)
- ㉠ 입지(장소)의 편의성 : 주택 근처에 입지하여 고객이 일상적 구매를 손쉽게 할 수 있다.
- ㉡ 시간상의 편의성 : 영업시간이 길어서 언제든지 필요에 따라 구매할 수 있고, 가까우므로 구매 소요시간도 적게 든다.
- ㉢ 상품 구색상의 편의성 : 식료품 및 일용잡화 등을 중심으로 한 상품 구색에 의해 필요로 하는 상품을 필요로 하는 양만큼 구입하여 즉시 소비할 수 있어 편리하다.
- ㉣ 수량조절의 편의성 : 생산 또는 배송수량과는 다르게 형성되는 구매수량을 조절하여 소비자가 필요한 만큼만 구매할 수 있도록 한다.
- ㉤ 우호적인 서비스 : 슈퍼마켓과는 차별화된 대인적인 친절한 서비스를 제공한다.
- ㉥ 소인원 관리 : 가족 노동을 중심으로 소수의 노동력으로 관리하여 인건비의 절감을 도모한다.

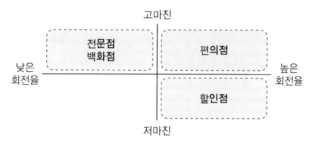

[마진과 회전율에 따른 소매상 포지셔닝]

개념 Plus

상품회전율과 마진(Margin)에 의한 소매상의 구분
- 낮은 회전율과 고마진 : 백화점
- 낮은 회전율과 고마진 : 전문점
- 높은 회전율과 고마진 : 편의점
- 높은 회전율과 저마진 : 할인점
- 높은 회전율과 저마진 : 슈퍼마켓

개념 Plus

형태에 따른 할인점의 구분
- 취급상품의 형태별 유형 : 일반할인점, 전문할인점, 아웃렛
- 고객관리의 형태별 유형 : 일반할인점, 회원제할인점
- 일반할인점의 발전 단계별 유형 : 디스카운트 하우스, 디스카운트 스토어, 슈퍼센터

출제지문 돋보기 OX

01 [17-3]
전문할인점은 일정 상품 카테고리를 대상으로 또는 특정상품계열에서 다양한(깊은) 상품구색을 갖추고 대량구매와 대량판매 그리고 낮은 가격으로 판매함으로써 경쟁우위를 추구하는 형태를 말한다. ( )

02 [14-2]
전문할인점은 매장이 할인점과 비슷하나, 전문적인 서비스를 제공할 수 있으며 할인점보다 훨씬 낮은 가격에 판매한다. ( )

03 [14-1]
전문할인점은 한 가지(또는 한정된 소수) 상품군을 깊게 취급하므로 선택 폭을 높일 수 있도록 품목을 다양하게 다량으로 진열한다. ( )

정답 1. ○ 2. ○ 3. ○

(3) 전문할인점(Special Discount Store)

① 전문할인점의 개념
- ㉠ 고객에게 제공하려는 상품이나 서비스를 전문화한 소매점을 의미한다.
- ㉡ 특정 상품계열에 대하여 매우 깊이 있는 상품 구색을 갖추어 고객에게 최대한 선택의 기회를 주고자 하는 것이다.
- ㉢ 취급하는 특정 상품계열에 대하여 다양한 상표, 크기, 스타일, 모델, 색상 등을 갖추고 고객의 취향에 맞는 상품을 선택하도록 하는 점포이다.

② 카테고리 킬러(Category Killer)
- ㉠ 일정 상품 카테고리를 대상으로 또는 특정상품계열에서 다양한(깊은) 상품구색을 갖추고 대량구매와 대량판매 그리고 낮은 가격으로 판매함으로써 경쟁우위를 추구하는 형태를 말한다.
- ㉡ 전문양판점으로도 불리며 대중양판점과 전문점의 특징을 혼합한 형태로 한 가지 상품군을 깊게 취급하여 가격을 낮춘 소매업태이다.
- ㉢ 한 가지(또는 한정된 소수) 상품군을 깊게 취급하므로 선택 폭을 높일 수 있도록 품목을 다양하게 다량으로 진열한다.

ⓔ 취급하는 상품은 주로 완구, 스포츠용품, 가전용품, 자동차용품, 레코드, 사무용품 등이다.

ⓜ 매장이 할인점과 비슷하나, 전문적인 서비스를 제공할 수 있으며, 할인점보다 훨씬 낮은 가격에 판매한다.

ⓗ 넓은 매장을 갖추어야 하는 점과 고객이 쉽게 접근해야 하는 점을 절충하여 입지를 선택해야 하며, 비교적 저가지역에 점포를 설치한다.

ⓘ 국내에서는 전자제품 전문점 '하이마트'가 선두 주자이며, 문구류를 전문적으로 판매하는 '토이저러스', 사무용품 전문매장인 '오피스데포', 가정용품 전문매장인 '홈데포' 등이 대표적이다.

(4) 회원제 도매클럽(MWC ; Membership Wholesale Club, 창고형 할인점)

① 창고형 할인점의 개념 : 회원으로 가입한 고객만을 대상으로 판매하는 창고형 도소매클럽으로 매장의 실내 장식은 화려하지 않으며, 진열대에 상자 채로 진열하고, 고객이 직접 박스단위로 구매함으로써 할인점보다 20~30% 정도 더 싸게 판매하는 업태이다.

② 창고형 할인점의 특징 : 회원제 운영, 저렴한 가격으로 판매, 상품 구색 한정(의류의 비중이 낮고 식품의 비중이 높음), 고객서비스 수준 최소 제공, 넓은 매장, 독립입지의 상업지역에 입지

(5) 아웃렛(Outlet)

① 아웃렛의 개념

ㄱ 처음에는 제조업체의 직영점으로 출발해 공장 근처에서 과잉생산품을 염가에 판매하는 소매점이었으나, 최근에는 타 제조업체의 상품이나 타 소매점에서 팔고 남은 물건도 할인하여 판매하는 점포를 의미한다.

ㄴ 아웃렛의 특징은 저렴한 가격, 유명브랜드 판매, 셀프서비스, 평범한 내부시설 등이며, 건물임대료가 저렴한 도시 외곽지역에 위치한다.

ㄷ 취급상품은 팔고 남은 것이 대부분이므로 구색도 충분하지 않고 입지조건도 유리한 편은 아니나, 저가격이라는 장점이 있어 많은 고객이 몰리고 있다. **불리한 입지를 택한 것은 자사의 기존 소매망과의 경합을 회피하려는 목적 때문이다.**

② 팩토리 아웃렛(Factoring Outlet) : 제조업체가 유통라인을 거치지 않고 직영체제로 운영하는 상설할인매장으로, 대개 공장이나 물류센터에 붙어 있어 중간 물류비와 유통단계를 생략하여 최저 가격으로 고객을 직접 상대하는 불황 극복용 매장이다.

(6) 무점포소매점(Non-store retailer)

① 무점포소매점의 개념

ㄱ 시장이나 점포에 직접 가지 않고도 집에서 전화 한 통이나 버튼 하나면 상품을 구입할 수 있는 소매방식이다. **점포유통업만을 고집하던 유통업체가 무점포유통업으로의 진출, 즉 전자상거래와 홈쇼핑을 통한 판매를 새롭게 개척하여 유통경로를 다양화함으로써 경영혁신을 도입하였다.**

    ⓛ 거리·시간·장소·상품에 구애받지 않고 상품에 관한 정보에서부터 대금결제까지 한 번에 처리가 가능하다.

    ⓒ 판매자와 소비자 간에 쌍방향 커뮤니케이션에 의한 1대1 마케팅과 전 세계를 대상으로 한 다양한 상품의 매매가 가능하다.

    ⓔ 상품의 깊이나 넓이 측면에서 확장가능성으로 보면 무점포업태가 유점포업태보다 비용 측면에서 유리하다.

② 무점포소매점의 업태별 특징

    ㉠ 모바일 커머스 거래 : 이용자의 이동성과 위치정보를 정확히 알 수 있어 이용자의 1대1 마케팅과 타겟 마케팅이 가능하다. 최근 스마트폰의 발달로 소셜 커머스가 빠르게 성장하고 있다.

    ㉡ 인터넷 쇼핑몰 : 정보제공에 의한 판매가 이루어지는 형태로 유통경로가 짧고 단순하며 쌍방향 마케팅이 가능하다.

    ㉢ 카탈로그 판매 : 지속적인 고객 데이터베이스 관리를 통한 선호제품 대상의 카탈로그 개발이 중요하다.

    ㉣ TV 홈쇼핑 : 매체를 활용해 가상점포를 운영하는 유통경로로 중소업체는 비교적 저렴한 비용으로 접근할 수 있다. 경쟁이 치열해 짐에 따라 PB강화, 서비스상품개발 등에 주력하고 있다.

    ㉤ 인바운드 텔레마케팅 : **불평고객의 문제해결, 제품소개, 서비스 예약 등**을 통해 고객에게 가치를 제공한다. 텔레마케팅은 **텔레마케터가 적극적으로 고객반응을 창출**한다는 점에서 우편판매와 차이가 있다.

    ㉥ 아웃바운드 텔레마케팅 : 인바운드콜에 비해 **거래성사율이 높고 보다 마케팅 지향적**이다.

    ㉦ 방문판매 : 무점포소매상 중에서 가장 오래된 형태로 화장품 및 학습지 시장에서 지속되고 있다.

    ㉧ 우편판매 : 점차 인터넷 쇼핑몰 등에 밀려 매출이 감소하고 있다.

    ㉨ 자동판매기 : 이 역시 무점포소매상에 포함된다.

    ㉩ 다단계판매 : 수많은 판매원이 개입되지만, 상품 자체는 중간과정을 거치지 않고 직접 소비자에게 전달되므로 직접판매의 형식을 취한다. 즉 중간상이 개입할 여지가 적다.

(7) 드럭스토어(Drug Store)

① 의사의 처방전 없이 구입할 수 있는 일반의약품 및 화장품·건강보조식품·음료 등 다양한 상품을 판매하는 매장이다.

② 외국의 경우 약국에 잡화점이 합쳐진 가게를 뜻하는데, 국내에서 운영되는 드럭스토어는 약품보다는 건강·미용용품을 주로 판매하는 헬스앤드뷰티(H&B)스토어 개념에 가깝다.

개념 Plus

소매업태의 양극화 현상

1. 하이테크형(High Tech)
   - 진열·보관 노하우를 바탕으로 상대적으로 낮은 마진과 대량구매 위주의 셀프서비스, 즉 '저수익률 = 고회전율' 전략을 펼치며, 이마트나 홈플러스 등이 이에 속한다.
   - 할인점, 홈센터 등 초대형 점포, 카테고리 킬러 등이 대표적이다.

2. 하이터치형(High Touch)
   - 제한된 제품라인과 특정 제품에 강하게 초점을 맞춘 제품구색이 특징이다.
   - 전문점 체인, 고급 레스토랑, 패션샵 등이 대표적이다.

(8) 하이퍼마켓(HM ; Hyper Market)

① 슈퍼마켓, 할인점, 창고소매점의 원리를 결합한 유형의 소매점으로, 대형화된 할인점을 접목시켜 식품과 비식품을 저렴하게 판매하는 소매점을 말한다.

② 회원제 창고점의 상품 진열에서 취약했던 식품 비율을 강화하고, 낮은 마진과 높은 회전율의 경영을 지향한다.

③ 국제셀프서비스학회는 '식품 및 비식품을 풍부하게 취급하고 대규모의 주차장을 보유한 매장면적 2,500제곱미터 이상의 소매점포'로 정의하고 있다. 대체로 교외에 입지하며 5,000~10,000제곱미터 정도의 대형점으로 출점한다.

④ 매장의 구성은 창고 형태로 운영하며, 소매상과 외식업자를 대상으로 하는 전형적인 유럽형 슈퍼마켓이다.

⑤ 슈퍼마켓, 할인점 등의 경영원리를 결합한 대규모 소매점으로 식품, 의류, 가전제품, 가구 등을 망라하여 취급한다. 대표적으로 프랑스의 까르푸(carrefour)가 있다.

05 도매상의 종류와 특성

(1) 상인도매상(Merchant Wholesaler) 기출 21 · 20 · 19 · 18 · 16 · 15 · 11 · 10 · 09

① 상인도매상의 개념
ㄱ 상인도매상은 판매 시까지 취급하는 상품에 대하여 소유권을 가진다. ★★
ㄴ 상인도매상은 제조업체 또는 소매상과 관련 없는 독립적 사업체로서 대부분의 도매 기능을 수행하는 가장 전형적인 형태의 도매상이다. ★
ㄷ 그 수행기능의 범위에 따라 크게 완전기능도매상과 한정기능도매상으로 나누어진다.

② 완전기능도매상 : 고객들을 위하여 수행하는 서비스 중에서 필요한 광범위한 서비스를 제공하는 상인도매상이다. 완전기능도매상들은 그들이 취급하는 제품의 종류에 따라 종합상인도매상과 전문상인도매상(한정상품도매상)으로 대별된다. ★
ㄱ 종합상인도매상 : 고객들이 요구하는 거의 모든 상품을 취급하는 도매상이다.
ㄴ 전문상인도매상 : 서로 관련 있는 몇 가지 전문계열의 제품을 동시에 취급하는 도매 상이다. ★

③ 한정기능도매상 : 완전기능도매상들과는 달리 도매상의 기능 중에서 일부만을 한정해 수행하는 상인도매상이며, 현금판매-무배달 도매상(현금거래도매상), 트럭도매상, 직송도매상, 선반(진열)도매상, 우편주문도매상으로 구별된다.
ㄱ 현금거래도매상(Cash and Carry Wholesaler)
• 현금판매도매상은 주로 중소소매상을 상대로 상품을 공급하며, 배송은 구매자 책임 하에 현금거래조건으로 판매하는 도매상이다.
• 현금판매도매상을 이용하는 소매상들은 직접 이들을 찾아와서 제품을 주문하고 인수해 간다.
• 배달을 하지 않는 대신 싼 가격으로 소매상에 상품을 공급하며, 신용판매를 하지 않고 현금만으로 거래를 한다.
• 소매상들의 판매를 위한 지원도 하지 않으며, 판매원도 보유하고 있지 않다.

ⓛ 트럭도매상(Truck Wholesaler)
- 일반적으로 고정적인 판매루트(특정 지역)를 가지고 있으며, 트럭이나 기타 수송 수단으로 판매와 동시에 상품을 배달하게 된다.
- 머천다이징(Merchandising)과 촉진지원을 한다.
- 사용판매를 하지 않으며, 고객을 위한 조사기능이 상대적으로 취약하다.
- 운영비는 개인적인 서비스를 고객에게 제공하기 때문에 대체적으로 높은 편이며, 평균 판매액은 낮은 편이다.
- 주로 취급이 까다롭거나 부패(과일·야채 등) 및 파손 가능성이 높은 제품을 취급한다.

ⓒ 직송도매상(Drop Shipper)
- 제조업자나 공급자로부터 제품을 구매하여 제조업자나 공급자가 물리적으로 보유한 상태에서 판매하게 되면 고객들에게 직접 제품을 직송하게 된다.
- 도매상이 제품을 구매한다고 하더라도 직접 보유하기가 곤란하기 때문에 이동이나 보관이 어려운 목재나 석탄 등과 같이 원자재에 해당하는 제품들을 주로 취급한다.

ⓔ 선반(진열)도매상(Rack Jobber)
- 소매점의 진열선반 위에 상품을 공급하는 도매상을 말한다.
- 선반에 전시되는 상품에 대한 소유권은 도매상들이 가지고 있으며, 소매상이 상품을 판매한 뒤에 도매상에게 대금을 지불하는 일종의 위탁방식이다.
- 팔리지 않는 상품은 환수한다.
- 선반도매상은 소매점 내에 직접 선반을 설치하여 상품을 전시하며, 상품에 가격표시를 하고, 재고를 유지·기록한다.

ⓜ 우편주문도매상(Mail-order Wholesaler)
- 비교적 소규모의 소매상이나 산업구매자에게 보석이나 스포츠용품 등을 제품 목록을 통해 판매한다.
- 인적 판매 노력에 대한 비용이 제품판매로써 지원되지 못하는 외진 지역에 있는 소규모의 소매상들에게 판매한다.

(2) 대리도매상(Agent) [기출] 19 · 17 · 11 · 09

① 대리도매상의 개념
ⓐ 대리도매상은 제품에 대한 소유권 없이 단지 제조업자나 공급업자를 대신하여 제품을 판매하는 도매상이다. ★★
ⓑ 대리도매상들의 많은 기능들, 예컨대 판매자에 대한 지원이나 조사기능 등 거래를 촉진시키는 역할을 수행하지만 제품에 대한 직접적인 소유권이 없다는 것이 큰 특징이다. ★
ⓒ 대체로 제품을 대신하여 판매하고 난 뒤에 제조업자나 공급업자로부터 거래 성사의 대가로 판매가격의 일정비율을 수수료로 받는다.

② 대리도매상의 종류

　　㉠ 제조업자 대리인(Manufacturer's Agent) : 여러 제조업자의 위탁으로 제품을 대신 판매하는 도매상이다. 제품에 대한 신용판매는 하지 않지만 제품의 배달 및 판매를 위한 조사 등에 대하여 지원하고 머천다이징 및 촉진 지원 등의 역할을 수행한다.

　　㉡ 판매대리인(Selling Agents, 위탁판매인) : 계약상 모든 마케팅 활동의 결과에 대한 책임을 지며, 판매조건에 관한 결정권한은 가지고 있지만 제품에 대한 소유권을 제외한 모든 도매기능을 수행한다. 한 제조업자와 판매 계약을 맺어 제조업자의 판매 부서와 같은 역할을 한다.

　　㉢ 수수료상인(Commission Merchants) : 공급자가 제시한 가격의 범위 내에서 구매자와 가격에 대한 협상을 진행하며 판매 후에는 판매가에서 수수료 및 기타 경비를 제외한다. ★

　　㉣ 브로커(Broker, 중개인) : 기본 임무로서 구매자와 판매자를 만나게 해주고 단지 상품판매에 대한 협상을 도와주는 역할을 수행한다. 브로커는 일반적으로 상품을 물리적으로 취급하지 않으며, 판매의뢰자와 지속적인 기반 위에서 거래를 하는 것은 아니다. 브로커에게는 가격설정권이 없다. ★

2 유통경로 및 구조

01 유통경로의 개념

(1) 유통경로의 정의(Distribution Channel) 기출 21 · 19 · 18 · 15 · 13 · 10 · 08

① 유통경로란 제품이나 서비스가 생산자로부터 최종 소비자에 이르기까지 소유권이 이전되어 가는 통로 또는 단계를 말한다. ★

② 유통경로는 다양한 유형이 존재하고, 사회적·문화적 특성을 반영하므로 각 나라의 상황에 따라 특수한 형태들 또한 존재한다. ★

③ 생산자와 소비자 사이에는 상품유통을 담당하는 여러 종류의 중간상들이 개입하게 된다. 이러한 중간상에는 소유권을 넘겨받아 판매 차익을 얻는 형태도 있지만, 소유권의 이전 없이 단지 판매활동만을 하거나 단지 조성활동만을 수행하는 형태도 있다.

④ 유통경로에 의하여 거래의 표준화를 이룰 수 있고, 추가적인 효용 즉, 시간 및 장소효용, 소유효용, 상품 분할 및 묶음효용이 부가됨으로써, 생산된 상품의 사용·교환가치가 높아지고 시장에서 거래를 원활하게 해준다. ★

(2) 유통경로의 사회 · 경제적 역할 기출 12 · 11

① **교환과정의 촉진** : 유통경로는 교환과정에서부터 발생되는데 시장경제가 복잡해질수록 교환과정 역시 복잡해지고 더 많은 생산자와 잠재적인 소비자가 증가하게 된다. 그러나 중개상이 개입함으로써 시장에서 개별적으로 이루어지던 복잡한 거래 수를 감소시켜 비효율성을 낮추고 거래를 촉진시킨다. ★

② **제품구색 불일치의 완화** : 제조업자는 규모의 경제를 실현하기 위하여 소품종 대량 생산을 하는 반면에, 소비자는 각자의 개성에 따른 다양한 제품라인을 요구한다. 유통경로는 이에 따라 발생되는 제조업자와 소비자 사이의 제품구색의 불일치를 완화해준다. ★

③ **거래의 표준화** : 거래과정에서 **제품, 가격, 구입단위, 지불조건 등을 표준화**시켜 시장에서 거래를 용이하게 해준다.

④ **생산과 소비 연결** : 생산자와 소비자 사이에 존재하는 **지리적 · 시간적 · 정보적 장애**를 극복하여 양자 간에 원활한 거래가 이루어지도록 한다. ★

⑤ **고객서비스 제공** : 소비자에게 애프터서비스(After Service), 제품의 배달, 설치 및 사용방법 교육 등의 서비스를 제공한다.

⑥ **정보제공기능** : 유통기관, 특히 소매업은 유형재인 상품의 판매기능뿐만 아니라 소비자에게 상품정보, 유행정보 및 생활정보 등과 같은 무형적 가치도 제공한다. ★

⑦ **쇼핑의 즐거움 제공** : 소비자의 쇼핑동기를 충족시켜 줄 물적 요인(점포의 위치, 점포의 설비, 인테리어, 휴식 및 문화공간, 진열대의 구조 및 진열, 조명, 냉 · 난방 등)과 인적 요인(판매원의 고객에 대한 표정, 용모, 복장, 언행 등)을 조화롭게 하여 소비자에게 쇼핑의 즐거움을 제공한다.

(3) 유통경로(중간상)의 필요성 기출 21 · 19 · 17 · 15 · 14 · 12 · 10

① **총 거래수 최소화의 원칙** : 중간상의 개입으로 거래의 총량이 감소하게 되어 제조업자와 소비자 양자에게 실질적인 비용 감소를 제공하게 된다. ★

② **집중준비의 원칙** : 유통경로 과정에 가능하면 많은 수의 도매상이 개입하여 소매상의 대량 보관기능을 분담함으로써 사회 전체적으로 **상품의 보관 총량을 감소**시킬 수 있으며, 소매상은 최소량의 제품만을 보관하게 된다. ★★

③ **분업의 원칙** : 다수의 중간상이 분업의 원리로써 유통경로에 참여하게 되면 유통경로과정에서 다양하게 수행되는 기능들, 즉 수급조절기능, 보관기능, 위험부담기능, 정보수집기능 등이 경제적 · 능률적으로 수행될 수 있다. ★

④ **변동비우위의 원리** : 유통분야는 **변동비가 차지하는 비중이 고정비보다 크므로 무조건**적으로 제조와 유통기관을 통합하여 대규모화하기보다는 각각의 유통기관이 **적절한 규모로 역할분담을 하는 것이 비용면에서 훨씬 유리하다**는 논리에 의해 중간상의 필요성을 강조하는 이론이다. ★

⑤ **정보축약 및 정합의 원칙** : 중간상을 통해 생산자는 수요정보를 얻고, 소비자는 공급정보를 얻는다. 중간상은 이러한 정보를 유통과정을 통해 집약적으로 표현하여 제공하게 된다.

개념 Plus

유통경로시스템의 3대 기능
- 전방흐름기능 : 물적 소유, 소유권, 촉진
- 후방흐름기능 : 주문 및 시장정보, 대금결제
- 양방흐름기능 : 협상, 금융, 위험부담

(4) 유통경로시스템의 기능 기출 19·18·14·13

유통경로 구성원들이 수행하는 유통기능은 그들이 작용을 하는 기능에 따라 크게 전방기능 흐름, 후방기능 흐름, 양방기능 흐름의 3가지로 분류할 수 있다. ★

① **전방기능 흐름** : 수송·보관과 같은 물적 소유권이나 촉진 등의 기능들이 생산자로부터 최종 소비자의 방향으로 흐르는 것을 말한다.
  ㉠ 물적 소유 : 공급업자(생산자) → 운송업자 → 제조업자 → 중간상 → 최종 소비자
  ㉡ 소유권
    • 공급업자(생산자) → 운송업자 → 제조업자 → 중간상 → 최종 소비자
    • 취득세, 부가가치세 등의 거래비용 발생
  ㉢ 촉진 : 광고대행사, 자사제품의 판매를 위한 촉진활동 등

② **후방기능 흐름** : 주문이나 대금결제와 같이 최종 소비자로부터 소매상·도매상·생산자의 방향으로 흐르게 된다.
  ㉠ 주문 및 시장정보
    • 유통기능의 효율화를 위해 주문의 확보가 매우 중요함
    • 고정 고객의 확보와 관리가 중요함
  ㉡ 대금 결제
    • 최종 소비자 → 중간상 → 은행 → 제조업자 → 은행 → 공급업자(생산자)
    • 대금회수의 신속화, 대금회수의 방법, 기간, 대손처리문제 등

③ **양방기능 흐름** : 거래를 협상하거나 금융·위험부담과 같은 기능들을 말한다.
  ㉠ 협상 : 수요와 공급의 연결상담(거래조건, 가격, 관할권), 거래상대방에 대한 조사 필요
  ㉡ 금융 : 생산자금, 외상판매 등
  ㉢ 위험부담 : 수요변화, 원자재수급 및 가격변화 등에 대한 계약, 재고수준, 반품처리 등

(5) 유통경로 시스템 내의 거래관계 유형 기출 19

① **단속형 거래(discrete transaction)** : 유통경로 내 거래당사자들이 현재의 거래를 통해 최대의 이윤을 올리고자 하는 거래형태이다.
② **관계형 교환(relational exchange)** : 유통경로 내 거래당사자들이 현재 및 미래의 경로성과 모두에 관심을 가지며 연속적 거래를 통해 발생되는 이윤을 극대화하고자 하는 거래형태이다.

구 분	단속형 거래	관계형 교환
거래처에 대한 내용	단순고객으로서의 거래처	동반자로서의 거래처
지배적 거래 규범	계 약	거래윤리
거래경험의 중요성	낮 음	높 음
신뢰의 중요성	낮 음	높 음
잠재거래선의 수	다수의 잠재거래선	소수의 잠재거래선

02 유통경로의 유형 기출 11·09·08

(1) 소비재 유통경로(Consumption goods Distribution)

① 직접마케팅 경로로 제조업자가 소비자에게 직접 판매하는 경우 : 제조업자 → 소비자

② 소매상을 경로로 하는 경우 : 제조업자 → 소매상 → 소비자

③ 도매상과 소매상을 경로로 하는 경우 : 제조업자 → 도매상 → 소매상 → 소비자

④ 세 가지의 중간상을 사용하는 경우 : 제조업자 → 도매상 → 중간도매상 → 소매상 → 소비자

(2) 산업재 유통경로(Industrial Distribution)

① 산업재는 소비자에게 직접 판매하는 것이 일반적이며, 간혹 대리인이나 산업재 유통업자들이 이용되기도 한다.

② 산업재는 용도와 기준에 따라 구분하는데 원자재와 부품, 설비, 소모품 등이 있다.

③ 산업재 유통은 고객의 수는 적지만 한 번에 대량을 적재하므로 거래규모는 대체적으로 크다.

> **산업재 유통업자**
> • 산업재 유통업자는 상인 도매상의 특수한 형태로 또 다른 생산(제조)업체나 기관을 대상으로 상품을 판매하는 중간상의 형태이다.
> • 생산자와 소비자 사이의 직거래 경향이 높아져 산업재 유통업자의 경영 환경은 급격하게 악화되고 있다.
> • 산업재 도매상이 위협이라고 생각하는 현상 중 하나로 제조업체의 전방통합 노력에 의한 흡수합병현상을 들 수 있다. 다만, 원가상승과 상품의 표준화에 따라 상표명의 중요성이 퇴색되어 유통업자에게 물류기능을 맡기려는 제조업자가 늘어남으로써, 유통업자에 의한 고객통제력이 강화되고 있다는 견해도 존재한다.

(3) 서비스 유통경로(Service Distribution)

① 서비스는 무형성과 생산자와의 비분리성이라는 특성이 있으므로, 직접 마케팅경로가 가장 일반적이다. 다만, 특별한 경우에 한해서 생산자와 소비자 사이에 하나의 중간상이 개입하는 형태가 있을 수 있다.

② 의료, 자동차 수리, 미용, 호텔, 여객 수송 등 대부분의 서비스는 생산과 동시에 소비되며, 생산자와 상품이 분리될 수 없다.

③ 서비스는 형체가 없으므로 그것을 물리적으로 보관하거나 운송한다는 것은 상상할 수 없다. 그러나 서비스 역시 하나의 상품이므로 소비자들이 소비할 수 있도록 그들의 최인접지에 도달시켜 주어야만 한다는 일반적 유통개념은 적용될 수 있다.

03 유통경로의 조직

(1) 전통적 유통(마케팅) 시스템 기출 15·11

① 전통적 유통경로의 의의

    ㉠ 제조업자와 소비자 간의 거래에 도매상과 소매상이 **자연발생적으로 참여**하고 있는 가장 일반적인 형태의 경로조직을 의미한다. ★

    ㉡ 각기 다른 기능을 수행하는 독립적인 경로기관들로 구성된 경로조직이며, 이들은 경로성과나 마케팅 기능에는 거의 관심을 가지지 않고 자기들에게 주어진 마케팅기능들만 수행한다.

② 전통적 유통경로의 특징

    ㉠ 경로구성원들 간의 결속력(Commitment)이 매우 약하고 경로구성원들은 **공통의 목표**를 거의 가지고 있지 않거나 미약하여 경로기능이 원활하게 수행되지 못하는 경우가 많다. ★

    ㉡ 경로구성원들 간의 **연결이 느슨**하기 때문에 구성원들의 유통경로로의 진입과 철수가 용이하다. 그러나 경로구성원들 간의 업무조정이 어렵고, 구성원들 간에 이해관계가 충돌했을 때 이를 조정하기가 매우 곤란하다.

    ㉢ 전통적 유통경로는 수직적 유통경로(VMS)에 비해 자율성과 유연성은 높지만, 효율성과 효과성은 낮다. ★

(2) 수직적 유통(마케팅) 시스템(VMS ; Vertical Marketing System) 기출 19·18·15·12·09·08

① 수직적 유통경로의 의의

    ㉠ 마케팅 경로상에서 중앙(본부)에서 계획된 프로그램에 의해 집중적으로 계획된 유통망을 주도적으로 형성하며, 상이한 단계에서 활동하는 경로구성원들을 전문적으로 관리·통제하는 네트워크형태의 경로조직이다. ★

    ㉡ 전통적인 경로구조에서 수행되는 기능상의 일부 또는 전부를 통합하여 수행하는 방식이다. ★

    ㉢ 수직적 경로구조는 전통적 경로구조에 비해 갈등해소 및 의사소통 증진으로 거래비용이 감소하게 된다. ★

    ㉣ 생산에서 소비에 이르기까지의 여러 가지 유통활동을 체계적으로 통합·일치·조정시킴으로써 유통질서를 유지하고, 경쟁력을 강화시켜 유통의 효율성을 제고한다.

② 수직적 유통경로의 장·단점★★

장 점	단 점
• 총 유통비용을 절감시킬 수 있다. • 자원이나 원재료를 안정적으로 확보할 수 있다. • 혁신적인 기술을 보유할 수 있다. • 새로 진입하려는 경쟁기업에게는 높은 진입장벽으로 작용한다. • 유통경로상의 통제 수준을 강화할 수 있다.	• 초기에 막대한 자금이 소요된다(경로조직에 대한 투자와 관리비용 증가). • 시장이나 기술의 변화에 대해서 기민한 대응이 곤란하다. • 각 유통단계에서 전문화가 상실된다.

③ 수직적 유통경로의 유형 : 수직형 마케팅 시스템(VMS)은 경로 구성원들에 대한 소유권 정도에 따라 기업형(회사형), 계약형, 관리형, 동맹형으로 나누어진다. ★

유 형	기업형	계약형	관리형	동맹형
통합방식	소 유	계 약	경로 리더 의존	상호 의존
독립여부	소 유	독 립	독 립	독 립
통합정도	비독립	높 음	낮 음	매우 낮음
상호의존도	매우 높음	높 음	낮 음	높 음

㉠ 기업형 유통시스템(Corporate System) : 유통경로상의 한 구성원이 다음 단계의 경로구성원을 인수 등을 통한 **소유에 의해 지배**하는 형태이다(예 SPA브랜드 등). ★★
  • 전방통합 : 제조회사가 자사소유의 판매지점이나 소매상을 통하여 판매하는 형태
  • 후방통합 : 소매상이나 도매상이 제조회사를 소유하는 형태

㉡ 계약형 유통시스템(Contractual System) : 수직적 유통시스템 중 **가장 일반적인 형태**로 생산이나 유통활동에 있어서 **상이한 수준에 있는 독립적인 유통기관들**이 상호 경제적인 이익을 달성하기 위하여 **계약을 체결**하고 그 계약에 따라 **수직적 계열화**를 꾀한다.
  • 도매상 후원 자유 연쇄점 : 도매상이 후원하고 다수의 소매상들이 계약으로 연합하여 수직 통합하는 형태이다.
  • 소매상 협동조합 : 독립된 소매상들이 연합하여 소매 협동조합 같은 임의 조직을 결성한 후 공동으로 구매, 광고, 판촉활동 등을 하다가 최종적으로 도매활동이나 소매활동을 하는 기구로 수직 통합을 하는 형태이다.
  • 프랜차이즈 시스템(Franchise System) : 모회사나 본부가 가맹점에게 특정 지역에서 일정 기간 동안 영업할 수 있는 권리를 부여하고 그 대가로 로열티를 받는 시스템을 말한다.

㉢ 관리형 유통시스템(Administrative System) : 소유권이나 명시적 계약 형태가 아닌 **묵시적 협력관계**로 형성된 **경로 리더(Channel Leader)**에 의해 **생산 및 유통단계가 통합**되는 형태이다. 동일자본이거나 공식적이고 명문화된 계약 배경을 필요로 하지 않고 점유율이 높거나 판매망이 넓은 제조업자나 유통업자가 경로 리더가 되거나 경로 구성원을 지원한다. ★★

㉣ 동맹형 유통시스템(Alliances System) : 동맹형 시스템은 둘 이상의 경로구성원들이 **대등한 관계**에서 상호 의존성을 인식하고 긴밀한 관계를 **자발적으로 형성**한 통합된 시스템을 말하며, **제휴시스템**이라고도 한다. 동맹형 시스템은 계약이나 소유에 의해 통합하는 것이 아니라 서로 대등한 입장에서 **상호의존의 필요**에 의해 통합하는 것이다.

관리형 경로에서 도 · 소매상이 얻을 수 있는 혜택
• 상품의 적기 및 적량 확보가 가능하다.
• 상품구색 계획과 조정에 대해 조언을 받을 수 있다.
• 필요한 재고량 예측의 정확성이 높아질 수 있다.
• 주문기능을 공급자에게 이동시킴으로써 비용이 절감될 수 있다.

개념 Plus

수직적 유통경로의 도입배경
• 대량 생산에 의한 대량 판매의 요청
• 가격 안정(유지)의 필요성
• 유통비용의 절감
• 경쟁업체에 효과적인 대응
• 기업의 상품이미지 제고
• 목표이익의 확보
• 유통경로 내에서의 지배력 획득

개념 Plus

협동조합
소매업자에 의한 수평적인 소매 연쇄의 형태로 조합원들의 출자 및 운영비의 부담으로 운영이 되며, 극심한 경쟁 시 조합 및 조합원 중 유력자가 인력 및 자본 등을 갹출(醵出)해서 도매회사를 운영하게 하는 방식을 취한다.

프랜차이즈 시스템(Franchise System) 기출 17·14·11·10·09·08

1. 프랜차이즈 시스템의 의의
   - 프랜차이즈 시스템은 프랜차이저(Franchisor)라고 불리는 모회사와 프랜차이지(Franchisee)인 개인이나 조직과의 계약관계이다. ★
   - 프랜차이저가 프랜차이지에게 사업전반에 걸쳐 운영상 필요한 지도나 지원과 함께 면허상의 특권을 부여한다. ★
   - 프랜차이즈는 독립한 상인 간의 계약으로서 영업표지의 사용을 본질적 요소로 하며, 가맹본부에 의한 계속적인 지도와 통제를 내용으로 하는 유상의 혼합계약이라 할 수 있으나, 가맹본부는 가맹점에 대해 자연스럽게 우월적인 지위를 갖게 된다. ★

2. 프랜차이즈 시스템의 특징
   - 프랜차이즈 시스템은 **계약형 VMS의 가장 대표적인 사례**에 해당한다. ★
   - 프랜차이즈 시스템은 계약형 **수직적 경로구조**로서 주로 **합법적 파워**에 의해 운영된다. ★
   - 프랜차이즈 본부는 가맹점뿐만 아니라 직영점을 운영할 수 있으며, 각자의 수를 적절히 조절하거나 각각의 경영성과를 비교하여 경로구조의 조정을 시도하는 것이 법적으로 허용된다.
   - 프랜차이즈는 프랜차이저(본사)와 프랜차이지(가맹점)가 **각각의 목표를 가진 독립적인 사업체**들이면서도 마치 소비자와 업계에 대하여 **동일사업체 같은 이미지**를 주어 **보다 나은 신뢰**를 제공할 수 있다. ★

3. 프랜차이즈 시스템의 조직유형
   - 제조업자-소매상 프랜차이즈 : 제조업자가 프랜차이즈 본부가 되어 소매상을 가맹점으로 참여시킨 형태
   - 제조업자-도매상 프랜차이즈 : 제조업자가 프랜차이즈 본부가 되어 도매상을 가맹점으로 참여시킨 형태(예 정유회사-석유대리점 등)
   - 도매상-소매상 프랜차이즈 : 도매상이 프랜차이즈 본부가 되고 소매상을 가맹점으로 참여시킨 형태
   - 서비스회사-소매상 프랜차이즈 : 서비스회사가 프랜차이즈 본부가 되고 소매상을 가맹점으로 참여시킨 형태(예 외식업, 자동차 대여업, 인스턴트업, 숙박산업 등)

4. 프랜차이즈 시스템의 장·단점 ★★

구 분	프랜차이저(본사)	프랜차이지(가맹점)
장 점	• 사업확장을 위한 자본조달 용이 • 규모의 경제 실현 가능 • 높은 광고효과 및 사업 안정성 • 단기간에 광범위한 판매망 확보 가능 • 상품개발에 전념 가능 • 직접적인 노사갈등 감소	• 실패의 위험성이 적음 • 초기 비용이 적음 • 경험이 없어도 쉽게 사업 가능 • 소비자의 신뢰 획득 용이 • 효과적인 판매촉진 활동 가능 • 표준화된 제품과 서비스 제공 가능
단 점	• 과도한 비용과 노력 • 통제의 어려움 • 우월적이고 지배적인 사고방식에 따른 시스템 전체의 활력 감소 우려 • 투자수익률에 비해 전체 이익 증가 곤란	• 높은 부정적 파급효과 : 실패의 영향이 시스템 전체와 타 점포에도 영향을 미침 • 유연한 대처 미흡 : 개별 점포마다의 상황에 유연하게 대처하기 어려움 • 점포별 경영개선 노력 저하 우려

01 [11-1]
계약형 VMS의 가장 대표적인 사례로 프랜차이즈 시스템을 들 수 있으며, 주로 합법적 파워에 의해 운영된다. ( )

02 [16-2]
프랜차이즈 본부의 입장에서 본 장점은 자본조달의 용이성, 구매 및 판매에 있어서 신속한 규모의 경제 달성, 지역적 특수성 고려가능성, 과도한 관리업무의 배제, 낮은 노사문제 발생빈도 등을 들 수 있다. ( )

정답 1. ○ 2. ○

(3) 수평적 유통(마케팅) 시스템(Horizontal Marketing System) 기출 20 · 15 · 14

① 수평적 유통경로의 의의

㉠ 새로운 마케팅기회를 개발하기 위하여 동일한 경로단계에 있는 두 개 이상의 무관한 개별 기업들이 대등한 입장에서 자원과 프로그램을 결합하여 일종의 연맹체를 구성하고 공생 · 공영하는 시스템을 의미한다. ★

㉡ 각각의 기업들이 혼자 독립적으로 사업을 할 만한 충분한 자본 · 노하우 · 생산 또는 마케팅 재원을 갖고 있지 못한 경우 상호 협력을 하는 경우가 있는데, 이러한 경우의 유통경로시스템을 잘 설명해준다. ★

㉢ 공생적 마케팅(Symbiotic Marketing)이라고도 하며, 이 시스템은 경쟁자이든 비경쟁자이든 상관없이 서로의 목표를 위해 힘을 결속할 수 있다는 장점이 있다. 대표적으로 슈퍼마켓 체인점들이 점포에서 은행 업무를 제공하기 위해 지역은행과 계약을 맺는 경우를 들 수 있다. ★

② 수평적 유통경로를 통해 기업 간에 얻을 수 있는 시너지효과

㉠ 마케팅 시너지 : 여러 제품에 대해서 공동으로 유통경로, 판매, 관리, 조직, 광고 및 판매촉진, 시장판매를 하고 창고를 공동으로 이용함으로써 얻게 되는 효과

㉡ 투자 시너지 : 공장의 공동사용, 원재료의 공동조달, 공동연구개발, 기계 및 공구의 공동사용으로 얻는 효과

㉢ 경영관리 시너지 : 경영자 경험의 결합 및 기업결합 등에서 얻는 효과

(4) 복수 유통경로(Multichannel Marketing System)

① 상이한 두 개 이상의 유통경로를 채택하는 것이다. 이는 단일 시장이라도 각기 다른 유통경로를 사용하여 세분화된 개별 시장에 접근하는 것이 더 효과적이기 때문이다.

② 생산자들은 일반적으로 단일 시장, 단일 유통경로 원칙을 채택하여 왔으나, 경제구조가 복잡해지고 기업 간 경쟁이 치열해짐에 따라 복수의 유통경로를 사용하는 경향이 증가하고 있다.

③ 복수 유통경로가 발생하는 이유로는 소비자의 수량적 요구의 차이, 판매촉진에 대한 소비자의 반응 차이, 소비자의 가격에 대한 반응 차이, 지역 간 법률적 특이성, 기업의 자산이 잘 맞물리지 않는 경우, 즉 생산된 제품을 모두 판매하지 못하는 경우 등을 들 수 있다.

체인스토어 경영 기출 17

- 체인스토어 경영은 집중적 관리와 소유에 있어 중앙 본부에서 조달하여 동일한 상품을 다점포에서 판매하는 것을 의미한다. 다점포경영을 하더라도 각 점포가 개별적으로 상품구성과 조달을 하고 있다면 체인스토어 시스템이라 할 수 없다.
- 중앙 본부에서 상품과 유니폼 등을 본부 운영 방침대로 획일적으로 정하여 시행하기 때문에 지점운영의 독립성이 보장되지 않는다.
- 체인경영은 점포, 인사관리, 광고, 판매촉진 등에서 동질성이 필요하고, 단품 대량판매를 기본으로 한다.
- 본점을 통한 집중매입과 분산판매 원칙의 특징을 갖고 있다.

개념 Plus

수평적 유통경로의 도입배경
- 한 회사만으로 자본, 노하우, 생산 및 마케팅설비를 모두 감당하기 곤란하거나 그러한 위험을 회피하고자 할 때 도입
- 연맹관계로 상당한 시너지효과를 기대할 수 있을 때 도입

출제지문 돋보기 OX

01   [20-2]
수직적 유통경로를 이용하면 동일한 유통경로상에 있는 기관들이 독자성은 유지하면서 시너지 효과도 얻을 수 있다.   ( )

02   [13-3]
경로시스템간 경쟁은 수직적 유통경로 시스템 또는 수평적 유통경로 시스템간의 경쟁을 말한다. ( )

정답 1. × 2. ○

04 유통경로구조의 결정이론

(1) 연기-투기이론(Postponement–speculation Perspective) 기출 20 · 19 · 18 · 17 · 14 · 13 · 11 · 09

① 연기-투기이론에 의하면 경로구성원들 중 "누가 재고를 유지해야 하는가", "누가 재고 보유에 따른 위험을 감수하느냐"에 의해 경로구조가 결정된다고 본다. ★★

② 경로구성원들은 고객이 요구하는 시점까지 최종제품의 생산공급을 가능한 한 연기(혹은 회피)하거나 또는 투기에 의해 적극적으로 재고를 부담하는 방법 중 하나를 선택할 수 있는데, 이에 따라 경로길이는 달라진다.

구 분	내 용
연기 (Postponement)	재고보유에 따른 **위험과 불확실성을 다른 구성원에게 전가**시킴으로써 경로효율성을 확보하는 전략이다. 예컨대 중간상들이 필요한 시점에 신속하게 생산·공급해 줄 수 있는 제조업자를 선택함으로써 재고부담을 주문 발생시점까지 연기하려고 한다면 제조업자가 재고부담을 져야하기 때문에 이 경우 **경로길이는 짧아진다.** ★ • 수요가 보다 확실할 때 구입하거나 재고부담을 하므로 위험과 불확실성이 감소한다. • 제품이 큰 덩어리로 유통되고 비교적 분화되지 않은 상태로 유통되기 때문에 물류비용을 줄일 수 있다. • 특히, **산업재**의 경우 소수의 구매자가 일정한 구매주기를 가지고 **집중구매**를 하므로 경로구성원들은 고객으로부터 수요가 발생되는 시점까지 재고부담을 가능한 연기시키려고 한다. 따라서 **산업재 제조업자는 경로길이가 짧은 직접유통경로**를 통해 자신이 경로활동을 **직접** 수행하게 된다. ★
투기 (speculation)	경로구성원들이 제조업자 대신 **투기적 재고**를 유지하는 등의 적극적인 경로활동을 수행함으로써 **제조업자의 재고부담 비용을 대신 부담**하는 전략이다. 이 경우 제조업자는 가능한 한 신속히 상품재고를 이동시키기 위해 많은 중간상들을 경로활동에 참여시키게 되어 **경로길이는 길어진다.** ★ • 투기를 통해 대량생산에 의한 규모의 경제가 가능하다. • 투기적 재고유지는 주문횟수를 줄이고 대량주문 및 대량수송에 따른 물류비용과 재고부족으로 인한 부가비용을 감소시킬 수 있다. • 재고의 부족으로 인한 소비자의 불만 또는 상표전환의 가능성이 줄어든다. • 특히, **소비재(편의재)**의 경우 소비자들은 다빈도 소량구매를 하므로 많은 **중간상들이 재고위험을 부담**한다. 따라서 긴 **유통경로**를 띄게 된다.

(2) 기능위양이론(Functional Spin-off Perspective)

① 기능위양이론은 유통경로의 구조는 기능수행의 경제적 효율성 여부, 즉 **"누가 어떤 기능을 얼마나 효율적으로 수행하는가?"**의 여부에 의해 결정된다고 보는 이론이다. ★

② 다시 말해 기능위양이론의 핵심은 다른 유통경로 구성원이 비용우위를 갖는 기능은 위양하고, 자신이 더 비용우위를 갖는 일은 직접 수행한다는 것이다. ★★

③ 예를 들어, 유통자금이 부족한 중소기업이 경쟁이 치열한 상품시장에 진입할 경우 전문적인 능력을 지닌 중간상에게 마케팅 기능의 일부를 위탁하는 것이 바람직하다. 그러나 기업의 규모가 커지게 되면 중간상을 이용하는 것보다 직접 그 기능을 수행하는 것이 더 효과적일 수 있다.

(3) 사용자-대리이론(Principal-Agency Theory)

① 대리이론은 의뢰인(경로구성원)이 대리인(경로구성원)의 결정과 행동에 의존적으로 행동한다는 이론으로 이때, 유통경로의 구조는 의뢰인에게 최선의 성과를 가져다주는 대리인을 찾아 계약을 맺는 과정에서 결정된다고 본다. ★

② 대리이론은 대리인과 의뢰인 사이에 계약 전과 후의 정보 비대칭성이 존재한다고 보며 이론의 목적함수은 이를 해결하기 위하여 발생되는 의뢰인의 대리인비용의 최소화라고 할 수 있다. ★

③ 여기서 계약 전의 정보 비대칭성이란 역선택의 문제를 말하는 것으로 정보를 갖지 못한 쪽에서 바람직하지 못한 상대방과 계약할 가능성이 높다는 것을 의미하고, 계약 후의 정보 비대칭성이란 도덕적 해이의 문제로서 정보를 가진 측이 그렇지 못한 측의 이익에 반하는 행동을 취하는 경향을 말한다.

④ 따라서 의뢰인은 대리인을 선정할 때는 이와 같은 대리인비용이 적게 소요되는 대리인을 선택하게 된다.

(4) 게임이론(Game Theory)

① "경쟁관계에 있는 구성원들이 어떻게 자신의 이익을 극대화하는가?"에 대한 이론이다.

② 수직적으로 경쟁관계에 있는 제조업체와 중간상이 각자 자신의 이익을 극대화하기 위해 자신과 상대방의 행위를 조정하는 과정에서 유통경로구조가 결정되는 것으로 보고 있다. ★

③ 분석학적 모형에서는 중간상의 기능을 수직적으로 통합하여 생산과 판매의 기능을 제조업체가 동시에 수행할 것인가, 아니면 독립적 중간상을 이용하여 생산과 판매기능을 분리시킬 것인가, 그리고 독립적인 중간상을 이용한다면 어떤 형태의 중간상을 몇 단계에 걸쳐 활용할 것인가 등을 경쟁업체들 간의 힘의 구조를 토대로 설명한다.

④ 경쟁행위에서 상대방의 행위가 자신의 이익에 영향을 미치는 경우 이익을 극대화하는 방법에 관한 이론이다. 특히 이 이론은 수리적 모형이 지니는 제약으로 인해 지나치게 가격 혹은 수량에 의존하여 유통구조를 설명하려는 한계를 지니고 있다. ★

(5) 거래비용이론(Transaction Cost Analysis) `기출 18·17·14·13·12·11·09·08`

① 거래비용이론의 개요

   ㉠ 기업조직의 생성과 관리는 거래비용을 최소화하기 위해 이루어지고 있다고 보는 이론이다. 예를 들어 기업이 시장을 통해 독립된 경로 구성원과 거래하는 것보다, 유통경로와 관련된 활동을 직접 수행할 경우 기회비용을 절감할 수 있기 때문에 이러한 방향으로 기업조직이 생성·관리된다는 것이다.

   ㉡ 거래비용이론은 유통경로시스템 구성원들 간의 기회주의적 성향을 기본적인 가정으로 하고 있으며, 이를 통제하기 위해서는 시장을 통합해야 한다고 주장한다. 여기서 기회주의적 성향이란 중간상들이 자신의 이익을 위해 유통비용을 부풀리는 것을 말한다. ★

   ㉢ 거래비용이론은 이러한 유통경로 구성원 간에 기회주의적 성향에 의하여 거래비용이 증가하고 이로 인하여 시장실패의 가능성을 초래할 수 있음을 주장하고 있다. ★

수직적 통합화

- 개념 : 기술적으로 구분되는 생산, 유통, 판매 및 그 밖의 전 과정을 통합하여 단일 기업의 내부에서 수행함으로써 제조 기업의 경쟁력을 확보하는 전략이다. 규모의 이익과 안정된 공급원을 얻을 수 있으며, 새로운 기술의 습득이 용이하고, 효과적인 통제와 개선이 가능하다.
- 한계 : 분업에 따른 전문화의 이점을 누리기 힘들어질 수도 있다. 경우에 따라 비용구조가 증가하기도 하며, 조직의 비대화를 가져와 관료화의 문제를 겪기 쉽다. 한편, 유통경로 구성원에 대한 통제가 쉬우므로 유연성이 줄어들 수 있다.

01 [18−3]

거래비용이론은 '기업이 어떻게 유통경로구조의 수평적 통합을 통해 경로구성원들과의 시너지 효과를 창출하는가?'와 관계되는 이론이다.
( )

02 [17−2]

거래비용이론은 유통경로시스템 구성원들 간의 합리적이고 정직한 행동경향을 가정한다. ( )

03 [17−2]

거래비용이론은 '경쟁관계에 있는 구성원들이 어떻게 자신의 이익을 극대화하는가?'에 대한 이론으로 수직적으로 경쟁관계에 있는 제조업자와 중간상이 각자 자신의 이익을 극대화하기 위해 자신과 상대방의 행위를 조정하는 과정에서 유통경로구조가 결정된다고 본다. ( )

정답 1. × 2. × 3. ×

② **거래비용이론의 주요 개념**

㉠ 효율성과 비용이라는 경제적인 측면에서 기업의 통제 메커니즘을 설명한다. ★

㉡ 자율 시장교환에서의 가격통제 메커니즘과 위계적 지배구조의 권위통제 메커니즘을 설명한다.

㉢ '기업이 어떻게 유통경로구조의 수직적 통합을 통해 경로구성원들과의 시너지 효과를 창출하는가?'에 대한 이론이다.

㉣ 거래비용의 개념을 최초로 사용한 애로우(Arrow, 1969)는 거래비용을 '경제시스템을 작동시키고 운영하는 비용'이라고 정의하면서, 시장실패현상을 거래비용의 관점에서 파악해야 한다고 주장하였다.

㉤ 거래비용은 다른 기업과 거래하기 전에 정보수집비용, 협상비용, 계약이행비용 등을 비롯하여 최초계약의 불완전으로 인한 비용을 모두 포함한다.

㉥ 거래비용을 분석하기 위해 사용되는 개념으로는 거래주체의 '제한된 합리성', '기회주의적 행동경향', '거래빈도', '조직 환경의 복잡성과 불확실성' 등을 들 수 있다. ★★

㉦ 코즈(Coase)의 견해에 의하면 기업이 존재하는 이유는 '시장을 통한 거래비용'이 '내부조직 구축비용'에 비해 높기 때문이다. 즉 '시장실패' 때문에 '기업'이라는 내부조직이 생겨났다고 본다.

㉧ 윌리암슨(O. Williamson)은 거래비용이론에서 유통경로상에서 수직적 통합화(기업 내부화)가 이루어지는 원인에 대하여 설명하고 있다. ★

㉨ 거래비용이론에 의하면 기회주의적 행동은 관계규범에 의해 자율적 규제가 불가능하므로, 거래비용을 감소시키기 위해 자율적 규제보다는 **법률적 규범**이 앞서야 한다고 주장한다. ★

거래비용의 발생원인(= 수직적 계열화의 발생원인) 기출 18 · 17

- 인적요인 : 제한된 합리성, 기회주의적 행동경향(무임승차 등)
- 환경적요인 : 거래자의 수(소수의 참여자), 정보의 밀집성(비대칭성), 불확실성과 복잡성
- 거래의 특성 : 거래특유자산의 존재, 성과의 계측성, 거래빈도

---

(6) 체크리스트법 기출 21 · 20

① 유통경로구조를 결정하는 데 필요한 여러 가지 고려해야 할 요인들을 종합·반영하여, 중간상을 결정하는 방법이다.

② 체크리스트법에서 고려해야 요인으로는 크게 시장요인, 기업요인, 경로구성원요인, 환경요인, 제품요인이 있다.

시장요인	시장규모, 지역적 집중도, 구매빈도, 평균 주문량
기업요인	기업규모, 재무적 능력, 경영 전문성, 통제에 대한 욕망
제품요인	기술적 복잡성, 제품의 크기와 중량, 부패성, 단위당 가치, 제품표준화 등
경로구성원요인	마케팅 기능 수행의지, 수행하는 서비스의 수와 품질, 구성원의 이용 비용
환경요인	환경적 고려요인의 수

05 유통경로의 믹스

(1) 유통경로 설계의 중요성 기출 18·17·16·12

① 유통경로는 다른 마케팅활동에 직접적인 영향을 미친다. 즉 유통경로가 결정되면 제품, 가격, 촉진 등 마케팅믹스의 다른 요소에 직접적인 영향을 주게 된다. 마케팅믹스 중 가격, 제품, 촉진, 디자인은 기업의 의지에 따라 변경할 수 있으나, 유통경로는 변경하는 데 많은 시간과 비용이 들기 때문에 유연하게 대응하기 어렵다.

② 유통경로의 결정과 관리는 신중해야 한다. 왜냐하면 중간상과의 거래는 일반적으로 장기 계약에 의해 이루어지므로 한 번 결정되면 단시일에 바꾸기 어렵다. 또한, 유통비용은 제품원가의 상당한 비중을 차지하고 있기 때문에 유통경로를 합리적으로 결정하고 관리해야 한다.

③ 유통경로의 길이, 중간상들의 기능 및 능률성, 기업의 합리적 유통경로 결정 등은 기업의 경쟁력에 큰 영향을 주고, 나아가서 국가 경제에도 영향을 미친다.

④ 유통경로는 각 나라의 고유한 역사적 배경과 시장 환경에 의하여 영향을 받게 되므로 각국의 유통경로는 매우 다른 양상을 보인다.

> **유통경로 설계 시 필요사항**
> - 고객이 기대하는 서비스 분석
> - 중간상의 특성
> - 대기시간
> - 점포 숫자의 분포
> - 유통경로의 목표설정
> - 구매가능한 제품의 최소단위
> - 경쟁기업의 특성
> - 제품의 다양성
> - 자사의 특성
> - 환경의 특성
> - 제품의 특성

(2) 유통경로 결정의 요인 기출 17·16·08

① **시장요인** : 시장의 형태, 잠재고객의 수, 시장의 지리적 집중도, 주문의 크기
   ㉠ 시장의 범위가 좁아 구매자 수가 적고, 구매자가 집중되어 있으면 직접유통이 유리
   ㉡ 구매빈도가 높은 경우에는 직접유통 선택
   ㉢ 개별 소비자들의 수가 증가할수록 시장규모는 커짐
   ㉣ 집중도가 낮은 시장의 경우 직접적인 마케팅 경로를 설정할 가능성 ↓, 중간상이 사용될 가능성 ↑
   ㉤ 집중도가 높은 시장의 경우 특정 시장에서의 경쟁 제한, 독과점화 현상 발생 → 중간상이 배제될 가능성 ↑
   ㉥ 제조업자와 시장의 거리가 가까울수록 중간상사용비용이 직접유통비용보다 오히려 더 비싸질 가능성 ↑

② **제품요인** : 단가, 부패가능성, 제품의 기술적 특징
   ㉠ 제품의 기술적 복잡성이 높고 서비스요건이 충족되는 경우 → 직접유통이 유리
   ㉡ 부패성·유행성이 강하고, 표준화되지 않거나 제품 단가가 비싸며, 평균 수주 규모가 큰 경우 → 직접유통의 정도가 높음

개념 Plus

유통경로의 설계에 영향을 미치는 시장 특성
- 시장지리(Market Geography) : 생산자로부터 소비자까지의 물리적인 거리 차이를 말하는 것으로 장거리와 단거리의 거리편의성이 고객만족에 중요한 영향을 준다.
- 시장밀도(Market Density) : 지리적 영역단위당 구매자의 수를 말한다.
- 시장크기(Market Size) : 어떤 특정한 시장에서 잠재적 구매자와 판매자의 수를 말한다. 시장크기는 시장을 구성하는 소비자들의 수에 의하여 결정된다.

개념 Plus

유통경로의 지역성
- 유통경로는 각 나라의 고유한 역사적 배경과 시장환경에 의하여 영향을 받게 되므로 각국의 유통경로는 매우 다른 양상을 보인다는 것을 의미한다.
- 우리나라는 도매상이 매우 취약하고 제조업자의 유통 지배력이 매우 강하다.
- 미국의 경우 광활한 국토를 가지고 있어 제조업자가 자신의 모든 소매업체를 관리하는 것이 어려워 일찍부터 도매상들이 발달했다.
- 각국의 특성에 따라 고유한 형태의 유통경로가 존재한다.

개념 Plus

유통경로 지배권
- 새롭게 등장한 대형 소매업체들은 도매상들의 존재의의를 부정하며 직접적으로 제조업체와 협상할 뿐만 아니라 경로지배력을 강화하고 있다.
- 일반 소비재 시장에서 대형화된 소매업체의 경로리더십은 전속적 유통경로를 채택하는 전문품보다 선택적 유통경로를 채택하는 선매품이 더 두드러진다.
- 다점포 경영이 확대되면 확대될수록, 유통(소매)상이 체인화 혹은 조직화되면 될수록 소매상의 경로지배력이 강화된다.
- 제조업체가 유통경로를 지배하기 위해서는 전방통합을 하여야 한다.
- 제조업체는 유통경로를 지배하기 위한 방법으로 중간상들에게 정기적으로 시장정보를 제공하여 중간상의 경쟁력 향상을 지원하기도 한다.

③ **중간상요인** : 중간상이 제공하는 서비스, 중간상의 이용 가능성, 제조업자 및 중간상의 정책
　　㉠ 바람직한 유형의 도·소매상이 없는 경우 → 직접유통이 유리
　　㉡ 적합한 중간상이 있더라도 이용 가능성이 없는 경우 → 직접유통 or 새로운 유통형태 개발

④ **기업요인**
　　㉠ 기업의 규모와 자본력이 크거나, 제품계열이 넓고, 신제품을 적극적으로 개발하려는 경우 → 직접유통이 유리
　　㉡ 경험자의 경험이 풍부한 경우 → 직접유통의 경향이 높음

⑤ **경쟁적요인** : 경쟁업자와의 경쟁력 차별화를 위해 직접유통 수행

⑥ **경로커버리지 정책 요인**
　　㉠ 얼마나 많은 수의 점포를 특정 지역에 설립할 것인지, 경로 흐름에서 어떤 유형의 경로 구성원이 필요한지의 결정을 통해 실재고객과 잠재고객의 욕구를 실현하는 것이 경로관리의 핵심적인 관점
　　㉡ 경로 내의 중간상 또는 점포수가 증가한다고 해서 반드시 시장점유율이나 매출액이 비례적으로 증가한다고 볼 수 없음

⑦ **경로구조상 요인** : 경로구조는 할당된 유통기능들을 담당하는 경로구성원들의 집합으로, 다중 유통경로정책은 경로간 갈등이 최대화 된다는 단점이 있음

⑧ **제조업체의 유통경로 지배방법에 의한 요인**
　　㉠ 광고를 통해 강력한 브랜드 이미지 구축
　　㉡ 제조업체의 방침에 따르지 않는 유통업체에게 제품판매를 중단하기도 함
　　㉢ 중간상들에게 정기적으로 시장정보를 제공하여 중간상의 경쟁력 향상을 지원

개념 Plus

유통경로 커버리지의 의의
어떤 유통경로를 선택하느냐에 따라 중간상의 개수, 유통비용, 관리 등이 달라지므로 목표에 맞는 효율적인 유통경로정책을 세워야 한다.

(3) 유통경로 커버리지(Coverage) 정책 `기출` 18·17·16·14·13·12·11·10·09·08

① **개방적 유통경로(Intensive Channel Strategy)** : 희망하는 소매점이면 누구나 자사의 상품을 취급할 수 있도록 하는 개방적 유통경로전략으로서 집약(집중)적 유통경로라고도 한다. ★

② **전속적 유통경로(Exclusive Channel Strategy)** : 일정한 상권 내에 제한된 수의 소매점으로 하여금 자사 상품만을 취급하게 하는 전속적(배타적) 유통경로전략을 말한다. ★
　　㉠ 브랜드 충성도(Brand royalty)가 매우 높은 제품을 생산하는 제조업체에 의하여 채택되는 경향을 보인다.
　　㉡ 제조업체는 소매점에 대하여 통제력을 강화시킴으로써 자사 브랜드 이미지를 자사 전략에 맞게 유지할 수 있다. 주로 자동차, 고가구 등 전문점 유통에 이용되고 있다.

③ **선택적 유통경로(Selective Channel Strategy)** : 개방적 유통경로와 전속적 유통경로의 중간적 형태로 일정 지역 내에 일정 수준 이상의 이미지, 입지, 경영능력을 갖춘 소매점을 선별하여 이들에게 자사제품을 취급하도록 하는 선택적 유통경로전략을 말한다. ★

유통경로의 전략별 특징 `기출` 18 · 17 · 16

전략구분	특 징
개방적 유통	• 소매상이 많음 • 소비자에게 제품의 노출 최대화 • 유통비용의 증가 • 체인화의 어려움 • 식품, 일용품 등 편의품에 적용★★
전속적 유통	• 소매상 또는 도매상에 대한 통제 가능 • 긴밀한 협조체제 형성 • 유통비용의 감소 • 제품 이미지 제고 및 유지 기능 • 귀금속, 자동차, 고급 의류 등 고가품에 적용★
선택적 유통	• 개방적 유통경로에 비해 소매상의 수가 적어 유통비용의 절감효과 • 전속적 유통경로에 비해 제품 노출 확대 • 의류, 가구, 가전제품 등에 적용★

유통경로의 전략별 장 · 단점 `기출` 17

전략구분		장 점	단 점
개방적 유통		• 충동구매의 증가로 매출수량 및 매출액 상승효과가 발생할 수 있음 • 상품에 대한 소비자 인식의 고취 • 소비자의 편의성 제고 • 판매량이 크게 증가하는 현상 발생 가능	• 마진이 낮고, 소량주문이 되기 쉬움 • 재고비용과 재주문의 수 증가 • 제조업체의 중간상에 대한 통제가 용이하지 않음 • 광고비 및 판매관리비 증대 • 중간상에게 자사상품PR의 동기부여 곤란
전속적 (배타적) 유통	제조 업자측	• 유통업자의 충성도가 높음 • 판매지원이 활발함 • 보다 정확한 판매예측 가능 • 재고관리 시스템 및 소매상 통제시스템을 가질 수 있음	• 단일 유통업자를 통해 판매되는 것이 보통이므로 자연적으로 판매량이 제한됨 • 제조업자 입장에서 보면 중간상의 세력이 너무 커지는 경향이 있음
	중간상측	• 마진이 높음(고마진) • 제조업자와의 사이에서 가격, 광고, 재고관리 등에 의견일치를 보기 용이함	

경로 커버리지 전략 선택시 고려요인
• 점포에서의 고객의 구매행동 : 제품유형에 따라 고객의 쇼핑행동이 달라질 수 있음
• 경로구성원이 수행할 마케팅 기능에 대한 제조업자의 통제강도
• 특정 지역 내 점포의 포화정도 : 기업이 집약적 유통경로를 활용하는 경우 중간상에 대한 통제가 불가능해져 궁극적으로 손실을 보게 됨

(4) 유통경로 길이의 결정 [기출] 20 · 15 · 14 · 12 · 13 · 12 · 10 · 09 · 08

① 유통경로 길이의 개념

    ㉠ 유통경로의 길이(Length)는 생산자와 구매자 사이에 개입하는 **중간상 수준의 수**를 의미하며, 유통경로수준이란 생산자와 소비자 사이에 **중간 유통상이 몇 단계에 걸쳐서 개입하는가**를 나타내는 개념이다.★

    ㉡ 유통경로의 길이는 제품특성, 수요특성, 공급특성, 유통비용구조 등의 영향을 받으며, 일반적으로 품질·가격과 같은 제품의 특성은 경로길이와 밀접한 관련이 있다.★

② 유통경로 길이의 결정 요인

    ㉠ 긴 경로를 갖는 요인★★

- 경로구성원들이 제조업자 대신 투기적 성향이 강한 경우에 경로활동을 적극적으로 수행하게 되어 경로길이가 길어지는 경향이 있다.
- **소비재**는 산업재와 달리 개별 소비자의 지역적 분산, 소량의 빈번한 구매 등의 특성을 가지며, 소비자는 가능한 한 최소 재고를 유지하려고 하므로 긴 유통경로를 띄게 된다.
- 중간상이 제조업자보다 마케팅 기능을 저렴하게 수행할 수 있다면, 제조업자는 원가우위가 있는 제조부분만을 수행하고 나머지 마케팅기능들은 중간상들에게 위임함으로써 유통경로의 길이가 길어지게 된다.
- 긴 유통경로의 경우 부패성이 없고 표준화된 제품, 즉 **단순한 편의품 계열**이 속한다.
- 고객(수요)이 넓은 지역에 분산되어 있고 구매금액이 작은 경우 적합하다.
- 고객이 다양한 구색과 부수적 서비스를 원할수록 유통경로의 길이가 길어진다.
- 고객이 원하는 1회 구매량이 적을수록 경로의 길이가 길어진다.
- 고객들의 유통서비스 요구가 세련되고 복잡할수록 유통경로가 길어진다.

    ㉡ 짧은 경로를 갖는 요인★★

- 경로구성원들이 경로활동 수행을 가능한 한 제조업자에게 연기하려고 한다면 경로길이는 짧아진다.
- 내부화 비용이 시장거래비용보다 낮다면, 기업 내부화에 의해 마케팅을 직접 수행하는 것이 비용이 저렴하므로 유통경로의 수직적 통합, 즉 짧은 유통경로의 선택이 이루어진다.
- 짧은 유통경로의 경우에는 기술적으로 복잡하며 소비자들의 욕구를 반영한 전문품이 여기에 속한다.
- 생산업체의 수가 적고, 진입과 탈퇴가 제한적이며, 지역적으로 집중 생산·관리되는 특성을 지닌 제품의 경우 적합하다.

> **유통경로 믹스전략**
> - 개념 : 유통경로 믹스전략은 효율적인 유통경로를 결정함에 있어서 유통경로의 길이와 너비를 어떻게 결정하는 지에 대한 것을 의미한다.
> - 단계 : 통상적으로 '유통범위의 결정 → 유통길이의 결정 → 통제수준의 결정'의 단계를 거친다.

유통경로의 길이 결정 요인

영향요인	긴 경로	짧은 경로
제품특성	• 표준화된 경량품, 비부패성 상품 • 기술적 단순성, 편의품	• 비표준된 중량품, 부패성 상품 • 기술적 복잡성, 전문품
수요특성	• 구매단위가 작음 • 구매빈도 높고 규칙적 • 편의품	• 구매단위가 큼 • 구매빈도 낮고 비규칙적 • 전문품
공급특성	• 생산자 수 많음 • 자유로운 진입과 탈퇴 • 지역적 분산 생산	• 생산자 수 적음 • 제한적 진입과 탈퇴 • 지역적 집중 생산
비용구조특성	• 장기적으로 안정적	• 장기적으로 불안정 → 최적화 추구

유통경로수준(단계)의 결정 요인

영향요인 / 유통단계	긴 경로(단계)	짧은 경로(단계)
① 제품의 표준화	표준화★	비표준화, 주문형
② 제품구색, 라인의 수	많은 경우	적은 경우
③ 평균주문량과 금액	작은 경우	큰 경우
④ 제품의 가격과 이윤	낮은 경우★	높은 경우
⑤ 1회 주문량 및 금액	작은 경우★	큰 경우
⑥ 제품의 부패성, 복잡성	낮은 경우	높은 경우
⑦ 생산지에서 소비지까지의 거리	먼 경우	가까운 경우
⑧ 고객의 지리적 집중도	분산된 경우	집중된 경우
⑨ 제품에 대한 기술적 지원	불필요한 경우	필요한 경우
⑩ 유통경로의 관리 및 통제	불필요한 경우	필요한 경우
⑪ 생산자의 자원능력	취약한 경우	우수한 경우
⑫ 중간상의 능력 및 발달정도	높을 때	낮을 때
⑬ 구매자	일반소비자	산업체, 정부

(5) 직접유통경로 vs 간접유통경로 vs 통합유통경로 기출 19·09·08

① 고객이 제품의 기술적인 정보에 대한 욕구가 높을수록 직접유통경로를 선택하게 된다.

② 고객화(Customization)의 필요성이 높을수록 직접유통경로를 선택한다.

③ 로지스틱스가 복잡할수록 직접유통경로를 선택한다.

④ 상품의 깊이 및 넓이에 대한 고객의 요구가 낮을수록 직접유통경로를 선택한다.

⑤ 제품정보에 대한 서비스 기대가 높으면 높을수록 직접경로선택이 더욱 유리하다.

⑥ 제품의 1회 구매량, 즉 구매 규모가 크면 클수록 간접유통경로보다 직접유통경로가 선택될 가능성이 더욱 높다.

⑦ 제품의 규격이나 용도 등 제품 명세에 대한 고객의 욕구가 다양하고, 하나의 제품과 연관된 여러 제품(보완재)들이 공급되어야 할 경우, 직접유통경로보다 간접유통경로가 선택될 확률이 더욱 높다.

⑧ 충분한 제품정보와 다양한 제품구색을 동시에 기대하는 고객을 위해서는 직접경로와 간접경로의 절충형 경로가 최적의 경로구조가 될 수 있다.

개념 Plus

최근 일어나고 있는 유통경로 간의 통합 유형

1. 전통적인 가상 상인형
   배달된 카탈로그를 본 민정은 인터넷 사이트에 접속해서 원피스를 구매하였다.

2. 온·오프라인 기업의 결합형
   • 웹사이트에 접속해 추리소설을 구매한 서연은 퇴근길에 서점에 들러 수령하였다.
   • 카탈로그를 보고 충동이 생긴 범수는 매장에 들러 자동차를 시승, 구매하였다.
   • 홈쇼핑을 통해 신발을 구매한 인숙은 지정된 인근 편의점을 통해 무료로 반품하였다.
   • 홈쇼핑을 통해 청소기를 구매한 민수는 제휴된 근처 마트에서 A/S를 받을 수 있었다.

06 유통경로의 파워(힘)와 갈등관리

(1) 유통경로의 파워 기출 19·12·10·09·08

① **준거적 권력(Referent Power)** : 한 경로구성원이 여러 측면에서 장점을 갖고 있고 다른 경로구성원이 그와 일체성을 가지고 한 구성원이 되고 싶어 하며 거래관계를 계속 유지하고 싶어 할 때 미치는 영향력이다(예 유명상표를 취급한다는 긍지와 보람, 상호간 목표의 공유, 상대방과의 관계지속 욕구, 상대방의 신뢰 및 결속). ★★

② **전문적 권력(Expert Power)** : 한 경로구성원이 특별한 전문지식이나 경험을 가졌다고 상대방이 인지할 때 가지게 되는 영향력이다(예 경영관리에 관한 상담과 조언, 영업사원의 전문지식 교육, 종업원의 교육과 훈련, 경영 정보 및 소비자 정보의 제공, 상품의 진열 및 전시에 관한 조언).

③ **정당성 권력(Legitimate Power, 합법적 권력)** : 다른 구성원들에게 영향력을 행사할 정당한 권리를 갖고 있고 상대방도 당연히 그렇게 해야 한다고 내재적으로 지각할 때 미치는 영향력이다(예 상표등록, 특허권, 프랜차이즈권리, 기타 법률적 권리). ★

④ **보상적 권력(Reward Power)** : 한 경로구성원이 다른 경로구성원에게 여러 가지 물질적 또는 심리적인 도움을 줄 수 있을 때 형성되는 영향력이다(예 판매지원, 영업활동지원, 금융지원, 신용조건, 특별할인, 리베이트, 광고지원, 판촉물지원, 신속한 배달, 지역독점권 제공). ★

⑤ **강압적 권력(Coercive Power)** : 한 경로구성원의 영향력 행사에 대해서 구성원들이 따르지 않을 때 처벌이나 부정적 제재를 받을 것이라고 지각하는 경우에 미치는 영향력이다(예 상품공급의 지연, 대리점 보증금의 인상, 마진폭의 인하, 대금결제일의 단축, 전속적 지역권의 철회, 끼워 팔기, 밀어내기, 기타 보상적 파워의 철회).

⑥ **정보적 권력(Informative Power)** : 다른 경로구성원이 이전에 얻을 수 없었거나 알 수 없었던 정보 또는 일의 결과를 제공해 준다고 인식하는 경우에 갖게 되는 영향력이다(예 시장환경 정보, 소비자 정보, 제품 정보, 마케팅 정보 제공).

유통경로의 평가 및 선택
- 통제성 기준 : 경로기관 사이의 갈등 조정, 동기의 유발
- 적응성 기준 : 시장 또는 환경적 조건의 변화로 인한 경로변경의 필요성에 대한 대비
- 경제성 기준 : 경로에 대한 수익성 평가

유통경로 통제수준의 결정
유통경로에 대한 통제수준이 높을수록 유통경로에 대한 수직적 통합의 정도가 강화되어 기업이 소유하게 되며, 통제수준이 최저로 되는 경우에는 독립적인 중간상을 이용하게 된다. 또한 양자 사이에는 프랜차이즈나 계약 또는 합자의 방식으로 이루어지는 유사통합이 있다.

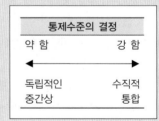

통제수준의 결정	
약 함	강 함
←	→
독립적인 중간상	수직적 통합

출제지문 돋보기 OX

01 [19-2]
경로구성원 A가 B에게 영향력을 행사할 권리를 가지고 있고, B가 그것을 받아들일 의무가 있다고 믿기 때문에 발생하는, A의 B에 대한 파워를 준거적 파워라고 한다. ( )

02 [15-2]
정당성이란 오랜 관습이나 공식적 계약에 근거해 규정된 행동을 준수하도록 정당하게 주장할 수 있는 능력을 말한다. ( )

03 [08-3]
경로파워는 한 경로구성원이 유통경로 내의 다른 경로구성원의 마케팅 의사결정에 영향력을 행사할 수 있는 능력으로 정의된다. ( )

정답 1. × 2. ○ 3. ○

(2) 유통경로의 갈등관리 기출 18·16·12·11·10

① 경로갈등의 의의
- ㉠ 유통경로에 있어 갈등이란 유통경로상에 있는 유통기관 사이에서 발생하는 갈등을 말한다.
- ㉡ 갈등은 반드시 부정적인 것이 아니며, 문제를 발견하고 해결하여 성과를 높이는 계기가 될 수도 있다. 이것을 갈등의 순기능이라고 한다. 그러나 갈등이 지나치게 커지게 되면 영역의 중복, 비효율성이 나타나게 되는데 이를 갈등의 역기능이라고 한다.
- ㉢ 갈등관리란 갈등의 최적 수준을 찾아서 이를 유지하는 과정이라 할 수 있다.

② 경로갈등의 종류★
- ㉠ 수평적 갈등 : 동일 유통경로단계에 있는 유통기관들 사이에서 발생하는 갈등이다. 수평적 갈등은 주로 기존에 취급 해오던 제품 이외에 다른 제품을 추가하거나 판매영역을 확대함으로써 유발된다. 일반적으로 경쟁적인 상품기획과 영업확대에서 비롯되는 경우가 많다.
- ㉡ 수직적 갈등 : 다른 유통경로단계에 있는 유통기관들 사이에서 발생하는 갈등이다. 수직적 갈등은 생산자가 소비자와 직접 유통을 시도하여 이윤을 높이거나 도매상에게 재고부담과 판촉비용을 전가하는 등의 경우에 유발된다. 일반적으로 수직적 갈등은 수평적 갈등에 비해 해결하기가 쉽지 않다.

③ 경로갈등의 주요 원인
- ㉠ 유통경로에서 구성원들 간의 갈등원인으로는 **기회주의적 행동, 목표의 불일치, 현실지각과 인식의 불일치, 영역의 불일치, 커뮤니케이션의 단절** 등을 들 수 있다.★★
- ㉡ 유통경로 갈등의 원인 중 소위 '지각 불일치'란, 동일한 사실·사안을 놓고도 경로구성원들 간에 서로 인식을 다르게 함으로써 발생하는 갈등의 원인을 말한다.
- ㉢ 갈등의 원인 중 목표 불일치로 인한 갈등에는 제품 획득 가능성과 관련한 문제, 중간상 간의 경쟁수준과 관련한 문제, 교육훈련비용 부담에 대한 문제, 신제품 출시시기에 대한 문제 등이 대표적이다.

④ 경로갈등의 관리 방안
- ㉠ 유통채널 간의 갈등원인이 유통채널 간의 영역 중복에서 비롯되는 경우, 채널별 브랜드나 제품을 차별화함으로써 갈등을 해소할 수 있다.
- ㉡ 갈등을 해결하기 위한 전략으로는 회피, 수용, 경쟁, 타협, 문제해결 등이 있다.
- ㉢ 갈등관리방안 중 '회피'는 가장 수동적 성격의 전략으로, 두 구성원 간의 상호의존도가 거의 없는 경우에 사용가능하다.
- ㉣ 유통채널 간의 갈등을 최소화하기 위해 주문가능지역을 제한하는 것도 한 방안이 될 수 있다.

⑤ 경로갈등의 해결방법
유통경로 갈등은 순기능적인 측면이 있지만 현실적으로 역기능적 갈등이 발생하기가 쉽다. 따라서 갈등은 어느 정도 해결되어야 하며, 유통경로 갈등을 해결하기 위한 방법은 다음과 같다.

개념 Plus

유통경로에서 발생하는 갈등을 관리하는 행동적 방식
- 문제해결
- 설 득
- 협 상
- 중 재

개념 Plus

기회주의적 행동
- 거래파트너가 자신의 이익을 추구하기 위하여 거래에 관련된 정보를 왜곡하거나 잘못된 정보를 제공하는 것 또는 지나친 가격협상을 하는 것을 말한다.
- 거래관계에서 거래파트너가 기회주의를 발휘하게 되면 기업은 합리적인 판단을 할 수 없기 때문에 그 거래파트너와 거래를 수행하는 데 있어서 갈등과 비용이 더 발생하게 된다.

출제지문 돋보기 OX

01 [21-2]
도매상의 불량상품 공급에 대한 소매상의 불평은 수평적 갈등의 사례에 해당한다. ( )

02 [21-1]
다른 딜러가 차량 가격을 너무 낮게 책정했다는 동일차량회사 딜러의 불평은 수평적 갈등의 사례에 해당한다. ( )

03 [13-3]
경로 구성원 간에 목표, 역할, 보상에 대한 의견불일치는 경로갈등을 초래하는데 특히, 경로상 같은 수준에 있는 기업 사이에서 발생하는 갈등을 수평적 갈등이라 한다. ( )

정답 1. ✕ 2. ◯ 3. ◯

⊙ 행동변화의 유도 : 시간이 많이 필요하기는 하지만 갈등의 원인을 근본적으로 해결할 수 있는 방법이다. 대면회합 등의 방법을 통해 갈등요인이 되고 있는 문제들을 파악하고 상호 간의 입장을 밝히면서 갈등을 해결할 수 있다.

　　⊙ 공동목표의 설정 : 서로 협조할 수 있는 목표를 설정하여 갈등을 해결하는 방법이다.

　　⊙ 공동경쟁대상의 설정 : 공동으로 위험을 느끼는 대상을 선정하여 이에 공동 대항함으로써 상호 간의 갈등을 해결하는 방법이다.

　　⊙ 갈등 대상의 통합 : 상호의존성이 높은 대상들이 갈등을 일으켜 전체에 악영향을 미치는 경우 이들을 통합하여 갈등을 해결하는 방법이다.

3 유통경제

01 유통산업의 역할 기출 19

(1) 유통산업의 사회적 역할

① 원활한 물품의 흐름 촉진 : 유통산업이 발전되어야만 생산자가 만든 좋은 품질의 상품을 소비자에게 값싸고 신속하게 전달할 수 있고, 생산 및 소비의 양과 질을 합리적으로 결정하여 물품의 흐름을 원활하게 할 수 있다.

② 풍요로운 사회에 공헌 : 유통업은 질 좋은 제품을 소비자에게 안정적으로 값싸게 공급함으로써 풍요로운 국민생활에 공헌하는 역할을 하고 있다.

③ 소비문화의 창달 : 유통시설은 도시변화가 상업시설의 핵심을 이루면서 도시발전의 지표와 상징적 역할을 하며, 소비자의 소비·쇼핑패턴의 변화는 사회 전체 소비문화를 결정짓는 중요한 요소가 된다.

(2) 유통산업의 경제적 역할

① 생산자와 소비자 간의 매개 역할 : 생산자와 소비자가 직접 거래할 경우에 발생하는 제반비용을 감소시켜 주고, 양자의 중간에서 각각의 정보를 상대방에게 제공함으로써 소비자니즈에 맞는 제품을 생산할 수 있다.

② 고용창출 : 유통산업은 3차산업 중 가장 비중이 높고, 앞으로 지속적인 성장으로 높은 고용창출 효과를 기대할 수 있다.

③ 물가조정 : 유통구조가 효율화되면 제품의 최종 소비자가격은 낮아지고, 유통경로에 대한 투자 위험을 흡수할 수 있다. 또한 유통업체 간, 제조업과 유통업체 간 경쟁을 촉진함으로써 물가를 조정하는 역할을 담당한다.

④ 산업발전의 촉매역할 : 유통부문이 신규시장을 활발히 개척하면서 제조업체에 대한 유통업의 거래 교섭력이 증가하고 있다. 이는 제조업체 간 경쟁을 촉발시키고 따라서 제조업 전체의 경쟁력이 제고될 수 있다.

02 상품생산 · 소비 및 교환 기출 19

(1) 상품의 생산

① 상품생산의 의의

 ㉠ 집단 내 생산과 소비의 일치에서 잉여생산물의 발생은 교환의 필요성을 가져오게 하였다. 더 나아가 판매를 목적으로 하는 생산자들은 이윤을 목적으로 제품의 대량 생산을 수행하였다.

 ㉡ 생산자들은 제품의 판매와 더불어 생산을 유지하는 것이 필요하며, 제품수명주기상 경쟁자의 출현이나 제품판매하락 등을 대비하여 신시장의 개척 또는 신제품 개발 등을 수행하게 된다.

② 제품수명주기(Product Life Cycle)

어떤 상품이 시장에 최초로 도입되어 폐기에 이르기까지의 과정을 말하며, 이 수명은 상품마다 상이하나 대체로 도입기, 성장기, 성숙기, 쇠퇴기의 과정으로 구분된다.

도입기	• 제품을 개발하여 시장에 판매하는 단계이므로 이익은 없거나 매우 낮게 형성된다는 특징을 가진다. • 도입기 제품은 낮은 수요와 낮은 가격 탄력성을 가지며 인지도 확장을 위한 마케팅 노력을 기울이게 된다. • 가격 탄력성은 가격의 변동이 수요에 영향을 미치는 정도로, 낮은 변동에도 수요가 급변할 경우 탄력적이라 볼 수 있으며, 높은 변동에도 수요가 변화하지 않을 경우 비탄력적이라 볼 수 있다.
성장기	• 수요가 급격히 증가하게 되어 기업의 매출액이 증가하는 단계이다. • 기업은 다양한 소비자 요구를 충족시키기 위한 제품 공급과 다양한 유통경로, 설득위주의 촉진전략 등 다양한 마케팅 활동을 전개하게 된다.
성숙기	• 상품 단위별 이익은 최고조에 달하지만 수익이나 판매성장이 둔화되는 단계이다. • 성숙기에는 수요의 변화, 경쟁의 심화 등의 영향을 받게 되기 때문에 마케팅 조정을 필요로 하게 된다.
쇠퇴기	• 시장에서 제품이 판매되지 않거나 점차 하락하는 단계이다. • 기업은 시장에서 현금유입을 극대화하기 위한 노력을 하게 되고 비용은 줄이거나 없애기 위한 노력을 하게 된다.

③ 앤소프의 매트릭스(Ansoff Matrix) 기출 21 · 20 · 19 · 17

생산자들이 지속적인 성장을 위하여 제품과 시장에 대해 어떤 전략을 선택할 것인지에 대한 의사결정 도구로서 4가지 성장전략 유형이 있으며, 생산자들은 이를 통해 다양한 대안에 대한 위험도를 예측 및 비교분석할 수 있다.

구 분		상품 및 접근전략	
		기존제품으로 접근	신제품으로 접근
시 장	현재 : 기존시장	시장침투전략	제품개발전략
	신규 : 신시장	시장개척전략	다각화전략

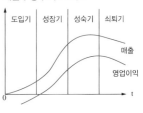

개념 Plus

제품수명주기 그래프

[Product Life Cycle]

개념 Plus

제품/시장확장 그리드를 이용한 성장전략

• 시장침투 : 기존시장 + 기존제품의 경우로 어떤 형태로든 제품을 변경시키지 않고 기존 고객들에게 보다 많이 판매하도록 하는 전략 수립

• 시장개척 : 신시장 + 기존제품의 경우로 시장개척의 가능성을 고려하는 전략수립

• 제품개발 : 기존시장 + 신제품의 경우로 기존시장에 신제품 또는 수정된 제품을 공급하는 전략수립

• 다각화전략 : 신시장 + 신제품의 경우로 기존의 제품이나 시장과는 완전히 다른 새로운 사업을 시작하거나 인수하는 전략수립

개념 Plus

상품구색의 패러독스
너무 다양하게 제품을 제공하였을 때 고객이 제품선택에 어려움을 느끼게 되는 현상을 말한다.

(2) 상품의 소비

① 소비자는 자신의 니즈(needs)나 욕구를 충족시키기 위하여 상품이 가지는 유용성을 소비하게 된다. 소비자의 소비는 하나 또는 그 이상의 재화 조합을 통해 이루어진다.

② 소비자의 주인의식이 강화됨에 따라 자신의 필요를 생산자에게 요구하게 되었다. 과거에는 기업이 생산하여 판매를 강요하였다면, 현재는 소비자의 필요를 바탕으로 생산이 이루어지게 되었다.

③ 정보화 사회에서 정보가 경쟁의 우위 요소가 됨에 따라 소비자가 요구하고 있는 정보를 기업이 파악하여 이에 적합한 제품을 생산함으로써 기업 존속과 발전을 가져올 수 있다.

(3) 상품의 교환

① 생산자와 소비자의 교환활동은 화폐를 매개로 하여 상호 간 필요에 의해서 이루어진다. 하지만 생산자와 소비자간 격지에 위치해있거나 제품 판매자가 소비자가 요구하는 구색을 갖추고 있지 않다면 효율적인 교환은 이루어지기 어렵다.

② 이러한 제약적인 요소가 중간상을 필요로 하는 원인이 되며, 사회적 분업을 촉진시키는 데 영향을 미치게 된다. 중간상은 전통적인 유통경로 측면에서 도매상과 소매상으로 구분하여 볼 수 있다. 원칙적으로 도매상은 소비자에게 판매를 하지 않고 다른 유통단계에 판매를 하는 상인을 의미하고, 소매상은 소비자에게 판매를 하는 상인을 의미한다.

03 유통비용과 유통이윤 기출 19

(1) 유통비용

① 유통비용은 유통을 수행하는 경제적 활동에 의한 비용으로 상적 유통, 물적 유통 및 조성 기능의 수행에서 발생한다.

② 유통비용은 유통에 직접적으로 지불되는 비용인 직접비용과 간접적으로 투입되는 비용인 간접비용으로 구분된다. 유통 직접비용 항목에는 수송비, 보관비, 하역비, 포장비 등이 있고, 유통 간접비용 항목에는 점포임대료, 통신비, 자본이자 등이 있다.

③ 산업용품의 유통은 수요자 직매인 직접 경로와 중간상인을 통한 간접 경로로 구분되며, 소비용품은 생산자와 직접 거래가 이루어지는 경로와 중간상인을 통한 간접 경로로 구분된다. 물리적 측면에서가 아닌 경로 단계 수의 측면에서 유통길이가 파악되므로 산업용품 및 소비용품은 각각의 경로단계를 통해 직·간접비용인 유통비용이 발생된다.

(2) 유통이윤

유통이윤은 유통단계상 구성원들의 이윤으로 유통업자의 정상이윤, 위험에 따른 프리미엄, 독과점 초과이윤 등에 의해 결정된다.

4 유통산업의 이해 및 환경

01 유통산업의 발전과정

(1) 유통산업 의의 기출 08

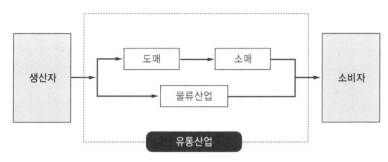

[유통산업의 흐름]

① 상업 측면에서의 유통산업

  ㉠ 도매업 : 생산자에게 물건을 사서 소매상에게 파는 일로, 생산자와 소매상 사이에는 여러 명의 도매상이 관련되어 있을 수 있다.

  ㉡ 소매업 : 생산자나 도매상에게서 물건을 사서 직접 소비자에게 파는 일을 말한다. 과거 소매업은 가장 뒤떨어진 산업 부문으로 받아들여졌지만, 소매업이 슈퍼마켓 등과 같은 체인점 형태로 바뀌면서 점차 높은 이익을 남기게 되었다.

  ㉢ 중개업 : 물건을 사고파는 행위를 중개하는 일이다. 부동산 중개업처럼 물건을 사고파는 사람을 연결해주고 일정한 수수료를 받는다.

  ㉣ 무역업 : 외국과 상품 교역을 하는 일이다.

② 상품 측면에서의 유통산업

  ㉠ 창고업 : 상품을 저장할 수 있도록 창고를 빌려주고 세를 받는 산업이다.

  ㉡ 운수업 : 대규모로 화물을 운반하는 산업이다.

  ㉢ 하역업 : 제품 등 화물을 싣고 내리는 일, 옮기는 일, 창고에 쌓고 꺼내는 일 등과 관련된 일이다.

(2) 유통환경의 변화와 특징

① 사회문화적 측면의 변화에 따른 유통환경 기출 21 · 20 · 19 · 18 · 17 · 16

  ㉠ 정보기술의 발전으로 소비자의 목소리가 커져서 **프로슈머(Prosumer)**가 등장하였다.

  ㉡ 1인 가구의 증가로 인하여 소량구매를 통한 경제적 합리성을 추구하는 경향이 증가하고 있다.

  ㉢ 소비자가 직접 해외에서 구매하는 현상이 증가하고 있다.

  ㉣ 단순구매를 넘어서는 쇼핑의 레저화, 개성화 추세가 나타나고 있다.

  ㉤ 모바일을 이용한 전자상거래의 판매비중이 높아졌으며, 시간의 효율적 사용을 원하는 소비자 요구가 증가하고 있다.

개념 Plus

프로슈머(Prosumer)

• 앨빈토플러의 '제3의 물결'에서 언급한 것으로 '생산자(Producer)'와 '소비자(Consumer)'를 합성한 말이다.

• 고객 자신이 기업의 생산과정에 직접 참여하는 것으로 제품 및 서비스도 이제는 소비자가 원하는 방향으로 만들어져야 경쟁력이 있다는 것이다.

개념 Plus

유통산업의 문제점

• 저생산성
• 유통구조의 비효율성
• 인프라의 취약성
• 영세성
• 유통거래질서의 미확립
• 유통정책요인의 부재

O2O서비스

O2O란 온라인(online)과 오프라인(offline)이 결합하는 현상을 의미하는 말이며, 최근에는 주로 전자상거래 혹은 마케팅 분야에서 온라인과 오프라인이 연결되는 현상을 말하는 데 사용된다.

개념 Plus

대형마트가 성장에 있어 정체기를 겪는 이유
- 소비위축
- 포화상태의 매장 수
- 소비 트렌드의 변화
- 온라인 쇼핑몰의 성장
- 높은 직매입 비중

개념 Plus

NB VS PB
- 전국상표(National Brand) 상품 : 제조업체에 의해 개발, 생산, 프로모션 등에 관한 활동이 이뤄지고 여러 유통업체에 의해 판매되는 상품
- 개별상표(Private Brand) 상품 : 유통업체가 자체개발한 상품(= Store Brand 상품)

개념 Plus

편의점이나 대형할인점 등이 PB 상품에 주력하는 근본적인 이유
- 편의성의 극대화
- 수익성의 개선
- 점포의 차별화
- 상품개발의 용이성

ⓑ 건강에 대한 관심이 높아져서 친환경 농산물 및 관련 제품이 인기이다.

ⓢ 제품의 질과 가치를 동시에 추구하는 합리적인 소비문화가 등장하였다.

ⓞ 여성의 사회적, 경제적 활동 증가로 즉석식품과 편의점, 배달서비스가 발전하였다.

ⓩ 남여 성별 고정역할의 구분이 약해짐으로 인해 소비시장도 변하고 있다.

ⓩ 구매 의사결정과정에서 온라인과 오프라인간의 경계가 더욱 모호해지고, 온라인과 오프라인을 넘나드는 O2O 서비스가 증가하고 있다.

② 대형 유통업체의 성장 및 배경 기출 17 · 16

ⓐ 소비 트렌드의 변화 : 소비자행동이 대형 유통업체에 유리한 방향으로 전개되고 있다. 즉 소비자들이 일괄 구매(One stop shopping)를 선호함에 따라 대형 유통매장이 전국적으로 확산되었다.

ⓛ 대형화 · 집중화 : 유통업계의 대형화 · 집중화 현상으로 유통업체의 영향력이 증대되었다.

ⓒ 규모의 경제 : 가격이 전략적 무기가 됨에 따라 유통업체들이 규모의 경제를 추구하게 되었다.

ⓔ 기술혁신 : 유통정보기술의 발달로 인해 재고관리, 배송, 주문 등에서 기술혁신을 이루어 효율적 경영이 가능해지고 가격경쟁력이 생겼다.

ⓜ 자체브랜드(PB ; Private Brand)의 개발 · 육성 : 유통업체들의 파워가 강해짐에 따라 유통업체 브랜드(PB)의 개발이 더욱 활발해져 내셔널 브랜드(NB)로 확실한 자리매김을 하지 못한 생산업체 브랜드는 유통업체에 대한 제품 공급이 더욱 어려워지는 현상이 발생하고 있다.

ⓑ 파워소매상의 등장 : 유통경로시스템에서의 힘의 균형이 점차 제조업체에서 유통업체로 넘어가고 있다. 즉 '파워 소매상'의 등장으로 지속가능한 경쟁우위 확보가 점점 어려워지고 있다.

쇼루밍과 역쇼루밍
- 쇼루밍(Showrooming) : 백화점과 같은 오프라인 매장에서 상품을 직접 만져보고 체험한 다음, 정작 구매는 보다 저렴한 온라인으로 하는 소비 패턴을 의미한다.
- 역쇼루밍(Reverse Showrooming) : 온라인을 통해 상품에 대한 각종 정보를 검색하고 비교해 상품의 구매를 결정한 후, 오프라인 매장을 직접 방문해 구매하는 방식이다.

(3) 유통산업의 새로운 추세

① 소비자의 주권 강화 : 정보통신기술의 발전, 교육수준의 향상에 따라 정보 취득의 기회 증가, 소비자들이 적극적으로 정보 권리에 대해 주장하는 추세가 강해지고 있다.

② 퓨전유통(Fusion Distribution) : 소비자의 소비행태와 니즈의 변화에 따라 점차 차별화된 여러 가지의 유통형태가 출현함으로써 제조업자, 도매업자, 소매업자 각각의 역할 구분이 점점 모호해 지고 있다.

③ 디지털 유통의 가속화 : e-비즈니스의 성장, 오프라인 업체의 성장, POS, EDI, e-SCM, 휴대 통신기기에 의한 사업확대전략 등이 발달하고 있다.

④ **브랜드 가치의 증대** : 거래의 주도권이 제조업체에서 유통업체, 유통업체에서 소비자에게로 급속히 진행됨에 따라 제품 고유의 속성에 따른 구매보다는 브랜드와 제품 이외의 가치를 추구하는 경향성이 나타나고 있다.

⑤ **채널 간의 갈등 증대** : 동일한 고객에게 접근하고자 하는 여러 형태의 업태와 업체들이 시간적·공간적으로 공존하면서 기존의 수평적인 경쟁에 더하여 수직적인 경쟁 현상까지도 나타나고 있다.

⑥ **기타 변화요소** : 유통시장 개방과 글로벌화, 대기업의 유통업 진출과 전국 체인화, 정부의 정책적 노력 확대, 광역 물류인프라 구축, 정보 표준화 선도, 전자상거래의 활성화, 온라인 유통시장 점유율의 증가 등

(4) 최근 국내외 유통산업의 동향과 트렌드 **기출** 20

① 소비자의 구매 패턴 등을 담은 빅데이터를 기반으로 생산과 유통에 대한 의사결정이 이루어지고 있다.

② 소비양극화에 따라 개인 가치에 부합하는 상품에 대해서는 과도한 수준의 소비가 발생하고 관심이 적은 생필품은 저가격 상품을 탐색하는 성향이 증가하고 있다.

③ 글로벌 유통기업들은 무인점포를 만들고, 시범적으로 드론 배송서비스를 제공하기 시작하였다.

④ 디지털 기술 및 다양한 기술이 융합됨에 따라 온라인 플랫폼을 통하여 개인화된 제품으로 변화된 소비자 선호에 대응이 가능하다.

⑤ 소비자의 멀티채널 소비 증가로 유통업체의 옴니채널 구축이 가속화되고 있다.

⑥ 업태 간 경쟁심화에 따라 단순 매출보다는 이익에 초점을 둔 경쟁이 심화되고 있다.

⑦ 복합쇼핑몰, 카테고리킬러 등 신규업태가 탄생하고 업태 간 경계가 모호해지고 있다.

⑧ 모바일과 IT기술 확산에 따른 리테일테크(retail+tech) 발달이 가속화되고 있으며, VR/AR 등을 이용한 가상 스토어에서 물건구입이 가능해졌다.

(5) 유통산업의 환경에 따른 유통경로의 변화 단계 **기출** 17 · 16

① **싱글채널** : 하나의 오프라인 점포에서 구매

② **듀얼채널** : 두 개 이상의 오프라인 점포에서 구매 가능

③ **멀티채널** : 온·오프라인의 다양한 채널에서 구매 가능하나 각 채널은 경쟁관계임

④ **크로스채널** : 온·오프라인의 경계가 무너지면서 상호 보완됨

⑤ **옴니채널** : 다양한 채널이 고객의 경험관리를 중심으로 하나로 통합됨

멀티채널(multi-channel)과 옴니채널(omni-channel) 비교

- 멀티채널은 최소한의 채널 연속성만 제공하지만 옴니채널은 전 채널에 걸쳐 끊김없는 환경을 제공한다.
- 멀티채널 환경에서는 각 채널이 연계되지 않아 고객은 하나의 문제를 해결하기 위해 최소 3개의 채널을 사용해야 하지만 옴니채널에서는 다양한 채널이 연계되기 때문에 고객 맞춤형 서비스가 가능하다. 특히 옴니채널은 스마트폰 근거리 통신기술을 이용하여 편의점을 지나는 고객에게 할인쿠폰을 지급하는 형태로도 활용된다.

개념 Plus

옴니채널(omni channel)

- 옴니채널이란 온라인, 오프라인, 모바일 등 고객을 둘러싸고 있는 모든 쇼핑채널들을 유기적으로 연결해 고객이 어떤 채널에서든 같은 매장을 이용하는 것처럼 느낄 수 있도록 한 매장의 쇼핑환경을 말한다.
- 옴니채널은 각 유통채널의 특성을 결합시킴으로써 고객이 다양한 경로를 넘나들며 상품을 검색하고 구매할 수 있도록 하는 쇼핑 환경을 제공한다.

출제지문 돋보기 OX

01 [17-3]
최근 유통산업은 옴니채널에서 멀티채널로 진보하고 있다. (   )

02 [18-1]
e-커머스는 식료품을 포함한 일상 소비재 시장으로 확산되어 가는 추세이다. (   )

03 [21-3]
옴니채널(omni channel) 소매업이란 인포머셜이나 홈쇼핑채널 등 주로 TV를 활용하여 영업하는 소매업이다. (   )

정답 1. × 2. ○ 3. ×

- 멀티채널은 각 채널을 독립적으로 운영하여 온·오프라인이 경쟁관계라고 한다면, 옴니채널은 고객중심의 유기적 채널로 온·오프라인이 상생관계라는 점에서 다르다.
- 최근 유통산업은 멀티채널에서 옴니채널로 진보하고 있다.

02 글로벌 유통산업의 동향과 추세

(1) 규모의 경제를 실현하기 위한 협력 강화

선진국에서는 대형 업체 간 인수합병(M&A) 및 전략적 제휴를 통해 거대화를 도모하고 있다. 글로벌기업들은 전자상거래 시장의 선점과 대규모의 네트워크 구축을 추진함으로써 경쟁력을 강화해나가고 있다.

(2) 글로벌 네트워크의 구축

국제시장은 국내시장과 달리 다양하고 복잡한 영향 요인들이 있으며, 유통 구성 요인들의 상대적 중요성도 상당히 상이하다. 때문에 글로벌 기업들은 효율적인 운영을 위한 방안으로 각 시장마다의 특성이나 관련 국가규정 등을 분석하여 글로벌 네트워크를 구축해 유통산업에 활용하고 있다.

(3) 정보기술의 발달

① 무선주파수식별시스템(RFID)과 같은 물류 신기술의 등장으로 인해 유통에 소요되는 시간과 비용이 절감되었다. 무선주파수식별시스템은 제조단계부터 반품단계까지 물류의 흐름을 실시간으로 추적할 수 있기 때문에 국내에서 뿐만 아니라 국제적으로 활용가치가 높다.

② POS시스템을 통해 점포관리를 효과적으로 수행할 수 있게 되었고, 더 나아가 전자주문시스템(EOS)을 연계함으로써 효율적인 재고관리가 가능하게 되었다.

③ 전자기술의 발달에 의해 등장한 전자문서교환(EDI)을 통해 거래관계자간 데이터의 효율적 교환이 가능하게 되었다. 표준화된 문서를 전자적으로 교환하기 때문에 통신을 이용하여 거래기업과의 데이터교환을 용이하게 할 수 있다.

④ 정보기술에 기반을 둔 e-SCM, B2B 네트워크 등을 구축하여 정보화를 핵심 역량으로 활용하고 있다. 전자상거래의 경우 시간과 장소에 제약 없이 원하는 제품을 구매할 수 있는 환경을 제공하였다.

(4) 효과적인 수송체계의 출현과 환경의 중요성 대두

① 주문, 운송, 조달 등에 있어서 시간 및 수송량의 중요성이 증가함에 따라 운송수단의 고속화, 규모화 등이 이루어지고 있으며, Piggy-Back Service, Fishy-Back Service, Sea-Air Service 등 운송수단의 혼합이용이 증가하고 있다.

② 글로벌 유통의 발전으로 국가 간 흐름이 증가함으로써 지구온난화와 같은 환경문제를 최소화하기 위한 환경지향적인 녹색물류를 지향하게 되었다.

01 아래 글상자 ㉠과 ㉡에 해당하는 유통경로가 제공하는 효용으로 옳게 짝지어진 것은?

> ㉠ 24시간 영업을 하는 편의점은 소비자가 원하는 시점 어느 때나 제품을 구매할 수 있도록 함
> ㉡ 제조업체를 대신해서 신용판매나 할부판매를 제공함

① ㉠ 시간효용, ㉡ 형태효용
② ㉠ 장소효용, ㉡ 시간효용
③ ㉠ 시간효용, ㉡ 소유효용
④ ㉠ 소유효용, ㉡ 시간효용
⑤ ㉠ 형태효용, ㉡ 소유효용

02 아래 글상자 ㉠~㉡에 들어갈 단어가 옳게 나열된 것은?

> (㉠)은/는 이질적인 생산물을 동질적인 단위로 나누는 과정을 말하는데 통상적으로 생산자가 직접 수행하며 흔히 생산자의 표준화 기능이라고도 한다.
> (㉡)은/는 동질적으로 쌓여진 것을 다시 나누는 과정이며 중계기구라 불리는 중간상인들이 이 기능을 수행한다. 이런 중계기구를 중계도매상이라 한다.

① ㉠ 집적, ㉡ 분류(등급)
② ㉠ 배분, ㉡ 구색
③ ㉠ 구색, ㉡ 분류(등급)
④ ㉠ 분류(등급), ㉡ 배분
⑤ ㉠ 구색, ㉡ 배분

03 유통기능을 거래의 성사를 촉진하는 상적 기능과 성사된 거래를 이행하는 물적 기능으로 구분한다면, 다음 중 물적 기능에 해당하는 것은?

① 배 달
② 상품등급화
③ 머천다이징
④ 가격조정
⑤ 촉 진

04 도매상의 제조업체에 대한 기능으로 옳지 않은 것은?

① 시장확대 기능
② 재고유지 기능
③ 제품의 소량분할 기능
④ 주문처리 기능
⑤ 시장정보제공 기능

05 아래 글상자 내용 중 소비자를 위한 소매상의 기능으로 옳은 것을 모두 고르면?

> ㉠ 새로운 고객 창출
> ㉡ 상품선택에 소요되는 비용과 시간을 절감할 수 있게 도와줌
> ㉢ 소매광고, 판매원서비스, 점포 디스플레이 등을 통해 상품관련정보를 제공
> ㉣ 할부판매
> ㉤ 재고유지
> ㉥ 배달, 설치

① ㉠, ㉡
② ㉡, ㉢, ㉤
③ ㉢, ㉤, ㉥
④ ㉡, ㉣, ㉤, ㉥
⑤ ㉡, ㉢, ㉣, ㉥

06 도매상의 기능을 '제조업자를 위한 도매상의 기능'과 '소매상을 위한 도매상의 기능'으로 구분할 때, 다음 중 성격이 다른 하나는?

① 시장정보제공 ② 시장확대
③ 신용 및 금융기능 ④ 재고유지
⑤ 주문처리

07 다음 중에서 새로운 소매업태가 나타나게 되는 이유를 설명하는 이론으로 가장 옳지 않은 것은?

① 소매수명주기 이론
② 수레바퀴 이론
③ 소매 아코디언 이론
④ 소매인력이론
⑤ 변증법적 이론

08 소매업태 발전에 관한 이론 및 가설에 대한 옳은 설명들만을 모두 묶은 것은?

> ㉠ 아코디언이론 : 소매기관들이 처음에는 혁신적인 형태에서 출발하여 성장하다가 새로운 개념을 가진 신업태에게 그 자리를 양보하고 사라진다는 이론
> ㉡ 수레바퀴(소매차륜)이론 : 소매업태는 다양한 제품계열을 취급하다가 전문적·한정적 제품계열을 취급하는 방향으로 변화했다가 다시 다양한 제품계열을 취급하는 형태로 변화하는 과정을 반복한다는 이론
> ㉢ 변증법적과정이론 : 두 개의 서로 다른 경쟁적인 소매업태가 하나의 새로운 소매업태로 합성된다는 소매업태의 혁신과정 이론
> ㉣ 소매수명주기이론 : 한 소매기관이 출현하여 초기 성장단계, 발전단계, 성숙단계, 쇠퇴단계의 4단계 과정을 거쳐 사라지는 소매수명주기를 따라 변화한다는 이론

① ㉠, ㉡ ② ㉡, ㉢
③ ㉢, ㉣ ④ ㉠, ㉡, ㉢
⑤ ㉠, ㉡, ㉢, ㉣

09 서로 경쟁하던 슈퍼마켓과 할인점의 복합 형태인 슈퍼센터의 등장을 설명해 줄 수 있는 소매업태 혁신과정 이론으로서 가장 옳은 것은?

① 진공지대 이론
② 변증법적 이론
③ 소매차륜 이론
④ 아코디언 이론
⑤ 소매수명주기 이론

10 소매업태 발전에 관한 이론 중 소매차륜(수레바퀴)이론에 해당하는 내용만을 나열한 것은?

> ㉠ 가격이나 마진이 아니라 상품믹스의 변화에 초점을 두고 있다.
> ㉡ 소매기관들이 처음에는 혁신적인 형태에서 출발하여 성장하다가 새로운 개념을 가진 신업태에 그 자리를 양보하고 사라지게 된다.
> ㉢ 진입단계 – 성장단계 – 쇠퇴단계의 세 단계로 구성되어 있다.
> ㉣ 한 소매기관이 출현하여 사라지기까지의 전과정에 대해 설명하는 이론으로 두 개의 서로 다른 경쟁적인 소매업태가 하나의 새로운 소매업태로 합쳐지는 현상을 설명한다.
> ㉤ 고서비스·고가격과 저서비스·저가격 소매기업 사이의 경쟁이 선호분포의 중심을 향해 이동하여 기존의 서비스·가격수준을 제공해 주는 소매기관은 없어지게 된다고 설명한다.

① ㉠, ㉡ ② ㉡, ㉢
③ ㉢, ㉣ ④ ㉣, ㉤
⑤ ㉠, ㉢, ㉤

11 소매업발전이론에 대한 설명이나 한계점으로 옳지 않은 것은?

① 소매수명주기 이론 – 소매점 유형이 도입기, 성장기, 성숙기, 쇠퇴기 단계를 거친다.
② 아코디언 이론 – 원스톱 쇼핑이나 전문점을 찾는 다양한 소비자층이 존재한다는 것은 설명하지 못한다.
③ 빅 미들 이론 – 최초의 소매업 발전이론으로, 과거에는 백화점이 지배적인 대형 중간상이었으나, 현재는 온라인 쇼핑몰이 지배적인 이유를 설명한다.
④ 아코디언 이론 – 저관여제품, 고관여제품의 소매업태를 설명하지 못한다.
⑤ 소매업수레바퀴 이론 – 편의점의 고가격이나 상품구색, 24시간 영업 등의 비가격적인 요소들은 설명하지 못한다.

12 소매업태에 대한 설명 중 올바르지 않은 것은?

① 슈퍼센터 – 슈퍼마켓과 종합 할인점을 합친 형태로 식품과 일반 상품의 다양한 구색을 통해 원스톱 쇼핑이 가능하다.
② 카테고리킬러 – 일정 상품 카테고리를 대상으로 다양한 구색을 갖추고 낮은 가격으로 판매하는 형태를 말한다. 전문적인 서비스를 제공할 수 있다.
③ 창고형 할인점 – 제한된 품목의 식품 및 일반상품을 제공하며 서비스 수준은 낮지만 낮은 가격을 실현할 수 있고, 회원제로 운영되는 형태가 많다.
④ 편의점 – 제한된 종류와 구색의 상품을 갖추고 고객의 접근성이 높은 지역에 위치하여 판매하는 형태이다. 상품의 회전율이 높은 업태에 속한다.
⑤ 팩토리 아웃렛 – 계절이나 유행이 바뀌는 경우 의류제품을 낮은 가격으로 판매하는 형태로, 백화점과 같은 유통전문점에서 운영한다.

13 쇼핑을 하면서 여가도 즐길 수 있도록 의류 및 잡화를 판매하는 매장은 물론 영화관, 식당 등을 포함한 대규모 상업시설을 의미하는 소매업태의 형태는?

① 아웃렛
② 백화점
③ 대형마트
④ 복합쇼핑몰
⑤ 창고형 할인매장

14 우리나라 소매업태들의 특징으로 올바르지 않은 것은?

① 다른 업태들에 대해 편의점의 경쟁우위인 장소효용과 24시간 구매가 가능한 시간상의 편리성 등이 편의점에서 판매하는 상품의 높은 가격을 상쇄한다.
② 전문점은 취급하는 제품계열이 한정되어 있으나 해당 제품계열 내에서는 매우 다양한 품목들을 취급하며 할인점이나 대형마트보다 높은 인적 서비스 수준을 제공한다.
③ 동네슈퍼(Pop & Mom)는 식료품, 세탁용품, 가정용품 등을 중점적으로 취급하는 소매점으로, 마진이 낮지만 회전율이 높은 상품을 중심으로 소량 취급하고 지역 주민친화적 서비스를 특징으로 하는 소매점이다.
④ 슈퍼슈퍼마켓은 대체로 대형 유통업체의 소속인 경우가 많고, 규모면에서는 3,000m² 이상이며, 가공식품 위주의 상품을 주로 취급하면서 마진율과 회전율이 대형마트에 비해 높은 특징을 지닌다.
⑤ 대형마트는 저렴한 가격, 잘 알려진 브랜드, 셀프서비스 등의 특징을 지닌다. 또한 여러 다양한 제품군들을 취급하지만, 각 제품군 내에서는 상품회전율이 높은 품목을 중심으로 취급한다.

15 아래 글상자에서 설명하는 한정기능도매상으로 옳은 것은?

> - 제조업자로부터 제품을 구매한 도매상이 제조업자로 하여금 제품을 물리적으로 보유하도록 한 상태에서 고 객들에게 제품을 판매하여 전달하는 역할을 함
> - 주로 목재나 석탄과 같은 원자재를 취급함

① 현금판매-무배달 도매상(cash and carry wholesaler)
② 트럭도매상(truck wholesaler)
③ 직송도매상(drop shipper)
④ 선반도매상(rack jobber)
⑤ 우편주문도매상(mail order wholesaler)

16 도매상과 관련된 내용으로 옳지 않은 것은?

① 과일, 야채 등 부패성 식품을 공급하는 트럭도매상은 한정기능도매상에 속한다.
② 한정상품도매상은 완전기능도매상에 속한다.
③ 현금무배달도매상은 거래대상소매상이 제한적이기는 하나 재무적인 위험을 질 염려는 없다는 장점이 있다.
④ 직송도매상은 일반관리비와 인건비를 줄일 수 있다는 장점이 있다.
⑤ 몇 가지의 전문품 라인만을 취급하는 전문품도매상은 한정기능도매상에 속한다.

17 다음 글상자에서 공통으로 설명하는 도매상으로 옳은 것은?

> - 가장 전형적인 도매상
> - 완전서비스 도매상과 한정서비스 도매상으로 나누 어짐
> - 자신들이 취급하는 상품의 소유권을 보유하며 제조업 체 또는 소매상과 관련 없는 독립된 사업체

① 제조업자 도매상   ② 브로커
③ 대리인   ④ 상인도매상
⑤ 수수료상인

18 아래 글상자 내용은 유통경로의 필요성에 관한 것이다. ㉠~㉤에 들어갈 용어를 순서대로 옳게 나열한 것은?

> • 총거래수 (㉠)원칙 : 유통경로에서는 중간상이 개입 함으로써 단순화, 통합화됨
> • (㉡)의 원리 : 유통경로상 수행되는 수급조절, 수배 송, 보관, 위험부담 등을 생산자와 유통기관이 (㉡) 하여 참여함
> • (㉢) 우위의 원리 : 유통분야는 (㉣)가 차지하는 비중이 (㉤)보다 크므로 제조와 유통의 역할을 분담 하는 것이 비용 측면에서 유리

	㉠	㉡	㉢	㉣	㉤
①	최대	통합	변동비	고정비	변동비
②	최대	분업	변동비	고정비	변동비
③	최대	통합	고정비	변동비	고정비
④	최소	분업	변동비	변동비	고정비
⑤	최소	분업	고정비	변동비	고정비

19 유통경로의 전방흐름기능만으로 올바르게 짝지어진 것은?

① 협상, 소유권, 주문
② 금융, 주문, 시장정보
③ 협상, 금융, 위험부담
④ 촉진, 물리적 보유, 소유권
⑤ 대금지급, 금융, 위험부담

20 도매상의 형태로 볼 수 있는 산업재 유통업자(industrial distributor)에 대한 설명으로 옳지 않은 것은?

① 산업재 제조업체들과의 긴밀한 관계가 형성되어 있다.
② 소매상보다는 제조업체나 기관을 상대로 주로 영업 한다.
③ 연구개발부문에도 자원을 할당한다.
④ 기술 지향적 성향보다는 마케팅 지향적 성향이 강하다.
⑤ 고객과의 관계마케팅을 중요시한다.

21 다음에서 설명하고 있는 수직적 유통시스템(VMS)은?

> 동일자본이거나 공식적이고 명문화된 계약 배경이 없어도, 점유율이 높거나 판매망이 넓은 제조업자나 유통업자가 경로리더가 되거나 경로 구성원을 지원하는 형태

① 기업형 VMS　　② 리더형 VMS
③ 자유형 VMS　　④ 계약형 VMS
⑤ 관리형 VMS

22 '재고를 어느 구성원이 가지는가에 따라 유통경로가 만들어진다'라고 하는 유통경로 결정이론과 관련한 내용으로 옳지 않은 것은?

① 중간상이 재고의 보유를 연기하여 제조업자가 재고를 가진다.
② 유통경로의 가장 최후시점까지 제품을 완성품으로 만들거나 소유하는 것을 미룬다.
③ 자전거 제조업자가 완성품 조립을 미루다가 주문이 들어오면 조립하여 중간상에게 유통시킨다.
④ 특수산업용 기계 제조업자는 주문을 받지 않는 한 생산을 미룬다.
⑤ 다른 유통경로 구성원이 비용우위를 갖는 기능은 위양하고 자신이 더 비용우위를 갖는 일은 직접 수행한다.

23 유통경로구조의 결정이론과 설명하는 주요 내용의 연결로서 옳지 않은 것은?

① 연기-투기이론 : 누가 재고보유에 따른 위험을 감수하는가?
② 기능위양이론 : 누가 어떤 기능을 얼마나 효율적으로 수행하는가?
③ 거래비용이론 : 기업이 어떻게 유통경로구조의 수평적 통합을 통해 경로구성원들과의 시너지 효과를 창출하는가?
④ 게임이론 : 경쟁관계에 있는 구성원들이 어떻게 자신의 이익을 극대화하는가?
⑤ 대리인이론 : 의뢰인에게 최선의 성과를 가져다주는 효율적인 계약인가?

24 경로커버리지 유형 중 배타적 유통(exclusive channel)에 대한 설명으로 가장 옳지 않은 것은?

① 극히 소수의 소매점포에서만 자사 제품을 취급하도록 하는 것이다.
② 브랜드 충성도가 매우 높은 제품을 생산하는 제조업체에 의해 채택되는 경향을 보인다.
③ 제조업체는 소매점포에 대한 통제력을 강화시킴으로써 자사 브랜드 이미지를 자사 전략에 맞게 유지할 수 있다.
④ 주류제조업체 영업사원들이 중소슈퍼, 식당, 주점 등에게 혹은 제약업체의 영업사원이 약국을 대상으로 영업하는 형태가 해당된다.
⑤ 소비자들은 브랜드 충성도가 높은 브랜드를 구매하기 위해 기꺼이 많은 노력을 기울이기 때문에 적은 점포수를 가지고도 운영이 가능하다.

25 유통경로의 설계에 영향을 미치는 시장 특성에 대한 내용으로 옳은 것은?

① 시장지리(market geography)는 지리적 영역단위당 구매자의 수를 말한다.
② 시장밀도(market density)는 생산자와 소비자까지의 물리적인 거리 차이로 계산한다.
③ 시장크기(market size)는 시장을 구성하는 소비자들의 수에 의하여 결정된다.
④ 시장밀도(market density)의 경우 장거리와 단거리의 거리편의성이 고객만족에 중요한 영향을 준다.
⑤ 제조업체가 직접채널에 의해 커버할 시장의 크기가 크다면 비용감소 효과가 발생한다.

26 다음 중 집중적 유통경로(intensive distribution channel)에 가장 적합한 것은?

① 식료품, 담배 등을 판매하는 편의점
② 카메라 렌즈를 전문적으로 판매하는 상점
③ 고급 의류 및 보석을 판매하는 상점
④ 특정 브랜드의 전자제품만 판매하는 매장
⑤ 독특한 디자인 가구를 판매하는 가구점

27 경로집약도 중 '선택적 유통'에 대한 설명으로 가장 옳은 것은?

① 제조업자가 한 지역에 제한된 수의 점포들에게 판매권을 주는 형태이다.
② 유통업자에 대한 제조업자의 지배력이 강하다.
③ 모든 제조업자의 상품을 제한 없이 취급하는 것이 특징이다.
④ 브랜드의 가치를 유지하기 때문에 고가품에서 많이 볼 수 있는 유통형태이다.
⑤ 화장품이나 혹은 자동차 유통에서 흔히 볼 수 있는 형태이다.

28 권력의 원천과 그 내용에 대한 설명 중 가장 옳지 않은 것은?

① 강압적 권력은 권력행사자가 권력수용자를 처벌할 수 있다고 생각한다.
② 합법적 권력은 일반적으로 비공식적 지위에서 나온다고 볼 수 있다.
③ 보상적 권력은 급여인상, 승진처럼 조직이 제공하는 보상에 의해 권력을 가지게 된다.
④ 전문적 권력은 특정 분야나 상황에 대한 높은 지식이 있을 때 발생한다.
⑤ 준거적 권력은 다른 사람이 그를 닮으려고 할 때 생기는 권력이다.

29 경로파워의 원천의 하나로서, 재판매업자가 공급업자에 대해 일체감을 갖거나 일체감을 갖게 되기를 바라는 정도를 나타내는 것은?

① 강제력(Coercive Power)
② 보상력(Reward Power)
③ 합법력(Legitimate Power)
④ 준거력(Referent Power)
⑤ 전문력(Expert Power)

30 아래 글 상자의 A가맹점에 의하여 발생한 유통경로 갈등의 원인은?

전국적인 삼겹살 전문 ○○프랜차이즈의 본부는 최근 A가맹점이 매월 매출액을 지속적으로 줄여서 신고하는 것을 발각하였다. 해당 본부는 매출액 기준으로 가맹점에게 로열티를 부과하는 계약을 체결했기 때문에, 심각한 계약위반을 이유로 해당 가맹점과의 가맹계약해지를 고려하고 있다.

① 역할의 불일치
② 인식의 불일치
③ 기회주의적 행동
④ 영역의 불일치
⑤ 목표의 불일치

31 최근 국내외 유통산업의 발전상황과 트렌드로 옳지 않은 것은?

① 제품설계, 제조, 판매, 유통 등 일련의 과정을 늘려 거대한 조직을 만들어 복잡한 가치사슬을 유지하고 높은 재고비용을 필요로 하는 가치사슬이 중요해졌다.

② 소비자의 구매 패턴 등을 담은 빅데이터를 기반으로 생산과 유통에 대한 의사결정이 이루어지고 있다.

③ 글로벌 유통기업들은 무인점포를 만들고, 시범적으로 드론 배송서비스를 시작하였다.

④ 디지털 기술 및 다양한 기술이 융합됨에 따라 온라인 플랫폼을 통하여 개인화된 제품으로 변화된 소비자선호에 대응할 수 있게 되었다.

⑤ VR/AR 등을 이용한 가상 스토어에서 물건을 살 수 있다.

32 멀티채널(multi-channel) 및 옴니채널(omni-channel)에 대한 내용으로 옳은 것은?

① 멀티채널은 소비자가 온라인, 오프라인, 모바일 등 다양한 경로를 넘나들며 상품을 검색하고 구매할 수 있도록 한 서비스를 말한다.

② 멀티채널은 각 유통채널의 특성을 합쳐, 어떤 채널이든 같은 매장을 이용하는 것처럼 느낄 수 있도록 한다.

③ 옴니채널은 각 채널을 독립적으로 운영하여 온·오프라인이 경쟁관계라고 한다면, 멀티채널은 고객중심의 유기적 채널로 온·오프라인이 상생관계라는 점에서 다르다.

④ 최근 유통산업은 옴니채널에서 멀티채널로 진보하고 있다.

⑤ 옴니채널은 스마트폰 근거리 통신기술을 이용하여 편의점을 지나는 고객에게 할인쿠폰을 지급하는 형태로도 활용된다.

33 온라인 쇼핑 환경에 대한 설명으로 가장 옳지 않은 것은?

① 오프라인과 온라인을 넘나드는 O2O 서비스가 증가하고 있다.

② 고객중심으로 채널을 융합하는 옴니채널로의 전환이 확산되고 있다.

③ 방대한 데이터를 바탕으로 개인이 원하는 서비스를 큐레이션하여 제공한다.

④ 온라인 유통업체들은 신성장 전략으로 NB상품의 개발과 같은 제품 차별화에 적극적이다.

⑤ e-커머스는 식료품을 포함한 일상소비재 시장으로 확산되어 가는 추세이다.

34 유통환경의 변화에 따라 발생하고 있는 현상으로 가장 옳지 않은 것은?

① 소매업체는 온라인과 오프라인 채널을 병행해서 운영하기도 한다.

② 모바일을 이용한 판매비중이 높아지고 있다.

③ 1인 가구의 증가에 따라 대량구매를 통해 경제적 합리성을 추구하는 고객이 증가하고 있다.

④ 단순구매를 넘어서는 쇼핑의 레저화, 개성화 추세가 나타나고 있다.

⑤ 패키지 형태의 구매보다 자신의 취향에 맞게 다양한 상품을 구입하는 경향이 나타나고 있다.

35 다음 두 사람의 대화에서 (㉠), (㉡) 안에 들어갈 소매상 유형으로 옳은 것은?

> 김이지 : 난 화장품을 사면서 생활용품, 의약품도 한꺼번에 구매하면 좋겠어.
>
> 손수민 : 미국에서는 이미 셀프서비스 방식으로 조제약이나 건강/미용상품 등 일상용품을 판매하는 (㉠)이/가 많아. 우리나라도 이제 많은 유통기업들이 (㉠) 사업을 하고 있어.
>
> 김이지 : 그래! 알려줘서 고마워. 그럼 혹시 회원제로 가입하면 정상적인 상품을 대폭 할인해주는 그런 곳은 없니?
>
> 손수민 : 물론 있지. 일정한 회비를 정기적으로 내는 회원들에게 30~50% 할인된 가격으로 정상적인 제품들을 판매하는 곳이 국내에도 있어. 미국에서 1976년 프라이스클럽(Price Club)이 이 (㉡) 업태를 시작한 이래, 국내에서도 (㉡) 업태는 주요 도시에서 성업 중이야.

	㉠	㉡
①	전문할인점	회원제 창고형 소매점
②	슈퍼슈퍼마켓	회원제 전문점
③	드럭스토어	회원제 전문할인점
④	슈퍼슈퍼마켓	회원제 소매점
⑤	드럭스토어	회원제 창고형 도소매점

36 최근에 진행되고 있는 유통환경의 변화에 관한 설명으로 옳지 않은 것은?

① 구매의사결정과정에서 온라인과 오프라인간의 경계가 더욱 견고해졌다.

② 1인 가구의 증가로 인해 기존의 유통트렌드가 변화하고 있다.

③ 남녀 성별 고정역할의 구분이 약해짐으로 인해 소비시장도 변하고 있다.

④ 시간의 효율적 사용을 원하는 고객의 요구가 증가하고 있다.

⑤ 고객이 직접 해외에서 구매하는 현상이 증가하고 있다.

01 정답 ③

㉠은 생산과 소비의 시간적 차이를 극복시켜주는 시간효용, ㉡은 생산자와 소비자 간의 소유권 이전을 통해 효용을 발생시켜주는 소유효용에 대한 설명이다.

02 정답 ④

㉠은 분류(등급), ㉡은 배분에 대한 설명이다.

03 정답 ①

주요 물적 유통기능으로는 주문처리, 보관, 재고관리, 수·배송 등이 있다.

04 정답 ③

제품의 소량분할공급 기능은 도매상이 소매상을 위해 수행하는 기능에 해당한다.

05 정답 ⑤

필요한 상품의 재고를 유지(㉤)하고, 판매촉진활동을 통해 새로운 고객을 창출(㉠)하는 기능은 생산 및 공급업자를 위한 소매상의 기능에 해당한다.

06 정답 ③

①·②·④·⑤는 제조업자를 위한 도매상의 기능, ③은 소매상을 위한 도매상의 기능에 해당한다.

07 정답 ④

레일리의 소매인력이론은 점포들의 밀집도가 점포의 매력도를 증가시키는 경향이 있음을 나타내는 규범적 모형에 의한 신규점포 상권분석 방법으로, 개별점포의 상권파악보다는 이웃도시 간의 상권경계를 결정하는 데 주로 이용한다.

08 정답 ③

㉠은 수레바퀴이론, ㉡은 아코디언이론에 대한 설명이다.

09 정답 ②

변증법적이론은 정(백화점 출현) → 반(할인점이 백화점과 경쟁) → 합(절충 형태의 소매할인 백화점 등장)을 설명하는 이론이다.

10 정답 ②

㉠ – 소매점 아코디언 이론, ㉣·㉤ – 변증법적 과정

11 정답 ③

빅 미들 이론은 최근 성장이 정체되고 있는 백화점 등의 오프라인 유통을 대표하는 업계는 빅 미들의 출구에 가까이 있는 반면, 높은 성장률과 가장 큰 시장규모를 보이고 있는 온라인 쇼핑은 출구에서 가장 먼 곳에 위치해 있다고 설명하는 이론이다.

12 정답 ⑤

팩토리 아웃렛(Factoring Outlet ; 공장직매점)이란 제조업체가 유통라인을 거치지 않고 직영체제로 운영하는 상설 할인매장을 말한다. 대개 공장이나 물류센터에 붙어 있어 중간 물류비와 유통단계를 생략하여 최저가격으로 고객을 직접 상대하는 불황 극복용 매장이라고 할 수 있다.

13 정답 ④

쇼핑뿐만 아니라 레포츠와 휴식·외식·문화 등 여가를 즐길 수 있는 복합문화공간인 복합쇼핑몰에 대한 설명이다.

14 정답 ④

슈퍼슈퍼마켓은 매장면적 330제곱미터 이상, 3,000제곱미터 이하의 규모로, 일반 슈퍼마켓과 편의점보다는 크고 대형마트보다는 작다. 대형슈퍼마켓 또는 SSM(Super Supermarket ; 슈퍼슈퍼마켓)이라고도 부른다.

15 정답 ③

직송도매상(drop shipper)에 대한 설명이다.
① 현금판매-무배달 도매상(cash and carry wholesaler) : 주로 소매 규모의 소매상에 싼 가격으로 상품을 공급하며, 소매상들은 직접 이들을 찾아와서 제품을 주문·인수함

② 트럭도매상(truck wholesaler) : 고정적인 판매루트를 통해 트럭이나 기타 수송수단을 이용하여 판매와 동시에 배달을 하며, 머천다이징, 촉진지원은 하지만 사용판매를 하지 않음

④ 선반도매상(rack jobber) : 소매점의 진열선반 위에 상품을 공급하는 도매상으로 선반에 전시되는 상품에 대한 소유권은 도매상들이 가지고 있음

⑤ 우편주문도매상(mail order wholesaler) : 소규모의 소매상에게 제품 목록을 통해 판매하는 도매상

16 정답 ⑤

몇 가지의 전문품 라인만을 취급하는 전문품도매상은 완전기능도매상에 속한다.

17 정답 ④

상인도매상(Merchant Wholesaler)에 대한 설명이다.

① 제조업자 도매상 : 제조업자가 기능을 통제하며, 전체 기능을 수행하는 도매상으로, 제조업자가 제품을 소유·판매하고 대금을 회수한다.

② 브로커 : 구매자와 판매자를 만나게 하는 일이 기본적인 임무이며, 일반적으로 상품을 물리적으로 취급하지 않고 판매의뢰자와 지속적인 기반 위에서 거래를 하는 것은 아니다.

③ 대리인 : 제품에 대한 소유권 없이 단지 제조업자나 공급자를 대신해서 제품을 판매하는 도매상으로, 도매상들의 많은 기능들, 예컨대 판매지원이나 조사기능 등을 수행하지만 제품에 대한 직접적인 소유권이 없다는 것이 큰 특징이다.

⑤ 수수료상인 : 생산자로부터 위탁에 의하여 상품을 받는 도매상으로, 종종 신용을 제공하고 상품을 비축·전달하며 판매원을 제공한다.

18 정답 ④

글상자는 유통경로의 필요성에 관한 내용 중 총거래수 최소의 원칙, 분업의 원리, 변동비 우위의 원리에 대한 설명이다. 이외에도 집중준비의 원칙과 정보축약 및 정합의 원칙이 있다.

• 집중준비의 원칙 : 중간상보다는 도매상의 존재가능성을 부각시키는 원칙으로, 도매상은 상당량의 브랜드 상품을 대량으로 보관하기 때문에 사회 전체적으로 보관할 수 있는 양을 감소시킬 수 있으며, 소매상은 소량의 적정량만을 보관함으로써 원활한 유통기능을 수행할 수 있다는 원칙이다.

• 정보축약 및 정합의 원칙 : 중간상을 통하여 생산자는 수요정보를 얻고, 소비자는 공급정보를 얻는다. 이러한 수요정보와 공급정보는 유통과정을 통하여 집약적으로 표현되는데, 이를 정보축약 및 정합의 원칙이라고 한다.

19 정답 ④

유통경로시스템의 3대 기능

• 전방흐름기능 : 물적 소유, 소유권, 촉진
• 후방흐름기능 : 주문 및 시장정보, 대금결제
• 양방흐름기능 : 협상, 금융, 위험부담

20 정답 ④

산업재 유통업자는 소매상보다는 생산자에게 판매하는 유통업자로, 제품을 생산하는 데 사용되는 기계도구나 플라스틱, 전기부품, 베어링과 같은 제품을 생산자에게 공급하므로 마케팅 지향적 성향보다는 기술 지향적 성향이 더 강하다.

21 정답 ⑤

수직적 유통시스템(VMS)의 유형

• 관리형 VMS : 소유권이나 계약 형태가 아닌 경로리더에 의해 생산 및 유통단계가 통합되는 형태
• 기업형 VMS : 유통경로상의 한 구성원이 다음 단계의 경로구성원을 소유에 의해 지배하는 형태(전방통합과 후방통합)
• 계약형 VMS : 가장 일반적인 형태로 생산이나 유통활동에 있어서 상이한 수준에 있는 독립적인 유통기관들이 상호 경제적인 이익을 달성하기 위하여 계약을 체결하고 그 계약에 따라 수직적 계열화를 꾀하는 형태
• 동맹형 VMS : 둘 이상의 경로구성원들이 대등한 관계에서 상호 의존성을 인식하고 긴밀한 관계를 자발적으로 형성한 통합된 형태

22 정답 ⑤

①·②·③·④는 연기-투기이론과 관련한 내용이다. ⑤는 기능위양이론에 대한 설명으로, 기능위양이론의 핵심은 경로구성원들 가운데서 특정 기능을 가장 저렴한 비용으로 수행하는 구성원에게 그 기능이 위양된다는 것이다.

23 정답 ③

거래비용이론은 거래비용이 증가하는 원인과 그 해결방안을 수직적 통합으로 나타낸 것이다.

24 정답 ④

배타적 유통은 전속적 유통이라고도 하며, 자동차, 고가구 등 전문점 유통에 이용되고 있다. 주류제조업체 영업사원들과 제약업체의 영업사원들의 영업 형태는 선택적 유통에 해당된다.

25 정답 ③

① 시장밀도는 지리적 영역단위당 구매자의 수를 말한다.
② 시장지리는 생산자와 소비자까지의 물리적인 거리 차이로 계산한다.
④ 시장지리의 경우 장거리와 단거리의 거리편의성이 고객만족에 중요한 영향을 준다.
⑤ 제조업체가 직접채널에 의해 커버할 시장의 크기가 크다면 비용증가 효과가 발생한다.

26 정답 ①

집중적 유통경로는 자사의 제품을 누구나 취급할 수 있도록 개방하는 것을 의미하는 것으로 식품, 일용품 등 편의품에 적합하다.

27 정답 ①

선택적 유통경로는 개방적 유통경로와 전속적 유통경로의 중간적 형태로 일정 지역 내에 일정 수준 이상의 이미지, 입지, 경영능력을 갖춘 소매점을 선별하여 이들에게 자사제품을 취급하도록 하는 선택적 유통경로전략을 말한다. 주로 의류, 가구, 가전제품 등에 적용한다.
③ 집약적 유통(일상생활용품, 편의품 등), ②·④·⑤ 전속적 유통(고가품, 화장품, 자동차 등)

28 정답 ②

합법적 권력은 법규, 제도, 공식적 규칙에 의해 선출되거나 임명된 리더가 행사하는 권력이므로 공식적 지위에 기반을 두는 권력이다.

29 정답 ④

준거적 권력(Referent Power)은 경로구성원 B가 A와 일체감을 갖기를 원하기 때문에 A가 B에 대해 갖는 영향력(유명상표를 취급한다는 긍지와 보람, 상호간 목표의 공유, 상대방과의 관계지속 욕구, 상대방의 신뢰 및 결속)을 나타낸다.

30 정답 ③

기회주의적 행동
- 거래파트너가 자신의 이익을 추구하기 위하여 거래에 관련된 정보를 왜곡하거나 잘못된 정보를 제공하는 것 또는 지나친 가격협상을 하는 것을 말한다.
- 거래관계에서 거래파트너가 기회주의를 발휘하게 되면 기업은 합리적인 판단을 할 수 없기 때문에 그 거래파트너와 거래를 수행하는 데 있어서 갈등과 비용이 더 발생하게 된다.

31 정답 ①

수직적 통합을 통해 2개 이상의 가치 활동을 통합하여 단순한 가치사슬을 유지하고, 낮은 재고비용을 필요로 하는 가치사슬이 중요해졌다.

32 정답 ⑤

①·② 옴니채널에 대한 설명이다.
③ 멀티채널은 각 채널을 독립적으로 운영하여 온·오프라인이 경쟁관계라고 한다면, 옴니채널은 고객중심의 유기적 채널로 온·오프라인이 상생관계라는 점에서 다르다.
④ 최근 유통산업은 멀티채널에서 옴니채널로 진보하고 있다.

33 정답 ④

온라인 유통업체들은 신성장 전략으로 PB상품의 개발과 같은 제품 차별화에 적극적이다.

34 정답 ③

1인 가구의 증가에 따라 소량구매를 통해 경제적 합리성을 추구하는 고객이 증가하고 있다.

35 정답 ⑤

㉠ 드럭스토어 : 의사의 처방전 없이 구입할 수 있는 일반의약품 및 화장품·건강보조식품·음료 등 다양한 상품을 판매하는 매장으로, 외국의 경우 약국에 잡화점이 합쳐진 듯한 가게를 뜻하는데, 국내에서 운영되는 드럭스토어는 약품보다는 건강·미용용품을 주로 판매해 헬스앤드뷰티(H&B)스토어 개념에 가깝다. 대표적인 외국의 드럭스토어에는 미국 월그린, 영국 부츠, 홍콩 왓슨스, 일본 마쓰모토기요시 등이 있다.
㉡ 회원제 창고형 도소매점 : 일정한 회비를 정기적으로 내는 회원들에게 30~50% 할인된 가격으로 정상적인 제품을 판매하는 곳으로, 실내장식이 거의 없는 창고형 매장으로 운영되며, 묶음으로 진열 및 판매를 하여 비용을 최소화 한다.

36 정답 ①

소비자의 소비 형태와 니즈의 변화에 따라 점차 차별화된 여러 가지의 유통형태가 나타나 구매의사결정과정에서 온라인과 오프라인간의 경계가 더욱 모호해졌다.

CHAPTER 02 | 유통경영전략

필수기출문제

최근 5개년 출제경향 회당 평균 3.3문제 출제(5개년 기준 총 15회)

	출제영역	2019	2020	2021	2022	2023	합계
제1장	유통의 이해	26	18	23	19	25	111
제2장	유통경영전략	10	15	10	7	8	50
제3장	유통경영관리	13	15	15	19	21	83
제4장	물류경영관리	21	21	19	21	14	96
제5장	유통기업의 윤리와 법규	5	6	8	9	7	35
	합계(문항수)	75	75	75	75	75	375

29.6%

13.3%

22.1%

25.7%

9.3%

CHAPTER

02

유통경영전략

최다 출제 POINT & 학습목표   중요도 ★ 실제 시험에 2회 이상 출제 / ★★ 실제 시험에 3회 이상 출제

❶ 유통경영의 비전과 목표
❷ 포터(M. Porter)의 가치사슬 경영전략
❸ 유통경영전략(SWOT, BCG매트릭스, GE/McKinsey모형)
❹ 포터(M. Porter)의 산업구조 분석과 사업부수준 전략(원가우위, 차별화, 집중화 전략)
❺ 수직적 통합 전략(Vertical Integration Strategy)
❻ 다각화 전략과 아웃소싱(Outsourcing) 전략
❼ 전략적 제휴(Strategic Alliance)와 인수합병(M&A) 전략
❽ 유통기업의 글로벌화 전략

02 · 유통경영전략

1 유통경영환경분석

01 유통경영전략의 필요성과 이해

(1) 유통경영전략의 필요성

① 일반적으로 유통경로는 한번 결정되면 높은 전환비용으로 인하여 다른 유통경로로의 전환이 용이하지 않다.

② 유통경로는 경로상 상이한 시장 환경과 각 나라의 고유한 역사적 배경 등에 의해 영향을 받으므로 전략적 차원에서 접근하는 것이 필요하다.

③ 전략은 치열해지는 경쟁과 마케팅, 그리고 다른 기능적 전략에 있어서 경영자들에게 유용한 방향을 제공할 수 있다.

④ 기업목표와 전략은 어떠한 사업에 참여할 것인지와 경쟁적 우위를 유지하기 위한 경쟁력 강화 방안, 자원 확보 및 배분 방법 등에 영향을 미친다.

⑤ 기업은 유한한 자원을 가지고 고객의 필요와 욕구를 효과적으로 충족시키기 위한 방안을 모색하기 위하여 전략을 수립하게 된다.

(2) 유통경영전략의 이해

① 전략은 사업영역의 범위 및 목표, 자원배분, 지속적 경쟁우위의 원천, 시너지 등의 요소를 고려하며 자사의 강점과 약점, 외부환경의 기회와 위협을 분석하여 수립된다.

② 구성원들이 전략을 수행할 때, 기업에 잠재 및 실제적 피해를 가져올 수 있으므로 구성원들의 행동과 상황을 판단할 수 있는 사회적 가치 및 윤리적 원칙을 정의하는 것이 필요하다. 따라서 전략영역의 사회적 책임 및 윤리를 정의하는 사명을 개발하는 것이 필요하다.

③ 일반적으로 경영전략은 '비전과 목표설정 → 외부환경의 기회와 위협 및 기업의 강점과 약점 분석 → 기업수준 · 사업부수준 · 기능별수준의 전략 대안 개발 → 전략 대안의 평가 및 선택 → 전략의 실행 → 전략통제' 순으로 수립된다.★

④ 전략은 장기적이고 전사적인 특징을 가지는 반면에 전술은 단기적이고 기능적인 특징을 가진다.

⑤ 기업은 SWOT 분석을 통해 전략을 수립할 수 있고 BCG 매트릭스, 산업 매력도-사업의 경쟁위치매트릭스 등을 통해 자원배분을 효과적으로 할 수 있다.

(3) 유통경영전략의 대안 평가 및 선택

① 기업 목표를 달성하는 데 최적의 대안을 모색하는 것으로 외부환경 및 내부자원 분석을 통해 수립된다.

② 분석결과를 충분히 반영한 전략 대안들을 구성한 후, 기술적·재무적 가능성 평가, 성과기여도 측정, 전략 대안의 성공에 따른 효과 파악 등을 통해 최종 대안을 선택하게 된다.

③ 선택된 전략대안을 현실적으로 수행하기 위하여 구체적이고 분명한 실행 계획을 수립하게 된다.

④ 목표와 현실 간 차이를 극복할 수 있는 합리적인 대안을 개발하는 것이 필요하며 전략의 효과, 전략전개능력, 안정성, 효율성을 총체적으로 평가하여 선택이 이루어져야 한다.

02 유통경영의 비전과 목표 기출 21·13·12

(1) 유통기업의 사명

① 사명은 조직구성원 간 공동의식 형성과 고객 및 투자자들에게 기업의 긍정적 이미지를 심어줄 수 있도록 **명백하게 기술**된다.

② 사명은 자사와 타사 간 차별화와 더불어 활용의 범위를 규정함으로써 **기업존재의 의의와 목적**을 보여준다.

(2) 유통기업의 비전

① 비전은 조직 구성원들이 달성하고자 하는 꿈과 의지를 이미지화 한 것으로 **미래모습의 청사진**이라 할 수 있다.

② 즉, 비전은 사명이 미래에 이루어진 모습을 나타내는 것으로 **계량적인 측정이 불가능한** 개념적인 모습이다. ★

③ 전략 수립의 기초가 되는 비전은 기업이 장기적으로 달성하고자 하는 이상적 목표로서 구체적일 필요 없이 기업의 방향만 설정해도 충분하다. ★

(3) 유통기업의 목표

① 목표는 사명과 **비전**을 바탕으로 하여 설정된다.

② 비전과 사명을 토대로 한 기업목표는 외부환경과 내부자원분석을 통해 전략대안을 모색하고 실행에 따른 성과를 효과적으로 평가하게 해준다.

③ 목표는 명확한 특성 및 수행수준을 지향하는 조직 사업단위와 조직 구성원들에게 지침이 되는 의사결정기준을 제공해주며, 실제 성과를 평가할 수 있는 지표의 역할을 수행한다. 따라서 유용한 목표는 **명백하고 측정이 가능**해야 한다는 것을 전제한다. 때문에 목표는 비전에 비해 **정량적이며 구체성**을 지니고 있어야 한다. ★

④ 기업의 목표는 사업단위별 하위목표로 세분되고 다시 사업 단위를 구성하는 각 제품시장별 하위목표로 재분류된다.

(1) 거시적 환경요인 [기출] 21 · 19

① 정치적 환경 : 기업에게 이익이 되는 측면에서 정치적 전략을 통해 관련 법률 제정에 영향을 미치기 위한 시도를 포함한다.

② 사회·경제적 환경 : 국민소득 증가와 교육수준의 향상, 소비자보호 운동 등의 요인을 말하며, 이로 인한 구매행태의 변화를 가져왔다.

③ 기술적 환경 : 정보기술(IT)의 발전은 산업 전반의 업무 효율화와 유통발전 및 현대화를 가져왔다.

④ 시장 환경 : 국내 유통시장의 개방은 선진국의 기술을 습득하여 긍정적 발전을 가져올 수 있는 반면에 선진국의 과도한 요구에 의해 국내 유통환경이 위축될 수 있다. 따라서 국내 유통 발전을 위하여 합리적인 유통망이 구축될 수 있도록 기반시설 지원 및 확충, 유통 전문인력의 양성 등의 노력이 필요하다.

⑤ 법률적 환경 : 정부의 규제 및 지원을 의미하는 것으로 기업은 정부와 밀접한 관계를 맺고 있는데 정부는 기업이 발전할 수 있는 경제적 여건을 마련하기도 하고, 기업이 공익을 저해하거나 독점 등의 불건전한 기업 활동 시 규제를 하기도 하는 양면적 성격을 지닌다.

(2) 포터(M. Porter)의 산업구조 분석(5-force model) [기출] 21 · 20 · 19 · 18 · 15 · 14 · 13 · 12 · 10

① 포터의 산업구조 분석모형은 특정 기업의 과업환경에서 기존 기업 간의 경쟁, 잠재적 진입자, 공급자의 교섭력, 구매자의 교섭력, 대체제의 존재를 산업의 구조적 요인으로 살펴보고 있으며, 해당 요소들의 수준에 따라 산업의 매력도를 측정하는 구조분석 방법을 말한다. ★

② 포터는 산업의 경쟁구조에서 기업의 전략적 위치와 기업 전략은 산업 환경에 있는 다섯 가지 세력에 의해 결정되며, 각 요인들의 힘(영향력)이 강할수록 그 기업에 위협이 되고, 약할수록 기회가 된다고 보았다. ★

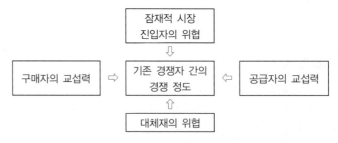

③ 산업구조 분석모형은 경영자원의 투자 우선순위를 결정하거나 신규 시장에 진출 여부를 판단할 때도 도움이 된다. 포터가 제시한 다섯 가지 경쟁요인에 따른 해석은 다음과 같다.

○ 기존 기업 간의 경쟁 : 대부분의 산업에서 경쟁의 양상과 산업 전체의 수익률을 결정하는 가장 중요한 요인은 이미 그 산업 내에서 경쟁하고 있는 기업들 간의 경쟁 관계이다.

○ 잠재적 시장 진입자의 위협 : 기존기업들이 신규진입기업에 비해 가지는 우위를 **진입장벽**이라 하는데 신규 진입자들은 **여러 가지 새로운 방식으로 진입**을 시도한다. 이때 진입장벽의 높이는 신규 진입자들 위협의 강도를 판단하는 기준이 된다.

○ 대체재의 위협 : 대체재란 제품의 물리적 특성은 다르지만 고객욕구의 충족 면에서 유사성을 지니고 있어 동일한 효용을 얻을 수 있는 제품을 말한다. 대체재가 많으면 많을수록 기업들이 자신의 제품이나 서비스에 높은 가격을 받을 수 있는 가능성은 줄어든다. 이에는 동종업계 경쟁사뿐만 아니라 타종업계 경쟁사 중에 해당 제품을 대체할 수 있는 제품도 포함한다.

○ 구매자의 교섭력 : 제품차별화가 심할수록 구매자는 가격에 대해 민감하지 않게 된다. 구매자의 협상 능력에 더 영향을 미치는 것은 판매하는 기업과 구매하는 기업 간의 협상력의 차이이다.

○ 공급자의 교섭력 : 강력한 구매자가 협상력을 행사하여 가격을 낮춤으로써 공급자로부터 이익을 빼앗을 수 있는 것처럼, 공급자들도 자신의 협상능력이 강할 때 가격을 높임으로써 이윤의 폭을 넓힐 수 있다.

수평적 경쟁요인과 수직적 경쟁요인

경쟁요인	힘의 원천	강도의 판단 요인	힘의 작용
수평적 경쟁요인	대체재	구매자의 성향 및 대체재 가격 등	진입장벽 (위협)
	잠재적 시장 진입자	제품차별화 및 비용우위 등	
	기존 사업자	시장성장률 및 비용구조 등	
수직적 경쟁요인	공급자	공급자 전환비용 및 전방통합능력 등	교섭력
	구매자	구매자 전환비용 및 후방통합능력 등	

* 각 요인들의 힘(영향력)이 강해질수록 산업의 매력도는 감소한다.

04 유통경영의 내부적 요소 분석

(1) 바니(J. B. Barney)의 경영전략

바니(J. B. Barney)에 따르면, 성공적인 전략 수행을 위하여 유·무형의 자원을 포함하는 기업의 자원은 유용성, 희소성, 불완전 모방성, 불완전 대체성이 있어야 한다고 주장하였다.

기업의 자원	경영전략
유용성	기업이 보유하고 있는 자원이 타 기업과 비교해 유용성이 있을 때 경쟁우위의 원천이 될 수 있다.
희소성	희소성이 있는 자원 확보는 경쟁우위의 원천이 될 수 있다.
불완전 모방성	경쟁기업들이 모방할 수 없을 때 경쟁우위의 원천이 될 수 있다.
불완전 대체성	대체자원이 존재하지 않을 때 경쟁우위의 원천이 될 수 있다.

개념 Plus

유통경영의 내부적 요소 분석의 유용성

유통경영의 내부적 요소는 기업이 전략을 수행하는 데 동원할 수 있는 자금 및 필요한 설비, 자원, 노하우 등 내부적인 자원들을 살펴보는 분석으로 이를 통해 기업의 강점과 약점을 포착함으로써 기업 비전을 달성할 수 있는 능력을 파악할 수 있다.

출제지문 돋보기 OX

01   [15-2]
포터 교수의 산업구조 분석에 따르면 교섭력이 큰 구매자의 압력으로 자사의 수익성이 낮아질 수 있다.
( )

02   [15-3]
마이클 포터의 5요인 모형에 의하면 고정비용이 높고 제품유지가 어려울수록 제품차별화와 이미지차별화가 주요한 전략이 된다. ( )

03   [18-1]
비용구조는 기업의 외부환경 분석 기법으로 활용되는 포터(M. Porter)의 산업구조분석에서는 산업의 수익률에 영향을 미치는 5대 핵심요인 중 하나이다. ( )

정답 1. ○ 2. × 3. ×

(2) 콜리스(Collis)의 경영전략

콜리스(Collis)에 따르면 성공적인 전략 수행을 위하여 핵심역량, 조직능력, 관리적 유산의 능력을 주장하였다.

기업의 자원	경영전략
핵심역량	경쟁우위를 확보 및 유지할 수 있는 기업의 내부능력으로 사업성공의 핵심요소이다. 단기적이고 근시안적인 접근보다는 충분한 노력과 시간을 통해 확보하는 것이 필요하다.
조직능력	기업의 효율성 및 효과성을 개선·증진시킬 수 있는 무형자산이므로 합리적인 관리를 요하게 된다.
관리적 유산	조직문화 및 조직구조 등의 무형적 유산과 시설 및 장비 등의 물질적 유산을 말하는 것으로 통상 전략에 있어서 제약조건으로 작용한다.

(3) 포터(M. Porter)의 가치사슬 경영전략 `기출` 20 · 17

① 1985년 포터(M. Porter)에 의해 정립된 개념으로 가치사슬(Value Chain)이란 기업이 제공하는 제품이나 서비스가 사업 활동의 어느 부분에서 부가가치가 더해지고 있는가를 분석하는 방법이다.

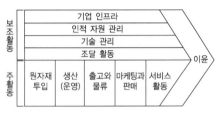

[가치사슬 모형의 예시]

② 가치사슬은 기업의 업무 프로세스라는 관점에서 내부자원을 분석하는 기법으로 기업의 강점과 약점을 파악함으로써 경쟁 기업에 대해 차별화를 이루는 것을 목적으로 한다.

③ 경영전략을 위한 기업의 기능, 즉 가치창출활동은 5가지의 주활동(Primary Activities, 본원적 활동)과 4가지의 보조활동(Support Activities, 지원활동)으로 구분된다.

④ 주활동은 부가가치를 직접 창출하는 부문을 말하고, 보조활동은 부가가치가 창출될 수 있도록 간접적인 역할을 하는 부문을 말한다. 여기서, 각 구성요소들은 독립된 활동들의 단순 집합이 아닌 상호 관련성·연계성을 가진 활동들로 하나의 체계를 이루고 있다.

가치창출활동의 구분

구 분	내 용
주활동 (본원적 활동)	제품의 생산, 운송, 마케팅, 영업, 판매, 물류, 서비스 등과 같은 현장 업무 활동으로 부가가치를 직접 창출하는 부문이다(예 대리점지원, 생산, 물류, 재고보유, 고객 서비스).
보조활동 (지원활동)	구매, 기술개발, 경영혁신, 인사, 기업하부구조(재무·기획), 전산정보, 회계 등 현장 활동을 지원하는 제반업무로 부가가치가 창출되도록 간접적인 역할을 하는 부문이다(예 기술연구, 재무, MIS, 기획, 디자인).

05 유통경영의 외부환경과 내부환경 요소의 결합분석

(1) SWOT(Strength, Weakness, Opportunity, Threat) 분석

① SWOT 분석의 의의

　ㄱ SWOT 분석이란 기업이 내부환경 및 외부환경 등을 분석하여 자사의 강점과 약점, 기회와 위협요인을 규정하고, 이를 기반으로 마케팅 전략을 수립하는 데 사용되는 기법을 말한다.

　ㄴ SWOT 분석은 타겟 고객과 그 이유에 대해서 깊이 알 수 있으며, 전략과 전술적 목표의 우선순위를 파악할 수 있다는 점에서 장점이 있다.

② SWOT 분석의 구성 **기출 18**

　ㄱ 강점(Strength) : 기업 내부의 강점을 의미한다. 보통, 기업 내의 충분한 자본력, 기술적 우위, 유능한 인적자원 등이 이에 속한다.

　ㄴ 약점(Weakness) : 기업 내부의 약점을 의미한다. 보통, 생산력의 부족이나 미약한 브랜드 인지도 등이 속한다. 이 때 강점과 약점은 기업 외부요소를 차단하고, 사실에 기초한 기업내부의 장·단점을 말한다.

　ㄷ 기회(Opportunity) : 기업의 사회·경제적 기회를 의미한다. 예를 들어, 현재 자사의 목표시장에 경쟁자가 없거나 또는 경제상황이 회복됨으로 인해 새로운 사업의 기회가 생긴다면, 이는 곧 외부로부터 발생하는 기회에 해당된다.

　ㄹ 위협(Threat) : 위협은 보통 **외부적인 위협**(사회·경제적 또는 타사로부터의 위협)을 의미한다. 중소기업이 새로 시작한 사업에 대기업이 막강한 자본력으로 시장에 진입하는 경우 등이 있다.★

③ SWOT 분석결과 전략수립구조 **기출 14**

　ㄱ SO전략(강점-기회 전략) : 기업 내부의 강점을 살려 기회를 포착하는 전략이다 (→ 공격적 확장전략).★

　ㄴ ST전략(강점-위협 전략) : 기업 내부의 강점을 살려 위협을 회피하는 전략이다 (→ 안정전략).

구 분	강 점	약 점
기 회	SO전략	WO전략
위 협	ST전략	WT전략

　ㄷ WO전략(약점-기회 전략) : 기업 내부의 약점을 보완하여 기회를 포착하는 전략이다(→ 안정전략).

　ㄹ WT전략(약점-위협 전략) : 기업 내부의 약점을 보완하여 위협을 회피하는 전략이다(→ 사업축소 및 철수전략).

(2) BCG 매트릭스(The Boston Consulting Group's Growth-Share Matrix)

① BCG 매트릭스 분석의 의의 **기출 19 · 14 · 13 · 12 · 11 · 10**

　ㄱ 경영전략수립의 분석도구로 많이 활용되는 대표적인 사업포트폴리오 분석기법이다.

　ㄴ 각 SBU(전략사업단위)의 수익과 현금흐름이 실질적으로 판매량과 밀접한 관계에 있다는 가정 하에 작성된 모형이다.

© BCG 모형에서는 수익의 주요 지표로서 현금흐름에 초점을 두고, **상대적 시장점유율과 시장성장률**이라는 2가지 변수를 고려하여 사업 포트폴리오를 구성하였다. ★★

② BCG의 성장-점유 매트릭스에서 **수직(세로)축**인 시장성장률은 제품이 판매되는 시장의 연간 성장률로서 **시장의 매력척도**를, **수평(가로)축**은 상대적 시장점유율로서 시장에서 **기업의 강점 측정 척도**를 나타낸다(2×2 매트릭스 형성). ★★

⑩ BCG 매트릭스가 시장점유율을 사업단위의 경쟁적 지표로 취한 것은 경험곡선효과 때문이다.

⑪ BCG 매트릭스에서의 시장성장률은 각 SBU(전략사업단위)가 속하는 산업 전체의 평균매출액 증가율로 표시되며, 시장성장률의 고·저를 나누는 기준점으로는 전체 산업의 평균성장률을 활용하게 된다.

② BCG 매트릭스의 구성 **기출** 19 · 12 · 11 · 10 · 09

㉠ 별(Star) 사업부
• 시장성장률도 높고 상대적 시장점유율도 높은 경우에 해당하는 사업이다.

• 이 사업부의 제품들은 제품수명주기상에서 성장기에 속한다.
• 이에 속한 사업부를 가진 기업은 시장 내 선도기업의 지위를 유지하고 성장해가는 시장의 수용에 대처하고, 여러 경쟁기업들의 도전을 극복하기 위해 자금의 투하가 필요하다.
• 별 사업부에 속한 기업들이 효율적으로 잘 운영된다면 이들은 향후 Cash Cow가 된다.

㉡ 젖소(Cash Cow) 사업부
• 시장성장률은 낮지만 높은 상대적 시장점유율을 유지하고 있다.
• 이 사업부의 제품들은 제품수명주기상에서 성숙기에 속한다.
• 이에 속한 사업은 많은 이익을 시장으로부터 창출해낸다. 그 이유는 시장의 성장률이 둔화되었기 때문에 그만큼 새로운 설비투자 등과 같은 신규 자금의 투입이 필요 없고, 시장 내에서 선도 기업에 해당되므로 규모의 경제와 높은 생산성을 누리기 때문이다.
• Cash Cow에서 산출되는 이익은 전체 기업의 차원에서 상대적으로 많은 현금을 필요로 하는 Star나 Question Mark, Dog의 영역에 속한 사업으로 자원이 배분된다.

㉢ 물음표(Question Mark) 사업부
• 시장성장률은 높으나 상대적 시장점유율이 낮다.
• 이 사업부의 제품들은 제품수명주기상에서 도입기에 속한다.
• 시장에 처음으로 제품을 출시하는 대부분의 사업부들이 출발하는 지점이 물음표이며, 신규로 시작하는 사업이기 때문에 기존의 선도 기업을 비롯한 여러 경쟁기업에 대항하기 위해 새로운 자금의 투하를 상당량 필요로 한다.

- 기업이 자금을 투입할 것인가 또는 사업부를 철수해야 할 것인가를 결정해야 하기 때문에 물음표(Question Mark) 또는 문제아(Problem Children)라고 불리고 있다.
- 한 기업에게 물음표에 해당하는 사업부가 여러 개이면, 그에 해당되는 모든 사업부에 자금을 지원하는 것보다 전략적으로 소수의 사업부에 집중적으로 투자하는 것이 효과적이라 할 수 있다.

② 개(Dog) 사업부
- 시장성장률도 낮고 시장점유율도 낮은 사업부이다.
- 제품수명주기(Material Life Cycle)상에서 쇠퇴기에 속하는 사업이다.
- 낮은 시장성장률 때문에 그다지 많은 자금의 소요를 필요로 하지는 않지만, 사업활동에 있어서 얻는 이익도 매우 적은 사업이다.
- 이 사업에 속한 시장의 성장률이 향후 다시 고성장을 할 가능성이 있는지 또는 시장 내에서 자사의 지위나 점유율이 높아질 가능성은 없는지 검토해보고 이 영역에 속한 사업들을 계속 유지할 것인가 아니면 축소 내지 철수할 것인가를 결정해야 한다.

(3) GE/McKinsey 매트릭스(GE/Mckinsey Matrix) 기출 20 · 12 · 08

① GE/McKinsey 매트릭스의 의의
- ㉠ 미국의 General Electric사와 컨설팅회사인 McKinsey사가 공동개발한 기업의 전략적 사업단위에 대한 비즈니스 포트폴리오 분석을 수행하는 모델이다.
- ㉡ BCG모형의 문제점을 개선한 모형으로 산업성장률, 시장점유율 이외의 다양한 환경·전략변수들을 반영한 사업부 평가모형이다. 그러나 많은 변수가 경영자의 주관적 판단에 의해 평가되므로 완전한 객관성을 확보할 수 없다는 문제가 있다

② GE/McKinsey 매트릭스의 전략

		사업강점		
	높음	유지, 방어	성장을 위한 투자	선택적 성장투자
산업 매력도	중간	선택적 성장투자	선택적 수익관리	제한적 확장, 추수
	낮음	유지, 초점 조정	수익성 경영	전환, 철수
		높음	중간	낮음

	사업강점		
	High	Medium	Low
High	40%		
Medium			
Low			10%

(사업매력도)

- ㉠ GE/McKinsey 모형 구조는 산업 매력도와 사업 강점의 두 차원으로 구성되어 있다.
- ㉡ GE/McKinsey 모형에서 각 사업단위에 해당하는 원의 크기는 해당 제품시장의 크기를 나타내며, 원에서 퍼센트(%)로 표시된 부분은 해당 사업단위의 시장점유율을 나타내고 있다.
- ㉢ 사업단위의 원이 차지하고 있는 위치는 자금흐름이 아닌 투자수익률(ROI)과 연관되어 평가된다.
- ㉣ 화살표는 전략적 사업단위의 방향과 움직임을 나타낸다.

③ GE/McKinsey 매트릭스의 주요 변수 및 가중치 결정
　　㉠ 산업매력도를 평가하는 데 사용되는 변수들 : 시장규모, 산업성장률, 산업의 평균수익률, 경쟁의 정도, 산업의 집중도, 산업의 전반적 수급상황, 기술적 변화정도 등
　　㉡ 사업부의 시장강점을 평가하는 데 사용되는 변수들 : 시장점유율, 관리능력, 기술수준, 제품의 품질, 상표이미지, 생산능력, 원가구조, 유통망, 원자재 공급원의 확보 등
　　㉢ 가중치 결정 : GE/McKinsey 모형을 사용하기 위해서 각 변수별로 평가치와 가중치가 결정되어야 한다. → 산업의 매력도와 사업의 강점을 산정

2 유통경영전략의 수립과 실행

01 유통기업의 사업방향 결정

(1) 유통기업 사업방향의 의의
① 사업방향은 기업이 나아가고자 하는 바를 의미하는 것으로 기업 진단을 통해 영향 요인들을 분석함으로써 지향하는 방향을 명확히 하는 확인 작업을 필요로 한다.
② 사업방향 확인 작업을 통해 기업의 단기, 중기, 장기 전략을 명료화할 수 있고, 그 목표를 달성할 수 있는 활동에 일관성과 통일성을 부여할 수 있다. 따라서 사업방향은 사명, 비전, 목표, 핵심 성공 요소 등을 고려하게 된다.

(2) 유통기업의 사업방향 결정 절차
① 유통기업의 사업방향 결정 : 유통기업이 사업방향을 결정하고자 할 때는 환경 및 기업분석을 통한 경영전략을 수립하는 것이 필요하다. 즉, 자사(Company), 경쟁사(Competitor), 고객(Customer)인 3C와 유통(Channel)을 분석한 후, SWOT 분석을 수행하게 된다.
② 유통기업의 사명 결정
　　㉠ 시장 지향적이어야 하고, 현실성을 지니고 있어야 한다.
　　㉡ 너무 광범위하게 또는 너무 좁게 설정되어서는 안 된다.
　　㉢ 사명이 구체적이어야 한다.
　　㉣ 사명은 기업이 지니고 있는 독특한 역량에 기초하여 설정되어야 한다.
　　㉤ 조직구성원들에게 동기부여 할 수 있어야 한다.
　　㉥ 비전을 제시할 수 있어야 한다.
③ 유통기업의 목표 결정
　　㉠ 시장성과 목표 : 시장성과 목표치는 대표적으로 매출액과 시장점유율을 들 수 있다. 시장점유율(Market Share)이란 소매업자의 매출액이 특정 시장의 총매출액 중 차지하는 비중을 의미한다. 즉 시장점유율은 총시장매출을 소매업자의 총매출로 나누어 계산하며, 시장점유율의 계산에 있어 지역과 업종을 구분하여야 한다.

ⓛ 재무적 성과 목표 : 재무적 성과 목표는 달성하고자 하는 금전적 · 경제적 달성치를 의미한다. 재무적 성과는 수익성(Profitability)과 생산성(Productivity)으로 구분할 수 있다.

수익성 목표치 (Profitability)	순매출에서 총마진이 차지하는 비중, 총자산에서 순이익이 차지하는 비중, 점포의 순가치에서 총자산이 차지하는 비중, 점포의 순가치에서 순이익이 차지하는 비중, 주당수익률, 순매출에서 운영이익이 차지하는 비중 등으로 표시될 수 있다.
생산성 달성치 (Productivity)	면적생산성(소매점 면적에 대비한 순매출), 노동생산성(종업원 수에 대비한 순매출), 상품생산성(재고투자액에 대비한 순매출) 등으로 표시될 수 있다.

ⓒ 사회적 목표 : 사회적 욕구를 어느 정도 충족시킬 수 있는지를 서술한다. 고용 효과, 세금의 공정한 납부, 소비자에게 폭 넓은 선택의 제공, 소비자의 공정한 대우, 사회 지원활동 등이 포함될 수 있다.

ⓔ 개인적 목표 : 소매업자 개인이나 종업원의 욕구를 어느 정도 충족시킬 수 있는지를 서술한다. 종업원의 자기만족, 지위, 존경, 권위 등이 목표에 포함될 수 있다.

02 유통기업의 경영전략

(1) 경영전략의 의의

① 기업의 장래 운명은 경영전략에 달려 있고 기업 경영의 생명선은 내부 관리의 능력보다도 전략적 결정에 대한 합리성 여하에 따라 바뀌고 있다.

② 경영전략이란 격변하는 기업 환경 속에서 기업의 유지와 성장을 위해서 외부 환경의 변화에 대해 전사적인 차원에서 적응 또는 대응하기 위한 방향의 설정과 그 수단의 선택에 관한 의사결정이라 할 수 있다.

③ 여타산업에 비해 소매업의 경우 시장지향적 사고방식은 성공적인 전략을 수립하고 집행하는 데 추진력이 되고 있다.

(2) 경영전략의 유형

① **시장대응전략** : 제품수명주기전략, 제품-시장믹스전략, 포트폴리오전략 등

② **경쟁우위전략** : 원가우위전략, 차별화전략, 집중화전략 등

(3) 경영전략의 구성요소

① 사업의 범위 및 투자수준에 관하여 결정해야 한다.

② 직능별 전략에 관하여 결정해야 한다.

③ 경쟁적 우위를 지속적으로 유지하고 공급하기 위해서 인적 자원과 자산을 어떻게 창출하고 유지하며 관련 비용을 어떻게 관리할 것인가에 관하여 의사를 결정해야 한다.

④ 사업부 간의 자원배분에 관하여 의사를 결정해야 한다.

⑤ 사업부 간 시너지 효과 창출을 위한 전략을 수립하고 시장 지향적인 사고를 도입해야 한다.

개념 Plus

시장지향성 제고 방안
• 평가시스템 도입
• 조정의 메커니즘 구축
• 내부 마케팅 도입
• 조직문화 개선 프로그램 도입
• 적정한 보상 체계의 도입

03 유통기업의 경영계획

(1) 경영전략 계획의 의의

① 계획은 소매업 경영자로 하여금 앞일을 사전에 체계적으로 생각하게 하여 경영자들 간의 상호 작용과 대화를 촉진시킨다.

② 계획은 기업의 목표와 방침을 정교화 시키고, 기업 내 제반활동을 보다 잘 조정하게 하며, 경영통제의 명확한 기준을 제시해준다.

③ 계획은 환경의 변화를 미리 예측하여 신속히 반응할 수 있게 하고, 시장에서의 갑작스런 변화에 보다 잘 대처할 수 있도록 해준다.

(2) 유통경영전략 계획의 종류 및 수립과정

① 유통경영전략 계획의 종류

구 분	내 용
연간 계획	• 1년을 기준으로 매년 수립하여 집행되는 계획이다. • 연간계획을 수립하는 때에는 현재의 마케팅상황, 기업목표, 당해 연도의 마케팅전략, 실행계획, 예산 및 통제 등을 고려하여야 한다.
장기 계획	• 수년 간에 걸쳐 조직에 영향을 미칠 것으로 예상되는 주요 요인들을 기술하게 되는 계획이다. • 장기목표, 목표를 달성하기 위한 마케팅 전략 및 필요한 자원 등을 포함하게 된다. • 매년 재검토되고 수정되어 기업이 가장 최근의 장기계획을 가질 수 있도록 하여야 한다.
전략적 계획	• 기업 사명, 전반적인 목표, 일반적인 전략, 그리고 주요 자원분배에 관한 의사결정과 분석 과정이다. • 전략적 계획을 수립하고 관리하는 목적은 기업의 강점과 약점을 분석하여 환경에 내재되어 있는 기회와 위협요인을 효과적으로 다루고자 함이다. • 전략적 계획을 수립함에 있어 경영자는 전사적인 입장에서 접근하여야 한다. • 전략적 계획의 주요 구성은 사명, 목표, 전략, 자원분배로 구성되어 있다.
전술적 계획	• 무엇을 해야 하고, 누가 해야 하며, 어떻게 해야 하는지에 관한 구체적이고 단기적인 의사 결정 과정이다. • 중간관리자나 초급관리자가 전술적 계획수립에 참여하게 된다. • 전술적 계획수립과정은 일반적으로 각 부서별 연간예산을 책정하고, 기업의 전략을 집행하는 구체적인 수단을 정하며, 현재의 운영을 개선하기 위한 일련의 과정을 정하는 것이다.

② 유통경영전략 계획의 수립 · 실행 7단계 기출 14

구 분		내 용
1단계	환경분석	현재 산업의 동향이나 경쟁사 · 고객 등의 외부환경 요인과 자사의 역량과 같은 내부환경 요인을 분석한다.
2단계	유통목표의 정립	환경분석 결과를 종합하고, 기업이 나아갈 비전과 목표를 수립한다.
3단계	유통경로구조의 설계	사업의 전체적인 전략과 현존하는 경쟁사와의 차별화 전략을 수립한다.
4단계	경로구성원 조정	전체적인 전략이 수립되었으면, 기능별 추진 · 운영 전략을 수립한다.
5단계	실 행	수립된 유통전략을 실행한다.
6단계	성과평가	유통활동을 조사하고 성과를 평가한다.
7단계	피드백(Feedback)	성과를 바탕으로 문제점이 발견되면 이를 개선하여 적용한다.

04 기업수준의 경영전략, 사업부수준의 경영전략, 기능별 경영전략

(1) 기업수준의 경영전략 기출 14

① 기업수준 경영전략의 의의
  ㉠ 경영자들은 기업수준의 경영전략을 통해 **사업단위 조정**과 조직의 범위 및 자원 개발 등에 관한 의사결정을 효율적으로 할 수 있다. 기업수준의 경영전략은 **자원, 재무, 기술 등의 효과적인 운영을 지원**하며, 이를 통해 경쟁사와의 구별 및 유지를 가능하게 한다.
  ㉡ 기업수준의 경영전략은 **사업 영역을 결정**하고 **시장의 진입과 철수, 기업 인수 · 합병, 기업 매각 등의 의사결정**을 다루며, 기업목표 수립, 사업단위의 선택, 기업전체 성과평가로 구성된다.
  ㉢ 효과적인 전략수립을 위하여 자사, 경쟁사, 고객, 유통을 분석할 수 있다. 한편, 자사의 제품 및 서비스를 보완하는 기업네트워크를 구축하는 것도 고려할 수 있다.
  ㉣ 기업수준의 경영전략은 **투자 우선순위 결정을 포함하는 사업 분야의 결정**과 각 사업단위의 **목표부여 및 자원배분**에 의사결정의 초점을 둔다.
  ㉤ 기업이 계속적으로 성장하기 위해서 선택적 기업성장 전략을 활용할 수 있다.

② 기업수준 경영전략의 유형
  ㉠ 시장침투전략(기존제품+기존시장) : 시장점유율이나 제품용법을 향상시키기 위한 전략 등이 여기에 포함된다.
  ㉡ 시장개발전략(기존제품+신규시장) : 기존제품을 통한 시장확장전략이나 새로운 목표 세분시장의 지리적 확장 등이 여기에 포함된다.
  ㉢ 제품개발전략(신규제품+기존시장) : 제품개선, 제품계열확장, 동일 시장 내 신제품 개발 등이 여기에 포함된다.
  ㉣ 다각화전략(신규제품+신규시장) : 수직적 통합, 연관 사업 다각화, 비연관 사업 다각화(복합기업 다각화) 등이 여기에 포함된다.

(2) 사업부수준의 경영전략 기출 14

① 사업부수준 경영전략의 의의
  ㉠ 사업부수준의 경영전략은 시장에서 타 기업과 경쟁우위의 확보 · 유지를 위하여 고객의 필요(Needs)와 원하는 것(Wants)을 최대한 일치시키는 데에 초점을 두며, 제품을 제공하고자 하는 세분시장 범위와 이러한 세분시장에서의 마케팅 프로그램을 다루게 된다. 따라서 사업부수준의 경영전략 유형에 따라 마케팅 프로그램의 구성요소는 달라지게 된다.
  ㉡ 사업부수준의 경영전략은 기업의 사업영역에서 경쟁할 수 있는 방법을 형성하는 활동계획으로 사업단위의 목표수립, 시장세분화에 따른 표적시장 결정과 포지셔닝, 마케팅믹스 관리, 사업단위 성과평가로 구성된다.
  ㉢ 사업부수준의 경영전략은 경쟁자에 비해 유리한 위치를 선점할 수 있게 지원하며 더 나은 실적과 고객가치를 포함하는 제품 및 서비스를 창출할 수 있게 해준다.

개념 Plus

전략개념의 구성요소
• 앤소프(Ansoff) : 제품 · 시장분야, 성장벡터, 경쟁상의 이점, 시너지
• 호퍼와 센델 : 영역, 자원전개, 경쟁우위성, 시너지

개념 Plus

앤소프 매트릭스(Ansoff Matrix)

구 분	상품 및 접근전략	
	기존제품	신규제품
기존시장	시장침투	제품개발
신규시장	시장개척	다각화

출제지문 돋보기 OX

01 [14-1]
기존시장에 기존제품으로 경쟁사의 시장점유율을 빼앗기 위한 전략임과 동시에 어떤 형태로 제품을 변경시키지 않고 기존 고객들에게 보다 많이 판매하도록 하는 전략은 기업수준의 경영전략 유형 중 시장침투전략에 해당한다. ( )

02 [12-3]
유통기업이 수직적 통합, 기업인수합병, 해외사업진출과 같은 결정이나 각 사업분야에 경영자원을 배분하는 것은 기업수준의 전략에 해당한다. ( )

03 [12-3]
유통기업의 전략은 기업수준의 전략과 사업부수준의 전략으로 구분할 수 있는데, 기업이 다각화 되지 않았다면 사업부수준의 전략은 필요 없다. ( )

정답 1. ○ 2. ○ 3. ○

② 포터(M. Porter)의 사업부수준 전략 **기출** 17 · 13 · 12 · 11 · 10 · 09

   ⊙ 원가우위전략(Cost Leadership Strategy) : 규모의 경제성, 경험 축적, 숙련된 기술 등으로 인한 원가절감을 통해 비용요소를 철저하게 통제하고 기업 조직의 가치사슬을 최대한 효율적으로 구사하는 전략이다(⑨ 상시염가로 파는 대형마트).

   ⓛ 차별화전략(Differentiation Strategy) : 광범위한 고객들을 대상으로 고객집단별로 그들이 요구하는 제품이나 서비스를 세분화 · 차별화하여 경쟁우위를 확보하는 전략이다. 차별화전략은 가격경쟁력 이외의 요인으로 경쟁력을 확보하는 데 초점을 둔다(⑨ 디자이너 브랜드의 다양한 상품을 취급하는 양판점, 프리미엄 가격으로 다양한 명품을 파는 백화점, 제품의 무상 서비스 기간 연장).

   ⓒ 집중화전략(Focus strategy) : 메인 시장과는 다른 특성을 지니는 틈새시장(Niche Market)을 대상으로 해서 소비자들의 니즈를 원가우위 또는 차별화전략을 통해 충족시켜 나가는 전략이다. 특정한 세분시장에 기업의 역량을 집중하는 전략이므로 한정된 자원을 극대화하여 효율적으로 운용할 수 있게 해준다. 일반적으로 집중화전략을 채택하는 기업은 규모가 작은 것이 특징이다(⑨ 유기농 사과만을 시세보다 항상 저렴하게 파는 과일가게).

③ 레이먼드 마일즈(Raymond Miles)와 찰스 스노우(Charles Snow)의 전략

   ⊙ 제품시장을 개발함에 있어 사업단위가 보이는 일반적인 성향인 신제품개발, 신시장 침투전략 등을 토대로 공격형, 방어형, 분석형, 반응형 사업전략을 제시하였다.

구 분	내 용
공격형	신제품 및 시장의 선점자가 되는 것을 중요시하며, 새로운 경쟁적 조치를 업계에 최초로 도입
방어형	상대적으로 안정적인 제품영역에서 확실한 포지션을 구축 및 유지
분석형	공격형과 방어형의 중간 형태로, 안정적이고 제한된 제품계열 유지 및 산업 내의 유망제품시장의 선별적인 수용
반응형	신제품이나 시장개발의 의지가 없으며, 환경변화에 따른 압박이 높을 경우에만 대응하는 전략유형

   ⓛ 유통정책에 있어서 공격형 사업단위는 새로운 유통경로를 구축하려는 성향이 강하기 때문에 전방수직통합 가능성은 낮다.

   ⓒ 반면에 방어형 사업단위는 기존시장에서 경쟁우위를 유지하여 경로구성원의 행동에 강력한 통제를 행사하기 위해 전방수직통합을 선택할 가능성이 높다.

(3) 기능별 경영전략

① 기능별 경영전략은 사업부수준의 경영전략을 구체화하고 주요 기능별 가치창출을 극대화하기 위하여 수립되는 전략으로 자원의 효율성과 생산성을 극대화하는 데 초점을 둔다.

② 기능별 경영전략은 연구개발, 생산, 재무, 인적자원의 배분 및 활용 등 기능별 분야에서 세부적인 수행 방법을 결정하게 된다.

05 경쟁우위와 경쟁전략

(1) 경쟁우위(Competitive Advantage)

① 기업의 경쟁우위는 타사와의 차별적인 자원, 즉 자원개발에 소요시간이 길거나 타사가 획득하기 어려운 자원을 기초로 한다.

② 하지만 타사가 소유하고 있지 않은 자원을 소유하고 있다는 것이 뛰어난 성과를 보장하는 것은 아니기 때문에 기업은 고객이 경쟁사가 아닌 자사를 선택하는 충분한 이유를 가질 수 있는 방법으로서 자원을 활용하여야 한다.

③ 고객을 정확하게 이해하기 위한 효율적인 의사소통을 필요로 하며, 이를 통해 이익제고와 비용절감을 도모할 수 있다.

(2) 경쟁전략(Competitive Strategy)

① 경쟁전략의 의의

㉠ 경쟁전략은 핵심역량을 강화하고 가치창조를 활성화하며, 시너지를 창출함으로써 경쟁우위를 확보하고자 하는 전략이다.

㉡ 경쟁전략의 수립은 기업과 주변 환경을 연관시키는 데 중요한 의미가 있다.

㉢ 경쟁전략의 목표를 설정하기 위해서 기업의 지속가능한 경쟁우위 능력인 경쟁력 요인들을 분석하는 것이 필요하며, 소비자 수요 및 기술발전 등의 산업구조, 전략적 목표 및 자원과 역량 등의 경쟁기업, 경영자원 및 핵심역량 등의 내적역량을 고려해야 한다.

② 경쟁전략의 유형

㉠ 모방전략과 방어전략

구 분	내 용
모방전략	선도(선발)기업의 제품이 시장에서 성공할 경우, 이를 후발기업이 모방하여 시장에 진입함으로써 선도기업을 뛰어넘으려는 전략이다. 선도기업의 초기 시장진입 리스크(risk) 회피와 약점 및 개선 부문을 보완함으로써 시장진입의 용이성을 확보하고자 하는 것이다.
방어전략	경쟁기업이 자사의 제품을 모방하는 데 많은 경비가 소요되며, 지속적인 기술혁신 및 성과와 관련된 정보를 보호하는 등의 노력을 통해서 경쟁자의 진입을 막고자 하는 전략이다.

㉡ 시장침투전략 : 해당 소매업체가 기존의 (소매)업태를 활용하여 자신의 표적시장 내에서 신규 고객을 창출하거나 혹은 기존 고객들의 충성도를 높이기 위하여 마케팅을 더욱 강화하고자 하는 전략이다.

㉢ 소매업태 개발전략 : 동일한 표적시장의 고객에게 지금까지와 다른 소매믹스를 가지고 새로운 소매업태를 제공하는 전략이다.

㉣ 제품의 차별화 지연 전략(postponement) : 지역마다 다양한 고객의 요구에 대응하기 위해 제품을 현지상황에 맞게 변경하여 현지화를 통한 마케팅 성공을 극대화하면서 생산표준화를 통한 비용절감을 얻을 수 있는 방법으로 가장 적합한 글로벌 로지스틱스(Logistics) 전략이다.

- 근본적(Radical) 재사고 : 기업이 나아가야 할 방향이 무엇인가를 다시 고려해야 함을 의미한다.
- 급진적(Dramatic) 재설계 : 기존의 모든 구조와 절차, 관행을 버리고 제로베이스에서 새로운 방법을 도입하는 것을 의미한다.

• 완전지연 전략 : 제조업체에서 Push에서 Pull로 전환되는 접점을 지연시키는 전략이다.
• 물류지연 전략 : 고객화(Customization) 시점을 고객과 가까운 단계에서 하도록 지연시키는 전략이다.
• 형태지연 전략 : 부품 및 사양의 표준화 또는 프로세스 순서 변경에 의한 물류 및 차별화 단계에서 지연시키는 전략이다.

06 경영혁신(Management innovation)

(1) 경영혁신의 의의

① 미래지향적인 경영을 지향하는 경영혁신은 기업조직의 타성이나 경제시스템의 변동, 금융 부문의 비효율성, 정부규제 등을 그 원인으로 하며 기업재구축을 필요로 한다.
② 기업재구축(Restructuring)은 사업 매각·청산과 분사화 등의 사업구조의 조정, 자본 및 부채의 전환과 관련된 재무구조의 조정, 조직규모 축소와 조직단순화 등의 조직구조의 조정을 포함한다.
③ 경영혁신이 효과적으로 수행되기 위해서 학습조직을 활용할 수 있다. 학습조직은 조직 구성원들이 목표를 공유하고 역량을 강화하며, 성과개선을 위한 지식과 경험을 축적하는 조직을 말한다.

(2) 경영혁신의 원인

기업외적 원인	기업내적 원인
• 세계화, 규제화, 개방화 등에 따른 경쟁심화 • 장기적인 경기침체 • 소비자 요구의 다양화 • 경쟁우위 요소의 변화 • 정보통신 기술의 발전 • 기업 조직원들의 생활 패턴의 변화(단순한 노동회피 등)	• 기업의 생산성 둔화 및 경쟁력 약화 • 간접부문에서의 비효율성 증가 • 최고경영자층의 경영혁신 선호 • 재무성과 우수 기업의 효과적 여유자원 활용 • 미래대비 목적

경영혁신 기법 가운데 하나인 BPR은 생산, 판매, 구매, 인사, 재무, 물류 등 기업업무 전반을 통합·관리하는 경영정보시스템으로 모든 정보가 실시간으로 데이터베이스화되고 각 부서가 이를 공유하게 된다. ( )

경영혁신기법 중 하나인 벤치마킹(Benchmarking)은 주로 조직의 효율성을 높이고 성과를 개선하기 위하여 조직의 규모나 사업구조 운용 내용을 바꾸는 것을 말한다. ( )

(3) 경영혁신의 기법 기출 21·15·14·09·08

① 벤치마킹(Benchmarking) : 어느 특정분야에서 "최상의 혹은 가장 모범적인 기업·조직"을 표적으로 삼아 연구, 즉 자기 기업과의 성과차이를 비교하고, 이를 극복하기 위해 그들의 뛰어난 운영 프로세스를 배우면서 부단히 자기혁신을 추구하는 경영기법이다. ★
② 리엔지니어링(BPR ; Business Process Reengineering) : 비용, 품질, 서비스, 속도 등과 같은 어떤 기업의 핵심적인 역량, 즉 성과 면에 있어서의 극적인 향상을 얻기 위하여 기업의 프로세스를 근본적(Radical)으로 재사고하고, 급진적(Dramatic)으로 재설계 하는 것을 말한다.

③ **전사적품질관리(TQM ; Total Quality Management)** : 고객만족을 목표로 **품질관리 부문에 전사적인 참여**를 통하여 조직 내 업무프로세스와 시스템을 지속적으로 개선시키고자 하는 통합적인 관리기법이다.

④ **전사적자원관리(ERP ; Enterprise Resource Planning)** : 기업이 **통합된 데이터에 기반**해 재무, 생산소요계획, 인적자원, 주문충족 등을 시스템으로 구축하여 관리하는 것을 말한다. 이 기법은 전반적인 기업의 업무 프로세스를 통합·관리하여 정보를 공유함으로써 효율적인 업무처리가 가능하게 한다. ★

⑤ **다운사이징(Downsizing)** : 기업의 효율성을 향상시키기 위하여 의도적으로 **기업 내의 인력, 계층, 작업, 직무, 부서 등의 규모를 축소**시키는 일종의 구조조정을 뜻하며, 수익성을 높이기 위해 기구를 축소, 폐쇄하거나 단순화하는 등 단기적 전략이 아닌 **장기적인 경영전략**이다.

⑥ **리스트럭처링(Restructuring)** : 기업 경영의 근본적 구조를 재구축하여 기업의 존속과 발전을 도모하기 위한 경영전략이다. 즉, 사업의 편성을 변경하고 개발·생산·유통 시스템을 구조적으로 변혁 및 재편성하여 발전 가능성이 있는 방향으로 사업구조를 바꾸거나 비교우위가 있는 사업에 투자재원을 집중적으로 투입하는 경영전략을 말한다. ★

07 다각화 전략, 수직적 통합 전략, 아웃소싱 전략

(1) 다각화 전략 [기출] 21·20·13·11·10·09

① 다각화 전략의 의의
  ㉠ 유통기업이 보유하고 있는 능력과 자원을 새로운 업태 혹은 다른 업종의 사업에 투자함으로써 기존의 자원과 능력을 확장·발전시키고자 하는 성장전략을 말한다.
  ㉡ 다각화 전략이 새로운 가치를 창출하기 위해서는 수익이 진입비용보다 크고, 진입하고자 하는 사업 분야와 기존 사업 분야와의 범위의 경제성(Economies of Scope)을 가져야 하며, 해당 산업이 충분히 매력적이어야 한다.
  ㉢ 점포유통업을 통해 성공한 유통기업이 소비자의 구매행태 변화에 따라 전자상거래를 위해 쇼핑몰을 구축하는 것은 환경변화에 따라 변화된 소비자욕구 및 쇼핑스타일에 반응하는 관련 다각화의 전형적인 사례로 볼 수 있다.

② 다각화 전략의 특징
  ㉠ 보유한 능력과 자원을 새로운 업태 혹은 다른 업종의 사업에 투자함으로써 기존의 자원과 능력을 확장 또는 발전시킬 수 있다. ★
  ㉡ 다각화는 복합기업의 출현을 촉진시키게 되는데, 복합기업화 되면 시장지배력 증가에 도움이 되며, 개별 사업부문의 경기순환에서 오는 위험을 분산시킬 수 있는 수단이 된다. ★★
  ㉢ 기존 사업을 수행하는 과정에서 발생하는 부산물을 유용하게 활용할 수 있고, 기업이 다양한 사업 분야에 진출함으로써 기업 경영상의 유연성 제고와 사업의 포트폴리오를 추구할 수 있다. ★★

개념 Plus

제약이론(TOC)
모든 기업은 보다 높은 수준의 성과를 얻어낼 수 없도록 제약하는 자원이 반드시 하나 이상 존재하는데, 기업 스스로 이러한 제약자원을 파악하고 개선해야만 기업의 성과를 향상시킬 수 있다는 이론이다. 즉 TOC는 "지속적으로 돈을 번다"는 조직의 목표를 달성하는 데 제약이 되는 요인을 찾아 집중적으로 개선함으로써 단기적으로는 가시적인 경영개선 성과를, 장기적으로는 시스템의 전체적 최적화를 달성하는 프로세스 중심의 경영혁신 기법이다.

출제지문 돋보기 OX

01 [20-추가]
기존시장에서 경쟁자의 시장점유율을 빼앗아 오려는 것은 다각화전략이다. ( )

02 [14-2]
기업이 다각화전략을 추진하는 이유 중 하나는 기술 또는 브랜드와 같은 많은 무형의 경영자원을 확보하고 있는 경우, 이를 활용할 수 있는 비관련 사업으로 다각화를 하는 것이 범위의 경제성을 활용하여 수익률을 증대시킬 수 있기 때문이다. ( )

정답 1. × 2. ×

③ 다각화 전략의 동기(목적)

　㉠ 성장추구 : 경영자는 기업규모 확대라는 측면에서, 종업원은 승진기회 확대라는 측면에서 긍정적인 결과를 기대할 수 있다. 하지만 성장추구를 지향한다는 것은 주주의 이익에 반하는 결정을 내려야 한다는 것을 의미하므로 대리인 문제를 야기할 수 있다.

　㉡ 위험분산 : 경기순환에 따른 개별 사업부문들의 위험을 다각화를 통해 분산시킬 수 있다.

　㉢ 범위의 경제성 : 경영자는 범위의 경제를 실현하기 위해 다각화를 추구할 수 있다. 범위의 경제성은 상이한 사업들에 공통적으로 투입되는 기능요소(인적·물적·재무 자원 등)가 존재할 때, 하나의 기업이 동시에 복수의 사업활동을 함으로써 얻게 되는 경제적 효과이다. 이를 상승효과 또는 시너지 효과라고도 한다. 예를 들어, 유통경영정보시스템을 동일 기업 내의 여러 사업체가 공동으로 활용하거나 축적된 유통경영노하우 및 관리시스템 등의 기능을 서로 보완하여 활용하는 경우에도 상승효과(시너지효과)가 발생한다. ★★

　㉣ 시장지배력 : 다각화는 효율적인 구매뿐만 아니라 기존경쟁자의 퇴출과 신규기업의 진입 억제를 위하여 다른 사업 분야의 수익을 활용하여 해당 시장에서 가격경쟁을 할 수 있다.

　㉤ 내부시장의 활용 : 다각화된 각각의 사업부의 자금을 통합·활용할 수 있고 내부노동력을 활용함으로써 관련 비용과 시간을 감소시킬 수 있다.

다각화 전략을 실행하는 동기
• 운영적 범위의 경제 실현 : 공유활동, 핵심역량
• 재무적 범위의 경제 실현 : 내부 자본할당, 위험감소, 세제상의 이점
• 반경쟁적 범위의 경제 실현 : 복수시장경쟁, 시장지배력 이용
• 종업원의 다각화 인센티브 실현 : 종업원 인적 자본 투자 다각화, 경영진 보상의 극대화

---

④ 다각화 전략이 필요한 경우

　㉠ 확대 기회가 충분하고 과거의 경영목적이 달성되었더라도 유보자금이 확대에 필요한 액수보다 상회하고 있을 경우

　㉡ 확대화에 의해 규정되어 있는 제품이 시장분야 내에서 경영목적을 달성할 수 없을 경우

　㉢ 활용가능한 정보가 확대화와 다각화의 결정적인 대비를 가능하게 할 수 있는 신뢰도를 갖지 못할 경우

　㉣ 현재 경영목적이 달성되더라도 다각화 기회가 확대화 기회보다 큰 수익성을 보장할 경우

⑤ 다각화 전략의 유형

　㉠ 수직적 다각화 : 기업이 자신의 분야에 포함된 분야로 사업영역을 확장하는 것을 말한다.

　㉡ 수평적 다각화 : 자신의 분야와 동등한 수준의 분야로 다각화하는 것을 말한다.

ⓒ 집중적 다각화(연관 사업 다각화) : 핵심기술 한 가지에 집중해서 판매하는 것 또는 다른 관점에서 바라보면 경영합리화, 시장통제, 금융상 이점 등을 목적으로 상호 간 협정 또는 제휴를 통해 과다경쟁으로 인한 폐해를 없애고 기업 조직의 안정 및 시장지배를 목적으로 하는 것을 말한다.

ⓔ 복합적 다각화(비연관 사업 다각화) : 해당 사업이 연계한 동종업종의 것일 수도 있으며, 전혀 자신들의 업종과는 다른 양상의 분야로 확장해서 운영하는 것을 말한다. 기존 사업이 하향상황일 때, 새로운 성장수단을 찾기 위한 방안으로 활용될 수 있다.

(2) 수직적 통합 전략(Vertical Integration Strategy) 기출 17 · 16 · 15 · 11 · 10 · 09 · 08

① 수직적 통합의 의의

ⓐ 수직적 통합은 가치사슬상에서 2개 이상의 가치 활동을 통합하여 수행하는 것으로 전방통합(forward integration)과 후방통합(backward integration)으로 구분된다.

전방통합	제품 흐름이 하류로 이동할 때, 제조사가 도매상 및 소매상을 확보하거나 진출하는 통합 방법이다.
후방통합	유통업체가 공급업체를 인수함으로써 상류로 진출하는 통합 방법이다.

ⓑ 수직적 통합은 부족한 자원이나 변동이 심한 자원을 충분히 활용할 수 있는 상황을 부여함으로써 제품 및 서비스, 유통, 마케팅을 효율적으로 통제할 수 있게 한다. 수직적 통합의 대표적인 사례로 소매업체가 도매업체 또는 제조업체에 투자 · 인수 · 합병하는 경우를 들 수 있다.

ⓒ 수직적 통합은 고객서비스 제고를 위한 기술이나 노하우 등의 보호와 시장비용의 감소, 생산원가 절감, 일관된 서비스 제공 등의 긍정적 측면과 생산부문과 유통부문 간의 상이한 경영관리 및 핵심역량관리로 인한 비효율성(조직 비대화로 인한 관료화 문제), 높은 기업 내부화 비용, 시장대응능력의 저하, 혁신활동에 대한 동기부족 등의 부정적 측면이 있다.

② 수직적 통합의 촉진요인

ⓐ 효율적 시장에서는 외부조달원의 성과를 평가하여 미흡할 시에는 다른 구성원으로 대체함으로써 시스템의 효율성을 높일 수 있지만, 외부조달원의 성과측정이 어려우면 외부조달의 효율성을 감소시키게 되므로 수직적 통합이 촉진된다.

ⓑ 시장의 거래비용이 과도하거나 기업의 운송 및 생산 등의 기술적 측면에서 경제성이 있을 때 수직적 통합이 발생된다. 또한 자산의 특수성, 소수거래관계, 세금절감을 위한 조세정책 등에 의해서도 수직적 통합이 이루어질 수 있다.★

ⓒ 구매자와 공급자 간의 거래가 일회성에서 그치는 것이 아니라 반복적일 경우 수직적 통합을 선호하게 된다.

ⓔ 가격과 같은 시장정보가 소수의 집단에게만 공유되어 있는 경우, 정보의 비대칭성이 발생하므로 이를 해소하기 위해 수직적 통합을 시도하게 된다.

ⓕ 제조업체가 유통경로에 대한 통제를 강화하고자 할 때 수직적 통합이 선호된다.

개념 Plus

수직적 통합의 특성
• 분업에 따른 전문화의 이점을 누리기 힘들어질 수도 있다.
• 경우에 따라 비용구조가 증가하기도 한다.
• 조직의 비대화를 가져와 관료화의 문제를 겪기 쉽다.
• 유통경로 구성원에 대한 통제가 쉽다.
• 유연성이 줄어들 수 있다.

출제지문 돋보기 OX

01   [13-2]
거래비용이론에 의하면 거래 특유적 자산이 이전 될 경우 교환파트너의 기회주의적 행동에 의한 피해 가능성이 높아져, 철저한 감시체계나 타율적 제재 등 권위통제메커니즘을 통한 보호 장치의 필요성을 증가시킴으로써 수직적 통합의 가능성을 높인다.   ( )

02   [14-1]
수직적 통합(Vertical Integration)은 부품생산에서 유통까지 기업활동과 관련된 여러 가지 전 · 후방의 수직적 가치사슬 중에 어디까지를 기업의 내부활동 범위로 통합시킬 것인가를 결정하는 다각화 전략이다.   ( )

정답 1. ○ 2. ○

개념 Plus

인소싱(Insourcing)
조직의 계통과 체계를 통해 서비스와 기능을 직접 전달하는 전통적인 경제활동 방식으로, 과다 투자나 과다 물량생산의 위험이 높다는 단점이 있다.

개념 Plus

인소싱과 비교시 아웃소싱의 단점
• 부적절한 공급업자를 선정할 수 있는 위험에 노출
• 핵심지원활동을 잃을 수도 있음
• 프로세스통제권을 잃을 수도 있음
• 리드타임이 장기화 될 수도 있음

개념 Plus

아웃소싱전략의 사례
• 기업 업무의 일부 프로세스를 경영 효과 및 효율의 극대화를 위한 방안으로 제3자에게 위탁해 처리하는 것
• 외부 전산 전문업체가 고객의 정보처리 업무의 일부 또는 전부를 장기간 운영·관리하는 것

개념 Plus

팬먼과 와이즈(Penman & Weisz)의 물류아웃소싱 성공전략
• 지출되는 물류비용을 정확히 파악하여 아웃소싱 시 비용절감효과를 측정해야 한다.
• 아웃소싱의 목적이 기업 전체의 전략과 일치해야 한다(고객서비스와 비용절감을 목적).
• 적절한 인력관리로 사기저하를 방지해야 한다(아웃소싱의 가장 큰 장애는 인원감축 등에 대한 저항이 큼).
• 최고경영자(CEO)의 관심과 지원이 필요하다.
• 아웃소싱의 목표는 현재와 미래의 고객만족에 목표를 둔다.

③ 수직적 통합의 이점

　㉠ 경로구성원 간의 정보불균형성이 존재할 때, 즉 불확실한 상황 하에서 수직적 통합은 기회주의를 감소시켜 거래비용을 줄일 수 있다. ★

　㉡ 마케팅활동에 있어서 단기간에 규모의 경제를 달성할 수 있으며, 개별 경로기관보다는 경로시스템 전체의 효율성을 중시하는 시스템이다.

　㉢ 상품의 적기적량을 공급하거나 확보할 수 있다.

　㉣ 생산과 유통활동을 조정함으로써 유통경로의 효율성을 높일 수 있다.

　㉤ 제조업자가 제품의 품질 및 고객유지 등을 통제할 수 있어 일관된 서비스 제공이 가능하다.

　㉥ 수직적 통합은 거래비용의 감소와 공급확보를 가져온다.

　㉦ 시장에서 소수의 거래관계가 존재하고 특정고객을 위한 기업특유의 투자가 필요한 경우에는 시장을 통한 거래관계, 즉 수직적 통합(인소싱, Insourcing)이 아웃소싱(Outsourcing)보다 더 유리하다.

④ 수직적 통합의 한계

　㉠ 유통경로를 수직적으로 통합할 경우 전환장벽의 극복비용 발생, 자본투자의 필요성 증대, 운영 레버리지의 증대, 유연성의 하락 등의 문제점이 나타날 수 있다. ★★

　㉡ 수직적 통합전략은 생산이나 유통단계의 범위를 좁히기 때문에, 독립된 공급자나 고객과 경쟁적으로 거래할 수 없다는 위험을 내포하고 있다.

(3) 아웃소싱 전략(Outsourcing Strategy) 기출 21·18·16·15·13·10·09·08

① 아웃소싱 전략의 의의

　㉠ 아웃소싱 전략은 자사의 핵심역량에 집중하면서 비핵심적이고 반복적인 프로세스를 분사 또는 외주 등의 방법을 통해 기업가치를 제고하는 전략이다. ★

　㉡ 수직적 통합은 한 산업 내에서 기업의 활동범위를 확대하는 활동이지만 시장커버리지 측면에서 볼 때 아웃소싱이 수직적 통합보다 더욱 넓은 시장을 커버하는 데 유리하다. 또한 자신의 역할을 보다 충실히 수행하고자 하는 동기부여 측면에서 보면 수직적으로 통합된 경우보다 외부유통업체의 경우가 높다.

② 아웃소싱 전략의 특징

　㉠ 아웃소싱은 사용자의 투자비용을 최소화해 주고 재무상 위험을 축소시켜 준다. ★

　㉡ 수직적으로 통합된 경우보다 단위당 평균비용이 낮아지는 규모의 경제를 실현할 수 있다. ★

　㉢ 물류전문업체의 첨단 정보시스템을 이용함으로써 시스템 추가개발에 소요되는 인력과 비용을 절감할 수 있다.

　㉣ 제조업체가 보유하고 있는 한정된 차량운행에서 오는 불편함을 물류전문업체의 전 차량을 이용하는 정시배송으로 개선하여 배송서비스를 대폭 강화할 수 있다.

　㉤ 창고, 대지 및 물류장비 등의 처분·임대를 통해 투자비용을 회수하는 한편, 물류전문업체에게 사용한 내용만큼의 비용만 지불하므로 전체적으로 비용절감 효과를 기대할 수 있다. ★

③ 아웃소싱 추진 시 고려사항
  ㉠ 경로구성원의 가치창출을 위해서라면 모든 각각의 기능에 대한 아웃소싱 가능성을 고려할 수 있다.
  ㉡ 경쟁우위에 있는 분야와 열위에 있는 분야를 구체적이고 객관적인 데이터 분석을 통해 알아내야 한다. 즉, 열위에 있는 분야를 어떻게 아웃소싱할지 고민해야 한다.
  ㉢ 아웃소싱 파트너와의 긴밀한 협력이 필수적이다.
  ㉣ 아웃소싱하는 기능과 기업이 직접 수행하는 기능이 가치창출의 관점에서 효율적·효과적인 통합이 중요하다.
  ㉤ 아웃소싱 전략은 통제권 상실로 인한 교섭력 약화, 기업정보 노출 등의 위험이 있으며 관련 기업 간 밀접한 상호협력 관계를 유지하기 위한 효율적인 관리를 필요로 한다. ★

기업측면에서 아웃소싱 전략을 취하는 일반적인 이유
• 규모의 경제를 이룰 수 있는 자재에 대한 비용상의 이점이 있기 때문이다.
• 혁신적인 기술의 혜택을 볼 수 있고, 분업의 원리를 통해 이득을 얻을 수 있기 때문이다.
• 고정비용을 줄여서 유연성을 획득할 수 있기 때문이다.
• 충분한 생산능력이 갖추어지지 않은 경우나 수요가 예상보다 갑자기 증가하여 수요를 충족시킬 수 없을 때가 있기 때문이다.
• 기업이 특정 품목을 생산할 만한 기술과 전문성이 없을 때가 있기 때문이다.
• 공급자가 우수한 기술과 공정, 숙련된 작업자 등을 가지고 있어서 오히려 구매부품이 품질 면에서 더 우수할 수 있기 때문이다.

---

08 전략적 제휴, 합작투자, 인수합병전략

(1) 전략적 제휴(Strategic Alliance) 기출 19·18·15·13·12·11

① 전략적 제휴의 의의
  ㉠ 전략적 제휴란 상호협력을 바탕으로 기술·생산·자본 등의 기업 기능에 2개 또는 다수의 기업이 기능별로 협력체계를 구축하는 것으로 독립기업들 사이의 공동관계를 말한다. ★★
  ㉡ 기업은 다양한 기업가치 활동 중 일부나 전부에 있어 협력적인 관계를 구축하는 기능별 제휴전략을 추구할 수 있으며, 연구개발 컨소시엄(Consortium), 기술제휴, 라이센스 등이 여기에 포함된다.

② 전략적 제휴 추진 시 고려사항
  ㉠ 성공적인 제휴를 위해서는 자사와 상대기업 간 제휴몰입, 양립성, 상대기업의 능력 등을 고려하여야 한다.
  ㉡ 전략적 제휴에 있어서 POS(Point Of Sale), QR(Quick Response), SKU(Stock Keeping Unit), EDI(Electronic Data Interchange) 등의 인프라나 장치가 요구된다.

③ 전략적 제휴의 특징

　ⓐ 전략적 제휴는 기업조직의 공정상 필요한 투입요소를 각 분야에서 공동으로 활용함으로써 비용을 절감하는 동시에 범위의 경제성(Economies of Scope)을 추구하는 전략을 활용한다.

　ⓑ 전략적 제휴는 자원과 위험을 공유(위험분산)하거나 신제품 개발과 시장진입의 속도를 단축할 수 있게 해 준다. ★

　ⓒ 기업 간 합병형태가 독립기업 간의 외부거래보다 필요로 하는 기술이나 능력을 얻는 데 효과적이고 저렴하며 목적달성 후에도 철수가 비교적 용이하다.

　ⓓ 전략적 제휴는 기술혁신 속도가 빠른 전기 · 전자 등 첨단제조 분야에서 신기술 습득과 새로운 시장 진출을 목적으로 활발하게 이루어지고 있으며, 전략적 제휴를 통해 공동으로 기술이나 제품을 개발할 경우에는 산업의 표준화를 위한 목적도 있다. ★

　ⓔ 전략적 제휴의 주요한 동기에는 규모의 경제성 추구, 위험 및 투자비용의 분산, 경쟁우위 자산의 보완적 공유, 기술획득, 시장의 신규진입과 확대, 과다한 경쟁방지 등을 들 수 있다. ★

(2) 합작투자(Joint Venture) 기출 18 · 15

① 합작투자는 2개 이상의 기업이 특정 기업운영에 공동으로 참여하는 투자방식으로 지분인수를 통해 이루어진다.

② 합작투자는 신설방식과 기존기업의 소유권을 인수하는 방식으로 이루어질 수 있으며, 이를 통해 위험 감소와 규모의 경제 확보, 경쟁의 완화, 무역장벽의 극복 등 전략적인 이점을 활용할 수 있다.

(3) 인수합병전략(M&A ; Merger and Acquisitions Strategy) 기출 10

① 인수합병전략은 두 기업이 하나의 기업으로 통합되는 것을 말하며, 규모 및 범위의 경제를 추구할 수 있다. 여기서 인수는 하나의 기업이 다른 기업의 경영권을 얻는 것이고, 합병은 둘 이상의 기업들이 하나의 기업으로 합쳐지는 것을 의미한다. 합병의 유형에는 수평적 · 수직적 그리고 복합합병이 있다.

② 기업은 인수합병을 통해 새로운 산업에서의 핵심역량과 자원을 확보할 수 있으며, 이를 바탕으로 시장진입을 신속하게 할 수 있다.

③ 인수합병은 상이한 조직문화, 기업가치의 과대평가, 과도한 인수합병 비용 등으로 인하여 실패할 가능성이 있다.

④ 당사자 회사의 전부 또는 일부가 해산하고 회사재산이 청산절차에 의하지 않으며, 포괄적으로 신설회사에 이전되는 효과를 가진다. 합병 후 존속하는 회사 또는 합병으로 인하여 설립되는 회사가 그 본점소재지에서 등기를 함으로써 그 효력이 생긴다.

⑤ 상법에서는 합병방법으로 흡수합병과 신설합병을 규정하고 있다.

인수 및 합병(M&A)의 방식 기출 15

- 자산인수 : 투자자가 해당 기업이 보유하고 있는 특정한 경제적 재화나 영업권 또는 기업의 일부를 매수하거나 사업의 일체를 인수하는 것
- 흡수합병 : 인수기업이 대상기업을 흡수하는 것
- 신설합병 : 양 기업이 합병하여 새로운 회사를 설립하는 것
- 역 합병 : 실질적인 인수기업이 소멸하고 피인수기업이 존속하는 것
- 주식인수 : 주식 매수를 통해 회사의 경영권을 인수하는 것

09 유통기업의 글로벌화 전략 기출 19 · 15 · 12 · 09 · 08

(1) 글로벌화 전략

① 글로벌화는 나라 간 국경의 개념을 뛰어넘어 지구촌 전체를 하나의 경영 단위로 삼아 경영활동을 전개해가는 경영전략을 의미한다.

② 무역장벽 완화, 자유로운 자본이동, 기술진보, 가격경쟁과 고정비 증가, 거래비용 하락 등의 이유로 기업의 글로벌화가 촉진되고 있으며, 시장의 영향력이 제조업자에서 유통업자로 이전되고 있다.

③ 글로벌 기업은 원료, 부품, 반제품, 최종제품 등의 생산과 판매를 전세계적으로 통합하고 조정한다. 따라서 국가 간 독특한 문화와 소비자 특성, 소매업 역사를 이해하는 것이 필요하다.

④ 글로벌화 전략은 국가별 차별성보다 **동질성에 초점을 두며, 비용우위 확보에 중점을** 둔다. 즉, 글로벌화는 수요의 동질성을 전제로 규모의 경제를 추구할 수 있다는 이점을 가지고 있다.★

⑤ 글로벌시장 참여방법의 하나로 외국의 제조업자가 국내 제조업자의 브랜드로 제품을 생산하는 경영형태를 제조협약(Contract Manufacturing)이라 한다.★

(2) 현지화 전략

① 지역마다 다양한 고객의 요구에 대응하기 위해 제품을 현지상황에 맞게 변경하여 현지화를 통한 마케팅 성공을 극대화하면서 **생산표준화를 통한 비용절감을 얻기 위한 전략**이다.★

② 국가별 동질성보다 **차별성에 초점을 두며 현지 재무성과 극대화에 중점을 둔다.★**

③ 현지화 전략은 해당 국가의 보호무역주의, 환율변동, 문화차이 등의 이유로 수립된다.

④ 글로벌화와 현지화는 보완적인 관계로 다차원적인 접근이 필요하다.

보호무역정책의 수단

구 분	내 용
관세부과	국가 국경을 통과하는 물품에 대하여 부과하는 세금으로 수출세와 수입세가 있다.
비관세장벽	• 수입제한 : 수입금지, 수입할당, 수출자율규제 • 수출장려 : 수출보조금, 수출금융, 수출보험 • 산업피해구제 : 반덤핑, 상계관세조사, 긴급수입제한 • 수출제한 : 안보, 정치, 경제, 환경보호

반덤핑관세(Anti-dumping duties)
특정 물품에 대한 수출자의 덤핑수출에 대하여 수입국에서 관세를 부과하여 덤핑의 효과가 발생하지 못하도록 하는 제도를 말한다.

3 유통경영전략의 평가 및 통제

01 전략의 평가 및 통제

(1) 전략의 평가

① 전략적 계획과 운용적 정책을 바탕으로 한 실제 성과가 설정된 계획과 일치하는지 여부를 확인하는 것으로, 일정기간을 두고 목표와 실제 성과 간의 차이를 분석하여 그 원인을 파악한 뒤 그 결과에 따른 피드백이 이루어진다.

② 기준이 되는 평가 분석 자료는 판매실적, 연구개발실적, 생산실적 등 가시적인 기업운영의 자료를 토대로 한다.

③ 전략적 평가를 통해 외부환경 및 내부자원 분석이 올바르게 이루어졌는지, 전략적 목표와 하위전략이 적절하게 이루어졌는지, 전략의 전개 과정이 적절하게 설계되고 수행되었는지 등을 파악할 수 있다.

(2) 전략의 통제

전략의 통제는 목표를 달성할 수 있도록 조직의 성과를 감독 및 평가하는 활동으로 전략적 통제, 전술적 통제, 운영적 통제 등으로 구분할 수 있다.

① 전략적 통제 : 기업환경 하에서 기업 전략방향 및 그 내용을 통제하는 행위로 조직 전체와 장기적 측정에 중점을 둔다.

② 전술적 통제 : 전략계획의 실행을 주 내용으로 하며, 시장점유율, 프로그램 이행 등 중기적 측정에 중점을 둔다.

③ 운영적 통제 : 단기적으로 달성하여야 할 과업을 주 내용으로 하며, 생산불량률 등 단기적 측정에 초점을 둔다.

02 성과의 관리, 측정, 환류(Feedback)

(1) 성과관리(Performance Management) 기출 16·14

① 성과관리의 개념 : 성과관리는 "영업사원의 성과를 평가하고, 이를 바탕으로 영업사원에 대한 지속적인 지도와 피드백을 제공하며, 더 나아가 이를 제도화하거나 시스템화하는 일련의 과정"을 의미한다. ★

② 성과관리의 목적
   ㉠ 과거지향적 목적 : 성과평가를 통한 보상수준의 결정
   ㉡ 미래지향적 목적 : 성과의 원인분석을 통한 변화관리

③ 성과관리의 순환구조 : 목표설정 → 계획 → 실행 → 평가 → 피드백 및 개선

④ 성과지표(Outcome indicator) : 개인 또는 조직의 성과를 구체적이고 측정 가능한 형태로 정의함으로써 달성 수준을 평가할 수 있도록 하는 척도이다.

   ㉠ 과정지표(효율성 지표) : 영업사원의 능력인 기술, 지식, 자질 등을 나타내는 지표와 영업사원의 활동 즉, 판매활동, 지원활동, 지출활동을 나타내는 지표로 나누어진다. ★

영업사원의 능력	영업사원이 보유하고 있는 기술, 지식, 자질 등
영업사원의 활동	영업사원이 수행한 판매활동, 지원활동, 지출활동 등

   ㉡ 결과지표(효과성 지표) : 크게 고객차원의 결과지표와 회사차원의 결과지표로 나누어지며, 회사차원의 결과지표는 다시 수익, 수주, 계정 등의 영역으로 세분화될 수 있다. 고객차원의 성과지표에는 고객전환율, 고객유지율, 고객만족도(CST) 등이 있다. ★

고객차원	고객전환율, 고객유지율, 고객만족도(CST) 등
회사차원	수익, 공헌마진, 주문건수, 탈락 또는 신규 계정의 수 등

(2) 성과측정(Performance Measurement)

① 성과측정의 의의

   성과의 측정 및 평가는 공정하고 객관적으로 이루어져야 하기 때문에 체계적인 성과평가시스템을 구축하는 것이 필요하다. 균형성과표(BSC), 기업경영혁신(BPR), 기업경영관리(BPM) 등이 대표적인 성과평가시스템이다.

② 성과평가시스템의 유형

   ㉠ 균형성과표(BSC ; Balanced Score Card)
   • 균형성과표는 재무, 고객, 내부 프로세스, 학습과 성장 등의 관점에서 균형 있게 평가하는 전략적 성과관리방법이다.
   • 균형성과표는 과거와 현재, 그리고 미래성과를 예측할 수 있는 관리시스템으로 조직에 전략적 방향을 제시하여 변화 동기를 부여하게 된다.
   • 균형성과표는 과거성과에 대한 재무적인 측정지표를 통해서 미래성과를 창출하는 측정지표로서 재무·고객·내부 프로세스·학습과 성장 등 4분야로 구분하여 기업별 특성에 맞는 지표를 선정하고 각 지표별 가중치를 적용하여 산출한다.

<aside>

개념 Plus

순고객추천지수
(NPS ; Net Promoter Score)
고객이 경험한 제품·서비스를 주위사람들에게 추천할 의향이 얼마나 있는지를 11점 척도로 묻는 것으로, 9~10점에 응답한 고객집단을 Promoter, 7~8점에 응답한 고객을 Passive, 0~6점에 응답한 고객을 Detractor로 구분한 후, Promoter에서 Detractor의 비율을 차감하여 계산하게 된다. 따라서 순고객추천지수는 고객만족도조사(CST)와 관련 있는 지표이다.

</aside>

재무관점	기업 경영을 통한 기업의 손익개선을 나타내는 재무성과 측정지표이다.
고객관점	품질, 서비스, 비용, 시간 등 고객의 관심사항을 반영한 측정지표이다.
내부 프로세스 관점	고객의 기대에 부응하기 위한 업무프로세스와 경쟁우위 요소인 자사의 핵심역량을 측정하는 지표이다.
학습과 성장 관점	기업의 비전달성과 연관된 조직의 학습방법과 개선사항을 측정하는 지표이다.

개념 Plus

균형성과표(BSC)의 활용
• 장기적 관점의 고객관계에 대한 평가를 포함
• 기업의 학습과 성장 역량의 평가를 포함
• 정성적 성과뿐만 아니라 정량적 성과도 포함
• 단기적 성과와 함께 장기적 성과를 포함
• 공급사슬 프로세스의 성과 평가에 활용

ⓒ 기업경영혁신(BPR ; Business Process Reengineering)
  • BPR은 1990년대 초 미국에서 제창한 개념으로 사업활동을 영위하는 조직의 측면에 있어서 작업을 개선하고 자원의 사용을 보다 효율적으로 만들기 위하여 하나의 목적으로 처음부터 다시 근본적인 변화를 만드는 것을 의미한다.
  • BPR은 업무 프로세스의 근본적인 재고(再考)가 수반되며, 원가, 서비스품질, 직원들의 활력 등과 같은 중대한 지표들이나 또는 그 모두를 강화하기 위한 업무활동의 재설계로 이어진다.
  • 일반적으로 BPR의 개념에는 데이터를 조직화하고, 방향을 설정하기 위하여 컴퓨터나 정보기술을 사용하는 것이 포함된다.

ⓒ 기업경영관리(BPM ; Business Process Management)
  • 기업 내·외의 업무 프로세스를 설계, 정의하고 모니터링 및 운영을 통해 최적화하는 총체적 관리기법이다.
  • 경영업무 프로세스의 표준화, 간소화를 통해 비정형화된 업무를 표준화, 간소화, 시스템화함으로써 임무와 책임을 명확히 하는 데 목표를 둔다.
  • 즉, BPM은 프로세스를 발견(Discover), 설계(Design), 적용(Deploy), 실행(Execute), 상호작용(Interact with), 운영(Operate), 최적화(Optimize)및 분석(Analyze)하는 종합적인 역량을 의미한다.

> **BPM의 기대효과**
> • 프로세스에 대한 가시성 및 제어의 확보
> • 비즈니스에 대한 대응력 향상
> • 프로세스의 Intelligence 향상
> • 시스템의 통합성 향상

(3) 성과의 환류(Feedback)

① 성과는 체계적으로 관리되고 지속적으로 개선될 필요성이 있다. 따라서 성과평가결과는 환류(Feedback)를 수행하게 된다.
② 효과적인 개선이 이루어지기 위해서는 개선 우선순위를 확인하는 것이 필요하고, 이를 토대로 목표, 실행계획, 자원배분 등의 프로세스가 이루어지게 된다.
③ 성과평가결과는 조직의 인사와 보수에 연계시킬 수 있으며, 성과관리제도의 개선을 위한 정보를 제공해 준다.

01 유통기업의 외부적 환경의 내용으로 옳지 않은 것은?

① 인공지능 및 자율주행기술 등 급격한 기술발전을 포함하는 환경
② 자사의 핵심역량, 비전, 목표, 정책 등의 전략적 환경
③ 시장의 인구증가율, 연령, 직업, 소득수준 등의 인구통계적 환경
④ 건강, 웰빙, 힐링 같은 소비자들의 가치관, 의식, 생활양식 등의 사회적 환경
⑤ 법률, 제도, 각종 규제 등의 정치적·법률적 환경

02 기업 환경분석에서 모든 기업에 공통적으로 영향을 미치는 환경인 거시환경으로 옳지 않은 것은?

① 유통 경로에서 발생하는 경쟁자와 협력업자 환경
② 국가의 경제정책과 같은 경제적 환경
③ 디지털, 네트워크와 같은 기술적 환경
④ 문화와 가치관 같은 사회적 환경
⑤ 각종 규제와 같은 법률적 환경

03 기업의 외부환경 분석기법으로 활용되는 포터(M. Porter)의 산업구조 분석에서는 산업의 수익률에 영향을 미치는 5대 핵심요인을 제시하고 있는데, 이에 해당되지 않는 것은?

① 산업내의 경쟁   ② 대체재의 위협
③ 공급자의 힘   ④ 구매자의 힘
⑤ 비용구조

04 마이클 포터(Michael Porter)의 산업구조분석모형에 대한 설명으로 옳지 않은 것은?

① 공급자의 교섭력이 높아질수록 시장 매력도는 높아진다.
② 대체재의 유용성은 대체재가 기존 제품의 가치를 얼마나 상쇄할 수 있는지에 따라 결정된다.
③ 교섭력이 큰 구매자의 압력으로 인해 자사의 수익성이 낮아질 수 있다.
④ 진입장벽의 강화는 신규 진입자의 진입을 방해하는 요소가 된다.
⑤ 경쟁기업 간의 동질성이 높을수록 암묵적인 담합가능성이 높아진다.

05 M. Porter는 세분시장의 구조적 매력성을 결정하는 모형으로서 5-Forces모형을 제시하였다. 이에 대한 설명으로 가장 잘못된 것은?

① 기업이 느끼는 위협의 원천으로 산업 내 경쟁자, 공급기업, 구매자, 잠재적 진출기업 및 대체품 등을 제시하고 있다.
② 세분시장이 안정적이고, 경쟁자의 능력이 커지고 있거나 고정비와 퇴출장벽이 높으며, 경쟁기업이 그 세분시장에 몰입도가 높다면, 그 세분시장은 매력도가 낮다.
③ 세분시장에 신규기업의 진입과 기존 기업의 퇴출이 용이하다면, 그 세분시장의 매력도는 낮다고 평가할 수 있다.
④ 대체재는 세분시장에서 획득할 수 있는 이윤과 가격에 제약을 줄 수 있으므로, 대체재로부터 받는 위협은 커지게 된다.
⑤ 월마트와 같은 거대한 소매상이 급격히 성장하는 경우에 월마트에 상품의 포장재를 공급하는 기업들의 위협은 작아지게 된다.

06 경영전략 수립과정에서 가치사슬(value chain)에 의해 차별화우위를 분석할 때 기업의 다양한 활동을 주활동(primary activities)과 보조활동(support activities)으로 구분한다. 아래에 제시한 항목 중에서 보조활동에만 해당되는 것은?

① 기술연구, 대리점지원
② 재무, 생산
③ MIS, 물류
④ 기획, 디자인
⑤ 재고보유, 고객서비스

07 BCG 매트릭스와 관련된 설명으로 옳지 않은 것은?

① 시장 성장률과 상대적 시장 점유율의 높고 낮음을 기준으로 작성한다.
② 개의 영역은 시장은 커지고 있으나 경쟁력이 떨어져 수익을 올리지 못하는 상태다.
③ 현금젖소는 저성장·고점유율을 보이는 성공한 사업으로 규모의 경제와 높은 수익을 가진다.
④ 물음표의 영역은 경쟁력이 확보될 수 있는 부분에 집중투자하는 전략이 필요하다.
⑤ 별의 영역은 많은 투자 자금이 필요하다.

08 유통경영전략의 수립과 실행의 단계로 바르게 짝지어진 것은?

> 환경분석 → 유통목표의 정립 → (A) → 경로구성원 조정 → 실행 → (B) → 피드백

① A : 물류관리, B : 갈등관리
② A : 포지셔닝, B : 영향력 행사
③ A : 소매상 선정, B : 전략 재수립
④ A : 유통경로구조의 설계, B : 성과평가
⑤ A : 시장세분화, B : 갈등관리

09 아래에서 설명하는 시장전략은?

> 가. 기존 시장에 기존 제품으로 경쟁사의 시장점유율을 빼앗기 위한 전략
> 나. 어떤 형태로 제품을 변경시키지 않고 기존 고객들에게 보다 많이 판매하도록 하는 전략

① 시장침투전략
② 시장개척전략
③ 제품개선전략
④ 다각화전략
⑤ 외부성장전략

10 유통기업의 전략에 대한 설명으로 올바른 것만 모아놓은 것은?

> 가. 유통기업의 전략은 기업수준의 전략과 사업부수준의 전략으로 구분할 수 있는데, 기업이 다각화되지 않았다면 사업부수준의 전략은 필요 없다.
> 나. 유통기업이 수직적 통합, 기업인수합병, 해외사업진출과 같은 결정이나 각 사업분야에 경영자원을 배분하는 것은 기업수준의 전략에 해당한다.
> 다. 유통기업이 경영전략을 수립하기 위해서는 비전이나 목표를 설정해야 하는데, 비전은 기업의 미래상으로서 목표에 비해 정량적이고 구체적이어야 한다.
> 라. 유통기업의 경영전략 수립에 전제가 되는 목표는 비전과 달리 구체적일 필요 없이 기업의 방향만 설정해도 충분하다.

① 가, 나　　　　② 가, 다
③ 나, 다　　　　④ 나, 라
⑤ 다, 라

11 유통경영 전략계획 수립에 대한 설명으로 가장 옳지 않은 것은?

① 기업수준의 전략계획수립은 조직의 목표 및 역량과 변화하는 마케팅 기회 간의 전략적 적합성을 개발·유지하는 과정을 말한다.

② 기업수준의 전략계획수립은 기업 내에서 이루어지는 다른 모든 계획수립의 근간이 된다.

③ 기업수준의 전략계획수립과정은 기업전반의 목적과 사명을 정의하는 것으로 시작된다.

④ 기업수준의 전략계획이 실현될 수 있도록 마케팅 및 기타 부서들은 구체적 실행계획을 수립한다.

⑤ 기업수준의 전략계획은 기능별 경영전략과 사업수준별 경영전략을 수립한 후 전략적 일관성에 맞게 수립해야 한다.

12 다음 설명에 적합한 경영혁신기법은?

> 주로 조직의 효율성을 높이고 성과를 개선하기 위하여 조직의 규모나 사업구조 운용내용을 바꾸는 것을 말한다. 경영자의 입장에서 내키지 않을 수도 있지만 경쟁이 치열해지고 미래의 경영환경이 불확실해지면서 경영상태가 양호한 상태에서도 행하는 기업이 늘어나고 있다.

① 벤치마킹(Benchmarking)

② 리스트럭처링(Restructuring)

③ 영업양도(Divestiture)

④ 현상유지전략(Stability Strategy)

⑤ 수직적 통합(Vertical Integration)

13 기업이 다각화 전략을 추진하는 이유에 대한 설명으로 가장 옳지 않은 것은?

① 보유한 능력과 자원을 새로운 업태 혹은 다른 업종의 사업에 투자함으로써 기존의 자원과 능력을 확장 또는 발전시킬 수 있기 때문이다.

② 동일 기업 내의 여러 사업체가 공동으로 활용하거나 축적된 경영노하우 및 관리시스템 등의 기능을 서로 보완하여 활용하는 경우 상승효과가 발생한다.

③ 개별 사업부문의 경기순환에서 오는 위험을 분산시킬 수 있는 수단이 되며, 기존사업의 성장이 둔화되거나 점차 쇠퇴해 감에 따라 새로운 사업 분야로 진출할 필요성이 대두되기 때문이다.

④ 기술 또는 브랜드와 같은 많은 무형의 경영자원을 확보하고 있는 경우, 이를 활용할 수 있는 비관련 사업으로 다각화를 하는 것이 범위의 경제성을 활용하여 수익률을 증대시킬 수 있기 때문이다.

⑤ 복합기업화가 이루어지면 시장지배력 증가에 도움이 되며, 다양한 사업 분야에 진출함으로써기업 경영상의 유연성 제고와 사업의 포트폴리오를 추구할 수 있기 때문이다.

14 기업에서 사용할 수 있는 수직적 통합 전략의 장점과 단점에 대한 설명으로 가장 옳지 않은 것은?

① 조직의 규모가 지나치게 커질 수 있다.

② 관련된 각종 기능을 통제할 수 있다.

③ 경로를 통합하기 위해 막대한 비용이 필요할 수 있다.

④ 안정적인 원재료 공급효과를 누릴 수 있다.

⑤ 분업에 의한 전문화라는 경쟁우위효과를 누릴 수 있다.

15 유통경로상에서 기업이 현재 차지하고 있는 위치의 다음 단계를 차지하고 있는 경로구성원을 자본적으로 통합하는 경영전략을 설명하는 용어로 옳은 것은?

① 전방통합(forward integration)
② 아웃소싱(outsourcing)
③ 전략적제휴(strategic alliance)
④ 합작투자(joint venture)
⑤ 후방통합(backward integration)

16 전략적 제휴에 대한 내용 중 가장 옳지 않은 것은?

① 상호협력을 바탕으로 기술·생산·자본 등의 기업 기능에 2개 또는 다수의 기업이 기능별로 협력하는 것을 말한다.
② 기술혁신 속도가 빠른 전기·전자 등 첨단제조 분야에서 신기술 습득과 새로운 시장 진출을 목적으로 활발하게 이루어지고 있으며, 최근 은행·보험·항공·운송 등의 다양한 분야에서 활용도가 높아지고 있다.
③ 기업간 합병형태나 독립기업 간의 외부거래보다 필요로 하는 기술이나 능력을 얻는 데 효과적이고 저렴하며 목적달성 후에도 철수가 비교적 용이하다.
④ 규모의 경제성 추구, 위험 및 투자비용의 분산, 경쟁우위 자산의 보완적 공유, 기술획득, 시장의 신규진입과 확대, 과다한 경쟁방지 등이 전략적 제휴의 동기이다.
⑤ 비핵심적이고 반복적인 프로세스는 외주로 하고 단순 비용절감이 아닌 핵심역량에 집중하기위한 것이다.

17 제조업체와 유통업체가 상생을 위한 물류측면의 전략적 제휴에 있어서 요구되는 인프라나 장치로 가장 거리가 먼 것은?

① POS(Point Of Sales)
② QR(Quick Response)
③ SKU(Stock Keeping Unit)
④ POP(Point Of Purchase)
⑤ EDI(Electronic Data Interchange)

18 유통기업이 글로벌화 전략을 추구할 경우, 시장 거래, 중간적 거래, 위계적 거래의 세 가지 조직적 측면에서 대안이 있다. 조직적 측면의 대안 중 성격이 다른 하나는 무엇인가?

① 인 수   ② 합작투자
③ 지분제휴   ④ 비지분제휴
⑤ 라이센싱

19 보호무역의 수단에 해당하지 않는 것은?

① 보조금 지급   ② 덤 핑
③ 수량제한   ④ 관세부과
⑤ 수출자율규제

20 아웃소싱과 인소싱을 비교해 볼 때 아웃소싱의 단점을 설명한 것으로 옳지 않은 것은?

① 부적절한 공급업자를 선정할 수 있는 위험에 노출된다.
② 과다 투자나 과다 물량생산의 위험이 높다.
③ 핵심지원활동을 잃을 수도 있다.
④ 프로세스 통제권을 잃을 수도 있다.
⑤ 리드타임이 장기화 될 수도 있다.

01 정답 ②

자사의 핵심역량, 비전, 목표, 정책 등의 전략적 환경은 유통기업의 내부적 환경에 대한 내용이다.

02 정답 ①

거시적 환경요인
- 정치적 환경 : 기업에게 이익이 되는 측면에서 정치적 전략을 통해 관련 법률 제정에 영향을 미치기 위한 시도를 포함한다.
- 사회·경제적 환경 : 국민소득 증가와 교육수준의 향상, 소비자보호운동 등의 요인을 말하며, 이로 인한 구매행태의 변화를 가져왔다.
- 기술적 환경 : 정보기술의 발전은 산업 전반의 업무효율화와 유통발전 및 현대화를 가져왔다.
- 시장 환경 : 국내 유통시장 개방은 선진국의 기술을 습득하여 긍정적 발전을 가져올 수 있는 반면에 선진국의 과도한 요구에 의해 국내 유통환경이 위축될 수 있다. 따라서 국내 유통 발전을 위해 합리적인 유통망이 구축될 수 있도록 기반시설 지원 및 확충, 유통 전문인력 양성 등이 필요하다.
- 법률적 환경 : 정부의 규제 및 지원을 의미하는 것으로 기업은 정부와 밀접한 관계를 맺고 있는데 정부는 기업이 발전할 수 있는 경제적 여건을 마련하기도 하고, 기업이 공익을 저해하거나 독점 등의 불건전한 기업 활동 시 규제를 하기도 하는 양면적 성격을 지닌다.

03 정답 ⑤

비용구조는 산업구조 분석에서 제시하는 5대 핵심요인에 해당되지 않는다.

04 정답 ①

공급자의 교섭력이 높아질수록 시장의 수익성은 위협을 받게 되어 시장 매력도는 낮아진다.

05 정답 ⑤

월마트에 상품의 포장재를 공급하는 기업들은 가격을 인상하거나 품질을 저하시키려는 위협으로 협상력을 제고할 수 있으므로 위협이 커지게 된다(공급자의 협상력).

06 정답 ④

- 주활동(Primary Activities) : 제품의 생산, 운송, 마케팅, 판매, 물류, 서비스 등과 같은 현장 업무 활동으로 부가가치를 직접 창출하는 부분(예 대리점지원, 생산, 물류, 재고보유, 고객서비스)

- 보조활동(Secondary Activities) : 구매, 기술개발, 인사, 재무, 기획 등 현장 활동을 지원하는 제반업무로 부가가치가 창출되도록 간접적인 역할을 하는 부분(예 기술연구, 재무, MIS, 기획, 디자인)

07 정답 ②

개의 영역은 저성장·저점유율을 보이는 사업단위이다. 낮은 시장성장률 때문에 그다지 많은 자금의 소요를 필요로 하지는 않지만, 사업 활동에 있어서 얻는 이익도 매우 적은 사업이다. 이 사업에 속한 시장의 성장률이 향후 다시 고성장을 할 가능성이 있는지 또는 시장 내에서 자사의 지위나 점유율이 높아질 가능성은 없는지 검토해보고 이 영역에 속한 사업들을 계속 유지할 것인가 아니면 축소 내지 철수할 것인가를 결정해야 한다.

08 정답 ④

유통경영전략의 수립과 실행의 단계(7단계)
- 제1단계 : 유통환경의 변화 및 환경분석
- 제2단계 : 구매 욕구 세분화, 표적 구매자 시장, 유통목표의 정립
- 제3단계 : (A)유통경로구조(시스템)의 설계
- 제4단계 : 경로구성원 조정 체계의 설계
- 제5단계 : 유통전략의 실행
- 제6단계 : (B)유통활동의 성과평가 및 조사
- 제7단계 : 피드백(Feedback)

09 정답 ①

② 시장개척전략은 신시장 + 기존제품의 경우로 시장개척의 가능성을 고려하는 전략이다.
③ 제품개선전략은 기존시장 + 신제품의 경우로 기존시장에 신제품 또는 수정된 제품을 공급하는 전략이다.
④ 다각화전략은 신시장 + 신제품의 경우로 기존의 제품이나 시장과는 완전히 다른 새로운 사업을 시작하거나 인수하는 전략이다.
⑤ 외부성장전략은 기업의 내부자원에 의존하지 않고 외부자원을 이용한 성장전략으로서 타 회사와의 기술제휴, 개발이 끝난 신제품의 취득, 타 회사의 흡수·합병 등의 방법이 있다.

10 정답 ①

다. 비전은 기업이 매우 장기적으로 달성하고자 하는 이상적 목표로서 구체적일 필요가 없다.
라. 목표는 기업 혹은 사업단위가 달성하고자 하는 성과로서 비전보다 단기적이며 구체적이어야 한다.

11 정답 ⑤

경영자들은 기업수준의 경영전략을 통해 사업단위 조정과 조직의 범위 및 자원 개발 등에 관한 의사결정을 효율적으로 할 수 있다. 기업수준의 경영전략은 자원, 재무, 기술 등의 효과적인 운영을 지원하며, 이를 통해 경쟁사와의 구별 및 유지를 가능하게 하기 때문에 기업수준의 전략계획을 수립한 후 사업수준별 경영전략과 기능별 경영전략을 일관성에 맞게 수립해야 한다. 또한 기능별 경영전략은 사업부수준의 경영전략을 구체화하고 주요 기능별 가치창출을 극대화하기 위하여 수립되는 전략으로 자원의 효율성과 생산성을 극대화하는 데 초점을 둔다.

12 정답 ②

경영혁신기법 중 하나인 리스트럭처링(Restructuring)은 기업 경영의 기본적 구조를 재구축하여 기업의 존속과 발전을 도모하기 위한 경영전략이다. 즉, 사업의 편성을 변경하고 개발·생산·유통 시스템을 구조적으로 변혁 및 재편성하여 발전 가능성이 있는 방향으로 사업구조를 바꾸거나 비교우위가 있는 사업에 투자재원을 집중적으로 투입하는 경영전략을 말한다.

13 정답 ④

비관련 사업으로 다각화를 하는 것보다 관련 사업으로 다각화 하는 것이 범위의 경제성을 활용하여 수익률을 더욱 증대시킬 수 있다.

범위의 경제성
한 기업이 두 가지 제품을 동시에 생산할 때 소요되는 비용이 별개의 두 기업이 각각 한 제품씩 개별적으로 생산할 때에 소요되는 비용의 합보다 훨씬 작다는 것을 의미한다.

14 정답 ⑤

분업에 의한 전문화의 이점을 누리기 힘들어질 수도 있다.

15 정답 ①

전방통합은 제조회사가 자사소유의 판매지점이나 소매상을 통합하는 형태이고, 후방통합은 소매상이나 도매상이 제조회사를 통합하는 형태이다.

16 정답 ⑤

⑤는 아웃소싱의 전략적 개념에 대한 설명이다. 아웃소싱은 조직의 비핵심 업무를 외부 전문기관에 위탁·수행하게 하고 내부 자원은 가장 경쟁력 있는 핵심역량(Core Competency)에 집중시킴으로써 최고의 경쟁력을 가진 기업을 구축하기 위한 경영전략이다.

17 정답 ④

POP(Point Of Purchase)는 구매시점광고 또는 고객에게 판매하는 시점에서의 광고라는 뜻으로 고객이 상품을 구입하려는 곳인 점포 내외에서 광고하는 것을 말한다. POP는 주로 입지촉진, 상품(외식업의 경우 메뉴) 및 점포홍보, 메시지 게시판의 역할을 하게 된다.

18 정답 ①

글로벌화 전략의 세 가지 조직적 측면에서 대안
• 시장거래 : 수출
• 중간적 거래 : 합작투자(조인트 벤처), 지분제휴, 비지분제휴, 라이센싱
• 수직적(위계적) 거래 : 인수, 합병, 100% 소유 자회사

19 정답 ②

보호무역정책의 수단
• 관세부과 : 국가가 국경을 통과하는 물품에 대하여 부과하는 세금(수출세, 수입세)
• 비관세장벽
  – 수입제한 : 수입금지, 수입할당, 수출자율규제
  – 수출장려 : 수출보조금, 수출금융, 수출보험
  – 산업피해구제 : 반덤핑, 상계관세조사, 긴급수입제한
  – 수출제한 : 안보, 정치, 경제, 환경보호

반덤핑관세(Anti-dumping Duties)
특정물품에 대한 수출자의 덤핑수출에 대하여 수입국에서 관세를 부과하여 덤핑의 효과가 발생하지 못하도록 하는 제도

20 정답 ②

과다 투자나 과다 물량생산의 위험이 높은 것은 인소싱의 단점이다.

아웃소싱과 인소싱
소싱(sourcing)은 인소싱과 아웃소싱의 2가지로 분류되는데, 인소싱은 전통적인 방법으로 조직의 계통과 체계를 통해 서비스와 기능을 직접 전달하는 경제활동 방식을 말하고, 아웃소싱은 부품 조달을 비롯한 사업의 일부 또는 많은 부분을 외부에 위탁하는 방식을 말한다.

지식에 대한 투자가 가장 이윤이 많이 남는 법이다.

– 벤자민 프랭클린 –

CHAPTER 03 | 유통경영관리

1 조직관리

01 조직이론

02 조직구조의 유형 및 설계

03 조직의 목표관리(목표에 의한 관리, MBO)

04 조직과 인간(동기부여이론)

05 조직의 갈등관리

06 조직문화(Organizational Culture)

07 조직의 리더십(Leadership)

2 인적자원관리

01 인사관리의 기초와 개념

02 직무분석과 직무평가

03 인적자원의 확보와 개발

04 인적자원의 활용과 배치

05 인적자원의 보상과 유지

3 재무관리

01 재무관리의 개요

02 자본예산, 자본조달, 자본비용

03 재무분석과 재무비율

04 손익분기점분석

05 재무제표

4 구매 및 조달관리

01 구매 및 조달관리의 개념

02 품질관리

03 공급자 선택 및 관리

04 구매실무

필수기출문제

최근 5개년 출제경향 회당 평균 5.5문제 출제(5개년 기준 총 15회)

	출제영역	2019	2020	2021	2022	2023	합계
제1장	유통의 이해	26	18	23	19	25	111
제2장	유통경영전략	10	15	10	7	8	50
제3장	유통경영관리	13	15	15	19	21	83
제4장	물류경영관리	21	21	19	21	14	96
제5장	유통기업의 윤리와 법규	5	6	8	9	7	35
	합계(문항수)	75	75	75	75	75	375

29.6%

13.3%

22.1%

25.7%

9.3%

CHAPTER
03

유통경영관리

1 조직관리

01 조직이론

(1) 조직과 조직화

① 조직(Organization) : 어떤 기능을 수행하도록 협동해나가는 체계, 즉 개개의 요소가 일정한 질서를 유지하면서 결합하여 일체적인 것을 이루고 있는 형태를 말한다.

② 조직화(Organizing) : 조직 내에서 목표달성을 위하여 수립된 계획을 수행하기 위하여 개개인이나 부문의 역할 체계를 설계하고 유지하는 것이다. 따라서 조직화에는 목표달성을 위한 활동의 확인, 과업의 할당 및 분류, 집단행동을 통제하는 데 필요한 권한, 조직단위 간의 수직적·수평적인 조정이 요구된다.

(2) 조직화의 기본요소

① 공동목표(goal) : 조직화에는 반드시 그 조직이 달성해야 할 공동목표가 있어야 한다. 이러한 공동목표는 계획수립 과정에 명확히 규정되어야 한다. 조직에서는 항상 집단의 활동이 이루어지며, 이 활동은 공동목표에 기초를 두고 있다.

② 분업(division of labour) : 조직의 목표를 달성하는 데 개인의 능력으로는 한계가 있으므로 업무의 분할, 즉 직무의 특성에 따라서 적절한 양으로 분업을 하게 된다.

③ 권한(authority) : 조직에서의 권한은 조직의 목표달성을 위해서 개인이나 부문이 그들의 역할을 수행하는 데 필요한 의사결정과정에서 재량권을 행사할 수 있는 영향력이다.

(3) 조직화의 원칙

① 조직화의 목적과 근거에 대한 원칙

　㉠ 목표 단일성의 원칙 : 목표는 조직의 활동을 집중시킬 수 있는 단일성을 지녀야 한다.

　㉡ 능률성의 원칙 : 비용을 최소한으로 하여 조직의 목표달성에 공헌할 때에만 조직의 유효성이 높고 능률적이라고 할 수 있다.

　㉢ 관리범위의 원칙 : 한 명의 관리자가 효과적이고, 능률적으로 통제할 수 있는 부하의 수를 의미하는 것으로, 일반적으로 조직의 상위계층에서는 4~8명, 하위계층에서는 8~15명으로 알려져 있다.

개념 Plus

조직성립의 필요조건
바너드(C. I. Barnard)는 조직의 성립요건으로 공동목적, 공헌의욕, 커뮤니케이션 세 가지를 들었다.

개념 Plus

현대조직의 특성
• 조직의 대규모성
• 환경과 상호작용 증대
• 조직의 분화와 통합성 증대
• 조직 형태의 다양화

개념 Plus

지휘(leading)
경영자가 계획한 조직 목표를 달성하기 위해서 조직 구성원들이 맡은 임무를 효과적으로 수행하여 조직 목표에 기여하도록 그들에게 동기를 부여하고 지도·감독하는 관리자의 능력이다(예 종업원에게 동기를 부여할 수 있는 업무를 할당하는 것).

② 조직구조와 권한에 대한 원칙

　㉠ 계층의 원칙 : 기업은 최고경영자로부터 최하위 감독자와 작업원에 이르기까지 상호관계의 직위로 계층을 이루고 있는데, 이렇게 구성된 계층은 가급적 단축시켜야 한다는 측면에서 **계층단축화의 원칙**이라고도 한다.

　㉡ 권한이양의 원칙 : 권한이양이란 권한을 보유하고 행사해야 할 조직계층의 상위자가 하위자에게 직무를 위임할 경우 그 직무수행에 있어 요구되는 일정한 권한도 이양하는 것을 말한다. 그러나 책임은 이양할 수 없다.

　㉢ 권한과 책임의 균형원칙 : 모든 지위에 있어서 직무수행을 함에 있어 상사로부터 명령·지시를 받아야 한다는 것이다.

③ 업무활동의 부문화(departmentalization)에 대한 원칙

　㉠ 분업의 원칙 : 분업이란 거대한 과업을 보다 작은 단일의 직무로 분할하는 것을 의미한다.

　㉡ 전문화의 원칙 : 조직 개개의 구성원이 가능한 한 단일의 전문화된 업무활동만을 담당하게 하는 것이다.

　㉢ 통합과 조정의 원칙 : 조직의 목적을 달성하기 위해서 직무를 분할하고, 전문화된 하위 부문의 활동과 노력을 조정·통합하는 것을 말한다.

(4) 조직의 구성과 관리요소

① **계획(Planning)** : 장기적 비전과 목표 제시, 그것을 어떻게 달성할 것인가를 밝히는 과정이다.

② **조직화(Organizing)** : 특정 목표의 달성을 위해 다양한 개인과 집단을 관리하는 것과 관련된 일련의 과정이다.

　㉠ 자원 배분, 업무 할당, 목표 달성을 위한 절차를 구축하는 것

　㉡ 권한과 책임을 표시하는 조직구조를 설정하는 것

　㉢ 선발, 훈련, 직원역량을 개발하는 것

　㉣ 적재적소에 인재를 배치하는 것

③ **지휘(Leading)** : 경영자가 계획한 조직 목표를 달성하기 위해서 조직 구성원들이 맡은 임무를 효과적으로 수행하여 조직 목표에 기여하도록 그들에게 동기를 부여하고 지도, 감독하는 관리자의 능력이다.

④ **통제(Controlling)** : 조직의 목표를 달성하기 위한 모든 계획이 순조롭게 진행되어 가는 지를 평가하고, 필요한 경우 수정하는 과정이다.

민즈버그의 조직유형분류
- 단순구조
- 기계적 관료제
- 전문적 관료제
- 사업부제
- 애드호크라시(임시조직)

02 조직구조의 유형 및 설계 기출 22 · 20 · 13 · 12 · 08

(1) 라인(Line)조직

① 단일 라인조직

㉠ 한 사람의 의사 및 명령이 하부에 직선적으로 전달되는 형태의 조직이다. 또한 군대식 조직과 같이 지휘명령권이 명확하며, 계층원리 또는 명령일원화원리에 의해서 설계된 조직형태이다.

㉡ 각 조직구성원이 한 사람의 직속상관의 지휘 · 명령에 따라 활동하고 동시에 그 상위자에 대해서만 책임을 지므로 권한 및 책임의 소재와 한계가 분명하다.

㉢ 관리자는 의사결정을 신속하게 내릴 수 있고 하급자에게 강력한 통솔력을 발휘할 수 있다.

㉣ 모든 조직의 기본형태가 되며, 대게 소규모 기업경영형태에서 볼 수 있다.

㉤ 의사결정이 신속하며, 하급자의 훈련이 용이하다는 장점이 있지만 반면에 의사결정 권자에 대한 업무의 과다한 집중으로 인하여 비효율성이 나타날 수 있고, 업무가 의사결정자 단독으로 처리될 우려가 있다. 또한 조직바깥의 전문적 지식이나 기술이 활용되기 어렵다는 단점을 지닌다.

② 복수 라인조직 : 명령권자 및 수령라인이 복수인 조직형태로, 감독의 전문화가 이루어지며, 명령의 이원화에 따른 문제발생의 소지가 존재한다.

(2) 라인-스태프 조직(직계참모 조직, Line & Staff organization)

① 라인(Line)과 스태프(Staff) 부문의 기능을 분화하여 전문성을 강화한 조직유형이다.

② 복수 라인조직의 결함을 보완하고, 단일 라인조직의 장점을 살릴 수 있는 **혼합형 조직형태**로서 라인(Line)부문이 명령권을 지니며, 스태프(Staff)부문은 권고, 조언, 자문의 기능을 지닌다.

③ 명령 전달과 통제 기능은 라인조직의 이점을 활용하고, 관리자의 결점 보완을 위해서는 스태프 조직을 활용한다.

④ 라인과 스태프를 분리함으로써 **책임과 권한의 명확화**를 기할 수 있는 반면, 권한이 한 사람의 상사에 집중되기 때문에 **의사결정에 시간이 오래 걸린다.**

⑤ 명령계통과 지도, 조언 및 권고적 참여가 혼동되기 쉽다. 라인부문과 스태프부문 간 갈등이 발생할 가능성이 있고, 스태프부문의 힘이 커지면 라인부문이 무력화된다.

> **정태적 조직**
> - 전통적인 피라미드형의 구조를 하고 있으며, 상사의 지휘 · 명령에 따라 하급자가 기능을 수행하고 의사결정의 권한이 주로 조직의 상층에서 표준화된 공식적 조직구조를 말한다.
> - 복잡한 계층적 구조와 권한의 집중을 그 특징으로 하며, 이러한 유형의 조직으로는 라인조직과 그 혼합형인 라인-스태프 조직, 그리고 직능조직(기능조직)을 들 수 있다.

01 [12-2]
라인조직은 각 조직구성원이 한 사람의 직속상관의 지휘 · 명령에 따라 활동하고 동시에 그 상위자에 대해서만 책임을 지는 형태이다.
( )

02 [20-추가]
라인조직은 업무가 의사결정자의 독단으로 처리될 수 있으며, 조직바깥의 전문적 지식이나 기술이 활용되기 어려운 단점이 있다. ( )

03 [20-추가]
라인-스태프 조직은 라인과 스태프의 기능을 분화하여 전문성을 강화한 조직형태로, 라인은 재화나 서비스의 생산, 판매에 직접 연관된 활동을 하고, 스태프는 라인 업무를 도와주는 서비스를 제공하는 분석, 조언, 보조의 성격을 갖는 활동을 한다.
( )

정답 1. ○ 2. ○ 3. ○

(3) 직능식(기능적) 조직(Functional organization)

① 조직의 전체업무를 공동기능별로 부서화한 조직으로 수평적 조정의 필요성이 낮을 때 효과적이다. 동일집단의 구성원은 기본적으로 동일한 기술을 소유한다.

② 특정기능에 관련된 구성원들의 지식과 기술이 통합적으로 활용되어 전문성 제고와 규모의 경제 구현은 장점이나 이질적 기능 간 조정 곤란이 단점이다.

③ 기능 내에서 규모의 경제를 제고할 수 있다. 즉 같은 기능을 묶어서 시설과 자원을 공유함으로써 기능의 중복을 막아 효율성을 높일 수 있다. ★

④ 비슷한 기술과 경력을 가진 구성원들 사이에 응집력이 강해 부서 내 의사소통과 조정이 유리해진다.

⑤ 급변하는 환경에 대한 적응력은 매우 낮아 환경이 비교적 안정적일 때 조직관리의 효율성을 높일 수 있다. ★

(4) 사업부형 조직(Divisional organization)

① 산출물에 기반을 둔 조직구조로서 제품, 고객, 지역, 프로젝트 등을 기준으로 구성원들의 직무를 집단화하여 조직을 몇 개의 개별부서로 구분하고 독립된 경영을 하도록 하는 조직단위이다. 각 기능의 조정이 부서 내에서 이루어지므로 기능적 조직구조보다 더 분권화된 구조를 가진다. 많은 종류의 제품을 생산하는 대규모 조직에서 효율적인 조직형태이다.

② 각 사업부서들은 산출물별로 자율적으로 운영되며, 라인과 스태프 부문이 동시에 존재하는 자기완결적(self-contained unit) 기능단위로서 그 안에서 기능 간 조정이 용이하다.

③ 불확실한 환경이나 비정형적 기술, 부서 간 상호의존성, 외부지향적인 조직목표를 가진 경우에 유리하나, 비용 중복에 따른 규모의 불경제와 비효율성으로 인한 손실이 단점이다.

④ 성과에 대한 책임소재가 분명해져 성과관리체제에 유리하며, 부서목표가 분명해지고, 조직 구성원의 동기부여와 만족감을 증진하게 된다.

(5) 매트릭스 조직(Matrix organization)

① 매트릭스 조직은 전통적인 직능식(기능적) 조직과 프로젝트 조직을 결합한 형태로, 조직 구성원이 종적으로는 기능조직에 속해 있으면서, 횡적으로는 프로젝트 조직에도 소속되어 양쪽 업무를 진행함으로써 효율성과 유연성을 동시에 추구한다. ★★

② 계층 원리와 명령 일원화 원리가 적용되지 않고 라인과 스태프 구조가 일치하지 않으며 프로젝트가 끝나면 원래 조직 업무를 수행한다는 특징이 있다.

③ 매트릭스 조직은 특정 기능부서나 사업부에 전속되지 않고 모든 분야에 대한 업무를 수행함으로써 개인의 업무범위가 확대되어 규모의 경제로부터 오는 이익을 추구할 수 있다.

④ 자원의 효율적인 활용, 즉 오직 일을 완수하기 위해 필요로 하는 전문화된 스태프 (Staff)만 활용할 수 있는 장점이 있다.

⑤ 특수과제를 맡은 팀(과업지향적인 작업집단, Task Groups)에서 작업하는 직원들은 높은 수준의 주인의식, 몰입도, 작업의욕을 체험할 수 있는 장점이 있으나, 팀 구성원들 사이의 혼란, **이중지휘체계**로 인한 혼란, 직무에 대한 책임 모호라는 단점이 있다.

⑥ 이중 권한 체제로 인한 혼란과 갈등을 최소화하기 위해 최고경영자의 조정과 통합능력 이 상대적으로 중요하다.

매트릭스 조직의 장·단점

장 점	단 점
• 전문적인 지식이나 인적·물적 자원의 효율적 활용 • 의사전달의 활성화와 조직의 유연화 • 각 구성원의 능력발전, 동기유발, 책임이행촉진 에 유리 • 관료제 병리현상 감소 등	• 조직의 이중적 구조로 인한 역할갈등 및 조정 곤란 • 기능관리자와 프로젝트 관리자 간의 권력투쟁 및 갈등 가능성 • 구조적 특성에 따른 불안정성으로 인한 심리적 부담과 스트레스 유발 등

(6) 그 밖의 조직유형 및 특징

① 네트워크 조직(Network Organization)

　㉠ IT기술의 확산으로 가능하게 된 조직으로 연계된 조직 간에는 수직적 계층구조가 존재하지 않으며 자율적으로 운영된다.

　㉡ 하나의 조직 내에서 모든 업무를 수행하기보다는 외부기관들에게 아웃소싱(외주) 방식을 채택하여 관리되는 조직으로 조직은 핵심적으로 경쟁력 있는 부문만 관리하고 나머지는 외부계약에 의해 수행된다.

　㉢ 네트워크 조직은 급변하는 조직환경에 효율적으로 대응하기 위해 수직적 통합과 수평적이고 공간적으로 통합 메커니즘을 갖춘 조직이다.

　㉣ 네트워크 조직은 전략·계획·통제의 기능만을 수행하고 대부분의 생산기능은 다른 조직에 위임하기에 공동(空洞)조직이라 하고, 신축성 때문에 "느슨하게 연결된 결합된 조직"이라고도 한다.

② 학습조직(Learning Organization)

　㉠ 지식의 창출·공유와 활용이 뛰어난 조직으로 문제 해결능력을 향상시켜나가는 조직으로 지속적인 학습과 시행착오를 허용하는 조직이다.

　㉡ 구성원의 권한 강화를 강조하며 부분 보다는 전체로서의 문화가 중시되는 강한 조직문화가 필수적이다.

③ 프로젝트 조직(Project Organization) : 특정한 사업 목표를 달성하기 위해 임시적으로 조직 내의 인적·물적 자원을 결합하는 조직 형태를 말한다. 프로젝트 자체가 시간적 유한성을 지니므로 프로젝트 조직도 임시적·잠정적이다. ★★

④ 팀(Team) 조직 : 전통적 조직에 비하여 수직적인 계층제 형태를 띠지 않고 팀에 대한 권한 부여와 자율적 업무처리를 위하여 계층이 축소되고 팀 간의 유기적 조정이 중시되므로 수평적 조직이 된다.

⑤ 하이퍼텍스트(Hypertext)형 조직(관료제＋팀) : 지식의 축적·활용·창조라는 3가지 방식을 적절히 분담하고자 하는 조직운용 형태이다.

03 조직의 목표관리(목표에 의한 관리, MBO)

(1) 조직의 목표관리(MBO)의 의의 기출 21

① MBO는 드러커 & 맥그리거(Drucker & McGregor)가 제안한 조직운영과 관리의 제 목적을 충족시키기 위한 목표관리기법이다.

② MBO는 측정 가능한 비교적 단기 목표의 설정 과정에 상·하 조직구성원들이 참여하여 **공통목표를 명확히 설정**하고, 그에 따라 조직 구성원들의 개개의 목표 내지 **책임 분야**를 **결정**하여 생산활동을 수행하도록 하며, **활동 결과를 평가**하고 환류(feedback)시켜 궁극적으로 조직의 효율성을 향상시키고자 하는 관리체제이다.

③ MBO는 이를 통해서 업무과정과 목표를 통한 동기부여가 가능하고, 상급자와 하급자 간의 협의로 목표를 설정하므로 수용성, 신뢰성, 타당성이 높다는 장점이 있지만, 실용성이 낮고 비정형적 업무에는 사용되기 힘들며, 평가자에 대한 교육이 필요하다는 단점이 있다.

(2) 목표관리(MBO)의 특징 기출 14

① 구체적인 목표가 동기를 자극하여 성과를 증진시킨다.

② 조직의 거대화에 따른 종업원의 무기력화를 방지하고 근로의욕을 향상시킬 수 있다.

③ 목표관리는 결과에 의하여 평가되고, 목표에 의하여 동기가 부여된다.

④ 장기계획이 만들어질 수 있는 상대적으로 안정적인 상황에서 효율적이다.

(3) 목표관리(MBO)의 구성요소 및 실행절차 기출 13

① MBO의 구성요소 : 목표설정, 구성원의 참여, 피드백

② MBO의 실행절차

| 직무기술서 검토 | ⇨ | 성과표준 개발 | ⇨ | 목표의 합의 | ⇨ | 목표달성 중간점검 |

㉠ 직무기술서 검토 : 피평가자의 직무기술서를 상급자와 하급자가 함께 검토하여 직무의 범위와 핵심활동을 파악한다.

㉡ 성과표준의 개발 : 상·하급자가 성과의 표준을 공동으로 개발한다.

㉢ 목표의 합의 : 평가자와 피평가자 간의 합의를 거쳐 목표를 합의한다.

㉣ 목표달성의 중간점검 : 업무를 진행하면서 수시로 중간목표 달성 여부 및 근무여건 변화를 상·하급자 간에 커뮤니케이션을 통해 지속적으로 점검한다.

(4) MBO에서 목표를 수립할 때 주의할 점 [기출 17]

① 능력범위 이내라면 목표의 난이도는 약간 어려운 것이 좋다.

② 피드백은 목표달성을 수행하는 전 과정을 거쳐 이루어지는 것이 효과적이다.

③ 목표설정 과정에서 당사자가 함께 참여할수록 좋다

④ 목표는 기간, 범위 등이 구체적으로 정해져야 효과적이다.

⑤ 일방적으로 지시한 것보다 업무담당자가 동의한 목표가 좋다.

04 조직과 인간(동기부여이론) [기출 21 · 20 · 19 · 17 · 14 · 12]

(1) 동기부여이론의 의의

① 동기부여란 조직의 구성원이 개인의 욕구충족 능력을 가지면서 조직의 목표를 향한 자발적인 행동을 이끌어내고 충동질하여 계속되도록 하는 심리적인 과정을 의미하는데, 무엇이 이러한 동기를 유발시키며, 어떻게 동기가 유발되는지에 대한 연구가 동기부여이론이다.

② 동기부여이론은 동기부여의 외재성을 강조한 고전적 이론을 극복하고 나타난 것으로서 1960년대 이후 본격적으로 연구되었다.

(2) 동기부여이론의 체계

구 분	연구초점	해당이론
내용이론	욕구충족 욕구의 내용	• 매슬로우(A. Maslow)의 욕구단계이론 • 맥그리거(D. McGregor)의 XY이론 • 허즈버그(F. Herzberg)의 2요인이론 • 앨더퍼(C. Alderfer)의 ERG이론 • 해크만과 올담(Hechman & Oldham)의 직무특성이론
과정이론	동기의 유발과정	• 브룸(Victor H. Vroom)의 기대이론 • 아담(Adams)의 형평(공정)성 이론

① 내용이론(욕구이론) : 무엇이 동기를 유발시키는지를 연구한 이론으로서 동기는 선험적이고 객관적인 기준에 의해 나타난다고 보았다.

② 과정이론(기대이론) : 동기가 어떻게 유발되는가를 설명한다. 과정이론은 동기는 주관적이고 어떤 보상이나 기대에 의해 나타난다는 것으로, 인간의 기대요인이나 동기부여의 과정 또는 수단을 더 중시한다.

(3) 동기부여의 내용이론(욕구이론)

① 매슬로우(A. Maslow)의 욕구단계이론 : 인간의 욕구가 계층적 단계로 구성되어 있으며, 하위욕구에서 상위욕구로 순차적으로 발현한다고 보는 이론이다.

㉠ 제1단계(생리적 욕구) : 의식주, 종족보존, 경제적 보상, 근무환경 등 최하위 단계의 욕구

㉡ 제2단계(안전에 대한 욕구) : 복지후생, 연금, 직업의 안정성 등 안전에 대한 욕구

ⓒ 제3단계(애정과 소속에 대한 욕구) : 가정을 이루거나 친구를 사귀는 등 어떤 단체에 소속되어 애정을 주고받는 욕구

ⓔ 제4단계(자기존중의 욕구) : 소속단체의 구성원으로 명예나 권력을 누리려는 욕구

ⓜ 제5단계(자아실현의 욕구) : 자신의 재능과 잠재력을 충분히 발휘해서 자기가 이룰 수 있는 모든 것을 성취하려는 최고수준의 욕구

② 맥그리거(D. McGregor)의 XY이론 : 기본적으로 인간의 본성에 대한 부정적인 관점인 X이론과 긍정적인 관점인 Y이론을 제시하였다.

ⓐ X이론 : 종업원은 안전을 원하고 변화에 저항적이다. 관리적 관점에서 종업원의 직무를 엄격히 통제하고, 금전적 보상체계를 강화해야 한다.

ⓑ Y이론 : 종업원들은 일하는 것을 놀이나 휴식과 동일한 것으로 볼 수 있다. 종업원들은 조직의 목표에 관여하는 경우에 자기지향과 자기통제를 행한다.

③ 허즈버그(F. Herzberg)의 2요인이론 : 인간의 행동에 영향을 끼치는 요인으로 직무환경과 관련된 위생요인과 직무자체와 관련된 동기요인의 두 가지로 구분한다.

ⓐ 위생요인(Hygiene factor, 직무불만족 요인) : 인간의 저차욕구를 충족시켜 주는 것으로 빨리 충족되고, **효과가 단기적이므로 동기부여법으로는 비효율적이다**(예 회사정책 및 지침, 관리·감독·통제, 상사와의 관계, 직무환경, 급여, 동료와의 관계, 개인 인생, 부하직원과의 관계, 신분의 안정, 작업장 안전).★

ⓑ 동기요인(Motivation factor, 직무만족 요인) : 인간의 고차욕구를 충족시켜 주는 요인으로 **지속적 동기부여 효과**를 갖고 있으므로 직무만족도의 향상에 효과적이다(예 성취감, 인정, 일이나 직무, 책임감, 승진, 개인의 발전).★

④ 앨더퍼(C. Alderfer)의 ERG이론 : 앨더퍼는 매슬로우(A. Maslow)의 욕구계층이론에는 동의하였으나, 인간의 욕구를 존재욕구(E), 관계욕구(R), 성장욕구(G)의 세 단계로 축소 분류하였으며, 매슬로우와 달리 하향적 진행(퇴행)을 강조하였다.

ⓐ 존재욕구(E) : 배고픔, 갈증, 임금, 작업조건 등과 같은 기본적·물리적 욕구로 매슬로우의 생리적욕구와 안전욕구에 해당한다.

ⓑ 관계욕구(R) : 직장에서 타인과의 대인관계, 가족, 친구 등과의 관계와 관련되는 모든 욕구로 매슬로우의 안전욕구와 사회적 욕구, 그리고 자기존중욕구 일부를 포함한다.

ⓒ 성장욕구(G) : 개인의 창조적 성장, 잠재력의 극대화 등과 관련된 모든 욕구로 매슬로우(A. Maslow)의 자아실현 욕구와 자기존중 욕구에 해당한다.

⑤ 해크만과 올담(Hechman & Oldham)의 직무특성이론 : 직무성과나 직무만족과 같은 요인들이 어떻게 직무의 특성에 의하여 영향을 받는지를 설명해주는 이론으로 해크만과 올담은 핵심적인 다섯 가지의 **직무 특성**이 개인의 심리 상태에 영향을 미쳐 직무 성과를 결정짓는 요인으로 작용하며, 그 과정에서 **개인의 성장욕구**가 중요한 변수로서 작용한다고 보았다.

ⓐ 기술 다양성(Skill Variety) : 조직 구성원이 직무를 수행함에 있어 다양한 기능과 능력을 발휘할 수 있는 정도이다.

ⓑ 과업 정체성(Task Identity) : 직무가 요구하는 전체로서의 완결정도를 의미하는 것으로 직무의 전체 작업 중에서 차지하고 있는 범위의 정도이다.

ⓒ 과업 중요도(Task Significance) : 직무자체가 관련 조직이나 일반사회의 다른 사람들의 생활에 실질적인 영향을 미치는 정도이다.

ⓔ 자율성(Autonomy) : 작업자들이 작업의 일정과 방법을 채택하는 데 부여된 자유, 독립성, 재량권 등을 말한다.

ⓜ 피드백(Feedback) : 작업자가 행한 일이 얼마나 유효하게 수행되었는가에 대한 정보를 습득하는 정도를 말한다.

(4) 동기부여의 과정이론(기대이론) 기출 17

① 브룸(Victor H. Vroom)의 기대이론

ⓐ 개인은 자신의 노력의 정도에 따른 결과를 기대하게 되며, 그 기대를 실현하기 위하여 어떤 행동을 결정한다는 동기부여이론이다.

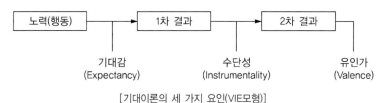

[기대이론의 세 가지 요인(VIE모형)]

유인가 (Valence)	조직의 보상이 개인 목표나 욕구를 충족시키는 정도와 잠재적인 매력의 정도를 나타낸다.
수단성 (Instrumentality)	일정 수준의 성과가 원하는 보상을 가져올 것이라는 개인의 믿음 정도를 의미한다. 즉, 성과 또는 과업의 수행은 보상을 획득하기 위한 수단의 역할을 한다는 것이다.
기대감 (Expectancy)	어떤 행동이나 노력의 결과에 따라 나타나는 성과에 관한 신념으로 자기 자신에게 가져올 결과에 대한 기대감을 의미한다. 과업을 수행하기 위한 노력은 실제로 성과가 나타날 것이라는 기대에 의해 좌우된다.

ⓛ 이론에 의하면 개인의 능력 보강을 통해 업적을 낼 수 있다는 자신감을 얻도록 해야 한다. 능력이 없으면 아무리 열심히 해도 업적이 오르지 않을 것이며, 자신이 바라는 욕구를 채울 수 없을 것이라 한다.

ⓒ 업적이 높은 사람에게는 어떤 방법으로든지 보상을 하여 줌으로써 구성원들에게 노력하면 보상을 받는다는 확신을 줘야 한다고 보았다.

② 애덤스(Adams)의 형평(공정)성 이론

ⓐ 형평성 이론이란 처우의 비교적 형평성에 대한 사람들의 지각과 신념이 직무행동에 영향을 미친다고 보는 동기부여이론이다.

ⓛ 형평성 이론은 인간 개인이 지각한 투입과 산출의 비율이 불균형 상태에 있을 때 이것이 동기유발에 미치는 영향에 관심을 갖는다.

ⓒ 애덤스는 인간은 타인과 비교해서 정당한 보상이 주어진다고 기대했을 때, 비로소 직무수행 향상을 가져온다고 보았다.

ⓔ 사람들은 자신이 받는 보상과 직무에 대한 자신의 기여도 간의 비율을 다른 사람들의 그것과 비교하는 경향을 갖는다. 다른 사람의 경우와 비교하여 처우가 공평하지 못하다고 믿게 되면, 그것을 시정하기 위해 무엇인가를 하려는 동기가 유발되게 된다는 가정에 기초하고 있다.

ⓜ 자신의 투입에 대한 산출의 비율보다 비교대상의 투입에 대한 산출의 비율이 크거나 작다고 지각하면 이에 다른 긴장을 해소하기 위한 방향으로 동기가 유발된다.

ⓗ 형평성 이론에 의하면 개인은 준거인(능력이 비슷한 동료, 비교대상)과 비교하여 자신의 노력(투입)과 그 산출(보상)간에 불일치(보상의 불공평성)를 지각하면 이를 제거하는 방향으로 동기(행동)가 부여된다는 것이다.

05 조직의 갈등관리

(1) 갈등관리의 의의

① 갈등관리는 조직구성원들을 인간관계기법을 통해 갈등상황 하에 적응시키거나, 조직 변동 등을 통해 갈등상황을 제거 또는 순기능적인 갈등을 유발하는 등의 활동을 말한다.

② 갈등을 효과적으로 관리하기 위해서 조직 내 직위 간 관계 재설정이나 조직구성원의 이동, 효과적인 정보전달 체계관리 및 통제, 조직구성원의 태도변화, 의사전달경로의 변경 등의 방법을 모색하게 된다.

(2) 토마스(K. Thomas)의 갈등관리 유형 기출 19·18·16·11

① **경쟁** : 매우 독단적이고 비협조적인 유형으로 상대방의 입장에 대한 고려 없이 나의 주장을 밀어붙이는 행동이다.

② **회피** : 가장 수동적 성격의 유형으로 갈등상황에서 아무런 행동을 취하지 않거나 그 상황으로부터 거리를 유지하고 싶을 때 취하는 행동이다. ★

③ **수용(공유)** : 나의 입장보다는 상대방의 입장을 수용하는 협조적인 대처방식으로 원만한 관계유지가 필요하거나, 나에게는 그다지 중요하지 않지만 상대방에게는 매우 중요한 사안에 대해서 취할 수 있는 행동이다.

④ **협력(협동)** : 행동을 함께하기 위해 서로 붙들어 도와주는 것으로, 양쪽 당사자들이 서로 최선의 해결점을 모색하기 위해 취하는 갈등 대처 방식이다. ★

⑤ **타협** : 양쪽 입장의 중도를 취하는 대처방식으로 갈등상황을 빨리 끝내야 하는 경우 양보할 것은 양보하고, 얻어낼 것은 얻어내는 협상방식이다.

(3) 조직 내 갈등의 생성단계 기출 20

① **잠재적 갈등** : 내재적으로는 갈등이 존재하고 있어 언젠가 표면화 되어 심각한 갈등형태로 발전할 가능성이 있는 것을 의미한다.

② **지각된 갈등** : 상대방에 대해 적대감이나 긴장감을 지각하는 것을 말한다.

③ **감정적 갈등** : 상대방에 대해 적대감이나 긴장을 감정적으로 느끼는 상태를 말한다.

④ **표출된 갈등** : 갈등이 밖으로 드러난 상태를 의미한다.

⑤ **갈등의 결과** : 갈등이 해소되었거나 잠정적으로 억제되고 있는 상태를 말한다.

로빈스(Robbins)의 조직 내 집단갈등의 해결방안 **기출 19**

- 직접대면
- 외부압력에 대한 연합방어
- 조직구조의 변화
- 협 상
- 공동목표설정
- 권력을 이용한 갈등해결
- 자원의 확충
- 행동변화유도
- 갈등의 회피
- 공동관심사의 강조

06 조직문화(Organizational Culture)

(1) 조직문화의 의의

① 조직문화는 조직구성원의 공유된 가치 및 신념체계로 활동지침이 된다. 즉, 특정 조직 구성원들이 공유하는 가치, 신념, 관습, 규범, 전통 등을 통합한 개념이라 볼 수 있으며, 기업 조직과 구성원 개개인의 행동에 영향을 미치게 된다.

② 강한 조직문화는 조직 활동에 있어서 통일된 지각을 형성할 수 있게 해줌으로써 긍정적 인 역할을 수행하는 순기능이 발생할 수 있지만, 인수합병을 통한 상이한 조직 간 문화 갈등이나 조직구성원 개개인의 문화와 조직 간 문화의 충돌 등의 역기능도 발생할 수 있다.

③ 조직분위기는 특정 조직과 타 조직 간 구별되는 특성으로 조직풍토라고도 한다. 조직분 위기는 조직 내 가치, 규범, 정책 등의 요소에 의해 조직구성원 개개인 및 조직의 행동 패턴이 영향을 받게 되는 것을 의미한다.

(2) 조직문화의 특성

① 학습성 : 문화는 선천적·유전적으로 나타나는 행동이 아니라 후천적 학습에 의해 형성 된다.

② 공유성 : 문화는 한 사회의 구성원 다수가 공통적으로 가지는 특성이 있다.

③ 전체성(총체성) : 문화는 여러 구성 요소들이 상호 유기적으로 결합된 하나로서의 총체 이므로 부분이 아닌 전체로서 의미를 갖는다.

④ 변동성 : 문화는 시간이 흐르면서 그 형태나 내용, 의미가 변화한다.

⑤ 축적성 : 문화는 세대 간 전승되면서 새로운 요소가 추가되어 점점 더 풍부해진다.

(3) 조직문화의 순기능과 역기능

조직문화의 순기능	조직문화의 역기능
• 조직의 응집력과 일체감 고취 • 일탈행위에 대한 통제 기능 • 조직의 정체성·안정성·계속성 제공 • 조직몰입도 증진으로 생산성 증대 • 구성원 간 모방과 학습을 통한 사회화 유도	• 장기적으로 경직성 유발 → 변화와 혁신의 장애요 소로 작용 • 집단사고의 폐단으로 인해 조직의 유연성과 창의성 저해

개념 Plus

Deal & Kennedy의 조직문화 유형

구 분		피드백	
		빠름	느림
위험 요소	많음	거친남성 문화	사운을 거는 문화
	적음	일하고 노는 문화	과정 문화

개념 Plus

R. Harrison의 조직문화 유형
R. Harrison은 다음과 같이 조직문 화를 조직구조의 핵심변수인 공식 화와 집권화 두 가지 차원을 통해 관 료조직문화, 권력조직문화, 행렬조 직문화, 핵조직문화로 구분하였다.

구 분		집권화	
		높음	낮음
공식화	높음	관료조직	행렬조직
	낮음	권력조직	핵조직

07 조직의 리더십(Leadership)

(1) 리더십의 의의 _{기출} 19

① 조직목표의 달성을 위해 구성원이 자발적인 행동을 하도록 동기를 부여하고 영향력을 미치는 관리자의 쇄신적 능력을 의미한다.

② 리더십은 조직의 목표달성, 관리자와 구성원 간의 관계, 자발적인 행동을 중시한다.

③ 조직의 성격과 규모 그리고 상황에 따라 리더십의 유효성이 달라지므로 상황에 적합한 리더십을 채택하는 데 신중을 기해야 한다.

(2) 리더십의 기본이론 연구

① 피들러(F. E. Fiedler)의 상황적합성 이론 _{기출} 16 · 14

　ⓐ 피들러는 리더가 어떤 유형의 리더십을 갖고 있는지를 측정하기 위해 **최소선호 동료 작업자**(Least Preferred Coworker), 즉 **LPC 척도**를 개발하였다. ★

　ⓑ LPC 척도(원인/독립변수)를 가지고 **리더의 태도**를 측정함으로써 리더의 유효성(**결과변수**)을 예측하고자 하였다.

　ⓒ LPC 척도는 과거 또는 현재의 '가장 함께 일하기 싫은 동료'를 생각하면서 동료의 등급을 매기는 것으로, 합산된 점수에 따라 리더의 특성을 **과업지향**(Task-motivated) 리더십과 **관계지향**(Relationship-motivated) 리더십으로 분류하였다.

　ⓓ 이론은 리더의 행동과 **상황의 관계(상황변수)**라는 관점에서 리더십 상황이 리더에게 유리하거나 불리한 경우에는 과업지향적 리더가 효과적인 반면, 리더십 상황이 리더에게 유리하지도 않고 불리하지도 않은 상황에서는 관계지향적 리더가 효과적이라고 한다.

② 블레이크와 무튼(R. R. Blake & J. Mouton)의 관리격자 모형 _{기출} 16

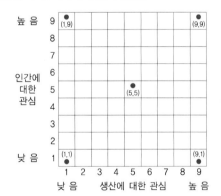

　ⓐ 블레이크와 무튼은 조직발전에 활용할 목적으로 관리그리드라는 개념적 도구를 사용하여 리더가 지향할 수 있는 방향을 두 차원(일에 대한 관심과 인간에 대한 관심)으로 구분하였다.

　ⓑ 이론적으로 총 81가지의 리더의 유형이 있는 것으로 이해할 수 있다.

　ⓒ 이 중에서 가장 기본적인 형태로서 (1 · 1)형(무관심형), (9 · 1)형(과업형), (1 · 9)형(친목형, 인간중심형), (5 · 5)형(타협형), (9 · 9)형(단합형, 팀형)을 들 수 있다.

무관심형 (1 · 1)	• 조직원들에 대한 관심도 낮을 뿐 아니라 생산이나 성과에 대한 관심도 낮다. • 오직 자신의 자리를 보존하는 데 필요한 최소한의 노력만 기울이는 무사안일형의 리더이다
과업형 (9 · 1)	• 생산이나 업무성과에 대한 관심은 매우 높으나 인간에 대한 배려는 거의 없는 리더 유형이다. • 목적 달성을 위해서 능력중심으로 사람을 파악하고 개인의 감정이나 조직의 분위기 등은 주요 고려대상이 되지 않는다.
친목형 (1 · 9)	• 조직의 목표나 일의 성과에는 별로 관심이 없고 사람에 대한 관심은 매우 높다. 조직구성원들이나 다른 사람들의 요구사항을 잘 들어주고 배려해주며 조직을 우호적인 분위기로 유지하기 위하여 모든 노력을 기울인다. • 좋은 분위기가 반드시 높은 업무성과로 연결되지는 않기 때문에 조직목표 달성에는 효과적이지 못할 수도 있다. ★
타협형 (5 · 5)	• 리더는 업무성과와 인간에 대하여 적절한 정도의 관심을 가지고 두 요소의 균형을 이루려고 노력한다. • 어느 한쪽에 치우치기보다는 일과 사람 모두에 적당한 수준의 관심을 가지고 적정수준의 성과를 내기 위하여 노력한다.
단합형 (9 · 9)	• 팀 제도 하에서 가장 바람직한 유형으로 과업이나 목표에 대한 관심 뿐 아니라 인간에 대한 관심도 높아서 조직원들의 사기와 성장을 중요하게 여긴다. ★ • 상호 신뢰적이고 상호 존중하는 관계를 유지하며 협동을 통하여 조직원들은 자신의 발전과 조직의 성과달성을 함께 추구하기 위하여 노력한다.

ⓔ 이론에 따르면 가장 바람직한 리더십 유형은 팀(9 · 9)형이라고 결론지었다. 그러나 팀형 리더십이 바람직한 것으로 보이지만, 이런 유형의 리더십이 항상 효과적인가에 대하여는 의문의 여지가 있다.

③ 하우스와 에반스(House & Evans)의 경로(진로)-목표모형 **기출 14**

㉠ 리더의 특성보다 상황과 행동에 초점을 두고 목표에 이르는 다양한 진로(수단)의 상대적 유용성에 따라 효율성이 달라진다고 주장하며, 다음과 같이 리더십 유형을 제시하였다.

지시적 리더십	조직구성원에게 해야 할 일과 따라야 할 일을 지시하는 유형의 리더십으로 부하가 소극적인 성격의 사람이거나 안전을 바라는 사람일 경우에 쉽게 받아들여진다.
지원적 리더십	조직구성원의 복지나 개인적 욕구에 역점을 두는 리더십 유형으로 업무 수행능력이 높고, 지도자로부터 일일이 지시받는 것을 싫어하며, 명예에 대한 욕구가 강한 사람에게 적합하다.
참여적(민주적) 리더십	업무활동에 대해서 조직구성원과 상의하고 의사결정에 조직구성원을 참여시키고자 하는 리더십 유형으로 적극적 성격의 사람에게 잘 받아들여진다.
성취지향적 리더십	도전적인 작업 목표를 설정하고 그 성과를 강조하며, 조직구성원들이 그 목표를 충분히 달성할 수 있을 것이라고 믿는 리더십 유형이다. 업무수행능력이 높고, 적극적인 성격과 명예에 대한 욕구가 강한 조직구성원에게 효과적이다.

㉡ 경로 - 목표이론에서는 상황적 특성에 적합한 행동 유형을 선택함으로써 부하에게 동기를 부여하여 리더십의 효율성을 향상시킬 수 있다고 본다.

(3) 리더십의 현대적 이론 연구 ^{기출} 21 · 19 · 18

① **변혁적 리더십** : 오늘날 불확실성의 시대의 변화에 능동적으로 적응하는 최고관리층의 리더십으로, 변화에 능동적으로 적응하는 리더십이다. 카리스마, 영감, 개개인에 대한 고려, 조직의 생존과 적응 중시, 지적자극 등을 특징으로 한다. ★

② **카리스마적(위광적) 리더십** : 리더의 특출한 능력과 성격에 의하여 추종자들의 강한 헌신과 리더와의 일체화를 이끌어내는 리더십으로 리더에 대한 추종자들의 개인적 일체화와 헌신이 강조된다. 변혁적 리더십이 사람들의 인식을 변화시키는 데 중점을 둔 반면, 카리스마적 리더십은 리더에 대한 추종자들의 개인적 일체화가 더 강조된다.

③ **서번트 리더십(발전적 리더십)** : '다른 사람의 요구에 귀를 기울이는 하인이 결국은 모두를 이끄는 리더가 된다.'는 것이 핵심이며 조직에서 가장 가치 있는 자원은 사람, 즉 인간존중을 바탕으로 구성원들이 잠재력을 발휘할 수 있도록 앞에서 이끌어주는 리더십이다. ★

④ **문화적 리더십** : 리더의 주체적 역할을 중시하여 리더의 역할과 가치관에 따라 조직의 문화가 영향을 받는다고 보고, 지도자의 신념과 상징에 의한 주체적인 역할과 가치관을 중시한다. 리더십의 본질을 지도자와 추종자 간의 관계에 두는 것이 아니라, 지도성과 추종성 관계에 내포된 사회문화적 맥락에 두고 있다.

⑤ **영감적 리더십** : 리더가 향상적 목표를 설정하고 추종자들이 그 목표를 달성할 능력이 있다는데 대한 자신감을 갖도록 만드는 리더십이다. 바람직한 '미래상'을 창출하는 것이며 그것은 조직의 행동을 인도하는 기준이 된다. 리더의 특성보다 리더가 설정한 '목표'가 더 중요한 영향을 미친다는 점에서 카리스마적 리더십과 구별된다.

(4) 프렌치와 레이븐의 리더의 권력기반(Power Source) ^{기출} 20 · 19 · 15

권력의 기초를 보상성(reward), 강요성(coercion), 준거성(reference) 및 전문성(expertise)에 두고, 여기에서 파생되는 권력을 각각 보상적 권력, 강요적 권력, 준거적 권력 및 전문가적 권력이라고 부른다.

① **준거적 권력** : 리더의 개인적인 성격특성에 기반을 둔 권력이다. 이것은 부하가 자기 행동의 모형을 권력행사자로부터 찾으려고 할 때에 성립한다(몰입가능성 ⬆).

② **전문적 권력(전문가적 권력)** : 리더가 가진 전문적인 기술 및 지식에 기반을 둔 권력으로서 부하가 그러한 전문성과 능력을 인정할 때 수용되는 권력이다(몰입가능성 ⬆). ★

③ **합법적 권력(정통적 권력)** : 권력행사의 상대방이 권력행사 주체의 공식적 지위에서 나오는 영향력 행사권을 인정하고 그에 추종해야 할 의무가 있다고 생각하는 것을 바탕으로 하는 권력을 말한다(복종가능성 ⬆). ★

④ **보상적 권력** : 상대방이 가치있다고 생각하는 보상을 줄 수 있는 능력에 근거를 둔 권력이다(복종가능성 ⬆).

⑤ **강압적 권력(강요적 권력)** : 공포에 기반을 둔 권력이다. 이것은 권력행사가 상대방을 처벌할 수 있을 때에 생기는 권력을 말한다(저항가능성 ⬆).

01 인사관리의 기초와 개념

(1) 인사관리의 의의

① 인사관리란 조직에서 일하는 사람을 다루는 제도적 체계이며, 사람이 사람을 다루는 제도로서 관리의 대상과 주체 모두가 인간이다. 또한 조직체가 보유한 인적자원을 효율적으로 관리·활용하기 위하여 수행하는 일련의 계획적·체계적 시책이다.

② 인사관리의 주요 기능으로는 직무의 분석 및 설계, 모집 및 선발, 훈련 및 개발, 보상 및 후생 복지, 노조와의 관계 등이 있다.

(2) 인사관리의 목표

① **조직의 생산성 향상** : 생산성의 목표는 조직 구성원들의 만족과 같은 인간적인 면보다는 주어진 과업 그 자체를 이루기 위한 조직의 목표를 말한다.

② **근로생활의 질(QWL ; Quality of Working Life)** : 조직 구성원들의 전문화 및 단순화에서 나타나는 단조로움, 소외감, 인간성 상실 등에 대한 반응 또는 빠르게 변화하는 경영환경 하에서의 새로운 기술의 발달로 인한 업무환경의 불건전성 등의 문제에 대한 반응으로서 나타난 개념이다.

개념 Plus

인사관리의 주요 활동

인사관리는 인적자원에 대한 '확보관리 → 개발관리 → 활용관리 → 보상관리 → 유지관리' 활동 등이 체계적으로 이루어져 가는 것을 나타내준다.

개념 Plus

직무분석의 수행 목적

• 인사관리가 일관성있고 공정하게 수행될 수 있도록 직무에 관한 객관적 자료 제공
• 조직의 합리화를 위한 기초작업
• 권한과 책임의 한계를 명확하게 하기 위함
• 합리적인 채용, 배치, 이동의 기준 제공
• 업무개선의 기초자료 제공
• 종업원 교육훈련과 직무급 등 임금결정의 기초자료로 활용

전통적 인사관리와 현대적 인사관리의 비교

구 분	전통적 인사관리	현대적 인사관리
중 점	직무중심의 인사관리	경력중심의 인사관리(예 CDP제도)
강조점	조직목표만을 중요시	조직목표와 개인목표의 조화 중시(예 MBO)
인간관	소극적, 타율적 X론적 인간관	주체적, 자율적 Y론적 인간관
안 목	주어진 인력을 활용하는 단기적 안목	인력을 육성·개발하는 장기적 안목
노동조합	노동조합의 억제(부정)	노사간 상호협동에 의한 목적달성

(3) 인사관리의 환경

① **내부환경** : 이미 형성된 기업 조직 내부의 특성 및 장래의 변화 경향을 의미한다. 노동력 구성비의 변화, 조직규모의 확대, 가치관의 변화 등이 해당한다.

② **외부환경** : 향후에 기업 조직의 유지 발전에 영향을 끼칠 조직 외부의 조건을 의미한다. 경제적인 여건의 변화, 규제 등 정부개입의 증대, 정보기술의 혁신적 발전, 노동조합의 발전 등이 해당한다.

③ **환경의 변화에 적응하기 위한 인사제도** : 21세기 기업 조직의 환경에 적응하고 생존하기 위해 기업은 지역전문가제도, 인턴사원제도, 청년중역회의, 창안제도, 기업안식년제도, 현장중시경영제도(MBWA) 등을 활용하고 있다.

02 직무분석과 직무평가 `기출 13 · 08`

(1) 직무분석(Job Analysis)

① **직무분석의 정의** : 특정 직무의 성질을 결정하는 과정, 즉 직무와 관련된 정보들과 아울러 직무를 수행할 사람들이 갖추어야 할 요건을 체계적으로 수집 · 정리하는 과정으로 합리적 채용기준의 마련 및 직무평가를 위한 자료를 얻기 위하여 실시한다.

② **직무분석의 조건** : 직무분석을 실시하기 위해서는 직무분석 방법, 직무분석 담당자 및 직무에 관한 사실 또는 자료정리 등에 관하여 충분한 사전연구와 조사가 선행되어야 한다.

③ **직무분석의 방법** : 모든 직무를 개별 분석하는 직무개별조사법과 모든 직무 중 기준이 되는 직무만 상세히 분석하고 이를 토대로 유사 직무의 차이 부분만 분석하는 직무분석 비교법이 있다.

④ **직무분석에 필요한 자료수집방법**

ㄱ 질문표 방식 : 직무의 모든 국면과 수행과정에 대한 질문표를 작성하여 활용한다.

ㄴ 면접 방식 : 가장 널리 보급된 방식으로 개개의 종업원 및 감독자와의 직접접촉과 관찰을 통해 자료를 얻는다.

ㄷ 관찰 방식 : 질문표 및 면접방식의 보조적 방법으로 사용된다.

ㄹ 종합적 방식 : 질문표 방식 · 면접 방식 · 관찰 방식의 장점을 살린 방식이다.

ㅁ 워크샘플링법(Work Sampling Method) : 종업원의 전체 작업과정이 진행되는 동안에 무작위로 많은 관찰을 함으로써 직무행동에 대한 정보를 취득하는 직무분석 방법이다.

⑤ **직무기술서와 직무명세서**

ㄱ 직무기술서(Job Description) : 직무분석의 결과를 토대로 특정 직무의 성격 · 내용 · 이행방법 등과 해당 직무의 능률적인 수행을 위하여 직무에서 기대되는 결과 등을 일정한 양식에 따라 간략하게 정리해 놓은 문서를 직무기술서라 한다(**과업요건**에 초점).

ㄴ 직무명세서(Job Specification) : 직무를 만족스럽게 수행하는 데 필요한 종업원의 행동 · 기능 · 능력 · 지식 · 자격증 등을 일정한 형식에 맞게 기술한 문서를 직무명세서라 하며, 인사관리의 기준으로 사용된다(**인적요건**에 초점).

⑥ **직무분석의 결과** : 직무평가를 위한 자료가 될 뿐만 아니라 책임 및 권한 확정, 승진임명, 교육훈련, 업무개선, 부서편성 등 조직 관리의 자료로도 이용된다.

(2) 직무평가(Job Evaluation) `기출 19`

① **직무평가의 정의** : 조직 내 각 직무가 차지하는 상대적 가치를 결정하는 일로서 합리적인 임금구조를 유지하기 위하여 실시하며, 종업원의 선택 · 배치 · 훈련 등에도 이용된다.

② **직무평가요인** : 직무의 복잡도, 난이도, 책임 등을 설정하고 있다.

③ **직무급 도입의 기초제공** : 직무평가는 '동일노동 동일임금'을 기본원리로 하는 직무급제도의 기초가 된다.

개념 Plus

직무기술서의 일반적 요건
직무기술서에는 직무표지, 직무개요, 직무내용 및 직무요건 등 직무에 대한 전반적인 사항이 기술되며, 명확하고 간결하게, 또한 완전성을 띠며, 일관성을 갖도록 작성되어야 한다.

개념 Plus

직무평가 방법별 특징

구 분	상대평가	절대평가
종합적 비계량적	서열법	분류법
분석적 계량적	요소 비교법	점수법

개념 Plus

소매상의 직무설계 과정
효율적인 직무수행 및 직무수행자의 만족도 향상을 위해 직무의 내용과 수행방법, 직무 간 관계 등을 설정하는 과정으로, 다음과 같은 순서로 수행된다.
과업규명 → 과업도식화 → 직무기술서와 직무명세서 개발 → 직무분석 및 장 · 단기평가★

④ 일반적으로 사용되는 직무평가 방법 기출 21
  ㉠ 서열법(Ranking Method) : 각 직무의 난이도·책임성 등을 평가해 서열을 매기는 방법이다.
  ㉡ 분류법(Grading Method) : 직무의 가치를 단계적으로 구분하는 등급표를 만들고 직무평가를 그에 맞는 등급으로 분류하는 방법이다.
  ㉢ 점수법(Point Method) : 직무를 각 구성요소로 분해한 뒤 평가한 점수의 합계로써 직무의 가치를 평가하는 방법이다.
  ㉣ 요소비교법(Factor-comparison Method) : 객관적으로 가장 타당하다고 인정되는 기준직무를 설정하고, 이를 기준으로 평가직무를 기준직무와 비교함으로써 평가하는 방법이다.

(3) 직무설계(Job Design)

직무설계는 조직의 목표를 달성하고 직무를 맡고 있는 개인의 욕구를 만족시키기 위한 직무의 내용·기능·관계를 결정하는 것으로 대인관계, 성과 등이 직무설계의 핵심적인 요인이다.

> 리차드 해크맨(J.R. Hackman)과 그레그 올드햄(G.R. Oldham)의 핵심직무특성 5가지
> • 기술의 다양성(skill variety)   • 자율성(autonomy)
> • 과업 정체성(task identity)   • 피드백(feedback)
> • 과업 중요성(task significance)

03 인적자원의 확보와 개발

(1) 인적자원의 확보관리

① 인적자원 확보관리의 의의

인적자원관리 과정에서 가장 먼저 이루어지는 과정이며, 기업 조직의 목표를 달성함에 있어서 필요한 인력의 내용 및 수를 조직이 확보해 나가는 과정이다. 이 단계에서는 주로 인적자원의 (충원)계획에 따른 모집이나 선발 및 배치관리가 주로 이루어진다.

② 인력계획의 특징 : 기업 조직 내에서 해고, 퇴직, 승진, 이동 등에 따른 현재 및 미래 직무공백을 분석하고, 기업 조직의 확장 또는 변경 등에 대비해서 조직의 인력흐름을 조절한다.

③ 모집, 선발 및 배치

  ㉠ 모집 : 외부노동시장으로부터 기업의 공석인 직무에 관심이 있고, 자격(능력)이 있는 사람들을 구별하고 유인하는 일련의 과정을 말한다.
  ㉡ 선발 : 모집활동을 통해 획득한 지원자들을 대상으로 미래에 수행할 직무에 대해 가장 적합한 지원자를 선별하는 과정이다.
  ㉢ 배치 : 여러 직무와 여러 개인들의 관계를 잘 연결시켜, 이를 기업 조직의 성과 내지 각개인의 만족도를 높이도록 해당 직무에 근로자들을 배속시키는 것을 의미한다.

(2) 인적자원의 개발관리

① 인적자원 개발관리의 의의
  ㉠ 조직 구성원에 대한 이동·승진관리와 직무순환 및 교육훈련 관리를 나타내는 인사관리의 주요활동이다.
  ㉡ 현재 업무에 초점을 둔 개인개발, 향후 수행될 업무와 관련된 경력개발, 조직 역량 및 효과성을 강화하기 위한 체제 및 조직개발 등을 고려해야 한다.

② 인적자원 개발관리의 구성
  ㉠ 경력관리(Career Management) : 경력관리는 조직구성원들의 경력이나 능력 등의 정보를 토대로 개인별 관리를 수행함으로써 조직구성원 개개인의 목표와 조직목표가 조화되도록 만드는 것이다. 경력관리를 통해 조직과 구성원의 직무역량이 향상되며, 구성원의 조직몰입도와 직무만족도가 제고되고, 체계적인 조직구성원 역량개발 시스템구축 등의 효과를 가져올 수 있다.
  ㉡ 승진관리(Promotion Management) : 경영기능 혹은 조직기능상의 효율적인 승진제도의 확립은 종업원의 입장에서 볼 때 자기발전의 욕구충족과 희망의 계기를 마련함으로써 동기유발을 촉진시키게 된다. 다른 한편으로 경영자의 입장에서는 담당 직무에 대한 타성에 빠져 문제의식이 결여되고 부당·부정한 직무처리를 할 수 있는 문제점 등을 방지하며, 인재를 효율적으로 배분함으로써 조직의 효율성을 꾀할 수 있다.

승진제도 [기출 19]

승진은 종업원에게 동기를 부여하여 근로의욕을 증진시키고, 종업원의 잠재능력을 발휘하는 기회를 제공하는 중요한 수단이 된다. **직무중심의 능력주의에 입각한 승진관리제도**, 사람 중심의 연공주의에 입각한 **승진관리제도**, 그리고 이 양자를 절충시킨 **자격주의에 입각한 승진관리제도**로 구분할 수 있다.

구 분	능력주의	연공주의
승진기준	직무중심(직무능력기준)	사람중심(신분중심)
승진요소	성과, 업적, 직무수행능력 등	연력, 경력, 근속년수, 학력 등
승진제도	직계승진제도	연공승진제도
경영 내적요인	일반적으로 전문직종의 보편화 (절대적은 아님)	일반적으로 일반직종에 보편화 (절대적은 아님)
특 성	불안정성/능력평가의 객관성 확보가 힘듦	안정성/객관적 기준 확보 가능

  ㉢ **교육훈련관리(Education-training Management)**
    • 교육·훈련은 기능, 지식의 습득을 통한 종업원의 전문적 능력향상 이외에 태도의 변화를 통한 종업원의 성취동기를 형성시켜 근로의욕을 증진시키며, 조직의 활성화를 촉구시키는 요소가 된다.
    • 교육·훈련의 목적에는 인재육성을 통한 기술축적, 커뮤니케이션의 원활화를 통한 조직협력, 자기발전의 욕구충족을 통한 동기유발 등이 있다.

개념 Plus

배치의 원칙
• 실력주의
• 적재적소주의
• 균형주의
• 인재육성주의

개념 Plus

CDP제도
경력개발관리제도로서 조직체에서 요구하는 인적자원과 조직구성원이 희망하는 목적을 통합해 구성원의 경력진로를 체계적으로 계획·조정하는 프로그램을 말한다.

교육훈련의 분류 [기출] 18

구 분		내 용
강의식훈련		가장 일반적·보편적 방법으로 피훈련자를 일정한 장소에 모아 놓고 강사가 강의를 진행함으로써 훈련이 이루어진다. 강의식훈련 방식은 종업원들로 하여금 필요한 지식을 습득하게 하고 자신의 개념적·분석적 능력을 개발하는 기회를 제공한다.
토의식 훈련	토론·회의	참가자 전원이 의견을 내어 그 문제를 해결하는 방식으로 피훈련자 간 아이디어와 정보교환이 활발하게 이루어질 수 있다.
	브레인스토밍	10명 내외 소집단을 구성해 자유로운 분위기 하에 과제를 주어 아이디어를 제안하게 하는 방법이다.
	사례연구 (case study)	일정한 사례를 공동 연구하여 문제점을 도출하고 그에 대한 대안을 모색하는 방법을 말한다.
	역할연기 (role playing)	어떤 사례를 피훈련자가 여러 사람 앞에서 실제의 행동으로 연기하고, 사회자가 청중들에게 그 연기내용을 비평·토론하도록 한 후 결론적인 설명을 하는 것이다.
	모의훈련 (simulation)	피훈련자가 직무수행 시 직면할 가상적 상황을 설계해 놓고 이에 대처하게 함으로써 훈련을 진행하는 방법이다.
체험식 훈련	감수성훈련 (실험실훈련)	피훈련자를 외부 환경과 차단시킨 상황에서 자신의 경험을 교환·비판하게 하여 대인관계에 대한 이해와 감수성을 높이려는 현대적 훈련방법이다.
	실습장훈련	회사에서 설치한 실습장에서 실습용 설비 등을 이용하여 작업방법을 습득하고 기능훈련을 하는 것을 말한다.
	도제훈련	작업장에서 감독자의 지도를 받거나, 숙련공 또는 선임공의 작업을 직접 보조하면서 필요한 기능과 지식을 습득하는 것을 말한다. 특히 숙련공을 필요로 하는 금속, 인쇄, 건축 같은 업종의 기업에서 하는 훈련방식으로 고도의 기술수준이 필요한 경우에 적합하다.
	인턴십	주로 졸업을 앞둔 대학생 등이 직무에 배치되어 배우면서 일하는 프로그램으로 업무를 통하여 얻은 경험과 학교에서 배운 이론 및 경영현실을 통합할 수 있는 기회를 부여하는 훈련방법이다.
	직장 내 교육 훈련(OJT)	감독자가 직접 일하는 과정에서 부하 종업원을 개별적으로 실무 또는 기능에 관하여 훈련시키는 것을 말한다.
직장 외 교육훈련 (Off-JT)		전문강사의 지도로 이루어지는 직장 외 또는 직무 외의 훈련을 말한다. 강의 사례연구 시청각교육 등이 있다.

개념 Plus

목표관리(MBO)
효율적인 경영관리체제를 실현하기 위한 경영관리기법으로 조직의 목표와 개인의 목표를 명확하게 설정하고 조직의 목표달성을 위한 실행전략을 구체적으로 추진하는 일련의 과정이다.

04 인적자원의 활용과 배치

(1) 인적자원의 활용관리

인적자원의 개발관리를 통해 개발된 인적자원을 효율적으로 활용하기 위해서는 조직의 특성 및 직무 특성 등의 재설계 또는 건전한 조직풍토 및 기업문화의 정립이 요구된다. 이러한 인적자원의 활용을 위해서는 MBO, 소집단 활동, 프로젝트 팀 등의 활동이 활성화되어야 한다.

(2) 인적자원의 배치 · 이동관리

① 배치 · 이동관리의 개념

각 직무에 종업원을 배치시키는 것을 배치라고 하고, 일단 배치된 종업원을 필요에 따라서 현재의 직무에서 다른 직무로 바꾸어 재배치하는 것을 이동이라고 한다.

② 배치 · 이동관리의 원칙

- ㉠ 적재적소주의 : 어떤 사람이 그가 소유하고 있는 능력과 성격 등의 면에서 최적의 직위에 배치되어 최고도의 능력을 발휘하는 것을 말한다.
- ㉡ 실력주의 : 실력, 즉 능력을 발휘할 수 있는 영역을 제공하며 그 일에 대해서 올바르게 평가하고, 평가된 실력과 업적에 대해서 만족할 수 있는 대우를 하는 원칙이다.
- ㉢ 인재육성주의 : 사람을 사용하는 방법에는 사람을 소모시키면서 사용하는 방법과 사람을 성장시키면서 사용하는 방법이 있는데, 장기적으로 보면 후자가 더 뛰어나다고 볼 수 있다.
- ㉣ 균형주의 : 배치 및 이동에 대해 단순히 본인만의 적재적소를 고려할 것이 아닌 상하좌우의 모든 사람에 대해서 평등한 적재적소와 직장 전체의 적재적소를 고려해야 한다.

05 인적자원의 보상과 유지 기출 12 · 11 · 10

(1) 인적자원의 보상관리

인적자원을 효율적으로 활용한 대가로 기업이 개인에게 제공하는 것으로 핵심적인 두 가지 구성요소에는 금전적 보상(임금, 복리후생)과 비금전적 보상(승진) 등이 있다.★

(2) 임금관리(Wage Management)

① 임금관리의 의의

- ㉠ 임금이란 사용자의 입장에서 보면 노동자가 기업에 제공한 노동에 대해 지불하는 대가이고, 근로자의 입장에서 볼 때는 생활의 원천이 되는 소득이다.
- ㉡ 임금관리는 사용자와 노동자의 상반되는 이해관계를 조정하여 상호이익의 방향으로 임금제도를 형성함으로써 노사관계의 안정을 도모하고 이를 바탕으로 노사협력에 의한 기업의 생산성 증진과 근로자들의 생활향상을 달성하는 데 그 목적이 있다.
- ㉢ 임금관리는 최저한의 생계비를 보장함으로써 생활의 안정을 보장하고 노동력의 재생산과 노동력의 질을 개선할 수 있게 하며, 대외적인 균형을 유지하여야 한다.

② 임금관리의 체제

- ㉠ 임금의 수준 : 임금수준은 근로자에게 제공되는 임금의 크기와 관계가 있는 것으로, 가장 기본적이면서도 적정한 임금수준은 근로자의 생계비 수준, 기업의 지불능력, 현 사회 일반의 임금수준 및 동종업계의 임금수준을 고려하면서 관리되어야 한다. 임금수준의 결정요인은 다음과 같다.★

개념 Plus

임금의 결정요소
- 생계비 수준 : 임금수준의 하한선에서 조정되는 것을 말한다. 생계비는 생활수준의 중요한 지표로서, 임금산정의 기초자료로 그 의미가 있다.
- 기업의 지불능력 : 임금수준의 상한선에서 조정이 된다.
- 사회 일반적 임금수준 : 임금수준의 가운데에서 조정이 된다.

내재적 요인	기업의 규모, 경영전략, 노동조합의 조직여부, 기업의 지불능력 등
외재적 요인	생계비, 사회일반의 임금수준 등

ⓒ 임금의 체계 : 임금체계는 근로자에게 총액을 분배하여 근로자 간의 임금격차를 가장 공정하게 설정함으로써 근로자가 이에 대해 이해하고 만족하며, 업무의 동기 유발이 되도록 하는 데 의미가 있다.

연공급	근속을 중시하는 것으로 생활급적 사고원리에 따른 임금체계이다.
직능급	직무수행능력에 따라 임금의 사내격차를 만드는 능력급체계이다.
직무급	직무의 중요성과 곤란도 등에 따라서 각 직무의 상대적 가치를 평가하고, 그 결과에 의거하여 임금액을 결정하는 체계이다.

ⓒ 임금의 형태 : 임금형태는 임금 계산이나 그 지불방법에 대한 것으로, 근로자의 작업의욕 상승과 직접적으로 연관이 있어 이에 따른 합리성이 요구된다. 보통 시간급·성과급·특수 임금제의 형태로 나누어진다.

(3) 복지후생관리(Welfare Benefits Management)

① 복지후생은 기업 조직이 종업원과 가족들의 생활수준을 높이기 위해 마련한 임금 이외의 제반급부를 말한다. 복지후생제도는 기업에서 노사 간의 관계에 안정, 공동체의 실현 및 종업원들의 생활안정과 문화향상 등의 필요에 의해 발전하고 있다.

② 보상은 개별적 능력에 의해 차이가 나지만 복지후생은 이와 무관하게 종업원 모두에게 적용된다.

③ 복지후생의 설계는 종업원의 욕구 충족, 기업의 지불능력평가 등을 고려하여 이루어진다. 더 나아가 종업원이 복지후생을 자신의 필요대로 설계할 수 있는 카페테리아식 형태를 취할 수도 있다.

④ 복지후생관리의 기본원칙

ⓐ 적정성의 원칙 : 조직구성원에게 필요한 것을 제공한다는 원칙이다.

ⓑ 합리성의 원칙 : 복지제도에 부합되어 제공해야 한다는 원칙이다.

ⓒ 협력성의 원칙 : 노사 간의 협력에 의한 복지향상을 추구해야 한다는 원칙이다.

종업원을 위한 보상프로그램 기출 16
• 보상은 직접적인 금액 지불과 간접적인 지불을 포함한다.
• 의료보험, 생명보험, 장기근속자에 대한 퇴직 후 연금지급 등은 간접적인 지불에 포함된다.
• 고정급과 커미션을 조정하여 활용하는 것은 안정된 소득뿐만 아니라 뛰어난 노력에 대한 보상과 격려를 할 수 있는 방법이다.
• 고정급을 지급하는 방식은 판매와 직접 관련이 없어서 자칫 등한시할 수 있는 디스플레이, 재배치 등의 직무에 적절하다.
• 고정급 없이 판매액에 대한 일정비율을 지급하는 커미션 방식은 종업원들이 판매실적을 최우선으로 두기 때문에 소매상의 이미지에 안 좋은 영향을 미칠 수 있다.

3 재무관리

01 재무관리의 개요 기출 13

(1) 재무관리의 의의

① 재무관리는 기업 활동에 있어서 자금조달 및 운영에 관한 활동을 계획 및 조정·통제함으로써 기업목표를 달성하고자 하는 일련의 활동이라 할 수 있다.

② 재무관리의 목표는 기업목표달성에 의한 기업가치의 극대화에 있다(통상 기업의 이익의 극대화를 추구하는 것이나, 재무관리에서의 이익은 단순 회계적 이익이 아닌 경제적 이익을 의미).

③ 재무관리의 의사결정은 투자결정, 자본조달결정, 두 결정이 동시에 이루어지는 혼합의사결정 등에 의해서 이루어진다. 이외에도 배당의사결정, 기업조직의 지배구조 및 인수합병, 유동자산 또는 고정자산의 관리 등을 들 수 있다.

④ 경영과 소유의 분리 측면에서 대리인인 경영자와 소유자인 주주들 사이의 이해상충 문제인 대리인 문제가 발생할 수 있다. 이때 경영자의 올바른 경영입증을 위한 비용과 주주들의 감시 등에 의해 지출되는 비용을 대리인비용이라고 한다.

⑤ 평균총비용이 가장 낮은 수준에서 생산할 비용과 생산 간 최적수준이 결정된다.

재무관리의 기능
- 자본조달결정기능
- 투자결정기능
- 배당결정기능
- 유동성관리기능
- 재무분석 및 계획기능

(2) 화폐의 시간적 가치와 현재가치 및 균형가격

① 화폐의 시간적 가치와 현재가치 : 화폐의 시간적 가치는 일정한 금액이 시간(시점)에 따라 다른 가치로 평가되는 것을 의미한다. 화폐가치환산은 이자율(r ; Interest rate)을 이용하여 계산한다.

　㉠ 미래가치계산 : 미래가치(FV) = 현재가치(PV) $\times$ (1 + 이자율)^n, n은 기간

　㉡ 현재가치계산 : 현재가치(PV) = $\dfrac{미래가치(FV)}{(1 + 이자율)^n}$

② 균형가격 : 균형가격은 수요와 공급이 일치하는 점에서 결정되는 가격으로, 수요와 공급의 차이에 의해 발생되는 불균형은 가격조절을 함으로써 균형가격에 도달할 수 있다. 즉, 수요와 공급은 상호간에 영향을 주고받기 때문에 공급량이 증가하면 가격이 낮아지고, 공급량이 감소하면 가격이 높아지게 된다.

02 자본예산, 자본조달, 자본비용

(1) 자본예산(Capital Budget)

① 기업의 투자의사결정은 반복적이고 일상적인 경상적 지출과 장기적 효과를 기대한 대단위의 일회성 지출인 자본적 지출로 분류될 수 있다.

② 자본예산은 1년 이상의 장기적인 효과가 지속되는 자본적 지출에 대한 계획을 수립하는 활동이다.

CHAPTER 03 | 유통경영관리 · **113**

③ 자본예산의 흐름은 먼저 **투자목적**을 설정하고 투자대안들을 분석하여 독립적, 상호배타적, 보완적, 종속적 **투자안**으로 분류한다. 그 다음 현금흐름을 추정하고 투자안의 경제성을 평가한 후 **최적투자안**을 결정하여 수행하게 된다. 투자 후에는 **재평가와 통제**가 이루어진다.

④ 현금흐름을 추정할 때는 기회비용과 매몰비용, 대체 및 보완관계 등을 고려하여야 한다.

⑤ 장기성 자본투자를 결정하는 방법 중 **순현재가치법**(NPV ; Net Present Value)은 투자로 인하여 기대되는 미래의 현금유입을 현재가치로 환산하고, 현금유출의 현재가치를 차감하여 투자결정을 하는 방법이다. 한편, 유동자산의 **운전자본**은 수익성과 유동성을 고려하며 **매출채권, 재고자산, 현금** 등으로 정의된다.

(2) 자본조달(Capital Budget) 기출 15

① 금융시장(Financial market)

ㄱ 자금의 공급자와 수요자 간 자금의 유통이 이루어지는 시장으로 만기일이 1년 이하인 화폐시장과 만기일이 1년을 초과하는 자본시장으로 구분된다.

ㄴ 화폐시장에서는 양도성예금증서, 기업어음 등 단기금융상품이 거래되며, 자본시장에서는 국공채, 채권, 주식 등이 거래된다.

ㄷ 금융중개기관은 자금의 공급자와 수요자 사이의 원활한 자금유통을 위하여 개입하게 되는데 이를 간접금융시장이라고 한다.

② 기업의 자본조달 기출 21 · 16 · 15

ㄱ 기업은 **주식 및 채권**을 발행하여 자본을 조달할 수 있으며, 주식의 경우 배당을, 채권의 경우 이자를 지급하게 된다. 따라서 **주식은 자기자본**에 포함되고 **채권은 타인자본**에 포함된다.

ㄴ 기업의 자금조달 방식은 다음과 같다.

구 분		내 용
단 기★	직접금융	기업어음
	간접금융	단기대출, 어음할인, 기업 간 신용, 약속어음, 외상매출채권담보대출(팩토링)
장 기★	직접금융	채권발행, 주식발행
	간접금융	시설자금대출/리스, 신디케이트론, 프로젝트 파이낸스

- 엔젤 : 신설 벤처기업의 기업화 초기단계에서 필요한 자금을 지원하고 경영을 지도하여 주는 개인투자자를 말한다.
- 팩토링(Factoring) : 기업과 기업 사이에서 발생된 매출채권을 매입하는 것이다.
- 유상증자 : 기업이 주식을 추가로 발급하고, 발행된 주식을 투자자들에게 돈을 받고 지급하는 것이다. 부채의 증가없이 자금을 조달하는 데 가장 효율적인 방식이다.
- 전환사채 : 주식으로 전환할 수 있는 권리, 즉 주식으로의 전환권이 인정되는 사채를 말한다.
- 할부금융 : 내구재를 할부 구매한 소비자들에 대한 채권을 매입하는 것이다.
- 신주발행 : 주주들이 실제로 자금을 납입하는 유상증자와 자금을 납입하지 않는 무상증자로 구분되며, 이는 장기적 자금조달 방법이다.
- 금융기관 차입 : 은행에서의 장기차입은 대체로 시설투자를 목적으로 차입하며, 단기차입은 운영자금용으로 차입한다.

(3) 자본비용(Cost of capital) 기출 20

① 자본비용은 기업이 자본제공자에게 자본을 조달하여 사용에 대한 대가로서 지불하게 되는 비용을 의미한다.

② 투자자 입장에서는 투자한 자본에 대하여 **최소한으로 기대하는 요구수익률**이며, 경우에 따라서는 기회비용의 개념으로서 기업이 선택하지 않은 대체 투자안으로부터 얻을 수 있는 가장 높은 수익률을 의미하기도 한다. ★

03 재무분석과 재무비율 기출 14 · 13 · 12 · 11 · 10 · 09 · 08

(1) 재무분석(Financial Analysis)

① 자본조달과 운영이 효과적으로 이행되고 있는지 기업의 상태를 평가하고 문제점을 분석하는 것을 말한다. 재무분석은 안정성, 수익성, 활동성, 성장성, 생산성 등을 대상으로 한다.

② 재무분석을 위한 현금 추정시 세금효과, 증분현금흐름, 매몰원가와 기회비용, 인플레이션의 영향을 반영하여야 하며, 단 증분현금흐름 추정시 매몰원가, 감가상각비, 자본비용은 포함하지 않는다.

(2) 재무비율(Financial Ratio) 분석

재무제표 항목들 사이의 연관비율을 계산하여 이를 **표준비율과 비교**해봄으로써 기업의 경영성과와 재무상태를 알아보는 방법으로 대표적인 재무비율 지표로는 수익성비율, 안정성(레버리지)비율, 유동성비율, 활동성비율, 성장성비율 등을 들 수 있다.

① 수익성 비율 : 기업의 **전체적인 능률과 수익성을 판단하는 비율**로서, 자본제공자로부터 조달한 자본을 영업, 투자, 재무활동에 투자하여 얼마나 효율적으로 이용하였는가를 평가하는 데 이용된다. 경영합리화를 위한 문제점 발견에 좋은 지표이다. ★★

　㉠ 매출액순이익률(%) = 순이익/매출액 × 100
　㉡ 총자산영업이익률(%) = 영업이익/총자산 × 100
　㉢ 총자산순이익률(ROA) = 순이익/총자산 × 100
　㉣ 자기자본순이익률(ROE) = 순이익/자기자본 × 100

자산이익률과 투자수익률 기출 17

• **총자산이익률(ROA ; Return On Asset)** : 기업의 세금차감 후 당기순이익을 자산총액으로 나누어 얻어지는 수치로 특정 기업이 자산을 얼마나 효율적으로 운용했는지를 나타내는 수익성 지표이다.

$$ROA(\%) = (당기순이익/총자산) \times 100$$

• **투자수익률(ROI ; Return On Investment)** : 투자수익률은 기업의 순이익을 투자액으로 나눈 것으로 경영성과 측정기준 중 가장 널리 사용되는 지표이다. 기출 21 · 19

$$ROI(\%) = (순이익/투자자본) \times 100$$

개념 Plus

효율성과 효과성
• 효율성 : 일정한 비용에 의해 얼마나 많은 산출이 발생하였는가 혹은 일정한 산출을 얻기 위해 얼마나 많은 비용이 투입되었는가를 나타내주는 척도이다.
• 효과성 : 표적시장이 요구하는 서비스산출을 얼마나 제공하였는가를 측정하는 목표지향적인 성과기준이다.

개념 Plus

표준비율(standard ratio)
표준비율이란 분석 대상기업이 속한 업종이나 기업의 규모 등과 무관하게 기업의 특정 속성이 양호하다고 주관적으로 인식되는 절대적인 기준이다. 이러한 표준비율은 초기의 비율분석에서 많이 사용되었으나 비율의 주관성과 특정 기업이 속한 산업의 특성이나 기업의 규모 등을 고려하지 않는 단점이 있다.

② 안정성 비율 : 기업의 장기채무 상환능력을 평가하기 위한 비율로 레버리지 비율(leverage ratios)이라고도 한다. 장기채무 상환능력에 대한 평가가 필요한 이유는 기업의 부도 가능성을 사전에 발견하고자 하는 데 있다. 즉, 계속기업의 가능성을 판단하는 기준으로 사용한다.

   ㉠ 총자산부채비율(%) = 총부채/총자산 × 100

   ㉡ 자기자본부채비율(%) = 총부채/자기자본 × 100

   ㉢ 이자보상비율(%) = 영업이익/이자비용 × 100

③ 유동성 비율 : 기업의 단기채무를 상환할 수 있는 능력을 측정하는 재무비율로 단기채무 지급능력비율(short -term solvency ratios)이라고도 한다. 여기서 유동성(Liquidity)이란 자산의 경우 1년 이내에 현금화할 수 있는 능력을 말하고, 부채의 경우 1년 이내에 상환할 수 있는 능력을 말한다.

   ㉠ 유동비율(%) = 유동자산/유동부채 × 100

   ㉡ 당좌비율(%) = 당좌자산/유동부채 × 100

④ 활동성 비율 : 기업이 경영활동을 위하여 **자산을 얼마나 효율적으로 활용하였는지**를 나타내주는 비율로서 **효율성 비율(efficiency ratios)**이라고도 한다. 이 비율의 계산은 기업의 매출액을 평가하고자 하는 특정 자산으로 나누어 회전율로 표현하는데, **회전율(turnover ratio)**이란 회전기간 동안에 매출액을 창출하기 위하여 그 자산에 몇 번 사용되었는가를 나타내준다. ★★

   ㉠ 재고자산회전율 = 매출액/재고자산(평균재고) × 100

   ㉡ 매출채권회전율 = 매출액/매출채권(평균채권) × 100

   ㉢ 총자산회전율 = 매출액/총자산 × 100

   ㉣ 고정자산회전율 = 매출액/고정자산 × 100

   ※ 재고자산평균회전기간 = 365일/재고자산회전율

⑤ 성장성 비율 : 기업의 한 해 동안 경영 규모 및 기업활동의 성과가 전년도에 비하여 얼마만큼 증가하였는가를 보여 주는 지표이다. 대표적인 측정 지표로는 매출액증가율(기업의 외형신장세를 판단하는 대표적 지표)과 총자본증가율(기업에 투하 운용된 총자산의 당해연도 증가비율) 등이 있다.

   ㉠ 매출액증가율 = {(당기 매출액 − 전기 매출액)/전기 매출액} × 100

   ㉡ 총자산증가율 = {(당기말 총자산 − 전기말 총자산)/전기말 총자산} × 100

   ㉢ 순이익증가율 = {(당기 순이익 − 전기 순이익)/전기 순이익} × 100

   ㉣ 주당이익증가율 = {(당기 주당이익 − 전기 주당이익)/전기 주당이익} × 100

개념 Plus

당좌비율
유동자산 중에서 재고자산을 뺀 부분을 유동부채로 나눈 것으로, 유동비율보다 더 엄격히 유동성을 측정하는 비율이다. 유동비율은 적정하나 당좌비율이 산업평균보다 낮다는 것은 재고자산에 너무 많은 투자를 하고 있음을 뜻한다.

개념 Plus

상품재고회전율
상품재고회전율이란 특정기간(보통 1년) 동안 점포 내에서 재고가 평균적으로 얼마나 여러 번 순환되는가 하는 것이며, 일반적으로 재고회전율이 클수록 좋다. 또한 상품재고회전율은 상품구성과 관련된 정책적 의사결정에 영향을 미치는 가장 중요한 요소(판단기준) 중의 하나이며, 평균상품재고액의 변화 없이 매출액이 향상되면 상품회전율이 증가하는 것이 당연하다.

개념 Plus

자산회전율
자산회전율은 대차대조표의 자산측면에서 전체적인 성과척도를 나타내며, 순매출액을 총자산으로 나눈 값으로 표현된다.

⑥ **생산성 비율** : 생산 요소의 투입치에 대한 생산 결과치의 비율로, 생산에 투입된 생산 요소가 얼마나 효율적으로 이용되었는지를 나타낸다.

  ⊙ 종업원 1인당 매출액증가율 : 1인당 매출액이 증가한다는 것은 매출액의 증가가 종업원의 증가보다 많다는 것을 의미하며, 기업의 경영실적이 양호함을 의미한다.

  ⓛ 종업원 1인당 부가가치생산성 : 부가가치생산성이 높다는 것은 그만큼 노동력이 효율적으로 이용되어 보다 많은 부가가치를 창출했다는 것을 의미하며, 기업의 발전 성장 가능성을 측정하는 중요지표이다.

  ⓒ 부가가치율 : 매출액 등 생산활동에 참여한 생산요소에 귀속되는 소득의 비율을 나타내는 지표로, 이 비율이 높다는 것은 기업의 이해관계자들에 대한 분배액이 많고 규모의 수확 체증 능력이 있음을 의미한다.

⑦ **시장가치 비율** : 기업의 경영 활동으로 얻은 성과를 기초로 하여 시장에서 평가된 주식의 가치를 나타내는 지표이다.

  ⊙ 주가수익비율(PER) = 주식가격/주당순이익

  ⓛ 주가순자산비율(PBR) = 주식가격/주당순자산

총마진수익률(GMROI)의 기능 및 역할 `기출` 19 · 18 · 16

> 총마진수익률 or 재고총이익률(GMROI) = 총수익률 × 재고회전율
> = 총이익 ÷ 평균재고액(원가)

• 총마진수익률은 협소한 유통매장의 진열대에서 추가 또는 제거해야 할 제품에 대한 의사결정의 기준, 즉 척도를 제공한다.
• 각 척도의 구성요소를 분석함으로써 문제가 되는 제품계열의 수익성을 올리기 위한 머천다이징 전략을 강구할 수 있다.
• 수익성 척도를 사용하는 소매업자들은 제품공급업자들로 하여금 더욱 많은 마케팅 기능을 수행할 수 있도록 힘(압력)을 가할 수 있다.

주요 재무지표 `기출` 20 · 18 · 16

구 분	주요 재무비율
수익성 비율	• 매출액순이익률(%) = 순이익/매출액 × 100 • 총자산영업이익률(%) = 영업이익/총자산 × 100 • 총자산순이익률(ROA) = 순이익/총자산 × 100 • 자기자본순이익률(ROE) = 순이익/자기자본 × 100
안정성 비율 (레버리지 비율)	• 총자산부채비율(%) = 총부채/총자산 × 100 • 자기자본부채비율(%) = 총부채/자기자본 × 100 • 이자보상비율(%) = 영업이익/이자 × 100
유동성 비율	• 유동비율(%) = 유동자산/유동부채 × 100 • 당좌비율(%) = 당좌자산/유동부채 × 100
활동성 비율	• 재고자산회전율 = 매출액/재고자산(평균재고) × 100 • 매출채권회전율 = 매출액/매출채권(평균채권) × 100 • 총자산회전율 = 매출액/총자산 × 100 • 고정자산회전율 = 매출액/고정자산 × 100

성장성 비율	• 매출액증가율 = {(당기 매출액 − 전기 매출액)/전기 매출액} × 100 • 총자산증가율 = {(당기말 총자산 − 전기말 총자산)/전기말 총자산} × 100 • 순이익증가율 = {(당기 순이익 − 전기 순이익)/전기 순이익} × 100 • 주당이익증가율 = (당기 주당이익 − 전기 주당이익)/전기 주당이익
시장가치 비율	• 주가수익비율(PER) = 주식가격/주당순이익 • 주가순자산비율(PBR) = 주식가격/주당순자산

전략적 이익모형(Strategic Profit Model, SPM) `기출` 19 · 14

전략적 이익모형은 순이익률(수익성)과 자산회전율(활동성) 그리고 레버리지비율(안정성)로 구성되어 있다.

즉, SPM = 순이익률 × 자산회전율 × 레버리지비율

$$= \frac{순이익}{매출액} \times \frac{매출액}{총자산} \times \frac{총자산}{자기자본} = \frac{순이익}{자기자본}$$

따라서, 투자수익률을 높이기 위해서는 순이익률, 자산회전율, 레버리지비율을 각각 높이는 것이 필요하다.

개념 Plus

손익분기점 비율
현재 매출수준이 손익분기점을 어느 정도 초과했거나, 손익분기점에서 어느 정도 모자라는지를 파악할 필요가 있다. 이를 파악하는 방법은 다음과 같다.

$$손익비 = \frac{손익분기점}{현재매출수준} \times 100$$

출제지문 돋보기 OX

01 [16-2]
제조업체의 회계적 성과를 측정하는 활동성 비율에는 총자산수익률, 매출채권회전율, 자기자본이익률, 매출총이익률, 주가수익률 등이 있다.
( )

02 [17-3]
레저리지 비율은 기업이 영업활동을 하는 데 있어 타인자본에 얼마만큼 의존하고 있는지 측정하는 비율을 나타낸다.
( )

`정답` 1. × 2. ○

04 손익분기점분석

(1) 손익분기점 분석의 의의 `기출` 16 · 14 · 13

① 손익분기점(Break Even Point ; BEP)이란 이익도 없고 손실도 없게 되는 매출 수준을 말한다. 따라서 손익분기점 이상의 판매량을 보이면 영업이익이 발생하고 반대의 경우 영업손실이 발생한다. 이때 손익분기점은 매출금액으로 표현할 수도 있고, 매출수량으로도 표현할 수 있다. ★

② 손익분기점분석에서는 조업수준에 따라 발생하는 원가와 이를 통해 창출하는 이익의 관계가 중요하다.

(2) 손익분기점의 분석 방법 `기출` 19 · 18 · 17 · 16 · 15 · 14 · 12

① 제품의 원가(cost)
ㄱ 원가는 고정비와 변동비로 구분할 수 있다.
ㄴ 먼저 변동비는 조업 수준에 비례하여 발생하는 원가이고, 고정비는 조업 수준과 관계없이 고정적으로 발생하는 비용을 말한다. 따라서 변동비는 제품을 한 단위 추가 생산할 때마다 추가적으로 발생한다.
ㄷ 총 원가 = 제품 생산 수량 × 단위당 변동비 + 고정비

② 손익분기점 판매량
ㄱ 원가 계산법을 바탕으로 손익분기점 수준의 조업도를 구하는 식은 다음과 같다.
ㄴ 손익분기점 판매량 × 판매단가 = 손익분기점 판매량 × 단위당 변동비 + 고정비

ⓒ 이를 손익분기점 판매량과 매출액으로 정리하면,

ⓔ 손익분기점 판매량 $= \dfrac{\text{고정비}}{\text{판매단가} - \text{단위당 변동비}} = \dfrac{\text{고정비}}{\text{단위당 공헌이익}}$

손익분기점 매출액 = 손익분기점 판매량 × 판매단가

③ 공헌이익 : 판매단가에서 단위당 변동비를 차감한 것을 말한다. 이는 제품 생산을 위해 발생한 고정비를 보상하는 데 공헌한 이익이라는 뜻이다.

[예시문제 1]

은영기업이 판매하고 있는 제품의 판매단가는 9만원이다. 이 제품의 단위당 변동비는 5만원이고, 고정비가 3,500만원 이라고 할 때, 손익분기점 판매량 및 매출액은 얼마인가?

① 875개, 7,875만원　　　　　　② 874개, 7,860만원
③ 873개, 7,870만원　　　　　　④ 872개, 7,855만원
⑤ 871개, 7,865만원

해설
위의 사례에서 공헌이익은 9만원 − 5만원 = 4만원이다. 따라서 손익분기점은 다음과 같다.

손익분기점 $= \dfrac{3{,}500\text{만원}}{4\text{만원}} = 875$개, 매출액 = 875개 × 9만원 = 7,875만원

정답 ①

---

④ 손익분기점 목표판매량

㉠ 특정 수준의 이익을 달성하기 위한 매출액 내지 판매량을 파악하기 위한 방법은 다음과 같다.

㉡ 손익분기점 목표판매량 $= \dfrac{\text{고정비} + \text{목표이익}}{\text{판매단가} - \text{단위당 변동비}}$

손익분기점 목표매출액 = 손익분기점 목표판매량 × 판매단가

[예시문제 2]

은영기업이 판매하고 있는 제품의 판매단가는 9만원이다. 이 제품의 단위당 변동비는 5만원이고, 고정비가 3,500만원 이라고 할 때, 총 1,000만원의 이익을 달성하기 위한 판매량은 얼마인가?

① 1,115개　　　　　　② 1,125개
③ 1,315개　　　　　　④ 1,415개
⑤ 1,515개

해설
목표이익 달성을 위한 판매량 $= \dfrac{3{,}500\text{만원} + 1{,}000\text{만원}}{4\text{만원}} = 1{,}125$(개)

정답 ②

01　　　　　　　　[14-1]
손익분기점 판매량 = 총변동비/(단위당 판매가 − 단위당 고정비)
(　　)

02　　　　　　　　[15-3]
어떤 제품의 개당 판매가격이 100원, 고정비가 200만원, 변동비가 60원일 때의 손익분기판매량을 구하고, 이 제품의 변동비가 80원으로 올랐을 때의 손익분기판매량을 순서대로 올바르게 나열하면 50,000개, 100,000개가 된다. (　　)

03　　　　　　　　[17-3]
매장에서 취급하는 상품의 단가가 10,000원이고 단위당 변동비는 7,500원이며 고정비가 2,000,000원인 경우에 손익분기점 매출액은 8,000,000원이다. (　　)

정답 1. × 2. ○ 3. ○

CHAPTER 03 | 유통경영관리 · **119**

(1) 재무제표의 의의와 주요구성

재무제표란 일정 기간 동안 기업의 경영 성적 및 재정 상태 등을 이해관계자에게 보고하기 위해 정기적으로 작성하는 회계보고서를 말하는 것으로, 기장 방식은 기본적으로 발생주의와 복식부기의 형식을 따르고 있다. 재무제표에 해당하는 주요 보고서는 다음과 같다. ★

① **재무상태표(구 대차대조표)** : 일정시점 현재 기업의 자산, 부채, 주주지분의 금액을 제시한 정태 보고서로서 이를 통해 자산 중 자기자본이 얼마인지 확인할 수 있다.

② **포괄손익계산서** : 일정기간 동안 수행된 기업활동의 결과로서 주주지분이 어떻게 증가, 감소하였는지 보여주는 동태 보고서이다. 포괄손익계산서를 통해 세금을 낸 이후의 순이익도 확인할 수 있다.

③ **이익잉여금 처분계산서** : 주주총회의 승인을 얻어 확정될 이익잉여금 처분예정액을 명확히 표시한 재무보고서이다.

④ **현금흐름표** : 일정기간 동안 수행된 기업의 활동별로 현금유입과 현금유출을 측정하고, 그 결과 기말의 현금이 기초에 비해 어떻게 변동되었는지 나타내는 보고서이다. 현금흐름표의 경우 예외적으로 현금주의에 입각하여 작성된다.

⑤ **자본변동표** : 일정시점에서 기업의 자본 크기와 일정기간 동안 자본 변동에 관한 정보를 나타낸다.

포괄손익계산서의 계정과목
① 매출액, ② 매출원가, ③ 매출총이익, ④ 판매비와관리비, ⑤ 영업이익, ⑥ 영업외수익, ⑦ 영업외비용, ⑧ 법인세비용차감전순이익, ⑨ 법인세비용, ⑩ 당기순이익

(2) 재무제표의 기본요소

① **자산** : 기업 조직이 소유하고 있는 건물, 토지, 채권, 기계 등의 경제적 자원을 말한다. 유동자산과 비유동자산으로 구분된다.

　㉠ 유동자산(Current Assets) : 재무상태표로부터 1년 내 현금화되는 자산을 말한다.

당좌자산	단기금융상품, 현금 및 현금성 자산, 매출채권, 유가증권 등
재고자산	기업이 소유한 상품, 반제품, 원재료, 재공품, 저장품 등
기 타	선급비용, 선급금 등

　㉡ 비유동자산(Non-Current Assets) : 현금화되는 기간이 1년 이상인 것을 말하며, 경제활동에 있어 활용할 목적으로 오랜 기간 동안 보유하는 자산을 말한다.

투자자산	투자유가증권, 장기금융상품, 장기대여금, 투자부동산 등
유형자산	건물, 토지, 차량운반구, 기계장치 등
무형자산	저작권, 개발비, 산업재산권, 라이선스 및 프랜차이즈 등
기 타	장기미수금, 장기매출채권, 임차보증금 등

② **자본** : 자산의 총액에서 부채를 차감한 순자산액을 의미한다.

③ **부채** : 자본구조상의 타인자본으로 기업이 미래 어떤 시점에서 현금 또는 기타의 재화를 지급해야 할 의무를 의미한다. 유동부채와 비유동부채가 있다.

　㉠ 유동부채 : 유동자산처럼 1년 내에 지불되어야 할 채무를 말하며, 외상매입금, 지급어음 및 증식부채(아직 지불하지 않은 세금·급여·임대료 등)가 가장 주된 유동부채이다(예 매입채무, 단기금융부채, 단기차입금, 미지급금, 예수금 등).

　㉡ 비유동부채 : 1년 후에 갚아야 할 채무이다. 재무상태표(대차대조표)의 비유동부채 항목에 기장하는 지급어음은 1년 후에 갚아야 할 채무이며 채권과 부동산의 저당권도 여기에 포함된다(예 장기성 매입채무, 장기금융부채, 사채, 외국차관, 장기차입금, 장기성지급어음 등).

(3) 수익거래와 비용인식

① 수익거래

　㉠ 기업이 경제적 활동을 통해 자본 증가를 가져오는 것으로, 즉 수익은 고객들에게 상품 또는 용역 등을 판매하는 거래를 통해 발생한다.

　㉡ 일정한 기간 동안에 기업 조직의 지속적인 영업활동의 결과로 나타난 현금 또는 기타의 자산 유입을 의미하는 것으로, 여기에는 매출 외에 다른 수익인 영업외 수익이 포함된다.

② 비용인식

　㉠ 수익창출을 위하여 기업자산이 활용되거나 유출되는 것으로, 즉 수익을 얻는 중에 소모된 자산 또는 활용된 용역의 원가를 의미한다.

　㉡ 비용은 자본을 감소시키면서 실제 현금유입 또는 예상되는 현금유입을 포함한다(예 매출원가, 판매비와관리비, 영업외비용 등).

01 구매 및 조달관리의 개념 기출 18·15

(1) 구매 및 조달관리의 의의 기출 15

① 구매 및 조달관리는 고객의 구매요구와 계약에서 대금지불에 이르기까지의 과정에 있어서 종합적으로 계획, 실행, 통제를 전제로 한 구매 및 조달을 관리하는 것이라 할 수 있다.

② 구매 및 조달은 수많은 종류의 품목을 취급할 뿐만 아니라 대규모의 자금이 소요되므로 효율적인 관리를 필요로 한다. 보통 조달과정이 짧은 리드타임을 가질 경우 재고수준이 낮아진다.

③ 구매 및 조달은 공급자와의 관계, 가격, 서비스 등과 연관되어 있으며, 장기계약을 통한 구매, 일괄구매, 시장구매, 투기구매 등의 방법으로 수행된다.

(2) 구매 및 조달관리의 절차와 업무영역별 기능

> 구매수요 파악 ⇨ 조달계획수립(자재소요계획 공급계획 포함) ⇨ 가격과 계약조건 결정(구매 및 지불조건, 품질보증 및 반품조건, 인수 및 인도조건 등 포함) ⇨ 구매 및 관리 ⇨ 물품 수령 및 검사 ⇨ 거래 기록 후 공급자와 지속적 관계 유지

① **조달계획 기능** : 생산계획 기능의 부분계획으로서 재료계획, 설비 등 계획이나 타 부문에서의 자재에 대한 소요계획 등을 말한다.

② **구매요청 기능** : 자재의 소요계획 및 공급계획에 의하여 구매에 의한 취득계획이 확정되면 이에 의하여 구매지시로서의 구매요청이 자재계획부문에서 구매부문으로 행해진다.

③ **구매조사 및 구매계획 기능** : 유리한 구매를 위한 가장 중요한 요소의 하나이다.

④ **구매절충 및 계약 기능** : 구매의 기본적 기능으로서 협의의 구매기능이라 할 수 있다.

⑤ **수입 기능** : 해외로부터 필요한 자재를 구매할 때 수반되는 절차상의 기능이다.

⑥ **납기관리 기능** : 계약된 자재나 용역의 납품을 확보하는 기능이다.

⑦ **입고·검사 기능** : 현품을 받아들이는 기능이다. 즉, 실제로 자재나 용역을 공급자로부터 인수하는 것이다.

(3) 구매 및 조달관리의 구매계약 형태 기출 15·09

① **장기계약구매** : 장기제조계획의 수립에 따라 산출된 소요자재로 그 기간 중의 소요량을 일괄 계약하여 계약시점에서의 가격을 고정하는 계약구매와 그 기간 중에서의 예정수량을 예정단가를 가지고 계약하고, 실제로 납입된 수량의 확인을 기다려 가격을 결정하는 예정계약구매가 행해진다.

② **일괄구매** : 소모품 등에서 사용량은 적지만 여러 종류의 품종이 많은 것들을 개별적으로 발주하는 것을 지양하고 일정한 품종 그룹으로 공급처를 선정하여 일괄구매하면 편리하다.

개념 Plus

구매·조달·매입의 개념★

• **구매** : 재화를 취득하기 위해 규격을 결정하고, 공급원을 선정하고, 거래를 교섭하여 계약을 체결하고, 납입을 확보하는 기능을 말한다.

• **조달** : 공급자가 제품을 고객에게 보내는 과정으로 재고통제, 구매 및 인수와 창고관리의 기능을 포함하며, 공급망의 이윤을 극대화할 수 있는 전략적인 방식을 구사해야 한다.

• **매입** : 매입은 필요로 하는 지정된 물자 또는 용역을 그에 상당하는 일정한 대가를 지불하고 다른 경제 주체로부터 획득하는 경제 행위를 말한다.

개념 Plus

구매의 5원칙★★

• 적정 거래처(Right Place)
• 적정 품질(Right Quality)
• 적정 비용(Right Price)
• 적정 수량(Right Quantity)
• 최적의 납기(Right Time)

③ 투기구매 : 시장상황이 유리한 시점에서 구매를 행하는 것으로 제조용의 자재보다도 상품으로서의 구입이 해당되며 구매 담당부문의 직접적인 책임으로 이루어지지 않고 재무부문과의 공동의 발의 하에 최고경영자의 지시로 행동되는 것이 보통이다.

④ 시장구매 : 연간 예측되는 필요수량을 확보하고 생산계획에 따라 구매가 행하여지는데 명백한 시장상황에서 볼 때 유리한 구매가 가능한 경우에는 제조계획의 구체적 수립을 기다리지 않고 행하는 구매이다.

⑤ 약정구매 : 소매업자가 납품받은 상품에 대한 소유권을 보유하되 일정 기간 안에 팔리지 않은 상품은 다시 납품업자에게 반품하거나 혹은 다 팔린 후에 대금을 지급하는 권리를 보유하는 조건으로 구매하는 방식이다.

⑥ 목적구매 : 점포에 대한 집객역할과 함께 고객이 점내를 회유하게 하는 장점을 제공하나, 고객이 가격을 염두에 두고 내점함으로써 높은 이익을 취하기 어렵다.

개념 Plus

적정 거래처 및 가격
• 상품을 구매하고자 하는 경우 보다 나은 품질을 보장할 수 있으면 좋지만, 적정한 품질을 보장할 수 있는 거래처면 되고, 반드시 최상의 품질을 보장할 수 있는 거래처여야 하는 것은 아니다.
• 가격은 기업의 이윤과 품질에 관련이 있으므로 가격수준이 낮다고 반드시 좋다고 볼 수는 없다. 따라서 구매시 적정한 가격수준을 결정하여야 한다.

(4) 집중구매와 분산구매 `기출` 14 · 11 · 06

구매 및 조달은 본사에서 자재를 집중적으로 구매하는 집중구매(고가품목으로서 조직 내에서 공통적으로 사용되는 자재 등)와 본사 외의 여러 군데의 사업소에서 개별 구매하는 분산구매(비교적 소액품목, 어디서나 구매할 수 있는 시장성 품목, 긴급을 요하는 자재, 설비 등을 보수·유지하기 위해서 필요한 수리부속품 등) 방법이 있다.

구 분	집중구매	분산구매
장 점	• 대량구매로 가격과 거래조건이 유리 • 공동자재의 표준화·단순화가 가능하며 재고를 줄일 수 있음 • 자재수입 등 절차가 복잡한 구매에 유리 • 시장조사나 거래처의 조사, 구매효과의 측정이 유리 • 구입절차를 표준화해 구매비용 절감 가능	• 자주적 구매가 가능 • 사업장 특수요구가 반영 • 긴급수요의 경우 유리 • 구매수속을 신속히 처리 • 납품업자가 가까운 거리일 때 유리
단 점	• 각 공장 내 구매 자주성이 없고 수속도 복잡 • 자재의 긴급조달이 어려움 • 각 공장의 재고파악이 어려움 • 구매절차가 복잡하고 사무처리에 시간이 걸림 • 납품업자가 멀리 있는 경우 조달 기간과 운임이 증가	• 본사방침과 다른 자재를 구입할 경우가 발생 • 구입경비가 많이 들고, 구입단가가 비쌈 • 구입처와 멀리 떨어진 공장은 적절한 자재구입이 어려움

매입계약의 유형 `기출` 15
• 당용매입 : 필요한 양만을 구매함으로써 상품의 회전이 빠르고, 재고로 인한 손실부담이 적다.
• 직매입 : 일반적으로 점포가 상품을 매입하는 가장 근원적인 방법으로 상품의 독창성, 수익성을 확보하기 위한 최선의 방법을 말한다.
• 위탁매입 : 소매업자가 일정기간 동안 최종 소비자에게 제품을 판매한 후 사전에 결정된 일정비율의 커미션만 받고 남은 제품을 공급업자에게 반품하는 방법을 말한다.

개념 Plus

클레임과 보험

• 클레임 : 클레임은 계약상 과실이나 착오, 이행과정에서의 품질불량, 수량의 부족 등에 의해서 발생되며 당사자 간 또는 중재나 소송 등과 같은 제3자의 개입에 의해 해결된다.

• 보험 : 보험은 전손 또는 분손 등 다양한 형태의 위험을 담보함으로써 공급자 및 구매자의 경제적 손실을 보상한다.

개념 Plus

품질의 개념

• 구매 및 조달에 있어서 품질은 제품 및 서비스 영역을 포괄하는 것으로 제품유용성 및 사용 목적에 적합한 성질, 명시 또는 묵시적 요구를 만족시키는 능력이라고 볼 수 있다.

• 품질은 소비자 요구 충족, 적절한 가격, 시기적절한 납기 등을 고려하게 된다. 소비자의 요구를 고려한다는 것은 시장에서 요구되는 품질수준을 파악하는 것을 의미하며, 적절한 가격은 이의 사항에 부합되도록 책정되는 가격을 의미하고, 시기적절한 납기는 공급에 있어서 필요한 시점에 정확하게 이루어져야 한다는 것을 의미한다.

(5) 글로벌 구매 및 조달관리 기출 19

① 글로벌 기업화에 따라 기업 간 경쟁이 세계무대로 확장됨으로써 발생되는 구매 및 조달을 관리하는 것을 말한다.

② 외부조달의 증가는 최적의 공급자를 선정하기 위해서 해외조달이라는 글로벌소싱을 가져왔으며, 특히 글로벌 구매 및 조달에 있어서 정보통신기술의 활용은 보다 체계적인 관리가 이루어질 수 있도록 해주었다. 글로벌소싱의 발전단계를 간략히 살펴보면 다음과 같다.

> 국내에 한정된 구매 ⇨ 필요 시 일시적인 국제구매 ⇨ 부분적 전략적 소싱을 위한 국제구매 ⇨ 사업단위의 글로벌소싱 ⇨ 기능별 집단의 글로벌소싱 전략의 통합 및 조정

③ 구매 및 조달이 문화나 상거래 규칙 등이 상이한 국가 간에 이루어지기 때문에 클레임 및 보험에 관한 부문이 중요하게 된다. 클레임 및 보험은 계약서상에 명시함으로써 추후분쟁의 발생 소지를 감소시킬 수 있다.

02 품질관리 기출 13

(1) 품질관리의 의의

품질관리는 불량품 발견시 불량원인을 파악하거나, 원인을 조기에 발견하는 관리체제를 구축하여 지속적인 품질유지를 하는 것이다. 한국산업규격의 품질관리 정의에 따르면, 수요자의 요구에 맞는 품질의 제품을 경제적으로 만들어 내기 위한 모든 수단의 체계이다.

(2) 품질관리 절차(PDCA 사이클)

일반적으로 품질관리는 계획(Plan), 실시(Do), 검토(Check), 조처(Action), 즉 PDCA 사이클에 의해 관리되고 통제될 수 있다.

① **계획(Plan)** : 연간 계획 및 예산의 편성

② **실시(Do)** : 품질관리 활동의 실행

③ **검토(Check)** : 평가 및 문제점 검토

④ **조처(Action)** : 문제점 개선

(3) 품질관리의 방법

① 품질전담 부서의 운용

㉠ 품질전담 부서에 의해 체계적인 품질관리가 이루어질 수 있으며, 품질관리 시스템을 구축함으로써 보다 효율적인 관리가 가능하게 된다.

㉡ 품질전담 부서를 통해 품질관리는 고객이 요구하는 제품생산, 높은 신뢰성의 제품생산, 품질보증 제품생산, 환경을 고려한 제품생산 등의 목적을 달성할 수 있게 한다.

② 품질관리 기법의 활용 기출 20 · 15

　　　㉠ 6-시그마(6-Sigma) : 생산하는 모든 제품이나 서비스, 거래 및 공정과정 전 분야에서 품질을 측정하여 분석하고 향상시키도록 통제함으로써 궁극적으로 모든 불량을 제거하는 품질향상 운동을 의미한다. 제품 100만개당(ppm) 0.002개 이하의 결함을 목표로 하는 것으로, 거의 무결점 수준의 품질을 추구하고 있다.

　　　㉡ TQM(Total Quality Management) : 효과적인 품질관리를 위해서 시장조사에서부터 판매 및 사후 서비스와 더불어 기업 활동의 전반에 걸쳐서 참가와 협력을 바탕으로 한 관리방법이다. 따라서 생산부문과 기술부문, 관리부문, 검사부문 등 관련 부문 전체에 걸쳐서 품질관리가 이루어지게 된다.

　　　㉢ SQC(Statistic Quality Control) : 품질관리의 한 유형으로서 통계학과 모든 통계적 수단을 사용하여 품질의 특성 값을 관리하는 것을 의미한다.

③ 출하 전 검사의 수행 : 초기 납입품에는 필요한 모든 항목의 측정치가 기재된 출하검사 데이터를 첨부시키고, 부득이 수입검사를 필요로 하는 경우 그 비용에 대해서는 원칙적으로 구입처에서 부담한다.

품질비용 기출 21

품질비용이란 제품을 잘 만들지 않음으로써 발생하는 비용으로 예방비용, 평가비용으로 구성된 통제비용과 내부실패비용, 외부실패비용으로 구성된 실패비용이 있다.
• 예방비용(prevention costs) : 제품이 생산되기 이전에 불량한 품질의 발생을 예방하기 위하여 발생하는 비용이다.
• 평가비용(appraisal costs) : 제품, 공정 또는 서비스의 품질이 품질표준 및 요구 성능과 일치하도록 하기 위한 측정, 평가 또는 감사 활동과 관련하여 발생하는 비용이다.
• 내부실패비용(internal failure costs) : 제품의 **선적, 출하 전**에 발견된 불량품과 관련된 비용이다.
• 외부실패비용(external failure costs) : 제품을 고객에게 **발송한 후** 불량품의 발견으로 발생하는 제반 비용이다.

---

03 공급자 선택 및 관리 기출 13

(1) 공급자의 선택방법

공급자는 구매자의 구매전략에 상당한 영향력을 미칠 수 있으므로 공급자의 생산능력, 가격, 납기, 품질, 서비스 등을 고려하여 선택하게 된다.

① 입찰에 의한 방법(일반 경쟁방식) : 일정한 자격을 가진 불특정 다수인의 입찰희망자를 경쟁에 참가토록 하는 방법으로서 미리 정한 제한가격(예정가격)의 범위 내에서 가장 유리한 가격으로 입찰한 자를 선정하여 계약을 체결하는 방법이다.

② 지명경쟁에 의한 방법 : 기술력, 신용 등에 있어서 적당하다고 인정하는 특정 다수의 경쟁참가자를 지명하여 입찰하게 하는 방법이다. 다만 입찰업체 지명기준에 대한 논란 등의 특혜의혹 · 오해소지가 많다.

개념 Plus

구매자와 공급자의 관계

- 구매자는 저렴한 가격으로 필요한 시기에 양질의 원재료 및 제품 등을 공급받기 원하는 반면, 공급자는 자사의 이윤을 극대화하는 관점에서 판매를 결정한다. 이러한 복잡한 관계를 유통경로에 있어서는 힘의 개념으로 설명할 수 있다.
- 유통경로상에서 힘(권력)이란 기존 유통경로상에서 다른 구성원의 마케팅 전략상의 의사결정변수를 통제하는 능력으로서 한 경로구성원이 다른 경로구성원의 의사결정이나 목적달성에 영향을 미치거나 변경시킬 수 있는 영향력 행사수단이라고 할 수 있다.
- 구매자와 공급자와의 관계는 점차 협력적인 관계가 요구됨에 따라 파트너십, SCM 등의 형태로 발전하였다.

③ **제한경쟁에 의한 방법** : 계약의 목적, 성질 등에 비추어 필요한 경우 입찰참가자의 자격을 일정한 기준에 의하여 제한하는 방법으로 실적제한·지역제한 등의 형태가 있다.

④ **협의에 의한 방법** : 물품이나 용역계약에 있어서 계약의 특수성, 긴급성, 기타 국가안보 목적 등의 이유로 필요하다고 인정되는 경우에 사용되는 방법이다.

⑤ **수의계약에 의한 방법** : 구매담당자가 특정한 업자와의 계약이 유리하다고 판단될 경우 경쟁적인 방법에 의하지 않고 계약 내용을 이행할 자격을 갖춘 특정인과 계약을 체결하는 방법으로 기술·품질·구조·가격·납기 등에서 현저하게 유리할 때, 긴급구매, 기밀을 요할 때, 소액구매, 추가구매의 경우 주로 이용한다.

(2) 공급자의 관리

① **공급자 관리의 의의**
  ㉠ 공급자 관리는 공급자와의 관계 개선과 공급망 확장 및 통합을 통해 효율을 높이는 활동이다.
  ㉡ 공급자 관리는 전략적 차원 하에서 이루어지며, 이를 통해 최적화된 구매의사결정과 신속한 협업이 가능하게 됨으로써 구매최적화를 달성할 수 있다.

② **공급자와 소매상 간 교섭내용**
  ㉠ 기본교섭 : 공급 브랜드, 거래물량, 인도가격, 대금지불방식, 배송방식, 반품조건 등
  ㉡ 주변교섭 : 매장 내 진열, 판촉지원, 인력파견 등

04 구매실무

(1) 원가의 계산

원가는 3요소인 재료비, 노무비, 경비를 바탕으로 계산되며 판매원가와 판매가격을 산출 시 기본이 된다.

① **재료비** : 재료비는 규격별 소요량에 단위당 가격을 곱한 금액의 합으로 직접재료비와 간접재료비로 구분된다. 직접재료비는 제품생산과 직접적인 측면에서 계산되고 간접재료비는 보조 및 소모성 등의 재료비를 바탕으로 계산된다.

② **노무비** : 노무비는 공정별 노무량에 단위당 가격을 곱한 금액의 합으로 직접노무비와 간접노무비로 구분된다. 직접노무비는 제조작업의 직접적인 활동 측면에서 계산되고, 간접노무비는 보조작업자 등과 같이 직접노무 이외의 노무를 바탕으로 계산된다.

③ **경비** : 경비는 전력 및 수도광열비, 운반비, 감가상각비, 지급임차료, 보험료, 교통 및 통신비 등의 비목으로 구성되며, 제품과의 관련성 등에 의해 직접 계산하여 부과하거나 일정 기준에 따라 배부하기도 한다.

④ **일반관리비** : 일반관리비는 기업 유지를 위한 관리활동 부문에서 발생하는 제비용으로 제조원가에 일정률의 일반관리비율을 곱하여 계산한다. 일반관리비는 제조원가와 합산되어 판매원가를 산출한다.

⑤ **이윤** : 이윤은 총원가에서 재료비, 외주가공비, 기술료를 차감한 금액에 일정률의 이윤율을 곱하여 계산한다. 이윤(이익)은 판매원가와 합산하여 판매가격을 산출한다.

⑥ 부가가치세 : 부가가치세는 개별적용이 아닌 총액적용을 기본으로 하며, 계약목적물 전체의 공급가액 합계금액에 부가가치세율을 곱하여 계산한다.

(2) 구매가격

① 구매가격의 결정 방식
　㉠ 비용중심적 결정 : 제품생산 및 판매에 소요된 총비용에 목표이익을 고려한 수준에서 가격을 결정하는 방식이다.
　㉡ 소비자중심적 결정 : 소비자가 지각하고 있는 제품가치에 입각해 가격을 결정하는 방식이다.
　㉢ 경쟁자중심적 결정 : 경쟁사들의 가격을 고려하여 가격을 결정하는 방식이다.
② 구매가격의 유형
　㉠ 시중가격 : 시장의 수요와 공급균형에 따라 가격결정
　㉡ 정가가격 : 판매자가 자신의 판단에 따라 가격결정
　㉢ 협정가격 : 판매자 간의 협의를 통해 가격결정(공공요금의 성격을 갖는 가격)
　㉣ 교섭가격 : 거래당사자 간 교섭을 통해 가격결정

(3) 구매계약 및 구매협상

① 구매계약
　㉠ 매매당사자 간 매매의사를 합의함으로써 성립되는 법률적 행위이다.
　㉡ 구매계약은 계약의 근거 확인 및 분쟁의 발생 방지 등을 목적으로 작성된다. 단, 때에 따라서 구두로 행해지거나 문장으로 행해져도 성립할 수 있다.
② 구매협상
　㉠ 목표와 이를 달성하기 위한 협상의제 및 요구 내용인 협상입장을 주요개념으로 하고 있다.
　㉡ 협상은 당사자 간 상호의존성에 의해 일어나며, 협상에 따른 합의가 불가능할 경우 협상을 중단하거나 다른 상대방으로의 전환 등의 행동을 취할 수 있다.
　㉢ 유통에 있어서 협상은 유통경로에 있어서의 힘에 의해 영향을 받는다.

(4) 재고관리

① 재고관리의 개념 : 생산을 용이하게 하거나 또는 고객으로부터의 수요를 만족시키기 위하여 유지하는 원자재, 재공품, 완제품, 부품 등 재고를 최적상태로 관리하는 절차를 말한다. 고객의 서비스수준을 만족시키면서 품절로 인한 손실과 재고유지비용 및 발주비용을 최적화하여 총재고관리비용을 최소로 하는 것을 목표로 한다.
② 재고관리의 목적 　기출 19
　㉠ 재고의 적정화에 의해 재고투자 및 재고관련비용의 절감
　㉡ 재고비의 감소와 과다재고 방지에 의한 운전자금 절감
　㉢ 재고관리에 의한 생산 및 판매활동의 안정화 도모
　㉣ 과학적이고 혁신적인 재고관리에 의거하여 업무효율화 및 간소화 추진

개념 Plus

구매성과관리★
• 단기업적뿐만 아니라 장기업적 측면도 고려해야 한다.
• 가격, 시간, 납기, 대응성 등의 측정 지표를 사용한다.
• 성과와 활동을 각각 구분하여 평가한다.
• 성과 평가 결과의 피드백을 통해 문제 재발을 사전에 방지할 수 있게 한다.
• 공급자 성과 및 이해관계자 만족도 외에도 정부나 사회, 내부고객 만족도 또한 포함한다.

01 아래 글상자에서 설명하는 조직구조로 옳은 것은?

> ㉠ 권한과 책임의 소재와 한계가 분명하며 의사결정에 신속을 기할 수 있음
> ㉡ 관리자는 부하직원에게 강력한 통솔력을 발휘할 수 있음
> ㉢ 업무가 의사결정자의 독단으로 처리될 수 있으며, 조직바깥의 전문적 지식이나 기술이 활용되기 어려움

① 라인조직
② 라인-스태프 조직
③ 프로젝트 조직
④ 매트릭스 조직
⑤ 네트워크 조직

02 아래 글상자 (　　　) 안에 들어갈 조직의 유형을 순서대로 옳게 나타낸 것은?

> (가)은 책임과 권한이 병행되고, 모든 사람들이 한 명의 감독자에게 보고하며, 조직의 상부에서 하부로 전달되는 의사소통의 흐름을 가진 조직을 말한다.
> (나)은 한시적 개별프로젝트에 사람을 임명하는 데 유연성이 있다. 조직 내의 협력과 팀 활동을 촉진시킨다는 장점이 있지만, 비용이 많이 들고 복잡하다는 단점도 있다.

	가	나
①	라인-스태프 조직	교차기능 자율경영팀
②	라인 조직	교차기능 자율경영팀
③	라인 조직	매트릭스 조직
④	라인-스태프 조직	매트릭스 조직
⑤	교차기능 자율경영팀	라인-스태프 조직

03 조직 구조와 관련된 기술로서 가장 적합하지 않은 것은?

① 기능별 조직은 환경이 비교적 안정적일 때 조직관리의 효율성을 높일 수 있다.
② 기능별 조직은 각각의 기능별로 규모의 경제를 얻을 수 있다.
③ 라인조직은 각 조직구성원이 한 사람의 직속상관의 지휘/명령에 따라 활동하고 동시에 그 상위자에 대해서만 책임을 지는 형태이다.
④ 제품 조직은 제품을 시장특성에 따라 대응함으로써 소비자의 만족을 증대시킬 수 있다.
⑤ 매트릭스 조직은 많은 종류의 제품을 생산하는 대규모 조직에서 효율적이다.

04 조직구조의 형태에 대한 설명으로 가장 옳지 않은 것은?

① 제품별 조직은 제품을 시장특성에 따라 대응함으로써 소비자의 만족을 증대시킬 수 있다.
② 기능별 조직은 환경이 비교적 안정적일 때 조직관리의 효율성을 높일 수 있으며, 각 기능별로 규모의 경제를 얻을 수 있다.
③ 사업별 조직은 제품, 고객, 지역, 프로젝트 등을 기준으로 종업원들의 직무를 집단화하여 조직을 몇 개의 부서로 구분하는 것을 말한다.
④ 매트릭스 조직은 담당자가 기능부서에 소속되고 동시에 제품 또는 시장별로 배치되어 다른 조직구조에 비하여 개인의 업무범위가 좁아져 역할갈등이 최소화된다.
⑤ 특정한 계획이나 긴급을 요구하는 문제 처리에 있어 프로젝트팀이나 태스크 포스라 불리는 일시적인 조직이 있다.

05 목표에 의한 관리(MBO) 이론에 대한 설명으로 가장 옳은 것은?

① 종업원은 다른 사람과 보상을 비교하여 노력과 보상 간에 공정성을 유지하려 한다는 이론이다.

② 긍정적 또는 부정적 강화요인들이 사람들을 특정방식으로 행동하게 한다는 이론이다.

③ 높지만 도달 가능한 목표를 제공하는 것이 종업원을 동기 부여할 수 있다는 이론이다.

④ 종업원이 특정 작업에 투여하는 노력의 양은 기대하는 결과물에 따라 달라진다는 이론이다.

⑤ 목표 설정 및 수행을 위한 장기계획을 수립할 수 있을 만큼 안정적인 기업에 더 적합한 이론이다.

06 목표에 의한 관리(MBO)에서 목표를 수립할 때 주의할 점으로 가장 옳지 않은 것은?

① 능력범위 이내라면 목표의 난이도는 약간 어려운 것이 좋다.

② 피드백은 업무가 완성된 후에 한꺼번에 하는 것이 효과적이다.

③ 목표설정 과정에서 당사자가 함께 참여할수록 좋다.

④ 목표는 기간, 범위 등이 구체적으로 정해져야 효과적이다.

⑤ 일방적으로 지시한 것보다 업무담당자가 동의한 목표가 좋다.

07 종업원들에 대한 동기부여이론 중 다음 글상자의 내용과 같은 시사점을 주는 이론은?

> – 능력 보강을 통해 업적을 낼 수 있다는 자신감을 얻도록 해야 한다. 능력이 없으면 아무리 열심히 해도 업적이 오르지 않을 것이며, 자신이 바라는 욕구를 채울 수 없을 것이다.
> – 업적이 높은 사람에게는 어떤 방법으로든지 보상을 하여 줌으로써 구성원들에게 노력하면 보상을 받는다는 확신을 줘야 한다.

① 욕구단계설 ② 2요인이론
③ 기대이론 ④ 공정성이론
⑤ 성취동기이론

08 아래 글상자에서 설명하는 동기부여 이론으로 옳은 것은?

> – 봉급, 근무조건, 작업 안전도와 같은 요인들은 불만을 없앨 수는 있으나 만족을 증대시키지 못한다.
> – 성취욕, 우수한 업적에 대한 인정, 문제해결 지원 등은 직원들의 만족감을 증대시킬 뿐만 아니라 우수한 실적을 계속 유지하는 데 큰 영향을 준다.

① 매슬로(Maslow)의 욕구단계이론
② 맥그리거(Mcgregor)의 XY이론
③ 앨더퍼(Alderfer)의 ERG이론
④ 허츠버그(Herzberg)의 두 요인 이론
⑤ 피들러(Fiedler)의 상황적합성이론

09 아래의 글상자 내용 중 프레드릭 허즈버그(Frederick Herzberg)가 제시한 2요인이론이 동기요인으로 파악한 요인들만 옳게 나열한 것은?

㉠ 일 그 자체	㉡ 감독
㉢ 작업환경	㉣ 책임감
㉤ 동료와 관계	㉥ 연봉
㉦ 직업 안정성	㉧ 승진
㉨ 회사규정	

① ㉡, ㉢, ㉥
② ㉠, ㉣, ㉧
③ ㉣, ㉤, ㉧
④ ㉦, ㉧, ㉨
⑤ ㉤, ㉥, ㉨

10 매슬로우(A. Maslow)의 욕구단계이론에 따라 하급욕구에서 고급욕구로 올바르게 나열한 것은?

① 생리적 욕구 – 소속 욕구 – 안전 욕구 – 자존 욕구 – 자아실현 욕구
② 생리적 욕구 – 소속 욕구 – 자존 욕구 – 안전 욕구 – 자아실현 욕구
③ 생리적 욕구 – 안전 욕구 – 소속 욕구 – 자존 욕구 – 자아실현 욕구
④ 생리적 욕구 – 안전 욕구 – 자존 욕구 – 소속 욕구 – 자아실현 욕구
⑤ 생리적 욕구 – 자존 욕구 – 소속 욕구 – 안전 욕구 – 자아실현 욕구

11 조직 내 갈등 생성단계와 설명으로 가장 옳지 않은 것은?

① 잠재적 갈등 : 갈등이 존재하지 않는 상태를 의미한다.
② 지각된 갈등 : 상대방에 대해 적대감이나 긴장감을 지각하는 것을 말한다.
③ 감정적 갈등 : 상대방에 대해 적대감이나 긴장을 감정적으로 느끼는 상태를 말한다.
④ 표출된 갈등 : 갈등이 밖으로 드러난 상태를 의미한다.
⑤ 갈등의 결과 : 갈등이 해소되었거나 잠정적으로 억제되고 있는 상태를 말한다.

12 종업원 동기부여이론에 관한 내용으로 옳은 것은?

① 욕구단계이론에서는 생리적, 안전, 사회적, 존경, 자아실현의 욕구가 존재한다고 가정했다.
② 욕구단계이론에서 생리적, 안전욕구는 고차원적 욕구에 그리고 사회적, 존경, 자아실현 욕구는 저차원적 욕구에 포함된다.
③ XY이론에서 긍정적인 관점을 X, 부정적인 관점을 Y로 구분했다.
④ 2요인이론은 동기부여–위생이론을 말하는 것으로 매슬로우에 의해 제시되었다.
⑤ 2요인이론에서는 동기부여를 하려면 위생요인, 즉 승진, 개인성장의 기회, 인정, 책임, 성취감과 관련된 요인을 강화하도록 주장하였다.

13 타인의 요구(이익)에 대한 관심과 자신의 요구(이익)에 대한 관심을 기준으로 토마스(K. Thomas)가 분류한 갈등대처유형에 포함되지 않는 것은?

① 경 쟁
② 회 피
③ 공 유
④ 협 동
⑤ 중 단

14 조직 내에서 발생할 수 있는 갈등에 대한 대응방식과 관련된 설명으로 옳지 않은 것은?

① 양보 : 자신의 이해관계보다는 상대의 요구에 맞춰 갈등해결을 추구한다.
② 타협 : 자신의 실익 및 상대와의 관계를 적절히 조화시키려 한다.
③ 경쟁 : 자신의 입장을 고수하기 위해 자신의 능력을 사용한다.
④ 협력 : 갈등에 대한 언급 자체를 피한다.
⑤ 회피 : 갈등상태에 있는 자신의 목표 달성을 추구하지 않는다.

15 리더십을 과업지향적인 유형과 관계지향적인 유형으로 구분하여, 리더가 어떤 유형의 리더십을 갖고 있는지를 측정하기 위해 최소선호동료 설문지를 개발한 상황이론의 대표적인 학자는?

① 포터(M. Porter)
② 맥클리랜드(D. McClelland)
③ 앨더퍼(C. Alderfer)
④ 브룸(V. H. Vroom)
⑤ 피들러(F. E. Fiedler)

16 아래 글상자에서 설명하는 현대적 리더십은?

> • 리더는 부하들에게 자신의 관심사를 조직 발전 속에서 찾도록 영감을 불러일으킬 수 있게 하고 비전을 제시함
> • 리더는 부하들로부터 존경받고 신뢰를 받음
> • 이 리더십의 구성요소는 이상적 영향, 영감적 동기부여, 지적자극, 개별적 배려임

① 카리스마 리더십   ② 상호거래적 리더십
③ 변혁적 리더십   ④ 민주적 리더십
⑤ 코칭 리더십

17 리더십에 대한 설명으로 가장 옳지 않은 것은?

① 민주적 리더십은 종업원이 더 많은 것을 알고 있는 전문직인 경우에 효과적이다.
② 독재적 리더십은 긴박한 상황에서 절대적인 복종이 필요한 경우에 효과적이다.
③ 독재적 리더십은 숙련되지 않거나 동기부여가 안 된 종업원에게 효과적이다.
④ 독재적 리더십은 자신의 지시를 따르게 하기 위해 경제적 보상책을 사용하기도 한다.
⑤ 자유방임적 리더십은 종업원에게 신뢰와 확신을 보여 동기요인을 제공한다.

18 리더십 이론 중 블레이크와 무튼(R. R. Blake & J. Mouton)의 관리격자 모형에 대한 설명으로 옳지 않은 것은?

① 리더십을 일에 대한 관심과 인간에 대한 관심에 따라 구분하였다.
② 인간중심형의 경우 분위기는 좋지만 조직목표달성에는 효과적이지 않을 수 있다.
③ 타협형의 경우 치우치지 않고 균형을 이루기에 팀 제도 하에서 바람직하다.
④ 과업중심형의 경우 업무성과에 대한 관심만 높기에 조직 분위기가 경직될 수도 있다.
⑤ 무관심형의 경우 자신의 자리만 보존하려는 무사안일형 리더이다.

19 참여적(민주적) 리더십에 대한 설명으로 옳은 것은?

① 관리자가 잠정적인 결정사항에 대해 발표하는 형태를 취하기도 한다.
② 부하들의 절대적인 복종이 필요한 위기상황에서 특히 유효하다.
③ 관리자가 목표를 설정하면 종업원은 비교적 자유로운 방법으로 일한다.
④ 의사나 엔지니어 등의 전문직을 상대하는 관리직에 적합하다.
⑤ 비숙련 근로자들을 지휘해야 하는 상황에서 효과적이다.

20 동기부여와 관련된 여러 가지 학설에 대한 설명으로 옳지 않은 것은?

① 매슬로우는 인간의 욕구를 생리적 욕구부터 자아실현의 욕구까지 총 5단계로 구분하여 설명하였다.
② 맥클리란드는 성장, 관계, 생존의 3단계로 구분하여 설명하였다.
③ 알더퍼의 경우 한 차원 이상의 욕구가 동시에 동기부여 요인으로 사용될 수 있다고 주장하였다.
④ 허쯔버그의 동기요인에는 승진가능성과 성장가능성이 포함된다.
⑤ 허쯔버그의 위생요인에는 급여와 작업조건이 포함된다.

21 아래 글상자 ㉠과 ㉡에서 설명하는 직무평가 방법으로 옳은 것은?

> ㉠ 직무가치나 난이도에 따라 사전에 여러 등급을 정하여 놓고 그에 맞는 등급으로 평가
> ㉡ 직무등급법이라고도 함

① 서열법(ranking method)
② 분류법(classification method)
③ 점수법(point method)
④ 요소비교법(factor comparison method)
⑤ 직무순환법(job rotation method)

22 아래 글상자에서 설명하는 유통경영조직의 원칙으로 옳은 것은?

> 조직의 공통목적을 달성하기 위하여 각 부문이나 각 구성원의 충돌을 해소하고 조직 제 활동의 내적 균형을 꾀하고, 조직의 느슨한 부분을 조절하려는 원칙

① 기능화의 원칙　　② 권한위양의 원칙
③ 명령통일의 원칙　　④ 관리한계의 원칙
⑤ 조정의 원칙

23 다음 중 ROI에 대한 내용으로 옳지 않은 것은?

① 투자에 대한 이익률이다.
② 순자본(소유주의 자본, 주주의 자본 혹은 수권자본)에 대한 순이익의 비율이다.
③ ROI가 높으면 제품재고에 대한 투자가 총이익을 잘 달성했다는 의미이다.
④ ROI가 낮으면 자산의 과잉투자 등으로 인해 사업이 성공적이지 못하다는 의미이다.
⑤ ROI가 높으면 효과적인 레버리지 기회를 활용했다는 의미로도 해석된다.

24 유통경로의 성과평가 방법 중 재무성과를 평가하기 위해 사용되는 지표로 가장 옳지 않은 것은?

① 순자본수익률
② 자기자본이익률
③ 매출액증가율
④ 부가가치자본생산성
⑤ 재고회전율

25 다음 글 상자 안의 경영성과를 분석하는 여러 활동성 비율들을 계산할 때, 공통적으로 반영하는 요소는?

> 재고자산회전율, 매출채권회전율, 고정자산회전율, 총자산회전율

① 재고자산　　② 매출액
③ 영업이익　　④ 자기자본
⑤ 고정자산

26 레버리지 비율에 대한 설명으로 옳은 것을 모두 고르면?

> ㉠ 레버리지 비율은 총자산/순자본으로 계산된다.
> ㉡ 레버리지 비율이 높을수록 부채보다는 소유주의 자본의 지원을 더 많이 받았다는 것을 의미한다.
> ㉢ 레버리지 비율이 높다는 것은 경영이 보수적이고 위험회피적이라는 것을 반영한다.
> ㉣ 레버리지 비율이 과도하게 높다는 것은 자본을 수익률이 높은 다른 용도로 활용할 기회를 잃고 있다는 것을 의미한다.
> ㉤ 레버리지 기회는 낮은 이자율로 자본을 차입하여 더 높은 수익을 낼 수 있는 곳에 투자하는 경우 발생한다.

① ㉠
② ㉡, ㉢, ㉣
③ ㉢, ㉣
④ ㉠, ㉤
⑤ ㉡, ㉢

27 재무제표와 관련된 각종 회계정보에 대한 설명 중 가장 옳지 않은 것은?

① 재무상태표(구 대차대조표)를 통해 자산 중 자기자본이 얼마인지 확인할 수 있다.
② 포괄손익계산서를 통해 세금을 낸 이후의 순이익도 확인할 수 있다.
③ 일정 기간 영업실적이 얼마인지 포괄손익계산서를 통해 알 수 있다.
④ 자본변동표는 일정 시점에서 기업의 자본의 크기와 일정 기간 동안 자본 변동에 관한 정보를 나타낸다.
⑤ 재무제표는 현금주의에 근거하여 작성하기 때문에 기업의 현금가용능력을 정확하게 파악할 수 있다.

28 (㉠), (㉡), (㉢) 안에 들어갈 용어로 옳은 것은?

> (㉠) : 기업이 영업활동을 하는 데 있어 타인자본에 얼마만큼 의존하고 있는지 측정하는 비율
> (㉡) : 기업이 이익을 얻기 위해 다양한 자원들을 얼마나 효율적으로 사용하는지 측정하는 비율
> (㉢) : 기업이 자산 사용을 얼마나 효율적으로 했는지 측정하는 비율

	㉠	㉡	㉢
①	레버리지 비율	활동성 비율	수익성 비율
②	레버리지 비율	수익성 비율	활동성 비율
③	유동성 비율	수익성 비율	활동성 비율
④	유동성 비율	활동성 비율	레버리지 비율
⑤	활동성 비율	레버리지 비율	유동성 비율

29 다음 제시하는 표를 토대로 분석한 내용이다. 옳은 것은?

제품명	총수익률	재고회전율	GMROI
A	50%	3	(㉠)
B	30%	5	(㉡)
C	25%	6	(㉢)

① GMROI는 재고투자 매출총수익률로서 소매공간활용의 밀도를 평가하는 수단이 된다.
② (㉠), (㉡), (㉢) 중 (㉠)의 숫자가 가장 크다.
③ (㉠), (㉡), (㉢) 중 (㉡)의 숫자가 가장 작다.
④ (㉡)에 들어갈 숫자는 6이다.
⑤ (㉠), (㉡), (㉢)에 들어갈 숫자는 모두 동일하다.

30 소매조직의 각 수준별로 성과척도를 다르게 할 필요가 있다. 각 수준을 기업(최고경영자)-상품(상품관리자와 바이어)-점포운영(점포관리자) 등으로 나누었을 때, 각 수준의 성과지표가 순서대로 가장 적절하게 나열된 것은?

① ROI - GMROS - GMROI
② ROA - GMROI - GMROS
③ ROI - ROA - GMROS
④ GMROS - ROI - GMROI
⑤ ROA - ROI - GMROI

31 제품의 단위당 가격이 4,000원이고, 제품의 단위당 변동비가 2,000원일 때, 이 회사의 손익분기점은 몇 개일 때인가? (단, 총 고정비는 200만원이다.)

① 100개   ② 500개
③ 1,000개   ④ 5,000개
⑤ 10,000개

32 다음의 자료를 이용하여 손익분기점(break-even point) 매출액을 구하면?

> 매장에서 취급하는 상품의 단가가 10,000원이고 단위당 변동비는 7,500원이며 고정비가 2,000,000원이다.

① 8,000,000원   ② 2,666,667원
③ 1,142,857원   ④ 4,000,000원
⑤ 2,500,000원

33 손익분기점분석에 대한 설명으로 가장 옳지 않은 것은?

① 손익분기점에서의 손익은 0이다.
② 손익분기점분석에서는 비용을 고정비와 변동비로 구분하여 매출액과의 관계를 분석한다.
③ 손익분기점분석을 통해 목표이익을 얻기 위한 매출액을 계산할 수 있다.
④ 손익분기점 판매량 = 총변동비/(단위당 판매가 - 단위당 고정비)
⑤ 매출액이 손익분기점을 넘어 증가하면 이익이 발생하고 손익분기점을 밑돌면 손실이 발생한다.

34 단위당 변동비가 500원인 상품을 단가 1,000원에 판매할 계획을 세웠으나 예상보다 판매가 부진하여 10% 할인한 가격에 판매하기로 결정했다. 다른 조건들이 모두 동일한 경우, 10% 가격할인에 따라 손익분기점은 어떻게 달라지는가?

① 20% 감소한다.
② 25% 감소한다.
③ 20% 증가한다.
④ 25% 증가한다.
⑤ 목표이익을 모르므로 계산할 수 없다.

35 재무분석을 하기 위한 재무비율을 구성하는 요소로 거리가 먼 것은?

① 평균회전율(average turnover ratio)
② 유동성비율(current ratio)
③ 활동성비율(activity ratio)
④ 부채비율(debt ratio)
⑤ 수익성비율(Profitability Ratios)

36 소매상의 구매관리에서 적정한 거래처를 확보하기 위한 평가 기준으로 가장 옳지 않은 것은?

① 구매자의 목표 달성에 부합되는 적정 품질
② 최적의 가격
③ 적정서비스 수준
④ 납기의 신뢰성
⑤ 역청구(Chargebacks) 가능성 여부

37 기업의 재무제표에 관련된 설명으로 가장 옳지 않은 것은?

① 재무상태표 : 일정시점 현재 기업의 자산, 부채, 주주지분의 금액을 제시
② 손익계산서 : 일정기간 동안 수행된 기업활동의 결과로서 주주지분이 어떻게 증가, 감소하였는지 보여줌
③ 현금흐름표 : 일정기간 동안 수행된 기업의 활동별로 현금유입과 현금유출을 측정하고 그 결과 기말의 현금이 기초에 비해 어떻게 변동되었는지 나타냄
④ 이익잉여금처분계산서 : 주주총회의 승인을 얻어 확정될 이익잉여금 처분예정액을 표시함
⑤ 연결재무제표 : 한 기업의 현금흐름표, 대차대조표, 손익계산서의 내용을 하나의 표로 작성하여 정리한 재무제표

38 구매조직 설계 대안 중 집중형 구매조직에 대한 설명으로 옳지 않은 것은?

① 중앙구매부서에서 구매관련 활동을 수행한다.
② 규모의 경제를 달성할 수 있다.
③ 구매카드제를 활용하여 구매전문성을 제고한다.
④ 과도한 간접관리비가 발생할 수도 있다.
⑤ 재무이슈를 중앙에서 통제할 수 있다.

39 제품이나 업무의 불량수준을 측정하고 이를 체계적인 방법론을 통해 무결점 수준으로 줄이자는 전사적 품질혁신 추진방법론은?

① 품질통제(QC)
② 지속적 개선
③ 식스시그마(6 Sigma)
④ ISO9000
⑤ JIT(Just-In-Time)

40 아래 글상자 ㉠과 ㉡에서 공통적으로 설명하는 품질관리 비용으로 옳은 것은?

> ㉠ 제품이 고객에게 인도되기 전에 품질요건에 충족하지 못함으로써 발생하는 비용
> ㉡ 재작업비용, 재검사비용, 불량부품으로 인한 생산 중단 비용

① 예방비용(prevention costs)
② 평가비용(appraisal costs)
③ 내부실패비용(internal failure costs)
④ 외부실패비용(external failure costs)
⑤ 생산준비비용(setup costs)

01 정답 ①

라인조직에 대한 설명이다. 라인조직은 의사결정이 신속하며, 하급자의 훈련이 용이하다는 장점이 있지만 의사결정권자에 대한 업무의 과다한 집중으로 인하여 비효율성이 나타날 수 있고, 업무가 의사결정자 단독으로 처리될 우려가 있다. 또한 조직바깥의 전문적 지식이나 기술이 활용되기 어렵다는 단점을 지닌다.

02 정답 ③

(가)는 라인 조직, (나)는 매트릭스 조직에 대한 설명이다.
• 라인-스태프 조직 : 라인과 스태프의 기능을 분화하여 전문성을 강화하고, 작업부문과 지원부문을 분리하여 직능형 조직의 단점을 보완한 것이다.
• 교차기능 자율경영팀 : 특정 제품이나 서비스의 창출과 관련된 업무 프로세스를 책임지고 자율적으로 움직이는 작업집단으로 권한이양원리 아래 일선 실무자들의 자율성과 창의성을 중시하는 현장 중심형 조직을 말한다.

03 정답 ⑤

많은 종류의 제품을 생산하는 대규모 조직에 효율적인 구조는 사업부제 조직이다. 매트릭스 조직은 전통적인 직능식 조직과 프로젝트 조직을 결합한 형태로, 조직구성원이 종적으로는 기능조직에 속해 있으면서, 횡적으로는 프로젝트 조직에도 소속되어 양쪽 업무를 진행함으로써 효율성과 유연성을 추구하게 된다.

04 정답 ④

매트릭스 조직은 전문기술을 가진 사람들이 특정 기능부서나 사업부에 전속되지 않고 모든 분야에 대한 업무를 수행하게 됨으로써 개인의 업무범위가 확대되어 규모의 경제로부터 오는 이익을 추구할 수 있다.

05 정답 ⑤

①은 공정성이론, ②는 강화이론, ③은 목표설정이론, ④는 기대이론에 대한 설명이다.

목표에 의한 관리(MBO)
• 구성원이 목표 설정에 참여하게 되고 목표달성을 통한 실적평가를 바탕으로 보상이 이루어지는 관리제도
• 관리자는 명령하지 않으며, 종업원의 자율적 결정에 필요한 정보를 제공하고 종업원 상호간의 조정만을 관리
• 조직의 거대화에 따른 종업원의 무기력화를 방지하고 근로의욕을 향상시키는 관리방법
• 목표관리는 결과에 의하여 평가되고, 목표에 의하여 동기가 부여

06 정답 ②

목표를 수행하는 과정에 중간결과를 평가하고 원래 합의된 목표에 피드백 시켜 부적절한 목표는 폐기하거나 수정하여, 계속적으로 목표를 달성할 수 있도록 해야 한다. 즉 피드백은 목표달성을 수행하는 전 과정을 거쳐 이루어져야 한다.

07 정답 ③

브룸(Victor H. Vroom)의 기대이론
기대이론 중 가장 널리 수용되고 있는 이론으로 개인은 자신의 노력의 정도에 따른 결과를 기대하게 되며, 그 기대를 실현하기 위하여 어떤 행동을 결정한다는 동기이론이다.

08 정답 ④

① 매슬로(Maslow)의 욕구단계이론 : 인간의 욕구가 계층적 단계로 구성되어 있으며, 하위욕구에서 상위욕구로 순차적으로 발현한다는 이론을 말한다.
② 맥그리거(Mcgregor)의 XY이론 : 기본적으로 인간의 본성에 대한 부정적인 관점인 X이론과 긍정적인 관점인 Y이론을 제시하였다.
③ 앨더퍼(Alderfer)의 ERG이론 : 앨더퍼는 매슬로의 욕구단계이론에는 동의하였으나, 인간의 욕구를 존재욕구(E), 관계욕구(R), 성장욕구(G)로 분류하였다.
⑤ 피들러(Fiedler)의 상황적합성이론 : 피들러는 리더십을 과업지향적인 유형과 관계지향적인 유형으로 구분하여 리더가 어떤 유형의 리더십을 갖고 있는지를 측정하기 위해 최소선호 동료작업자(LPC ; Least Preferred Coworker) 척도를 개발하였다.

09 정답 ②

㉠·㉣·㉤ 동기요인, ㉡·㉢·㉥·㉦·㉧·㉩ 위생요인

프레드릭 허즈버그(Frederick Herzberg)의 2요인이론
허즈버그는 직무만족을 가져다주는 것으로 밝혀진 요인들을 동기요인 또는 만족요인이라 부르고, 직무 불만족을 가져다주는 것으로 밝혀진 요인들을 위생요인 또는 불만족요인이라 명명하였다.
• 동기요인(만족요인) : 성취, 인정, 일(직무), 책임감, 승진, 개인의 발전
• 위생요인(불만족요인) : 회사의 정책 및 지침, 관리·감독·통제, 상사와의 관계, 직무환경, 급여, 동료와의 관계, 개인 인생, 부하직원과의 관계, 신분의 안정, 작업장 안전

10 정답 ③

매슬로우(A. Maslow)의 욕구단계이론은 인간의 욕구가 계층적 단계로 구성되어 있으며, 하위욕구에서 상위욕구로, 즉 생리적 욕구 – 안전 욕구 – 소속 욕구 – 자존 욕구 – 자아실현 욕구로 순차적으로 발현한다는 이론을 말한다.

11 정답 ①

잠재적 갈등은 내재적으로는 갈등이 존재하고 있어 언젠가 표면화 되어 심각한 갈등형태로 발전할 가능성이 있는 것을 의미한다.

12 정답 ①

② 욕구단계이론에서 생리적, 안전욕구는 저차원적 욕구에 그리고 사회적, 존경, 자아실현 욕구는 고차원적 욕구에 포함된다.
③ XY이론에서 긍정적인 관점을 Y, 부정적인 관점을 X로 구분했다.
④ 2요인이론은 동기부여–위생이론을 말하는 것으로 허즈버그(Frederick Herzberg)에 의해 제시되었다.
⑤ 2요인이론에서는 동기부여를 하려면 동기요인, 즉 승진, 개인성장의 기회, 인정, 책임, 성취감과 관련된 요인을 강화하도록 주장하였다.

13 정답 ⑤

토마스(K. Thomas)는 갈등관리 유형으로 경쟁, 회피, 수용(공유), 협력(협동), 타협 등 다섯 가지를 제시하였다.

14 정답 ④

협력은 우호적이고 생산적인 분위기를 형성하기 위해 조직원들 간에 서로 돕는 것을 의미한다. ④는 갈등관리 유형 중 회피에 해당한다. 회피는 가장 수동적 성격의 갈등관리 유형으로 갈등상황에서 아무런 행동을 취하지 않거나 그 상황으로부터 거리를 유지하고 싶을 때 취하는 행동을 말한다.

15 정답 ⑤

피들러(F. E. Fiedler)의 상황적합성 이론에 대한 내용이다.
• 피들러는 최소선호 동료작업자(Least Preferred Coworker ; LPC) 척도를 개발하여 리더의 유형을 분류하였다.
• 피들러는 LPC 척도를 가지고 리더의 태도를 측정함으로써 리더의 유효성을 예측하고자 하였다. LPC 척도는 과거 또는 현재의 '가장 함께 일하기 싫은 동료'를 생각하면서 동료의 등급을 매기는 것으로, 합산된 점수에 따라 리더의 특성을 과업지향(Task–motivated) 리더와 관계지향(Relationship–motivated) 리더로 분류하였다.
• 피들러와 그의 동료 연구자들은 이후 다양한 집단을 대상으로 많은 실증적 연구를 거듭하여 상황적합(Contingency) 모형의 개념적 틀을 확립하게 되었다(Fiedler, 1967).

16 정답 ③

변혁적 리더십에 대한 설명이다. 오늘날 불확실성의 시대의 변화에 능동적으로 적응하는 최고관리층의 리더십으로, 카리스마, 영감, 개별적 배려, 조직의 생존과 적응 중시, 지적자극 등을 특징으로 한다.

17 정답 ①

자유방임적 리더십은 종업원이 더 많은 것을 알고 있는 전문직인 경우에 효과적이다. 민주적 리더십은 유연함과 책임을 빠르게 형성할 수 있으며 새로운 것들을 정하는 데 도움이 된다.

18 정답 ③

타협형의 경우 리더는 업무성과와 인간에 대하여 적절한 정도의 관심을 가지고 두 요소의 균형을 이루려고 노력한다. 즉, 어느 한쪽에 치우치기보다는 일과 사람 모두에 적당한 수준의 관심을 가지고 적정수준의 성과를 내기 위하여 노력한다.
팀 제도하에서 가장 바람직한 유형은 단합형의 리더십이다.

19 정답 ①

참여적(민주적) 리더십은 사람들이 의사결정의 과정에 함께 참여하게 될 때 리더에게 부족한 정보를 구성원들이 보완함으로써 더 좋은 해결책을 얻을 수 있는 리더십 유형이다. 리더십 행동의 연속성에 있어서 권위적 리더십에서 참여적 리더십으로 진행되는 과정에서 관리자는 변경할 수 있는 임시적인 의사결정을 할 수도 있다.

하우스와 에반스(House & Evans)의 진로–목표이론의 리더십 유형
• 지시적 리더십 : 조직 구성원에게 해야 할 일과 따라야 할 일을 지시하는 유형의 리더십으로 부하가 소극적인 성격의 사람이거나 안전을 바라는 사람일 경우에 쉽게 받아들여진다.
• 지원적 리더십 : 조직 구성원의 복지나 개인적 욕구에 역점을 두는 리더십 유형으로 업무수행능력이 높고, 지도자로부터 일일이 지시받는 것을 싫어하며, 명예에 대한 욕구가 강한 사람에게 적합하다.
• 참여적(민주적) 리더십 : 업무활동에 대해서 조직 구성원과 상의하고 의사결정에 조직 구성원을 참여시키고자 하는 리더십 유형으로 적극적 성격의 사람에게 잘 받아들여진다.
• 성취지향적 리더십 : 도전적인 작업 목표를 설정하고 그 성과를 강조하며, 조직 구성원들이 그 목표를 충분히 달성할 수 있을 것이라고 믿는 리더십 유형이다. 업무수행능력이 높고, 적극적인 성격과 명예에 대한 욕구가 강한 조직 구성원에게 효과적이다.

20 정답 ②

성장, 관계, 생존의 3단계로 구분하여 설명한 학설은 앨더퍼(C. Alderfer)의 ERG이론이다. 맥클리란드는 성취, 권력, 친화 욕구로 구분하여 설명하였다.

21 정답 ②

① 서열법(ranking method) : 각 직무의 난이도 및 책임성 등을 평가하여 서열을 매기는 방법이다.
③ 점수법(point method) : 직무를 각 구성요소로 분해한 뒤 평가한 점수의 합계로써 직무의 가치를 평가하는 방법이다.
④ 요소비교법(factor comparison method) : 객관적으로 가장 타당하다고 인정되는 기준직무를 설정하고, 이를 기준으로 평가직무를 기준직무와 비교함으로써 평가하는 방법이다.
⑤ 직무순환법(job rotation method) : 다른 직무를 담당하도록 담당직무를 바꾸어 다양한 경험을 부여하는 방법이다.

22 정답 ⑤

① 기능화의 원칙 : 조직은 사람이 아닌 직무를 중심으로 구성되어야 한다는 원칙으로, 조직에 인적자원을 배치할 때는 그 기능에 맞는 사람을 배치해야 한다는 것을 의미한다.
② 권한위양의 원칙 : 권한을 보유하고 행사해야 할 조직계층의 상위자가 하위자에게 직무를 위임할 경우 그 직무수행에 있어 요구되는 일정한 권한도 이양하는 것을 말한다.
③ 명령통일의 원칙 : 조직구성원은 한 상관으로부터 명령을 받고 또한 한 사람의 상관에게만 보고한다는 원칙을 말한다.
④ 관리한계의 원칙 : 한 사람의 상급자가 가장 효과적으로 직접 관리할 수 있는 하급자의 수를 의미하는 것으로, 대규모 조직은 그 관리 범위에 한계가 있기 때문에 인적 구성에 있어서 계층 형태를 취하게 된다.

23 정답 ③

③은 재고투자매출순이익률(GMROI)이 ROI와 항상 같은 방향으로 움직인다고 기술한 내용이다. 하지만 ROI가 높아도 비효율적 주문량 산정과 주문주기, 재고 배치로 인해 GMROI는 상대적으로 낮을 수 있어 GMROI와 전체적인 ROI가 반드시 같은 방향, 즉 동시에 (+)나 (−)로 움직이지 않을 수 있기 때문에 틀린 지문이 된다.

24 정답 ④

① · ② 수익성 비율, ③ 성장성 비율, ⑤ 활동성 비율

25 정답 ②

매출액이 공통적으로 반영된다.
• 재고자산회전율 = 매출액/재고자산(평균재고)
• 매출채권회전율 = 매출액/매출채권(평균채권)
• 총자산회전율 = 매출액/총자산
• 고정자산회전율 = 매출액/고정자산

26 정답 ④

ⓒ 레버리지 비율은 타인자본의 의존도를 지칭하는 것으로, 이 비율이 높을수록 타인자본의 지원을 더 많이 받았다는 것을 의미
ⓒ 레버리지 비율이 높다는 것은 타인자본 의존도가 높다는 것이므로 투자위험이 증대되어 위험수용적이라는 것을 반영
ⓔ 레버리지 비율이 과도하게 높다는 것은 자본을 수익률이 높은 다른 용도로 활용할 기회가 더 많아지고 있다는 것을 의미

27 정답 ⑤

재무제표는 발생주의에 근거하여 작성한다.

28 정답 ②

㉠ 레버리지 비율은 기업의 타인자본의존도를 측정하는 지표이다.
㉡ 수익성 비율은 기업의 이익창출능력을 나타내는 지표이다.
㉢ 활동성 비율은 자산의 이용 상태, 즉 자산을 얼마나 효율적으로 사용했는지를 나타내는 지표이다.

29 정답 ⑤

A제품 GMROI = 0.5 × 3 = 1.5
B제품 GMROI = 0.3 × 5 = 1.5
C제품 GMROI = 0.25 × 6 = 1.5

30 정답 ②

성과척도(performance measure)
• ROA(Return of Total Assets) : 총자산이익률이라고 하며, 순이익/총자산 = 자산수익률로 나타낸다. 경영자가 총자산을 얼마나 효율적으로 활용하여 순이익을 발생했는지를 알 수 있다.
• GMROI(Gross Margin Return on Investment) : 총마진수익률이라고 하며 총마진율 × 재고회전율로 나타낸다. 일반적으로 소매업체의 수익성 지표로 사용된다.
• GMROS(Gross Margin Return Of Square Foot) : 판매면적당 매출총수익률이라고 하며, GMROI × 재고밀도로 나타낸다. 소매상이 자신의 제품재고투자에 대한 수익성과 재고를 수용하는 소매공간활용의 밀도를 평가하는 지표로 사용된다.
※ ROI(투자이익률) = 순이익/순자본으로, 소유주 투자에 대한 이익률을 나타낸다.

31　정답 ③

$$손익분기점\ 판매량 = \frac{고정비}{단위당\ 판매가격 - 단위당\ 변동비}$$

$$= \frac{2,000,000}{4,000 - 2,000} = 1,000개$$

32　정답 ①

- 손익분기점 판매량 $= \dfrac{고정비}{단위당\ 판매가격 - 단위당\ 변동비}$

$$= \frac{2,000,000}{10,000 - 7,500} = 800$$

- 손익분기점 매출액 = 손익분기점 판매량 × 상품의 단가

$$= 800 \times 10,000 = 8,000,000원$$

33　정답 ④

손익분기점 판매량 = 고정비/(단위당 판매가 − 단위당 변동비)

34　정답 ④

손익분기점 = 고정비용/(단위당 판매가격 − 단위당 변동비)
다른 조건들이 모두 동일하므로, 손익분기점은 단위당 판매가격에 따라 달라진다. 즉 10% 가격할인에 따라 단위당 판매가격은 900원이므로 손익분기점 = 1.25(= 25% 증가)

35　정답 ①

재무비율분석
재무제표 항목들 사이의 연관비율을 계산하여 이를 표준비율과 비교해 봄으로써 기업의 경영성과와 재무상태를 알아보는 방법으로 유동성비율, 안정성(레버리지)비율, 활동성비율, 수익성비율, 성장성비율로 구분한다.
- 유동성비율 : 유동비율, 당좌비율, 순운전자본대 총자본비율
- 안정성(레버리지)비율 : 부채비율, 부채구성비율, 자기자본비율, 차입금의존도, 이자보상비율, 고정장기적합률
- 활동성비율 : 총자산회전율, 자기자본회전율, 재고자산회전율, 매출채권회전율
- 수익성비율 : 총자산순이익률, 자기자본순이익률, 매출액이익률
- 성장성비율 : 매출액증가율, 총자산증가율, 자기자본증가율, 순이익증가율

36　정답 ⑤

구매관리에서 가장 중요한 핵심은 생산활동 및 영업활동을 원활하게 할 수 있도록 필요한 물품이나 서비스를 적시에 공급하는 것이다. 구매관리의 기본 조건은 거래처, 품질(Quality), 비용(Cost), 수량(Quantity), 납기(Delivery) 등이다.

역청구(Chargebacks)
제조업자가 만든 제품이 소비자들에게 호응이 좋지 않아 판매가 저조할 경우 일정부분을 공제하고 청산하는 것으로 상품 구매관리에서 윤리적 법적문제를 발생시킬 수 있다.

37　정답 ⑤

연결재무제표는 지배・종속 관계에 있는 두 곳 이상의 회사를 단일의 실체로 보아 각 회사의 재무제표를 종합하여 작성하는 재무보고서를 말한다.

38　정답 ③

구매카드제를 활용하여 소량・소액결제 하는 것은 분산형 구매조직에 해당한다. 집중형 구매조직은 구매 인력 및 기능의 중앙 집중화를 통해서 구매 업무의 전문성을 향상시킬 수 있다.

39　정답 ③

6시그마는 기업이 최고의 품질 수준을 달성할 수 있도록 유도하는 고객에 초점을 맞추고 데이터에 기반을 둔 경영 혁신 방법론이다. 제품 100만 개당(ppm) 0.002개 이하의 결함을 목표로 하는 것으로, 거의 무결점 수준의 품질을 추구하고 있다.

40　정답 ③

품질비용이란 제품을 잘 만들지 않음으로써 발생하는 비용으로 예방비용, 평가비용으로 구성된 통제비용과 내부실패비용, 외부실패비용으로 구성된 실패비용이 있다.
③ 내부실패비용(internal failure costs) : 제품의 선적, 출하 전에 발견된 불량품과 관련된 비용
① 예방비용(prevention costs) : 제품이 생산되기 전에 불량 품질의 발생을 예방하기 위하여 발생하는 비용
② 평가비용(appraisal costs) : 제품, 공정 또는 서비스의 품질이 품질 표준 및 요구 성능과 일치하도록 하기 위한 측정, 평가 또는 감사 활동과 관련하여 발생하는 비용
④ 외부실패비용(external failure costs) : 제품을 고객에게 발송한 후 불량품 발견으로 인하여 발생하는 제반 비용

CHAPTER 04 | 물류경영관리

최근 5개년 출제경향 회당 평균 6.4문제 출제(5개년 기준 총 15회)

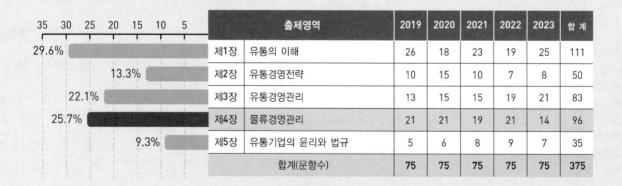

	출제영역	2019	2020	2021	2022	2023	합 계
제1장	유통의 이해	26	18	23	19	25	111
제2장	유통경영전략	10	15	10	7	8	50
제3장	유통경영관리	13	15	15	19	21	83
제4장	물류경영관리	21	21	19	21	14	96
제5장	유통기업의 윤리와 법규	5	6	8	9	7	35
	합계(문항수)	75	75	75	75	75	375

35 30 25 20 15 10 5

29.6%

13.3%

22.1%

25.7%

9.3%

CHAPTER

04

물류경영관리

1 도소매물류의 이해

01 도소매물류의 기초

(1) 물류의 개념 `기출` 13·08·06

① 생산단계에서부터 소비 또는 그 이용에 이르기까지 상품의 이동 및 취급을 관리하는 것, 즉 개별 기업의 입장을 보다 명료하게 표시하면서 기업의 물류관리를 **마케팅 주체의 관점**에서 개념화한 것이다.

② 소비자의 욕구를 충족시키기 위하여 원초 지점으로부터 소비 지점까지 원자재, 중간재, 완성재, 그리고 관련 정보를 **이동**시키는 것과 관련된 흐름과 **저장**을 효율적이면서 효과적으로 계획, 수행, 통제하는 과정이다.

③ 넓은 의미로 재화 및 서비스를 최초생산자부터 최종소비자에 이르게 하기까지의 **물리적인 흐름**과 관련된 활동이며, 이 경우 물류의 범위는 **판매물류**뿐만 아니라 원재료의 **조달물류**도 포함하는 동시에 **국제물류**까지 확대된다.

(2) 물류의 중요성이 증가하는 이유 `기출` 16·13·12·08·06

현대기업들이 물류에 대해 높은 관심을 갖고 이에 대한 합리화를 적극적으로 검토·실행하고 있는 원인은 다음과 같다.

① **생산부문 생산성 증가의 정체** : 물류의 노동 집약성은 기업이 부담해야 하는 인건비를 높이는 결과를 초래하였다. 따라서 지속적으로 제품 생산비를 절감하기 위한 노력이 진행되어 한계를 인식하고 있지만 여전히 제품원가에서 높은 비중을 차지하는 물류비 절감에 대한 기업들의 관심이 높아지고 있다.

② **제품의 다각화** : 제품의 다각화가 증가함에 따라 보다 진보된 로지스틱스 관리가 필요하며, 시장의 환경변화에 대응할 수 있도록 적정 재고수준을 유지하기 위해 물류관리가 중요하다.

③ **고객니즈의 다양화** : 제품의 다각화, 다양한 품종에 대한 소량배송, 긴급 배송의뢰 등 고객의 요구는 다양화, 전문화, 고도화되어 고객서비스 향상이 특히 중요시되고 있다. 한편 고객요구의 다양성 증대는 물류분야에 있어서 특히 대량물류보다는 소량물류에 대한 수요증대를 야기하는데, 이러한 현상은 재고물량·운송횟수의 증가로 이어져 전체 물류비가 점진적으로 높아지는 경향을 초래하였다.

④ **기업의 전략적 필요성** : 기업 간 경쟁에 있어 고객만족을 창출하고 유지하기 위한 수단의 하나로서 물류부문의 경쟁우위 확보가 최근 중요시되고 있다.

⑤ **기술혁신** : 물류부문에 있어서의 기술혁신에 의하여 운송, 보관, 하역, 포장기술이 발전되었고, 정보면에서는 그 발전 속도가 현저하게 높아지고 있다.

⑥ **물류부문의 글로벌화** : 물류의 커버리지가 글로벌시장으로 확장되면서 글로벌경쟁력을 갖추기 위한 효율적·효과적 물류활동의 필요성이 증대되고 있다.

(3) 물류의 기본적 기능

① **장소적 기능** : 생산과 소비의 장소적 거리를 조정하는 기능을 의미한다. 물류활동을 통해 시장에서 생산과 소비의 장소적 거리를 조정하는 기능이 발휘됨으로써 생산자와 소비자 간에 재화의 유통을 원활하게 할 수 있다.

② **시간적 기능** : 생산과 소비시기의 시간적 거리를 조정하는 기능을 의미한다. 물류활동은 이 시간적 거리를 조정함으로써 신속하게 재화의 흐름을 주도하여 시장경제 하에서 모든 생산활동과 소비활동을 적기에 이루어지게 할 수 있다.

③ **수량적 기능** : 생산과 소비의 수량적 거리를 조정하는 기능을 의미한다. 생산자의 생산단위 수량과 소비자의 소비단위 수량의 불일치는 집하·중계·배송기능 등을 통해 조정할 수 있다. 물류활동을 통한 소비의 양적 예측은 실제로 기업이 생산규모를 선택하기 위한 의사결정에 기본적인 요인이 된다.

④ **품질적 기능** : 생산자가 제공하는 재화와 소비자가 소비하는 재화의 품질적 거리를 조정하는 기능을 의미한다. 생산자가 제공하는 재화와 소비자가 소비하는 재화의 품질은 가공·조립·포장 기능을 통하여 조정할 수 있다. 기업은 물류활동을 통해 신속·정확한 수·배송으로 소비자의 욕구에 맞는 품질의 재화를 적기에 소비자에게 공급할 수 있다.

⑤ **가격적 기능** : 생산과 소비의 가격적 거리를 조정하는 기능을 의미한다. 생산자와 소비자를 연결하는 물류부문은 운송에서 정보활동에 이르기까지 가격조정기능에 관련되어 있다. 기업은 물류활동의 원활화를 통해서 생산자와 소비자 간의 장소적·시간적 효용을 통해서 제품원가를 절감할 수 있으며, 가격협상을 용이하게 할 수 있다.

⑥ **인격적 기능** : 물류의 인격적 기능이란 생산자와 소비자 사이의 인격적 거리를 조정하는 기능을 의미한다. 생산자와 소비자를 인격적으로 결합하고 생산, 유통, 소비를 유기적으로 결합하여 조직화함으로써 생산자와 소비자를 더욱 가깝게 접속시키는 동시에 생산자의 대고객서비스도 향상시킬 수 있다.

(4) 물류활동의 구분 기출 19·18·15·10

① **운송활동** : 운송은 운송수단인 트럭, 화차, 선박, 항공기 등을 이용하여 물품을 출발지에서 도착지까지 안전하게 이동시키는 행위로서 일반적으로 전체 물류비 중 가장 큰 부분을 차지하는 요소이다.

② **보관활동** : 물품 저장기능을 말하는 것으로, 재고와 창고비를 줄이려고 하면 운송비가 증가하게 되는 상충관계(Trade off)로 인해 조직 내 갈등이 생길 수 있다.

개념 Plus

물류의 역할
• 물류는 전체 마케팅 활동 중 거의 절반을 차지하고 있다.
• 물류는 판매기능을 촉진한다.
• 물류관리는 제3의 이윤원이다.
• 물류관리를 통해 재고량을 절감하고 적정재고량을 유지할 수 있다.

개념 Plus

물류활동에 의한 기능분류
• 기본활동 : 운송기능, 포장기능, 보관기능, 하역기능, 유통가공기능
• 지원활동 : 정보기능, 관리기능

출제지문 돋보기 OX

01 [18-1]
물류의 운송 및 보관 활동을 수행함으로써 창출될 수 있는 효용은 각각 시간효용과 장소효용이다. ( )

02 [15-2]
물류활동 중 포장은 운송, 보관, 판매 등을 위해 상품 상태를 유지하기 위한 것으로 물류측면에서는 공업포장보다 상업포장이 더 우선적으로 고려된다. ( )

03 [20-3]
물류의 유통가공활동을 통해 창출될 수 있는 효용은 형태효용으로 형태효용은 원재료를 유용한 제품으로 변화시켜 고객이 원하는 형태로 만들어 주는 것을 말한다. ( )

정답 1. ○ 2. × 3. ○

③ 하역활동 : 보관, 운송의 양끝에서 물품을 처리하는 행위를 말하는 것으로 물류비 절감과 물류 합리화에 중요한 역할을 한다.
④ 포장활동 : 운송, 보관, 판매 등을 위해 상품 상태를 유지하기 위한 것으로 물류측면에서는 상업포장보다 공업포장이 더 우선적으로 고려된다.
⑤ 정보활동 : 상품 유통활동을 촉진시키기 위한 각종 정보를 뜻하는데 운송, 보관, 포장, 하역 등의 기능을 서로 연계시켜 물류 전반을 효율적으로 수행하게 한다.
⑥ 유통가공활동 : 고객의 요구에 맞도록 물류센터에서 상품의 외형 또는 거래 단위를 변경시키는 활동으로 여기에는 단순 가공, 재포장, 라벨부착, 조립 등 제품이나 상품의 부가가치를 높이기 위한 행위가 포함된다.

(5) 물류의 흐름에 의한 기능의 분류

① 순물류(Forward Logistics) `기출 08 · 06`
순물류는 고객요구를 충족하기 위하여 원산지부터 소비지까지 원자재, 재공품, 완성품 및 관련 정보의 흐름을 가장 합리적인 비용으로 계획, 실행 및 관리하는 프로세스로서 다음과 같은 특징을 가진다.★
㉠ 순물류는 동종제품의 포장형태가 균일하고, 가격이 동일하여, 비용의 투명성이 높다.
㉡ 순물류는 물류계획의 수립 및 실행이 용이하고, 재고관리가 편리하며 정확하다.
㉢ 순물류는 제품수명주기관리가 가능하다.
㉣ 순물류는 속도의 중요성을 인지한다.

② 역물류(Reverse Logistics) `기출 16 · 15 · 13 · 08`
역물류는 물류활동을 통해 소비자에게 전달된 제품이 고객이 더 이상 필요로 하지 않는 상황이 발생하였을 때 그 제품을 회수하여 상태에 따라 최적의 처리를 수행하는 프로세스이다. 여기에는 폐기물의 관리, 처리를 위한 기술 및 제반활동(절감, 재사용, 재활용, 대체)에 관련된 것들을 포함한다.★
㉠ 역물류는 동종제품의 포장형태와 가격이 상이하여, 비용의 투명성이 낮다.
㉡ 역물류는 물류계획의 수립 및 실행뿐만 아니라 재고관리가 어렵고 부정확하다.
㉢ 역물류는 제품수명주기에 어려움이 있다.
㉣ 역물류는 상품처리의 중요성을 인지한다.
㉤ 역물류의 종류에는 반품물류, 회수물류, 폐기물류가 있다.

역물류의 유형별 특징	
반품물류	고객으로부터 클레임이 청구된 제품이나 유통기간이 초과된 제품이 되돌아오는 물류를 말한다(← 소비자 주도적).
회수물류	빈 용기, 빈병, 포장재 등을 고객으로부터 재사용하기 위해 회수되어 오는 물류를 의미한다(← 공급자 주도적).
폐기물류	고객이 일정기간 사용 후 폐기한 제품으로 회수물류 대상이 되지 못해 버려진 제품들을 적절한 처리목적으로 발생하는 물류이다.

개념 Plus

게이트키핑(Gate keeping)
반환되어서는 안 되는 반품재화를 시스템 진입점에서 검사하는 것을 말한다.

출제지문 돋보기 OX

01   [16-2]
역물류는 소비자에게 인도된 제품의 전체 또는 일부가 일정시간이 경과한 후 다시 생산자에게 돌아오거나 폐기되는 과정을 관리하는 것이다.
(   )

02   [13-2]
반품되는 제품의 증가 원인으로는 짧아진 제품수명주기, 전자상거래 확대 등에 기인하기도 한다. (   )

03   [15-2]
역물류는 재고관리가 편리하고 정확하며, 제품수명주기 관리가 쉽다는 장점이 있다. (   )

정답 1. ○ 2. ○ 3. ×

(6) 물류의 범위와 영역에 의한 기능의 분류 `기출` 17 · 15

① **조달물류**
  - ㉠ 물류의 시발점으로 물자가 조달처로부터 운송되어 매입자의 물자보관창고에 입고, 관리되어 생산공정(또는 공장)에 투입되기 직전까지의 물류활동을 의미한다.
  - ㉡ 기업이 필요로 하는 각종 원자재를 구두나 전화 등의 수단을 통하여 도착하기까지의 전 과정을 관리하는 것으로, 협력업체의 입장에서는 판매(납품)물류가 되고, 구입처의 입장에서는 조달물류가 되는 양면성을 가지고 있다.
  - ㉢ 조달물류는 전체 물류의 출발점으로서 후속되는 모든 물류과정에 영향을 미치므로 신중하게 관리해야 한다. 즉, 바로 다음에 이어지는 생산부서에 대응하기 위해 협력회사의 조건을 충분히 검토하여 결품방지나 적기납품에 대응해야 한다.

② **생산물류**
  - ㉠ 생산물류는 자재창고의 출고작업에서부터 생산공정으로의 운반하역, 창고에 입고하는 작업까지를 말한다.
  - ㉡ 생산물류에서는 이러한 과정을 어떻게 단축하느냐 하는 것이 핵심과제로서 운반, 하역, 창고의 자동화가 가장 중요한 관심의 초점이 된다.
  - ㉢ 조달된 원자재를 일시에 한꺼번에 처리할 수 없기 때문에 제품생산과정에서 발생하는 원자재, 반제품, 재공품, 제품 등의 다양한 형태를 관리하는 것이다.

③ **판매물류**
  - ㉠ 물류의 최종단계로서 제품을 소비자에게 전달하는 일체의 수·배송활동을 말한다. 생산된 제품을 고객의 요구에 따라 제품창고에서 출고하는 과정과 배송센터 내에서 유통가공, 분류, 배송 등의 유통과정에서 발생하는 물류활동을 관리한다. ★
  - ㉡ 판매물류에는 제품창고에서 출고하는 과정과 중간의 물류거점인 배송센터까지의 운송, 배송센터 내에서의 유통가공 및 제품분류작업, 각 대리점 및 고객에게 배송하는 작업 등이 포함된다. ★

④ **회수물류** : 제품이나 상품의 판매물류에 부수적으로 발생하는 파렛트, 컨테이너 등과 같은 빈 물류 용기를 회수하는 물류활동을 의미한다.

⑤ **반품물류** : 소비자에게 판매된 제품이나 상품자체의 문제점(상품자체의 파손이나 이상)의 발생으로 인한 상품의 교환이나 반품을 위한 물류활동을 의미한다.

⑥ **폐기물류** : 파손 또는 진부화 등으로 제품이나 상품 또는 포장용기 등이 제 기능을 수행할 수 없는 상황이나 기능을 수행한 후 소멸되어야 할 상황인 경우에 제품 및 포장용기 등을 폐기하는 활동이다. ★

(1) 물류관리의 의의

① 물류관리란 경제재의 효용을 극대화시키기 위한 재화의 흐름에 있어서 운송, 보관, 하역, 포장, 정보, 유통가공 등의 제 활동들을 종합적이고 체계적으로 관리하여 제품의 비용절감과 재화의 시간적·공간적 효용가치를 통한 시장 능력의 강화를 추구하는 것이다.

② 물류관리의 기본적 목표는 비용 절감과 재화의 시간적·장소적 효용가치의 창조를 통한 시장 능력의 강화, 즉 최소의 비용으로 고객에게 만족할만한 수준의 물류서비스를 제공하는 물류합리화를 이루는 것에 있다.

개념 Plus

물류관리의 목적
- 국민경제의 관점 : 비용절감을 통한 물가상승 억제
- 개별 기업의 관점 : 최소 비용으로 고객서비스 극대화
- 물적 유통의 관점 : 인간의 노동으로부터의 해방 및 생활수준 향상

(2) 물류관리의 필요성 기출 16·15

① **비용절감 측면** : 대부분의 기업은 제조원가관리에 있어서 제조시설의 기계화와 원가관리기법의 도입을 통하여 상당한 비용 절감을 이루었으나, 영업비 중 판매비는 판매촉진 효과를 위하여 계속 늘려야 하고, 일반관리비는 그 성질상 대폭적인 절감이 어렵기 때문에 기업활동에 있어 영업비용의 절감은 결국 물류비 분야에서 도모하여야 한다. 한편 재고보유는 재고보유와 관련된 비용을 유발시키지만 수송비용을 간접적으로 줄일 수 있다. 즉 재고보유는 구매와 수송단계에서 경쟁력을 촉진시킨다.

② **판매촉진의 실현 측면** : 전통적으로 마케팅 학자들은 수요를 촉진시키기 위하여 판매촉진 활동의 일환으로 연구를 상당히 진척시켰으나, 물류활동에 대해서는 마케팅의 부수적인 활동 또는 보조활동 정도로 간주하여 왔다. 최근 들어 기업의 물류비가 총원가의 50% 정도로 증가하고 소비자 주문의 신속한 처리를 통한 물류활동의 중요성을 인식하게 되면서부터 물류활동에 대한 효율적인 관리의 필요성을 느끼게 되었다.

03 물류시스템 기출 13·12·11·10·09·08

(1) 물류시스템의 의의

① 생산업자가 생산한 제품과 제품을 소비자에게 공급하기까지의 수송, 보관, 하역, 정보 활동 등을 수행하는 요소들의 **체계적인 집합체**를 말한다.★★

② 기업 전체의 목표와 전략을 바탕으로 물류시스템 설계가 이루어져야 하고 기업 활동은 하나의 일관성을 가지고 진행되어야 하므로, 기업의 목표와 전략을 축으로 하여 물류시스템의 설계가 이루어지는 것이 효율적이다.

개념 Plus

물류시스템의 구성요소
- 물류시스템의 하부시스템 : 운송시스템, 보관시스템, 하역시스템, 포장시스템, 정보시스템 등
- 물류시스템의 자원 : 인적 자원, 물적 자원, 재무적 자원, 정보적 자원 등

(2) 물류시스템의 구축목적

① 고객 주문 시 신속하게 물류서비스를 제공한다.

② 화물 분실, 오배송 등을 감소시켜 신뢰성 높은 운송기능을 수행할 수 있게 한다.

③ 화물 변질, 도난, 파손 등을 감소시켜 신뢰성 높은 보관기능을 수행할 수 있게 한다.

④ 하역의 합리화로 운송과 보관 등의 기능이 향상되도록 한다.

(3) 물류시스템 설계 시 고려해야 할 요소

① 대고객 서비스 수준 : 물류시스템 설계에 있어서 고려되어야 할 가장 중요한 요소로, 고객의 서비스 욕구를 파악하고 적절한 대고객 서비스 수준을 설정하여 효과적·전략적인 물류시스템 설계를 수행해야 한다.

② 기존 물류활동패턴 : 기존 물류활동의 심층적 이해를 통해 더욱 발전된 시스템 설계가 가능하다.

③ 물류관련 조직체계 : 기업 전반에 대한 기능을 인지하고, 조직 간 상호작용을 통해 업무 일관성을 유지할 수 있다.

④ 경쟁사의 물류시스템 및 전략 : 경쟁적 우위를 확보한 시스템 구축이 필요하다.

⑤ 설비입지 : 생산입지와 재고입지 등과 같은 지역적 문제는 물류시스템 설계에 중요한 골격을 형성하므로 설비의 수, 지역, 크기 등을 결정하여 시장수요를 할당함으로써 제품이 소비자 시장에 도달하기까지의 과정을 명시할 수 있다.

⑥ 재고정책 : 재고수준은 설비의 수, 지역 및 크기에 따라 변동되기 때문에 재고정책은 설비의 입지문제와 통합적인 관점에서 계획·수정되어야 한다.

⑦ 운송수단과 경로 : 설비입지 결정 후 고객의 수요에 따라 재고수준 등이 결정되고, 이들은 다시 운송수단 및 경로에 영향을 미친다.

⑧ 대상제품의 특성 : 대상제품의 특성에 따라 각기 다른 물류시스템의 구조와 체계로 운영된다.

(4) 물류시스템의 구축 방향 [기출] 15

① 하드웨어 측면에서 수송장비, 보관시설, 포장용기 등을 규격화하여 일관물류시스템을 갖추어야 한다. ★

② 수·배송, 포장, 보관, 하역 등 주요 부문을 유기적으로 연계하여 구축하여야 한다.

③ 기업 이익을 최대화 할 수 있는 방향으로 설계되어야 한다.

④ 장기적이고 전략적인 사고를 물류시스템에 도입하여야 한다.

⑤ 물류 전체를 통합적인 시스템으로 구축하여 상충관계에서 발생하는 문제점을 해결하는 방안을 모색하여야 한다.

⑥ 현행 시스템 분석, 사례연구 등을 통해 갭분석, 벤치마킹 등을 할 수 있다.

⑦ 물류정보시스템 구축의 성공요인은 고객의 요구 및 만족도를 정확히 파악하는 것이다.

(5) 물류시스템 설계의 전략적 계획과정 [기출] 17·14

① 고객서비스 목표 및 전략의 결정

② 물류투자, 재고, 보관, 수송, 주문전략 및 프로그램 도출 제공

③ 물적 흐름 및 정보 흐름에 기초하는 물류활동 관리시스템과 절차의 구체화

④ 조직 정비 및 인적자원관리

⑤ 전략적 물류계획 개발 후 계획 실행의 구체적 방법과 경로구성원 선택기준 마련

⑥ 물류시스템에 대한 주기적인 평가 및 성과개선 활동

> **개념 Plus**
>
> 물류시스템의 구축 순서
> 시스템의 목표 설정 → 시스템 구축 전담조직 구성 → 데이터 수집 → 데이터 분석 → 시스템 구축 → 시스템 평가·유지·관리

(1) 물류합리화의 의의

① 운송, 보관, 하역, 포장 등 물류 하부기능을 통합하여 전체 흐름을 합리화하는 것이다.
② 물류합리화를 위해서는 시스템적 접근에 의한 물류활동 전체의 합리화를 추진하여야 한다.
③ 물류합리화를 수행하기 위해서는 총비용적인 관점에서 접근하는 사고가 중요하다.
④ 물류합리화는 비용 절감과 적정 고객서비스 수준 유지를 동시에 달성할 수 있어야 한다.
⑤ 물류합리화는 운송, 보관, 포장, 하역뿐만 아니라 물류조직도 그 대상이 된다.
⑥ 물류합리화는 비용과 서비스 사이의 상충관계를 고려하여, 그 수준을 적정하게 조정해야 한다.

(2) 물류합리화와 상충(Trade-Off)관계 기출 17·16·15

① 상충관계란 한 쪽의 목적을 보다 많이 달성하려고 하면 다른 쪽의 목적달성이 일부 희생하게 되도록 하는 목적 간의 관계이다.
② 기업의 물류비용 절감과 고객서비스 수준은 동시에 최대화할 수 없으므로 기업의 물류합리화는 상충관계의 분석이 기본이 되며, 기업 내 물류기능과 타 기능 간의 상충관계, 제조업자와 운송업자 및 창고업자 등 기업조직과 기업 외 조직 간의 상충관계 또한 효율적 물류관리를 위해 고려해야 한다.

(3) 물류합리화의 방안

① 하역부문 합리화 방안 : 하역의 기계화, 자동화, 하역의 표준화, 단위화, 불필요한 중복작업 방지, 작업 중 안전유지, 적정 하역장비 활용, 근무조건 개선 등
② 보관부문 합리화 방안 : 창고의 기계화 및 자동화, 전체 물류 네트워크를 고려한 거점선정, 창고운영의 효율화, 유통 지향적 창고 설계, 화물터미널 및 공동물류센터 건립, 보관부문의 전문인력 양성, 레이아웃, 로케이션, 동선연구, WMS 도입 및 활용, 입출고시스템 개선 등
③ 포장부문 합리화 방안 : 포장표준화, 모듈화, 기계화 및 자동화, 포장 재료의 개발, 포장을 고려한 제품설계, 포장의 단순화 및 적정포장, 포장화물의 단위화, ULS 추진
④ 수·배송부문 합리화 방안 : 최적의 운송수단 선택, 공동 수·배송, 수송의 대형화, 수송시간 단축, 공차율 감소, 사회간접자본 투자, 수·배송관련 정부의 지원책 마련

> **창고관리시스템(WMS)과 단위적재시스템(ULS)**
> • WMS : 최소의 비용으로 창고의 면적, 작업자 및 하역설비 등 경영자원을 유효하게 활용하고 고객에 대한 서비스 수준을 제고시키는 것이 주 목적이다.
> • ULS : 여러 개의 물품 또는 포장 화물을 기계, 기구에 의한 취급에 적합하도록 하나의 단위로 정리하여 합리화를 도모하는 것이다.

(4) 물류합리화 기법

① 제약이론(TOC ; Theory of Constraints)

    ㉠ 골드렛(Elyahu M. Goldratt)이 제안한 개념으로, 기업의 여러 가지 활동 중 취약한 활동요인의 효율성을 제고함으로써 기업의 성과를 극대화한다는 것이다.

    ㉡ 제약요소는 조직의 전체적인 성과를 지배하므로 보다 많은 이익을 얻기 위해서는 제약요소를 중심으로 모든 관리가 집중되어야 한다는 경영과학이론이다.

    ㉢ 제약이론은 경쟁력 제고 수단으로 생산 최적화를 위해서는 외부 공급자의 역할이 중요하게 되므로 SCM(공급사슬경영)에 응용 가능하다.

제약조건이론 기법의 종류 `기출` 18 · 17 · 16 · 15 · 12

1. DBR(Drum-Buffer-Rope) : 엘리골드렛의 제약조건이론에서는 '공정의 원자재 투입시점만을 지정하여 공정 내 종속성과 변동성을 관리하는 기법으로, 전체 프로세스 중 가장 약한 것을 능력제약자원이라 지칭하고, 이 부분이 최대한 100% 가동을 할 수 있도록 공정속도를 조절하여 흐름을 관리하는 기법'을 제시하였다.

드럼(Drum)	• 프로세스상에서 드럼은 병목공정에 해당하며, 전체의 속도를 결정하는 페이스메이커 역할을 수행한다. • 시스템 제약조건을 고려해서 전체 시스템의 보조(생산속도)를 결정한다. • 즉 제약자원을 최대로 가동시킬 작업계획을 수립하도록 하며, 제약자원이 생산흐름을 통제하는 열쇠의 역할을 하도록 작업계획을 수립하는 것이다.
버퍼(Buffer)	프로세스상에서 드럼에 해당하는 병목작업이 중단되지 않도록 버퍼(Buffer)를 두어 드럼의 결함을 사전에 대비하거나 병목의 역할을 분담한다.
로프(Rope)	프로세스상에서 병목공정과 그 이후의 공정을 로프(Rope)로 연결한 것처럼 병목의 속도에 맞추어 흐름을 유지한다.

2. 쓰루풋(Throughput) : 현금 흐름을 투명하게 보여줄 쓰루풋 회계 기법을 제시하였다.
3. 논리 나무 다이어그램 : 기업의 업무에 대한 소통 도구로서 사고프로세스를 정의하고, 5가지 논리 나무 다이어그램을 제시하였다.
4. CRT(Current Reality Tree ; 현재 상황 트리) : TOC의 개선작업에서 당면한 여러 가지 문제점들을 살펴보고, 그러한 문제점을 발생시킨 근본원인을 인과관계에 입각하여 찾아내는 기법이다.

---

② 6-시그마(6-Sigma)

    ㉠ 모토롤라의 해리(M.Harry)가 창안한 것으로, 무결점 품질을 목표로 고객에게 인도되는 재화 및 서비스 불량을 줄이는 것뿐만 아니라 회사 내 전 분야에 걸쳐 발생되는 불량의 원인을 찾아 제거하고 품질을 향상시키는 경영기법이다.

    ㉡ 통계적 기법을 이용한 품질개선 운동으로 모든 현상을 숫자로 표시하고 관리하는 것을 철학으로 한다. 제품 혹은 프로세스 100만개 중 허용되는 불량 또는 오류 수가 3.4개로, 거의 제로 수준으로 제품 공정을 혁신하자는 것이다.

    ㉢ 최종생산품의 부적합뿐만 아니라 생산과정의 부적합에도 주목한다.

③ 전사적 품질경영(TQM ; Total Quality Management) : 제품 및 서비스의 품질을 향상시켜 장기적인 경쟁우위를 확보하기 위해 기존의 조직문화와 경영관행을 재구축하는 것이다.

④ JIT(Just In Time)

　　㉠ 단위 시간당 필요한 자재를 소요량만큼만 조달하여 재고를 최소화하고, 다양한 재고감소 활동을 전개함으로써 비용절감, 품질개선, 작업능률 향상 등을 통해 생산성을 높이는 생산시스템이다.

　　㉡ 제품생산에 요구되는 부품 등 자재를 필요한 시기에 필요한 수량만큼 조달하여 낭비적 요소를 근본적으로 제거하려는 시스템을 뜻한다.

⑤ 기업소모성자재(MRO ; Maintenance, Repair & Operation) : 기업의 각종 용품의 구입 및 관리를 전문업체에 위탁함으로써 직접 구매하고 관리하는 데 따른 비효율성과 인적 낭비를 제거하려는 것이다. MRO 사업자는 구매자에게 신뢰성 있는 제품정보를 제공하기 위하여 공급업체를 철저히 관리해야 한다.

05 물류표준화

(1) 물류표준화의 의의 기출 15 · 13 · 08

① 포장, 하역, 보관, 수송 및 정보, 유통가공 등 각각의 물류기능 및 단계에서 사용되는 **물동량의 취급단위를 표준화 또는 규격화**하고 여기에 이용되는 기기 · 용기 · 설비 등의 강도나 재질 등을 통일시키는 것을 말하며, 표준화의 주요 내용으로는 포장 표준화, 수송용기 및 장비의 표준화, 보관시설의 표준화, 물류정보 및 시스템 표준화 등을 들 수 있다.★

② 물류표준화는 포장 모듈화로 대표되며, 하역 · 보관 · 수 · 배송 등을 합리화하기 위해 포장 사이즈를 물류시스템 전체로 계열화 하는 것을 의미한다.★

(2) 물류표준화의 필요성

① 물동량의 흐름이 증대됨에 따라 물류의 **일관성과 경제성을 확보**하기 위함이다.

② 국제화 및 시장개방이라는 국제적 요구와 국제환경변화에 대응하기 위해서는 국제표준화와 연계되는 물류표준화가 요구된다.

③ 유닛로드(Unit Load)시스템의 구축이 요구되며, 이를 위해서 물류활동간 접점에서의 **포장 모듈화와 포장치수의 표준화**가 중요하다.

④ 물류의 기계화 및 자동화를 통해 대량의 물품을 신속하게 처리하기 위함이다.

⑤ 각종 물류활동에 필요한 포장, 무게, 규격, 하역, 수송, 보관 등을 표준화함으로써 물류활동의 효율성을 향상시키기 위함이다.

(3) 물류표준화의 대상 기출 15 · 12

① 포장표준화 : 수송포장의 포장치수★

② 운송표준화 : 운송단위(트럭, 화차, 컨테이너, 파렛트 등), 기반시설(도로, 철도, 터미널 등)

③ 보관표준화 : 보관단위(창고, 물류센터, 랙, 파렛트)

④ 하역표준화 : 하역설비(파렛트, 컨테이너, 지게차, 컨베이어, 크레인, 파렛타이저 등)

⑤ 정보표준화 : 정보시스템(EDI, POS)

⑥ 관리표준화 : 물류용어, 물동량거래단위

물류표준화의 효과

자원 및 에너지 절감 효과	물류기기의 표준화 효과	포장의 표준화 효과
• 재료의 경량화	• 각 사의 사양 통일	• 포장공정의 단순화
• 적재효율의 향상	• 호환성 및 교체성 용이	• 기계화에 따른 보관효율 증가
• 일관수송에 의한 에너지 절약	• 모든 기기와의 높은 유연성	• 포장재 비용의 감소
• 단순화	• 모든 기기를 안전하게 사용	• 제품파손의 감소
• 작업의 표준화	• 부품의 공용성으로 수리 용이	• 인건비 절약
• 물류생산성 향상	• 물류비 절감	• 제품의 물류비 절감

물류모듈(Module)화

물류모듈은 물류시스템의 각종 요소의 규격, 치수에 관한 기준척도와 대칭계열을 의미하는 것으로, 물류설비의 규격이나 치수가 일정한 배수나 분할관계로 조합되어 있는 집합체로서 **물류표준화를 위한 기준치수**이다.

분할포장 모듈시스템(포장치수)	배수물류 모듈시스템(물류설비치수)
• 분할계열치수는 실제물동량의 평면 치수인 NULS(Net Unit Load Size ; 1,100 × 1,100mm)를 기준으로 한 치수이다. • KSA 1002로 제정되어 있는 표준 치수로서 1,100mm × 1,100mm(일관수송용 표준파렛트 규격)를 정수(1, 2, 3, …)로 분할, 가로와 세로의 치수들을 합산하여 1,100mm가 되는 숫자들이며 포장모듈 치수들은 이들의 조합이다.	• 배수계열치수는 PVS(Plan View Size ; 1,140 × 1,140mm)를 기준으로 한 치수이다. • 유닛로드 사이즈 1,140mm × 1,140mm를 기준으로 하고 최대 허용공차 −40mm를 인정하며, 이를 배수로 하여 물류시설이나 장비들의 표준치수를 설정한다.

06 물류공동화 기출 18 · 16 · 12 · 10

(1) 물류공동화의 의의

① 2개 이상의 기업이 수·배송의 효율을 높이고 비용을 절감하기 위해 공동으로 물류활동을 수행하는 것을 말한다. 즉, 자사의 물류시스템을 타사의 물류시스템과 연계시켜 하나의 시스템으로 운영하는 것이다.

② 물류공동화는 물류합리화의 한 방법이며, 동종업체나 이종관련 기업들이 전국적·지역적으로 물류시설을 공동으로 설치·운영하고 관리함으로써 물류 시설을 개별적으로 관리하는 것보다 더 적은 비용으로 더 많은 이익을 창출할 수 있다.

③ 물류공동화는 물류비 절감과 고객서비스 향상을 추구하는 물류합리화의 기본이 된다.

(2) 물류공동화의 도입 배경

① 독자적으로 수송하던 기업들의 운송물량이 적어 수송 및 배송 효율성이 떨어짐에 따라 이를 개선하기 위해 도입된 개념이다.

② 현재의 교통혼잡, 주차문제, 인력난 등으로 인해 공동수송 및 공동배송을 모색하게 되었다.

③ 성공적인 수·배송 공동화를 위하여 포장규격의 표준화가 적극 도입되어야 한다.

(3) 물류공동화의 전제조건

① 자사의 물류시스템과 외부의 물류시스템과의 연계가 필요하다.

② 일관 파렛트화 추진과 표준물류심벌 및 업체 통일전표, 외부와의 교환이 가능한 파렛트 등의 물류용기를 사용하여야 한다.

③ 서비스 내용을 명확하게 하고 표준화시켜야 한다.

④ 통일된 기준에 근거하여 물류비를 명확하게 산정하고 체계화해야 한다.

(4) 물류공동화의 유형 기출 19

① **수평적 물류공동화** : 동종의 다수 제조업체와 이들과 거래하는 다수의 도매점이 공동으로 정보 네트워크와 물류시스템을 공동화하는 것이다.

② **물류기업 동업자 공동화** : 물류기업이 동업형식으로 물류시스템을 공동화하는 것이다.

③ **소매기업에 의한 계열적 공동화** : 대형 소매체인점이 도매점이나 브랜드에서의 납품 물류를 통합하여 납품자와 각 점포의 상호이익을 도모하기 위해 물류센터 등을 만드는 것이다.

④ **경쟁관계에 있는 브랜드 간의 공동화** : 서로 경쟁관계에 있는 기업들이 모여 물류의 효율화를 위해 공동화를 이룩하는 것을 말한다.

⑤ **제조기업에 의한 계열적 공동화(수직적 공동화)** : 제조 및 판매업체, 도매상 간의 물류공동화로서 제조업체가 계획적으로 물류센터를 구축하여 재고 등을 확보하면, 도매상은 재고 없이 판매업체와 도매상의 배송 상품을 공동으로 배송하는 형태를 말한다.

⑥ **화주와 물류기업의 파트너십** : 전문 사업자로서 화주의 물류합리화나 시스템화로 적극 참여하는 제안형 기업이 되어 상호 신뢰를 확립하는 것을 의미한다.

> 물류공동화의 형태에 따른 분류
> • 공동화 주체에 따른 분류 : 화주 주체, 물류전문업체 주체 공동화
> • 기능에 따른 분류 : 간선수송 공동화, 순회배송 공동화(납품처가 대형이고 납품업체 수가 많은 다빈도·정기납품을 요청하는 경우 효과적), 지정 도매상에 의한 공동화, 공동배송센터에 의한 공동화
> • 공유유형에 따른 분류 : 경쟁업체 간의 공동화, 수직적 공동화, 수평적 공동화, 화주와 물류업체의 파트너십, 물류기업 간 공동화

(5) 물류공동화의 문제점

화주 관점	운송업자 관점
• 매출, 고객명단 등 기업비밀 누출에 대한 우려 • 영업부문의 반대 • 물류서비스 차별화의 한계 • 비용 및 이윤배분에 대한 분쟁발생 소지 • 공동물류시설비 및 관리비용 증대에 대한 우려 • 공동배송 실시 주체자의 관리운영의 어려움	• 요금 덤핑에 대처 곤란 • 배송순서 조절의 어려움 발생 • 물량 파악의 어려움 • 상품관리의 어려움

(6) 수 · 배송 공동화 `기출` 17

① 공동 수 · 배송의 개념

㉠ 자사 및 타사의 원자재나 완제품을 공동으로 수 · 배송하는 것으로 소량 · 다빈도 배송의 증가는 수 · 배송 공동화의 필요성을 증대시키고 있다.

㉡ 공동 수 · 배송체제의 구축은 기업들의 **물류공동화** 방법 가운데 첫 번째 **물류비 절감**을 위한 **물류합리화** 방안이라고 할 수 있다. 즉, 배송차량을 공동으로 이용함으로써 계절변동, 월별변동, 오전 · 오후시간의 기복들을 보완하여 **가동률을 향상**시킴으로써 물류비 절감을 기할 수 있다.

② 공동 수 · 배송의 추진 여건

㉠ 배송조건이 유사하고 표준화가 가능할 경우 공동 수 · 배송의 추진이 용이하다.

㉡ 공동 수 · 배송을 위한 주관기업이 있을 경우 공동수배송의 추진이 용이하다.

㉢ 일정지역 내에 공동 수 · 배송에 참여할 수 있는 복수의 기업이 존재할 경우 공동 수 · 배송의 추진이 용이하다.

㉣ 공동 수 · 배송에 참가할 기업들 간의 이해관계가 일치할수록 공동 수 · 배송 추진이 용이하다.

㉤ 공동 수 · 배송에 참가한 기업들이 취급하는 제품의 동질성이 높을수록 공동 수 · 배송 추진이 용이하다.

③ 공동 수 · 배송의 필요성 `기출` 16 · 10 · 08

화주 관점	운송업자 관점
• 다빈도 · 소량배송화에 대한 대응이 가능하다. • 운임부담이 경감된다. • 계획적 · 정확한 배송이 가능하다. • 물류요원을 감원시킬 수 있다. • 받아들이는 측의 일괄검수가 가능하다. • 물류공간의 활용이 가능하다. • 교통혼잡 완화 및 환경오염방지를 할 수 있다. • 상권 확대 및 교차수송에 대한 대응이 가능하다.	• 수송차량의 적재효율 향상이 가능하다. • 운송리드타임을 단축할 수 있다. • 물류비가 절감된다. • 물류요원을 감원시킬 수 있다. • 지나친 서비스를 감소시킬 수 있다. • 경영의 안정적 기반을 제공할 수 있다. • 운송화물의 대단위화로 인한 규모의 경제성을 추구할 수 있다.
사회 환경 관점	
• 교통량 감소로 인한 에너지를 절감할 수 있다. • 환경오염방지 등의 외부불경제를 줄임으로써 사회적 비용의 감소를 불러올 수 있다. • 물류비 절감에 따른 물가상승을 억제할 수 있다. • 물류센터 등 시설의 집적화로 토지의 효율적인 이용이 가능하다.	

개념 Plus

수 · 배송 공동화의 일반적 효과
• 설비 및 차량의 가동률과 적재효율 향상
• 중복 · 교차수송의 배제로 물류비 절감과 교통체증 완화
• 환경오염 감소
• 운송수단의 활용도를 높여 차량의 운행효율 향상
• 화물량의 안정적인 확보
• 물류 아웃소싱을 통한 핵심역량 집중 가능
• 소량화물 혼적으로 규모의 경제효과 추구

개념 Plus

물류단지와 물류센터
• 물류단지 : 유통단지, 화물터미널, 도매시장, 창고단지, 유통가공센터, 개별 기업의 집 · 배송센터 등 각종 물류시설을 집약하는 종합적인 물류거점을 말한다. 적환, 보관, 개별결합, 유통가공, 조립, 사무실 등의 기능을 수행하며 도매시장, 전시장, 은행정보처리시설, 의료시설, 식당, 매점 등을 갖추고 있는 시설을 말한다.
• 물류센터 : 제품의 유통과정에 있어 공급자와 수요자의 중간 단계에 위치하여 배송의 효율화를 도모하는 물류시설을 말한다.

④ 공동 수・배송의 유형 기출 17 · 12

유 형		내 용
배송공동형		화물거점시설까지 각 화주가 운반하고 배송만 공동화하는 것(화주 주도와 운송사업자 주도가 대부분)
집배송 공동형	특정화주 공동형	• 동일업종 화주가 특정화주의 주도로 집화 및 배송을 공동화하는 것 • 동일화주가 조합이나 연합회를 만들어 공동화하는 것
	운송업자 공동형	불특정 다수의 화주에 대하여 다수의 운송업자가 지역을 분담하여 집화 및 배송을 공동화(배송거점 시설의 유효한 이용, 집배효율의 향상, 신규 화주의 개척 등을 도모)하는 것
공동수주・공동배송형		운송업자가 협동조합을 설립하여 공동수주 및 배송
노선집하공동형		노선의 집화부분만 공동화하여 화주가 지정한 노선업자에게 화물을 넘기는 것
납품대행형		• 운송업자가 납입선을 대신하여 납품하는 형태로, 화물의 집하, 유통가공, 분배, 납품 등 일련의 작업을 포함 • 착화주의 주도로 공동화하며 유통가공, 상품내용의 검사 등의 작업대행

공동배송센터
제조업체, 유통업체, 물류업체 등이 공동출자해 설립한 물류거점으로서 이해당사자들이 다이어그램(시간표) 배송과 분류작업 등을 공동으로 수행하는 곳이다.

07 도소매물류의 고객서비스

(1) 고객서비스와 물류관리

① 고객서비스란 고객 주문의 접수, 처리, 배송, 대금 청구, 후처리 업무에 필요한 모든 활동으로, 고객의 요구를 만족시키는 활동을 의미한다. 물류관리는 이러한 고객서비스의 향상과 물류비용 절감을 동시에 추구하되 인간을 노동으로부터 해방시키고, 생활수준을 향상시킨다는 인간중심에 초점을 맞추고 있다.

② 일반적으로 물류비의 감소와 고객서비스 수준의 향상 간에는 상충관계(Trade-off)가 있기 때문에 고객서비스 수준이 높아지면 물류비가 증가한다. 따라서 물류관리의 목표는 비용절감과 서비스 향상 중에서 어느 쪽에 더 중점을 두느냐에 달려 있다.

(2) 고객서비스 원칙 기출 21 · 19 · 14 · 08

① 3S 1L원칙 : 물품을 신속하게(Speedy), 안전하게(Safely), 정확하게(Surely), 저렴하게(Low) 고객에게 공급한다는 원칙으로 신속성, 정확성, 안정성, 경제성이 모두 고려된 원칙이다. ★

② 7R 원칙 : 스마이키(Smykey) 교수가 제창한 원칙으로 적절한 상품(Right Commodity), 적절한 품질(Right Quality), 적절한 수량(Right Quantity), 적절한 시기(Right Time), 적절한 장소(Right Place), 좋은 인상(Right Impression), 적정한 가격(Right Price)에 공급한다는 것을 의미한다. ★

개념 Plus

상충관계(Trade-off)
어느 한 분야의 비용감소는 반드시 다른 분야의 비용증대를 초래한다는 개념이다. 상충관계가 있는 상황에서는 구체적인 대안의 장단점을 모두 고려하여 그 수준을 적정하게 조정하여야 한다(재고유지비용 ↔ 운송비용, 재고유지비용 ↔ 주문처리 및 정보비용).

출제지문 돋보기 OX

01 [16-1]
공동수배송의 장점에는 물류비용의 절감, 연료비 절감 및 환경에 대한 악영향 감소 등이 있다. ( )

02 [18-1]
공동수배송은 일정지역 내에 있는 기업이 협업함으로써 이루어질 수 있으며, 효율적인 수배송을 위해서는 복화율은 최소로 유지해야 한다. ( )

03 [12-3]
운송업자 중심의 집하배송공동형은 화물거점 시설까지 각 화주 또는 각 운송업자가 화물을 운반해 오고 배송면에서 공동화하는 유형의 공동 수・배송시스템을 말한다. ( )

정답 1. ○ 2. × 3. ×

(3) 고객서비스 요소 기출 17·16·15·12·10·08

① **거래 전 요소** : 고객서비스에 관한 기업의 정책과 연관되어 있으며, 기업에 대한 고객인식과 고객의 총체적인 만족에 상당한 영향을 미칠 수 있다.

　㉠ 우수한 고객서비스를 제공할 수 있는 환경을 만드는 것이 무엇보다 중요하다.

　㉡ 발주 후 정확한 제품인도 실시, 반송이나 미납품 주문의 처리, 적재방법 등에 대한 고객서비스 지침을 사전에 제공함으로써 고객 자신이 받을 서비스에 대해서 미리 알 수 있게 한다.

　㉢ 정상적인 서비스 활동에 영향을 미칠 수 있는 파업 혹은 자연재해에 대비한 긴급상황계획, 고객서비스 정책을 충족시키기 위한 조직체계의 구축, 고객에게 기술적 훈련과 지침서를 제공하는 것 등은 구매자와 공급자의 관계를 좋게 유지하는 데 도움이 된다.

② **거래 중 요소** : 고객에게 제품을 인도하는 데 직접 관련된 서비스 요소로 제품 및 배달의 신뢰도 등을 말한다.

　㉠ 재고수준을 설정하고 수송수단을 선택하며, 주문처리 절차를 확립하는 등이 도움이 될 수 있다.

　㉡ 거래 중 요소들은 인도시간, 오더필링의 정확성, 인도 시 제품의 상태, 재고가용성 등에 영향을 미친다.

③ **거래 후 요소** : 사용 중인 제품에 대한 지원과 관련된 고객서비스로 제품보증, 부품 및 수리 서비스, 고객의 불만에 대한 처리절차 및 제품의 교환 등을 말한다. ★

　㉠ 결함이 있는 제품으로부터 소비자를 보호하고 재활용이 가능한 빈병, 파렛트 등의 포장용기 회수 및 반품, 소비자 불만, 클레임처리 등이 모두 여기에 포함된다.

　㉡ 거래발생 후 요소는 제품을 판매한 후에 발생하지만 이들은 거래 전이나 거래시점에서 계획되어야 한다.

고객서비스 요소

거래 전 요소	거래 중 요소	거래 후 요소
1. 명시된 회사 정책 2. 고객의 평가 3. 회사조직 4. 시스템의 유연성 5. 기술적인 서비스 6. 목표배송일 7. 재고가용성 8. 문의에 대한 반응시간	1. 주문충족률(재고수준) 2. 백오더 이용가능성 3. 주문정보 4. 주문주기의 일관성 5. 주문의 편의성 6. 배달의 신뢰성 7. 정보시스템의 정확성 8. 배송지연(선적지연) 9. 재주문시 대응력 10. 제품의 대체성	1. 설치, 품질보증, 변경 2. 제품수리 3. 제품포장 4. 제품추적 5. 서비스부품 가용률 6. 최초 방문 수리율 7. 고객 클레임, 불만처리 8. 수리 중 일시적 제품 대체 9. 청구서(전표)의 에러

※ 물류와의 관계에 있어 고객서비스의 요소별 중요도 : 거래 중 요소 > 거래 후 요소 > 거래 전 요소 ★

개념 Plus

물류서비스의 신뢰성 향상 방안
• 신속 정확한 수주 정보 처리
• 조달 리드타임(Lead Time) 단축
• 제품 가용성 정보 제공
• 재고관리의 정확도 향상
• 적정 재고수준파악 및 확보
• 주문의 편의성
• 컴플레인 처리능력 향상
• 애프터서비스의 품질 개선 등

출제지문 돋보기 OX

01 [16-1]
거래 전 고객서비스 요소에는 주문 시스템의 정확성, 발주의 편리성 등을 들 수 있다. (　)

02 [17-1]
물류관리의 목표를 표현하고 있는 물류의 7R 원칙에는 적정 상품(right commodity), 적정 품질(right quality), 적정 가격(right price), 적정 도구(right instrument), 적정 수량(right quantity) 등이 포함된다. (　)

03 [12-3]
배달 후 무료로 포장 수거, 고객이 원하는 시간에 적시배달, 수리기간 중 대체품 제공, 고객의 불평을 해결해 주는 것, 제품 보증서비스 등은 모두 고객서비스 요인 중 거래 후 요인에 해당하는 내용들이다. (　)

정답 1. ✕　2. ✕　3. ✕

01 수요예측

(1) 정성적 수요예측기법 기출 19·17·16·14·11·08

정성적(Qualitative) 수요예측기법은 주관적인 의견이나 판단을 중시하므로 주로 중·장기적인 예측에 활용된다.

구 분	내 용
시장조사법	시장의 상황에 대한 자료를 수집하고 이를 이용하여 예측하는 방법으로 소비자에게 직접 의견을 확인함으로써 보다 정확하고 다양한 정보를 수집할 수 있다.
델파이조사법 ★	• 수요예측뿐만 아니라 다양한 형태의 의견조사에 활용되는 기법으로, 전문가그룹을 선정한 후 반복적인 설문조사를 통해 수요 예측치를 추정하도록 하는 기법이다. • 시간과 비용이 많이 드는 단점이 있으나 예측에 불확실성이 크거나 과거의 자료가 없는 경우에 유용하다. 특히 설비계획, 신제품개발, 시장전략 등을 위한 장기예측이나 기술예측에 적합하다.
패널조사법	• 조사대상을 고정시키고, 동일한 조사대상에 대하여 동일질문을 복수시점에서 반복 실시하여 조사하는 방법이다. • 동일한 질문을 반복하여 그간에 의견이 어떻게 변하였는지를 연구함으로써 여론의 형성과 변동을 정확하게 파악하기 위해 실행된다.
판매원예측법	• 자사에 소속된 판매원들로 하여금 각 담당지역의 판매예측을 산출하게 한 다음 이를 모두 합하여 회사전체의 판매 예측액을 산출하는 방법으로 다품종 소량생산을 하는 기업보다 소수의 대규모 구매자를 대상으로 하는 제품에 적당하다. • 지역별 소비자의 성향을 예측에 반영할 수 있으나, 판매원의 기억에 의해 왜곡될 가능성이 있다.
중역의견법	• 소비자패널을 활용하기 어려운 상황에서 시장에 대한 장기적 예측이나 신제품 예측이 가능한 방법이다. • 상위층 경영자(중역)들이 모여 집단적으로 의견을 모아서 이를 수요예측치로 활용한다. • 경영자의 능력에 따라 차이가 많으며, 정확도가 낮다.
유추법 ★	• 라이프사이클 유추법 : 제품의 라이프사이클 단계나 기간을 토대로 하여 예측하는 방법이다. • 역사적 사례유추법 : 기업이 시장에 판매하려는 대상 제품과 특징이 비슷한 다른 제품의 과거판매실태를 비교하여 대상제품의 판매나 도입 및 성장의 패턴을 예측하려는 방법이다.★
표적집단면접법 (FGI) ★	• 고객의 구매행동에 대한 개인의 내면적 동기나 심리 등을 파악하기 위해 많이 이용된다. • 자유로운 분위기에서 6~12명 정도의 그룹을 구성하여 원하는 제품의 특징이나 현 점포운영에 대한 제안 또는 점포 설계에 대한 의견 등 특정 주제나 문제에 대하여 의견을 진술하는 방법이다.★ • 대화에 의해 자료가 수집되므로 면접자의 커뮤니케이션 능력과 청취능력, 응답자 발언에 이은 탐사질문 능력이 요구된다.

> **투사법**
> 직접적인 질문이 아니라 간접적인 자극물을 사용해서 응답자의 의견이 투사되도록 하는 조사방법이다.

(2) 정량적 수요예측기법 기출 17 · 16 · 14 · 11 · 08

정량적(Quantitative) 수요예측기법은 객관적인 데이터를 중시하므로 주로 단기적인 예측에 활용되며, 크게 시계열 예측법과 인과형 예측법으로 구분된다.

① **시계열 예측법** : 시계열이란 일정한 시간간격으로 본 일련의 과거자료를 의미하는 것으로, 시계열을 따라 제시된 과거자료로부터 그 추세나 경향을 파악하여 장래의 수요를 예측하는 방법이다.

② **인과형 예측법** : 수요를 종속변수(결과변수)로, 수요에 영향을 미치는 요인들을 독립변수(원인변수)로 놓고 양자의 관계를 여러 가지 모형으로 파악하여 수요를 예측하는 방법이다.

구 분		내 용
시계열 예측법	이동평균법	• 단순이동평균법 : 시계열에 계절적 변동이나 급속한 증가 또는 감소의 추세가 없고 우연변동만이 크게 작용하는 경우에 유용하다. 이동평균을 통하여 우연변동을 제거하며, 예측하고자 하는 기간의 직전 일정기간 동안의 실제수요의 단순평균치를 예측치로 한다. • 가중이동평균법 : 직전 기간의 자료치에 합이 1이 되는 가중치를 부여한 다음, 가중합계치를 예측치로 사용하는 방법이다.
	지수평활법 ★★	• 지수평활상수를 활용하여 수요를 예측하는 것으로 예측오차에 대하여 예측치가 조정되는 것은 지수평활상수 α에 의해 결정된다. 다음기 예측치 = 전기의 예측치 + α(전기의 실제치 − 전기의 예측치) • 지수적으로 감소하는 가중치를 이용하여 최근의 자료일수록 더 큰 비중을, 오래된 자료일수록 더 작은 비중을 두어 미래수요를 예측하게 된다. • 지수평활법에는 단순지수평활법과 추세나 계절적 변동을 보정해나가는 고차적인 지수평활법이 있다. • 단순지수평활법은 이동평균법과 마찬가지로 시계열에 계절적 변동, 추세 및 순환요인이 크게 작용하지 않을 때 유용하다.
인과형 예측법 ★	회귀분석모형	한 변수 혹은 여러 변수가 다른 변수에 미치는 영향력의 크기를 회귀방정식으로 추정하고 분석하는 통계적 분석방법이다.
	계량경제모형	각 경제변수에 수치를 주어 정량화하고 변수 간에 관계를 설정한 후 경기예측모형을 만들어 경기를 예측하는 방법이다.
	투입/산출모형	산업부문 간의 상호의존관계를 파악하여 투입변수와 산출변수 간의 관계를 분석하는 방법이다.

이동평균법을 이용한 수요예측
시대고시물류의 지난 3주간 주문량은 다음과 같다. 단순이동평균법, 가중이동평균법으로 4주차 주문량의 예측치를 구하시오(단, 가중이동평균법을 계산할 때 현재에 가까운 주부터 0.7, 0.2, 0.1의 가중치를 부여하시오).

주 차	1	2	3
수 요	300	350	380

[풀이]
• 단순이동평균법 : F4 = (300 + 350 + 380)/3 = 343.3
• 가중이동평균법 : F4 = (0.7 × 380) + (0.2 × 350) + (0.1 × 300) = 366

02 재고관리

(1) 재고의 의의

① 제품·반제품·재료 등의 형태로 보관하거나 수송하는 중의 자산을 말한다.★
② 경제적 가치를 지닌 유휴상태의 자원 또는 미래에 사용하기 위하여 기업이 준비하여 보관하고 있는 유휴의 재화, 원자재 또는 자산을 말한다.
③ 재고는 미래의 판매에 대한 불확실성을 해소하기 위해 필요하기 때문에 초과수요와 판매지연 등에 초점을 두고 있다.★

(2) 재고의 필요성

① **고객서비스 향상** : 기업 내부의 생산시스템에 원활한 자재 공급을 통해서 고객이 요구하는 제품이나 서비스를 경제적으로 제공할 수 있도록 하기 위해서 재고의 보유는 필수적이며, 재고를 통해서 제품의 판매를 촉진하기도 한다.
② **비용 절감** : 재고 보유는 보관비 등의 관련 비용을 발생시키지만, 운반비 등 다른 부문의 비용을 간접적으로 줄일 수 있다.

(3) 재고의 기능 `기출 13`

① **고객의 요구납기에 신속하게 대응** : 예상되는 고객의 수요를 만족시키기 위하여 재고는 유지된다.
② **대내·외 여건변동에 따른 충격 흡수** : 가격인상, 물량변동, 납기변경, 기계고장, 불량, 결근 등에 대비해서 사전에 재고를 비축한다.
③ **생산계획 신축적 기능** : 완제품에 대한 적절한 재고수준 유지는 생산계획 수립시 평준화된 생산량을 부하시킴으로써 생산계획을 효율적으로 운영할 수 있고, 경제적인 생산 로트(Lot)로 비용절감이 가능하다.
④ **주문기간 대응기능** : 공급자로부터의 배달지연이 발생할 가능성에 대비하기 위하여 재고를 유지한다. 이러한 경우에 대비하여 안전재고를 둠으로써, 전 생산활동이 마비되는 것을 미연에 방지한다.★

(4) 재고의 형태 `기출 19·12`

① **수송 중 재고** : 원부자재 공급자에서부터 생산자의 자재창고까지 이동 중인 재고, 생산자의 공장창고에서 물류거점까지 이동 중인 재고 등이 있다.
② **투기성 재고** : 비용절감 또는 투기를 목적으로 가격이 낮을 때 매입하는 재고를 말한다. 전체 재고에서 차지하는 비중은 일부분에 불과하며, 이러한 재고관리는 물류관리보다는 재무관리에 더 집중된다.
③ **순환재고** : 연속적인 재고보충 시점 간의 기간 동안에 평균수요를 충족시키는 데 필요한 재고이다. 특히 제품 로트 크기, 경제적 선적량, 저장 공간의 한도, 조달기간, 할인 조건, 재고유지비용에 조정된다.

④ 안전재고(수요 및 조달기간 대응을 위한 재고) : 평균수요와 평균조달기간을 충족시키기 위해 정기적으로 재고물량을 보충한다. **확률적인 절차로 결정**되며, 수요 변동의 범위와 재고 이용 가능성 수준에 달려 있다. 정확한 예측은 안전재고 수준을 최소화하는 데 필수적이며, 조달기간과 수요를 100% 정확하게 예측할 수 있다면 안전재고는 필요 없다. 일반적으로 조달기간 중에 **예상되는 최대수요에서 평균수요를 뺀** 만큼으로 결정한다. ★

⑤ 불용재고 : 재고기간 동안 손상, 분실, 사용 및 판매중지된 재고를 불용재고라고 한다. 고가 제품, 냉동·냉장제품, 파손되기 쉬운 제품, 생산중단제품과 관련된 원부자재 등이 불용재고로 처리되며, 이 같은 재고를 최소화하기 위하여 특별한 대비책을 강구하여야 한다.

⑥ 체화재고(stockpile) : 제품이나 상품이 시장에서 처리되지 못하고 생산자나 상인의 손에 정체되는 일 또는 정체되어 있는 재고를 의미하는 것으로, 체화는 생산계획에서의 예상이 빗나갔기 때문에 **생산과잉**이 되어 제품이 시장에 너무 많이 나돌거나, 일반경제계의 불황으로 **상품수요가 갑자기 축소**되는 등의 이유로 일어난다(예 소매점의 취급종료 상품, 행사 종료로 인한 잔량 재고, 매출이 발생되지 않는 상품. 매출 수량 대비 과다한 재고 등). ★

(5) 재고관리의 개념 기출 13

① 재고관리는 상품의 매입, 판매, 입금활동 과정에서 발생되는 상품재고자산의 비합리적인 증감을 최소화하여 손실을 방지하는 관리수단으로 이익극대화의 출발점이자 중심이다.

② 상품의 공급자 입장에서 고객이 원하는 시기에 일정량의 주문에 대하여 품절을 일으키지 않고 항상 적절하게 대응할 수 있는 재고를 최적의 양으로 유지해 비용을 절감하는 것이다.

③ 기업에서 재고관리활동은 기업이 보유하고 있는 각종 제품·반제품·원재료·상품·공구·사무용품 등의 재화를 합리적이고 경제적으로 유지하기 위한 활동으로 단순히 물품의 수·발주를 중심으로 한 재고관리와 경영적 관점에서 본 재고관리의 양면성을 갖고 있다.

④ 경영적 관점에서 본 재고관리는 일반적 경영계획 일환으로 발주량과 발주시점을 결정하며, 실시간으로 발주·납품(입고)·출고·이동·조정·기록 등의 업무를 수행하는 것이다.

(6) 재고관리의 필요성 기출 15·12·08

① 재고관리를 제대로 하지 못하여 결품(缺品)이 발생할 경우, 유통매장의 이미지 상실, 고객 상실, 판매 손실, 품절비용, 주문이월 등으로 이어진다. ★

② 계절적인 원인으로 수요가 변동되거나 공급이 특정시기에 집중되는 기간품목군 상품의 경우, 품절을 방지하고 안정성을 유지하기 위한 재고의 저장이 필요하다.

③ 반면, 판매기간 중 재고의 결품이 발생하지 않도록 하여야 하나, 보완품목군의경우 재고팽창에 유의하여 엄중히 점검할 필요가 있다.

재고보유의 동기
• 거래동기 : 가격체계가 안정되어 있고 수요량을 미리 알고 있는 경우의 재고보유 동기이다. 즉, 구매나 생산시스템의 특성 때문에 수요와 공급을 일치시키기 어려운 경우에 재고 보유의 동기가 된다.
• 예방동기 : 예측하지 못한 돌발상황으로 인한 위험을 막기 위해 재고를 보유하는 동기이다.
• 투기동기 : 가격변동이 큰 물품을 가격이 쌀 때 재고를 보유하였다가 유리한 시기에 출하하는 동기이다.

출제지문 돋보기 OX

01   [12-1]
재고관리란 고객의 수요를 만족시키고 생산자의 생산조건을 고려하여 필요한 수량의 상품을 보관하는 활동으로 기업의 재무관리에 중요한 요인이 되고 있다.   ( )

02   [19-2]
체화재고(stockpile)측면의 관리 대상으로는 매출 수량 대비 과다한 재고, 매출이 발생되지 않는 상품, 행사 종료로 인한 잔량 재고, 소매점의 취급종료 상품, 수요의 불확실성에 대비한 재고 등이 있다.   ( )

03   [12-2]
운송관리·재고관리를 통해 생산지와 소비자 간의 공간적 격차를 해소시킴으로써 경제적 가치를 창출시키며, 또한 생산시기와 소비시기의 부조화를 해결해줌으로써 시간효용의 질을 높일 수 있다.   ( )

정답 1. ○ 2. × 3. ○

(7) 재고관리의 목적과 기능

① **수급적합 기능** : 품절로 인한 판매기회의 상실을 방지하기 위한 기능으로 생산과 판매의 완충이라는 재고 본래의 기능을 수행하는 것을 말한다.

② **생산의 계획·평준화 기능** : 재고를 통해 수요의 변동을 완충하는 것으로, 주문이 불규칙적이고 비정기적인 경우 재고를 통해 계획적인 생산의 실시와 조업도의 평준화를 유지하게 하는 기능으로 제조원가의 안정과 가격인하에도 기여한다.

③ **경제적 발주 기능** : 발주정책의 수립시 재고관련 비용을 최소화하는 경제적 발주량 또는 로트량을 구하고, 이것을 발주정책에 이용함으로써 긴급발주 등에 따른 추가의 비용을 방지 및 최소화하는 기능을 말한다.

④ **수송합리화 기능** : 재고의 공간적 배치(레이아웃)와 관련된 기능으로 어떠한 재고를 어떠한 보관장소에 보관할 것인가에 따라 수송의 합리화가 결정되며, 이것을 재고의 수송합리화 기능이라고 한다. 물류거점별로 소비자의 요구에 부응하는 형태별 분류와 배송을 가능하게 해주는 기능을 말한다.

⑤ **유통가공 기능** : 다양한 소비자의 요구에 대처하기 위해 제조과정에서 모든 것을 충족시키는 것이 아니고, 유통과정에서 일부의 조립과 포장 등의 기능을 담당하는 것을 말한다.

(8) 재고비용 `기출` 21 · 18

재고정책을 결정하는 데 중요한 비용의 일반적인 세 가지 분류는 발주비용, 재고유지비용, 재고부족비용이다. 주문량을 결정할 때 이들 관련 비용은 트레이드-오프(Trade-off) 관계를 갖는다.

① **주문(발주)비용** : 필요한 자재나 부품을 외부에서 구입할 때 구매 및 조달에 수반되어 발생되는 비용으로 주문발송비, 통신료, 물품수송비, 통관료, 하역비, 검사비, 입고비, 관계자의 임금 등이 포함된다.

② **준비비용** : 재고품을 외부에서 구매하지 않고 회사 내에서 생산할 때 발생하는 제 비용으로 준비요원의 노무비, 필요한 자재나 공구의 교체, 원료의 준비비용으로 주문비용과 대등하다.

③ **재고유지비용** : 재고를 유지하는 데 따르는 비용으로, 저장비용, 자재취급비용, 정보화비용, 보험료, 세금, 진부화비용, 자본비용 등이 포함된다. 재고유지비용은 재고량에 비례한다.

④ **재고부족비용** : 품절, 즉 재고가 부족하여 발생하는 비용(일종의 기회비용)으로 판매기회의 손실도 크지만 고객에 대한 신용의 저하가 가장 큰 손실이다. 이것은 바로 고객서비스에 해당되는 것으로 고객의 수요를 잘 파악해 대처하여야 한다.

⑤ **총재고비용** : 총재고비용은 "주문비용(준비비용) + 재고유지비용 + 재고부족비용"을 말하며, 총재고비용이 최소가 되는 수준에서 재고정책을 결정하여야 한다.

주요 재고비용항목과 영향을 미치는 요소

구 분	영향을 미치는 요소
주문(발주)비용	매 주문당 비용, 주문량, 매 주문당 생산가동비용, 청구비, 수송비, 검사비 등
재고유지비용	재고품의 가치, 매출채권 회수절차, 주문주기 시간, 외상매입금 지불절차, 보관비, 보험료, 세금 등
재고부족비용	연간 주문주기 횟수, 안전재고량, 주문주기당 수요변동 정도, 주문주기당 수행시간 변화 정도, 제품대체성, 고객 불신, 백 오더에 의한 비용발생(중복주문처리, 과다커뮤니케이션, 판매노력의 낭비, 판매상실에 미치는 영향 정도)

(9) 재고조정 기출 18 · 12 · 11 · 10

① 재고조정의 개념 : 원재료, 반제품, 제품 등의 재고량을 그때그때의 경제동향에 맞춰 조정하는 것이다. 재고거점이 많은 경우는 창고마다 재고과잉 또는 재고부족 현상이 일어난다. 이것을 바람직한 재고수준으로 회복시키기 위해 재고가 과잉한 창고에서 부족한 창고로 상품을 이동할 필요가 있다. 이와 같은 조작을 재고조정이라고 한다.

② 재고조정의 방법 : 조업단축에 의한 생산제한, 염가판매에 의한 재고처분 등의 출하조작, 일시운휴와 같이 생산을 정지시키는 방법 등이 있다.

(10) 재고수준(과다재고 · 과소재고 · 적정재고)

개념 Plus

재고수준 결정 시 고려사항
• 경쟁성
• 고객서비스 수준
• 이 윤
• 보관거점의 수

과다재고	과소재고	적정재고
자금운용 곤란	자금활용 가능	계획적인 자금운용 가능
재고(유지)비용의 과다소비★ 대량 발주단위로 비용감소	재고(유지)비용의 축소★ 소량 발주단위로 비용증가	유지비, 발주비의 최적치를 구할 수 있음
품절, 결품(缺品)률이 적음	품절, 결품(缺品)률이 증가	적정 서비스율의 유지 가능
재고품의 손상, 열화사례가 많음	재고품의 손상, 열화사례가 적음	재고품의 손상, 열화사례가 드묾
재고회전율이 나쁨	재고회전율이 좋음	재고회전율이 좋음
보관시설의 과다	보관시설의 감소	적정규모 보관시설의 확보 가능
창고 내 물품이동, 정리 등 시간과 노력이 많이 소요	창고 내 물품이동, 정리 등 시간과 노력이 적게 소요	작업을 계획적으로 수행
다수의 인력, 장비가 필요	소수의 인력, 장비로 가능	적정인원, 장비로 가능
서비스율이 높음★	서비스율이 낮음★	적정서비스수준 유지 가능
화재, 도난의 위험부담이 큼	화재, 도난의 위험부담 적음	적절하게 대처 가능
재고수량관리가 힘듦	재고수량관리가 쉬움	재고수량관리가 용이

※ 과소재고에 비해 과다재고는 대량발주로 주문비용을 절감할 수 있겠지만, 재고회전율이 저하되고 보관비용이 증가한다.

※ 과다재고에 비해 과소재고는 재고수량관리 측면에서 용이해지지만, 서비스율이 낮아지는 위험이 있다.

수량과 금액에 의한 재고관리를 할 경우의 장점 비교 기출 12 · 11 · 08 · 09	
수량에 의한 재고관리의 장점	금액에 의한 재고관리의 장점
• 어느 상품이 어느 정도 판매되었으며, 얼마나 매입하였는가를 파악하기가 용이하다. • 필요로 하는 매입 수준에 대한 파악이 용이하다. • 상품의 형태, 디자인, 색상, 크기별로 세분화된 관리가 가능하다. • 각 상품별 매출현황 파악이 용이하다.	• 회계상 손익계산에 결부시키는 것이 용이하다. • 이익계획이나 상품회전율을 설정하기 쉽다. • 매입자금관리가 용이하다.

03 재고관리시스템

(1) 재고관리시스템(기본 모형) 기출 21 · 17 · 16 · 15

① **정량주문(발주)방식** : 발주 시기는 일정하지 않지만 발주량은 정해져 있으며, 주로 EOQ 분석을 통해 주문량을 결정한다. 주문량이 중심이 되므로 Q시스템이라 부르며, 계속적인 실사를 통하여 재고수준을 체크하므로 **연속실사방식**이라고도 한다. ★

  ㉠ 용도의 공통성이 높고, 사용빈도가 많으며, 매일 일정한 비율로 소비되는 물품인 경우에는 정량주문방식이 합당하다.

  ㉡ 경제적 재주문점을 계산하기가 용이하고 이를 활용하는 것이 재고관리에 더욱 유리할 때는 정량주문방식이 합당하다.

② **정기주문(발주)방식** : 발주 시기는 일정하여 정기적이지만 발주량은 일정하지 않다. 다음 주문주기 동안의 재고부족을 방지하기 위해 정량주문방식보다 더욱 많은 안전재고를 유지해야 한다.

  ㉠ 수량할인을 기대하기 힘들 때는 정기주문방식이 합당하다.

  ㉡ 계절에 따라 수요의 변동 폭이 클 때는 정기주문방식이 합당하다.

  ㉢ 재고수준을 자동적으로 유지하지 못할 때는 정기주문방식이 합당하다.

③ **기준재고방식** : 정량주문방식과 정기주문방식의 장점을 유지하도록 고안한 방식이지만 안전재고를 높게 설정해야 하는 단점이 있다.

정량주문과 정기주문의 비교		
항목	정량주문	정기주문
리드타임	짧은 편이 낫다	긴 편이 낫다
표준화	표준부품이 좋다	전용부품이 좋다
품목 수	많아도 된다	적을수록 좋다
주문시기	일정하지 않다	일정하다
구매금액	적은 편이 좋다	큰 편이 좋다

(2) 재고관리시스템의 주요지표 기출 18 · 15 · 14 · 12 · 11 · 08

① 서비스율 : 기업 측면에서 고객에게 제공하여야 할 적정 서비스율은 다음과 같은 관계로 나타낸다. 이것은 수요를 얼마나 충족시켰는가를 나타내는 것이다.

  ㉠ 서비스율 = 출하량(액)/수주량(액) × 100 = 납기내 납품량(액)/수주량(액) × 100
  ※ 납품량 = 주문량 - 결품(缺品), 불량수량

  ㉡ 백오더율(Back Order) : (1-서비스율)로서 납기 내에 납품되지 못한 주문에 대한 결품 비율

② 재고회전율 : 재고자산에 투자한 자금을 신속하게 회수하여 재투자하였는가를 측정하여 보다 적은 자본으로 이익의 증대를 도모하고자 함이 그 목적이다.

  ㉠ 재고량과 회전율 : 재고량과 회전율은 서로 반비례한다. 즉, 회전율이 높으면 품절현상을 초래할 위험이 있으며, 회전율이 낮으면 불필요하게 과다한 재고량을 보유함으로써 보관비용의 증대를 초래하게 된다.

  ㉡ 수요량과 회전율 : 수요량과 회전율은 서로 정비례 관계가 성립된다. 수요량이 적을 때에는 재고보충을 중단시키고, 수요량이 급격하게 증가할 때에는 재고보충을 증가시켜 적정재고 회전율에 도달할 수 있도록 회전율 향상에 노력하여야 한다.

  ㉢ 재고회전율 산정방법 : 재고회전율(R) = 총매출액(S)/평균재고액(I) or 출고량/평균재고량

  ㉣ 재고회전기간 산정방법 : 재고회전기간 = 수요대상기간/재고회전율, 수요 검토 기간은 일반적으로 1년을 기준으로 하며 일수로 환산할 때는 360일을 기준으로 한다.

  ㉤ 적정재고 수준 : 적정재고 = 운영재고 + 안전재고, 수요를 가장 경제적으로 충족시킬 수 있는 재고량이라고 요약할 수 있다. 즉, 계속적인 공급과 경제적인 확보라는 이질적인 성격을 지니고 있는 자재관리의 궁극적인 목표를 균형 있게 유지시키기 위한 재고수준을 말한다.

③ 안전재고량 기출 19 · 15

  ㉠ 안전재고량은 품절발생확률과 반대의 개념, 즉 조달기간 중에 발생하는 수요를 모두 만족시킬 수 있는 확률을 의미하며, 고객서비스 수준으로서 이 값을 어느 정도로 할 것인가에 따라 결정된다.

  ㉡ 수요는 확정적으로 발생하고, 부품공급업자가 부품을 납품하는 데 소요되는 기간(조달기간)이 확률적으로 변할 때, 조달기간의 평균이 길어지더라도 조달기간에 대한 편차가 같다면 부품공급업자와 생산공장 사이의 안전재고량은 변동이 없다.

  ㉢ 안전재고량은 안전계수와 수요의 표준편차에 비례한다.
    따라서, 안전재고량 = 안전계수(k) × 수요의 표준편차(S) × $\sqrt{조달기간(리드타임)}$

  ㉣ 고객의 수요가 확률적으로 변동한다고 할 때, 수요변동의 분산이 작아지면 완제품에 대한 안전재고량은 감소한다.

  ㉤ 생산자의 생산수량의 변동폭이 작아지면 부품공급업자와 생산공장 사이의 안전재고량은 감소한다.

  ㉥ 부품공급업자가 부품을 납품하는 데 있어서 소요되는 기간의 분산이 작아질 경우에는 부품공급업자와 생산공장 사이의 안전재고량은 감소한다. 반대로 분산이 커지면 안전재고량은 증가한다.

재고목표관리 시스템 계산공식 정리

주요지표	계산공식
서비스율	서비스율 = 납기내 납품량/수주량(액) × 100
백오더율	Back Order(BO)율 = 결품량/요구량 × 100
재고회전율	재고회전율 = (일정기간의)매출액(S) 또는 출고량/평균재고액(I) 또는 재고량
평균재고량	평균재고량 = (기초재고 + 기말재고)/2
재고일수	재고일수 = 현재 재고수량(금액)/월평균 출하량(금액) × 30일
안전재고량	안전재고량 = 안전계수(k) × 수요의 표준편차(s) × $\sqrt{조달기간}$
주문점	주문점 = 1일 수요단위 × (조달시간 + 점검주기시간) + 안전재고
주문량	주문량 = 주문점 − 가용재고
상품로스율	상품 로스(Loss)율 = (상품로스/상품매출액) × 100
매입한도	매입한도 = 계획된 월말재고 − 조정된 재고
월초계획재고액	월초계획재고액 = (연매출예산/예정상품회전율) × $\frac{1}{2}${1 + (월매출예산/월평균매출예산)}

04 재고관리 모형

(1) 경제적 주문량 모형(Economic Order Quantity, EOQ model) 기출 21 · 19 · 18 · 17 · 16 · 15

주문비용, 재고유지비용 간의 관계를 이용하여 가장 합리적인 주문량을 결정하는 방법으로 주문비용과 재고유지비가 최소가 되게 하는 1회 주문량이다.

① EOQ의 기본가정
  ㉠ 계획기간 중 해당 품목의 단위 시간당 수요율은 항상 균등하며, 연간 수요가 확정적으로 알려져 있다.
  ㉡ 단위구입가가 물량에 관계없이 일정하다.
  ㉢ 연간 단위 재고유지비가 물량에 관계없이 일정하다.
  ㉣ 1회 주문비용이 일정하다.
  ㉤ 주문량이 일시에 입고된다.
  ㉥ 조달기간이 없거나 일정하다.
  ㉦ 재고부족이 허용되지 않는다.

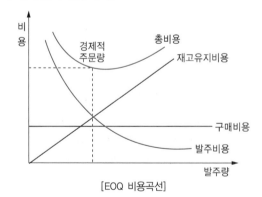

[EOQ 비용곡선]

② EOQ의 계산방법★★

$$EOQ = \sqrt{\frac{2C_0 D}{C_h}}$$

- C_h : 연간 단위 재고비용
- C_0 : 주문당 소요비용
- D : 연간 수요량
- Q : 1회 주문량

(2) Q(Quantity) 시스템과 P(Period) 시스템 <mark>기출</mark> 19

① 고정발주량형 재고관리시스템(= 정량유지방식 Q) : 재고가 일정한 수준에 도달하면, 사전에 정해진 일정량(경제적 주문량)을 주문하는 시스템으로 주문량은 고정되어 있지만 주문시기는 일정하지 않다. 관리가 쉽고 주문비용이 저렴하며, 재고관리비용이 최소화되는 장점이 있으나, 재고수준을 유의해서 검토해야 한다.

② 고정발주기간형 재고관리시스템(= 정기발주방식 P) : 정기적으로 부정량(최대 재고량 – 현재 재고량)을 발주하는 방식으로 정기실사방식이라고도 한다.

(3) ROP 모형(Re-Order Point, 재발주점 모형) <mark>기출</mark> 20 · 19

주문기간은 일정하게 하고 주문량을 변동시키는 모형이다. 여기서 주문점이란 다음 주문 수량이 도달하기 이전에 재고량이 가용수준을 유지하지 못하면 품절이 발생하는 시점을 말한다.

① 수요가 확실 : 안전재고가 불필요, ROP는 조달기간에 1일 수요량을 곱하여 구할 수 있다.

② 수요가 불확실 : 품절 가능성이 있으므로, 안전재고를 보유하여야 하며 이때 ROP는 주문기간 동안의 평균수요량에 안전재고를 더한 값이 된다.

(4) ABC 재고관리시스템 <mark>기출</mark> 20 · 18 · 16 · 10 · 09 · 08

① 관리대상의 수가 너무 많아 아이템을 동일하게 관리하기 곤란한 경우에는 특정 기준에 의하여 그룹핑하고 특정 그룹에 대해서 집중적으로 관리하는 방식을 말한다.

② ABC분석은 상품의 가치가 동일하지 않기 때문에 기업이익에 미치는 영향을 고려하여 상품을 몇 개의 범주로 분류하여 차별적으로 관리한다.

③ 통계적 방법에 의하여 관리대상을 A, B, C 그룹으로 나누고, A 그룹을 최중점 관리대상으로 선정하여 관리에 노력함으로써 관리효과를 높이려는 분석법이다. ★

④ A 그룹 : 품목비율 20%, 금액비율 80%,
B 그룹 : 품목비율 30%, 금액비율 15%,
C 그룹 : 품목비율 50%, 금액비율 5%

개념 Plus

Two-Bin 시스템
재고를 2개의 Bin에 나누어 1-Bin의 재고가 바닥나는 시점을 발주점으로 보고, 1개 Bin에 해당하는 물량을 주문하는 시스템으로, 가격이 저렴하고 사용빈도가 높으며, 조달기간이 짧은 자재에 대해 주로 적용된다. ABC분석의 C급 품목에 대하여 효과적인 관리방법으로 인식되고 있는 재고관리기법이다.

(5) MRP(Material Requirement Planning) 시스템 기출 19

최종품목의 구성품목들이 언제, 얼마나 필요하며, 언제 주문해야 하는지를 결정하는 기법이다. 이 시스템의 목적은 적량의 품목을 적시에 주문하여 재고수준을 낮게 유지하는 것 이외에도 우선순위계획과 생산능력계획을 수립하는 데 필요한 정보를 제공하는 것이다. ★

(6) DRP(Distribution Requirement Planning) 시스템

구매계획이나 재고계획 등을 수립하는 데 이용된다. 기본데이터를 기반으로 자원요구량의 시계열적 모델을 생성하고 자원요구량에 대해 공급원의 현 가용량과 미래의 가용량을 파악·비교 후에 미래의 부족재고를 예상하여, 부족을 피할 수 있는 활동을 제공한다.

(7) JIT(Just In Time) 시스템 기출 20 · 19 · 15

① JIT시스템의 근본적인 목적은 필요한 부품을 필요한 때, 필요한 곳에, **필요한 양만큼 생산 또는 구매하여 공급함으로써 생산 활동에서 있을 수 있는 제공품의 재고를 아주 낮게 유지하여 재고유지비용을 최소화시키는 것**이다.

② 물건이 팔리는 양에 따라 생산라인이 가동되므로 재고를 최소한으로 줄일 수 있다는 이점이 있지만, 생산 체계가 한 치의 착오도 없이 움직일 때만 가능하다. ★

JIT(Just-in-time)와 JIT(Just-in-time) II와의 차이점

JIT	JIT II
계약 관계	상호 파트너십 관계
부품과 원자재를 원활히 공급하는 데 초점	부품, 설비공구 등 모든 분야를 공급받는 데 초점
개별적인 생산현장(plant floor)을 연결	공급체인상 파트너 연결과 프로세스 변화
공장 내 무가치한 활동 감소·제거하는 데 주력	기업 간 무가치한 활동 감소·제거하는 데 주력
푸시형인 MRP와 대비되는 풀형의 생산방식	JIT와 MRP를 동시 수용가능한 기업 간 운영체제
물동량의 흐름이 주된 개선대상	기술, 영업, 개발 동시화 물동량 흐름 강력 통제

05 운송활동

(1) 운송의 개념 기출 20

① 운송수단을 이용해 재화와 용역을 **효용가치가 낮은 장소로부터 높은 장소로 이동**시키는 속성을 가진 '공간적·물리적 행위'로 정의할 수 있으며, 운송은 마케팅 활동에 필요한 기능으로서 우리나라의 경우 전체 물류비의 약 절반을 차지하기 때문에 일반적으로 물류가 운송으로 인식되고 있다. ★

② 운송기능을 담당하는 대표적인 기관으로는 철도, 자동차, 항공기, 해운 등이 있으며, 선택시 고려해야 할 요인으로 재화의 가격, 품질, 운송량의 단위, 발송인과 수취인의 입지조건, 운송거리, 운송비 등이 있다. 그 이외에도 일반적인 선택조건으로 경제성, 신속성, 정확성, 안전성, 편리성 등이 있다.

(2) 운송의 3대 구성요소

① **운송방식(Mode)** : 운송을 직접적으로 담당하는 수단을 의미하는 것으로 화물자동차 (Truck), 선박(Ship), 항공기(Airplane), 철도차량(Railroad cars), 케이블카(Cable car, 삭도차), 파이프라인(Pipeline) 등이 여기에 속한다.

② **운송경로(Link)** : 운송수단의 운행에 이용되는 운송경로(통로)를 의미하는 것으로서 공로(예 지방도로, 국도, 고속도로), 철도(Railroad), 파이프라인, 케이블, 해상 항로, 내수면로, 항공로 등이 있다.

③ **운송연결점(Node)** : 운송의 대상인 화물을 효율적으로 처리하기 위한 장소나 시설을 의미하는 것으로 출발지에서 목적지까지 전 구간의 화물운송을 위한 운송수단들 상호 간의 중계 및 운송화물의 환적작업 등이 이루어지는 장소, 즉 물류단지, 물류센터(거점), 유통센터, 제조공장, 화물터미널, 역, 항만, 공항 등을 말한다.

(3) 주요 운송수단 간 기능의 적합성 비교 [기출] 20 · 18

구 분	공로운송	철도운송	항공운송	해상운송
운송시간	길 다	길 다	매우 짧다	매우 길다
운송거리	중·단거리	원거리	원거리	원거리
운송비용	단거리 유리	중거리 유리	가장 높음	원거리 유리
화물중량	소·중량화물	대량화물	소·중량화물	대·중량화물
중량제한	있 다	없 다	있 다	없 다
기후영향	조금 받음	거의 받지 않음	매우 많이 받음	많이 받음
전천후 운송	×	○	×	×
안정성	조금 낮다	높 다	비교적 높다	낮 다
일관수송체계	용이하다	미흡하다	어렵다	어렵다
화물수취	편리하다	불편하다	불편하다	불편하다
하역 및 포장비용	보 통	보 통	저 렴	비 쌈

(4) 복합운송(Multimodal Transport) [기출] 21 · 17 · 16 · 08

① **복합운송의 개념** : 화물의 운송에 있어 육상·해상·내륙수로·항공·철도·도로운송 중에서 적어도 두 가지 이상의 상이한 운송형태를 복합적으로 이용하여, 일정지점에서 부터 인도예정지점까지 운송구간을 단일계약에 의해 일관운송하는 체계를 말한다.

② **복합운송의 주요 유형**

㉠ **피기 백 방식(Piggy-Back System)** : 화물자동차(Truck)와 철도(Train)를 연계한 복합운송형태로 컨테이너 화물을 실은 화물자동차를 그대로 철도에 적재하여 일관 운송하는 것을 말한다.

㉡ **피시 백 방식(Fishy-Back System)** : 화물자동차와 수상운송수단을 연계한 복합운송형태로 컨테이너 화물을 실은 화물자동차를 그대로 선박에 태워 운송하는 것을 말한다.

㉢ **버디 백 방식(Birdy-Back System)** : 화물자동차와 항공기가 연계된 복합운송형태이다. 화물을 실은 트럭을 그대로 항공기에 적재하는 운송방식이며, 피시 백 방식이 지닌 이점을 보다 효율적으로 활용할 수 있다는 장점이 있지만 운송비용이 비싸다.

개념 Plus

운송의 유사·동의어
- 운송 : 공급 측면의 물자이동서비스
- 수송 : 공장과 물류센터 간의 운송
- 배송 : 배송센터에서 고객까지 운송
- 운수 : 행정, 법률상 운송
- 운반 : 제한된 범위 내 운송

개념 Plus

운송수단의 결정요소★
- 화물의 종류 및 특성
- 화물의 중량 및 용적
- 화물의 운송거리 및 경로
- 화물의 가치(가격)
- 화물운송의 신속성
- 복합운송여부

개념 Plus

택배의 간선운송시스템
- Point to Point 운송시스템 : 어느 하나의 지역에서 집화한 화물을 그 지역의 터미널로 집결시켜 배송할 지역별로 구분한 후 배송담당 터미널로 발송하는 운송시스템
- Hub & Spoke 운송시스템 : 중심 지역 또는 집배센터를 허브로 설정하고 다른 중소도시들을 연결시켜 경유하게 하는 시스템으로, 모든 노선이 허브를 중심으로 구축되며, 노선의 수가 적어 운송시간 단축 및 비용절감이 가능하나, 허브로 배달물량이 집중되므로 충분한 상·하차 여건을 갖추지 못한 경우 배송지연 발생

㉹ 씨 앤 에어 방식(Sea-and-Air System) : 해상운송의 저렴성과 항공운송의 신속성을 이용하는 해공 복합운송 방식으로 운송비 절감, 운송시간(Lead-Time) 단축, 운송의 능률 증대 등의 이점이 있다.

(5) 소화물일관운송 기출 19·08

① **소화물일관운송의 개념** : 특송이나 택배, 문전배달제 서비스제도로 화주로부터 1건 또는 1개 이상의 소형·소량의 화물운송을 의뢰받아 송화주의 문전에서 수화주의 문전으로 화물의 집하, 포장, 운송, 배달에 이르기까지 자기의 책임 하에 화물운송 및 이에 관련된 일련의 서비스를 신속·정확하게 제공해주는 편의위주의 운송체계를 말한다.

② **소화물일관운송의 특징**
   ㉠ 소형·소량화물에 대한 운송체계이다.
   ㉡ 문전에서 문전까지의 포괄적인 운송서비스이다.
   ㉢ 일관책임운송제도이다.
   ㉣ 신속성, 안정성, 경제성을 근본적 특징으로 한다.

수·배송 공급모형 기출 17
- 세이빙(Saving)법 모형 : 주행거리를 단축하여 배송하는 기법이다.
- 수·배송선형계획법 모형 : 수·배송을 다수의 출발지에서 다수의 도착지까지 최소비용과 최대이익을 실현하면서 효율적으로 수행하고자 하는 문제를 선형계획모형을 도입하여 해결하는 기법이다.
- 시뮬레이션(Simulation) 모형 : 수리적인 방법의 적용이 곤란하거나 불가능할 때, 최후적인 수단으로 이용되는 기법으로 통계분석과 함께 가장 많이 이용된다. 최적해를 도출하는 기법이라기보다는 시스템의 상태를 파악하는 묘사적인 방법이다.
- 최적화(Optimization) 모형 : 최적경로의 해를 찾는 기법이다.
- 탐색적(Heuristic) 모형 : 한정된 시간 내에 수행하기 위해 최적의 해 대신 현실적으로 만족할 만한 수준의 해를 구하는 기법이다.

---

06 보관활동 및 창고관리

(1) 보관의 개념

① 보관이란 창고를 제공하는 활동과 창고시설을 사용해서 보관하는 활동을 말한다.

② 보관활동은 운송 다음으로 물류의 중요한 역할을 담당하고 있으며, 그 영역으로는 물품을 단순히 저장하고 관리하는 행위뿐만 아니라 물품의 가치를 유지시켜 유통의 최전선인 고객에게 서비스하는 기능까지도 포함하고 있다.

③ 보관은 물류의 관점에서 보면 생산에서 소비에 이르는 물(物)의 흐름에 있어 적시에 원료 및 부품을 공급하여 생산을 원활히 하고, 제품을 적기에 수요에 따라서 공급할 수 있는 기능을 갖고 있다.

(2) 보관의 원칙 기출 21 · 18 · 17 · 15 · 13 · 12 · 11

① **통로대면보관의 원칙** : 물품의 효율적인 운반 및 보관을 위하여 되도록 통로면에 보관해야 한다는 원칙이다.

② **높이 쌓기의 원칙** : 컨테이너나 파렛트 등을 이용하여 높이 쌓으면 창고의 용적 효율을 향상시킬 수 있다.

③ **선입선출의 원칙** : FIFO(First In First Out), 먼저 입고된 물품을 먼저 출고한다.

④ **회전대응보관의 원칙** : 보관할 물품의 회전정도에 따라 보관장소를 결정한다.

⑤ **동일성·유사성의 원칙** : 동일품종은 동일장소에 보관하고, 유사품은 가까운 장소에 보관한다.

⑥ **중량특성의 원칙** : 중량에 따라 보관장소나 높낮이를 결정한다.

⑦ **형상특성의 원칙** : 형상에 따라 보관방법을 결정한다.

⑧ **위치표시의 원칙** : 보관품의 장소와 선반번호 등의 위치를 표시한다.

⑨ **명료성의 원칙** : 시각적으로 보관품을 용이하게 식별할 수 있도록 보관한다.

⑩ **네트워크 보관의 원칙** : 관련 품목을 한 장소에 모아서 보관한다.

(3) 보관창고의 기능 기출 17

① **이동** : 이동은 창고에서 이동되는 물적 이동이다. 이동과 관련된 하부 창고운영시스템은 수주(Receiving), 이송 또는 격납(Transfer or Put away), 주문 선택(Order Selection), 크로스도킹(Cross-docking) 및 선적(Shipping)으로 구분한다.

② **보관** : 임시저장과 장기저장으로 대별한다.

③ **정보전달** : 재고수준, 처리수준, 제품보관위치, 유출입, 고객정보, 창고공간의 활용, 인적자원에 대한 정보가 필요하다.

크로스도킹 시스템(Cross-docking system) 기출 16
창고나 물류센터에서 <u>수령한 제품을 재고로 보관하지 않고 즉시 운송할 준비를 하는 물류시스템</u>을 의미한다. 이것으로 인해 <u>빠른 재배송 및 물류비용 절감</u>이 가능해진다. 크로스도킹 방식을 활용하는 경우는 다음과 같다.
• 재고가 입하될 때 보낼 곳을 알고 있는 경우
• 재고가 시간에 민감한 경우
• 배송처가 재고를 즉시 받을 준비가 되어 있는 경우
• 유통센터의 공간이 거의 포화상태인 경우
• 재고 라벨이 붙은 상태로 유통센터의 도크에 도착한 경우

(4) 보관창고의 레이아웃

① 물품, 통로, 운반기기 및 사람 등의 흐름방향은 직진성에 중점을 둔다.

② 물품, 운반기기 및 사람의 역행교차는 피해야 한다.

③ 물품의 취급횟수 및 물(物)의 흐름과정에서 높낮이 차이의 크기 등을 줄여야 한다.

④ 화차, 운반기기, 랙, 통로입구 및 기둥간격의 모듈화를 시도하고, 여분의 공간을 감소시키기 위해서 디멘션(Dimension)의 배수관계를 고려하여야 한다.

(5) 효율적인 보관활동을 위한 창고의 위치

① P(화물 : Material or Product), Q(수량 : Quantity), R(경로 : Route), S(서비스 : Service), T(시간 : Time)를 분석하여 창고의 위치를 결정한다.

② 제품이 입고되어 적재되는 것으로부터 선택되어 출하되는 모든 작업과정과 그 과정상에서 발생되는 물류데이터를 자동적으로 처리하기 위한 창고관리시스템(WMS ; Warehouse Management System) 구축이 필요하다.

(6) 소유 여부에 따른 창고 분류 `기출` 21

① **자가창고** : 직접 창고를 소유하고 자기의 물품을 보관하는 창고로 수요가 안정적인 경우나 특수한 창고보관기술을 필요로 할 경우에는 임대창고와 비교할 때보다 효율적인 관리가 가능하고 높은 유연성이 있다.

② **영업창고** : 다른 사람이 기탁한 물품을 보관하고, 그 대가로 보관료를 받는 창고로 창고료는 보관료와 하역료로 구성된다.

③ **자가창고와 영업창고의 장 · 단점 비교**

구 분	자가창고	영업창고
장 점	• 기계에 의한 합리화 및 생산화 가능 • 기업에서 취급하는 상품에 알맞은 최적의 보관 • 하역설비의 설계 가능 • 노하우 축적 가능 • 수주 및 출하의 일관화	• 필요로 하는 공간을 언제, 어디서든지 이용 가능 • 전문업자로서의 전문적 관리 운용 • 설비투자가 불필요 • 보상제도의 확립(파손시) • 비용, 지출의 명확화
단 점	• 토지구입 및 설비투자비용, 창고규모 고정적 배치에 의한 인건비, 관리비 부담 • 계절변동에 비탄력적 • 재고품의 관리가 소홀해짐	• 시설변경의 탄력성이 적음 • 토탈시스템과의 연결이 약함 • 치밀한 고객서비스가 어려움 • 자가 목적에 맞는 창고설계가 어려움

오더피킹시스템
저장 중에 있는 창고의 재고에서 수주 받은 물품을 주문별로 골라내어 출하하는 과정을 말한다. ★
• 릴레이 방법 : 여러 사람의 피커가 각각 자신의 작업범위를 정해두고 피킹전표 속에서 자기가 맡은 종류의 물품만을 피킹하여 릴레이식으로 다음의 피커에게 넘겨주는 방법이다.
• 싱글 오더피킹 방법 : 1건의 주문마다 물품의 피킹을 집계하는 방법이다.
• 일괄 오더피킹 방법 : 여러 건의 주문전표를 한데 모아 한꺼번에 피킹하는 방법이다.
• 총량 오더피킹 방법 : 일정한 시간이 지난 후 주문전표를 한데 모아서 피킹하는 방법이다.

07 하역활동

(1) 하역의 개념 기출 19

① 보관과 운송의 양단에 있는 물품을 취급하는 활동을 말하며, 하역시설을 제공하는 활동과 그 설비를 이용하여 직접 하역을 행하는 활동을 말한다.

② 하역은 하역 자체가 갖는 가치보다는 **운송이나 보관능력의 효율향상을 지원**하는 역할이 크다. 따라서 물류과정에서 하역이 자체적으로 창출하는 효용은 없다. ★

(2) 하역합리화의 원칙 기출 17

① **경제성의 원칙** : 하역작업의 횟수감소(0에 근접), 화물의 파손·오손·분실의 최소화, 하역작업의 대상인 중량 × 이동거리(ton/km)의 최소화, 하역투자의 최소화 등을 목적으로 하는 원칙을 말한다.

② **이동거리(시간)의 최소화 원칙** : 이동량 × 이동거리(시간)의 값을 최소화하는 원칙이다.

③ **활성화의 원칙** : 운반활성화 지수를 최대화로 지향하는 원칙으로서 관련 작업과 조합하여 전체적인 활성화를 능률적으로 운용하는 것을 목적으로 하는 원칙이다.

④ **단위화의 원칙** : 화물을 단위화(유닛화)하여 파렛트 및 컨테이너와 조합함으로써 화물의 손상·파손·분실을 없애고 하역작업을 능률화 또는 합리화하는 원칙이다.

⑤ **기계화의 원칙** : 인력작업을 기계화작업으로 대체함으로서 효율성을 높이는 원칙이다.

⑥ **인터페이스의 원칙** : 하역작업 공정 간의 계면 또는 접점을 원활히 하는 원칙으로 창고에서 파렛트 단위로 반출시킨 화물을 트럭에 싣는 경우 인력에만 의존하지 않고 자동적재장치를 사용하여 트럭에 싣는 것을 말한다.

⑦ **중력이용의 원칙** : 힘은 중력의 법칙에 따라 위에서 아래로 움직이는 것이 경제적이므로 경사면을 이용한 플로우 랙(Flow Rack)과 같이 중력의 원리를 이용하는 원칙이다.

⑧ **시스템의 원칙** : 개개의 하역 활동을 유기체적인 활동으로 간주하는 원칙으로 종합적인 관점에서 보았을 때 시스템 전체의 균형을 고려하여 시너지 효과를 올리는 것을 의미한다.

(3) 유닛로드시스템(ULS ; Unit Load System) 기출 16·15·13·11·10·09

① **하역작업의 혁신을 통해 수송합리화를 도모하기 위한 것**으로 화물을 일정한 표준의 중량 또는 체적으로 단위화시켜 기계를 이용하여 하역·수송·보관 등을 하는 시스템을 말한다.

② 협동일관수송의 전형적인 수송시스템으로서 하역작업의 기계화 및 작업화, 화물파손방지, 적재의 신속화, 차량회전율의 향상 등을 가능하게 하는 물류비 절감의 최적방법(표준화, 규격화된 파렛트와 컨테이너를 이용)이다.

③ 유닛로드시스템의 목적은 화물취급 단위에 대한 단순화와 표준화를 통하여 기계하역을 보다 용이하게 하고, 하역 능력향상 및 비용절감을 꾀함과 동시에 수송 및 보관 업무를 효율화하는 것이다.

④ 유닛로드시스템의 구축을 위한 기본적인 요건으로 단위규모의 적정화, 단위화 작업의 원활화, 협동운송체제의 확립이 필요하다.

개념 Plus

내륙컨테이너기지(ICD)
항만 및 내륙운송수단의 연계가 편리한 산업단지 지역에 위치한 컨테이너 집화, 혼재를 위한 하치장을 말하며, 컨테이너 장치, 보관기능, 집화, 분류기능 및 통관기능을 담당하는 물류시설을 말한다. ★

개념 Plus

유닛로드시스템의 3원칙
• 기계화의 원칙
• 표준화의 원칙
• 하역의 최소 원칙

ULS의 전제조건
• 수송장비 적재함의 규격 표준화
• 포장단위 치수 표준화
• 파렛트 표준화(파렛트화)
• 운반하역 장비의 표준화
• 창고 보관설비의 표준화
• 거래단위의 표준화

표준규격 파렛트의 경제성
• 종합적인 물류비가 절감
• 국제적 상호공용이 가능
• 공로 및 철도운송에 적합
• 하역기기에 적합하게 설계
• 환적 용이, 비용절감 효과
• 파렛트 풀 시스템을 촉진

유닛로드시스템(Unit Load System)의 장·단점 기출 16·15

장 점	단 점
• 하역의 기계화로, 하역인력이 감소한다.	• 넓은 통로를 갖춘 큰 창고가 필요하다.
• 작업의 표준화, 규격화가 가능하다.	• 파렛트나 컨테이너 관리가 복잡하다.
• 검수가 용이하고, 하역시간이 짧아진다.	• 시설에 대한 많은 자본 투자가 필요하다.
• 포장이 간단하여 포장비가 절감된다.	• 액체, 분립체, 비포장화물은 적재가 곤란하다.
• 높게 적재할 수 있어 적재 공간의 효율성이 제고된다.	

(4) 파렛트 풀 시스템(PPS ; Pallet Pool System) 기출 16·15·13·09

① 파렛트의 규격을 표준화하여 상호교환성을 확보한 후 이를 서로 풀(Pool)로 연결하여 공동화함으로써 기업의 물류합리화를 도모하는 시스템이다. ★

② 파렛트 풀 시스템의 주된 목적은 규격화·표준화된 파렛트를 사용함으로써 파렛트 회수를 용이하게 하고, 지역간·계절별 체계를 개선하여 물동량에 따른 **변동적 수요에 탄력적으로 대응**하는 것이다. ★

파렛트 풀 시스템(PPS) 도입의 필요성(효과)
• 일관운송 후 공파렛트의 회수가 용이하며, 작업능률이 향상된다.
• 포장의 간소화로 인하여 포장비가 절감된다.
• 일관파렛트화의 실현이 가능해지고, 파렛트 이용률이 극대화된다.
• 운임·하역효율이 상승하고, 부대비용을 절감시킨다.
• 파렛트의 계절적 수요 및 지역 간 수급 조정이 가능하다.
• 전체적인 파렛트 수량이 감소하고, 규격화 및 표준화가 촉진된다.
• 화주와 유통업자의 물류비 부담을 경감시킨다.
• 운송효율이 향상되어 타 시스템과의 유기적 연계가 가능해진다.

(5) 철도역의 컨테이너하역방식 기출 20

① TOFC(Trailer On Flat Car) : 화물열차의 대차 위에 트레일러나 트럭에 적재된 컨테이너를 그대로 함께 적재하여 운송하는 방식으로 자동차의 기동력과 철도의 대량 수송의 이점을 살린 복합수송방식이다. 수송경비·하역비의 절감효과를 가져오고, 별도의 분류작업이 필요 없기 때문에 철도역에 하역설비가 없는 경우 유용하다. 종류에는 트레일러를 적재하는 방식에 따라 피기 백 방식(Piggy Back System), 캥거루 방식, 프레이트 라이너로 구분된다.

② COFC(Container On Flat Car) : 컨테이너 전용 화차(container car)에 적재하여 수송하는 방식으로 대량의 컨테이너를 신속히 취급할 수 있으며, **철도운송과 해상운송의 연계가 용이하기 때문에 컨테이너 운송에서 TOFC보다 많이 사용된다.** 하역작업이 용이하고 화차중량이 가벼워 보편화된 철도하역방식이며, 국내에서도 일반적으로 많이 이용하고 있는 컨테이너 하역방법이다. ★

08 포장관리 기출 12·11·08

(1) 포장의 개념

생산의 종점인 동시에 물류의 시발점으로 상품의 운송, 보관, 거래, 사용 등에 있어 적절한 재료와 용기 등을 이용하여 그 가치 및 상태를 유지하기 위한 기술 및 보호상태를 말한다.★

(2) 포장의 기능 기출 15·12

① 보호성 : 제조자로부터 목적지까지 이동하는 과정에서 예상되는 외력으로부터 상품의 품질보존·보호★
② 정량성(하역성) : 물품을 일정한 단위로 정리하는 기능
③ 표시성(정보제공) : 포장에 인쇄·라벨 등으로 표시
④ 작업성(효율성) : 포장공정에서도 일관작업 및 자동화 작업이 이루어짐
⑤ 편리성 : 물품의 이용·진열, 수송·하역·보관 작업이 용이★
⑥ 수송성 : 하역작업이 원활하고 능률적으로 이루어질 수 있도록 포장★
⑦ 사회성 : 포장재료·용기의 내용물에 대한 안전성 점검
⑧ 판매촉진성(광고성) : 상품의 외형을 미화시켜 소비자의 구매의욕을 불러일으킴★
⑨ 경제성 : 필요한 최소한도의 적정포장을 통하여 비용 최소화
⑩ 의사결정 : 상품의 차별화★

(3) 포장의 중요성이 대두되는 이유 기출 08

① 조직화된 대형 유통업태의 도입으로 업태간·업체간의 가격경쟁이 심화되었다.
② 정보통신(IT) 기술의 발달로 소매상들이 단품·품목별 수익성 자료를 보다 쉽게 확보할 수 있게 되었다.
③ 소비자들이 브랜드 간 차이에 민감해지고 차별화된 제품에 대한 선호도가 높아졌다.
④ 정보의 공유화와 기술의 발달로 인해 경쟁 상품 간의 차별화가 점점 어려워졌다.

(4) 적정포장의 수준(상업포장과 공업포장) 기출 16·15·11

상품의 품질보존, 취급상의 편의성, 판매촉진, 안전성 등 기본적인 포장의 기능을 만족시키는 가장 경제적인 포장을 말한다.
① 공업포장 : 공업포장은 **물류분야**에 속하며, 내용상품의 보호는 물론 취급 편리성에 대한 기능도 요구된다. 또한 상품의 수송, 보관, 하역 등에서 물리적 요인(진동, 충격 등)과 화학적 요인(온도, 습도, 부패 등)으로 인해 물품이 변질되는 것을 방지해야 한다. 따라서 공업포장은 **상품보호를 최우선**으로 하여야 하며, **원가절감을 동시에 추구**하여야 한다.★
② 상업포장 : 상업포장은 **구매자·소비자와 직접 접촉**한다는 것을 염두에 두어야 하며, 주된 기능으로서 **판매 촉진(Promotion)의 기능**을 담당하기 때문에 매출신장을 위하여 비용의 상승도 감수하여야 한다. 그러나 호화포장, 과잉포장, 과대포장 등은 소비자 불만을 초래하기도 한다.★

(5) 포장 표준화 기출 15

포장 표준화는 상품의 운반, 보관, 진열 등 유통합리화를 위해 상품의 사이즈를 규제하는 측면과 소비자나 판매자 측의 합리성을 고려한 측면으로 구분할 수 있다. 포장을 표준화함으로써 얻게 되는 직접적인 효과로는 포장재 비용의 감소, 포장공정의 단순화, 인건비 및 제품의 물류비 절감, 제품 파손의 감소 등을 들 수 있다.

(6) 포장 합리화

포장합리화는 포장비용을 최소화하는 방안으로 제품의 보존, 취급상의 편의성, 판매촉진, 안전성 등 고유의 기능을 만족시키면서도 경제적인 포장인 적정포장을 기반으로 추진해야 한다.

(7) 포장 합리화의 원칙

① 대량화·대형화의 원칙 : 포장화물의 크기를 대형화함으로써 대량수송과 하역작업의 기계화가 가능하여 하역의 효율성을 높이고 물류비용을 절감할 수 있다.

② 집중화·집약화의 원칙 : 다수의 업체들이 물량을 집중화함으로써 대량 포장작업이 가능해져 물류비용을 절감할 수 있다.

③ 규격화·표준화의 원칙 : 가능하면 비슷한 길이와 넓이를 가진 화물을 모아 포장 크기를 규격화시킴으로써 포장설계를 간소화하고, 과잉포장을 억제하여 포장비·포장재료비·용기제작비·포장작업비·보관비·운송비 등을 절감할 수 있다.

④ 재질변경의 원칙 : 내용물의 보호기능을 유지하는 범위에서 재질의 변경을 통해 비용절감이 가능해진다.

⑤ 사양변경의 원칙 : 포장재료 및 수량 등과 같은 사양의 변경, 즉 양면골판지에서 편면골판지로 포장재료를 바꿔 박스 귀퉁이 보강을 통해 포장품질을 유지함으로써 비용절감을 추구할 수 있다.

⑥ 시스템화·단위화의 원칙 : 포장제품을 단위화함으로써 물류활동에 필요한 장비나 기기 등을 운송, 보관, 하역기능과 유기적 연결이 가능하도록 시스템화를 이루게 하여 물류비용을 절감할 수 있다.

컨테이너(Container)의 종류 기출 16
• 냉동컨테이너(Reefer Container) : 육류, 과일, 야채 등과 같이 보냉 및 보온을 필요로 하는 화물을 수송하기 위한 컨테이너
• 보존컨테이너(Insulated Container) : 과일 및 야채 등을 적재할 때 화물의 온도상승을 방지하기 위하여 만든 컨테이너
• 드라이 컨테이너(Dry Container) : 온도조절이 필요 없는 일반 잡화수송에 많이 이용되는 대표적인 컨테이너
• 펜 컨테이너(Pen Container) : 소나 말과 같은 동물을 운반하기 위하여 만들어진 컨테이너
• 오픈 탑 컨테이너(Open top Container) : 중량물이나 장척물, 기계부품 등을 수송하기 위해 컨테이너 상부에서 적입·적출할 수 있도록 개방되어 있는 컨테이너
• 탱크 컨테이너(Tank Container) : 유류, 주류 등을 수송하기 위한 컨테이너

09 물류관리를 위한 정보기술 기출 06·05

(1) 전자문서교환(EDI ; Electronic Data Interchange)

기업 간에 합의된 전자문서표준을 이용하여 컴퓨터를 통해 서로 데이터나 문서를 교환하는 시스템이다. 국내기업 간 거래는 물론 국제무역에서 각종 서류의 작성과 발송, 서류정리 절차 등의 번거로운 사무처리가 없어져 처리시간을 단축하고, 비용을 절감하는 등으로 제품의 주문·생산·납품·유통의 모든 단계에서 생산성을 획기적으로 향상시킨다.

(2) 부가가치통신망(VAN ; Value Added Network)

단순한 전송기능 이상의 정보축적·가공·변환처리·교환 등의 부가가치를 부여한 음성 또는 데이터를 제공해주는 광범위하고 복합적인 서비스의 집합으로, 시스템을 스스로 만들 수 없는 회사의 설비·운영체계를 정비함으로써 POS(Point Of Sales) 시스템을 쉽게 구축할 수 있게 해준다.

(3) CALS(Computer Aided Acquisition Logistics Support)

기술적인 측면에서 기업의 설계, 생산과정, 보급, 조달 등을 운영하는 운용지원과정을 연결시키고, 이들 과정에서 사용되는 문자와 그래픽정보를 표준을 통해 디지털화하여 종이 없이 컴퓨터에 의한 교류환경에서 설계, 제조 및 운용지원 자료와 정보를 통합하여 자동화시키는 개념이다. 최근에는 기업 간의 상거래까지를 포괄하는 개념, 즉 광속상거래 또는 초고속 경영통합정보시스템 개념으로 확대되고 있다.

(4) 첨단화물운송정보시스템(CVO ; Commercial Vehicle Operation)

화물차량의 위치 및 운행상태를 실시간으로 파악하여 운송을 의뢰해오면 가장 가까운 차량을 배차시켜 차량관리를 효과적으로 지원하는 서비스이다. 종합물류정보망에 가입한 사람들은 실시간으로 차량추적서비스, 교통상황정보, 거점별 화물추적서비스 등을 제공받을 수 있다.

(5) 컴퓨터 통합 생산 시스템(CIM ; Computer Integrated Manufacturing System)

컴퓨터와 네트워크 기술에 의해 물자와 정보의 흐름을 일체화하고 파악하며, 경영의 효율화를 도모하려는 자율기능이 있는 유연한 생산시스템이라고 할 수 있다. 즉, 경영전략을 핵심으로 각 분야의 컴퓨터 네트워크에 의한 통합화를 말한다.

(6) 위성추적시스템(GPS ; Global Positioning System)

인공위성을 이용하여 차량의 위치를 추적함으로써 물류정보시스템을 가장 효율적으로 활용할 수 있는 장치이다. 위치정보는 GPS 수신기로 3개 이상의 위성으로부터 정확한 시간과 거리를 측정하여 3개의 각각 다른 거리를 삼각방법에 따라서 현 위치를 정확히 계산할 수 있다. 현재 3개의 위성으로부터 거리와 시간정보를 얻고 1개의 위성으로 오차를 수정하는 방법을 널리 쓰고 있다.

(7) 주파수 공용통신(Trunked Radio System)

중계국에 할당된 여러 개의 채널을 공동으로 사용하는 무전기시스템이다. 이동 차량이나 선박 등 운송수단에 탑재하여 이동 간의 정보를 리얼타임으로 송수신할 수 있는 통신서비스이다.

(8) 판매시점정보(POS ; Point Of Sales)

판매시점정보관리시스템을 말하는 것으로 판매장의 판매시점에서 발생하는 판매정보를 컴퓨터로 자동 처리하는 시스템이다. POS시스템에서는 상품별 판매정보가 컴퓨터에 보관되고, 그 정보는 발주, 매입, 재고 등의 정보와 결합하여 필요한 부문에 활용된다.

(9) 바코드(Bar Code)

바코드는 두께가 서로 다른 검은 막대(Bar)와 흰 막대(Space)의 조합을 통해 숫자 또는 특수기호를 광학적으로 쉽게 판독하기 위해 부호화한 것으로서, 정보의 표현과 정보의 수집·해독을 가능하게 한다. 바코드는 데이터의 배열방법에 따라 바이너리코드와 멀티레벨코드로 구분한다. 바이너리코드는 2진법을 표현하는 바코드 체계로 판독이 쉽고 라벨의 발행이 용이하며, ITF, Code 39 등에 쓰인다. 멀티레벨코드는 고밀도의 정보표현이 가능하여 GS1, Code128 등에 쓰인다.

(10) 자동발주시스템(EOS ; Electronic Ordering System)

단품관리시스템으로 발주단말기를 이용하여 발주데이터를 수주처의 컴퓨터에 전화회선을 통해 직접 전송함으로써 수주처에서 납품, 매입전표를 발행하여 납품하는 발주방식이다. 소비자의 기호와 요구의 다양화·개성화, 제품 수명주기 단축, 소매업의 양적 팽창으로 업종 내 경쟁 심화 등에 의한 기업환경의 변화와 수주업무개선의 필요성 등에 의해 등장하게 되었다.

(11) 무선주파수식별법(RFID ; Radio Frequency Identification)

RFID는 자동인식기술의 하나로서 데이터 입력장치로 개발된 무선(RF ; Radio Frequency)으로 인식하는 기술이다. 태그(Tag) 안에 물체의 ID를 담아 놓고, 리더(Reader)와 안테나(Antenna)를 이용해 태그(Tag)를 부착한 동물, 사물, 사람 등을 판독, 관리, 추적할 수 있는 기술이다.

RFID(Radio Frequency Identification)의 직접적인 효용	
RFID를 유통시스템에 도입할 경우 효과	**RFID를 물류시스템에 도입할 경우 효과**
• 효과적인 재고관리	• 운영 효율성 제고
• 입출고 리드타임 및 검수 정확도 향상	• 화물 입출고 및 환적 시간 단축
• 도난 등 상품 손실 절감	• 보안성 강화
• 반품 및 불량품 추적·조회	• 대고객 서비스 향상

10 물류비 기출 19 · 13 · 08

(1) 물류비의 개념

물류활동을 수행하는 데 소모되는 경제 가치로 정의할 수 있다. 즉, 물류비란 원재료의 조달에서부터 완제품이 생산되어 거래처에 납품 또는 반품, 회수, 폐기되기까지 제반 물류활동에 소요되는 모든 경비를 의미한다. ★

(2) 물류비의 산정 필요성 및 편성과정

① 물류비의 산정 필요성

　㉠ 물류활동에 수반되는 원가자료를 제공하고 물류합리화에 의한 원가절감이나 서비스 개선에 대한 관리지표를 제공하는 데 그 의의가 있다. ★

　㉡ 물류활동의 관리와 물류합리화의 추진을 효과적으로 수행하기 위하여 물류비의 실체를 명확히 포착하고 관리체계를 확립하는 데 필수적이다.

② 물류예산안 편성과정 : 물류관리 목표 설정 및 확인 ⇨ 물류환경조건의 파악 및 분석 ⇨ 물동량 파악 ⇨ 개별물류계획의 설정 및 검토 ⇨ 물류예산편성 방침의 작성과 제출 ⇨ 물류비 예산안의 작성과 제출 ⇨ 물류비 예산안의 심의 · 조정 ⇨ 물류비 예산의 확정 ★

(3) 물류비의 산정 목적

① 물류비의 수치로 사내에서 물류의 중요성을 인식한다.

② 물류비를 통하여 물류활동의 문제점을 파악한다. ★

③ 물류비로 물류활동의 계획, 관리, 실적을 평가하는 데 필요한 자료를 제공한다. ★

④ 물류비를 통하여 생산과 판매부문의 불합리한 물류활동을 발견한다.

⑤ 물류비를 통하여 정확한 물류활동의 규모를 파악할 수 있다. ★

(4) 물류비 분류체계 기출 20 · 18 · 16 · 13 · 10

① 물류비의 영역별 분류

조달물류비	물자(원자재, 부품, 제품 등을 포함)의 조달처로부터 운송되어 매입자의 보관창고에 입고, 관리되어 생산공정(공장)에 투입되기 직전까지 물류활동에 따른 물류비	
사내물류비	매입물자의 보관창고에 완제품 등의 판매를 위한 장소까지의 물류활동에 따른 비용 (재료의 생산이나 제품의 제조공정 내에서 발생하는 비용은 생산원가 또는 제조원가에 산입되므로 물류비에서는 제외)	
판매물류비	생산된 완제품 또는 매입한 상품을 판매창고에서 보관하는 활동부터 고객에게 인도될 때까지의 물류비	
역물류비	회수물류비	공용기와 포장자재 등이 회수되어 재사용이 가능할 때까지의 물류비
	폐기물류비	제품이나 상품, 포장용 또는 수송용 용기나 자재 등을 회수하여 폐기할 때까지의 물류비
	반품물류비	판매한 제품 · 상품 또는 위탁 판매한 제품 · 상품의 취소, 위탁의 취소 등의 물류활동에 따른 물류비

② 물류비의 기능별 분류

운송비	수송비	기업의 필요에 따라 물자를 물류거점까지 이동시키는 물류비
	배송비	물자를 고객에게 배달시키는 물류비
보관비		물자를 창고 등의 물류시설에 보관하는 활동에 따른 물류비
하역비		유통가공 및 운송, 보관, 포장 등의 업무에 수반하여 상차 및 하차, 피킹, 분류 등 물자를 상하·좌우로 이동시키는 물류비
포장비		물자이동과 보관을 용이하게 하기 위하여 실시하는 상자, 골판지, 파렛트 등의 물류포장(최종 소비자를 위한 판매포장은 제외) 활동에 따른 물류비
물류정보비		구매, 수송, 생산, 창고운영, 재고관리, 유통망 등 물류 부문의 전략적 관리 및 효율화를 위하여 컴퓨터 등의 전자적 수단을 사용하여 지원하는 활동에 따른 물류비
물류관리비		물류활동 및 물류기능의 합리화와 공동화를 위하여 계획, 조정, 통제 등의 물류관리 활동에 따른 물류비

③ 물류비의 지급형태(자가위탁)별 분류

자가물류비	자사의 설비나 인력을 사용하여 물류활동을 수행함으로써 소비된 비용을 말하며, 다시 재료비, 노무비, 경비, 이자의 항목으로 구분한다.
위탁물류비	물류활동의 일부 또는 전부를 타사에 위탁하여 수행함으로써 소비된 비용을 말하며, 물류자회사 지급분과 물류전문업체 지급분으로 구분한다.

④ 물류비의 세목별 분류

재료비	물류와 관련된 재료의 소비에 의해 발생하는 비용으로, 주로 포장이나 운송기능에서 발생
노무비	물류활동을 수행하기 위해 발생하는 노동력에 대한 비용으로 운송, 보관, 포장, 하역 및 관리 등의 전반적인 기능과 조달, 판매 등의 전 영역에서 발생
경 비	재료비, 노무비 이외에 물류활동과 관련하여 발생하는 제비용으로 주로 물류관리의 기능에서 발생되며, 회계 및 관리부문 등에서 사용하는 계정과목이 전부 해당
이 자	물류시설이나 재고자산에 대한 이자 발생분을 의미하는 비용으로, '금리' 또는 '투자보수비'가 해당

⑤ 물류비의 관리항목별 분류

부문별	물류비가 발생되는 부문이나 관리부문 등 조직계층단위
지역별	물류비가 발생되는 지역별 부문이나 조직단위
운송수단별	철도운송, 해상운송, 육로운송, 항공운송 등의 운송수단
제품별	물류활동의 대상이 되는 원재료, 제품, 부품 등의 제품종류
물류거점별	물류활동이 발생하는 장소로서 물류센터, 창고, 집배소 등
위탁업체별	물류활동을 위탁할 경우 물류활동 수행업체

⑥ 물류비의 조업도별 분류

물류고정비	물류활동의 범위 내에서 물류조업도의 증감과 관계없이 발생하거나 소비되는 비용이 일정한 물류비
물류변동비	물류활동의 범위 내에서 물류조업도의 증감에 따라 발생하거나 소비되는 비용이 비례하여 변화되는 물류비

11 물류 아웃소싱(Outsourcing)

(1) 물류 아웃소싱의 개념 `기출` 13

① 기업이 고객서비스의 향상, 물류비 절감 등 물류활동을 효율화할 수 있도록 물류활동의 일부 또는 전부를 외부물류 전문업자에 위탁하여 수행하도록 하는 물류전략을 말한다.

② 일반적으로 '물류전략수립 → 아웃소싱 운영전략 수립 → 아웃소싱 절차기준 수립 → 아웃소싱 업체 평가 및 선정 → 물류아웃소싱 계약 → 물류아웃소싱의 이행 → 지속적인 평가 및 개선'의 순으로 이루어진다.

③ 창고, 운송, 운임지불, EDI 정보교환, 주문충족, 자동기록, 운송수단의 선택, 포장인쇄, 제품조립, 세관통과 과정 등 전 범위에서 사용되고 있다.

(2) 물류 아웃소싱의 장 · 단점 `기출` 11 · 09 · 08

① 획기적인 비용절감 및 정시배송 가능

② 전문물류업체를 활용함으로써 물류정보시스템 개발에 소요되는 인력과 비용 절감

③ 기업 내 기밀 및 운영관련 노하우(Know-how)의 유출 위험

④ 아웃소싱에 따른 부서 간 업무의 이해상충 발생

(3) 물류 아웃소싱의 효과 `기출` 21 · 19 · 16 · 13

① **물류공동화**와 **물류표준화**가 가능해진다.

② 기업의 **경쟁우위 확보** 및 사회적 비용의 절감과 국가경쟁력 강화에 기여한다.

③ 제조업체는 전문화의 이점을 살려 고객욕구의 변화에 대응하여 **주력사업에 집중**할 수 있다.

④ 물류시설 및 장비를 이중으로 투자하는 데 따르는 **투자위험의 회피**가 가능하다.

(4) 물류 아웃소싱의 성공전략 `기출` 21 · 19

① 물류 아웃소싱의 목적은 기업의 전략과 일치해야 한다.

② 물류 아웃소싱이 성공하려면 반드시 최고경영자의 관심과 지원이 필요하다.

③ 물류 아웃소싱의 궁극적인 목표는 현재와 미래의 고객만족에 있음을 잊지 말아야 한다.

④ 물류 아웃소싱은 지출되는 물류비용을 정확히 파악하여, 비용절감효과를 측정하도록 해주어야 한다.

⑤ 물류 아웃소싱의 주요 장애요인 중 하나는 인원감축 등에 대한 저항이므로 적절한 인력관리 전략으로 조직구성원들의 사기저하를 방지해야 한다.

글로벌 아웃소싱
제조업체들이 해외 진출 시 값이 싼 현지의 부품을 사용함으로써 생산단가를 낮추려는 행위를 말한다. 이는 결국 부품을 세계 각처에서 싸고 신속하게 조달함으로써 경쟁력을 높이기 위한 부품 조달의 현지화와 동시에 국제화로 해석할 수 있다.

개념 Plus

물류아웃소싱의 필요성
- 외부전문가를 활용함으로써 효율성 극대화
- 주 핵심역량 사업에 집중
- 물류시설투자의 경감
- 글로벌 물류아웃소싱 추세에 대응
- SCM 개념의 확산에 대응
- JIT 체제에의 대응
- 물류 정보통신기술(IT)의 발달 등 시장환경 여건의 조성에 대응

출제지문 돋보기 OX

01 [13-2]
물류 아웃소싱은 기업이 물류를 전담하는 자회사를 설립하여, 이 자회사를 물류기능에 집중시킴으로써 물류활동의 생산성을 향상시키는 기법이다. ( )

02 [14-3]
물류 아웃소싱을 통하여 제품의 원산지 효과를 누릴 수 있다. ( )

03 [16-3]
물류 아웃소싱을 제조업체가 할 경우 전문화의 이점을 살려 고객욕구의 변화에 맞는 주력사업에 집중할 수 있으며, 물류투자비로 인한 기업 활동의 제약을 어느 정도 벗어나 조직의 유연성을 확보할 수 있다. ( )

`정답` 1. × 2. × 3. ○

(1) 제3자 물류의 개념 _{기출} 19 · 18 · 17 · 16 · 13 · 11

① 화주기업이 고객서비스의 향상, 물류관련 비용의 절감 그리고 물류활동에 대한 운영효율의 향상 등을 목적으로 공급사슬 전체 또는 일부를 특정 물류전문업자에게 위탁(Outsourcing)하는 것을 말한다. 여기서 말하는 공급사슬이란 공급자로부터 생산자와 유통업자를 거쳐 최종소비자로 이르는 재화의 흐름을 포함한다.

② 일반 물류업과 다른 점은 제3자 물류업은 화주업체와 1년 이상 장기간의 계약에 의해 제휴관계를 맺고 복수의 물류기능을 하나로 묶어 통합 물류서비스를 제공한다는 데 있다. 제3자 물류는 계약에 기반을 두기 때문에 계약 물류라고도 한다.

③ 제3자 물류는 물류전문업체와 화주기업이 물류비 절감과 물류서비스 향상을 공동의 목표로 설정하고 이를 달성하기 위해 양자가 계약을 맺고 정보를 공유하면서 전략적 제휴를 맺는 관계라고도 할 수 있다.

(2) 제3자 물류의 장 · 단점 _{기출} 21 · 17 · 15 · 10 · 08

구 분	화주기업 관점	물류업체 관점
장 점	• 인력 및 물류관리비용 절감 • 기업의 핵심역량에 집중(잉여자원 활용) • 선진물류기법 활용 가능 • 물류서비스의 질과 유연성의 향상 • 물류부문의 고객서비스 향상 • 물류자본에 대한 투자 감소 • 물류 아웃소싱에 따른 세제 혜택 • 공급체인에서 유리한 위치 확보	• 규모의 경제 실현 • 다양한 물류고객 확보 가능 • 물류를 핵심사업군으로 양성 가능 • 물류서비스 수요변동에 대처 가능 • 물류운영, 관리노하우 습득으로 전문성 강화 • 물류전문인력 양성 가능 • 물류전문업체 양성에 따른 지원 혜택 • 경험을 통한 글로벌 물류시장 진출
단 점	• 물류과정에 대한 통제력 상실 우려 • 전략적 정보의 노출 우려 • 환경변화에 대한 대응력 저하 우려 • 정확한 절감효과의 예측 미흡 • 제3업체의 서비스품질 불확실성	• 고객서비스 수준 저하 우려 • 교체비용의 발생 • 제3업체에의 의존성 증가 우려 • 물류비용 산정의 어려움 • 고객불만에 신속한 대응 곤란

제3자 물류와 물류 아웃소싱의 비교

구 분	제3자 물류	물류 아웃소싱
화주와의 관계	전략적 제휴, 계약기반	수발주 관계, 거래기반
관계내용	1년 이상의 장기, 협력적	일시 또는 수시
서비스 범위	종합적인 물류서비스 지향	수송, 보관 등 기능별 서비스 지향
정보공유	필수적	불필요
도입결정권한	최고경영층	중간관리자
도입방법	경쟁계약	수의계약

13 제4자 물류(4PL) 기출 15 · 14

(1) 제4자 물류의 개념

① 물류아웃소싱이 활성화되면서 제3자 물류가 더욱 발전된 개념으로, 제3자 물류에 솔루션 제공 능력(고객관리기능, 물류기획기능, 컨설팅기능 등)을 더하면 제4자 물류가 된다.

② 물류의 기본기능과 함께 전자상거래가 발전되면서 **공급체인을 효율적으로 지원**하며, 해결책을 제시하고 변화·관리능력 및 전략적 컨설팅을 포함하는 물류영역으로, 물류 컨설팅과 네트워크 개선 등에 관한 조언을 해줄 수 있다.

(2) 제4자 물류의 특징

① 다양한 기업이 파트너로 참여하는 혼합조직 형태로, 상호 보완관계에 있는 IT업체, 운송업체 등 타 물류업체와 연합하여 서비스를 제공한다.

② 장기간의 전략적 제휴형태 또는 합작(투자)기업으로 설립한 별도의 조직을 통해 종합적인 서비스를 제공한다.

③ 이익분배를 통한 공통의 목표를 설정한다.

④ 화주기업은 컨소시엄 형태로 된 물류 전문업체와 관계를 맺는다.

⑤ 서비스제공자는 공급사슬 전체를 관리하고 운영하며, 다양한 기업을 파트너로 참여시킨다.

(3) 제4자 물류 기업의 유형

① 거래파트너(trading partner) : 화주와 서비스제공자 간의 조정·통제의 역할을 수행한다.

② 시너지플러스(synergy plus) : 복수의 화주에게 물류서비스를 제공하는 서비스제공업체의 브레인 역할을 수행한다.

③ 솔루션 통합자(solution integrator) : 복수의 서비스제공업체를 통합하여 화주에게 물류서비스를 제공한다.

④ 산업혁신자(industry innovator) : 복수의 서비스제공업체를 통합하고 산업군에 대한 통합서비스를 제공하여 시너지효과를 유발한다.

14 국제물류

(1) 프레이트 포워더(Freight Forwarder)

① 프레이트 포워더의 개념

㉠ 국제운송에서 화주를 위하여 운송인과의 운송계약 체결을 주선, 대리, 중개하고 운송서류의 작성, 조달, 화물의 통관, 보관, 포장, 인도 등 운송에 부가된 각종 업무를 처리하며, 나아가서 각종 운송수단을 결합하여 자기의 명의로 문 앞 사이(Door-to-Door)의 일괄운송을 직접 인수하는 등 스스로 운송인이 되기도 한다.

㉡ 프레이트 포워더는 운송주선인, 국제운송주선인, 복합운송인, 복합운송주선인 등의 유사 용어로 사용된다.

개념 Plus

제1~4자물류 구분
• 제1자물류 : 사내에 물류 조직을 구축해서 운영하는 형태
• 제2자물류 : 자회사를 통해서 물류서비스를 제공하는 형태
• 제3자물류 : 외부 물류업체에게 물류서비스를 아웃소싱한 형태
• 제4자물류 : 전략적 제휴업체와의 협업을 통해서 물류서비스를 제공하는 형태

출제지문 돋보기 OX

01   [15-3]
제4자 물류는 특정 물류업무를 전문적으로 수행하는 독립법인으로 공급사슬상의 기능 일부를 대행하며 운영된다.   (   )

02   [15-3]
제4자 물류는 제3자 물류서비스기능에 고객관리기능, 물류기획기능, 컨설팅 기능 등이 추가되며, 물류조직은 고객인 화주기업과 물류서비스 제공자 간에 단일창구 역할을 수행해야 한다.   (   )

정답 1. × 2. ○

② 프레이트 포워더의 종류 기출 15

　　㉠ 운송인형 프레이트 포워더 : 자신이 직접 선박, 트럭, 항공기 등 운송수단을 보유하면서 복합운송의 역할을 수행하는 것(선박회사, 철도회사, 트럭회사, 항공회사 등)

　　㉡ 운송주선인형 프레이트 포워더 : 선박, 트럭, 항공기 등 운송수단을 자신이 직접 보유하지 않고 다만 계약 운송인으로 운송책임을 지는 형태(해상운송주선업자, 항공운송주선업자, 통관업자, 컨테이너임대업자 등)

③ 포워딩 업무의 구분

　　㉠ 서비스 단계에 따른 구분 : 국내운송 업무, 적하보험의 체결 업무, 보관 업무, 포장 업무, 통관 업무, 선적 업무, 하역 업무, 혼재 업무

　　㉡ 기능에 따른 구분 : 운송지역 및 화물 특성에 적합한 운송수단을 선택하여 운송주선인으로서 제공하는 일반 포워딩서비스와 선박회사 등 운송업체를 매개로 독자적인 운송망과 운임요율표에 의해 복합운송인으로서 제공하는 복합운송인 서비스

(2) 국제물류관리

① 국제물류관리는 국가 간 물류에서 발생되는 비용절감과 소비자만족 제고, 무역환경 변화에 대한 기민한 대응 등의 필요성에 따라 그 중요성이 더해지고 있다. 물류가 국가 간 발생하기 때문에 국내에 비해 상대적으로 복잡한 운송, 효율적인 재고관리, 전문적인 문서관리 등이 고려된다.

② 국제물류관리가 효율적으로 이루어지기 위해서는 시스템화가 필요하며, 총비용 차원에서 접근하게 된다. 이를 통해 국제물류가 효율적으로 수행됨으로써 효용성이 제고되는 결과를 가져온다.

③ 국제물류는 크게 운송과 보관으로 구분해 살펴볼 수 있으며, 운송은 운임 및 부대비용, 보관은 수송 및 안전재고 비용 등으로 세분된다. 국제물류에서 발생되는 비용은 운송거리, 운송방식, 재고수준, 소요시간 등에 의해 영향을 받으므로 전략적 차원에서 접근하는 것이 타당하다.

④ 국제물류는 국가별 상이한 상거래행위로 인하여 무역조건을 정형화(INCOTERMS 2020)하는 것이 필요하며, 자사의 글로벌 전략에 부합되는 수출입 방안을 모색하는 것이 필요하다.

01 물류의 5대 기능에 대한 설명으로 가장 옳지 않은 것은?

① 포장기능은 내용물의 변형, 또는 변질을 막기 위한 본질적인 기능 및 판매 촉진 효과까지 수행한다.

② 하역기능은 물품의 운송과 보관 활동의 전후에 부수하여 행하는 물품의 반·출입 및 단거리 이동 작업을 의미한다.

③ 보관기능은 물품을 물리적으로 보존하고 관리하는 것이다.

④ 정보처리기능은 정보기술을 활용하여 효율적인 물류활동을 지원하도록 모든 영역의 정보 흐름을 유기적으로 적시에 제공함으로써 물류비용 절감 및 고객서비스 향상을 도모하는 것을 의미한다.

⑤ 수주기능은 일반적으로 지역 간 또는 도시 간의 상품이동으로서, 지역 거점에서부터 소형 운송수단을 통해 소매점 또는 소형 고객에게 물품을 단거리 이동시키는 활동이다.

02 물류의 상충(trade off) 관계에 대한 설명으로 가장 옳지 않은 것은?

① 기업의 물류합리화는 상충관계의 분석이 기본이 된다.

② 기업 내 물류기능과 타 기능 간의 상충관계 역시 효율적 물류관리를 위해 고려해야 한다.

③ 제조업자와 운송업자 및 창고업자 등 기업조직과 기업 외 조직 간의 상충관계 또한 고려해야 한다.

④ 상충관계에서 발생하는 문제점을 극복하기 위해서는 물류 흐름을 세분화하여 부분 최적화를 달성해야 한다.

⑤ 배송센터에서 수배송 차량의 수를 늘릴 경우 고객에게 도착하는 배송시간은 짧아지지만 물류비용이 증가하는 경우는 상충관계의 사례에 해당한다.

03 물류 환경의 최근 변화에 대한 설명으로 가장 옳지 않은 것은?

① 적정물류 서비스에 대한 고객의 욕구가 점점 증가하고 있다.

② 빠른 배송, 짧은 리드타임 요구 등 시간 단축의 중요성이 커지고 있다.

③ 조직들의 통합화보다 개별화의 움직임이 더 커졌다.

④ 아웃소싱을 통한 물류비 절감효과가 커졌다.

⑤ 물류기업 및 물류시장의 경쟁범위가 글로벌화 되었다.

04 물류활동에 관련된 내용으로 옳지 않은 것은?

① 반품물류 : 애초에 물품 반환, 반품의 소지를 없애기 위한 전사적 차원에서 고객요구를 파악하는 것이 중요하다.

② 생산물류 : 작업교체나 생산사이클을 단축하고 생산평준화 등을 고려한다.

③ 조달물류 : 수송루트 최적화, JIT납품, 공차율 최대화 등을 고려한다.

④ 판매물류 : 수배송효율화, 신선식품의 경우 콜드체인화, 공동물류센터 구축 등을 고려한다.

⑤ 폐기물류 : 파손, 진부화 등으로 제품, 용기 등이 기능을 수행할 수 없는 상황이거나 기능수행 후 소멸되어야 하는 상황일 때 그것들을 폐기하는 데 관련된 물류활동이다.

05 아래 글상자의 ㉠, ㉡에서 설명하는 물류영역을 순서대로 나열한 것 중 가장 옳은 것은?

> ㉠ 물류의 최종단계로서 제품을 소비자에게 전달하는 일체의 수·배송 물류활동
>
> ㉡ 파손 또는 진부화 등으로 제품이나 상품, 또는 포장용기를 소멸시키는 물류활동

① ㉠ 판매물류, ㉡ 회수물류
② ㉠ 최종물류, ㉡ 반품물류
③ ㉠ 판매물류, ㉡ 폐기물류
④ ㉠ 생산물류, ㉡ 반품물류
⑤ ㉠ 조달물류, ㉡ 회수물류

06 소비자에게 인도된 제품의 전체 또는 일부가 일정시간이 경과한 후 다시 생산자에게 돌아오거나 폐기되는 과정을 관리하는 것은?

① 생산물류
② 역물류
③ 조달물류
④ 판매물류
⑤ 사내물류

07 물류관리 측면의 용어에 대한 설명으로 옳은 것은?

① 물류합리화 : 물류 비용과 서비스 수준 사이의 상충관계를 고려하여 그 수준을 적정하게 조정하여야 한다.
② 비용상쇄 : 재고유지비용을 줄이기 위해 최저 수준의 재고만 유지한다.
③ 전체최적화 : 재고수준을 낮추어 재고보관비용을 감소시킨다.
④ 총체적 시스템 : 유통경로상의 여러 기능 중 하나의 기능에 집중한다.
⑤ 최적 고객서비스 : 주문편리성, 배송시간 등 실제 거래요소에만 집중한다.

08 다음 글 상자 안의 ㄱ~ㅂ은 물류시스템 설계에 대한 전략적 계획절차를 순서 없이 나열한 것이다. 올바른 순서대로 나열한 것은?

> ㄱ. 물적 흐름 및 정보 흐름에 기초하는 물류활동 관리 시스템과 절차
> ㄴ. 고객서비스 목표 및 전략의 결정
> ㄷ. 물류투자, 재고, 보관, 수송, 주문전략 및 프로그램 도출
> ㄹ. 계획 실행의 구체적 방법과 경로구성원 선택기준 마련
> ㅁ. 조직 정비 및 인적자원관리
> ㅂ. 물류시스템의 주기적인 평가 및 성과개선활동

① ㄴ → ㄱ → ㄷ → ㄹ → ㅂ → ㅁ
② ㄴ → ㄷ → ㄱ → ㅁ → ㄹ → ㅂ
③ ㄴ → ㅁ → ㄹ → ㄱ → ㄷ → ㅂ
④ ㄴ → ㄹ → ㄱ → ㄷ → ㅂ → ㅁ
⑤ ㄴ → ㄷ → ㄹ → ㄱ → ㅂ → ㅁ

09 물류표준화에 대한 설명으로 옳은 것은?

① 하드웨어 측면에서 수송장비, 보관시설, 포장용기 등을 규격화하여 일관물류시스템을 갖추어야 한다.
② 현재 우리나라의 표준파렛트 사용비율은 국제적으로 선도적인 수준에 있다.
③ 각 수송수단별로 표준화되어야 하는데 이를 위해 포장의 모듈화는 중요하지 않다.
④ 제품의 형상이나 크기가 다양하더라도 포장규격은 한 가지로 표준화하여야 한다.
⑤ 효율적인 물류표준화를 위해 우선 각 기업마다 화물 특성에 맞는 표준화를 선도적으로 추구하여야 한다.

10 "경쟁은 시장에서, 물류는 공동으로"라는 물류공동화의 내용으로 옳지 않은 것은?

① 독자적으로 수송하던 기업들의 운송물량이 적어 수송 및 배송 효율성이 떨어짐에 따라 이를 개선하기 위해 대두된 개념이다.

② 현재의 교통혼잡, 주차문제, 인력난 등으로 인해 공동 수송 및 공동배송을 모색하게 되었다.

③ 성공적인 수배송 공동화를 위하여 업체마다 상품의 포장에 따른 포장 규격 다양화가 적극 도입되어야 한다.

④ 제조업자, 도매상, 소매상들이 주체가 되어 실시되는 경우와 수송업자가 주체가 되어 실시되는 유형으로 구분할 수 있다.

⑤ 공동수배송의 장점에는 물류비용의 절감, 연료비 절감 및 환경에 대한 악영향 감소 등이 있다.

11 아래 글상자의 내용에 부합되는 공유유형에 따른 물류공동화의 종류로 가장 옳은 것은?

> 제조 및 판매업체, 도매상 간의 물류공동화로서 제조업체가 계획적으로 물류센터를 구축하여 재고 등을 확보하면, 도매상은 재고 없이 판매업체와 도매상의 배송 상품을 공동으로 배송하는 형태를 말한다.

① 수직적 공동화
② 수평적 공동화
③ 물류기업간 공동화
④ 경쟁업체간의 공동화
⑤ 화주와 물류업체의 파트너십

12 화물거점 시설까지 각 화주 또는 각 운송업자가 화물을 운반해 오고 배송면에서 공동화하는 유형의 공동 수·배송 시스템은?

① 화주 중심의 집하배송공동형
② 운송업자 중심의 집하배송공동형
③ 노선집하공동형
④ 납품대행형
⑤ 배송공동형

13 수송과 배송의 효율적 관리에 대한 설명으로 가장 옳지 않은 것은?

① 소화물 수송과 비교하면 대형화물로 만들어 수송하는 경우 단위당 고정비가 절감되어 수송비가 적게 든다.

② 공동수배송은 일정지역 내에 있는 기업이 협업함으로써 이루어질 수 있다.

③ 효율적인 수·배송을 위해 복화율은 최소로 유지해야 한다.

④ 공동배송이 실시되기 위해서는 물류에 대한 기존의 통제권을 제3자에게 넘겨줄 수 있는 제조업체의 인식전환이 필요하다.

⑤ 배송계획의 개선에 의해서 배송시간과 주행거리를 최소한으로 통제하며 화물량의 평준화를 가능하게 해야 한다.

14 물류와 고객서비스에 대한 내용으로 가장 옳지 않은 것은?

① 재고수준이 낮아지면 고객서비스가 좋아지므로 서비스수준의 향상과 추가재고 보유비용의 관계가 적절한지 고려해야 한다.

② 주문을 받아 물품을 인도할 때까지의 시간을 리드타임이라고 한다면 리드타임은 수주, 주문처리, 물품준비, 발송, 인도시간으로 구성된다.

③ 리드타임이 길면 구매자는 그 동안의 수요에 대비하기 위해 보유재고를 늘리게 되므로 구매자의 재고비용이 증가한다.

④ 효율적 물류관리를 위해 비용과 서비스의 상충관계를 분석하고 최상의 물류서비스를 선택할 수 있어야 한다.

⑤ 동등수준의 서비스를 제공할 수 있는 대안이 여럿 있을 때 그 중 비용이 최저인 것을 선택하는 것이 물류관리의 과제 중 하나이다.

15 물류관리의 목표를 표현하고 있는 물류의 7R 원칙에 해당하지 않는 것은?

① 적정 상품(right commodity)
② 적정 품질(right quality)
③ 적정 가격(right price)
④ 적정 도구(right instrument)
⑤ 적정 수량(right quantity)

16 물류서비스를 거래 전, 거래 중, 거래후 요소로 구분할 때 거래 전 요소에 해당하는 것은?

① 정시배달
② 주문충족률
③ 제품의 대체
④ 재고가용성
⑤ 선적지연 여부

17 고객서비스 요인은 거래 전 요인, 거래 중 요인 그리고 거래 후 요인으로 구분된다. 다음 중 거래 후 요인에 해당하지 않는 것은?

① 배달 후 무료로 포장 수거
② 고객이 원하는 시간에 적시배달
③ 수리기간 중 대체품 제공
④ 고객의 불평을 해결해 주는 것
⑤ 제품 보증서비스

18 수요예측 방법 중에서 정성적 분석법에 해당하는 것은?

① 델파이분석
② 시계열분석
③ 이동평균법
④ 다중회귀분석
⑤ 지수평활법

19 수요예측에 관한 내용으로 옳지 않은 것은?

① 수요예측은 과거의 경험이나 인과관계가 미래에도 지속될 것이라고 가정한다.
② 개별품목에 대한 수요예측보다 품목집단에 대한 총괄 수요예측이 더 정확하다.
③ 완벽한 수요예측이란 거의 불가능하다.
④ 예측대상기간이 길수록 예측의 정확도는 떨어진다.
⑤ 델파이조사법, 패널조사법, 회귀분석법은 정성적 수요 예측기법에 속한다.

20 아래 타이어에 대한 판매 자료를 토대로 4기간 단순이동 평균법을 적용했을 때 10월의 수요 예측치는 얼마인가?

(단위 : 원)

월	5월	6월	7월	8월	9월
수요량	20,000	24,000	23,000	27,000	26,000

① 22,000개
② 24,000개
③ 25,000개
④ 26,000개
⑤ 27,000개

21 수요예측에 사용하는 지수평활법에 대한 설명으로 옳지 않은 것은?

① 지수평활법은 지수평활상수에 의한 가중평균방법으로 수요예측을 한다.
② 예측오차에 대해 예측치가 조정되는 순발력은 지수평활상수 a에 의해 결정된다.
③ 다음 예측치 = 전기의 예측치 + a(전기의 실제치 − 전기의 예측치)
④ 예측오차가 허용할 수 없을 정도로 큰 경우, 일부 컴퓨터 패키지 프로그램은 지수평활상수를 자동으로 조정하는 기능을 갖고 있다.
⑤ 지수평활법은 계산이 복잡하고 가중치 체계인 지수평활상수의 변경이 어렵다.

22 재고관리에 대해서 옳게 기술한 것을 모두 고르면?

> ㉠ 재고에 관한 비용은 재고유지비용, 주문비용, 재고부족비용 등 3가지가 있다.
>
> ㉡ 재고품절로 인하여 발생하는 손실을 비용화한 것이 재고유지비용이다.
>
> ㉢ 주문비용은 구매나 생산주문을 하는 데 직접 소요되는 비용으로 수송비, 하역비, 검사료 등을 포함한다.
>
> ㉣ 파이프라인 재고는 운반 중인 제품이나 공장에서 가공하기 위하여 이동 중에 있는 재공품 성격의 재고를 의미한다.
>
> ㉤ 이자비용, 창고사용료, 창고유지관리비는 주문비용에 속하지만, 재고감손비용은 재고유지비용에 포함된다.

① ㉡, ㉢
② ㉢, ㉣
③ ㉠, ㉡, ㉤
④ ㉠, ㉢, ㉣
⑤ ㉠, ㉢, ㉤

23 재고관리에 대한 설명으로 가장 올바르지 않은 것은?

① 과소재고에 비해 과다재고는 대량발주로 주문비용을 절감할 수 있겠지만, 재고회전율이 저하되고 보관비용이 증가한다.

② 과다재고에 비해 과소재고는 재고수량관리 측면에서 용이해지지만 서비스율이 낮아진다는 위험이 있다.

③ 계절적인 원인으로 수요가 변동되거나 공급이 특정시기에 집중되는 상품의 경우 안정성을 유지하기 위한 재고의 저장이 필요하다.

④ 재고를 보유하고자 하는 이유 중의 하나는 규모의 경제를 추구할 수 있기 때문이다.

⑤ 재고관리의 목표는 재고유지비용의 절감보다는 고객서비스 향상에 중점을 두는 것이다.

24 다음 글 상자 안에서 설명하는 발주방식은?

> • 부속품, 보수부품과 같이 간혹 판매되더라도 항상 재고를 확보해 둘 필요가 있는 상품을 발주하는 방식
> • 상품이 일정 재고량에 이르면 일정량을 자동적으로 발주하는 방식

① 정기발주법
② 정량유지법
③ 경제적 발주량
④ 정시발주법
⑤ 상황발주법

25 정량주문법과 정기주문법에 대한 설명으로 옳지 않은 것은?

① 수량할인을 기대하기 힘들 땐 정기주문법이 합당하다.

② 계절에 따라 수요의 변동폭이 클 때는 정기주문법이 합당하다.

③ 재고수준을 자동적으로 유지하지 못할 때는 정량주문법이 합당하다.

④ 용도의 공통성이 높고 사용빈도가 많으며 매일 일정한 비율로 소비되는 물품인 경우 정량주문법이 합당하다.

⑤ 경제적 재주문점을 계산하기가 용이하고 이를 활용하는 것이 재고관리에 더욱 유리할 때는 정량주문법이 합당하다.

26 제품의 연간 수요량은 4,500개이고 단위당 원가는 100원이다. 또한 1회 주문비용은 40원이며 평균재고유지비는 원가의 25%를 차지한다. 이 경우 경제적 주문량(EOQ)으로 가장 옳은 것은?

① 100단위
② 110단위
③ 120단위
④ 1,000단위
⑤ 1,200단위

27 한 유통업체에서는 A상품을 연간 19,200개 정도 판매할 수 있을 것으로 예상하고 있다. A상품의 1회 주문비가 150원, 연간 재고유지비는 상품 당 16원이라고 할 때 경제적 주문량(EOQ)은?

① 600개   ② 650개
③ 700개   ④ 750개
⑤ 800개

28 경제적 주문량(EOQ)을 적용하기 위한 전제로 옳지 않은 것은?

① 재고유지비용은 시간의 변화에 관계없이 일정하다.
② 발주 상품의 주문은 다른 상품과 관계가 없다.
③ 발주 비용은 최근의 것일수록 높은 가중치를 가진다.
④ 연간 수요량은 알려져 있다.
⑤ 발주시점과 입고시점 사이의 간격인 리드타임이 알려져 있다.

29 ABC 재고관리방법에 대해 옳게 기술한 것은?

① 정성적 예측기법을 활용한 재고관리방법이다.
② 마케팅 비용에 따른 수요예측을 근거로 경제적 주문량을 결정한다.
③ A 그룹에 포함되는 품목은 대체로 수익성이 낮은 품목이다.
④ C 그룹에 포함되는 품목은 단가가 낮아 재고관리가 소홀한 경우가 발생하기도 한다.
⑤ 파레토 법칙과는 상반되는 재고관리방법이다.

30 어떤 기업에서 경제적 주문량 모형을 이용하여 재고정책을 수립하려고 한다. 관련 자료가 아래와 같을 때 경제적 주문량 단위(A), 그 때의 연간 최적 주문횟수(B) 및 최적 주문주기일(C)을 올바르게 나열한 것은?

- 연간수요 : 1,000단위/년
- 주문비용 : 1,000원/회
- 연간 단위당 재고유지비용 : 200원/단위(년)

	A(단위)	B(회)	C(일)
①	100	10	36.5
②	100	20	18.2
③	141	7	52.1
④	141	14	26.0
⑤	70	14	26.0

31 발주 및 발주시점관리에 관련된 내용으로 가장 옳지 않은 것은?

① 발주시점관리란 재고가 품절되지도 과잉되지도 않게 발주시점을 관리하는 것을 의미한다.
② 재고유지비, 재고부족비, 주문비의 관계에서 전체 비용이 최소가 되는 점이 최적주문량이 된다.
③ 발주에서 입고까지의 조달기간의 평균 판매량에 안전재고량을 더한 것이 발주점이다.
④ 정기발주는 주로 부정량발주를 하게 되는데 이는 정기적으로 필요한 재고량을 파악하여 주문하는 방식이다.
⑤ 경제적 주문량(EOQ) 공식에서는 주문비와 재고유지비가 항상 변동하는 것으로 본다.

32 주요 운송수단의 상대적 특성에 대한 설명으로 가장 옳지 않은 것은?

① 해상운송은 원유, 광물과 같이 부패성이 없는 제품을 운송하는 데 유리하다.
② 철도운송은 부피가 크거나 많은 양의 화물을 운송하는 데 경제적이다.
③ 항공운송은 신속하지만 단위거리당 비용이 가장 높다.
④ 파이프라인운송은 석유나 화학물질을 생산지에서 시장으로 운반해주는 특수운송수단이다.
⑤ 육상운송은 전체 국내운송에서 차지하는 비율이 크지 않다.

33 두 가지 이상의 운송수단을 활용하는 복합운송의 결합형태 중 화물차량과 철도를 이용하는 시스템으로 옳은 것은?

① 버디백 시스템(Birdy Back System)
② 피기백 시스템(Piggy Back System)
③ 피시백 시스템(Fishy Back System)
④ 스카이쉽 시스템(Sky-Ship System)
⑤ 트레인쉽 시스템(Train-Ship System)

34 보관 효율화를 위한 기본원칙으로 옳지 않은 것은?

① 유사성의 원칙 : 유사품을 인접하여 보관하는 원칙이다.
② 중량특성의 원칙 : 물품의 중량에 따라 장소의 높고 낮음을 결정하는 원칙이다.
③ 명료성의 원칙 : 시각적으로 보관물품을 용이하게 식별할 수 있도록 보관하는 원칙이다.
④ 통로대면보관의 원칙 : 보관할 물품을 입출고 빈도에 따라 장소를 달리하여 보관하는 원칙이다.
⑤ 위치표시의 원칙 : 보관물품의 장소와 랙 번호 등을 표시함으로써 보관업무 효율화를 기하는 원칙이다.

35 보관창고의 기능을 크게 이동, 보관, 정보로 구분할 때, 이동과 관련된 하부활동과 가장 거리가 먼 것은?

① 상품분할(break bulk)
② 주문선택(order selection)
③ 이송(transfer)
④ 수주(receiving)
⑤ 선적(shipping)

36 개개 하역활동을 유기체 활동으로 보아 종합적으로 시스템화하여 그 시너지 효과까지 고려하는 원칙을 무엇이라 하는가?

① 활성화의 원칙
② 정보화의 원칙
③ 시스템의 원칙
④ 중력이용의 원칙
⑤ 공간활용의 원칙

37 하역에 대한 내용으로 옳은 것은?

① 물류과정에서 하역이 자체적으로 창출하는 효용은 없다.
② 생산품의 이동, 운반을 말하며, 제조공정 및 검사공정을 포함한다.
③ 사내하역(material handling)을 포함하나, 선적, 양하를 위한 항만하역은 포함하지 않는다.
④ 기계화, 자동화가 진행되면서 비성력화가 급속히 진행되고 있다.
⑤ 컨테이너에 물품을 넣는 것을 디배닝(devanning), 빼는 것을 배닝(vanning)이라고 한다.

38 지게차(포크리프트)로 하역도 할 수 있고 수송도 할 수 있는 단위운송방식을 지칭하는 것으로 가장 옳은 것은?

① 파렛트 시스템
② 복합선적 시스템
③ 복합운송 시스템
④ 컨테이너 시스템
⑤ 콜드체인 시스템

39 단위적재시스템(Unit Load System)의 단점에 해당하는 것은?

① 하역인력이 늘어난다.
② 넓은 통로를 갖춘 큰 창고가 필요하다.
③ 작업의 표준화, 규격화가 어렵다.
④ 검수가 용이하지 않다.
⑤ 하역시간이 길어진다.

40 아래 글상자에서 물류예산안 편성과정의 단계들이 옳게 나열된 것은?

> ㉠ 물류관리 목표의 확인
> ㉡ 현황 파악 및 분석
> ㉢ 물동량 파악
> ㉣ 개별물류계획의 검토
> ㉤ 물류예산의 편성

① ㉠ - ㉡ - ㉢ - ㉣ - ㉤
② ㉡ - ㉢ - ㉣ - ㉤ - ㉠
③ ㉢ - ㉣ - ㉤ - ㉠ - ㉡
④ ㉣ - ㉤ - ㉠ - ㉡ - ㉢
⑤ ㉤ - ㉠ - ㉡ - ㉢ - ㉣

41 물류비를 산정하는 목적에 대한 설명으로 가장 옳지 않은 것은?

① 물류활동의 계획, 통제 및 평가를 위한 정보 제공
② 하역활동의 표준화 실현
③ 물류활동에 관한 문제점 파악
④ 물류활동의 규모 파악
⑤ 원가관리를 위한 자료 제공

42 아래 글상자의 ㉠~㉡에 들어갈 용어를 순서대로 나열한 것으로 옳은 것은?

> - (㉠)란 물류활동의 범위 내에서 물류조업도의 증감과 관계없이 발생하거나 소비되는 비용이 일정한 물류비를 말한다.
> - (㉡)란 생산된 완제품 또는 매입한 상품을 판매창고에서 보관하는 활동부터 고객에게 인도될 때까지의 물류비를 말한다.

	㉠	㉡
①	자가물류비	위탁물류비
②	위탁물류비	자가물류비
③	물류고정비	판매물류비
④	물류변동비	사내물류비
⑤	사내물류비	판매물류비

43 화주기업과 제3자 물류업체와의 관계에 대한 설명으로 옳지 않은 것은?

① 물류업무에 관한 의식개혁 공유
② 전략적 제휴에 의한 물류업무 파트너십 구축
③ 정보의 비공개를 통한 효율적인 물류업무개선 노력
④ 주력부문에 특화한 물류차별화를 통해 경쟁우위 확보 의지 공유
⑤ 화주기업의 물류 니즈를 기반으로 한 물류업체의 서비스 범위 협의

44 제3자 물류가 제공하는 혜택으로 옳지 않은 것은?

① 여러 기업들의 독자적인 물류업무 수행으로 인한 중복투자 등 사회적 낭비를 방지할 뿐만 아니라 수탁업체들의 경쟁을 통해 물류효율을 향상시킬 수 있다.

② 유통 등 물류를 아웃소싱함으로써 리드타임의 증가와 비용의 절감을 통해 고객만족을 높여 기업의 가치를 높일 수 있다.

③ 기업들은 핵심부문에 집중하고 물류를 전문업체에 아웃소싱하여 규모의 경제 등 전문화 및 분업화 효과를 극대화할 수 있다.

④ 아웃소싱을 통해 제조·유통업체는 자본비용 및 인건비 등이 절감되고, 물류업체는 규모의 경제를 통해 화주기업의 비용을 절감해 준다.

⑤ 경쟁력 강화를 위해 IT 및 수송 등 전문업체의 네트워크를 활용하여 비용절감 및 고객서비스를 향상시킬 수 있다.

45 다음 글상자에서 설명하는 이것을 도입하여 운용할 경우, 화주회사 측이 가질 수 있는 장점으로 볼 수 없는 것은?

> 이것은 광범위한 물류조직이나 전체적인 물류기능을 소유하기보다는, 타 회사의 물류기능을 부분적으로 공유하여 사용하거나 특화된 물류활동을 제공하는 물류전문업체와 계약을 통하여 자사에서 필요한 물류활동을 하게 하는 것이다.

① 물류비용 절감

② 물류운영, 관리노하우 습득으로 전문성 강화

③ 잉여자원을 고부가가치사업에 투자 가능

④ 물류부문별 경쟁력을 보유하고 있는 기업을 활용하는 공급체인에서 유리한 위치 확보가능

⑤ 물류서비스 질과 유연성 향상에 따른 고객서비스 수준의 향상

01 정답 ⑤

일반적으로 물류의 5대 기능은 포장(유통가공)기능, 보관기능, 하역기능, 운송(수배송)기능, 정보처리기능이다. ⑤는 운송기능에 해당하는 설명이다.

02 정답 ④

상충관계에서 발생하는 문제점을 극복하기 위해서는 전체적인 물류 네트워크를 고려한 최적화를 달성해야 한다.

03 정답 ③

높은 물류비용과 예측의 불확실성, 세계화, 기업 경쟁의 심화 등의 물류환경 변화에 따라 SCM(공급사슬관리) 도입의 필요성이 높아지면서 조직들의 개별화보다 통합화의 움직임이 더 커졌다.

04 정답 ③

조달물류는 공차율(전체 운행하는 화물 차량 중 빈 차의 비율)의 최소화를 고려해야 한다.

05 정답 ③

㉠은 판매물류, ㉡은 폐기물류에 대한 설명이다.

물류영역에 의한 기능의 분류
- 조달물류 : 물류의 시발점으로 물자가 조달처로부터 운송되어 매입자의 물자보관창고에 입고, 관리된 후 생산공정(또는 공장)에 투입되기 직전까지의 물류활동
- 생산물류 : 자재창고의 출고작업에서부터 생산공정으로의 운반하역, 창고에 입고하는 작업까지의 물류활동
- 판매물류 : 물류의 최종단계로서 제품을 소비자에게 전달하는 일체의 수・배송활동
- 반품물류 : 소비자에게 판매된 제품이나 상품자체의 문제점(상품자체의 파손이나 이상)의 발생으로 상품의 교환이나 반품을 위한 물류활동
- 폐기물류 : 파손 또는 진부화 등으로 제품이나 상품, 또는 포장용기 등이 기능을 수행할 수 없는 상황이나 기능을 수행한 후 소멸되어야 할 상황일 때 제품 및 포장용기 등을 폐기하는 물류활동
- 회수물류 : 제품이나 상품의 판매물류에 부수적으로 발생하는 파렛트, 컨테이너 등과 같은 빈 물류 용기를 회수하는 물류활동

06 정답 ②

역물류(RL)는 공급자에서 소비자로 이어지는 물류개념의 반대방향으로 이루어지는 것으로, 물류활동을 통해 소비자에게 전달된 제품이 고객이 더 이상 필요로 하지 않는 상황이 발생하였을 때 그 제품을 회수하여 상태에 따라 최적의 처리를 수행하는 프로세스이며, 폐기물의 관리, 처리를 위한 기술 및 제반활동(절감, 재사용, 재활용, 대체)에 관련된 것들을 포함한다. 역물류의 종류에는 반품물류, 회수물류, 폐기물류가 있다.

07 정답 ①

② 비용상쇄 : 어느 한 분야의 비용감소는 반드시 다른 분야의 비용증대를 초래한다는 개념이다(재고유지비용 ↔ 운송비용, 재고유지비용 ↔ 주문처리 및 정보비용).
③ 부분최적화 : 재고수준을 낮추어 재고보관비용을 감소시킨다.
④ 총체적 시스템 : 하나의 기능에 집중하기보다는 유통경로상의 여러 기능을 통합된 시스템으로 계획한다.
⑤ 최적 고객서비스 : 주문편리성, 배송시간 등 실제 거래요소뿐만 아니라 거래 전 서비스, 거래 후 서비스(설치, 보증, 수리 등)를 포함한다.

08 정답 ②

물류시스템 설계에 대한 전략적 계획과정
1. 고객서비스 목표 및 전략의 결정
2. 물류투자, 재고, 보관, 수송, 주문전략 및 프로그램 도출 제공
3. 물적 흐름 및 정보 흐름에 기초하는 물류활동 관리 시스템과 절차의 구체화
4. 조직 정비 및 인적자원관리
5. 전략적 물류계획 개발 후 계획 실행의 구체적 방법과 경로구성원 선택기준 마련
6. 물류시스템에 대한 주기적인 평가 및 성과개선활동

09 정답 ①

② 우리나라의 표준파렛트 사용 비율은 16.8%로 미국(60%)과 유럽(90%)에 비해 물류 표준화 인식이 미흡한 수준이다.
③ 물류표준화는 포장 모듈화로 대표되며, 하역・보관・수배송 등을 합리화하기 위해 포장 사이즈를 물류시스템 전체로 계열화하는 것을 의미한다.
④ 제품의 형상과 크기에 적합한 적재효율성이 가장 높은 포장규격을 사용해야 한다. 수송 포장 계열 치수(KSA1002)에는 1,100×1,100mm 파렛트에 적합한 550×366mm 계열을 중심으로 한 69개 포장상자 규격과 1,200×1,000mm 파렛트에 적합한 600×400mm 계열을 중

심으로 한 40개의 포장 상자 규격이 명시되어 있다. 이 두 파렛트에 공통으로 적용된 포장상자규격을 제외하고도 100여 가지 치수가 국가 규격으로 제정되어 있는 상태이다.
⑤ 물류시설·장비의 이용 효율 향상을 위해 기계화, 자동화, 공동화가 불가피하며, 이를 위해 물류시설·장비간 호환성을 확보하는 국가 차원의 물류표준화가 필요하다.

10 정답 ③

성공적인 수·배송 공동화를 위하여 각 업체마다 상품포장의 규격이 다양해서는 비효율적이며, 포장 규격의 표준화가 적극 도입되어야 한다.

11 정답 ①

제조 및 판매회사 도매점 간의 물류공동화로서 수직적 물류공동화에 대한 설명이다.

물류공동화의 유형
• 수평적 물류공동화 : 동종의 다수 제조업체와 이들과 거래하는 다수의 도매점이 공동으로 정보 네트워크와 물류시스템을 공동화하는 것이다.
• 물류기업 동업자 공동화 : 물류기업이 동업형식으로 물류시스템을 공동화하는 것이다.
• 소매기업에 의한 계열적 공동화 : 대형 소매체인점이 도매점이나 브랜드에서의 납품 물류를 통합하여 납품자와 각 점포의 상호이익을 도모하기 위해 물류센터 등을 만드는 것이다.
• 경쟁관계에 있는 브랜드 간의 공동화 : 서로 경쟁관계에 있는 기업들이 모여 물류의 효율화를 위해 공동화를 이룩하는 것을 말한다.
• 수직적 공동화(제조기업에 의한 계열적 공동화) : 제조 및 판매회사 도매점 간의 물류공동화를 말한다.
• 화주와 물류기업의 파트너십 : 전문 사업자로서 화주의 물류합리화나 시스템화로 적극 참여하는 제안형 기업이 되어 상호 신뢰를 확립하는 것을 의미한다.

12 정답 ⑤

배송공동형은 화물거점 시설까지 각 화주 또는 개개의 운송 사업자가 화물을 운반하고 배송만을 공동화하는 것이다. 이 경우 화주 주도 또는 운송사업자 주도가 대부분이며, 창고업자 등 거점시설 보유자가 주체가 되는 경우도 있다.
① 화주 중심의 집하배송공동형 : 동일업종 화주가 특정화주의 주도로 집하 및 배송을 공동화 하는 것
② 운송업자 중심의 집하배송공동형 : 불특정 다수의 화주에 대하여 다수의 운송업자가 지역을 분담하여 집하 및 배송을 공동화하는 것
③ 노선집하공동형 : 노선의 집하부분만 공동화하여 화주가 지정한 노선업자에게 화물을 넘기는 것
④ 납품대행형 : 운송업자가 납입선을 대신하여 납품하는 형태

13 정답 ③

복화율(화물수송 후 돌아올 때 싣고 오는 정도)을 최대화해야 운송비 절감을 극대화하여 효율적인 수·배송을 할 수 있다.

14 정답 ①

재고수준이 낮아지면 서비스율이 낮아지고, 재고수준이 높아지면 서비스율이 높아진다. 즉, 재고수준이 높아지면 고객서비스가 좋아지므로 서비스수준의 향상과 추가재고 보유비용의 관계가 적절한지 고려해야 한다.

15 정답 ④

물류의 7R 원칙
• 적절한 상품(right commodity)
• 적절한 품질(right quality)
• 적절한 가격(right price)
• 적절한 수량(right quantity)
• 적절한 시기(right time)
• 적절한 장소(right place)
• 좋은 인상(right impression)

16 정답 ④

④를 제외한 ①·②·③·⑤는 모두 거래 중 요소에 해당한다.
고객서비스 요소

거래 전 요소	명시된 회사 정책, 고객의 평가, 회사조직, 시스템의 유연성, 기술적인 서비스, 목표배달일, 재고가용성, 문의에 대한 반응시간 등
거래 중 요소	주문충족률(재고수준), 백오더 이용가능성, 주문정보, 주문주기의 일관성, 주문의 편리성, 배달의 신뢰성, 정보시스템의 정확성, 배송지연(선적지연), 재주문시 대응력, 제품의 대체성 등
거래 후 요소	제품설치, 품질보증, 변경, 제품수리, 제품포장, 제품추적, 서비스부품 가용률, 최초 방문 수리율, 고객 클레임, 불만처리, 수리 중 일시적 제품 대체 등

17 정답 ②

②는 거래 중 요인에 해당한다. 거래 중 요인은 고객에게 제품을 인도하는 데 직접 관련된 서비스 요소로서 제품 및 배달의 신뢰도 등을 말한다. 나머지 ①·③·④·⑤는 거래 후에 요구되는 고객서비스 요인들이다.

18 정답 ①

델파이분석은 대상의 주관적인 의견이나 판단을 중시하는 정성적 수요예측기법에 해당한다. 그 밖에 정성적 기법으로는 시장조사법, 패널조사법, 판매원예측법. 유추법, 표적집단면접법 등이 있다.

19 정답 ⑤

회귀분석법은 변수 간 인과관계를 파악하는 수요예측방법으로 정량적 수요예측기법에 속한다.

수요예측기법의 분류

정성적 기법	델파이법, 시장조사법, 패널조사법, 판매원예측법. 유추법, 표적집단면접법 등
정량적 기법	시계열분석법(이동평균법, 지수평활법), 인과형분석(회귀분석모형, 계량경제모형, 투입산출모형), 시뮬레이션

20 정답 ③

10월의 수요 예측치
= (6월 수요량 + 7월 수요량 + 8월 수요량 + 9월 수요량)/4
= (24,000 + 23,000 + 27,000 + 26,000)/4
= 25,000개

21 정답 ⑤

지수평활법은 평균을 계산할 때 최근 수요에 더 많은 가중치를 부과하는 방법으로 계산이 쉽고 필요 자료가 적기 때문에 정규 예측 시스템에서 가장 많이 이용된다. 또한 최근 자료에 주는 가중치는 지수평활상수를 변화시켜 조정할 수 있다.

22 정답 ④

ⓒ 재고품절로 인해 발생하는 손실을 비용화한 것이 재고부족비용이다.
ⓐ 이자비용, 창고사용료, 창고유지관리비는 재고유지비용에 속하지만, 재고감손비용은 주문비용에 포함된다.

23 정답 ⑤

재고관리의 목표는 적정 수준의 재고를 유지하여 재고유지비용을 절감하고, 또한 품절을 방지하여 고객서비스를 최대화하는 것을 목적으로 한다.

24 정답 ②

정량유지법(= 정량발주법, Q 방식)은 재고가 일정 수준의 주문점에 다다르면 정해진 주문량을 주문하는 방식이다. 매회 주문량을 일정하게 하고, 소비의 변동에 따라 발주시기를 변동한다.

25 정답 ③

재고수준을 자동적으로 유지하지 못할 때는 상품발주 시기를 일정간격으로 일시로 설정하여 그때마다 발주량을 결정. 발주하는 방식으로서 자동발주방식에 대응한 정기발주법이 합당하다. 자동발주방식에 비하여 발주시기가 미리 정해져 있으므로 상품보충이 계획적으로 되는 등의 장점이 있다.

26 정답 ③

$$EOQ = \sqrt{\frac{2 \times 주문당\ 소요비용 \times 연간수요량}{연간단위\ 재고비용}}$$

$$= \sqrt{\frac{2 \times 40 \times 4,500}{25}} = \sqrt{\frac{360,000}{25}} = \frac{600}{5} = 120$$

27 정답 ①

$$EOQ = \sqrt{\frac{2 \times 주문당\ 소요비용 \times 연간수요량}{연간단위\ 재고비용}}$$

$$= \sqrt{\frac{2 \times 150 \times 19,200}{16}} = \sqrt{\frac{5,760,000}{16}} = \sqrt{360,000}$$

$$= 600$$

28 정답 ③

EOQ의 기본 가정에서 1회 주문비용이 일정하고, 주문량이 일시에 입고되며, 조달기간(Lead Time)은 없거나 일정하다.

29 정답 ④

① 정량발주시스템과 정기발주시스템을 활용한 재고관리방법이다.
② 품목의 가치나 상대적인 중요도에 따라 주문량을 결정한다.
③ A 그룹에 포함되는 품목은 대체로 수익성이 높은 품목이다.
⑤ 80 : 20의 파레토 법칙을 사용하는 재고관리방법이다.

30 정답 ①

(A) 경제적주문량 단위 $= \sqrt{\frac{2 \times 수요량 \times 주문비용}{재고유지비용}}$

$$= \sqrt{\frac{2 \times 1,000 \times 1,000}{200}} = 100$$

(B) 연간 최적 주문횟수 = 1,000단위/100 = 10
(C) 최적 주문주기일 = 365일/10 = 36.5

31 정답 ⑤

경제적 주문량(EOQ) 공식에서는 주문비와 재고유지비가 물량에 관계없이 일정하다고 가정한다.

32 정답 ⑤

육상운송은 전체 국내운송에서 차지하는 비율이 크다.

33 정답 ②

트럭과 철도운송을 결합한 운송방식인 피기백 시스템에 대한 설명이다.

34 정답 ④

통로대면보관의 원칙은 물품의 효율적 보관을 위해서 통로면에 보관하는 것을 말한다. 보관할 물품을 입출고 빈도에 따라 장소를 달리하여 보관하는 원칙은 '회전대응의 원칙'이다.

35 정답 ①

운영측면에서 보관창고의 기능을 크게 이동, 보관, 정보로 구분할 때 이동과 관련된 하부 창고운영시스템은 수주(receiving), 이송 또는 격납(transfer or put away), 주문선택(order selection), 크로스도킹(crossdocking) 및 선적(shipping)으로 구분한다.

36 정답 ③

시스템의 원칙에 대한 설명이다. 시스템의 원칙은 개개의 하역활동을 유기체적인 활동으로 간주하는 원칙으로 종합적인 관점에서 보았을 때 시스템 전체의 균형을 고려하여 시너지 효과를 올리는 것을 의미한다.

37 정답 ①

② 보관과 운송의 양단에 있는 물품을 취급하는 것을 말하며, 제조공정 및 검사공정은 포함하지 않는다.
③ 하역은 화물수송 과정에서 짐을 싣고 내리는 일체의 현장처리작업을 의미하기 때문에 항만 안에서 화물을 싣고 내리는 일과 이에 따르는 일체의 작업을 의미하는 항만하역도 하역에 포함된다.
④ 기계화, 자동화가 진행되면서 성력화가 급속히 진행되고 있다.
⑤ 컨테이너에 물품을 넣는 것을 배닝, 빼는 것을 디배닝이라고 한다.

성력화(elimination of labor)
생산성의 향상을 목표로 하여 생산공정에서 가공의 능률화나 공정 간의 공작물 운반의 능률화를 도모하기 위해서 될 수 있는 한 작업을 기계화하고, 사람의 손을 필요로 하는 작업을 생략하는 것을 성력화라고 한다.

38 정답 ①

파렛트(pallet)는 특정한 규격의 운반대를 말하며, 물품을 하역·수송·보관하기 위해 단위묶음으로 화물을 적재할 수 있고 하역기기가 제어할 수 있는 구조를 가진 받침대를 일컫는다.

39 정답 ②

① 하역인력을 절감할 수 있다.
③ 작업의 표준화, 규격화가 쉽다.
④ 검수가 용이하다.
⑤ 하역시간을 단축할 수 있다.

40 정답 ①

물류예산안 편성과정
물류관리 목표 설정 및 확인 → 물류환경조건의 파악 및 분석 → 물동량 파악 → 개별물류계획의 설정 및 검토 → 물류예산편성 방침의 작성과 제출 → 물류비 예산안의 작성과 제출 → 물류비 예산안의 심의·조정 → 물류비 예산의 확정

41 정답 ②

물류비 산정의 목적
• 물류활동의 규모를 파악하고, 물류비의 크기를 표시하여 사내에 물류의 중요성을 인식시키기 위해서
• 물류활동에서의 문제점을 발견하기 위해서
• 물류활동을 계획·관리·통제하고, 실적을 평가하기 위해서
• 원가관리를 위한 자료를 제공하기 위해서

42 정답 ③

㉠은 물류고정비, ㉡은 판매물류비에 대한 설명이다.

43 정답 ③

정보의 공개를 통한 효율적인 물류업무개선 노력이 필요하다.

44 정답 ②

유통 등 물류를 아웃소싱함으로써 리드타임의 감소와 비용의 절감을 통해 고객만족을 높여 기업의 가치를 높일 수 있다.

45 정답 ②

②는 제3자 물류업체 측이 가질 수 있는 장점이다.

CHAPTER 05 | 유통기업의 윤리와 법규

1 기업윤리의 기본개념

01 기업윤리의 이해

02 유통기업의 윤리

03 기업윤리의 기본원칙

04 유통기업의 윤리경영

2 유통관련 법규

01 유통산업발전법

02 전자문서 및 전자거래기본법

03 소비자기본법

필수기출문제

최근 5개년 출제경향　회당 평균 2.3문제 출제(5개년 기준 총 15회)

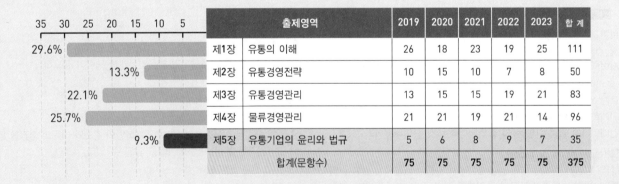

	출제영역	2019	2020	2021	2022	2023	합 계
제1장	유통의 이해	26	18	23	19	25	111
제2장	유통경영전략	10	15	10	7	8	50
제3장	유통경영관리	13	15	15	19	21	83
제4장	물류경영관리	21	21	19	21	14	96
제5장	유통기업의 윤리와 법규	5	6	8	9	7	35
	합계(문항수)	75	75	75	75	75	375

29.6%
13.3%
22.1%
25.7%
9.3%

유통기업의 윤리와 법규

05 · 유통기업의 윤리와 법규

1 기업윤리의 기본개념

개념 Plus

기업윤리의 특징
- 윤리적인 것은 나라마다, 산업마다 다를 수 있다.
- 윤리는 개인과 회사의 행동을 지배하는 원칙이라 할 수 있다.
- 회사의 윤리 강령이라도 옳고 그름을 살펴서 판단해야 한다.
- 윤리적인 원칙은 시간의 흐름에 따라 변할 수도 있다.
- 비윤리적 행위에 대해서는 법적 규제 및 처벌 시스템이 존재한다.

01 기업윤리의 이해

(1) 기업윤리의 개념

① 기업윤리란 영리를 목적으로 사업을 경영하는 기업이 기본적으로 지켜야 할 도리와 규범을 말하며, 기업의 판단기준이 된다. 한국경영학회에 따르면 기업윤리는 이해관계자들을 고려한 체계적 판단기준이자 기업정책 및 조직, 행동에 있어서 지켜야 할 도덕적 기준이다.

② 기업은 영리를 목적으로 사업을 운영하기 때문에 다양한 윤리적 문제에 직면할 수밖에 없다. 따라서 기업윤리를 준수하는 기업의 경우에는 의사결정의 상황에서 사회에 이익이 되는 부분을 고려하여 결정하게 된다.

(2) 기업윤리의 필요성

① 기업을 운영하는 상황에서의 비윤리적인 행위는 사회 전반에 걸쳐 부정적 영향을 가져올 수 있다.

② 기업이 윤리를 잘 지키면 고객들의 의식 속에 기업이미지가 개선되어 자리를 잡게 되고, 이후 고객이 상품을 구매하게 되는 상황이 오면 해당 기업의 상품을 구입하게 되어 매출증가 효과를 기대할 수 있다. 따라서 기업에게 있어 기업윤리의 준수는 사회적 정당성을 획득하는 기반이 된다.

③ 지속적인 발전을 도모하는 기업이라면 경쟁은 불가피한 상황이다. 기업이 경쟁기업보다 우위에 위치하기 위해서는 기업윤리를 준수함으로써 고객에게 좋은 이미지로 각인이 되는 것이 필요하다.

④ 기업의 가격결정과 가격경쟁은 윤리적 평가가 가장 어려운 문제이다. 가격은 기업의 수익과 직결되는 마케팅믹스(Marketing Mix) 요소이기 때문에 비교적 어려운 문제이며 다른 요소에 비해 법적 규제의 강도가 세다.★

⑤ 윤리를 준수하는 기업은 고객뿐만 아니라 자사의 종업원들에게도 긍정적인 영향을 미칠 수 있다. 종업원들은 기업이 윤리를 준수함으로써 사회에 모범이 되는 모습을 보면서 자신도 그 일원임을 자각하고 그에 따르는 책임감과 자부심이 향상되어 생산성 증가 및 상품 가치 향상에 영향을 미치게 된다.

⑥ 기업 경영에 있어서 기업윤리는 기업성공의 필수조건이 되었으며 사회 전반에 걸쳐 기업의 사회적 책임에 대한 기대의 증가와 기업윤리경영의 표준화 추진 등에 의해서 그 필요성이 증대되고 있다.

(3) 기업이 이해관계자들에게 지켜야 하는 기업윤리 기출 21·19·18

① 고객 : 기업은 신의성실에 입각하여 고객을 대하며 현혹할 수 있는 허위 및 과대광고나 정보은폐 등의 행위를 하여서는 안 된다.

② 경쟁사 : 기업은 경쟁자와 공정한 경쟁을 바탕으로 기업 활동을 하여야 하며, 카르텔이나 뇌물 등 불공정한 경쟁행위를 하여서는 안 된다.

③ 종업원 : 기업은 인간의 존엄성을 바탕으로 하여 종업원을 대하며 작업장의 안정성을 확보하고 고용 및 성차별 등의 행위를 하여서는 안 된다. ★

④ 투자자 : 기업은 공평성과 형평성을 바탕으로 투자자를 대하며 내부자거래나 분식결산, 인위적인 시장조작 등을 하여서는 안 된다.

⑤ 정부 : 기업은 정부와의 관계에서 엄정한 책임과 의무를 바탕으로 기업 활동을 하고 지역사회와의 관계에서 기업시민으로써 역할을 수행하여야 한다. 따라서 탈세나 뇌물, 허위보고, 산업공해, 산업폐기물 불법처리 등의 활동을 하여서는 안 된다.

⑥ 외국 정부와 기업 : 기업환경 변화에 따른 세계화 추세에 있어서 기업은 외국정부 및 기업과 공정한 협조를 추구하여야 하며, 세금회피를 목적으로 하거나 부정 돈세탁, 덤핑, 뇌물 등의 행위를 하여서는 안 된다.

⑦ 지구환경 보호 : 기업은 지구환경을 보호하기 위하여 공생관계를 모색하여야 하며, 환경오염이나 자연파괴 등의 행위를 하여서는 안 된다.

> **개념 Plus**
>
> 기업의 대내적 책임과 대외적 책임
> • 기업의 대내적 책임 : 기업의 유지 발전에 대한 책임
> • 기업의 대외적 책임 : 소유주 또는 주주에 대한 책임, 종업원에 대한 책임, 소비자에 대한 책임, 지역사회 및 정부에 대한 책임

02 유통기업의 윤리

(1) 유통기업의 사회적 책임 기출 18·14·13

① 유통기업이 사회적 책임이 있는 기업으로 인정받기 위해서는 이해관계자에 대한 의무 및 이해를 충족시키는 것이 필요하다. 이해관계자에 대한 책임은 기업 측면에서 의무로 이해하는 것이 필요하며, 이를 통하여 기업은 긍정적인 영향을 제고하고 동시에 위협을 최소화할 수 있다. 일반적으로 기업이 이해관계자들에게 갖는 책임으로 다음과 같은 것들이 있다. ★
　㉠ 투자자들을 위한 이윤을 창출하는 것
　㉡ 종업원들에게 일자리를 제공하고 안정성을 도모하는 것
　㉢ 사회적 정의를 촉진시키며 기업의 근무환경을 더 나은 곳으로 만들려는 노력
　㉣ 가치가 있는 제품과 서비스를 통해 고객을 만족시키는 것

② 유통기업의 사회적 책임에는 지역사회에 대한 공헌, 인권 보호 및 근무 환경 개선, 관련 법규 준수 등이 있다. 이외의 주주 이익, 고용 창출, 고객에 대한 책임 등과 같은 경제적 책임과 온실가스 감축, 대체 에너지 활용, 친환경 활동 등과 같은 환경적 책임을 바탕으로 기업 경영 활동을 영위하게 된다.

기업의 사회적 책임(CSR) 4단계
• 경제적 책임(본질적 책임) : 이윤
극대화, 고용창출, 사회구성원에
필요한 재화와 서비스의 공급
• 법률적 책임 : 도덕적 가치의 수호,
회계의 투명성, 세금납부의 성실
이행, 소비자의 권익보호
• 윤리적 책임 : 기업윤리 준수, 환경
·윤리경영, 제품안전, 여성·현
지인·소수인종에 대한 차별금지
• 재량적 책임(자선적인 책임) : 기
부활동과 같은 기업의 자발적인
윤리적 행위로서 사회적 공헌활
동, 자선·교육·문화·체육활동
등에 대한 기업의 지원

③ 캐롤(Archie B. Carroll)은 기업의 사회적 책임(CSR ; Corporate Social Responsibility)
을 경제적(본질적), 법률적, 윤리적, 자선적 책임으로 구분하였으며, 이를 바탕으로 사
회에 긍정적인 영향을 미칠 수 있는 책임 있는 활동이 가능하다고 하였다.

④ 유통기업은 생산과 소비를 효과적으로 연계하여야 하기 때문에 관련 기업 간 협력을
필요로 한다. 따라서 상호 협력을 전제로 정보를 공유하고 신뢰를 바탕으로 한 공급망
을 구축하는 등의 노력이 필요하다.

(2) 경로주장과 유통의 윤리문제 기출 19

① 경로주장(Channel Captain) : 생산자 → 도매상 → 소매상 → 소비자로 흐르는 유통과
정에서 가장 힘이 크고 지배적인 역할을 하는 기관을 '경로주장'이라고 한다.

② 유통의 윤리문제 : 경로주장이 자기의 힘(유통경로 지배력)을 남용하는 데서 나온다.
즉, 유통경로의 윤리문제는 대부분 유통경로상의 '힘 > 책임' 관계에서 나타나며, 이 경
우 생기는 경로주장의 윤리문제는 대부분 '우월적 지위의 남용'의 형식으로 나타난다.

> **우월적 지위의 남용**
> 거래상의 지위가 상대방보다 우월한 사업자가 그 지위를 이용하여 거래상대방에게 부당한 불이익
> 을 강요하는 행위를 말한다. 그러나 독점 또는 과점과 같은 절대적인 우월성에 한하는 것은 아니며
> 상대적으로 우월한 것을 이용해서 상대방에게 불이익한 조건을 과할 수 있는 거래상의 지위 상태
> 이다. 행위자가 상대방에게 우월한 지위의 남용을 했다고 인정되는 사례는 다음과 같다.
> • 행위자가 속한 업체가 과점적이고 상대방이 해당업체의 거래관행 등을 무시할 수 없는 경우
> • 행위자와 상대방의 거래에서 상대방이 행위자에게 특화된 생산체제를 갖추고 있는 경우
> • 계열화가 진행되어 있는 경우

(3) 상품매입과 관련된 법적 · 윤리적 문제 기출 18 · 17

① 구속적 계약(Tying Contract) : 사고자 하는 상품을 구입하기 위해서 사고 싶지 않은
상품까지도 소매업체가 구입하도록 하는 공급업체와 소매업체 간에 맺는 협정을 말한다.

② 독점거래협정 : 공급업체나 도매업체가 소매업체로 하여금 자신 이외의 다른 공급업체
나 도매업체의 상품을 취급하지 못하도록 제한하는 것이다.

③ 역청구 : 소매업체가 공급업체로부터 야기된 상품 수량 차이에 대해 대금을 공제하는
것이다.

④ 역매입 : 소매업체가 공급업체에게 경쟁자의 상품을 역매입하게 하여 소매업체 선반으
로부터 제거하고 그 공간에 진열하게 하는 경우와 느리게 판매되는 상품에 대해 소매업
체가 공급업체에게 역매입을 요구하는 경우가 있다.

> **외부효과(Externality)**
> 금전적 거래 없이 어떤 경제 주체의 행위가 다른 경제 주체에게 영향을 미치는 효과 혹은 현상으
> 로, 어떤 경제주체의 행위가 다른 경제주체에게 긍정적 혹은 부정적 영향을 미치고 있음에도 이에
> 대한 금전적 거래가 없이 보상이나 가격 지불이 이루어지지 않는 상황을 말한다.

(4) 도덕적 해이(Moral hazard)

① 도덕적 해이의 개념
- ㉠ 경제학적으로 '도덕적 해이'란 **정보의 비대칭**이 존재하는 상황에서 주인(Principal)이 대리인(Agent)의 행동을 완전히 관찰할 수 없을 때, 대리인이 자신의 효용을 극대화하는 과정에서 나타난다. 그 결과로 나타나는 것이 역선택(Adverse Selection)이다.
- ㉡ 역선택은 일반적으로 한 사람이 어떤 상품의 속성에 대해 더 많은 정보를 가지고 있기 때문에 상대적으로 적은 정보를 가진 사람이 질 나쁜 상품을 사게 되는 현상을 말한다.

② 도덕적 해이의 발생원인
- ㉠ 거래, 계약관계에 있는 이해당사자 중 상대방에 대한 정보가 불충분한, 정보의 비대칭성이 존재할 때 발생한다.
- ㉡ 본인이 최선을 다 할 인센티브가 없을 때 발생한다. 즉, 자발적으로 잘 지켰는데도 이에 대한 보상이 없거나 많이 어겼는데도 특별한 처벌이 없다면 도덕적 해이가 발생할 수밖에 없다.
- ㉢ 도덕적 해이를 적발해내는 감시체계가 투명하지 못할 때 발생한다.

(5) 주인–대리인문제 기출 20

① 대리인을 통해 사용자가 어떤 일을 할 때 이를 맡은 대리인이 감시가 완전하지 못함을 틈 타 자신의 이익을 추구하는 도덕적 해이가 발생하는 현상을 말한다.
② 사용자의 위임을 받은 대리인이 주인이 갖지 못한 정보를 이용하여 사익을 추구하고, 그 결과로 주인에게 재산상 손실을 입히는 현상을 의미하는데, 특히 소유와 경영이 분리된 기업의 경우 이러한 분쟁이 자주 일어난다.

(6) 유통기업윤리 프로그램의 도입과 관리

① 유통기업이 윤리경영을 실천하기 위해서는 실질적인 형태인 윤리규범을 운영하는 것이 필요하며, 상황변화에 따라 수정 및 보완을 하는 것이 필요하다. 또한 윤리경영을 수행하기 위해서 윤리경영 전담부서를 설치·운영하는 것이 효과적이다. 윤리경영 전담부서는 독립성을 바탕으로 기업윤리에 관한 업무 및 감사업무를 수행하게 된다.
② 유통기업 내 구성원들의 윤리행위를 규정하기 위하여 기업윤리 준수를 위한 윤리강령과 윤리준수교육을 통한 윤리행위에 대한 공감대를 형성하는 것이 필요하다.
③ 유통기업이 협력기업과 상생하기 위해서는 공정한 거래를 할 수 있는 프로그램을 구축하는 것이 필요하다. 공정거래 프로그램을 통해 공정하고 투명한 거래가 이루어질 수 있으며, 윤리 및 법적준수가 가능해진다.
④ 지속기업을 지향하는 유통기업은 정기적이고 지속적으로 기업윤리 수준을 평가하고 문제점이 있을 시 개선 및 보완해야 한다.

개념 Plus

주인–대리인문제 발생 사례
다음은 모두 주인–대리인문제에 해당하는 사례들이다.
- 보험가입자가 보험에 가입한 후 고의 또는 부주의로 사고 가능성을 높여 보험금을 많이 받아내서 보험회사에게 피해를 주는 경우
- 대리인인 경영자가 주주의 이익보다는 자신의 이익을 도모하는 방향으로 내린 의사결정
- 채권자에게 기업의 재정 상태나 경영 실적을 실제보다 좋게 보이게 할 목적으로 기업이 분식회계를 진행한 경우
- 재무회계팀 팀장이 기업의 결산보고서를 확인하고 공식적으로 발표되기 전에 자사 주식을 대량 매수한 경우

(7) 기업환경의 변화와 기업윤리

① **소비자의 영향력 증대** : 현대사회에서의 소비자들은 기업에 대해 능동적으로 대응하고 그에 따른 영향력이 증대되었다. 이는 인터넷 커뮤니티 등 다양한 경로를 통해 정보를 수집·공유함으로써 기업의 비윤리적 행위에 대해 체계적인 대응이 가능하게 되었고, 평균 학력의 상승에 따른 지식수준의 상승 또한 기업의 비윤리적 행위에 대한 대처를 효율적으로 할 수 있게 하였다.

② **비윤리적 기업에 대한 법적 처벌 강화** : 기업윤리에 대한 도덕적 제한만으로 기업의 비윤리적 행위를 하는 기업을 통제하는 것에는 어려움이 있을 수 있다. 그렇기 때문에 비윤리적 기업에 대한 다양한 관련법을 제정하여 이를 어길 때엔 처벌을 할 수 있도록 했다.

③ **종업원에 대한 인식 변화** : 현대사회에서의 기업은 과거 기업 구성원들을 단순한 종업원이 아닌 인간존엄성에 바탕을 둔 동반자로서 인식을 하게 되었다.

④ **시민단체의 영향력 발휘** : 소비자들은 자신들의 권익을 위해 단체를 자유롭게 만들 수 있기 때문에 다양한 분야에서의 시민단체가 소비자들을 대변하여 그 영향력을 발휘하게 되었고, 공정성 있는 여론은 사회 전반에 소비자들을 위한 대변을 하게 되었다.

(8) 시장구조와 윤리

① **완전경쟁시장** : 다수의 판매자와 구매자가 존재하며, 시장진입이 자유롭고 모든 대상이 필요정보를 이해하고 있는, 현존하지 않는 가상의 이상적 시장이다.

ㄱ 완전경쟁시장 하에서 판매자와 구매자의 영향력은 유사하고 소유권이전 및 교환이 허용되며 사유재산을 인정하는 특징을 가진다.

ㄴ 판매자와 구매자는 최소의 비용을 통해 최대의 효과를 추구하며 가격이나 품질, 물량 등을 임의로 조정할 수 없다.

ㄷ 현실적으로 존재하지 않는 이상적인 시장의 형태인 완전경쟁시장은 공급과 수요의 균형점에서 **도덕적 원칙인 정의와 효용, 권리가 만족**된다.

ㄹ 정의는 상품교환이 공평하고 정의로운 방법 아래에서 발생하는 측면을, 효용은 효율적으로 자원을 할당하고 사용하는 측면을, 권리는 자유의지를 바탕으로 한 거래 측면을 의미한다.

② **독점시장** : 하나의 판매자가 시장을 독점하고 다른 판매자의 시장진입을 제약하는 시장이다.

ㄱ 독점시장에서의 판매자는 생산량을 조정하여 과도한 이윤을 추구할 수 있으며, 최고 이윤수준에서 생산량과 가격을 고정시키게 된다.

ㄴ 독점시장에서는 완전경쟁시장과 달리 **정의와 효용, 권리가 결여**된다.

ㄷ 정의의 결여는 독점판매자가 자신의 극대화된 이익을 추구하여 거래하기 때문이다.

ㄹ 효용의 결여는 독점 특성상 효율적인 생산방법을 모색하지 않기 때문이다.

ㅁ 권리의 결여는 구매자의 자유의지를 바탕으로 한 거래가 이루어지지 않기 때문이다.

③ 과점시장 : 몇몇의 판매자가 지배하는 완전경쟁시장과 독점시장 사이의 불완전 경쟁시장이다.

    ⊙ 과점시장 내 소수 판매자는 시장지배력을 통해 가격을 조정할 수 있으며, 다른 판매자의 시장진입을 제약한다.

    ⓛ 과점시장 내 소수 판매자들은 물량조정을 통한 과도한 가격으로 이윤을 획득할 수 있으며, 구매자의 자유의지를 제한하는 특징을 가진다.

    ⓒ 과점시장에서는 독점시장과 마찬가지로 **정의, 효용, 권리 측면의 결여**가 발생할 수 있다.

    ⓔ 과점시장 내 소수 판매자들은 자신들의 시장지배력을 유지하기 위하여 뇌물행위를 하거나 가격 및 공급조작, 일정가격유지 등의 과점행위를 할 수 있다. 따라서 구매자 보호를 위한 관련 규제 및 법률이 제정되는 것이 필요하다.

03 기업윤리의 기본원칙

(1) 공리주의

① 공리주의는 **최대다수의 최대행복**이라는 실현을 윤리적 행위에 있어서의 목적으로 보고 있는 사상으로 행위의 옳고 그름이 인간의 이익과 행복증진에 얼마나 기여하는지에 대한 유용성과 결과에 따라 결정된다는 것이다.

② 공리주의는 기업의 **능률과 생산성** 제고, 이윤 극대화 등에 부합되는 반면에 **자원배분의 불균형**과 소수의 권리 무시 등의 문제점을 가지고 있다.

③ 공리주의는 소수의 권리를 경시하기 때문에 소수의 희생으로 다수의 효용이 증가된다면 도덕적으로 올바르다고 평가할 수 있다.

④ 공리주의가 **보편성을 무시**하고 있어 정당성을 가지고 있다고 보기 어려울 수 있으므로 도덕적 원칙에 위배되지 않는 전제하에 **사회적 효용이 가장 큰 대안을 선택**하는 것이 필요하다.

(2) 권리와 의무

① 권리는 한 개인에게 주어지는 특정 행동에 대한 보호 장치로 **도덕적 권리와 법적 권리**로 구분될 수 있다.

② 도덕적 권리는 직업선택 및 종교의 자유와 같은 개인에게 있어서의 **자율과 평등을 보장**하고 약자를 보호함에 있어서 방해받아서는 안 된다는 것을 의미한다.

③ 법적 권리는 **법 안에서 자유로운 활동**을 할 수 있으며, 자신 및 타인의 이해를 **보호**하고 개인의 행동을 위해 타인을 **규제**할 수 있는 권리 등을 의미한다.

④ 계약상 권리와 의무는 당사자 간 **계약의 본질**을 충분히 숙지하고 있어야 하며, **정직하게 이루어져야** 한다는 것이다.

⑤ 계약은 강제하는 것이 아니라, 자발적으로 이루어져야 하고 계약이 비도덕적 행위를 유발하게 하여서는 안 된다.

- **권리우선주의** : 인간으로서 존엄성이 우선되어야 한다는 견해로 개인의 생명과 안전, 사생활, 양심과 표현의 자유와 같은 기본권은 반드시 보호되어야 한다고 주장한다.
- **사회계약주의** : 윤리는 조직이 속한 사회에서 적용되고 있는 기준들을 종합적으로 고려해 결정된다는 견해이다.
- **공리주의** : 가치 판단의 기준을 효용과 행복의 증진에 두어 '최대 다수의 최대 행복' 실현을 윤리적 행위의 목적으로 본다. 즉 어떤 결정을 통해 얻게 되는 성과가 비용보다 크면 옳은 결정이라고 한다.
- **공정성주의** : 의사결정을 내리는 과정에서 규칙을 누구에게나 공정하게 적용하고 결정을 따르는 이익 혹은 불이익이 공평하게 나누어질 때 윤리적이라고 주장한다.

(3) 정의와 공평성

① 상호 상대적 개념인 정의와 공평성은 개인 또는 조직의 이익과 책임에 있어서 구성원들의 대우가 어떠하여야 하는지에 관한 것이다.

② 분배적 정의는 구성원들이 사회적 산물을 어떻게 나눌 것인지에 관한 것으로 평등주의에 입각하여 유사한 구성원들에게는 혜택과 부담도 유사하게 있어야 하고 자본주의에 입각하여 개인적 차이에 따라 대우가 상이할 수 있다.

③ 재분배적 정의는 부정적 행위를 한 대상에게 **적절한 처벌**을 할 수 있다는 것으로 처벌의 정도는 잘못한 정도에 비례하여 이루어진다. 하지만 행동의 대상이 무능력하거나 무지할 경우에는 제외된다.

④ 보상적 정의는 손실측정에 비례하여 보상을 통해 회복시키겠다는 것으로 손실의 행위가 고의 또는 잘못으로부터 비롯되고 그 행위가 손실에 직접적인 원인이 되어야 한다.

(4) 효용성, 효율성, 도덕성

① **효용성(Utility)** : 애덤 스미스(Adam Smith)는 인간은 자신의 이익을 증가시키기 위한 욕망을 가지고 있으며, 이러한 **욕망의 충돌은 시장에서 조정**이 된다고 보았는데 이를 **자유시장의 효용성**이라 한다. 하지만 인간의 본성이 이타적인 속성도 있음에도 이기적인 존재로 가정하였다는 점과 독점시장과 같은 시장구조에서 소비자가 불리한 상황에 노출될 수 있다는 점을 고려하지 않았다.

② **효율성(Efficiency)** : 공리주의 하에서 제한된 자원을 통해 최대의 순이익을 창출할 수 있는 대안을 선택하는 결정을 의미하는 것으로 **최소의 비용으로 최대의 효과를 획득**하는 것이다. 하지만 효용이 양으로 측정되어야 하는 문제점을 가지고 있다.

③ **도덕성(morality)** : 옳고 그름의 판단기준으로 모든 구성원들이 공감할 수 있는 **보편적 근거**를 필요로 한다. 도덕적 기준이 공정성을 바탕으로 하고 있기 때문에 개인의 가치보다 구성원 전체의 이해관계를 동등하게 고려하며 이를 지키지 않았을 때 **죄의식**이라는 감정을 가지게 된다. 따라서 소수의 권리도 보장될 수 있다는 측면으로 이해될 수 있다.

04 유통기업의 윤리경영

(1) 인사관리의 윤리

① 인사관리는 조직의 목표를 달성하기 위해 조직구성원들의 능력을 최대한으로 발휘하도록 만들고 인적자원인 구성원 개개인들이 만족을 얻을 수 있도록 관리하는 활동을 말한다. 인사관리는 인간을 대상으로 하기 때문에 상호 이해와 신뢰를 전제로 하여야 하며, 이를 기초로 효율적인 운용을 추구하게 된다.

② 윤리적인 인사관리는 조직구성원들이 조직의 목표를 달성함에 있어서 적극적으로 기여할 수 있도록 윤리성을 전제로 한 관리로 차별제거, 고용의 안정, 조직구성원의 사생활 및 비밀보장 등을 그 주제로 한다.

(2) 마케팅관리의 윤리

① 마케팅관리는 마케팅 영역에서 이루어지는 다양한 활동을 보다 효과적으로 수행하기 위한 계획이나 조직, 실시, 통제의 각 단계를 관리하는 것을 말한다.

② 마케팅 믹스는 기업이 마케팅 목표에 도달할 수 있도록 하기 위한 여러 요인들을 통합적으로 관리하는 것을 말하며, 일반적인 관리요소로 4P인 제품(Product), 장소(Place), 촉진(Promotion), 가격(Price)이 있다.

③ 마케팅관리 윤리는 고객의 가치를 충족시키면서 안전성을 확보할 수 있는 제품의 결정, 공정한 가격결정, 법적 및 윤리적 내에서의 촉진활동 등을 그 주제로 한다.

(3) 회계 및 재무관리의 윤리

① 회계윤리는 투명성 제고와 공정한 공시, 감사인의 독립성 보장 등의 주제와 관련된다.

② 재무관리 윤리는 내부자 거래, 경영권의 인수와 매각 등과 같은 기업지배구조, 자금조달 등의 주제와 관련된다.

(4) 서비스와 제조물 유통관리의 윤리

① 생산과 관리에 있어서 제품상 하자로 인한 사용자의 손실에 대한 배상책임과 유통단계상 수송, 하역, 보관에서의 제품상 하자발생으로 인한 책임 등과 관련된다.

② 생산 및 유통에 있어서 표준운영절차를 구축하고 종업원의 기술향상과 작업장 안전확보, 품질에 대한 책임규정, 거래상 뇌물금지, 친환경 경영관리, 차별적 유통 금지 등의 활동이 필요하다.

③ 서비스와 제조물의 유통상 지배력이 있는 당사자가 권력을 남용하여 자신의 이익을 추구할 수 있는데 윤리는 이러한 부정적인 행위를 제약한다.

(5) 경영정보의 윤리

① 정보윤리는 사생활 보호, 정확성, 소유권, 접근성 측면에서 이루어진다. 사생활 보호는 정보기술 발달에 따른 사생활 침해와 관련되며, 정확성은 정보의 정확한 전달, 소유권은 특정 정보의 소유와 지적재산권의 보호, 접근성은 특정 정보에 접근할 수 있는 권한과 관련된다.

② 정보관리자는 정보관리에 있어서 기밀성(Confidentiality), 무결성(Integrity), 인증 (Authenti-cation) 등의 보안기능을 고려하여야 한다. 또한 부인방지(Non-Repudiation) 의 기술우위를 통한 정보의 부도덕한 독점을 지양하여야 한다.

(6) 양성평등에 대한 이해

① 양성평등이란 성별에 따른 차별, 편견, 비하 및 폭력 없이 인권을 동등하게 보장받고 모든 영역에 동등하게 참여하며 대우받는 것을 말한다.

② 성희롱이란 업무, 고용, 그 밖의 관계에서 국가기관·지방자치단체 또는 공공단체의 종사자, 사용자 또는 근로자가 다음의 어느 하나에 해당하는 행위를 하는 경우를 말한다.

   ㉠ 지위를 이용하거나 업무 등과 관련하여 성적 언동 또는 성적 요구 등으로 상대방에 게 성적 굴욕감이나 혐오감을 느끼게 하는 행위

   ㉡ 상대방이 성적 언동 또는 요구에 대한 불응을 이유로 불이익을 주거나 그에 따르는 것을 조건으로 이익 공여의 의사표시를 하는 행위

개념 Plus

[별표] 대규모점포의 종류
• 대형마트
• 전문점
• 백화점
• 쇼핑센터
• 복합쇼핑몰
• 그 밖의 대규모점포

출제지문 돋보기 OX

01　　　　　　　[13-1]
현행 유통산업발전법률상 2천제곱 미터 이내의 가로 또는 지하도에 30 개 이상의 점포(도매점포는 제외) 또 는 용역점포가 밀집하여 있는 지구 를 상점가라 한다.　　(　)

02　　　　　　　[15-2]
유통산업발전법상 임시시장은 다수 의 수요자와 공급자가 일정한 기간 동안 상품을 매매하거나 용역을 제 공하는 일정한 장소를 말한다.
　　　　　　　　(　)

03　　　　　　　[15-2]
유통산업발전법상 임의가맹점형 체 인사업은 체인본부가 주로 소매점 포를 직영하되 가맹계약을 체결한 일부 소매점포에 대하여 상품의 공 급 및 경영 지도를 계속하는 형태의 체인사업을 말한다.　　(　)

정답 1. ✕ 2. ◯ 3. ✕

2 유통관련 법규

01 유통산업발전법 〈법률 제19117호, 2022.12.27 타법개정, 2023.6.28 시행〉

(1) 목 적

이 법은 유통산업의 효율적인 진흥과 균형 있는 발전을 꾀하고, 건전한 상거래질서를 세움 으로써 소비자를 보호하고 국민경제의 발전에 이바지함을 목적으로 한다.

(2) 용어의 정의 **기출** 23·20·18·16·15·13·12

① **유통산업** : 농산물·임산물·축산물·수산물(가공물·조리물을 포함) 및 공산품의 도매·소매 및 이를 영위하기 위한 보관·배송·포장과 이와 관련된 정보·용역의 제 공 등을 목적으로 하는 산업

② **매장** : 상품의 판매와 이를 지원하는 용역의 제공에 직접 사용되는 장소★

③ **대규모점포** : 다음의 요건을 모두 갖춘 매장을 보유한 **점포의 집단**으로서 [별표]에 규정 된 것

   ㉠ 하나 또는 대통령령으로 정하는 둘 이상의 연접되어 있는 건물 안에 하나 또는 여러 개로 나누어 설치되는 매장일 것

   ㉡ **상시 운영**되는 매장일 것

   ㉢ 매장면적의 합계가 **3천제곱미터 이상**일 것

④ **준대규모점포** : 다음의 어느 하나에 해당하는 점포로서 대통령령으로 정하는 것
  ㉠ 대규모점포를 경영하는 회사 또는 그 계열회사(공정거래법에 따른 계열회사)가 직영하는 점포
  ㉡ 공정거래법에 따른 상호출자제한 기업집단의 계열회사가 직영하는 점포
  ㉢ 상기(上記)의 회사 또는 계열회사가 직영점형 체인사업 및 프랜차이즈형 체인사업의 형태로 운영하는 점포
⑤ **임시시장** : 다수(多數)의 수요자와 공급자가 일정한 기간 동안 상품을 매매하거나 용역을 제공하는 일정한 장소★
⑥ **체인사업** : 같은 업종의 여러 소매점포를 직영(자기가 소유하거나 임차한 매장에서 자기의 책임과 계산 아래 직접 매장을 운영하는 것)하거나 같은 업종의 여러 소매 점포에 대하여 계속적으로 경영을 지도하고 상품·원재료 또는 용역을 공급하는 사업★★
  ㉠ 직영점형 체인사업 : 체인본부가 주로 소매점포를 직영하되, 가맹계약을 체결한 일부 소매점포(가맹점)에 대하여 상품의 공급 및 경영지도를 계속하는 형태의 체인사업★
  ㉡ 프랜차이즈형 체인사업 : 독자적인 상품 또는 판매·경영 기법을 개발한 체인본부가 상호·판매방법·매장운영 및 광고방법 등을 결정하고, 가맹점으로 하여금 그 결정과 지도에 따라 운영하도록 하는 형태의 체인사업★★
  ㉢ 임의가맹점형 체인사업 : 체인본부의 계속적인 경영지도 및 체인본부와 가맹점 간의 협업에 의하여 가맹점의 취급품목·영업방식 등의 표준화사업과 공동구매·공동판매·공동시설활용 등 공동사업을 수행하는 형태의 체인사업
  ㉣ 조합형 체인사업 : 같은 업종의 소매점들이 **중소기업협동조합법**에 따른 **중소기업협동조합**(협동조합, 사업협동조합, 협동조합연합회, 중소기업중앙회), 협동조합 기본법에 따른 협동조합, 협동조합연합회, 사회적 협동조합 또는 사회적 협동조합연합회를 설립하여 공동구매·공동판매·공동시설활용 등 사업을 수행하는 형태의 체인사업★
⑦ **상점가** : 일정범위의 가로(街路) 또는 지하도에 대통령령으로 정하는 수 이상의 도매점포·소매점포 또는 용역점포가 밀집하여 있는 지구
⑧ **전문상가단지** : 같은 업종을 영위하는 여러 도매업자 또는 소매업자가 일정 지역에 점포 및 부대시설 등을 집단으로 설치하여 만든 상가단지
⑨ **무점포판매** : 상시 운영되는 매장을 가진 점포를 두지 아니하고 상품을 판매하는 것으로 산업통상자원부령이 정하는 것
⑩ **유통표준코드** : 상품·상품포장·포장용기 또는 운반용기의 표면에 표준화된 체계에 따라 표기된 숫자와 바코드 등으로서 산업통상자원부령이 정하는 것
⑪ **유통표준전자문서** : 「전자문서 및 전자거래 기본법」에 따른 전자문서 중 유통부문에 관하여 표준화되어 있는 것으로서 산업통상자원부령이 정하는 것
⑫ **판매시점정보관리시스템** : 상품을 판매할 때 활용하는 시스템으로서 광학적 자동판독 방식에 의하여 상품의 판매·매입 또는 배송 등에 관한 정보가 수록된 것

개념 Plus

적용의 배제(법 제4조)
다음의 시장·사업장 및 매장에 대하여는 유통산업발전법을 적용하지 아니한다.
• 농수산물도매시장
• 농수산물공판장
• 민영농수산물도매시장
• 농수산물종합유통센터
• 가축시장

⑬ **물류설비** : 화물의 수송·포장·하역·운반과 이를 관리하는 물류정보처리활동에 사용되는 물품·기계·장치 등의 설비

⑭ **도매배송서비스** : 집배송시설을 이용하여 자기의 계산으로 매입한 상품을 도매하거나 위탁받은 상품을 「화물자동차 운수사업법」에 따른 허가를 받은 자가 수수료를 받고 도매점포 또는 소매점포에 공급하는 것

⑮ **집배송시설** : 상품 주문처리·재고관리·수송·보관·하역·포장·가공 등 집하 및 배송에 관한 활동, 이를 유기적으로 조정·지원하는 정보처리활동에 사용되는 기계·장치 등 일련의 시설

⑯ **공동집배송센터** : 여러 유통사업자 또는 제조업자가 공동으로 사용할 수 있도록 집배송시설 및 부대업무시설이 설치되어 있는 지역 및 시설물

(3) 유통산업시책의 기본방향 `기출` 17

① 유통구조의 선진화 및 유통기능의 효율화 촉진

② 유통산업에 있어서 **소비자 편익의 증진**★

③ 유통산업의 지역별 균형발전의 도모

④ 유통산업의 종류별 균형발전의 도모

⑤ 중소유통기업(유통산업을 영위하는 자로서 「중소기업기본법」에 의한 중소기업자에 해당하는 자)의 구조개선 및 경쟁력의 강화

⑥ 유통산업의 국제경쟁력 제고

⑦ 유통산업에 있어서 건전한 상거래질서의 확립 및 공정한 경쟁여건의 조성

⑧ 그 밖에 유통산업의 발전을 촉진하기 위하여 필요한 사항

(4) 기본계획의 수립·시행 등 `기출` 15

① 산업통상자원부장관은 유통산업의 발전을 위하여 5년마다 **유통산업발전기본계획**을 관계중앙행정기관의 장과의 협의를 거쳐 세우고 이를 시행하여야 한다.

② 기본계획의 포함사항

　㉠ 유통산업발전의 기본방향

　㉡ 유통산업의 국내외 여건변화 전망

　㉢ 유통산업의 현황 및 평가

　㉣ 유통산업의 지역별·종류별 발전방안

　㉤ 산업별·지역별 유통기능의 효율화·고도화방안

　㉥ 유통전문인력·부지 및 시설 등의 수급변화에 대한 전망

　㉦ 중소유통기업의 구조개선 및 경쟁력 강화방안

　㉧ **대규모점포와 중소유통기업 및 중소제조업체** 사이의 건전한 상거래질서의 유지방안★

　㉨ 그 밖에 유통산업 규제완화 및 제도개선 등 유통산업 발전을 촉진하기 위하여 필요한 사항

(5) 대규모점포 등의 개설등록 및 변경등록 기출 19

① 대규모점포를 개설하거나 전통상업보존구역에 준대규모점포를 개설하려는 자는 영업을 시작하기 전에 산업통상자원부령으로 정하는 바에 따라 **상권영향평가서 및 지역협력계획서**를 첨부하여 **특별자치시장·시장·군수·구청장**에게 **등록**하여야 한다. 등록한 내용을 변경하려는 경우에도 또한 같다.

② 특별자치시장·시장·군수·구청장은 제출받은 상권영향평가서 및 지역협력계획서가 미진하다고 판단하는 경우에는 제출받은 날부터 30일(이 경우 토요일 및 공휴일은 산입하지 아니함) 내에 그 사유를 명시하여 보완을 요청할 수 있다.

③ 특별자치시장·시장·군수·구청장은 개설등록 또는 변경등록[점포의 소재지를 변경하거나 매장면적이 개설등록(매장면적을 변경등록한 경우에는 변경등록) 당시의 매장면적보다 10분의 1 이상 증가하는 경우로 한정)]을 하려는 대규모점포 등의 위치가 **전통상업보존구역**에 있을 때에는 등록을 제한하거나 조건을 붙일 수 있다.

④ 등록 제한 및 조건에 관한 세부 사항은 해당 지방자치단체의 조례로 정한다.

⑤ 특별자치시장·시장·군수·구청장은 개설등록 또는 변경등록하려는 점포의 소재지로부터 산업통상자원부령으로 정하는 거리 이내의 범위 일부가 인접 특별자치시·시·군·구에 속하여 있는 경우 인접지역의 특별자치시장·시장·군수·구청장에게 개설등록 또는 변경등록을 신청 받은 사실을 통보하여야 한다.

⑥ 신청 사실을 통보받은 인접지역의 특별자치시장·시장·군수·구청장은 신청 사실을 통보 받은 날로부터 20일 이내에 개설등록 또는 변경등록에 대한 의견을 제시할 수 있다.

⑦ 특별자치시장·시장·군수·구청장은 제출받은 상권영향평가서 및 지역협력계획서를 검토하는 경우 협의회의 의견을 청취하여야 하며, 필요한 때에는 대통령령으로 정하는 전문기관에 이에 대한 조사를 하게 할 수 있다.

> **개념 Plus**
>
> 대규모점포 등의 개설계획 예고
> 대규모점포를 개설하려는 자는 영업을 개시하기 60일 전까지, 준대규모점포를 개설하려는 자는 영업을 시작하기 30일 전까지 산업통상자원부령으로 정하는 바에 따라 개설지역 및 시기 등을 포함한 개설계획을 예고하여야 한다.

(6) 대규모점포등에 대한 영업시간의 제한 등 기출 20·18·17·16·15

① 특별자치시장·시장·군수·구청장은 건전한 유통질서 확립, 근로자의 건강권 및 대규모점포등과 중소유통업의 **상생발전**을 위하여 필요하다고 인정하는 경우 대형마트(대규모점포에 개설된 점포로서 대형마트의 요건을 갖춘 점포를 포함)와 **준대규모점포**에 대하여 다음의 **영업시간 제한**을 명하거나 의무휴업일을 지정하여 **의무휴업**을 명할 수 있다. 다만, 연간 총매출액 중 농수산물의 매출액 비중이 **55퍼센트 이상**인 대규모점포등으로서 해당 지방자치단체의 조례로 정하는 대규모점포등에 대하여는 그러하지 아니하다. ★

ㄱ 영업시간 제한

ㄴ 의무휴업일 지정

② 특별자치시장·시장·군수·구청장은 ①의 ㄱ에 따라 **오전 0시부터 오전 10시까지**의 범위에서 영업시간을 제한할 수 있다. ★

③ 특별자치시장·시장·군수·구청장은 ①의 ⓒ에 따라 매월 이틀을 의무휴업일로 지정하여야 한다. 이 경우 의무휴업일은 공휴일 중에서 지정하되, 이해당사자와 합의를 거쳐 공휴일이 아닌 날을 의무휴업일로 지정할 수 있다.★

④ 영업시간 제한 및 의무휴업일 지정에 필요한 사항은 해당 지방자치단체의 조례로 정한다.

(7) 유통정보화시책 등

산업통상자원부장관은 유통정보화의 촉진 및 유통부문의 전자거래기반을 넓히기 위하여 다음 사항이 포함된 유통정보화시책을 세우고 이를 시행하여야 한다.

① 유통표준코드의 보급
② 유통표준전자문서의 보급
③ 판매시점정보관리시스템의 보급
④ 점포관리의 효율화를 위한 재고관리시스템·매장관리시스템 등의 보급
⑤ 상품의 전자적 거래를 위한 전자장터 등의 시스템의 구축 및 보급
⑥ 다수의 유통·물류기업 간 기업정보시스템의 연동을 위한 시스템의 구축 및 보급
⑦ 유통·물류의 효율적 관리를 위한 무선주파수인식시스템의 적용 및 실용화 촉진
⑧ 유통정보 또는 유통정보시스템의 표준화 촉진
⑨ 그 밖에 유통정보화의 촉진을 위하여 필요하다고 인정되는 사항

(8) 유통관리사의 직무 `기출` 19 · 18 · 17 · 16

① 유통경영·관리 기법의 향상
② 유통경영·관리와 관련한 계획·조사·연구
③ 유통경영·관리와 관련한 진단·평가
④ 유통경영·관리와 관련한 상담·자문
⑤ 그 밖에 유통경영·관리에 필요한 사항

(9) 유통기능 효율화 시책

① 산업통상자원부장관은 유통기능의 효율화를 위하여 다음 사항에 관한 시책을 마련하여야 한다.
  ㉠ 물류표준화의 촉진
  ㉡ 물류정보화기반의 확충
  ㉢ 물류공동화의 촉진
  ㉣ 물류기능의 외부위탁 촉진
  ㉤ 물류기술·기법의 고도화 및 선진화
  ㉥ 집배송시설 및 공동집배송센터의 확충 및 효율적 배치
  ㉦ 그 밖에 유통기능의 효율화를 촉진하기 위하여 필요하다고 인정되는 사항

② 산업통상자원부장관은 물류기술·기법의 고도화 및 선진화를 위하여 다음 사업을 할 수 있다.
  ㉠ 국내외 물류기술수준의 조사
  ㉡ 물류기술·기법의 연구개발 및 개발된 물류기술·기법의 활용
  ㉢ 물류에 관한 기술협력·기술지도 및 기술이전
  ㉣ 그 밖에 물류기술·기법의 개발 및 그 수준의 향상을 위하여 필요하다고 인정되는 사업

02 전자문서 및 전자거래기본법 〈법률 제18487호, 2021.10.19 일부개정, 2022.10.20 시행〉

(1) 목 적

이 법은 전자문서 및 전자거래의 법률관계를 명확히 하고 전자문서 및 전자거래의 안전성과 신뢰성을 확보하며 그 이용을 촉진할 수 있는 기반을 조성함으로써 국민경제의 발전에 이바지함을 목적으로 한다.

(2) 용어의 정의

① **전자문서** : 정보처리시스템에 의하여 전자적 형태로 작성·변환되거나 송신·수신 또는 저장된 정보
② **정보처리시스템** : 전자문서의 작성·변환, 송신·수신 또는 저장을 위하여 이용되는 정보처리능력을 가진 전자적 장치 또는 체계
③ **작성자** : 전자문서를 작성하여 송신하는 자
④ **수신자** : 작성자가 전자문서를 송신하는 상대방
⑤ **전자거래** : 재화나 용역을 거래할 때 그 전부 또는 일부가 전자문서 등 전자적 방식으로 처리되는 거래
⑥ **전자거래사업자** : 전자거래를 업(業)으로 하는 자
⑦ **전자거래이용자** : 전자거래를 이용하는 자로서 전자거래사업자 외의 자
⑧ **공인전자주소** : 전자문서를 송신하거나 수신하는 자를 식별하기 위하여 문자·숫자 등으로 구성되는 정보로서 관련 규정에 따라 등록된 주소
⑨ **공인전자문서센터** : 타인을 위하여 다음의 업무를 하는 자로서 관련 규정(제31조의2 제1항)에 따라 지정받은 자
  ㉠ 전자문서의 보관 또는 증명
  ㉡ 그 밖에 전자문서 관련업무
⑩ **공인전자문서중계자** : 타인을 위하여 전자문서의 송신·수신 또는 중계를 하는 자로서 관련 규정에 따른 인증을 받은 자

개념 Plus

유통산업 분야별 발전시책
• 산업통상자원부장관은 유통산업의 경쟁력을 강화하기 위하여 체인사업의 발전시책을 수립·시행할 수 있다.
• 산업통상자원부장관은 무점포판매업의 발전시책을 수립·시행할 수 있고, 그 내용으로 전문 인력의 양성에 관한 사항 등을 포함해야 한다.
• 정부는 재래시장의 활성화에 필요한 시책을 수립·시행하여야 하고, 정부 또는 지방자치단체의 장은 이에 필요한 행정적·재정적 지원을 할 수 있다.
• 정부 또는 지방자치단체의 장은 중소유통기업의 구조개선 및 경쟁력 강화에 필요한 시책을 수립·시행할 수 있고, 이에 필요한 행정적·재정적 지원을 할 수 있다.
• 산업통상자원부장관은 중소유통공동도매물류센터의 설립·운영의 발전시책을 수립·시행할 수 있다.

(3) 전자거래의 안전성 확보 및 소비자 보호

① 개인정보보호 : 정부는 전자거래의 안전성과 신뢰성을 확보하기 위하여 전자거래이용자의 개인정보를 보호하기 위한 시책을 수립·시행하여야 한다.

② 영업비밀보호 : 정부는 전자거래의 안전성과 신뢰성을 확보하기 위하여 전자거래이용자의 영업비밀을 보호하기 위한 시책을 수립·시행하여야 한다. 전자거래사업자는 전자거래이용자의 영업비밀을 보호하기 위한 조치를 마련하여야 하고, 전자거래이용자의 동의를 받지 아니하고는 해당 이용자의 영업비밀을 타인에게 제공하거나 누설하여서는 아니 된다.

③ 암호제품의 사용 : 전자거래사업자는 전자거래의 안전성과 신뢰성을 확보하기 위하여 암호제품을 사용할 수 있으며, 정부는 국가안전보장을 위하여 필요하다고 인정하면 암호제품의 사용을 제한하고, 암호화된 정보의 원문 또는 암호기술에의 접근에 필요한 조치를 할 수 있다.

④ 소비자보호시책의 수립·시행 : 정부는 「소비자기본법」·「전자상거래 등에서의 소비자보호에 관한 법률」 등 관계 법령에 따라 전자거래와 관련되는 소비자의 기본권익을 보호하고 전자거래에 관한 소비자의 신뢰성을 확보하기 위한 시책을 수립·시행하여야 한다.

⑤ 소비자 피해의 예방과 구제 : 정부는 전자거래와 관련되는 소비자 피해의 발생을 예방하기 위하여 소비자에 대한 정보의 제공, 교육의 확대 등에 관한 시책을 수립·시행하여야 한다. 또한 정부는 전자거래와 관련되는 소비자의 불만과 피해를 신속하고 공정하게 처리할 수 있도록 필요한 조치를 수립·시행하여야 한다.

(4) 전자거래사업자의 일반적 준수사항 `기출` 19

① 상호(법인인 경우에는 대표자의 성명을 포함)와 그 밖에 자신에 관한 정보와 재화, 용역, 계약조건 등에 관한 정확한 정보의 제공

② 소비자가 쉽게 접근·인지할 수 있도록 약관의 제공 및 보존★

③ 소비자가 자신의 주문을 취소 또는 변경할 수 있는 절차의 마련

④ 청약 철회, 계약 해제 또는 해지, 교환, 반품 및 대금환급 등을 쉽게 할 수 있는 절차의 마련

⑤ 소비자의 불만과 요구사항을 신속하고 공정하게 처리하기 위한 절차의 마련

⑥ 거래의 증명 등에 필요한 거래기록의 일정기간 보존

03 소비자기본법 〈법률 제17799호, 2020.12.29 타법개정, 2021.12.30 시행〉

(1) 목 적

이 법은 소비자의 권익을 증진하기 위하여 소비자의 권리와 책무, 국가·지방자치단체 및 사업자의 책무, 소비자단체의 역할 및 자유시장경제에서 소비자와 사업자 사이의 관계를 규정함과 아울러 소비자정책의 종합적 추진을 위한 기본적인 사항을 규정함으로써 소비생활의 향상과 국민경제의 발전에 이바지함을 목적으로 한다.

(2) 소비자의 권리

① 물품 또는 용역('물품등'이라 한다)으로 인한 생명·신체 또는 재산에 대한 위해로부터 보호받을 권리

② 물품등을 선택함에 있어서 필요한 지식 및 정보를 제공받을 권리

③ 물품등을 사용함에 있어 거래상대방·구입장소·가격 및 거래조건 등을 자유로이 선택할 권리

④ 소비생활에 영향을 주는 국가 및 지방자치단체의 정책과 사업자의 사업활동 등에 대하여 의견을 반영시킬 권리

⑤ 물품등의 사용으로 인해 입은 피해에 대해 신속·공정한 절차에 따라 적절한 보상을 받을 권리

⑥ 합리적인 소비생활을 위하여 필요한 교육을 받을 권리

⑦ 소비자 스스로 권익을 증진하기 위하여 단체를 조직하고 이를 통하여 활동할 수 있는 권리

⑧ 안전하고 쾌적한 소비생활 환경에서 소비할 권리

(3) 소비자의 책무 기출 16

① 소비자는 사업자 등과 더불어 자유시장경제를 구성하는 주체임을 인식하여 물품 등을 올바르게 선택하고, 소비자의 기본적 권리를 정당하게 행사하여야 한다.

② 소비자는 스스로의 권익을 증진하기 위해 필요한 지식과 정보를 습득하도록 노력하여야 한다.

③ 소비자는 자주적이고 합리적인 행동과 자원절약적이고 환경친화적인 소비생활을 함으로써 소비생활의 향상과 국민경제의 발전에 적극적인 역할을 다하여야 한다.

(4) 광고의 기준 기출 23

국가는 물품등의 잘못된 소비 또는 과다한 소비로 인하여 발생할 수 있는 소비자의 생명·신체 또는 재산에 대한 위해를 방지하기 위하여 다음의 어느 하나에 해당하는 경우에는 광고의 내용 및 방법에 관한 기준을 정하여야 한다.

① 용도·성분·성능·규격 또는 원산지 등을 광고하는 때에 허가 또는 공인된 내용만으로 광고를 제한할 필요가 있거나 특정내용을 소비자에게 반드시 알릴 필요가 있는 경우

② 소비자가 오해할 우려가 있는 특정용어 또는 특정표현의 사용을 제한할 필요가 있는 경우

③ 광고의 매체 또는 시간대에 대하여 제한이 필요한 경우

(5) 사업자의 책무 기출 17·16

① 사업자는 물품 등으로 인하여 소비자에게 생명·신체 또는 재산에 대한 위해가 발생하지 아니하도록 필요한 조치를 강구하여야 한다.

② 사업자는 물품 등을 공급함에 있어서 소비자의 합리적인 선택이나 이익을 침해할 우려가 있는 거래조건이나 거래방법을 사용하여서는 아니 된다.

③ 사업자는 소비자에게 물품 등에 대한 정보를 성실하고 정확하게 제공하여야 한다.

④ 사업자는 소비자의 개인정보가 분실·도난·누출·변조 또는 훼손되지 아니하도록 그 개인정보를 성실하게 취급하여야 한다.

⑤ 사업자는 물품 등의 하자로 인한 소비자의 불만이나 피해를 해결하거나 보상하여야 하며, 채무불이행 등으로 인한 소비자의 손해를 배상하여야 한다.

(6) 소비자중심경영의 인증 기출 21

① 공정거래위원회는 물품의 제조·수입·판매 또는 용역의 제공의 모든 과정이 소비자 중심으로 이루어지는 경영(이하 "소비자중심경영"이라 한다)을 하는 사업자에 대하여 소비자중심경영에 대한 인증(이하 "소비자중심경영인증"이라 한다)을 할 수 있다.

② 소비자중심경영인증을 받으려는 사업자는 대통령령으로 정하는 바에 따라 공정거래위원회에 신청하여야 한다.

③ 소비자중심경영인증을 받은 사업자는 대통령령으로 정하는 바에 따라 그 인증의 표시를 할 수 있다.

④ 소비자중심경영인증의 유효기간은 그 인증을 받은 날부터 2년으로 한다.

⑤ 공정거래위원회는 소비자중심경영을 활성화하기 위하여 대통령령으로 정하는 바에 따라 소비자중심경영인증을 받은 기업에 대하여 포상 또는 지원 등을 할 수 있다.

⑥ 공정거래위원회는 소비자중심경영인증을 신청하는 사업자에 대하여 대통령령으로 정하는 바에 따라 그 인증의 심사에 소요되는 비용을 부담하게 할 수 있다.

⑦ ①부터 ⑥까지의 규정 외에 소비자중심경영인증의 기준 및 절차 등에 필요한 사항은 대통령령으로 정한다.

01 유통기업은 각종 전략 이외에도 윤리적인 부분을 고려해야 하는데, 이러한 윤리와 관련된 설명으로 가장 옳지 않은 것은?

① 윤리적인 것은 나라마다, 산업마다 다를 수 있다.
② 윤리는 개인과 회사의 행동을 지배하는 원칙이라 할 수 있다.
③ 회사의 윤리 강령이라도 옳고 그름을 살펴서 판단해야 한다.
④ 윤리는 법과 달리 처벌시스템이 존재하지 않으므로 간과해도 문제가 되지 않는다.
⑤ 윤리적인 원칙은 시간의 흐름에 따라 변할 수도 있다.

02 기업 경영진이 각 이해관계자들에게 지켜야 할 윤리에 대한 설명으로 가장 옳지 않은 것은?

① 주주에 대해서는 자금 횡령, 부당한 배당 금지
② 사원에 대해서는 사원 차별대우, 위험한 노동의 강요 금지
③ 고객에 대해서는 줄서는 곳에서 새치기, 공공물건의 독점사용, 품절가능 품목의 사재기 금지
④ 타사에 대해서는 부당한 인재 스카우트, 기술노하우 절도 금지
⑤ 사회일반에 대해서는 공해발생과 오염물질 투기, 분식회계 금지

03 기업 내에서 일어날 수 있는 각종 윤리상의 문제들에 대한 설명으로 가장 옳지 않은 것은?

① 다른 이해당사자들을 희생하여 회사의 이익을 도모하는 행위는 지양해야 한다.
② 업무 시간에 SNS를 통해 개인활동을 하는 것은 업무시간 남용에 해당되므로 지양해야 한다.
③ 고객을 위한 무료 음료나 기념품을 개인적으로 사용하는 것은 지양해야 한다.
④ 회사에 손해를 끼칠 수 있는 사안이라면, 중대한 문제라 해도 공익제보를 하는 것은 지양해야 한다.
⑤ 다른 구성원들에게 위협적인 행위나 무례한 행동을 하는 것은 지양해야 한다.

04 공급업체와 소매업체 간에 나타날 수 있는 비윤리적인 상업거래와 관련된 설명으로 옳지 않은 것은?

① 회색시장 : 외국에서 생산된 자국 브랜드 제품을 브랜드소유자 허가 없이 자국으로 수입하여 판매하는 것
② 역청구 : 판매가 부진한 상품에 대해 소매업체가 공급업체에게 반대로 매입을 요구하는 것
③ 독점거래 협정 : 소매업체로 하여금 다른 공급업체의 상품을 취급하지 못하도록 제한하는 것
④ 구속적 계약 : 소매업체에게 원하는 상품을 구입하려면 사고 싶지 않은 상품도 구입하도록 협정을 맺는 것
⑤ 거래거절 : 거래하고 싶은 상대방과 거래하고 싶지 않은 상대방을 구분하는 경우에 발생

05 기업이 고려해야 할 사회적 책임은 그 대상에 따라 기업의 유지, 발전에 대한 책임과 이해관계자에 대한 책임으로 나눌 수 있다. 이해관계자에 대한 책임에 해당되지 않는 것은?

① 주주에 대한 책임
② 종업원에 대한 책임
③ 경쟁사에 대한 책임
④ 소비자에 대한 책임
⑤ 정부에 대한 책임

06 최고 경영자가 사원에 대해 지켜야 하는 기업윤리에 해당하는 것을 모두 고르면?

ㄱ 차별대우 금지
ㄴ 회사기밀 유출 금지
ㄷ 부당한 반품 금지
ㄹ 위험한 노동 강요 금지
ㅁ 허위광고 금지
ㅂ 자금 횡령 금지

① ㄱ, ㄴ, ㅂ   ② ㄴ, ㅂ
③ ㄱ, ㄹ   ④ ㄱ, ㄴ, ㄹ, ㅂ
⑤ ㄷ, ㅁ

07 아래 글상자 내용은 기업의 사회적 책임이 요구되는 이유를 설명한 것이다. (   )에 들어갈 용어로 가장 옳은 것은?

경제활동에는 근본적으로 대가가 수반된다. 소비자는 상품을 구입할 때 판매자에게 대금을 지불한다. 그러나 가끔씩 이러한 경제활동이 아무런 대가 없이 제3자에게 이익을 주거나 손해를 끼치는 경우를 (   )(이)라 한다.

① 시장실패   ② 외부효과
③ 감시비용   ④ 잔여손실
⑤ 대리인문제

08 다음 글 상자의 ㉠, ㉡에 해당하는 윤리관을 순서대로 올바르게 나열한 것은?

㉠ 사람으로서 당연히 누려야 할 기본적인 권리, 예를 들면 표현의 자유, 개인의 생명과 안전, 사생활에 관한 권리는 어떤 경우에도 침해받아서는 안 된다는 주장
㉡ 옳고 그름은 사회에 적용되고 있는 기준들을 종합적으로 고려해서 판단해야 한다는 주장

	㉠	㉡
①	공리주의	권리우선주의
②	공정성주의	사회계약주의
③	사회계약주의	공리주의
④	권리우선주의	사회계약주의
⑤	공리주의	공정성주의

09 대형마트에 대한 영업시간 제한과 의무휴업일 지정에 대한 법규의 내용을 소개한 것으로 옳지 않은 것은?

① 영업시간 제한과 의무휴업일 지정은 광역시 및 도 단위로 이루어진다.
② 특별자치시장·시장·군수·구청장은 매월 이틀을 의무휴업일로 지정하여야 한다.
③ 중소유통업과의 상생발전, 유통질서 확립, 근로자의 건강권을 위한 것이다.
④ 의무휴업일은 공휴일 중에서 지정하되 이해당사자와 합의를 거쳐 공휴일이 아닌 날도 지정할 수 있다.
⑤ 준대규모점포에 대하여도 영업시간 제한 및 의무휴업을 명할 수 있다.

10 다음은 유통산업발전법에서 정의한 체인사업의 한 유형이다. 이에 해당하는 체인사업의 유형은?

> 독자적인 상품 또는 판매·경영 기법을 개발한 체인본부가 상호·판매방법·매장운영 및 광고방법 등을 결정하고, 가맹점으로 하여금 그 결정과 지도에 따라 운영하도록 하는 형태

① 프랜차이즈형 체인사업
② 임의가맹형 체인사업
③ 직영점형 체인사업
④ 조합형 체인사업
⑤ 카르텔형 체인사업

11 유통산업발전법 제24조 1항 유통관리사의 직무에 해당하지 않는 것은?

① 유통경영·관리 기법의 향상
② 유통경영·관리와 관련한 계획·조사·연구
③ 유통경영·관리와 관련한 허가·승인
④ 유통경영·관리와 관련한 진단·평가
⑤ 유통경영·관리와 관련한 상담·자문

12 「유통산업발전법」에서는 대규모점포 등과 중소유통업의 상생발전을 위하여 필요하다고 인정하는 경우 대형마트 등에 대한 영업시간 제한이나 의무휴업일 지정을 규정하고 있다. 이에 대한 내용으로 옳지 않은 것은?

① 특별자치시장·시장·군수·구청장 등은 오전 0시부터 오전 10시까지의 범위에서 영업시간을 제한할 수 있다.
② 특별자치시장·시장·군수·구청장 등은 매월 이틀을 의무휴업일로 지정하여야 한다.
③ 동일 상권 내에 전통시장이 존재하지 않는 경우에는 위의 내용이 적용되지 아니한다.
④ 영업시간 제한 및 의무휴업일 지정에 필요한 사항은 해당 지방자치단체의 조례로 정한다.
⑤ 의무휴업일은 공휴일 중에서 지정하되, 이해당사자와 합의를 거쳐 공휴일이 아닌 날을 의무휴업일로 지정할 수 있다.

13 「유통산업발전법」 제3조 유통산업시책의 기본방향으로 옳지 않은 것은?

① 유통산업의 지역별 균형발전의 도모
② 유통산업의 국제경쟁력 제고
③ 유통산업에서의 건전한 상거래질서의 확립 및 공정한 경쟁여건의 조성
④ 유통산업에서의 구성원 편익의 증진
⑤ 유통산업의 종류별 균형발전의 도모

14 다음의 내용을 담고 있는 관련 법은?

> 국가는 소비자가 사업자와의 거래에 있어서 표시나 포장 등으로 인하여 물품 등을 잘못 선택하거나 사용하지 아니하도록 물품 등에 대하여 표시기준을 정하여야 한다.

① 유통산업발전법
② 소비자기본법
③ 청소년보호법
④ 전통시장 및 상점가 육성을 위한 특별법
⑤ 소방기본법

15 소비자기본법에서 규정하는 사업자의 책무 사항으로 옳지 않은 것은?

① 사업자는 스스로의 권익을 증진하기 위하여 필요한 지식과 정보를 습득하도록 노력하여야 한다.
② 사업자는 물품 등을 공급함에 있어서 소비자의 합리적인 선택이나 이익을 침해할 우려가 있는 거래조건이나 거래방법을 사용하여서는 아니 된다.
③ 사업자는 소비자에게 물품 등에 대한 정보를 성실하고 정확하게 제공하여야 한다.
④ 사업자는 소비자의 개인정보가 분실·도난·누출·변조 또는 훼손되지 아니하도록 그 개인정보를 성실하게 취급하여야 한다.
⑤ 사업자는 물품 등의 하자로 인한 소비자의 불만이나 피해를 해결하거나 보상하여야 하며, 채무불이행 등으로 인한 소비자의 손해를 배상하여야 한다.

01 정답 ④

기업윤리란 영리를 목적으로 사업을 경영하는 기업이 기본적으로 지켜야 할 도리와 규범을 말하며, 한국경영학회에 따르면 기업윤리는 이해관계자들을 고려한 체계적 판단기준이자 기업정책 및 조직, 행동에 있어서 지켜야 할 도덕적 기준이다. 이러한 기업윤리를 준수하는 것은 강제적이 아니라 자발적이지만 최근에는 해외부패방지법 등 기업윤리 관련 법 제정이 계속해서 확대되고 있기 때문에 윤리적인 부분도 간과해서는 안 된다.

02 정답 ③

고객에 대해서는 신의성실에 입각하여, 고객을 현혹할 수 있는 허위 및 과대광고나 정보은폐 등의 행위를 하여서는 안 된다.

03 정답 ④

회사에 손해를 끼칠 수 있는 사안이더라도 윤리적으로 중대한 문제라면 공익제보를 하는 것을 지향해야 한다.

04 정답 ②

역청구는 소매업체가 공급업체로부터 야기된 상품 수량의 차이에 대해 대금을 공제하는 것이다.

05 정답 ③

기업의 사회적 책임이란 기업 본연의 목적인 수익 추구와 함께 각종 이해관계자에 대해 어느 정도 공생적 관계를 유지하느냐 하는 것이다. 여기서 이해관계자란 주주와 종업원 외에 채권자, 소비자, 하청업체(협력업체), 지역사회와 정부 등을 말한다.

이해관계자에 대한 책임은 주주이익, 인권 보호 및 근무환경 개선, 고객에 대한 책임, 고용창출, 친환경 활동 등 기업측면에서 의무로 이해하는 것이 필요하기 때문에 경쟁사에 대한 책임은 이해관계자에 대한 책임에 해당되지 않는다.

06 정답 ③

ⓒ 사원이 기업에 대해 지켜야 하는 기업윤리
ⓒ 기업이 납품업체에 대해 지켜야 하는 기업윤리
ⓜ 기업이 고객에 대해 지켜야 하는 기업윤리
ⓗ 최고 경영자가 투자자에 대해 지켜야 하는 기업윤리

07 정답 ②

① 시장실패 : 시장에 맡겨 둘 경우 효율적 자원배분이 불가 또는 곤란한 상태를 의미하는 것으로, 시장의 '보이지 않는 손(invisible hand)'이 제대로 작동하지 못하는 경우를 말한다.
③ 감시비용 : 대리인의 행위가 주체의 이익에서 이탈하는 것을 제한하기 위해서 주체가 대리인을 감시하기 위해 부담하는 비용을 말한다.
④ 잔여손실 : 대리인의 의사결정과 주주나 채권자 등의 주체가 보는 최적의 의사결정 간의 차이로 인하여 발생하는 실제적인 재산의 감소를 말한다.
⑤ 대리인문제 : 대리인 관계에 있어서 정보의 비대칭성으로 인하여 양질의 대리인이 시장에서 축출되는 역선택과 대리인의 태만으로 인한 도덕적 위해(moral hazard)로 인한 경제적 피해를 입을 수 있는 상황을 말한다.

08 정답 ④

ⓗ 권리우선주의, ⓒ 사회계약주의에 대한 설명이다.

09 정답 ①

영업시간 제한 및 의무휴업일 지정에 필요한 사항은 해당 지방자치단체의 조례로 정한다(유통산업발전법 제12조의2 제4항).

10 정답 ①

프랜차이즈형 체인사업에 대한 내용이다.

11 정답 ③

①·②·④·⑤ 유통관리사의 직무

유통관리사의 직무
• 유통경영·관리 기법의 향상
• 유통경영·관리와 관련한 계획·조사·연구
• 유통경영·관리와 관련한 진단·평가
• 유통경영·관리와 관련한 상담·자문
• 그 밖에 유통경영·관리에 필요한 사항

12 정답 ③

연간 총매출액 중「농수산물 유통 및 가격안정에 관한 법률」에 따른 농
수산물의 매출액 비중이 55% 이상인 대규모점포 등으로서 해당 지방자
치단체의 조례로 정하는 대규모점포 등에 대하여는 적용되지 아니한다
(유통산업발전법 제12조의2 제1항 단서).
① 유통산업발전법 제12조의2 제2항
②·⑤ 유통산업발전법 제12조의2 제3항
④ 유통산업발전법 제12조의2 제4항

13 정답 ④

유통산업시책의 기본방향(유통산업발전법 제3조)
• 유통구조의 선진화 및 유통기능의 효율화 촉진
• 유통산업에서의 소비자 편익의 증진
• 유통산업의 지역별 균형발전의 도모
• 유통산업의 종류별 균형발전의 도모
• 중소유통기업(유통산업을 경영하는 자로서「중소기업기본법」제2조
  에 따른 중소기업자에 해당하는 자를 말함)의 구조개선 및 경쟁력 강화
• 유통산업의 국제경쟁력 제고
• 유통산업에서의 건전한 상거래질서의 확립 및 공정한 경쟁여건의
  조성
• 그 밖에 유통산업의 발전을 촉진하기 위하여 필요한 사항

14 정답 ②

지문은 소비자기본법상 표시기준(제10조 제1항)에 대한 내용이다.

15 정답 ①

①은 소비자의 책무사항이다(소비자기본법 제5조 제2항).

아이들이 답이 있는 질문을 하기 시작하면
그들이 성장하고 있음을 알 수 있다.

– 존 J. 플롬프 –

상권분석

이론 + 필수기출문제

CHAPTER 01 | 유통상권조사

최근 5개년 출제경향

회당 평균 10문제 출제(5개년 기준 총 15회)

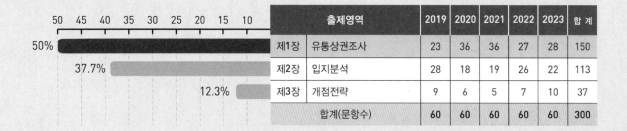

	출제영역	2019	2020	2021	2022	2023	합계
제1장	유통상권조사	23	36	36	27	28	150
제2장	입지분석	28	18	19	26	22	113
제3장	개점전략	9	6	5	7	10	37
	합계(문항수)	60	60	60	60	60	300

50% 37.7% 12.3%

CHAPTER

01

유통상권조사

01 · 유통상권조사

1 상권의 개요

01 상권의 개념

(1) 상권(Trade Area)의 개념 기출 15·14·13·12·10·08

① 상권이란 한 점포 또는 점포집단(집적의 상업시설)이 흡인(유인)할 수 있는 고객이 존재하는 권역으로 일정한 지역에서 재화와 용역의 유통이 이뤄지는 공간적 범위를 말한다. 즉, 상권은 상업활동을 가능하게 하는 지역조건이 갖춰진 공간적 넓이라고 정의할 수 있다. ★★

② 다시 말해서, 상권은 실질구매력을 갖춘 유효수요가 분포되어 있는 경제적 공간으로 그 형태는 정적이지 않고 가변적이다. 상권은 마케팅 전략이나 가격, 점포 규모, 위치, 경쟁 등에 영향을 받는다. 따라서 상권은 다양한 관점에서 여러 유사개념으로 얼마든지 확장될 수 있다. ★

(2) 상권의 형태 및 구분

상권은 크게 판매자와 구매자 그리고 판매량의 측면으로도 구분하여 볼 수 있다.

① 판매자 측면의 상권은 특정 판매자 또는 판매자 집단이 상품과 서비스를 판매 또는 인도함에 있어서 취급규모 면에서 경제성이 확보되는 지역범위를 말한다.

② 구매자 측면에서의 상권은 적절한 가격의 재화 및 용역을 합리적으로 구매할 수 있을 것으로 기대되는 지역적 범위를 말한다.

③ 판매량 측면에서의 상권은 판매량에 따라 1차 상권, 2차 상권, 3차 상권 및 영향권 등으로 구분하여 각 상권별 판매량에 따른 상권의 범위를 말한다.

(3) 상권의 다양한 의미 기출 17·16·15

① 상권은 주로 판매하는 쪽에서 본 것이기 때문에 소비자의 경우는 **생활권**이라고 한다. 또한 상업에는 소매와 도매의 두 가지 면이 있으며 각기 **소매상권·도매상권**이라고 하지만, 일반적으로는 소매상권을 가리키는 경우가 많다. ★

② 도매상권은 넓은 범위를 가지며, **경제권**이라고 부르는 경우가 많다. 한편 상업기능을 레크리에이션·의료·교육·행정 등의 각 서비스를 포함하는 넓은 의미로 해석해서 서비스권 또는 도시권과 같은 뜻으로 사용하기도 한다.

개념 Plus

상권의 결정요소
• 업종(판매업, 서비스업, 외식업, 레저스포츠업 등) 및 업태(편의점, 슈퍼마켓, 백화점 등)
• 사업장의 규모와 시설의 고급화 정도
• 경영자의 경영마인드, 영업·판촉 전략
• 자연지형물, 중심방향, 대형시설물, 도로상태 등과 같은 물리적 요소

출제지문 돋보기 OX

01　　　　　　　　　[14-1]
상권이란 한 점포 또는 점포집단이 고객을 유인할 수 있는 지역적 범위를 말한다. 즉 어느 특정 상업집단(시장 혹은 상점가)의 상업세력이 미치는 범위를 말한다.　　( )

02　　　　　　　　　[21-1]
상권은 정적이지 않고 마케팅 전략, 가격, 점포 규모, 경쟁 등에 따라 수시로 변한다. 보통 생산비, 운송비, 판매가격 등이 낮을수록 상권은 확장된다.　　　　　　　( )

정답 1. ○　2. ○

③ 상권은 판매행위가 이루어지는 **판매권**, 제품과 서비스의 구매자를 포함하는 지역인 **시장권**, 거래상대방이 소재하는 **거래권**으로 보기도 한다.

(4) 상권의 범위와 규모 [기출] 21 · 20 · 19 · 17 · 16 · 14

① 상권의 범위는 오픈하는 점포의 업종 · 업태, 점포의 위치와 규모, 주차의 용이성, 교통편의(신호등의 위치, 좌회전로의 존재, 접근로의 경사도 등)와 밀접한 관련이 있고, 상품구성, 가격대의 설정, 마케팅 전략, 고객의 라이프스타일 등과도 깊은 관련이 있다. 또한 인구밀도 분포, 주변환경, 경쟁업체의 위치와 규모에 의해서도 영향을 받는다. ★★

② 같은 상업지구에 입지한 경우에도 점포의 규모에 따라 개별 점포들 간의 상권범위에는 차이가 있다. 또한 점포의 규모가 비슷하더라도 취급상품의 종류나 업태에 따라 상권범위가 차이를 보이며, 동일 업종이라 하더라도 품목의 구성에 따라 상권의 범위가 달라진다. 한편 상품구색이 유사할 때에도 판촉활동이나 광고활동에 따라 점포들 간의 상권범위가 달라진다.

③ 상권 안에 있는 상점 · 상점가 · 도시 등 중심이 되는 시설과 그것을 이용하는 주변 소비자와의 결부는 중심에서 거리가 멀어짐에 따라 약해지고 결국에는 소멸되는데, 그것은 중심이 되는 시설의 규모와 교통여건에 따라 차이가 생긴다. ★

④ 값이 싸고 1인당 수요빈도가 높은 생활필수품 · 일상잡화 등을 주로 취급하는 경우는 상권이 좁고, 값이 비싸고 수요빈도가 낮은 고급품 · 전문품 · 선호품 · 내구소비재 등을 취급하는 경우는 상권이 넓다. 이러한 계층적인 차이에 따라서 소규모의 잡화를 중심으로 하는 상권은 대규모의 내구소비재 중심의 상권 안에 포함되어 중층적(重層的) 구성을 나타낸다. 배후지나 시장권도 똑같은 뜻으로 사용되고 있다. ★★

상권의 범위에 영향을 미치는 일반적 요인 [기출] 19 · 17 · 16 · 15 · 13 · 12

• 상권의 크기는 소비자와의 물리적 거리와 결부되는데, 고객의 방문주기가 길고, 구매빈도가 낮은 업종일수록 보다 넓은 상권을 갖는 것이 유리하다.
• 교통편이 좋은 곳이나 일류상가에 위치한 점포일수록 상권이 크다.
• 동일지역에 출점한 경쟁 점포들의 경우 대형점일수록 상권이 크다. ★
• 동일한 업종으로 형성된 상권이 다양한 업종으로 형성된 상권에 비해 규모가 크다.
• 상품의 성격이나 종류가 같은 점포들에서는 차별화 전략을 추구하는 점포가 표준화 전략을 구하는 점포보다 상권의 범위가 크다.
• 상권의 크기는 주택가에 입지할수록 좁아지며, 주변에 점포가 많으면 넓어진다. ★
• 상품의 구색이 다양하고, 개성이 강한 상품을 취급하는 점포일수록 상권이 크다.
• 지형지세가 낮거나 편평한 곳, 배후지가 깊은 곳, 즉 세대수가 많은 곳일수록 상권력이 강하다.
• 소비재는 편의품, 선매품, 전문품 등으로 구분된다. 이 중 전문품을 취급하는 점포의 상권이 편의품이나 선매품을 취급하는 점포의 상권보다 큰데, 통상 '편의품 → 선매품 → 전문품' 순으로 상권이 넓어진다. ★
• 상품가치를 좌우하는 보존성이 강한 재화일수록 상권이 확대된다. ★

출제지문 돋보기 OX

01 [20-추가]
전문품을 취급하는 점포의 경우 잠재고객이 지역적으로 밀집되어 있으므로 상권의 밀도는 높으나, 범위는 좁은 특성을 갖고 있다. ( )

02 [16-2]
상권규모는 상권 내 소비자의 숫자와는 관련이 있으나 구매빈도와는 관련이 없다. ( )

[정답] 1. × 2. ×

(5) 상권의 중요성

① 창업시 상권설정, 기준점의 정확한 상권파악은 소매경영에서 가장 기초적인 사항이다.

② 상권범위는 출점하는 업종, 업태와 밀접한 상관관계가 있다.

③ 상권은 상품구성, 가격대 설정의 중요한 기초자료이다.

④ 상권은 점포에서 취급하는 상품에 대한 상권 내 인구의 구매력 추정과 매출액 설정의 기초자료가 된다.

⑤ 판촉활동범위 결정에 필수적인 자료이다.

⑥ 지역으로 유입되는 인구의 특성(유동인구, 각종 인구통계지표)은 입지평가의 시발점이자 키포인트이다.

(6) 상권의 계층적 구조 기출 21 · 17 · 16 · 14 · 08

상권은 앞서 기술한 바와 같이 한 점포 또는 점포들의 집단이 고객을 흡인할 수 있는 지역적 범위로서 지역상권, 지구상권, 개별점포상권 등의 계층적인 구조를 형성하고 있다.

① **지역상권(GTA ; General Trading Area)**

㉠ 총 상권지역으로 가장 포괄적인 상권범위로서 '시' 또는 '군'을 포함하는 넓은 지역범위이며, 도시 간의 흡인범위가 성립하는 범위이다. ★

㉡ 한 도시 내에 형성된 모든 유통기관들의 총체적 경쟁구조로 형성되어 있다.

㉢ 큰 행정구역은 복수의 지역상권을 포함할 수 있고, 한 지역상권에는 다수의 지구상권이 포함될 수 있다. 지역상권은 대체로 도시의 행정구역과 일치하기도 한다. ★

② **지구상권(DTA ; District Trading Area)**

㉠ 지구 상권은 지역 상권 내에서 집적된 상업시설이 갖는 상권의 범위로 '구'를 포함한다.

㉡ 지구 상권은 그 지역 상권 내에 위치한 대형백화점이나 유명전문점의 존재여부, 관련 점포들 간의 집적정도에 따라 상권의 크기가 달라진다. ★

③ **개별점포상권(ITA ; Individual Trading Area, 지점상권)**

㉠ 개별상권이란 한 지구 내에서 핵이 될 수 있는 하나의 점포가 직접적으로 형성하는 개별상권을 말하며, 개별점포들은 각각의 점포 상권을 형성하게 된다.

㉡ 한 점포가 형성하는 개별상권은 그 점포의 크기나 특성에 따라 상권의 크기가 얼마든지 변화할 수 있다.

㉢ 보통 한 점포의 상권은 지역 상권, 지구 상권, 개별점포 상권을 모두 포함하는 것이지만, 엄격하게 구분하지는 않는다.

상권과 입지의 비교 기출 17·15

구 분	상 권	입 지
개 념	지점(점포)이 미치는 영향권(거래권)의 범위(Trading Area)	지점(점포)이 소재하고 있는 위치적인 조건(Location)
물리적 특성	역세권, 대학가, 아파트단지, 시내중심가, 먹자골목 등의 비물리적인 상거래 활동공간	교통편의, 도로변, 평지, 상업시설, 주차시설 등 물리적 시설
등 급	1차 상권, 2차 상권, 3차 상권(한계 상권)	1급지, 2급지, 3급지
분석방법	업종 경쟁력 분석, 구매력 분석	점포 분석, 통행량 분석
평가기준	반경거리(250m, 500m, 1km)	권리금(영업권), 임대료(면적당 단가)

02 상권의 유형

(1) 고객흡인율에 따른 유형 기출 18·16·14·13·10·08

① 1차 상권

ㄱ 점포를 기준으로 500m 이내 지점, 즉 직경 1km 반경 이내 지점을 말하며 상권 내 사업장 이용고객은 60~70% 정도 범위이다.

ㄴ 대부분 그 점포에 지리적으로 인접한 지역에 거주하는 소비자들로 구성되며, 해당 점포의 이용 빈도가 가장 높은 고객층이기 때문에 매출액 비중이 가장 높다. 따라서 마케팅 전략 수립 시에 가장 관심을 기울여야 할 주요한 고객층이다.

ㄷ 주로 생필품을 중심으로 한 식품류, 편의품류로 구성하는 것이 좋다.

② 2차 상권

ㄱ 점포를 기준으로 1km, 즉 직경 2km 이내의 지점으로 사업장 이용고객의 20~30%를 포함하는 범위를 말한다.

ㄴ 1차 상권 외곽에 위치하며, 전체 점포 이용 고객의 10% 내외를 흡인한다.

ㄷ 1차 상권의 고객들이 비교적 지리적으로 밀집되어 분포하는 데 비해 2차 상권의 고객은 지역적으로 넓게 분산되어 있다.

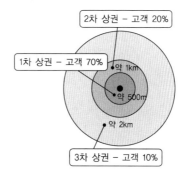

2차 상권 - 고객 20%
1차 상권 - 고객 70%
약 1km
약 500m
약 2km
3차 상권 - 고객 10%

개념 Plus

포켓 상권
1차 상권을 기준으로 외부의 영향을 덜 받으면서 상권 내에서 자체적으로 소비활동이 왕성하게 일어나, 자체 상권으로서의 독립성향이 매우 강한 특성을 발휘하는 배산임수의 형태이다.

개념 Plus

상권유형 분류시 주의사항
상권을 1차 상권, 2차 상권, 3차 상권 및 영향권 등으로 구분하는 것은 판매량(매출액 또는 고객지지율) 혹은 판매자 측면에서 상권을 구분한 것이다.

소매단지의 업종친화력은 입점한 소매점들의 업종 연관성을 의미한다. 업종친화력이 높으면 누적유인의 효과가 커지는 반면, 차별화에 실패하면 인근점포들과 극심한 경쟁을 벌여야 한다. 따라서 점포입지를 선정할 때는 상업단지의 업종친화력을 고려해야 한다.

유동인구 및 배후인구 중심형 상권

- 유동인구 중심형 상권 : 특정 집객시설로 인해 많은 유동인구가 집중되는 상권으로 불특정 다수를 주 고객으로 하는 상권이다.
- 배후인구 중심형 상권 : 목표고객이 명확한 상권으로 배후지 인구의 반복적 구매가 중요한 상권이다. 특히 아파트 주거지역과 같이 배후인구가 뚜렷한 상권이다.

01   [16-1]
부도심상권은 간선도로의 결절점이나 역세권을 중심으로 형성되는 경우가 많으나, 도시전체의 소비자를 유인하지는 못한다. 한편 도심상권은 중심업무지구(CBD)를 포함하며, 상권의 범위가 넓고 소비자들의 체류시간이 긴편이다. ( )

02   [15-3]
상권을 1차 상권, 2차 상권, 한계상권 등으로 분류하는 것은 판매자 관점의 분류방식이다. ( )

정답 1. ○ 2. ○

③ 3차 상권(한계상권)

   ㉠ 1차 상권, 2차 상권 이외의 지역으로 점포를 기준으로 반경 2km 이외의 지구를 말한다. 사업장 이용고객은 5~10% 정도 범위이다.

   ㉡ 상권 외곽을 둘러싼 지역범위를 말하며, 1차 상권과 2차 상권에 포함되지 않는 나머지 고객들이 거주하는 지역을 말한다.

   ㉢ 점포 이용고객은 점포로부터 상당히 먼 거리에 위치하며 고객들이 매우 광범위하게 분산되어 있다.

   ㉣ 3차 상권 내에 위치한 고객들은 1차 상권 및 2차 상권과 비교할 때 고객의 수와 이들의 구매빈도가 적기 때문에 점포 매출액에서 차지하는 비중이 낮다.

(2) 상권의 권역별 구분에 따른 유형 기출 21 · 15 · 13 · 11 · 09 · 08

① 중심형(번화가형) 상권

   ㉠ 중심형 상권은 주거지에서 멀리 떨어져 있어 방문주기가 빈번하지 않기 때문에 체류하는 시간이 길다. 일반상품 업종은 물론이고 외식업이나 오락, 유흥 등 여러 업종이 복합적으로 구성되어 있어 업종 간 연계성이 높은 편이다.

   ㉡ 중심형은 번화가형이라고도 하는데 다시 부도심형과 도심형으로 나눌 수 있다

     • 부도심형 상권 : 도심집중화의 감소를 위해 개발된 곳으로 보통 간선도로의 결절점이나 지하철, 철도 등 역세권을 중심으로 형성된다. 주로 공공시설, 상업시설, 업무시설 등이 입지하게 되며, 도심과 달리 도시의 일부지역만을 상권대상으로 하므로 도시전체의 소비자를 유인하지는 못한다.★★

     • 도심형 상권 : 해당 도시전체에 세력을 미치는 상권으로 남대문이나 동대문같이 전통적이고 복합형으로 된 중심 상권을 말한다. 도심형은 백화점, 쇼핑센터, 대형마트, 업무시설 등이 집중되어 있고, 역세권과 함께 상권을 이루고 있어 교통이 편리하고 접근성이 좋다.★

   ㉢ 중심상업지역은 집약적 토지이용으로 인한 건물의 고층화, 과밀화로 상주인구의 공동화 등 주거기능이 점차 약화되는 현상이 나타나지만, 상업기능과 업무기능은 더욱 확충되고 있다. 다만 다양한 요소와 요인들이 복합되기 때문에 토지의 이용이나 밀도면에서 다양한 양상이 나타나 체계적인 입지구조를 가지기 곤란하다.

   ㉣ 중심형은 생활용품전문점과는 맞지 않는 상권이다. 특히, 부도심 역세권 상가는 오락·유흥업, 의류업, 음식업, 판매업, 서비스업 등 업종분포가 상권마다 독특한 특징이 있고 특성이 다르기 때문에 업종친화력이 매우 낮다.★

② 지구형 상권

   ㉠ 주거지에서 다소 떨어져 있고, 보통 주단위로 쇼핑하는 물건이나 서비스를 주로 취급하는 상업지를 말한다. 일상생활에 필수적인 품목이 아닌 선호품이나 기호품을 주로 팔기 때문에 선호품형 상권이라고 일컫는다.

   ㉡ 지구형은 다시 지구중심형과 대지구중심형으로 나뉘는데, 지구중심형은 반경 1km 이내의 생활권을 범위로 하며, 대지구중심형은 몇 개의 거주 지역을 상권으로 한다.★

ⓒ 생활용품전문점의 입지로는 최고의 상권으로 지구형 상권 내의 점포들은 근린 상권에 비해서 점포구입비가 많이 드는 게 일반적이지만 이는 A급 입지에 해당되는 말이고, B급 입지의 점포들은 오히려 근린 상권의 A급 입지보다 저렴하다.

③ 근린형 상권

　　㉠ 주거지 근처에 있고, 사람들이 일상적으로 자주 쇼핑하거나 외식을 즐기는 상업지로 동네 상권이라고 할 수 있다. 오피스 상권과 함께 한정된 고정고객을 대상으로 영업하는 대표적인 입지로, 이들을 고정고객화해야 하는 입지형태이다.

　　㉡ 일상생활에서 자주 구입하는 일반상품 위주로 판매되는 일반상품형 상권이다.

　　㉢ 근린형 점포의 경우 권리금이나 보증금 임대료가 저렴하다. 또한 점포인근 거주자들을 주요 고객으로 하는 생활밀착형 업종의 점포들이 입지하는 경향이 있다. ★★

　　㉣ 상권범위는 반경 500m 내외의 거리로, 도보로 이동할 수 있는 거리의 상권을 범위로 하는 상가건물을 근린상가라고 한다.

03 상권조사의 개요

(1) 상권조사의 의의

① 상권조사란 출점을 위한 특정 입지를 선정하는 경우에 선행되는 상권분석의 기초가 되는 자료를 수집하는 일련의 과정을 말한다.

② 초기상권의 범위를 결정하는 경우 기본적으로 수집되는 자료에는 인구밀도 분포, 개별 점포에 대한 교통조건, 경쟁점포의 분포와 위치 등이 있다. 한편 판매상품과 서비스의 품질 등은 개점 이후 경쟁점포와의 차별화 전략으로 볼 수 있다.

(2) 상권조사의 절차

상권에 대한 2차적 지역정보를 수집 ⇨ 지역 상권에 대한 상권지도를 작성 ⇨ 상권 내의 지역에 대한 관찰조사를 실시 ⇨ 직접방문에 의한 정성조사 및 정량조사를 실시

① 상권의 주요 약도 작성 : 상권의 이해를 위한 기본 약도 및 지점별 사진촬영을 통한 비교·분석

② 지형·교통조건 파악 : 지형·지세·교통조건을 통한 상권형태 파악, 개방형 상권과 폐쇄형 상권의 유무를 분석하는 기초자료

③ 상권요소의 업종분포작성 : 상권 내 업종분포도 작성을 통해 본 업종과의 연관성 분석

④ 배후지 인구의 특성 파악 : 배후지 인구의 연령대·주요 직업군·소득수준 파악을 통한 소비주력군의 성향 분석

⑤ 유동인구의 흐름파악 : 연령·성비·시간대별 유동인구의 추이분석을 통해서 소비층의 제조건 파악 분석

⑥ 매물 조사 : 상권 내 매물의 점포임대료·권리금 조사

⑦ 경쟁점 조사 : 본 점포와 경쟁이 되는 경쟁점의 입지적 장·단점조사

⑧ **임대가와 권리금** : 각 점포별 임대가와 권리금을 조사하고, 권리금 협상의 가능성 유무 와 권리금 추정치를 작성

⑨ **점포 외부 조사** : 점포를 형성하는 외부 점포의 모양, 지형과 유동인구의 흐름파악과 연결 점포의 구성, 주차장 유무, 기타 제 조건파악

⑩ **점포 내부 조사** : 점포 내부 구조물, 실평수, 가로·세로길이, 높이 파악

⑪ **점포주 조사** : 점포주 직업·주변 평판을 통해 향후 점포주와 관계 유지 가능

⑫ **경쟁점과 경쟁업종 점포 조사** : 동종 업종의 경쟁점포와 연관 업종의 경쟁점포 조사

⑬ **결론** : 상권의 특색을 정리하고 위의 조사를 토대로 각 매물점포의 경쟁우위의 특색을 비교하여 최종 결정

(3) 상권조사의 내용 기출 18·16

① **유동인구 조사** : 주말인 토요일과 공휴일에 따라 달라지며, 주5일 근무제가 정착됨에 따라 이 점도 고려해야 한다. 최소한의 유동인구를 조사하려면 날씨가 좋은 **평일과 주 말 중 각각 하루를 선정해야 비교적 정확한 조사가 될 수 있다.**★

② **고객층과 시간대별 통행량 조사** : 주부들을 대상으로 하는 업종은 오전 11시부터 오후 5시까지, 학생들을 대상으로 한다면 하교시간대, 직장인이라면 퇴근시간에 조사한다.

③ **총 유동인구 조사법** : 자신의 주 고객이 몰리는 시간에만 조사하는 것이 아니라 하루의 총유동인구를 조사해야 한다. 하루의 시간대를 선택하는 방법이 있는데, 오전 중 1시간 을 선택해 유동인구를 산출하고 오후부터는 2시간마다 1시간을 조사해서 산출하는 방 법, 또는 매시간에 20분 정도 조사해서 산출하는 등 다양한 방법이 있다. 단, 업종에 따라 차이가 있으나 낮 12~2시까지와 저녁 6~8시까지, 그리고 밤 9~10시까지는 신경 을 써서 조사해야 한다.★

④ **내점률 조사** : 점포 후보지의 유동인구와 잠재력을 조사한 후에는 점포후보지의 내점률 을 확인하여야 한다. 이는 추정매출을 조사하기 위한 것으로, 경쟁점포나 유사업종의 매출을 조사해 매출액을 추정할 수 있다. 또 다른 조사방법으로는 전문조사업체에 의뢰 해 설문조사를 하는 방법 등이 있다.

⑤ **구매품목과 가격대 조사** : 유동인구를 조사하되 반드시 성별, 연령별, 주요 구매품목과 구매가격대도 조사해야 하며, 점포 앞은 물론 각 방향에서의 입체적 통행량을 조사해야 한다. 대로변이라면 길 건너까지의 유동인구와 차량통행량까지 조사하는 것은 기본 이다.

(4) 상권조사의 항목 기출 11

상권 내 경쟁시설물에 관한 정보	상권 내 행정통계	설문조사 등에 의한 소비자 형태
• 경쟁시설물의 개수 또는 위치 • 경쟁시설물의 규모 또는 경쟁력 • 경쟁시설물의 영업실태 또는 임대가	• 인구수 또는 세대수 • 세대별 소비지출 비용의 내역 • 사업체 수 및 종업원의 수 • 유동인구 및 통행객	• 지역별 고객분포 현황 • 지역별 시장점유율 • 소비단가 • 이용횟수 또는 시설별 선호도 • 지역별 필요시설물

상권실사의 5원칙 `기출` 21 · 19 · 15
- 예측습관의 원칙 : 상권과 건물 주변을 그냥 막연하게 보아서는 아무런 의미가 없으므로 항상 머릿속에 각 점포의 매출액을 그림으로 그려가며 실사해보아야 한다.
- 현장 우선의 원칙 : 가장 신뢰할 수 있는 데이터는 각종 연구기관이나 공공기관 등에서 조사한 통계 데이터이지만 모든 통계 데이터가 반드시 정확하다고는 할 수 없다. 따라서 통계 자료와 데이터를 그대로 받아들여서는 안 되며, 직접 현장에서 본 것, 들은 것, 피부로 느낀 것이 최고의 데이터이다.
- 수치화의 원칙 : 직접 관찰한 것을 수치화함으로써 타인과 공유하기 위한 토대를 마련한다.
- 비교검토의 원칙 : 가설은 다른 것과 비교가 이루어짐으로써 객관성을 인정받는 것이다.
- 가설검증의 원칙 : 실사를 거듭함으로써 가설들을 검증해나가야 한다.

(5) 상권조사를 위한 경계설정

상권에 대한 실제적인 경계는 점포의 접근성, 자연적−인공적 장애, 점포의 유형 등에 더하여 물리적, 인문적 기준에 의해 결정된다.

① 물리적(자연적) 경계 : 상권을 구분하는 실체적인 사물에 의한 구분, 자연적인 경계물인 산, 강, 하천 등을 의미하며, 자연적인 경계 이외에도 도로, 철도, 다리 등의 인공적인 경계물 등

② 인문적(경제적) 경계 : 대중교통을 이용한 접근의 편리성, 유통점포 매장에서 취급하는 상품의 넓이와 깊이, 상권 내에서 파악되는 기존 경쟁 및 대체경쟁의 유무나 정도 등

04 상권조사 방법

(1) 1차 자료와 2차 자료 조사 `기출` 18 · 17 · 16 · 12

① 1차 자료(Primary date) : 당해 사업목적을 위하여 조사자에 의해 **직접 수집하여 생성한** 자료를 말한다. 1차 자료의 대표적인 수집방법으로는 조사설계 방법이나 측정, 설문지 등이 있다(예 지점별 고객 만족도, 점포 이용자에 대한 설문조사자료 등). ★

② 2차 자료(Secondary date) : 상권조사를 위하여 가장 먼저 수행하는 조사로서, 사업의 예비 타당성을 검토하기 위해 기존에 수집된 자료를 검색하는 것을 말한다. 즉, 정부에서 발표하는 통계자료, 이미 발표된 논문, 신문기사, 각종 기관이나 조사회사에서 발표되는 결과 등을 2차 자료라고 하며, 다른 목적에 의해 수집되어 발표된 자료이기 때문에 목적에 맞게 수정·보완하여 사용해야 한다(예 정부의 인구통계자료 및 세무자료, 각종 유통기관의 발표자료, 경제 관련 연구소의 발표자료, 각종 뉴스 및 기사자료 등). ★

(2) 전수조사와 표본조사 `기출` 18

① 전수조사 : 전체 조사대상을 조사하는 방법으로 많은 비용 및 시간이 소요된다. 또한 조사과정 중에 발생하게 되는 문제들로 인해 정확도가 떨어지며, 모집단의 수가 너무 많거나 모집단의 정확한 파악이 어려운 경우 전수조사를 사용하기가 어렵다.

2차 자료의 품질평가 기준
2차 자료의 유용성 기준은 데이터의 최신성과 조사 및 분석목적에 부합되는지의 여부이다.
• 문제 해결 시점 기준의 최신성
• 수집 및 보고 과정의 정확성
• 수집 및 보고 과정의 객관성
• 조사 프로젝트와의 적합성

② 표본조사 : 조사의 대상자 중에서 일부만을 대상으로 하여 조사하는 방법이다. 모집단을 정의하고 표본의 수를 결정한 후에 표본을 추출하는 방식으로 모집단의 특성을 그대로 가지는 대표성 높은 표본 선정이 관건이 된다. 표본조사는 조사의 효율성, 편의성, 높은 신뢰성, 정확성 등에 이점이 있어 전수조사보다 많이 활용된다.

온라인 서베이법
온라인 서베이란 기존의 오프라인에서 벌였던 서베이법(설문지법)을 온라인 환경 하에서 수행하는 것을 의미한다. 즉 고객 또는 상품의 분석에 필요한 설문지를 웹문서화하고 불특정 네티즌을 대상으로 설문에 응하도록 하여 이를 통해 전략을 도출해내는 방법이다.
• 장점 : 현지조사방법보다 손쉽게 많은 양의 데이터를 모을 수 있다.
• 단점 : 대표성을 가진 응답자를 확보하기 어렵다.

(3) 표본추출방법 기출 17 · 16 · 15 · 14 · 13 · 12 · 09

① 확률 표본추출법
  ㉠ 단순임의 추출법(단순무작위 추출법) : 모집단의 구성원들이 각 표본으로서 선정될 확률이 미리 알려져 있고 동일하며, '0'이 아니도록 표본을 추출하는 방법이다.
  ㉡ 층화임의 추출법(계층별무작위 추출법) : 모집단을 구성하고 있는 집단에서 집단의 구성요소의 수에 비례해서 표본의 수를 할당하여 각 집단에서 할당된 수의 표본을 단순무작위 추출방법으로 추출하는 방법이다.
  ㉢ 집락표본 추출법(군집표본 추출법) : 모집단이 여러 개의 동질적인 소규모 집단(군집)으로 구성되어 있으며, 각 군집은 모집단을 대표할 수 있을 만큼 다양한 특성을 지닌 요소들로 구성되어 있을 시에 군집을 무작위로 몇 개 추출해서 선택된 군집 내에서 무작위로 표본을 추출하는 방법을 말한다.
  ㉣ 계통 추출법(등간격 추출법) : 모집단 구성원에게 어떠한 순서가 있는 경우에 일정한 간격을 두면서 표본을 추출하는 방법이다(예 모집단이 1,000명이고 거기에서 100명의 표본을 뽑고 싶을 경우 1, 11, 21이라는 순서로 각 10명 째의 표본을 정함).

② 비확률 표본추출법
  ㉠ 편의표본 추출법(Convenience Sampling) : 연구 조사자가 비교적 편리한 시간 및 장소에 접촉하기 쉬운 대상을 표본으로 선정하는 것을 말한다.
  ㉡ 판단표본 추출법(Judgement Sampling) : 연구 조사자가 조사의 목적에 적합하다고 판단되는 구성원들을 표본으로 추출하는 것을 말한다.
  ㉢ 할당표본 추출법(Quota Sampling) : 모집단을 어떠한 특성에 따라 세분집단으로 나누고, 나누어진 세분집단의 크기 등에 비례해서 추출되어진 표본의 수를 결정하여 각 집단의 표본을 판단 또는 편의에 의해 추출하는 방법이다.
  ㉣ 눈덩이표본 추출법(Snowball Sampling) : 연구 조사자가 적절하다고 판단되는 조사대상자들을 우선 선정한 후에 그들로 하여금 또 다른 조사대상자들을 추천하게 하여 조사하는 방식이다.

01   [12-3]
1차 자료는 어떤 목적을 달성하기 위하여 직접 수집하여 생성한 자료로 조사설계 방법이나 측정, 설문지 등을 사용하여 얻을 수 있다. (   )

02   [09-2]
2차 자료는 다른 조사목적을 위해 이미 수집된 자료이므로 1차 자료에 비해 시간과 비용을 절감할 수 있다. (   )

03   [12-1]
조사지역의 대상자가 많을수록 전수조사가 어려워 표본조사가 많이 사용된다. (   )

정답 1. ○ 2. ○ 3. ○

2 상권분석

01 상권분석의 개요

(1) 상권분석의 의의 기출 12·11·08

① 경로구성원이 좋은 점포의 입지를 선정함에 있어 선행되어야 하는 조사를 말한다.
② 자점의 수요예측 마케팅전략을 수립함에 있어 반드시 필요한 단계이며, 상권분석으로 인해 기업은 자사점포의 예상매출액의 추정이 가능하고, 해당 상권 내 소비자들의 사회경제적·인구통계적인 특성을 파악하여 그에 맞는 촉진전략의 수립이 가능하다.
③ 상권분석 시에는 특히 고객들의 활동, 관심사, 의견 등을 통해 표출되는 라이프스타일을 중점적으로 검토하여야 한다.
④ 상권분석은 상업시설의 개발에 의한 상업적 시설의 분석방법으로써, 도시의 흡인력 및 그 주변과의 관계, 소매·서비스업 등의 각종 활동의 위치, 밀집, 성격, 규모 등의 특성을 지표상에 나타내는 것이다.

(2) 상권분석의 효과 기출 15

① 판촉활동에 있어 타겟을 명확하게 할 수 있어 소비자들에 대한 유치활동 및 관련 영업활동 등에 대한 정확한 기준의 설정이 가능하다.
② 소비자들의 사회경제학적 특성 및 인구통계학적 특성에 대한 자세한 파악이 가능하므로 소매전략에 대한 결정 및 시장 기회의 포착 등의 중요 자료를 취득할 수 있다.
③ 지역적인 특성의 파악이 가능하므로 해당 점포의 개설시 기회 및 위협이 되는 환경의 분석 및 평가가 가능하다.
④ 어떤 특정 상품에 대한 판매가 가능한 점포의 수 및 상품판매방식에 있어 유용한 정보를 제공해줄 수 있어 업태선택이 쉬워진다.

(3) 상권분석의 범위

① 공간적 범위 : 상권분석에 있어 공간적 범위란 분석대상이 되는 상권의 바운더리를 말한다. 대상점포가 있는 경우에는 최소 2차 상권까지의 범위를, 점포가 없는 경우에는 중심점에 해당하는 건물 혹은 점포를 중심으로 범위를 설정하는 것이 바람직하다.
② 내용적 범위 : 상권분석에 포함되어야 할 내용으로 업종 및 업태에 대한 분석, 시장성 분석, 매출액 추정, 수익성 분석, 고객의 라이프스타일 분석(AIO분석) 등이 대표적이다. 내용의 범위는 상권분석의 목적에 따라 달라질 수 있다.

(4) 상권분석의 흐름

지리적 여건분석 ⇨ 인구통계분석 ⇨ 상권구조분석 ⇨ 상업시설 분석(경쟁점 분석) ⇨ 이해 관계자 조사 ⇨ 구매력 조사 ⇨ 경쟁구조 분석 ⇨ 업종구조 분석 ⇨ 부동산 환경 분석

개념 Plus

상권분석의 실무적 목적
• 업종선택의 기준으로 활용
• 임대료 평가기준으로 활용
• 마케팅 전략수립에 활용
• 입지선정을 위한 기초자료로 활용
• 경쟁자에 대한 분석자료로 활용
• 매출추정의 근거 확보
• 잠재수요의 파악
• 표적화된 구색설정 및 판매촉진전략 수립의 기초자료 제공
• 기존 점포들과의 차별화 포인트 발견

출제지문 돋보기 OX

01   [14-2]
편의표본 추출법은 비확률 표본추출법으로, 쉽게 이용 가능한 대상을 표본으로 선택할 수 있지만 대표성 확보에 어려움이 있다.   ( )

02   [12-3]
상권조사를 위한 표본추출 방법 중 편의표본이나 군집표본은 모집단을 상호배타적인 집단으로 나눈 후 집단에 대해 표본을 추출하는 방법이다.   ( )

정답 1. ○ 2. ×

- 소비자의 인구통계학적 특성들을 파악하여 소매전략 수립에 도움을 준다.
- 상권 내 소비자를 상대로 하는 촉진활동의 초점이 명확해 질 수 있다.
- 기존 점포의 이전(이동)이나 규모변경(면적확대, 면적축소)으로 인한 매출변화를 예측할 수 있다.
- 해당 지역에서 특정 체인 소매업자에 의해 운영될 수 있는 적절한 점포수를 파악할 수 있다.

02 상권분석의 구분

(1) 기존점포에 대한 상권분석 기출 10 · 09 · 08

① 기존점포의 상권은 점포내부 자료와 기타 다른 목적으로 수행된 조사자료 등 기업 내 2차 자료를 이용하여 측정할 수 있다. 이와 함께 정부의 인구통계자료, 세무자료, 여러 유통기관 및 연구소에서 발표된 자료들을 각 점포의 필요에 맞게 조정하여 이용할 수 있다. 기존점포는 신용카드 이용고객과 현금사용 고객의 주소를 이용하여 상권을 용이하게 추정할 수 있다.

② 1차 상권, 2차 상권 및 한계상권은 다음의 2차 자료에 근거하여 추정될 수 있다. 첫째는 특정 구역 내 고객들의 각 점포에서의 상품구입 빈도, 둘째는 고객의 평균 구매량(액), 특정 구역 내의 자사 점포 고객 중 신용카드 보유자의 비율이다.

③ 기업은 1차 자료의 수집을 통해 상권규모를 결정하며, **차량조사법**이나 **소비자조사법**을 이용하여 상권의 범위를 정하고 점포근처에 주차한 자동차의 면허번호판을 기록하여 자동차 소유자의 주소를 입수하거나, 보행고객, 대중교통수단이나 타인이 운전한 차를 이용한 고객들에 대한 설문조사(Survey)를 통하여 상권을 분석할 수 있다.

> 기존점포에 대한 상권분석 시 유의사항
> - 상권분석시 수집되는 자료는 정성적인 조사자료 뿐만 아니라 객관적으로 수치화할 수 있는 정량적 자료를 같이 확보하여야 한다.
> - 상권분석은 일반적으로 기존점포와 신규점포를 분리하여 실행하며, 기존점포의 상권분석이 신규점포의 상권분석에 비해 상권의 크기와 특성 등을 비교적 정확히 분석할 수 있다.
> - 제조업자와 도소매업자는 특정 지역의 상권규모가 시간대에 따라 변할 수도 있음에 유의한다.
> - 시간에 따른 상권의 규모 및 특성변화를 고려하여 종단조사를 통한 정기적인 상권분석을 실시한다.

(2) 신규점포에 대한 상권분석 기출 20 · 19 · 17 · 11 · 10 · 09

① 서술적 방법에 의한 상권분석 : 체크리스트법, 유추법, 현지조사법, 비율법 등
② 규범적 모형에 의한 상권분석 : 중심지 이론, 소매중력(인력)법칙, 컨버스법칙
③ 확률적 모형에 의한 상권분석 : 허프 모형, MNL(Multinomial Logit), MCI 모형

03 서술적 방법에 의한 신규점포 상권분석

(1) 체크리스트법(Checklist method) 기출 21 · 20 · 19 · 16 · 15 · 13

① 체크리스트법의 개념
  ㉠ 상권의 규모에 영향을 미치는 요인들을 수집하여 이들에 대한 평가를 통하여 시장잠재력을 측정하는 것이다.
  ㉡ 특정 상권의 제반특성을 체계화된 항목으로 조사한 후 신규점 개설 여부를 평가하는 방법으로, 상권분석의 결과를 신규점의 영업과 마케팅전략에 반영한다.

01 [19-3]
상권경쟁구조를 분석하는 방법 중 위계별 경쟁구조 분석은 해당 지역의 지역형 백화점뿐만 아니라 부도심 및 도심 백화점까지 포함하여 특정지역에 위치한 백화점의 상권경쟁구조를 분석하는 방법으로 합당하다. ( )

02 [09-1]
기존점포의 상권분석은 1차 자료(점포 내부자료)와 각종 2차 자료를 이용하여 측정할 수도 있다. ( )

03 [20-추가]
신규점포의 상권분석은 규범적 측정, 서술적 측정, 확률적 측정 세 가지로 나뉘어 구분된다. ( )

정답 1. ○ 2. ○ 3. ○

ⓒ 부지와 주변상황에 관하여 사전에 결정된 변수 리스트에 따라 대상점포를 평가한다. 일반적으로 체크리스트에는 부지특성, 주변상황, 상권의 특성 등에 관한 변수가 포함되며, 개별변수에 대해서는 가중치가 부과되기도 한다.

② 체크리스트법의 장·단점

장 점	단 점
• 이해하기 쉽고 사용하기 쉬우며, 비용이 상대적으로 적게 든다. • 체크리스트를 달리할 수 있는 유연성이 있다.	• 주관적인 분석이 될 수 있다. • 변수선정에 따라 다양한 해석이 도출된다. • 매출액을 추정하기는 어렵다.

③ 체크리스트법의 조사 단계 기출 20·19

단 계	항 목
상권 내 입지적 특성 조사	• 상권 내의 행정구역 상황 및 행정구역별 인구 통계적 특성 • 상권 내 도로 및 교통 특성 • 상권 내 도시계획 및 법적·행정적 특이사항 • 상권 내 산업구조 및 소매시설 변화 패턴 • 상권 내 대형 건축물 및 교통유발시설
상권 내 고객들의 특성 조사	• 배후상권 고객 : 상권 내 거주하는 가구수 또는 인구수로 파악 • 직장(학생) 고객 : 점포 주변에 근무하는 직장인(학생) 고객의 수로써 파악 • 유동고객 : 기타의 목적으로 점포 주변을 왕래하는 중 흡인되는 고객
상권의 경쟁구조 분석	현재 그 상권에서 영업하고 있는 경쟁업체뿐만 아니라 점포 개설을 준비하는 업체도 함께 분석한다. • 업태 내의 경쟁구조 : 유사한 상품을 판매하는 서로 동일한 형태의 소매업체 간 경쟁구조 분석 • 업태 간의 경쟁구조 : 유사한 상품을 판매하는 서로 상이한 형태의 소매업체 간 경쟁구조 분석 • 위계별 경쟁구조 : 도심, 부심, 지역중심, 지구중심의 업종을 파악·분석 • 잠재적 경쟁구조 : 신규 소매업 진출 예정 사업체 및 업종의 파악·분석 • 업체 간의 보완관계 : 단골고객의 선호도 조사, 고객의 특성 및 쇼핑경향 분석, 연령·소득·직업 등 인구통계학적 특성, 문화·사회적 특성의 파악·분석

(2) 비율법(Ratio method) 기출 19

① 비율법의 개념
  ㉠ 비율을 사용하여 적정 부지를 선정하거나 주어진 부지를 평가하는 방법이다.
  ㉡ 상권분석에 흔히 사용되는 비율로는 지역비율과 상권비율이 있다.
  ㉢ 지역비율은 입지가능성이 큰 지역이나 도시를 선정하는 데 사용된다.
  ㉣ 상권비율은 주어진 점포에 대한 가능매상고를 산정하는 데 주로 사용된다.

② 비율법의 장·단점

장 점	단 점
• 비율법의 가장 큰 장점은 간단하다는 것이다. • 사용되는 자료를 손쉽게 구할 수 있다. • 분석비용이 다른 어떤 것보다 저렴하다.	• 상권확정에 분석자의 주관성이 많이 개입된다. • 가능매상고에 대한 예측력이 떨어진다.

(3) 유추법(아날로그법, Analog method) 기출 21 · 20 · 19 · 17 · 16 · 15 · 14 · 13 · 12

① 유추법의 개념
   ㉠ 신규점포와 특성이 비슷한 기존의 유사점포를 선정하여 분석담당자의 객관적 판단을 토대로 그 점포의 상권범위를 추정한 결과를 자사점포의 신규입지에서의 매출액을 측정하는 데 이용하는 방법으로, 애플바움(W. Applebaum) 교수에 의해 발전한 방법이다. ★★
   ㉡ 유추법에서 상권규모는 자사점포를 이용하는 고객들의 거주지를 지도상에 표시한 후 자사점포를 중심으로 서로 다른 거리의 동심원을 그려 파악한다. 즉 CST(Customer Spotting Technique) Map 기법을 이용하여 상권의 규모를 측정한다. ★★
   ㉢ 유추법은 유사점포를 이용하는 소비자와의 인터뷰나 실사를 통하여 수집된 자료를 토대로 추정하는 '질적 예측방법'으로 기술(서술)적 방법(Descriptive Method)에 속한다. 이때, 유사점포는 점포 특성, 고객 특성, 경쟁 특성 등을 고려하여 선정한다.
   ㉣ 유추법은 신규점포를 비롯해 기존 점포의 상권분석에도 적용이 가능한 방법이며, 주로 대형점에서 많이 이용한다. 그러나 어떠한 점포를 유추점포로 결정하는지에 따라 상권추정 및 입지가 달라지는 한계가 있다.

② 유추법의 활용
   ㉠ 상권의 규모 파악 : 상권에 포함된 소비자들의 거주지역 및 그 수를 파악하는 데 사용이 가능하고 1, 2, 3차 상권의 경계설정이 가능하다.
   ㉡ 경쟁정도의 측정 및 파악 : 유사·동종업종 간의 경쟁관계의 경쟁정도를 측정하므로 이를 통해 차별화 및 우위전략을 도모할 수 있다.
   ㉢ 점포의 확장계획에 활용 : CST map기법을 통해 설정된 상권경계를 향후 잠재적인 점포의 확장 계획에 활용이 가능하다.
   ㉣ 고객의 특성 파악 : 상권규모가 추정되면 상권 내에 거주하는 고객 집단의 라이프 사이클 및 이를 통한 AIO분석이 가능해진다.
   ㉤ 광고 및 촉진전략에의 활용 : 고객의 특성 파악 및 상권경계의 설정과 목표 고객들의 성향 분석을 통해 맞춤형 촉진전략을 수립하는 데 활용이 가능하다.

③ 유추법의 조사절차

> 기존 유사점포 선정 ⇨ 기존 유사점포의 상권범위 결정 ⇨ 구역구분 및 1인당 매출액 계산 ⇨ 예상매출액 계산 ⇨ 입지특성과 경쟁수준을 고려하여 조정한 후 확정

절 차	내 용
기존 유사점포 선정	신규점포와 점포 특성, 고객의 쇼핑패턴, 고객의 사회적·경제적·인구 통계적 특성에서 유사한 기존 점포를 선정한다.
기존 유사점포의 상권범위 결정	• 상권범위는 1차 상권과 2차 상권으로 나누어 그 범위를 설정한다. • 유사점포의 상권규모는 유사점포를 이용하는 소비자와의 면접이나 실사를 통하여 수집된 자료를 토대로 추정한다.
구역구분 및 1인당 매출액 계산	• 전체 상권을 단위거리에 따라 소규모 구역으로 나눈다. • 각 구역 내에서 유사점포가 벌어들이는 매출액을 그 구역 내의 인구로 나누어 각 구역 내에서의 1인당 매출액을 구한다.

예측값 계산	• 신규점포가 들어서려는 지역의 상권의 크기 및 특성이 유사점포의 상권과 동일하다고 가정하고, 예정 상권 입지 내 각 구역의 인구에 유사점포의 1인당 매출액을 곱하여 각 구역에서의 예상매출액을 구한다. • 신규점포의 예상 총매출액은 각 구역에서의 예상매출액을 합한 값이다. • 구해진 예측값은 신규점포가 위치할 상권의 입지특성과 경쟁수준을 고려하여 조정한 후 확정한다.

CST(Customer Spotting Technique) Map 기법 기출 21 · 18 · 17 · 16 · 14 · 13

1. CST의 개념
- 설문이나 CRM을 통해 실제 점포이용고객의 주소지를 파악한 후 직접 도면에 표시하여 Quadrat Analysis를 실시한 후 대상지 인근의 토지이용현황, 지형, 지세 등을 고려하여 상권을 파악하는 기법이다.
- 특정 매장에 상품구입을 위하여 내방한 고객을 무작위로 선택하여 각각의 거주지 위치와 구매행태 등의 정보를 획득한다.
- CST는 2차 자료보다 1차 자료를 이용하는 경우에 정확도가 더 높다.

2. CST Map기법의 유용성★
- 상권의 규모파악이 가능하다.
- 고객의 특성 조사가 가능하다.
- 광고 및 판촉전략 수립에 이용가능하다.
- 경쟁의 정도 측정이 가능하다.
- 점포의 확장계획에 활용이 가능하다.

04 규범적 방법에 의한 신규점포 상권분석

(1) 레일리(W. J. Reilly)의 소매인력법칙 기출 20 · 17 · 15 · 14 · 13 · 12

① 소매인력법칙의 개념
- ⊙ 뉴턴(Newton)의 중력법칙을 상권분석에 활용한 것으로, 점포들의 밀집도가 점포의 매력도를 증가시키는 경향이 있음을 나타내는 법칙이다. 개별점포의 상권 파악보다는 이웃도시 간의 상권경계를 결정하는 데 주로 이용한다.★
- ⓛ 두 경쟁도시가 그 중간에 위치한 소도시의 거주자들을 끌어들일 수 있는 상권의 규모(상권의 흡인력)는 두 도시의 크기(인구수)에 비례하고, 각 도시와 중간도시 간의 거리의 제곱에 반비례한다.★★
- ⓒ 보다 많은 인구를 가진 도시가 더 많은 쇼핑 기회를 제공할 가능성이 많으므로 먼 거리에 있는 고객도 흡인할 수 있다.★

② 소매인력법칙의 가정
- ⊙ 소비자들은 주요 도로에 두 지역을 통하여 똑같이 접근할 수 있다.
- ⓛ 두 지역의 상점들은 똑같이 효과적으로 운영된다.
- ⓒ 상기의 두 요인 이외의 것은 일정하다고 가정한다.

③ 소매인력법칙의 공식 **기출 18**

$$\frac{B_a}{B_b} = \left(\frac{P_a}{P_b}\right)\left(\frac{D_b}{D_a}\right)^2$$

B_a = A시의 상권영역(중간도시로부터 도시 A가 흡인하는 소매흡인량)

B_b = B시의 상권영역(중간도시로부터 도시 B가 흡인하는 소매흡인량)

P_a = A시의 인구(거주)

P_b = B시의 인구(거주)

D_a = A시로부터 분기점까지의 거리

D_b = B시로부터 분기점까지의 거리

[예시사례 1]

인구 423,000명의 A도시(상권)와 인구 92,000명의 B도시(상권) 사이에 인구 13,000명의 C시가 존재한다. C는 A로부터 80.4km, B로부터는 61.8km 떨어져 있다. C에 거주하는 소비자는 A와 B로부터 얼마나 유인될 것인가?

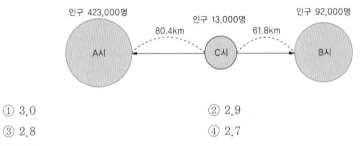

① 3.0
② 2.9
③ 2.8
④ 2.7
⑤ 2.6

해설

C시 주민들은 근거리의 B상권으로 갈 것인지, 아니면 원거리의 A상권으로 갈 것인지 소매인력법칙 공식에 대입해 계산해보면, $\frac{B_a}{B_b} = \frac{423,000}{92,000} \times \frac{61.8^2}{80.4^2} = 2.7$

정답 ④

④ 소매인력법칙의 한계

　㉠ 특정 상업지구까지의 거리는 주요 도로를 사용하여 측정되나, 소비자들이 샛길이나 간선 도로를 이용할 경우에 거리는 길어지지만 여행시간이 짧게 걸릴 수 있으므로 상업지구까지의 거리보다 여행시간이 보다 나은 척도가 될 수 있다.

　㉡ 실제거리는 소비자가 생각하는 거리와 일치하지 않을 수도 있다. 소비자에게 편의성 및 서비스가 낮고 혼잡한 점포는 보다 쾌적한 환경의 점포보다 고객에게 생각되는 거리가 더 길 수 있기 때문이다.

　㉢ 지역 거래 장소와 다른 거래 장소 간의 인지된 차이, 다양성 추구 행위, 의료 서비스나 오락 시설을 비롯하여 기타 서비스를 고려하지 못했다.

　㉣ 편의품, 선매품, 전문품 등의 상품유형별 차이를 고려하지 않았다.

(2) 컨버스(Converse)의 수정 소매인력이론(분기점 모형) 기출 21 · 20 · 18 · 17 · 16 · 14 · 13 · 12

① 수정 소매인력법칙의 개념

　ⓐ 컨버스는 흡인되는 구매력 정도가 동일하여 두 도시 사이의 거래가 분기되는 중간지점의 정확한 위치를 결정하기 위해 레일리의 소매인력법칙을 수정하여 거리–감소함수를 도출하였다. ★

　ⓑ 거리가 멀어짐에 따라 구매이동이 줄어드는 현상을 거리–감소함수로 파악하여 거리와 구매빈도 사이의 관계를 역의 지수함수의 관계로 본 것이다.

② 컨버스의 제1법칙 : 경쟁도시인 A와 B에 대해서 어느 도시로 소비자가 상품을 구매하러 갈 것인가에 대한 상권 분기점을 찾아내는 것으로, 주로 선매품과 전문품에 적용된다. ★★

$$D_a = \frac{D_{ab}}{1 + \sqrt{\dfrac{P_b}{P_a}}} \quad \text{or} \quad D_b = \frac{D_{ab}}{1 + \sqrt{\dfrac{P_a}{P_b}}}$$

D_a = A시로부터 분기점까지의 거리

D_b = B시로부터 분기점까지의 거리

D_{ab} = A · B 두 도시(지역) 간의 거리

P_a = A시의 인구

P_b = B시의 인구

※ 단, $\dfrac{B_a}{B_b}$ = 1일 경우 적용 가능(즉, A · B시의 규모나 상업시설이 비슷한 경우)

[예시사례 2]

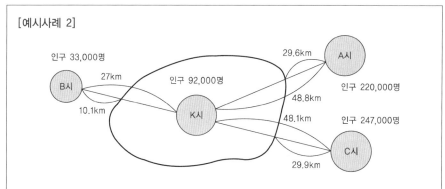

해설

위 그림을 실례로 하여 K시를 중심으로 한 A · B · C 시의 상권분기점을 구하면,

$$D_a = \frac{48.8\text{km}}{1 + \sqrt{\dfrac{92}{220}}} \fallingdotseq 29.6\text{km}$$

$$D_b = \frac{27.0\text{km}}{1 + \sqrt{\dfrac{92}{33}}} \fallingdotseq 10.1\text{km}$$

$$D_c = \frac{48.1\text{km}}{1 + \sqrt{\dfrac{92}{247}}} \fallingdotseq 29.9\text{km}$$

③ 컨버스의 제2법칙 : 특정 소비자가 소매점포에서 지출하는 금액이 거주도시와 경쟁도시 중 어느 지역으로 흡수되는가에 대한 것으로, 중·소도시의 소비자가 선매품을 구입하는 데 있어 인근 대도시로 얼마나 유출되는지를 설명해주는 이론이다. ★

$$\frac{Q_a}{Q_b} = \left(\frac{P_a}{H_b}\right)\left(\frac{4}{d}\right)^2 \text{ or } Q_b = \frac{1}{\left(\dfrac{P_a}{H_b}\right)\left(\dfrac{4}{d}\right)^2 + 1}$$

Q_a = 외부의 대도시로 유출되는 중소도시 X의 유출량(%)

Q_b = 중소도시 X에서 소비되는 양(%), 즉 X의 체류량

P_a = 외부 대도시 Y의 인구

H_b = 당해 중소도시 X의 인구

d = 대도시 Y와 중소도시 X와의 거리(Mile)

4 = 관성인자로(4mile, 6.4km) 적용 평균치

[예시사례 3]

P_a = 150,000명

H_b = 40,000명

d = 3mile의 경우

$$Q_b = \frac{1}{\left(\dfrac{150,000명}{40,000명}\right)\left(\dfrac{4}{3mile}\right)^2 + 1} \simeq 0.13 (= 13\%)$$

즉, 중소도시의 체류량은 13%이다.

---

(3) 케인(Bernard J. Kane Jr)의 흡인력 모델 기출 14

① 흡인력 모델의 개념

　㉠ 레일리(Reilly)와 컨버스(Converse)의 법칙은 지세나 교통편의를 무시하고 직선거리를 변수로 사용하고 있다는 결점이 있으며, 매장면적의 크기와 같은 경쟁요소도 고려하지 않고 있다.

　㉡ 따라서 이러한 결점을 보완하여 보다 실무적이고 이해하기 쉽게 상권을 측정하고자 하는 것이 케인의 흡인력 모델이다.

　㉢ 흡인력 모델은 인구, 중심지까지의 소요시간, 매장 면적의 3개 요소에 의해 중간지점 C지구의 구매력이 A시와 B시로 흡인되는 비율을 산출하는 것으로, 이 모델을 좀 더 발전시키면 **예상매출액**도 추정할 수 있다.

　㉣ 매장면적비와 매출액비는 거의 같다는 발상에 근거하고 있으며 인구와 거리를 요소로 한 레일리와 컨버스의 법칙에 **매장면적**이라는 요소를 추가한 것이다.

② 흡인력 산출방식

[예시사례 4]
- A시의 인구 8,000명
- C지구로부터 A시까지의 소요시간 10분
- A시의 같은 업태매장면적 합계 200평
- C지구의 구매력 2억원
- B시의 인구 48,000명
- C지구로부터 B시까지의 소요시간 5분
- B시의 같은 업태매장면적 합계 800평

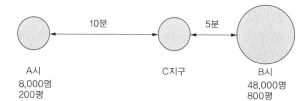

A시
8,000명
200평

C지구

B시
48,000명
800평

A시와 B시의 인구비율 1 : 6
C지구로부터 A와 B시까지의 소요시간 비율 1 : 2
A시와 B시의 매장면적합계비율 1 : 4, C지구에 대한 A시와 B시의 흡인력을 표로 나타내면,

구 분	A시		B시	
	수 치	비 율	수 치	비 율
인구(명)	8,000	1	48,000	6
소요시간(분)	10	1	5	2
매장면적(평)	200	1	800	4
비율합계		3		12

비율을 가산하면 A시와 B시의 비율은 3 : 12 = 1 : 4가 되고, 이 비율에 의해 C지구의 구매력이 A와 B시에 각각 흡인된다. C지구의 구매력이 2억원이므로,

A시로 흡인되는 비율 = $\dfrac{3}{3 + 12}$ = 0.2, 따라서 2억원 × 0.2 = 4천만원

B시로 흡인되는 비율 = $\dfrac{12}{3 + 12}$ = 0.8, 따라서 2억원 × 0.8 = 1억 6천만원

(4) 애플바움(W. Applebaum)의 상권분석 모형 기출 15 · 12

상권범위 측정을 위한 방법이었지만 현재는 상권분석시 사용되고 있다. 레일리와 컨버스의 거리와 인구변수를 자동차 주행시간과 점포의 매장면적으로 바꾸어 상권을 계산한다.

$$D_a(X) = \frac{D_{ab}}{1 + \sqrt{\dfrac{M_b}{M_a}}} \quad \text{또는} \quad D_b(Y) = \frac{D_{ab}}{1 + \sqrt{\dfrac{M_a}{M_b}}}$$

$D_a(X)$: A시로부터 자동차 주행거리
$D_a(Y)$: B시로부터 자동차 주행거리
M_a : A시의 소매업 매장면적
M_b : B시의 소매업 매장면적
D_{ab} : A시와 B시 간의 자동차 탑승시간

최대도달거리

- 중심지가 수행하는 상업적 기능이 배후지역에 제공될 수 있는 최대(한계)거리를 말한다.
- 즉, 배후지에 거주하는 소비자가 상품을 구매하기 위해 중심지까지 움직이는 최대거리 또는 소비자가 물리적으로 이동할 수 있는 최대거리의 범위가 최대 상권의 범위임을 의미한다.
- 최대도달거리가 최소수요충족거리보다 커야 상업시설이 입지할 수 있다.
- 정육각형의 상권모형에서는 최대도달거리와 최소수요충족거리가 일치한다.

(5) 크리스탈러(Christaller)의 중심지이론 기출 21 · 20 · 19 · 18 · 17 · 16 · 15 · 14 · 13 · 12 · 11

① 중심지이론의 개념

   ㉠ 한 지역 내의 생활거주지(취락)의 입지 및 수적 분포, 취락들 간의 거리관계와 같은 공간 구조를 중심지 개념에 의해 설명하려는 이론이다.

   ㉡ 중심지이론의 핵심은 한 도시(지역)의 중심지기능의 수행 정도 및 상권의 규모는 인구 규모에 비례하여 커지고, 중심도시(지역)를 둘러싼 배후상권의 규모는 도시(지역)의 규모에 비례하여 커진다는 것이다.

   ㉢ 여기서 중심지(Central Place)는 배후지역에 대해 다양한 상품과 서비스를 제공하고 교환의 편의를 도모해주는 장소를 말하며, 일반적으로 모든 도시는 중심지기능(중도소매업, 교통, 행정, 기타 서비스업 등의 3차산업의 기능)을 수행한다. ★

   ㉣ 중심지는 그 기능이 넓은 지역에 미치는 고차중심지로부터 그보다 작은 기능만 갖는 저차중심지까지 여러 가지의 계층으로 나뉘는데, 크리스탈러는 이러한 크고 작은 여러 형태의 중심지가 공간적으로 어떻게 입지해야 하는가를 고찰하고 연역적 모델을 만들었다. ★★

   ㉤ 즉, 인구밀도나 소비수준이 균등한 공간에서 되도록 소수의 중심지를 가지고 전역에 빠짐없이 균등한 재화서비스를 공급하려면, 각 시설에 입지한 중심지와 그 세력권은 '육각형' 구조를 이루고 입지하는 것이 합리적이라고 하였다.

   ㉥ 오늘날 중심지에 대한 연구는 지역계획 분야에서도 전 국토의 동등한 생활조건의 발전을 목표로 후진지역에 중심지를 만드는 것이 제기되고 있다. 또한 정기시장이나 도매 중심의 입지론, 공간적 확산이론, 도시시스템론 등 인접분야를 설명하는 데 응용되기도 하여, 지역시스템 분석의 기본적 이론으로서 중요시된다.

② 중심지이론의 기본 가정 ★★

   ㉠ 지표공간은 균질적 표면(Isotropic Surface)으로 되어 있고, 한 지역 내의 교통수단은 오직 하나이며, 운송비는 거리에 비례한다.

   ㉡ 인구는 공간상에 균일하게 분포되어 있고, 주민의 구매력과 소비행태는 동일하다.

   ㉢ 인간은 합리적인 사고에 따라 의사결정을 하며, 최소의 비용과 최대의 이익을 추구하는 합리적 경제인(Economic Man)이다. ★

   ㉣ 소비자들의 구매형태는 획일적이며 유사점포들 중 가장 가까운 곳을 선택한다.

   ㉤ 여러 상권이 존재할 경우 상권중심지를 거점으로 배후 상권이 다른 상권과 겹치지 않는다.

③ 중심지이론의 핵심

   ㉠ 상업중심지로부터 중심기능(또는 상업서비스기능)을 제공받을 수 있고 상업중심지 간에 안정적인 시장균형을 얻을 수 있는 가장 이상적인 배후 상권의 모양은 정육각형이며, 정육각형의 형상을 가진 배후 상권은 최대도달거리와 최소수요 충족거리가 일치한다. ★

   ㉡ 중심지기능의 최대도달거리(Range)란 중심지가 수행하는 상업적 기능이 배후지에 제공될 수 있는 최대(한계)거리를 말한다. 즉, 배후지에 거주하는 소비자가 상품을 구매하기 위해 중심지까지 움직이는 최대거리 또는 소비자가 물리적으로 이동할 수 있는 최대거리의 범위가 최대 상권의 범위임을 의미한다.

출제지문 돋보기 OX

01   [14-3]
크리스탈러는 중심지이론을 통해 상권의 규모는 도시의 인구 규모에 비례하여 커지며 소비자가 물리적으로 이동할 수 있는 최대 거리의 범위가 최대 상권의 범위임을 증명하였다.   (   )

02   [21-2]
크리스탈러의 중심지 이론에서 중심란 배후지의 거주자들에게 재화와 서비스를 제공하는 상업기능이 밀집된 장소를 말한다. (   )

정답 1. ○ 2. ○

ⓒ 상업중심지의 정상이윤 확보에 필요한 최소한의 수요를 발생시키는 상권범위를 **최소수요충족거리**(Threshold)라고 한다. 즉, 최소수요충족거리는 (상업)중심지의 존립에 필요한 최소한의 고객이 확보된 배후지의 범위를 말한다. ★★

ⓔ 크리스탈러는 중심지의 최대도달거리(Range)가 최소수요충족거리(Threshold)보다 커야 상업시설이 입지할 수 있다고 주장하였다.

ⓜ 중심지들은 제공되는 유통서비스의 기능의 정도, 즉 중심성(Centrality)이 서로 다르며, 이로 인해 중심지의 상권규모 간에 차이가 발생된다. 중심지 간의 상권규모의 차이는 중심지들 간에 계층적 구조를 발생시킨다.

ⓗ 고차의 중심지는 저차의 중심지가 보유한 유통기능을 모두 포함할 뿐만 아니라 자기 특유의 기능을 추가로 보유한다.

ⓢ 크리스탈러는 중심지 계층의 포함원리를 K-value의 3개 체계, 즉 K=3, K=4, K=7의 3가지 경우에 있어서의 중심지 간의 포함관계로 설명하였다.

④ 중심지이론의 한계
　ⓐ 1950년대에는 크리스탈러의 이론에 대한 실증적 연구 결과, 도시를 인구규모에 따라 건설하면 도시인구의 순위 사이에 실제로는 계층성이 생기지 않으므로 중심지 시스템의 계층성을 둘러싼 논쟁이 있었다.
　ⓑ 중심지이론은 비현실적인 가정을 포함하고 있으며, 도시기능에 대한 부분적 이론이라는 점 등 문제점이 지적되기도 하였다.

(6) 뢰슈(Losch)의 수정중심지이론

① 수정중심지이론의 개념
　ⓐ 크리스탈러의 중심지이론을 수정한 것이 뢰슈의 K체계의 비고정모형이다.
　ⓑ 가장 이상적인 중심지 배후모형이 육각형이라고 가정한 점에서 크리스탈러의 모형과 유사하나, 중심지 계층의 공간구조를 K=3, K=4, K=7의 3개의 경우에 대한 중심지 간의 포함원리에 국한하지 않고, K값을 확대함으로써 보다 융통성 있는 상권구조이론을 전개하였다. 즉, 인구의 분포가 연속적 균등분포가 아니라 불연속 인구분포를 이루기 때문에 각 중심지의 상권규모(육각형의 크기)가 다르다고 가정하여 비고정 K-value모형을 제시하였다.
　ⓒ 또한 부채꼴형의 중소도시지역들이 대도시를 중심으로 방사하는 도시상권구조를 이루고 있음을 보이고, 도시가 밀접한 구역과 도시가 희박한 구역으로 양분되어 최대의 중심지에 수렴되는 모양의 대도시 상권구조를 제시하였다. 즉, 수정중심지이론은 상권의 형성이 중심지를 거점으로 방사형태로 만들어지며, 하나의 상권에서는 육각형이 된다고 보았다.

② 수정중심지이론의 가정
　ⓐ 무한하게 개방된 동질적인 평면으로 어떠한 지형적인 특징도 없다.
　ⓑ 수송비는 중심지로부터 모든 방향으로 동일하며, 거리에 따라 비례한다.
　ⓒ 소비자와 구매력은 공간상에 균등하게 분포되어 있다.
　ⓓ 모든 공급자와 수요자는 동일하다.
　ⓔ 재입지를 위한 비용 등은 포함되지 않는다.

> **크리스탈러 이론과 뢰슈 이론의 차이점**
> - 크리스탈러는 최상위중심지의 육각형 상권구조에 하위중심지들이 포함되는 하향식 도시공간구조를 제시한 반면 뢰슈는 가장 보편적인 최하단위의 육각형 상권구조에서 출발하여 상위계층의 상업중심지로 진행하는 상향식 도시공간구조를 전개하였다.
> - 크리스탈러는 K=3, K=4, K=7 각각의 경우에서 상업중심지 간의 공간구조를 설명한 데 반해, 뢰슈는 크리스탈러의 육각형 이론에 비고정원리를 적용함으로써 보다 현실적인 도시공간구조를 반영하려고 하였다.
> - 크리스탈러는 고차상업중심지는 저차상업중심지의 유통기능을 전부 포함할 뿐 아니라 별도의 추가기능을 더 보유하는 것으로 보았으나, 뢰슈는 고차중심지가 저차상업중심지의 모든 상업기능을 반드시 포함하지는 않는다고 보았다. 따라서 뢰슈 모형에서 하위중심지는 상위중심지가 보유하지 않은 특화된 상업기능을 가질 수 있다. 이러한 점에서 뢰슈의 중심지이론이 크리스탈러의 모형보다 대도시 지역의 공간구조를 보다 잘 설명한다고 볼 수 있다.

(7) 기타 이론

① 버제스(Burgess)의 동심원이론

ⓐ 대도시의 성장은 도시의 외면적 확대를 기반으로 하며, 그 확대과정을 중심업무지구, 점이지대, 노동자 주택지대, 중·고급 주택지대, 통근자 지대로 형성된 동심원상의 형태로 설명하는 이론이다.

ⓑ 중심업무지역은 불규칙한 형태를 지니고, 중공업은 수상 또는 철도교통을 따라 입지하며, 경공업은 도시의 전역에 입지한다. 고급주택이나 중급주택은 도시 내의 어느 지역이나 입지하나, 저급주택은 공업지역과 교통지역에 인접한다.

② H. 호이트(H. Hyot)의 선형이론

ⓐ 동심원이론은 주거·업무 등 토지이용의 패턴을 분석하였으나, 선형이론은 도시지역에서 면적이 가장 넓은 주거지역을 이용하여 지대를 고지대지역, 중지대지역, 저지대지역으로 구분하여 도시발전을 분석한 이론이다.

ⓑ 도시는 단독주택에서 아파트로, 저밀도에서 고밀도의 수직적인 형태로 변화한다. 도시 주변부의 인구급증과 도심 인구 및 구매력 감퇴, 교통혼잡과 접근교통의 불편, 도심에 필적할 만한 쇼핑센터의 발전 등으로 인해 도시주변에 업무지역이 발전한다.

ⓒ 입지과정에서 문화적인 요소를 무시했다는 비판이 있다.

③ 해리스(Harris)와 울만(Ulman)의 다핵심이론

ⓐ 다핵심이론은 도시의 지역을 중심업무지구, 도매업무지구, 경공업지구, 중공업지구 등으로 나누고, 주택지역은 교외지역에 입지하는 것으로 설명하는 이론이다.

ⓑ 중심업무지구는 도시 내부의 교통기관이 모이는 지점에 입지한다. 도매업무지구와 경공업지구는 도시 내부 가운데 시외교통의 초점이 되는 철도역 주변 등에 입지하며, 중심업무지구에 인접하여 있다. 중공업지구는 도시주변부 근처에 입지하고, 도심근처보다는 교통서비스가 입지에 중요한 영향을 미친다.

④ 시몬스(Simmons)의 다차원이론 : 도시 내부의 사회적 패턴에 다수의 독립된 3차원이 존재한다는 이론이다. 도시 내부구조의 3차원이란 사회계층(경제수준, 교육수준, 직업수준), 도시화(가족구성, 세대의 유형, 부녀자의 노동력), 거주지의 인종 등으로 구성된다.

05 확률적 방법에 의한 신규점포 상권분석

(1) 일반적인 확률적 모형의 특성 기출 15

① 해당 상권 내의 점포들에 대한 소비자의 지출 패턴이나 소비자의 쇼핑·여행 패턴을 반영함으로써 특정 점포의 매출액과 상권규모를 보다 더 정확하게 예측할 수 있다.

② 한 상권 내에서 특정 점포가 끌어들일 수 있는 소비자 점유율은 점포까지의 방문거리에 반비례하고, 해당 점포의 매력도에 비례한다는 가정 아래 이루어졌다.

③ 소매인력법칙과 달리 상권의 크기를 결정하는 데 소비자의 행동을 고려하지 않는다.

④ 소매인력법칙 등의 규범적인 접근방법에서 효용함수의 모수(a, b)값이 사전에 결정되는 반면, 확률적 모형에서는 소비자의 효용함수를 결정하기 위하여 실제 소비자의 점포 선택 행동을 이용한다는 점에서 차이가 있다.

(2) 허프(Huff)의 확률모델 기출 21·19·18·17·15·14·12·11·10·09·08

① 확률모델의 개념

㉠ 레일리나 컨버스 이론, 즉 상권경계선 모델은 지역이나 도시의 고객흡인력이 각각의 지역의 인구규모에 의해 결정되는 경험법칙이었으나, 허프는 개별소매 상권의 크기를 측정하기 위해 거리변수 대신에 거주지에서 점포까지의 교통시간을 이용하여 모델을 전개하였다.

㉡ 소비자는 구매 장소를 지역 내의 후보인 여러 상업 집적이 자신에게 제공하는 효용이 상대적으로 큰 것을 비교하는 것에 대한 확률적 선별에 대해 '효용의 상대적 크기를 상업 집적의 면적 규모와 소비자의 거주지로부터의 거리에 따라 결정되는 것'으로 전제하여 모델을 작성하였다. 다시 말하면 거리가 가깝고 매장면적이 큰 점포가 큰 효용을 준다는 것이다.

② 허프의 확률모델공식 기출 16·14

$$P_{ij} = \frac{U_{ij}}{\sum_{j=1}^{n} U_{ij}} = \frac{\dfrac{S_j}{T_{ij}^{\lambda}}}{\sum_{j=1}^{n} \dfrac{S_j}{T_{ij}^{\lambda}}}$$

U_{ij} = 점포 j가 i지구에 있는 소비자에 대해 갖는 흡인력

P_{ij} = 거주지구 i에 있는 소비자가 점포 j에 구매하러 가는 확률

S_j = 점포 j의 규모(또는 특정의 상품계열에 충당되는 매장면적)

T_{ij} = 소비자의 거주지구 i로부터 점포 j까지의 시간 거리

n = 점포의 수

λ = (특정 상품의 구입에 대해) 점포를 방문하는 데 요하는 시간 거리가 쇼핑에 어느 정도의 영향을 주는가를 나타내는 매개변수(Parameter), 종류별 구매출향(고객이 타 지역에서 물품을 구입하는 경향)에 대한 이동시간의 효과를 반영하는 경험적 확정 매개변수

※ 매개변수 λ는 실제 표본에서 조사하여 그 실태 결과에 따라 경험적으로 적합한 것을 정하나 계산이 복잡하여 컴퓨터를 사용하여야 한다.

③ 허프 모델식의 의미

i지구의 소비자가 점포 j를 선택하는 확률은 이용 가능한 점포 각각의 매력도 총합 중에 점하는 매력도의 비율로 나타낸다.

㉠ i지구의 소비자에 대해서 갖는 점포 j의 규모와 ij간의 시간 거리의 2개의 변수에 의해 결정된다.

㉡ U_{ij}는 비율 $\dfrac{S_j}{T_{ij}^{\lambda}}$에 정비례하는 것으로 된다.

㉢ 매개변수 λ는 상품별 구매행동 실태조사 결과에 따라 더욱 적합하게 추정된다.

[예시사례 5]

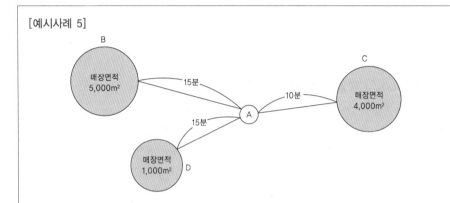

〈B로 가는 확률〉

$$P_{ab} = \frac{\dfrac{S_b}{T_{ab}}}{\dfrac{S_b}{T_{ab}} + \dfrac{S_c}{T_{ac}} + \dfrac{S_d}{T_{ad}}} = \frac{\dfrac{5}{15}}{\dfrac{5}{15} + \dfrac{4}{10} + \dfrac{1}{15}} \fallingdotseq 0.417$$

〈C로 가는 확률〉

$$P_{ac} = \frac{\dfrac{S_a}{T_{ac}}}{\dfrac{S_b}{T_{ab}} + \dfrac{S_c}{T_{ac}} + \dfrac{S_d}{T_{ad}}} = \frac{\dfrac{4}{10}}{\dfrac{5}{15} + \dfrac{4}{10} + \dfrac{1}{15}} \fallingdotseq 0.500$$

〈D로 가는 확률〉

$$P_{ad} = \frac{\dfrac{S_d}{T_{ad}}}{\dfrac{S_b}{T_{ab}} + \dfrac{S_c}{T_{ac}} + \dfrac{S_d}{T_{ad}}} = \frac{\dfrac{1}{15}}{\dfrac{5}{15} + \dfrac{4}{10} + \dfrac{1}{15}} \fallingdotseq 0.08$$

이와 같이 하여 B로 가는 확률은 42%, C로 가는 확률은 50%, D로 가는 확률은 8%가 되는 것을 알 수 있다.

④ 예상매출액 추정절차
   ㉠ 신규점포를 포함하여 분석대상지역 내의 점포수와 규모를 파악한다.
   ㉡ 분석 대상지역을 몇 개의 구역으로 나눈 다음 각 구역의 중심지에서 개별점포까지의 거리를 구한다.
   ㉢ 각 구역별로 허프모형의 공식을 활용하여 점포별 이용확률을 계산한다.
   ㉣ 구역별 소매 지출액에 신규점포의 이용 확률을 곱하여 **구역별로 신규점의 예상매출액을 구하고 이를 합산한다.**★
⑤ 허프모델의 활용
   ㉠ 상권 가능지도의 작성
   ㉡ 점포 및 상업시설 등에 방문할 수 있는 소비자수의 산정
   ㉢ 매장면적 및 최적상업시설의 유추
⑥ 허프모델의 한계 기출 17
   ㉠ 허프모델은 특정 점포의 매력도를 점포의 크기만으로 측정하는 데 문제가 있다.
   ㉡ 허프모델은 점포매력도가 점포크기 이외에 취급상품의 가격, 판매원의 서비스, 소비자의 행동 등 다른 요인들로부터 영향을 받을 수 있다는 점을 고려하지 않는다.★
   ㉢ 허프모델을 사용하여 소비자의 선택을 예측하게 되면 거리와 규모만을 고려하기 때문에 실제 소비자의 선택과 차이가 있을 수 있다.

(3) 수정 허프모델 기출 21 · 20 · 19 · 17 · 15 · 14
① 수정 허프모델의 개념
   ㉠ 허프모델은 매우 어려워 그대로 이용하기 힘들다. 그 중에서도 파라미터는 일일이 시장조사를 하지 않으면 산출되지 않는다. 이를 실용성 있게 고친 것이 수정 허프모델인데 여기서는 대신에 레일리 법칙의 '거리의 제곱에 반비례한다'를 대입한다.
   ㉡ 즉 소비자가 어느 상업지에서 구매하는 확률은 '그 상업 집적의 매장면적에 비례하고 그곳에 도달하는 거리의 제곱에 반비례한다'는 것을 내용으로 한다.★★
   ㉢ 수정 허프모델은 기존 허프모델보다 정확도는 낮을 수 있지만, 일반화하여 쉽게 적용하고 대략적 추정을 가능하게 한 것이다. 수정 허프모델을 통해 상업시설 간의 경쟁구조 파악, 최적상업시설 또는 매장면적 유추, 매출액 추정, 상권지도 작성, 상업시설 또는 점포를 방문할 수 있는 고객 수 산정 등을 추정할 수 있다.★★
② 수정 허프모델의 공식

$$P_{ij} = \frac{\dfrac{S_j}{D_{ij}^2}}{\displaystyle\sum_{j=1}^{n} \dfrac{S_j}{D_{ij}^2}}$$

$P_{ij} = i$ 지점의 소비자가 j 상업 집적에 가는 확률
$S_j = j$ 상업 집적의 매장면적
$D_{ij} = i$ 지점에서 j 까지의 거리

개념 Plus

허프모델의 주요 산식
• 허프(Huff) 모델에 의한 신규점포의 예상매출액 산식 : 특정 지역의 잠재수요의 총합×특정 지역으로부터 계획지로의 흡인율
• 허프(Huff) 모델에 의한 지역별 또는 상품별 예상잠재수요 산식 : 지역별 인구수(세대수)×업종별(점포별) 지출액

어느 상가 A 부근에 매장면적 3,000제곱미터의 대규모 소매점이 진출한다고 가정할 때 주택단지의 소비자가 A상가 또는 B쇼핑센터로 갈 비율은 얼마인가?

(i) A상가로 가는 확률

$$P_{ij} = \frac{\dfrac{1,800}{0.8^2}}{\dfrac{1,800}{0.8^2} + \dfrac{3,000}{1.2^2}} = \frac{2,813}{4,896} \fallingdotseq 0.575$$

(ii) B 쇼핑센터로 가는 확률

$$P_{ij} = \frac{\dfrac{3,000}{1.2^2}}{\dfrac{1,800}{0.8^2} + \dfrac{3,000}{1.2^2}} = \frac{2,083}{4,896} \fallingdotseq 0.425$$

즉, A상가로 가는 확률은 57.5%, B쇼핑센터에 가는 확률은 42.5%가 된다.

(4) 루스(R. D. Luce)의 선택적 공리이론 기출 17 · 15 · 13 · 12 · 11

① 루스의 선택적 공리이론의 개념

㉠ 신규점포의 매출액 및 상권범위를 예측하고, 점포성과(매출액)와 소매환경변수 간의 관계를 확률적인 관계로 가정하여 분석하는 확률적 모형이다. 즉 특정점포의 효용이나 매력도가 높을수록 그 점포가 선택될 확률이 높아진다고 가정한다.

㉡ 루스의 선택공리에 따르면 소비자가 특정 점포를 선택할 가능성은 소비자가 해당점포에 대해 인지하는 접근가능성, 매력 등 소비자 행동적 요소로 형성된 상대적 효용에 따라 결정된다고 보았다. 즉 점포를 선택할 확률은 소비자가 고려하는 각 점포 대안의 효용들을 합한 값 중 해당 점포가 차지하는 비율에 의해 결정된다.

㉢ 따라서 해당 상권 내의 점포들에 대한 소비자의 지출 패턴이나 소비자의 쇼핑·여행 패턴을 반영함으로써 특정 점포의 매출액과 상권의 규모를 보다 더 정확하게 예측할 수 있다.

㉣ Huff 모형, 수정 Huff 모형, MCI 모형, MNL 모형 등은 확률적 상권분석 기법들에서 이론적 근거로 활용하고 있는 루스(Luce)의 선택공리와 관련이 있다.

② 루스의 선택적 공리이론 공식

$$P_{ij} = \frac{U_{ij}}{\sum_{j=1}^{i} U_{ij}}$$

③ 루스의 선택적 공리이론의 장·단점

　㉠ Luce의 선택적 공리이론은 확률적 모형의 이론적 토대를 제공해 주었다.

　㉡ 확률적 모형의 하나로 거리만 고려하는 소매인력법칙보다 많은 정보를 반영하여 상권의 범위를 예측할 수 있다.

　㉢ Luce의 선택공리의 개념을 이용하여 점포를 선택할 경우 고려 대상 점포 중에서 가장 효용의 크기가 큰 점포를 선택하게 되며, 면적이나 거리 정보는 중요하지 않다.

(5) MCI(Multiplicative Competitive Interaction) 모형 기출 19·14

① MCI모형의 개념

　㉠ 허프(Huff)가 처음 제시한 원래 모형 공식에는 점포매력도(또는 점포크기)에 대한 민감도계수가 포함되어 있지 않았지만 나중에 원래 모형을 수정하여, 점포크기에 대한 민감도 계수를 포함시켰다.

　㉡ 한 점포의 효용도(매력도)를 측정함에 있어서 매개변수로서 점포의 크기, 점포까지의 거리뿐만 아니라 상품구색, 판매원서비스 등 선택에 영향을 미치는 여러 점포특성 등을 포함하여 측정한다.

② MCI모형의 계산방식

구 분	상품구색에 대한 효용치(X)	판매원서비스에 대한 효용치(Y)	거리에 대한 효용치(Z)	XYZ
A 점포	2	5	10	100
B 점포	5	4	5	100
C 점포	5	5	6	150
D 점포	10	5	3	150

- A 점포를 찾을 확률 $= \dfrac{100}{(100 + 100 + 150 + 150)} \times 100 = 20\%$

- B 점포를 찾을 확률 $= \dfrac{100}{(100 + 100 + 150 + 150)} \times 100 = 20\%$

- C 점포를 찾을 확률 $= \dfrac{150}{(100 + 100 + 150 + 150)} \times 100 = 30\%$

- D 점포를 찾을 확률 $= \dfrac{150}{(100 + 100 + 150 + 150)} \times 100 = 30\%$

개념 Plus

MNL 모형

- Luce의 선택공리에 이론적 근거를 두고 있는 MNL 모형은 상권 내 소비자들의 각 점포에서 개별적인 쇼핑에 대한 관측 자료를 이용하여 각 점포에 대한 선택 확률은 물론, 각 점포의 시장점유율 및 상권의 크기를 추정한다.

- MNL모델은 분석과정에서 집단별 구매행동 데이터 대신 각 소비자의 개인별 데이터를 수집하여 활용한다.

- MNL 모델은 상권분석을 할 때마다 변수의 민감도계수를 추정하는 절차를 거치게 된다.

- Huff 모델과 MNL 모델은 모두 상권분석 기법 중에서 확률적 모형에 해당되며, 두 모델은 일반적으로 상권을 소규모의 세부지역(Zone)으로 나누는 절차를 거친다.

- 점포와의 거리 및 점포의 면적 이외에도 다양한 변수를 반영할 수 있어서 점포의 효용(매력도) 측정 과정에서 Huff 모형보다 MNL 모형을 이용할 때 더 유리하다.

> 회귀분석 모형
> - 회귀분석은 독립변수들과 종속변수와의 선형결합관계를 유도하여 독립변수와 종속변수 간의 상호관련성 여부를 알려준다.
> - 회귀분석모형의 설명변수들은 서로 독립적이고 상관관계가 없음을 전제로 한다.
> - 회귀분석에서는 표본의 수가 충분하게 확보되어야 한다.
> - 과거의 연구결과나 분석가의 판단 등을 토대로 소수의 변수를 선택해 회귀모형을 도출할 수 있다.
> - 회귀모형을 통해 점포특성, 상권내 경쟁수준, 상권내 소비자들의 특성 등 다양한 변수들이 점포성과에 미치는 상대적 영향을 측정할 수 있다.
> - 매상고에 영향을 주는 여러 가지 변수들을 설정하고, 이 변수들로 대상점포의 가능매상고를 산출할 수 있다.
> - 신규점포의 입지타당성을 분석하는 경우, 유사한 거래특성과 상권을 가진 표본을 충분히 확보해야 하는 문제점을 해결해야 한다.

3 상권분석에서의 정보기술 활용

01 상권정보 자료수집방법

(1) 면접법

① **방문면접법** : 방문면접법은 조사원이 조사 대상자를 실제 방문하여 인터뷰 형식으로 질문을 하고 대답을 받는 방법을 말한다. 이 방법은 질문의 의미를 그 자리에서 회답자에게 설명할 수 있으므로 질문의 의미를 오해하고 회답해 버리는 오류를 막을 수 있는 특징이 있다.

② **집단면접법** : 대상자를 어떤 장소에 모이게 하여 그 장소에서 질문에 대답해 받는 조사방법이다. 기업이 개발한 새로운 제품의 감상 등을 묻는 경우에 효과적으로 쓰이는 방법으로, 집합한 장소에서 한 번에 다수의 조사표를 회수할 수 있는 장점이 있다. 반면에 집합장소의 확보 및 집합시간과 장소의 사전연락 등의 준비 작업에 있어 일손이 필요하다는 문제점을 가지고 있다.

(2) 조사법 기출 21 · 18 · 13 · 09

① **유치조사법** : 조사원이 대상자들에게 조사표를 배포하고 수일 후에 조사원이 돌아다니며 회수하는 방법이다. 회답하는데 시간을 필요로 하는 조사일 때에 효과적인 방법이다.

② **우편조사법** : 조사표를 대상자들에게 우편으로 송부하여 대상자들에게 기입 후 반송해서 받는 조사방법이다. 조사표를 일일이 회수할 일손이 필요하지 않아도 된다는 이점이 있지만 가장 큰 단점은 회수율이 낮다는 것으로 이를 해결하기 위한 다양한 방안을 강구해야만 기대하는 조사의 목적을 달성할 수 있다.

③ **가두조사법** : 교통요지에서 무작위로 대상을 선별하여 상가의 유입·유출 및 빈도, 쇼핑목적, 이용상점의 선택이유 등을 조사하는 방법이다. 가두조사법은 인터뷰에 응해줄 사람과 만나는 것이 쉽지 않고, 가두조사법을 실시할 때에는 평일에 실시할 것인가 휴일에 실시할 것인가, 오전인가 오후인가 등 요일과 시간대의 선정에 있어서 주의할 필요가 있다.

④ **전화조사법** : 조사원이 대상자에게 전화로 질문을 해서 대답을 받는 조사방법이다. 전화조사법에서는 질문의 수를 적게 해서 상대방으로부터 시간을 빼앗지 않도록 해야 한다. 전화조사법은 가두면접법과 마찬가지로 회답해줄 사람과 만나는 것이 어렵다는 문제가 있다.

⑤ **점두조사법** : 점포에서 조사원이 대기하다가 구매결정을 한 소비자에게 질문을 하는 방식을 말한다. 즉 매장을 방문하는 소비자의 주소를 파악하여 자기점포의 상권을 조사하는 방법이다.★

⑥ **추적조사법** : 터미널, 역 등의 고객을 대상으로 무작위 선별하여 그 쇼핑활동을 관찰하고, 이용교통기관과 점포 또는 상점가의 이용도를 체크하며, 가능하면 가두면접을 병용해서 주거지와 구매행동권을 조사하는 방법이다.

⑦ **고객카드분석법** : 고객카드를 지역별로 정리·분석하여 구입상품, 상점이용도, 고객의 소재를 지도상에 작도하는 방법이다.

(3) 내점객조사 `기출` 21 · 19 · 18

① **고객점표법**

　㉠ 윌리엄 애플바움(William Applebaum)은 소비자들로부터 획득한 직접정보를 이용하여 1차 상권과 2차 상권을 획정하는 기법을 개발하였다.

　㉡ 먼저 점포에 출입하는 고객들을 무작위로 선별 인터뷰하여 고객들의 거주지나 출발지를 확인하고, 이를 격자도면 상에 표시하여 고객점표도를 작성한다. 고객점표도에는 대상점포에서 쇼핑을 하는 고객들의 지리적 분포가 나타난다.

　㉢ 그 다음 격자별 인구를 계산하는데, 이때 격자의 크기는 필요에 따라 조절할 수 있다.

　㉣ 격자별 인구가 계산된 후 격자별 매상고를 추계하고, 몇 개의 격자를 그룹화하여 상권을 확정한다.

② **직접면접조사법** : 조사원이 직접 각 가정을 개별 방문하여 상권을 분석하는 방법이다. 직접면접조사 시 표본은 주민등록기본대장에 의거하고 질문 항목은 15개 정도로 제한한다.

③ **2차 자료 이용법**

　㉠ 타임페어법 : 점포에서 역까지 전철과 버스노선별 소요시간과 요금을 조사해서 상권을 파악하는 방법이다. 타임페어법은 소비자들의 이용도가 높은 교통수단일수록 좋다.

　㉡ 판매기록이용법 : 판매기록이용법은 일정기간 동안 판매활동을 통해 쌓은 판매기록, 고객명부 등을 이용해 상권을 추정하는 방법이다.

④ 유동인구수의 조사
  ㉠ 도보로 이동하고 있는 인구 전체수가 아닌 내 점포전면을 통행하는 인구만을 체크해야 한다는 점이 중요하다.
  ㉡ 유동인구의 조사는 남녀별, 연령 및 계층별로 이루어져야 한다.
  ㉢ 주말 통행인구, 주중 통행인구를 나누어 조사해야 하며, 원칙적으로 매시간 조사해야 한다.
  ㉣ 체크시간은 60분 지속적인 것이 아니라 대략 15분 체크한 후, 파악된 통행인구에 4를 곱한 것을 한 시간 동안의 통행인구로 파악하면 된다.

상권분석 방법의 분류 정리

유 형		정 의
정성적 방법	주관적 평가법	경험이 많은 전문가의 의견을 토대로 상권을 분석하는 방법
	체크리스트법	상권에 영향을 주는 요소들에 대한 평가표를 작성해 상권을 평가하는 방법
	현황조사법	누구나 쉽게 파악할 수 있는 내용을 정리하여 상권을 조사하는 방법
정량적 방법	설문조사법	목표고객과 경쟁점포를 대표하는 표본을 추출하여 설문조사 또는 인터뷰 등의 방법으로 상권을 분석하는 방법 예 방문조사, 가두면접법, 우편물발송법, 추적조사법, 고객카드분석법 등
	통계분석법	지역통계를 분석하여 시장의 지역성을 포착하고 그 지역성을 기초로 상권을 추정하는 방법
	수학적 분석법	경험적 연구를 수학적으로 이론화하는 방법 예 허프의 확률모델, 레일리 법칙, 회귀분석 등

---

02 상권정보시스템

(1) 상권정보시스템의 의의

① 창업 업종전환을 하고자 하는 사람들의 성공적인 입지 및 업종의 선정 등을 지원하기 위해 점포·인구·주요시설·유동인구·매출정보 등 상권분석에 필요한 자료를 32개 기관으로부터 제공받아 49종의 상권분석정보를 보고서로 제공하는 서비스이다.

② 점포, 시설, 인구 등 상권분석에 있어 필요한 정보가 데이터베이스화 되어있으며, 특화된 상권정보를 제공한다. 예비창업자가 창업을 할 시에 해당 상권에 대해 필요로 하는 각종 정보의 제공을 위해 전국의 상권을 대상으로 해서 유동인구 및 업종현황, 인구분석, 경쟁점포현황, 주요시설의 분석 등을 쉽게 인지할 수 있도록 구축한 시스템이다.

(2) 상권정보시스템의 주요 기능

① **지역별·업종별 상권분석정보 제공** : 지도상에서 지역과 업종별을 선택하면 해당 지역의 업종별 인구, 경쟁업소 현황 및 유동인구, 매출 등 49종의 상권분석정보를 보고서로 제공한다.

② **시군구 상권정보 제공** : 행정동별의 기본적인 지역정보와 업종정보를 통해 상권분석 전 예비정보로 활용할 수 있도록 정보를 제공한다.

③ 유동인구 맵 : 시간대별 평균 유동인구를 도로상에 5단계로 표현하여 제공한다.

④ 업종밀집정보 제공 : 전국의 주요 상권 50개 업종에 대한 밀집도 지수를 시각화(낮음~매우 높음)하여, 다른 지역에 비해 선택상권의 업종별 밀집수준을 가늠할 수 있도록 정보를 제공한다.

⑤ 상권로드뷰 : 상권 모습을 360도 파노라마 사진을 통해 골목 구석구석까지 생생하게 볼 수 있도록 제공한다.

⑥ 업종밀집정보 시각화 제공 : 전국 1,200대 주요상권을 대상으로 50개 업종에 대하여 전국대비 얼마나 밀집되어 있는지를 판단할 수 있는 밀집지수를 시각화하여 제공한다.

(3) 지리정보시스템(GIS ; Geographic Information System) 기출 21 · 20 · 19 · 18 · 17 · 14 · 11

① GIS의 개념
  ㉠ 인간의 의사결정능력 지원에 필요한 지리정보의 관측과 수집에서부터 보존과 분석, 출력에 이르기까지의 일련의 조작을 위한 정보시스템을 말한다.
  ㉡ 지리적 위치를 갖고 있는 대상에 대한 위치자료와(spatial data)와 속성자료 (attribute data)를 통합 · 관리하여 지도, 도표 및 그림들과 같은 여러 형태의 정보를 제공한다.

② GIS의 주요 기능
  ㉠ GIS는 모든 정보를 수치의 형태로 표현한다. 모든 지리정보가 수치데이터의 형태로 저장되기 때문에 사용자가 원하는 정보를 선택하여 필요한 형식에 맞추어 출력할 수 있으며, 기존의 종이지도의 한계를 넘어 이차원 개념의 정적인 상태를 삼차원 이상의 동적인 지리정보의 제공이 가능하다.
  ㉡ 다량의 자료를 컴퓨터 기반으로 구축하여 정보를 빠르게 검색할 수 있으며 도형자료와 속성자료를 쉽게 결합시키고 통합 분석 환경을 제공한다.
  ㉢ GIS에서 제공하는 공간분석의 수행 과정을 통하여 다양한 계획이나 정책수립을 위한 시나리오의 분석, 의사결정 모형의 운영, 변화의 탐지 및 분석기능에 활용한다.
  ㉣ 다양한 도형자료와 속성자료를 가지고 있는 수많은 데이터 파일에서 필요한 도형이나 속성정보를 추출하고 결합하여 종합적인 정보를 분석, 처리할 수 있는 환경을 제공하는 것이 GIS의 핵심 기능이다.

③ GIS의 특징
  ㉠ 주제도작성, 공간조회, 버퍼링(buffering)을 통해 효과적인 상권분석이 가능하다.
  ㉡ 여러 겹의 지도레이어를 활용하여 상권의 중첩(overlay)을 표현할 수 있다. ★
  ㉢ GIS를 사용하여 매출추정 과정을 시스템화하고, 이를 통해 매출액을 추정하는 상권 측정 방법도 점차 확대되고 있다. ★
  ㉣ 점포의 고객을 대상으로 gCRM(지리정보시스템 기술을 활용한 고객관계관리 시스템)을 실현하기 위한 기본적 틀을 제공할 수 있다. ★
  ㉤ 지도레이어는 점, 선, 면을 포함하는 개별 지도형상(map features)으로 구성된다. ★
  ㉥ 대규모 데이터베이스 기술로서의 DBMS 기술 발전, 인터넷 등을 중심으로 한 네트워크 기술 발전, 컴포넌트 형태의 기술 발전, 클라이언트/서버 등으로 인한 다중 사용자환경 등의 주요한 기술과 방법이 GIS 분야에 적용 · 통합되고 있다.

4 상권설정

01 상권설정의 개요

(1) 상권설정의 의의 `기출` 21 · 11

① 상권설정의 개념 : 상권설정이란 특정 점포가 고객을 흡인하는 지리적 범위가 어느 정도인지를 파악하는 것을 의미한다.

② 상권설정의 목적(필요성)
  ㉠ 구체적 입지계획을 수립하기 위하여 필요하다.
  ㉡ 잠재적인 수요를 파악하기 위하여 필요하다.
  ㉢ 소비자들의 특성파악을 통해 판촉방향 및 제품구색 갖춤을 파악할 수 있다.
  ㉣ 새로운 상업시설 출점을 위해 소비자를 흡인할 수 있는 상권범위를 설정할 수 있다.
  ㉤ 상권의 규모에 적합한 투자 및 시설규모를 결정할 수 있다.

(2) 상권설정의 요소

① 업종·업태의 종류 : 크게 판매업, 서비스업, 외식업, 레저업, 스포츠업 등으로 구분하여 생각할 수 있으며, 판매업 중에서는 생필품, 중간품, 기호품 판매업 등으로 형성되고, 업태에 따라서는 슈퍼, 쇼핑센터, 백화점 등으로 상권의 범위가 다르게 형성된다.

② 사업장의 규모 : 동일업종을 영위하는 경우에도 사업장 규모에 따라, 또 시설의 고급화 정도에 따라 상권은 변동적이다. 대체로 사업장 규모가 클수록 또 시설이 고급일수록 상권은 넓어지며, 반대로 시설이 작을수록 또 저급일수록 상권범위는 좁아진다.

③ 경영전략 : 사업의 업종 및 시설조건이 동일하다 하더라도 경영자의 경영자세 및 영업, 판촉 전략에 따라 상권은 크게 확장 또는 축소되기도 한다. 따라서 적극적 경영전략을 사용할 때는 상권이 확대되나 소극적 경영전략을 사용할 때는 상권이 축소된다.

④ 물리·환경적 요소
  ㉠ 자연지형물 : 산, 하천, 철도, 도로 등은 상권을 분할하는 대표적 요소이다.
  ㉡ 대형시설물 : 학교, 관공서, 운동장 등 대형시설물은 상권을 분할시키는 요소이다.
  ㉢ 도로 상태 : 도로망의 연계 상태, 노폭, 중앙분리대, 신호등, 건널목 유무, 접도조건 등의 요인에 따라 상권이 상이하다.
  ㉣ 중심 방향 : 도심, 역 등 사람들이 모여드는 방향이 어느 쪽이냐에 따라 상권의 범위도 다르게 형성된다. 즉, 중심 방향 쪽이면 상권이 좁고, 중심의 반대 방향 쪽이면 상권이 넓다.

(3) 상권의 설정절차

상권설정의 절차도 계상사업의 종류에 따라 그 정밀도에 차이가 있으나, 개발계획 단계에서는 다음과 같은 절차를 밟는 것이 일반적이다.

① 1/10,000 또는 1/5,000 지도를 준비하여 계획지점을 마크한다.
② 사업의 업종·업태를 고려하여 기본 상권의 반경범위를 그려 넣는다(원형).

③ 기본 상권 범위가 그려진 상태에서 산, 하천, 철도, 도로, 대형시설물 등 물리적으로 상권을 구분하는 요소들을 감안하여 현실적 상권범위를 조정한다.

④ 조정된 상권에 경쟁점의 위치 및 영향권, 도로의 연계상황, 중심방향 등을 감안하여 더욱 현실적인 상권범위를 확정한다(아메바형).

⑤ 확정된 상권범위 내에 속하는 행정구역 단위의 인구(세대수), 사업체 수(종업원 수), 산업통계지표 등의 자료를 입수하여 상권규모를 계량화한다.

02 상권설정의 방법

(1) 단순원형상권 설정법

① 기본적인 흐름 : 기본 상권범위를 정해 상권 내의 상권인구를 산출 → 상권인구를 기초로 한 매출 예측치를 산출 → 더 필요하다면 설정한 상권에서 경합 영향도를 계산

② 고객분포 조사에 따른 기본 상권범위
  ㉠ 교외형 점포의 기본 상권 : 2~3km
  ㉡ 도시형 점포의 기본 상권 : 500m~1km

③ 상권인구산출과 매출 예측
  ㉠ 점포를 중심으로 한 반경 500m의 원을 그린다. 점포를 중심으로 500m의 원을 그리는 이유는 드라이빙 데이터베이스(Driving Database)가 없기 때문이다.
  ㉡ 500m 내의 인구데이터를 조사한다(정부의 인구통계자료 확보).
  ㉢ 500m 이내에 다른 구역의 경계선이 존재하면 면적배분을 해서 상권인구를 구한다.
  ㉣ 기존점도 같은 조건으로 상권인구를 조사해 상권인구 1인당 매출액을 조사한다. 이 기존점 자료를 기초로 신규 후보점포의 매출을 예측한다. 기존점은 이미 실적이 있기 때문에 상권인구와 상권인구 1인당 매출액은 다음과 같이 계산할 수 있다.

$$\text{상권인구 1인당 매출액} = \frac{\text{기존점의 1년 평균 매출액}}{\text{반경내 상권인구}}$$

④ 경합영향도의 산출
  ㉠ 기존점 A와 신규점 B를 중심으로 반경 500m의 원을 그린다.
  ㉡ 중복 부분의 주소지를 확인해서 면적으로 분배한 인구 데이터를 산출하고, 중복 부분의 인구와 인구비율을 구한다.
  ㉢ 산출한 상권인구의 1.3배를 두 점포가 평균적으로 나눈다고 가정하여 절반 정도의 비율을 기존점 A의 경합 영향도로 평가한다.

(2) 실사 상권설정법

단순원형 상권설정법처럼 지도상에서 행해지는 것이 아닌 현장에 나가서 자신의 눈과 발과 행동으로 상권을 파악하는 방법이다. 조사를 시작하기 전 기존점의 고객을 잘 관찰해 교통수단별 방문비율과 지도를 구비하여 어느 지점에서부터 고객이 찾아오는지를 파악해야 한다. 상권의 파악은 매출예측에 도움이 될 뿐만 아니라 영업적인 관점에서 판매를 촉진시키는 전략적 지침이 될 수 있다.

① 도보에 의한 상권설정법

　㉠ 평일과 휴일의 시간대별 고객의 흐름을 관찰하여 자기 점포의 집객범위를 구체적으로 파악한다.

　㉡ 자신의 감각과 실체를 일치시켜 원형선이라고 생각되는 지점에서는 반드시 실제로 여러 주민과의 질의 응답을 통해 도움이 되는 시설과 정보를 파악한다.

　㉢ 단순한 거리상의 문제 이외의 제한요소를 파악한다(예 하천 등의 방해물, 버스노선 등).

　㉣ 상권범위를 좌우하는 요소로서 무엇이 존재하는가를 살펴서 하나씩 확인을 반복한 뒤 지도상에 경계점을 찍어나가서 그 점과 점을 연결하는 것으로 상권을 설정할 수 있다.

　㉤ 실제로 점포에 온 고객의 뒤를 쫓아 어디로 향하는가를 한 사람씩 확인해나가는 방법은 표본이 많이 필요하긴 하지만 자기 점포의 집객 범위를 구체적으로 알 수 있다.

　㉥ 도보에 의한 상권설정은 보이지 않는 구석구석을 살필 수 있다는 이점이 있고, 지역의 이미지와 세밀한 상황을 파악할 수 있다.

② 버스 승차 조사에 의한 상권설정법

　㉠ 도시형 지하철역 앞 입지에 유효한 방법으로 역 앞에 버스터미널 등이 있을 경우 행하는 수단이다.

　㉡ 역 앞에서 승차한 승객 절반 정도가 하차한 곳을 상권 경계점으로 정한다. 그것을 반복해 버스노선 상에 표시해나가고, 점과 점을 연결하면 버스에 의한 상권범위를 파악할 수 있다.

　㉢ 버스 대수가 많은 노선이 경유하는 지구는 상권이 확대되는 경향이 있어 주의해야 한다.

　㉣ 역과 역을 연결하는 노선은 역 사이의 중간점이라기보다는 역의 규모, 편리성에 좌우되는 경우가 많다.

　㉤ 원형노선의 경우에는 노선 전체의 1/3 지점이 상권 경계인 경우가 많다.

　㉥ 조사를 위해 버스에 승차할 때는 승객 수가 많은 시간대를 택해야 한다.

　㉦ 승객이 많이 내리는 지점에서는 반드시 자신도 내려서 이유를 직접 파악해야 한다.

　㉧ 여러 번 반복 승차해서 조사한 결과로 상권 범위를 정해야 한다.

③ 실주행 조사에 의한 상권설정법

　㉠ 교외형에서 많이 소개되는 방법으로 지도에 경계점을 설정하는 것이 어렵기 때문에 오차를 최소화하기 위해 여러 번 실주행해서 평균적인 지점을 파악해야 한다.

　㉡ 커다란 단지 및 주택 지역의 자동차 보유상황도 확인한다.

　㉢ 시간대, 요일에 따라 조사 결과의 차이가 크다.

　㉣ 대개의 경우 점포 앞 간선주변의 상권은 확대되는 경향이 있다.

　㉤ 거리 또는 상업집적지를 넘어서서 상권이 확대되지는 않는다.

　㉥ 자사 점포, 타사 경합점을 넘어서서 상권이 확대되지는 않는다.

　㉦ 점포 근처 측면도로 주변에 상권이 크게 확대되는 경우가 있다.

(3) 앙케트를 이용한 상권설정법

① 앙케트에 의한 상권설정법은 점포에 찾아온 고객에 대해 직접 물어보고 조사한 뒤 그 결과를 집계 분석하여 상권설정에 활용하는 방법이다.

② 그 과정은 크게 나누면 1단계(회답표 작성) – 2단계(조사 준비) – 3단계(조사 실시) – 4단계(실제 고객지수의 산출) – 5단계(상권의 확정)로 구분되며, 이 일련의 조사를 판매지역조사법(SAS ; Sales Area Survey)이라고 부른다.

③ SAS는 점포마다 점장이 중심이 되어서 매년 정기적으로 시행하는 것이 바람직하다.

④ 점포의 영업성과와 판촉결과는 계획입안자료로 활용된다.

⑤ 본점에서는 그 정보를 수집해 점포의 입지와 상권, 경합 상황, 판촉 활동 등의 종합적인 전략정보로 가공한 뒤 이용하기도 한다.

(4) 고객리스트를 통한 상권설정법

상권설정을 위한 샘플 수집에 특정 점포의 고객 정보를 활용하는 방법으로, 장점은 앙케이트를 이용하므로 시간과 비용이 절감된다는 점이고, 단점은 장기간에 걸쳐 수집된 데이터의 경우 중복이 빈번하고 현상황에 적합하지 않을 수 있어 샘플의 신선도가 낮아진다는 점, 일부 상품에 한정된 데이터일 경우 점포고객 전체를 나타내는 샘플이 되기 어렵다는 점이다.

개념 Plus

소상권전략
• 대체로 상권인구 3천명 이상의 상권을 대상으로 선매품·실용품 중심의 상품구색을 갖추고 주로 여성이 구매하는 전체 수요형 상품에 주력한다.
• 교통요소와 품목증대가 중요하며 목적형 구매를 흡인하여야 한다.

개념 Plus

대상권전략
• 대체로 인구 5만명 이상의 상권을 대상으로 고급품·전문품부터 선매품 및 실용품에 이르는 광범위한 상품구색을 취급한다.
• 주로 집객형 상품에 주력하므로 집객형 교통요소가 중요하다.
• 이러한 전략은 소상권 전략을 취하는 점포를 포괄해야 하며, 상품계열 확대가 중요해 비계획 구매를 유발해야 한다.

5 상권분석 평가 방법

01 소매포화지수(IRS ; Index of Retail Saturation) 기출 21 · 20 · 17 · 16 · 15 · 14

(1) 소매포화지수의 개념

① 소매포화지수는 지역시장의 매력도(수요잠재력)를 측정하는 것으로, 한 지역시장에서 수요 및 공급의 현 수준을 반영하는 척도임과 동시에 특정 소매업태 또는 집적소매시설의 단위면적당 잠재수요(또는 잠재매출액)를 의미한다. ★★

② 한 시장지역 내에서의 수요(지역시장 총가구수×가구당 특정업태에 대한 지출비)를 특정 업태의 총매장면적으로 나눈 값으로 나타나고, 이 값이 '1'에 근접할수록 좋다. ★★

$$\text{소매포화지수(IRS)} = \frac{\text{지역시장의 총가구수} \times \text{가구당 특정 업태에 대한 지출액}}{\text{특정 업태에 대한 총매장면적}}$$

③ 값이 클수록 공급보다 수요가 많은, 즉 시장의 포화정도가 낮다는 것을 의미한다. 따라서 값이 클수록 신규점포를 개설할 시장기회가 커진다. ★★

④ 반대로 값이 낮아질수록 공급보다 수요가 적은, 즉 매장면적이 상대적으로 더 크다는 것으로 과잉점포 상태를 의미한다.

개념 Plus

포화상권
기존의 점포시설이 고객들로부터 효율적으로 이용되고 있고, 고객의 수요에 충분히 적응하고 있는 상태의 상권으로 경쟁이 지나치게 높지 않고 우수한 서비스를 제공할 수 있으므로 경쟁력을 갖춘 기업이 선호하는 유형의 상권이다.

(2) 소매포화지수의 특징

① 한 지역시장에서 기존의 점포만으로 고객욕구를 충족시킬 수 있는 상태를 나타낸다. ★

② 점포당 면적, 종업원당 면적, 점포의 성장 등의 요소는 시장의 공급요인을 평가할 때 사용할 수 있는 지표이며, 매출과 연계하면 상권의 포화정도를 설명할 수 있다.

③ 그러나 특정 업태의 예상수요액, 특정제품(서비스)의 예상매출·판매수량, 신규고객의 잠재수요와는 큰 연관성을 갖지 못한다. ★

④ 경쟁의 양적인 부분만을 고려하고, 질적인 부분에 대해서는 고려하고 있지 않다. ★

⑤ 신규점포에 대한 시장잠재력을 측정하는 데에는 유용하게 사용될 수 있지만, 미래의 신규수요를 반영하지 못한다(단, 시장잠재력을 측정하는 데 유용하게 사용될 수 있다는 의미이지 시장잠재력이 반영되어 있다는 의미는 아니다). ★

⑥ 마케팅 능력의 부족 때문에 거주자들의 지역 시장 밖에서의 쇼핑 정도 및 수요를 측정·파악하기가 어렵다. ★

⑦ 특정 지역시장의 시장성장잠재력(MEP)을 반영하지 못하는 단점이 있다. 신규 점포가 입지할 지역시장의 매력도 평가시, 기존의 점포들에 대한 시장포화 (IRS)뿐만 아니라 미래를 위한 시장성장잠재력(MEP)을 함께 고려해야 한다.

⑧ 점포가 비슷한 전통적인 슈퍼마켓 등은 적용이 용이하나, 스포츠용품·가구점 등 전문화된 점포에는 적용이 어렵다. ★

02 시장성장잠재력(MEP ; Market Expansion Potential) 기출 21 · 19 · 18 · 17 · 16 · 15

(1) 시장성장잠재력의 개념

① 시장성장잠재력은 지역시장이 미래에 신규 수요를 창출할 수 있는 잠재력을 반영하는 지표로, 해당 상품(서비스)에 대한 예상수요액을 총 매장면적으로 나눈 값이다. ★★

② 통상적으로 지역시장의 매력도는 기존 수요·공급뿐만 아니라 미래의 시장성장잠재력에 의해서도 좌우된다.

③ MEP값은 타 지역에서의 쇼핑지출액을 근거로 계산되며, 타 지역의 쇼핑정도가 높을수록, 즉 MEP값이 클수록 시장성장잠재력이 커지게 된다. ★

④ 마케터는 신규 점포가 입지할 지역시장의 매력도 평가시에, 기존 점포들에 대한 시장포화 뿐만 아니라 미래를 위한 시장성장잠재력을 함께 고려해야 한다.

(2) 시장성장잠재력의 특징

① MEP는 IRS의 단점을 보완해주는 지표로 사용된다. ★

② 소매포화지수(IRS)와 시장성장잠재력(MEP) 값이 모두 낮은 지역은 시장 후보지로 적절치 않다.

③ 거주자들의 해당 지역시장 외에 다른 시장에서의 쇼핑지출액까지 계산할 수 있다.

④ IRS와 MEP를 모두 고려할 때에는 두 지수 값이 가장 큰 지역이 매력성이 가장 높은 지역이다. ★

소매포화지수(IRS)와 시장성장잠재력(MEP) 매트릭스

구 분		시장성장잠재력(MEP)	
		낮 음	높 음
소매 포화지수 (IRS)	낮 음	시장후보지로 가장 적절치 않으며, 검토대상이 되지 않는다.	현재 치열한 경쟁시장이나 향후 잠재력이 큰 유망한 시장이므로, 시간을 두고 적절한 시기에 개발한다.
	높 음	신규점포 개설의 기회는 커 점포 개설은 적합하지만 향후 잠재력은 작은 시장이다.	부지 가격만 적정하다면 시장후보지로 아주 좋은 지역이다.

03 구매력지수(BPI ; Buying Power Index) 기출 20 · 18 · 17 · 14

(1) 구매력지수의 개념

① 구매력지수는 소매점포의 입지분석시 해당 지역시장의 구매력을 측정하는 기준으로 사용되며, 이는 해당 시장에서 구매할 수 있는 능력을 나타낸다.

② 인구 및 소매매출, 유효소득에 대해 전체규모 및 특정 지역에서의 규모를 활용해서 계산하는 방식이다. 구매력지수가 높을수록 해당 시장의 구매력이 크다는 것을 의미한다. ★

③ 구매력지수를 산출하기 위해서는 다음과 같이 인구, 소매 매출액, 유효소득 등 3가지 요소에 가중치를 곱하여 합산하는 공식을 사용한다.

$$BPI = (인구비 \times 0.2) + (소매\ 매출액비 \times 0.3) + (유효구매\ 소득비 \times 0.5)$$

(2) 구매력지수의 특징

① 일반적인 가격으로 판매되는 제품의 구매력을 측정할 경우에는 BPI의 유용성이 높아진다.

② 하지만 제품의 성격이 소비자 시장에서 멀어질수록 보다 많은 차별적 요소(계층, 연령, 성별, 소득)를 가지고 BPI를 수정해야 할 필요성 또한 높아진다.

기타 상권분석 평가방법 기출 14 · 13

• SAI(Sales Activity Index) : 다른 지역과 비교한 특정지역의 1인당 소매매출액을 측정하는 방법으로 인구를 기준으로 하여 소매매출액의 비율을 계산하게 된다. SAI는 부가적으로 비거주자의 구매력, 특정 기업체의 대량구매, 소수 거주자의 대량 구매 등을 평가할 수 있다.

• SPI(Spending Potential Index) : 어떤 특정제품 혹은 서비스의 가계소비를 분석하는 데 사용되며, 특정제품에 대한 지역평균소비량을 전국평균소비량으로 나누어 산출된다. 즉, SPI = (PB의 평균소비량 ÷ NB의 평균소비량) × 100으로, 특정제품에 대한 지수가 100이 하인 경우, 그 제품의 소비량은 전국 평균보다 낮다고 해석한다.

---

01 상권의 개념에 대한 설명으로 가장 옳지 않은 것은?

① 판매자 측면에서의 상권은 특정 마케팅 단위나 집단이 상품과 서비스를 판매하고 인도함에 있어 비용과 취급 규모면에서의 특정 경계에 의해 결정되는 경제적 범위

② 구매자 측면에서의 상권은 적절한 가격의 재화 및 용역을 합리적으로 구매할 수 있을 것으로 기대되는 지역적 범위

③ 판매량 측면에서의 상권은 판매량에 따라 1차 상권, 2차 상권, 3차 상권 및 영향권 등으로 구분하여 각 상권별 판매량에 따른 상권의 범위

④ 포괄적으로 상권이란 한 점포 또는 점포집단이 고객을 유인할 수 있는 특정 지점

⑤ 상권의 범위는 인구밀도 분포, 쇼핑몰에 접근하는 교통조건, 경쟁상업지의 위치와 규모에 의해 결정

02 상권에 대한 일반적인 설명으로 가장 옳지 않은 것은?

① 업종이나 취급하는 상품의 종류는 상권의 범위에 영향을 준다.

② 사회적, 행정적 요인 등의 기준에 의한 확정적 개념이기에 초기 설정이 중요하다.

③ 가격이 비교적 낮고 구매 빈도가 높은 편의품의 경우 상권이 좁은 편이다.

④ 가격이 비교적 높고 수요 빈도가 낮은 전문품의 경우 상권이 넓은 편이다.

⑤ 소자본 상권의 경우 유동인구가 많고 접근성이 높은 곳이 유리하다.

03 상권은 흔히 상품특성의 관점, 구매자의 관점, 판매자의 관점, 판매량의 관점, 지형적 관점 등으로 정의할 수 있다. 우리가 흔히 1차 상권, 2차 상권, 한계상권 등으로 분류하는 것은 아래의 어떤 관점에 근거한 것인가?(복수 정답)

① 상품특성의 관점　　② 지형적 관점
③ 판매량의 관점　　　④ 판매자의 관점
⑤ 구매자의 관점

04 상권(Trade Area)에 대한 내용으로 올바르게 열거된 것은?

> ㄱ. 한 점포가 고객을 흡인할 수 있는 지역의 한계 범위(Geographic Area)를 지칭하는 말이다.
> ㄴ. 지역상권(General Trading Area), 지구상권(District Trading Area), 개별점포 상권(Individual Trading Area) 등 계층적으로 분류될 수 있다.
> ㄷ. 상권은 단순한 원형의 형태로만 구분하는 것이고, 아메바와 같이 정형화되지 않은 형태로 되는 경우는 없다고 본다.
> ㄹ. 한 점포뿐만 아니라 점포집단이 고객을 유인할 수 있는 지역적 범위(Geographic Area)를 의미하기도 한다.
> ㅁ. 전체 점포고객을 대상으로 상권에 포함할 수 있는 고객비율에 따라 1차, 2차, 한계상권으로 구분할 수 있다.
> ㅂ. 고객밀도는 상권 내의 인구밀도와 밀접한 관련이 있어 새로 개발되는 신도시의 경우 인구밀도가 높아 기업에게 좋은 상권이 될 수 있다.

① ㄱ, ㄴ, ㄷ, ㄹ　　② ㄴ, ㄷ, ㄹ, ㅁ
③ ㄱ, ㄷ, ㅁ, ㅂ　　④ ㄷ, ㄹ, ㅁ, ㅂ
⑤ ㄴ, ㄹ, ㅁ, ㅂ

05 점포와의 거리를 기준으로 상권구성을 구분할 때 1차 상권, 2차 상권, 3차 상권으로 구분한다. 이에 대한 내용으로 옳지 않은 것은?

① 1차 상권은 경쟁점포들과의 상권중복도가 낮다.

② 1차 상권은 2, 3차 상권에 비해 상대적으로 소비자의 밀도가 높다.

③ 2차 상권은 1차 상권에 비해 소비자의 내점빈도가 낮다.

④ 3차 상권은 소비수요의 흡인비율이 가장 높은 지역이다.

⑤ 3차 상권은 한계상권이라고 부르기도 한다.

06 상권의 계층적 분류에 대한 설명으로 옳지 않은 것은?

① 계층적 구조로 상권을 분류하면 지역상권, 지구상권, 개별상권 등으로 구분할 수 있다.
② 지역상권은 한 도시 내에 형성된 모든 유통기관들의 총체적 경쟁구조로 형성되어 있다.
③ 지구상권이란 한 지구내에서 핵이 될 수 있는 하나의 점포가 직접적으로 형성하는 개별상권을 말한다.
④ 한 점포가 형성하는 개별상권은 그 점포의 크기나 특성에 따라 상권의 크기가 변화할 수 있다.
⑤ 큰 행정구역은 복수의 지역상권을 포함할 수 있고, 한 지역상권에는 다수의 지구상권이 포함될 수 있다.

07 상권조사 방법은 전수조사와 표본조사로 크게 구분할 수 있다. 두 가지 방식에 대한 설명으로 가장 올바르지 않은 것은?

① 모집단을 구성하는 구성원들의 명단이 기재된 표본프레임이 있는 경우 확률표본추출법을 통해 표본을 추출한다.
② 표본프레임이 없는 경우에 사용할 수 있는 표본추출방법 중의 하나는 층화표본추출법이다.
③ 경우에 따라서 전수조사 자체가 아예 불가능한 경우 표본조사를 실시한다.
④ 조사지역의 대상자가 많을수록 전수조사가 어려워 표본조사가 많이 사용된다.
⑤ 조사지역의 대상자가 많을수록 전수조사는 많은 비용과 시간을 필요로 한다.

08 상권조사를 위한 표본추출 방법으로 가장 올바르지 않은 것은?

① 표본추출단위의 선정은 조사대상이 누구인지를 결정하는 단계로 표적모집단을 정의한 후 이루어진다.
② 표본크기의 결정은 조사대상의 수를 결정하는 것으로 일반적으로 큰 표본이 작은 표본보다 신뢰성이 높은 결과를 제공한다.
③ 표본추출절차는 응답자를 선정하는 방법을 결정하는 것으로서 대표성이 있는 표본을 추출하려 노력해야 한다.
④ 단순무작위추출과 층화표본추출은 확률표본 추출방법으로 표본을 선택할 가능성을 감안하여 사용하는 방법이다.
⑤ 편의표본이나 군집표본은 모집단을 상호배타적인 집단으로 나눈 후 집단에 대해 표본을 추출하는 방법이다.

09 상권분석의 직접적 필요성에 대한 설명으로 옳지 않은 것은?

① 구체적인 입지계획을 수립하기 위해
② 잠재수요를 파악하기 위해
③ 고객에 대한 이해를 바탕으로 보다 표적화된 구색과 판매촉진전략을 수립하기 위해
④ 점포의 접근성과 가시성을 높이기 위해
⑤ 기존 점포들과의 차별화 포인트를 찾아내기 위해

10 상권분석방법은 규범적 모형과 기술적 방법(descriptive method)으로 구분될 수 있다. 이 중 기술적 방법에 포함될 수 있는 것은?

① 공간적 상호작용모델
② 중심지이론
③ 유추법
④ 라일리(Reilly)의 소매인력이론
⑤ 컨버스(Converse)의 소매분기점

11 상권분석이 실행되는 경우는 신규점포개설 상황과 기존점포관리 상황으로 나누어 볼 수 있다. 기존점포의 상권분석 상황에 해당되지 않는 것은?

① 상권 내의 소비자 특성과 경쟁상황에 맞는 소매믹스전략을 도출하는 상황

② 경쟁력이 떨어지는 점포를 포기하고 점포의 이전여부를 분석하는 상황

③ 점포의 경영성과가 좋아 점포면적을 확장하여 매출확대를 도모하는 상황

④ 점포주변 인구구성이 변화하여 상권범위의 확대와 축소를 확인하려는 상황

⑤ 상권 내에서 생존가능성이 낮다고 인식하여 폐점여부를 분석하는 상황

12 상권분석 방법 중 애플바움(W. Applebaum)이 제안한 유추법에 대한 설명으로 가장 옳지 않은 것은?

① 유사한 점포의 상권정보를 활용하여 신규점포의 상권규모를 분석한다.

② 유사점포는 점포 특성, 고객 특성, 경쟁 특성 등을 고려하여 선정한다.

③ 고객스포팅기법(CST)을 활용하여 유사점포의 상권을 파악한다.

④ 유사점포의 상권을 구역화하고, 회귀분석을 통해 구역별 매출액을 추정한다.

⑤ 유사점포의 상권 구역별 매출액을 적용하여 신규점포의 매출액을 추정한다.

13 복수의 입지후보지를 대상으로 조사할 때, 상권규모에 영향을 미치는 변수들을 통해 상대적인 매력도를 비교할 수 있지만 구체적인 숫자로 매출액을 추정하기는 어려운 상권분석 기법은?

① 허프(Huff)모델

② 체크리스트법

③ 회귀분석법

④ 유사점포법

⑤ MNL 모델

14 구체적 상권분석 기법 중 하나로 유추법 등에서 활용되는 CST map은 유통기업의 CRM에서 소비자를 공간적으로 분석하는 데 이용되기도 하는데 다음 중 이와 관련한 설명으로 적합하지 않은 것은?

① 최근 점점 더 활용도가 높아지고 있는 GIS의 다양한 분석기능들을 활용하면 2차원 또는 3차원의 공간데이터를 가공하여 상권과 관련한 의사결정에 도움을 줄 수 있다.

② 새롭게 개발하는 신규점포가 기존점포의 상권을 얼마나 잠식할 가능성이 있는가를 분석하여 점포 개설, 점포 이동, 점포 확장계획을 만들 수 있다.

③ 2차 자료인 공공데이터를 활용해 점포 이용자 중 특정 속성을 가진 표적소비자들을 추출하고 그들만을 대상으로 하는 차별적 판촉전략을 수행할 수 있다.

④ 자사 점포 및 경쟁사의 점포 위치와 각 점포별 상권범위 분석을 통해 점포들 간의 상권잠식 상태와 경쟁정도를 측정할 수 있다.

⑤ 점포를 이용하고 있는 현재의 소비자나 잠재적 소비자들의 공간적 위치를 분석하여 상권의 범위를 파악할 수 있으며, 1차 상권, 2차 상권 및 한계 상권을 구획할 수 있다.

15 인구 20만명이 거주하고 있는 a도시와 30만명이 거주하고 있는 b도시 사이에 인구 5만명이 거주하는 c도시가 있다. a와 c도시 사이의 거리는 10km이고 b와 c도시간 거리는 20km이다. c도시 거주자들이 a, b도시에서 쇼핑한다고 할 때 레일리(Reilly)의 소매중력법칙을 활용하여 a도시에서의 구매비율을 계산한 값으로 가장 옳은 것은?

① 약 25%　　　　② 약 43%

③ 약 57%　　　　④ 약 66%

⑤ 약 73%

16 레일리(Reilly) 법칙을 이용하여, C지점의 구매력이 A도시와 B도시에 흡인되는 비율을 구하면?

> • A도시의 인구 : 25만명
> • B도시의 인구 : 100만명
> • A도시와 B도시 사이에 C지점이 위치해 있음
> • C지점부터 A도시까지의 거리 : 4km
> • C지점부터 B도시까지의 거리 : 16km

① 4 : 1　　　　② 1 : 4

③ 16 : 1　　　　④ 1 : 16

⑤ 1 : 1

17 대도시 A, B 사이에 위치하는 중소도시 C가 있을 때 A, B가 C로부터 끌어들일 수 있는 상권규모를 분석하기 위해 레일리(W. Reilly)의 소매인력법칙을 활용할 수 있다. 이때 꼭 필요한 정보로 옳지 않은 것은?

① 중소도시 C에서 대도시 A까지의 거리

② 중소도시 C에서 대도시 B까지의 거리

③ 중소도시 C의 인구

④ 대도시 A의 인구

⑤ 대도시 A, B 사이의 분기점

18 서로 경합하는 초광역 쇼핑센터들의 상권을 설정할 때, 수집해야 하는 자료의 양과 투입비용의 측면에서 가장 합리적으로 활용할 수 있는 모델(이론)은?

① 허프(Huff)의 확률모델

② 허프(Huff)의 수정모델

③ 컨버스(Converse)의 제1법칙

④ 넬슨(Nelson)의 입지이론

⑤ 호텔링(Hotelling)의 최소분화원리

19 A시의 인구는 20만명이고 B시의 인구는 5만명이다. 두 도시가 서로 15km의 거리에 떨어져 있는 경우, 두 도시간의 상권경계는 A시로부터 얼마나 떨어진 곳에 형성되겠는가? (Converse의 상권분기점 분석법을 이용해 계산하라.)

① 3km　　　　② 5km

③ 9km　　　　④ 10km

⑤ 12km

20 서로 떨어져 있는 두 도시 A, B의 거리는 30km이다. 이때 A시의 인구는 8만명이고 B시의 인구는 A시의 4배라고 하면 도시간의 상권경계는 B시로부터 얼마나 떨어진 곳에 형성되겠는가? (Converse의 상권분기점 분석을 이용해 계산하라.)

① 6km　　　　② 10km

③ 12km　　　　④ 20km

⑤ 24km

21 크리스탈러(Christaller)의 중심지이론과 관련된 개념, 가정에 대한 설명으로 옳지 않은 것은?

① 중심지란 배후지의 거주자들에게 재화와 서비스를 제공하는 상업기능이 밀집된 장소를 말한다.
② 배후지란 중심지에 의해 서비스를 제공받는 주변지역으로서 구매력이 균등하게 분포하고 끝이 없이 동질적인 평지라고 가정한다.
③ 중심지기능의 최대도달거리(도달범위)는 중심지에서 제공되는 상품의 가격과 소비자가 그것을 구입하는 데 드는 교통비에 의해 결정된다.
④ 도달범위란 중심지 활동이 제공되는 공간적 한계를 말하는데 중심지로부터 어느 재화에 대한 수요가 1이 되는 곳까지의 거리를 의미한다.
⑤ 상업중심지의 정상이윤 확보에 필요한 최소한의 수요를 발생시키는 상권범위를 최소수요충족거리라고 한다.

22 중심지이론에 관한 내용으로 가장 옳지 않은 것은?

① 상권중심지의 최대도달거리가 최소수요충족거리보다 커야 상업시설이 입점할 수 있다.
② 소비자는 유사점포 중에서 하나를 선택할 때 가장 가까운 점포를 선택한다고 가정한다.
③ 어떤 중심지들 사이에는 계층적 위계성이 존재한다.
④ 인접하는 두 도시의 상권의 규모는 그 도시의 인구에 비례하고 거리의 제곱에 반비례한다.
⑤ 상업중심지로부터 상업서비스기능을 제공받는 배후상권의 이상적인 모양은 정육각형이다.

23 크리스탈러(Christaller)의 중심지이론을 설명하기 위해 사용되는 개념으로 옳지 않은 것은?

① 최대도달거리
② 최대수요충족거리
③ 육각형 형태의 배후지
④ 초과이윤공간
⑤ 상업중심지

24 아래 글상자는 Huff모델을 활용하여 어느 지역 신규 슈퍼마켓의 예상매출액을 추정하는 과정을 설명하고 있다. ㉠, ㉡, ㉢에 들어갈 용어로 가장 옳은 것은?

신규점포가 각 지역(zone)으로부터 얻을 수 있는 예상매출액은 각 지역(zone) 거주자의 신규점포에 대한 (㉠)에다 각 지역(zone)의 (㉡) 및 (㉢) 슈퍼마켓 지출비(특정기간)를 곱하여 구해진다.

	㉠	㉡	㉢
①	방문빈도	가구수	일인당
②	방문빈도	가구수	가구당
③	쇼핑확률	가구수	일인당
④	쇼핑확률	인구수	가구당
⑤	쇼핑확률	인구수	일인당

25 수정 허프(Huff)모델의 특성과 관련한 설명 중 가장 옳지 않은 것은?

① 수정Huff모델은 실무적 편의를 위해 점포면적과 거리에 대한 민감도를 따로 추정하지 않는다.

② 점포면적과 이동거리에 대한 소비자의 민감도는 '1'과 '-2'로 고정하여 인식한다.

③ Huff모델과 같이 점포면적과 점포까지의 거리 두 변수만으로 소비자들의 점포 선택확률을 추정할 수 있다.

④ 분석과정에서 상권 내에 거주하는 소비자의 개인별 구매행동 데이터를 활용하여 예측의 정확도를 높인다.

⑤ Huff모델 보다 정확도는 낮을 수 있지만, 일반화하여 쉽게 적용하고 대략적 추정을 가능하게 한 것이다.

27 A, B, C 세 점포의 크기와 소비자의 집으로부터 각 점포까지의 거리는 아래와 같다. 이 경우 Huff모델을 적용하였을 때 이 소비자가 구매확률이 가장 높은 점포 및 그 점포를 선택할 확률은? (가정 : 이 소비자는 A, B, C 세 점포들에서만 상품을 구매할 수 있음, 소비자가 부여하는 점포 크기에 대한 효용은 1, 거리에 대한 효용은 -2임)

점포	거리(km)	크기(m²)
A	4	50,000
B	6	70,000
C	3	40,000

① A, 약 12.3% ② B, 약 35.5%

③ B, 약 57.3% ④ C, 약 35.5%

⑤ C, 약 46.7%

26 대표적 상권분석 기법 중 하나인 Huff모형과 관련된 설명으로 옳은 것은?

① 점포선택행동을 확률적 분석이 아닌 기술적 방법(descriptive method)으로 분석한다.

② Huff모형은 상권내의 매출액을 추정하지만 점포별 점유율은 추정하지 못한다.

③ 소매상권이 공간상에서 연속적이고 타점포 상권과 중복 가능함을 인정한다.

④ 소비자 거주지와 점포까지의 거리는 이동시간으로 대체하여 분석할 수 없다.

⑤ Huff모형은 점포이미지 등 다양한 변수를 반영하여 상권을 분석할 수 있다.

28 점포입지나 상권에 관한 회귀분석에 관한 설명으로 가장 옳지 않은 것은?

① 점포의 성과에 대한 여러 변수들의 상대적인 영향력 분석이 가능하다.

② 상권분석에 점포의 성과와 관련된 많은 변수들을 고려할 수 있다.

③ 독립변수들이 상호관련성이 없다는 가정은 현실성이 없는 경우가 많다.

④ 분석대상과 유사한 상권특성을 가진 점포들의 표본을 충분히 확보하기 어렵다.

⑤ 시간의 흐름에 따라 회귀모델을 개선해 나갈 수 없어 확장성과 융통성이 부족하다.

29 확률적 상권분석 기법들이 이론적 근거로 활용하고 있는 Luce의 선택공리와 관련이 없는 것은?

① 레일리(Reilly)의 소매중력모형
② 허프(Huff) 모형
③ 수정 허프(Huff) 모형
④ MCI 모형
⑤ MNL 모형

30 회귀모델을 점포입지결정이나 상권분석에 활용할 때의 장단점으로 옳지 않은 것은?

① 점포의 성과에 대한 여러 변수들의 상대적인 영향력 분석이 가능하다.
② 점포의 성과와 관련된 많은 변수들을 상권분석에 고려할 수 있다.
③ 회귀모델을 시간 흐름에 따라 개선해 나갈 수 없어 확장성과 융통성이 부족하다.
④ 분석대상과 유사한 상권특성을 가진 점포들의 표본을 충분히 확보하기 어렵다.
⑤ 독립변수들이 상호관련성이 없다는 가정은 현실성이 없는 경우가 많아 주의해야 한다.

31 상권분석에 이용할 수 있는 회귀분석 모형에 관한 설명으로 가장 옳지 않은 것은?

① 소매점포의 성과에 영향을 미치는 요소들을 파악하는 데 도움이 된다.
② 모형에 포함되는 독립변수들은 서로 관련성이 높을수록 좋다.
③ 점포성과에 영향을 미치는 영향변수에는 상권 내 경쟁수준이 포함될 수 있다.
④ 점포성과에 영향을 미치는 영향변수에는 상권 내 소비자들의 특성이 포함될 수 있다.
⑤ 회귀분석에서는 표본 수가 충분하게 확보돼야 한다.

32 상권분석에서 활용하는 조사기법 중에서 조사대상과 조사장소가 점두조사법과 가장 유사한 것은?

① 가정방문조사법
② 지역할당조사법
③ 고객점표법
④ 내점객조사법
⑤ 편의추출조사법

33 다음의 여러 상권분석 방법 가운데서 기존 점포를 이용하는 소비자의 공간적 분포 분석에 주로 활용되는 방법은?

① 라일리(Reilly)의 소매인력모형법
② 허프(Huff)의 소매인력법
③ 고객점표법(Customer Spotting Technique)
④ 아날로그(analog) 방법
⑤ 컨버스(Converse)의 소매인력이론

34 소매점은 상권의 매력성을 고려하여 입지를 선정해야 한다. 상권의 매력성을 측정하는 소매포화지수(IRS ; Index of Retail Saturation)와 시장성장잠재력지수(MEP ; Market Expansion Potential)에 대한 설명으로 가장 옳은 것은?

① IRS는 현재시점의 상권 내 경쟁 강도를 측정한다.
② MEP는 미래시점의 상권 내 경쟁 강도를 측정한다.
③ 상권 내 경쟁이 심할수록 IRS도 커진다.
④ MEP가 클수록 입지의 상권 매력성은 낮아진다.
⑤ MEP보다는 IRS가 더 중요한 상권 매력성지수이다.

35 소매입지를 선택할 때는 상권의 소매포화지수(IRS)와 시장확장잠재력(MEP)을 함께 고려하기도 한다. 다음 중 가장 매력적이지 않은 소매상권의 특성으로 옳은 것은?

① 높은 소매포화지수(IRS)와 높은 시장확장잠재력(MEP)
② 낮은 소매포화지수(IRS)와 낮은 시장확장잠재력(MEP)
③ 높은 소매포화지수(IRS)와 낮은 시장확장잠재력(MEP)
④ 낮은 소매포화지수(IRS)와 높은 시장확장잠재력(MEP)
⑤ 중간 소매포화지수(IRS)와 중간 시장확장잠재력(MEP)

36 소매점포의 입지선정과정에서 광역 또는 지역시장의 매력도를 비교분석할 때 특정지역의 개략적인 수요를 측정하기 위해 구매력지수(BPI ; Buying Power Index)를 이용하기도 한다. 구매력지수를 산출할 때 가장 높은 가중치를 부여하는 변수로 옳은 것은?

① 인구수
② 소매점면적
③ 지역면적(상권면적)
④ 소매매출액
⑤ 소득(가처분소득)

37 특정 지역상권의 전반적인 수요를 평가하는 데 활용되는 구매력지수(BPI)에 대한 설명으로 옳지 않은 것은?

① 지역상권 수요에 영향을 미치는 핵심변수를 선정하고, 이에 일정한 가중치를 부여하여 지수화한 것이다.
② 전체 인구에서 해당 지역 인구가 차지하는 비율을 반영한다.
③ 전체 매장면적에서 해당 지역의 매장면적이 차지하는 비율을 반영한다.
④ 전체 가처분소득(또는 유효소득)에서 해당 지역의 가처분소득(또는 유효소득)이 차지하는 비율을 반영한다.
⑤ 전체 소매매출에서 해당 지역의 소매매출이 차지하는 비율을 반영한다.

38 지역시장의 성장가능성이 높지만 기존 점포 간의 경쟁이 치열하여 매출 쟁탈을 위한 적극적인 판매노력이 요구되는 상황은?

① 소매포화지수(IRS)와 시장성장잠재력지수(MEP)가 모두 높은 경우
② 소매포화지수(IRS)는 높지만 시장성장잠재력지수(MEP)가 낮은 경우
③ 소매포화지수(IRS)는 낮지만 시장성장잠재력지수(MEP)가 높은 경우
④ 소매포화지수(IRS)와 시장성장잠재력지수(MEP)가 모두 낮은 경우
⑤ 소매포화지수(IRS)와 시장성장잠재력지수(MEP)만으로는 알 수 없음

39 상권 평가 방법에 대한 설명 중 올바르지 않은 것은?

① 시장구매력을 측정하는 BPI(Buying Power Index)는 인구와 소매매출, 유효소득 등에 대해 전체규모와 특정지역의 규모를 이용하여 계산하는 방법이다.
② SAI(Sales Activity Index)는 다른 지역과 비교한 특정지역의 1인당 소매매출액을 측정하는 방법으로 인구를 기준으로 소매매출액의 비율을 계산하게 된다.
③ IRS(Index of Retail Saturation)를 분석하면 부가적으로 비거주자의 구매력, 특정 기업체의 대량구매, 소수 거주자의 대량 구매 등을 평가할 수 있어 SAI값을 보완할 수 있다.
④ 상권에 영향을 미칠 수 있는 인구와 구매행동, 가구의 소득과 구성, 지역의 발달정도는 상권의 잠재적 수요를 파악할 때 사용할 수 있는 요소가 된다.
⑤ 점포당 면적, 종업원당 면적, 점포의 성장 등의 요소는 시장의 공급요인을 평가할 때 사용할 수 있는 지표로 매출과 연계하면 상권의 포화정도를 설명할 수 있다.

01 정답 ④

상권이란 상업상의 거래를 행하는 공간적 범위를 말한다. 또한, 상권은 보통 두 가지 의미로 사용되는데 첫째, 한 점포가 고객을 흡인하거나 흡인할 수 있는 범위, 둘째 다수의 상업시설이 고객을 흡인하는 공간적 범위로, 어떠한 특정 지점이라고 단정 지을 수는 없다.

02 정답 ②

상권은 실질구매력을 갖춘 유효수요가 분포되어 있는 경제적 공간으로 그 형태는 확정적이지 않고 가변적이다. 따라서 상권은 다양한 관점에서 여러 유사개념으로 얼마든지 확장될 수 있다.

03 정답 복수정답 ③, ④

판매량의 관점에서 상권은 특정판매업체가 전체 매출액의 90% 이상을 실현하는 범위로서 전체 매출액의 60~70% 정도가 실현되는 지역을 1차 상권, 전체 매출액의 20~25% 정도가 실현되는 지역을 2차상권, 그 외 매출을 실현하는 지역을 한계상권으로 분류할 수 있다.

04 정답 ⑤

상권의 개념
• 상업상의 거래를 행하는 공간적 범위이다.
• 한 점포가 고객을 흡인하거나 흡인할 수 있는 범위(지역적 범위)와 다수의 상업시설이 고객을 흡인하는 공간적 범위를 말한다.
• 상권은 계층적 구조로 되어 있는데 지역상권, 지구상권, 개별점포상권 등으로 구분할 수 있다.
• 판매자의 관점에서 설정거리 및 흡인율에 따라 1차상권, 2차상권, 3차상권(한계상권)으로 구분할 수 있다.
• 경쟁자의 출현은 상권을 차단하는 중요한 장애물이며 고객밀도는 상권 내의 인구밀도와 밀접한 관련이 있다.
• 상권은 원형의 형태가 아니라 아메바와 같이 정형화되지 않은 형태로 되는 경우가 일반적이다.

05 정답 ④

3차 상권은 소비수요의 흡인비율(5%)이 가장 낮은 지역이다.

06 정답 ③

③은 지점상권에 대한 설명이며, 지구상권이란 집적된 상업시설이 갖는 상권의 범위를 말한다.

07 정답 ②

층화표본추출법은 모집단을 인구학적 특성(성별, 학년별, 직업별, 지역별 등)에 의해 그룹화 한 후 각 그룹에서 일정한 크기의 표본을 선택하여 전체 표본을 구성하는 방법으로 각 그룹 내의 응답자들이 일정한 수만큼 표본으로 추출되어야 한다. 표본프레임이 없는 경우에 사용할 수 있는 표본추출방법으로는 비확률 표본추출방법(편리추출방법, 눈덩이 표본추출법, 할당추출법, 판단추출법 등)이 있다.

08 정답 ⑤

편의표본추출은 조사자의 편의에 따라 표본구성원을 선정하는 비확률 표본추출방법이다.

09 정답 ④

점포의 접근성과 가시성은 입지분석의 요인에 해당한다. 입지분석은 어떠한 규모 및 용도로 개발할 것인가를 결정하는 것으로 이는 토지에 대하여 토지가 지니고 있는 잠재력을 최대화하고자 하는 데 그 목적이 있다.

10 정답 ③

신규점포의 상권범위를 분석하기 위한 기술적 방법에는 체크리스트 방법과 유추법이 있다. ①·②·④·⑤는 규범적 모형에 의한 상권분석 방법에 해당한다.

11 정답 ①

①은 신규점포개설 상황, ②·③·④·⑤는 기존점포관리 상황에 해당된다.

12 정답 ④

전체 상권을 단위거리에 따라 소규모 구역으로 나누고, 각 구역 내에서 유사점포가 벌어들이는 매출액을 그 구역 내의 인구로 나누어 각 구역 내에서의 1인당 매출액을 구한다.

13 정답 ②

체크리스트법은 상권의 규모에 영향을 미치는 요인들을 수집하여 이들에 대한 평가를 통해 시장잠재력을 측정하는 방법으로 특정 상권의 제반특성을 체계화된 항목으로 조사하고, 이를 바탕으로 신규점 개설 여부를 평가한다. 이해하기 쉽고 사용하기 쉬우며, 비용이 상대적으로 적게 들지만 변수 선정에 따라 다양한 해석이 도출되고 주관적인 분석이 될 수 있다.

14 정답 ③

CST는 2차 자료보다 1차 자료를 이용하는 경우에 정확도가 더 높다.

15 정답 ⑤

레일리(Reilly) 이론의 공식

$$\frac{B_a}{B_b} = \left(\frac{P_a}{P_b}\right)\left(\frac{D_b}{D_a}\right)^2 = \left(\frac{20만}{30만}\right)\left(\frac{20}{10}\right)^2 = \frac{2}{3} \times 4 ≒ 2.7$$

$$B_a = 2.7 \times B_b, \ B_a : B_b = 2.7 : 1$$

따라서 a도시에서의 구매비율은 약 73%

16 정답 ①

$$\frac{B_a}{B_b} = \left(\frac{P_a}{P_b}\right)\left(\frac{D_b}{D_a}\right)^2 = \left(\frac{25만}{100만}\right)\left(\frac{16}{4}\right)^2 = 4$$

$4B_b = B_a$ 이므로 C지점의 구매력이 A도시와 B도시에 흡인되는 비율은 4 : 1이 된다.

17 정답 ⑤

레일리의 소매인력법칙에 의하면 두 경쟁도시가 그 중간에 위치한 소도시의 거주자들을 끌어들일 수 있는 상권의 규모는 인구에 비례하고, 각 도시와 중간도시 간의 거리의 제곱에 반비례한다. 분기점은 컨버스의 수정소매인력이론에서 필요한 정보이다.

18 정답 ③

컨버스의 제1법칙에 대한 설명이다.

호텔링(Hotelling)의 입지모형
유사한 제품을 생산하고 비가격경쟁을 하는 기업들의 경우, 시장확보를 위해 서로 가까이에 입지하게 된다는 원리

19 정답 ④

컨버스 제1법칙의 공식

$$D_a = \frac{D_{ab}}{1 + \sqrt{\dfrac{P_b}{P_a}}} = \frac{15}{1 + \sqrt{\dfrac{5만}{20만}}} = \frac{15}{1 + \dfrac{1}{2}} = 10(km)$$

20 정답 ④

컨버스 제1법칙의 공식

$$D_b = \frac{D_{ab}}{1 + \sqrt{\dfrac{P_a}{P_b}}} = \frac{30}{1 + \sqrt{\dfrac{8만}{32만}}} = \frac{30}{1 + \dfrac{1}{2}} = 20(km)$$

21 정답 ④

도달범위란 중심지가 수행하는 상업적 기능이 배후지에 제공될 수 있는 최대(한계)거리를 말한다. 즉, 배후지에 거주하는 소비자가 상품을 구매하기 위해 중심지까지 움직이는 최대거리 또는 소비자가 물리적으로 이동할 수 있는 최대거리의 범위가 최대상권의 범위임을 의미한다.

22 정답 ④

인접하는 두 도시의 상권의 규모는 그 도시의 인구에 비례하고 거리의 제곱에 반비례한다는 것은 레일리의 소매인력법칙에 관한 내용이다.

23 정답 ②

최대수요충족거리(×) → 최소수요충족거리(○)

24 정답 ⑤

신규점포가 각 지역(zone)으로부터 얻을 수 있는 예상매출액은 각 지역(zone) 거주자의 신규점포에 대한 (㉠ 쇼핑확률)에다 각 지역(zone)의 (㉡ 인구수) 및 (㉢ 일인당) 슈퍼마켓 지출비(특정기간)를 곱하여 구해진다.

25 정답 ④

소비자의 개인별 데이터를 수집하여 활용하는 것은 MNL모델이다.
허프모델은 점포매력도가 점포크기 이외에 취급상품의 가격, 판매원의 서비스, 소비자의 행동 등 다른 요인들로부터 영향을 받을 수 있다는 점을 고려하지 않는다는 한계가 있다.

26 정답 ③

① 기술적 방법(×) → 확률적 모형(○)
② 신규점포의 예상매출액을 추정할 수 있다.
④ 소비자 거주지와 점포까지의 거리는 이동시간으로 대체하여 분석할 수 있다.
⑤ 점포크기 이외에 다른 요인들로부터 영향을 받을 수 있다는 점을 고려하지 않는다.

27 정답 ⑤

• A점포를 선택할 확률

$$P_A = \frac{50,000/4^2}{50,000/4^2 + 70,000/6^2 + 40,000/3^2} = 0.328 = 32.8\%$$

• B점포를 선택할 확률

$$P_B = \frac{70,000/6^2}{50,000/4^2 + 70,000/6^2 + 40,000/3^2} = 0.204 = 20.4\%$$

• C점포를 선택할 확률

$$P_C = \frac{40,000/3^2}{50,000/4^2 + 70,000/6^2 + 40,000/3^2} = 0.467 = 46.7\%$$

따라서 C점포를 선택할 확률이 약 46.7%로 가장 크다.

28 정답 ⑤

회귀분석은 예측변수가 변화함에 따라 결과변수가 얼마나 변화하는지를 예측할 수 있고, 제3의 변수를 통제함으로써 예측변수와 결과변수 간의 인과성을 통계적으로 검증할 수 있기 때문에 시간의 흐름에 따라 회귀모델을 개선해 나갈 수 있어 확장성과 융통성을 가지고 있다.

29 정답 ①

Luce 모형은 특정한 점포의 매력도 및 효용이 높을수록 소비자들에게 해당 점포가 선택될 확률이 높아진다는 확률적인 모형에 속하는 방식이다. 레일리(Reilly)의 소매중력모형은 점포들의 밀집도가 점포의 매력도를 증가시키는 경향이 있음을 나타내는 법칙으로, 규범적인 모형에 해당된다.

30 정답 ③

회귀모델은 추세선을 이용해 예측이 가능한 기법으로 시간의 흐름에 따른 변화를 측정할 수 있다.

31 정답 ②

회귀분석에서는 독립변수와 종속변수간의 상관관계를 분석해야 하므로 독립변수 상호간에는 상관관계, 즉 관련성이 없어야 한다.

32 정답 ④

점두조사법은 점포에서 조사원이 대기하다가 구매결정을 한 소비자에게 질문을 하는 방식으로, 매장을 방문하는 소비자의 주소를 파악하여 자기점포의 상권을 조사하는 방법이다. 따라서 해당 점포를 직접 방문한 고객들을 대상으로 하는 내점객조사법과 가장 유사하다.

33 정답 ③

고객점표법은 소비자들로부터 획득한 직접정보를 이용하여 1차 상권과 2차 상권을 획정하는 기법으로, 주로 기존 점포를 이용하는 소비자의 공간적 분포를 분석하는 데 활용된다.

34 정답 ①

② MEP는 미래시점의 신규 수요를 창출할 수 있는 잠재력을 측정한다.
③ IRS 값이 클수록 시장의 포화정도가 낮아 시장의 매력도는 높아지고 시장기회가 커지므로 신규점포 개설에 유리하다고 판단할 수 있다.
④ MEP가 크다는 것은 해당 지역에서의 점포 부족으로 지역 주민들이 다른 지역에서 쇼핑한다는 것을 의미하므로 점포 출점시 성공가능성이 높다고 판단할 수 있어 입지의 상권 매력성은 높아진다.
⑤ MEP는 IRS의 단점을 보완해주는 지표로 사용된다.

35 정답 ②

가장 매력적이지 않은 소매상권은 소매포화지수(IRS)와 시장확장잠재력(MEP)이 모두 낮은 상권이다.

36 정답 ⑤

BPI 표준공식
구매력지수를 산출하기 위해서는 다음과 같이 인구, 소매 매출액, 유효소득 등 3가지 요소에 가중치를 곱하여 합산하는 공식을 사용한다.
BPI = (인구비 × 0.2) + (소매 매출액비 × 0.3) + (유효구매 소득비 × 0.5)

37 정답 ③

구매력지수는 소매점포의 입지분석을 할 때, 해당 지역시장의 구매력을 측정하는 기준으로 사용되는 것으로 그 시장에서 구매할 수 있는 능력을 나타내는 것이다. 구매력지수는 전체 인구에서 차지하는 시장지역 인구의 비, 전체 소매매출액에서 차지하는 시장지역 매출액의 비, 전체 유효 구매소득에서 차지하는 시장지역의 유효 구매소득의 비에 가중치를 부여하여 지수화한 것이다.

38 정답 ③

소매포화지수(IRS)가 높을수록 시장의 포화정도가 낮아 신규점포를 개설할 시장기회가 커진다는 의미이고, 시장성장잠재력지수(MEP)가 높을수록 시장성장잠재력이 커지게 된다. 따라서 지역시장의 성장가능성은 높지만 기존 점포 간의 경쟁이 치열한 상태는 소매포화지수(IRS)는 낮지만 시장성장잠재력지수(MEP)가 높은 경우이다.

39 정답 ③

SAI(Sales Activity Index)는 부가적으로 비거주자의 구매력, 특정 기업체의 대량구매, 소수 거주자의 대량 구매 등을 평가할 수 있다. 소매포화지수(IRS)는 한 지역시장 내의 특정업태의 단위매장면적당 잠재수요를 표시하는 것으로 거주자를 대상으로 한다.

많이 보고 많이 겪고 많이 공부하는 것은
배움의 세 기둥이다.

– 벤자민 디즈라엘리 –

CHAPTER 02 | 입지분석

최근 5개년 출제경향 회당 평균 7.5문제 출제(5개년 기준 총 15회)

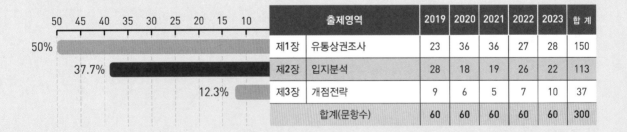

출제영역		2019	2020	2021	2022	2023	합 계
제1장	유통상권조사	23	36	36	27	28	150
제2장	입지분석	28	18	19	26	22	113
제3장	개점전략	9	6	5	7	10	37
합계(문항수)		60	60	60	60	60	300

50%

37.7%

12.3%

CHAPTER

02

입지분석

1 입지의 개요

01 상권과 입지

(1) 상권과 입지의 개념적 차이 기출 21 · 19 · 18 · 17

구 분	내 용
상 권	• 넓은 의미의 상권 : 상가 전체의 소비자들이 있는 <u>시간적·공간적 범위</u>이다. • 좁은 의미의 상권 : 어떠한 사업 활동을 영위하는데 있어 목표로 하는 소비자들이 존재하고 있는 시간적·공간적 범위이다. • 점포의 유효수요 분포 공간으로 인식된다. • 어떤 지역에 밀집한 점포집단의 영향권을 의미하기도 한다.
입 지	• 입지의 주체가 정한 일종의 장소를 말하며, 이는 정적이면서도 공간적인 개념이다. • 점포의 위치나 위치적 조건을 의미하며, 위치적인 조건으로서 상권의 크기, 고객층, 교통망, 점포의 지세 및 지형 등과 밀접한 관계가 있다. • <u>지점(point), 부지(site)</u>는 입지를 표현하는 주요한 키워드이다. • 입지의 평가 항목 : 점포면적, 가시성, 주차시설 등 • 유동고객의 동선 및 주변 여건에 따라 상급지, 중급지, 하급지로 분류할 수 있다.

(2) 상권분석과 입지분석 기출 17

구 분	내 용
상권분석	• 경로구성원이 좋은 점포입지를 선정함에 있어 선행되어야 하는 조사를 말한다. • 상권분석은 상업시설의 개발에 의한 상업적 시설의 분석방법으로써 이는 도시의 흡인력 및 그 주변과의 관계, 소매·서비스업 등의 각종 활동의 위치, 밀집, 성격, 규모 등의 특성을 지표상에 나타내는 것이다.
입지분석	• 입지분석은 어떠한 규모 및 용도로 개발할 것인가를 결정하는 것으로 이는 토지에 대하여 토지가 지니고 있는 잠재력을 최대화하고자 하는 데 그 목적이 있다. • 대상 상권이 설정되면 입지분석을 하게 되는데, 입지분석은 기초자료분석과 개별분석 2단계로 나누어 조사한다. • 동일한 상권 내 복수 후보지에 대해서는 체크리스트에 의한 평가를 해 후보지를 결정한다.

※ 상권분석은 상권의 전체에 있어 성쇠 여부를 가늠하는 것이라 할 수 있으며, 입지조건 분석은 각각의 개별 점포의 성패에 대한 여부를 파악하는 것이라 할 수 있다.

(3) 입지분석 2단계 기출 18 · 11 · 08

구 분	내 용
(1단계) 기초자료 분석	주로 기존 통계자료 등을 분석하여 입지의 특성 및 그 개략을 파악하는 단계로 조사항목은 다음과 같다. • 거주자 조건 : 당해지의 지형 · 자원 · 역사, 인구 · 세대수 · 인구밀도 · 인구증가율, 소득수준, 주택건설 현황 및 주택단지 • 교통 조건 : 버스 · 지하철의 노선 수와 1일 운행 상황, 도로정비 상황 • 흡인 조건 : 상업지의 규모와 성격 · 발전성 · 타 상업지와의 경합 관계, 통행량과 그 흐름 및 사업소 수
(2단계) 개별분석	후보지점을 대상으로 그 지점이 갖고 있는 조건을 구체적으로 분석하여 최종적인 방침을 결정하는 단계로 조사항목은 다음과 같다. • 거주자 조건 : 1차 · 2차 · 3차 상권의 인구 • 교통 조건 : 주요 버스정류장과 지하철역까지 거리, 보행자 흐름상 후보지 위치 • 가로 조건 : 근접한 가로수와 그 길이, 주차 조건, 도시계획에 의한 도로정비 상황 • 보행자 조건 : 전면 도로의 통행량, 보행속도, 보행자의 성별 · 연령별 직업구성 • 점포에의 접근 조건 : 후보지의 상업지에서의 위치, 경쟁점과의 관계 • 부지 조건 : 지세, 지질, 지형

(4) 상권요인과 입지요인 기출 19 · 15 · 13

구 분	내 용
상권요인 (상권의존형)	• 상권규모, 상권의 질, 교통량, 통행량, 영업력 • 상권요인 중시 업종 : 택배업
입지요인 (입지의존형)	• 인지성(가시성, 시계성), 유도시설, 동선, 도로 • 입지요인 중시 업종 : 의류업, 식료품업, 음식업, 수선 · 보수전문점

동선(動線) 기출 17 · 16 · 15
고객들의 이동궤적을 의미하는데 소매자석(CG ; Customer Generator, 고객유도시설)과 소매자석을 연결하는 선으로 나타나기도 한다. 경제적 사정으로 많은 자금이 필요한 주동선에 입지하기 어려운 점포는 부동선을 중시한다.
• 주동선 : 소매자석과 소매자석을 잇는 가장 기본이 되는 선
• 접근동선 : 동선으로 접근할 수 있는 동선
• 복수동선 : 복수의 자석이 있는 경우의 동선

동선의 심리법칙 기출 21 · 20 · 19
• 최단거리실현의 법칙 : 인간은 최단거리로 목적지에 가려는 심리가 있기 때문에 안쪽 동선이라고 하는 뒷길이 발생한다.
• 보증실현의 법칙 : 인간은 먼저 득을 얻는 쪽을 택한다. 즉 길을 건널 때에도 최초로 만나는 횡단보도를 이용하려는 경향이 있다.
• 안전중시의 법칙 : 인간은 본능적으로 위험하거나 모르는 길 또는 다른 사람이 잘 가지 않는 장소에는 가려고 하지 않는 심리가 있다.
• 집합의 법칙 : 대부분의 사람들은 군중 심리에 의해 사람이 모여 있는 곳에 모인다.

개념 Plus

점포의 시계성(Visibility)
'시계성'은 해당 점포가 통행인들의 눈에 얼마만큼 잘 띄는지의 정도를 가리킨다. 인터넷 전자상거래나 통신판매 등과 같은 무점포 판매와 상권의존형인 택배업의 경우 시계성 자체는 중요하지 않다. 그러나 입지의존형의 소매업 경우에는 시계성의 좋고 나쁨이 입지 조건의 좋고 나쁨으로 연결되어 매출액의 고저로 직결된다. 시계성은 상권 내에 거주하는 사람들의 점포 인지도에 미치는 결정적인 요인이기 때문이다.

개념 Plus

상호 보완업종과 경합업종
입지분석시 입지주변의 업종을 조사하여 상호보완업종 또는 상호경합업종이 배치되어 있는지를 파악하여야 한다.

보완업종
• 문구점 − 서점
• 의류점 − 액세서리점
• 야채가게 − 정육점
• 음식점 − 카페
• 제과점 − 꽃가게
• 주점 − 노래방

경합업종
• 슈퍼마켓 − 잡화점
• 편의점 − 마트
• 목욕탕 − 찜질방

개념 Plus

도매상의 입지전략

· 영업성과에 대한 입지의 영향은 소매상보다 도매상의 경우가 더 작다.
· 분산도매상은 물류의 편리성을 고려하여 입지를 결정한다.
· 수집도매상의 영업성과에 대한 입지의 영향은 매우 제한적이다.
· 도매상은 일반적으로 소매상보다 임대료가 비교적 저렴한 지역에 입지한다.

02 도매입지와 소매입지

(1) 도매입지

① 도매상은 최종 소비자를 대상으로 하는 영업이 아니기 때문에 입지·상권전략은 중심 상가 지역이 아니어도 영업에 지장이 없다.

② 도매상은 대체로 임대료가 싸거나 도매단지가 조성된 교외지역 및 도시 변두리 지역에 입지를 선정하는 전략을 사용한다.

(2) 소매입지

① 소매점은 '입지산업'이라고 할 만큼 입지조건이 중요한 전략적 결정요인이며, 위치에 따라 매출과 이익이 좌우되기 때문에 점포의 위치는 사업의 성공여부에 중요한 역할을 한다.

② 기업이 일단 점포의 입지를 결정하게 되면 입지 변경을 하기가 쉽지 않고 부적합한 입지로 인한 불이익을 극복하기 어렵다. 또한 막대한 투자를 장기적으로 하여야 하므로 선정되는 입지는 최대한의 투자수익률과 이익을 보장해줄 수 있어야 한다.

③ 전형적으로 상점은 3단계의 수명주기(상승 → 절정 → 쇠퇴)를 보이고 있다. 상승과 쇠퇴 단계는 매우 가파르거나 혹은 완만하며, 절정의 단계는 길게 혹은 짧게 지속될 수도 있다. 그렇기 때문에 소매업자들은 항상 입지의 문제에 부딪치게 된다.

④ 입지선정의 평가 작업에 있어서 접근성, 현재 및 미래의 수익성에 대한 평가작업 이외에도 시장규모의 확장 가능성, 스스로가 속한 유통 단지의 매출액 성장가능성 및 자사 매장의 매출액이 성장할 가능성에 대한 예상이 중요하다.

주요 소매입지유형 및 특징

구 분	내 용
도심번화가	전통적인 상업 집적지로서 고급전문점 및 백화점 등이 입지하고 있어서 다양한 분야에 걸쳐 고객흡인력을 지닌다.
도심터미널	철도 환승지점을 중심으로 발달한 상업 집적지로서 역사백화점 또는 터미널빌딩 등이 핵점포 역할을 담당한다.
도심주택지	인구밀집지역으로 처음부터 상점가가 있어 대규모 소매점의 출점이 매우 곤란한 지역이다.
교외터미널	외곽도시의 관문으로까지 발전한 상업 집적지로서 양판점들이나 지점격 백화점, 대규모 전문점 체인 등이 다수 입지한다.
간선도로변	교외를 왕래하는 자동차 고객을 대상으로 하는 상업입지 지역으로서 주로 쇼핑센터를 중심으로 주말 및 휴일에 유난히 번성하는 지역이다.
교외주택지	주택 대부 부담이 많은 소비자나 젊은 세대가 많은 지역으로 원래부터 상점가가 적고 저렴한 가격과 새로운 감각이 중요시되는 지역이다.
대규모 유통단지	단지 내 중심지에 위치한 상업 집적지로 독점적 상업 활동을 영위하기 위해서 저비용, 정가 판매를 전개하는 지역이다.

03 업태·업종별 개요와 입지전략 등

(1) 백화점(대형점) 기출 21 · 16 · 14 · 13 · 11 · 10 · 09

① 백화점의 개요

    ㉠ 백화점은 전통적인 중심상업지역에서 독자적으로 유동인구를 창출함으로써 고객 흡인력을 가진 중요한 핵심선도업태로서의 역할을 하고 있으며, 나아가 전통적인 도심지 중심상업지역뿐만 아니라 신생 부도심지 중심상업지역에서도 **목적점포로서의 역할**을 하고 있는 **핵심업태**의 하나이다. ★

    ㉡ 백화점이 들어서는 지역은 새로운 상권이 형성되거나 상권의 변화가 생길 정도로 유통에 있어 중요한 위치를 차지한다.

    ㉢ 백화점과 같은 대규모 소매점은 점포의 위치에 따라 성패가 좌우된다. 백화점의 입지를 선정할 때에는 대상지역의 주요산업, 유동인구, 인근지역 소비자의 소비형태, 대중교통의 연계망 등 다양한 요소를 고려해야 하지만, 그 중에서도 **유동인구와 거주인구 요인이 가장 중요한 요인**으로 지적되고 있다. ★

    ㉣ 오늘날 소비자는 한 군데에 단골을 정하지 않고 좋아하는 브랜드를 찾아다니면서 각 점포를 비교하는 성향이 강하다. 이러한 다양한 소비 형태에 따라 **백화점은 상품 구색을 종합화하여 원 스톱 쇼핑의 공간을 제공**하고, 선매품을 중심으로 생활필수품, 전문품에 이르기까지 다양한 상품계열을 취급하며 조직화된 대규모 소매상이다.

    ㉤ 백화점은 규모 면에서 보면 **대형화를 추구**하므로 상권 내 소비자의 경제력 및 소비 형태의 예측을 기반으로 유동인구, 주요산업 및 **대중교통과의 연계성** 등 장기적인 발전을 고려하여 적정한 입지를 선정해야 한다. 또한 판매장 외에도 **승용차의 접근성, 주차시설,** 문화행사시설, 상담실, 휴게실 등 소비자 보호시설과 같은 서비스시설이 구비되어야 한다. ★

② 백화점의 운영 및 입지선정 전략

    ㉠ 의류 및 패션 잡화의 경우 백화점에 입점한 브랜드에 대한 소비자의 인식이 달라지기 때문에 백화점에 입점하느냐, 안하느냐는 업체의 사활이 걸린 문제이다. 특히 쇼핑센터에는 다양하고 많은 고객(층)을 유인하기 위해 목적점포의 형태로 백화점 입점을 중요시한다.

    ㉡ 최근의 경제 불황으로 백화점의 매출액이 큰 폭으로 감소하고 있고 소비의식의 변화나 대형아웃렛의 등장 등으로 인해 둔화현상을 보이는 백화점도 나타나고 있다. 특히 유통시장 개방과 맞물려 외국의 대형유통업체가 몰려옴에 따라 기존의 판매방식에 변화를 주거나 새로운 판매 전략을 수립해야 할 상황이다.

    ㉢ 서비스의 다양화, 부문별 조직화를 활성화시킴으로써 소비자로 하여금 필요한 정보를 얻고 여가시간을 활용할 수 있도록 하는 문화생활의 장소로서 그 기능이 다양화되어야 한다.

    ㉣ 각 백화점은 입지의 지리적·환경적 요인을 분석하여 소비자의 흡인율을 높일 뿐만 아니라 집객력이 높은 층을 고려한 MD개편, 문화·레저 산업과의 연계 등 **차별화된 마케팅 전략이 요구**된다. ★

개념 Plus

목적점포와 기생점포

• 목적점포는 매장 자체가 목적지가 되는 점포로 해당 점포가 일반적인 상업 중심지 외곽에 있더라도 소비자가 그 점포만을 방문하기 위해 이동할 용의가 있는, 즉 고객 이동 및 고객유인을 핵심적으로 이끌어내는 점포를 말한다.

• 상권 내 목적점포는 상품, 상품의 종류, 전시, 가격 혹은 다른 독특한 특징이 고객유인 역할을 한다.

• 기생점포는 점포자체가 소비자를 유도하지 못하여, 개별 점포로는 상권을 형성할 수 없는 점포를 말한다. 즉 쇼핑센터나 지역상권에 기생하는 점포이다.

• 상권 내 기생점포만으로는 고객이동을 발생시키지 못하며, 이곳의 상권은 해당 지역의 쇼핑센터나 소매 지역에서 주도적으로 성장하는 소매업체에 의해 결정된다.

출제지문 돋보기 OX

01   [21-2]

백화점은 입지조건에 따라 도심백화점, 터미널백화점, 쇼핑센터 등으로 구분할 수 있다. 특히 쇼핑센터에는 다양하고 많은 고객(층)을 유인하기 위해 목적점포의 형태로 백화점 입점을 중요시한다.   ( )

02   [20-2]

백화점은 주로 도심 및 교통망의 결절점에 입지하며, 유동인구, 인근지역 소비자의 소비형태 등을 고려하여야 한다. 입지의 지리적·환경적 요인을 분석하여 소비자의 흡인율을 높일 뿐만 아니라 강한 집객력을 배경으로 제품구색의 폭이 넓으며 점포건물의 층별 제품구색 차별화를 구현하는 MD 구성 및 문화레저 산업과의 연계 등을 통한 차별화된 전략이 요구된다.   ( )

정답 1. ○   2. ○

ⓜ 국내 백화점의 경우, 새로운 업태의 출현과 **교통체증 및 주차공간의 부족** 등으로 인해 주로 도심지에 위치한 백화점에서의 구매를 기피하는 경향이 나타나서 백화점 또한 도시 외곽의 부도심으로 입지를 이동하거나 지방에 지점을 여러 개 두는 등의 다점포 영업을 시도하고 있다. ★

(2) 의류패션전문점 기출 14 · 13 · 10 · 09 · 08

① 의류패션전문점의 개요

ⓘ 의류패션전문점의 강력한 경쟁업태의 하나로 백화점이 있으며, 백화점의 인근지역 혹은 백화점 내부에 입점하여 상호 시너지효과를 획득하고자 하는 경향이 있다. ★

ⓛ 브랜드 중심(명품 및 국내 유명 브랜드)의 시장과 저렴한 동대문 및 남대문 시장 제품의 양대 산맥을 주축으로 해서 돌아가고 있다.

ⓒ 모든 유통과정을 소화하는 체제의 매장부터 도소매를 동시에 하는 매장 혹은 인터넷 쇼핑몰에 납품하는 업체 등 다양한 형태의 유통 구조를 보이고 있다.

ⓔ 비교구매가 가능하도록 경쟁점포들이 많이 모여 있는 군집입지지역이 최적이며, 고객에게 오락과 즐거움의 기회를 제공하여 많은 사람을 유인하고, 소비자들이 여러 점포를 다니면서 비교구매를 할 수 있도록 배려해야 한다. ★

ⓜ 인터넷 시장의 성장과 택배시스템의 발전을 배경으로 소매에도 패션 쇼핑몰, 로드숍, 인터넷 쇼핑몰, 인터넷 제휴 등의 형태 또는 두 가지의 형태를 병합한 사업 형태가 많이 있다(온라인 매장과 오프라인 매장을 동시에 갖는 형태). ★

② 의류패션전문점의 운영 전략

ⓘ VMD(Visual Merchandising) 전략 : 요즘 브랜드 매장 구성의 개념은 VMD(Visual Merchandising)이다. VMD는 매장에 진열되어 있는 상품을 효과적으로 보여주어 고객들에게 강한 구매욕구를 불러일으키고, 상품을 기억하고 구매 충동을 자극하여 상품을 구입하게 만드는 역할을 하는 데 초점이 있다.

ⓛ SPA(Speciality retailer of Private label Apparel) 전략 : 최근 가두매장이 대형화되면서 의류업체 등이 프랜차이즈 형태에서 제조업 직영점 체제로 변화를 시도하고 있다. 패션전문점 확산과 합리적 가격의 중요성이 대두되면서 직영 또는 반직영 체제의 유통망인 SPA 형태의 점포가 확산되고 있다(예 GAP, ZARA, 유니클로 등). ★

③ 의류패션전문점의 입지선정 전략

ⓘ 많은 사람을 유인하고 여러 점포에서 비교 · 구매할 수 있어야 하므로, 다양한 점포들이 군집하여 다양한 상품을 판매하고 젊은 세대들이 자주 찾는 중심상업지역(CBD)이나 중심상업지역 인근 쇼핑센터가 노면독립입지보다 유리하다. ★

ⓛ 입지선정시 상권 내 현재 인구수와 증감 여부, 상권 내 가구의 수, 가구의 평균 구성원 수, 평균소득 등을 고려하여야 한다. ★

ⓒ 여러 개의 층으로 짜여진 매장에서 소비자들의 주된 출입구가 있는 층이 유리하다.

ⓔ 상호보완적인 제품을 판매하는 각양각색의 점포들이 모여 있는 입지가 적절하다.

ⓜ 쇼핑몰 내에서는 **핵점포(Anchor Store)의 통로 및 출입구 근처**가 좋다. ★

(3) 생활용품전문점 기출 14·13·09·08

① **생활용품점의 개요** : 소매업은 입지와 매출이 직결된다 해도 과언이 아닐 만큼 점포의 위치선정이 사업의 성패를 좌우하는데, 생활용품전문점도 예외는 아니다. 상품 확보나 매장규모 등에 있어서 대형할인점에 비해 불리하므로 백화점 주변이나 대형할인점이 미치는 상권범위 내에는 출점하지 않는 것이 좋다.

② **생활용품전문점의 운영 및 입지선정 전략**

㉠ 생활용품전문점의 입지는 상품의 성격에 따라 달라진다. 대형할인점 등과 취급품목이 겹치는 업태라면 인근에 대형 유통센터가 없는 지역이 유리하다. ★ 하지만 기능성 생활용품 전문점, 장식용 디자인 소품, 홈쇼핑 판매품목 등과 같이 대형할인점에서는 취급하지 않는 **틈새 상품**을 취급하는 매장이라면 적극적으로 대형할인점 출점 지역인근으로 진출하는 것이 오히려 유리하다. ★

㉡ 생활용품전문점 중 주방기구나 인테리어소품·수입용품을 전문으로 판매할 경우 주 고객층은 주부들이다. 대단위 아파트 밀집지역, 주택가 밀집지역 등 주거지 인근에 출점하여야 하며, 도로변이나 재래시장 근처, 통행량이 많은 곳이나 슈퍼마켓 근처가 입지로 적합하다.

㉢ 가능하면 1층 점포에 출점하는 것이 좋다. 단, 전문 상가건물 내에 입점할 경우 상가 건물이 활성화 되어있고 흡인력이 좋다면 1층이 아닌 매장도 권할만하다. 간판 노출도가 좋다고 상가가 활성화되지 않은 건물의 지하층이나 2, 3층에 입점하는 것은 금물이다. 생활용품전문점의 판매품목 중 상당수는 **충동구매** 성향이 높아서 접근성이 뛰어난 점포가 유리하기 때문이다.

㉣ 생활용품할인점의 경우 서민층 밀집 주거지역 부근이 유리하다. 생활수준이 높은 중산층 이상의 소비자들은 물건이 비싸도 고가의 브랜드나 명품을 선호하는 경향이 있고, 백화점이나 대형할인 매장의 생활용품을 더 선호한다. 다만 아이디어나 기능성 상품 판매점, 수입용품 판매점의 경우에는 **중산층 거주지가 적합**하다. ★

㉤ 세대수가 적은 지역은 단골유치와 신상품 등 상품회전에 많은 신경을 써야 한다.

(4) 식료품점 기출 13

① **식료품점의 개요**

㉠ 기상조건과 생산기간의 제약을 받기 때문에 **생산과 공급의 계절성**이 크게 나타난다.

㉡ 부패변질성이 높기 때문에 수확 후 장기간의 보존이 어렵고, 신선도의 유지가 곤란하므로 저장시설이 중요하다.

㉢ 공산품과 달리 **품질의 균일성**을 기하기가 어렵다.

㉣ 장기 저장이 어렵고, 수요의 탄력성이 적어 **신속한 유통**이 요구된다.

② **식료품점의 운영 및 입지선정 전략**

㉠ 표적고객으로부터 거리가 멀어질수록 식료품점의 규모는 커진다.

㉡ 취급품의 종류와 품질에 대한 소비자의 구매만족도, 잠재 고객의 시간대별 통행량, 통행인들의 속성 및 분포 상황, 경쟁점포 등을 고려해야 하므로, 아파트 또는 주거 밀집지역에 있는 상가나 쇼핑센터에 입지하는 것이 적당하다.

ⓒ 같은 지역 상권에 대형점포나 할인점들이 있는지 파악하는 것이 중요하다.
ⓔ 가격 경쟁력이 높은 도매클럽은 독립입지를 선호하는 경향이 있다.

(5) 전문할인점

① 전문할인점의 개요

ⓐ 전문할인점은 저가 및 제한된 상품군 내에서 다양하면서도 풍부한 상품을 구색하여 판매하는 업태를 말한다.

ⓑ 상권의 경우 규모가 크고, 계층에 상관없이 전체 소득계층이 활용하고 있다. 특별한 주 고객층을 대상으로 하지 않는다.

② 전문할인점의 운영 및 입지선정 전략

ⓐ 대다수가 유명브랜드를 판매한다.

ⓑ 비용절감 및 저마진의 정책으로 가격을 백화점의 70% 수준으로 유지한다.

ⓒ 저마진이지만 높은 상품회전율로 저마진을 보충해서 이익을 발생시킨다.

ⓔ 대부분의 매장은 단층형의 구조를 지니며, 통상적으로 도시 외곽지역에 입지한다.

(6) 하이퍼마켓

① 하이퍼마켓의 개요

ⓐ 슈퍼마켓, 할인점, 창고 소매점의 원리를 결합한 유형의 소매점이다.

ⓑ 대형화된 할인점을 접목시켜 식품과 비식품을 저렴하게 판매하는 매장면적 $2,500m^2$ 이상의 소매점을 말한다.

② 하이퍼마켓의 운영 및 입지선정 전략

ⓐ 건물의 시설 및 내장에 있어서 하나의 거대한 단층 건물에 저렴한 자재를 활용해서 건축하고 건물주변에 정비된 주차장을 구비한다.

ⓑ 건물 내부에 매장과 접해 산책 및 휴식을 취하기 위한 갤러리가 설치되어 있고, 매장의 입·출구를 갤러리와 연결한다.

(7) 팩토리 아웃렛

① 팩토리 아웃렛의 개요

ⓐ 제조업체가 유통라인을 거치지 않고 직영시스템으로 운영하는 상설할인 매장을 말한다.

ⓑ 대개 공장이나 물류센터 근처에 입지하여 중간물류비와 유통비를 절감할 수 있다.

② 팩토리 아웃렛의 운영 및 입지선정 전략

ⓐ 대부분 중심가에서 벗어난 교외 및 수도권 외곽지역 등에 입지하고 있으며, 임대비용 및 부지 매입이 저렴하면서 몰 건축, 인테리어 등 초기 투자비용도 상대적으로 저렴하다.

ⓑ 타사와의 지나친 과잉경쟁도 없어 운영비용을 절감하는 장점이 있다.

ⓒ 아웃렛의 기본개념에 충실하고 소비자에게 저렴하면서도 양질의 상품을 제공하는 것을 직·간접적으로 호소할 수 있다.

② 드라이브 및 교외로의 이동이 일반화되어 있고, 소비자들이 답답한 도심으로 떠나 전원 생활을 추구하는 요즘의 성향에도 부합하는 측면이 있어 좋은 입지와 상품의 구성을 통해 차별화할 경우 효과적이다.

(8) 카테고리 킬러

① 카테고리 킬러의 개요
  ㉠ 백화점 또는 슈퍼마켓과 달리 상품 분야별로 전문매장을 특화하여 상품을 판매하는 소매점으로 전문할인점의 한 분야이다.
  ㉡ 어느 한 가지의 제품군을 깊게 취급하여 제품에 대한 가격을 낮춘 소매업태로, 전문점과 대중양판점의 특징을 합한 형태인 전문양판점이라고도 한다.
② 카테고리 킬러의 운영 및 입지선정 전략
  ㉠ 취급상품의 범위보다는 상품 선택에 있어서의 깊이를 중시한다.
  ㉡ 교외 대형 쇼핑센터 내에 위치시킨 대형점포를 운영한다.
  ㉢ 고(高) 브랜드이미지를 갖춘 상품을 취급한다.
  ㉣ 대규모 소매업자, 전문상가, 식료품 상가들이 같이 조성한다.
  ㉤ 경제 위축기에 저가정책으로 업태의 경쟁력을 강화한다.

입지에 따른 업종형태 및 업종선택기법 기출 14

입지업종	내 용
군집형	• 전문군집형 : 서로가 비슷한 업종의 점포들끼리 군을 이룰 시에 장사가 잘 되는 업종을 말하며, 이는 유동인구가 주 고객이고 인지도가 높다(예 먹자골목, 가구골목 등). • 복합군집형 : 서로 상이한 성격의 여러 업종의 점포가 복합적으로 운집해 있는 중심지 상권을 말한다. • 업무보완형 : 서로 업무를 보완하는 업종들끼리 함께 군을 이루고 있을 때 장사가 잘되는 업종을 말한다(예 세무서와 세무사 사무실, 법원과 변호사·법무사 사무실, 인쇄소와 카피라이터나 광고사, 문구점과 서점, 술집과 노래방 등).
의존형	기관이나 특정 업체의 종사자 및 이용자들을 대상으로 영업활동을 하는 업종을 말한다(예 학교 주변의 서점이나 문구점, 관공서 주변의 식당가 등).
지역밀착형	인근 주거 지역에 위치해야만 장사가 잘되는 업종을 말한다(예 슈퍼, 세탁소 등).

입지유형 선정시 소매전략

비교구매	고객들이 점포나 브랜드에 대한 충성도가 낮아 가급적 여러 제품을 비교할 수 있는 넓은 공간을 확보하는 것이 좋다.
전문구매	독특하고 차별된 제품을 제공하는 소매업체들의 경우에는 구매결정에 신중을 기하며 구매를 위한 노력을 아끼지 않으므로 편의품보다 입지의 편의성이 크게 중요하지 않다.
편의구매	고객 스스로 필요한 물품에 대한 정확한 정보가 없어 충동적으로 구매하는 경우가 많으므로 가급적 접근하기 쉬운 입지 위치가 중요하다.

01 입지 일반

(1) 입지의 구분 기출 18 · 17 · 15 · 14 · 09

① 접근성에 따른 구분

유 형	내 용
적응형 입지	거리에서 통행하는 유동 인구에 의해 영업이 좌우되는 입지로, 대부분 패스트푸드 · 판매형 아이템 사업 등이 해당된다.★
목적형 입지	고객이 특정한 목적을 가지고 이용하는 입지로, 특정 테마에 따라 고객이 유입되며, 도심 외곽의 테마 카페 등이 해당된다.★
생활형 입지	아파트 · 주택 등 주민들이 이용하는 입지로, 지역의 주민들이 이용하므로 생활형 아이템이 많다.★

② 지리적 위치에 따른 구분

유 형	내 용
도심형 입지 (다운타운형, 번화가형)	• 도심 내의 번화한 입지 즉 명동, 강남, 영등포, 신촌 등이 대표적이다. • 쇼핑을 비롯해서 상권의 흐름이 해당 지방의 중핵도시를 중심으로 모여 분산되어 간다. • 서비스업이 활성화되어 있고 비즈니스 오피스도 있으며, 병원 · 학교 등 통상적인 패턴이 이루어져 낮과 밤의 인구 이동이 아주 크다. • 패스트푸드, 패밀리다이닝, 디너하우스, 전문점 등 거의 모든 업종 업태가 유리하다. • 상권 내의 사무 인구의 형태에 따라 주의해야 한다.
시가지형 입지	• 아파트, 일반주택가, 오피스가의 재형이다. • 인구 20~30만명의 지방도시에서 흔히 볼 수 있는데, 교외로 나가는 간선도로를 따라 그 뒤편에 주택 아파트가 늘어서 있는 패턴이다. • 이러한 입지의 경우 낮에는 비즈니스맨의 이용이 상당히 많지만, 일반 주민들은 비교적 고령자가 많아 손님의 내점빈도는 높지 않은 편이다. • 전문점형 또는 탕집, 한식 등 비교적 대중 레벨의 음식점이 유리하다.
도시근교형 입지	• 서울 주변의 분당, 일산, 평촌 등의 신도시나 부산의 해운대, 기장 등의 뉴 아파트 타운처럼 그 규모나 밀도에 있어서 고객을 아주 많이 모을 수 있는 지역이다. • 대부분의 가정이 자동차를 소유하고 있으므로 자동차객이 몰리고, 비교적 넓은 지역을 대상으로 사업할 수 있다. 이에 이상적인 업태로는 패밀리 레스토랑의 입지가 이상적이며, 대형 아파트단지에서는 패스트푸드점도 유리하다.
야외형 입지 (드라이브인형)	• 간선도로를 따라 생기는 드라이브인 입지로, 도로형이라고도 할 수 있다. • 최근에는 관광지, 리조트 입지도 드라이브인형이라고 한다. • 이러한 형태의 입지는 다운타운 입지와 같아서 주변 거주 인구가 적고, 지나가는 자동차 수 및 관광객, 레저객수에 따라 좋고 나쁜 입지가 정해진다고 할 수 있다. • 계절성이 크고 식사 시간대별로 변수가 커서 위험도 많은 지역이다.

③ 사업이 지향하는 목적에 따른 구분

유 형	내 용
원료지향형	총비용 가운데 원재료 수송비가 절대적 비중을 차지하는 경우에 적합한 입지로 원료생산지에 가까운 곳에 위치한다.
수송지향형	교통중심지에 입지하는 유형이다.
시장지향형 (소비지향형)	최종소비자가 거주하는 지역에 위치하여, 부패성이 심한 제품의 경우, 중량이나 부피가 늘어나는 산업의 경우, 재고의 확보가 필요한 제품의 경우, 소비자와의 접촉이 많이 필요한 제품의 경우에 최적인 입지유형이다.★

유동인구 조사를 통해 유리한 입지조건을 찾을 때 고려사항 `기출` 15
• 교통시설로부터의 쇼핑동선이나 생활동선을 파악한다.
• 조사시간은 영업시간대를 고려하여 설정한다.
• 유동인구의 수보다 인구특성과 이동방향 및 목적 등이 더 중요할 수도 있다.
• 같은 수의 유동인구라면 일반적으로 출근동선보다 퇴근동선에 위치하면 유리하다.

(2) 산업별 입지 유형 구분 `기출` 14

① **상업입지(commercial location)** : 상업활동이 이루어지는 장소 또는 그 범위를 말하는 것으로, 상업입지의 대상은 도매업에서 소매업까지, 백화점·대형슈퍼마켓에서 구멍가게까지 다양하다. 상품현물을 취급하지 않는 보험업, 증권업, 광고업, 공적성격의 거래소, 각종 대리점의 입지도 포함한다. 사회적·경제적 성격, 상업집적(集積)상태, 배후지의 인구와 경제력, 소비자의 생활상태, 교통편의, 자연적·기후적 조건, 장래의 개발 계획 등을 입지조건으로 고려해야 한다.

② **산업입지(Industrial location)** : 광의로는 '경영입지'와 같은 뜻으로 농업을 비롯하여 상업, 교통업 등을 포함하나, 보통 협의로 해석하여 '공업입지'와 같은 뜻의 용어로 다루는 경우가 많다. 시대의 추이에 따라 경제 정세가 바뀌고 제조공정에 기술혁신이 이루어져 생산 규모가 커지고 유통 시장권도 확대되는 등 지역의 양상이 변모하면 입지조건도 바뀌게 된다. 국가의 산업 정책과 지역개발 정책 동향, 나아가서 국제 정세의 변동 등도 입지에 커다란 영향을 미친다.

③ **공장입지(plant location)** : 개별 공장에 있어서의 입지조건은 제조품목에 따라 다를 뿐만 아니라 같은 업종이라도 제조방법의 차이나 사업 주체인 기업측의 사정으로 선정 기준이 달라진다. 일반적으로 공장은 상품생산에 필요한 여러 요소의 입수가 용이하고 저렴해야 하며, 소비지는 제품 출하시 수송과 판매의 편리성이 요구된다.

④ **농업입지(agricultural location)** : 기상·토양·지형·해발고도 등의 자연적 조건에 큰 제약을 받아 신선도가 큰 비중을 차지하는 품목을 비롯해, 수송성이나 저장성이 부족한 품목이 많다. 출하·유통상 기술적 제약과 함께 생산물의 비교가격(단위용량당 가격)이 일반 공업제품에 비해 낮아 운임부담의 관계 때문에 원거리 시장으로의 출하에 곤란이 생기는데, 이로 인해 소비지와 생산지와의 위치 관계에 일정한 제약을 만들고 있다.

(3) 생산구조와 소비구조의 특징에 따른 입지유형 기출 21·19

구분		생산	
		소량	대량
소비	소량	소량생산 – 소량소비 : 수집, 중계, 분산기능이 모두 필요함(예 농수산물의 유통)	대량생산 – 소량소비 : 중계, 분산기능이 필요함(예 생필품이나 공산품의 유통)
	대량	소량생산 – 대량소비 : 수집, 중계기능이 필요함(예 농산물이나 임산물의 가공)	대량생산 – 대량소비 : 중계기능만 필요함(예 공업용 원료나 광산물의 유통)

02 도심 입지(CBDs ; Central Business District) 기출 21·19·17·16·13

(1) 도심 입지의 개념

① 도심입지는 전통적인 도심상업지역으로, 계획적으로 조성되는 신도시와 달리 복잡하게 조성되어 있는 것이 일반적이다. 하지만 전통적인 도심 상업지역이라는 성격으로 인해 어느 곳에서든지 사람들이 유입되는 접근성이 높은 지역이다. ★
② 고급 백화점, 고급 전문점, 은행 등이 입지하고 있는 전통적인 상업 집적지로, 다양한 분야에 걸쳐 고객흡인력을 지닌다. ★

(2) 도심 입지의 특징

① 대중교통의 중심지로 접근성이 좋아 많은 사람들이 유입되어 지가가 가장 높은 지역이다.
② 상업 활동을 통해 많은 사람들을 유인한다.
③ 건물의 고층화 및 과밀화로 인한 주거기능의 약화가 지속된다. ★
④ 도시 외곽 주거지(Frame) 및 도심입지(Core) 간 심각한 교통문제가 발생한다. ★
⑤ 행정관서, 백화점, 기업체 및 고급 전문 상점들이 집중적으로 위치해 있다.
⑥ 전통적으로 이어져 오는 상업 지역이기 때문에 신도시와 같이 계획성 있는 입지의 조성은 어렵다.

03 쇼핑센터(Shopping Center) 입지 기출 14·13·12·11·10·09·08

(1) 쇼핑센터 입지의 개념

① 도시 주민의 교외로의 이동이라는 **스프롤(Sprawl)** 현상과 더불어 자가용의 보급에 따라 제2차 세계대전 뒤 미국에서 발전한 집합형 소매상점가로, 도심 밖 외곽지대에 커뮤니티 시설로 계획되는 것이 일반적이다.
② 일반적으로 대도시의 외곽지대를 중심으로 형성되며, 백화점·슈퍼마켓 등 대규모 소매점을 중심으로 하여 여기에 연쇄점, 전문점, 소매점 등을 모아 원스톱 쇼핑이 가능하도록 계획적으로 만들어진 대규모 상점가를 말한다.

③ 상업행위 이외에도 **커뮤니티 역할**을 하는 여러 가지 기능들, 즉 은행, 이발소, 세탁소, 사무소, 호텔, 극장 그리고 대규모 주차장까지 포함하고 있다. ★

④ 우리나라에서는 번화가의 상점가를 뜻하며, 대자본의 공세에 대항하기 위해 일반 독립 소매상이 모여서 역 근처나 빌딩 및 지하도에 근대적인 거리를 만들어 공동점포를 건설하면서 쇼핑센터가 시작되었다. 그 뒤 미국의 영향을 받게 되자, 백화점·슈퍼마켓 등의 대형 상점을 중심으로 개발하고, 여기에 전문점과 일반소매점이 입주하는 형태로 발전하였다.

⑤ 쇼핑센터의 등장으로 교외의 소비자들은 일상품은 가까운 곳에서 구하고, 내구소비재와 전문품은 쇼핑센터에 가서 구매하는 경향이 나타났다.

⑥ 쇼핑센터는 영업시간 및 점포 외관 등에서 **동질성**을 유지할 수 있으며, 입점업체의 구성을 전체적 관점에서 계획하고 통제할 수 있다. 따라서 개별 업체 입장에서는 **투자의 위험성**이 상대적으로 낮다. ★

⑦ 하나의 쇼핑센터에는 유통매장 및 서비스제공업자들의 공간적인 집중화만 존재할 뿐, **서로 독립적으로 활동**하는 곳이다. 한편, 각각의 개별점포가 자유롭게 영업시간을 조정할 수 없는 등 제약도 따른다. **중앙부분에 보행자 전용로(Pedestrian Mall)**가 있다는 점에서 백화점이나 다른 상점과 명확한 차이가 있다.

(2) 쇼핑센터의 분류

① 입지별 분류

구 분	내 용
교외형	특정 상권의 사람들을 구매층으로 하며 비교적 저층이고, 대규모 주차장을 갖고 있으며 백화점, 대형 슈퍼마켓 등을 중심으로 하는 경우가 많다.
도심형	불특정 다수의 사람들을 구매층으로 하며, 지가가 높은 지역에 입지하기 때문에 면적 효율상 고층이 되는 경우가 많고 주차공간도 집약된다.

② 규모별 분류

구 분	내 용
근린형	도보권을 중심으로 한 상권의 슈퍼마켓, 드럭스토어를 중심으로 한 일용품 위주의 소규모 쇼핑센터이다.
지역형	슈퍼마켓, 버라이어티 스토어, 소형 백화점, 약국, 사무용품점, 스포츠용품점 등을 중심으로 한 실용품 위주의 중규모 쇼핑센터이다.
커뮤니티형	백화점, 종합슈퍼, 대형 버라이어티 스토어 등의 대형 상점을 중심으로 하고 있으며, 여러 가지 서비스 기능이나 레저·스포츠 시설 등을 갖춘 대규모 쇼핑센터이다.

슈퍼 리저널 쇼핑센터(Super Regional Shopping Center)
부지가 33만(10만평 이상), 평균 임대면적은 11만 5천 5백(3만 5천평)이며, 상권으로는 자동차인 경우 대략 25분 정도의 거리이고, 주차대수는 5천대 이상, 방문객 20만에서 25만명을 그 대상으로 하고 있다.

(3) 쇼핑센터의 종류 기출 19 · 18 · 13 · 12 · 11 · 10

종류		특징
스트립 쇼핑센터	네이버후드 센터	• 소비자들의 일상적인 욕구 만족을 위한 편리한 쇼핑장소를 제공 • 슈퍼마켓이 가장 강력한 핵점포(Anchor Stores)의 역할을 수행★
	커뮤니티 센터	다양한 범위의 의류와 일반상품을 제공
	파워 센터	• 종래의 백화점이나 양판점과는 달리 할인점이나 카테고리 킬러 등 저가를 무기로 하여 강한 집객력을 가진 염가점들을 한 곳에 종합해놓은 초대형 소매센터를 의미함 • 여러 종류의 전문 할인점들이 임대 형식으로 들어오게 되는 구조
쇼핑몰	지역 센터	일반상품과 서비스를 매우 깊고 다양하게 제공
	패션/전문품 센터	선별된 패션이나 품질이 우수하고 값이 비싼 독특한 제품을 판매하는 고급의류점, 부티크(boutique, 소규모 개성의류 전문점), 선물점 등
	아웃렛 센터	유통업자 상표제품 및 이월상품을 할인 판매
	테마 센터	• 특정 주제를 바탕으로 그 주제와 연속성을 가지는 환경, 놀이시설, 쇼핑시설 등으로 구성 • 다양한 형태의 점포와 다양한 구색의 상품을 제공하며, 쇼핑과 오락을 결합시킬 수도 있음 • 초기 점포형태 계획시 입점 업체에 대한 믹스를 계획하여 균형 잡힌 상품 구색을 제시할 수 있음
	페스티벌 센터	세계 유명 브랜드 체인점은 물론 의류점, 기념품, 미용실, 오락실 등 모든 시설이 갖추어진 종합쇼핑센터

※ 네이버후드센터, 테마센터, 페스티벌센터는 소비자들에게 편리함과 오락성을 함께 제공한다.
※ 핵점포란 쇼핑센터 안에서 고객의 유인을 담당하는 점포를 말한다.
※ 패션전문센터, 아웃렛센터, 테마센터, 페스티벌센터는 일반적으로 뚜렷한 핵점포가 존재하지 않는다.

대형 상업시설의 테넌트(Tenant) 관리 기출 21 · 19 · 18 · 17 · 15 · 14

• 테넌트(Tenant) : 상업시설의 일정한 공간을 임대하는 계약을 체결하고, 해당 상업시설에 입점하여 영업을 하는 임차인을 말한다.
• 테넌트 믹스(Tenant Mix) : 머천다이징 정책을 실현하기 위한 최적의 조합을 꾸미는 과정으로, 쇼핑센터의 테넌트 믹스는 일반적으로 업태 믹스 → 업종 믹스 → 테넌트 믹스 → 아이템 믹스의 프로세스로 일어난다. 시설 내 테넌트 간에 끊임없이 경쟁을 유발하기보다는 경합대상 쇼핑센터와의 경쟁력 강화에 초점을 맞추어야 한다.
• 앵커 테넌트(Anchor Tenant) : 상업시설의 주요 임차인으로서 백화점이나 슈퍼마켓 같은 큰 규모의 임차인을 말한다. 즉, 앵커 테넌트는 상업시설 전체의 성격을 결정짓는 요소로 작용하며, 해당 상업시설로 많은 유동인구를 발생시킬 수 있다. 이러한 앵커 테넌트들은 건물주로부터 다른 테넌트에 비해서 유리한 리스계약을 받을 수 있고, 해당 상업시설의 가치를 높여주는 역할을 한다. 따라서 앵커 테넌트의 부재는 해당 상업시설의 매력도를 떨어지게 하여 기존에 있던 일반 테넌트의 영업에도 많은 영향을 미치게 된다.
• 마그넷 스토어(Magnet Store, 핵상점) : 쇼핑센터의 핵으로서 고객을 끌어들이는 기능을 갖고 있으며, 일반적으로 백화점이나 종합 슈퍼마켓이 이에 해당된다.

개념 Plus

스페셜리티 전문점

빌딩, 역 빌딩, 지하거리 등의 핵점포가 없는 전문점 집단의 쇼핑센터를 의미한다. 입지적으로 도심지나 유동인구 및 고객집객력이 높은 지역에 주로 위치하고, 대형전문점이 마그넷 역할을 하는 곳을 말한다.

개념 Plus

라이프스타일센터

쇼핑은 물론 소비자들의 여가생활까지 가능하도록 꾸민 시설을 의미한다. 기존의 백화점들이 물건을 구입할 수 있는 쇼핑공간에 그쳤다면, 라이프스타일 센터는 어린아이부터 할아버지까지 전 연령대의 고객들이 먹고 마시고 즐기는 데 필요한 대부분의 시설을 갖춘 센터이다.

출제지문 돋보기 OX

01 [14-2]
테넌트 믹스(Tenant Mix)는 상업시설의 머천다이징 정책을 실현하기 위해 시설내 테넌트 간에 끊임없이 경쟁을 유발하도록 해야 한다. ( )

02 [13-1]
쇼핑센터의 종류에서 편리함과 오락성을 겸비한 유형에는 네이버후드센터, 테마센터, 페스티벌센터가 있다. ( )

정답 1. × 2. ○

04 노면독립입지(Freestanding Sites) 기출 15·14·13·12·11·10·09·08

(1) 노면독립입지의 개념

① 여러 업종의 점포들이 한 곳에 모여 있는 군집입지와 다르게 전혀 점포가 없는 곳에 독립적으로 입지해서 점포를 운영하는 형태이다.

② 독립지역에 입지한 소매점은 다른 소매업체들과 고객을 공유하지 않는다는 특징이 있다.

③ 노면독립입지에서 독자적인 상권을 개척하는 경우에는 고객층을 새로 형성시키기 위한 공격적인 마케팅 전략을 수립하여 확장 위주의 경영계획을 추진하여야 한다. 즉 노면독립입지에서는 타 업체보다 비교 우위가 있는 확실한 기술력을 보유한 전문성이 있는 업종이나 또는 다른 업체와 비교하여 뛰어난 마케팅 능력을 보유하고 있는 업종이 적합하다.

④ 중·소형 소매업체보다 오히려 창고형 대규모 소매점이나 하이퍼마켓, 카테고리 전문점 등 주로 대형 소매업체들에 알맞다.

⑤ 다른 점포와의 시너지 효과가 결여되어 있기 때문에, 고객을 유인하기 위해 상품·가격·판촉·서비스를 특별하게 제공해야 한다.

(2) 노면독립입지의 장·단점

장 점	단 점
• 중심 시가지보다 토지 및 건물의 가격 또는 임대료가 싸다.★	• 직접적인 경쟁업체가 없으므로 경쟁을 통한 시너지 효과가 없다.★
• 주차공간이 넓으므로 고객들에게 높은 편의성을 제공할 수 있다.★	• 고객들의 특성상 오직 해당 점포만을 생각하고 방문한다.
• 새로운 확장에 용이하게 작용한다.★	• 고객들을 지속적으로 유인하기 위해 홍보, 가격, 상품, 서비스 등을 차별화해야 하므로 비용이 증가한다.
• 도심지에 비해 임대료가 낮다.	
• 높은 가시성을 가진다.	• 접근성이 낮아 고객에게 노출이 잘 되지 않는다.
• 제품, 영업시간·광고간판 등에 대한 규제가 비교적 완화된다.★	• 비교구매를 원하는 소비자에게는 전혀 매력적이지 않다.★
• 직접적으로 당면하는 경쟁업체가 없다.★	
• 대형점포를 개설할 경우 소비자의 일괄구매(원스톱 쇼핑)를 가능하게 한다.★	• 쇼핑몰이나 쇼핑센터에 입점해 있는 점포들에 비해 고객유인효과가 상대적으로 저조하다.

(3) 노면독립입지에 적합한 업종

① 특정 입지 안에 직접 경쟁하는 점포가 비교적 적어야 한다.

② 통행인들에 대하여 가급적 가시성이 높은 영업이나 위치에 있어야 한다.

③ 점포를 경영하는 자가 점포의 간판, 영업시간, 상품구색에 대해 결정권을 가지고 있는 영업이어야 한다.

④ 다른 업체와 비교우위에 있는 확실한 기술력을 보유하여 전문성이 있는 업종이 적합하다.

⑤ 대규모 자본을 투자하여 다른 업체와 확실한 비교우위를 선점할 수 있고, 고객 스스로 찾아오도록 할 수 있는 서비스와 시설규모가 갖춰진 업종이 적합하다.

⑥ 카테고리 킬러와 같은 목적점포(Destination Stores)가 적합하다.

05 복합용도개발(MXD ; Mixed-use development)지역 입지

(1) 복합용도개발의 개념 기출 19·15·14·13·10·09

① 혼합적 토지이용의 개념에 근거하여 주거와 업무, 상업, 문화 등 상호보완이 가능한 용도를 서로 밀접한 관계를 가질 수 있도록 연계·개발하는 것을 말한다.★

② 복합용도개발은 거니 브릭큰펠드(Gurney Breckenfeld, 1972)가 처음으로 사용한 용어이며, 위더스푼(Witherspoon, 1976)은 미국의 도시개발협회인 어반 랜드 연구소(ULI)에서 복합용도 건축물을 특징짓는 기본요건으로 다음의 세 가지를 설정하였다.

　㉠ 세 가지 이상의 주요 소득 용도를 수용 : 독립적인 수익성을 지니는 3가지 이상의 용도를 수용할 것

　㉡ 물리적·기능적 규합 : 혼란스럽지 않은 보행 동선 체계로 모든 기능을 서로 연결하여 물리적·기능적으로 통합을 이룰 것

　㉢ 통일성 있는 계획에 의한 개발의 성공 : 하나의 마스터플랜에 의하여 일관성 있는 계획 하에 건설 및 임대가 진행되어 단일 건축물과 유사한 모습을 나타낼 것

(2) 복합용도개발의 필요성 기출 15·13·11

① 복합기능의 수용에 따라 도시 내 상업기능만 급격히 증가하는 현상을 억제함으로써 도시의 균형잡힌 발전을 도모할 수 있다.

② 도시 내에서 살고자 하는 사람이나 살 필요가 있는 사람들에게 양질의 주택을 공급할 수 있으며 이로 인해 도심공동화 현상을 방지할 수 있다.★

③ 도심지 주변에 주상복합건물을 건설할 경우 이 지역이 도·소매업, 광고업, 인쇄업 등 서비스기능 위주의 전이지역으로 변화하는 것을 방지할 수 있다.

④ 도심지 내 주생활에 필요한 근린생활시설 및 각종 생활편익시설의 설치가 가능하게 되어 도심지가 생동감이 넘치고 다양한 삶의 장소로 바뀔 수 있다.★

⑤ 주상복합 건물을 건설할 경우 기존 시가지 내의 공공시설을 활용함으로써 신시가지 또는 신도시의 도시기반시설과 공공서비스시설 등에 소요되는 공공 재정이나 민간자본을 절감할 수 있다.★

⑥ 직장과 주거지와의 거리가 단축됨으로써 출·퇴근시 교통비용 및 시간의 절약이라는 이점이 있고 교통 혼잡도를 완화시킬 수 있다.

⑦ 차량 통행량 증가가 완화됨에 따라 대기오염 요인감소와 에너지 절감의 효과를 얻을 수 있다.

⑧ 주차장 이용에 있어서 주거, 상업, 업무 등 기능별로 주차장의 집중이용시간대가 분산되므로 한정된 주차공간을 효율적으로 이용할 수 있다.

⑨ 기능면에서 보행자 동선과 차도를 분리시켜 수송 문제를 입체적으로 해결할 수 있다.

⑩ 경제적인 측면에서 도심지 내 토지의 고층화·고밀화를 통하여 해결할 수 있고 아울러 쾌적한 녹지공간의 확보와 기존의 도시 시설을 편리하게 이용할 수 있다.

⑪ 공간을 생산적으로 사용할 수 있어 개발 업체들이 선호한다.

01 입지선정의 의의

(1) 입지 선정의 개념

① 입지 주체가 추구하는 입지조건을 갖춘 토지를 발견하는 것으로 동적·공간적 개념을 말한다.

② 주어진 부동산에 관한 적정한 용도를 결정하는 것도 포함된다.

③ 입지 선정시에는 업종과의 부합성 검토를 해야 한다. 통상적으로 좋은 입지라고 보는 곳도 실질적으로 업종과 부합되지 않으면 나쁜 입지가 된다.

④ 입지선정의 과정에서는 더 유리한 이용을 하려는 입지경쟁이 전개되고, 그 결과 토지이용이 집약화(集約化)되며 토지의 단위 면적당 노동과 자본의 투자비율이 높아진다.

개념 Plus

신규출점시 입지분석 과정
소매점포가 어떤 지역에 신규출점을 할 경우 입지분석의 일반적 과정은 <u>지역분석 → 지구분석 → 부지분석</u> 순으로 이루어진다. ★
• 지역분석 : 대형 소매점포의 시장 잠재력을 조사하기 위한 지역분석
• 지구분석 : 특정지역이 선정되면 그 후보지 내에서 최적지구선정을 위한 분석 실시
• 부지분석 : 구입가능한 부지들 중에서 최적의 부지(site)를 점포입지로 선정

입지선정의 FLOW

입지선정 시나리오의 작성	• 거주지 부근의 2~3km 내 상권 표시 • 상권력의 파악
아이템·자금에 맞는 후보 상권·입지 선정	• 점포 정보 습득, 업종별 핵심키워드, 입지전략 등의 숙지 • 상권입지의 단계별 입지전략의 숙지
상권분석 및 입지조건에 대한 분석	• 상권분석 : 응집도/점포의 수/대형편의시설의 유무 • 입지조건분석 : 핵점포/주동선에 대한 접근성 및 가시성
상권의 입지조건 분석도의 작성	• 점포를 기준으로 반경 500m 내 상권지도를 작성 • 상권의 입지조건 분석도의 작성 : 핵점포 표기
예상매출액의 추정 및 사업타당성에 대한 분석	• 사례비교법 매출액의 추정/투자대비 수익률의 분석 • 사업타당성 분석
A급 점포의 개발	A급 점포의 판별 : 입지수준 및 권리금의 종합적 비교
계약의 체결	• 점포권리의 양도계약 : 점포주 및 매수자 • 점포임대차의 계약 : 건물주 및 매수자

01   [20-2]
입지의 매력도 평가 원칙 중 동반유인의 법칙은 유사하거나 보완적인 소매업체들이 분산되어 있거나 독립되어 있는 경우보다 군집하여 있는 경우가 더 큰 유인잠재력을 가질 수 있다는 원칙이다.   (   )

02   [12-3]
넬슨이 제시한 8가지 입지평가 방법 중 상권접근성은 접근가능성이라고도 하며, 상호보완 관계가 있는 점포가 근접하고 있어 고객이 자기점포로 흡인될 가능성을 분석하는 것이다.   (   )

03   [20-3]
넬슨이 제시한 소매입지 선정원칙 중 집적 흡인력은 집재성 점포의 경우 유사한 업종이 서로 한 곳에 입지하여 고객흡인력을 공유하는 것이 유리한가에 대한 검토를 의미한다.   (   )

정답 1. ○ 2. × 3. ○

(2) 입지조건

① 주거지 : 주변 환경의 쾌적성, 직장 및 기타의 교통조건 등의 편리성, 다른 지역으로의 접근가능성이 있어야 한다.

② 상업지 : 수익성이 있어야 한다.

③ 공업지 : 생산지와 소비지 사이의 운송경로에 있는 거리를 조건으로 하여 생산비와 수송비를 절약해야 한다.

④ 농업지·임업지 : 기상 상태나 토양이 양호하고 생산성이 높은 곳이어야 한다.

(3) 성공적인 입지의 7원칙

① 최상의 입지는 최상의 시설을 요구한다.

② 업태 또한 그에 상응하는 시설 및 레이아웃을 요구한다.

③ 주차여건 등의 차량 접근성은 물론이고 도보의 접근성도 높여야 한다.

④ 간판 및 외관의 독특성과 차별성을 통해서 입지의 가시성을 높여야 한다.

⑤ 적어도 향후 5년을 보고 충분한 시설 및 규모 등을 갖추어야 한다.

⑥ 상권의 잠재력은 그에 상응하는 규모는 물론 설비, 상품, 운영 및 인력 등을 요구한다.

⑦ 시설, 편의성 및 서비스 등 점포의 이미지는 목표 고객의 인구통계학적 특성과 라이프 스타일에 적합해야 한다.

(4) 입지매력도 평가원칙 기출 21·20·19·18·17·15·14·11

구 분	내 용
고객차단원칙	사무실 밀집지역, 쇼핑지역 등은 고객이 특정 지역에서 타 지역으로 이동시 점포를 방문하게 한다.
동반유인원칙 ★★	유사 또는 보충적인 소매업이 흩어진 것보다 군집해서 더 큰 유인잠재력을 갖게 한다.
보충가능성원칙	두 개의 사업이 고객을 서로 교환할 수 있을 정도로 인접한 지역에 위치하면 매출액이 높아진다.
점포밀집원칙	지나치게 유사한 점포나 보충 가능한 점포는 밀집하면 매출액이 감소한다.
접근가능성원칙	지리적으로 인접하거나 또는 교통이 편리하면 매출을 증대시킨다.

(5) 넬슨(R. L. Nelson)의 8가지 입지평가방법 기출 19·18·17·16·15·14·13·12·11·10

구 분	내 용
상권의 잠재력	현재 관할 상권 내에서 취급하려는 상품에 대한 수익성 확보 가능성에 대한 검토
접근가능성	관할 상권 내에 있는 고객을 자기 점포에 어느 정도 흡인할 수 있는가에 대한 가능성을 검토
성장가능성	인구 증가와 소득수준의 향상으로 시장규모나 선택한 사업장, 유통 상권의 매출액이 성장할 가능성에 대한 검토
중간저지성	기존 점포나 상권지역이 고객과의 중간에 위치함으로써 경쟁점포나 기존의 상권지역으로 접근하는 고객을 중간에서 차단할 수 있는 가능성을 검토

누적적 흡인력 (집적 흡인력)	영업의 형태가 비슷하거나 동일한 점포가 집중적으로 몰려 있어 고객의 흡인력을 극대화할 수 있는 가능성 및 사무실, 학교, 문화시설 등에 인접함으로써 고객을 흡인하기에 유리한 조건에 속해 있는가에 대한 검토로, 예비창업자는 창업 아이템에 따라서 중간 저지성의 입지를 선택할 것인지, 누적적 흡인력의 입지를 선택할 것인지를 판단해서 결정함
양립성	상호보완관계에 있는 점포가 서로 인접해 있어서 고객의 흡인력을 높일 수 있는 가능성에 대한 검토
경쟁회피성	경쟁점의 입지, 규모, 형태 등을 감안하여 예비창업자의 사업장이 기존 점포와의 경쟁에서 우위를 확보할 수 있는 가능성 및 향후 신규경쟁점이 입점함으로써 창업할 사업장에 미칠 영향력의 정도를 파악하기 위한 방법으로, 경쟁을 회피하기 위하여 가능한 한 예비창업자는 경쟁점과의 경쟁에서 우위를 점할 수 있는 규모의 사업장을 선택해야 하며, 경쟁점이 입지를 이용하는 것을 사전에 막을 수 있도록 해야 하고, 경쟁 입지가 중간 저지적인 입지가 되지 않도록 입지를 선택해야 함
경제성	입지의 가격 및 비용 등으로 인한 수익성과 생산성의 정도에 관한 검토

02 소매입지의 선정

(1) 소매입지를 선정하는 절차

① 주민과 기존 유통업체와의 관련성을 고려하여 대체적인 상권을 평가한다.

② 해당 상권 내에서 어떤 유형의 입지에 출점할 것인지를 결정한다.

③ 특정의 출점입지를 선정하는데, 이때 유통집적시설은 단독입지가 아닌 집합입지이다.

(2) 출점을 위한 유통시설입지 평가요소

① 주먹구구식 방법(Rules of Thumb) : 경영자의 주관적인 경험에 의존하는 방법이다.

② 체크리스트 방법 : 어떠한 아이디어에 있어 실수 없이 미리 체크할 항목을 기록하고 이를 힌트로 해서 발상하도록 하는 방법으로, 특정한 장소에 위치할 때 매출과 비용에 영향을 주는 요인들을 살펴보는 방법이다.

③ 판매잠재력 변이의 모델화 : 역사적 성과, 그 점포의 상권특성, 지역 내에서의 경쟁수준 등을 분석하는 방법이다.

(3) 입지와 부지의 평가요소 기출 14 · 09

① 보행객 통행량 : 통행인 수, 통행인의 유형

② 차량 통행량 : 차량통행 대수, 차종, 교통밀집정도

③ 주차시설 : 주차장 수, 점포와의 거리, 종업원 주차의 가능성

④ 교통 : 대중 교통수단의 이용가능성, 주요 도로와의 근접성, 상품배달의 용이성

⑤ 점포구성 : 상권 내의 점포 수, 규모, 인근 점포와 자사 점포와의 유사성, 소매점 구성상의 균형 정도

⑥ **특정 부지** : 시각성, 입지 내에서의 위치, 대지의 크기와 모양, 건물의 크기와 모양, 건물의 사용연수

⑦ **점유조건** : 소유 또는 임대조건, 운영 및 유지비용, 세금, 도시계획과의 관련 여부

(4) 유통집적시설에 유리한 입지조건 기출 16 · 14

① **교외지역** : 인구가 충분하고, 앞으로도 인구 증가가 예상되는 곳이 유리하다.

② **간선도로망** : 도로망의 기본이 되는 주요도로로, 중요한 도시 사이를 연결하거나 도시 내의 중요 지구를 연결하기 위한 도로를 의미한다. 따라서 어디에서든 자동차로 오는 데 어려움이 없으므로 간선도로망을 갖추는 것이 유리하다.

③ **핵점포** : 핵점포는 대형 유통센터나 대형 점포, 브랜드 인지도가 높은 점포, 그 지역의 상권 내 가장 번화한 점포로서, 누구든지 찾아올 수 있으므로 고객의 집객력이 높아 유리하다.

④ **지역최대의 주차장** : 주차장을 구비해 도보상권 뿐만 아니라 차량접근성도 고려해야 한다.

⑤ **점포부족상태** : 소비자가 대형유통시설의 출점을 기대하는 곳이면, 잠재성장가능성이 높아 좋다.

⑥ **독립상권** : 매력이 다른 상권으로 유출되기 어려운 조건을 갖고 있다.

(5) 성격별 입지조건 기출 16 · 08

① **물리적 조건** : 노면, 지반, 건물의 외형 등

② **지리적 조건** : 도로 조건, 교통상태, 인구밀도, 산과 하천, 지대 등
  ㉠ 이용 측면에서는 사각형의 토지가 좋다.
  ㉡ 삼각형 토지의 좁은 면은 가시성과 접근성이 떨어지기 때문에 좋은 입지라고 할 수 없다.
  ㉢ 일정규모 이상의 면적이라면 자동차 출입이 편리한 각지(角地)가 좋다.
  ㉣ 인지성이 좋은 지역이 좋은 입지이다.
  ㉤ 직선 도로의 경우 시계성이 좋고 좌 · 우회전이 용이한 도로변이 좋다.

③ **사회문화적 조건** : 번영정도, 접근성, 교통수단, 배후지의 질, 고객의 양과 질 등

(6) 소매입지의 중요성

① 입지산업이다.

② 한 번 입지를 결정하고 나면 입지변경을 하기가 어렵다.

③ 부적합한 입지로 인해 불이익에 대한 극복이 어렵다.

④ 상당한 투자를 장기간 동안 요하게 된다.

⑤ 입지조건에 따른 유통전략믹스상 다른 요소에게도 영향을 미치게 된다.

⑥ 입지는 다른 영향으로 변질될 우려가 있다.

03 점포의 위치선정

(1) 소매점포 선정시 고려되는 요소

① 점포를 어느 도시 혹은 어느 상업 지구에 세울 것인가 하는 문제에 영향을 주는 요인들

② 선정된 도시나 상업지역 내의 어느 특정 지역에 점포를 세우느냐 하는 문제에 영향을 주는 요인들

③ 위의 요인들은 상호밀접하게 관련되어 있는데, 예를 들어 도시나 쇼핑센터 내에서 바람직한 장소를 얻을 수 있느냐 없느냐 하는 문제는 그 지역의 점포설립의 여부에 영향을 끼친다.

(2) 도시나 상업지역 선정시 고려되는 요소 기출 19 · 14

① **인구** : 한 도시와 그 주변의 상업지구의 인구는 소매점포의 잠재적 고객의 수를 결정한다.

② **도시의 발전** : 한 지역의 발전은 산업의 종류, 인구변동 추이 등과 밀접한 관련이 있다.

③ **잠재적 고객의 구매 관습** : 고객의 쇼핑 장소, 쇼핑 거리, 기호, 성향 등에 따라 상점의 위치 선택이 영향을 받는다.

④ **주민의 구매력** : 한 지역의 총 소매 판매량은 주민의 구매능력과 밀접한 관계가 있다. 지역의 구매력을 알려주는 요소로는 그 지역의 월급생활지수와 평균급료, 은행예금총액과 성향, 연금 등 사회복지수당, 재산세 등 각종 제세금액 등이다.

⑤ **부의 분산** : 부의 분산은 구매액과 이윤에 영향을 미치는 또 다른 요소로서 평가방법은 가정의 형태와 종류, 주택을 소유한 사람의 비율, 교육수준, 자동차 대수와 종류, 신용카드보급 및 사용현황 등이다.

⑥ **경쟁의 본질과 강도** : 경쟁점의 수, 형태, 면적, 위치는 점포를 세울 도시나 쇼핑센터의 선택에 영향을 미친다.

⑦ **제반 법령과 제도** : 세금의 종류와 유형을 결정하는 법령과 점포를 운영하고 설치하는 데 얻어야 하는 인·허가와 면허는 점포의 위치 결정에 중요한 요소이다.

⑧ **기타** : 도로망 계획, 경쟁점 확장계획, 상품 공급의 원활 등

(3) 부지 선정시 고려되는 요소 기출 15 · 12 · 11 · 08

① **추정된 영업거래량** : 전망 있는 부지를 선택하는 데 있어 잠재적 1년 매출을 추정해야 한다. 경쟁점의 매출, 인구, 산업형태, 고용 인구를 가진 점포의 연간 매출을 참고하여 구할 수 있다.

② **취급 상품의 종류** : 식료품을 취급하는 슈퍼마켓은 고객의 주거지와 가깝거나 주차시설이 잘 되어 있고 다른 상품을 함께 구매할 수 있는 쇼핑센터에 위치해야 하지만, 백화점은 같은 형태의 점포가 무리를 이루어야 번창하기 때문에 중심지에 위치해야 한다.

③ **고객의 구매 관습** : 쇼핑에 대한 편의나 양호한 접근성도 고객의 쇼핑에 영향을 미치는 중요한 요소로서 좋은 도로, 자동차 사용률의 증가, 도시의 분산화, 새로운 쇼핑센터나 할인점의 등장은 구매 관습의 변화를 가져온다.

④ **고객의 통행량** : 다른 요소가 같을 때는 보통 통행량이 많을수록 영업거래량이 많아진다. 주차 공간의 크기와 같은 양적 요인도 중요하지만, 교통의 상대적인 혼잡도와 같은 질적 요인도 고려하여야 한다. 일반적으로 접근성이 좋은 점포는 차량의 흐름은 빈번하되 교통 혼잡은 일어나지 않는 것이 좋다. ★★

⑤ **경쟁점의 위치** : 어떤 형태의 점포는 중심쇼핑구역 내 혹은 큰 쇼핑센터 내에 자리 잡는 것이 성공의 필수적 요건이지만, 다른 형태의 스토어는 쇼핑센터나 중심구역을 벗어나야 성공적으로 운영할 수 있다.

⑥ **접근성** : 접근성은 물리적 · 심리적 요인을 모두 포함하는 개념이다.

   ㉠ 기차, 지하철, 버스 같은 대중교통시설 등 이동수단의 고려
   ㉡ 잠재적 고객들과 종업원들의 주거지로부터 점포와의 거리
   ㉢ 점포가 위치한 지역만의 교통 혼잡과 하루 중 혼잡시간과 주중 혼잡일에 대한 변화
   ㉣ 점포의 도보거리 내에서 편리하게 사용할 수 있는 주차시설과 요금
   ㉤ 점포가 도로변에 위치해 있는지의 여부
   ㉥ 경사나 막다른 골목에 위치해 있는지 여부

⑦ **투자와 수익** : 소매업자가 사용하려고 계획하는 설비와 장치 · 장식, 상품의 재고, 임대료 등이 투자에 포함된다.

⑧ **기타** : 건물 사용기간, 임대료, 계약갱신상의 특권, 토지사용규제, 토지매입비용, 건축비, 본점의 운영방침, 소유권 · 소유자의 신용, 토지대장, 도시계획도, 상하수도 · 전력 · 가스 등 공공시설 현황 등

04 입지영향인자 [기출] 14 · 13 · 12 · 11

(1) 인구통계 및 라이프스타일 [기출] 12 · 09

① 가구, 인구, 가구당 인구, 연령별 구조를 파악한다. 이를 파악하기 위해서는 시 · 구 통계연보를 시청이나 구청 주민센터에서 구해야 한다.

② 통계연보로 연령별 · 남녀별 · 지역별 · 가구별 인구 등을 파악할 수 있으며, 도 · 소매업 조사보고서, 서비스업 조사보고서 등에서는 지역주민들의 생활상을 파악할 수 있다.

③ 주거형태의 구조는 같은 소득일지라도 아파트지역은 주택지역보다 소비성향이 약 1.2배 높다. 또한 아파트 지역이 집적도가 높으며 인구가 많고 보다 편리성을 추구한다.

(2) 접근성 [기출] 08

① 적응형 입지

   ㉠ 출입구, 시설물, 계단, 가시성 등 도보자의 접근성을 우선 고려하여야 한다.
   ㉡ 버스, 택시, 지하철 등 대중교통시설과 근접하면 좋다.
   ㉢ 최적입지는 차 없는 거리이며, 주차장은 없어도 무방하다. 굳이 투자효율성이 떨어지는 주차장을 둔다면 건물 뒤편에 위치하는 것이 좋은데, 이는 우선 도보객이 접근하기 쉬워야 하기 때문이다. 또한 자동문이나 회전문은 출입구로서 좋지 않다.

② 목적형 입지
　　㉠ 특정 테마에 따라 고객이 유입되므로 차량이 접근하기 쉬워야 한다.
　　㉡ 주도로에서 접근이 쉽고, 주차장이 크고 편리성이 있어야 하며 주차관리원도 두어야 한다.
　　㉢ 적응형 입지와 달리 주차장의 위치는 건물 앞쪽에 있어야 이용자의 편리성이 높다.
③ 생활형 입지
　　㉠ 지역 주민이 주로 이용하는 식당이므로 도보나 차량을 모두 흡수할 수 있어야 한다.
　　㉡ 주차시설도 갖추고 도보객의 접근도 유리한 지역에 출점해야 한다.

(3) 경쟁상황 기출 14

① 상권 내의 업종별 점포수, 업종비율, 업종별·층별 분포 파악
　　㉠ 업종별 분류는 판매업종과 서비스업종으로 구분할 수 있다.
　　㉡ 판매업종은 식품류, 신변잡화류, 의류, 가정용품류, 문화용품류, 레포츠용품류, 가전·가구류로 구분하고, 서비스업종은 외식서비스, 유흥서비스, 레저·오락서비스, 문화서비스, 교육서비스, 의료서비스, 근린서비스로 나눌 수 있다.
② 판매업종과 서비스업종의 구조 파악
　　㉠ 판매업종이 많을수록 유동성이 높으며, 패스트푸드 점포가 유망하다.
　　㉡ 판매업종이 다수이면 판매업종을 출점하는 것이 유리하다. 단, 서비스업종이 많으면 서비스업을 택하는 것도 좋다. 명동의 경우 판매업종이 80%, 서비스업종이 20%이고, 일반적인 상가는 판매업종이 20%, 서비스업종이 80%이다.
③ 건물의 층별 점포구성 분석 : 건물의 1층 구성비가 높으면 상권이 나쁘고, 구성비가 고르면 상권이 좋다.
④ 입점하고 있는 브랜드 분석 : 우리나라 소비자는 브랜드 선호도가 높으므로 유명브랜드가 많이 입점해 있으면 좋은 입지라 볼 수 있다.

(4) 시너지 효과

① 동종업종이 집적되어 있으면 초기투자비가 높으나 경쟁점포가 출점하더라도 매출이 민감하게 변하지 않으며, 소비자는 바가지를 쓸 염려를 하지 않아도 된다. 또 구색이 다양해서 선택의 폭이 넓어지는 장점이 있다.★
② 판매업종이 집중된 명동이나 백화점, 할인점에 외식업을 출점하면 시너지 효과를 최대한 확보할 수 있다. 테크노마트, 논현동 가구거리도 대표적인 예이다.
③ 서비스업종이 집중된 음식점이나, 유흥위락단지, 숙박업, 학원, 극장 등 같은 업종끼리 집중되면 시너지 효과가 극대화된다. 하지만 일반적으로 상품의 성격이나 종류가 서로 다른 경우에 더욱 큰 판매촉진 효과를 볼 수 있다.★
④ 특정 시설에 의존하는 입지를 선택한다. 호텔, 백화점, 시장, 대형오피스, 대형상가, 대형복합빌딩 등 바로 옆이 좋은 입지가 될 수 있다.
⑤ 다른 점포 내에 입점하는 점포 내 점포 전략의 경우 목표고객이 겹치는 경우 구매고객이 분산될 수 있다. 하지만 전체적인 측면에서의 매출액은 상승하게 된다.

(5) 소비자의 상권이용형태 기출 15 · 14

① 고객은 대형 지향성을 갖고 있어 동일업종인 점포가 나란히 여러 개 밀집되어 있으면 대형점포를 선택하게 된다.

② 고객은 평탄하거나 아래쪽을 선호한다. ★

③ 고객은 심리에 민감하며, 자동문이나 회전문 그리고 점포를 가리는 나무는 좋아하지 않는다. 또한 전면 길이가 긴 점포를 선호하고 안쪽으로 길쭉한 점포는 상대적으로 선호도가 낮으며, 도로변에 면한 길이와 점포 안쪽의 길이는 3 : 2 정도의 비율이 좋다. ★

④ 고객은 비역류성으로, 비(非)번화 지역에서 번화 지역으로 이동한다.

상권단절요인 기출 21

- 자연지형물 : 하천, 공원 등
- 인공지형물 : 도로(6차선 이상), 철도
- 장애물시설 : 쓰레기처리장, 학교, 병원
- C급지 분포업종 : 카센터, 공작기계, 우유대리점, 가구점, 표구점, 기타 기술위주업종
- 기타 : 주유소, 공용주차장, 은행 등

---

(6) 법적 조건

① 용도지역

㉠ 건축이 가능한 지역이 있고, 전혀 불가능한 지역이 있으며, 지방자치단체의 조례에 따라 가부가 결정되는 것도 있다.

㉡ 학교시설지구(고등학교 이하)에서는 50m까지가 절대 정화 구역, 200m까지는 상대 정화 구역이다.

② 건폐율과 용적률 기출 21 · 19 · 17

㉠ 건폐율이란 대지면적에 대한 건축면적의 비율을 말한다.

㉡ 용적률이란 대지면적에 대한 건축물의 연면적 비율을 말한다. 여기서 건축물의 연면적이란 건축물 각 층의 바닥면적의 합계를 말하며, 용적률을 산정할 때 지하층의 면적, 지상층의 주차장으로 쓰는 면적은 제외한다. ★★

㉢ 용도지역에 따라서 건폐율과 용적률은 많은 차이가 있으므로 유의해야 한다.

(7) 성장성 기출 16

① 단기변화는 1년 내 시행되는 것, 중기변화는 3년 내, 장기변화는 3년 이상으로 분류할 수 있다. 적어도 음식점을 창업하기 위해서는 1년 이내에 변화가 있어야 한다.

② 아파트단지 내의 상가나 인근 상업지역에 출점하는 경우에도 신중해야 한다. 아파트단지는 입주개시 후 적어도 3년, 길게는 10년이 되어야 안정될 수 있다.

㉠ 아파트 단지는 단지별 연계성이 떨어지기 때문에 단지 내 인구가 유효인구가 되며, 더 이상의 수요창출을 기대하기 어렵다. ★

출제지문 돋보기 OX

01   [21-3]
왕복 2차선 도로는 소규모 소매점포의 일반적인 상권단절요인에 해당한다. ( )

02   [15-2]
경사진 도로에서는 일반적으로 하부보다는 상부 쪽에 점포가 위치하는 것이 유리하다. ( )

정답 1. × 2. ×

ⓛ 가능하면 이질적인 업종들이 결합하여 서로 경쟁을 피하도록 하여야 한다.

ⓒ 대형평형 아파트단지 상가보다는 중소평형 아파트단지의 배후 인구수가 많기 때문에, 중소평형 아파트단지 상가의 매력도가 상대적으로 높다.

(8) 페터(R. M. Petter)의 공간균배의 원리 기출 21·20·18·17·15·14

① 유사한 상품을 취급하는 점포들이 서로 도심에 인접해 있어 점포 간에 경쟁이 일어날 경우, 시장의 크기와 수요의 교통비 탄력성에 따라 자신에게 유리한 형태로 점포 사이의 공간을 균등하게 나누게 된다는 이론이다.

② 상권 내 소비자의 동질성과 균질분포를 가정하여 경쟁점포들 사이의 상권분배 결과를 설명한다.

③ 수요의 교통비 탄력성이 '0(영)'이면 호텔링모형의 예측결과가 나타난다. ★

④ 시장이 좁고 수요의 교통비 탄력성이 적으면 집심 입지 현상이 나타나고, 시장이 넓고 수요의 교통비 탄력성이 크면 분산 입지 현상이 나타나는데, 이에 따른 점포유형에는 집심성, 집재성, 산재성, 국부적 집중성 점포가 있다. ★

ⓐ 집심성 점포 : 도시 전체를 배후지로 하여 배후지의 중심부에 입지하여야 유리한 점포(예 도매상, 대형백화점, 고급음식점, 대형서점, 귀금속점, 대형영화관, 의류패션전문점)

ⓑ 집재성 점포 : 동일한 업종의 점포가 한 곳에 모여 입지하여야 하는 점포(예 보험회사, 관공서, 사무실, 가구점)

ⓒ 산재성 점포 : 한 곳에 집재하면 서로 불리하기 때문에 분산입지 해야 하는 점포(예 소매점포, 잡화점, 주방용품점, 이발소, 목욕탕, 세탁소)

ⓓ 국부적 집중성 점포 : 동업종의 점포끼리 일정한 지역에 집중하여 입지하여야 유리한 점포(예 컴퓨터부품점, 기계공구점, 철공소, 농기구점, 비료상, 종묘판매상)

상권발전에 영향을 미칠 수 있는 요인 기출 18·09

긍정적인 영향을 미치는 요인	• 가까이에 대규모 아파트단지가 곧 완공되어 입주를 시작한다. • 반경 200m 안에 전철역이 새로 들어선다. • 버스노선이 늘어나거나 가까이에 마을버스 정류장이 생긴다. • 사람들이 걸어다닐 수 없던 곳에 마을버스가 다닌다. • 주변에 대형 업무용 빌딩이 곧 완공되고 관공서가 이전해온다. • 해당 지역의 용도가 상업지역으로 바뀐다.
부정적인 영향을 미치는 요인	• 인근 아파트의 재개발·재건축 공사가 곧 시작된다. • 주변에 지하철 공사가 곧 시작된다. • 지금까지 사람들이 걸어 다니던 길에 마을버스가 다닌다. • 대형할인점이 인근에 들어선다. • 관공서 등이 곧 다른 지역으로 이전한다. • 반경 500m 바깥쪽에 중심상업지역이 들어선다.

개념 Plus

호텔링(H. Hotelling)모형

• 게임이론의 고전적인 모형 중 하나로, 오늘날 공급자들의 행태를 이해하는 데 설명력 높은 틀을 제공한다.

• 사회전반적인 효율은 감소하지만 생산자들이 시장점유율이나 고객을 더 확보하기 위해 전략적인 선택을 하다보면 결과적으로 비슷한 위치에서 공존할 수밖에 없는 상황을 설명한다.

• 경쟁가게 바로 옆에 자리를 잡아야 상대가 이득을 덜 보게 되고, 그것을 노리다 보니 바로 옆에 동일한 업종의 가게들이 줄지어 들어서게 되는 것이다.

출제지문 돋보기 OX

01 [15-3]
공간균배의 원리에 의한 상점유형 중 산재성 점포는 같은 업종이 좁은 지역에 서로 가까이 있어야 유리한 상점을 말한다. ( )

02 [18-3]
공간균배의 원리에 따를 경우 백화점은 서로 분산하여 입지하는 것이 유리한 산재성(散在性) 점포이다. ( )

정답 1. × 2. ×

개념 Plus

상권경쟁분석
• 업태 내의 경쟁구조 : 유사한 상품
  을 판매하는 서로 동일한 형태의
  소매업체 간 경쟁구조 분석
• 업태 간의 경쟁구조 : 유사한 상품
  을 판매하는 서로 상이한 형태의
  소매업체 간 경쟁구조 분석
• 위계별 경쟁구조 : 도심, 부심, 지
  역중심, 지구중심의 업종을 파악
  · 분석
• 잠재적 경쟁구조 : 신규 소매업 진
  출 예정 사업체 및 업종의 파악 ·
  분석
• 업체 간의 보완관계 : 단골고객의
  선호도 조사, 고객의 특성 및 쇼핑
  경향 분석, 연령 · 소득 · 직업 등
  인구통계학적 특성, 문화 · 사회적
  특성의 파악 · 분석

05 경쟁점(채널) 분석

(1) 경쟁점 분석의 의의

① 경쟁구조 분석의 경우 상권의 계층적 구조에 입각하여 경쟁업체를 분석하는 것이 필요하고, 잠재적인 경쟁업체를 고려하여야 한다.

② 예를 들면, 1차 상권 또는 2차 상권 내의 경쟁업체를 중점적으로 분석해야 하지만, 경우에 따라서는 3차 상권에 위치한 업체도 강력한 경쟁상대로 철저히 분석하여야 한다.

③ 현재는 그 상권에서 영업하고 있지는 않지만, 앞으로 점포개설을 준비하는 업체도 경쟁업체로 분석하여야 한다.

(2) 차별화와 경합(競合) 기출 13

① **차별화** : 차별화란 다른 점포와 다른 우리 점포만의 특징을 개발하고 내세우는 것이다. 경쟁점에 대한 가장 효과적인 대책은 경쟁하지 않는 것으로, 경쟁하지 않는 것은 경쟁상대와 전혀 다른 것을 실현하는 것을 말한다. 따라서 경쟁을 하는 것이 아니라 경쟁상대와의 양립성을 강화해서 경합하면서도 양립하여 공존하는 상태로 만들어가야 한다. ★

② **경합(競合)** : 경합이라는 말에는 경쟁과 양립이라는 두 가지 의미가 포함되어 있다. 이 두 가지 결합의 상태는 소매업에서만 볼 수 있는 특징이다. 즉, 집적에 의한 상호 양립을 깊게 하면서 동시에 보다 치열한 경쟁 상태로 나아가는 것으로 대체성이라고도 한다. 경합의 영향도를 결정하는 요소로는 시장규모, 입지특성, 건물구조, 영업력 및 브랜드 파워 등이 있다.

개념 Plus

양립의 원인
• 집적효과 : 소매점이 집적하게 되
  면 대부분 업종들은 다른 점포와
  경쟁하는 동시에 양립한다.
• 상승 및 보충효과 : 양립은 상권 내
  에 유사 업종이 함께 모여 있음으
  로써 상호 간의 매출 상승 및 보충
  효과를 얻을 수 있다.
• 차별화효과 : 경쟁과 양립관계를
  명확히 파악한 후에 그 경쟁점보
  다 비교 우위를 점할 수 있는 차별
  화정책을 모색해야 한다.

(3) 양립(兩立) 기출 15 · 13 · 09 · 08

① **소매업의 양립관계**

　㉠ 고양립 : 상호고객의 10~20%를 교환하는 점포끼리의 관계

　㉡ 중양립 : 상호고객의 5~10%를 교환하는 점포끼리의 관계

　㉢ 저양립 : 상호고객의 1~5%를 교환하는 점포끼리의 관계

　㉣ 부양립 : 상호고객을 교환하지 않는 점포끼리의 관계

　㉤ 비양립 : 경쟁점 관계로서 상호 이해가 상반되는 관계

② **양립성을 높이기 위한 상품 세분화의 단계**

　㉠ 취급 품목 : 단지 업종이 같다는 이유만으로 경쟁의식을 갖는 경우가 많으나, 상품 세분화 분석 결과 취급 품목이 다르다면 경쟁점 관계라기보다 양립점의 관계라고 할 수 있다. 예를 들어 같은 정육점이라도 A점이 우육 중심, B점이 돈육 중심, C점이 계육 중심이라면, A, B, C의 3개 점포는 서로 양립점의 관계인 것이다. 취급 품목이 같아 상호 경합하는 관계라면 경쟁을 피하기 위해 A, B, C 각 점이 취급 품목을 차별화하는 것이 현명하다.

　㉡ 가격 범위 : 주력 품종이 같고 차별화도 쉽지 않을 경우에는 가격대를 비교해볼 수 있다. 만일 주력 품종이 같다고 해도 서로 가격대가 다르다면 이것은 경쟁점이라 볼 수 없고 양립점이라고 볼 수 있다.

ⓒ 적정 가격 : 가격대도 같다면 동일 품종의 적정 가격을 비교한다. 만일 적정 가격이 다르면 자기 점포의 적정 가격이 과연 채산성이 있는지 없는지를 다시 한 번 살피는 것이 필요하다.

ⓔ 품질경쟁 : 마지막으로 적정 가격이 같은 경우, 경쟁점보다 품질을 높이는 경쟁 극복 대책을 세우도록 한다.

(4) 입지조건 분석 기출 14

① **경쟁점의 입지조건분석** : 경쟁점의 입지조건 분석을 위해서 경쟁점 입지의 집적도와 양립도를 조사할 필요가 있다.

ⓐ 집적도 : 일정한 지역에 점포가 많이 모여 있어 이 지역으로 고객이 집중하는 정도를 말한다. 해당 면적의 증대효과, 소비자 흡입력 증가, 공간적 인접성 확보, 소비자의 집중력 확보 등의 효과를 볼 수 있다.

ⓑ 양립도 : 점포의 주변에 이익을 함께 나누어 가지는 점포가 몇 개나 존재하는가의 문제이다. 동일수준의 점포 수가 많을수록 양립도가 높다.

② **입지 수준의 결정**

ⓐ 입지 수준은 상권범위가 얼마나 넓은가로 결정된다.

ⓑ 상권범위의 크기는 내점 빈도와 반비례한다. 내점하는 고객의 방문이 빈번하다는 것은 고객의 거주지가 이 입지에서 가깝다는 것을 의미하며, 이 입지의 상권범위가 작다는 것을 의미한다.

③ **상권범위의 크기 결정 요인**

ⓐ 상권범위의 크기를 결정하기 위해 입지를 둘러싼 주변 지역의 인구 분포, 교통 상황, 산이나 강 등의 지리적 상황을 조사한다.

ⓑ 기존 점포의 수준 등을 조사한다.

④ **상품 수준과 입지 수준**

ⓐ 상품화와 입지 수준이 일치할 때 점포의 영업효율은 최대로 나타날 수 있다. 점포의 출점지를 결정할 때 점포의 상품 수준을 최우선으로 고려하지 않으면 입지 선정도 불가능하기 때문이다.

ⓑ 대규모출점 전략은 점포의 상품 수준과 동일한 입지 수준을 선정하는 것에 의해 결정된다.

(5) 부문분석

① 같은 업태 중에서도 하나하나의 업종부문별로 비교하려는 것, 즉 점포를 구성하는 각 부문별로 정보를 파악해서 이를 모두 합한 뒤, 점포 전체의 경쟁력을 알아보려는 것이다.

② 부문분석은 실지조사를 통해 이루어지는데, 실지조사란 직접 발로 뛰면서 대상 부문의 점포에 대한 각 정보를 기록하는 방법을 말한다.

③ 부문분석 조사를 통해 분포도를 작성할 수 있을 뿐만 아니라 상권 각 부문의 총 매장 면적과 총매출을 파악할 수 있다. 여기서 자기 점포 각 부문의 매장면적 대 점유율을 계산할 수 있다.

<aside>

개념 Plus

입지의 분석에 사용되는 주요 기준

• 접근성 : 얼마나 그 점포를 쉽게 찾아 올 수 있는가 또는 점포 진입이 수월한가를 의미

• 인지성 : 점포를 찾아오는 고객에게 점포의 위치를 쉽게 설명할 수 있는 설명의 용이도

• 가시성 : 점포 전면을 오고 가는 고객들이 그 점포를 쉽게 발견할 수 있는지의 척도

• 홍보성 : 사업 시작 후 고객에게 어떻게 유효하게 점포를 알릴 수 있는가를 의미

• 호환성 : 점포에 입점 가능한 업종의 다양성 정도, 즉 다양한 업종의 성공가능성을 의미

</aside>

01 소매점의 입지와 상권에 대한 설명으로 가장 옳은 것은?

① 입지 평가에는 점포의 층수, 주차장, 교통망, 주변 거주 인구 등을 이용하고, 상권 평가에는 점포의 면적, 주변 유동인구, 경쟁점포의 수 등의 항목을 활용한다.

② 입지는 점포를 이용하는 소비자들이 분포하는 공간적 범위 또는 점포의 매출이 발생하는 지역적 범위를 의미한다.

③ 상권은 점포를 경영하기 위해 선택한 장소 또는 그 장소의 부지와 점포 주변의 위치적 조건을 의미한다.

④ 입지를 강화한다는 것은 점포가 더 유리한 조건을 갖출 수 있도록 점포의 속성들을 개선하는 것을 의미한다.

⑤ 입지는 일정한 공간적 범위(boundary)로 표현되고 상권은 일정한 위치를 나타내는 주소나 좌표를 가지는 점(point)으로 표시된다.

02 상권과 입지는 혼용되는 경우가 있지만 엄밀하게 보면 기본개념이나 성격 및 평가방법 등의 측면에서 구분할 수 있다. 이러한 구분을 시도하는 경우 그 연결이 적절한 것은?

> 가 – 지점(point)
> 나 – 범위(boundary)
> 다 – 소비자의 분포범위, 유효수요의 크기로 평가
> 라 – 배후인구 및 유동인구, 대지특성, 접근성, 가시성, 시설 등으로 평가
> 마 – 점포의 부지와 점포주변의 위치적 조건
> 바 – 다수 점포의 집단이 존재하는 지역을 의미하기도 함
> 사 – 점포를 경영하기 위해 선택한 장소 또는 그 장소를 결정하는 행위

① 상권 – 나, 다, 사   ② 상권 – 가, 바, 사
③ 상권 – 나, 라, 바   ④ 입지 – 가, 라, 마
⑤ 입지 – 나, 라, 사

03 소매점에 관한 상권분석과 입지분석을 구분할 때 상권분석의 목적으로 가장 옳지 않은 것은?

① 예상 내점고객의 파악 및 특성 분석
② 특정 점포의 가시성과 접근성 평가
③ 차별적 마케팅 전략의 수립
④ 시장점유율의 예측 및 평가
⑤ 복수의 점포 대안 중 최적 점포 선택

04 소비자들이 상품을 구매하기 위해 거주지 등 특정장소에서 점포로 향하는 동선을 파악할 때 활용하는 원리 중에서 아래 글상자의 내용에 해당하는 것은?

> 원하는 상품을 구매하기 위해 방문하려는 점포를 사전에 정하고 이동하는 상황이라고 가정하자. 이 때 길을 건너야 하는 상황에서 선택할 수 있는 복수의 횡단보도가 있다면 사람들은 일단 최초로 만나는 횡단보도를 이용하려는 성향이 있다.

① 안전 중시의 법칙
② 최단거리 실현의 법칙
③ 보증실현의 법칙
④ 집합의 법칙
⑤ 직진선호의 법칙

05 입지분석시 입지주변의 업종을 조사하여 상호보완업종 또는 상호경합업종이 배치되어 있는지를 파악하여야 한다. 다음 중 상호경합업종이라고 볼 수 있는 것은?

① 의류점과 액세서리점
② 야채가게와 정육점
③ 음식점과 카페
④ 제과점과 화원
⑤ 수퍼마켓과 잡화점

06 각 업태나 업종의 입지에 대한 설명 중 가장 옳지 않은 것은?

① 백화점은 규모면에서 대형화를 추구하기 때문에 상권 내 소비자의 경제력, 소비형태의 예측, 주요산업, 유동인구, 대중교통의 연계성 등을 근거로 적정한 입지를 선정해야 한다.

② 의류패션전문점의 입지는 고객에게 쇼핑의 즐거움을 제공하여 많은 사람을 유인하고 여러 점포에서 비교·구매할 수 있어야 하므로, 노면독립지역이 중심상업지역(CBD)이나 중심상업지역 인근 쇼핑센터보다 더 유리하다.

③ 식료품점의 입지는 취급품의 종류와 품질에 대한 소비자의 구매만족도, 잠재 고객의 시간대별 통행량, 통행인들의 속성 및 분포 상황, 경쟁점포 등을 고려해야 하므로, 아파트 또는 주거 밀집지역에 있는 상가나 쇼핑센터가 적당하다.

④ 생활용품 중 주방기구나 생활용품, 인테리어 소품 등은 대단위 아파트 및 주택가 밀집지역 등 주거지 인접지역으로 출점하여야 하며 도로변이나 재래시장 근처, 통행량이 많은 곳이나 슈퍼마켓 근처에 입지를 선택하는 것이 유리하다.

⑤ 패션잡화점의 최적 입지는 상호보완적인 상품을 제공하는 다양한 점포들이 모여 있는 곳으로 다양한 상품을 판매하고 유동인구가 많으며, 주로 젊은 세대들이 자주 찾는 지역이 적합하다.

07 도매상의 입지전략에 대한 설명으로 가장 옳지 않은 것은?

① 영업성과에 대한 입지의 영향은 소매상보다 도매상의 경우가 더 작다.

② 분산도매상은 물류의 편리성을 고려하여 입지를 결정한다.

③ 수집도매상의 영업성과에 대한 입지의 영향은 매우 제한적이다.

④ 도매상은 보통 소매상보다 임대료가 저렴한 지역에 입지한다.

⑤ 도매상은 보통 최종소비자의 접근성을 고려하여 입지를 결정한다.

08 박스 안의 내용은 어떤 소매업태의 입지요건에 가장 합당하다고 할 수 있는가?

> 주로 도심 및 교통망의 결절점에 입지하며, 유동인구, 인근지역 소비자의 소비형태 등을 고려하여야 한다. 입지의 지리적, 환경적 요인을 분석하여 소비자의 흡인율을 높일 뿐만 아니라 강한 집객력을 배경으로 제품구색의 폭이 넓으며 점포건물의 층별 제품구색 차별화를 구현하는 MD 구성 및 문화 레저산업과의 연계 등을 통한 차별화된 전략이 요구된다.

① 백화점
② 할인점
③ 패션 전문점
④ 아웃렛몰
⑤ 카테고리킬러

09 소매업태별 입지전략 또는 입지에 따른 여타의 소매전략에 대한 설명으로 가장 옳지 않은 것은?

① 기생형 점포는 목적형 점포의 입지를 고려하지 않고 독립적으로 입지하여야 한다.

② 선매품 소매점은 경합관계에 있는 점포들이 모여 있는 곳에 입지해야 한다.

③ 보완관계보다 경합관계가 더 큰 편의품 소매점들은 서로 떨어져 입지해야 한다.

④ 목적형 점포는 수요가 입지의 영향을 크게 받지 않아 입지선정이 비교적 자유롭다.

⑤ 쇼핑센터에 입지한 소규모 점포들은 앵커스토어와 표적고객이 겹치는 경우가 많다.

10 입지에 대한 설명으로 옳지 않은 것은?

① 입지분석과 관련한 모델들이 많지만 우리 실정에 맞지 않아 실제로 적용하기 어려운 경우가 있다.

② 마케팅 4P에도 사실상 입지의 중요성이 내포되어 있다.

③ 넬슨은 입지선정의 원칙에서 점포를 어디에 출점할 것인지를 집적의 원리로도 주장하고 있다.

④ 상권과 입지는 엄밀하게 구분되며 상권은 범위의 개념으로 입지는 지점의 개념으로 볼 수 있다.

⑤ 목적점포로써의 아웃렛은 전형적인 의존형 입지가 되므로 광역적인 수요 흡인이 매우 중요하다.

11 일반적으로 소매점포의 입지조건을 유리한 입지와 불리한 입지로 구분할 때 가장 옳지 않은 것은?

① 주도로보다는 보조도로에 접한 내부획지가 유리한 입지이다.

② 점포와 접한 도로에 중앙분리대가 있는 경우에는 불리한 입지이다.

③ 방사형 도로의 경우 교차점에 가까운 입지가 유리한 입지이다.

④ 곡선형 커브(curve)가 있는 도로에서는 안쪽보다 바깥쪽 입지가 유리한 입지이다.

⑤ T자형 교차로의 막다른 길에 있는 입지는 불리한 입지이다.

12 입지는 주요 대상고객의 유형에 따라 유동인구 중심의 '적응형', 목적구매고객 중심의 '목적형', 주민 중심의 '생활형' 등으로 분류할 수 있다. 다음 중 소매점 유형과 적합한 입지 유형을 연결한 것으로 가장 옳지 않은 것은?

① 도심의 편의점 – 적응형

② 도시 외곽의 오디오전문점 – 목적형

③ 도심의 고급귀금속점 – 적응형

④ 근린형 쇼핑센터의 수퍼마켓 – 생활형

⑤ 도심의 패스트푸드점 – 적응형

13 도매업의 경우에도 입지의 결정은 매우 중요하며, 생산구조와 소비구조의 특징에 따라 입지유형이 달라진다. 다음 중 생산구조가 소수의 대량집중생산이고 소비구조 역시 소수에 의한 대량집중소비구조일 때의 입지선택 기준으로 가장 옳은 것은?

① 수집기능, 중계기능, 분산기능이 모두 용이한 곳에 입지한다.

② 수집기능의 수행보다는 분산기능의 수행이 용이한 곳에 입지한다.

③ 수집기능의 수행이 용이하고 분산기능 수행도 용이한 곳에 입지한다.

④ 수집기능이나 분산기능보다는 중계기능의 수행이 용이한 곳에 입지한다.

⑤ 분산기능의 수행보다는 수집기능의 수행이 용이한 곳에 입지한다.

14 중심상업지역(CBD ; Central Business District)의 입지 특성에 대한 설명으로 옳지 않은 것은?

① 소도시나 대도시의 전통적인 도심지역을 말한다.

② 대중교통의 중심이며, 도보통행량이 매우 적다.

③ 상업 활동으로도 많은 사람을 유인하지만 출퇴근을 위해서도 이곳을 통과하는 사람이 많다.

④ 주차문제, 교통 혼잡 등이 교외 쇼핑객들의 진입을 방해하기도 한다.

⑤ 백화점, 전문점, 은행 등이 밀집되어 있다.

15 전통적인 도심 상업지역인 중심상업지역(CBD)의 경쟁우위 요인으로 가장 옳은 것은?

① 대중교통이 편리해 유동인구가 많다.

② 원래 계획적으로 개발되어 쇼핑이 편리하다.

③ 고객용 주차공간이 충분하다.

④ 점포가 산재되어 상권범위가 좁다.

⑤ 주거인구가 지속적으로 증가한다.

16 대형상업시설인 쇼핑센터의 전략적 특성은 테넌트믹스 (tenant mix)를 통해 결정된다. 앵커점포(anchor store) 에 해당하는 점포로서 가장 옳은 것은?

① 핵점포
② 보조핵점포
③ 대형테넌트
④ 일반테넌트
⑤ 특수테넌트

17 쇼핑센터 등 복합상업시설에서는 테넌트믹스(tenant mix) 전략이 중요하다고 하는데 여기서 말하는 테넌트는 무엇 인가?

① 앵커스토어
② 자석점포
③ 임차점포
④ 부동산 개발업자
⑤ 상품 공급업자

18 쇼핑센터와 같은 대형 상업시설의 테넌트(tenant) 관리와 관련된 설명으로 옳지 않은 것은?

① 테넌트(tenant)는 상업시설의 일정한 공간을 임대하는 계약을 체결하고 해당 상업시설에 입점하여 영업을 하 는 임차인을 일컫는 말이다.
② 테넌트 믹스(tenant mix)를 통해 상업시설의 머천다 이징 정책을 실현하기 위해서는 시설내 테넌트 간에 끊 임없는 경쟁을 유발해야 한다.
③ 앵커 테넌트(anchor tenant)는 상업시설 전체의 성격 을 결정짓는 요소로 작용하며, 해당 상업시설로 많은 유동인구를 발생시키기도 한다.
④ 앵커 테넌트(anchor tenant)는 핵점포(key tenant)라 고도 하며 백화점, 할인점, 대형서점 등 해당 상업시설 의 가치를 높여주는 역할을 한다.
⑤ 마그넷 스토어(magnet store)는 쇼핑센터의 이미지를 높이고 쇼핑센터의 회유성을 높이는 점포를 말한다.

19 도시의 공간구조는 도심, 부도심, 주거지, 산업지구, 교외 등으로 계층을 이루며, 이에 따라 도시의 상권도 계층구조 를 갖는다. 상업입지들 가운데 공간구조의 특징 때문에 쇼 핑센터를 계획적으로 개발하기 가장 어려운 것은?

① 도심 쇼핑센터
② 부도심 쇼핑센터
③ 주거지 인근 상점가
④ 교외 광역쇼핑센터
⑤ 교외 파워쇼핑센터

20 소매 입지별 유형에 대한 설명으로 옳지 않은 것은?

① 도심입지의 경우 충분한 잠재고객과 동일업종군의 분 포, 접근성 등을 감안하여 입지를 선정하는 것이 좋다.
② 산업별 입지의 경우 상업입지, 공업입지, 농업입지 등 으로 나누어 입지를 결정하게 된다.
③ 노면 독립입지의 경우 경쟁업체가 많고 가시성도 낮을 뿐만 아니라 영업시간 등의 제한이 있어 고객 편의성을 높이기 어렵다.
④ 복합용도건축물은 다수의 용도를 수용할 수 있고, 물 리적, 기능적 규합과 통일성 있는 개발이 필요하다.
⑤ 쇼핑센터는 도심 밖의 커뮤니티 시설로 계획되기도 하 며, 우리나라에서는 번화한 상점가를 의미하기도 한다.

21 입지의 유형을 분류한 것이다. 입지의 유형과 설명이 올바 르게 짝지어지지 않은 것은?

① 적응형 입지 – 거리를 통행하는 유동인구에 의해 영업 이 좌우되는 입지
② 목적형 입지 – 고객이 특정한 목적을 가지고 이용하는 입지
③ 생활형 입지 – 아파트, 주택가의 주민들이 이용하는 입지
④ 집재성 입지 – 배후지의 중심지에 위치하는 것이 유리 한 입지
⑤ 산재성 입지 – 동일 업종이 모여 있으면 불리한 입지

22 아래 내용은 어떤 입지유형에 대한 설명인가?

> 높은 가시성, 낮은 임대료, 직접 경쟁업체의 부재, 고객을 위한 보다 큰 편의성, 넓은 주차 공간, 다른 점포와의 시너지효과 부재

① 교외 주거도시의 단지내 상가지역
② 복합용도 개발지역
③ 노면 독립입지
④ 쇼핑센터
⑤ 도심 입지

23 복합용도개발이 필요한 이유로 가장 옳지 않은 것은?

① 도시공간의 활용 효율성 증대를 위하여
② 신시가지의 팽창을 막고, 신시가지의 행정수요를 경감하기 위해서
③ 도심지의 활력을 키우고 다양한 삶의 기능을 제공하는 장소로 바꾸기 위해서
④ 도심 공동화를 막기 위해서
⑤ 도시내 상업기능만의 급격한 발전보다는 도시의 균형적 발전을 위하여

24 동일하거나 유사한 업종은 서로 멀리 떨어져 있는 것보다 가까이 모여 있는 것이 고객을 유인할 수 있다는 입지평가의 원칙으로 옳은 것은?

① 보충가능성의 원칙
② 점포밀집의 원칙
③ 동반유인의 원칙
④ 고객차단의 원칙
⑤ 접근 가능성의 원칙

25 넬슨(Nelson)은 소매점포가 최대 이익을 확보할 수 있는 입지의 선정과 관련하여 8가지 소매입지 선정원칙을 제시했다. 다음 중 그 연결이 옳지 않은 것은?

① 경합의 최소성 – 해당 점포와 경쟁관계에 있는 점포의 수가 가장 적은 장소를 선택하는 것이 유리함
② 상권의 잠재력 – 판매하려는 상품이 차지할 시장점유율을 예측하고 점포개설 비용을 파악하여 분석한 종합적 수익성이 높은 곳이 유리함
③ 양립성 – 업종이 같은 점포가 인접해서 상호보완관계를 통해 매출을 향상시킬 수 있음
④ 고객의 중간유인 가능성 – 고객이 상업지역에 들어가는 동선의 중간에 위치하여 고객을 중간에서 차단할 수 있는 입지가 유리함
⑤ 집적 흡인력 – 집재성 점포의 경우 유사한 업종이 서로 한 곳에 입지하여 고객흡인력을 공유하는 것이 유리함

26 동종 업종의 점포들이 특정 지역에 몰려 있어서 집객력 즉, 고객유인효과가 감소하는 현상을 설명하는 입지원칙으로 옳은 것은?

① 고객차단원칙
② 보충가능성의 원칙
③ 동반유인원칙
④ 점포밀집원칙
⑤ 접근가능성원칙

27 넬슨(R.L.Nelson)의 입지선정 원칙과 그에 관한 설명으로 옳지 않은 것은?

① 누적적 유인력 : 동일업종의 집적에 의한 유인효과
② 성장가능성 : 상업환경, 주거환경, 소득환경, 교통환경의 변화 가능성
③ 중간저지성 : 상호보완 되는 점포들이 근접하여 얻게 되는 시너지효과
④ 경제성 : 부지비용, 임대료, 권리금 등의 입지비용 정도
⑤ 상권의 잠재력 : 시장점유율이 확대될 가능성

28 점포의 입지유형을 집심성(集心性), 집재성(集在性), 산재성(散在性)으로 구분할 때 넬슨의 소매입지 선정원리 중에서 집재성 점포의 기본속성과 연관성이 가장 큰 것은?

① 양립성의 원리
② 경쟁위험 최소화의 원리
③ 경제성의 원리
④ 누적적 흡인력의 원리
⑤ 고객 중간유인의 원리

29 이용목적이나 공간균배의 원리에 의해 입지의 유형을 설명하였다. ( ) 안의 입지유형으로 옳은 것은?

> (A) - 점포들이 모여 집적효과를 거둠
> (B) - 배후지의 중심지에 위치하는 것이 유리함
> (C) - 지역주민들이 주로 이용함
> (D) - 동일 업종끼리 모여 있으면 불리함

	A	B	C	D
①	집심성입지	목적형입지	산재성입지	집재성입지
②	집재성입지	목적형입지	생활형입지	적응형입지
③	목적형입지	집심성입지	산재성입지	집재성입지
④	집재성입지	집심성입지	생활형입지	산재성입지
⑤	집심성입지	산재성입지	적응형입지	목적형입지

30 아래 글상자에 열거된 사항들 가운데 입지 선정을 위한 상권의 경쟁구조 분석의 대상들만을 묶은 것은?

> 가. 동일 업태 소매점과의 경쟁
> 나. 다른 업태 소매점과의 경쟁
> 다. 상권위계가 다른 소매점과의 경쟁
> 라. 잠재적 경쟁
> 마. 주변 점포와의 보완관계

① 가, 나, 다, 라, 마   ② 가, 나, 다, 라
③ 가, 나, 다, 마   ④ 가, 나, 다
⑤ 가, 나

31 점포의 매력도를 평가하는 입지조건의 특성과 그에 대한 설명이 올바르게 연결된 것은?

① 가시성 - 얼마나 그 점포를 쉽게 찾아 올 수 있는가 또는 점포 진입이 수월한가를 의미
② 접근성 - 점포를 찾아오는 고객에게 점포의 위치를 쉽게 설명할 수 있는 설명의 용이도
③ 홍보성 - 점포 전면을 오고 가는 고객들이 그 점포를 쉽게 발견할 수 있는지의 척도
④ 인지성 - 사업 시작 후 고객에게 어떻게 유효하게 점포를 알릴 수 있는가를 의미
⑤ 호환성 - 점포에 입점 가능한 업종의 다양성 정도, 즉 다양한 업종의 성공가능성을 의미

32 점포의 경쟁상황을 분석할 때는 경쟁의 다양한 측면을 다루어야 한다. 대도시의 상권을 도심, 부도심, 지역중심, 지구중심 등으로 분류하고 각 수준별 및 수준간 경쟁관계의 영향을 함께 고려하는 것은?

① 업태간·업태내 경쟁구조 분석
② 위계별 경쟁구조 분석
③ 절대위치별 경쟁구조 분석
④ 잠재 경쟁구조 분석
⑤ 경쟁·보완관계 분석

33 소매점이 집적하게 되면 경쟁과 양립의 서로 다른 성격을 갖게 되므로 가능하면 양립(兩立)을 통해 상호이익을 추구하는 것이 좋다. 다음 중 양립의 원인으로 옳지 않은 것은?

① 보충효과   ② 집적효과
③ 상승효과   ④ 차단효과
⑤ 차별화효과

01 정답 ④

① 상권 평가에는 점포의 층수, 주차장, 교통망, 주변 거주 인구 등을 이용하고, 입지 평가에는 점포의 면적, 주변 유동인구, 경쟁점포의 수 등의 항목을 활용한다.
② 상권은 점포를 이용하는 소비자들이 분포하는 공간적 범위 또는 점포의 매출이 발생하는 지역 범위를 의미한다.
③ 입지는 점포를 경영하기 위해 선택한 장소 또는 그 장소의 부지와 점포 주변의 위치적 조건을 의미한다.
⑤ 상권은 일정한 공간적 범위(boundary)로 표현되고 입지는 일정한 위치를 나타내는 주소나 좌표를 가지는 점(point)으로 표시된다.

02 정답 ④

• 상권 - 나, 다, 바, 사
• 입지 - 가, 라, 마

03 정답 ②

특정 점포의 가시성과 접근성 평가는 입지분석에 해당한다. 상권분석은 상권 전체에 있어서 성쇠 여부를 가늠하는 것이라 할 수 있으며, 입지분석은 각각의 개별 점포의 성패에 대한 여부를 파악하는 것이라 할 수 있다.

04 정답 ③

글상자의 내용은 동선의 심리법칙 중 보증실현의 법칙에 관한 설명이다.
동선의 심리법칙
• 최단거리실현의 법칙 : 인간은 최단거리로 목적지에 가려는 심리가 있기 때문에 안쪽 동선이라고 하는 뒷길이 발생한다.
• 보증실현의 법칙 : 인간은 먼저 득을 얻는 쪽을 택한다. 즉 길을 건널 때에도 최초로 만나는 횡단보도를 이용하려는 경향이 있다.
• 안전중시의 법칙 : 인간은 본능적으로 위험하거나 모르는 길 또는 다른 사람이 잘 가지 않는 장소에는 가려고 하지 않는 심리가 있다.
• 집합의 법칙 : 대부분의 사람들은 군중 심리에 의해 사람이 모여 있는 곳에 모인다.

05 정답 ⑤

슈퍼마켓과 잡화점은 취급품목이 유사하여 상호 피해야 하는 '경합업종'이다. ①·②·③·④는 상호보완업종(상호 도움을 주는 업종)이다.

06 정답 ②

의류패션전문점의 입지는 고객에게 쇼핑의 즐거움을 제공하여 많은 사람을 유인하고 여러 점포에서 비교·구매할 수 있어야 하므로, 노면독립지역보다 중심상업지역(CBD)이나 중심상업지역 인근 쇼핑센터가 더 유리하다.

07 정답 ⑤

보통 최종소비자의 접근성을 고려하여 입지를 결정하는 것은 소매상이다.

08 정답 ①

백화점은 전통적인 도심지 중심상업지역뿐만 아니라 신생 부도심지 중심상업지역에서 목적 점포로서 유동인구를 창출하고, 고객흡인력을 가진 핵심선도 업태로서의 역할을 수행하고 있다.

09 정답 ①

기생형 점포는 목적형 점포의 영향을 많이 받기 때문에 목적형 점포의 입지를 고려하여 가까운 주변에 입지하여야 한다.

10 정답 ⑤

아웃렛은 자사의 제품 및 매입한 상품을 아주 싼 가격으로 판매하는 상설소매점포로 백화점이나 제조업체에서 판매하고 난 후 남은 비인기상품, 재고상품, 하자상품을 정상가보다 절반이하의 저렴한 가격으로 판매한다. 주로 재고상품이 집하되는 물류창고 근처에 여러 개의 점포가 모이는 군집형 입지 형태를 이루는 경우가 많다.

11 정답 ①

보조도로보다는 주도로에 접한 내부획지(inside parcels)가 유리한 입지이다.

12 정답 ③

입지의 접근성에 따른 구분
• 적응형 입지 : 거리에서 통행하는 유동인구에 의해 영업이 좌우되는 입지로 대부분 패스트푸드, 편의점 등이 해당된다.

- 목적형 입지 : 고객이 특정한 목적을 가지고 이용하는 입지로 특정 테마에 따라 고객이 유입되며 도심외곽의 오디오전문점, 고급귀금속점 등이 해당된다.
- 생활형 입지 : 아파트, 주택 등 주민들이 이용하는 입지로 지역의 주민들이 이용하는 생활형(쇼핑센터의 슈퍼마켓)이 많다.

13 정답 ④

생산구조와 소비구조의 특징에 따른 입지유형
- 소량생산 – 소량소비 : 수집, 중계, 분산기능이 모두 필요함(예 농수산물의 유통)
- 소량생산 – 대량소비 : 수집, 중계기능이 필요함(예 농산물이나 임산물의 가공)
- 대량생산 – 소량소비 : 중계, 분산기능이 필요함(예 생필품이나 공산품의 유통)
- 대량생산 – 대량소비 : 중계기능만 필요함(예 공업용 원료나 광산물의 유통)

14 정답 ②

중심상업지역(CBD)은 대중교통의 중심지역이고 도보통행량도 많다.

15 정답 ①

② 전통적으로 이어져 오는 상업 지역이기 때문에, 신도시처럼 계획성 있는 입지 조성은 어렵다.
③ 상업 활동을 통해 많은 사람들을 유인하기 때문에 고객용 주차공간이 부족하다.
④ 행정관서, 백화점, 기업체 및 고급 전문 상점들이 집중적으로 위치해 있다.
⑤ 건물의 고층화 및 과밀화로 인한 주거기능의 약화가 지속된다.

16 정답 ①

선박을 고정시키는 중심 역할을 하는 닻을 의미하는 '앵커(anchor)'처럼 어떤 상권을 대표하는 상징적인 점포나 대형 상가의 중심이 되는 핵심점포를 앵커점포(anchor store)라고 한다. 따라서 유통센터나 대형 점포, 브랜드 인지도가 높은 점포, 그 지역의 상권 내 가장 번화한 점포인 핵점포가 대표적인 앵커점포에 해당한다.

17 정답 ③

테넌트는 상업시설의 일정한 공간을 임대하는 계약을 체결하고, 해당 상업시설에 입점하여 영업을 하는 임차인을 말한다.

18 정답 ②

테넌트 믹스(tenant mix)는 머천다이징 정책을 실현하기 위해서 최적의 조합을 꾸미는 과정으로 시설 내 테넌트 간에 경쟁을 유발하기보다는 경합대상 쇼핑센터와의 경쟁력 강화에 초점을 맞추어야 한다.

19 정답 ③

쇼핑센터는 대규모 집단 판매시설로 도심 밖의 커뮤니티 시설로 계획되는 것이 일반적이기 때문에 주거지 인근 상점가에 개발하기가 어렵다. 쇼핑센터는 입지에 따라 교외형 쇼핑센터와 도심형 쇼핑센터로 구분한다.

20 정답 ③

노면 독립입지의 경우 경쟁업체가 없는 곳에 입지하므로 가시성도 높을 뿐만 아니라 영업시간 등의 제한이 없어 고객 편의성을 제공할 수 있다.

21 정답 ④

집재성 입지는 동일한 업종의 점포가 한 곳에 모여 입지하는 것이 유리한 입지를 말한다. 배후지의 중심지에 위치하는 것이 유리한 입지는 집심성 입지이다.

22 정답 ③

노면 독립입지(Freestanding Sites)에 대한 설명이다. 노면 독립입지는 여러 업종의 점포들이 한 곳에 모여 있는 군집입지와 다르게 전혀 점포가 없는 곳에 독립적으로 점포를 운영하는 입지 유형이다.

노면 독립입지의 장 · 단점

장 점	단 점
• 중심 시가지보다 토지 및 건물의 가격 또는 임대료가 싸다.	• 직접적인 경쟁업체가 없으므로 경쟁을 통한 시너지 효과는 없다.
• 주차공간이 넓으므로 고객들에게 높은 편의성을 제공할 수 있다.	• 고객들의 특성상 오직 해당 점포만을 생각하고 방문한다.
• 새로운 확장에 용이하게 작용한다.	• 고객들을 지속적으로 유인하기 위해 홍보, 가격, 상품, 서비스 등을 차별화해야 하므로 비용이 증가한다.
• 도심지에 비해 임대료가 낮다.	
• 높은 가시성을 가진다.	
• 제품, 영업시간 · 광고간판 등에 대한 규제가 비교적 완화된다.	• 접근성이 낮아 고객에게 노출이 잘 되지 않는다.
• 직접적으로 당면하는 경쟁업체가 없다.	• 비교구매를 원하는 소비자에게는 전혀 매력적이지 않다.
• 대형점포를 개설할 경우 소비자의 일괄구매(원스톱 쇼핑)를 가능하게 한다.	• 쇼핑몰이나 쇼핑센터에 입점해 있는 점포들에 비해 고객유인효과가 상대적으로 저조하다.

23 　정답 ②

기존 시가지내 공공시설을 활용함으로써 신시가지 또는 신도시의 도시기반시설과 공공서비스시설 등에 소요되는 공공재정이나 민간자본의 절감을 위해서이다.

24 　정답 ③

① 두 개의 사업이 고객을 서로 교환할 수 있을 정도로 인접한 지역에 위치하면 매출액이 높아진다.
② 지나치게 유사한 점포나 보충 가능한 점포는 밀집하면 매출액이 감소한다.
④ 사무실밀집지역, 쇼핑지역 등은 고객이 특정 지역에서 타 지역으로 이동시 점포를 방문하게 한다.
⑤ 지리적으로 인접하거나 또는 교통이 편리하면 매출을 증대시킨다.

25 　정답 ③

양립성은 상호보완관계에 있는 점포가 서로 인접해 있어서 고객의 흡인력을 높일 수 있는 가능성에 대한 검토를 의미한다.

26 　정답 ④

지나치게 유사한 점포나 보충 가능한 점포는 밀집하면 매출액이 감소한다는 원칙인 점포밀집원칙에 대한 설명이다.

27 　정답 ③

상호보완 되는 점포들이 근접하여 얻게 되는 시너지효과에 해당되는 원칙은 양립성이다. 중간저지성은 기존 점포나 상권지역이 고객과의 중간에 위치함으로써 경쟁점포나 기존의 상권지역으로 접근하는 고객을 중간에서 차단할 수 있는 가능성을 검토하는 것을 의미한다.

28 　정답 ④

집재성 점포는 동일한 업종의 점포가 한 곳에 모여 입지하여야 하는 점포로 누적적 흡인력의 원리와 연관성이 가장 크다. 누적적 흡인력은 영업의 형태가 비슷하거나 동일한 점포가 집중적으로 몰려 있어 고객의 흡인력을 극대화할 수 있는 가능성 및 사무실, 학교, 문화시설 등에 인접함으로써 고객을 흡인하기에 유리한 조건에 속해 있는가에 대해 검토하는 것을 의미한다.

29 　정답 ④

A – 집재성입지, B – 집심성입지, C – 생활형입지, D – 산재성입지
적응형입지
거리에서 통행하는 유동인구에 의해 영업이 좌우되는 입지로 대부분 패스트푸드·판매형아이템 사업 등이 해당된다.

30 　정답 ①

상권의 경쟁구조 분석
현재 그 상권에서 영업하고 있는 경쟁업체 분석뿐만 아니라 앞으로 점포개설을 준비하는 업체도 분석한다.
- 업태 내의 경쟁구조 : 유사한 상품을 판매하는 서로 동일한 형태의 소매업체 간 경쟁구조 분석
- 업태 간의 경쟁구조 : 유사한 상품을 판매하는 서로 상이한 형태의 소매업체 간 경쟁구조 분석
- 위계별 경쟁구조 : 도심, 부심, 지역중심, 지구중심의 업종을 파악·분석
- 잠재적 경쟁구조 : 신규 소매업 진출 예정 사업체 및 업종의 파악·분석
- 업체 간의 보완관계 : 단골고객의 선호도 조사, 고객의 특성 및 쇼핑경향 분석, 연령·소득·직업 등 인구통계학적 특성, 문화·사회적 특성의 파악·분석

31 　정답 ⑤

① 접근성, ② 인지성, ③ 가시성, ④ 홍보성

32 　정답 ②

위계별 경쟁구조 분석에 대한 설명이다.

33 　정답 ④

매점이 집적하게 되면 대부분의 업종들은 다른 점포와 경쟁하는 동시에 양립한다(집적효과). 양립은 상권 내에 유사 업종이 함께 모여 있음으로써 상호 간의 매출 상승 및 보충효과를 얻을 수 있다. 그리고 이러한 경쟁과 양립관계를 명확히 파악한 후에 그 경쟁점보다 비교 우위를 점할 수 있는 차별화정책을 모색해야 한다(차별화효과).

배우기만 하고 생각하지 않으면 얻는 것이 없고,
생각만 하고 배우지 않으면 위태롭다.

- 공자 -

CHAPTER 03 | 개점전략

1 개점계획

01 점포개점의 개념 및 프로세스

02 투자의 기본계획

03 개점입지에 대한 법률규제검토

2 개점과 폐점

01 출점전략

02 점포개점을 위한 준비

03 업종전환 및 퇴점

필수기출문제

최근 5개년 출제경향 회당 평균 2.5문제 출제(5개년 기준 총 15회)

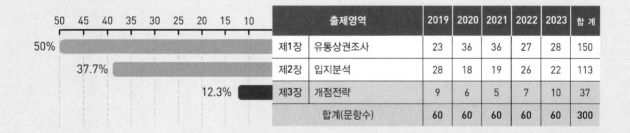

	출제영역	2019	2020	2021	2022	2023	합 계
제1장	유통상권조사	23	36	36	27	28	150
제2장	입지분석	28	18	19	26	22	113
제3장	개점전략	9	6	5	7	10	37
	합계(문항수)	60	60	60	60	60	300

50%

37.7%

12.3%

CHAPTER

03

개점전략

03 · 개점전략

01 점포개점의 개념 및 프로세스

(1) 점포개점의 개념

점포창업자가 자신의 창업환경을 분석한 후 가장 잘 할 수 있는 혹은 가장 하고 싶은 아이템을 선정하여 가장 적합한 입지를 골라 영업을 하기 위한 일련의 과정이다.

(2) 점포개점의 프로세스

① 점포개점 1단계

 ㉠ 창업자 환경분석 : 우선, 자기 분석을 철저히 하고 동원 가능한 창업자금을 고려하여 시기를 정한다.

 ㉡ 아이템 선정 : 적성에 맞거나 하고 싶은 일을 선택한다.

 ㉢ 사업계획서 작성 : 실질적인 내용으로 직접 작성을 한다.

 ㉣ 창업방법 결정 : 노하우 또는 기술을 보유하고 있거나 유경험자인 경우 전문가의 도움을 받아 독립적인 창업이 가능하지만, 초보자인 경우 프랜차이즈 창업이 유리하다.

② 점포개점 2단계

 ㉠ 상권분석 : 업종에 따라 적합한 상권과 입지는 다르며, 자신의 능력에 맞는 상권과 입지 그리고 점포 크기를 정한다.

 ㉡ 입지선정 : 입지는 상권에서 가장 좋은 곳이어야 한다.

 ㉢ 사업타당성 분석 : 목표 매출이 가능한지 여부를 보고 결정한다.

③ 점포개점 3단계

 ㉠ 실내인테리어 및 점포 꾸미기 : 아이템에 맞는 인테리어가 시너지 효과를 얻을 수가 있다. 프랜차이즈인 경우에는 이미 정해진 인테리어 컨셉이 있기 때문에 문제가 없지만, 독립창업인 경우 전문가에게 도움을 받는 것이 추가 비용을 줄이는 방법이다. 기존의 동일 업종으로 영업을 하고 있는 기존 점포의 인테리어를 벤치마킹하는 것도 좋은 방법이다.

 ㉡ 기자재 선택: 업종에 따라 필요 기자재는 차이가 있으므로, 자신이 선택한 업종에서 필수적으로 필요한 기자재는 사전에 충분한 시장 조사를 한 후에 결정을 해야 한다.

ⓒ 초도 물품 준비 : 장사를 하기 위해서는 판매할 상품을 구비해야 하는데, 판매업종인 경우 도매상을 통해 매입 계획을 세워야 하고 외식업종인 경우 수많은 종류의 식자재를 구입 혹은 구입처를 사전에 확보해 두어야 한다.

④ 점포개점 4단계

㉠ 가격책정 : 기본적으로 각 메뉴나 상품별 원가 또는 매입가를 기준으로 책정한다. 원가에 임대료, 인건비, 기타 지출 비용, 감가상각 등에 순이익률을 포함해 정하는 것이 기본이며, 업종에 따라 차이가 있으므로 동일 상권 경쟁 점포의 가격 파악 후 가격을 정하는 것이 좋다.

㉡ 인력계획 : 필요 인력은 업종 및 점포 크기 그리고 영업시간에 따라 각각 다르다.

㉢ 서비스전략 : 기본에 충실한 것이 가장 훌륭한 서비스임을 명심하고, 사업자 본인이 가장 자신 있게 할 수 있는 부분을 집중·발전시키는 것도 도움이 된다.

㉣ 홍보계획 : 소점포 사업자의 홍보는 작지만 길게 그리고 꾸준히 지속해야 한다.

⑤ 점포개점 5단계

㉠ 교육 및 인허가 : 매장 운영에 필요한 교육을 사전에 충분히 받아야 한다.

㉡ 오픈 준비 및 오픈 : 사전 준비를 철저히 하고 오픈을 해야 한다. 가 오픈을 통해 충분한 현장 실습을 한 후, 본 오픈을 하는 방법이 효과적이다.

02 투자의 기본계획

(1) 투자 기본계획의 개요

① 투자의 기본계획은 신규설비 및 시설 등의 투자에 관한 점포의 예산을 의미한다. 예상되는 투자정보는 경기의 상태를 예측하는 데 유용하고, 어떠한 특정 기일에 계획된 투자액의 경우 같은 시기에 실현된 투자액과 차이가 날 때가 많다. 이러한 차이는 새로운 계획의 추가, 다른 계획의 연기, 기타 계획의 중지 등의 이유 때문에 발생된다.

② 기업단위 단계의 경우에는 계획된 투자 및 실현된 투자와의 차이는 상당히 그 차이가 크지만 각 데이터는 집계되어 생산 전체의 것이 되고 더 나아가 경제 전체를 집계한 것으로 되기 때문에 그러한 차이는 상호 상쇄되어 계획된 투자총액은 실현된 투자총액에 상당히 근사하다.

③ 점포의 계획은 예상되는 입지에서 점포의 장소 및 관련되는 여러 시설과 인원에 대한 계획 등을 설계해서 점포 창업시에 점포에 투자되는 비용 등을 산출하는 과정이다.

(2) 점포관련 투자형태 기출 17·15·12

① 이미 출점되어 있는 기존점포 매입

㉠ 정상적인 창업 준비 작업이 어려울 때나 사정상 불가피하여 빨리 창업하고자 할 때, 창업 초기 안정적인 소득을 원할 때 창업하는 방법이다.

㉡ 점포확보를 위한 비용은 상대적으로 낮은 편이다.

㉢ 지속적 영업이 가능하지만 입지여건이나 하드웨어 조건이 열악할 가능성이 높다. ★

개념 Plus

소매흡인력의 결정요인

• 시장지역 특성과 동태 : 시장지역 특성과 동태요인으로는 소비자 인구의 분포, 소비자 구매력 분포, 지역 내 산업구조, 지역 내 유통구조, 지역 내 소매시설의 종류와 분포, 교통체계의 구조, 기상조건 등이 있다.

• 개별소비자의 특성과 상황적 특성 요인 : 개별소비자의 특성과 상황적 특성 요인으로는 인구통계적 특성, 사회·경제적 특성, 구매욕구, 구매제약, 구매지식, 소비자 이미지 등이 있다.

• 입지적 특성과 경쟁시설의 특성 : 입지적 특성과 경쟁시설의 특성으로는 상점가 특성, 주변점포의 종류, 비상업시설의 종류, 접근 가능성, 부근의 교통상황 및 지형, 경쟁시설 특성이 있다.

• 점포특성과 마케팅요인 : 점포특성과 마케팅요인으로는 매장면적 및 레이아웃, 내·외장, 쾌적함의 설비, 주차장, 상품구색, 판매원의 질과 수, 광고, 기타 판매촉진 등이 있다.

② 점포출점을 위한 건물임대
   ㉠ 다른 투자 형태에 비해 초기 투자비용이 가장 적게 소요된다.
   ㉡ 주변 지역 상권의 환경 변화에 빠르게 대응할 수 있다.
   ㉢ 사업을 신속하게 추진할 수 있고, 업종의 선택이 비교적 자유롭다.
   ㉣ 유리한 입지를 선택할 수 있다.

③ 점포출점을 위한 건물매입
   ㉠ 안정적 영업의 지속 가능성이 높다.
   ㉡ 영업활성화를 통한 자산 가치의 증식을 기대할 수 있다.
   ㉢ 초기 투자금액이 많이 소요된다.
   ㉣ 상권 환경 변화에 대응이 어렵다.
   ㉤ 부동산 가치 하락의 리스크가 존재한다.
   ㉥ 영업이 부진하거나 상권 이동시 신속한 대응이 어렵다.

④ 점포신축을 위한 부지임대
   ㉠ 부지매입에 비해 초기 투자비용이 적게 소요되나, 자산가치의 상승도 적다.
   ㉡ 점포형태, 진입로, 주차장, 구조 등 하드웨어에 대한 계획을 새롭게 세울 수 있다.
   ㉢ 계약 기간의 만료시에는 더 이상 지상권을 주장할 수 없다.

⑤ 점포신축을 위한 부지매입
   ㉠ 일반적으로 자산가치가 상승하는 경우가 많다. ★
   ㉡ 점포형태, 진입로, 주차장, 구조 등 하드웨어에 대한 계획을 새롭게 세울 수 있다.
   ㉢ 다른 경우에 비해 초기에 투자해야하는 비용이 많은 편에 속한다.
   ㉣ 주변지역(상권)의 환경변화에 빠르게 대응하기가 어렵다.

03 개점입지에 대한 법률규제검토

(1) 상가건물 임대차보호법

① 법의 목적 : 이 법은 상가건물 임대차에 관하여 「민법」에 대한 특례를 규정하여 국민 경제생활의 안정을 보장함을 목적으로 한다(법 제1조).

② 임대차 기간 기출 20
   ㉠ 기간을 정하지 아니하거나 기간을 1년 미만으로 정한 임대차는 그 기간을 1년으로 본다. 다만, 임차인은 1년 미만으로 정한 기간이 유효함을 주장할 수 있다.
   ㉡ 임대차가 종료한 경우에도 임차인이 보증금을 돌려받을 때까지는 임대차 관계는 존속하는 것으로 본다(법 제9조). ★

③ 계약갱신 요구 기출 21·20
   임대인은 임차인이 임대차기간이 만료되기 6개월 전부터 1개월 전까지 사이에 계약갱신을 요구할 경우 정당한 사유 없이 거절하지 못한다. 다만, 다음의 어느 하나의 경우에는 그러하지 아니하다(법 제10조 제1항). ★
   ㉠ 임차인이 3기 차임액에 해당하는 금액에 이르도록 차임을 연체한 사실이 있는 경우
   ㉡ 임차인이 거짓이나 그 밖의 부정한 방법으로 임차한 경우

ⓒ 서로 합의하여 임대인이 임차인에게 상당한 보상을 제공한 경우

ⓔ 임차인이 임대인의 동의 없이 목적 건물의 전부 또는 일부를 전대(轉貸)한 경우

ⓜ 임차인이 임차한 건물의 전부 또는 일부를 고의나 중대한 과실로 파손한 경우

ⓗ 임차한 건물의 전부 또는 일부가 멸실되어 임대차의 목적을 달성하지 못할 경우

ⓢ 임대인이 다음의 어느 하나에 해당하는 사유로 목적 건물의 전부 또는 대부분을 철거하거나 재건축하기 위하여 목적 건물의 점유를 회복할 필요가 있는 경우
- 임대차계약 체결 당시 공사시기 및 소요기간 등을 포함한 철거 또는 재건축 계획을 임차인에게 구체적으로 고지하고 그 계획에 따르는 경우
- 건물이 노후·훼손 또는 일부 멸실되는 등 안전사고의 우려가 있는 경우
- 다른 법령에 따라 철거 또는 재건축이 이루어지는 경우

ⓞ 그 밖에 임차인이 임차인으로서의 의무를 현저히 위반하거나 임대차를 계속하기 어려운 중대한 사유가 있는 경우

④ 권리금 기출 21·19·18·13·09

ⓐ 권리금은 점포임대차와 관련해 임차인이 누리게 될 장소 또는 영업상의 이익에 대한 대가로 임차보증금과는 별도로 지급되는 금전적 대가를 말한다.

ⓑ 권리금은 그동안 상가매입 또는 임차시 관행적으로 인정되어 왔으나 2015년 "상가건물 임대차보호법"이 개정되면서 권리금에 관한 규정이 새롭게 신설되었다.

ⓒ 상가건물 임대차보호법에서는 권리금에 대해 "임대차 목적물인 상가건물에서 영업을 하는 자 또는 영업을 하려는 자가 영업시설·비품, 거래처, 신용, 영업상의 노하우, 상가건물의 위치에 따른 영업상의 이점 등 유형·무형의 재산적 가치의 양도 또는 이용대가로서 임대인, 임차인에게 보증금과 차임 이외에 지급하는 금전 등의 대가를 말한다."라고 정의하고 있다(법 제10조의3 제1항).

⑤ 권리금 회수기회 보호

임대인은 임대차기간이 끝나기 6개월 전부터 임대차 종료 시까지 다음의 어느 하나에 해당하는 행위를 함으로써 권리금 계약에 따라 임차인이 주선한 신규임차인이 되려는 자로부터 권리금을 지급받는 것을 방해하여서는 아니 된다(법 제10조의4 제1항).

ⓐ 임차인이 주선한 신규임차인이 되려는 자에게 권리금을 요구하거나 임차인이 주선한 신규임차인이 되려는 자로부터 권리금을 수수하는 행위

ⓑ 임차인이 주선한 신규임차인이 되려는 자로 하여금 임차인에게 권리금을 지급하지 못하게 하는 행위

ⓒ 임차인이 주선한 신규임차인이 되려는 자에게 상가건물에 관한 조세, 공과금, 주변 상가건물의 차임 및 보증금, 그 밖의 부담에 따른 금액에 비추어 현저히 고액의 차임과 보증금을 요구하는 행위

ⓓ 그 밖에 정당한 사유 없이 임대인이 임차인이 주선한 신규임차인이 되려는 자와 임대차계약의 체결을 거절하는 행위

⑥ 상가임대료의 인상률 상한

차임 또는 보증금의 증액청구는 청구당시의 차임 또는 보증금의 100분의 5의 금액(5%)을 초과하지 못한다(동법 시행령 제4조).

개념 Plus

우선변제의 기준액
환산보증금은 경제발전 정도에 따라서 우선변제의 기준액이 변경될 수 있으므로 실제 거래가 일어나는 시기에 해당 법령조항을 확인해야 한다.

개념 Plus

환산보증금의 기준 제한
환산보증금이 일정액(서울특별시 9억원, 수도권 과밀억제권역 및 부산광역시 6억9천만원, 광역시, 세종특별자치시, 파주시, 화성시, 안산시, 용인시, 김포시 및 광주시 5억4천만원, 그 밖의 지역 3억7천만원)을 넘으면 「상가건물 임대차보호법」의 적용을 받지 아니한다.

⑦ 환산보증금 기출 18

  ㉠ "상가건물 임대차보호법"상의 보증금과 월세 환산액을 합한 금액으로, 임차인이 임대인에게 지급한 보증금과 매달 지급하는 월세 이외에 실제로 얼마나 자금 부담 능력이 있는지를 추정하는 것이다.

  ㉡ 우선변제를 받을 환산보증금의 기준은 전국적으로 표준화된 동일기준에서 현재는 **지역별 차등 적용**으로 변경되었다.

  ㉢ 상가건물 임대차보호법에서는 지역별 환산보증금을 기준으로 세입자에 대한 보호 범위를 구분하고 있다.

(2) 건축법

① 건폐율 기출 20·19·17·16·15

  ㉠ 건축 밀도를 나타내는 대표적인 지표 중 하나로, 각 건축물의 대지에 여유 공지를 확보하여 도시의 평면적인 과밀화를 억제하고자 설정된다. ★

  ㉡ 건축법상 건폐율은 대지면적(건축 대상 필지 또는 부지의 면적)에 대한 건축면적의 비율을 말한다. ★

  ㉢ 대지에 건축물이 둘 이상 있는 경우에는 이들 건축면적의 합계로 건폐율을 계산한다.

  ㉣ 건폐율을 산정할 때에는 대지면적은 1층만을 대상으로 하므로, 지상층 주차용도의 건축면적은 포함하지만, 지하층의 주차장 면적이나 초고층 건축물의 피난 안전구역의 면적은 제외한다. ★

② 용적률 기출 21·20·19·17·16·15

  ㉠ 대지면적에 대한 건축물의 연면적의 비율로 부지 대비 총 건축 가능평수를 말한다. ★

  ㉡ 대지에 건축물이 둘 이상 있는 경우에는 이들 연면적의 합계로 용적률을 계산한다.

  ㉢ ㉠에서 건축물의 연면적이란 건축물 각 층의 바닥면적의 합계를 말하며, 용적률을 산정할 때에는 지하층의 면적, 지상층의 주차장으로 쓰는 면적, 초고층 건축물의 피난안전 구역의 면적은 제외한다. ★

  ㉣ 용적률과 건폐율은 입지결정시 해당 지역의 개발밀도를 가늠하는 척도로 활용한다.

  ㉤ 용적률과 건폐율의 최대한도는 관할 구역의 면적과 인구 규모, 용도지역의 특성 등을 고려하여 「국토의 계획 및 이용에 관한 법률」에서 정한다.

  ㉥ 용도지역에 따라서 건폐율과 용적률은 많은 차이가 있으므로 유의해야 한다.

(3) 국토의 계획 및 이용에 관한 법률(국토계획법)

① 용도지역 기출 19·17

  ㉠ 토지의 이용 및 건축물의 용도, 건폐율, 용적률, 높이 등을 제한함으로써 토지를 경제적·효율적으로 이용하고 공공복리의 증진을 도모하기 위해 서로 중복되지 않게 도시·군관리계획으로 결정하는 지역으로 도시지역, 관리지역, 농림지역 및 자연환경보전지역을 말하며, 이 중 도시지역과 관리지역은 다음과 같이 세분화하고 있다. ★

출제지문 돋보기 OX

01   [20-3]
건폐율은 대지면적에 대한 건축연면적의 비율을 말한다.   (   )

02   [21-3]
상가건물이 지하 1층, 지상 5층으로 대지면적은 300m²이다. 층별 바닥면적은 각각 200m²로 동일하며 주차장은 지하 1층에 200m²와 지상 1층 내부에 100m²로 구성되어 있다. 이 건물의 용적률은?   (   )

03   [17-2]
관련 법률에서 허용하는 용적률의 기준은 상업지역의 유형에 따라 다르지만, 건폐율은 동일하다. (   )

정답 1. ×   2. 300%   3. ×

- 도시지역 : **주거지역**(전용주거지역, 일반주거지역, 준주거지역), **상업지역**(<u>중심상</u><u>업지역, 일반상업지역, 근린상업지역, 유통상업지역</u>), **공업지역**(전용공업지역, 일반공업지역, 준공업지역), **녹지지역**(보전녹지지역, 생산녹지지역, 자연녹지지역)★
- 관리지역 : 보전관리지역, 생산관리지역, 계획관리지역
ⓛ 용도지역의 구분에 따라 건축이 가능한 지역이 있고, 전혀 불가능한 지역이 있으며, 지방자치단체의 **조례에 따라 가부가 결정**되는 것도 있다. 또한 **용도지역에 따라 건폐율과 용적률은 차이**가 발생하기도 한다. 따라서 개점입지의 선정에 있어 용도지역이 건축 가능한 지역인지 여부를 관련 기관을 통해 확인해야 한다.★★
ⓒ 학교시설지구(고등학교 이하)에서는 50m까지가 절대 정화 구역, 200m까지는 상대 정화 구역이다.
② **용도지구** : 용도지역의 제한을 강화 또는 완화하여 적용함으로써 용도지역의 기능 증진을 도모하는 것으로 종류에는 취락지구, 경관지구, 미관지구, 고도지구 등이 있다.★
③ **용도구역** : 용도지역·용도지구의 제한을 강화하거나 완화해 보완하는 역할을 한다.
④ **토지의 구분** 기출 21·20·19·18
  ㉠ 획지 : 건축용으로 구획정리를 할 때 단위가 되는 땅으로 인위적·자연적·행정적 조건에 따라 다른 토지와 구별되는 가격수준이 비슷한 일단의 토지를 말한다. 획지의 형상은 남북방향으로 긴 장방형이다.★★
  ㉡ 각지 : 두 개 이상의 도로가 교차하는 곳에 있는 획지, 즉 2개 이상의 가로각(街路角)에 해당하는 부분에 접하는 획지로 접면하는 각의 수에 따라 2면각지, 3면각지, 4면각지 등으로 불린다. 각지는 일조와 통풍이 양호하며 출입이 편리하고 광고 선전의 효과가 높으나 소음이 심하며 도난과 재해의 위험이 높을 수 있다.★
  ㉢ 필지 : 토지 소유자의 권리를 구분하기 위한 표시로 하나의 지번에 붙이는 토지의 등록단위를 말한다.
  ㉣ 부지 : 구조물의 지반이 되거나 혹은 될 예정인 토지를 말한다.
⑤ **부동산 공부서류** 기출 21·19·18
  ㉠ 건축물관리대장 : 건축물 현황을 파악하고자 상세히 기록한 문서로 등기부에 등록된 소재지, 지번, 종류, 구조, 면적, 소유자 등의 정보를 확인하는 기초자료이다. 건물 구조와 면적, 용도와 층수, 불법건축물인지의 여부 등을 확인할 수 있다.
  ㉡ 등기사항전부증명서 : 부동산의 권리관계를 알려주는 등기사항증명서에는 **표제부**와 갑구, 을구로 되어있다. **표제부**에는 부동산의 지번과 면적, 소재지, 용도, 구조 등이, **갑구**에는 소유권에 관한 사항으로 접수된 날짜순으로 소유권, 가등기, 가처분, 가압류, 압류, 경매신청 등이 기재되고, **을구**에는 소유권 이외의 권리에 관한 사항으로 접수된 날짜순으로 저당권, 지상권, 지역권, 전세권 등이 기재된다.
  ㉢ 토지이용계획확인원 : 토지이용규제 기본법에 근거한 토지의 이용용도(용도지역·용도지구·용도구역, 토지거래 규제여부, 도로개설 여부 등)를 확인하는 문서로서, 부동산개발 시 토지에 대한 각종 규제와 허가 가능한 용도를 확인하는 가장 기본적인 서류라 할 수 있다.
  ㉣ 토지대장 : 토지의 소재·지번·지목(사용용도)·면적·토지등급, 소유자의 주소·주민등록번호·성명 또는 명칭 등을 등록하여 토지의 상황을 명확히 하는 장부이다.

개념 Plus

토지(부지)가격의 평가방법
- 원가법 : 가격시점에서 대상물건의 재조달 원가에 감가수정(대상물건에 대한 재조달원가를 감액하여야 할 요인이 있는 경우에는 물리적 감가·기능적 감가 또는 경제적 감가 등을 고려하여 그에 해당하는 금액을 재조달 원가에서 공제하여 가격시점에 있어서의 대상물건에 가격을 적정화하는 작업)하여 대상물건이 가지는 현재의 가격을 산정하는 방법
- 거래사례비교법 : 대상물건과 동일성 또는 유사성이 있는 물건의 거래사례와 비교하여 대상물건의 현황에 맞게 사정보정 및 시점수정 등을 가하여 가격을 산정하는 방법
- 수익환원법 : 대상물건이 장래 산출할 것으로 기대되는 순수익 또는 미래의 현금흐름을 적정한 비율로 환원 또는 할인하여 가격시점에 있어서의 평가가격을 산정하는 방법

출제지문 돋보기 OX

01   [19-3]
획지는 필지나 부지와 동의어이며 획지의 형상에는 직각형, 정형, 부정형 등이 있다.   (   )

02   [19-1]
국토의 계획 및 이용에 관한 법령상 상업지역에는 중심상업지역, 일반상업지역, 전용상업지역, 근린상업지역, 유통상업지역이 있다. (   )

03   [21-3]
건축물대장은 현 소유주의 취득일과 매매과정, 압류, 저당권 등의 설정, 해당 건물의 기본내역 등이 기록되어있는 공부서류이다.   (   )

정답 1. × 2. × 3. ×

2 개점과 폐점

01 출점전략

(1) 출점전략의 기본방향

개념 Plus

출점전략 수립시 우선적 검토사항
• 상권의 현황 파악
• 유동인구의 흐름 파악
• 통행량 조사
• 상품별 입지의 확인
• 법적규제 검토

출점전략의 핵심요소는 기업의 생명이 되는 사람, 물질, 돈, 정보를 집중적으로 활용이 가능한 상태를 만드는 것이다.

시장력 우선전략	• 출점전략의 기본으로 시장력이 높은 지역부터 출점하도록 한다. 왜냐하면 시장력의 크기에 따라 경합의 영향도가 다르기 때문이다. • 시장력이 크다면 경합의 영향도는 작고, 시장력이 작으면 경합의 영향도는 크다. • 인지도 확대전략과의 연계가 중요하다.
시장력 흡수전략	• 시장력에 맞는 규모와 형태로 출점한다. • 시장규모에 맞는 출점을 통해 그 시장이 갖는 잠재력을 충분히 흡수하기 위한 것이다. • 시장의 규모가 큼에도 불구하고 점포가 작다면 시장의 잠재수요를 효율적으로 흡수할 수 없고 성공할 기회를 상실하게 된다.
인지도 확대전략	• 지역에서 인지도를 확대시키고 신규 고객을 유치하기 위해서는 상품이나 체인을 인지시키는 광고뿐만 아니라 점포 그 자체를 인지시킬 수 있도록 고객과 접촉 횟수를 늘리려는 노력이 필요하다. • 가장 관건이 되는 것이 자사 경합으로, 타사 경합에 비해 영향도가 매우 크기 때문에 출점시 가장 유의해야 한다.

(2) 출점전략의 수립시 고려사항

계획수립 시기에 예견되는 현재 환경의 변화가 이 항목에 포함된다. 이러한 환경 요인에 대한 평가는 부정적이든 긍정적이든, 현재 혹은 미래 사업에 영향을 미칠 수 있는 잠재적인 발전 요인이므로 매우 중요하다.

경제적 요인	• 주요 경제요인이 어떻게 각 단위 사업운영에 영향을 미치는가? • 이들 요인과 전년도의 것은 어떻게 비교할 것인가?
인구통계적 요인	• 다양한 인구통계학적 집단들이 어떻게 개별사업의 운영에 영향을 미치는가? • 중요 인구통계학적 집단의 증감은 사업운영에 있어 어떤 의미를 갖는가?
사회적 요인	• 관련된 사회적 경향(태도, 라이프스타일)은 무엇인가? • 태도나 라이프스타일 경향은 사업 운영에 무슨 영향을 미치는가?
기술적 요인	• 계획기간 동안 이용 가능한 응용기술들은 내부시스템에 어떤 영향을 미치게 될 것인가? • 상품과 서비스의 마케팅은? • 자사의 영업은 이러한 기술에 의해 어떤 영향을 받게 될 것인가?
규제요인	• 계획수립 기간 중 계획운영에 영향을 줄 기존 혹은 미정의 규제사항들에 대한 기본적 전제는 무엇인가? • 계류 중이거나 잠정적인 규제의 예상 결과는 무엇이며, 이러한 결과가 자사의 사업운영에 미칠 영향은 무엇인가? • 규제사항 중 자사 사업에 포함해야 될 다른 국면, 즉 정치적 요인이 있는가?

(3) 출점전략의 유형 기출 20 · 19 · 18 · 16 · 14 · 13

① 시장력 우선 출점전략

  ㉠ 무풍지대 출점전략 : 경쟁점포의 수가 적고, 시장력이 비교적 약한 상태에서 해당 상권을 독점하려는 출점전략으로 상권의 범위가 넓고 충분한 매출을 얻을 수 있다. 다만 최적의 입지가 아니라면 경쟁점이 출점할 수가 있다.

  ㉡ 시장력 선택 출점전략 : 상권의 집적도가 높아 좁은 상권에서도 시장력의 집중에 의하여 충분한 매출을 올릴 수 있는 전략이다.

② 도미넌트(Dominant) 출점전략

  ㉠ 출점입지를 특정 지역에 한정하여 그곳에 다수의 점포를 동시에 출점시킴으로써 매장관리 등의 효율을 높이고 시장점유율을 확대하는 전략이다. ★★

  ㉡ 물류 · 배송비용 절감, 브랜드 인지도 확산 등의 효과가 크지만, 프랜차이즈의 경우에는 점포 간의 상권을 보호해주어야 하는 법적규제가 있어 활용이 불가능하다.

  ㉢ 도미넌트 전략을 활용하기 위해서는 충분한 시장 수요가 있는지 확인하고, 각각의 점포가 상호 시너지 효과를 낼 수 있는 보완재 성격을 갖는 것이 좋다.

  ㉣ 도미넌트 전략은 주요 간선도로를 따라 출점하는 선적전개와 주택지역 등을 중심으로 전개하는 면적전개로 구분된다.

  ㉤ 도미넌트 전략의 효과를 높이기 위해서는 **점포 규모, 상품 구색과 매장구성의 표준화**가 필요하다. ★

  ㉥ 도미넌트 전략은 다각화 전략, 인지도우선 전략, 브랜드 전략 등 세 가지로 구분된다.

    • **다각화 전략** : 기존의 사업과는 다른 새로운 사업 영역에 진출하여 성장을 꾀하는 전략이다.

    • **인지도우선 전략** : 일정 넓이의 지역 또는 도시 전체를 대상으로 높은 상권범위에 복수의 동일 간판을 단 점포를 최적 배치하여 그 지역 내에서의 인지도를 우선적으로 확대해가는 출점전략이다.

    • **브랜드 전략** : 위성출점 또는 끼어들기라고도 하며, 집중출점에 의해 최적으로 배치한 후 점포와 점포 사이의 상권을 메워 매출을 늘리고자 하는 중복출점전략이다.

③ **원심적 출점전략** : 중심부로부터 점포를 출점해서 점차적으로 외곽지역 및 지방으로 그 영역을 확대해나가는 것을 말한다. 이는 경쟁력 및 자본력 등이 뒷받침되는 프랜차이즈의 출점전략으로 적절하다.

④ **구심적 출점전략** : 지방 및 외곽지역 등에 점포를 출점해서 점차적으로 중심부로 진입해가는 출점전략으로, 경쟁력 및 자본력 등이 부족한 프랜차이즈의 경우에 적절하다.

(4) 출점전략 수립시 검토 · 결정되어야 할 세부 전략 기출 18

① 입지 전략 → 점포건축 전략(출점할 점포 결정 및 법적 행정처리) → 층별 배치 전략이 수립되어야 하며, 이를 근간으로 최종적으로 → 머천다이징 전략이 수립된다. ★

② 자사의 출점전략, 투자능력, 입지여건, 사업성, 파트너의 능력 및 의사 등을 종합 분석하여 결정하게 된다.

개념 Plus

출점의 방식
• 자사소유물건에 의한 출점
• 임차 출점
• 리스백(Lease-back) 출점
• 합작 출점
• 프랜차이즈 출점

개념 Plus

도미넌트 출점전략의 장점 ★★
• 물류 및 점포관리의 효율성이 증대된다.
• 특정 상권 내에서 시장점유율을 높일 수 있다.
• 경쟁사의 진입을 차단할 수 있다.
• 브랜드 인지도 및 마케팅 효과 개선이 가능하다.

(5) 다점포경영(Chain Store Operation) 전략 `기출` 12 · 11 · 09 · 08

① 각 지역의 발전성이나 상권 자체가 갖고 있는 이점 등을 자사(自社)의 이익과 연계시키기 위한 수단으로서, 각 해당 지역에 자사의 지점포(支店鋪)를 출점하게 하는 이른바 다점포화 정책에 따라 만든 각 체인점의 영업활동에 대한 경영 관리를 말한다.

② 다점포 경영은 촉진활동과 유통 등의 과정에서 규모의 경제효과를 얻을 수 있어 이를 계획적으로 여러 지역에 출점한다.

③ 매입 및 판매활동의 기능을 각기 분할하여 본점이 전지점(全支店)의 매입을 통괄적으로 담당하고, 지점은 오로지 판매 활동만을 담당하도록 한다.

④ 본점을 통한 대량매입과 각 지점을 통한 대량판매의 동시 실현을 목표로 한다.

⑤ 유통기업들이 특정한 상권에 다점포 경영전략을 활용하는 것은 경쟁점포의 출점에 대한 일종의 방어벽을 구축함과 동시에 자사의 점포들 간 경쟁을 유발해서 전반적인 이익을 창출하기 위한 목적이다.

⑥ 추가점포를 개설하여 얻게 되는 한계이익이 한계비용보다 크다면, 추가로 점포를 개설하는 유인이 된다. 즉, 한 지역 내에 추가적으로 입점하는 점포는 한계이익이 한계비용보다 높을 때까지 입점할 수 있다. ★

⑦ 한 지역 내에 동일한 제품을 판매하는 점포가 많아져 개별점포에서는 판매량이 감소(매출의 자기잠식)할 수 있다.

⑧ 다점포경영으로 인한 계획된 자기잠식은 점포 내 혼잡함을 감소시킬 수 있어 소비자의 쇼핑 경험을 강화시킬 수 있다.

다점포경영 전략의 장점과 단점 `기출` 09

구 분	내 용
장 점	• 촉진 및 유통활동에 있어서 규모의 경제를 실현할 수 있다. • 단일 점포로는 규모가 지나치게 비대해져 발생할 수 있는 비효율적 경영을 막을 수 있다. • 해당 상권이 포화되어 경쟁업체에 대해 진입장벽을 형성할 수 있다. • 기업의 브랜드 가치를 높이고 사회적 이미지를 강화할 수 있다. • 물류센터, 광고 등의 공동 활동을 통해 시너지 효과를 획득할 수 있다. • 같은 회사의 점포들 사이의 경쟁을 유발하여 각 점포의 성과를 촉진할 수 있다. • 고객의 접근성 및 편리성을 보다 높일 수 있다. • 동일업종이나 업태의 수를 증가시킴으로써 구매자에 대한 구매력을 향상시킬 수 있다. • 경쟁점포가 출점할 수 있는 입지를 미리 선점할 수 있다.
단 점	• 특정 상권 내에서 다점포경영은 점포들 간의 경쟁을 촉진하고, 자사 점포들의 개별 이익을 보장하지 못하는 단점을 지닌다. • 한 지역 내 동일 제품을 판매하는 점포가 많아져 개별점포에서는 판매량이 감소할 수 있고, 동일한 제품을 판매함에 따라 신규수요 창출과는 거리가 있다. • 소매업체 체인이 하나의 지역에 너무 많은 점포를 개설하는 경우에는 매출의 자기잠식이 발생할 수 있다. 단, 계획된 자기잠식은 점포 내 혼잡함을 감소시킬 수 있어 소비자의 쇼핑경험을 강화시킬 수 있다.

(6) 출점의사결정 과정 및 유형

① 출점의사결정 과정 [기출 10·08]

㉠ 출점의사결정 과정은 업태·규모·출점부지의 소유 여부에 따라 달라지게 된다.

㉡ 백화점 등 대형점의 출점시의 의사결정 과정은 대체적으로 다음과 같다.

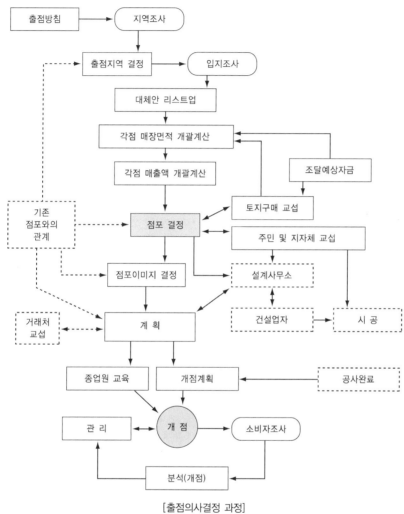

[출점의사결정 과정]

② 출점의사결정 유형

㉠ Type Ⅰ : 정형화된 점포 → 적합한 시장형태 결정 → 후보지 모색·평가 → 결정

㉡ Type Ⅱ : 후보지 분석 → 후보지 결정 → 적응할 점포내용 결정

㉢ Type Ⅲ : 후보지 분석 → 각 후보지(표준점포 ↔ 머천다이징) → 결정

출점의사결정 절차

출점방침의 결정 ⇨ 출점지역의 결정 ⇨ 점포의 물색 ⇨ 사업계획(수익성 및 자금조달 계획)의 수립 ⇨ 점포매입 또는 건설 ⇨ 개점

---

02 점포개점을 위한 준비

(1) 신규 출점시 기본적인 조사사항

출점시에는 다음과 같은 7가지 항목에 걸친 조사를 하고 있으며, 기본으로 1~3 항목은 입지 분석에 활용하고 마케팅 전략 수립 시에는 4~7 항목을 주로 활용한다.

구 분	조사항목	조사방법	조사내용
입지환경 조사	출점지의 시장환경, 시장 잠재력 및 경합점의 현황을 파악하여 출점 가능성 검토	• 기존자료(각종 연감 및 통계자료)를 조사 • 현지 관찰에 의한 조사	• 지구특성 : 인구 및 교통체계와 유출입 인구 • 시장환경 : 소매업 현황 및 추이, 주변산업 집적지 및 경쟁사 현황 등
장래성 예측조사	계획지 주변의 개발상황(도시계획, 재개발), 대형점 출점동향, 인구동태 등의 장래 예측	자료분석 및 관계 관청 등을 통해 조사	• 지역특성의 변화 • 진입로의 변화 • 인구변화 • 대형점 출점동향
경합점 기초조사	경합점의 개요 파악을 위해 각 점의 특징을 조사	관찰 및 경합점의 자료를 통하여 조사	• 부문별 매장면적 • 가격, 브랜드 층별 조사
통행자 조사	통행자의 특성 및 쇼핑실태를 파악하고 상권 내에 있어서의 출점점포의 방향을 명확히 함	• 가두에서의 인터뷰에 의한 앙케트 조사 • 일요일 1일을 포함, 3일 간 조사	• 방문목적 및 빈도 • 이용 교통기관 • 자주 방문 지역 및 이미지 • 좋아하는 브랜드
상권 내의 거주자 조사	상권 내 거주자의 특성과 쇼핑실태 및 상권 내 구매자의 욕구와 경향 등 파악	상권 내의 거주자에 대한 방문 조사(최저600 샘플필요)	• 상품별 구매시 잘 이용하는 지역 및 점포 • 지역별 방문빈도 이용 이유 • 지역별 이미지 평가 • 점포 이용시 중요사항 • 상품별 가격, 이미지 및 좋아하는 패션 브랜드
그룹 인터뷰	소비자의 구매동향, 의식, 요구를 각각의 상품레벨에서 상세히 파악·가설(전략, 전술)이 있는 경우 그 검증으로 활용	특성에 따라 구분된 여러 그룹에 대해 인터뷰, 토론 방식으로 행함(최저 6개 그룹 필요)	• 구매행동 및 의식 • 라이프스타일 • 각점 평가 • 불만, 의견요망 ※ 조사목적에 따라 활용
경합 모델점 조사	경합점의 입지력, 상품력, 시설력, 판매력, 운영력 등의 파악	현장관찰조사 및 자료 분석에 의함	• 입지력(도심, 교외 등) • 시설력(점포 규모, 주차능력) • 상품력(품질, 가격 등) • 판매력(판촉, 서비스) • 운영력(전체적인 관점에서 관리하는 능력)

(2) 상권의 설정

① 산이나 하천 등 지형의 형태에 따라 거주 장애지역을 고려, 고객의 거주 범위를 예상하여 작성한다.

② 교통 조건을 고려, 도보상권, 버스상권, 지하철상권 등을 예상하여 작성한다.

③ 상권의 경쟁관계 고려, 레일리법칙 등을 이용하여 상권의 경계가 되는 지점을 결정한다.

④ 방문조사(거주자조사), 통행자 조사 등을 실시, 실제로 구매하러 오는 범위를 파악하여 상권을 결정한다(가장 일반적인 방법).

(3) 구매력 평가

상권이 설정되면 다음 단계로 구매력을 추정한다. 구매력은 점포의 규모를 결정하는 중요한 요소가 되며, 구매력을 추정하는 방법은 다음과 같다.

① **상권 내의 세대 구매력** : 상권 내의 세대수에 1세대당 상품구매지출을 곱한 값으로 측정한다. 여기서 1세대당 상품구매지출은 1세대당 소비지출에서 1세대당 비구매지출을 제외한 지출을 의미한다. 즉, 상권 내 세대구매력 = 상권 내 흡인가능 세대수 × 1세대당 상품구매지출(1세대당 소비지출 − 1세대당 비구매지출)

② **사업소의 구매력** : 상권 내의 사업소 자체가 일반점포에서 구매하는 금액의 합계로 사업소의 규모와 수를 고려하여 측정한다.

③ **유입인구의 구매력** : 유입인구를 사업소의 종업원 수와 역의 승객 수 등을 고려하고, 음식비, 교양오락비, 피복비, 신변품비 등을 추계하여, 유입 인구의 일인당 점포에서 구매하는 금액에 유입 인구를 곱하여 얻은 값으로 측정한다.

④ **총 구매력** : 상권 내의 세대구매력, 사업소 구매력과 유입 인구 구매력을 모두 합한 값으로 측정할 수 있다.

(4) 점포의 적정규모(면적)의 산정

상권범위가 설정되면 상권규모를 추정하여 그에 따른 점포규모를 추정해야 하는데, 상권 내 구매력에 의한 계산이나 유사지역과의 비교 또는 매장면적 대비 인구비에 의한 계산을 통해 점포의 적정 규모를 산출하고, 법적 가능 면적 및 동원 가능한 자금을 고려하여 최종적인 규모를 확정한다.

① **구매력에 의한 방법** : 상권 내 백화점 흡인가능 세대수에 세대 당 상품구매지출을 곱하여 상권 규모를 구한 다음 평당 목표매출액으로 나누어 적정규모를 산출한다.

$$적정면적 = \frac{상권\ 내\ 흡인가능\ 세대수 × 1세대당\ 월평균\ 상품구매지출}{월\ 평당\ 매출목표}$$

② **유사 지역과의 비교에 의한 방법** : 출점 후보지와 동 규모 지역의 점포매장 점유율을 비교하여 추산한다.

③ **매장면적 대비 인구비에 의한 방법** : 출점후보지와 동 규모 지역의 점포매장 점유율을 비교하여 추산한다.

(5) 획득가능 매출의 추정

획득가능한 매출의 추정이 신규출점 업무 중 가장 중요하고 어려운 작업이다. 매출의 추정은 정확한 상권설정 및 규모의 추정, 입지 및 고객분석, 경쟁여건 분석 등을 통해 이루어지는데, 매출 예측이 잘못되었을 경우 해당 점포뿐만 아니라 회사 전체적으로 건실한 경영을 유지하기 어렵다. 일반적으로 이루어지는 매출 추정법은 다음과 같다.

① **모델점의 매장 효율(평당 매출) 적용** : 인근 경쟁점 또는 유사지역 점포의 평당 매출을 적용하여 추정하되 기존점 대비 신규점의 효율 및 업체 간 경영능력 등을 감안한다.

$$계획점의\ 매출액 = \begin{array}{l} 모델점의\ 평당매출(3.5백만원) \\ 매장면적(6,000평) \\ 신규점효율지수(70\%) \\ \times\ 경영능력지수(110\%) \\ \hline = 1,617억원 \end{array}$$

② **예상 고객 수 및 객(客)단가 적용** : 계획지의 객단가와 자사점포 및 경쟁점의 객단가를 비교하여 추정한 뒤 상권분석을 통해 설정된 예상 고객 수를 감안하여 매출을 추정한다.

$$계획점의\ 매출액 = \begin{array}{l} 예상객단가(2.5만) \\ 예상고객수(2.0만) \\ \times\ 영업일수(320일) \\ \hline = 1,600억원 \end{array}$$

③ **회전율 적용** : 점포 좌석의 회전 수를 감안하여 매출을 추정한다.

$$매출액 = 좌석수 \times 좌석점유율 \times 회전율 \times 객단가 \times 영업일\ 수$$

④ **지역별 점유비 산정에 의한 방법** : 지역별로 시장 규모를 산출하고, 계획점·경쟁점·상권 외의 유출 등으로 시장점유율을 분할하여 획득가능 매출을 추정하며, 시장점유율의 분할은 고객 앙케트를 통해 구하는 것이 일반적이다.

▼ 계획점 매출액

구 분	시장규모	점유율분할			획득매출액
		계획점	경쟁점	유 출	
A 지역	5만 세대 700억원	60%	30%	10%	425억원
B 지역	7만 세대 90억원	55%	33%	12%	495억원
C 지역	3만 세대 500억원	40%	45%	15%	200억원
D 지역	10만 세대 1,400억원	35%	40%	15%	490억원
합 계	25만 세대 3,500억원	46%	42%	12%	1,605억원

⑤ **매장면적 점유율에 의한 방법** : 매장면적 점유율에 의한 매출 추정은 다음과 같은 단계를 거쳐 이루어진다.

- 상권 전체의 시장규모 산출
  → 가구당 소매매출(50만/월) × 가구수(25만 세대) × 12개월 = 1조 5천억원
- 상권 외 유출을 감안한 상권 내 체류마켓 규모를 산출
  → 총 시장규모(1.5조원) − 상권 외 유출(10%, 1,500억원) = 1조 3,500억원
- 점포별·업태별로 효과 면적을 산출하여 상권 내 체류마켓을 효과면적 점유율별로 분할하여 계획점 매출 추정
  → 체류마켓 총액(1조 3,500억) × 상권점유율(11.8%) = 1,592억원

⑥ **상권 내의 예상소비지출총액** : 평균소비성향, 가구당 평균가처분소득액, 상권 내의 총 가구수를 곱함으로써 얻을 수 있다.

상권 내 예상소비지출총액 = (1 + 평균소비성장률) × 평균가처분소득 × 총 가구수

(6) 점포매출 예측법

① **판매원 예측법** : 지역별 소비자의 성향을 예측에 반영할 수 있는 방법이지만, 판매원의 기억에 의해 왜곡될 가능성이 있다.
② **델파이법** : 전문가 집단에게 설문조사를 실시하여 집단의 의견을 종합하고 정리하는 연구 기법으로 시장 전반적인 환경이나 신제품에 대한 장기 예측이 가능한 방법이지만, 시간과 비용이 상대적으로 많이 소요된다.
③ **시장조사법** : 소비자에게 직접 의견을 확인함으로써 보다 정확하고 다양한 정보를 수집할 수 있는 방법이다.
④ **중역의견법** : 소비자패널을 활용하기 어려운 상황에서 시장에 대한 장기적 예측이나 신제품에 대한 예측이 가능한 방법이다.

(7) 가능매상고 추계방법

① **비율법(Ratio Method)** : 비율법은 대상점포가 전체 면적에서 차지하는 비율을 거래지역의 총지출가능액과 곱하여 대상점포의 가능매상고를 산출하는 방법으로, 주관성이 가장 많이 개입되는 방법이다.
② **유추법** : 같은 회사 내의 다른 점포나 유사점포를 대상으로 거래지역과 고객에 대한 분석을 하고, 이를 토대로 하여 가능매상고를 산출하는 방법이다.
③ **회귀모형** : 매상고에 영향을 주는 여러 가지 변수들을 설정하고, 이 변수들로 대상점포의 가능매상고를 산출하는 방법이다. 이 때 점포의 매상고는 종속변수, 매상고에 영향을 주는 다른 변수들은 독립변수이다.
④ **중력모형** : 만유인력의 법칙을 원용하여 대상점포의 가능매상고를 산출하는 방법이다.

시장점유율법

- 시장의 총 잠재매출액 중에서 점포가 차지하는 비율을 말하는 것으로 점포의 가구당 판매액을 가구당 잠재 판매액으로 나누어 계산한다.

> 총잠재매출액 = 점포의 가구당 판매액/가구당 잠재 판매액

- 이 방법은 상권 외부의 소비자 유입 및 상권 내 소비자의 점포선호성향, 소매상의 차별화 등을 파악할 수 없다는 단점이 있다.
- 1인당 지출액과 상권 내 인구수를 곱하면 시장잠재력을 구할 수 있다.

시장점유율법의 매출추정 절차

1. 경쟁지역과의 접근성 등의 변수를 고려하여 업태의 상권을 추정
2. 인구조사 자료를 기초로 하여 상권 내 인구수를 파악
3. 상권의 시장잠재력 척도인 1인당 소비액을 추정
4. 인구수와 1인당 지출액을 곱하여 총시장잠재력을 구함
5. 상권 내의 총면적 대비 신규점포의 비율을 구함

투자의 적절성을 평가하는 기법

- 현금흐름 할인법(DCF Method) : 화폐의 시간가치를 고려한 방법이다.

순현재가치법 (NPV)	미래의 모든 현금 유입의 현재가치에서 미래의 모든 현금 유출의 현재가치를 뺀 값이 바로 순현가(NPV)인데, NPV = 0이거나 0보다 크면 투자가치가 있는 것으로 보아 투자안을 채택하고, 0보다 작으면 투자안을 기각한다. • 화폐의 시간가치를 고려 • 현금흐름을 기준으로 함 • 가치의 합계원칙 적용 • 투자규모를 반영함
내부수익률법 (IRR)	어떤 투자안의 NPV가 0이 되게 하는 할인율(= 내부수익률)을 구해서 시장에서 평가된 회사의 자본비용보다 크면 투자안 채택, 그렇지 않으면 기각한다.
수익성지표법 (PI)	• 미래의 현금흐름을 투자액으로 나눈 것으로 화폐의 시간가치를 고려한다. • 판단기준은 PI가 1보다 크면, 즉 미래 현금흐름의 현재가치 합이 투자액보다 크면 채택, 그렇지 않으면 포기한다.

- 회수기간법(PP ; Payback Period) : 투자에 소요된 투자액을 회수하는 데 걸리는 기간을 구하여 투자의사결정을 하는 기법이다.
  - 계산이 간단하고 이해하기 쉬움
  - 위험지표로서의 정보를 제공, 즉 회수기간이 짧을수록 안전한 투자안
  - 화폐의 시간적인 가치를 무시
  - 회수기간 이후의 현금흐름 무시
  - 회수기간만을 고려하기 때문에 투자안의 수익성 자체는 무시

(8) 사업성 분석

대형점의 신규출점 판단근거	국내의 일반적 사업성 평가기준
• 흑자전환시점	• 흑자전환시점 : 3~4년 이내
• 투자회수기간	• 투자회수기간 : 10년
• 투자수익률	• 내부수익률(IRR), 순현재가치(NPV)

03 업종전환 및 퇴점

(1) 업종전환

① 업종전환의 개념

    ㉠ 업종전환이란 제조업, 도소매업, 서비스업의 업태를 바꾸거나 업종을 변경하는 경우를 말한다.

    ㉡ 동종업종에서 동종업종으로 바꾸는 경우 또는 동종업종에서 타업종으로 바꾸는 경우가 대표적이다.

    ㉢ 일반 음식점에서 분식점 또는 삼겹살집에서 레스토랑으로 바꾸는 경우의 예를 들 수 있다.

② 업종전환의 근본적 이유

    ㉠ 영업부진 점포에 대한 새로운 사업기회 제공

    ㉡ 기존시설을 가급적 활용하고 재투자비용을 최소화하여 새로운 사업기회 모색

    ㉢ 폐업으로 인한 손실 최소화

③ 업종전환의 절차

    전화상담 및 컨설팅 결정 → 점포현장 방문 → 점주 및 직원 인터뷰 → 상품경쟁력 파악 → 내부경쟁력 분석 → 외부경쟁력 분석 → 소비자만족도 조사 → 실패원인 분석 → 보고서 작성 및 브리핑 → 업종전환실행 및 사후관리

(2) 퇴 점

다음 두 가지의 모형으로 상권과 점포를 평가했을 때 모두 부정적인 결과가 나왔을 경우 퇴점을 검토해야 한다.

① 시장규모와 매출규모의 모형

구 분		내 용
시장규모	도시형	점포를 중심으로 반경 500m 이내의 소매 판매액
	교외형	점포의 주간 인구와 야간 인구, 그리고 반경 3km 전후의 소매 판매액
매출규모		점포마다의 매출평균

② 시장성장성과 손익분기점의 모형

구 분		내 용
시장 성장성	도시형	점포를 중심으로 반경 500m~1km 범위의 소매 판매액 성장률
	교외형	점포를 중심으로 반경 3km 전후범위의 주간인구, 야간인구 성장률, 세대수의 성장률
손익현황		각 점포마다의 손익현황

01 신규점포의 개설과정에서 소매점포의 일반적인 전략수립 과정을 가장 올바르게 나열한 것은?

① 점포계획 → 입지선정 → 상권분석 → 소매믹스설계

② 점포계획 → 상권분석 → 입지선정 → 소매믹스설계

③ 상권분석 → 입지선정 → 점포계획 → 소매믹스설계

④ 상권분석 → 점포계획 → 입지선정 → 소매믹스설계

⑤ 입지선정 → 상권분석 → 점포계획 → 소매믹스설계

02 글상자 안의 설명에 가장 적합한 점포관련 투자형태는?

> • 일반적으로 자산가치가 상승하는 경우가 많다.
> • 점포형태, 진입로, 주차장, 구조 등 하드웨어에 대한 계획을 새롭게 세울 수 있다.
> • 다른 경우에 비해 초기에 투자해야하는 비용이 많은 편에 속한다.
> • 주변지역의 환경변화에 빠르게 대응하기가 어렵다.

① 점포 출점을 위한 건물매입

② 점포 신축을 위한 부지임대

③ 점포 출점을 위한 건물임대

④ 점포 신축을 위한 부지매입

⑤ 이미 존재하고 있는 점포매입

03 아래 내용은 다음 중 어느 소매출점 유형의 특징인가?

> 점포확보를 위한 비용은 상대적으로 낮은 편이고 지속적 영업이 가능하지만, 입지여건이나 하드웨어 조건이 열악할 가능성이 높다.

① 건물매입출점   ② 건물임차

③ 기존점포 인수   ④ 부지임차 후 신축

⑤ 부지매입 후 신축

04 임차한 건물에 점포를 개점하거나 폐점할 때는 임차권의 확보가 매우 중요하다. "상가건물 임대차보호법"(법률 제17490호, 2020. 9. 29., 일부개정)과 관련된 내용으로 옳지 않은 것은?

① "상법"(법률 제17362호, 2020. 6. 9., 일부개정)의 특별법이다.

② 기간을 정하지 않은 임대차는 그 기간을 1년으로 본다.

③ 임차인이 신규임차인으로부터 권리금을 회수할 수 있는 권한을 일부 인정한다.

④ 법 규정에 위반한 약정으로 임차인에게 불리한 것은 그 효력이 없는 강행규정이다.

⑤ 상가건물 외에 임대차 목적물의 주된 부분을 영업용으로 사용하는 경우에도 적용된다.

05 현재 "상가건물 임대차보호법"(법률 제17471호, 2020. 7. 31., 일부개정) 등 관련 법규에서 규정하고 있는 상가 임대료의 인상률 상한(청구당시의 차임 또는 보증금 기준)으로 옳은 것은?

① 3%   ② 4%

③ 5%   ④ 7%

⑤ 9%

06 상가임대차 과정에서 다루게 되는 권리금을 산정할 때 근거가 되는 유무형의 재산적 가치에 해당하지 않는 것은?

① 영업시설·비품

② 거래처

③ 신 용

④ 상가건물의 위치

⑤ 임대료 지불수단

07 일반적인 권리금에 대한 설명으로 가장 옳지 않은 것은?

① 시설권리금은 실내 인테리어 및 장비 및 기물에 대한 권리금액을 말한다.

② 단골고객을 확보하여 상권의 형성 과정에 지대한 공헌을 한 대가는 영업권리금에 해당된다.

③ 시설권리금의 경우에는 시설에 대한 감가상각은 통상적으로 3년을 기준으로 한다.

④ 영업권리금의 경우에는 평균적인 순수익을 고려하여 계산하기도 한다.

⑤ 영업권리금의 경우에는 지역 또는 자리권리금이라고도 한다.

08 점포임차시 임대차계약을 체결하는 과정에서 확인해야 할 환산보증금에 대한 설명으로 옳지 않은 것은?

① 환산보증금은 「상가건물임대차보호법」에서 규정하고 있다.

② 「상가건물임대차보호법」은 영세한 상인을 보호하기 위해 제정된 보호법이다.

③ 환산보증금 기준은 영세상인의 범위를 규정하기 위해 정한 보증금 수준을 의미한다.

④ 우선변제를 받을 환산보증금의 기준은 지역별 차등적용에서 현재는 전국적으로 표준화된 동일기준으로 변경되었다.

⑤ 경제발전 정도에 따라서 우선변제의 기준액이 변경될 수 있으므로 실제 거래가 일어나는 시기에 해당 법령조항을 확인해야 한다.

09 점포 개점에 있어 고려해야 할 법적 요소와 관련된 설명 중 가장 옳지 않은 것은?

① 용도지역이 건축 가능한 지역인지 여부를 관련 기관을 통해 확인한다.

② 학교시설보호지구 여부와 거리를 확인한다.

③ 건폐율이란 부지 대비 건물 전체의 층별 면적합의 비율을 말한다.

④ 용적률이란 부지면적에 대한 건축물의 연면적의 비율로 부지 대비 총 건축 가능평수를 말한다.

⑤ 용도지역에 따라 건폐율과 용적률은 차이가 발생하기도 한다.

10 입지결정과정에서 고려하는 다양한 요소 중 용적률과 건폐율에 대한 설명으로 옳지 않은 것은?

① 용적률과 건폐율은 입지결정시 해당 지역의 개발밀도를 가늠하는 척도로 활용한다.

② 건폐율은 대지면적에 대한 건축면적의 비율을 말한다.

③ 용적률은 부지면적에 대한 건축물 연면적의 비율로 산출한다.

④ 용적률과 건폐율의 최대한도는 관할 구역의 면적과 인구 규모, 용도지역의 특성 등을 고려하여 「국토의 계획 및 이용에 관한 법률」에서 정한다.

⑤ 건폐율을 산정할 때는 지하층의 면적, 지상층의 주차용으로 쓰는 면적, 초고층 건축물의 피난안전구역의 면적은 제외한다.

11 토지의 이용 및 건축물의 용도, 건폐율, 용적률, 높이 등에 대한 국토계획법과 관련한 설명으로 옳지 않은 것은?

① 도시지역과 취락지역은 용도지역의 종류들이다.
② 도시지역은 주거지역, 상업지역, 공업지역, 녹지지역으로 구분한다.
③ 용도지구는 용도지역의 제한을 강화하거나 완화하여 적용함으로써 용도지역의 기능 증진을 도모하는 것이다.
④ 경관지구, 미관지구, 고도지구 등은 용도지구의 종류들이다.
⑤ 용도구역은 용도지역 및 용도지구의 제한을 강화하거나 완화하여 이들을 보완하는 역할을 한다.

12 점포가 위치하게 될 건축용지를 나눌 때 한 단위가 되는 땅의 형상이나 가로(街路)와의 관계를 설명한 내용 중 옳은 것은?

① 각지 – 3개 이상의 가로각(街路角)에 해당하는 부분에 접하는 토지로 3면각지, 4면각지 등으로 설명함
② 획지 – 여러 가로에 접해 일조와 통풍이 양호하며 출입이 편리하고 광고홍보효과가 높음
③ 순획지 – 획지에서도 계통이 서로 다른 도로에 면한 것이 아니라 같은 계통의 도로에 면한 각지
④ 삼면가로각지 – 획지의 삼면에 계통이 다른 가로에 접하여 있는 토지
⑤ 각지 – 건축용으로 구획정리를 할 때 단위가 되는 땅으로 인위적, 행정적 조건에 의해 다른 토지와 구별되는 토지

13 점포를 건축하기 위해 필요한 토지와 관련된 설명으로서 옳지 않은 것은?

① 획지란 인위적 · 자연적 · 행정적 조건에 따라 다른 토지와 구별되는 일단의 토지이다.
② 획지는 필지나 부지와 동의어이며 획지의 형상에는 직각형, 정형, 부정형 등이 있다.
③ 각지는 일조와 통풍이 양호하지만 소음이 심하며 도난이나 교통피해를 받기 쉽다.
④ 각지는 출입이 편리하며 시계성이 우수하여 광고선전의 효과가 높다.
⑤ 각지는 획지 중에서도 2개 이상의 가로각(街路角)에 해당하는 부분에 접하는 토지이다.

14 점포개설과정에서 점포의 매매와 임대차 거래 전에 반드시 확인해야 할 공부서류와 그 내용을 위쪽 괄호부터 순서대로 바르게 연결한 것은?

```
• 건축물관리대장 (      )
• 등기사항전부증명서 (      )
• 토지이용계획확인원 (      )
• 토지대장 (      )
```

```
가. 토지의 지번, 지목(사용용도), 면적, 토지등급
나. 소유자 인적사항, 권리관계, 매매과정, 압류, 저당권 등의 설정내용
다. 점포의 면적, 구조, 용도, 연면적, 건폐율, 용적률, 건축연도 등
라. 용도지역 · 용도지구 · 용도구역, 토지거래 규제여부, 도로개설 여부 등
```

① 가 – 나 – 라 – 다   ② 나 – 가 – 라 – 다
③ 다 – 나 – 가 – 라   ④ 다 – 나 – 라 – 가
⑤ 나 – 다 – 가 – 라

15 특정 지역에 다수의 점포를 동시에 출점시켜 매장관리 등의 효율을 높이고 시장점유율을 확대하는 전략으로 가장 옳은 것은?

① 다각화 전략
② 브랜드 전략
③ 프랜차이즈전략
④ 도미넌트출점전략
⑤ 프로모션전략

16 아래 글상자에 출점과 관련된 몇 가지 의사결정 사안들이 제시되어 있다. 다음 중 출점 의사결정 사안을 논리적 과정에 따라 가장 올바르게 배열한 것은?

> 가. 출점할 점포 결정
> 나. 머천다이징 결정
> 다. 점포의 층별 배치 결정
> 라. 점포의 확보 및 사용과 관련된 행정처리

① 가 → 나 → 다 → 라
② 라 → 가 → 나 → 다
③ 가 → 라 → 다 → 나
④ 나 → 다 → 가 → 라
⑤ 나 → 라 → 가 → 다

17 점포 출점을 결정한 후 가장 먼저 준비해야 할 사항은?

① 점포의 포지셔닝 주제(아이덴티티)의 설정
② 종업원의 선발 및 교육·훈련
③ 거래처와의 교섭
④ 점포의 인테리어공사
⑤ 홍보 계획 수립

18 상권들에 대한 점포의 출점 여부와 출점 순서를 결정할 때는 상권의 시장 매력성과 자사 경쟁력을 고려해야 한다. 시장 매력성은 시장의 규모와 성장성, 자사 경쟁력은 경쟁 강도 및 자사 예상매출액 등을 결합하여 추정한다. 점포출점에 대한 다음의 원칙들 가운데 가장 옳지 않은 것은?

① 경우에 따라 자사 경쟁력보다 시장 매력성을 우선적으로 고려할 수도 있다.
② 경쟁 강도가 낮아도 자사 예상매출액 또한 낮으면 출점하지 않는 것이 바람직하다.
③ 무조건 큰 규모로 개점하여 경쟁력을 강화하기보다 적정규모로 출점한다.
④ 시장 매력성은 큰데 예상매출액이 작으면 경쟁력을 개선할 수 있을 때만 출점하는 것이 바람직하다.
⑤ 더 큰 시너지를 얻을 수 있으므로 자사 점포간 상권잠식은 오히려 유리한 현상이다.

19 건물을 매입하여 출점하는 경우에 대한 설명으로 옳지 않은 것은?

① 초기 투자금액이 많이 소요될 수 있다.
② 영업활성화를 통해 자산가치 증식을 기대할 수 있다.
③ 상권환경 변화에 대응하기가 어렵다.
④ 안정적 영업을 지속할 수 있다.
⑤ 영업이 부진할 경우 임대 등 다른 방법을 모색하기가 용이하다.

20 도미넌트 출점의 장점과 가장 거리가 먼 것은?

① 관리가 용이하다.
② 물류와 배송이 편리하다.
③ 경쟁점의 출점을 방어하는 데 유리하다.
④ 특정상권에서 시장점유율을 확대하는 데 유리하다.
⑤ 단위점포의 매장면적을 키우는 데 유리하다.

21 체인스토어 경영에 대한 설명으로 옳은 것을 모두 고르면?

> ⊙ 체인스토어 경영은 집중적 관리와 소유에 있어 중앙 본부에서 조달하여 동일한 상품을 다점포에서 판매하는 것을 의미한다.
> ⓒ 다점포경영을 하더라도 각 점포가 개별적으로 상품 구성과 조달을 하고 있다면 체인스토어 시스템이라 할 수 없다.
> ⓒ 체인경영은 점포, 인사관리, 광고, 판매촉진 등에서 동질성이 필요하고, 단품 대량판매를 기본으로 한다.
> ② 집중매입과 분산판매 원칙의 특징을 갖고 있다.

① ⊙, ⓒ
② ⊙, ⓒ
③ ⓒ, ⓒ
④ ⓒ, ⓒ, ②
⑤ ⊙, ⓒ, ⓒ, ②

22 한 지역에서 몇 개의 점포를 동시에 운영하는 다점포경영에 해당되는 내용이 아닌 것은?

① 대부분의 소매업체 체인은 촉진활동과 유통에 대해 규모의 경제를 얻을 수 있기 때문에 다점포경영을 한다.
② 소매업체 체인이 하나의 지역에 너무 많은 점포를 개설하는 경우에는 매출의 자기잠식이 발생할 수 있다.
③ 추가점포를 개설하여 얻게 되는 한계이익이 한계비용보다 크다면, 추가로 점포를 개설하는 유인이 된다.
④ 다점포경영으로 인한 계획된 자기잠식은 점포 내 혼잡함을 감소시킬 수 있어 소비자의 쇼핑 경험을 강화시킬 수 있다.
⑤ 다점포경영은 해당 상권에 대한 진입장벽보다 개별 점포에 대한 퇴거장벽 형성효과를 얻을 수 있다.

23 점포를 개점할 때 고려해야할 전략적 사항에 대한 설명으로 옳지 않은 것은?

① 점포는 단순히 하나의 물리적인 시설이 아니고 소비자들의 생활과 직결되어 있으며, 라이프스타일에도 영향을 미친다.
② 상권의 범위가 넓어져서 규모의 경제를 유발할 수 있기 때문에 점포의 규모는 클수록 유리하다.
③ 점포개설로 인해 인접 주민 또는 소비자단체의 민원제기나 저항이 일어나지 않도록 사전에 대비하여야 한다.
④ 취급하는 상품의 종류에 따라 소비자의 이동거리에 대한 저항감이 다르기 때문에 상권의 범위가 달라진다.
⑤ 경쟁관계에 있는 다른 점포의 규모나 위치를 충분히 검토하여야 한다.

24 자금의 조달에 어려움이 없다고 가정할 때, 가맹본부가 하나의 상권에 개점할 직영점포의 숫자를 결정하는 가장 합리적인 원칙은?

① 상권 내 경쟁점포의 숫자에 비례하여 개점한다.
② 한계이익이 한계비용보다 높으면 개점한다.
③ 자사 직영점이 입점한 상권에는 개점하지 않는다.
④ 자기잠식을 고려하여 1상권에 1점포만을 개점한다.
⑤ 자사 가맹점의 상권이라도 그 가맹점의 허락을 받으면 개점한다.

25 서비스업종의 매출액을 추정하기 위한 아래의 공식에서 (   )에 들어갈 적합한 용어는?

> 매출액 = 좌석수 × 좌석점유율 × (   ) × 객단가 × 영업일수

① 실구매율
② 내점률
③ 회전율
④ 내점객수
⑤ 매출실현율

26 매장면적비율법은 상권 내 동일업종의 총 매장면적에서 점포의 매장면적이 차지하는 비율을 이용하여 해당 점포의 매출액을 추정한다. 매장면적비율법의 내용으로 가장 옳지 않은 것은?

① 상권의 총잠재수요는 해당 업종에 대한 1인당 총지출액과 상권인구를 곱해서 구한다.

② 상권의 총예상매출액은 총잠재수요와 상권인구의 상권 밖에서의 구매비율을 곱해서 구한다.

③ 해당 점포의 매출은 상권의 총예상매출액과 매장면적비율을 곱해서 구한다.

④ 경쟁점포에 대한 경쟁력이 약하면 매장면적비율보다 더 작게 매출액비율을 추정한다.

⑤ 유동인구의 효과를 가중하여 매장면적비율에 따른 추정매출액을 조정할 수 있다.

27 출점을 위한 투자의 적절성을 평가하는 다양한 기법들이 개발되어 있다. 박스 안에는 투자의 적절성 평가 기법들이 갖추어야 할 요건들이 제시되어 있다. 다음 중 박스 안에 제시된 모든 요건을 충족하는 평가 기법은?

> • 모든 현금흐름을 고려함
> • 화폐의 시간가치를 고려함
> • 투자규모를 반영함

① 회수기간법 ② 할인 회수기간법
③ 순현재가치법 ④ 회계적 이익률법
⑤ 내부수익률법

28 점포의 인테리어 비용은 매몰비용(sunk cost)의 성격이 강한 고정비에 해당한다. 다른 모든 조건이 같다고 할 때, 다음 중 점포를 개설할 때 인테리어 비용의 심각성이 가장 낮은 경우는?

① 업종 전환이 잦은 입지에 위치한 점포에 출점할 때
② 직접 소유한 점포에 출점할 때
③ 계약기간을 정해서 임차한 점포에 출점할 때
④ 합작하여 출점할 때
⑤ 매각 후 매입자가 임대한 점포에 출점할 때

29 임차할 점포를 평가할 때 고려해야 할 사항으로 가장 옳지 않은 것은?

① 입점 가능한 업종
② 임대면적 중 전용면적
③ 점포 소유자의 전문성
④ 점포의 권리관계
⑤ 점포의 인계 사유

30 대형소매점을 개설하기 위해 대지면적이 1,000m²인 5층 상가건물을 매입하는 상황이다. 해당 건물의 지상 1층과 2층의 면적은 각각 600m²이고 3~5층 면적은 각각 400m²이다. 단, 주차장이 지하 1층에 500m², 1층 내부에 200m², 건물외부(건물부속)에 300m² 설치되어 있다. 건물 5층에는 100m²의 주민공동시설이 설치되어 있다. 이 건물의 용적률로 가장 옳은 것은?

① 210% ② 220%
③ 240% ④ 260%
⑤ 300%

01 정답 ③

신규점포의 개설과정에서 상권분석이 가장 우선되며, 상권분석을 통해 입지선정이 이루어진다.

02 정답 ④

점포 신축을 위한 부지매입에 대한 설명이다.

부지매입과 신축의 장·단점

장 점	단 점
• 자기소유	• 지가 상승
• 영업상 신축성	• 초기 고가격
• 새로운 시설	• 건설기간
• 일정 담보 지출	• 좋은 부지 부족
	• 장기적 고정화
	• 도시계획문제

03 정답 ③

기존의 점포를 인수하는 방법은 정상적인 창업 준비 작업이 어려울 때나 사정상 불가피하여 빨리 창업하고자 할 때, 창업 초기 안정적인 소득을 원할 때 창업하는 방법이므로, 점포확보를 위한 비용은 상대적으로 낮은 편이고 지속적 영업이 가능하다. 하지만 입지여건이나 하드웨어 조건이 열악할 가능성이 높으므로, 점포나 건물 시설에 하자가 없는지, 현재 업종이 입지 특성에 맞는지, 점포에 대한 기존 소비자의 평가는 어떤지, 건물에 과다한 설정이 되어 있지는 않은지 등을 반드시 체크해야 한다.

04 정답 ①

이 법은 상가건물 임대차에 관하여 「민법」에 대한 특례를 규정하여 국민 경제생활의 안정을 보장함을 목적으로 한다(상가건물 임대차보호법 제1조).

05 정답 ③

차임 및 증액청구의 기준
차임 또는 보증금의 증액청구는 청구당시의 차임 또는 보증금의 100분의 5의 금액(5%)을 초과하지 못한다(상가건물 임대차보호법 시행령 제4조).

06 정답 ⑤

임대료 지불수단은 권리금을 산정할 때 근거가 되는 유무형의 재산적 가치에 해당하지 않는다.

권리금(상가건물 임대차보호법 제10조의3 제1항)
권리금이란 임대차 목적물인 상가건물에서 영업을 하는 자 또는 영업을 하려는 자가 영업시설·비품, 거래처, 신용, 영업상의 노하우, 상가건물의 위치에 따른 영업상의 이점 등 유형·무형의 재산적 가치의 양도 또는 이용대가로서 임대인, 임차인에게 보증금과 차임 이외에 지급하는 금전 등의 대가를 말한다.

07 정답 ⑤

바닥권리금은 상가 위치와 영업상의 이점 등에 대한 대가로 주고받는 권리금으로 지역 또는 자리권리금이라고도 한다. 일반적으로 점포나 회사가 입지한 장소, 유동인구가 많고, 역세권이면 바닥권리금이 높다.

08 정답 ④

상가건물 임대차보호법은 지역별 환산보증금을 기준으로 세입자에 대한 보호 범위를 구분하고 있다. 다만, 환산보증금이 일정액(서울특별시 9억원, 수도권 과밀억제권역 및 부산광역시 6억9천만원, 광역시, 세종특별자치시, 파주시, 화성시, 안산시, 용인시, 김포시 및 광주시 5억4천만원, 그 밖의 지역 3억7천만원)을 넘으면 「상가건물 임대차보호법」의 적용을 받지 아니한다.

환산보증금
상가임대차보호법에서 보증금과 월세 환산액을 합한 금액으로, 임차인이 임대인에게 지급한 보증금과 매달 지급하는 월세 이외에 실제로 얼마나 자금 부담 능력이 있는지를 추정하는 것이다.

09 정답 ③

건폐율이란 대지면적에 대한 건축할 수 있는 1층 부분의 면적, 즉 바닥면적의 비율을 말한다.

10 정답 ⑤

건폐율을 산정할 때에는 대지면적은 1층만을 대상으로 하므로 지상층 주차용도의 건축면적은 포함하지만, 지하층의 면적이나 초고층 건축물의 피난안전구역의 면적은 제외한다.

11 정답 ①

용도지역은 도시지역, 관리지역, 농림지역, 공업지역, 녹지지역으로 구분되며, 취락지구는 용도지구에 해당한다(국토의 계획 및 이용에 관한 법률 제6조 및 제37조).

12 정답 ④

①·③ 각지는 2개 이상의 가로각에 해당하는 부분에 접하는 획지로, 접면하는 각의 수에 따라 2면각지, 3면각지, 4면각지 등으로 불린다. 각지는 출입이 편리하여 광고 효과가 높다는 장점이 있으나 상대적으로 소음, 도난, 교통 등의 피해를 받을 가능성이 높다는 단점이 있다.
②·⑤ 획지는 인위적·자연적·행정적 조건에 따라 다른 토지와 구별되는 가격수준이 비슷한 일단의 토지를 말한다.

13 정답 ②

획지는 필지나 부지와는 별개의 개념이다.

획지와 필지 비교

획 지	필 지
부동산 활동상 토지의 구획단위	측량, 수로조사 및 지적에 관한 법률상 토지의 등록단위
형상은 남북방향으로 긴 장방형	형상은 직각형, 정형, 부정형 등
가격수준이 유사한 일단의 토지	소유권의 한계를 밝히는 개념
경제상 개념	법적인 개념
면적이나 가격으로 표시	지번으로 표시

14 정답 ④

- 건축물관리대장(다) : 건축물의 현황을 파악하고자 상세하게 기록한 문서로, 등기부에 등록된 소재지, 지번, 종류, 구조, 면적, 소유자 등의 정보를 확인하는 기초자료이다. 이 자료를 통해 건물의 구조와 면적, 용도와 층수, 불법건축물인지의 여부 등을 확인할 수 있다.
- 등기사항전부증명서(나) : 부동산의 권리관계를 알려주는 등기사항증명서에는 표제부와 갑구, 을구로 되어있는데, 표제부에는 부동산의 지번과 면적, 소재지, 용도, 구조 등이 기재된다. 갑구에는 소유권에 관한 사항으로 접수된 날짜순으로 기록되며 소유권, 가등기, 가처분, 가압류, 압류, 경매신청 등이 기재되고, 을구에는 소유권 이외의 권리에 관한 사항으로 접수된 날짜순으로 기록되며 저당권, 지상권, 지역권, 전세권 등이 기재된다.
- 토지이용계획확인원(라) : 토지이용규제 기본법에 근거한 토지의 이용 용도(용도지역·용도지구·용도구역, 토지거래 규제여부, 도로개설 여부 등)를 확인하는 문서로서, 부동산개발 시 토지에 대한 각종 규제와 허가 가능한 용도를 확인하는 가장 기본적인 서류라 할 수 있다.
- 토지대장(가) : 토지의 소재·지번·지목(사용용도)·면적·토지등급, 소유자의 주소·주민등록번호·성명 또는 명칭 등을 등록하여 토지의 상황을 명확하게 하는 장부이다.

15 정답 ④

도미넌트(Dominant) 전략은 일정 지역에 다수점을 동시에 출점시킴으로써 경쟁사의 출점을 억제하는 전략이다. 이 전략은 특정지역을 선점하기 위한 방식으로 물류, 배송비용 절감, 브랜드 인지도 확산 등에 효과가 크다.

16 정답 ③

출점 의사결정시 검토·결정되어야 할 세부 전략에는 입지 전략, 점포 건축 전략(출점할 점포 결정 및 법적 행정처리), 점포의 층별 배치전략이 수립되어야 하며, 이를 근간으로 최종적으로 머천다이징 전략이 수립되어야 한다.

출점시 의사결정과정
출점방침의 결정 → 출점지역의 결정 → 점포의 물색 → 사업계획(수익성 및 자금조달 계획)의 수립 → 점포매입/건설 → 개점

17 정답 ①

점포의 출점이 결정되고, 규모가 확정되면 우선 명확한 점포의 콘셉트(concept)와 아이덴티티를 확립해야 한다.

18 정답 ⑤

자사 점포간 경쟁으로 인한 상권잠식은 더 큰 시너지를 얻을 수 없으므로 불리한 현상이다.

19 정답 ⑤

건물을 매입하여 출점하는 경우 부동산 가치 하락의 리스크가 존재하고 영업이 부진하거나 상권 이동시 유연하고 신속한 대응이 어렵다.

20 정답 ⑤

도미넌트 출점전략의 효과를 높이기 위해서는 점포 규모의 표준화가 필요하므로 단위점포의 매장면적을 변경하는 데 있어 타 출점 전략에 비해 불리한 면이 있다.

도미넌트 출점의 장점
- 물류 및 점포관리의 효율성이 증대된다.
- 상권 내 시장점유율을 높일 수 있다.
- 경쟁사의 진입을 차단할 수 있다.
- 브랜드 인지도 및 마케팅 효과 개선이 가능하다.

21 정답 ⑤

다점포 경영(Chain Store Operation)전략
- 각 지역의 발전성이나 상권 자체가 갖고 있는 이점 등을 자사(自社)의 이익과 연계시키기 위한 수단으로서 각 해당지역에 자사의 지점포(支店鋪)를 출점하게 하는 이른바 다점포화 정책에 따라 만든 각 체인점의 영업활동에 대한 경영 관리를 말한다.
- 다점포 경영은 촉진활동과 유통 등의 과정에서 규모의 경제효과를 얻을 수 있어 이를 계획적으로 여러 지역에 출점한다.
- 본부에서 상품과 유니폼 등을 본부 운영 방침대로 획일적으로 정하여 시행하기 때문에 지점운영의 독립성이 보장되지 않는다.
- 매입 및 판매활동의 기능을 각기 분할하여 본점이 전지점(全支店)의 매입을 통괄적으로 담당하고, 지점은 오로지 판매 활동만을 담당하도록 한다.
- 본점을 통한 대량 매입과 각 지점을 통한 대량판매의 동시 실현을 목표로 한다.

22 정답 ⑤

다점포경영은 각 지역의 발전성이나 상권 자체가 갖고 있는 이점 등을 자사(自社)의 이익과 연계시키기 위한 수단으로서, 각 해당 지역에 자사의 지점포를 출점하게 하는 경영전략이다. 다점포경영의 목적은 자사 점포들 사이에 경쟁을 유도하여 전체적인 성과를 높이고 동시에 경쟁점포의 출점에 대한 장벽을 구축하는 데 있다.

23 정답 ②

점포의 규모는 클수록 무조건 유리한 것은 아니다. 상권범위가 설정되면 상권규모를 추정하여 그에 따른 점포규모를 추정해야 하는데, 상권 내 구매력에 의한 계산이나 유사지역과의 비교 또는 매장면적 대비 인구비에 의한 계산을 통해 점포의 적정 규모를 산출하고, 법적 가능 면적 및 동원 가능한 자금을 고려하여 최종적인 규모를 확정한다.

24 정답 ②

추가점포를 개설하여 얻게 되는 한계이익이 한계비용보다 크다면, 추가로 점포를 개설하는 유인이 된다. 즉, 한 지역 내에 추가적으로 입점하는 점포는 한계이익이 한계비용보다 높을 때까지 입점할 수 있다.

25 정답 ③

회전율을 적용한 획득가능 매출의 추정
매출액 = 좌석수 × 좌석점유율 × 회전율 × 객단가 × 영업일수

26 정답 ②

상권의 총예상매출액은 총잠재수요와 상권인구의 상권 내에서의 구매비율을 곱해서 구한다.

27 정답 ③

순현재가치법은 출점과 관련하여 투자안의 가치를 평가하는 기법 중 하나로 미래의 모든 현금 유입의 현재가치에서 미래의 모든 현금 유출의 현재가치를 뺀 값을 순현가(NPV)라 하는데, NPV = 0이거나 0보다 크면 투자가치가 있는 것으로 보아 투자안을 채택하고, 0보다 작으면 투자안을 기각한다. 순현가법은 유일의 해, 즉 하나의 결과값을 갖기 때문에 경우에 따라 여러 개의 결과값을 갖는 다른 평가기법과는 달리 일관되게 투자여부를 결정할 수 있어 투자 의사결정에 있어 혼란을 방지한다.

28 정답 ②

매몰비용은 한 번 지불하고 나면 회수할 수 없는 비용을 뜻한다. 인테리어 비용은 매몰비용의 성격이 강한 고정비이므로, 업종 전환이 잦은 점포, 계약기간을 정해서 임차한 점포, 합작하여 출점하는 점포, 매입자가 임대한 점포에 출점하는 경우 크게 상승할 수 있다. 자기가 소유한 점포에 출점할 경우 ①·③·④·⑤의 경우보다 인테리어 교체 횟수를 줄일 수 있어서 인테리어 비용을 낮출 수 있다.

29 정답 ③

점포를 임차할 경우에는 임차할 점포의 용도 및 면적, 입점 가능한 업종, 권리관계의 복잡성 여부, 점포임차비용과 인계 사유 등을 고려해야 한다.

30 정답 ①

용적률이란 대지면적에 대한 건축물의 연면적 비율을 말한다. 여기서 건축물의 연면적이란 건축물 각 층의 바닥면적의 합계를 말하며, 용적률을 산정할 때 지하층의 면적, 지상층의 주차장(해당 건축물의 부속용도인 경우만 해당)으로 쓰는 면적, 주민공동시설의 면적, 초고층 건축물의 피난안전구역의 면적은 제외한다.
- 건축물의 연면적
  = 1층($600m^2$ − $200m^2$) + 2층($600m^2$) + 3~5층($400m^2$ × 3) − 주민공동시설($100m^2$)
  = $2,100m^2$
- 용적률 = $\dfrac{2,100m^2}{1,000m^2}$ × 100 = 210%

이 책의 차례

PART 03 유통마케팅

이 책의 차례

PART 04 **유통정보**

P/A/R/T/3

유통마케팅

이론 + 필수기출문제

CHAPTER 01 | 유통마케팅 전략기획

1 유통마케팅 전략

01 시장세분화(Market Segmentation)
02 시장표적화(Market Targeting)
03 포지셔닝(Positioning)

2 유통경쟁전략

01 유통경쟁의 개요
02 유통경쟁의 형태
03 소매업태의 성장과 발전이론
04 글로벌 경쟁전략
05 서비스 마케팅(Service Marketing)
06 고객서비스와 서비스 품질 측정방법

3 상품관리 및 머천다이징 전략

01 상품의 분류
02 머천다이징의 개요
03 업태별 머천다이징 및 상품기획
04 상품 카테고리 계획과 관리
05 상품매입과 구매계획

06 단품관리전략
07 상품수명주기별 상품관리전략

4 가격관리전략

01 가격관리의 개요
02 가격산정 방법
03 가격설정 정책(전략)

5 촉진관리전략

01 촉진관리전략의 개요
02 광고(Advertising)
03 홍보(PR, 공중관계)
04 인적판매(Personal Selling)
05 판매촉진(Sales Promotion)
06 업태별 촉진전략
07 전자소매업(e-Retailing) 촉진

필수기출문제

최근 5개년 출제경향 회당 평균 12.5문제 출제(5개년 기준 총 15회)

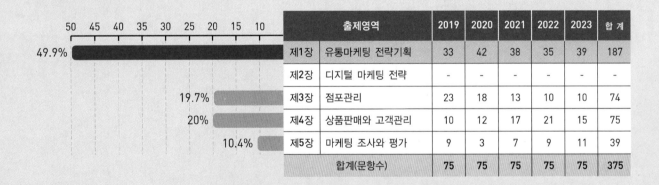

	출제영역	2019	2020	2021	2022	2023	합 계
제1장	유통마케팅 전략기획	33	42	38	35	39	187
제2장	디지털 마케팅 전략	-	-	-	-	-	-
제3장	점포관리	23	18	13	10	10	74
제4장	상품판매와 고객관리	10	12	17	21	15	75
제5장	마케팅 조사와 평가	9	3	7	9	11	39
	합계(문항수)	75	75	75	75	75	375

49.9%
19.7%
20%
10.4%

50 45 40 35 30 25 20 15 10

1 유통마케팅 전략

01 시장세분화(Market Segmentation) 기출 13·11·10·09·08

(1) 시장세분화의 개념 기출 21·19

① 시장은 서로 다른 특성을 지닌 소비자들로 구성되어 있기 때문에 상황에 맞는 차별적인 마케팅 전략을 구사하기 위해서는 우선 소비자들을 일정한 기준(특정 제품에 대한 동질적 또는 상이한 욕구, 특징 혹은 의견이나 행동)에 따라 분류 혹은 군집화 할 필요가 있게 되는데, 이를 시장세분화 또는 고객세분화라고 한다. ★

② 시장을 세분화하는 단 한 가지 방법은 존재하지 않는다. 따라서 마케터는 어떠한 것이 시장세분화 기회를 가장 잘 제공하는가를 파악하기 위해 다양한 변수를 검토해야 하며, 특히 고객 신상정보와 구매자료는 어떤 고객이 어떤 제품을 언제, 어느 정도의 양을, 얼마에 구매하였는가를 파악할 수 있게 해주고, 이는 시장세분화에 이용될 수 있다.

(2) 시장세분화의 이점

① 새로운 마케팅 기회를 효과적으로 포착 : 기업은 각 세분시장이 원하는 바와 경쟁자들의 제품을 검토함으로써 효과적으로 소비자를 만족시키기 위한 방안을 결정할 수 있다.

② 마케팅 믹스를 정밀하게 조정 : 기업은 모든 소비자들이 원하는 바의 차이를 고려하지 않고 하나의 마케팅 믹스를 제공하기보다는 원하는 바를 효과적으로 충족시키기 위해 세분시장별로 마케팅 믹스를 조정할 수 있다

③ 각 세분시장의 반응특성에 따른 자원배분 : 기업은 각 세분시장의 반응특성을 근거로 바람직한 목표를 효과적으로 달성할 수 있도록 마케팅 노력을 합리적으로 할당할 수 있다.

(3) 시장세분화의 요건 기출 21·19·13·12

시장세분화의 주된 목적은 세분시장별로 상이한 마케팅전략을 수립하여 이를 효과적으로 실행함으로써 기업의 마케팅목표를 효율적으로 달성하려는 데 있다. 따라서 시장세분화 전략이 효율적으로 실행되기 위해서는 적어도 4가지 요건들이 충족될 때에 가능하다.

① 측정가능성(Measurability) : 마케팅관리자가 각 세분시장의 규모나 구매력 등을 측정할 수 있어야 한다는 것으로 이를 위해서는 고객 데이터베이스 구축이 필요하다. ★

② **접근가능성(Accessibility)** : 상품, 서비스에 대한 기업의 메시지가 세분시장에 효과적으로 도달할 수 있어야 한다. 충분한 구매력과 수요가 있는 매력적인 세분시장이 존재하더라도 세분시장을 유인할 수 있는 능력이나 연결매체가 없으면 시장세분화는 성공하기 어렵다(예 독신남이 매력적인 시장으로 발견되었지만 거주지를 알기 어렵다). ★

③ **유지가능성(Sustainability, 규모의 적정성)** : 세분시장이 **충분한 규모**이거나 이익을 낼 수 있는 정도의 크기가 되어야 한다. 즉, 각 세분시장 내에는 특정 마케팅 프로그램을 지속적으로 실행할 가치가 있을 만큼의 가능한 한 **동질적 수요자들이 존재**해야 한다. ★

④ **실행가능성(Actionability)** : 각 세분시장에서 고객들에게 매력 있고, 이들의 욕구에 충분히 부응할 수 있는 효과적인 마케팅 프로그램을 계획하고 실행할 수 있어야 한다.

⑤ **경쟁성(Competitiveness)** : 고객들에게 독특하고 다른 무언가를 제공할 수 있는 경쟁성, 즉 경쟁사 대비 확실한 경쟁우위를 갖춰야 한다.

⑥ **이질성(Differentiability, 차별성)** : 특정한 마케팅 믹스에 대한 반응이나 세분화 근거에 있어서 세분시장 내의 구성원은 동질성을 보여야 하고, 다른 세분시장의 구성원과는 이질성을 보여야 한다(예 미혼여성과 기혼여성은 향수에 대하여 다르게 반응한다). ★

(4) 시장세분화의 변수(종류) 기출 19 · 17 · 16 · 13

① **인구통계적 세분화** : 인구통계적 시장세분화에서는 주로 고객의 성별, 나이, 직업, 소득수준, 가족 구성원의 수 등 인구통계적 변수에 의해 시장이 나누어진다. 심리적 변수나 행위 변수 등에 세분화가 이루어졌다 해도 목표시장의 크기와 접근방법을 알기 위해서는 인구통계적 또는 사회경제적 특성을 사전에 파악해야 한다.

② **지리적 세분화** : 시장을 국가, 지역, 군, 도시, 인근 등의 단위로 분할하는 것이다. 지역을 기준으로 세분화하는 경우에는 우선 집중할 지역을 결정하여야 하고, 선정된 지역 중에서도 중점을 둘 사업구역을 선정하여 집중하면 효과적이다.

③ **심리행태의 세분화(생활양식)** : 소비자의 개인적 특성 가운데 심리적 행태에 따라 시장을 세분화하는 방법으로 사후 시장세분화 형태를 따르고 있으며, 일반적으로 소비자의 행동(Activity), 관심(Interest), 의견(Opinion)에 대한 소비자 조사를 바탕으로 소비자 시장을 집단화하여 구분한다. 인구통계상으로는 동일한 집단에 속해 있는 사람도 심리묘사적 특성상 아주 상이할 수 있다.

 ㉠ **사회계층** : 사회계층에 따라 소비행태는 다양하게 나타난다. 특히, 자동차, 의류, 가전제품, 여가선용 등에서 계층 간의 소비는 그 격차가 크게 나타난다.

 ㉡ **라이프스타일** : 개인의 욕구, 동기, 태도, 생각 등을 총망라한 결합체이다.

④ **인지 및 행동적 세분화** : 제품이나 서비스 **추구 편익, 사용량, 사용경험(상황), 상표충성도** 등에 대한 소비자의 태도나 반응에 따라 시장을 구분하는 것이다. 이 세분화 방식에서 구매자들은 각자의 제품에 대한 지식, 태도, 용도, 반응 등에 기초해 집단화된다. 제품과 관련된 행동기준인 제품사용정도, 제품충성도, 구매성향 등을 이용하여 시장을 세분화할 수도 있다.

ⓐ 추구 편익(Benefit)이란 소비자들이 제품을 사용하면서 얻고자 하는 가치를 말한다.

ⓑ 사용경험은 소비자들이 제품을 사용하는 상황이나 경험을 말한다.

ⓒ 제품 사용량에 따라 대량소비자, 소량소비자 등으로 세분화하기도 한다.

ⓓ 자사 상표에 대한 호의적인 태도와 반복구매 정도를 나타내는 브랜드 충성도에 따라 자사브랜드 선호 집단, 경쟁브랜드 선호 집단 등으로 세분화하기도 한다.

고객의 행동변수와 특성변수 기출 17·16

행동변수		추구 편익, 사용상황, 사용량(률), 상표애호도 또는 태도(충성도), 고객생애가치(CLV) 등
특성변수	인구통계학적 변수	연령, 성별, 소득, 직업, 종교, 지역, 가족생애주기, 가족 구성원의 수, 교육수준 등
	심리분석적 변수	개성, 동기, 사회계층(주관적 인식), 라이프스타일 등

02 시장표적화(Market Targeting) 기출 19·14·13·11·10·09·08

(1) 시장표적화의 개념

소비자는 각자 독특한 욕구와 필요가 있기 때문에 판매자는 잠재적으로 각 소비자를 서로 다른 표적시장으로 보고 세분화를 하되, 회사 특성을 고려하여 넓게, 좁게 또는 이들의 중간 정도 등 적절한 수준의 세분시장을 선정하게 된다. 이에 따라 표적시장의 수준이 가장 넓은 무차별적 시장, 차별적 시장, 집중(틈새)시장, 미시시장(지역시장) 등으로 나눌 수 있다.

(2) 목표시장 선정전략

① 무차별적 마케팅 전략

ⓐ 무차별적(비차별적) 마케팅 전략은 소매점이 세분시장 간의 차이를 무시하고, 단일 제품(예 설탕이나 야채와 같은 생필품이나 원재료)이나 서비스로 전체 시장에 진출하려는 것으로, 소비자 욕구의 차이보다는 공통점에 초점을 맞추고 있다. ★

ⓑ 무차별 마케팅은 원가 면에서 경제적이다. 제품 계열이 축소되어 생산·재고·수송 비용과 광고비용이 절감된다. 또한 세분시장에 대한 마케팅 조사와 계획도 수행하지 않으므로 마케팅 조사 및 제품관리비용도 절감된다. ★

ⓒ 이 방식은 모든 계층의 소비자를 만족시킬 수 없기 때문에 경쟁사가 쉽게 틈새시장을 찾아 시장에 진입할 수 있다는 문제점을 지니고 있다. 특히 무차별적 마케팅은 경쟁전략에서의 원가우위전략과 유사한 면이 많다.

② 차별적 마케팅 전략

ⓐ 차별적 마케팅 전략에 따르면, 소매점은 여러 목표시장을 표적으로 하고 각각에 대해 상이한 제품과 서비스를 설계한다. 제품과 마케팅을 다양화함으로써 매출액을 늘리고 각 세분시장에서의 지위를 강화하려는 것이다. ★

개념 Plus

표적시장 선정시 주요 고려요소
• 미래의 성장잠재력
• 표적시장의 크기
• 소매상의 자원과 기술
• 소요되는 투자액

개념 Plus

세분시장 차별화 전략 사례
하워드 모스코위츠(Howard Mosk-owitz)는 세상에는 다양한 입맛을 가진 소비자 집단들이 존재하기 때문에 단 하나가 아닌 여러 개의 스파게티 소스가 존재한다고 주장하였다. 이 주장을 받아들인 Campbell's Soup 회사는 가장 대중적인 하나 대신 서로 다른 여러 종류의 스파게티 소스를 생산하였다.

출제지문 돋보기 OX

01   [17-2]
"A대형마트는 추석을 맞이하여 4인 가족 단위의 명절 선물세트를 출시함과 동시에 1인 가구의 증가 추세에 힘입어 혼자서 술 마시고 밥을 먹는 사람들(소위 '혼술·혼밥족') 전용의 명절 선물세트를 출시했다." 이 사례에서 A대형마트가 사용한 전략은 차별적 마케팅 전략이다. ( )

02   [19-3]
비차별적 마케팅 전략을 구사하는 기업은 소비자들 간의 차이보다는 공통점에 중점을 두며, 다수의 구매자에게 소구(訴求)하기 위해 다양한 마케팅 프로그램으로 시장을 공략한다. ( )

정답 1. ○ 2. ×

ⓛ 여러 세분시장에서 보다 강한 위치가 제품범주에 대한 소비자의 전반적인 인식을 제고해줄 수 있고, 제품이 고객의 요구에 더 잘 부합함으로써 반복구매가 더 커질 수 있다. 차별화 마케팅은 무차별 마케팅보다 더 많은 매출액을 창출하는 것이 보통이다.

ⓒ 이 전략은 사업운영비용도 상대적으로 높아지며, 각 세분시장의 요구조건에 맞추어 제품을 수정하려면 추가적으로 연구개발비, 마케팅 비용 등이 소요된다. **주로 자원이 풍부한 대기업에서 많이 사용한다.** ★

③ 집중적 마케팅 전략

ㄱ **대규모 시장에서 낮은 점유율을 추구하는 대신에 매우 매력적인 하나 혹은 적은 수의 세분시장에서 높은 점유율을 추구하는 전략**으로, 소매점이 자원의 제약을 받을 때나 경영노하우 등 기업이 가진 내부적인 능력이 제한되어 있을 때 특히 유용하다. ★

ㄴ 해당 시장의 소비자 욕구를 보다 정확히 이해하여 그에 걸맞은 제품과 서비스를 제공함으로써 전문화의 명성을 얻을 수 있다. 동시에 생산・판매 및 촉진활동을 전문화함으로써 비용을 절감시킬 수 있다.

ㄷ 대상으로 하는 세분시장의 규모가 축소되거나 경쟁자가 해당 시장에 뛰어들 경우 위험이 크다.

03 포지셔닝(Positioning) 기출 14・13・12

(1) 포지셔닝의 의의

① 포지셔닝의 개념 기출 19

자사 제품이나 소매점의 큰 경쟁우위를 찾아내어 이를 선정된 표적시장의 소비자들의 마음속에 자리 잡게 하는 것, 즉 소비자들에게 경쟁제품이나 경쟁점과 비교하여 자사제품(혹은 소매점)에 대한 **차별화된 이미지를 심어주기 위한 계획적인 전략접근법**이다. ★

② 포지셔닝 전략의 선택

ㄱ 소매점 경영자는 특수한 제품 속성 및 소매점 특성에 따라 포지셔닝을 할 수 있다.

ㄴ 제품이나 소매점이 제공하는 편익에 따라서도 포지셔닝을 할 수 있다.

ㄷ 고객의 특정 계층에 따라 포지셔닝을 할 수도 있으며, 경쟁제품이나 경쟁점과 직접 대비함으로써 포지셔닝을 할 수 있다.

(2) 포지셔닝의 전략유형 기출 20・19・17・15・13・12

① **제품속성(효익)에 의한 포지셔닝** : 자사제품의 속성이 경쟁제품에 비해 **차별적 속성**을 지니고 있어서 그에 대한 혜택을 제공한다는 것을 소비자에게 인식시키는 전략으로 **가장 널리 사용되는 포지셔닝 전략방법**이다(예 스웨덴의 'Volvo'는 안정성을 강조하는 것으로 포지셔닝을 하였고, GM대우의 '마티즈'의 경우는 세금 및 저렴한 유지비를 강조하는 것으로 소비자들에게 포지셔닝).

<aside>

개념 Plus

재포지셔닝
소비자의 욕구 및 경쟁 환경의 변화에 따라 기존제품이 가지고 있던 포지션을 분석하여 새롭게 조정하는 활동

개념 Plus

신뢰성과 확신성, 공감성 포지셔닝
• 신뢰성 : A택배업체는 '반드시 24시간이내 배달'로 포지셔닝
• 확신성 : B대학병원은 '우리 병원에 여러분의 건강을 맡기십시오'라고 포지셔닝
• 공감성 : C음식점은 '고객 한분 한분을 가족처럼 모시겠습니다.'라고 포지셔닝

출제지문 돋보기 OX

01　　　　　　　　[19-3]
소매점 포지셔닝 전략의 유형 중 제품속성에 의한 포지셔닝은 자사제품의 속성이 경쟁제품에 비해 차별적 속성을 지니고 있어서 그에 대한 혜택을 제공한다는 것을 소비자에게 인식시키는 전략이다. (　)

02　　　　　　　　[12-3]
포지셔닝의 유형 중 이미지 포지셔닝이란 고급성이나 독특성처럼 제품이나 점포가 지니고 있는 추상적인 편익으로 소구하는 방법을 말한다. (　)

정답 1. ○ 2. ○

</aside>

기타 포지셔닝 전략

• More for More 전략 : 더 높은 비용에 더 많은 가치를 제공하는 전략으로 시장크기는 작으나 수익률은 매우 높은 포지셔닝전략이다. 미국의 Nieman Marcus, Sax Fifth Avenue, 영국의 Harrods 백화점의 포지셔닝이 대표적이다. ★

• More for Less 전략 : 같은 품질을 더 낮은 가격으로 공급하는 전략으로 소비자의 입장에서는 가장 이상적인 포지셔닝이지만 기업의 입장에서는 장기적인 수익을 얻는 데 어려움을 겪을 수 있다.

• More for the Same 전략 : 좋은 품질을 같은 가격으로 판매하는 전략으로 도요타나 렉서스는 실질적으로 벤츠에 견주어도 될 만큼 우수한 품질의 자동차를 상대적으로 소비자들에게 매력적인 가격으로 판매함으로써 많은 수익을 올렸다.

• Same for Less 전략 : 동등한 품질의 실속 있는 제품을 만들고 훨씬 저렴한 가격으로 공급함으로써 소비자의 구입의사를 이끌어내는 전략이다.

② **이미지 포지셔닝** : 고급성이나 독특성처럼 제품이나 점포가 지니고 있는 **추상적인 편익**을 강조하는 전략이다(예 맥심 커피의 경우 '가슴이 따뜻한 사람과 만나고 싶다', '커피의 명작 맥심' 등의 광고 문구(copy)를 통해 소비자들에게 정서적·사색적인 고급 이미지를 형성하기 위해 오랜기간 동안 어필하여 포지셔닝에 성공을 거둔 사례에 해당).

③ **경쟁제품에 의한 포지셔닝** : 소비자가 인식하고 있는 **기존의 경쟁제품과 비교함으로써** 자사 제품의 편익을 강조하는 방법을 말한다(예 sky의 경우 'It's different'라는 광고 문안으로 타업체와는 무언가가 다르다는 것을 소비자에게 포지셔닝).

④ **사용상황에 의한 포지셔닝** : 자사 제품의 적절한 **사용상황**을 설정함으로써 타사 제품과 사용상황에 따라 차별적으로 다르다는 것을 소비자에게 인식시키는 전략이다(예 '게토레이'는 일반음료와는 달리 운동 후 마시는 음료라는 상황을 강조한다).

⑤ **제품사용자에 의한 포지셔닝** : 제품이 **특정 사용자 계층**에 적합하다고 소비자에게 강조하여 포지셔닝하는 전략이다(예 '도브'는 피부가 건조한 소비자층을 표적으로 이에 적합한 비누라는 것을 강조).

(3) 포지셔닝 맵

소비자의 마음속에 자리 잡고 있는 자사의 제품과 경쟁 제품들의 위치를 2차원 또는 3차원의 도면으로 작성해놓은 도표로, 일반적으로 "차원의 수 결정 → 차원의 이름 결정 → 경쟁사 제품 및 자사 제품의 위치 확인 → 이상적인 포지션의 결정"의 작성절차를 거쳐 완성된다.

서비스 포지셔닝 전략 기출 20 · 18 · 17

구 분	내 용
서비스 속성	'가장 서비스를 잘하는 것'을 강조하여 다른 업체와 차별화된 서비스 속성으로 포지셔닝하는 가장 일반적인 방법이다(예 D커피는 '이탈리안 커피하면 D커피'라고 포지셔닝, E피자는 '정통 수제 화덕 피자 레스토랑'이라고 포지셔닝).
서비스 용도	서비스를 제공하는 궁극적인 용도가 무엇인지를 강조하여 포지셔닝하는 방법이다(예 A헬스클럽은 다이어트 여성 고객을 대상으로 '여성 전용 다이어트 전문 클럽'으로 포지셔닝). ★
가격대 품질	최고의 품질 또는 가장 저렴한 가격으로 포지셔닝하는 방법이다.
서비스 등급	서비스 등급이 높기 때문에 높은 가격을 매길 수 있다는 측면을 강조하는 방법이다.
서비스 이용자	서비스를 이용하는 고객을 기준으로 포지셔닝하는 방법이다(예 여성 전용 사우나, 백화점의 여성 전용 주차장, 비즈니스맨 전용 호텔). ★
서비스 경쟁자	경쟁자에 비해 자사 서비스가 더 나은 점, 특별한 점을 부각시켜 포지셔닝하는 방법이다(예 '우리는 2위 편의점입니다. 1위가 되기 위해 최선을 다합니다.'라고 포지셔닝).

출제지문 돋보기 OX

01 [18-3]
서비스업체의 각 포지셔닝 전략 대안 중 '우리는 신속하게 고객을 도울 준비가 되어 있습니다.'라고 포지셔닝하는 것은 서비스 등급에 대한 예시이다. ( )

02 [13-3]
품질 및 가격 포지셔닝이란 제품 및 점포를 일정한 품질과 가격 수준으로 포지셔닝하여 최저가격 홈쇼핑이나 고급전문점과 같이 차별적 위치를 확보하는 방식이다. ( )

정답 1. × 2. ○

01 유통경쟁의 개요

(1) 기업 경쟁전략의 기본원리

① 경영자원 분석 : 자사의 독특한 능력을 평가하고 인식하기 위해서 자사의 경영자원(재무자원·물적자원·인적자원·기술자원·생산자원·마케팅자원 등)을 분석하고 자사의 장점과 단점을 평가하여 경쟁적 특성을 가진 독자적인 능력이나 노하우를 확인할 필요가 있다.

② 경영정보 수집

새로운 시장기회를 발견하기 위해 시장 조사, 제품의 라이프사이클 조사, 경쟁환경 조사, 기술동향 조사에 의한 정보수집이 필요하다.

　㉠ 시장 조사 : 새로운 시장기회를 발견하기 위한 활동이며, 우선 시장을 세분화하여 정보를 수집하고 고객의 욕구를 발견하는 일이 필요하다. 시장세분화는 성별·연령별 등의 인구학적 기준, 소득별·사회계층별 등의 사회경제적 기준, 지역별 기준, 구매동기별 또는 심리적 욕구별 기준 등으로 행해진다.

　㉡ 제품의 라이프사이클 조사 : 라이프사이클은 도입기·성장기·성숙기·쇠퇴기로 진행되는데 각 국면에 따라 경쟁상태도 달라지고 거기에 대처하기 위한 경쟁전략도 달라지므로, 현존하는 각 제품이 라이프사이클의 어떤 국면에 속해 있는지에 대한 정보를 수집할 필요가 있다.

　㉢ 경쟁환경 조사 : 각 제품과 시장에 있어서의 경쟁상태와 경쟁기업의 현황·전망의 경쟁전략에 대응하기 위해 그에 관한 정보를 수집한다.

　㉣ 기술동향 조사 : 특정한 제품과 시장에 있어서의 기술혁신은 기업에 있어서 위협이 되는 경우도 있으나 새로운 시장기회를 제공하는 결과가 되기도 한다. 기술혁신은 제품혁신·재료혁신·공정혁신으로 이루어져 있다.

(2) 기업 경쟁전략의 유형

① 시장점거율 확대전략 : 시장점거율이 높을수록 수익성은 높아지므로 점거율의 확대를 목적으로 한 경쟁전략을 말한다. 구체적으로는 제품 라인의 확대·제품개발·다품종정책·촉진관리전략·가격전략·서비스전략·배급경로 전략 등이 있다.

② 시장세분화전략 : 제품이 성숙기에 들어서면 시장을 세분화하여 각 세분시장에 대해서 고유한 제품개발·광고·촉진관리 전개 등의 경쟁전략을 추진한다.

③ 이익관리전략 : 제품이 성숙기에 들어서면 사용자본이익률의 확대를 도모하기 위한 이익관리전략을 취한다.

④ 시장집중화전략 : 시장에서 기업의 경쟁적 지위가 약하여 점유율이 톱 메이커(Top maker) 매출액의 15~20%에도 미치지 못할 경우에는, 시장을 세분화하고 자사의 독특한 능력에 가장 적합한 특정 세분화시장을 선택하여 거기에 대하여 제품계획과 촉진관리를 집중해나가는 시장집중전략이 효과적이다.

개념 Plus

블루오션전략
'신시장'을 의미하는 블루오션(Blue Ocean)의 전략핵심은 붉은 피를 흘려야 하는 경쟁시장(Red Ocean)에서 예전의 업종이나 고객개념에 얽매이지 않고 발상의 전환을 통해 그 해답을 제시하고 있는데, 경쟁자를 이기는 최선의 방법으로 경쟁하지 않고 경쟁자가 없는 새로운 시장을 창출해내자는 것이다.

* 브랜드 내에서의 경쟁은 동종 브랜드를 취급하는 소매점 간의 경쟁을 의미하고, 브랜드 간 경쟁은 제조업체 간의 경쟁을 말하는데, 둘 모두 경쟁을 촉진하게 되면 가격이 하락하는 효과가 있다.
* 시장커버리지 정책이나 고객커버리지 정책은 브랜드 내 경쟁과 직접적으로 관련을 맺게 되는데, 이들 정책은 해당 정책이 없을 때에 비해 가격상승을 유발하는 간접적 효과를 지니고 있다.

개념 Plus

수평적 마케팅 시스템(HMS)

* 자원이 부족한 기업들이 효과적인 마케팅 활동을 수행하기 위하여 같은 경로 단계에 있는 다른 기업과 결합하는 것을 말한다.
* 이러한 통합을 통해 각각의 기업은 서로의 목표를 달성해 나가기 위한 시너지효과를 얻게 되는데 이러한 시스템을 공생적 마케팅이라고도 한다.
* 이 시스템은 경쟁자이든 비경쟁자이든 상관없이 서로의 목표를 위해 힘을 결속할 수 있다는 장점이 있다.

출제지문 돋보기 OX

01 　　　　　　　　　[18-3]
유통경쟁의 유형 중 업태 간 경쟁은 동일한 경로 수준에서 다른 형태의 기업 간 경쟁을 의미한다. (　　)

02 　　　　　　　　　[21-1]
품목별 전문유통기업의 등장은 유통업체의 업태 간 경쟁(intertype competition)을 유발시키는 요인에 해당한다. (　　)

정답 1. ○ 2. ×

---

02 유통경쟁의 형태 기출 21·20·19·18·15·14

(1) 수평적 경쟁과 수직적 경쟁

① **수평적 경쟁** : 하나의 마케팅 경로 안에서 유통경로의 동일한 단계에 있는 경로구성원들 간의 경쟁이다(예 할인점과 할인점 간의 경쟁, 동일차량회사의 딜러 간의 경쟁, 상품을 취급하며 서로 간의 영역을 침범하는 것, 한 가맹점이 전체 가맹점의 이미지를 손상시키는 것 등).★

② **수직적 경쟁** : 하나의 마케팅 경로 안에서 서로 다른 경로수준에 위치한 경로구성원 간의 경쟁을 말한다. 수직적 경쟁이 치열해질수록 좌우의 횡적·수평적 관계로 경쟁을 완화하려는 욕구가 커진다. 최근 유통업체 상표의 확산으로 제조업체 상표가 경쟁의식을 느끼는 현상도 수직적 경쟁의 사례라 할 수 있다(예 도매상과 슈퍼센터 간의 경쟁, 도매상과 소매상의 경쟁, 납품업체와 제조업체의 갈등, 소매상과 택배업체의 갈등 등).★

(2) 업태(형태) 경쟁

① **업태 내 경쟁** : 유사한 상품을 판매하는 서로 동일한 형태의 소매업체 간 경쟁을 말한다(예 편의점과 또 다른 편의점 간의 경쟁, 백화점과 또 다른 백화점 간의 경쟁).★

② **업태 간 경쟁** : 유사한 상품을 판매하는 서로 상이한 형태의 소매업체 간 경쟁을 말한다(예 슈퍼마켓과 편의점 간의 경쟁 또는 가전전문점과 할인점 가전코너와의 경쟁).★

(3) 경로시스템 간의 경쟁

경로구성원들 사이에서의 경쟁이 아닌 유통경로 조직형태 간의 경쟁을 말하는 것으로, 동일시장을 목표로 하는 유통경로 시스템인 수직적 유통경로 시스템(VMS) 또는 수평적 유통경로 시스템(HMS) 간의 경쟁을 말한다(예 체인 간의 경쟁, 협동조합과 프랜차이즈 간의 경쟁).

로열티(고객충성도)의 유형 기출 21·17

구 분	내 용
자발적 로열티 (Voluntary Loyalty)	경쟁이 심한 산업(패밀리 레스토랑, 커피전문점 등)에서 고객들이 인지적인 전환비용이 낮음에도 불구하고 특정 기업의 제품이나 서비스를 지속적으로 사용하는 경우
강제적 로열티 (Compulsive Loyalty)	산업에 경쟁이 거의 없어서 브랜드 전환에 있어 높은 전환비용이 발생할 때 나타나는 로열티로, 쉼표 고객들은 선택대안이 없기 때문에 어쩔 수 없이 해당 기업의 재화를 사용하게 되는 경우
비로열티(no loyalty)	어떤 차선책을 찾을 수 없어 특정 제품을 반복적으로 선택하는 경우
타성적 로열티	예전부터 하던 대로 습관화되어 반복적으로 특정 제품을 구매하는 경우
잠재적 로열티	반복구매 정도는 낮지만 호감의 정도는 높아 다소의 노력을 기울여서라도 특정 제품이나 브랜드를 구입하는 경우
초우량 로열티	특정 제품에 대한 애착과 호감의 수준이 높고 반복구매가 빈번하게 발생하며 때로 긍정적 구전을 하는 경우

03 소매업태의 성장과 발전이론

(1) 소매업태의 발전이론 기출 21 · 20 · 19 · 18 · 14

① **수레바퀴 이론**(Wheel of Retailing) : 소매상의 진입, 성장, 쇠퇴의 과정을 가격에 초점을 두어 설명한 이론으로, 초기에는 혁신적인 형태에서 출발하여 성장하다가 다른 신업태에게 그 자리를 내주고 소멸한다고 본다. 따라서 기업은 진입단계(최저 가격) → 성장단계(고가격) → 쇠퇴단계(안정적이고 보수적인 업태)의 변화단계를 거치게 된다.

② **진공지대 이론**(Vacuum Zone Theory) : 기존의 소매업태가 다른 유형의 소매로 변화할 때 그 빈자리, 즉 진공지대를 새로운 형태의 소매업태가 자리를 메운다는 이론이다.

③ **변증법적 과정**(Dialectic Process) : 두 개의 서로 다른 경쟁적인 소매업태가 하나의 새로운 소매업태로 합쳐지는 소매업태 혁신의 합성이론을 의미한다. ★

④ **소매상 수명주기이론**(Retail Life Cycle Theory) : 새로운 소매형태가 시장에 도입된 이후에 시간이 흘러감에 따라 제품수명주기와 같은 도입기 → 성장기 → 성숙기 → 쇠퇴기를 거치는 현상을 설명하는 이론이다. ★

⑤ **아코디언 이론**(Accordion Theory) : 소매업태들이 다양한 상품 구색을 갖춘 점포로 시작하여 시간이 경과함에 따라 점차 전문적이고 한정된 상품 구색을 취급하는 소매업태로 변화되었다가, 다시 다양하고 전문적인 상품 계열을 취급하는 소매점으로 변화되어간다고 보는 이론이다. ★

⑥ **위기모델 이론**(Risk Model Theory) : 위기상황이 발생하면 이에 적합한 새로운 소매업태가 등장하여 이를 극복해 가면서 소매상이 발전해 간다는 이론이다.

⑦ **소매상의 적응행동 이론**(Adaptive Theory) : 소매변천의 원인을 환경적 변수에서 찾고 있으며, 이때 자연도태설에 근거하여 환경에 적응하는 소매상만이 생존 · 발전하게 된다는 이론이다.

(2) 소매업태의 성장과정 기출 21 · 16

① **우리나라 소매업태의 발전과정**
　㉠ 1960년대까지 : 재래시장
　㉡ 1970년대 후반 : 아파트 단지 개발 → 근린 · 지구형 쇼핑센터
　㉢ 1980년대 : 도시인구 증대 → 대형 백화점
　㉣ 1996년 : 유통시장 전면 개방 → 대형 마트

② **세계 소매업태 주요 변화과정**
　㉠ 1900년대 : 메이시, 미쓰코시, 제이시페니와 같은 백화점과 GMS 등장
　㉡ 1930년대(세계대공황) : 빅베어 등 슈퍼마켓 등장
　㉢ 1950년대 : 노스게이트 등 쇼핑센터 등장
　㉣ 1960년대 : 월마트 등 대형 할인매장 등장

③ **우리나라 소매유통의 변화 동향★**
　㉠ 대기업들이 소매업에서 수직적 계열화를 통해 성장하는 반면, 중소상인과 전통시장의 매출은 감소하고 있다.

ⓛ 온라인 채널은 비약적으로 성장하였으며, 특히 모바일 쇼핑이 급격히 성장하고 있다.
ⓒ 소비자의 편의성추구가 증대되었으며, 중간상 상표(PB)의 매출이 증대되었다.
ⓔ 하이테크형 저가 소매업에서 더 나아가 인간의 감성과 기술의 조화를 이룸으로써 고부가가치를 창출하는 하이터치 개념이 도입되어 소매점의 양극화현상이 나타났다.
ⓜ 기존 주요 소매업태들은 옴니채널(Omni Channel) 전략으로 방향을 전환하고 있다.
ⓗ 소비자의 구매패턴도 변하고 있는데, 1~2인 가구의 증가로 인해 근거리·소량구매가 확산되고 있으며, 쇼핑의 레저화와 개성화가 증가하고 있다.

(3) 소매업태의 추세

① 강력한 소매기업의 등장
   ⓐ 강력한 소매기업이란 경쟁적인 전략 수립을 통해 고객들에게 월등히 뛰어난 만족을 제공하는 소매기관을 의미한다.
   ⓑ 자신의 고객을 정확하게 정의하고 고객이 무엇을 원하는지 명확하게 이해하고 있어서 자신들의 강력한 역량을 사업 초기부터 집중시키는 능력을 보유하고 있다.
   ⓒ 시장탐색 및 예측기법의 정교화를 통해 단순히 위험을 회피하는 것에서 탈피하여 위험을 줄이는 것을 바탕으로 영업을 하기 때문에, 높은 수익률을 염두에 둔 빠른 주문과 대량주문을 통해서 상품의 가격을 최대로 낮출 수 있다.
   ⓓ 판매동향 및 재고 수준을 즉시 알 수 있게 하는 정보시스템에 많은 투자를 하여, 고객이 지불하는 비용에 상응하는 가치를 제공할 수 있도록 꾸준히 노력한다.
   ⓔ 주로 카테고리 킬러, 할인점, 회원제 창고형 도소매업 등의 업태에서 활동한다.

② 소매점의 양극화현상
   양극화의 한 가지 극단은 대형점포, 보관기술 및 셀프서비스 노하우를 바탕으로 한 소매형태(High Tech)이며, 다른 하나의 극단은 제한된 제품 계열, 철저한 관리노하우, 고도로 집중화·전문화된 소매형태(High Touch)이다. 각각의 특징은 다음과 같다.

하이테크형 (High Tech)	• 진열·보관 노하우를 바탕으로 한 상대적 저마진과 대량구매 위주의 셀프서비스 방식이다. • 저수익률-고회전율 전략의 기본틀을 바탕으로 첨단기술을 활용하여 회전율을 더욱 향상시키고, 수익률도 상당 수준으로 향상시킨다. • 고객들은 가격에 민감하여 합리적인 구매를 하려는 경향이 있다. • 대표적 업체로는 할인점 계열의 소매업체인 이마트, 홈플러스, 롯데마트, 코스트코 등이 있다.
하이터치형 (High Touch)	• 제한된 제품라인과 특정제품에 초점을 강하게 맞춰 제품구색을 한다. • 다양한 소비자들의 욕구에 대해 적절한 서비스를 제공한다. • 소비자들은 독특한 라이프스타일을 지니고 있으며 구매동기, 패션 취향면에서도 다양성을 지녔다. • 대표적인 업체로는 카테고리 킬러, 하이마트, 토이저러스 등이 있다.

③ 경로지배력의 변화
   ⓐ 유통경로상의 지배력이 제조에서 소매로 넘어가고 있는데, 특히 생활용품을 중심으로 이러한 현상이 두드러지게 나타난다.

ⓛ 소매는 여러 경영효율을 추구하기 위해 몸집을 키웠는데 가격결정을 주도적으로 행사하기 위해 구매력을 늘리려는 체인화 전략, 다점포화 전략을 이러한 맥락에서 이해할 수 있다.

ⓒ 소매기업 간의 경쟁심화는 구매담당자들이 제조업체의 판매담당자에게 더 낮은 가격을 요구하는 계기를 강화하고 거래상의 주도권이 구매담당자에게 넘어가는 현상을 가속화하였다.

ⓔ 정보기술 도입에 의한 소매정보의 위력이 나타났다.

ⓜ 제조업체의 외형 위주의 상품관리는 다양한 브랜드를 양산하였고, 결국 제한된 소매기업의 진열공간을 차지하기 위해 지나친 노력을 하였다.

ⓗ 생활용품과 관련된 유통 지배력은 소매기업에 유리한 방향으로 더 강화되고 있다.

④ **소매업체 자체상표의 위력**

㉠ 자체상표, 즉 PB(Private Brand)는 전국적으로 유통되는 전국상표(NB ; National Brand)보다 품질면에서 조금 뒤지거나 거의 동일한 수준을 유지하면서 가격은 매우 저렴하게 책정하여 고객의 가치를 향상시키는 역할을 한다.

㉡ 소매업체 입장에서 공급가격이 NB보다 낮아 운영상 효율도 제고되는 장점이 있다.

㉢ PB상품은 특정소매기업에서만 구입할 수 있어 점포충성도를 강화하는 역할도 한다.

⑤ **편의제공의 중요성**

㉠ 고객이 추구하는 편의의 종류에 따라 소매는 편의를 충족시키기 위한 노력을 강화한다.

㉡ 편의제공은 소매상이 고객에게 제공해야 할 필수적인 유통서비스 개념을 확대한다.

㉢ 점포 내 휴식공간의 제공, 유아놀이공간의 제공, 현금인출기의 구비, 이동전화충전대의 마련, 문화센터의 운영, 셔틀버스의 운행, 간단한 은행업무의 대행 등 소매점 고객의 거의 모든 편의를 제공해주는 역할을 하고 있다.

⑥ **정보기술의 영향**

㉠ 운영적 측면에서 재고관리, 상품 보충, 발주 등의 업무자동화를 실현하였고 이러한 운영시스템의 발전은 다점포화 및 점포통합관리의 실현을 가능케 하였다.

㉡ 정보기술은 정확한 수요예측을 가능하게 하였고, 판매정보의 체계적인 관리로 상품기획력의 향상 및 매장공간의 최적화를 달성하게 하였다.

⑦ **점포개념(포지션)의 중요성**

㉠ 최근 소비자의 관심사는 '누가 그 제품을 만드는가?'라는 제조업자 중심의 사고에서, '누가 그 제품을 판매하는가?'라는 소매업자 중심으로 사고의 전환이 이루어지고 있다. 이는 곧 소비자의 소매점에 대한 관심 증대를 의미하며, 따라서 점포 포지션에 대한 중요성이 대두되고 있다.

㉡ 점포개념의 중요성 증대는 과거 수동적 소매운영에서 적극적인 마케팅 개념의 소매운영으로의 변화를 의미한다.

⑧ **무점포소매상의 성장**

㉠ 점포소매상의 성장에 비해 상대적으로 무점포 소매상의 성장이 매우 두드러진다.

㉡ 여가의 활용을 추구하는 고객은 시간·장소의 제약이 없는 무점포방식을 선호한다.

㉢ 무점포소매상기법이 다양화되고 있고, 적극적 마케팅 개념이 도입되고 있다.

개념 Plus

소매업체에서 PB를 활용한 예
- 편의점이 점포명을 생수 상표명으로 사용
- 백화점이 새로운 상표명을 개발
- TV 홈쇼핑이 독점계약 하에 디자이너명을 속옷 브랜드로 사용
- 대형마트가 라이센스 하에 유명인 이름을 사용한 의류브랜드 출시

04 글로벌 경쟁전략 기출 09·08

(1) 성장전략 기출 21·20·16·14·11·10·09·08

① 내부성장전략

ㄱ 개념 : 신제품을 자사(自社)의 연구개발부문에서 개발하고 기업의 기성판매경로와 경영인재를 이용하여 다변화를 이루어 성장하는 방식이다.

ㄴ 장점 : 선발생산자로서 높은 창업자적 이득을 얻을 수 있고, 새로운 기술과 노하우가 사내에 축적되며, 사내의 연구개발 의욕을 향상시킬 수 있다.

ㄷ 단점 : 새로운 사업의 개시와 새 제품의 개발에 필요한 리드타임(lead time)이 길고, 투자비용과 그 위험부담이 크다.

② 외부성장전략

ㄱ 개념 : 기업의 내부자원에 의존하지 않고 외부자원을 이용한 성장전략을 말한다. 대표적인 예로 타 회사와의 기술제휴, 개발이 끝난 신제품의 취득, 타 회사의 흡수·합병 등이 있다.

ㄴ 장점 : 신규 사업 분야의 진출에 있어 리드타임과 투자비용 및 위험을 줄이며, 기성 제품 분야와 시너지효과를 갖지 않는 비관련 성장 분야에 진출할 수 있다.

ㄷ 단점 : 자사(自社) 개발에 비해 수익성이 낮고, 사내연구 개발의욕의 저하를 초래할 염려가 있으며, 합병의 경우에는 인사문제가 복잡하게 되는 등의 문제가 있다.

③ 제품시장확장 그리드를 이용한 성장전략★★

구 분		상품 및 접근전략	
		기존제품으로 접근	신제품으로 접근
시 장	현재 : 기존시장	시장침투전략	제품개발전략
	신규 : 신시장	시장개척전략	다각화전략

ㄱ 시장침투전략 : 기존시장 + 기존제품의 경우로 어떤 형태로든 제품을 변경시키지 않고 기존 고객들에게 보다 많이 판매하도록 하는 전략을 수립한다. ★

ㄴ 시장개척전략 : 신시장 + 기존제품의 경우로 시장개척의 가능성을 고려하는 전략을 수립한다.

ㄷ 제품개발전략 : 기존시장 + 신제품의 경우로 기존시장에 신제품 또는 수정된 제품을 공급하는 전략을 수립한다.

ㄹ 다각화 전략 : 신시장 + 신제품의 경우로 기존의 제품이나 시장과는 완전히 다른 새로운 사업을 시작하거나 인수하는 전략을 수립한다. ★

(2) 해외시장의 진출 유형(해외진입방식) 기출 18·15

① 수출진입방식

ㄱ 간접수출(Indirect Exporting) : 수출업자, 수출대리점, 수출조합, 수출중개인 등을 통해 수출함으로써 수출국 내에서 요구되는 수출관련 기능을 제조업체 스스로가 수행하지 않고 제품을 해외에 판매하는 가장 간편하고 소극적인 방법이다.

장 점	• 기업의 경우 고정자본에 투자가 불필요하다. • 제3국의 상인을 통해서 무역거래를 성립시킬 수 있다. • 해외사업 운영에 따르는 비용 및 리스크가 크지 않다.
단 점	• 무역중개상이 자사제품에 대한 해외 판매활동을 대신해주므로 제조업체가 자신의 제품 판매전략에 있어 별다른 제재를 할 수가 없다. • 제조업체가 해외시장에 대한 지식을 쌓는 데 있어서도 별다른 도움을 주지 못한다.

ⓛ 직접수출(Direct Exporting) : 제조업자가 해외시장에 있는 수입업자나 대리점, 유통업자, 판매자회사, 소비자에게 직접 판매하는 수출방법이다.

장 점	• 직접수출은 해외시장에 대한 마케팅 계획을 제조업체 자신이 직접 수행할 수 있도록 하는 통제권을 제공해주는 역할을 한다. • 유통경로의 선택, 가격 및 광고전략, 제품의 서비스에 대해서 해외 마케팅 활동에 대한 통제권을 제공해주는 역할을 한다.
단 점	• 기업의 경우, 고정자본을 투자해야 한다는 부담감이 존재한다. • 해외사업 운영에 있어 들어가는 비용이 크며, 그에 따른 리스크가 존재한다.

② **계약진입방식**

　㉠ 라이선싱(Licensing) : 라이선스 공여자(Lisensor)가 라이선스 도입자(Licensee)에게 넓은 의미로 재산적 가치가 있는 상업적이고 공업적인 기술 등의 자산을 일정한 대가(로열티)를 받고 계약을 체결하여 해외시장에 진출하는 방식이다.

　㉡ 프랜차이즈(Franchise) : 프랜차이저(본사)가 프랜차이지(가맹점)에게 상표 등에 대한 사용권을 허가해주고 기업의 운영도 계속적으로 지원해주는 계약을 체결하여 해외시장에 진출하는 방식이다. 프랜차이즈의 경우 낮은 투자비용으로 해외 시장 진입이 가능하고 표준화된 마케팅을 적용하기 때문에 위험성을 줄일 수 있다. ★

　㉢ 턴키운영(Turnkey Operation)

턴키 프로젝트 (플랜트 수출)	기업이 해외에서 공장이나 기타 산업시스템을 발주 받아 이를 설계한 다음, 가동할 준비가 되면 소유자에게 이전한다는 계약 하에서 수행되는 시설공사를 말한다.
턴키 플러스	경영관리나 근로자의 훈련 등과 같은 서비스를 추가로 제공하는 경우를 말한다.
관리계약	경영에 관한 지식·경험·기술 등의 노하우를 가진 기업이 자금·설비를 갖고 있는 기업과 계약을 체결하여 한 파트너는 운영시설을 소유하고, 다른 한 파트너는 경영을 담당하는 형태의 국제 경영방식을 말한다.

　㉣ 계약생산(Contract Manufacture) : 라이선싱과 해외직접투자의 중간형으로, 한 기업이 특정 제조업체에게 일정한 계약조건 하에 제품을 생산하도록 하고, 이를 현지국 시장이나 제3국 시장에 판매하는 OEM 방식이다. 우리나라에서 생산·수출되는 공산품 상당량이 외국수입업자의 상표가 붙어 세계시장에서 판매되고 있는데, 이도 일종의 계약생산이다.

③ **직접투자방식**

　㉠ 해외직접투자방식(단독투자) : 해외기업에 대한 통제권을 투자자에게 제공하는 것으로, 투자기업이 해외의 투자대상 기업에 대한 경영지배 또는 경영참여를 목적으로 유형의 경영자원뿐만 아니라 무형의 경영자원인 기술·특허·상표권·경영 또는 마케팅 노하우 등 기업의 제반 자원을 패키지 형태로 해외에 이전시키는 방식이다. ★

ⓛ 해외간접투자방식(합자투자) : 경영에 대한 통제권에는 관심이 없고, 배당이나 이자를 목적으로 주식 또는 증권을 취득하거나 해외사업에 대부하는 것을 말한다. ★

(3) 해외직접투자이론

① 산업조직론의 입장에서 바라본 해외직접투자이론

ⓐ 독점 우위이론
- 하이머(Hymer) : 현지기업에 비해 독점적인 우위를 지니는 기업이 불완전한 시장을 지배하고자 하는 목표로 해외직접투자를 한다고 설명하였다.
- 케이브스(Caves) : 독특한 신제품 개발 및 수직적 통합도 기업 조직의 시장에서의 독점적인 지위를 강화시킨다고 주장하였다.

ⓑ 과점 우위이론 : 한 기업이 해외직접투자를 하게 될 경우 경쟁기업 또한 동일 국가에 자회사를 세우려 방어적인 투자를 하게 되며, 이를 통해 동일산업에 속하는 기업조직이 어느 특정 국가에 쏠리기도 한다.

② 거시경제 접근이론

ⓐ 고지마(K. Kojima) 이론 : 국제분업의 원리에 기반한 해외직접투자를 실행해야만 양국의 산업구조가 고도화되며, 동시에 경제효율이 제고되고 국민후생이 올라간다는 것이다.

ⓑ 오자와(T. Ozawa) 이론 : 경쟁산업에서 어떤 기업이 개도국에 투자를 하게 되면, 이를 보고 여러 기업들은 더욱더 유리한 부존요소가 존재하는 개도국으로 해외직접투자를 실행하게 되며, 그로 인해 어떤 개도국에 기업의 해외직접투자가 집중되는 밴드웨건 현상이 나타나게 된다는 것이다.

③ 내부화 이론(Coase, Buckley, Williamson, Rugman, Casson) : 외부의 시장이 불완전할 때, 내부화를 통한 이익의 극대화를 노리며 이를 위해 해외직접투자를 하게 된다는 것을 말한다.

④ 더닝(H. H. Dunning)의 절충이론 : 해외직접투자에서 기업 특유의 독점적인 우위요소 말고도 내부화의 우위 및 입지 특유의 우위가 존재해야 한다는 이론이다.

05 서비스 마케팅(Service Marketing) 기출 10

(1) 서비스의 경영학적 정의

① **활동론적 정의** : 미국 마케팅학회(AMA)에서는 서비스를 '판매목적으로 제공되거나 또는 상품판매와 연계해서 제공되는 제 활동, 편익, 만족'이라고 정의하고 있다.

② **속성론적 정의** : 서비스는 속성을 중심으로 정의할 수 있다는 것으로, 제품과의 차이점을 들어 파악한다. 라스멜(Rathmell)은 서비스를 '시장에서 판매되는 무형의 상품'으로 정의하고 무형과 유형의 구분을 손으로 만질 수 있는지의 여부에 따르고 있다.

③ **봉사론적 정의** : 서비스를 주종관계에서와 같이 '인간의 인간에 대한 봉사'라고 보는 것이 기존의 통설이라 전제하고, 현대적 서비스는 이러한 전통적인 발상에서 탈피해야 한다고 주장한다.

④ 인간 상호관계론적 정의 : 서비스는 무형적 성격을 띠는 일련의 활동으로, 고객과 서비스 종업원의 상호관계에서 발생하며 고객의 문제를 해결해준다. 일반적으로 서비스는 서비스 제공자와의 상호작용을 포함한다.

(2) 서비스의 성격 기출 20 · 16 · 14 · 13 · 11 · 10 · 09

① 무형성(Intangibility) : 서비스의 기본 특성은 형태가 없다는 것이다. 누구에게나 보이는 객관적 형태로 제시할 수 없으며, 물체처럼 만지거나 볼 수 없어 그 가치를 파악하거나 평가하는 것이 어렵다. 법률, 의료서비스 등이 이런 특성을 잘 반영하고 있다.

② 비분리성(동시성, Inseparability) : 서비스는 제공자에 의해 제공됨과 동시에 고객에 의해 소비되는 성격을 가진다. 제품의 경우에는 생산과 소비가 분리되어 일단 생산한 후 판매되고 나중에 소비하지만, 서비스의 경우는 생산과 동시에 소비되기 때문에 소비자가 서비스 공급에 참여해야 하는 경우가 많다. 또한 제품의 경우에는 구입 전 소비자가 시험해볼 수 있는 반면, 서비스의 경우에는 구입 전에 시험해볼 수 없다.

③ 이질성(Heterogeneity) : 서비스의 생산 및 인도 과정에는 여러 가지 가변적 요소가 많기 때문에 한 고객에 대한 서비스가 다음 고객에 대한 서비스와 다를 가능성이 있다. 예를 들어 같은 서비스 업체에서도 종업원에 따라서 제공되는 서비스의 내용이나 질이 달라질 수 있으며, 같은 종업원이라 하더라도 시간이나 고객에 따라서 다른 서비스를 제공할 수 있다. 서비스의 이질성은 서비스의 표준화와 품질통제가 어렵다는 것을 의미하므로, 이를 해결하기 위해서는 서비스를 제공할 때 표준절차와 방법을 수립하고 개별화 전략을 시행해야 한다.

④ 소멸성(Perishability) : 판매되지 않은 제품은 재고로 보관할 수 있지만 판매되지 않은 서비스는 소멸된다. 즉, 서비스는 재고로 보관할 수 없고, 서비스의 생산에는 재고와 저장이 불가능하므로 재고조절이 곤란하다.

서비스의 특성에 따른 문제점과 대응전략 기출 16

특 성	문제점	대응전략
무형성	• 특허로 보호가 곤란하다. • 진열하거나 설명하기가 어렵다. • 가격결정의 기준이 명확하지 않다.	• 실체적 단서를 강조하라 • 구매 전 활동을 적극 활용하라 • 기업이미지를 세심히 관리하라 • 가격결정시 구체적 원가분석을 실행하라 • 구매 후 커뮤니케이션을 강화하라
비분리성	• 서비스 제공시 고객이 개입한다. • 집중화된 대규모생산이 곤란하다.	• 종업원 선발 및 교육을 세심하게 고려하라 • 고객관리를 철저히 하라 • 여러 지역에 서비스망을 구축하라
이질성	표준화와 품질통제가 곤란하다.	서비스의 공업화 또는 개별화 전략을 시행하라
소멸성	재고로 보관하지 못한다.	수요와 공급 간의 조화를 이루라

(3) 서비스 품질의 이해 기출 18 · 11 · 09 · 08

개념 Plus

고객이 지각하는 접점 품질
서비스 마케팅믹스 요소들 가운데 고객이 지각하는 접점 품질과의 관련성이 있는 것은 다음과 같다.
• 안내데스크 직원의 친절도
• 서비스 절차의 신속성
• 주차 요원의 숙련도
• 점포의 아늑한 분위기

① 서비스 품질의 정의

　㉠ 서비스 품질은 사용자의 인식에 의해 결정된다. 서비스 속성의 집합이 사용자를 만족시키는 정도가 서비스 품질이라고 말할 수 있는데, 이것을 흔히 기대에 대한 인식의 일치라고 한다. 따라서 품질은 사용자가 요구하는 서비스 속성이 특정 서비스에 정의되어 있고, 그것에 부합되는 정도, 그리고 이러한 속성에 대한 요구수준이 성취되어 사용자에게 인식되는 정도의 두 가지로 구성된다.

　㉡ 서비스 품질을 정의하는 데는 크게 고객 필요관점과 고객 품질지각관점으로 나누어 볼 수 있다.

　　• 고객 필요관점은 서비스 품질을 고객이 필요로 하고 요구하는 데 초점을 맞추어 제공된 서비스가 고객의 기대나 요구에 부응하는 정도로 보고 있다.

　　• 고객 품질지각관점은 서비스 품질을 기대불일치 패러다임에 근거하여 고객의 기대와 성과 사이의 지각 차이로 본다.

② 서비스 품질의 중요성

　㉠ 과거보다 더 나은 서비스 또는 경쟁사보다 더 나은 서비스를 제공함으로써 시장점유율을 증가시킬 수 있다.

　㉡ 서비스 실패율을 감소시키거나 또는 재작업을 감소시킴으로써 이익이 증가한다.

　㉢ 정확한 서비스, 즉 적시서비스를 통해 더 만족하고 행복해진 고객들의 충성도가 높아지면 반복구매뿐만 아니라 신규고객의 유치가 훨씬 쉬워지게 된다.

　㉣ 서비스 전달과정의 전 부문에 걸친 품질향상을 요구하는 장·단기적인 경쟁압력이 점차 커지고 있다.

　㉤ 경쟁사보다 앞서 신기술을 도입하거나 제공함으로써 경쟁에서 이기고자 하는 기업의 열망을 반영할 수 있다.

③ **고객이 서비스 품질을 평가하는 10가지 유형** 기출 22 · 15

　㉠ 유형성(Tangibles) : 서비스의 평가를 위한 외형적인 단서이다(예 물적 시설, 장비, 종업원 외모, 서비스 시설 내의 다른 고객, 의사소통도구의 외형). ★

　㉡ 신뢰성(Reliability) : 약속된 서비스를 정확하게 수행하는 능력을 말한다(예 서비스 수행의 철저함, 청구서 정확도, 정확한 기록, 약속시간 엄수).

　㉢ 대응성(Responsiveness, 응답성) : 고객을 돕고 즉각적인 서비스를 제공하려는 의지이다(예 서비스의 적시성, 고객의 문의나 요구에 즉시응답, 신속한 서비스 제공). ★

　㉣ 능력(Competence) : 서비스를 수행하는 데 필요한 기술과 지식의 소유를 말한다(예 조직의 연구개발력, 담당직원과 지원인력의 지식과 기술).

　㉤ 예절(Courtesy) : 고객과 접촉하는 종업원의 친절과 배려, 공손함 등을 말한다(예 고객의 재산과 시간에 대한 배려, 담당 종업원의 정중한 태도).

　㉥ 신빙성(Credibility) : 서비스 제공자의 진실성, 정직성 등이다(예 기업 평판, 기업명, 종업원의 정직성, 강매의 정도).

　㉦ 안전성(Security) : 위험, 의심으로부터의 자유성 등을 말한다(예 물리적 안전, 금전적 안전, 비밀보장).

출제지문 돋보기 OX

01 [15-2]
고객의 서비스 품질 지각에 영향을 미치는 요인들 중 응답성이란 고객을 자발적으로 돕고 즉각적인 서비스를 제공하려는 의지로 서비스의 적시성, 고객의 문의나 요구에 즉시응답, 신속한 서비스 제공 등을 예로 들 수 있다. (　)

02 [15-3]
판매원의 용모는 고객이 서비스품질을 평가하는 요인 중 '유형성(서비스 평가를 위한 외형적 단서)'에 해당한다. (　)

정답 1. ○ 2. ○

개념 Plus

고객의 접근성과 관련된 항목
• 웹사이트의 다운로드 속도
• 대기선에서 신속한 업무처리
• 편리한 영업시간
• 주문상태에 대한 정보제공

ⓞ 접근가능성(Access) : 접근가능성과 쉬운 접촉 등을 말한다(예 전화예약, 대기시간, 서비스 제공시간 및 장소의 편리성).★

ⓩ 커뮤니케이션(Communication) : 고객의 말에 귀기울이고, 고객에게 쉬운 말로 알리는 것 등을 말한다(예 서비스에 대한 설명, 서비스 비용의 설명, 문제해결 보증).

ⓒ 고객의 이해(Understanding) : 고객과 그들의 욕구를 알려는 노력 등이다(예 고객의 구체적 요구사항 학습, 개별적 관심 제공, 사용·우량고객 인정).

④ 서비스 품질 연구 및 결정요인

서비스 품질을 구성하는 차원에 대한 연구는 서비스 품질의 측정 및 향상의 기초적인 것이다. 이에 대한 기존 문헌의 연구는 크게 세 가지 접근방법으로 구분된다.

㉠ 2차원 접근법 : 그뢴루스(Gronroos, 1983), 베리(Berry, 1985) 등의 연구

㉡ 서비스 품질 차원의 3차원 모형 : 레티넨(Lehtinen, 1991)의 연구와 카마카(Karmarker, 1993)의 연구

㉢ 다항목 서비스 품질 결정요인 규명에 대한 연구 : 파라수라만(Parasuraman, 1985) 등의 연구와 존스톤(Johnston, 1990) 등의 연구

06 고객서비스와 서비스 품질 측정방법

(1) 서비스 품질의 측정 이유

① 개선, 향상, 재설계의 출발점이 된다.

② 경쟁우위 확보와 관련하여 서비스 품질의 중요성이 증대하였다.

③ 서비스 품질을 개선하기 위해서는 구체적인 관리대상에 대하여 측정 가능한 품질목표를 설정해야 한다(예 새롭게 입고된 모든 상품은 하역장 도착 후 24시간 안에 진열대에 전시할 것).

(2) 서비스 품질의 측정이 어려운 이유

① 서비스 품질의 개념이 주관적이기 때문에 객관화하여 측정하기 어렵다. 또한 모든 경우에 적용되는 서비스 품질을 정의하기는 어렵다.

② 서비스의 특성상 생산과 소비가 동시에 이루어지기 때문에 서비스 품질은 서비스의 전달이 완료되기 이전에는 검증되기가 어렵다.

③ 서비스 품질을 측정하려면 고객에게 물어봐야 하는데, 고객으로부터 데이터를 수집하는 일은 시간과 비용이 많이 들며 회수율도 낮다.

④ 고객은 서비스 프로세스의 일부이면서 동시에 근본적인 변화를 일으킬 수 있는 중요한 요인이기도 하다. 그러므로 고객을 대상으로 하는 서비스 품질의 연구 및 측정에는 본질적인 어려움이 존재한다.

⑤ 자원이 서비스를 전달하는 과정 중에 고객과 함께 이동하는 경우에는 고객이 자원의 흐름을 관찰할 수 있기 때문에 서비스 품질 측정의 객관성을 저해하는 요인이 된다.

(3) 서비스 생산성의 측정방법

① **작업측정법** : 스톱워치법, 워크샘플링법, 예정표준시간법 등이 있다.

② **품질플러스법** : 품질을 고려하여 측정하는 방법이다.

③ **실제오차연구법** : 통계적으로 오차의 범위를 정해 두고, 실질적으로 투입과 산출에 있어 오차가 얼마나 나는지를 측정하는 방법이다.

④ **종합비교법** : 통계적 방법이나 수학적 프로그래밍 기법을 통해 비용과 산출을 측정하여 생산성을 측정하는 방법으로 통계적 기법인 회귀분석의 통계 기법과, 결정적 방법인 수학적 프로그래밍 기법이 대표적이다.

(4) 서비스 분류의 두 가지 측정도구(서비스 프로세스 매트릭스)

서비스 활동에 대한 관리적인 모델로, 서비스 관리자가 당면한 과제를 규명하는 데 초점을 두고 개발되었다.

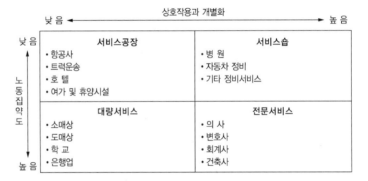

[서비스 프로세스 매트릭스]

① **노동집약도의 정도** : 시설, 장비의 가치에 대한 노동비용의 비율

② **개별화 정도** : 고객이 서비스와 상호작용하는 정도

(5) 서브퀄의 서비스 품질 측정도구

① 서브퀄(SERVQUAL)은 미국의 파라슈라만(A. Parasuraman), 자이다믈(V. A. Zeithaml), 베리(Leonard L. Berry) 등 세 사람의 학자에 의해 개발된 **서비스 품질 측정도구**로서 서비스 기업이 고객의 기대와 평가를 이해하는 데 사용할 수 있는 **다문항 척도**(Multiple-item Scale)이다.

② 처음에는 서비스 품질을 주제로 하는 탐색적 연구로 시작하여 광범위한 문헌연구와 다양한 고객집단에 대한 표적집단면접을 통해 고객이 서비스 품질을 어떻게 평가하고 정의하는가를 다음과 같이 도출하였다.

　㉠ 서비스 품질의 정의 : 표적집단면접의 결과 서비스 품질이 훌륭하다는 것은 고객이 기대하는 바를 충족시켜 주거나, 기대 이상의 서비스를 제공하는 것임을 분명히 드러낸다. 즉, 고객이 지각하는 서비스 품질이란 고객의 기대나 욕구 수준과 그들이 지각한 것 사이의 차이 정도로 정의할 수 있다.

ⓛ 기대에 영향을 미치는 요인들 : 고객의 기대에 영향을 미치는 핵심요인들은 구전, 고객들의 개인적 욕구, 서비스를 이용해본 과거의 경험, 서비스 제공자의 외적 커뮤니케이션 등으로 나타났다.

ⓒ 서비스 품질의 10개 차원 : 서비스 품질평가를 위해 고객이 사용하는 공통적이고 일반적인 10개의 준거들로 '유형성 · 신뢰성 · 대응성 · 능력 · 예절 · 신빙성 · 안전성 · 가용성 · 커뮤니케이션 · 고객 이해'를 도출하였다.

③ 일련의 반복적인 자료수집과 자료분석 단계를 통해 97개 문항으로 구성된 측정도구 시안을 점차 개선시키고 축약하여 신뢰성(Reliability ; R), 확신성(Assurance ; A), 유형성(Tangibles ; T), 공감성(Empathy ; E), 대응성(Responsiveness ; R)을 대표하는 22개 문항을 확정하였다.

④ 다섯 가지 품질차원은 각 차원의 영문 첫 자를 모아 RATER라고 부르기도 한다. 이와 같이 다섯 가지의 품질차원에 대한 고객의 지각과 기대를 측정하는 22개 문항으로 구성된 서비스 품질 측정도구가 서브퀄(SERVQUAL)이다.

⑤ 서브퀄은 측정 시 고객의 기대와 성과에 대한 차이가 크면 고객의 품질지각은 기대와 멀어지게 되고 반대로 차이가 작으면 서비스 품질에 대한 평가가 높아지게 된다.

서브퀄(SERVQUAL) 모형의 5가지 서비스 품질 평가유형 기출 19 · 18 · 17 · 16 · 15

10개 차원	서브퀄 차원	내용
유형성	유형성	물적 요소의 외형을 의미한다(예 현대적인 시설, 종업원들의 깔끔함).
신뢰성	신뢰성	믿을 수 있으며, 명확한 임무수행을 말한다(예 서비스 제공에 대한 준수, 아주 작은 실수조차 없는 완벽함).
대응성	대응성	즉각적이면서 도움이 되는 것을 말한다(예 발 빠른 서비스 제공, 바쁜 상황에서도 소비자의 요구에 응하는 종업원).
능력, 예절 신빙성, 안정성	확신성 (Assurance)	직원의 지식과 예절, 능력 및 공손함, 그리고 믿음직스러움과 안전성을 의미한다(예 소비자들에게 확신을 주는 종업원들의 믿음직한 행동).
접근가능성 커뮤니케이션 고객이해	공감성 (Empathy)	접근이 용이하고, 의사소통이 잘되면서 소비자를 잘 이해하는 것을 말한다(예 소비자 개개인에 대한 관심, 소비자들의 욕구에 대한 종업원들의 이해).

(6) 서비스 품질 격차모형 기출 12 · 10 · 08

패러슈라만(Parasuraman) 등은 SERVQUAL을 개발한 후, 제3단계 작업으로 서비스 품질에 영향을 미치는 기업 내부의 요인들에 대한 연구를 시작하여 고객이 지각한 품질상의 문제점을 기업 내의 결점이나 격차(Gap)와 연결시키는 개념적 모형을 개발하였다.

① **격차 1** : 고객이 기대한 서비스와 경영진의 고객 기대에 대한 인식 차이
② **격차 2** : 경영자의 인식과 실행가능한 서비스 수준의 차이
③ **격차 3** : 실행가능한 서비스와 실제 제공된 서비스의 차이
④ **격차 4** : 제공된 서비스와 홍보된 서비스 간의 차이
⑤ **격차 5** : 고객이 기대한 서비스와 경험한 서비스의 차이

3 상품관리 및 머천다이징 전략

01 상품의 분류 기출 17 · 13 · 12 · 11 · 10 · 09 · 08

(1) 사용목적에 따른 분류

① 소비재(소비용품) : 최종소비자가 자기의 가정 안에서 소비하거나 혹은 선물 등의 목적을 위하여 소비·사용하는 것으로 일반적으로 다음과 같은 특징을 지닌다.
  - ㉠ 많은 구입횟수
  - ㉡ 일반적으로 소량 소비되고 낮은 상품 가격
  - ㉢ 시장이 광범위하고 대량판매
  - ㉣ 감정적·충동적으로 구매
  - ㉤ 주문생산보다는 시장생산

② 산업재(산업용품) : 다른 상품을 생산하거나 또는 기업의 업무활동을 위해 소비·사용하는 것으로 다음과 같은 특징이 있다.
  - ㉠ 적은 구입횟수
  - ㉡ 구매자 수도 적고 시장이 지역적으로 치우침
  - ㉢ 대량으로 구입·소비
  - ㉣ 구매자의 상품지식이 높음
  - ㉤ 구매자는 전문적 구매를 하는 경향이 있음
  - ㉥ 계획적·합리적으로 구매결정
  - ㉦ 상품 자체의 능력, 생산성, 채산성 등에 관한 고려가 우선

(2) 구매관습에 따른 분류 기출 21 · 19 · 16 · 15 · 12 · 11 · 08

편의품 (Convenience Goods)	선매품 (Shopping Goods)	전문품 (Specialty Goods)
• 높은 구매빈도 • 낮은 단가 • 높은 회전율 • 낮은 마진율 • 대량생산 가능 • 상표에 대한 낮은 관심 • 습관적 구매 행동 • 주거지 근처에서 구매 • 대체품으로 대체 가능 • 식품, 일용품 등 • 집약적(개방적) 유통방식★	• 낮은 구매빈도 • 비교적 높은 단가 • 높지 않은 회전율 • 상당히 높은 마진 • 대량생산에 부적합 • 스타일·디자인 등 정보적 가치가 중요 • 사전계획을 세워 구매 • 구매 시간·노력을 아끼지 않음 • 몇몇의 점포를 둘러본 후에 비교 구매 • 가구나 냉장고, 세탁기 등 • 선택적 유통방식★	• 매우 낮은 구매빈도 • 매우 높은 단가 • 매우 낮은 회전율 • 높은 마진 • 상표에 매우 높은 관심 • 상당한 노력을 들여 예산 및 계획을 세우고 정보 수집 • 구입할 때 전문적인 판매원의 지도·정보가 큰 역할을 함 • 명품가방, 고급향수, 스포츠카 및 디자이너 의류 등 • 전속적 유통방식★

※ 편의품·선매품·전문품의 구분 : 소비재의 종류를 소비자의 구매행동, 즉 소비자가 구매의사결정을 위해 투입하는 비용 및 노력의 정도에 따라 세 가지로 분류한 것이다.

개념 Plus

산업재의 수요·공급의 특징
- 산업재 수요는 궁극적으로 소비재 수요로부터 파생되는데 산업재 시장은 공급자와 구매자 간에 밀접한 관계가 형성되어 있다.
- 산업재 수요는 소비재 수요에 비해 가격이 비탄력적이나, 수요의 변동은 크므로 비용에 대해 지각된 이점의 비율이 크면 클수록 산업재 구매자의 구매 자극요인이 더욱 커진다.
- 따라서 공급업자의 제공물이 유사한 경우, 어떤 공급업자이든 구매 요구조건을 만족시킬 수 있으므로, 구매자들은 그들이 받은 개인적인 측면을 중시하게 되며, 경쟁 제품이 실질적으로 다른 경우 자신들의 선택에 더욱 책임을 지기 때문에 경제적 요인에 더 많은 주의를 기울인다.

출제지문 돋보기 OX

01 [19-3]
상품의 유형 중 전문품은 상대적으로 고가격이기 때문에 지역별로 소수의 판매점을 통해 유통하는 선택적 유통경로전략이 유리하다.
( )

02 [20-추가]
식품은 대부분 편의품이지만, 선물용 식품은 선매품이고 식당이 구매하는 일부 식품은 전문품일 수 있다.
( )

정답 1. × 2. ○

(3) 라이프사이클에 따른 분류

① 도입기 상품 : 방금 발매된 신상품으로 품질이나 효용 및 특징을 널리 광고하여 적극적인 촉진관리를 해야 한다.

② 성장기 상품 : 광고의 효과 등으로 상품의 지명도와 유용성이 소비자에게 널리 인식되어 매상고가 점진적으로 상승하며, 판매추세가 급상승하는 제품이다.

③ 성숙기 상품 : 수요가 포화상태가 되어 판매신장률이 둔화되는 시기이다.

④ 쇠퇴기 상품 : 대체상품의 진출이나 소비자 행동의 변화에 의하여 수요가 약화되어 매출과 이익이 감소된다.

(4) 품목(Class)에 따른 분류 `기출` 18·17·16·08

① 품목의 정의

　㉠ 상품관리상 더 이상 세 분류가 필요치 않은 상품의 분류 단위로 몇 개의 단품을 그룹화하여 품목단위로 상품을 관리한다.

　㉡ 품목을 결정하는 것은 고객 측에서 볼 때 상품을 구매할 경우 대체 상품으로는 만족하지 않는 최소단위의 종목을 의미한다.

② 표준상품분류(Standard Commodity Classification)

　㉠ 표준상품분류는 규격분류라고도 하며, 상품의 표준을 정해 이에 따라 분류하는 것을 말한다. 즉, 상품의 종류별로 형상·치수·구조·품질·등급·성분·성능 등에 대해 표준을 정한 뒤 그에 따라 분류한다. ★

　㉡ 한국은 1964년 제정된 한국표준상품분류, 국제적으로는 국제표준무역분류가 있다.

　㉢ 분류원칙은 국제표준무역분류의 권고에 따른 것이며, 우리의 실정에 맞는 상품분류를 위하여 우리나라에서 유통되는 모든 상품을 총망라하고 있다.

　㉣ 분류번호는 십진법을 따르고 있다.

(5) 가격에 따른 분류 `기출` 21·17·15

① 프라이스 존(Price Zone)

　㉠ 상품을 가격의 고저(高低)단계로 분류했을 때 어떤 범위의 분야를 말하는 것으로 가격대라고도 한다. 즉 상품 품목의 하한가격에서 상한가격까지의 범위로 프라이스 존이 넓다는 것은 그 품목의 최고가격과 최저가격의 차가 크다는 것을 의미한다.

　㉡ 높은 가격부터 순서대로 베스트 프라이스, 베터 프라이스, 미들 프라이스(혹은 미디엄 프라이스, 모더레이트 프라이스, 포퓰러 프라이스)와 같이 프라이스의 각 존으로 분류하는 방법이 있으나 가격대의 이름이나 단계를 자유로이 정하는 경향이 많다.

② 프라이스 라인(Price Line) : 중점을 두는 가격의 봉우리를 지칭하는 것으로 프라이스 존이 결정되면 그 중에서 제공하는 프라이스 라인을 결정한다. 독립전문점이 상품의 개성을 나타내기 위하여 고객 요구를 여러 각도에서 추정해 가격의 폭을 정하는 방식으로, 고급품의 가격대, 중급품의 가격대 등 프라이스 존 가운데 몇 가지를 설정하는 것이다.

③ 가격점(Price Point) : 적정 가격선 중 대상 고객의 과반수가 구매하고자 하는 가격이다.

④ 가격범위(Price Range) : 가격점을 중심으로 판매수가 특별히 많은 가격대이다.

최소 판매단위(lot size)

• 공급업체로부터 주문되는 특수 자재의 수량 혹은 생산 공정으로 표준량만큼 출하되는 자재의 수량이다. 예를 들어, 맥주를 10병만 사고 싶은 경우 대형마트에서는 1박스 단위로만 판매하기 때문에 1박스를 사야하는데, 이렇게 표준량으로 설정해 놓은 사이즈를 lot size라 한다.
• 생산라인에서 어떠한 제품의 lot size를 1,000개로 정의해두면, 1,000개가 쌓여야만 이동할 수 있는데, lot size를 500개로 줄이게 되면 이동하는 속도는 500개가 생산되기를 기다리는 시간이 없어지므로 더 빨라지게 된다. 따라서 1인 가구 증가와 핵가족화 진행과 같은 사회환경변화는 lot size를 줄이는 서비스 실행에 직접적인 영향을 주게 된다.

(6) 일반적 상품의 차원별 구분

① **핵심상품** : 가장 기초적인 수준의 상품으로, 소비자가 상품을 소비함으로써 얻을 수 있는 핵심적인 효용을 지닌 상품을 말한다.

② **실체상품** : 상품이 지닌 핵심적 요소를 직접 눈으로 보고, 손으로도 만져볼 수 있도록 구체적으로 드러난 물리적인 속성 차원에서의 상품을 말한다. 흔히 상품이라고 하면 이러한 차원의 상품을 말하며, 핵심상품에 품질과 특성, 상표, 디자인, 포장, 라벨 등의 요소가 부가되어 물리적 형태를 가진다.

③ **확장상품** : 실체상품의 효용가치를 증가시키는 부가서비스 차원의 상품을 말한다. 실체상품에 보증, 반품, 배달, 설치, 애프터서비스, 사용법 교육, 신용, 상담 등의 서비스를 추가하여 상품의 효용가치를 증대시키는 것이다. 이를 통해 상품을 차별화할 수 있다.

02 머천다이징의 개요 기출 14 · 13 · 12 · 11 · 09

(1) 머천다이징의 정의 기출 21 · 20 · 16

① 머천다이징은 어떠한 상품을 매입하고 이것을 어떻게 관리하며 어떻게 판매하는 것이 최적의 이익을 얻을 수 있는 것인가에 대한 계획을 세우는 마케팅 활동을 의미하며 상품기획 또는 상품화계획이라고도 한다. ★★

② 넓은 의미에서의 머천다이징은 매장에서의 판매활동 전반에 대한 관리활동, 즉 상품화, 전시, 판매, 배송, 애프터서비스, 재고관리, 고객관리를 말한다. ★

③ 머천다이징은 시장조사와 같은 과학적 방법에 의거하여 수요 내용에 적합한 상품·서비스를 알맞은 시기와 장소에 적정가격으로 유통시키기 위한 일련의 전략이며 제품을 상품화하여 매출을 올리고 이익을 창출하기 위한 전략이라고도 할 수 있다. ★

④ 머천다이징 결과로 소비자는 원하는 상품을, 원하는 가격에, 원하는 수량을, 원하는 시기에, 원하는 장소에서 구입할 수 있게 된다. ★

⑤ 소비자의 니즈에 부응하여 유통업체의 머천다이저(MD)가 적극 개입하여 상품의 구색을 맞추는 과정이기도 하다.

⑥ 즉 매장에 방문하는 고객이 찾을 만한 제품을 선별하여 판매하는 것으로 이때 머천다이저는 소매점의 특정 카테고리에 소속되어 있는 소분류, 세분류, SKU(Stock Keeping Unit) 등을 관리하며, 카테고리 매니저라 부르기도 한다.

⑦ 성공적인 머천다이징을 위해서는 업종의 개념에 집착하기 보다는 업태의 개념을 수용할 수 있어야 하고 상품의 가격, 차별성, 다양성(구색) 등을 고려하여야 한다. ★

(2) 머천다이징의 구분 기출 19 · 17 · 15

① 각 부문별 머천다이징 : 머천다이징은 제조업의 머천다이징과 소매업의 머천다이징으로 구분할 수 있다. ★

㉠ 제조업의 머천다이징 : 상품의 스타일, 사이즈, 색상, 품질, 가격에 대한 소비자의 욕구를 파악하는 것에서부터 시작되고, 업무에는 상품디자인, 소재 선정, 정보 수집, 포장 디자인, 가격 결정, 광고와 촉진관리 방법의 결정, 판매지원 등이 포함된다.

㉡ 소매업의 머천다이징 : '상품기획' 또는 '상품화계획' 등과 같이 소매기업의 입장에서 상품구매를 위한 상품선정과 관리업무를 말하는 것으로, 소매업 상품정책의 중심적인 활동이며, 상품의 적절한 매입, 진열을 위한 계획 및 활동이라고 할 수 있다. ★

② 가격 중심의 머천다이징과 비가격 중심의 머천다이징

㉠ 가격 중심의 머천다이징
- 비용을 최대한 줄여 소비자에게 상품을 저렴하게 제공하는 것에 중점을 둔다.
- 대형할인점 및 카테고리 킬러 등 가격파괴 유통업태가 주로 실행한다.
- 판매활동보다 상품계획, 구매, 재고분야에 대한 집중적인 관리가 요구된다.
- 상품 공급과 관련된 관계회사 연결 머천다이징이 이익증가의 수단이 된다.

㉡ 비가격 중심의 머천다이징
- 고객 니즈에 대한 부응과 서비스 향상을 통해 매출을 증가시키는 것이 주목적이다. ★
- 인스토어 머천다이징 등을 강조한다.

(3) 머천다이징과 브랜드(Brand) 기출 20 · 19 · 18 · 17 · 16

① 브랜드의 개념

㉠ 어떤 제품의 독특한 명칭, 기호, 디자인 또는 이들의 결합을 의미한다.

㉡ 소비자들은 브랜드에 의하여 어떤 상품을 다른 경쟁상품과 구별할 수 있다.

㉢ 브랜드에 의하여 생산자들은 유사하게 보이는 경쟁제품들로부터 자신들의 상품을 보호할 수 있다.

㉣ 기업은 자신들의 브랜드에 대한 배타적 사용권을 확보하고, 법률적인 보호를 받기 위해 브랜드를 특허청에 등록할 수 있는데, 이를 등록상표라 한다.

② 제조업자 브랜드와 유통업자 브랜드

㉠ 제조업자 브랜드(Manufacturer's Brand)
- 제조업자가 자사 제품에 대해 브랜드를 결정하는 것으로 통상적으로 내셔널 브랜드(NB ; National Brand)라고 한다.

개념 Plus

제조업체, 유통업체 연합 브랜드 (PNB)

NB(제조업체 브랜드)와 PB(자사 브랜드)의 중간 형태로, 제조업체가 유통채널의 특성과 소비자들의 구매성향에 맞게 생산하고 특정 유통업체에서만 독점 판매하는 상품을 말한다.

- 제조업자 브랜드(NB)는 대규모 제조업체가 전국의 소비자를 대상으로 개발한 브랜드로, 많은 소비자에게 판매되는 것을 목적으로 하기 때문에 대규모 생산과 대중매체를 통한 광범위한 광고 진행이 일반적이다.

ⓒ 유통업자 브랜드(Distributer's Brand)
- 유통업자가 자체적으로 제품기획과 제조를 하여 브랜드를 결정하는 것으로 **유통업자의 독자적인 브랜드명, 로고, 포장을 가지는 프라이빗 브랜드(PB)**라고 부른다.
- 유통업자는 PB를 통해 점포충성도를 증가시킬 수 있다.
- 대형마트, 편의점 등에서 PB의 비중을 증가시키고 있다.
- 중간마진폭을 제거하여 추가 이윤을 남길 수 있다.

③ 공동 브랜드(Co-Brand) : 두 개 이상의 기업들이 연합하여 공동으로 사용하기 위해 개발된 브랜드이다.

④ 기업 브랜드(Corporate Brand) : 기업명이 브랜드 역할을 하는 것을 말한다.

⑤ 패밀리 브랜드(Family Brand) : 여러 가지 종류의 상품에 부착되는 브랜드이다.

⑥ 개별 브랜드(Individual Brand) : 한 가지 종류의 상품에만 부착되는 브랜드이다.

⑦ 제네릭 브랜드(Generic Brand) : 노 브랜드(No Brand)라고도 하며, 광고비를 없애고 포장을 간소화함으로써 원가절감을 실현시키는 것이 목적이다.

⑧ 스토어 브랜드(Store Brand) : 소매업자가 독자적으로 사용하고 있는 브랜드로 소매업자가 직접 기획하여 생산한 오리지널 브랜드와 하청을 주어 납품받은 브랜드를 말한다.

⑨ 유사 브랜드 : '선도적인 제조업체 브랜드의 상호나 상품 특성 등을 매우 흡사하게 모방한 브랜드'로 '미투브랜드(Me too Brand)'라고도 한다.

(4) 브랜드 자산(Brand Equity) 기출 14

① 브랜드 자산의 개념
ⓐ 브랜드를 가진 제품이 브랜드가 없는 경우에 비하여 그 브랜드가 부착됨으로써 획득하게 되는 차별적 마케팅효과로, 브랜드를 통한 추가적인 가치 상승을 의미한다.
ⓑ 차별적 마케팅 효과란 마케팅 노력에 대한 소비자 반응의 차이로 브랜드 애호도, 브랜드 인지도, 지각된 품질, 브랜드 연상에 의해 나타난다. ★

② **전략적 측면에서의 브랜드 자산** : 특정 브랜드를 소유함으로써 얻게 되는 바람직한 마케팅 효과, 즉 시장점유율, 고객충성도, 재구입율 등이 여기에 해당한다.

③ **측정을 위한 브랜드 자산** : 브랜드 평가회사가 발표하는 자산 가치를 의미하는 것으로, 상대적으로 브랜드의 가치를 돈으로 환산하면 얼마가 된다는 방식의 측정에 해당한다.

(5) 브랜드 연상의 유형 기출 12

① 제품속성과 관련된 연상 유형
ⓐ 제품범주에 의한 연상 : 자사 브랜드와 제품 범주 사이의 강력하게 작용하고 있는 연상 관계는 해당 제품이 시장 내에서 지속적으로 타사와 비교해서 경쟁우위를 유지할 수 있는 기반이 된다.

출제지문 돋보기 OX

01 [19-2]
유통업체 브랜드(PB)는 대규모 생산과 대중매체를 통한 광범위한 광고를 수행하는 것이 일반적이다.
( )

02 [19-3]
대형마트는 대개 PB를 유명 제조업체 브랜드와 유사한 브랜드명을 사용함으로써 적은 비용으로 소비자에게 PB를 인식시키려 한다. ( )

03 [17-1]
유사 브랜드란 유통업체 브랜드의 하나로 선도적인 제조업체 브랜드의 상호나 상품 특성 등을 매우 흡사하게 모방한 브랜드를 말한다.
( )

정답 1. × 2. × 3. ○

ⓛ 제품속성에 의한 연상 : 주변에서 흔히 찾아볼 수 있는 것으로, 자사 브랜드와 소비
자가 바라는 제품의 구성요소를 하나로 연결시키면 경쟁우위를 차지할 수 있다.
ⓒ 품질·가격에 의한 연상 : 소비자들이 자사 브랜드에 대해 가지고 있는 전반적인
성능에 대한 생각이나 느낌으로서 소비자들에게 이러한 이미지를 심는다면 가격책
정에 있어서도 타사와 경쟁에서 비교우위를 선점할 수 있다.

② 제품속성과 관련이 없는 연상 유형
ⓐ 브랜드 퍼스낼리티에 의한 연상 : 브랜드의 속성을 인간적인 특성, 즉 성별이나 연
령 혹은 사회계층 등과 같은 것들로 표현하는 것을 말한다.
ⓛ 사용자와 관련된 연상 : 브랜드 이미지를 자사 모델과 연결시켜 판매를 촉진한다.
ⓒ 제품용도와 관련된 연상 : 브랜드를 제품의 용도와 강하게 연관시킴으로써 강력한
브랜드 자산을 구축하는 것을 말한다.
ⓔ 원산지와 관련된 연상 : 어느 한 분야에서 유명한 지역이나 국가를 연상시켜 강력한
브랜드 자산을 구축하는 것을 말한다.

③ 기업과 관련된 이미지 연상 유형 : 기업문화, 이념 등 기업에 관한 브랜드 이미지는
개별 브랜드 자산구축에 엄청난 영향을 준다.

(6) 신제품 브랜드 전략 기출 14·13·11·10

① 라인확장(Line Extention) 전략
ⓐ 제품범주 내에서 형태, 색상, 사이즈 등을 변형한 신제품에 대해 기존 브랜드명을
함께 사용하는 것이다.
ⓛ 고객의 다양한 욕구에 부응하고 초과생산시설을 이용할 수 있다는 장점이 있지만,
라인의 확장으로 품목수가 늘게 되면 고객들은 선택 폭이 넓어져 구매를 연기하거
나 포기할 확률이 높아지며, 자기시장잠식을 초래할 수 있다.

② 복수브랜딩(Multi-Branding) 전략 : 다양한 소유 욕구를 가진 소비자들을 위해 동일
제품범주 내에 여러 개의 브랜드제품을 도입하는 전략이다. ★

③ 브랜드 확장(Brand Extension) 전략
ⓐ 성공적인 기존의 상표명을 새로운 제품범주의 신제품으로 확장하는 전략이다.
ⓛ 기업이 신상품을 런칭할 경우, 특히 브랜드 자산이 강력한 경우에는 새로운 브랜드
로 하는 것보다 이미 구축된 강력한 브랜드를 활용하는 편이 마케팅 비용을 줄이고
신상품의 성공가능성을 높이는 데 도움이 된다.
ⓒ 브랜드 확장은 기존 브랜드에 활력을 제공할 수 있고, 세분화된 시장의 욕구를 충족
시킬 수 있으며, 탄력적인 가격적용과 단기간 내의 매출증대를 가능케 한다.
ⓔ 다만, 두 제품범주 간에 유사성이 낮은 경우에는 전략이 실패할 가능성이 높다.
ⓕ 잘못된 브랜드 확장 전략은 고객에게 혼란을 야기함으로써 기존 브랜드의 아이덴티
티의 희석화를 초래할 수 있다. 또한 확장된 하나의 제품군에서 리스크가 발생할
경우, 본 제품에 심각한 악영향을 미칠 수 있으므로 주의가 필요하다. ★

④ 신규 브랜드(New Brand) 전략 : 전적으로 새로운 브랜드명을 도입하는 것으로 신제품
에 사용될 적절한 기존 브랜드명이 없을 때 주로 선택하는 전략이다.

개념 Plus

상품 계열구성
상품계열은 유사한 성능·기능, 용도를 가지거나 유사한 고객층이나 가격대를 가진 상품군을 말하는 것으로, 상품의 폭과 깊이로 구성된다. 즉 폭(넓이)와 깊이의 비율에 따라 상품구성이 달라지며, 폭과 깊이는 개별 유통업태 및 유통상의 마케팅 전략에 따라 상이하다.

개념 Plus

제품계열과 제품품목
• 제품계열 : 성능, 기능, 고객, 유통, 가격범위 등에서 서로 밀접한 관련이 있는 제품의 집합을 말한다.
• 제품품목 : 제품계열 내에서 크기, 가격, 형태, 기타 특성에 의해서 명확히 구별될 수 있는 단위를 말한다.

개념 Plus

상품구성확대의 제약조건
• 할당 면적에서의 제약
• 투입자본 면에서의 제약
• 시장의 규모 면에서의 제약
• 매입처 확보 면에서의 제약
• 상점 측의 상품 선택 능력 면에서의 제약

출제지문 돋보기 OX

01   [20-3]
일반적으로 회사는 단 하나의 상품을 내놓기보다는 여러 유형의 상품들로 상품라인을 확대 구성하는 것이 고객확보에 유리하다. ( )

02   [21-1]
제품품목은 제품계열 내에서 크기, 가격, 형태, 기타의 특성에 의해서 명확히 구별될 수 있는 단위이다. ( )

정답 1. ○ 2. ○

03 업태별 머천다이징 및 상품기획

(1) 상품구성정책의 의의

① 상품구성정책이란 제조업자의 제품생산에 대한 생산품구성계획과 소비자의 상품구매에 있어서 일괄구매욕구 사이의 격차를 해소하기 위해 지속적으로 계획·실행·평가하는 과정을 말한다.

② 개별상품(군)으로 보아 매출 및 수익에 대한 기여도가 현저하게 낮을지라도 다른 상품(군)과의 결합효과가 존재하는 경우, 이 상품(군)에 대한 매장에서의 퇴출여부를 결정하는 것을 포함한다.

③ 나아가 효자상품 그룹을 찾아내어 더욱 판매를 촉진하고, 또 다른 한편으로는 퇴출해야 할 상품그룹을 찾아내어 매장에서의 상품퇴출에 대한 의사결정으로 지속적으로 수행하는 과정도 포함한다.

④ 상품구성정책은 경쟁자, 매장의 규모, 매장의 입지 등에 의해 영향을 받으므로 상품구성정책의 핵심적 의사결정요소인 상품의 넓이와 깊이에 대한 의사결정시 표적구매자들의 기대와 일치시키면서 동시에 다른 소매상과 차별화할 수 있어야 한다.

(2) 상품구성의 형태

① 계열구성확대 : '그 상점에 가면 여러 가지 다른 상품을 횡적으로 조화를 이루면서 구입할 수 있는 편리한 상점'이라는 매력과 관계된다. 핸드백이나 구두 등과 같은 상품의 경우 디자인 또는 격조와 관련시켜 선택할 수 있는 매력을 가진다.

② 품목구성확대 : '그 상점에 가면 특정 상품 계열에 대해서 자기의 기호, 사용목적, 구입예산에 알맞은 품목을 많은 후보 품목군 중에서 선택할 수 있는 편리한 상점'이라는 매력과 관계된다. 화장품 계열이 대표적이다.

> **상품라인의 확장에 따른 문제점** 기출 17
> • 라인별 생산량이 낮아져서 비용이 높아질 수 있다.
> • 소매점의 진열면적 확보가 어려워질 수 있다.
> • 고객들은 선택 폭이 넓어져 구매를 연기하거나 포기할 확률이 높아진다.
> • 품절 가능성이 높아져서 재고관리가 어려워질 수 있다.
> • 자기잠식의 문제가 발생할 수 있다.

(3) 상품구성 단위 등 기출 21

① 상품믹스 : 상품진열시에 상품믹스는 상품별로 이익률에 판매구성비를 곱한 판매액 대비 전체 판매이익률이 가장 높게 되도록 판매구성비를 결정하는 것이 좋다.

② 상품진열 : 상품판매량에 정비례하는 진열방식은 상품회전율을 높이고, 많이 팔리는 상품의 품절방지와 비인기상품의 재고감소 효과를 주게 되며, 고객이 가격수준을 비교하여 구매할 수 있게 동일상품당 가격라인의 수를 3~5개로 제한하여 진열하는 것이 좋다.

③ 상품진열의 원칙 : 고객의 눈에 구매하고자 하는 상품이 가장 잘 보이도록 진열하는 것이 원칙이다. 따라서 상품(무엇을), 진열량과 수(얼마만큼), 고객에게 보여주는 진열면, 진열의 위치, 진열의 형태를 신중히 검토하여 선택해야 한다.

(4) 상품구성(구색)의 폭과 깊이 · 길이 기출 18 · 17 · 16 · 14 · 13 · 12 · 11 · 10 · 08

① 상품구성의 폭 · 깊이 · 길이 ★★
  ㉠ 상품구성의 폭(Width) : 소매점이 취급하는 제품계열 내의 하부 제품계열의 수, 즉 상품종류의 다양성을 말한다.
  ㉡ 상품구성의 깊이(Depth) : 각 제품계열(특정 종류의 동일 상품) 안에 있는 품목의 수를 의미하는 것으로 소비자 입장에서 선택 폭의 다양성을 의미한다.
  ㉢ 상품구성의 길이(Length) : 제품믹스를 구성하는 모든 제품품목의 총 수 또는 각 제품계열의 평균제품 수를 의미한다.

② 품목구성의 폭을 구하는 공식

$$W = S \div (p \times q \times t \times r)$$

W : 연간평균 상품구성 폭
S : 연간 판매액 예산
p : 연간평균 판매단위
q : 품목별로 항상 보유해야 할 상품 수
t : 상품회전율
r : 연간교체율

③ 상품믹스의 특징과 중요성 기출 17 · 16 · 15
  ㉠ 소비자가 부담 없이 집 근처 가까운 곳을 찾거나 탐색하는 시간이 짧은 구매행동을 보이는 기본 생필품은 미리 계획하여 구매하지 않고 필요할 때마다 구입하게 되므로 상품구색을 가장 완벽하게 갖추어야 한다.
  ㉡ 소매상이 소비자들에게 제공하는 상품구성의 넓이와 깊이는 개별 유통업태 및 유통상의 마케팅 전략에 따라 상이하다.
  ㉢ 백화점에서는 식품은 물론 패션, 잡화, 가구, 가전제품, 스포츠용품 등 다양한 상품을 취급하기 때문에 상품구색의 폭이 넓다.
  ㉣ 백화점과 대형마트를 상품의 넓이 측면에서 비교할 경우 음식료품에 있어서는 대형마트가, 섬유 및 의류에 있어서는 백화점이 더욱 넓은 상품정책을 추구하고 있다.
  ㉤ 전문점은 상품구색의 폭이 좁지만 취급하는 상품의 종류가 많으므로 상품구색의 깊이는 깊다. 즉, 상품의 폭보다 깊이에 중점을 두고 상품구성정책을 실행한다.
  ㉥ 일반 잡화점은 상품의 깊이보다 폭에 더욱 중점을 두고 상품구성정책을 실행한다.
  ㉦ 상품의 넓이와 깊이에 대한 의사결정은 상품구성정책의 핵심적 의사결정요소로 표적 구매자들의 기대와 일치시킴과 동시에 다른 소매상과 차별화할 수 있어야 한다.
  ㉧ 상품의 폭과 깊이는 상호 간의 제약관계에 있어서 폭과 깊이의 비율에 따라 상품구성이 달라진다.

개념 Plus

상품의 폭과 깊이 예시

세 제	치 약
아이보리	소나무
액 츠	하얀이
비 트	2080
퐁 퐁	클리오
도 브	페리오

기저귀	화장지
하기스	뽀삐
팸퍼스	모나리자
마미포코	코디
보솜이	깨끗한 나라
페넬로페	잘풀림

→ 상품믹스의 폭 : 4개
→ 상품믹스의 깊이 : 5개

개념 Plus

상품믹스의 다양성, 전문성, 가용성
• 다양성이란 한 점포 내에서 취급하는 상품카테고리 종류의 수로서 다양성이 높을수록 상품구성의 폭이 넓어지는 것이다.
• 전문성은 특정 카테고리 내에서의 단품의 수를 의미한다.
• 가용성을 높이기 위해서는 특정 단품에 대해 품절이 발생하지 않도록 재고를 보유하고 있어야 한다.
• 상품믹스를 전문성 위주로 할지, 다양성 위주로 할지에 따라 소매업태가 달라진다.

출제지문 돋보기 OX

01 [18-1]
유사한 성능 · 용도를 가지거나 유사한 고객층이나 가격대를 가진 상품군을 상품(제품) 계열이라 한다.
( )

02 [17-2]
상품의 폭은 상품계열 내의 하부상품계열의 수, 즉 상품종류의 다양성을 의미한다. ( )

정답 1. O 2. O

개념 Plus

소매점의 상품기획
• 상품카테고리를 기준으로 다양성, 전문성, 상품가용성을 계획한다.
• 상품관리에 대한 재무목표의 설정을 포함한다.
• 구색에 포함된 품목들의 품질 향상 방안을 포함한다.
• 지속성 상품이 아닌 유행성 상품의 구색편성도 상품기획에 해당한다.
• 시장상황 및 매출상황을 고려한 판매전략을 포함한다.

개념 Plus

상표확장전략
• 소비자들이 기존의 상표명에 친숙하다면 신제품을 즉시 인지할 수 있다는 장점이 있다.
• 개별 브랜드의 신제품 도입보다 신제품에 대한 마케팅 비용이 절감된다.
• 신제품이 호의적인 평가를 받게 되면 기존의 상표명의 이미지를 강화시킬 수 있다.
• 지나친 상표확장은 원래의 상표명이 가졌던 강한 이미지를 약화시킬 우려가 있다.

④ 상품구성의 길이 및 깊이와 관련된 전략 기출 12

- ㉠ 하향확장전략(Downward Stretch) : 초기에 고가·고기능 상품을 생산하던 기업이 차후에 저가·저기능의 신상품을 추가하는 전략이다. 기존의 고품격 브랜드 이미지에 부정적인 영향을 미쳐 기존 고객을 이탈하게 만들 수 있다.
- ㉡ 상향확장전략(Upward Stretch) : 초기에 저가·저기능 상품을 출시하고, 점차 고가품·고기능의 품목을 그 계열에 추가하는 전략이다. 기업이 고품질의 기업이미지를 형성하여 이익률과 매출상승을 달성할 수 있다고 판단될 때 이용한다.
- ㉢ 쌍방향확장전략(Two-Way Stretch) : 중간수준의 품질가격 상품에 고가와 저가의 신상품을 추가하는 전략이다. 고소득 소비자들과 저소득 소비자들 모두에게 소구함으로써 매출 증대 및 시장점유율 증가가 가능하다.
- ㉣ 철수전략(Divestment) : 상품계열이 마이너스 성장을 하거나 기존상품이 전략적으로 부적절할 때 실시하는 전략이다.
- ㉤ 수확전략(Harvesting) : 기업의 자원을 더 이상 투입하지 않고, 발생하는 이익을 전부 회수하는 전략이다.
- ㉥ 제품확충전략 : 기존의 제품계열 내에서 새로운 품목을 추가시킴으로써 제품계열의 깊이를 확대하는 전략이다. 다양성 추구 소비자의 욕구 충족, 잉여설비의 활용, 매출 증대, 다양한 세분시장으로의 침투 등 긍정적인 효과도 있지만, 과다한 확충은 오히려 비용 상승과 수익성 감소를 일으킬 수 있다.

(5) 상품구성 계획

① 상품의 구성

- ㉠ 동종, 동일계열의 상품 중에서도 상·하의 여러 단계로 구분해서 명확한 가격선이 결정되어야 한다.
- ㉡ 동일가격선의 상품 중에서도 소비자들의 기호, 연령, 직업의 차이에 대응이 가능한 상품구성의 계획이 실행되어야 한다.
- ㉢ 전 상품을 통해 매장 및 브랜드의 독특한 이미지 등이 표현 가능해야 한다.

② 상품구성의 결정요인

- ㉠ 매장면적, 활용 가능한 인원수, 보유 가능한 평균 재고액, 점포가 소재하고 있는 지역의 입지조건, 지역 내의 경쟁구조, 지역 내의 소비구조 등을 분석·검토한다.
- ㉡ 창업하는 점포는 면적과 투자액에 한도가 있으므로 상품구성의 폭과 깊이의 비율을 적절하게 구성해야 하고, 이것은 판매액과 이익액의 합이 최대가 되는 상품구성이어야 한다.

③ 상품연출 구성방법

- ㉠ 촉진 품목군 상품은 가격을 대폭 인하한 상품으로 행사기간 중에 모두 판매하기 위해 행사장 내에 특가품코너에 집중진열하며, 원칙적으로 재발주하지 않아야 한다.
- ㉡ 초고급, 초고가격 상품인 제시 품목군은 원칙적으로 매장에 재고를 두고 창고에 보관하지 않으며, 진열장, 매장내의 전략적 위치에 진열하여야 한다.

ⓒ 이외 상품연출 구성법으로 원형 구성, 삼각 구성, 직선 구성 등과 같은 방법이 있다. ★
- 원형 구성 : 상품의 상하가 서로 대칭되어 종합감을 표현하는 것으로 반복적으로 배열함으로써 중앙에 있는 시각적 초점을 강조하는 구성방식이다.
- 삼각 구성 : 제품이 통합되어 보이기 용이한 방식으로 안정감과 조화를 주며 홀수로 하는 것이 요령이다.
- 부채꼴 구성 : 고가의 제품에 적용하는 방식으로 쇼케이스 내부 활용 시에 좋으며, 특히 벽면연출에 많이 활용한다.
- 직선 구성 : 평면으로 상품을 붙여 진열·배치하는 방법으로, 패턴이 단조롭기 때문에 리드미컬하게 레이아웃 한다. 남성정장의 고급스러움을 표현하는 데 좋다.
- 대칭 구성 : 다양한 크기의 상품을 조화롭게 표현하는 데 효과적인 구성법이다.
- 비대칭구성 : 진열공간이 넓을 경우에 효과적인 방법으로 고급상품을 진열하는 데 적합한 구성법이다.

(6) 상품정책

① 종합상품정책 : 상품전체의 계획이므로 해당 기업이나 브랜드 및 점포 등에서 어떠한 종류의 상품그룹을 구비할 것이며, 상품그룹 속에서 어떠한 상품구성을 할 것인지에 대한 전반적인 계획을 의미한다.
② 단품상품정책 : 상품 개개의 선택, 수정, 폐기, 수량결정을 비롯해서 재질, 색채, 품질, 판매가 등에 대한 계획을 의미한다.

상품정책의 기본유형 `기출` 14
- **완전종합형 상품정책** : 상품구성이 넓고 깊은 정책으로 백화점처럼 종합화와 전문화를 동시에 실현하는 것이다.
- **불완전종합형 상품정책** : 상품구성이 넓고 얕은 정책으로 양판점처럼 종합화를 우선적으로 실현하는 것이다.
- **완전한정형 상품정책** : 상품구성이 좁고 깊은 정책으로 전문점처럼 종합화보다는 전문화를 우선적으로 실현하는 것이다.
- **불완전한정형 상품정책** : 상품구성이 좁고 얕은 정책으로 근린점처럼 종합화, 전문화 모두를 단념하는 것이다.

---

04 상품 카테고리 계획과 관리

(1) 상품계획

① 상품관리에 대한 재무목표를 미리 계획하지 않았다면, 소매업체는 재무적 성공에 대해 기대할 수 없다. 재무적인 계획은 소매조직의 최상층에서부터 시작하여 매입담당자나 상품계획 관리자들이 그들의 계획안을 전개해나가고 회사와 협상해가는 동안, 카테고리 수준까지 반영되어 있어야 한다.
② 상품계획의 결과는 각 카테고리에 대하여 재무상태를 고려한 상품매입 청사진으로 나타난다.

크로스 머천다이징
- 연관된 상품을 함께 진열하거나 연관된 상품을 취급하는 점포들을 인접시키는 것을 의미한다.
- 고객들이 연관된 상품들을 동시에 구매하도록 유도할 수 있다.
- 대표적인 예로 샴푸, 린스, 정장, 넥타이, 구두, 셔츠 등에 사용할 수 있다.

개념 Plus

상품관리과정
카테고리별 판매예측 → 구색계획의 개발 → 적정재고수준 및 상품가용성 결정 → 재고관리 계획개발 → 상품의 점포별 할당 → 상품매입 → 성과평가 및 조정

개념 Plus

CM의 등장배경
• 소비자 구매행태의 복잡화와 다양화
• 시장에서의 경쟁 심화
• 머천다이징 및 판촉 개선을 통한 이익 증대 방법 모색
• 급격한 신제품의 출현
• 유통업체와 제조업체 간의 관계 변화
• 정보기술의 실용화

③ 상품계획에서는 월별 특정 카테고리에서 상품매입을 위해 소요되는 자금이 어느 정도 되는지를 매입 담당자와 상품계획 관리자에게 보고하여 매출예측 및 다른 재무적인 목표가 달성될 수 있도록 한다. 일단 상품계획이 수립되면 매입담당자와 상품계획 관리자는 상품구색계획을 수립한다.

(2) 상품관리(Merchandise Management) 기출 19 · 17 · 16

① 상품관리란 '유통업체가 고객에게 적정 수량의, 적정 상품구색을, 적시에 제공하는 동시에 자사의 재무적 목표를 달성하려고 노력하는 과정'을 말한다.

② 최고경영자들은 상품관리를 큰 틀로 본다. 즉, 기업이 달성해야 할 목표를 제시하고, 판매영역에 대한 비중 안배를 결정함으로써 회사의 상품관리에 대한 방향을 제시한다. 반면 매입담당자와 상품계획관리자는 상대적으로 보다 미시적인 접근을 하게 된다. 그들은 취급하고 있는 카테고리의 이전 판매자료를 검토하고, 시장의 추이를 관찰하며, 다가오는 시즌에 부합할 수 있는 상품기획을 시도한다.

③ 매입담당자는 공급업체와 함께 상품을 선정하고, 더불어 가격을 협상하며 촉진관리방법을 개발한다.

④ 유통업체의 상품관리 의사결정은 단품 관리수준과 상품카테고리 관리수준의 의사결정으로 분류할 수 있다. 상품카테고리 관리는 개별 상품이나 브랜드가 아닌 전체 상품군에 대한 이익과 판매를 강조하는 것으로 상품구색, 상품진열공간 할당, 판촉 등이 해당한다.

(3) 카테고리 관리(CM ; Category Management) 기출 17

① 매장에서 상품을 단품이 아닌 카테고리 단위로 관리하는 기법이다.

② 제조업체가 설정한 분류기준이 아니라 소매업자가 소비자 구매행동에 기초하여 카테고리를 설정하고 분류한다. 즉 소비자에게 구매의 편리성을 제공하기 위해 상품 영역별로 매장을 관리하는 것이다.

③ 유통업체와 상품공급업체 간에 분리되어 있는 머천다이징(MD)과 재고관리 등의 기능을 상품별로 모두 통합하는 것을 뜻한다. 즉 매입에서 판매까지의 기능을 상품별로 수직통합하는 것을 의미한다.

④ 유통업체와 상품공급업체가 새로운 정보기술을 활용하여 구매의사결정에 관련된 활동을 공동으로 추진하는 활동을 말한다.

카테고리 캡틴(Category Captain)의 활용 이점 기출 17 · 16
다음은 소매업체가 특정 카테고리에서 선호하는 한 공급업체를 지원하는 경우의 활용 이점이다.
• 가격설정, 촉진활동 등의 위임을 통한 해당 카테고리 관리의 부담 감소
• 고객에 대한 이해 증진에 협력함으로써 해당 카테고리 전반의 수익 증진
• 재고품절의 방지를 통한 관련된 손해의 회피 및 서비스 수준의 향상
• 해당 카테고리 품목의 여타 납품업체들과의 구매협상 노력을 생략하여 비용 절감

상품 카테고리 수명주기
일시성 상품은 한 시즌 이내에 판매 가능하도록 관리하고, 유행성 상품은 여러 시즌에 판매하되 스타일의 변화를 준다. 지속성 상품은 여러 시즌에 판매하지만 시간이 지남에 따라 매출감소를 피하기는 어렵고, 계절성 상품은 계절적 변동에 따라 관리가 요구된다. 유행성 상품의 판매 예측을 위하여 전년도 매출자료, 고객정보, 유행과 추세, 벤더 자료 등을 활용한다.

05 상품매입과 구매계획

(1) 상품매입(과정) [기출] 15 · 09

① 상품 마케팅 조사 : 매입하려는 상품의 공급 상황과 수요예측을 정확하게 파악하기 위하여 실시하는 시장조사를 뜻한다.

② 매입계획의 수립

　㉠ 판매계획에 따라 다시 매입계획을 세운다. 마케팅 조사를 통하여 소비자가 무엇을 원하는지, 상품을 살 수 있는 구매력은 어느 정도인지, 구매관습은 어떠한지 등을 먼저 파악한다.

　㉡ 같은 업종에 종사하는 사람과의 경쟁상태, 판매경향 등을 조사·분석하여 합리적인 매입계획을 세워야 한다.

　㉢ 일단 매입계획이 세워지면 이를 달성하기 위하여 항상 계획과 실적을 비교하면서 여러 가지 방법으로 매입과 판매를 조절해나가야 한다.

③ 매입상품의 선정

　㉠ 매입상품 선정의 중요성 : 판매 실적을 올리기 위해서는 품질이 좋고 가격이 싸며, 소비자들이 선호하는 상품을 골라 매입해야 한다.

　㉡ 매입상품의 특성 : 상품의 단가, 부패 가능성, 취급방법, 기술적 복잡성, 표준화정도 등을 고려해야 한다.

④ 매입처 선정

　㉠ 판매할 상품을 어느 업체에게서 사올 것인가 하는 문제이다. 상품의 매입처는 신용이 있고 상품의 인도가 확실하며, 가격조건이 알맞고, 매입경비가 적게 드는 곳으로 선정해야 한다.

　㉡ 좋은 거래처를 선정하려면 거래 전에 같은 업계에 종사하는 사람이나 상대방의 거래 은행, 신용정보업자 등을 통하여 상대방에 대한 신용조사를 할 필요가 있다.

⑤ 매입방법의 선택

　㉠ 대량매입 : 현금할인이나 수량할인을 받을 수 있는 이점이 있지만 재고품의 보관비용이 많이 들고 재고기간이 길어질 경우 자금이 묶이는 불리한 점도 있다.

　㉡ 당용매입 : 그때그때 **필요한 양만큼의 상품을 구매하는 방법**으로 할인혜택은 적지만 상품의 회전이 빠르고 재고로 인한 손실이나 자금의 고정화로 인하여 생기는 불리한 점을 피할 수 있다는 장점이 있다. ★

개념 Plus

특정(특약)매입 ★★

거래당사자(납품업자)에게 상품을 매입해서 고객에게 판매한 후 수수료를 공제한 납품금액을 지불하는 형태이다. 팔리지 않고 남은 상품은 납품업자에게 반품하므로 백화점의 재고위험 부담을 회피하기 위한 방법이라 할 수 있다.

• 재고부담 : 거래당사자
• 거래조건 : 매출 발생액에 해당하는 수수료 공제 후 납품금액
• 매출액 : 백화점매출로 산정

개념 Plus

매매계약의 조건

• 상품을 파는 사람과 사는 사람은 똑같은 거래에 대해서도 서로 기재하는 내용이 다를 수 있다. 이러한 기대의 차이나 시장상황의 변동으로 인하여 매매약속을 한 후에 거래 당사자 간에 분쟁이 발생할 수 있다.
• 매매 당사자 간의 거래내용을 확실히 하고 후일 분쟁이 일어나지 않도록 하기 위해서는 매매계약을 할 때 여러 가지 거래조건을 명확하게 결정해야 한다.
• 매매의 조건에는 상품의 품질, 수량, 가격, 인도의 시기와 장소, 대금지급방법 등이 있다.

출제지문 돋보기 OX

01 [12-1]

상품매입관리의 목적에는 적정한 품질, 적정한 납기, 적정한 장소, 적정한 가격, 적정한 재고가 있다.
( )

02 [15-2]

소매상의 구매관리에서 적정한 거래처를 확보하기 위한 평가 기준은 품질, 가격, 납기, 서비스로 볼 수 있고 이에는 역청구 가능성 여부 등은 포함되지 않는다. ( )

정답 1. × 2. ○

ⓒ 직매입 : 납품업자로부터 직접 상품을 매입해 판매하는 근원적 거래형태로 소매점에서는 어느 정도 판매할 것인가의 예측이 어렵기 때문에 직매입이 어렵다. ★

ⓒ 위탁매입 : 소매업자가 일정 기간 동안 소비자에게 **제품을 판매한 후** 사전에 결정된 **일정비율의 수수료만 받고** 남은 제품을 공급업자에게 반품하는 방법이다. 위탁매입은 주로 신제품, 가격이 높은 제품 또는 위험이 높은 제품에 많이 이용되며, **소유권은 공급업자에게 있다.** ★

⑥ **매입수량과 시기결정** : 싸게 살 수 있는 시기를 택하여 적절한 수량을 매입하여야 한다. 상품을 매입할 때에는 과거의 판매실적이나 유행의 변화 등을 잘 살펴서 상품마다 일정 기간의 판매를 예측한 후에 매입수량과 시기를 조절하여야 한다.

⑦ **매매계약의 체결** : 매매계약은 매수인이나 매도인의 어느 한쪽이 매입이나 판매를 신청하고 상대방이 그 신청을 승낙하면 성립한다. 일반적인 소매거래의 경우에는 매매계약이 구두로 이루어지기도 한다. 그러나 매매수량이 많고 매매의 조건이 복잡한 도매거래의 경우에는 계약의 내용을 문서로 작성한다.

⑧ **매매계약의 이행** : 매매계약의 내용대로 상품을 인도, 수취하고, 대금을 결제한다.

(2) 구매관리

① **구매의 개념** : 구매란 재화를 취득하기 위해 규격을 결정, 공급원을 선정, 거래를 교섭하여 계약을 체결하고, 납입을 확보하는 기능을 말한다. ★

② **구매관리의 중요성**

ⓒ 구매를 잘해야 이윤을 올릴 수 있고 제3의 이익원으로서 구매관리 역할이 중요하다.
ⓒ 기업은 산출관리에 치중하고 투입관리에는 소홀하므로 구매기능 전문화가 요구된다.
ⓒ 경영시스템은 구매·생산·판매의 순환에서 보듯 구매에서 시작되고, 경쟁력 제고 및 품질 향상은 구매관리에서 시작된다.
ⓒ 구매업무는 비용창출기능보다는 이익창출기능을 한다.
ⓒ 구매관리는 비용절감의 역할보다 조직 목표달성을 할 수 있는 전략적 관점으로 인식되어야 한다.
ⓒ 무재고 원칙이나 자재소요 계획 등 자재구매의 신기법의 개발, 활용이 필요하다.

③ **구매의 5원칙** 기출 15·12·08

ⓒ **적정한 거래처(Right Place)**

• 구매의 제1조건은 적정한 거래처를 선정하고 확보하는 것이다. 유능하고 적정한 거래처를 선정하고 그 거래처와의 관계를 장기적인 관점에서 확립하여 안정거래를 하는 것이 중요하다.
• 잠재공급자의 4대 평가 기준은 품질, 가격, 납기, 서비스로 볼 수 있고, 일반적으로 가격의 적격성, 납기의 신뢰성 등의 경제적인 요인이 지금까지 중시되어 왔으나 점차적으로 품질에 대한 신뢰성, 서비스, 성의와 책임감 등의 비경제적 요인에 비중을 두는 추세에 있다. ★

- ○ 적정한 품질(Right Quality)
  - 구매의 제2조건은 적정한 품질을 확인하고 확보하는 것이다. **적정한 품질**이란 일반적으로 **구매자의 목표 달성에 부합되는** 것을 의미하는데, 구체적으로 품질의 편차가 관리 한계 내에 있는 것을 의미한다. ★
  - 품질의 개선을 위해서는 품질경영의 철학에 입각하여 고객에 초점을 맞추어야 하며, 계속적이고 점진적인 개선을 통하여 품질의 개선이 이루어져야 한다.
- ○ 적정한 수량(Right Quantity)
  - 구매의 제3조건은 적정한 수량을 파악하고 확보하는 것이다. 경제적 주문수량은 재고유지비용, 수송비, 주문처리비용, 창고관리비용 등을 고려하여 결정하게 된다.
  - 경제적 주문수량을 결정할 때 총비용 개념에 입각해 결정되어야 하고, 결정과정에서 부문 최적화는 피하면서 전사적 · 총체적 시스템의 관점에서 행해져야 한다.
- ○ 적정한 납기(Right Time)
  - 구매의 제4조건은 적정한 납기를 설정하고 확보하는 것이다. 납기의 지연은 대기를 유발하고, 관리 비용을 증대하며, 불량의 원인이 되어 작업자의 의욕을 저하시킨다.
  - 납기관리의 개선책으로 수주자와 발주자의 의사소통, 주문량의 표준화, 조달기준 일정의 확립, 납기 의식을 높이는 방안 등을 생각할 수 있다.
- ○ 최적의 비용(Right Price)
  - 구매의 제5조건은 적정 가격을 결정 · 확보하는 것이다. 가격은 기업의 이윤과 직접적 관련성을 가지고 있고, 시장조건의 변화에 따라 가장 신속하게 조정될 수 있다.
  - 적정한 가격 수준을 정하기 위해서는 풍부한 자료를 축적해서 체계적이고 과학적인 방법을 활용함이 바람직하다.
- ④ **구매전략** : 구매자는 공급자 선정 과정에서 어느 정도의 불안이나 위험을 느끼게 되고 그 위험이나 불확실성을 감소시키기 위해 구매시 여러 방법을 모색하게 된다. 일반적으로 구매자는 구매결정에 있어 다음의 경향을 갖게 된다.
  - ○ 명성이 높은 공급자나 개인적으로 신임하는 공급자를 선호하는 경향이 강하다.
  - ○ 산업재의 구매를 함에 있어 선정된 공급자에 한번 만족하게 되면 계속적으로 그 공급자를 선호하게 된다. 그러나 이러한 현상은 구매 현상, 즉 수정 재구매, 수정 없는 재구매, 신구매에 따라서 그 정도가 다르게 나타날 수 있다.
  - ○ 공급자 충성도의 성향과 함께 소수의 공급자와 장기적인 관계를 유지하려는 경향이 점차 강해지고 있다.

구매자와 공급자의 관계발전모형 5단계 `기출` 15
- **인지(Awareness)** : 거래당사자가 거래상대방을 교환 가능한 대상으로 인식하는 단계
- **탐색(Exploration)** : 교환 대상을 탐색하고 접촉을 시도하는 단계
- **확장(Expansion)** : 교환을 통하여 당사자들이 얻는 혜택이 지속적으로 증가하고 이들 간의 상호 의존성이 증가하는 단계
- **몰입(Commitment)** : 교환의 당사자가 서로 지속적인 거래관계를 유지하고자 하는 '암묵적 혹은 명시적인 서약'을 맺는 단계
- **종식(Dissolution)** : 관계발전의 각 단계에서 다음 단계로 넘어갈 수 있는 요건이 충족되지 않을 때 종식단계에 들어감

개념 Plus

잠재공급자의 4대 평가기준
- 구매자의 목표 달성에 부합하는 적정 품질
- 최적의 가격
- 적정서비스 수준
- 납기의 신뢰성

개념 Plus

품질의 내용
- 목표의 품질 : 경영정책에 명시된 품질
- 설계의 품질 : 설계도에 명시된 품질
- 제조의 품질 : 생산된 품질
- 사용의 품질 : 고객이 평가하는 품질

개념 Plus

구매-판매 사이클 순환과정
구매 → 재고관리 → 가격결정 → 판매 → 계획과 통제

출제지문 돋보기 OX

01   [15-2]
유통경로에서 구매자와 판매자의 관계발전모형에 기초한 5단계는 인지 → 탐색 → 확장 → 몰입 → 종식의 과정을 말한다. ( )

02   [18-3]
역청구는 공급업체와 소매업체의 거래에서 발생되는 비윤리적 문제로 소매업체가 공급업체로부터 야기된 상품 수량의 차이에 대해 대금을 공제하는 것이다. ( )

정답 1. ○ 2. ○

⑤ 구매 마케팅

ⓐ 구매 마케팅의 의의 : 전통적인 구매자·공급자 관계의 반대 개념을 의미하는 것으로, 구매 마케팅에서는 구매자가 주체가 되어 구매자가 공급자로 하여금 구매자의 목적 달성을 위하여 공급하도록 유도하게 된다.

• 전통적 구매 : 공급자가 구매자에게 사도록 하는 방식, 즉 생산자가 능동적으로 판매에 나서는 것이다.

• 구매 마케팅 : 구매자가 공급자에게 공급하도록 나서는 것이다. 이때 구매자는 자신에게 메리트(목적달성)가 있기 때문이다.

ⓑ 구매 마케팅의 성공조건 : 구매자의 주체 의식과 공급자의 설득이 필요하다.

ⓒ 구매 마케팅의 효과 : 대체로 5~30% 가량의 비용 절감 효과가 가능하고 구매직능의 조직 내 위상을 제고할 수 있다.

전통적 구매와 구매 마케팅의 비교

비교 기준	전통적 구매	구매 마케팅
구매자의 행동기준	수동적	능동적
기본적인 사고	일차원적 사고	다차원적인 사고
구매의 형태	일상적인 반복구매	창의적인 접근
조직 내 구매의 입장	단순한 직능	조직 전체를 통합하는 기능
공급자에 대한 태도	적대시	공동 협력체
시 각	단기적인 시각	장기적인 시각
구매목표	단기적인 만족	장기적인 최적화
협상방법	수동적	설 득
동기부여	현상유지	극도의 동기부여

06 단품관리전략(재고관리) 기출 21 · 19 · 16 · 14 · 13

(1) 단품관리의 개념 기출 16 · 14

단품관리란 상품을 품목·단위별 수량관리를 통해 최소단위로 분류해서 그 단위품목을 관리하는 방식이다. 단품마다 판매수량이 파악되므로 판매에 대한 상품 정보를 정확히 알고 판매에 활용할 수 있다.

① 소극적 단품관리 : 잘 팔리고 안 팔리는 상품을 가려내고, 판매량에 맞추어 진열량을 조절하여 작업을 효율적으로 관리하는 것을 말한다.

② 적극적 단품관리 : 판매목표를 정하고 상품판매를 계획·실행하여 만들어진 결과(데이터)를 원래의 판매계획과 일치하는가를 분류별로 비교하며, 계획과 결과의 차이를 분석하고 문제점과 개선점을 찾아내어 다음 계획에 반영하는 것을 말한다.

(2) 단품관리의 기대효과 기출 21 · 19

① **매장효율 향상** : 잘 팔리고 안 팔리는 상품을 알 수 있어 불필요한 재고와 안 팔리는 상품을 제거함으로써 상품의 움직임이 활발해져 매장 효율이 향상된다.

② **과다입고 감소** : 판매추세에 따라 발주가 이루어지므로 불요불급한 상품입고가 줄어든다. ★

③ **품절 감소** : 판매추세에 따라 진열면적이 조정되므로 품절이 줄어든다. ★

④ **매장의 적정규모 파악 가능** : 품목별 진열량을 기준으로 진열면적을 산출할 수 있으므로 매장면적을 효율적으로 이용할 수 있다.

⑤ **부문별 진열면적 조정 가능** : 부문별로 진열면적을 할당해줄 수 있다.

⑥ **중점 상품의 관리 용이** : 고매익 상품, 고매출 상품을 알 수 있어 관리가 용이해진다.

⑦ **책임소재 명확화** : 품절, 과다재고 등에 대한 발생 원인을 추적할 수 있다.

⑧ **노동생산성 향상** : 안 팔리는 상품이 줄어들게 되어 불필요한 작업이 줄어든다.

⑨ **경상이익 증가** : 불필요한 재고비용, 노동력의 효과적인 사용으로 비용이 절감된다.

⑩ **영업력 증가** : 상품을 자신 있게 판매할 수 있다.

(3) 단품관리와 적정재고관리

① **재고관리의 의의와 필요성**

ㄱ 고객이 원하는 상품의 구색을 충분히 갖추고 적정수준의 재고를 유지하기 위해서는 재고관리를 계획해야 한다.

ㄴ 기초재고, 상품구색재고, 신규재고를 적정선에서 유지하려면 매장과 창고에 있는 상품수량, 상품별 판매 빈도, 주문해야 할 상품의 유형과 수량에 대한 정확한 데이터가 확보되어야 하며, 재고부족의 원인이 되는 부정확한 판매예측, 매입처로부터의 상품공급지연, 매입자금의 부족, 예상치 못한 고객수요 등에 대한 대응책도 마련되어야 한다.

ㄷ 적정재고관리를 위해서는 사무용 컴퓨터에 매일의 매출과 매입 및 재고수준을 기록하고, 주간 · 월간별 실적을 대비하여 과학적 통계에 의한 재고조정 방안을 체계화하는 것이 필요하다.

② **적정재고관리를 위한 상품정리의 합리화 방안**

ㄱ 날짜가 오래된 상품은 매장에서 제외

ㄴ 계절이 늦거나 유행이 지난 상품은 단시일 내 처분

ㄷ 파손품이나 저급 품질상품은 매장에서 즉시 제거

ㄹ 통로에 상품진열 방지

ㅁ 팔리지 않거나 매상부진으로 교체 대상상품은 즉시 제거

ㅂ 진열계획표상의 할당표대로 진열상품과 수량유무를 수시 확인

ㅅ 가격표가 설정된 판매가격과 같은가 확인

ㅇ 선입선출판매와 상품의 얼굴이 보이는 전진입체진열

ㅈ 상품정리 공간 확보, 폐기 및 반품 상품의 분리보관

ㅊ 검품, 검수, 납품 및 매입전표, 점포 내 부문간 상품이동시 규칙에 따른 정확한 처리

ㅋ 매일 장부정리의 원칙과 전표는 숫자기입의 원칙 유지

(4) 재고관리기법

① 발주(주문)점법 : 재고량이 일정한 재고수준, 즉 미리 정해진 재주문점 수준까지 내려가면 이때 일정량을 발주하는 방식이다.

구 분	내 용
장 점	• 발주점에 도착한 품목만을 자동적으로 발주하면 되기 때문에 관리하기가 매우 쉽고 초보자도 발주업무를 수행할 수 있다. • 발주점 · 발주로트를 고정화시키면 관리가 확실해진다. • 수량관리를 철저히 하고 재고조사 시점에서 차이를 조정하면 주문량이 일정하기 때문에 수입, 검품, 보관, 불출 등이 용이하고 작업비용이 적게 든다. • 경제로트 사이즈를 이용할 수 있기 때문에 재고비용을 최소화할 수 있다. • 관리하기가 쉽고 확실하기 때문에 다품목의 관리가 가능하다.
단 점	• 발주로트의 변경은 3~4개월에 1회 정도가 현실적이기 때문에 발주점 · 발주로트를 엄밀히 관리하기가 어렵다. • 운용의 형식이 획일적으로 되고 개개의 품목특성에 의한 재고관리가 어렵다. • 발주시기가 일정하지 않기 때문에 대량 일괄발주가 불가능하고, 발주빈도가 높으며 양이 많은 품목에 대해서는 비용이 많이 든다. • 발주시기에 앞서 발주를 계획할 수가 없어 제조업체 측에서 계획생산을 하고 있는 경우에는 발주점법은 불편하다. • 취득시간이 길거나 로트분할이 큰 경우에는 부적당하다.

② 정기발주방식

  ㉠ 재고량에 관계없이 정해진 발주 시기가 도래하면 주문하는 방식이다. 조달기간과 발주 사이클 기간의 양자를 생각해야 하므로 안전재고량은 상대적으로 증가한다.

  ㉡ 제1대상은 소비량이 큰 주요 원재료 등으로서 엄밀한 재고관리가 필요한 중요 품목을 대상으로 함과 동시에 일괄구입에 의한 비용절감이 가능한 품목을 대상으로 한다.

  ㉢ 제2대상은 시장동향에 대응하여 재고고정이 가능한 품목 또는 1회의 구입로트가 극히 적은 품목이다.

  ㉣ 제3대상은 설계변경품이나 유행상품처럼 돌연 진부화할 가능성이 큰 제품이나 조달기간이 장기에 걸치는 품목이다.

③ 정량유지방식

  ㉠ 예비품방식이라고도 하며, 출고가 불규칙하고, 수요가 불안정하며, 불출빈도가 적은 특수품이나 보전용 예비품 등에 적용하는 방식이다.

  ㉡ 발주점방식의 전제인 출하가 일정하고 연속적인 데 따른 약점, 즉 불규칙하고 양이 많은 출고에 대응할 수 없다는 약점을 보완하기 위한 방식이다.

④ 인당 발주점방식

  ㉠ 사전에 출고예정이 되어 있는 경우 출고예정분은 인당 계산하고, 인당 수량에 대해서만 발주점 방식을 적용하는 방식으로 컴퓨터로 발주점 방식을 사용하는 경우에는 이 방식을 많이 사용한다.

  ㉡ 수요변동이 큰 경우에 사용되는 것이 일반적이며, 조달기간이 인당 선행기간보다 짧은 것은 재고를 두지 않고 필요할 때마다 발주 또는 생산 의뢰한다.

⑤ 2중 발주점방식

    ㉠ 인당 발주점방식은 개개의 품목이 발주점에 도달한 경우에 자동적으로 발주하기 때문에 동일 품목을 일정기간에 연속적으로 조금씩 발주하는 경우가 종종 있다. 이것은 발주비, 수송비, 하역작업 또는 수입, 검사 등의 측면에서 효율이 나쁘다.

    ㉡ 2중 발주점방식은 이런 비효율을 제거하기 위한 방식으로, 발주점을 2개 설정하여 관리하는 방식이다.

(5) 재발주(Repeating Order)

① 적정재고유지와 재발주

    ㉠ 상품유형(계속상품, 도입상품, 임시상품, 시험상품, 개발상품, 폐기상품) 중 계획상품에 대해서는 매장 및 재고창고에 언제나 유지해야 될 품목마다의 수량을 정하고 이것을 보충해나가는 형식으로 발주를 한다.

    ㉡ 계절상품에 대해서는 그 계절 동안에만 재고유지를 하므로, 발주는 언제나 재발주의 성격을 띠게 된다.

    ㉢ 계속상품의 발주는 재발주의 성격을 띠므로 대상이 되는 상품 그 자체는 이미 결정되어 있다.

    ㉣ 상품번호와 상품명을 해당 매입처에 전하기만 하면 매입처 측에서는 그 상품이 무엇인가를 알게 된다.

    ㉤ 재발주할 때마다 발주서를 통하여 매입처에 전달하는 내용은 주로 수량, 납기 등 사소한 사항에만 한정되며, 가격·포장·사용하는 운송수단·대금지불·지불기간 및 방법 등에 대해서는 이미 작성되어 있다.

    ㉥ 계속상품의 재발주는 매장에 상품이 남아 있는 상황과 회전상황 및 재고창고의 보유상황을 파악하고 있는 매장담당자 또는 재고관리담당자에게 맡기는 것이 보다 훨씬 더 합리적이며 능률적이다.

    ㉦ 계속상품의 재발주에 있어서는 매장 및 재고창고에 유지해야 될 적정재고량의 결정이 가장 중요한 문제가 된다.

적정재고량을 결정하는 근본적인 요인

구 분	내 용
고객수요량	고객 수요는 각 상품의 기별·월별 판매예측치로 표시되고, 소매상은 이에 따라 매출액 예산을 책정하여 이와 균형이 잡힌 재고액 예산을 기별·월별로 작성한다.
상품투하자금	재고증가는 상품투하자금 또는 재고투자액의 수요가 증가하여 자본효율이 저하되게 된다. 상품회전율 또는 재고자산회전율은 매출액과의 관계에서 재고투자의 효율을 건전한 상태로 유지시키는 지표가 된다.
재고비용의 경제성	재고비용이 극소화하도록 구매수량을 결정하는 것이 경제적 발주량 결정이다.

② 재발주시 유의사항

    ㉠ 매입조건의 검토 : 구매조건은 자재·인건비·기타 경비상승, 납품가격의 인상, 수요탄력에 따른 판매증감 등을 면밀하게 검토해야 한다.

    ㉡ 수익성의 체크 : 수익성의 검토에서 다음과 같은 등식에 의해 총매출이익률이 낮아지면 판매가격을 수정할 수도 있다.

$$\text{총매출이익률} = \frac{(\text{판매가격} - \text{구매가격})}{\text{판매가격}}$$

    ㉢ 매입처 절충의 기술(매입처와의 우호유지 등) : 구매선 절충기술에서는 계속상품이 아닌 신규상품이나 구매선 쪽에서 상품부족, 가격상승, 원자재변경, 계속 취급불능의 경우 고도의 절충기술이 필요하게 된다. 이를 위해서는 희망구매량, 종전 가격수준, 동일소재와 품질 등을 기준으로 하여 공급받을 수 있도록 지불을 현금화한다든지, 반품을 억제한다든지, 풍부한 대체품을 적극 개발하여 판매한다든지 하여 구매선과의 우호적 관계를 유지해야 한다.

    ㉣ 발주 후의 플로업 : 발주 후에는 주문량, 주문기간, 주문품질이 정확히 납품될 수 있도록 계속적인 체크가 필요하다.

07 상품수명주기별 상품관리전략 기출 21·16·14·13·12·11·10·08

(1) 도입기(Introduction stage)

① 도입기의 상품관리

    ㉠ 상품을 개발하고 도입하여 판매를 시작하는 단계로 수요량이 적고 가격탄력성도 적다.

    ㉡ 경기변동에 대하여 민감하지 않으며 조업도가 낮아 적자를 내는 일이 많은 단계이다.

    ㉢ 아직까지 상품에 대한 인지도가 낮으므로 소비자들에게 상품을 알려서 인지도를 높이는 것이 우선이다. 그러므로 기업이미지 광고보다는 그 상품이 얼마나 좋은 것인가를 알리기 위한 광고를 할 필요가 있다. ★

② 도입기의 상품관리전략(마케팅믹스)

    ㉠ 제품(Product) : 소비자들의 니즈(needs)를 충족시켜 주는 기초적인 수준에서 상품을 제공하게 된다.

    ㉡ 유통(Place) : 유통망의 경우에는 신제품에 대한 성공 여부를 확정지을 수가 없으며, 주목적인 혁신적인 소비자도 적으므로 소수의 중간상들에게만 상품을 공급하는 **선택적 유통전략을 채택하는 경향**이 있다. 수요의 불확실성으로 자사 제품을 취급하려는 중간상을 찾는데 어려움이 있을 경우에는 전속적 유통전략을 이용하기도 한다.

    ㉢ 가격(Price) : 상품이 소비자들의 니즈를 타 제품으로부터 대체 가능한 신제품일 경우 대체하는 상품가격을 비교대상으로 하여 가격설정이 가능하다. 또한 가격결정은 상품의 제조가격에 각종 부대비용을 더하는 원가가산가격결정방식을 취하게 된다.

ⓔ 촉진(Promotion) : 촉진은 개개의 상표에 관한 촉진보다는 상품의 유형에 대한 정보 등을 소비자들에게 신속하게 제공해서 소비자들의 상품에 대한 기본적 수요를 넓히는 데 있다. 더불어 소비자들이 신제품을 사용해볼 수 있는 기회를 확대하는 여러 가지의 판촉수단을 활용해야 한다. ★

> **캐즘(chasm)**
> 혁신적인 신제품이 주류시장(majority)의 소비자들에게 선택받지 못하고 실패하는 현상을 의미한다. 즉 첨단기술이나 어떤 상품이 개발되면 초기시장과 주류시장으로 진입하기까지의 사이에는 일시적으로 수요가 정체되거나 후퇴하는 단절현상을 거치게 된다는 것을 뜻한다. 특히 첨단기술 제품의 경우 혁신성을 중시하는 소비자(early adopter)가 주도하는 초기시장과 실용성을 중시하는 일반 소비자가 주도하는 주류시장으로 진입하기 전까지의 기간 동안에 일시적으로 수요가 정체되기 때문이다.

(2) 성장기(Growth stage) 기출 18 · 17 · 16 · 14

① 성장기의 상품관리
　ⓐ 어떤 상품이 도입기를 무사히 넘기고 나면 그 상품의 매출액은 늘어나게 되고 시장도 커지게 된다.
　ⓑ 성장기에는 수요량이 증가하고 가격탄력성도 커지며, 초기설비는 완전히 가동되고 증설이 필요해지기도 하며, 조업도의 상승으로 수익성도 호전한다. ★
　ⓒ 성장기에 가장 조심하여야 할 점은 장사가 잘되면 그만큼 경쟁자의 참여도 늘어나게 된다는 것이다.

② 성장기의 상품관리전략(마케팅믹스)
　ⓐ 제품(Product) : 시장에서의 경쟁이 심해짐에 따라 기업들은 통상적으로 제품에 대한 사후 서비스를 점차적으로 강화하게 된다.
　ⓑ 유통(Place) : 성장기에서는 시장점유율 확대가 목표이므로 집중적(개방적) 유통경로 전략을 선택한다. 즉 자사제품을 취급하는 점포 수(중간상)를 확대하는 유통전략을 취한다. ★
　ⓒ 가격(Price) : 시장점유율 확대를 위해 시장침투가격 전략을 활용하게 된다.
　ⓓ 촉진(Promotion) : 이 시기의 목적은 시장에서 소비자들에게 자사의 상품 인지도를 높이는 데 있다.

(3) 성숙기(Maturity stage) 기출 20 · 18 · 17 · 16 · 13 · 12

① 성숙기의 상품관리
　ⓐ 성숙기에는 대량생산이 본 궤도에 오르고 원가가 크게 내림에 따라 상품단위별 이익은 정상에 달하지만, 경쟁자나 모방상품이 많이 나타난다.
　ⓑ 치열한 시장경쟁에 대응하기 위해서 다양한 상표 및 모델의 제품 등을 개발해야 하므로 품목의 다양성이 가장 높은 시기이다. ★
　ⓒ 대다수의 잠재적 구매자에 의해 상품이 수용되어 판매성장이 둔화되는 기간이다.

출제지문 돋보기 OX

01 　　　　　　　[19-1]
상품수명주기이론의 성장기 단계에서는 시장수요가 증가함에 따라 시장 커버리지를 확대하고 이용 가능성을 높이기 위해 개방경로 정책을 수립해야 하며, 성숙기 단계에서는 판매가 안정되고 경쟁이 심화되기 때문에 새로운 시장을 찾거나, 그 상품에 대한 새로운 용도를 개발하거나 사용빈도를 제고하기 위한 다양한 노력을 기울여야 한다. (　　)

02 　　　　　　　[17-2]
성장기에는 브랜드를 강화하고 집약적 유통으로 확대한다. (　　)

정답 1. ○ 2. ○

ㄹ 성숙기 때의 이익은 최고수준에 이르지만, 이후부터는 경쟁에 대응하여 상품의 지위를 유지하기 위한 비용이 늘어나 이익은 감소하기 시작한다.

ㅁ 성숙기는 도입기나 성장기보다 상당히 오랜 기간 동안 계속되고, 많은 제품들이 이 시점에 속하게 된다.

② 성숙기의 상품관리전략(마케팅믹스)

ㄱ 제품(Product) : 심한 경쟁에 대응하기 위해 기존 제품의 품질·특성을 수정하여 새로운 소비자를 찾거나 기존 소비자를 위한 제품의 새로운 용도를 개발하는 시기이다. ★

ㄴ 유통(Place) : 경쟁자들로부터 시장점유율을 방어하기 위한 기본적인 유통목표는 유통집약도를 지속적으로 강화 및 유지하는 것이다. ★

ㄷ 가격(Price) : 상품에 대한 제조기술이 표준화되기 때문에 통상적으로 가격경쟁이 경쟁의 형태가 되며, 일반적으로 다른 수명주기보다 제품가격을 낮게 한다.

ㄹ 촉진(Promotion) : 타사의 상품 사용자에 대한 상표 전환을 유도하기 위해 적극적인 판촉을 시행하게 된다. 더불어 타사 상표 상품과 자사 상표 상품의 차이 및 장점을 강조하게 된다.

(4) 쇠퇴기(Decline stage) 기출 12

① 쇠퇴기의 상품관리

ㄱ 어떤 상품이 시장에서 쇠퇴하게 되는 이유는 기술발달로 인하여 대체품이 나오거나 소비자의 기호변화 등으로 그 상품에 대한 소비자의 욕구가 사라지기 때문이다.

ㄴ 수요가 경기변동에 관계없이 감퇴하는 경향이 나타나 광고를 비롯한 여러 촉진관리도 거의 효과가 없으며, 시장점유율은 급속히 떨어지고 손해를 보는 일이 많아진다.

ㄷ 쇠퇴기에는 불량 중간상과의 거래를 중단함으로써 자사제품을 취급하는 중간상의 수를 줄여나간다.

② 쇠퇴기의 상품관리전략(마케팅믹스)

ㄱ 철수전략 : 자사의 시장점유율, 원가, 가격, 철수장벽이 어느 정도인지를 분석 및 점검해서 짧은 시간 내 해당 시장에서 최대한의 이익을 확보한 후에 철수하게 된다.

ㄴ 잔존(수확)전략 : 판매량이 일정기간 유지되는 경우, 제반비용을 최소한도로 축소시켜 단기 이익을 극대화한다. ★

상품수명주기별 관리전략 기출 17·16·13

구 분	도입기	성장기	성숙기	쇠퇴기
마케팅 목표	제품인지도상승 판매증대	시장점유율 확대	경쟁우위	단기수익 극대화
가격정책	시장침투가격 (초기고가)	시장침투가격 (저가격)	경쟁대응가격	가격할인
유통정책	부분적 유통	집중적 유통	집중적 유통	선택적 유통
촉진정책	경험(체험) 프로모션	가치프로모션	가격프로모션	최소한 유지

4 가격관리전략

01 가격관리의 개요

(1) 가격의 의의 및 중요성

① 재화의 가치를 화폐단위로 표시한 것으로, 가격의 개념은 교환을 떠나서는 존재할 수가 없다. 가격은 상품 1단위를 구입할 때 지불하는 화폐의 수량으로 표시하지만, 넓은 뜻의 가격은 상품 간의 교환비율을 뜻한다. 화폐단위로 표시되는 일반적인 뜻의 가격을 절대가격, 상품 간의 교환비율을 나타내는 넓은 뜻의 가격을 상대가격이라 한다.

② 가격은 시장에서 구입할 수 있는 통상적인 좁은 뜻의 상품에 대해서만 존재하는 것이 아니다. 임금 또는 이자에 의한 보수를 받고 고용·임대되는 노동이나 자본과 같은 넓은 뜻의 상품에 대해서도 존재한다. 즉, 임금과 이자는 각각 노동과 자본의 가격이다.

③ 사회의 법률, 관습, 제도 등에 의해 소유와 교환이 허용되는 모든 것에 대하여 가격은 존재하며, 상품 간에 일어나는 교환은 그 가격에 따라 특정한 비율로 이루어진다.

④ 마케팅믹스의 4가지 요소 중에서 제품(Product), 유통(Place), 촉진(Promotion) 등의 구성요소들은 비용을 발생시키는 반면에, 가격(Price)은 가장 유연성이 높으며 이들 요소 중에서 유일하게 수익을 발생시키는 요소이다.

⑤ 심리적 측면에서 보면 소비자들은 가격을 전통적인 교환비율보다는 품질의 지표로 이용할 수도 있으므로, 기업은 가격에 대한 소비자의 심리적 반응을 고려해야 한다.

(2) 가격결정에 대한 영향 요인

① 내부요인

　㉠ 마케팅 목표 : 기업 조직이 제품에 대한 가격을 결정하기 이전에 표적시장 및 특정한 고객집단을 명확하게 알고 있어야 한다.

　㉡ 마케팅믹스 전략 : 가격은 마케팅믹스의 한 요소로서 기업이 선택한 가격정책이 달성되기 위해서는 가격에 적합한 제품을 설계하고, 그에 따른 유통경로를 확보하며, 적합한 촉진활동 등을 고려하여 마케팅믹스 전략을 결정해야만 한다.

　㉢ 원가(Cost) : 기업의 제품을 생산하기 위해 투입된 생산비뿐만 아니라 유통, 판촉비용 모두를 포함한 것으로 가격의 최하한선을 의미한다.

② 외부요인

　㉠ 시장과 수요 : 가격의 하한선은 비용에 의해 결정되지만 가격의 상한선은 시장과 수요에 의해 결정된다. 소비자들은 시장가격 수준의 제품을 구입하고, 이후 시장이 지니고 있는 성격과 가격에 따른 소비자의 태도에 따라 가격은 영향을 받게 된다.

　㉡ 경쟁자 : 경쟁제품의 가격수준과 경쟁사의 가격정책을 바라보는 소비자들의 반응을 조사함으로써 자사제품의 가격을 결정하는 데 도움을 준다.

　㉢ 기타 환경요인 : 기업 활동에 대한 정부의 규제 및 인플레이션, 이자율도 가격결정에 영향을 미친다.

02 가격산정 방법 _{기출} 21 · 20 · 19 · 18 · 16 · 14 · 13 · 11 · 10 · 09

(1) 원가기반 가격결정법(Cost-based Pricing)

원가가산법, 목표이익가격결정법, 손익분기 가격결정법 등이 있다.

① **원가가산식 가격결정법**(Cost-Plus Pricing or Markup Pricing) : 제품의 한 단위당 판매비용을 충당하고도 적정이익을 남길 수 있는 수준의 가산이익률을 적용하여 가격을 산정하는 방법을 의미한다. 즉 총비용에 남기고 싶은 마진율을 적용하는 방법이다. ★

$$적정가격 = 제품단위원가 + 표준이익 = \frac{단위원가}{1 - 희망이익률}$$

$$※ \ 희망이익률 = (순매출액 - 매출원가)/순매출액$$

② **목표이익률식 가격결정법**(Target Return Pricing) : 예측된 표준생산량을 전제로 한 총원가에 대하여 목표수익률을 실현시켜 줄 수 있도록 가격을 결정하는 방법이다. 일정 수익률을 확보하는 것이 중요한 자본집약적 산업이나 공공사업 등에서 주로 활용된다. ★

$$적정가격 = \frac{투자액 \times 목표수익률}{예상판매량} + 제품단위원가$$

③ **손익분기점 분석식 가격결정법**(Break-Even Analysis Pricing) : 손익분기점을 계산하여 이를 넘어서는 수준으로 가격을 결정하는 방식이다.

$$손익분기점 \ 판매량 = \frac{고정비}{판매단가 - 단위당 변동비} = \frac{고정비}{단위당 공헌이익}$$

$$손익분기점 \ 매출액 = 손익분기점 \ 판매량 \times 판매단가$$

(2) 가치기반 가격결정법(Value-based pricing)

판매자의 원가보다는 소비자 가치의 지각에 중점을 두고 가격을 책정하는 방식이다. 고객의 제품가치 지각은 가격의 상한선을 결정하며 만약, 제품의 가격이 고객이 평가하는 제품가치보다 더욱 높게 책정되면 해당 제품은 구매가 이루어지지 않을 것이다. 가치기반 가격산정법에는 **수요자중심 가격결정, 경쟁중심 가격결정** 방식 등을 들 수 있으며, 이는 적정수준의 가격에서 좋은 품질과 서비스를 잘 결합시켜 제공하는 것이다.

① **수요중심 가격결정법** : 소비자의 수요 강도를 기준으로 하여 가격을 결정하는 방법이다. 품질 수준이 비슷한 티셔츠 중에서 어느 특정 브랜드는 몇 배 이상의 비싼 가격을 책정함에도 불구하고 성공적으로 판매되는 경우가 있는데, 이와 같은 가격결정 방법을 말한다. 이는 소비자의 가격탄력성에 영향을 미치는 '편익/가격 효과'를 주로 활용한 사례라 할 수 있다.

② **경쟁점기준 가격결정법** : 주변 경쟁점들이 정하는 가격이 가격결정의 기준이 되는 것으로 경쟁대응가격결정법, 경쟁수준 이상·이하의 가격결정법 등이 있다. 선도 소매점의 가격을 기준으로 자기점포의 상품가격을 결정하는 후발업체, 중소형 점포 등이 주로 활용한다. ★

③ 우수가치 상응 가격결정법(Good-value pricing) : 대표적인 가치기반 가격결정법으로 좋은 품질과 서비스를 잘 결합하여 적정가격에 제공하는 것을 말한다. 많은 경우 이러한 가격결정은 시장기반이 확립된 유명브랜드 제품들이 상대적으로 저렴한 제품들을 시장에 새로이 도입할 때 사용된다. 또 다른 경우로는 기존 가격에서 더 나은 품질을 제공하거나 더 저렴한 가격으로 동일한 품질을 제공하도록 기존 브랜드를 재설계할 때이다.

03 가격설정 정책(전략)

(1) 가격정책전략의 의의 `기출` 17 · 16 · 13 · 12 · 11 · 10 · 09 · 08

① 기업이 존속·발전하기 위해서는 반드시 그 기업이 취급하거나 생산하는 상품을 판매하여 이윤을 얻어야 한다. 그러므로 기업은 이윤을 얻을 수 있는 범위 안에서 적당한 가격을 선택하여야 한다. 이 선택을 어떻게 할 것인지가 기업의 가격정책이다.

② 특히 신제품을 개발한 경우나 생산·수요의 조건이 크게 변동한 경우에는 여기에 적응하기 위한 가격결정, 곧 가격전략이 필요하다.

③ 기업의 가격정책은 제품의 한계이윤율과 제품의 품질·서비스·광고·촉진관리·원재료의 구입에도 영향을 끼치는 것으로 중요한 의미를 갖는다.

(2) 가격정책의 형태(생산과 수요의 조건에 따라)

① 저가격정책 : 수요의 가격탄력성이 크고, 대량생산으로 인해 생산비용이 절감될 수 있는 경우에 유리하다.

② 고가격정책 : 수요의 가격탄력성이 작고, 소량 다품종생산인 경우에 유리하다.

③ 할인가격정책 : 특정 상품에 대하여 제조원가보다 낮은 가격을 매겨 '싸다'는 인상을 고객에게 주어 구매동기를 자극하고, 제품라인의 총매출액의 증대를 꾀하는 일이다.

(3) 가격정책의 유형 `기출` 21 · 19 · 16

① 단일가격정책 : 동일량의 제품을 동일한 조건으로 구매하는 모든 고객에게 동일한 가격으로 판매하는 가격정책이다.

② 탄력가격정책 : 고객에 따라 동종·동량의 제품을 상이한 가격으로 판매하는 가격정책이다.

③ 단일제품가격정책 : 품목별로 각각 검토하여 가격을 결정하는 정책을 말한다.

④ 계열가격정책 : 한 기업의 제품이 단일품목이 아닌 많은 제품계열을 포함하는 경우 규격·품질·기능·스타일 등이 다른 각 제품계열마다 가격을 결정하는 정책이다.

⑤ 상층흡수가격정책 : 신제품을 시장에 도입하는 초기에 고가격을 설정함으로써 가격에 대하여 민감한 반응을 보이지 않는 고소득자층을 흡수한 후 연속적으로 가격을 인하시켜 저소득계층에게도 침투하려는 가격정책을 의미한다. ★

⑥ 침투가격정책(Penetration Pricing) : 수요가 가격에 대하여 민감한 가격탄력성이 높은 신제품을 도입하는 초기에 저가격을 설정하여 신속하게 시장에 침투하고 시장을 확보하려는 가격정책으로 장기적인 이익을 올리는 것을 목표로 한다(선저가·후고가 전략). ★

⑦ 생산지점가격정책 : 판매자가 모든 구매자에게 균일한 공장도가격을 적용하는 정책이다.

⑧ 인도지점가격정책 : 공장도가격에 계산상의 운임을 가산한 금액을 판매가격으로 한다.

⑨ 재판매가격유지정책 : 생산자가 소매상이 판매하는 소매가격을 통제하는 것을 말한다. 즉 제조업자가 도매상 및 소매상과의 계약에 의하여 자사 제품의 도·소매가격을 사전에 설정해 놓고 이 가격으로 자사제품을 판매하게 하는 전략으로 자사제품이 도·소매상의 손실유인상품(Loss Leader)으로 이용되는 것을 방지하여, 가격안정과 명성을 유지하기 위해 유통업계와 계약을 통해 일정 가격으로 거래되도록 하는 것을 말한다. ★

⑩ 오픈프라이스정책 : 판매가격에 대한 결정이 제조업자가 아닌 유통업자에 의해 결정되며, 결정된 가격을 상품에 표시하는 것을 의미한다. 따라서 상품유통경로상 유통업자가 실질적인 파워를 행사할 수 있을 때 실현가능하다. 오픈프라이스 제도 하에서는 동일한 상품이더라도 판매점포마다 서로 다른 가격으로 판매될 수 있는데, 대표적으로 과자, 라면, 아이스크림 등과 같은 편의품이 이에 해당한다. 제조업체들의 가격거품을 바로잡음으로써 전반적으로 상품의 가격을 낮출 수 있다.

(4) 제품믹스 가격결정전략 `기출` 21 · 20 · 19 · 18 · 17 · 16 · 15

① 제품계열별 가격결정법(Price Lining) : 특정 제품계열 내 제품 간 원가차이·디자인 등 상이한 특성에 대한 소비자들의 평가정도 및 경쟁사 제품 가격을 기초로 하여 여러 제품 간에 가격단계를 설정하는 방법이다. ★

② 선택제품 가격결정법 : 주력제품과 함께 판매하는 선택제품이나 액세서리에 대한 가격을 결정하는 방법이다.

③ 종속제품(노획) 가격결정법(Captive Pricing) : 주요 제품과 함께 사용해야 하는 종속제품에 대한 가격을 결정하는 방법이다. 주 제품에 대한 생산업체는 종종 주제품의 가격을 낮게 정하고, 종속제품은 높은 마진을 보장하게 하는 가격책정전략을 활용한다. 대표적인 예로서 '질레트 면도기'의 경우 면도기는 낮은 가격으로 판매하고, 대체용 면도날 카트리지의 판매에서 큰 이익을 본다. ★

④ 이분 가격결정법(Two-part Pricing) : 서비스 가격을 기본 서비스에 대해 고정된 요금과 여러 가지 다양한 서비스의 사용 정도에 따라 추가적으로 서비스 가격을 결정하는 방법으로 2부제 가격 또는 이중요율이라고도 한다. 대표적인 예로 전기, 전화(기본요금 + 사용요금), 수도 등 공공요금 및 택시요금, 놀이공원(입장료 + 시설이용료) 등이 있다. ★

⑤ 부산가치 가격결정법 : 경쟁사의 가격에 맞추어 가격인하를 하기보다는 부가적인 특성과 서비스 추가로 차별화함으로써 더 비싼 가격을 정당화하는 전략이다. ★

⑥ 제품묶음 가격결정법(Price Bundling) : 몇 개의 제품을 묶어서 가격을 인하해 결합된 제품을 제공하는 방법으로 묶음판매를 하는 주요한 이유는 **가격차별화를 통한 이익의 증대**를 가져오기 위함에 있다. 묶음가격은 개별 제품에 대해서 단독으로는 판매되지 않는 **순수묶음제**와 개별 제품에 대한 단독 판매와 묶음판매 모두 가능한 **혼합묶음제**로 분류할 수 있다. 이 방법은 주로 규모의 경제효과나 범위의 경제효과가 있을 때 사용한다. 대표적인 예로 식료품의 묶음, 휴가상품 패키지, 패스트푸드점의 세트메뉴, 프로야구 시즌티켓판매 등을 들 수 있다. ★★

⑦ **비선형 가격결정법** : 제품의 단가가 고객이 구입하는 양에 따라 달라지는 가격체계로, 소비자에게 대량구매에 따른 할인을 기대하도록 하여 구매량을 증가시키고자 하는 것이다. ★

⑧ **스키밍 가격결정법(Market-Skimming Pricing)** : 초기에 고가정책을 취함으로써 높은 가격을 지불할 의사를 가진 소비자로부터 큰 이익을 흡수한 뒤 제품 시장의 확장에 따라 가격을 조정하는 방식이다. 고가전략으로 초기 투자비용을 회수한 뒤 경쟁기업이 진입했을 때 가격할인 경쟁으로 시장점유율을 유지하는 전략이다. ★

⑨ **경합 가격결정법** : 경쟁 점포가 더 싼 가격으로 판매하면 그 차이 혹은 그 이상을 보상해 준다는 가격전략이다.

⑩ **유인 가격결정법(손실유도 가격결정, Loss-leader Pricing)** : 일부 제품을 원가 이하나 매우 저렴한 가격으로 판매함으로써 고객의 수를 증가시킨 후, 다른 제품은 정상가격에 구입하도록 유인하는 일종의 미끼전략을 말한다. ★★

(5) 심리적 가격결정전략 기출 21·20·19·18·17·16·15

① **단수가격(Odd Pricing)**
  ㉠ 시장에서 경쟁이 치열할 때 소비자들에게 심리적으로 값싸다는 느낌을 주어 판매량을 늘리려는 가격결정방법이다. ★
  ㉡ 제품의 가격을 100원, 1,000원 등과 같이 현 화폐단위에 맞게 책정하는 것이 아니라, 그보다 조금 낮은 95원, 970원, 990원 등과 같이 단수로 책정하는 방식이다.
  ㉢ 단수가격의 설정목적은 소비자의 입장에서는 가격이 상당히 낮은 것으로 느낄 수 있고, 정확한 계산에 의해 가격이 책정되었다는 느낌을 줄 수 있다.

② **관습가격(Customary Pricing)**
  ㉠ 일용품처럼 장기간에 걸친 소비자 수요로 인해 관습적으로 형성되는 가격이다.
  ㉡ 소매점에서 포장 과자류 등을 판매할 때, 생산원가가 변동되었다고 하더라도 품질이나 수량을 가감하여 종전가격을 그대로 유지하는 것을 의미한다.

③ **명성가격(Prestige Pricing)**
  ㉠ 자신의 명성이나 위신을 나타내는 제품의 경우에 일시적으로 가격이 높아짐에 따라 수요가 증가 되는 경향을 보이기도 하는데, 이를 이용하여 고가격으로 가격을 설정하는 방법이다.
  ㉡ 제품의 가격과 품질의 상관관계가 높게 느껴지는 제품의 경우에는 고가격을 유지하는 경우가 많다.

④ **준거가격, 유보가격, 최저수용가격**

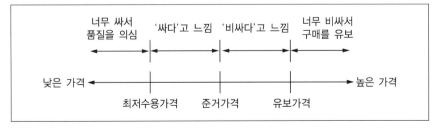

개념 Plus

가격책정의 유형
• 경쟁입찰에 따른 가격결정 : 2개 이상의 기업들이 각각 독자적으로 특정 제품이나 서비스, 프로젝트 등에 대한 가격을 제시하는 방법
• 시장가격에 따른 가격결정 : 기업의 비용구조나 수요보다는 경쟁제품의 가격을 중심으로 다소 높게 또는 낮게 가격을 책정하는 방법
• 비용가산에 따른 가격결정 : 사전에 결정된 목표이익에 총비용을 가산하여 가격을 결정하는 방법
• 이윤중심적 가격결정 : 여러 가지 형태의 이윤목표를 달성할 수 있도록 제품가격을 책정하는 방법

출제지문 돋보기 OX

01   [13-1]
비선형 가격설정은 일반적으로 대량구매자가 소량구매자에 비해 가격탄력적이라는 사실에 기반하여 소비자에게 대량구매에 따른 할인을 기대하도록 하여 구매량을 증가시키고자 하는 것이다. ( )

02   [16-2]
"최근 H백화점은 고객유인을 목적으로 유명 브랜드 A상품에 대한 대폭적인 가격인하를 단행하여 다른 상품들의 판매증진을 도모하고자 하였다." 이 사례에서 H백화점이 A상품에 수행한 가격결정방식은 노획가격결정(captive pricing)이다. ( )

03   [20-추가]
다중가격 결정은 가격이 가능한 최하의 선에서 결정되었다는 인상을 구매자에게 주기 위하여 고의로 단수를 붙여 가격을 결정하는 방법으로 예를 들면 "100만원대"라고 광고한 컴퓨터를 199만원에 판매하는 가격정책이다. ( )

정답 1. ○ 2. × 3. ×

⊙ 준거가격(Reference Price) : 구매자가 가격이 저가인지 고가인지를 판단하는 데 기준으로 삼는 가격을 말한다. 구매자는 준거가격이 실제 판매가 보다 높을수록 구매 의사가 높아지고 반대인 경우 비싸다고 인식해 구매 행동을 자제한다.

⊙ 유보가격(Reservation Price) : 구매자가 어떠한 제품에 대해서 지불할 용의가 있는 최고가격을 말한다.

⊙ 최저수용가격(Lowest Acceptable Price) : 구매자들이 품질을 의심하지 않고 구매할 수 있는 가장 낮은 가격을 말한다.

(6) 머천다이징 실무가격운영 기출 21·20·19·18·17·16·15

① EDLP(Every-Day Low Pricing)전략

⊙ 보통 대형마트나 할인점에서 채택하고 있는 저가격전략으로 수익성 향상보다는 시장점유율 향상에 초점을 두는 전략비용기반의 가격결정에 해당한다.

⊙ EDLP 전략은 효율적인 물류시스템의 구축, 규모의 경제, 경영 개선 등을 통한 저비용의 결과물로서, 매출확대와 재고회전율을 높이는 것이 무엇보다 중요하다.

⊙ EDLP 전략은 HLP전략 상품에 비해 **광고비를 줄일 수 있으며**, 높은 상품(재고)회전율, 즉 판매수량의 확대를 통해 **상품 단위당 저마진을 극복**한다. 또한 HLP전략에 비해 EDLP전략은 개별상품에 대한 **가격경쟁의 압박을 감소**시킬 수 있고, **품절의 감소 및 재고관리 개선** 등의 효과를 갖는다. ★★

⊙ EDLP 전략은 가치기반 가격결정의 좋은 예이다.

② HLP(High-Low Pricing)전략

⊙ 촉진용 상품을 대량 구매해 일부는 세일용으로 판매하여 저가격 이미지를 구축하고, 일부는 정상가격으로 판매해 높은 이윤을 달성하고자 하는 전략이다. 평상시에는 고가격을 책정하다가 필요한 시기에 가격을 할인해 판매하는 것으로, 동일한 상품을 여러 계층에 판매할 수 있으며 품질과 서비스는 가격에 상관없이 일정하다. ★

⊙ 한편 EDLP 전략에 비해 HLP전략은 고객의 가격민감도에 대한 반응차이를 고려한 가격차별화 전략의 실행을 통해 수익을 증대할 수 있고, 다양한 고객층을 표적으로 할 수 있다. 즉, 가격에 민감한 고객을 유인할 수도 있고 지불능력이 많은 고객에게는 상대적으로 높은 가격에 판매할 수 있다. ★

⊙ 보통 EDLP 전략보다 높은 가격전략을 추구하고, 가격세일행사를 빈번하게 하기 때문에 수요의 변동이 크며, EDLP 전략보다 상품의 재고관리가 복잡하다. 또한 EDLP 보다 경쟁자와의 가격 전쟁에 대한 압박이 높고, 백화점들이 주로 쓰는 가격전략으로 한정된 할인 품목을 구매하러 오게 하는 유인책이 된다. ★

③ COP(Consumer-Oriented Pricing)전략 : 동일한 제품의 가격을 단골고객에게는 저가에 판매하고, 일반고객에게는 비싸게 파는 방식을 말한다. 예를 들어, 소매점에 가서 제품을 보았더니 가격표가 2개 있는데, 파란색에는 9,000원이라고 적혀있고, 빨간색에는 10,000원이라고 적혀있다. 이때, 파란색은 그 소매점포의 고객카드를 가지고 있는 사람만이 살 수 있고, 빨간색은 아무나 살 수 있다. 다시 말해서, 단골고객카드를 가지고 오는 고객은 계산 시에 일반고객보다 저렴한 가격을 제공받게 된다.

(7) 지리적 가격조정

① **공장인도가격** : 원산지 규정에서 역내 부가가치기준 유형의 하나로, 제품이 생산된 현지 공장에서 지불되는 가격을 말한다.

② **균일운송가격** : 지역에 상관없이 모든 고객에게 운임을 포함한 동일한 가격을 부과하는 가격정책으로, 운송비가 가격에서 차지하는 비율이 낮은 경우에 용이한 가격관리 방법이다.

③ **구역가격** : 하나의 전체 시장을 몇몇의 지대로 구분하고, 각각의 지대에서는 소비자들에게 동일한 수송비를 부과하는 방법이다.

④ **기점가격** : 공급자가 특정한 도시나 지역을 하나의 기준점으로 하여 제품이 운송되는 지역과 상관없이 모든 고객에게 동일한 운송비를 부과하는 방법을 말한다.

⑤ **운송비 흡수가격** : 특정한 지역과 고객을 대상으로 공급업자가 운송비를 흡수하는 방법이다.

(8) 가격변경전략 `기출` 19 · 18 · 12

① **고가격(High-Cost) 전략**
  - ㉠ 비용 인플레이션으로 원가가 인상된 경우
  - ㉡ 초과수요가 있는 경우
  - ㉢ 경쟁우위를 확보하고 있을 경우★
  - ㉣ 이익증대가 목표인 경우★

② **저가격(Low-Cost) 전략**
  - ㉠ 과잉시설이 있고 경제가 불황인 경우
  - ㉡ 격심한 가격경쟁에 직면하여 시장점유율이 저하되는 경우★
  - ㉢ 저원가의 실현으로 시장을 지배하고자 하는 경우
  - ㉣ 소비자의 수요를 자극하고자 할 경우
  - ㉤ 시장수요의 가격탄력성이 높을 경우★

(9) 가격조정전략 : 할인(Discount)과 공제(Allowance) `기출` 19 · 16 · 15 · 10

① **현금할인** : 제품에 대한 대금결제를 신용이나 할부가 아닌 현금으로 할 경우에 일정액을 차감해주는 것을 말한다.

② **수량할인** : 제품을 대량으로 구입할 경우에 제품의 가격을 낮추어주는 것을 말한다.

③ **기능할인** : 유통의 기능을 생산자 대신에 수행해주는 중간상, 즉 유통업체에 대한 보상 성격의 할인을 의미한다.

④ **계절할인** : 제품판매에서 계절성을 타는 경우에 비수기에 제품을 구입하는 소비자에게 할인혜택을 주는 것이다. 여행사의 경우, 소비자들을 대상으로 성수기와 비성수기의 요금을 차별적으로 정한 것도 계절할인의 한 예이다.

⑤ **거래할인** : 일반적으로 제조업자가 해야 할 업무의 일부를 중간상인이 하는 경우 이에 대한 보상으로 경비의 일부를 제조업자가 부담해주는 것이다.★

⑥ **촉진공제** : 중간상이 생산자 대신에 제품에 대해 지역광고 및 판촉활동을 대신 해줄 경우 이에 대해서 보상차원으로 제품가격에서 일부를 공제해주는 것을 말한다.★

01 촉진관리전략의 개요 기출 21 · 17 · 09 · 08

(1) 촉진관리의 개념

① 마케팅전략의 핵심은 상품, 가격, 유통, 촉진이다. 여기서 촉진이란 고객에게 자사 상품을 알려서 사고 싶은 욕구가 생기도록 만들어 판매로 연결되게 하는 활동이다.

② 상품을 판매하기 위해서는 여러 가지 방법으로 소비자의 구매의욕을 높이는 활동을 하여야 하는데, 이를 촉진이라 하며 그 방법으로는 광고, 홍보(PR), 판매촉진, 인적판매 등이 있다.

③ 광의로는 상품, 가격, 유통전략을 세우는 것도 촉진이라고 할 수 있다.

(2) 촉진관리의 기능

① **정보의 전달기능** : 기업이 수행하는 촉진활동의 주요 목적은 정보를 널리 유포하는 것으로 이러한 촉진활동은 커뮤니케이션의 기본적인 원리에 따라 이루어진다. 주로 신상품을 소개할 때 가장 많이 사용된다.

② **설득의 기능** : 촉진활동은 소비자가 그들의 행동이나 생각을 바꾸도록 하거나 현재의 행동을 더욱 강화하도록 설득하는 기능도 하는데, 대부분의 촉진은 설득을 목적으로 한다.

③ **상기의 기능** : 상기 목적의 촉진은 자사의 상표에 대한 소비자의 기억을 되살려 소비자의 마음 속에 유지시키기 위한 것이다.

(3) 촉진관리의 구성요소

촉진믹스(Promotion Mix)는 효율적인 촉진관리전략의 실행을 위한 도구로서 다음과 같이 4가지로 나누어진다.

① **광고활동(Advertising)** : 특정한 광고주가 기업의 제품 및 서비스 등에 대한 대가를 지불하게 되면서 비인적 매체를 통해 제시하고 촉진하는 것을 말한다. 소비자들에 대한 인지도를 구축함에 있어서 많은 영향을 미치는 매체로서 호소할 수는 있으나, 실질적으로 소비자들의 구매행동으로까지 연결시키기에는 그 힘이 너무나 약한 상태이다.

② **인적판매활동(Personal Selling)** : 한 명 또는 그 이상의 잠재소비자들과 직접 만나면서 커뮤니케이션을 통해 판매를 실현하는 방법을 말한다. 비용대비 효과를 반드시 고려해야 하는데 이는 여러 사람에 따라 그러한 효과의 차이가 너무나도 크기 때문이다.

③ **판매촉진활동(Sales Promotion)** : 소비자들에게 기업의 서비스 또는 제품의 판매 및 구매를 촉진시키기 위한 실질적인 수단으로서, 소비자들로 하여금 구매하도록 하는 요소이다.

④ **홍보활동(Public Relations)** : 좋은 기업이미지를 만들고, 비호감적인 소문 및 사건 등을 처리 및 제거함으로써 우호적인 관계를 조성하는 것이다. 많은 비용을 들이지 않고도 활용할 수 있는 매우 효율적인 수단이다.

촉진믹스의 구성요소별 비교 기출 21·20·19·18·13·12

구 분	소구방법	비 용	장 점	단 점
광고활동	감성적	보통	• 자극적 표현 전달 가능 • 장·단기적 효과 • 신속한 메시지 전달	• 정보전달의 양이 제한적 • 고객별 전달정보의 차별화 곤란 • 광고효과의 측정 곤란
홍보활동	감성적	무료	• 신뢰도가 높음 • 촉진효과가 높음	• 통제가 곤란함 • 효과가 간접적
판매촉진 활동	이성적	고가	• 단기적으로 직접적 효과 • 충동구매 유발	• 장기간의 효과 미흡 • 경쟁사의 모방 용이
인적판매 활동	이성적	고가	• 고객별 정보전달의 정확성 • 즉각적인 피드백 • 탄력적인 대응이 가능	• 대중상표에 부적절 • 촉진의 속도가 느림 • 비용 과다 소요

(4) 촉진믹스의 결정 요인 기출 21·20·19·18·17

① 제품·시장의 유형 : 대상제품이 소비재인 경우에 광고 판촉활동이 인적 판매 및 홍보(PR)보다 중요하며, 산업재인 경우에는 타 수단보다도 인적 판매가 중요한 위치를 차지하게 된다.

② 촉진전략의 방향 : 촉진전략은 푸시(Push)전략 및 풀(Pull)전략으로 구분된다. ★★

구 분	내 용
푸시 전략	• 제조업자가 소비자를 향해 제품을 밀어낸다는 의미로 제조업자는 도매상에게, 도매상은 소매상에게, 소매상은 소비자에게 제품을 판매하게 만드는 전략을 말한다. • 중간상들로 하여금 자사의 상품을 취급하도록 하고, 소비자들에게 적극 권유하도록 하는 데 있다. • 푸시전략은 소비자들의 브랜드 애호도가 낮고, 브랜드 선택이 점포 안에서 이루어지며, 동시에 충동구매가 잦은 제품의 경우에 적합한 전략이다.
풀 전략	• 제조업자 쪽으로 당긴다는 의미로 최종소비자를 상대로 적극적인 프로모션 활동을 하여 소비자들이 스스로 제품을 찾게 만들고 중간상들은 소비자가 원하기 때문에 제품을 취급할 수밖에 없게 만드는 전략을 말한다. • 광고와 홍보를 주로 사용하며, 소비자들의 브랜드 애호도가 높고, 점포에 오기 전 브랜드 선택에 대해서 관여도가 높은 상품에 적합한 전략이다.

푸시(Push)전략 및 풀(Pull)전략의 비교

구 분	푸시전략	풀전략
전략대상	중간상(도·소매상)	최종소비자
진행방향	생산자 → 중간상 → 소비자	소비자 → 중간상 → 생산자
촉진방법	가격할인, 수량할인, 인적판매, 협동광고	TV광고, 이벤트, 행사 등
관여도, 충성도	낮음	높음
적용시장	산업재	소비재

③ **제품수명주기** : 제품 도입기에서 제품에 대한 인지도를 높이기 위한 광고 및 PR 활동이 중요하게 작용하며, 성장기에서는 도입의 촉진활동을 유지하면서 경쟁자가 있는 경우에 경품 및 쿠폰의 제공 등 판촉활동이 점차적으로 중요해진다. ★

④ **구매의사결정단계** : 초기에는 해당 제품을 알리고 정보를 제공하는 광고 및 PR이 중요하며, 후반부로 갈수록 구매를 유도하는 판촉 및 인적 판매활동이 주를 이루게 된다.

(5) 촉진관리 과정(커뮤니케이션 과정)

① **표적청중의 확인** : 표적청중들에 따라 메시지의 내용, 매체, 전달시기 등이 달라진다.

② **목표의 설정** : 촉진목표는 통상적으로 정보의 제공, 제품의 차별화, 수요의 자극, 판매안정화인데, 이는 상황에 따라 다양해진다.

③ **메시지의 결정** : 대상과 목표 등이 명확해지면 효과적인 메시지를 작성해야 한다.

④ **매체의 선정** : 자사의 촉진목표에 부합하는 경로를 선택하는 것이다.

⑤ **촉진예산설정** : 매출액비율법, 가용자원법, 목표과업법, 경쟁자기준법 등이 있다.

⑥ **촉진믹스결정** : 촉진믹스 요인의 특징을 파악한 후에 그에 맞는 촉진수단을 선정한다.

⑦ **촉진효과의 측정** : 매출액 측정 방식과 고객의 인지도 측정 방식 등이 있다.

(6) 촉진예산설정 방법 `기출` 17 · 14 · 13 · 12

① **매출액비율법(Percentage of Sales)** : 예상 매출액의 일정 비율 또는 제품 판매액의 일정 비율을 촉진예산으로 책정하는 방법으로 사용이 편리하나 장기적 계획이 어렵다.

② **가용예산법(Affordable Budgeting)** : 기업의 재정이 허락하는 범위 내에서 최대한의 액수를 촉진예산으로 책정하는 방법이다. 이 방법을 사용할 때는 먼저 예산 기간 동안의 고객 커뮤니케이션 비용을 제외한 매출과 비용을 예측한다.

③ **목표-업무법(Objective and Task)** : 목표 달성을 위해 수행되어야 할 활동을 고려하여 촉진예산을 책정하는 방법이다. 매출만이 아닌 커뮤니케이션 효과를 고려하는 가장 과학적인 방법이지만 목표를 달성하는 데 얼마의 비용이 필요한지 판단하기 어렵다.

④ **경쟁자기준법(Competitive Parity)** : 자사의 촉진예산을 경쟁사들의 촉진예산에 맞추는 방법으로 일반적으로 산업평균에 근거하여 촉진예산을 책정하게 된다.

⑤ **손대중법(Rules of Thumb)** : 현재의 촉진예산을 결정하기 위해 과거의 매출과 촉진활동을 활용하는 방법이다.

> **촉진믹스의 개발 시 고려해야 할 요인** `기출` 17 · 16
> • 산업재를 판매하는 기업은 통상 인적 판매에 더 많은 촉진비용을 지출한다.
> • 소비재를 판매하는 기업은 통상 광고, 촉진관리, 인적 판매, PR 순으로 촉진비용을 지출한다.
> • 풀(pull)전략에서 촉진활동을 수행하는 주체는 제조업자, 그 대상은 소비자이고, 푸시(push)전략에서 촉진활동을 수행하는 주체는 제조업자, 그 대상은 유통업자(중간상)이다.
> • 구매자가 인지와 지식단계일 경우 광고가 중요하고, 선호나 확신단계로 가면 인적 판매가 더 중요해진다.

02 광고(Advertising) 기출 21 · 19 · 13 · 12 · 10 · 09

(1) 광고의 개념

① 특정 광고주가 아이디어, 상품 또는 서비스를 촉진하기 위해 유료의 형태로 제시하는 모든 비인적(Nonpersonal) 매체를 통한 판매제시이며, 동시에 기업이나 개인, 단체가 상품·서비스·이념·신조·정책 등을 세상에 알려 소기의 목적을 거두기 위하여 글·그림·음성 등 시청각매체를 도구삼아 이에 투자하는 정보활동을 의미한다.★★

② 광고는 도달범위가 다른 부문보다 넓기 때문에 소매업체의 이미지 형성을 위한 매우 효율적인 커뮤니케이션 방법으로 인적 판매에 비해 노출당 경제성이 뛰어나다는 이점이 있는 반면, 신뢰도가 낮아 설득효과가 떨어지고 광고의 이월효과 등으로 인해 광고의 판매효과를 측정하기 힘들다는 한계가 있다.★

(2) 광고의 장·단점

장 점	단 점
• 짧은 시간 내에 불특정 다수의 고객에게 접근이 가능하다. • 고객 1인당 비용이 비교적 저렴한 편에 속한다. • 접촉의 범위가 넓고 광고효과의 지속성이 높다.	• 광고효과의 측정이 어렵다. • 제공하는 정보의 양이 제한적이다. • 고객별 전달정보의 차별화가 곤란하다. • 광고의 신뢰성이 낮다.

(3) 광고의 특징

① 일반적 광고의 특징

㉠ 유료성 : 광고주가 사용하는 매체에 광고료를 지불한다는 의미이다. 그러나 공익광고와 같은 경우 방송국이나 신문사 등에서 무료로 광고시간·지면을 제공해주는 경우가 있다.

㉡ 비인적 촉진활동 : 판매원이나 그 밖의 제품과 관련된 사람이 제품을 제시하는 것이 아니라 대중매체를 통해 정보를 제시한다는 특징을 가진다.

㉢ 전달대상의 다양성 : 광고를 통해서 상품이나 서비스에 대한 정보만을 제공하는 것이 아니라, 어떤 집단의 이념, 정책, 기업제도 등의 아이디어도 제공할 수 있다.

② 소매점 광고의 특징

㉠ 우선 가게를 알릴 것 : 소매점광고는 메이커나 브랜드에 구애되지 않고 자점(自店)에 고객을 흡수하고 나아가서는 그 고정화를 도모함으로써 가게 전체의 판매를 촉진하는 것이다.

㉡ 관련 상품을 팔 것 : 소매점의 광고는 광고되어 있는 상품의 판매증대뿐만 아니라 그것을 바탕으로 하여 관련 상품의 전체를 파는 것을 계획하고 행해져야 한다.

㉢ 단기적인 직접 효과를 의도하고 행할 것 : 평상시 자기생활에 밀접한 관계를 가지고 있는 근처 소매점이 내는 광고는 일종의 뉴스로서의 의미를 가지며, 광고에서 자기의 일상생활에 도움이 되는 요소를 얻으려고 한다. 따라서 광고는 이러한 뉴스로서의 관심을 자극해서 바로 구매행동을 불러일으킬 수 있어야 한다.

㉣ 어필 대상을 정확하게 파악할 것 : 소매점광고의 범위는 한정되어 있기 때문에 고객의 특성을 고려한 보다 세밀한 어필이 가능한 광고가 요구된다.

커버리지(Coverage)
매체도달범위를 의미하는 것으로, 어떤 광고매체가 도달될 수 있는 수용자의 수 또는 광고매체가 도달되는 지리적 범위를 말한다.

이월효과
광고의 도달빈도가 어느 수준을 넘어서면 광고효과가 떨어지게 되는데 이러한 현상을 광고의 이월효과라 한다. 때문에 광고매체를 결정할 때에는 도달범위와 도달빈도의 상대적 중요성을 고려하여야 한다. 일반적으로 도달범위보다 도달빈도를 높이는 경우는 다음과 같다.
• 강력한 경쟁자가 있는 경우
• 메시지가 복잡한 경우
• 표적청중들이 자사 상품에 대해 부정적인 태도를 갖는 경우
• 구매주기가 다소 짧은 상품의 경우

(4) 광고의 유형

① 상품광고 : 특정 상품이나 서비스에 대한 정보를 전달하기 위한 광고를 말한다.
② 기관광고 : 특정 산업이나 회사, 조직, 개인, 지역, 정부기관 등이 전달하고자 하는 개념·특성·아이디어·정책 등을 촉진하기 위한 것으로, 특히 기업광고란 상품이나 서비스 자체를 구매하도록 잠재고객을 직접적으로 설득하기 위한 것이 아니라, 상품 또는 서비스를 제공하고 있는 기업에 대해 호의적인 이미지를 형성하기 위한 광고이다.

(5) 광고매체의 선정 `기출` 21 · 19 · 13 · 12 · 10 · 09

도달범위, 빈도, 영향도의 결정	⇨	주 매체유형 선택	⇨	특정 매체수단 선택	⇨	매체시간 선택

① 도달률·빈도·영향도 결정 : 도달범위, 도달빈도, 영향도의 상대적 중요성을 고려하여 광고매체를 결정한다. ★
  ㉠ 도달범위(Reach) : 도달률 또는 접촉범위라고도 하며, 특정 기간에 적어도 1회 이상 광고매체에 의해 노출된 사람들의 비율을 말한다.
  ㉡ 도달빈도(Frequency) : 접촉(노출)빈도라고도 하며, 이용자 한 사람이 동일한 광고에 노출되는 평균 횟수(빈도)를 의미한다.
  ㉢ 매체 영향도(impact) : 매체를 통한 메시지 노출의 질적 가치를 측정하는 것이다.
    ※ 노출빈도수 = (노출인원 × 노출빈도)/전체인원
    ※ 총접촉률(Gross Rating Points : GRPs) = 도달범위 × 도달빈도(횟수)★
② 주 매체유형 선택 : 표적소비자의 매체습관, 메시지 형태, 제품 특성, 비용 등을 고려한다.
  ※ 인쇄매체 : 이성적 접근, 많은 양의 정보전달 가능
  ※ 시각적 매체 : 정보처리가 소극적(기억을 잘 못함), 이미지형성(구매 행동에 영향)
③ 특정 매체수단 선택 : 여러 매체수단 중 가장 적합한 매체수단을 선택한다.
④ 매체시간 선택 : 다음과 같은 전략들을 고려하여 적절한 연간광고 집행에 대한 스케줄을 작성한다.

집중형 전략	• 일정 기간 집중해서 광고 • 성수기 · 비수기가 뚜렷한 제품의 경우 • 신제품의 경우 → 집중적 인지도 필요시 • 단기간에 효과적 but 광고 종료시(비수기 등) 소비자 인지도 등 효과 사라짐
지속형 전략	• 성숙기에 해당하고, 시장에서 어느 정도 지위를 확보한 경우에 적합 • 꾸준히 수요가 유지되는 제품에 적합 • 1년 내내 거의 같은 수준의 광고 수 유지 → 전달의 깊이 강화 • 지속적인 브랜드 인지도와 이미지 유지 but 끊임없이 새로운 형태의 광고제작 필요 → 고비용, 광고효과가 감소할 우려 있음
맥박형(파동형) 전략	• 2주 혹은 한 달 정도를 단위로 광고의 양 증감 반복 → 비용의 효율성 강조 • 구매주기가 반복/규칙적인 경우에 효과적 • 대규모 경쟁사가 지속형의 광고 전략을 시행할 경우, 소규모 경쟁사가 적용

  ※ 신규제품 출시의 경우 : 집중형 전략에서 파동형 전략으로 변경·유지하는 것이 유리
  ※ 광고비용의 결정 : 1천명에게 광고를 전달하는 데에 드는 비용(CPM)을 기준으로 매체비용을 도달범위로 나누어 계산함 → 광고비용 = 매체비용 ÷ 도달범위★

(6) 광고활동의 전개(소매점광고 전개)

① **광고예산의 결정(제1단계)** : 자점의 재무상황, 기대되는 효과 등을 생각하여 어느 정도의 예산을 수립하는 것이 가능할 것인가를 결정한다.

② **광고목표의 결정(제2단계)** : 광고의 궁극적인 목적은 상품의 촉진관리에 있다 하더라도 그 과정에서 '상점을 지명하게 한다, 내점하게 한다, 이미지를 제고시킨다' 등이 고려되는데 그 중에서 어느 것을 당면의 목표로 할 것인가를 결정한다.

③ **소구대상의 선정(제3단계)** : 어떠한 소비자층을 광고대상으로 할 것인가를 지역별, 소득별, 연령별, 성별 등을 기준으로 선정한다.

④ **매체의 선정(제4단계)** : 목표, 소구대상, 매체의 특성을 고려하여 TV, 라디오, 신문, 잡지, DM 전단 중 어느 매체를 이용할 것인가를 결정한다.

⑤ **내용의 검토(제5단계)** : 무엇을 어떤 방법과 표현으로 동기를 유발할 것인가를 구체적으로 검토한다.

⑥ **광고제작(제6단계)** : 구체적인 광고 타입을 만들어낸다.

⑦ **광고실시(제7단계)** : 제작된 광고를 선정된 매체 선정대상에게 내보낸다.

⑧ **효과의 측정(제8단계)** : 광고가 소기의 목표를 어느 정도 달성했는가, 나아가서는 매출액의 증대에 얼마만큼이나 공헌했는가를 검토하여 광고의 성과를 판단함과 동시에 보다 효과적인 다음 광고를 위한 정보를 수집한다.

(7) 광고예산 결정방법

① **실험법** : 실험 집단과 통제 집단을 설정하여 다른 조건을 통제한 후, 하나의 변수가 실험 집단에 어떤 영향을 끼치는지 측정하는 것이다.

② **경쟁자기준법(= 경쟁동가방법)** : 경쟁사의 지출수준을 고려하여 결정하는 방법으로, 산업 평균에 근거한 예산 설정이다.

③ **목표-과업법** : 광고 목표를 설정하고 설정한 목표를 달성하기 위한 과업을 결정한 후 그 과업에 필요한 광고비들의 합을 예산으로 책정하는 방법이다. 매출만이 아닌 커뮤니케이션 효과를 고려하는 가장 과학적인 방법이지만 목표를 달성하는 데 얼마의 비용이 필요한지 판단하기 어렵다.

④ **매출액비율법(= 판매비율방법)** : 매출의 일정 비율을 예산으로 설정하는 것으로 사용이 편리하나 장기적 계획이 어렵다.

⑤ **가용예산할당법** : 운영비용과 이익을 산출한 후에 사용 가능한 금액이 얼마인지에 따라 예산을 설정하는 방법이다. 즉 기업이 감당할 수 있는 수준에서 예산을 설정하는 것으로 매출에 미치는 영향은 무시한다.

⑥ **손대중방법(Rules of Thumb)** : 현재의 커뮤니케이션 예산을 결정하기 위해 과거의 매출과 커뮤니케이션 활동을 활용하는 방법이다.

(8) 광고전략

① **표현전략** : 크리에이티브 전략이라고도 하며, 전달해야 할 메시지의 작성에 관한 전략으로 고객의 흥미나 관심을 끌 수 있는 광고 메시지를 만들어내야 한다.

② **매체전략** : 미디어 전략이라고도 하며, 메시지를 전달하는 수단을 확보하는 것에 관한 전략이다. 그러므로 표적의 윤곽, 규모, 지역에 맞추어 제한된 촉진 예산범위 내에서 가장 효과적인 매체를 찾아내야 한다.

③ **비교전략** : 저관여 제품인 편의품에서 소비자의 주의를 끄는 데 효과적인 전략으로, 기존 제품에 비해 두드러진 장점을 가지고 있으나, 아직 충분히 알려지지 않은 신규브랜드에서 더욱 효과적이다. 일반적으로 인지적·감정적인 동기가 동시에 일어날 때, 소비자들이 세부적·분석적인 상태에서 광고를 처리하는 경우에 효과가 최고로 발휘된다.

(9) 광고와 홍보(PR)의 차이점

광고(AD)	홍보(PR)
• 매체에 대한 비용을 지불한다.	• 매체에 대한 비용을 지불하지 않는다.
• 상대적으로 신뢰도가 낮다.	• 상대적으로 신뢰도가 높다.
• 광고 내용, 위치, 일정 등의 통제가 가능하다.	• 통제가 불가능하다.
• 신문광고, TV, 라디오 광고, 온라인 광고 등이 있다.	• 출판물, 이벤트, 연설 등이 있다.

(10) 인터넷 광고의 기법 기출 20·18·10·08

① **배너 광고** : 인기 있는 홈페이지 한쪽에 특정 웹사이트 이름이나 내용을 부착하여 홍보하는 인터넷 광고기법으로, 미리 정해진 규격에 동영상파일 등을 이용해 광고를 내고 소정의 광고료를 지불한다. 네트워크에 의한 수확체증 효과를 가장 빠르게 얻을 수 있다.★

② **인터액티브 배너 광고(Interactive Banner)** : 웹 사용자들이 배너광고를 클릭하여 광고주의 사이트로 이동할 필요 없이 그 배너광고 안에서 필요한 상품정보의 검색 및 획득, 광고된 상품의 구매가 이루어지도록 하는 형태의 배너광고로, 인터넷의 쌍방향성을 이용하여 소비자의 취향을 분석한 광고를 제공한다. 광고배너에서 직접 글을 쳐 넣거나 게임을 즐길 수 있고 경품을 선택할 수도 있는 배너광고 유형으로 그 수가 점차 늘고 있으며 클릭률도 높은 편이다.★

③ **팝업 광고** : 인터넷 홈페이지의 첫 화면을 로딩하는 것과 동시에 별도의 창으로 내비게이션 되는 광고창을 일컫는다. 특별할인 또는 경품행사 등과 같은 이벤트, 주요 뉴스, 세미나 및 교육 프로그램과 같은 주요 공지사항에 이용한다.★

(11) DM(Direct Mail) 광고 `기출 17 · 16`

① DM 광고의 개념
　　㉠ 흔히 다이렉트 메일 또는 DM이라고도 하며, 예상고객에게 직접 우편 또는 인편으로 광고를 보내는 직접광고(Direct Advertising)의 일종이다. ★
　　㉡ 카탈로그나 팸플릿, 브로슈어 등의 인쇄물을 이용해 주로 자세한 정보를 활자를 통해 소구하는 것으로 여전히 활용 가치가 높은 매체다. 색감을 반영한 고급스런 디자인을 채택하여 목표 소비자의 호감과 주목률을 높일 수 있다.
　　㉢ DM은 고객들이 직접 받아보면서 스스로 '선택된 사람'이라는 우월감을 느끼도록 하는 효과가 있다.

② DM 광고의 장점과 단점

장 점	단 점
• 청중 선별 가능 • 다른 광고의 간섭이 적음 • 개별화 가능 • 길고 복합한 메시지 전달 가능 • 상품 샘플 우송 가능	• 폭넓은 청중에게 도달하기 어려움 • 비교적 높은 비용 • 시각적 효과에 한정됨

(12) 광고의 종류 및 특성 `기출 16 · 14 · 12 · 11 · 10 · 08`

① 리치미디어 광고 : 기존의 단순한 형태의 배너광고보다 그래픽이나 플래시 기술 등을 적용하여 만든 멀티미디어 형태의 광고로, 멀티미디어 효과의 강화를 통해 기존 광고와의 차별화를 이룬다. 기존의 정적인 화면대신 동적인 화면을 제공함으로써 사용자의 흥미 유발효과와 메시지 전달효과가 상대적으로 크다.

② 협동 광고 : 제조업체와 유통업체가 공동으로 광고하는 것을 말하며 주로 빈번히 구매되지 않는 제품이나 가격이 높은 고가의 제품, 즉 선택적 경로정책을 수행하는 제품의 광고에서 주로 이루어지며, 그 효과도 크다. ★

③ 비교 광고 : 비교 광고는 일반적으로 인지적이며 감정적인 동기가 동시에 일어날 때, 그리고 소비자들이 세부적이며 분석적인 상태에서 광고를 처리하는 경우에 효과가 최상으로 발휘되는데 과학적인 실험을 통하여 검증된 내용을 근거로 비교광고가 실행될 때 그 효과가 더욱 크다. 비교 광고는 기존 제품에 비해 두드러진 장점을 가지고 있지만, 아직 충분히 알려지지 않은 신규 브랜드에서는 더욱 효과적이나 경쟁브랜드에 높은 선호도를 가진 소비자에게는 효과가 작다. 일반적으로 고관여 제품보다는 저관여 제품에 효과가 크다.

④ 구매시점(POP) 광고 : POP광고는 구매시점광고라고도 하며, 소비자의 충동구매욕구를 자극하는 시각적 광고매체이다. 특히 손으로 급하게 쓴 글씨는 계획되지 않은 불가피한 세일 상황을 알리는데 적당하다. 성공적인 POP 광고를 위해서는 고객의 시선을 순간적으로 멈추게 할 수 있어야 하며, 더 나아가 충동구매 욕구를 자극하고 구매가 실행될 수 있도록 유도하여야 한다. 이성적 설득보다는 소비자의 감성에 호소하는 내용을 더 많이 사용하는 것이 좋다. ★★

출제지문 돋보기 OX

01 [15-1]
공제(Allowance), 협동광고, 푸시지원금(Push-money), 광고판촉물(Specialty Ad Items) 등은 모두 중간상을 대상으로 하는 판촉도구들에 해당한다. （　）

02 [20-3]
POP광고는 청중을 정확히 타겟팅하기 좋기 때문에 길고 자세한 메시지 전달에 적합하다. （　）

정답 1. ○　2. ×

03 홍보(PR ; Public Relations, 공중관계) 기출 21 · 19 · 12 · 10

(1) 홍보의 개념

① 기업, 단체 또는 관공서 등의 조직체가 커뮤니케이션 활동을 통하여 스스로의 생각이나 계획 · 활동 · 업적 등을 널리 알리는 활동을 말한다.

② 홍보의 목적은 각 조직체에 관한 소비자나 지역주민 일반의 인식과 이해 또는 신뢰감을 높이고, 합리적 · 민주적인 기초 위에 양자의 관계를 원활히 하려는 데 있으며, 사실에 관한 정보의 정확한 전달과 불만 · 요망 등을 수집하는 것에서부터 시작된다.

③ 선전(Propaganda)과 유사하지만 선전은 주로 위에서 아래로의 정보 전달활동이며, 또한 그 정보가 때때로 과장 · 왜곡되어 일방적으로 어느 특정 이미지를 형성한다는 점에서 홍보와 다르다. 따라서 흔히 PR(Public Relations)과 같은 의미로 쓰기도 한다. ★

(2) 홍보의 특징

① 어떤 상점 혹은 그 취급상품에 대한 정보가 신문 기사라든가 TV의 뉴스로 나올 경우 그 정보는 공정한 제3자로서 보도기관이 취급하여 유출시키고 있을 뿐 기업 자체의 주관적인 주장이 들어 있지 않다고 판단하기 때문에 받는 측은 그것을 저항 없이 그대로 받아들이는 것이 보통이다. ★

② 홍보는 기업 측에서 본다면 무료광고라고도 말할 수 있으며, 효과는 광고보다 높기 때문에 기업은 이를 촉진관리 수단으로 이용하려 한다(보도기관의 홍보용 자료 배포 등).

③ 홍보는 소매업체의 통제로부터 독립된 커뮤니케이션 수단이기 때문에 고객이 보다 신뢰하는 경향이 있다. 즉 홍보는 광고에 비해 신뢰성을 높일 수 있지만 통제가 어렵다. 단, 자사 웹사이트를 활용하여 홍보하는 경우에는 유연성이 높지만 신뢰성이 낮다. ★

(3) 홍보의 유형

① **기자회견** : 기자회견을 하는 목적은 뉴스 가치가 있는 정보를 뉴스매체에 배포하여 사람이나 제품 또는 서비스에 대한 관심을 유발시키는 데 있다.

② **제품홍보** : 제품홍보에는 특정 제품을 고지시키기 위한 제반 노력이 포함된다.

③ **기업홍보** : 기업 자체에 대한 이해도를 촉진하는 내부적 · 외부적 의사소통을 말한다.

④ **로비활동** : 국회의원 및 정부관리들과 관계를 맺음으로써 자사에 유리한 법률제정과 규제조치를 촉진시키고, 불리한 것을 회피하기 위한 활동을 말한다.

⑤ **카운셀링** : 경영자들에게 공적 문제와 기업 위치 및 이미지 등에 대하여 조언하는 것을 말한다.

(4) 홍보자료와 보도자료

① **홍보자료** : 자신에 관한 뉴스와 정보를 매체에 제공하기 위한 수단으로 보도자료, 기자회견, 녹음자료 및 기고물 등과 같은 형태가 있다.

② **보도자료** : 가장 널리 이용되는 홍보자료의 유형이다. 기업의 신상품, 새로운 공정 또는 기업인사의 동정에 관한 이야기를 적은 것이다.

04 인적판매(Personal Selling) 기출 15 · 13 · 12 · 10 · 09 · 08

(1) 인적판매의 개념

잠재고객과 직접적인 대면 접촉을 통하여 기업의 이미지를 향상시키고, 판매를 촉진시키기 위하여 제품과 서비스를 제공하는 활동을 의미한다. ★

(2) 인적판매의 특징

① 개개인의 고객과 대면 접촉이 가능하다는 점에서 인적판매는 가장 유연한 커뮤니케이션 방법이다. 시장상황 및 여건에 따라 보다 유연하고 탄력적인 적용이 가능하며, 판매원에 의하여 관리되므로 파손·오손 등의 위험을 줄일 수 있다. ★★

② 인적판매는 개별고객의 특성에 따른 적절한 메시지를 전달할 수 있으며, 판매를 촉진하기 위한 커뮤니케이션 활동 이외에도 대고객서비스의 제공과 더불어 시장과 고객에 대한 정보수집기능도 수행한다. 따라서 상세한 설명이 필요한 상품, 즉 전문품과 같이 쇼핑빈도가 높지 않은 상품에 유리한 촉진방식이라 할 수 있다. ★

(3) 인적판매의 한계

① 인적판매는 인건비로 인하여 메시지 노출 횟수당 커뮤니케이션 비용이 TV광고보다 높으며 인적판매원 각자가 다른 메시지를 전달할 가능성이 있기 때문에 광고에 비해 인적판매에서 소매업체의 통제력·일관성이 떨어진다. ★★

② 인적판매는 고객과 개별접촉을 하여야 하므로 촉진 속도가 느리고 비용도 상대적으로 많이 소요되며 통제력과 유연성이 높은데 비하여 신뢰성이 낮다. ★★

(4) 인적판매의 장·단점 기출 20 · 17 · 16

장 점	단 점
• 잠재고객에게 선택적 접근이 가능하다. • 고객의 요구에 즉각적 대응이 가능하다. • 고객의 구매를 실시간으로 유도할 수 있다. • 고객과의 장기적이고 지속적인 관계를 구축할 수 있는 기회를 제공한다. • 고객에게 융통성 있게 대처 가능하다.	• 촉진의 속도가 상대적으로 느리다. • 대량의 전달성을 가진 다른 촉진수단에 비해 커뮤니케이션 비용이 높다. • 인적 판매사원에 대한 관리가 어렵다.

(5) 인적판매의 과정

① **준비단계** : 준비단계는 고객탐색과 사전준비로 구성되는데, 고객탐색은 잠재고객의 경제적 능력, 구매의도, 구매결정 권한의 소유 여부 등을 확인하게 되며, 사전준비는 판매원이 제품을 소개하는 데 필요한 추가적인 정보를 수집하는 것을 말한다.

② **설득단계** : 고객에게의 접근, 제품소개, 의견조정, 구매권유의 4단계로 나뉜다.

③ **고객관리단계** : 판매원은 고객에게 제품의 전달과 설치에서부터 대금지불과 제품사용 전 교육 및 제품사용 중 발생할 수 있는 문제점 해결 등 철저한 사후관리를 해야 한다.

제품별 촉진도구

산업재	인적판매
내구성 소비재	인적판매와 광고
비내구성 소비재	광고와 판매촉진

산업재와 내구성 소비재의 경우 제품 자체가 복잡하여 구매자가 충분한 제품정보를 원하기 때문에 인적판매에 대한 의존도가 높다.

출제지문 돋보기 OX

01   [21-3]
인적판매는 대면접촉을 통하기 때문에 고객에게 구매를 유도하기에 적절한 도구로서 개개인의 고객과 이야기를 할 수 있다는 점에서 가장 유연한 커뮤니케이션 방법으로 시장상황 및 여건에 따라 보다 유연하고 탄력적인 적용이 가능하며 판매원에 의해 관리되므로 파손·오손 등을 줄일 수 있다.   ( )

02   [15-3]
인적판매는 고객과 개별접촉을 하여야 하므로 촉진 속도가 느리고 비용도 상대적으로 많이 소요되며 통제력과 유연성이 높은데 비하여 신뢰성이 낮다. 이에 판매원의 효율성을 높이기 위하여 '기간별 신규 고객 및 상실 고객 수', '접촉별 평균 판매방문시간', '판매원당 일일 평균 판매방문횟수' 등의 지표를 활용하며, 상품에 대한 전문적 지식과 제안판매능력을 갖춘 판매원의 양성이 필요하다.   ( )

정답 1. ○ 2. ○

(1) 판매촉진의 개념

기업이 제품이나 서비스의 판매를 증가시키기 위하여 단기간에 직접적으로 중간상이나 최종소비자를 대상으로 벌이는 광고, 홍보, 인적 판매 외의 모든 촉진활동을 의미하며 쿠폰, 경품, 견본, 시연 등을 이용한다. 여기서 판매촉진을 줄여 판촉이라고도 한다.

(2) 판매촉진의 장 · 단점

장 점	단 점
• 구매시점을 앞당기고 구매량을 증대시킨다. • 행동 중심적 마케팅 활동을 수행함으로써 고객의 충성도를 제고시킬 수 있다(상품을 구매하는 소비자에게만 혜택 적용). • 단기적 재무성과를 향상시킬 수 있다. • 상표전환을 유도한다(관성구매자, 의사충성자). • 고객정보를 확보할 수 있다(백화점 및 할인점에서 주로 응용). • 성과분석이 용이해진다(광고, 홍보는 성과분석 곤란).	• 치열한 가격경쟁, 판촉 전쟁이 원인이 되어 가격하락으로 인지될 경우 브랜드가치가 하락할 수 있다. • 강력한 브랜드와 가치가 아닌, 가격 및 물량공세이므로 유통지배력이 약화될 수 있다. • 세일할 때까지 구매를 보류하는 부정적 소비자 학습이 이루어질 수 있다. • 경쟁사의 직접적인 판촉경쟁을 일으키는 원인이 될 수 있다(경쟁사의 보복).

(3) 판매촉진 프로세스

목표 설정 ⇨ 수단 결정 ⇨ 프로그램 개발 ⇨ 사전 테스팅 ⇨ 효과 측정

① 판매촉진의 목표 설정(판매촉진의 대상에 따른 분류)
  ㉠ 중간상 촉진 : 신규 품목의 판매, 재고량의 유지, 넓은 진열공간 → 푸시전략 채택, 가장 고비용
  ㉡ 판매원 촉진 : 신규품목 판매 확대, 신규 거래 대립점을 찾아 판매 확대 → 푸시전략 채택
  ㉢ 소비자 촉진 : 단기판매 증대, 장기 시장 점유율 증대 → 풀 전략 채택

② 판매촉진 수단 결정
  ㉠ 소비자 판매촉진 수단

쿠 폰	• 제품 구매시 소비자에게 일정 금액을 할인해주는 일종의 증서를 의미한다. ★ • 신제품의 시용 및 반복구매를 촉진시키고, 타사 고객들을 자사 고객으로 유인하는 데 효과적이며 여러 배포경로를 가지므로 목적에 맞는 표적시장만을 선별하여 배포가 가능하다. ★
리베이트 & 리펀드	• 리베이트란 소비자가 해당 제품을 구매했다는 증거(구매영수증 등)를 우편 등으로 제조업체에 보내면 구매가격의 일부분을 할인율만큼 소비자에게 보상해주는 것으로 소매업체에게 처리비용을 지불할 필요가 없다. • 리펀드는 고객이 구매하는 시점에 즉시 현금으로 되돌려 주는 걸 말한다.

보너스 팩 (프라이스 팩)	• 같은 제품 또는 관련 제품 몇 가지를 하나의 세트로 묶어 저렴한 가격에 판매하는 것을 말한다. 예를 들어, 라면 5개들이 한 봉지를 4개 값에 판매하는 경우가 이에 해당한다. ★ • 대량 또는 조기구매를 유도함으로써 타사의 침투를 견제할 수 있다는 장점이 있지만, 보너스 팩으로 판매하는 경우 점포 진열면적을 많이 차지하므로 유통관계자들의 협조가 없으면 활용하기 어렵다는 단점이 있다.
견본품(샘플링)	• 주로 신제품의 경우 구매자들이 시험삼아 사용할 수 있을 만큼의 양으로 포장하여 무료로 제공하는 것을 말한다. 보통 화장품 및 샴푸 등이 이에 속한다. ★ • 샘플은 잠재고객들로 하여금 제품의 시용을 통해서 반복사용을 유도함으로써 판매가 일어나도록 하는 방법이다.
프리미엄 (사은품 제공)	• 자사의 제품이나 서비스를 구매하는 고객에 한해 다른 상품을 무료로 제공하거나 저렴한 가격에 구입할 수 있는 기회를 제공하는 것을 말한다. • 사은품은 구매 즉시 또는 리베이트와 같이 증거를 제시할 경우 제공된다. • 우편으로 사은품을 배포하는 경우에는 고객 데이터베이스를 구축할 수 있으며, 브랜드 이미지의 향상과 브랜드 자산을 강화시킬 수 있다.
할인판매	일정 기간 동안 제품의 가격을 일정비율로 할인하여 판매하는 것으로 백화점 세일 또는 패스트푸드점의 세일 등을 말한다.
콘테스트	• 콘테스트는 제품을 구매하지 않더라도 참여할 수 있는 방법이다. • 지식 및 기술 등을 질문하여 문제를 맞힌 사람 또는 심사를 통과한 사람에게 상을 주는 방식으로 소비자들의 관여도를 높이는 데 효과적으로 사용되는 방법이다.
추첨	소비자에게 운이나 추가 노력으로 현금, 여행, 제품과 같이 무엇인가를 받을 수 있는 기회를 제공하는 것을 말한다.

ⓛ 중간상 판매촉진 수단

콘테스트 & 할인판매	도매상의 관리자와 소매상의 판매원이 자사 제품의 판매에 노력을 더 기울이라는 의미로 시행한다(미스터리 쇼퍼, 판매원 판촉 등).
디스플레이	점포 내의 제품을 효과적으로 전시해 구매 욕구를 자극하거나 유발한다.
트레이드 쇼	업종별 전시회를 말하는 것으로 부스(Booth)참여가 이에 해당한다.
기 타	협동광고, 공제, 푸시지원금, 광고판촉물, 판매원 훈련프로그램 등★

쿠폰이 기업에 미치는 영향(장·단점)

구 분	내 용
장 점	• 소비자들에게 가격할인의 기회를 제공함으로써 해당 제품의 구매를 유도한다. • 소비자들에게 그들의 구매 행동을 정당화할 수 있는 동기를 갖게 된다. • 신제품, 신규 브랜드의 시험구매를 촉진할 수 있다. • 소매상의 협조 없이 추진 가능하다(단, 사용은 소매상 일부 협조 필요).
단 점	• 쿠폰을 너무 자주 사용하면 쿠폰만으로 구입하려는 사람들이 발생하여 프로모션 기간에 쿠폰의 회수율이 떨어지는 경우가 생긴다. • 쿠폰의 추적이 불가능하다. • 어떤 소비자가 쿠폰을 사용하였고 또 언제 활용할지를 예측한다는 것이 쉽지 않다. • 상표충성도가 있는 고객들만 구매하게 되고 신규고객은 추가되지 않는 문제가 있다.

판매촉진지원금 기출 17·14

중간상이 제조업자를 위해 지역광고를 하거나 판촉을 실시할 경우 이를 지원하기 위해서 제조업체가 지급하는 보조금을 말한다.

구 분	내 용
머천다이징보조금	점포 내에 판촉물을 전시하거나 소매점광고에 자사 상품을 소개하는 경우에 지급하는 형태의 보조금
제품진열보조금	신제품을 구매하거나 특별 전시하는 경우에 지급되는 보조금
물량비례보조금	특정 기간 내에 구매하는 상품의 양에 따라 지원금을 지급하는 것
재고보호보조금	제조업체의 판촉기간동안 소매상이 구입한 상품의 재고위험성을 보상하는 것
리베이트보조금	판매가격의 일정률에 해당하는 현금을 반환하는 것

(4) 제품에 대한 소비자 관여도에 따른 판매촉진 전략 기출 12·10·09

① 저관여 제품(Low Involvement Products)

ㄱ 저관여 소비자들은 제품 자체보다는 광고에서의 인물·배경·음악 등에 더 의존하는 경향이 강하다. 따라서 저관여 소비자들에게는 호기심을 유발하는 광고가 좋다.

ㄴ 광고시 반복되는 단문메시지를 사용하여 수동적인 학습효과를 향상시키고 브랜드 친숙도를 높여야 한다.

ㄷ 광고시 점포 내 진열과 포장과 같은 시각적·비메시지적 구성요소를 강조해야 한다.

ㄹ 저관여 제품의 경우는 몇 가지 중요한 요점에 집중하는 것이 중요하며 인쇄매체보다 TV광고를 주요 수단으로 활용해야 한다.

② 고관여 제품(High Involvement Products)

ㄱ 고관여 소비자들은 제품에 대해 구체적으로 알고자 하는 의지·노력이 강하므로 제품에 대한 자세한 설명과 주변인의 추천을 선호한다.

ㄴ 고관여 소비자들에게는 제품의 차별화와 가치를 강조하는 광고나 폭넓은 정보 캠페인에 집중하는 것이 좋다.

ㄷ 고관여 소비자는 구매 전에 상품 및 브랜드에 대한 평가를 하는 반면, 저관여 소비자는 우선적으로 구매하며 구매 후에 브랜드에 대해 평가한다.

저관여 소비자들에 대한 마케팅 믹스전략 기출 10

• 가격전략 : 저관여 소비자들에게는 상표 간의 차이보다는 가격 인하 혹은 할인 프로모션 등이 구매에 영향을 미친다.

• 판촉전략 : 저관여 소비자들에게는 쿠폰, 무료 샘플 제공 등의 판촉활동이 효과적이다.

• 유통전략 : 저관여 소비자들은 주로 상점에 가서 구매를 결정하는 경우가 많으므로 상점 내의 입점위치가 중요하다. 즉 진열대가 눈높이에 있거나 넓은 선반을 두는 것이 좋다.

• 제품전략 : 저관여 소비자들에게 제품과 브랜드에 대한 호의적인 태도는 구매 후 사용을 해 본 뒤에 형성될 수 있다. 따라서 사용해볼 수 있는 기회를 제공하여 구매를 유도하는 것이 중요하고, 상표충성도를 유도할 수 있는 지속적인 고객관리전략을 함께 꾀하는 것이 좋다.

06 업태별 촉진전략

(1) 수익률과 회전율을 통한 소매전략 기출 15 · 14 · 12 · 11 · 09

① 수익률 : 제품에 대한 판매가격과 구입원가에 의해 결정된다. 수익을 높게 가져갈 수 있는 배경에는 소매상이 제공하는 저렴한 가격 이외의 구매서비스를 고객이 높게 평가하는 데서 출발한다.

② 회전율 : 회전율은 제품의 판매가능성에 의해 결정된다. 소매상의 판매가능성 제고는 제품구입에서부터 시작된다. 즉, 잘 팔릴 제품을 누가 많이 취급하는가의 문제이다. 수익률과 회전율을 바탕으로 소매상이 취할 수 있는 전략은 두 가지 기준의 높고 낮음에 의한 네 가지 대안이 가능하지만, 일반적으로 '저수익률-고회전율'과 '고수익률-저회전율' 전략으로 구분할 수 있다.

저수익률-고회전율과 고수익률-저회전율 전략비교

구 분	저수익률-고회전율	고수익률-저회전율
유통서비스 수준	최소한 또는 선택적 유통서비스 수준	높은 유통서비스 수준
상권의 위치	비교적 분리된 상권에 위치	비교적 밀집된 상권에 위치
제품의 특징	다양한 제품, 얕은 제품 깊이	덜 다양한 제품, 보다 깊은 제품 깊이
가 격	시중보다 낮은 가격	시중보다 높은 가격
지향점	가격에 초점을 둔 촉진	상품 지향적, 이미지 지향적인 촉진
조직특성	비교적 단순한 조직 특성	비교적 복잡한 조직 특성
취급 제품	특별한 노력 없이 팔리는 제품 취급	제품 이외 서비스 or A/S가 필요한 제품 취급

③ 수익률과 회전율에 의한 소매점의 위치 기출 16 · 15 · 12

㉠ 전문점(specialty store) : 보석상과 같은 전문점은 취급제품의 깊이에 비해 취급제품의 폭(Variety)이 적다. 높은 수준의 유통서비스를 제공하고 고가의 제품을 다루며 촉진도 상품이나 이미지에 초점을 두게 된다. 전문점은 높은 지가를 감수하고 여러 상점들과 근접하여 핵심 상권에 위치함으로써 전문이미지를 형성한다.

→ '더 비싼 가격에 더 많은 가치'라는 포지셔닝 제안을 사용하기에 가장 적합한 소매업태이다.

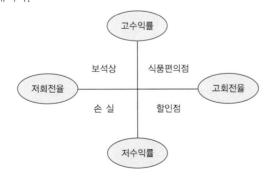

[수익률과 회전율에 의한 소매점의 위치]

ⓛ 할인점(discount store) : 이마트와 같은 할인점의 경우 식품이나 옷, 화장품 등 여러 종류의 상품들을 보유하고 있으나 각 항목별로 비교적 적은 종류를 취급한다. 또한 서비스의 수준을 최소화함으로써 시중보다 저렴한 가격이 가능하므로 촉진도 가격에 집중되어 있다고 할 수 있다. 위치 선정 면에서도 다양한 제품을 갖춘 할인점의 경우 제품탐색시간을 줄일 수 있도록 일괄구매(One-stop Shopping)를 가능하게 해주는 넓은 공간이 필요하여 지가가 비교적 저렴한 곳(도시외곽)에 위치한다.
→ '저렴한 가격, 대량판매'라는 포지셔닝에 적합한 소매업태이다.

(2) 다양성과 전문성, 가용성을 통한 소매전략 기출 21·12·11·08

다양성과 전문성, 가용성의 문제는 소매상에서 취급하는 제품과 관련된 개념이다.
① 다양성 : 한 점포 내에서 취급하는 상품카테고리 종의 수, 즉 제품을 다양하게 취급하는 것으로 다양성을 강조할 경우 폭넓은 고객을 획득할 수 있고, 고객들에게 일괄구매 가능성을 제공할 수 있다. 대표적인 예로 할인점을 들 수 있다.★
② 전문성 : 판매하고 있는 제품군에서 얼마나 많은 대안들을 가지고 있는가의 문제이다. 예를 들어 의류의 경우 남성캐주얼을 취급하는 소매상에서 스타일, 색상, 사이즈, 소재 등의 종류가 많을수록 전문성이 높아지게 된다. 전문점에서 매출증대를 달성하기 위한 방법의 하나인 고객충성도를 높이기 위해서는 다양성보다는 전문성을 더욱 강조해야 한다. 다만 전문성이 강할수록 포트폴리오가 집중되어 위험이 증가하는 경향이 있으므로 이를 고려하여야 한다.★
③ 가용성 : 특정 단품의 수요에 소비자가 만족해하는 수준 또는 특정 단품에 대한 고객 수요에 유통점포가 대응할 수 있는 수준을 말하며, 이를 높이기 위해서는 특정 단품에 대해 품절이 발생하지 않도록 재고를 보유하고 있어야 한다. 일반적으로 가용성이나 전문성에 관련된 의사결정은 다양성과 관련된 의사결정에 비해 결정빈도가 높다.★

(3) 옴니채널(omni-channel) 기출 21·20

① 옴니채널은 '모든 것, 모든 방식'을 의미하는 접두사 옴니(omni)와 유통경로를 의미하는 채널(channel)의 합성어로, 온·오프라인 매장을 결합하여 소비자가 언제 어디서든 구매할 수 있도록 한 쇼핑체계이다.
② 소비자가 온·오프라인, 모바일 등 다양한 경로를 넘나들면서 상품을 검색·구매할 수 있는 서비스이다.
③ 과거에는 온라인 소비자와 오프라인 소비자의 경계가 분명하였으나 최근에는 이 경계가 무너져 다음과 같은 형태로 소비패턴이 변화하면서 주목받고 있다.
  ㉠ 쇼루밍(showrooming) : 매장에서 제품을 살펴본 뒤 실제 구매는 온라인 등 다른 유통 경로로 하는 것을 말한다.
  ㉡ 역쇼루밍(Reverse showrooming) : 온라인 매장에서 제품을 살펴본 후 실제 구매는 오프라인으로 하는 것을 말한다.
  ㉢ 모루밍(morooming) : 오프라인 매장에서 제품을 살펴본 후 모바일로 구매하는 것을 말한다.

④ 백화점 온라인몰에서 구입한 상품을 백화점 오프라인 매장에서 찾는 '스마트픽'이 옴니채널의 대표적인 방식이다.

⑤ 통합된 옴니채널 서비스를 제공하기 위해서는 클라우드 방식의 O2O 플랫폼이 필요하며, 제품의 탐색, 구매, 사용, 후기로 이어지는 소비자 라이프사이클별 옴니채널 전략은 기업의 경쟁력을 좌우한다.

(4) O2O(Online to Offline) 기출 21 · 20 · 19

① 온라인이 오프라인으로 옮겨온다는 뜻으로, **정보 유통 비용이 저렴한 온라인과 실제 소비가 일어나는 오프라인의 장점**을 접목해 새로운 시장을 만들어보자는 데서 나왔다.

② '반 값 공동구매'로 유명해진 소셜커머스로 인해 본격적으로 활성화되었으며, 스마트폰이 본격적으로 보급되면서 컴퓨터보다는 스마트폰에서의 구매 행위가 더 많은 비중을 차지하고 있다. 이러한 현상으로 인해 M2O(Mobile-to-Offline)라고 불리기도 한다.

③ 온라인과 오프라인을 연결한 마케팅으로, 특정 지역에 들어서면 실시간으로 스마트폰에 쿠폰 등을 보내주는 서비스와 모바일로 주문한 후 오프라인 매장에서 상품을 인수할 수 있는 스타벅스의 사이렌오더(Siren Order) 서비스 등이 대표적이다.

(5) O4O(Online for Offline)

① 기업이 온라인을 통해 축적한 기술이나 데이터, 서비스를 상품 조달, 큐레이션 등에 적용해 오프라인으로 사업을 확대하는 차세대 비즈니스 모델이다.

② O2O가 단순히 온라인과 오프라인을 연결하는 서비스에 그친다면, O4O는 오프라인에 더 중점을 두어 온라인에서의 노하우를 바탕으로 오프라인 사업을 운영하면서 시장혁신을 주도한다는 차이가 있다.

③ O4O 기업은 온라인에서 확보한 데이터를 통해 전통적인 유통기업과 다른 차별화된 매장을 선보일 수 있다.

④ 스마트폰 앱을 설치해 입장하고 계산대에서 결제를 기다리는 대신 들고 나오기만 하면 되는 '아마존 고'의 무인 점포와 온라인 패션 쇼핑몰이나 온라인 서점이 온라인에서의 성공을 기반으로 오프라인 매장에 진출하는 것 등이 O4O의 대표적 사례이다.

O4O의 효과
• 온라인 기업의 오프라인 매장은 고객을 온라인으로 유도하기 위한 효과적인 미끼가 된다.
• 오감의 접촉이 제한된 온라인에서는 제공할 수 없는 체험의 기회를 제공하고, 이러한 실제 경험을 토대로 브랜드의 정체성을 더욱 확고히 할 수 있다.
• 오프라인 매장에 방문한 고객들의 살아있는 피드백을 수집해 온라인 서비스에 활용할 수 있다.

전략적 소매 계획과정 단계 기출 14
사업의 정의 → 상황분석 → 전략적 기회 파악 → 전략적 대안 평가 → 세부목표 설정 및 자원배분 → 소매믹스 개발 및 실행 → 성과 평가 및 조정

개념 Plus

오픈마켓(Open market)
개인 또는 소규모 업체가 온라인상에서 직접 상품을 등록해 판매할 수 있도록 한 전자상거래 사이트를 말한다. 홈쇼핑이나 백화점 또는 대형 유통업체 등이 운영하는 인터넷 쇼핑몰은 판매자로부터 제품을 받고 구매자는 인터넷 쇼핑몰에서 제품을 구매하는 방식(판매 방식)이지만, 오픈 마켓은 판매자가 직접 제품을 판매하고, 구매자가 직접 판매자에게 제품을 구매하는 방식이다(중개 방식).

출제지문 돋보기 OX

01   [19-1]
옴니채널은 정보기술을 활용하여 고객들이 이용 가능한 온-오프라인의 모든 쇼핑채널들을 유기적으로 통합하고 연계시켜, 고객들에게 쇼핑에 불편함이 없도록 지원하는 것을 말한다.   (   )

02   [19-3]
O2O 커머스는 O2O 플랫폼 사업자가 소비자와 소비자를 연결함으로써 소비자들 사이의 편리한 거래에 도움을 제공해 준다.   (   )

정답 1. ○ 2. ×

07 전자소매업(e-Retailing) 촉진

(1) e-Retailing의 대두 배경

정보통신기술의 발달로 인터넷의 보급이 급속도로 확산되면서 모든 산업 분야에서 e-Business의 중요성이 갈수록 증대되고 있는 가운데, 인터넷을 소매 유통 채널로 활용하는 e-Retailing 시장 역시 빠른 속도로 성장하고 있다.

(2) e-Business와 e-Retailing

① 일반적으로 전자사업(e-Business)은 전자상업(e-Commerce)이라는 의미로 사용되며, 인터넷을 통해 전자사업(e-Business)은 제조업체가 중개상을 거치지 않고 직접 소비자와 접촉하고 판매하는 형태이다.

② 전자사업(e-Business)의 등장은 유통구조의 새로운 변화를 초래하게 되었으며, 그 시초는 기업이 소비자에게 판매하는 소매형태인 B2C이다.

③ 전자소매업(e-Retailing)은 B2C/EC의 소매형태를 말하며, 가장 대표적인 사례가 온라인 쇼핑몰이다.

(3) e-Retailing의 특징

① 하루 24시간 전 세계 소비자와 직접 만날 수 있고 고객의 수요를 정확하게 파악할 수 있으며, 신속히 대응할 수 있고 쌍방의 의사소통이 가능하다.

② 점포마련 비용이 들지 않으며 사이버상에서 손쉽게 운영·관리할 수 있다.

③ 전통적인 상거래 방식과 비교해볼 때 기업과 소비자를 직접 연결함에 따라 유통구조의 많은 변화를 가져오고 있다.

(4) e-Retailing의 이점

① 소비자의 이점 : 효율적인 쇼핑기능을 제공하고 상당량의 동적인 정보에 접근이 용이하며, 구매비용 절감이 가능하다.

② 기업의 이점 : 유통비용을 절감할 수 있고 효율적인 마케팅커뮤니케이션이 가능하다.

③ 운용상 이점 : 대금수금이 용이하고 새로운 시장과 시장세분화 창출이 가능하다.

(5) e-Retailing의 프로세스

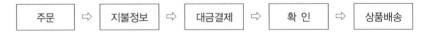

① e-Retailing의 주요 구성객체는 고객·상인·금융기관이며, 기업은 고객에게 물품정보를 전자카탈로그(e-Catalog) 또는 전자우편(e-Mail)을 통해 전달한다.

② 고객이 물품정보를 받고 주문정보와 지불정보를 기업에게 알려주면 기업은 수신한 고객의 정보 중 지불정보를 금융기관에 보내서 조회를 요청한다.

③ 확인에 따라 기업은 금융기관으로부터 물품대금을 수신하는데 지불의 방법으로 신용카드, 온라인뱅킹을 통한 전자자금이체 등을 주로 이용한다.

④ 대금지불이 확인되면 즉각 고객에게 물품을 배송하게 되는데, 주로 전문배송업체, 택배업체 등을 통해 이루어진다.

(6) e-Retailing의 구현방식

① 판매자 사이트에서 보이는 일반적인 e-Catalog(전자카탈로그) 방식
② 전화번호부와 같은 White Page, Whois 서비스, Yellow Page 등의 Directory 방식
③ 비교검색사이트와 같은 비교구매방식
④ 경매와 입찰의 활용방식
⑤ C2C/EC 방식

> **C2C/EC 방식**
> C2C/EC 방식은 기업 또는 중개상을 배제하고 소비자와 소비자 간의 거래를 의미하며, 개인 간의 거래를 하는 개인서비스 이용방식으로 P2P 서비스를 이용하여 상품 또는 서비스를 전자적으로 물물교환을 하는 방식을 말한다.

(7) e-Retailing의 성공요인

① e-Retailing에서 성공하기 위해서는 차별화된 상품전략, 사이트 운영전략에서의 디자인과 구조, 쉬운 검색시스템, 광고, 사이트의 지속적인 변화 및 운용이 필요하다.

② 특히 빠른 변화에 따른 발 빠른 대응과 정기적인 사이트의 개선, 그리고 경쟁기반의 변화추세, 고객의 불만을 해결하고 니즈를 파악하는 노력이 요구된다.

(8) e-Retailing 촉진방안

① 온라인과 오프라인을 연계하는 클릭앤드모타르(Click & Mortar) 전략은 비용절감과 경쟁력 강화의 유용한 수단이 될 수 있으며, 상호보완이 필요한 온라인과 오프라인 기업 간의 인수합병(M&A) 혹은 전략적 제휴에 의해 보다 용이하게 달성될 수 있다.

② 경쟁적으로 진행되고 있는 가격할인, 경품제공, 무료배송 등은 손익분석을 통해 신중하게 추진할 필요가 있으며, 전반적인 가격할인 전략보다는 미끼상품(Loss Leader), 가격선(Price Indifference Band) 등을 활용하여 이익을 높일 수 있는 방안을 모색해야 한다.

③ 상품구색, 물류서비스, 보안시스템, 지불방식, 커뮤니티 등에서 경쟁사와 차별화된 경쟁 포지션을 확보하고 고객들에게 새로운 가치를 제공함으로써 브랜드 인지도를 높이고 고객 유인을 제고하는 방안을 적극 검토해야 한다.

④ 상대적으로 규모가 작은 중소 e-Retailing 기업들은 기존 기업과는 다른 가치창출방식을 구현하거나 한정된 품목을 전문적으로 취급해 성공을 거두는 니치(Niche, 틈새) 전략을 추진하는 것이 바람직하다.

개념 Plus

전자카탈로그(e-Catalog)
전자카탈로그는 종이카탈로그를 대체하여 전자상거래에 적용되는 기법으로, 상품 사진이나 각종 사양 등을 그대로 전자적으로 기록해 데이터베이스화하여 제공하는 것이다. 전자카탈로그는 제작기간과 비용을 대폭 절감할 수 있으며, 신제품 출시나 제품 사양이 변경되었을 경우 전체를 다시 제작하던 번거로움에서 벗어나 간단한 상품추가 및 수정만으로 항상 최신의 상품정보를 제공할 수 있다. 이미지, 동영상, 소리 등을 이용하여 제품정보를 표현하기도 하며, 전자상거래에서 거래를 위한 기본사항이 된다.

⑤ 구매 고객과의 관계에 있어서는 로열티 프로그램 강화를 통해 고객충성도를 제고할 필요가 있으며, 특히 우량고객에 대한 고객별 구매행태, 고객반응, 과거 구매이력 등의 정보를 활용하여 고객 특성에 맞는 차별화된 마케팅 활동을 전개해야 한다.

⑥ 공급자와의 관계에 있어서는 채널 갈등을 최소화하는 한편 공동 PB 상품 개발, 공생마케팅 등을 통해 e-Retailing 기업들은 상품 차별화를, 공급자들은 매출 확대를 추구하는 윈-윈(Win-Win) 관계를 형성할 필요가 있다.

소셜 커머스(Social Commerce) 기출 19 · 16
• 소셜 미디어와 온라인 미디어를 활용하는 전자상거래의 일종이다.
• 음식점, 커피숍, 공연 등 지역 기반의 서비스 상품에 대한 공동구매로 시작하였다.
• 1, 2위 업체의 경우 소수의 상품을 낮은 가격에 판매할 때 활용하곤 한다.
• 일정수의 소비자들이 모여서 공동구매를 통해 가격하락을 유도한다.
• 스마트폰을 이용한 소셜 커머스 판매비중의 증가율이 스마트폰을 이용한 오픈마켓보다 높아지는 추세이며, 큐레이션 커머스(Curation Commerce) 형태를 띠고 있다.

---

(9) 국내 e-Retailing 시장의 현황

① **산업 내 경쟁 측면**

㉠ 국내 e-Retailing 시장은 그동안 브랜드 인지도 제고와 외형 확대를 위한 기업 간 경쟁이 치열하게 전개되어 왔으며, 특히 기업 간의 상품 카테고리가 큰 차이 없이 외형 확대에 유리하거나 고객에게 인기가 높은 유사상품 위주로 구성되어 있어 저가격을 통한 출혈경쟁방식이 만연해 있다.

㉡ 기존의 오프라인 유통 기업들이 입지라는 지역기반을 통해 상대적으로 제한된 공간에서 경쟁을 하는 데 비해 e-Retailing 기업들은 인터넷이라는 범세계적 기반을 사용함으로써 지리적인 경쟁범위가 넓다.

② **진입장벽의 경우** : e-Retailing 사업은 경쟁기업의 사업모델을 쉽게 모방할 수 있어 시장 선점의 이익을 기대하기 힘들다. 그러나 오프라인 점포 출점에 비해 투자비용이 상대적으로 적어 신규기업 혹은 기존 오프라인 유통업체의 시장진출이 매우 용이하다.

③ **대체재의 경우** : 동일 혹은 유사 상품을 판매하는 온라인, 오프라인의 경쟁 유통채널이 다수 존재한다. 인터넷 TV를 이용한 T-Commerce의 등장 등 매체융합 가속화와 미디어기술의 진전 등으로 TV홈쇼핑 등 온라인 사업자와의 직접적인 경쟁이 본격화되었다.

④ **구매자와의 관계** : 인터넷을 통한 판매정보의 즉각적인 공유와 소비자들의 자유로운 이동성 등으로 구매자의 교섭력이 매우 크다. 특히 소비자들이 상품 가격을 인터넷 쇼핑몰 선택의 가장 중요한 요소로 여기고 있어 e-Retailing 기업 간의 가격경쟁이 심화되고 있는 상황이다.

⑤ **공급자 측면** : e-Retailing이 새로운 유통채널로 급부상하면서 e-Retailing 채널과 공급자, 기존 오프라인 유통채널 간의 수직적 · 수평적 채널 갈등이 심화되고 있다. 특히 자동차, 서적 등의 분야에서 채널 간의 첨예한 대립 양상이 나타나고 있다.

01 다음 글 상자 안의 A대형마트가 사용한 전략은?

> A대형마트는 추석을 맞이하여 4인 가족 단위의 명절 선물세트를 출시함과 동시에 1인 가구의 증가 추세에 힘입어 혼자서 술 마시고 밥을 먹는 사람들(소위 '혼술 · 혼밥족') 전용의 명절 선물세트를 출시했다.

① 캐즘 전략
② 원가우위전략
③ 집중화 전략
④ 차별적 마케팅 전략
⑤ 포지셔닝 전략

02 기업이 직면하게 되는 경쟁환경의 유형에 대한 설명 중 가장 옳지 않은 것은?

① 할인점과 할인점 간의 경쟁은 수평적 경쟁이다.
② 할인점과 편의점 간의 경쟁은 업태간 경쟁이다.
③ 제조업자와 도매상 간의 경쟁은 수직적 경쟁이다.
④ [제조업자-도매상-소매상]과 [제조업자-도매상-소매상]의 경쟁은 수직적 마케팅시스템경쟁이다.
⑤ 백화점과 백화점 간의 경쟁은 협력업자 경쟁이다.

03 '더 비싼 가격에 더 많은 가치'라는 포지셔닝 제안을 사용하기에 가장 적합한 소매업태는?

① 아웃렛
② 온라인 쇼핑몰
③ 대형마트
④ 편의점
⑤ 보석전문점

04 다음 중 포지셔닝 전략에 대한 설명으로 가장 옳지 않은 것은?

① 경쟁자와 차별화된 서비스 속성으로 포지셔닝 하는 방법은 서비스 속성 포지셔닝이다.
② 최고의 품질 또는 가장 저렴한 가격으로 서비스를 포지셔닝 하는 것을 가격 대 품질 포지셔닝이라 한다.
③ 여성 전용 사우나, 비즈니스 전용 호텔 등의 서비스는 서비스 이용자를 기준으로 포지셔닝 한 예이다.
④ 타깃 고객 스스로 자신의 사용용도에 맞출 수 있도록 서비스를 표준화 · 시스템화한 것은 표준화에 의한 포지셔닝이다.
⑤ 경쟁자와 비교해 자사의 서비스가 더 나은 점이나 특이한 점을 부각시키는 것은 경쟁자 포지셔닝 전략이다.

05 아래 ㉠과 ㉡에 들어갈 성장전략으로 알맞게 짝지어진 것은?

구 분	기존제품	신제품
기존시장	㉠	
신시장		㉡

① ㉠ 시장침투전략, ㉡ 제품개발전략
② ㉠ 시장침투전략, ㉡ 다각화전략
③ ㉠ 시장개발전략, ㉡ 제품개발전략
④ ㉠ 시장개발전략, ㉡ 다각화전략
⑤ ㉠ 수직적통합전략, ㉡ 신제품전략

06 소매업체들이 해외시장에 진입하는 방식으로서 가장 옳지 않은 것은?

① 아웃소싱
② 직접투자
③ 합작투자
④ 전략적 제휴
⑤ 프랜차이즈

07 아래 글상자의 서비스 마케팅 사례의 원인이 되는 서비스 특징으로 가장 옳은 것은?

> 호텔이나 리조트는 비수기동안 고객을 유인하기 위해 저가격 상품 및 다양한 부가서비스를 제공한다.

① 서비스 무형성
② 서비스 이질성
③ 서비스 비분리성
④ 서비스 소멸성
⑤ 서비스 유연성

08 SERVQUAL이라는 서비스 품질 모형의 다섯 가지 구성 차원으로 옳지 않은 것은?

① 유형성　　　② 신뢰성
③ 응답성　　　④ 확신성
⑤ 공통성

09 아래 글상자 ㉠과 ㉡에 들어갈 알맞은 용어는?

> 상품관리 시 품목구성에서 결정해야 할 중요한 사항으로 (㉠)와(과) (㉡)의 설정이 있다. (㉠)은(는) 취급 가격의 범위를 말하는데 최저가격부터 최고가격까지의 폭을 의미한다. (㉡)은(는) 중점을 두는 가격의 봉우리를 지칭하는데 고급품의 가격대, 중급품의 가격대 등 (㉠) 가운데 몇 가지를 설정하는 것이다.

① ㉠ 상품의 폭, ㉡ 상품의 깊이
② ㉠ 상품의 깊이, ㉡ 상품의 폭
③ ㉠ 가격, ㉡ 마진
④ ㉠ 프라이스 라인, ㉡ 프라이스 존
⑤ ㉠ 프라이스 존, ㉡ 프라이스 라인

10 다음 글상자에서 설명하고 있는 것은?

> 동일한 성능·용도를 가지거나 동일한 고객층이나 가격대를 가진 상품군

① 상품 구색(product assortment)
② 상품 품목(product item)
③ 상품 계열(product line)
④ 상품 믹스(product mix)
⑤ 상품 카테고리(product category)

11 머천다이징(merchandising)은 좁은 의미(협의) 또는 넓은 의미(광의)로 정의할 수 있다. 협의의 머천다이징의 의미로서 가장 옳은 것은?

① 상품화계획 수립
② 판매활동계획 수립
③ 재고관리계획 수립
④ 상품확보계획 수립
⑤ 상품구매계획 수립

12 단품관리(unit control)의 효과로서 가장 옳지 않은 것은?

① 매장효율성 향상
② 결품감소
③ 과잉 재고의 감소
④ 명확한 매출기여도 파악
⑤ 취급상품의 수 확대

13 아래 글상자는 제품수명주기 중 어느 단계에 대한 설명이다. 이 단계에 해당하는 상품관리전략으로 가장 옳지 않은 것은?

> 최근 기술발전의 속도가 매우 빠르고 소비자들의 욕구와 취향도 급변하는 관계로 많은 제품들이 이 시기에 도달하는 시간이 짧아지는 반면 이 기간은 길어지고 있다. 이 단계에서는 매출액 증가가 둔화되면서 시장 전체의 매출액이 정체되는 시기이다. 다수의 소비자들의 구매가 종료되어가는 시점이어서 신규 수요의 발생이 미미하거나 신규 수요와 이탈 수요의 규모가 비슷해져서 전체 시장의 매출규모가 변하지 않는 상태이다. 또한 경쟁강도가 심해지면서 마케팅 비용은 매우 많이 소요되는 시기이기도 하다.

① 기존제품으로써 새로운 소비자의 구매 유도
② 기존소비자들의 소비량 증대
③ 기존제품의 새로운 용도 개발
④ 기존제품 품질향상과 신규시장 개발
⑤ 제품확장 및 품질보증 도입

14 "100만원대"라고 광고한 컴퓨터를 199만원에 판매하는 가격정책으로서 가장 옳은 것은?

① 가격라인 결정　　　② 다중가격 결정
③ 단수가격 결정　　　④ 리베이트 결정
⑤ 선도가격 결정

15 항시최저가격(Every Day Lowest Price)전략에 대한 설명으로 가장 적절한 것은?

① 제품라인 가격결정 전략이다.
② 소매가격 유지 정책이다.
③ 고객가치기반 가격결정 전략이다.
④ 원가기반 가격결정 전략이다.
⑤ 경쟁기반 가격결정 전략이다.

16 아래 글상자의 사례에서 사용된 소비자 판촉도구로 옳은 것은?

> 제품의 구매를 유도하기 위해 무료 혹은 낮은 비용으로 제공되는 상품이다. 이것은 패키지 안에 포함되거나 패키지 밖에 따로 준비되거나, 또는 우편으로 전달될 수도 있다. 예를 들어, 맥도널드(McDonald)는 해피밀 구매자에게 영화 〈아바타〉, 〈My Little Pony〉, 〈쿵푸 팬더〉 등에 등장하는 캐릭터 장난감 같은 다양한 상품을 제공했다.

① 쿠폰(coupon)
② 샘플(sample)
③ 현금환불(cash refunds)
④ 프리미엄(premiums)
⑤ 가격할인 패키지(price packs)

17 광고의 효과를 측정하는 중요한 기준의 하나가 도달(reach)이다. 인터넷 광고의 도달을 측정하는 기준으로 가장 옳은 것은?

① 해당광고를 통해 이루어진 주문의 숫자
② 사람들이 해당 웹사이트에 접속한 총 횟수
③ 해당 웹사이트에 접속한 서로 다른 사람들의 숫자
④ 해당 웹사이트에 접속할 가능성이 있는 사람들의 숫자
⑤ 해당 웹사이트에 접속한 사람들이 해당 광고를 본 평균 횟수

18 다른 판촉 수단과 달리 고객과 직접적인 접촉을 통하여 상품과 서비스를 판매하는 인적판매의 장점으로 가장 옳지 않은 것은?

① 고객의 판단과 선택을 실시간으로 유도할 수 있다.
② 정해진 시간 내에 많은 사람들에게 접근할 수 있다.
③ 고객의 요구에 즉각적으로 대응할 수 있다.
④ 고객이 될 만한 사람에게만 초점을 맞추어 접근할 수 있다.
⑤ 고객에게 융통성 있게 대처할 수 있다.

01 정답 ④

최근 1인 가구의 증가 추세로 1인 가구를 동일한 소비계층이 아니라, 세대별 특성에 따라 차별화된 소비계층으로 인식해 맞춤형 전략을 구사해야 한다.

02 정답 ⑤

백화점과 백화점 간의 경쟁은 수평적 경쟁이다.

03 정답 ⑤

가격이 높더라도 최상의 품질을 구매하는 '가치 포지셔닝'에 적합한 소매업태는 보석전문점이다. ①·②·③·④는 '저렴한 가격, 대량판매'라는 포지셔닝에 적합한 소매업태이다.

04 정답 ④

타깃 고객 스스로 자신의 사용용도에 맞출 수 있도록 서비스를 표준화·시스템화한 것은 소비자 편익에 의한 포지셔닝이다.

05 정답 ②

㉠은 시장침투전략, ㉡은 다각화전략이다.

06 정답 ①

아웃소싱은 자사의 핵심역량에 집중하면서 비핵심부문을 분사 또는 외주 등의 방법을 통해 기업가치를 제고하는 전략으로 해외시장에 진입하는 방식과는 거리가 멀다.

07 정답 ④

판매되지 않은 제품은 재고로 보관할 수 있지만 판매되지 않은 서비스는 소멸한다는 것이 서비스의 소멸성이다. 서비스는 재고로 보관할 수 없고, 서비스의 생산에는 재고와 저장이 불가능하여 재고조절이 곤란하기 때문에 호텔이나 리조트는 비수기에 고객을 유인하기 위한 다양한 서비스를 제공한다.

08 정답 ⑤

SERVQUAL 모형의 5가지 서비스 품질 평가 유형
• 유형성 : 물적 요소의 외형
• 신뢰성 : 믿을 수 있으며 명확한 임무수행
• 대응성(응답성) : 즉각적이면서 도움이 되는 것
• 확신성 : 능력 및 공손함, 믿음직스러움과 안전성
• 공감성 : 접근이 용이하고 의사소통이 잘 되면서 소비자를 잘 이해하는 것

09 정답 ⑤

㉠에는 '프라이스 존', ㉡에는 '프라이스 라인'이 들어간다.

10 정답 ③

① 고객들이 한곳에서 구매하고자 하는 상품들의 조합내용
② 규격·가격·외양 및 기타 속성이 다른 하나 하나의 제품단위로 제품계열 내의 단위
④ 소비자의 욕구 또는 경쟁자의 활동 등 마케팅 환경요인의 변화에 대응하여 한 기업이 시장에 제공하는 모든 제품의 배합으로 제품계열(product line)과 제품품목(product item)의 집합
⑤ 상품 유형에 따라 상품을 조직화 하는 방법

11 정답 ①

머천다이징은 여러 가지 의미로 다양하게 사용되고 있는데, 광의의 마천다이징은 생산된 제품이 유통매장에 도착하여 소비자에게 판매되기까지의 전과정을 의미하며, 협의의 머천다이징은 단순하게 매장에 진열, 즉 디스플레이의 개념으로 상품화계획을 수립하는 것을 의미한다.

12 정답 ⑤

판매 추세에 따라 발주가 이루어지므로 불필요한 상품의 입고가 줄어든다.

13 정답 ⑤

제시된 글상자에서 설명하고 있는 제품수명주기 단계는 성숙기이다. 제품확장 및 품질보증 도입은 성장기에 해당하는 상품관리전략으로, 성장기에는 시장점유율 확대가 목표이므로 자사제품을 취급하는 점포수를 확대하는 유통전략을 취하며, 시장에서의 경쟁이 심해짐에 따라 통상적으로 제품에 대한 사후서비스를 점차적으로 강화하게 된다.

14 정답 ③

단수가격 결정은 가격이 가능한 최하의 선에서 결정되었다는 인상을 구매자에게 주기 위하여 고의로 단수를 붙여 가격을 결정하는 방법이다.

15 정답 ⑤

항시최저가격전략은 수익성 향상보다는 시장점유율 향상에 초점을 맞추므로 경쟁기반 가격결정 전략이다.

16 정답 ④

프리미엄(premiums)대한 설명이다.
① 쿠폰(coupon) : 제품 구매시 소비자에게 일정 금액을 할인해주는 일종의 증서를 의미한다.
② 샘플(sample) : 구매자들이 시험삼아 사용할 수 있을 만큼의 양으로 포장하여 무료로 제공하는 것을 말한다.
③ 현금환불(cash refunds) : 소비자가 구매하는 시점에서 즉시 현금으로 되돌려 주는 것을 말한다.
⑤ 가격할인 패키지(price packs) : 같은 제품 또는 관련 제품 몇 가지를 하나의 세트로 묶어 저렴한 가격에 판매하는 것을 의미한다.

17 정답 ③

도달(reach)은 특정 기간에 적어도 한 번 이상 광고매체에 의해 노출된 사람들의 비율이므로 해당 웹사이트에 접속한 서로 다른 사람들의 숫자가 도달을 측정하는 기준이 된다.

18 정답 ②

인적판매는 고객과의 개별접촉을 하여야 하므로 촉진의 속도가 느려 정해진 시간 내에 많은 사람들에게 접근할 수 없다.

CHAPTER 02 | 디지털 마케팅 전략

최근 5개년 출제경향 회당 평균 0문제 출제(5개년 기준 총 15회)

	출제영역	2019	2020	2021	2022	2023	합계
제1장	유통마케팅 전략기획	33	42	38	35	39	187
제2장	디지털 마케팅 전략	-	-	-	-	-	-
제3장	점포관리	23	18	13	10	10	74
제4장	상품판매와 고객관리	10	12	17	21	15	75
제5장	마케팅 조사와 평가	9	3	7	9	11	39
	합계(문항수)	75	75	75	75	75	375

- 49.9%
- 19.7%
- 20%
- 10.4%

50 45 40 35 30 25 20 15 10

※ '제2장 디지털 마케팅 전략'은 시험 주관처에서 발표한 2024년 출제기준 개정안에 새로 추가된 이론이므로 최근 5개년(2019~2023년) 동안 기출문제에 출제된 문항에 포함되지 않습니다.

02 · 디지털 마케팅 전략

1 소매점의 디지털 마케팅 전략

01 디지털 마케팅에 대한 이해

(1) 디지털 마케팅의 개념

① 온라인상에서 디지털 기술을 활용하여 수익을 얻고자 수행하는 모든 전략적·마케팅 활동을 말한다.

② 디지털 마케팅에는 인터넷 마케팅, 블로그 마케팅, 소셜미디어 마케팅, 모바일 마케팅, 콘텐츠 마케팅 등이 있다.

③ 온라인 사용 인구와 시간이 지속적으로 늘어남에 따라 디지털 마케팅의 중요성이 더욱 커지고 있다.

(2) 디지털 마케팅의 특징

① 디지털 시대의 소비자는 참여적·능동적이기 때문에 디지털 마케팅의 핵심은 소비자 욕구와 양방향 커뮤니케이션이다.

② TV, 라디오, 신문 등의 전통적인 매체 광고보다는 비교적 적은 예산으로도 다양한 광고를 집행할 수 있다.

③ 노출 수, 클릭 수, 클릭률, 전환 비용 등과 같은 데이터를 통한 성과분석이 용이하다.

(3) 디지털 마케팅의 평가지표

① PAR(Purchase Action Ratio) : 브랜드 인지를 브랜드 구매로 전환시킨 정도를 의미한다.

② BAR(Brand Advocate Ratio) : 브랜드 인지를 브랜드 옹호로 전환시킨 정도를 의미한다.

개념 Plus

유인형(Pull)형 디지털 마케팅과 강요형(Push)형 디지털 마케팅

• 유인형(Pull)형 디지털 마케팅 : 이메일, 문자 메시지, 뉴스 피드 등을 통해 소비자가 특정 기업의 제품 광고 전송을 허가하는 것과 소비자가 직접 인터넷을 통해 특정 품목을 자발적으로 검색하는 것의 두 가지 형태로 이루어진다.

• 강요형(Push)형 디지털 마케팅 : 소비자의 동의 없이 웹사이트나 인터넷 뉴스에서 보이는 광고를 내보내는 것이다. 수신자의 동의 없이 문자 메시지나 메일을 보내는 '스팸'도 강요형 광고의 형태로 볼 수 있다.

02 온라인 구매결정과정에 대한 이해

(1) 온라인 구매결정과정의 개념

① 기존 전통적 구매결정과정 5단계를 기초로 하고 있으나, 인터넷 매체의 새로운 방식을 통한 상거래라는 온라인 구매결정과정의 특성상 약간 변형된 구매결정과정이 나타나기도 한다.

② 온라인 구매결정과정에서는 전통적 구매결정과정보다 신속한 의사결정을 하게 된다.

(2) 온라인 구매결정과정 5단계

① 1단계 외적 정보탐색단계

　　㉠ 소비자가 현재 가진 지식만으로는 불충분할 경우 추가로 정보를 습득하는 과정을 의미한다.

　　㉡ 어떤 제품을 처음 구매하는 경우 또는 구매간격이 길어지거나 신제품의 선택 폭이 넓을 경우 외적 정보탐색을 하게 된다.

　　㉢ 탐색 동기와 관여도에 따라 지속적 정보탐색과 구매 전 정보탐색으로 구분된다.

② 2단계 내적 정보탐색단계

　　㉠ 소비자가 경험에 의해 축적하였거나 수동적 학습에 의해 사전 정보를 기억으로부터 회상해 내는 활동을 말한다.

　　㉡ 사전에 구매 또는 사용해본 상표에 대한 만족이 크면 내적 정보탐색만으로 의사결정이 이루어지게 되는데, 이를 습관적 의사결정이라고 한다.

③ 3단계 대안의 평가

　　㉠ 소비자가 정보탐색 후 구체화 된 대안들이 어떻게 구매로 이어지는지 평가되는 과정을 말한다.

　　㉡ 대안평가 과정 : 신념 → 태도 → 의도의 과정을 거쳐 선택 및 구매에 도달된다.

　　㉢ 대안평가 요소 : 문화, 사회계층, 준거집단, 가족, 사회집단과 같은 환경요인과 개인의 심리적 요인이 대안평가에 영향을 많이 미친다.

④ 4단계 구매의도

　　㉠ 온라인에서는 오프라인처럼 제품을 직접 만져 볼 수 없기 때문에 소비자들은 온라인에서 제공하는 이미지나 제품 상세설명을 보고 구매결정을 해야 한다.

　　㉡ 따라서 제품 정보에 대한 충분한 콘텐츠와 편리하고 시각적인 탐색시스템이 제공되어야 고객의 구매의도가 증대될 수 있다.

⑤ 5단계 구매 후 평가

　　㉠ 소비자의 필요와 욕구에 의해 생겨난 기대를 충족시키거나 초과할 때는 만족이 발생하지만, 역으로 기대에 미치지 못할 때는 불만족이 발생한다.

　　㉡ 고객만족이란 고객의 욕구와 기대에 부응하여 그 결과로서 상품 및 서비스의 재구매가 이루어지고 고객의 신뢰감이 연속되는 상태를 의미한다.

개념 Plus

전통적 구매결정과정 5단계
욕구인지 → 정보탐색 → 대안평가
→ 구매 → 구매 후 평가

개념 Plus

구매의도의 세부요인
• 온라인기업의 특성 및 거래안전성
• 쇼핑성향 및 인지된 유통구조
• 지각된 품질·규모·명성·신뢰
• 소비자의 개인적 특성

03 소매점의 디지털 마케팅을 위한 목표결정

(1) 디지털 마케팅 목표 설정

① 마케팅 활동을 통해 성취하고자 하는 것을 계량화할 수 있는 수치로 설정한다.

② 마케팅 목표는 기업의 비전과 일치하여야 하며, 현실적으로 달성 가능한 정도여야 한다.

(2) 잠재고객의 발굴 및 마케팅 타깃 확대

① 기업은 디지털 마케팅을 통해 더욱 빠르고 광범위하게 잠재수요(잠재고객)를 발굴하고 고객들의 소비와 참여를 유인할 수 있게 되었다.

② 고객의 나이, 성별, 구매성향, 관심항목, 기업의 콘텐츠에 대한 반응도 등 고객정보가 빅데이터화되면서 기업은 보다 정밀하게 타깃을 설정할 수 있다.

(3) 경제성

① 디지털 마케팅은 오프라인 마케팅과 비교하여 투입비용이 저렴한 편이다.

② 소셜 미디어, 이메일 등 무료로 사용할 수 있는 매체를 손쉽게 찾아볼 수 있어 마케팅 자본이 적은 기업이나 마케팅을 이제 막 시작하는 단계의 브랜드의 경우 초기 단계에서 적은 비용으로 원하는 타깃 고객에게 쉽게 도달하는 효과를 볼 수 있다.

(4) 고객과의 실시간 상호작용

① 기업은 다양한 매체와 기술을 통해 실시간으로 고객의 반응을 분석 및 대응할 수 있다.

② 고객의 반응을 패턴화하여 새로운 수요를 창출하는 데 적극적으로 디지털 기술을 활용하고 있다.

(5) 콘텐츠의 다양화 및 개인화

① 스마트폰, 태블릿PC 등 모바일 기기가 보편화되고 소셜 미디어가 성장하면서 동영상, 사진, 카드뉴스 등 다양한 형식의 콘텐츠가 폭발적으로 증가하였으며, 기업의 일방적인 정보 전달식의 광고보다 사용자가 직접 콘텐츠를 서로 공유하고 확산하며 생산에 참여하는 새로운 디지털 콘텐츠 문화가 형성되었다.

② 최근에는 모바일 네트워크를 활용한 기술의 비약적인 발전으로, 위치나 동작인식 등의 센서기술이 상용화됨으로써 가상현실, 증강현실 등 가상과 현실 사이에 현장감을 극대화하는 콘텐츠와 함께 고객 성향을 빅데이터화 할 수 있게 되어 소비자에게 더욱 개인화된 마케팅과 서비스를 제공할 수 있게 되었다.

(6) 정량적인 효과 측정

① 사용자의 선택과 반응에 대한 정량적인 데이터를 수집할 수 있다.

② 기업은 정량화된 마케팅 성과분석을 통해 주어진 예산에서 가장 효율성이 높고 성과를 극대화할 수 있는 방식에 집중하며 보다 정교하고 효율적인 마케팅 전략 구축이 가능해졌다.

04 타깃 고객층 파악

(1) 페르소나(Persona) 기법

① 페르소나는 '가면', '인격'을 뜻하는 그리스어로, 주로 영화감독이 자신의 분신을 나타낼 때 많이 쓰는 표현이다.

② 마케팅에서는 특정 제품이나 서비스, 웹페이지를 사용하는 다양한 사용자들의 특징을 대표하는 가상의 모델을 의미한다.

③ 자사고객을 파악하고 마케팅 캠페인을 진행할 때 가상의 고객을 타깃으로 정해두고 그 고객의 기본 프로필, 성향, 개성, 사용·선호하는 미디어 채널, 주요 온라인 활동, 제품선호도 등을 파악하는 데 있어 페르소나 기법은 모호했던 마케팅 대상을 더욱 선명하게 해주고, 마케팅 전략의 방향성의 기반이 됨과 동시에 마케팅 캠페인의 성과를 판단하는 데 많은 도움이 된다.

개념 Plus

사용자 페르소나의 이점
• 고객에 대한 명확한 파악 가능
• 정보에 입각한 의사결정 가능
• 인간적인 감성 추가
• 제품의 정확성 개선
• 커뮤니케이션 개선
• 연속성 보장
• 사용자 맞춤 디자인 구축 가능

(2) 고객여정(Customer Journey) 분석

① 고객여정이란 고객이 기업의 제품 혹은 콘텐츠를 처음 접하고 구매에 이르는 일련의 과정이다.

② 고객여정을 분석하는 가장 큰 목적은 각 결정 단계에서의 선택 요인을 분석함으로써 고객의 행동을 이해하는 데 있다.

③ 디지털 마케팅에서 고객여정의 일반적인 단계는 인지 → 비교/탐색 → 경험 → 구매 → 공유 → 사후관리의 단계로 이루어진다.

④ 디지털 마케팅 전략 설계를 위해서는 이러한 고객여정의 과정 중, 각 고객행동의 단계별로 어떠한 디지털 채널과의 접점(Touch Point, 터치포인트)이 있는지를 함께 분석한다.

고객여정 과정의 단계별 행동요인

단 계	고객의 행동요인
인 지	• 처음 제품에 관심을 갖고 제품을 인지 • 상품에 관한 정보나 호기심을 자극하는 요소에 반응
비교/탐색	• 인지한 제품에 대한 추가 정보 탐색 및 비교 분석 • 다른 고객의 후기 등을 보고 꼼꼼히 살핌
경 험	• 동영상이나 고객 후기를 통해 고객이 제품 성능이나 차별점을 직·간접적으로 경험
구 매	• 제품 경험을 통해 구매 확신을 가지고 구매 전환 • 구매 전환을 위해서는 다양한 혜택을 알려주는 것이 필요
공 유	• 구매 후 느낀 경험을 공유 • 고객 공유 활성화를 위해 공유가 쉬운 채널을 이용하고 쉽게 공유할 수 있는 방법을 알려주어야 함
사후관리	• 구매 후 고객들이 추가로 필요한 사항을 지원하고 대응 • 주로 기업이 보유한 고객 접점 채널(홈페이지, 소셜 미디어, 이메일 등)에서 이루어짐

05 경쟁분석과 마케팅 포지셔닝

(1) 경쟁분석의 개념

① 시장 내에서 경쟁업체들의 활동을 평가하고 비교하는 과정이다.

② 경쟁분석을 통해 기업은 경쟁환경을 파악하고 경쟁 우위를 유지하기 위한 전략을 개발할 수 있다.

③ SWOT 분석과 미시환경 분석은 경쟁분석의 일환으로 자주 사용되며, 이를 통해 경쟁업체들의 강점과 약점을 식별할 수 있다.

(2) 경쟁분석의 중요성

경쟁분석의 중요성은 디지털 플랫폼과 소셜미디어 마케팅에서 특히 두드러진다.

① **디지털 플랫폼** : 기업들이 제품과 서비스를 홍보하고 판매하는 핵심 채널 중 하나로, 소비자 행동을 추적하고 데이터를 수집하는 데 사용된다.

② **소셜미디어 마케팅** : 소셜미디어 플랫폼을 활용하여 브랜드의 가시성을 높이고 고객과의 상호작용을 촉진하는 전략이다.

(3) 마케팅 포지셔닝

① **3C** : Customer(고객), Competition(경쟁), Company(기업)

Customer(고객)	Competition(경쟁)	Company(기업)
• 시장규모와 성장성 • 고객이 최대로 지불하고자 하는 가격	• 경쟁적 우위요소 • 경쟁의 강도	• 가용가능한 자원 • 현재 운영 중인 사업과의 시너지 • 전략적 적합도

② **소비자 구매행동 분석 : FCB 그리드 모델**

FCB 그리드 모델은 고관여–저관여, 사고–감성이라는 두 차원을 이용하여 네 가지 유형의 소비자 반응 모형을 제시하고, 각 유형에 적합한 광고 전략을 제시한다.

	사 고	감 성
고관여	**정보적(informative)** • 소비자 반응 모형 : 인지–느낌–행동 • 광고 측정 : 회상 • 매체 : 긴 카피, 사고를 유발하는 매체 • 크리에이티브 : 구체적 정보, 증명	**감성적(affective)** • 소비자 반응 모형 : 느낌–인지–행동 • 광고 측정 : 태도 변화, 정서적 환기 • 매체 : 큰 지면, 이미지 창출형 매체 • 크리에이티브 : 광고 접촉시 강한 임팩트 발생을 유도하는 감성적 광고
저관여	**습관성(habit formation)** • 소비자 반응 모형 : 행동–인지–느낌 • 광고 측정 : 판매, 매출액 추이는 곧 광고 효과를 나타냄 • 매체 : 작은 광고 지면, 노출 빈도 증대 • 크리에이티브 : 브랜드 상기, 습관형성적 광고	**자아만족 광고(self-satisfaction)** • 소비자 반응 모형 : 행동–느낌–인지 • 광고 측정 : 매출, 판매 조사 • 매체 : 입간판, 신문, POS • 크리에이티브 : 주의 환기, 자아만족적 광고

2 웹사이트 및 온라인 쇼핑몰 구축

01 사용자 경험(UX)에 대한 이해

(1) 사용자 경험(UX ; User Experience)의 개념

① 사용자가 어떤 시스템, 제품, 서비스를 직·간접적으로 이용하면서 느끼고 생각하게 되는 총체적 경험을 말한다.

② 단순한 기능이나 절차상의 만족뿐 아니라 전반적으로 지각 가능한 모든 면에서 사용자가 참여·사용·관찰하고 상호 교감을 통해서 알 수 있는 가치 있는 경험이다.

③ 공학 및 산업 디자인 분야에서 제품, 서비스, 시스템을 사용하면서 체험하는 전반적인 사용자 경험을 개선하기 위한 설계 영역을 지칭하는 용어로, UI(User Interface, 사용자 인터페이스)에서 더 포괄적으로 확장된 개념이다.

④ UX는 컴퓨터과학, 전기전자, 기계공학 등의 디자인 엔지니어 분야의 영역으로, 최근 모바일 앱과 웹사이트, 그리고 키오스크를 비롯한 각종 인터랙티브 인터페이스(interactive interface)를 가진 디지털 화면들을 기획 및 디자인할 때 특히 많이 쓰이고 있다.

(2) 사용자 경험(UX)의 특성

① **주관성** : 인간의 경험은 그 사람의 개인적, 신체적, 감정적 특성에 따라 각각 다르므로 '주관적'이라고 할 수 있다.

② **맥락성** : 어떤 것을 경험하게 될 때에는 외부적 환경에도 영향을 받기 때문에 '맥락성'이 존재한다.

③ **총체성** : 사용자 경험은 그것을 경험할 때 느껴지는 모든 감정들이 합쳐진 결론이기 때문에 '총체적'이라고 표현할 수 있다.

(3) 사용자 경험(UX)의 중요성

① 한 명의 사용자 경험이 모이고 모이면, 많은 사람들에게 영향을 미치는 거대한 이미지 및 평판으로 만들어 질 수 있다.

② 사용자 경험은 어떤 제품이나 서비스를 이용할 때 느껴지는 감정과 생각 등을 말하는 것으로 주관적인 성격을 띠고 있어 수치로 환산하여 측정하기는 어렵지만, 사용자 경험들이 모여 이미지와 평판, 긍정적인 브랜드 가치를 만들어내기 때문에 기업 입장에서는 중요한 부분이라고 할 수 있다.

02 온라인 쇼핑몰의 중요성과 이점

(1) 온라인 쇼핑몰의 중요성

① 제품 노출과 인지도 향상 : 인터넷 사용자들은 검색 엔진을 통해 원하는 제품을 찾기 때문에 광고를 통해 제품을 노출시키고, 온라인 쇼핑몰의 인지도를 높이는 것이 매우 중요하다.

② 타깃마케팅 : 온라인 광고 플랫폼은 사용자들의 검색 기록, 관심사, 구매 패턴 등을 분석하여 광고를 노출시킬 수 있기 때문에 이를 통해 온라인 쇼핑몰은 자신의 제품을 관심 있는 사용자들에게 집중적으로 홍보할 수 있다.

③ 고객 유치 및 유지 : 온라인 쇼핑몰을 통해 새로운 제품, 할인 행사, 이벤트 등을 소개함으로써 기존 고객들에게는 더 많은 구매를 유도하고, 새로운 고객들은 해당 쇼핑몰에 대한 관심을 가질 수 있다.

(2) 온라인 쇼핑몰의 이점

① 편의성 : 전국 수많은 고객들이 직접 자사 매장에 방문할 필요 없이 집에서 스마트폰으로 편하게 쇼핑이 가능하기 때문에 고객층의 범위를 크게 넓히면서 동시에 신속하고 정확한 판매를 24시간 내내 가능하게 한다.

② 다양한 제품 : 물리적 공간에 제한을 받지 않기 때문에 다양한 브랜드와 공급업체의 광범위한 제품을 제공할 수 있다.

③ 가격경쟁력 : 간접비가 낮기 때문에 주력 상품에 대한 경쟁력 높은 가격대가 형성될 수 있다. 실제로 같은 상품을 매장에서 직접 체험하고 만져본 후에, 온라인 쇼핑몰에서 더 저렴한 가격에 구매하는 사례가 크게 증가했다.

④ 개인화 : 고객 유입 통계 데이터를 분석하고, 소비자의 니즈가 반영된 알고리즘을 적용할 수 있기 때문에 실제 고객들이 어떤 키워드로 검색을 했고, 어떤 경로를 통해 자사 쇼핑몰에 유입되어 전환까지 진행되었는지를 면밀하게 파악해볼 수 있다.

⑤ 해외진출 : 온라인 쇼핑몰 제작은 고객 가용 범위를 폭넓게 증폭시킬 수 있어, 국내는 물론이고 해외로 진출할 수 있는 발판이 되어준다.

03 온라인 쇼핑몰의 기능과 결제시스템

(1) 온라인 쇼핑몰의 기능

① 온라인 쇼핑몰은 구매자와 판매자를 연결하는 중개자 역할을 한다.

② 온라인 쇼핑몰 웹사이트에서 판매자는 제품의 가격뿐만 아니라 기능과 품질에 대한 정보를 포함한 제품 제공을 게시할 수 있다.

③ 쇼핑몰 판매자는 쇼핑몰 통합업체 또는 채널 통합 소프트웨어를 활용하여 여러 온라인 쇼핑몰에서 제품을 효율적으로 나열하고 판매한다.

④ 잠재 고객은 상품을 검색해보고 가격과 품질을 비교한 후 판매자로부터 직접 상품을 구매할 수 있다.

⑤ 온라인 쇼핑몰은 소매점을 운영할 필요가 없기 때문에 판매자의 설치비용이 낮은 것이 특징이다.

⑥ 온라인 쇼핑몰에서는 동일한 상품을 여러 판매자가 제공할 수 있기 때문에 소비자는 판매자에 대한 리뷰의 지원을 받아 판매자를 선택할 수 있다.

⑦ 온라인 쇼핑몰의 편의성, 판매자 평점, 배송 옵션, 다양한 상품 선택 등 판매자 선택에 영향을 미치는 많은 요인에도 불구하고 고객은 주로 특정 상품의 최저 가격을 기준으로 선택한다.

개념 Plus

온라인 쇼핑몰의 단점
• 교환, 반품에 많은 시간 및 비용이 들 수 있다.
• 카드 수수료가 비싸다.
• 초기의 시스템 구축에 적지 않은 비용이 소요된다.
• 배송시 택배 비용을 추가로 부담해야 한다.

(2) 온라인 쇼핑몰의 결제시스템

① PG(Payment Gateway)사

㉠ 온라인 쇼핑몰에서 상품 및 서비스를 구매하는 고객들의 신용카드 및 기타 결제수단을 중계하는 일반적인 전자결제서비스를 의미한다.

㉡ 온라인 쇼핑몰의 경우 판매자가 직접 신용카드사와 가맹점 계약을 체결하기 어렵기 때문에 카드사와 PG사가 대표가맹점 계약을 체결함으로써 PG사는 온라인 결제대행사의 역할로 신용카드 결제 및 지불을 쇼핑몰을 통해 대행해준다.

㉢ PG사 결제시스템의 장·단점

장 점	단 점
• 보안성이 뛰어나다.	• 수수료 외 부가세가 발생한다.
• 플랫폼과의 쉬운 통합이 가능하다.	• 진입장벽이 높아 모든 업종에 적용이 어렵다.
• 시간과 공간의 제약이 없다.	• 특정 카드사와의 제휴가 어렵다.

개념 Plus

PG사의 종류
• 이니시스
• KCP
• KSPAY
• 올더게이트
• 올앳비즈
• 데이콤 빌게이트
• 텔렉

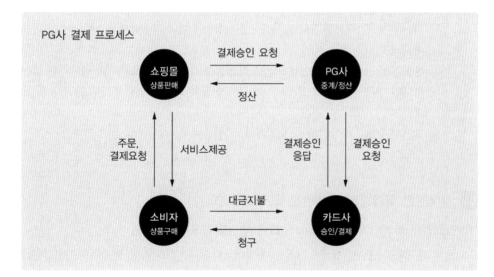

PG사 결제 프로세스

② 에스크로(Escrow)
  ○ 구매자와 판매자 간 신용관계가 불확실할 때 제3자가 상거래가 원활히 이루어질 수 있도록 중개를 하는 매매 보호 서비스를 말한다.
  ○ 에스크로는 사기방지 및 안전성 보장이라는 장점이 있기 때문에 주로 사기가 많이 발생하는 중고거래 플랫폼에서 에스크로 기반의 결제시스템을 구축한다.
  ○ 온라인 쇼핑몰에서 에스크로 서비스를 이용할 경우, 구매자는 판매자에게 직접 돈을 지불하지 않고 제품결제 시 구매자가 제품을 받을 때까지 지불한 돈이 에스크로에 보관되며, 이후 구매자가 최종적으로 구매확정을 하게 되면 에스크로에 저장되어있던 돈은 판매자에게 전달된다.

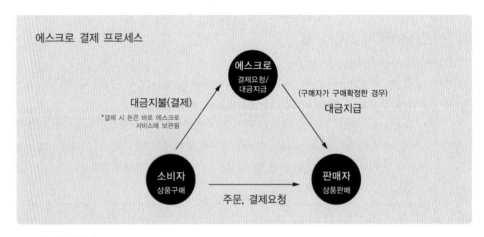

에스크로 결제 프로세스

③ 간편결제
  ○ 신용카드나 계좌 정보를 스마트폰 앱 등에 미리 등록해 지문인식이나 비밀번호 입력만으로 돈을 지불하는 서비스이다.
  ○ 최근 유통업계에서는 온라인 시장이 급성장함에 따라 간편결제 시스템 구축이 확산되고 있다.
  ○ 유통업계 간 경쟁이 치열해지면서 간편결제 시스템은 새로운 경쟁이 될 수 있는 하나의 전략이며, 자체 결제시스템 구축을 통해 고객확보 및 데이터 축적 등을 할 수 있다.
  ○ 간편결제에는 네이버페이, 토스페이, 카카오페이, 삼성페이 등이 있다.

04 검색엔진 마케팅과 검색엔진 최적화(SEO)

(1) 검색엔진 마케팅(SEM ; Search Engine Marketing)의 개념

① 검색 도구를 단순한 검색에 그치는 것이 아니라 적극적으로 특정 웹 사이트로의 방문을 유도하여 상품을 구입하게 하는 인터넷 마케팅 전략이다.

② 각종 유명 검색엔진에 등록하거나 검색 결과의 상위 랭킹, 그리고 사용자가 인식하지 못하더라도 광고 효과는 올릴 수 있는 모든 노력들을 통틀어 검색엔진 마케팅(SEM)이라고 한다.

(2) 검색엔진 마케팅(SEM)의 장점

① SEM을 통해 기업은 광고를 게재하자마자 검색 결과 페이지의 상단에 노출될 수 있어 즉각적인 가시성을 제공한다.

② 사용자가 특정 키워드를 검색할 때 광고가 노출되므로, 관련성 있는 고객에게 직접적으로 메시지를 전달할 수 있다.

③ 웹사이트 방문자를 고객으로 전환하는 전환율 제고에 큰 도움이 된다.

(3) 검색엔진 최적화(SEO ; Search Engine Optimization)의 개념

① 검색엔진 결과 페이지에서 자신의 웹사이트 혹은 웹페이지의 순위와 노출도를 높여 트래픽의 양과 질을 높이는 최적화 작업을 의미한다.

② 구글, 네이버, 다음 등의 다양한 검색엔진에서 검색이 이루어진 후 충실한 양질의 콘텐츠를 유저에게 신속하게 보여주는 것이다.

③ 검색엔진 최적화의 목표는 직접 트래픽 혹은 돈을 지불하는 키워드 광고(Paid Search) 결과가 아닌 자연검색어(Organic Search) 결과를 개선하는 것이다.

(4) 검색엔진 최적화(SEO)의 장점

① 웹 페이지 검색엔진이 자료를 수집하고 순위를 매기는 방식에 맞게 웹 페이지를 구성해서 검색 결과의 상위에 나올 수 있게 한다.

② 웹 페이지와 관련된 검색어로 검색한 결과가 상위에 나오게 되면 방문 트래픽이 늘어나기 때문에 비용처리 없는 효과적인 인터넷 마케팅 방법 중의 하나이다.

③ 지속적인 콘텐츠 개선과 연결되어 기업이 관리하는 웹페이지는 경쟁우위를 창출하게 되고, 잠재고객을 불러들이는 선순환이 지속되는 긍정적인 효과를 일으킨다.

(5) 검색엔진 최적화(SEO) 방법

① **보안 프로토콜(HTTPS)** : 전세계 주요 웹사이트가 모두 HTTPS로 전환하는 상황에서 검색엔진 최적화를 중요시하는 기업이라면 보안 프로토콜을 적용하여 운영하는 것이 바람직하다.

② **Robots.txt(로봇 배제 표준 파일)** : 웹사이트에 대한 검색엔진 로봇들의 접근을 조절 및 제어해주고 로봇들에게 웹사이트의 사이트맵이 어디 있는지 알려주는 역할을 한다. 만약 웹사이트 내 특정 페이지가 검색엔진에 노출되지 않기를 바란다면 robots.txt파일을 설정하여 이를 제어할 수 있다.

③ **Sitemap.xml(사이트맵)** : 웹사이트 내 모든 페이지의 목록을 나열한 파일로 책의 목차와 같은 역할을 한다. 사이트맵을 제출하면 일반적인 크롤링 과정에서 쉽게 발견되지 않는 웹페이지도 문제없이 크롤링되고 색인될 수 있게 해 준다.

④ **타이틀 & 메타디스크립션 태그** : 타이틀 태그는 웹페이지의 제목에 해당되고, 메타디스크립션은 웹페이지의 중심 내용을 요약하여 설명해주는 역할을 하는 것으로, 웹사이트의 웹페이지들은 각각 다른 내용을 포함하고 있기 때문에 웹페이지별로 독특한 타이틀 태그와 메타디스크립션 태그를 갖고 있어야 한다.

개념 Plus

검색엔진 마케팅(SEM)과 검색엔진 최적화(SEO)의 차이점
- 검색엔진 마케팅은 비용을 지불하면 검색창에 구매 키워드를 입력한 사람들에게 노출을 시키는데 반해, 검색엔진 최적화는 트래픽이 보장되지 않는다.
- 검색엔진 최적화는 검색엔진 마케팅에 비해 트래픽 효과가 오래간다.
- 검색엔진 마케팅은 즉각적인 효과가 있는 반면, 검색엔진 최적화는 트래픽 효과가 빨리 나타나지 않는다.
- 검색엔진 최적화는 검색엔진 마케팅에 비해 클릭율이 높다.

⑤ 소셜 검색엔진최적화 메타태그 : 오픈그래프(Open Graph)태그는 페이스북과 같은 소셜미디어에서 웹페이지 URL이 공유될 때 웹페이지의 주요 정보(제목, 이미지, 설명)가 표기되는 방식을 관리해주는 역할을 한다.

⑥ 이미지 태그 및 최적화 : 이미지와 관련된 여러 개의 HTML 태그 중, 검색엔진 최적화에 있어서 가장 중요한 것은 이미지 Alt 태그(대체 텍스트)인데, Alt 태그란 이미지에 대한 설명을 해주는 HTML태그를 의미한다.

⑦ 모바일 최적화 : 모바일 최적화를 위해서는 웹사이트를 아예 반응형으로 제작하거나 모바일용 웹사이트를 따로 운영하는 방법이 있는데 반응형 웹사이트를 만드는 것이 가장 좋은 검색엔진 최적화 방법이다.

⑧ 대표주소 설정(https / http / with www / without www) : 검색엔진 최적화의 핵심은 내 도메인, URL의 최적화 점수를 높이는 것이다.

⑨ 키워드 및 콘텐츠 최적화 : 계획 없이 작성된 콘텐츠는 해당 분야에 대한 주제 연관성이 낮기 때문에 상위 랭킹을 차지할 가능성이 매우 낮다. 따라서 콘텐츠를 기획할 때, 나의 웹사이트가 어떤 분야 및 주제와 관련이 있어야 할지에 대해 생각해보고 그 주제와 관련된 키워드를 찾은 후 콘텐츠를 작성해야 한다.

05 보안과 개인정보 보호

(1) 데이터 보안 기술

① 암호화 기술 : 데이터 보안의 중요한 부분은 데이터를 암호화하는 것으로, 대칭 및 비대칭키 암호화 기술은 중요한 데이터를 불법적인 접근으로부터 보호하는 데 사용된다.

> **대칭 및 비대칭키 암호화 기술**
> • 대칭키 암호화 기술 : 암호화에 사용되는 암호화키와 복호화에 사용되는 복호화키가 동일하다는 특징이 있으며, 이 키를 송신자와 수신자 이외에는 노출되지 않도록 관리해야 한다.
> • 비대칭키 암호화 기술 : 정보를 암호화하기 위하여 사용하는 암호화키와 암호화된 정보를 복원하기 위하여 사용하는 복호화키가 서로 다른 암호화 방식으로, 메시지 암호화를 할 경우에는 송신자가 보내고자 하는 메시지를 수신자의 공개키로 암호화하고, 수신자는 암호화된 메시지를 수신자의 개인키로 복호화하여 메시지를 복원한다. 인증에 적용할 경우에는 송신자의 개인키로 암호화하여 상대방에게 보내면 상대방은 송신자의 공개키로 암호문을 복호화함으로써 송신자가 보낸 메시지라는 것을 검증하는 암호화 기술이다.

② 접근 제어 및 인증 : 데이터에 접근하는 사용자를 식별하고 인증하는 기술은 데이터 보안에 필수적인 요소로, 다중요소 인증, 접근 제어 및 바이오 메트릭 인증 등과 같은 기술은 데이터에 대한 무단 접근을 방지하는 데 사용된다.

③ 보안 정보 및 이벤트 관리(SIEM) : SIEM 도구는 시스템에서 발생하는 보안 이벤트를 모니터링하고 관리하는 데 사용되는 것으로, 이러한 도구를 통해 위협을 미리 감지하고 대응 조치를 취할 수 있다.

SIEM(보안 정보 및 이벤트 관리)

- 조직에서 비즈니스에 문제를 일으키기 전에 보안 위협을 탐지, 분석 및 대응하도록 도와주는 솔루션을 의미한다.
- SIM(보안 정보 관리)과 SEM(보안 이벤트 관리)의 기능을 하나의 보안 관리 시스템으로 통합한 솔루션이다.
- SIEM은 여러 원본에서 이벤트 로그 데이터를 수집하고 실시간 분석을 바탕으로 정상적인 범위를 벗어나는 활동을 식별하여 적절한 조치를 취한다.
- SIEM은 조직에서 잠재적인 사이버 공격에 신속하게 대응하고 규정 준수 요구 사항을 충족할 수 있도록 조직 네트워크의 활동에 대한 가시성을 제공한다.

④ 위협 인텔리전스 : 위협 인텔리전스 기술은 최신 위협 및 공격에 대한 정보를 수집하고 분석하여 조기 경고 및 대응 조치를 지원한다.

⑤ 안전한 개발 및 취약점 관리 : 소프트웨어 개발 과정에서 보안을 고려하고 취약점을 식별하여 수정하는 기술은 데이터 보안을 강화하는 데 필수적이다.

⑥ 클라우드 보안 : 클라우드 환경에서 데이터 보안을 유지하기 위한 기술은 점점 더 중요해지고 있으며, 클라우드 서비스 공급업체는 데이터의 물리적·논리적 보안을 제공하는 기술을 구현한다.

(2) 개인정보 보호 기술

① 익명화 및 데이터 마스킹 : 민감한 개인정보를 보호하기 위해 사용하는 기술로, 개인 식별정보를 숨기고 데이터를 무력화시켜 개인정보 보호에 도움을 준다.

② 개인정보 규제 준수 : GDPR(General Data Protection Regulation), CCPA(California Consumer Privacy Act) 등의 개인정보 규정을 준수하고 개인정보 보호를 강화하는 기술은 기업과 조직에 꼭 필요한 것으로, 데이터 수집·보관·처리를 규제 준수와 일치시키는 기술을 사용한다.

GDPR과 CCPA

- GDPR : 유럽 의회에서 유럽 시민들의 개인정보 보호를 강화하기 위해 만든 통합 규정으로, 주요 항목에는 사용자가 본인의 데이터 처리 관련 사항을 제공 받을 권리, 열람 요청 권리, 정정 요청 권리, 삭제 요청 권리, 처리 제한 요청 권리, 데이터 이동 권리, 처리 거부 요청 권리, 개인정보의 자동 프로파일링 및 활용에 대한 결정 권리 등이 있다.
- CCPA : 소비자의 개인정보 보호를 강화하기 위해 제정된 캘리포니아주의 법(state law)으로, '개인정보와 소비자, 사업자 등에 관한 많은 용어의 정의', '소비자의 권리 부여', '제재 수단으로 민사적 구제수단과 민사벌금 제도를 규정' 등 크게 세 가지 범주로 구성되어 있다.

③ 블록체인 기술 : 데이터 변경을 불가능하게 만들고 개인정보를 안전하게 저장하는 데 사용되는 분산원장기술로, 중앙 관리자나 중앙 데이터 저장소 없이 데이터 관리의 신뢰성을 높이기 위해 분산 네트워크 내의 모든 참여자(peer)가 거래 정보를 합의 알고리즘에 따라 서로 복제·공유하여 데이터를 분산·저장하고 보호하는 데 도움을 준다.

④ 프라이버시 보호 도구 : 웹 브라우징, 메시징 및 이메일 통신을 위한 프라이버시 보호
도구는 개인정보 보호를 강화하는 데 사용되는데, VPN(가상사설망), 브라우저 확장
프로그램 및 암호화 메시징 앱은 개인정보 보호를 지원한다.

⑤ 데이터 권한 및 소유권 관리 : 사용자에게 데이터에 대한 권한을 부여하고, 데이터 소유
권을 관리하는 기술은 개인정보 보호와 데이터 소유권을 강화시키는 데 사용된다.

3 소셜미디어 마케팅

01 소셜미디어 플랫폼에 대한 이해

(1) 소셜미디어 플랫폼의 개념

① 사용자들이 인터넷을 통해 정보를 공유하고 소통하는 데 사용되는 온라인 서비스 또는
웹 사이트를 의미한다.

② 소셜미디어 플랫폼들은 사용자가 텍스트, 사진, 동영상, 링크 등 다양한 콘텐츠를 게시
하고 다른 사용자와 상호 작용할 수 있는 환경을 제공한다.

③ 사용자들은 소셜미디어 플랫폼에서 친구, 가족, 동료, 혹은 다른 사용자들과 연결하고
소통하며, 다양한 주제에 관한 정보나 업데이트를 공유할 수 있다.

④ 소셜미디어 플랫폼들은 소셜 네트워킹, 정보 공유, 커뮤니케이션, 엔터테인먼트, 비즈
니스 마케팅 등 다양한 목적으로 사용된다.

소셜미디어 플랫폼의 유형

유 형	특 징
소셜 네트워킹	• 플랫폼의 주요 기능은 '네트워킹(소통과 관계 맺기)'에 있으며 또한 주요 정보 획득의 창구기능을 한다. • 마케팅에서는 콘텐츠 전달 채널 또는 고객과의 소통 접점으로 주로 활용된다.
마이크로블로킹	• 이용자들은 PC나 모바일을 이용해 짧은 글귀나 사진, 동영상을 블로그에 올려 실시간으로 공유할 수 있다. • 마케팅에서는 고객과의 소통 채널로 주로 활용된다.
이미지(사진) 공유	사진이나 이미지를 주요 콘텐츠로 게시 및 공유하며 글귀보다 시각적인 효과가 높아 제품 광고에 효과적이다.
동영상 공유	동영상은 인터넷 트래픽의 80%를 차지하는 중요한 콘텐츠로, 최근에는 짧은 영상을 만들어 공유하는 형태가 유행하고 있다.

(2) 소셜미디어 플랫폼의 종류

① Facebook : 2004년 2월 4일 당시 19살이었던 하버드 대학교 학생 마크 저커버그와 에두아르도 세버린이 학교 기숙사에서 사이트를 개설하며 창업한 SNS 플랫폼으로, 사용자 프로필 형태가 동일하고 사진 관리와 노트 등의 부가기능이 다른 사이트보다 훨씬 강력하며, 확장성과 개방성이 뛰어나다는 장점이 있다.

② Instagram : Meta에서 운영하고 있는 이미지 공유 중심의 소셜미디어로, 인스턴트 카메라(Instant Camera)와 정보를 보낸다는 의미의 텔레그램(Telegram)을 합쳐 만든 것이다.

③ YouTube : 세계 최대 규모의 비디오 플랫폼으로 YouTube라는 명칭은 사용자를 가리키는 '유(You, 당신)'와 미국 영어에서 텔레비전의 별칭으로 사용되는 '튜브(Tube)'를 더한 것이다.

④ Twitter : 140자의 짧은 포스팅으로 이루어진 SNS로 2006년 7월 15일 본격적으로 서비스를 시작하였다.

⑤ TikTok : 15초에서 10분의 짧은 포맷의 영상(숏폼 비디오) 콘텐츠를 업로드하는 플랫폼 중 하나로 음악과 결합된 챌린지에 많이 활용되는 서비스이기 때문에 미국 대중음악 시장에도 큰 영향을 미치고 있다.

⑥ WhatsApp : Meta에서 운영하는 Messenger 앱으로 광고가 없는게 특징이며, 인스턴트 메시징 기능에 특화된 서비스이다.

⑦ LinkedIn : 2002년에 리드 호프먼이 주도하여 창업한 세계 최대의 비즈니스 전문 소셜 미디어로, Facebook이 본인의 '사적인' 인적사항 등을 적어놓는 친목 위주의 소셜 네트워크라면, LinkedIn은 본인의 스펙을 작성하는 소셜미디어이다.

⑧ 카카오톡 : 2010년부터 서비스 중인 유저수 약 5,000만명, 다운로드수 1억 회 이상의 모바일 메신저이다.

⑨ 네이버 밴드 : 주제별 모임, 취미 모임, 커뮤니티에 특화된 소셜미디어 플랫폼으로 폐쇄형 SNS로 시작하였으나 현재는 개방성이 크게 개선된 커뮤니티 형태로 운영 중이다.

⑩ 라인 : 네이버 재팬(현 LINE Co.)이 만든 메신저 앱으로, 일본 내에서는 부동의 1위를 차지하고 있다.

02 소셜미디어 마케팅

(1) 소셜미디어 마케팅의 개념

① 소셜 미디어 플랫폼과 웹사이트를 사용하여 제품이나 서비스를 제고하는 것이다.

② 인스타그램, 유튜브, 페이스북, 틱톡 등 다른 사람들과 교류할 수 있는 앱 서비스인 '소셜 미디어'를 활용하는 마케팅 기법이다.

③ 크게 SMM(Social Media Management) 마케팅과, 광고 마케팅(paid ads)으로 구분되는데, SMM 마케팅의 경우 콘텐츠 등을 업로드하여 자연스럽게 잠재 고객에게 노출시키는 전략인 반면, 광고 마케팅의 경우 플랫폼에 비용을 지불하고 원하는 타깃층에게 인위적으로 노출시키는 것을 의미한다.

(2) 소셜미디어 마케팅의 특징

① 사용자가 많고, 사용자의 정보가 모두 빅데이터화 되는 것이 가장 큰 특징 중 하나이다.

② SNS 사용자는 가입할 때 이용자의 성별, 거주 지역, 관심 주제 등의 기본 정보를 입력하기도 하며 다녀간 장소를 기록하는 위치태그 기능과 관심 있는 주제에 대한 콘텐츠 사용 기록이 데이터로 남기 때문에 정교한 잠재고객 타깃팅이 가능하다.

③ 소셜미디어를 통해 기업은 자체적인 계정을 운영하며 댓글 기능과 메신저를 통해 고객의 문의사항과 애로사항에 빠르게 대처하고, 고객과의 활발한 소통이 가능하다.

④ 기업은 전통적인 미디어에 비해 저렴한 예산으로 제품이나 브랜드 광고가 가능하며, 다양한 콘텐츠(이미지, 영상, 뉴스카드, 이벤트 등)를 활용한 광고와 브랜딩이 가능하다.

(3) 소셜미디어 마케팅의 구성

① **전략** : 목표에 따라 어떤 소셜미디어 채널을 사용할 것인가, 어떤 유형의 콘텐츠를 공유할 것인가를 결정한다.

② **기획 및 퍼블리싱** : 내세울 콘텐츠를 정한 후 적절한 시기에 노출시킨다.

③ **리스닝 및 인게이지먼트** : 비즈니스 자산에 대해 고객이 보이는 반응을 모니터링하고 소통한다.

④ **분석 및 리포팅** : 메시지의 도달, 빈도, 상호작용 등을 측정·평가·분석·보고한다.

⑤ **광고** : 매스미디어가 아닌 소셜미디어라고 해서 광고가 필요 없는 것은 아니기 때문에 효과적인 광고 집행을 통해 마케팅 효과를 크게 향상시킬 수 있다.

03 소셜미디어 광고

(1) 소셜미디어 광고의 개념

① 소셜미디어 플랫폼에서 사용자들에게 제공되는 광고형식으로, 소셜미디어를 통해 제품, 서비스 또는 브랜드를 홍보하고 마케팅하는 것을 의미한다.

② 주로 소셜미디어 플랫폼에서 사용되는 이미지, 동영상, 텍스트 등의 다양한 형식으로 제공되는 광고이다.

③ 기존의 전통적인 광고보다는 비용이 저렴하며, 타깃팅과 플랫폼 기능을 활용하여 더욱 효과적인 마케팅이 가능하다.

(2) 소셜미디어 광고의 중요성

① 소셜미디어는 현재 인터넷에서 가장 큰 시장 중 하나이며, 전 세계적으로 수억 명의 사용자가 소셜미디어를 이용하고 있기 때문에 소셜미디어는 광고주들에게 광범위한 대상층을 제공하고, 브랜드 인지도와 판매를 증진시키는 데 큰 역할을 한다.

② 소셜미디어 광고는 광고주들이 세부적인 타깃마케팅을 수행하도록 도와주는 매우 효과적인 도구로, 광고주가 원하는 특정한 지역, 연령대, 관심사 등에 맞춰 광고를 게재할 수 있도록 해주기 때문에 광고주들은 훨씬 더 높은 광고효과를 얻을 수 있다.

개념 Plus

소셜미디어 마케팅 측정 지표

• 리치(reach) : 콘텐츠가 얼마나 많은 사람들에게 노출되었는지를 나타내는 지표(팔로워 수, 독자 수 등)

• 참여(engagement) : 콘텐츠에 얼마나 많은 사람들이 반응하고 소통했는지를 나타내는 지표(좋아요 수, 댓글 수, 공유 수 등)

• 전환(conversion) : 콘텐츠를 통해 얼마나 많은 사람들이 원하는 행동을 했는지를 나타내는 지표(구매 수, 가입 수, 다운로드 수, 클릭수 등)

• 로열티(loyalty) : 콘텐츠를 통해 얼마나 많은 사람들이 브랜드에 충성도를 보였는지를 나타내는 지표(재구매율, 재방문율, 추천율 등)

(3) 소셜미디어 광고의 전략

① 목표설정

　㉠ 소셜미디어 광고를 시작하기 전에는 명확한 목표를 설정하는 것이 중요하다.

　㉡ 광고주는 광고를 통해 얻고자 하는 결과를 정확히 파악하고, 이를 바탕으로 광고를 제작·게재해야 한다.

　㉢ 브랜드 인지도 증진, 판매 증대, 웹사이트 트래픽 증가 등의 다양한 목표를 설정할 수 있는데, 이를 위해 광고주들은 소셜미디어 플랫폼에서 제공하는 분석도구를 이용하여 광고 성과를 분석한 후 이를 바탕으로 목표를 조정하는 등의 전략적인 마케팅을 수행해야 한다.

② 타깃팅

　㉠ 소셜미디어 광고는 사용자들에게 개인 맞춤형 광고를 제공할 수 있는 타깃팅의 기능을 수행하므로 광고주는 광고 대상을 자세하게 정의하고, 이를 바탕으로 타깃팅 광고를 제작해야 한다.

　㉡ 타깃팅 광고를 제작할 때는 광고 대상의 연령, 성별, 지역, 관심사 등을 고려해야 광고효과를 극대화할 수 있다.

③ 적절한 광고 형식 선택

　㉠ 소셜미디어는 다양한 형식의 광고를 제공하므로 광고주는 제품, 서비스, 브랜드에 맞는 적절한 광고 형식을 선택해야 한다.

　㉡ 제품의 시각적인 부분을 강조하고자 할 경우에는 이미지 광고나 동영상 광고를 활용하고, 브랜드의 이야기를 전달하고자 할 경우에는 스토리 광고를 활용할 수 있다.

④ 창의적인 콘텐츠 제작

　㉠ 소셜미디어 광고는 매우 치열한 경쟁 상황에서 노출되는 것이 일반적이기 때문에 광고주는 창의적인 콘텐츠를 제작하여 사용자들의 관심을 끌어야 한다.

　㉡ 광고주는 브랜드 이미지나 제품 특징을 강조하는 콘텐츠를 제작하고, 광고 콘텐츠의 미적인 요소도 중요하기 때문에 이미지나 동영상의 색상, 구도, 디자인 등을 고려하여 광고를 제작해야 한다.

⑤ 광고예산 및 비용의 효율성

　㉠ 소셜미디어 광고를 진행하기 위해서는 광고예산을 미리 계획해야 한다.

　㉡ 광고예산을 계획할 때는 광고 대상·형식·게재기간 등을 고려하여 적정한 예산을 계획해야 한다.

(4) 소셜미디어 광고의 성과 분석

① 소셜미디어 광고의 성과를 파악하기 위해서는 Facebook Ads Manager, Google Analytics, Sqrout Social 등의 다양한 성과 분석 도구를 이용해야 한다.

② 광고 성과 분석을 통해 광고의 클릭률, 전환율, 비용 대비 수익률 등을 파악할 수 있다.

개념 Plus

소셜미디어 광고 과금 방식
• CPC(cost per click ; 클릭당과금)
 : 링크를 클릭했을 때 과금하는 방식
• CPM(cost per millennium ; 천명 노출당과금) : 클릭과 관계없이 노출량에 따라 과금하는 방식
• CPA(cost per action ; 행동당과금)
 : 특정 행동에 대해 과금하는 방식
• CPV(cost per view ; 조회당과금)
 : 동영상 캠페인에 대해 조회당 비용을 과금하는 방식

4 데이터 분석과 성과측정

01 디지털 마케팅 데이터 분석의 개요

(1) 데이터 분석의 중요성
① 데이터 분석은 디지털 마케팅에서 성공적인 전략을 수립하는 데 핵심적인 역할을 한다.
② 데이터 분석을 통해 마케팅 캠페인의 성과를 추적하고 고객행동을 이해할 수 있다.
③ 기업은 보다 정확한 마케팅 의사결정을 내리고 예측 가능한 결과를 얻을 수 있다.

(2) 데이터 분석의 절차
① 마케팅 데이터 수집
  ㉠ 웹사이트 트래픽, 소셜미디어 플랫폼, 이메일 마케팅 등 다양한 출처로부터 데이터를 수집할 수 있다.
  ㉡ Google Analytics와 같은 도구를 활용하여 방문자 수, 페이지 조회수, 전환율 등의 지표를 추적할 수 있다.
② 데이터 전처리
  ㉠ 수집한 데이터는 분석에 적합한 형태로 가공되어야 한다.
  ㉡ 누락된 값이나 이상치를 처리하고 데이터를 정제하는 단계이다.
  ㉢ 데이터를 시간대별, 지역별, 고객 세그먼트별로 분류하여 다양한 관점에서 분석할 수 있도록 준비한다.
③ 데이터 시각화
  ㉠ 분석 결과를 직관적으로 이해할 수 있는 형태로 변환하는 과정이다.
  ㉡ 시각화를 통해 그래프, 차트, 대시보드 등을 활용하여 데이터를 시각적으로 표현할 수 있다.
  ㉢ 마케팅 전략에 대한 인사이트를 발견하고 의사결정에 활용할 수 있다.

02 효과적인 분석도구와 측정지표

(1) 효과적인 데이터 분석도구
① Google Analytics
  ㉠ 가장 인기 있는 웹 분석 도구 중 하나로, 웹사이트의 트래픽과 사용자 행동에 대한 데이터를 제공한다.
  ㉡ 방문자 추적, 전환율 측정, 키워드 분석 등 다양한 기능을 제공하여 마케팅 전략 수립에 도움을 준다.
② 키워드 분석 도구
  ㉠ 검색 엔진에서의 노출 빈도와 경쟁력 높은 키워드를 식별할 수 있다.
  ㉡ 검색 엔진 최적화(SEO)를 위한 키워드 전략을 수립하고 노출률을 향상시킬 수 있다.

개념 Plus

구글 애널리틱스를 사용하는 이유
- 방문자의 유입 출처 확인
- 사용자 행동 파악
- 양질의 트래픽 품질 평가
- 사이트 및 콘텐츠에 대한 평가
- 목표 데이터 설정
- 잠재고객 목록 생성

③ A/B 테스트

㉠ 두 가지 이상의 변형을 만들어 효과를 비교하는 실험적인 접근 방법이다.

㉡ 마케팅 캠페인이나 웹사이트 디자인 등에서 A/B 테스트를 활용하여 다양한 요소의 효과를 비교하고 최적의 옵션을 선택할 수 있다.

(2) 데이터 분석 결과의 활용

① 마케팅 전략 개선

㉠ 데이터를 분석하여 소비자 행동을 파악하고 타깃 그룹의 요구에 맞는 개인화된 마케팅 전략을 수립할 수 있다.

㉡ 고객 경험을 향상시키고 성과를 극대화할 수 있다.

② 고객행동 분석

㉠ 고객의 구매 패턴, 관심사, 선호도 등을 분석하여 개인별로 맞춤형 마케팅 전략을 구축할 수 있다.

㉡ 고객과의 관계를 강화하고 충성도를 높일 수 있다.

③ 마케팅 ROI 측정

㉠ 투자한 마케팅 예산 대비 얼마나 많은 수익을 창출했는지를 분석하여 마케팅 ROI를 측정할 수 있다.

㉡ 효과적인 마케팅 캠페인과 예산 분배를 결정할 수 있다.

(3) 디지털 마케팅 성과 측정에 활용되는 대표적인 지표

① 광고비용 대비 매출률(수익률)(ROAS ; Return of Ad Spending)

㉠ 투입된 광고비에 비해 얼마만큼의 매출이 창출되었는지 계산하는 지표이다.

㉡ 특정 광고의 효율성을 측정하는 데 활용된다.

㉢ '(광고를 통한 매출/투입 비용)×100'으로 계산되며 기업에게 가장 효율적인 광고 방식을 평가하는 데 활용할 수 있다.

② 도달 & 노출

㉠ 소셜미디어나 광고에서 콘텐츠가 얼마나 많은 소비자에게 소비되었는지 나타내는 개념이다.

㉡ 도달은 콘텐츠를 소비한 '사람들의 수'를, 노출은 콘텐츠(광고)가 소비자에게 '보이는 횟수'를 의미한다.

㉢ 디지털 마케팅에서는 콘텐츠의 효과를 검증하기 위해 '도달율(Reach Rate)'과 '노출당 비용(eCPM ; effective cost per mile)'이라는 개념을 사용한다.

㉣ 도달률은 특정광고 캠페인이 최소 1회 이상 노출된 타깃 고객의 비율을 의미한다.

㉤ 노출당 비용이란 1,000회의 유효 광고 노출당 발생하는 비용을 의미한다.

$$\text{노출당 비용(eCPM)} = \frac{\text{광고투입 비용}}{\text{유효노출 횟수}} \times 1,000$$

개념 Plus

마케팅 ROI

마케팅에서 광고나 홍보, 판촉 행사 등을 할 때 투자 대비 수익이 어느 정도인지를 측정할 때 사용되는 마케팅비용 관리기법으로, 성과를 정량적으로 측정하고 마케팅 예산을 배분하는 데 활용한다.

③ 클릭율(CTR ; Click Through Rate) : 콘텐츠의 노출 대비 클릭한 사람의 비율을 의미한다.

$$클릭율 = \frac{광고\ 클릭수}{노출수} \times 100$$

④ 전환율(CVR ; Conversion Rate)
　㉠ 얼마나 많은 사람들이 콘텐츠를 보고 행동을 '전환'하였는지를 측정하는 지표이다.
　㉡ 구매나 회원가입, 다운로드, 링크 클릭 같이 마케터가 유인하는 '행동'으로 이어진 정도를 측정하는 데 사용된다.

⑤ 투자수익률(ROI ; Return of Investment)
　㉠ 투자기업의 순이익을 투자액으로 나눈 값을 의미하며, 마케팅에서 가장 널리 활용하는 성과 측정 기준 중 하나이다.
　㉡ 마케팅에 투자한 비용 대비 순이익의 비율을 나타내므로, ROI가 높다는 것은 "마케팅(또는 광고)의 효과가 높다"는 것을 의미한다.

$$ROI = \frac{마케팅(또는\ 광고)을\ 통한\ 수익}{광고비} \times 100$$

우리 인생의 가장 큰 영광은
결코 넘어지지 않는 데 있는 것이 아니라
넘어질 때마다 일어서는 데 있다.

- 넬슨 만델라 -

CHAPTER 03 | 점포관리

최근 5개년 출제경향 회당 평균 4.9문제 출제(5개년 기준 총 15회)

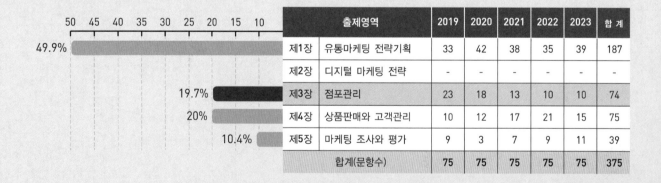

	출제영역	2019	2020	2021	2022	2023	합 계
제1장	유통마케팅 전략기획	33	42	38	35	39	187
제2장	디지털 마케팅 전략	-	-	-	-	-	-
제3장	점포관리	23	18	13	10	10	74
제4장	상품판매와 고객관리	10	12	17	21	15	75
제5장	마케팅 조사와 평가	9	3	7	9	11	39
	합계(문항수)	75	75	75	75	75	375

49.9%
19.7%
20%
10.4%

50 45 40 35 30 25 20 15 10

CHAPTER

03

점포관리

1 점포구성

01 점포구성과 설계

(1) 점포구성의 의의 기출 20 · 14

① 점포는 고객들에게 제품 및 서비스를 판매·제공하는 공간으로 고객들에게 구매행동에 대한 올바른 정보를 전달함은 물론이고 무엇보다 교환가치를 창출할 수 있어야 한다. 이를 위해서는 그 점포가 무엇을 판매하고 누구를 위한 점포인지에 대한 명확한 특징이 있어야 하는데, 이는 점포를 어떻게 효율적으로 구성·설계할 것인가와 관련된다. ★

② 우선 점포는 소비자들이 특별한 노력을 기울이지 않아도 점포를 용이하게 찾을 수 있도록 하여야 한다. 즉 점포는 불특정한 여러 계층의 소비자들을 대상으로 하기 때문에 그 앞을 지나가는 소비자들이 내부의 분위기를 느낄 수 있도록 구성·설계되어야 한다. 이때, 점포의 간판은 소비자들로 하여금 해당 점포를 발견하고 확인하게 하는 기능과 더불어 해당 점포에 대한 이미지를 심어주는 역할을 수행한다.

③ 점포는 판매사원의 접객과 서비스 하에 소비자들이 원하는 상품을 구입할 수 있는 환경을 만들고, 찾고자 하는 상품을 찾기 쉬운 곳에 진열하는 시스템, 즉 소비자들의 눈에 잘 띄게 상품정보를 제공하고 이를 알리는 점포 내 표시에 노력을 기울여야 한다.

(2) 점포설계의 의의 기출 21

① 점포는 유동객의 수, 도로의 위치, 해당 점포 주변 상권에 살고 있는 소비자들의 연령·성별·소득별에 따라 진열방식, 점두구성, 진열기구 종류 등을 입지조건에 맞게 설계해야 한다. ★

② 점포는 경영의 장소이기 때문에 그 안에서 발생되는 청소, 진열, 상품보충, 판매 등의 작업측면에서의 노동생산성도 고려하여 설계가 이루어져야 한다. 물론 이 경우에도 소비자 중심의 사고방식이 전제가 되어야 한다.

③ 점포설계는 점포 공간의 생산성을 향상시키고, 고객이 구매결정을 할 때 도움을 준다.

④ 점포설계의 비용적인 측면과 매출 및 이윤을 통한 가치 획득적인 측면 사이의 관계를 고려하여 설계가 이루어져야 한다. 결국 좋은 점포의 설계라는 것은 이익 및 매출액을 극대화할 수 있는 노동생산성 향상 방법이 얼마나 잘 짜여 있는지에 따라 결정된다.

(3) 상품이 잘 팔리는 점포구성의 요소

① 목표로 하는, 즉 소비자층에 대한 적절한 상품의 구성
② 지역 소비자들에게 부합되는 가격대 설정
③ 소비자들이 점포에 편리하게 방문할 수 있는 점포의 입지조건
④ 점포 외부에서 보았을 때 매력 있는 점포의 외관
⑤ 활용성 및 안전성을 고려한 점포 설비 및 시설
⑥ 소비자들이 한눈에 봐도 알기 쉬운 매장의 배치
⑦ 매력 있는 진열과 판매용 수단
⑧ 넉넉한 상품 및 점포 내부의 장식물
⑨ 점포 또는 판매원들이 풍기는 분위기

[점포의 기본요소]

개념 Plus

비주얼 머천다이징(VMD)
시각적인 상품 정책이라는 뜻으로 기업 혹은 브랜드가 지향하는 이미지와 콘셉트를 구체화시켜 매장 내부·외부의 디스플레이를 더욱 매력적으로 연출하는 것을 말한다. VMD는 브랜드의 제품을 시각적 효과로 나타내주어 고객의 구매행동을 유도하고, 참여시켜 구매의욕 동기를 부여하는 역할을 한다.

02 점포 디자인(Design)

(1) 점포 디자인 계획 기출 14

① 점포 입지의 선정 후 점포 콘셉트를 확립시키고, 점포 설치의 기초를 이루는 점포 디자인 계획을 수립해야 한다.
② 점포 디자인 계획은 단순하게 해당 점포를 편리하면서도 아름답게 꾸미는 것에 그치는 것이 아닌 소비자들에게 상품소구를 통해 그들을 흡수하게 하는 요인이 되므로, 소비자들이 상품을 용이하게 구입하도록 계획을 수립해야 한다.
③ 점포 개설에 있어서 많은 자본 및 시간과 노력이 투입되는 설비·시설을 필요로 하고 한번 설치하게 되면 점포의 구조변경이 어렵기 때문에 중·장기적 계획을 통한 경영전략의 최적화 및 비용절감의 원칙 하에 결정되어야 한다.

(2) 점포 디자인의 4대 요소 기출 20·19

구 분	내 용
외부 디자인(Exterior)	점두(店頭), 간판시설, 입구, 건물의 높이, 진열창, 고유성 및 시각성, 주변지역, 교통의 혼잡성, 주변 점포, 정차장
내부 디자인(Interior)	조명, 온도 및 습도, 색채, 판매원, 탈의장, 냄새 및 소리, 바닥, 통로, 수직동선, 집기·비품, 벽면 재질, 셀프서비스
진열 부분	조화, 구색, 카트, POP 광고물, 주제 및 장치, VMD 진열보조구, 포스터, 게시판, 선반 및 쇼케이스
레이아웃	고객동선, 상품공간, 후방공간, 판매원공간, 휴식공간, 작업동선, 상품동선, 고객용 공간

출제지문 돋보기 OX

01   [19-2]
점포 디자인의 요소에는 외장 디자인, 내부 디자인, 진열 부분, 레이아웃 등이 있다.   (   )

02   [18-1]
점포의 구성과 배치는 고객의 충동구매를 자극하지 않도록 설계해야 한다.   (   )

정답 1. ○ 2. ×

(3) 점포 디자인 시설의 종류

① **전방시설** : 대개 고객 유도 및 선전 기능을 담당하는 시설로서 점포의 외관과 간판시설, 점두시설 및 쇼윈도 등을 포함한다.

② **중앙시설** : 점포의 주요 판매시설을 뜻하며, 진열 쇼케이스, 진열대, 진열용구, 선반대, 조명시설 등을 포함한다.

③ **후방시설** : 점포의 관리와 운영을 위한 지원시설로서 사무실, 작업장, 창고, 직원휴게실 등을 포함한다.

03 온라인 쇼핑몰 구성과 설계

(1) 온라인 쇼핑몰의 기본 구성요소

① **솔루션**

　㉠ 임대형 : 이미 형성되어 있는 뼈대를 사용하는 것으로, 비용이 저렴하고 쇼핑몰 기능에 최적화되어 있어 관리자 기능이 강하며, 커스터마이징에 한계가 있다.

　㉡ 구축형 : 설계부터 시작하여 뼈대를 새로 구축하는 것으로, 서버와 호스팅을 구매하고 직접 쇼핑몰 설계부터 기능 구현까지 수행해야 하므로 비용이 비싸며, 필요한 기능만 삽입하기 때문에 관리자 기능이 임대형에 비해 약하다.

② **로고** : 로고를 기준으로 쇼핑몰 전체의 색상이나 레이아웃이 결정되기 때문에 로고는 쇼핑몰 제작의 중요한 교두보 역할을 한다.

③ **메인페이지** : 고객이 쇼핑몰에 접속했을 때 제일 처음 보게 되는 화면으로, 쇼핑몰의 모든 기획과 이벤트가 압축되어 메인페이지에 노출되기 때문에 쇼핑몰의 흥망을 결정하는 중요한 요소이다.

④ **서브페이지** : 메인페이지에서 고객이 콘텐츠를 클릭할 때 클릭한 해당 콘텐츠가 포함된 페이지이다. 메인페이지에는 구성에 한계가 있기 때문에 배너 형태의 이벤트를 삽입한 후 고객이 배너를 클릭하면 상세 내용이 포함된 서브페이지로 이동하게 된다.

⑤ **제품사진** : 온라인 쇼핑몰에서 판매할 제품의 사진으로, 인위적이지 않은 선에서 제품을 가장 돋보이게 촬영하여 게시해야 한다.

⑥ **제품 상세페이지** : 제품사진만으로 제품의 모든 사항을 설명할 수 없으므로 제품에 대한 보조설명 및 특징, 장점 등을 디자인을 통한 상세페이지로 구성한다.

(2) 온라인 쇼핑몰의 구축 과정

> 도메인 구매 → 호스팅 또는 쇼핑몰 솔루션 → 기획 → 디자인 → 퍼블리싱 및 개발 → 쇼핑몰 제작 완료

① 브랜드 이름을 고려한 도메인(주소)을 선정하고 구매한 후, 쇼핑몰을 구축할 수 있는 공간인 호스팅이 세팅되면, 기획 단계로 넘어간다.

② 기획 후 디자인, 퍼블리싱 및 개발 등 3단계를 더 거치면 쇼핑몰 제작이 완료된다.

개념 Plus

뎁스(depth)
고객이 한번 클릭하면 화면이 바뀌게 되는 것을 페이지가 한번 더 깊어진다는 의미로 '1뎁스'로 표현한다.

04 온라인 쇼핑몰 UI, UX 등

(1) 사용자 인터페이스(UI ; User interface)

① 휴대폰, 컴퓨터, 내비게이션 등 디지털 기기를 작동시키는 명령어나 기법을 포함하는 사용자 환경을 의미한다.

② 이용자들이 IT기기를 구동하기 위해서 접촉하는 매개체로 컴퓨터를 조작할 때 나타나는 이른바 '아이콘'이나 텍스트 형태 구동화면도 포함된다.

③ 스마트폰의 경우 애플리케이션 아이콘 형태 및 화면 구성을 가리킬 때가 많다.

(2) 사용자 경험(UX ; User Experience)

① 사용자가 어떤 제품이나 서비스를 이용하면서 축적하게 되는 모든 지식과 기억, 행동과 감정의 총체적 경험이라고 할 수 있다.

② 단순히 기능이나 절차상의 만족뿐 아니라 전반적인 지각 가능한 모든 면에서 사용자가 참여, 사용, 관찰하고 상호 교감을 통해서 알 수 있는 가치 있는 경험이다.

③ 긍정적인 사용자 경험의 창출은 산업 디자인, 소프트웨어 공학, 마케팅, 및 경영학의 중요 과제이며 이는 사용자 니즈의 만족, 브랜드 충성도 향상, 시장에서의 성공을 가져다 줄 수 있는 주요 사항이다.

2 매장 레이아웃 및 상품진열

01 매장 레이아웃의 개요

(1) 매장의 의의 및 역할

① 매장이란 유통경로를 통하여 공급된 상품을 고객에게 판매하는 곳을 말한다.

② 매장은 상품을 전시하는 전시장이 아니라 상품을 판매하는 곳이다.

③ 매장은 고객에게 가치를 제공하며, 고객으로 하여금 제공된 가치에 대하여 만족을 느끼게 하는 곳이다. 가치가 있다는 것은 가격이 비싼 것을 의미하는 것이 아니라 고객이 지불한 대가에 대하여 만족을 느끼는 것을 뜻한다.

④ 매장은 기본적으로 수익을 실현하는 곳이다.

⑤ 매장은 고객에 대한 정보 수집을 가장 현실적이고 빠르게 입수하는 곳이며, 이러한 정보를 토대로 상품흐름이나 고객의 소비흐름에 대한 추이도 파악할 수 있는 곳이다.

(2) 매장의 기본조건

① 매장은 고객에게 꼭 필요한 상품을 잘 보이게 하면서 쇼핑에 편리하도록 조성해야 하며, 환경이미지에 적합하도록 설계하여야 한다.

② 매장은 상품을 구입하고 쇼핑을 즐기는 곳이므로 쇼핑에 불편함을 제공하는 장애물이 있어서는 안 된다

③ 너무 많은 다양한 상품이 진열된 매장구성은 오히려 소비자들에게 불편함을 초래하게 되며, 쇼핑의 편리성을 저해시키는 요인으로 작용하게 되니 주의해야 한다. ★

(3) 매장의 구성기준

① **주력상품과 보조상품** : 점포의 입장에서 보면 주력상품의 그룹인지, 보조상품의 그룹인지가 기준이다(예 숙녀복 전문점의 경우 의류가 주력이며, 액세서리의 경우 보조가 됨).

② **내점빈도** : 소비자들의 입장에서는 내점빈도(구매빈도)가 높은지 또는 낮은지가 기준이다(예 통상적으로 슈퍼마켓의 경우 채소류가 정육 또는 생선보다 구매빈도가 높음).

③ **구매목적** : 소비자의 시선에서 보면 관련구매 상품인지, 목적구매 상품인지, 충동구매 상품인지가 기준이다(예 유아용품 및 신사복 등은 목적구매 상품에 해당).

④ **상품매출** : 총이익률·매매수량·단품금액의 경우 높고 낮은지가 기준이다.

(4) 매장 내 상품의 분류

① 분류는 영어로 'Assortment'이다. 이는 '균형을 이룰 수 있도록 조화롭게 구성한다'는 의미로 매장을 방문하는 소비자들의 입장, 사용하는 사람의 입장에서 점포 측이 구성한 결과가 매장 단위라는 것을 의미한다.

② 소비자들이 점포에 내점하는 것은 원하는 상품을 구입하기 위함이므로 상품이 보다 더 소비자들에게 눈에 잘 띌 수 있도록 진열되어야 한다.

③ 소비자들은 수많은 상품 중 몇몇 상품만을 찾으므로 소비자들이 고르기 쉽고, 찾기 쉽고, 상품에 대한 의사결정을 용이하게 하도록 매장을 꾸며야 한다. 이러한 매장을 만들기 위한 작업이 상품 분류이다.

(5) 상품을 분류해서 매장단위를 결정할 때의 조건

① 고객 입장에서의 편리성을 추구하여야 한다.

② 상품을 구매 및 선택하는 입장에서의 편리성을 고려하여야 한다.

③ 아름다운 프리젠테이션으로 소비자들에게 접근해서 부담감을 제거해야 한다.

④ 주기별 또는 계절별 MD를 개편하여 계절을 앞서 나갈 수 있어야 한다.

⑤ 상품의 명칭은 통상적으로 소비자들이 사용하는 일상적인 언어를 활용해서 친근감을 제공할 수 있어야 한다.

(6) 매장 내 상품 분류의 편리성

구 분	내 용
소비자 측면	• 해당 점포에 재방문 의사가 생긴다. • 상품 선택에 부담이 없다. • 원스톱 쇼핑의 즐거움을 느낄 수 있다. • 구입하고자 하는 상품 구입을 짧은 시간 내에 끝낼 수가 있다.
점포 측면	• 상품의 구성이 특정한 용도별로 함께 모여 있으므로 시각에 따른 상품의 관리가 용이하다. • 소비자들에게 매번 상품에 대한 안내를 하지 않아도 상품을 선택하게 할 수 있으므로 상품 설명 등에 따른 응대시간을 줄일 수 있다. • 소비자들로 하여금 종합적인 구매를 유도해 1인당 상품구매 개수를 늘릴 수 있다. • 소비자들에게 보다 더 많은 상품을 보이게 함으로써 객단가를 높일 수 있다.

02 매장 레이아웃 및 공간계획

(1) 매장 레이아웃의 의의 `기출 15·13·12·10`

① 매장 레이아웃이란 보다 효율적인 매장 구성이나 상품진열, 고객동선, 작업동작 등을 위한 일련의 배치작업을 말하며, 사전 상권조사를 통한 점포 콘셉트를 설정한 후에 작성해야 한다. ★

② 매장 레이아웃의 설계는 고객의 심리를 파악하고 무의식적으로 점포 안을 자유롭게 걷게 함으로써 보다 많은 상품을 보여주고 구매하도록 하는 기술을 말한다. ★

③ 상품배치의 다양한 관점·기준들 중 특히 소비자 관점에서 본 상품 간 관련성을 고려하여 상품을 배치하는 것이 중요하고, 시설물을 적절히 배치하여 고객이 주요 전시물과 점포 내부를 완전히 볼 수 있도록 해야 한다. 따라서 소비자의 본능적 행동양식과 업종 및 업태 그리고 점포규모에 따라 적절하게 응용하여 조화를 이루도록 매장 레이아웃의 원칙에 유의하여 매장을 배치하여야 한다. ★

(2) 매장 레이아웃의 설계 목적 `기출 15`

기업이 점포를 운영하는 것은 이익을 얻기 위함이므로 매장의 레이아웃은 이익을 올릴 수 있도록 설계되어야 한다. 이익을 얻기 위해서는 매출을 올림과 동시에 낮은 경비로서 점포의 운영이 가능해야 하는데 이는 궁극적으로 매장 레이아웃을 설계하는 목적이 된다. ★

(3) 매장 레이아웃의 설계 시 유의 사항 `기출 20·17`

① 구석구석까지 고객의 흐름을 원활하게 유도하도록 설계한다.

② 상품운반이 용이하고 고객의 이동은 방해받지 않도록 통로를 구성한다.

③ 구매를 촉진시키기 위해 연관성 있는 상품을 한 곳에 모은다.

④ 고객의 라이프스타일에 따라 상품을 결합하여 고객의 불필요한 동선을 줄인다.

⑤ 고객동선은 가능한 한 길게, 작업동선은 가능한 한 짧게 하는 합리적이고 이상적인 동선의 레이아웃이 이루어져야 한다. ★★

(4) 매장 레이아웃의 유형 `기출 21·20·19·18·16·14·13·11`

① 격자형 레이아웃

　㉠ 쇼케이스, 진열대, 계산대, 곤돌라 등 상품의 진열설비가 주로 열을 지어 위치하기 때문에 쇼핑객 다수가 모든 선반의 상품들을 일정한 방식에 따라 자신이 필요하다고 생각하는 데로 이리저리 둘러볼 수 있다. ★

　㉡ 고객의 동일 제품에 대한 반복구매 빈도가 높은 소매점, 즉 대형마트, 슈퍼마켓, 디스카운트 스토어, 버라이어티 스토어, 하이퍼마켓, 식료품점의 경우에 주로 배치하는 유형이다. ★

　㉢ 매장에 기둥이 많고 기둥 간격이 좁은 상황에서도 설비비용을 절감할 수 있으며, 통로의 폭이 동일하게 직각으로 구성되어 있어 건물전체 필요면적이 최소화된다. ★

　㉣ 공간낭비를 줄일 수 있어 비용이 적게 들며, 표준화된 집기배치가 가능한 반면, 단조로운 구성으로 인해 고객이 익숙해지기 쉬워 쇼핑과정에서 지루함을 느낄 수 있다. ★

개념 Plus

매장 레이아웃의 관리영역
• 상품 및 집기의 배치와 공간 결정
• 계산대 배치 및 공간 결정
• 통로의 배치와 공간 결정
• 쇼핑공간 및 예상되는 고객동선의 결정 등

개념 Plus

레이아웃 의사결정 순서
상품배치결정 → 고객동선결정 → 판매방법결정 → 진열용 기구배치

개념 Plus

매장의 일반적 구성
매장은 크게 특선품 구역, 재고보관 구역, 벽으로 구분된다. 특선품 구역은 고객의 관심을 끌기 위해 설치하는 것으로, 엔드매대(End Caps), 판촉구역, 자유진열대, 계산구역, 쇼윈도 등으로 나눌 수 있다.

출제지문 돋보기 OX

01 [15-3]
점포 레이아웃관리의 영역에는 상품 및 집기의 배치와 공간 결정, 계산대 배치 및 공간 결정, 통로의 배치와 공간 결정, 쇼핑공간 및 고객동선의 결정 등이 있다. (　)

02 [14-1]
점포의 레이아웃은 사전 상권조사를 통한 점포 콘셉트를 설정한 다음에 설계되어야 한다. (　)

정답 1. ◯ 2. ◯

점포의 판매공간에서 활용하는 용어정리

• 랙(rack) : 상품 진열 혹은 보관을 위해 사용되는 기둥과 선반으로 구성된 구조물
• 블랙룸(black room) : 점포에서 고객이 들어갈 수 없는 시설 또는 공간
• 일배식품 : 일일배송 상품으로 매일 일정한 시간대에 점포로 배송하는 상품
• 샌드위치진열 : 진열대 내에서 잘 팔리는 상품 곁에 이익은 높으나 잘 팔리지 않는 상품을 진열하는 것

② 자유형(Free Flow) 레이아웃

　㉠ 비품과 통로를 비대칭으로 배치하는 방법으로, 사용하는 집기, 비품류의 대부분은 원형, U자형, 아치형, 삼각형과 같은 불규칙한 형으로 배치한다. 매장 정면의 전체 패턴을 바꾸지 않고도 집기를 삽입하거나 제거함으로써 축소·확장이 가능하다는 이점이 있다. ★★

　㉡ 자유형 배치는 일명 '**부띠크 배치**'라고도 하는데, 진열 쇼케이스, 진열대, 계산대, 집기, 비품이 자유롭게 배치되어 있어 고객의 시선을 끈다. 따라서 고객이 점포를 돌아다니며 신상품을 둘러보기에 적합한 배치형태이다.

　㉢ 고객의 자유로운 쇼핑과 **충동적인 구매를** 기대하는 매장에 적격인 점포배치로서 주로 규모가 작은 전문점(의류점 등) 매장이나, 여러 개의 작은 전문점 매장이 모여 있는 대형점포에서 채택하는 방식이다. ★★

　㉣ 자유형 레이아웃의 최대 장점은 고객을 매장 안으로 자연스럽게 유인하는 것이다. 한편, 소비자들이 원하는 상품을 찾기 위해 소비하는 시간이 오래 걸려서 전체적인 쇼핑시간이 길어지고, 또한 제품의 진열공간이 적어 제품당 판매비용이 많이 소요된다는 점 등이 단점으로 지적된다. ★★

격자형과 자유형 레이아웃의 비교 기출 21·20·19

구 분	장 점	단 점
격자형	• 비용이 싸다. • 고객은 자세히 볼 수 있으며, 쇼핑이 편하다. • 상품접촉이 용이하다.★ • 재고 및 안전관리를 쉽게 할 수 있다. • 셀프서비스에 대한 판매가 가능하다.	• 단조롭고 재미없다. • 자유로운 기분으로 쇼핑할 수 없다. • 점내 장식이 한정된다.
자유형	• 구입동기가 자유스럽다.★ • 점내 고객들의 동선이 자연스럽다.★ • 충동구매를 촉진한다.★ • 시각적으로 고객의 주의를 끈다.★ • 융통성이 풍부하다.	• 소비자들이 원하는 상품을 찾는 데 오랜 시간이 소요된다. • 쇼핑의 일관성이 없고, 안정감이 없다. • 제품당 판매비용이 많이 소요된다. • 청소가 곤란하다.

③ 변형형 레이아웃

　㉠ 표준형 : 입구·계산대·출구로 구성되며 외식체인, 여행사에서 널리 이용된다.

　㉡ 경주로형(Racetrack) : 주된 통로를 중심으로 여러 매장 입구가 연결되어 있어 고객들이 여러 매장을 손쉽게 둘러 볼 수 있으며, 고객들의 충동구매를 유도할 수 있는 배치방법이다. 가능한 한 많은 상품들이 쇼핑객들에게 노출될 수 있도록 배치함으로써 소매점포의 공간생산성을 높여주기 때문에 선물점이나 백화점 등에서 널리 이용된다.

　㉢ 혼합형 : 경주로형·격자형·자유로형 방식의 이점을 살린 배치 형태로 각 부문 사이에 상품 및 설치물들의 종류에 의해 격자형 또는 자유로형 배치가 사용된다. ★

　㉣ 루프형 : 소비자들이 점내 입구에서부터 출발을 해서 정사각형, 원형, 직사각형 등의 모양 통로를 통해 움직이면서 다시금 점내 입구로 돌아오게 하는 형태이다.

출제지문 돋보기 OX

01 [16-3]
매장 레이아웃의 유형 중 자유형 레이아웃은 주 통로와 직각을 이루고 있는 여러 단으로 구성된 선반들이 평형으로 늘어서 있고, 그 선반위에 상품이 진열되어 있는 형태의 레이아웃으로 주로 대형마트, 슈퍼마켓, 편의점 등에서 활용한다. (　　)

02 [19-1]
매장 레이아웃의 유형 중 격자형 레이아웃은 진열대, 집기 등을 자유로이 배치할 수 있고, 상품의 노출도가 높은 특징이 있다. (　　)

정답 1. × 2. ×

(5) 점포의 공간관리

① **쇼윈도** : 매장 외관을 결정짓는 요소이며, 주된 연출공간으로 소비자를 점포에 흡인하는 역할과 점포의 품격을 나타내고, 소비자의 시선을 점포 내로 유도하는 역할을 수행한다. 설치형태에 따라 폐쇄형, 반개방형(고급스러운 분위기에 유리), 개방형, 새도박스형 등이 있다. ★

② **멀티숍** : 여러 브랜드의 제품을 한 곳에 모아놓고 판매하는 점포를 말하는데, 이는 특정 브랜드의 제품만 판매하는 '브랜드 숍'과는 다르게 여러 상표를 비교해 구입할 수 있는 장점이 있다. 편집매장 또는 복합매장이라고 한다.

③ **버블계획과 블록계획**

　ⓐ **버블계획** : 전반적으로 제품을 진열하는 매장 공간, 고객서비스 공간, 창고 등과 같은 점포의 주요 기능 공간의 규모와 위치를 간략하게 보여주는 것을 말한다.

　ⓑ **블록계획** : 버블계획에서 간략하게 결정된 배치를 기반으로 점포의 각 구성부분의 실제 규모와 형태까지 세부적으로 결정하는 것을 말한다. 일반적으로 고객서비스 공간, 창고 공간, 기능적 공간 등은 기능적 필요나 크기에 따라서 배치를 결정하게 된다. ★

④ **플래노그램(Planogram)** : 특정 제품이 속한 부서 내 제품의 진열위치를 결정하기 위해서 흔히 플래노그램을 활용하는데, 이는 제품이 각각 어디에 어떻게 놓여야 하는지를 알려주는, 일종의 진열공간의 생산성을 평가하는 지침서를 말한다(예 동일 프랜차이즈의 편의점은 동일한 진열선반의 위치 및 패턴을 공유). ★

플래노그램(Planogram)과 웨보그램(Webogram) `기출 17`

구 분	내 용
플래노그램 (Planogram)	• 진열공간의 생산성을 평가하게 해주는 지침이나 분석프로그램으로, 상품을 점포 내에 어디에 어떻게 진열하는 것이 효과적인지를 알 수 있게 해준다. • Plan of program의 합성어로 오랜 판매 경험과 데이터 분석 등을 토대로 만들어진 결과물이다. • 사용자가 모델번호, 제품의 마진, 회전율, 제품 포장의 크기와 규격 등 관련 정보를 입력해야 한다. • 소매업체가 정한 우선순위를 바탕으로 컴퓨터 프로그램을 활용해 플래노그램을 작성할 수 있다.
웨보그램 (Webogram)	• 온라인을 위한 플래노그램, 즉 플래노그램을 온라인에 적용시킨 개념을 말한다. • 매출을 끌어올리기 위한 웹상의 상품배치와 진열방법이라고 정의할 수 있다. • 플래노그램이 오프라인 상에서 수십년간 고객을 관찰한 결과인데 반해, 웨보그램은 웹 방문객의 경로를 일일이 추적하여 분석하여 이해하는 것이 어렵기 때문에 구축이 쉽지 않다.

(6) 조닝과 페이싱 `기출 21·20·18·17·10`

① **조닝(Zoning)** : 레이아웃이 완성되면 각 코너별 상품구성을 계획하고, 진열면적을 배분하여 레이아웃 도면상에 존(Zone) 구분을 표시하는 것을 말한다. ★

② **페이싱(Facing)** : 점포의 판매공간에서 고객의 시선으로 확인 할 수 있는 상품의 가로 진열수량과 진열위치를 정하는 것을 의미하며, 각 부문 안에서 어떻게 품목별로 진열 스페이스를 할당할 것인가를 정하는 것을 뜻한다. ★

③ **페이스표** : 단품별 진열도면을 말한다. 다르게는 페이스표를 표준진열도라고도 하는데, 말 그대로 표준 페이스표를 만들어 진열할 때 매일 활용해야 함을 뜻한다. 계절에 따라 상품구성이 달라지기 때문에 보통 계절별, 매장 규모별 표준 페이스표를 만들어 활용하는 것이 일반적이다.

※ 매장 구성의 단계 : 레이아웃(Layout) → 그룹핑(Grouping) → 조닝(Zoning) → 페이싱(Facing)

03 매장 배치와 통로 설정

(1) 매장배치의 의의

① 매장배치는 레이아웃과 더불어 매장 요소별, 층별 구색을 통하여 매출 이익을 극대화시키기 위한 일련의 설정을 의미한다.

② 매장배치의 상태에 따라서 소비자들의 구매 편리성과 적정 수준의 혼잡도가 형성되어 고객의 상품 구매빈도나 매입 단가가 달라진다.

③ 매장배치는 백화점 등 소매업태 간의 이미지를 결정한다. 예를 들어, 명품관을 특정 백화점의 단일 층에 배치한다면, 해당 층은 소수의 고가품 구매고객들이 자유롭게 쇼핑을 하는 고급스러운 백화점 이미지를 가지게 되고, 반면에 다양한 브랜드를 혼합 배치하면 대중적인 이미지가 강해지게 된다.

④ 매장배치가 가지는 중요성은 고객과 종업원 간의 편의성에 있다. 잘못된 매장 배치는 고객의 구매의욕을 떨어뜨리게 하며, 동시에 고객과 종업원 간의 동선을 어렵게 하여 근로의욕과 생산성을 저하시킨다.

(2) 매장의 구성 및 배치 전략 `기출 15·14·12·11·10`

① 점포전면과 외부장식은 점포를 대표하는 상징성이 있어 출입구의 크기를 크게 하여 시각적으로 잘 보이게 하는 것이 유리하다.

② 매장의 입구는 고객들이 새로운 환경을 둘러보고 적응하는 곳이므로 세심하게 디자인해야 한다.

③ 매장의 입구 쪽에는 구매빈도가 높은 상품과 구매시간 단축상품을 배치하고 안쪽부분은 상대적으로 구매빈도가 낮은 상품을 배치한다. 구매빈도가 높은 상품을 입구에 진열하면 소비자를 매장으로 유도할 뿐만 아니라 방문빈도가 높아지므로 매출 증대를 위해 중요하게 고려해야 할 사항이다. ★

④ 매장 입구 쪽에는 가격단가가 낮은 상품을, 안쪽으로 들어갈수록 가격단가가 높은 상품을 배치하는 것이 일반적이다. ★

⑤ 제철 과일은 매장 입구에 두어 불쾌한 냄새를 차단하고 신선한 향기로 고객을 맞이할 수 있도록 하는 것이 좋고, 즉석 베이커리 코너처럼 고소한 향이 있는 상품을 매장 안쪽에 놓으면 고객을 안쪽까지 유인할 수 있으므로 고객의 동선계획에 활용하는 것이 바람직하며, 고객을 매장 깊숙이 유인하기 위해 뒤 공간을 매력적으로 꾸미거나 그곳에 필수품을 진열하는 것도 좋은 배치방법이다. ★

⑥ 일부 점포들은 여러 상품들을 동시에 판매하기 위해 장바구니 분석법을 사용하여 전통적으로 구분되어 있던 매장들이나 카테고리를 함께 묶어 매장에 배치한다.

⑦ 점포 내 위치의 좋고 나쁨은 층수, 매장 입구 및 에스컬레이터 위치 등에 따라 달라진다.

⑧ 고가의 전문용품은 층의 모서리나 높은 층과 같이 통행량이 적은 구역에 위치한다.

⑨ 상품보관 장소와 매장과의 거리가 멀면 비용이 증대되므로 상품보관 장소는 가급적 매장에서 가까워야 한다.

⑩ 선물포장 및 수리 등과 같은 서비스 공간은 가급적 매장 가까이에 있어야 한다.

⑪ 접수한 상품을 검품하고, 가격표 및 기타 표시를 붙이는 마킹작업 등을 위한 공간처럼 다른 작업과 연계되는 작업공간은 업무처리의 능력을 향상시키기 위하여 가급적 접수공간과 가까이에 배치해야 한다.

⑫ 상품의 접수공간은 점포의 후방에 배치하고, 대형점의 경우는 지하나 트럭의 접근 이용이한 곳에 배치한다.

⑬ 가구와 같이 넓은 바닥 면적을 필요로 하는 매장들은 인적이 뜸한 곳에 위치한다.

(3) 매장의 통로 설정

① 통로의 종류

㉠ 주통로 : 점포 입구에서 반대편 대각선 방향 끝까지의 통로로서, 점포 입구에서 점포 안으로 소비자들을 유도하기 위한 통로이다.

㉡ 부통로 : 중통로라고도 하며, 매장 안 끝의 주통로가 끝나는 부분에서부터 계산대까지의 통로나 매장 한가운데를 횡으로 가로지르는 중앙통로를 의미한다.

㉢ 순환통로 : 보조통로라고도 하며, 진열대와 진열대 사이의 통로로서 소비자들이 상품을 고르는 통로를 의미한다.

② 통로의 조건

㉠ 통로는 곧아야 한다. 고객이 앞으로 걸어 나갈 때 길 막는 장애물이 없어야 한다.

㉡ 통로는 넓어야 한다. 3명의 소비자가 지나갈 수 있을 정도의 넓이여야 한다.

㉢ 통로는 평탄해야 한다. 통로가 울퉁불퉁하지 않으며, 경사지지 않아야 한다.

③ 통로의 레이아웃 유형

㉠ 원 웨이 컨트롤(One-way Control) 방식 : 점내 전 통로를 가급적 마음대로 걷게 하되, 결과적으로 점포가 기대한대로 유인하는 것으로 유통업계 측에서 고안해낸 방식이다. 즉, 소비자들이 점내를 점포 측에서 기대하는 대로 걷도록 하기 위한 방식이다.

개념 Plus

주통로의 조건
• 통로의 폭이 점포 내에서 가장 넓어야 한다.
• 주통로는 직선이어야 한다.
• 주통로는 계획적으로 배치한 주력상품 앞을 지나갈 수 있도록 설정되어야 한다.

출제지문 돋보기 OX

01   [12-1]
가능한 한 최대로 다양한 상품이 진열될 수 있는 매장구성 및 상품배치를 통해 고객구매편리성을 높일 수 있으며, 이는 방문고객수의 증가로 이어져 결국 재고비용을 낮추고 상품회전율을 높일 수 있는 최적의 방법이다.   (   )

02   [15-1]
백화점의 향수와 같은 충동구매를 일으킬 가능성이 높은 제품은 대부분 점포 후면에 배치하는 것이 유리하다.   (   )

정답 1. ×   2. ×

ⓛ 투 웨이 컨트롤(Two-way Control) 방식 : 대형매장 특히 '정방형' 형태일 경우에 '투 웨이 컨트롤' 원리를 적용해서 레이아웃을 구상한다. 입구가 둘 이상으로 점포의 개방성과 회유성이 비교적 높지만 동선계획의 관리가 어려워진다. 파워카테고리의 배치 혹은 판촉코너 등의 분산배치에 대한 세심한 관리가 필요하다.

(4) 통로 레이아웃의 설계 시 유의 사항 기출 15 · 14 · 12 · 09

① 고객의 발걸음을 멈추거나 강제 순환시킬 수 있는 요소들을 적정하게 배치한다.
② 왼손보다는 오른손잡이가 많으므로 통로는 오른쪽으로 원을 만들 듯이 설계한다.
③ 점포바닥과 달리 다양한 마감재를 사용하는 것이 좋다.
④ 매장 안의 통로는 곡선이나 사선이 아닌 일직선이어야 고객이 매장 안쪽까지 불편 없이 진행할 수 있다.
⑤ 진열대 양 끝에 있는 판매대 앞은 번잡하므로 통상보다 더 많은 공간을 확보한다.
⑥ 계산대의 앞과 뒤는 충분한 공간이 있어야 계산대기 고객과 쇼핑객이 엉키지 않으므로 주통로 이상의 너비를 확보한다.
⑦ 고객들이 다니는 고객동선과 상품운반에 이용되는 물류동선이 교차하지 않도록 설계해야 한다.
⑧ 통로에는 행사상품을 진열하는 섬매대를 최소화하는 것이 좋다.
⑨ 매장공간을 순조롭게 돌아보도록 통로를 명확히 설정하여야 한다.
⑩ 고객의 흐름을 원활하게 구석구석까지 유도할 수 있도록 통로가 설계되어야 한다.
⑪ 고객을 위한 점포의 대로인 주통로에는 돌출진열을 하지 않는 것이 좋다.
⑫ 상품군별로 상품의 품종을 구분할 수 있도록 설계한 보조통로를 갖추어야 한다.
⑬ 식품을 함께 판매하는 점포는 생식품을 보조통로가 아니라 주통로에 배치한다.

04 상품진열의 조건 및 형식

(1) 진열의 의의

① 진열이란 매장에서 상품화된 품목을 표현과 주장을 통하여 가지런히 놓는 것을 말한다.
② 타당성 있는 진열이란 상품을 고르기 쉽고 보기 쉬우며 만지기 쉽게 정리·정돈해 놓은 것을 말한다.
③ 진열에서 가장 중요한 것은 손님에게 무엇을 권할 것인가에 대한 명확한 표현과 주장이다.
④ 고객에게 꼭 필요한 상품을 놓는 것이 진열에서 가장 중요하므로, ABC 분석을 통하여 잘나가는 상품 위주로 진열품목을 구성하여야 한다.

(2) 진열의 기본조건

① **품목** : 무엇을 진열할 것인가?, 즉 점포에서 무엇을 판매할 것인가를 정하는 것이다.
② **진열량** : 어느 정도로 진열할 것인가?, 즉 제품의 진열수량을 정하는 것이다.

③ 페이스 : 상품의 어느 면을 보일 것인가?, 상품의 어느 면을 보일 것인지에 따라 진열면적과 진열형태가 바뀌고 진열방식이 달라진다.

④ 진열위치 : 어디에 진열할 것인가?, 진열품목, 양, 페이스의 수, 페이싱 결정 후의 진열위치를 결정한다.

⑤ 진열형태 : 어느 형태로 진열할 것인가?, 상품의 특성에 의한 진열형태, 진열이미지를 결정한다.

(3) 진열의 기본원칙 기출 14

상품진열의 목적은 손님이 쉽게 상품을 인지하고 그 상품을 사게 만드는 데 있다. 따라서 상품진열은 고객들이 보기 쉽고, 사기 쉽게 이루어져야 한다.

① 잘 팔리는 상품(주력상품)은 잘 보이는 곳에 진열한다.
② 너무 높거나 너무 낮은 곳에 상품을 진열하지 않는다.
③ 관련 상품은 함께 진열한다.
④ 이동공간을 넓혀 상품이 잘 보이도록 진열한다.
⑤ 상품의 브랜드와 가격이 잘 보이도록 진열한다.
⑥ 상품의 수량과 색상을 다양하게 진열한다.
⑦ 회전율이 낮은 상품과 고가품은 최소한의 양만 진열한다.

(4) 진열의 효과를 높이는 방법

① POP 광고 : 구매시점에 가격, 제품비교, 제품정보 등을 안내하며, 타 상품과의 차별화를 주는 이익 및 장점을 안내하여 고객의 구매결정을 유도하는 역할을 한다(예 제품안내카드, 마감직전 세일 가격표 등).

② 효과적인 색채 : 점포의 색채를 잘 선정하였을 경우 진열효과를 높여 판매량이 늘고, 점포를 밝고 즐겁게 한다.

③ 효과적인 조명 : 조명은 상품진열의 효과에 큰 영향을 줄 뿐만 아니라 매출에도 큰 역할을 하기 때문에 특별히 관심을 가져야 한다.

(5) 진열의 형식

① 정형진열 : 상품 특성을 고려하여 선도를 유지하고 계속적으로 이용하도록 하는 일반적인 진열형식을 말한다.

경사평면진열	쇼케이스의 경사를 아래로 약간 주어 고객의 입장에서 상품을 보기 쉽고, 만지기 쉽도록 하는 진열방식이다.
종별분류진열	• 종진열과 횡진열이 있는데, 종진열은 동종 상품이나 유사 상품을 세로로 진열하는 방법이고, 횡진열은 가로로 진열하는 방법이다. • 일반적으로 종진열 위주로 진열을 하게 되는데, 이는 고객이 머물러 있는 장소에서 상품을 한눈에 보기 쉽고, 사기 쉽게 하기 위해서이다.
품종코너진열	상품을 코너화로 구분하여 진열하는 방법이다.

② **변형진열** : 매장에 활기를 주고 고객을 유도하기 위하여 쇼케이스 일부를 변형시키는 것이다.

오픈 쇼케이스 변형진열	쇼케이스 선반을 빼거나 선반의 높이를 조정하여 실시하는데 과다한 변형진열은 효과가 없다.
관련 상품 악센트진열	주 진열상품에 관련이 있는 상품을 함께 진열함으로써 주 상품에 대해서 악센트를 주는 방법이다.

(6) 상품의 효과적인 진열방법

① 원하는 상품을 쉽게 찾을 수 있도록 하는 것이 효과적이며, 이를 위해서는 상품을 분류해야 하고, 이에 따른 분류기준이 필요하다.

② 상품분류를 위해 사업자는 결국 손님이 상품을 선택할 때 고려하는 것이 무엇인지를 알아야 한다. 이와 같은 상품진열은 무엇을 할 것인지, 언제 할 것인지, 어느 위치에 할 것인지, 누구를 위해서 할 것인지, 어떻게 할 것인지 등이 전제되어야 한다. 쇼윈도의 진열로 손님을 점포 안으로 유도하고, 동선에 따라 한눈에 띄는 진열로 구매를 유발하도록 한다.

개념 Plus

판매 걸이
상품을 효과적으로 고정시키고 진열하는 동시에 매장 사이의 경계를 나타내는 진열방법이다.

(7) 상품의 구체적인 진열방법 기출 12

① **용도별 진열방법** : 상품을 품종별·용도별로 분류해 손님이 쉽게 구매할 수 있도록 하는 진열방법이다. 최근 대형 점포의 상품진열 방식이 용도별로 변하고 있는데, 가정용품 매장의 경우 주방용품, 식탁용품, 세탁용품, 목욕용품 등으로 구분한 것이 좋은 예이다.

② **대상별 진열방법** : 상품을 사용하는 대상에 따라 분류하는 방법이다. 베이비코너, 유아코너, 하이틴 코너 등으로 분류할 수 있다.

③ **사이즈별·디자인별 진열방법** : 사이즈별로 분류해서 다시 디자인별로 분류할 수 있고 반대의 경우도 가능하다. 신사용 양복은 디자인별·색상별 분류를 기본으로 하고, 다시 사이즈별·가격별로 진열하면 효과적이다.

④ **색상별 진열방법** : 색상에 따라 상품을 분류하는 방식이다. 의복이나 액세서리 및 가정용품에 이르기까지 폭넓게 행해진다.

⑤ **가격별 진열방법** : 선물용품, 특가품 진열에 효과적이다. 일반적으로 고객이 선물용이나 특가품을 고를 때에는 가격이 우선이다.

(8) 위치에 따른 진열 방식의 차이 기출 12

① 구부려야 닿을 수 있는 높이의 진열대의 경우에는 가벼운 제품보다는 크고 무거운 제품을 보충진열하는 데 활용한다.

② 허리 아래의 무릎 높이 정도의 진열대의 경우에는 고객이 찾는 제품이지만 저마진 제품을 진열한다.

③ 손이 닿기 어려운 높이의 보관구역의 경우 보충진열이나 홍보를 목적으로 진열한다.

④ 진열대의 가장 높은 전시구역의 경우에는 고객의 주의를 끌고 특정상품의 판매를 촉진하는 데 사용한다.

05 상품진열 및 배열기법

(1) 상품진열의 유형 기출 21·20·19·18·17·13·12·11·09

① **윈도우(장식장) 진열** : 상품판매를 위한 진열 설비의 하나로 점두 및 점포 안의 요소에 설치하여 통행인의 주의를 끌고 또 점포 안으로 유도하는 데 활용하는 진열방식이다. 점포 앞을 지나고 있는 소비자나 점포 방문고객의 주의를 끌게 하여 구매 목적을 가지도록 함은 물론 충동구매와 무계획구매가 발생하도록 하는 역할을 하는 진열유형이다.

② **쇼케이스 진열** : 쇼케이스란 상품진열을 목적으로 상점 내에 설치하는 상자형 구조물로 쇼케이스에 판매 상품을 넣어 고객의 구매욕구를 유도하는 진열방식이다.

③ **라이프스타일형 진열** : 고객의 실제생활의 한 장면을 연출하는 방법으로 그 장면의 상품 콘셉트에 맞는 파티, 가정생활, 레저, 스포츠 등 특정 스타일을 상품연출로 보여주는 방식을 말한다(예 동작(움직임)을 표현하고 있는 마네킹에 테니스복을 입혀 스포츠카를 배경으로 진열). ★

④ **아이디어 지향적 진열** : 실제 사용 가정에서 배치했을 때 어떻게 보일지를 보합(상호 보완)되는 품목들과 함께 진열하여 미리 고객들에게 보여주는 진열방식으로 가구진열에 많이 사용되며, 여성의류의 경우 점포의 전체적인 인상을 표현하기 위해 사용한다.

⑤ **코디네이트(Coordinate, 조정형) 진열** : 각기 다른 아이템의 상품 또는 색상, 소재, 스타일 등을 특정 의도를 가지고 맞추어 조화를 이루게 하는 진열을 말한다. 즉 연관되는 상품을 하나의 세트로 진열하는 방식이다. ★

⑥ **비주얼(Visual) 진열** : 컬러 코디네이터, POP광고, 조명효과 등을 활용하여 고급스러움을 연출하는 진열방식이다.

⑦ **변화 진열** : 일반 매대의 단조로운 진열에서 벗어나서 진열판의 경사를 바꾸거나 또는 단의 높이를 조정하는 것 등으로 매대의 일부에 변화를 주어 소비자들의 제품에 대한 주목을 높이는 진열방식이다.

⑧ **돌출 진열** : 진열의 일부를 진열용구 및 박스 등을 활용해서 일반 매대보다 통로 쪽으로 튀어나오게 돌출시켜 진열하는 방식이다. 소비자들로 하여금 제품에 대한 주목효과 및 구매율이 상당히 높지만 지나친 돌출은 오히려 소비자들의 통행에 방해해서 역효과를 일으킬 수 있기 때문에 주의가 필요하다.

⑨ **섬(Island) 진열** : 손님을 향해 있는 매장 내에 독립해 놓여있는 하나의 진열대를 통해 진열하는 방식이다. 소비자들이 사방에서 제품을 볼 수 있도록 진열한다. 신제품의 소개 등의 행사시 효과를 발휘할 수 있으며, 더불어 무인판매의 수단으로 활용된다. ★

⑩ **후크(Hook) 진열** : 제품포장의 위쪽에 구멍을 뚫고 난 후 걸개에 걸어서 활용하는 방식으로 상품을 효과적으로 고정시키고 진열하는 동시에 매장 사이의 경계를 나타내는 방법이다. 소비자들의 눈에 띄지 않는 두께가 얇은 상품 또는 가벼운 상품 등의 진열시에 주로 활용된다.

⑪ **전면 진열** : 소매업체가 상품을 효과적으로 진열함과 동시에 효과적으로 보관하기 어려울 때, 이에 대한 해결책으로 고객의 눈을 끌기 위해 가능하면 상품 전체를 노출하고자 하는 상품 진열방법이다. ★

개념 Plus

쇼케이스의 종류
- 윈도우형 쇼케이스 : 쇼윈도와 쇼케이스의 기능을 겸한 형태로 상품제시가 목적이다.
- 카운터형 쇼케이스 : 흔한 형태로 보통 유리 선반이 2장 있는 3단계 진열식이다.
- 섬형 쇼케이스 : 어느 방향에서 보아도 내부의 상품을 볼 수 있는 형태이다.
- 스테이지형 쇼케이스 : 상품의 특징이나 정보를 제공하는 것이 목적이다.

출제지문 돋보기 OX

01 [13-1]
상품진열의 유형 중 라이프스타일형 진열은 실제 사용 가정에서 배치했을 때 어떻게 보일지를 보합(상호보완)되는 품목들과 함께 진열하여 미리 고객들에게 보여주는 매장 진열방식이다. ( )

02 [20-2]
진열방식 중 섬(Island) 진열은 주통로와 인접한 곳 또는 통로사이에 징검다리처럼 쌓아두는 진열방식으로 주로 정책상품을 판매하기 위해 활용된다. ( )

정답 1. × 2. ○

⑫ **적재 진열** : 많은 양의 상품을 한꺼번에 쌓아두는 방식으로, 상품들의 가격이 저렴할 것이라는 기대를 갖게하는 데 가장 효과적인 진열방식이다. ★

⑬ **벌크(Bulk) 진열** : 과일, 야채와 같은 상품들을 매대나 바구니 등에 쌓아놓는 방법으로 고객에게 저렴하다는 인식과 충동구매를 유발하며, 저가격과 저마진 상품에 어울리는 진열방법이다. ★

⑭ **박스 진열** : 점포 매장에 배달된 제품을 낱개로 진열하는 것이 아닌, 박스를 커팅해서 박스째로 점포 매장의 일정 공간에 진열하는 방식을 말한다. 고회전율 상품 및 대량판매를 목적으로 하는 상품의 진열에 주로 활용된다. 더불어 진열수준이 낮은 점포 및 매장 내 작업을 하는 인력이 부족한 점포 매장에서도 활용이 용이한 방식이다.

⑮ **수평적 진열** : 가로 방향으로 진열하는 방법이다. 우수한 자석부문(Power Group)이 있는 경우에 유리한 방식이다.

⑯ **수직적 진열** : 벽이나 곤돌라를 이용하여 상품을 진열하는 방식으로 눈의 자연스러운 이동에 따라 효과적으로 상품을 진열할 수 있다. 수직 진열은 진열 상품 부문 간 '회전율'에 차이가 없는 경우 수평 진열보다 효과적이다. ★

⑰ **스타일·품목별 진열** : 할인점, 식품점, 드럭스토어, 의류 소매점이 흔히 사용하는 방법으로 스타일이나 품목별로 진열하는 방법이다. ★

(2) 선반진열의 유형 기출 19·13·12

① **샌드위치 진열** : 진열대 내에서 잘 팔리는 상품 곁에 이익은 높으나 잘 팔리지 않는 상품을 진열해서 판매를 촉진하는 진열방식이다. 이 진열은 무형의 광고효과가 있기 때문에 진열대 내에서 사각공간을 무력화시키는 효율 좋은 진열방법이다. ★

② **라이트 업(Right Up) 진열** : 좌측보다 우측에 진열되어 있는 상품에 시선이 머물기 쉬우므로 우측에 고가격, 고이익, 대용량의 상품을 진열하는 방식이다.

③ **전진입체 진열** : 상품인지가 가장 빠른 페이스 부분을 가능한 한 고객에게 정면으로 향하게 하는 진열방식이다. 적은 양의 상품을 갖고도 풍부한 진열감 연출이 가능하며, 제조일자가 빠른 상품과 오래된 상품은 앞으로 내어 진열한다. ★

④ **브레이크 업(Break Up) 진열** : 상품에 맞게 선반의 높낮이를 조정해서 소비자들의 주목률을 상승시키는 진열방식이다. 진열 라인에 변화를 주어 소비자들의 시선을 유도해서 상품 및 매장에 대한 주목률을 상승시키는 효과가 있다.

⑤ **트레이 팩(Tray Pack) 진열** : 상품이 들어 있는 박스 아래 부분을 트레이 형태로 잘라내고 그대로 진열하는 방식으로 대량진열에 적합하다. 상품을 하나씩 꺼낼 필요가 없고 진열도 깨끗하게 할 수 있다.

⑥ **골든라인 진열** : 유효진열범위 내에서 가장 고객의 눈에 띄기 쉽고 손에 닿기 쉬운 높이를 말하며, 매출기여도가 가장 높을 것으로 예상되는 장소이다. 따라서 집중판매나 수익확보를 위하여 고마진상품, 계절상품, 캠페인상품, 광고상품, 판매수량 측면이나 매출액·수익성 측면에서 기여도가 높은 상품을 진열한다(예 눈높이에서 20도 내려간 곳을 중심으로 위 10도 그 아래 20도 사이, 일반적으로 75~135cm의 진열공간의 높이).

01 [21-3]
적재진열은 상품의 진열 방식 중 상품들의 가격이 저렴할 것이라는 기대를 갖게 하는 데 가장 효과적인 진열방식이다. ( )

02 [19-1]
샌드위치 진열은 진열대 내에서 잘 팔리는 상품 곁에 이익은 높으나 잘 팔리지 않는 상품을 진열해서 고객 눈에 잘 띄게 하여 판매를 촉진하는 진열이다. 이 진열은 무형의 광고효과가 있기 때문에 진열대 내에서 사각공간을 무력화시키는 효율 좋은 진열방법이다. ( )

정답 1. ○ 2. ○

(3) 곤돌라(Gondola) 진열 _{기출} 14

① 통상적으로 셀프서비스를 선택하는 판매점에 있어 소비자들 자신이 직접적으로 상품을 용이하게 집을 수 있어야 하므로 무엇보다도 상품에 대한 디스플레이(Display)가 중요한 부분을 차지하게 된다.

② 곤돌라 진열은 많은 양의 상품들이 소비자들에게 잘 보임과 더불어 소비자들로 하여금 풍요함을 직접적으로 느끼게 하면서 상품을 가장 편하게 집을 수 있도록 한 입체식 진열이다. 이러한 진열의 경우에 소비자들에게 시각적으로 '눈높이나 그보다 약간 아래' 부분이 핵심적인 곳으로 매출이익이 되는 좋은 상품들이 진열되고 있다.

(4) 점블(Jumble) 진열 _{기출} 21 · 16

① 상품을 일부러 무질서하게 진열하여 흐트러진 느낌을 주어 고객의 눈길을 끄는 방식이다.

② 바스켓 진열이라고도 하며, 과자 · 라면 등의 상품들을 뒤죽박죽으로 진열한다.

③ 상품정돈을 하지 않으므로 상품 진열에 대한 작업시간이 절감됨과 동시에 소비자들에게 '저렴하다' 또는 '특가품'이라는 인상을 주게 된다.

④ 철제 소쿠리, 바구니 또는 쇼핑카트 등의 집기를 활용하며, 과자, 라면, 즉석식품류, 통조림(캔) 등의 제품에 많이 적용된다.

(5) 엔드 매대(End Cap) 진열 _{기출} 21 · 20 · 19 · 18 · 14

① 엔드 매대의 역할

　㉠ 노출도를 높이는 역할 : 엔드 매대는 마트 또는 매장의 진열 시에 맨 끝 쪽에 위치하는 매대로, 최하단이 전방으로 돌출되어 있어서 소비자들에게 진열된 상품에 대한 노출도가 가장 크다.★

　㉡ 회유성을 높이는 역할 : 엔드 매대는 '제3의 자석'이라 불리고 있으며, 소비자들을 상대로 점내로 회유하게 만들고, 동시에 일반 매대로 소비자들을 유인하는 역할을 수행한다.

　㉢ 점포에 있어 연출의 장 역할 : 생활제안 및 계절행사 등을 통해서 소비자들에게 매력적인 점포라는 인식을 심어줄 수 있다.

　㉣ 판촉의 장 역할 : 점포에서의 행사상품 및 광고상품을 진열하고 이로 하여금 소비자들에게 매력적이면서 변화가 많은 점포임을 인식시켜 주는 역할을 한다.

　㉤ 매출 및 이익확보의 장 역할 : 대다수의 점포에서 엔드 매대 한 대의 매출은 곤돌라 3~10대분의 매출과 맞먹을 정도의 매출을 창출한다.

　㉥ 집객력 증대의 역할 : 비계획적 충동구매 또는 정리구매를 유도한다.

② 엔드 매대의 활용

　㉠ 신학기, 명절, **데이, 계절행사, 행사테마를 제안하는 공간으로 활용한다.

　㉡ 관심상품을 곤돌라에 진열하여 주 판매대인 곤돌라로 고객을 유인한다.

　㉢ 전단, 광고상품, 행사상품 등을 진열하여 판매촉진 수단으로의 활용한다.

　㉣ 인지도가 높은 상품을 진열하여 고객이 점내를 회유하게 유도한다.

개념 Plus

엔드 매대의 기능
• 유도 : 자석 효과
• 소구 : 커뮤니케이션 효과
• 판매 : 양판효과, 판매증대효과

개념 Plus

엔드 매대 진열의 특징
• 고객이 3면에서 상품을 보는 것이 가능하다.
• 매장에서 가장 눈에 잘 띄며 손으로 집기가 편하다.
• 컷 진열을 통해 양감 있는 연출이 가능하다.

개념 Plus

판매촉진진열
• 매출 증대를 위해 잘 팔리는 상품을 가격할인과 각종 광고와 함께 진열한다.
• 유행성 상품으로서 로스리더 상품으로 선정하여 진열하기도 한다.
• 시각적 투시와 감각적 느낌을 강하게 갖도록 엔드 매대(Endcap)를 진열한다.

개념 Plus

진열과 디스플레이의 차이
진열이 상품과 상품을 가지런히 연결시켜 놓는다는 정리정돈 또는 관리의 의미라면 디스플레이는 상품을 전문적인 구성과 연출을 통해 상품의 장점을 강조함으로써 고객의 관심과 구매욕구를 유도하는 적극적인 촉진관리를 의미한다.

③ 엔드 매대의 종류
　㉠ 단품진열 : 신상품, 기획 상품 등 특정 브랜드 판매를 극대화시킬 때 사용한다.
　㉡ 다품진열 : 메뉴제안, 생활제안, 시즌상품 등 명확한 테마를 가진 상품을 진열할 때 사용하는 방식이다.
　㉢ 관련진열 : 어떠한 상품군 중에서 상호 관련이 있는 상품끼리 연결해서 진열하는 방식을 말한다. 상품력이 높은 주력 품목의 진열 페이싱을 확보한 후 그에 관련한 보조상품을 일정 비율로 추가 구성해서 연출한다. 주로 메뉴제안 또는 생활제안 등을 통해 연결구매를 유도하도록 하기 위한 진열방식이다.

④ 앤드 매대 상품구성 시의 점검사항
　㉠ 계절이 적절한가?(춘하추동, 신학기철, 휴가철, 명절, 김장철 등)
　㉡ 제안형으로써 생활감각이 있는 정보제공에 도움이 되는가?
　㉢ 특매 또는 기획상품 등 해당 테마가 명확하고 진열과 밸런스는 좋은가?
　㉣ 대량판매 시에 소비성 또는 회전력 등을 감안하는가?
　㉤ 신제품, 히트상품, 광고상품 등은 유행성이 고려되었는가?
　㉥ 메뉴의 소구가 친밀감이 있는가?
　㉦ 가격이 높은 상품 또는 부피가 큰 상품끼리 관련지어 진열을 하지는 않았는가?

06 디스플레이(Display)

(1) 디스플레이의 정의 기출 12·09

디스플레이는 판매대의 설비 및 배치, 조명의 배려에 따라 상품을 배열하여 고객의 구매의욕을 자극시키기 위한 판매기술로서, 우리말로 전시라고 불리나 전시 장식이라고 하는 사람도 있어 그 의미는 대단히 광범위하다. 상품을 디스플레이해서 '보이는 것'은 그 상품을 팔기 위함이다. 따라서 디스플레이 효과를 높임으로써 개성화되고 다양화된 여러 가지 고객의 욕구나 신뢰감에 응하여야 한다.

(2) 디스플레이의 목적

① 내점객의 수를 늘린다(고객 수의 증가).
② 1인당 매상단가를 늘린다(적정이익의 증가).
③ 계속적으로 판다(계속거래).
④ 적정한 이익을 확보한다(적정이익의 확보).
⑤ 점포의 직장환경의 향상을 꾀한다(종업원의 판매의욕 증진).

(3) 디스플레이의 효과 기출 09

① 상품 디스플레이와 매장장식은 점포의 이미지를 높이고 매력을 향상시켜 매상을 늘리기 위한 판매의 비결로서 다른 점포와의 차별화 효과, 점포와 상품의 이미지를 높이는 효과, 고객으로 하여금 상품을 선택하기 쉬운 매장으로 만드는 효과를 얻을 수 있다.

② 디스플레이는 고객의 내점동기를 촉진하고 충동구매, 계속구매, 회상구매의 기회를 높여, 상품뿐만 아니라 점포 전체를 팔겠다는 데까지 발전시켜야 한다.

③ 디스플레이는 직접 고객의 마음을 사로잡는 중요한 광고 메시지가 되며, 신문·잡지·라디오·TV 등의 전국적 광고 정책의 최종 단계로서, 제조업자·도매업자·소매업자에 있어 중요한 광고매체라고 할 수 있다.

(4) 디스플레이의 고려사항 기출 15·13·11·09

① 일반적으로 디스플레이는 주목을 끄는 디스플레이 → 흥미가 생기는 디스플레이 → 욕구를 불러일으키는 디스플레이 → 확신을 주는 디스플레이 → 구매행동을 일으키는 디스플레이 순으로 디스플레이 하는 것이 좋으며, 맑은 색에서 탁한색 순으로, 밝은 색에서 어두운 색 순으로, 옅은 색에서 짙은 색으로 배열하는 것이 좋다.

② 디스플레이의 강조점은 고객의 눈을 끌게 하는 포인트나 강조점을 많이 준비하면 오히려 주의가 분산될 우려가 있다.

③ 상품은 점포의 이미지와 일관되게, 또한 그 특성을 고려하여 가치를 높일 수 있게 디스플레이 한다. 종종 포장이 상품의 디스플레이 방법을 결정하기도 한다.

(5) 디스플레이의 원칙(AIDCA 법칙) 기출 12·11·10·09

① 주목(Attention) : 상점의 중점 상품을 효과적으로 디스플레이해서 사람의 눈을 끌고, 가격을 고객이 잘 알아볼 수 있도록 명기하고 잘 보이도록 전시하여야 한다. 특가품은 큰 가격표, 고급품은 작은 가격표를 붙이고, 다 팔린 매진품에 대해서는 붉은 색으로 둘레줄을 치도록 하면 효과적이다.

② 흥미유발(Interest) : 눈에 띄기 쉬운 장소를 골라 그 상품의 세일즈 포인트를 강조해서 관심을 갖게 하고, 디스플레이 상품을 설명한 표찰을 붙인다.

③ 욕망(Desire) : '어떻게 해서든지 사고 싶다'는 욕망을 자극해 구매의사를 일으킨다.

④ 확신(Confidence) : '사는 것이 유익하다'는 확신을 갖게 하고, 고객에게 상품구입에 대한 안심과 만족감을 주는 동시에 우월감을 줄 수 있는 디스플레이가 되도록 연구한다. ★

⑤ 구매행동(Action) : 충동적인 구매행동을 일으키게 한다.

(6) 소비자 구매심리의 단계와 대응방법 기출 19·18

단 계	디스플레이 서비스의 대응방법
주 의	가격표, 색채, 조명, 음향효과
흥 미	판매에 대한 접근, POP 광고, 세일링 포인트의 강조
연 상	사용상의 편리, 희소가치 어필
욕 망	세일링 포인트의 반복, 특매
비 교	분류 디스플레이, 가격 면에서의 설득, 대량 디스플레이
신 뢰	메이커명, 브랜드, 품질의 보증, 서비스
결 정	관련 디스플레이, 추가 판매, 고정객화의 유인

개념 Plus

디스플레이의 유형
• 방사형 배열 : 디자인 요인들이 중심점에서 방사선 방향으로 퍼져나가는 것이다.
• 단계형 배열 : 상품·상품의 구성품들을 상향 또는 하향 방향의 연속적인 단계로 배열하는 것이다.
• 피라미드형 배열 : 밑은 넓고 위로 갈수록 점점 좁아지는 삼각형과 같은 형태로 상품을 배열하는 것이다.
• 지그재그형 배열 : 상품을 연단의 꼭대기에 쌓아 올리지 않는 것을 제외하고 피라미드 배열과 유사하다.
• 반복형 배열 : 일반적인 특성이 유사한 품목에 이용되며, 무게, 공간 혹은 각도 등을 정확하게 똑같이 배열한다.

개념 Plus

광고의 원칙(AIDMA법칙)
• 주목(Attention)
• 흥미유발(Interest)
• 욕망(Desire)
• 기억(Memory) ★
• 구매행동(Action)

출제지문 돋보기 OX

01   [12-2]
매장경영자는 적합한 디스플레이 정책을 통해 내방고객이 매장 내 진열되어 있는 다양한 상품을 보다 많이 구매하여 매출을 증진시킬 수 있도록 해야 한다. ( )

02   [12-2]
디스플레이의 주요 기능은 고급화의 매장을 연출하는 것이다. ( )

정답 1. ○ 2. ×

07 비주얼 프레젠테이션(VP ; Visual Presentation) 관리

(1) 비주얼 프레젠테이션 개요 _{기출 15·13·09}

① 쇼윈도나 쇼케이스 기타 전시(Display)에 의해서 취급되는 상품의 콘셉트나 가치를 소비자에게 효과적이며 시각적으로 호소해서 제안하는 진열방식으로, 매장의 판매포인트를 연출하기 위해 벽면이나 집기류의 상단 등 고객의 시선이 자연스럽게 닿는 곳에 상품의 포인트를 알기 쉽게 강조하여 보여주는 것을 의미한다.

② 점포에서는 신상품 및 잘나가는 브랜드의 상품을 동시에 갖추고 VP를 통해 중점상품과 중점테마에 따른 매장 전체 이미지를 표현하기 때문에 VP에 있어 상품은 매우 중요한 요소가 된다. 따라서 VP는 벽면 및 테이블 상단에서 보여주는 PP 또는 행거, 선반 등에 상품이 진열된 IP와는 다르게 매장과 상품의 이미지를 높이는 데 주력한다.

③ VP는 상품을 만드는 입장·상품을 파는 입장이 아닌, 상품을 사용하는 입장·상품을 구매하는 입장에서 상품을 제공해야 하는 것을 의미한다.

(2) 비주얼 프레젠테이션시의 기술 _{기출 19·15}

① 알기 쉬움에 대한 기술 : 비주얼 프레젠테이션은 소비자들이 점내로 들어왔을 때 흥분하거나 설렘을 맛볼 수 있도록 상품을 배치하는 것이다. 따라서 소비자들이 점포에서 자신의 니즈에 부합하는 상품을 바로 찾을 수 있도록 하는 프레젠테이션이 이루어져야 한다.

② 표현내용 및 방법에 대한 기술

　ⓐ 제1자석상품(주력상품) : 제1자석에 진열되는 상품들은 많은 소비자들이 소비하므로 해당 기업의 주력상품인 경우가 대다수이다. 동일업태의 경우 주력상품은 대부분 동일한 품종이 되므로 기업 간 차이는 구매력의 차이로 나타난다.

　ⓑ 제2자석상품(연출 중시 상품)

히트상품	이 상품은 제2자석상품의 가장 중요한 요소로 작용하며, 히트상품을 다루는 것은 기업의 입장으로서는 위험을 어느 정도 수반하게 됨을 뜻한다. 따라서 이러한 히트상품을 제2자석에 진열해서 보다 많은 소비자들에게 소구하는 기술이 필요하다.
계절상품	제2자석의 경우에는 방문하는 소비자들의 눈에 잘 띄는 장소이므로 상품에 대한 계절감을 표현하는 연출력이 필요하다.
밝으면서 화려한 상품	조도 및 명도에 유의하면서 스폿(Spot) 조명으로 상품에 대한 색채를 연출할 필요가 있다.
매체로 인해 유명해지는 상품	이러한 상품들은 지속적인 경우와 짧은 기간에 소비자들의 기억에서 사라져 버리는 경우가 있는데, 설령 짧은 기간에 사라져 버린다 해도 해당 점포에 대한 소비자들의 신뢰를 생각하여 진열하지 않을 수 없는 상품을 말한다.

　ⓒ 제3자석상품(엔드 매대) : 소비자들의 흥미를 불러일으키고, 점포 밖으로 나가려고 하는 소비자들을 자극해서 해당 점포에 더 머무르게끔 한다.

　ⓓ 제4자석상품(품목) : 진열대의 중간에 위치해 있고, 소비자들을 기나긴 진열대 내부로 흡수하려는 상품이다. 주로 홈센터, 슈퍼마켓, 드럭스토어 등과 같이 긴 진열대를 설치한 점포에서 사용된다.

③ **볼륨감의 기술** : 소비자들이 상품에 대해 풍부함을 느끼게 하는 기술을 의미한다.

　　㉠ 전진 입체 진열 : 진열 조건 중 진열에 대한 박력을 가장 강조하기 위한 방식으로, 상품 진열 면에 솟아오른 듯한 느낌을 주게 해서 박력을 표현한다.

　　㉡ 평면 후퇴 진열 : 상품의 첫 번째를 선반의 가장 안쪽으로 넣어두고, 그 다음 상품을 그 앞의 평면적인 상태로 둔 후, 아래의 선반용 판자로부터 상품이 넘쳐흐를 때까지 앞으로 순서적으로 놓아두고 가득 차게 되면, 첫 번째 위에 안착시키게 하는 방식이다.

④ **배색의 기술** : 소비자들에게 제공하는 즐거움, 편리함, 아름다움의 표현기술을 말한다.

　　㉠ 컬러 스트라이프 진열 : 상품의 컬러 및 패키지 컬러 등을 활용해서 상품진열 면에 세로로 색 줄무늬를 형성하는 기법으로 소비자들에게 상품의 매력도를 높이고, 소비자들을 끌어들임과 동시에 상품 자체의 힘을 갖고 활기찬 분위기를 만든다. 이 방식의 경우 색이 있는 상품이면 어떠한 품목·상품이라도 활용할 수 있다.

　　㉡ 컬러 스트라이프 진열시 유의사항 : 무조건 색이 존재하는 상품을 진열한다고 컬러 스트라이프가 형성되지는 않는다. 컬러 스트라이프의 경우 심플한 디자인이 세세한 디자인보다 색채효과가 형성되기 쉽고, 세세한 디자인의 경우 하나의 상품을 보면 예쁘게 보일지 몰라도 다량으로 정리 후 진열하면 색 효과를 나타내기가 어렵다.

⑤ **재고의 기술** : 소비자들이 점포에서 구입하고자 하는 상품이 존재해야 함과 동시에 선택이 용이해야 한다는 것을 의미한다. 점포 내에서 상품에 대한 품절을 파악하기 위해서는 디스플레이된 상품 옆에 해당 상품을 진열하고 이를 체크하는 것이다.

성공적 비주얼 프레젠테이션을 위한 5가지 요소 정리
- 알기 쉬움의 기술 : 소비자들의 눈에 바로 띄어야 한다.
- 표현내용 및 방법의 기술 : 강조하고자 하는 대상을 소비자들이 용이하게 인지할 수 있도록 한다.
- 볼륨감의 기술 : 박력이 넘쳐 보여야 한다.
- 배색에 대한 기술 : 즐겁고 아름다우며 편리해야 한다.
- 재고의 기술 : 매장에 상품이 존재하여 선택에 제약이 없어야 한다.

사인물(Signage : 사이니지) 기출 14

포스터, 안내 표시, 간판 등 기존의 아날로그 광고판을 지칭했으나, 최근에는 '디지털 사이니지'로 보편적으로 사용되고 있다. 디지털 사이니지는 공공장소에서 문자나 영상 등 다양한 정보를 LCD나 LED, PDP화면을 통해 보여주는 디스플레이 광고게시판을 의미한다. 점포공간에 디지털 사이니지를 적용할 때 유의사항은 다음과 같다.
- 사인과 그래픽을 매장 이미지와 조화시켜야 한다.
- 정보를 전달하는 사인과 그래픽은 고객욕구를 자극시켜야 한다.
- 생생한 그래픽과 사인으로 점포이미지와 어울리는 테마를 연출해야 한다.
- 상품이 바뀌면 사인과 그래픽을 상품과 조화되도록 갱신해야 한다.

08 비주얼 머천다이징(VMD ; Visual Merchandising) 관리

(1) 비주얼 머천다이징의 개념 [기출] 19·15·13·12

① 고객이 실제로 이동하는 경로에 따라서 관심과 집중을 받을 수 있도록 상품을 배치하거나 진열하는 방법으로 기업의 마케팅 목표를 달성하기 위해 특정상품과 서비스를 가장 효과적인 장소·시기·가격·수량으로 제공하는 일에 관한 계획과 관리이다. 즉 최적의 이익을 얻기 위해 상품의 매입·관리·판매방식 등에 대한 계획을 세우는 마케팅 활동을 의미한다. ★

② 점포 내·외부 디자인도 포함하는 개념이지만, 핵심개념은 매장 내 전시(Display)를 중심으로 이루어지며 중요 요소로는 색채, 재질, 선, 형태, 공간 등을 들 수 있다. ★★

③ 비주얼 머천다이징(VMD)을 효과적으로 수행하기 위해서는 자사, 상품, 영업, 고객, 경쟁점포(기업 등)에 대한 이해가 우선되어야 하며, VMD 계획을 위한 기본업무로 스토어 콘셉트의 명확화, 대상고객의 명확화, 머천다이징의 명확화, VP(Visual Presentation) 방법의 명확화가 이루어져야 한다. ★

(2) 비주얼 머천다이징의 기능

① 상품에 대한 정보를 최대한 제공하고 특정구매 제안을 하기에 용이해야 한다.

② 판매 적기의 상품을 비중 있게 배치하여 소비자의 눈에 띄도록 한다.

③ 제품에 대한 정보를 전달하고, 특정 이미지를 만들어 판매를 도모한다.

④ 고객이 전체를 살펴볼 수 있도록 유도 포인트를 설치하여 모든 상품이 잘 팔릴 수 있는 기회를 만드는 역할을 한다.

⑤ 상품의 기획 의도나 잠재적 이윤뿐만 아니라, 포장의 형태나 인테리어와의 전체적인 조화 등을 중점적으로 고려하여 이루어진다.

(3) 비주얼 머천다이징의 구분 [기출] 20·19·18·17

매장에서 고객에게 상품을 효과적으로 진열하는 방식을 IP(Item Presentation), PP(Point of Presentation), VP(Visual Presentation)로 구분한다.

구 분	내 용
VP	• 점포의 쇼윈도나 매장 입구에서 유행, 인기, 계절상품 등을 제안하여 고객이 매장으로 접근하게 하기 위한 진열방식이다. • 개별상품이 아닌 상품기획단계의 콘셉트가 표현되는 것으로, 중점상품과 중점테마에 따른 매장 전체이미지를 표현한다. ★
PP	• 매장 내 고객의 시선이 자연스럽게 닿는 벽면, 쇼케이스 그리고 테이블 상단 등을 활용하여 어디에 어떤 상품이 있는가를 알기 쉽게 강조하여 진열하는 방식이다. ★ • 상품을 정면으로 진열하여 주력상품의 특징을 시각적으로 표현하고 상품의 이미지를 효과적으로 표현한다.
IP	• 상품을 분류, 정리하여 보기 쉽게 진열하여 하나하나 상품에 대해 고객이 구입의지를 결정하도록 하는 진열방식이다. • 각각 상품들을 보고 만지고 고르기 쉽도록 지원한다.

09 컬러 머천다이징(Color Merchandising) 관리 [기출] 20 · 12 · 11 · 10

(1) 색 채

① 색상 : 회색, 흰색, 검정색 등과 같이 채색이 없는 색을 무채색이라 하고, 노란색, 빨간색 등과 같이 채색이 있는 색을 유채색이라 한다. 주요 색상으로는 오렌지색, 초록색, 빨간색, 보라색, 파란색, 노란색 등이 있다.

② 채도 : 명도 및 색상이 일정한 유채색은 그 맑음 정도에 따라 구별이 된다. 채도가 가장 높은 색이 순수한 색이다.

③ 명도 : 명암의 정도로, 동일한 색이라도 그 밝기에 따라 구별되는 성능이 존재한다.

(2) 색의 활용

색에 의한 심리효과	계절색
• 파란색 : 바다, 시원함, 냉정, 남성, 여름, 물 • 빨간색 : 흥분, 따뜻함, 정열, 불 • 노란색 : 열, 유쾌, 태양 • 초록색 : 휴식, 전원, 평화, 자연 • 흰색 : 순수, 청결, 의사	• 봄 : 초록색, 은색, 레몬색, 분홍색 • 여름 : 파란색, 흰색, 짙은 초록색, 짙은 노란색 • 가을 : 갈색, 오렌지색, 보라색 • 겨울 : 빨간색, 금색, 짙은 감색, 검은색

(3) 눈에 띄기 용이한 색

① 소비자들의 눈에 띄기 쉬운 색은 노란색이다.

② 밝은 장소의 경우 빨간색 → 초록색 → 노란색 → 흰색 순이다.

③ 일반적으로 맑은 색에서 탁한색 순으로, 밝은 색에서 어두운 색 순으로, 옅은 색에서 짙은 색으로 배열하는 것이 좋다. ★

(4) 색의 나열 방법(Style)

① 색의 진열방식 중 소비자들에 대해 강력한 소구방식은 컬러 스트라이프 진열이다.

② 컬러 스트라이프 진열 방식은 해당 상품을 두드러지게 표현하며, 아름다움·편리함·즐거움 등을 표현하는 데 있어 적합한 방식이다.

(5) 색채에 의한 즐거운 표현

① 밸런스(Balance) : 색에 의한 좌우, 상하의 밸런스를 잡는 방법은 약한 색의 면을 크게, 강한 색의 면을 작게하면 된다.

② 리듬 : 일반적으로 흐르는 선, 강한 색과 약한 색의 반복은 즐거운 무드를 연출시켜 준다.

③ 색의 대조(Color contrast) : 난색과 한색, 강한 색과 약한 색, 무거운 색과 가벼운 색, 이와 같이 반대의 성질을 갖는 배색은 젊은 감각과 근대적인 미감을 나타내 준다.

④ 악센트(Accent) : 목적에 따라 중요한 부분에 눈길을 끄는 색을 놓고 전체를 돋보이게 하는 방법이 좋다.

개념 Plus

차가운 색 & 따뜻한 색

• 차갑게 느껴지는 색은 파란색을 중심으로 한 색으로 이를 한색이라고 한다.

• 따스하게 느껴지는 색은 주황색, 빨간색 및 노란색을 중심으로 한 색으로 이를 난색이라고 한다.

개념 Plus

악센트 컬러의 활용

• 악센트 컬러는 장식 및 진열 집기가 아닌 상품 자체의 컬러를 의미한다.

• 악센트 컬러는 빨간색, 노란색, 흰색을 말하며, 소비자의 눈에도 잘 띄는 성질이 있다.

• 장식 및 진열기구 등에는 악센트 컬러의 사용을 금한다. 그 이유는 악센트 컬러 사용시 상품보다는 장식 및 진열기구 등에 소비자의 시선이 향하게 되므로 해당 상품이 효과적으로 표현되지 못하기 때문이다.

• 악센트 컬러는 두 가지 색을 함께 활용해서는 안 된다.

개념 Plus

색채 연출 시 유의사항

• 단색 배치와 유사색 배치의 조화가 중요하다.

• 점포의 분위기에 따른 개성 있는 컬러 연출이 중요하다.

• 판매하는 상품 색과의 조화가 필요한데, 주변 색상으로 인하여 판매 상품이 가려지면 안 된다.

• 고객의 시선이 집중되도록 보색의 악센트 컬러를 활용하면 좋다.

• 주조색과 보조색의 비율은 7:3 정도가 적합하다.

개념 Plus

POP 상황별 구축방법

- **서비스의 게시** : 자점의 특징을 소비자들에게 정확하게 전달해주어야 한다. 상품 라이프스타일과 소비자들이 필요로 하는 서비스에 보다 더 정확하고 빠르게 대응할 수 있어야 한다.
- **안내의 게시** : 엘리베이터, 비상구, 에스컬레이터, 계산대, 화장실, 입구 및 출구, 그리고 매장 및 테넌트점의 위치 등을 표시하는 게시한다. 어느 하나를 크게 게시하는 것보다는 각각의 요소에 많이 게시하는 편이 좋다.
- **분류의 게시** : 매장의 안내, 부문의 표시 및 사이즈 표시가 해당하며, 소비자들이 점포 내 상품을 눈으로 보고 무엇이 어디에 있는지 상품분류 표시가 없어도 상품 자체로 분류를 할 수 있는 것이 이상적인 방식이다.
- **품명 및 가격 카드** : 상품을 구입하는 소비자들의 시선에서 보이는 품명 및 가격을 표시한 카드 또는 태그를 말한다.
- **쇼 카드(Show Card)** : 소비자들의 자유로운 쇼핑이 가능하도록 도와주는 조수와 같은 것을 의미한다.
- **광고 물건의 게시** : 광고 상품에 붙이는 것이 바람직하다.

10 POP(Point of Purchase) 광고 관리 기출 21·20·19·14·11

(1) POP 광고의 개념 기출 18

① '구매시점 광고(Point of Purchase)'의 약자이다.

② 소비자들이 구매하는 입장에서의 광고로, 소비자의 주목을 끌 수 있다.

③ POP 광고는 소비자들이 상품을 구매할 때 편리함을 도모하는 것이므로 이익액 또는 매출액 등을 좌우하는 힘을 지니고 있다. 따라서 소비자들에게 어필하고 싶은 상품이 있을 경우에는 충분한 주의를 기울여야 하며, 시기 및 장소에 맞게 이루어져야 한다. ★

(2) POP 광고의 역할 기출 21·20·18·17

① 종업원 대신에 소비자들의 질문에 응답하는 것이다.

② 점포에 방문한 소비자들에게 부담 없이 상품들을 자유로이 선택 가능하도록 해준다.

③ 경쟁의 경우 소비자들에게 명확하게 인식되는 타 점포와의 차별화 기능이 있다. ★

④ 상품에 대한 가이드 역할과 더불어 상품에 대한 정보를 제공하는 기능을 가진다. ★

⑤ 스토어트래픽을 창출하여 소비자의 관심을 끄는 역할을 한다.

⑥ 저렴한 편의품을 계산대나 통로 주변에 진열해 놓는 활동을 포함한다. ★

⑦ 판매원을 돕고 계절적인 특성 등을 살려 판매점에 장식효과를 가져다주는 역할을 한다.

⑧ 충동적인 구매가 이루어지는 제품의 경우에는 더욱 강력한 소구 수단이 된다. ★

(3) POP 광고의 종류

① **점포 밖 POP** : 고객의 시선을 집중시키고 호기심을 유발해 판매점의 이미지 향상과 고객을 점내로 유도하는 역할(예 윈도우 전시, 연출용POP, 행사포스터, 현수막, 간판 등)

② **점포 내 POP** : 고객에게 매장과 상품코너를 안내하고, 이벤트 분위기를 연출해 충동구매를 자극·유도(예 사인보드, 일러스트 모빌류, 행거 안내 사인, 상품코너 포스터 등)

③ **진열 POP** : 가격, 제품비교, 제품정보 등을 안내하며, 타 상품과의 차별화를 주는 이익 및 장점을 안내하여 고객의 구매결정을 유도(예 제품안내카드, 가격표 등)★

매스미디어 광고와 POP 광고의 비교 기출 16

- 매스미디어 광고의 소구대상은 불특정 다수이나, POP 광고는 매장을 방문한 특정인을 대상으로 소구한다.
- 매스미디어 광고는 소비자의 정보처리 시점에 메시지가 전달되지만, POP 광고는 소비자의 구매시점에서 메시지를 전달한다.
- 매스미디어 광고는 상품의 정보제공과 이미지 형성에 초점, POP 광고는 소비자의 선택에 초점을 둔다.
- 매스미디어 광고는 소비자를 매장으로 유도하지만, POP 광고는 소비자를 매장 안으로 유도하여 쇼핑에 도움과 활기를 주고, 구매동기를 불러일으킨다.
- 매스미디어 광고는 소비자에게 흥미를 부여하고, POP 광고는 인적판매 보조수단으로 소비자의 구매를 유도한다.

출제지문 돋보기 OX

01 [14-2]

POP 광고는 소비자의 수준을 고려하여 충동구매촉진보다 이성적 설득방법을 사용하는 것이 효과적이다. ( )

02 [16-3]

매스미디어 광고는 고객의 쇼핑에 도움과 활기를 주고, POP 광고는 소비자를 매장으로 유도한다. ( )

정답 1. × 2. ×

01 매장 내·외부 환경관리 기출 19·12·09

(1) 매장 환경관리의 주안점

① 소비자 중심의 점포 운영 : 점포환경은 소비자 중심으로 이루어져야 하며, 동시에 소비자들의 불안감을 최소화하는 관점에서 진행하는 것이 기본이다.

② 청결 : 어떠한 업종에 관계없이 '청결'이 기초가 된다는 것을 인지해야 하고, 특히 소비자들의 눈에 띄지 않는 곳도 신경을 써야 한다.

③ 기자재 작동 여부 사항의 파악 : 각종 기자재는 소비자들의 편의를 위한 시설물이므로 기자재의 상태를 항상 점검하고 최상의 상태를 유지하도록 해야 한다. 기자재의 작동이 원활하지 않으면 고객서비스에 문제가 생기게 되고 매출하락의 원인으로 작용한다.

(2) 매장의 외부 환경관리

① 점포의 외관 디자인은 고객이 노력하지 않고도 쉽게 발견할 수 있도록 구성한다.

② 고객흡인형 점포는 고객이 외부에서 점포 내의 분위기를 느낄 수 있도록 설계한다.

③ 고객선별형 점포는 목표 고객만이 점포 내로 들어오도록 점포성격을 알릴 수 있는 외관 설계에 치중해야 한다.

④ 점포 외부에 동일한 소형의 홍보물을 여러 개 연이어 설치하면 경쾌한 리듬감을 주고 보행자에게 점포의 존재를 알리는 데 효과적이다.

(3) 매장의 내부 환경관리

① 내부 디자인은 고객의 구매 욕구를 높이기 위해 점포 내의 분위기를 즐겁고, 상품을 보다 매력적으로 느낄 수 있도록 설계해야 한다.

② 내부 면적의 배분은 매장 및 비매장 면적의 비율과 매장 면적을 상품 구색별로 구분하여 가장 효율적인 비율로 구성하여야 한다.

③ 색채 배색과 조절을 통해 고객의 주의를 끌어들이면서 구매의욕을 환기시킨다. 여성을 상대로 하는 사업은 흰색과 파스텔 톤을, 어린이가 주 고객인 유치원이나 장난감 가게 등은 노랑, 빨강과 같은 원색을 사용하는 것이 좋다.

④ 점포의 주체적 기능은 판촉이므로 조명은 진열에 대해 상품을 부각시켜 고객을 유인하는 효과적인 역할을 한다.

⑤ 점포의 바깥조명은 고객을 흡인하고 인도하며 영업시간 외에도 점포의 존재를 기억시키는 역할을 할 수 있도록 한다. 점포 안의 조명은 고객의 시선을 상품으로 끌게 하여 구매의욕을 일으키게 설계하는 등 상품을 돋보이게 하는 색채 배합과 상품의 분위기에 맞는 상점 색채를 선정함으로써 고객의 구매심리를 적극적으로 유발시켜야 한다.

⑥ 점포의 내부 벽면에 거울을 달거나 점포 일부를 계단식으로 높이면 실제 점포보다 넓어 보일 수 있다.

개념 Plus

점포의 물리적 환경이 미치는 영향
• 기업에 대한 이미지를 형성하는 데 중요하다.
• 고객의 구매결정과 서비스경험에 영향을 준다.
• 적절한 사무공간, 온도, 공기 등은 직원의 행동에 긍정적 영향을 미친다.
• 고객의 상품탐색의 용이성과 흥미로운 구매경험에 영향을 미칠 수 있다.

점포 혼잡성이 미치는 영향
- 구매 가능성 감소
- 점포 이미지에 영향
- 인식되고 처리되는 정보량의 제한
- 소비자의 만족감소
- 대인 커뮤니케이션의 감소

02 매장 구성요소 및 안전관리 기출 12 · 11 · 10

(1) 매장위치 구성요소

구 분	내 용
충동구매	충동구매품은 소비자들의 발길이 가장 많은 곳에 위치하는 것이 유리
공간판매생산성	공간 단위당 기여도 비율 및 총판매수익
매장 인접성	범위가 넓고 다양한 상품진열시 매장 인접성을 고려하여 진열하는 것이 유리
재배치 빈도	소비자들이 접근하기 용이한 장소에 편의품 및 선호품을 진열하는 것이 유리
매장의 크기	많은 공간을 차지하는 특정한 매장은 측면, 후면, 상층 등에 배치해서 소비자들에게 가치 있는 거래구역을 제공하는 것이 바람직함
계절에 따른 필요성	매장 전체공간의 변화 없이 매장면적을 늘리거나 줄이면서 인접성을 허용
구매시 고려사항	상품구매시 주의 깊게 시험하는 상품의 경우에는 주통로보다 떨어진 곳에 배치
상품의 물리적 특성	상품의 특성에 따라 벽 또는 가장자리에 배치
매장 내 상품의 배치	매장 내 상품 종류별, 개별품목별 배치

(2) 점포 관리

점포 관리는 소비자들에게 보다 더 쾌적한 상업공간을 제공하며, 촉진관리에 공헌하는 2가지 측면을 고려해서 조화를 모색하는 것이다. 다시 말해, 촉진관리 · 선전 · 관리기능 · 쾌적한 환경 등 점포의 기능을 효과적으로 달성하려고 하는 것을 말한다.

(3) 바닥 관리

① 고객이 강하게 느끼는 곳이 바닥이나 조명이므로 바닥청결과 조명의 관리에 유의해야 한다. ★
② 바닥은 일정 정도 빛이 나야 하므로, 바닥재의 경우에는 청소를 할 경우 반짝거려서 빛이 날 정도의 재질, 즉 양질의 것을 선택해야 한다.
③ 바닥이 지저분한 장소의 주변인 경우에는 인기 상품군 또는 필수품인 경우가 많다.
④ 소비자들의 손에 자주 닿아 진열이 흐트러져 전진 입체 진열로 재진열하는 데 많은 시간을 투하하는 점포가 좋은 점포라 할 수 있다.

(4) 조명 관리

① 점포 내 수명이 다한 전구라든지 깜빡거리는 형광등은 해당 점포의 이미지를 깎아내리므로 언제나 조명을 점검해야 한다.
② 의류의 경우에 집중적으로 신경을 써야 할 부분은 피팅룸의 조명이다.

(5) 화장실 관리

① 화장실의 경우 깨끗하면서도 악취가 나지 않도록 해야 한다.
② 악취가 나는 점포의 화장실은 객수가 줄어들고 매출이 하락하는 원인으로 나타난다.

01   [19-1]
점포 안의 조명은 항상 밝게 하여 화사한 분위기를 조성해야 한다.
(   )

02   [18-1]
점포의 물리적 환경은 고급스러움보다 상품과 가격대와의 일관성이 더 중요하다. (   )

정답 1. ×   2. ○

01 점포구성에 대한 설명으로 가장 옳지 않은 것은?

① 점포는 상품을 판매하는 매장과 작업장, 창고 등의 후방으로 구성된다.

② 점포의 구성 방법, 배치 방법을 레이아웃이라 한다.

③ 점포 구성시 고객의 주동선, 보조동선, 순환동선 모두를 고려해야 한다.

④ 점포 레이아웃 안에서 상품을 그룹핑하여 진열 순서를 결정하는 것을 조닝(zoning)이라 한다.

⑤ 명확한 조닝 구성을 위해 외장 출입구 및 점두 간판의 설치 위치를 신중하게 결정해야 한다.

02 아래 글상자의 (㉠)과 (㉡)에 들어갈 용어를 순서대로 옳게 나열한 것은?

(㉠)은 진열 쇼케이스, 진열대, 계산대 등이 직각 상태로 배치된 것으로 소비자가 원하는 상품을 찾기가 쉽다는 장점이 있다. (㉡)은 백화점, 의류점, 컴퓨터 판매점 등에서 많이 이용되는 형태로 소비자가 쇼핑하기에 편하고 점포 내 이동이 자연스럽다.

① ㉠ 수직형, ㉡ 자유형

② ㉠ 수직형, ㉡ 수평형

③ ㉠ 격자형, ㉡ 자유형

④ ㉠ 격자형, ㉡ 수평형

⑤ ㉠ 표준형, ㉡ 자유형

03 매장 외관인 쇼윈도(show window)에 대한 설명 중 가장 옳지 않은 것은?

① 매장 외관을 결정짓는 요소 중 하나로 볼 수 있다.

② 돌출된 형태의 쇼윈도의 경우 소비자를 입구 쪽으로 유도하는 효과가 있다.

③ 지나가는 사람들의 시선을 끌어 구매욕구를 자극하는 효과가 있다.

④ 설치형태에 따라 폐쇄형, 반개방형, 개방형, 섀도박스형이 있다.

⑤ 제품을 진열하는 효과는 있으나 점포의 이미지를 표현할 수는 없다.

04 아래 글상자의 ㉠과 ㉡에서 설명하는 진열방식으로 옳은 것은?

㉠ 주통로와 인접한 곳 또는 통로사이에 징검다리처럼 쌓아두는 진열방식으로 주로 정책상품을 판매하기 위해 활용됨

㉡ 3면에서 고객이 상품을 볼 수 있기 때문에 가장 눈에 잘 띄는 진열방식으로 가장 많이 팔리는 상품들을 진열할 때 많이 사용됨

① ㉠ 곤도라진열   ㉡ 엔드진열

② ㉠ 섬진열   ㉡ 벌크진열

③ ㉠ 측면진열   ㉡ 곤도라진열

④ ㉠ 섬진열   ㉡ 엔드진열

⑤ ㉠ 곤도라진열   ㉡ 벌크진열

05 상품들을 상품계열에 따라 분류하여 진열하는 방식으로 특히 슈퍼마켓이나 대형 할인점에서 주로 채택하는 진열 방식은?

① 분류 진열(classification display)
② 라이프스타일별 진열(lifestyle display)
③ 조정형 진열(coordinated display)
④ 주제별 진열(theme display)
⑤ 개방형 진열(open display)

06 아래 글상자에서 ㉠이 설명하는 비주얼 머천다이징(Visual Merchandising) 요소로 옳은 것은?

(㉠)은(는) 판매포인트를 연출하기 위해 벽면이나 집기류의 상단 등 고객의 시선이 자연스럽게 닿는 곳에 상품의 포인트를 알기 쉽게 강조하여 보여주는 것을 말한다.

① VMP(Visual Merchandising Presentation)
② VP(Visual Presentation)
③ PP(Point of Sale Presentation)
④ IP(Item Presentation)
⑤ SI(Store Identity)

07 POP(Point of Purchase) 및 그 유형별 활용 방안에 대한 설명으로 가장 옳지 않은 것은?

① POP는 소비자가 구매하는 시점에서 판매를 촉진하는 수단으로서, 소비자에게 보다 직접적인 커뮤니케이션 메시지를 전할 수 있다는 장점이 있다.
② 광고 POP는 소비자를 유인하는 수단이 될 뿐만 아니라 광고를 상기시키는 역할을 한다.
③ 광고 POP물은 사인(sign)물처럼 장기간 사용되기에 강렬한 인상을 줄수록 바람직하다.
④ 판촉 POP의 메시지는 알기 쉽고 명확해야 하며, 디자인도 복잡하지 않아야 한다.
⑤ 상품 POP는 헤드라인, 보디 카피, 그리고 그래픽으로 구성된다.

08 효과적인 POP 광고에 대한 설명 중 가장 옳지 않은 것은?

① 소비자들에게 충동구매를 이끌어낼 수 있다.
② 벽면과 바닥을 제외한 모든 공간을 활용할 수 있어 매우 효과적이다.
③ 계산대 옆에 설치하여 각종 정보나 이벤트를 안내하기에 효과적이다.
④ 계절적인 특성을 살려 전체적인 분위기를 연출하기에 효과적이다.
⑤ 소비자의 주목을 끌 수 있어 효과적이다.

09 진열에 대한 설명으로 가장 옳지 않은 것은?

① 조명, 색채, 특수 디자인으로 상품의 미적인 부분을 부각한다.
② 상품의 특색과 개성이 풍부하게 나타날 수 있도록 진열한다.
③ 충동구매 상품에 대해서는 진열 공간을 넓게 할당한다.
④ 연관상품의 경우 쉽게 찾을 수 있도록 가까운 위치에 진열해야 한다.
⑤ 상품의 고급스러움을 강조하기 위해서는 점블 진열(jumble display)을 한다.

10 아래 글상자에서 설명된 진열방법으로 옳은 것은?

> 가. 연관되는 상품을 하나의 세트로 진열하는 방식
> 나. 고객이 상품을 자유롭게 선택할 수 있도록 진열하는 방식
> 다. 상품 계열에 속한 상품들을 분류하여 진열하는 방식으로 특히 슈퍼마켓이나 대형마트에서 주로 사용
> 라. 고객층의 상품에 대한 관심과 태도 등을 반영하여 진열하는 방식
> 마. 계절별, 행사별, 상품별로 적합한 컨셉을 만들어 부문별로 진열하는 방식

① 가 – 조정형 진열(coordinated display)
② 나 – 라이프 스타일형 진열(life-style display)
③ 다 – 개방형 진열(open display)
④ 라 – 주제별형 진열(theme display)
⑤ 마 – 임의적 분류 진열(classification display)

11 매장배치와 관련하여 옳은 설명만을 묶어놓은 것은?

> (가) 매장의 전면부는 통행하는 소비자들의 시선을 끌어야 한다.
> (나) 매장 전면부의 통로에는 진입고객의 위험성을 줄이기 위해 충동성이 있는 제품들은 진열하지 않는다.
> (다) 매장 앞에는 입간판을 놓아서 지나가는 사람들이 볼 수 있도록 한다.
> (라) 점포 내에서 가장 잘 팔리는 물건은 점포의 입구 쪽이나 가장 끝 쪽에 진열한다.
> (마) 매장 내 배치의 기본 원칙은 고객이 원하는 상품을 신속히 발견하고, 최대한 빠른 시간 내에 매장을 떠날 수 있게 하는 것이다.

① (가), (나), (다)
② (가), (다), (라)
③ (나), (다), (라)
④ (나), (다), (마)
⑤ (다), (라), (마)

12 점포 내부 환경관리에 대한 설명으로 옳지 않은 것은?

① 점포의 주체적 기능은 판촉이므로 조명은 진열에 대해 상품을 부각시켜 고객을 유인하는 효과적인 역할을 한다.
② 점포 안의 조명은 항상 밝게 하여 화사한 분위기를 조성해야 한다.
③ 소매상에서는 색채 배색과 조절을 통해 고객의 주의를 끌어들이면서 구매의욕을 환기시킨다.
④ 여성을 상대로 하는 사업은 흰색과 파스텔 톤을, 어린이가 주 고객인 유치원이나 장난감 가게 등은 노랑, 빨강과 같은 원색을 사용하는 것이 좋다.
⑤ 벽면에 거울을 달거나 점포 일부를 계단식으로 높이면 실제 점포보다 넓어 보일 수 있다.

13 점포 디자인의 요소로 옳지 않은 것은?

① 외장 디자인
② 내부 디자인
③ 진열 부분
④ 레이아웃
⑤ 점포 면적

14 오프프라이스(off price) 의류점에서 격자형(grid) 점포배치를 피해야 할 이유로서 가장 옳은 것은?

① 격자형 배치는 비용 효율성이 낮다.
② 격자형 배치는 공간이용의 효율성이 낮다.
③ 격자형 배치는 고객들을 자연스럽게 매장 안으로 유인하지 못한다.
④ 격자형 배치는 고객이 계획에 없던 부문매장을 방문하게 만든다.
⑤ 격자형 배치는 상품진열에 필요한 걸이(fixtures)의 소요량을 대폭 증가시킨다.

15 소매점포의 구성과 배치에 관한 원칙으로 가장 옳지 않은 것은?

① 점포분위기는 표적고객층과 걸맞아야 하고, 그들의 욕구와 조화를 이룰 수 있도록 설계해야 한다.
② 점포의 구성과 배치는 고객의 충동구매를 자극하지 않도록 설계해야 한다.
③ 점포의 내부 디자인은 고객의 구매결정에 도움을 줄 수 있어야 한다.
④ 점포의 물리적 환경은 고급스러움보다 상품과 가격대와의 일관성이 더 중요하다.
⑤ 판매수익이 높고 점포의 분위기를 개선할 수 있는 품목을 점포의 좋은 위치에 배치한다.

16 점포 레이아웃의 설계 및 관리를 위한 의사결정의 구성 항목으로 옳지 않은 것은?

① 상품 및 집기의 배치와 공간 결정
② 계산대 배치 및 공간 결정
③ 통로의 배치와 공간 결정
④ 점포의 간판과 그래픽 결정
⑤ 쇼핑공간 및 고객동선의 결정

17 아래 글상자에서 설명하는 이것은?

이것은 점포의 판매공간에서 고객의 시선으로 확인 할 수 있는 상품의 가로 진열수량과 진열위치를 정하는 것을 의미하며, 각 부문 안에서 어떻게 품목별로 진열 스페이스를 할당할 것인가를 정하는 것을 뜻한다.

① 조닝(zoning)
② 페이싱(facing)
③ 브레이크업(break up)
④ 블랙룸(black room)
⑤ 랙(rack)

18 점포관리시 매장배치를 할 때 일반적으로 고려하는 사항으로 가장 옳지 않은 것은?

① 점포 내에서 위치의 좋고 나쁨은 층수, 매장 입구 및 에스컬레이터 위치 등에 따라 달라진다.
② 고가의 전문용품은 층의 모서리나 높은 층과 같이 통행량이 많지 않은 구역에 위치한다.
③ 일부 점포들은 여러 상품들을 동시에 판매하기 위해 장바구니 분석법을 사용하여 전통적으로 구분되어 있던 매장들이나 카테고리를 함께 묶어 매장에 배치한다.
④ 백화점의 향수와 같은 충동구매를 일으킬 가능성이 높은 제품은 대부분 점포 후면에 배치하는 것이 유리하다.
⑤ 가구와 같이 넓은 바닥 면적을 필요로 하는 매장들은 일반적으로 인적이 뜸한 곳에 위치한다.

19 소매업체가 상품을 효과적으로 진열함과 동시에 효과적으로 보관하기 어려울 때, 이에 대한 해결책으로 고객의 눈을 끌기 위해 가능하면 상품 전체를 노출하고자 하는 상품 진열방법은?

① 수직적 진열(Vertical Merchandising)
② 적재 진열(Tonnage Merchandising)
③ 전면 진열(Frontage Presentation)
④ 색상별 진열(Color Presentation)
⑤ 비주얼 진열(Visual Presentation)

20 상품의 진열 방식 중 상품들의 가격이 저렴할 것이라는 기대를 갖게 하는 데 가장 효과적인 진열방식은?

① 스타일, 품목별 진열
② 색상별 진열
③ 가격대별 진열
④ 적재진열
⑤ 아이디어 지향적 진열

01 정답 ⑤

조닝이란 레이아웃이 완성되면 각 코너별 상품 구성을 계획하고 진열면적을 배분하여 레이아웃 도면상에 상품배치 존 구분을 표시하는 것이므로 외장 출입구 및 점두 간판의 설치 위치는 명확한 조닝 구성시 신중하게 결정해야 하는 요소와는 거리가 멀다.

02 정답 ③

○ 격자형 : 쇼케이스, 진열대, 계산대, 곤돌라 등 진열기구가 직각 상태로 되어 있다.
ⓒ 자유형 : 쇼케이스, 진열대, 계산대, 집기, 비품이 자유롭게 배치된 것으로 주로 백화점이나 전문점에서 쓰인다.

03 정답 ⑤

쇼윈도는 제품을 진열하는 효과뿐만 아니라 점포의 이미지도 표현하기 때문에 손님을 점포 안으로 유도하는 역할을 한다.

04 정답 ④

○은 섬진열, ⓒ은 엔드진열에 대한 설명이다.

05 정답 ①

② 고객의 생활의 한 장면을 연출하는 방법으로 그 장면의 상품 콘셉트에 맞는 파티, 가정생활, 레저, 스포츠 등 특정 스타일을 상품연출로 보여주어 소비자 집단의 기대와 욕구를 시각적으로 코디네이트하는 방식이다.
③ 연관되는 상품을 하나의 세트로 진열하는 방식이다.
④ 계절별, 행사별, 상품별로 적합한 콘셉트를 만들어 부문별로 진열하는 방식이다.
⑤ 고객이 상품을 자유롭게 선택할 수 있도록 진열하는 방식이다.

06 정답 ③

○은 PP(Point of Sale Presentation)에 대한 설명이다.

07 정답 ③

POP(Point of Purchase)는 구매시점 광고로 단기간 사용되며, 소비자들에게 상품 선택을 부담 없이 해주기 위한 것이기 때문에 무조건 강렬한 인상을 주기보다는 시기 및 장소에 맞게 적절하게 이루어져야 한다.

08 정답 ②

현수막, 스탠드, 간판, 블라인드, 광고물, 포스터, 알림보드, 장식 등의 POP 광고는 벽면과 바닥을 포함한 모든 공간을 활용할 수 있어 매우 효과적이다.

09 정답 ⑤

점블 진열(jumble display)은 바스켓 진열이라고 하며, 과자, 라면 등의 스낵 같은 상품들을 아무렇게나 뒤죽박죽으로 진열하는 방식으로 고급스러움을 강조하기 위한 진열과는 관련이 없다.

10 정답 ①

② 나 – 개방형 진열
③ 다 – 임의적 분류 진열
④ 라 – 라이프 스타일형 진열
⑤ 마 – 주제별형 진열

11 정답 ②

(나) 매장 전면부의 통로에는 충동성이 있는 제품들을 진열하여 소비자들의 충동구매를 유도한다.
(마) 매장 내 배치의 기본 원칙은 고객이 쉽게 상품을 인지하고, 그 상품을 사게 만드는 데 있으며, 고객 동선을 최대한 길게 하여 매장에 오래 머물 수 있도록 하는 것이다.

12 정답 ②

점포 안의 조명은 항상 밝게 하기 보다는 고객의 시선을 상품으로 끌게 하여 구매의욕을 일으키게 설계하는 등 상품을 돋보이게 하는 색채 배합과 상품의 분위기에 맞는 상점 색채를 선정함으로써 고객의 구매심리를 적극적으로 유발시키는 것이 중요하다.

13 정답 ⑤

점포 디자인의 요소에는 외장 디자인, 내부 디자인, 진열 부분, 레이아웃 등이 있다. ⑤ 점포 면적은 포함하지 않는다.

점포 디자인의 4대 요소
• 외부 디자인 (Exterior) : 점두(店頭), 간판시설, 입구, 건물의 높이, 진열창, 고유성 및 시각성, 주변 지역, 교통의 혼잡성, 주변 점포, 정차장
• 내부 디자인(Interior) : 조명, 온도 및 습도, 색채, 판매원, 탈의장, 냄새와 소리, 바닥, 통로, 수직 동선, 집기·비품, 벽면 재질, 셀프서비스

- 진열 부분 : 조화, 구색, 카트, POP 광고물, 주제 및 장치, VMD 진열 보조구, 포스터, 게시판, 선반 및 쇼케이스
- 레이아웃 : 고객동선, 상품공간, 후방공간, 판매원공간, 휴식공간, 작업동선, 상품동선, 고객용 공간

14 정답 ③
① 격자형 배치는 비용 효율성이 높다.
② 격자형 배치는 어떤 형태의 배치보다도 공간이용의 효율성이 높다.
④ 격자형 배치는 일상적이면서 계획된 구매행동을 촉진한다.
⑤ 격자형 배치는 표준화된 집기배치가 가능하고, 단조로운 구성으로 점내 장식이 한정되기 때문에 상품진열에 필요한 걸이의 소요량을 감소시킨다.

15 정답 ②
점포의 구성과 배치는 고객의 충동구매를 자극하도록 설계해야 한다.

16 정답 ④
'점포의 간판과 그래픽 결정'은 점포 외관 디자인과 관련이 있다.

17 정답 ②
페이싱(facing)이란 페이스의 수량을 뜻하는 것으로 앞에서 볼 때 하나의 단품을 옆으로 늘어놓은 개수를 말하며 진열량과는 다르다.

18 정답 ④
충동구매를 일으킬 가능성이 높은 제품은 고객 통행량이 많은 점포 전면에 배치하는 것이 유리하다.

19 정답 ③
③ 전면진열에 관한 설명이다. 전면진열은 고객의 눈을 끌기 위해 가능하면 상품 전체를 노출하고자 하는 상품 진열방법이다.
① 수직적 진열 : 곤돌라를 활용하여 동종의 상품을 상하로 진열하는 것이다.
② 적재진열 : 많은 양의 상품을 한꺼번에 쌓아 놓는 진열방식이다.
④ 색상별 진열 : 상품의 색채특성을 이용하여 진열하는 것이다.
⑤ 비주얼 진열 : 점포와 상품의 이미지를 높이기 위한 작업이다.

20 정답 ④
④ 적재진열은 많은 양의 상품을 한꺼번에 쌓아 놓음으로써 상품들의 가격이 저렴할 것이라는 기대를 갖게 하는 데 가장 효과적인 진열방식이다.
① 스타일, 품목별 진열 : 할인점, 식품점, 드럭스토어, 의류 소매점이 흔히 사용하는 방법으로, 스타일이나 품목별로 진열하는 방법이다.
② 색상별 진열 : 색상에 따라 상품을 분류하는 방식으로, 의복이나 액세서리 및 가정용품에 이르기까지 폭넓게 행해진다.
③ 가격대별 진열 : 선물용이나 특가품을 고를 때는 가격이 우선이기 때문에 선물용이나 특가품 진열에 효과적인 방법이다.
⑤ 아이디어 지향적 진열 : 제품의 실제 사용 시 예상되는 상황을 연출하여 고객들에게 미리 보여주는 방식으로, 가구브랜드의 오프라인 매장에서 주로 사용한다.

우리가 해야할 일은 끊임없이 호기심을 갖고
새로운 생각을 시험해보고 새로운 인상을 받는 것이다.

- 월터 페이터 -

CHAPTER 04 | 상품판매와 고객관리

최근 5개년 출제경향 회당 평균 5문제 출제(5개년 기준 총 15회)

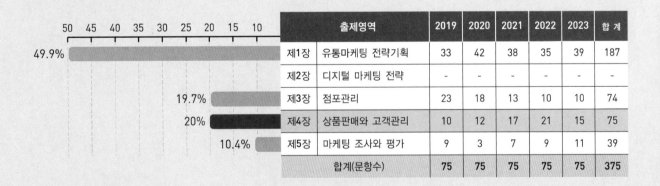

	출제영역	2019	2020	2021	2022	2023	합 계
제1장	유통마케팅 전략기획	33	42	38	35	39	187
제2장	디지털 마케팅 전략	-	-	-	-	-	-
제3장	점포관리	23	18	13	10	10	74
제4장	상품판매와 고객관리	10	12	17	21	15	75
제5장	마케팅 조사와 평가	9	3	7	9	11	39
	합계(문항수)	75	75	75	75	75	375

49.9%

19.7%

20%

10.4%

50 45 40 35 30 25 20 15 10

04 · 상품판매와 고객관리

1 상품판매

01 상품판매의 개요

(1) 판매사무 기출 16

① 판매사무의 의의
- ㉠ 판매사무는 좀 더 나은 판매관리의 목적을 달성하기 위한 정보처리의 수단이다.
- ㉡ 판매사무는 기업의 업종, 업태에 가장 알맞게 정해져야 한다.
- ㉢ 최적의 사무체계를 구성하기 위해서는 판매사무의 종류, 사무량 및 사무담당자와 처리방법 등에 관한 현상파악이 필요하다.
- ㉣ 판매사무의 기능별 분류는 판매계획에 관한 사무, 판매활동에 관한 사무, 판매통제에 관한 사무, 판매실적의 평가에 관한 사무 등으로 나눌 수 있다.

② 판매사무의 종류
- ㉠ 판매계획에 관한 사무(정보수집사무, 조사분석사무, 예측사무, 목표책정사무 등)
- ㉡ 판매활동에 수반하는 사무
- ㉢ 판매통제에 관한 사무
- ㉣ 판매실속의 평가에 관한 사무

③ 판매사무의 특성
- ㉠ 판매사무는 일반적 표준을 정하기가 쉽지 않다.
- ㉡ 판매사무는 그 현황을 파악·분석·검토해서 체계화하여야 한다.
- ㉢ 판매사무는 가급적 사무전문 부문에 집중 또는 기계화하는 것이 필요하다.
- ㉣ 판매사무의 합리화·능률화가 본래 직무수행을 위해 효과적이지 않은 경우도 있다.
- ㉤ 판매사무에는 판매업무와 함께 처리해야 할 사무가 있다.

(2) 판매정보

① 판매정보의 의의
- ㉠ 판매에 관한 정보의 수집과 활용은 이윤증대와 직결된다.
- ㉡ 판매정보를 재료로 하는 의사결정시 매우 중요하다.
- ㉢ 판매정보는 위험감소뿐만 아니라 이윤증대에도 중요한 역할을 하게 된다.

② 매출액의 증대나 원가절감에 의해 실현됐다고 여겨지는 이윤의 확대도 기본적으로는 정확한 정보에 기인한 적절한 의사결정에 의해 이뤄진 것으로, 정보이윤으로서의 성격을 지닌다.

② 판매정보의 구분
　㉠ 수집하는 판매정보 : 판매활동의 전개 과정에서 의사결정을 위한 정보를 말한다.
　㉡ 유출하는 판매정보 : 판매활동을 구체적으로 전개하는 데 따르는 정보전달활동으로서의 정보를 말한다.

③ 판매정보의 조건
　㉠ 정확한 정보일 것 : 판매정보는 의사결정 과정에서 나침반의 역할을 하기 때문에 정확한 정보여야 한다.
　㉡ 객관적인 정보일 것 : 판매정보는 객관적인 것이라야 하며, 그 결과가 자점(自店)에 불리하더라도 그 정보를 어떻게 의사결정에 반영하고 그것을 제거하기 위한 판매활동을 전개해나가느냐가 문제인 것이다.
　㉢ 계속적인 정보일 것 : 판매정보는 계속적으로 수집되고 일정기간 동안의 경향과 동향을 반영한 것이어야 한다. 특정시점만을 이용한 단 한 번의 정보수집에 의한 정보는 판매활동의 의사결정을 위한 재료로는 불충분하며, 그릇된 결과를 가져올 수 있다.
　㉣ 표준화된 정보일 것 : 판매정보는 형식과 체크포인트가 표준화되어야만 의사결정을 위한 체계적인 자료로서 축적되어 계속성의 이점을 실현할 수가 있다.
　㉤ 상호보완성이 있는 정보일 것 : 기업을 둘러싸고 있는 환경여건은 매우 복잡하게 관련을 맺고 있으며, 그것을 파악하기 위한 정보도 본래 상호관련적인 성격을 가지고 있기 때문에 정보는 상호보완성을 가지는 것으로 수집·활용되어야 한다.
　㉥ 활용하기 위한 정보일 것 : 판매정보는 활용되는 것이 목적이며, 수집은 그것을 위한 수단이다. 따라서 수집에 착수할 때는 먼저 활용목적을 설정하고, 그것을 만족시켜 주는 내용의 정보를 가장 바람직한 상태로 구비해야 한다.
　㉦ 경제성을 고려한 정보일 것 : 판매정보는 수집하는 데 소요되는 비용과 그것을 활용할 경우의 성과를 생각한 이른바 경제적 정보의 수집에 소요되는 노력, 즉 판매활동을 효과적으로 전개하기 위한 비용이다. 따라서 그것은 성과와의 균형이 유지되도록 하여야 하고, 정보 자체에 경제성이 없다면 다른 여타 조건이 아무리 좋아도 그 정보는 판매정보로서 아무런 의미가 없다.

④ 판매정보의 종류
　㉠ 고객에 관한 정보 : 고객의 특성, 구매관습, 구매동기 등에 관한 정보, 고객의 소비, 사용의 관습에 관한 정보, 구매자, 구매결정자, 소비 및 이용자에 관한 정보, 시장규모 등에 관한 정보
　㉡ 경쟁사에 관한 정보 : 경쟁업자의 분포에 관한 정보, 경쟁업자의 시장지위(점유율)에 관한 정보, 경쟁업자의 전략에 관한 정보, 경쟁업자의 구매유인에 관한 정보
　㉢ 취급상품에 관한 정보 : 상품의 특성에 관한 정보, 상품 경력(라이프 사이클링)에 관한 정보
　㉣ 기타 정보 : 활동결과에 관한 정보, 환경조건에 관한 정보, 지점에 관한 정보

개념 Plus

경쟁업자의 판매활동에 대응하는
방법
• 동일한 전략을 채택하여 그것을
보다 효율적으로 전개해가거나 다
른 방법을 의식적으로 채택한다.
• 경쟁업자가 성공한 구매유인에 대
해서는 자점도 그것을 채택하여
간다든가 또는 상대방보다 우월한
유인을 고객에게 제시함으로써 대
응해나간다.

(3) 판매정보의 활용

① 판매정보의 수집과 활용

㉠ 무의식 중의 정보의 활용 : 점포 경영자나 판매원이 점포 앞을 지나가는 인파를
보고 무의식 중에 느낀 것이 다음 날 판매활동에 활용되었다면 무의식 중 느낀 것이
곧 판매정보를 수집한 것이 되며, 판매활동을 위한 의사결정의 재료로 활용되고 있
다는 것을 뜻한다.

㉡ 경험에 의한 정보의 활용 : 정보에 의하지 않고 오랜 경험에 의하여 운영하는 경
영자·판매원도 있으나 경험 역시 정보의 축적에 해당하며, 경험중심주의도 본질
적으로는 정보주의라 볼 수 있다. 지나친 경험주의의 문제점은 경험은 정보의 무
의식적 축적과 임기응변적 이용에 그칠 뿐, 체계적인 정보수집과 계획적인 활용
은 결여된다는 데에 있다.

㉢ 경영활동에 있어서의 정보의 활용 : 정보는 소비자 또는 경쟁업자 기타 외부환경의
동향을 기업에 전달함으로써 그에 대응해가기 위한 적절한 의사결정을 가능하게 한
다. 따라서 판매활동에 있어 정보활동 여부는 판매량의 증감을 가름하는 관건이다.

② 고객에 관한 정보의 활용

㉠ 대상고객의 특성파악 : 판매활동은 고객의 특징을 파악하여 그것에 맞추거나 유도
해가는 형태로 전개되어야 하며, 그 특징은 구매관습과 구매동기를 기준으로 한다.

고객에 맞추는 판매활동	구매관습을 살리고 구매동기에 적합하도록 하여 고객의 특징에 맞춰 판매활동을 전개해야 한다.
고객을 유도해가는 판매활동	구매관습과 구매동기의 연구를 통해 예상되는 가능성을 알아내어 고객의 특징을 추출하면서 그 방향으로 판매활동을 전개해야 한다.

㉡ 상품의 소비, 사용관습에 관한 고객정보 : 판매활동의 기본은 고객의 소비·이용
욕구에의 적응부터 더 나아가서는 해당 상품이 어떻게 고객의 소비·이용 관습에
부응하는가 또는 어떻게 새로운 소비·이용 가치의 실현을 강조하여 고객의 이해를
얻어내는가에 있다.

㉢ 시장규모에 관한 양적 정보 : 고객층의 설정에 있어서는 상권의 크기, 고객의 수,
구매력 등 양적으로 점포의 경영을 유지·발전시킬 만한 시장규모를 갖추어야 한다.

③ 경쟁에 관한 정보의 활용

㉠ 경쟁업자의 분석 : 힘을 가진 상대가 얼마나 있는가, 따라서 어느 정도의 경쟁이
전개될 것인가를 상정하여 그 경쟁에 대처해나가기 위해 요구되는 노력이나 희생이
어느 정도일 것인가에 대해 정확한 인식을 갖기 위해 활용된다.

㉡ 경쟁업자의 시장지위에 관한 정보 : 자점(自店)과 경쟁업자의 힘의 관계를 상대적
으로 저울질하기 위해 활용되며, 그 활용의 목적은 단순비교가 아니라 어떻게 하면
경쟁을 유리하게 전개시켜 가는가를 고려하는 데에 있다.

㉢ 경쟁업자의 전략, 구매유인에 관한 정보 : 경쟁업자의 판매활동을 구체적으로 인식
하고 그것에 어떻게 대응해갈 것인가를 고려해서 활용해야 한다.

④ 자점에 관한 정보의 활용 : 지금까지의 수집된 정보를 이용하여 자점(自店)의 능력,
경영이념, 목표하는 방향과 합치되는 판매활동의 방향을 설정함과 동시에 최종적인 판
단을 내리는 데 활용된다.

⑤ **취급상품에 관한 정보의 활용**
  ㉠ 상품경력에 관한 정보 : 상품의 발매시기, 라이프사이클(Life Cycle)의 위치 등을 가격의 결정, 광고의 방법, 판매시점(Selling Point)의 설정에 활용한다.
  ㉡ 상품정보에 관한 판매원의 활용 : 취급 상품의 특성에 관한 정보를 충분히 이해하고 그 상품이 "어떻게 욕구의 충족에 공헌하는가"를 고객에게 피드백(feedback)하기 위하여 활용한다.
⑥ **활동의 결과에 관한 정보의 활용** : 판매활동에 관한 정보는 활동에 있어서의 의사결정에 이용되고, 활동 후에 그 효과를 측정하여 새로운 판매활동에 대비하기 위한 정보로서 활용된다. 활동의 결과에 대한 정보를 단순히 반성을 하기 위한 것보다는 그것을 새로운 판매활동에 대비하기 위한 정보로 활용하는 것이 더 중요하다.
⑦ **일반적인 환경조건에 관한 정보의 활용** : 금융긴축, 유통관련법령 등은 일반소매업의 방향 설정에 영향을 주고, 경제적·문화적인 환경의 변화는 고객의 구매관습, 사용관습에 영향을 주고 변화시킨다. 외부 환경의 움직임은 직접·간접적으로 소매업의 활동에 영향을 주므로 평소에 그 동향을 주시해야 한다.

(4) 상품지식의 활용과 응용 [기출] 14

① **개별상품과 상품지식**
  ㉠ 적합성 : 그 상품을 어떤 용도에 사용하는 것인가, 수요에는 적합한 것인가?
  ㉡ 융통성 : 그 상품은 다른 시기에 또는 다른 목적에 대해서 광범위하게 사용되는가?
  ㉢ 내구성 : 그 상품은 어느 정도 오래 쓸 수 있는가?
  ㉣ 쾌적성 : 그 옷을 입었을 경우에 여름을 시원하게 보낼 수 있는가?
  ㉤ 난이도 : 세탁이 쉽게 되는가, 곰팡이나 좀 등을 쉽게 방지할 수 있는가?
  ㉥ 스타일 : 그 옷이 잘 어울리는가?
  ㉦ 매력성 : 그 상품이 유행상품이고 매력이 있는가?
  ㉧ 가격 : 상품의 값은 적당한가?
  ㉨ 감정상의 특성 : 가령 그 상품은 희소가치가 높기 때문에 소유할 경우 과시하고 싶은 욕구를 만족시켜 주는가?

② **시스템판매와 상품지식**
  ㉠ 시스템판매(System Selling) : 소비자들이 소비하는 소비 시스템에 맞추어 상품의 구색을 갖추고 종합적으로 판매하는 것이다. 예컨대 백화점 등에서 베이비 용품 매장을 따로 마련하여 완구·구두·내의·양말·모자 등 유아용품을 한곳에 진열해서 판매하는 것이 대표적이다.
  ㉡ 스크램블 머천다이징(Scramble Merchandising)의 확대 : 스크램블 머천다이징이란 소매점이 만물점화되어 간다는 뜻으로, 새로운 각도에서의 '관련 판매'가 전개되어가는 것을 의미한다.
  ㉢ 용도별 구색 갖춤 : 용도별 구색 갖춤이란 생활재료별 구색 갖춤을 말하며, 상품재료별 구색 갖춤에서 생활재료별 구색 갖춤으로 변화했다는 것을 의미한다.

개념 Plus

판매활동에서의 불확정 요소
• 소비자 : 소비자는 통제가 불가능한 요인이며, 복잡한 의식, 욕구, 행동패턴을 가진 존재이다. 또한 경제적, 문화적, 정치적인 요인 등에 따라 더욱 변화해가는 성격을 가진다.
• 경쟁업자 : 통제가 불가능한 외부 요인이며, 그 활동은 불확정 요인이라기보다 오히려 교란요인으로서 작용하는 경우가 많다.

02 판매서비스

(1) 판매활동의 의의

① **판매활동의 개념** : 대금과 상품의 교환거래를 실현시키는 활동이다. 즉, 구매자로 하여금 교환하도록 결단을 내리게 하기 위한 설득활동을 그 내용으로 한다. 상품의 효용을 고객에게 알림으로써 고객이 구매활동을 하도록 설득하는 행동을 총칭한다.

② **설득활동** : 한마디로 말해 커뮤니케이션 활동, 즉 알리는 활동이라고 할 수 있으며, 고객에게 그 상품의 효용을 알려 구입하도록 설득한다.

③ **고객에 대한 상품의 효용** : 상품의 효용이란 그 상품을 고객이 소비하거나 이용함으로써 얻어지는 도움을 뜻한다. 일반적으로 고객은 물리적인 상품 그 자체가 필요해서 구입하는 것이 아니고, 상품의 효용을 목적으로 하여 구입하기 때문에 판매원에게는 이를 정확히 알려 구매로 유도하는 역할이 요구된다.

(2) 판매원의 역할

① 고객은 어떤 상품을 특정 판매원에게서 구입하는 편이 다른 판매원으로부터 사는 것보다 이득이라고 생각하기 때문에 사는 것이지 판매원을 위해 사는 것은 아니다.

② 판매원의 일은 고객에게 이 상품을 이용하거나, 자기에게서 구입하는 것이 유익하다는 것을 알리고 실행하는 것이다.

③ 일상생활용품의 판매원은 고객의 생활양식을 지도하는 생활컨설턴트가 되어야 하고, 업무용품의 판매원은 사용자의 경영합리화와 생산성 향상을 지도하는 경영컨설턴트가 되어야 한다.

④ 무턱대고 상품을 팔려고 하거나 상품과 대금의 교환을 자기 역할로 여기는 판매원은 시대에 뒤떨어져 결국 낙오한다. 그런 뜻에서 앞으로의 판매원은 컨설턴트로서의 역할을 다해 나가야 한다.

(3) 판매원과 상품지식

① 소비자에게 정보를 제공하는 데 상품지식을 활용해야 한다. 소비자에 대한 소매업의 역할 중 하나는 상품정보·유행정보·생활정보를 제공하는 것이다. 판매원은 전달자로서 또는 쇼핑상담시 전문가로서의 역할을 담당해야 하는데, 상품은 물론 유행정보·생활정보를 제공하는 데 있어서 기본이 되는 것이 상품지식이다.

② 판매원은 고객에게 상품을 파는 것이 아니라, 고객의 생활향상에 협력함으로써 고객이 감사히 여기고 상품을 사도록 해야 한다.

③ 고객은 상품을 구입함으로써 얻는 이익을 목표로 하고 있기 때문에 그것을 정확하게 알림과 동시에 생활 속에서 그 이익이 더욱 커지도록 원조해나가야 한다.

④ 매장에서 상품을 취급하고 판매할 때에도 상품지식이 필요하다. 상품의 물리적 구조는 매장에서 보관 및 포장·진열을 할 때도 항상 고려되어야 하고, 구매관습 혹은 라이프사이클에 의한 상품의 특성은 어떤 판매방법이 좋은가를 생각하는 데 기본적 정보가 된다.

⑤ 매입과 상품관리를 하는 데 있어서도 상품지식은 필요하다.

(4) 소비자의 역할

① 소비자에게 있어 상품을 소비하는 일은 어디까지나 수단일 뿐 결코 최종적인 목적이 아니다. 상품을 소비하는 목적은 그로 인해서 자신에게 뜻이 있고 가치 있는 시간과 공간을 만들어내는 일, 즉 생활하는 일이다.

② 소비자는 생활 생산자이다. 소비자는 기업으로부터 상품을 구입하고 소비·이용함으로써 자신의 생활을 만족시키기 위한 재(財)를 만들어내는 것이다.

③ 상품은 소비자가 가정에서의 생활 생산활동에 이용함으로써 비로소 그 가치를 실현할 수 있으며, 따라서 생활이라는 최종 생산물을 생산하는 원재료인 것이다.

03 상품 로스(Loss)관리

(1) 상품 로스의 개념

① 상품이 매입으로부터 입하되어 판매되기까지의 매입, 재고, 판매과정을 통해 발생한 로스(Loss)를 의미한다.

② 로스는 일반적으로 '손실'이라는 뜻이지만 상품의 관점에서 로스는 회계상의 제비용 등의 손실과는 다른 의미로, 보통 경리에서는 포착할 수 없고 그 내용이나 원인도 불명확한 손실을 의미한다.

(2) 상품 로스의 파악

① 이론상 획득할 수 있는 매출 총이익과 실제 매출 총이익과의 차액 또는 이론상 있어야 할 매출액과 실제 매출액과의 차이로 파악할 수 있다.

② 상품 로스의 파악은 신속·적절하게 로스의 예방 대책을 강구하기 위한 것이므로, 최소한 월 단위로 계산하여 파악하는 것이 바람직하다.

③ 월 단위로 상품 로스를 파악하는 경우 계산식은 상품 재고액의 기초, 기말을 각각 월초, 월말로 잡아 계산하면 된다.

- 상품로스 = (기초상품 재고액 매가 합계액 + 기중 매입액 매가 환산액) − (기중 매출액 + 에누리 상품액 + 기말상품 재고액 매가 합계액)
- 로스율(%) = $\dfrac{\text{상품로스}}{\text{상품매출액}} \times 100$

④ 상품로스 계산에서는 기중 매입 상품 전부에 매가(판매예정가격)를 매겨서 매가 환산한 매입 총액을 산출해 놓아야 하며, 상품 재고액은 기초, 기말 모두 매가에 의해 계산해 놓아야 한다.

개념 Plus

프로슈머(Prosumer)

생산자와 소비자를 합성한 말로, 1970년대에 앨빈 토플러(Alvin Toffler)에 의해 등장한 개념이다. 앨빈 토플러(Alvin Toffler)는 그의 저서 제3의 물결에서 생산과 소비, 수요와 공급 주체의 역할이 융합되는 새로운 개념의 고객을 프로슈머라고 정의했다. 소비자, 즉 고객이 상품 개발의 주체가 되는 것으로 기업들이 제품을 개발할 때 소비자의 욕구를 파악하여 그에 부합하는 상품을 시장에 내놓는 것을 의미한다.

개념 Plus

로스(Loss)의 종류
- 노동에 관한 로스
- 자본·자금에 관한 로스
- 관리제도의 결함이나 맹점 등에 따른 로스

2 고객관리

01 고객의 이해

(1) 고객의 정의

고객에는 전통적으로 외부고객과 내부고객이 있지만, 오늘날 고객의 개념은 이해관계자(Stakeholder)의 개념으로 확장되었다. 이해관계자란 자사의 성공과 발전에 이해관계가 걸린 모든 구성원(종업원, 고객, 주주, 협력업체, 지역사회 등)을 지칭한다.

(2) 고객의 역할

① 고객은 직접 찾아오든지 편지를 보내오든지 회사에서 가장 중요한 사람이다.
② 고객이 우리에게 의지하는 것이 아니라 우리가 고객에게 의지하고 있는 것이다.
③ 고객은 우리 일을 방해하는 것이 아니며, 그들이 우리 일의 목적이다.
④ 우리가 그들에게 서비스를 무조건 제공하는 것이 아니라, 그들이 우리에게 서비스를 제공할 수 있는 기회를 주는 것이다.
⑤ 고객은 논쟁을 하거나 함께 겨룰 수 있는 상대가 아니다. 누구도 고객과의 논쟁에서 이길 수 없다.
⑥ 고객은 우리에게 그가 원하는 것을 가르쳐 주는 사람으로 고객과 우리에게 이익이 되도록 일을 하는 것이 우리의 직무이다.

(3) 시대변천에 따른 고객개념의 변화

① 경쟁이 거의 없었던 시대(수요 > 공급) : "고객은 봉이다"
② 경쟁이 서서히 나타나기 시작하는 시대(수요 = 공급) : "고객은 소비자일 뿐이다"
③ 경쟁이 심화된 시대(수요 < 공급) : "고객은 왕이다, 고객은 가장 중요한 인물이다"

02 고객관리의 개요

(1) 고객관리의 정의 및 태도 기출 11

① **고객관리의 정의** : 고객관리란 고객에 관한 정보를 수집하여 분류·정리하고, 가공·활용하는 일을 말한다.
② **고객관리의 태도** : 고객이 바라고 있는 서비스를 파악하여 철저히 대비해야 하며, 고객의 정보수집이나 활용에 그치는 것이 아니라, 고객에게 도움을 줄 수 있어야 한다. 이를 통해 점포의 이미지를 높이고, 더불어 판매신장까지 도모해야 한다.

(2) 고객관리의 발전

구 분	1970년(판매)	1980년(CS)	1990년(DBM)	1990년 후반(CRM)
구매자의 성격	수동적인 구매자	선택적인 구매자	다양화, 개성화된 구매자	능동적인 파트너
고객들과의 관계	전체시장에 일방적인 공급	고객만족도 측정, 일방적인 관계	그룹화된 고객과의 일방적 관계	개별 고객과의 쌍방향 의사소통
고객관리	단순한 영업 위주	영업과 판매 위주의 서비스	IT 기술팀 위주	전사적인 관리

03 고객정보의 수집과 활용

(1) 기존정보의 수집

① 기업 내부의 자료수집 : 기업 내부의 자료는 처음부터 정보로 활용하기 위한 것이 아니지만, 가공의 방법, 이용의 방법에 따라서는 판매정보가 될 수 있다. 따라서 소매점은 그 규모의 대소에 관계없이 평상시에 내부 자료를 정비해야 하며, 그 정보는 단순한 자료나 기록으로서 뿐만 아니라, 판매정보로서의 가치와 기능을 갖게 된다.

② 기업 외부의 자료수집 : 기업 외부의 기존자료에는 정부, 공공기관, 대학, 연구기관, 조사기관, 광고대행사, 금융기관, 민간기업, 민간단체 등과 또한 그 목적에 따라 작성한 자료들 중에서 어떠한 형태로든 외부로 공표·발간되는 자료 등이 있다. 자료를 상점이나 정부간행물 판매점, 그리고 각 기관의 창구나 신문·잡지 등에서 수집하는 것도 판매정보를 수집하는 방법이다.

(2) 신규정보의 수집

① 관찰수집법

㉠ 점포 내에서 고객의 동향을 관찰하는 방법 : 점포 내에서 고객이 상품이나 진열에 어떠한 반응을 보이는가, 어떤 상품을 선택하고 구매하는가, 또는 어떤 순서로 점포 내를 돌아다니고 있는가에 대한 움직임을 관찰하고 그 구매관습에 대한 정보를 수집하는 것이다.

㉡ 이러한 점포 내에서의 관찰을 행할 때는 관찰자의 주관이나 선입견을 배제하기 위하여 미리 '체크 포인트'를 정해서 통일된 서식에 기입할 필요가 있다.

㉢ 점포 외(外)에서 통행인의 흐름을 관찰하는 방법 : 인파의 방향이나 인파의 양과 쇼윈도에 대한 반응 등을 관찰하는 것으로 기술적으로는 비교적 간단하지만, 미리 원칙을 정해놓지 않으면 활용할 때에 혼란이 생길 우려가 있다.

㉣ 관찰수집법에서 주의해야 할 사항으로 점포의 내외를 불문하고 관찰하고 있다는 사실을 고객이나 통행인이 알지 못하게 해야 한다. 만약 그들이 알게 되면 정확한 정보를 수집할 수 없을 뿐만 아니라 불쾌감을 불러일으킬 수도 있기 때문이다.

② 직접수집법

    ㉠ 우편에 대한 수집(앙케트 조사) : 우편에 의해 질문에 답하게 하는 방식으로, 회수율이 낮아서 넓은 상권을 가진 소매업이 아니면 유용한 결과를 얻지 못한다.

    ㉡ 전화에 의한 수집 : 전화로 고객에게 질문하는 것으로, 신속하고 비용이 적게 드는 이점은 있지만, 고객에게 불쾌감을 줄 우려가 있다.

    ㉢ 유치(留置)에 의한 수집 : 미리 질문지를 배포한 뒤 일정 기간이 지나서 회수하는 방식으로, 고객과 평소에 커뮤니케이션을 잘해두면 일반 소매업에서도 비교적 용이하고 확실하게 정보수집이 가능하다. 단, 질문내용이 너무 많으면 거부감이나 불쾌감을 일으킬 수 있다.

    ㉣ 개인면접에 의한 수집 : 상점가를 통행하는 소비자, 점포 내에서 쇼핑하는 고객, 점포에서 나가려고 하는 고객에게 미리 작성된 조사용지를 통해 질문하는 방식이다. 질문내용은 구체적이고 간단한 것이어야 한다.

③ 점내(店內) 실험수집법

    ㉠ 상품의 진열방법이나 판매방법을 계획적으로 변화시켜 그 결과를 비교·검토하여 판매활동에 도움이 되는 정보를 수집하는 방법이다.

    ㉡ 고도의 전문지식과 경험을 필요로 하는 방법으로 구체적이면서도 생활적인 정보의 수집이 가능하다.

    ㉢ 대상을 있는 그대로 조사해서 정보를 수집하는 것이 아니라, 인공적으로 고객의 쇼핑환경을 변화시켜서 정보를 수집하는 방법이다.

(3) 고객 데이터

① 기초인적 데이터 : 고객이 최초 회원가입시 작성하는 신청서가 원천이다(고객리스트, 신청서, 제품보증서 카드에 기재된 데이터 등).

② 접촉·거래 데이터 : 고객이 기업과 거래 또는 접촉했던 기록이다(주문이력, 금융거래내역, 구매이력, 콜센터를 통한 문의·불만데이터, A/S조직을 통한 상품보유데이터 등).

③ 조사 데이터 : 고객 및 잠재고객에 대한 패널조사, 직접 반응·광고 등을 통해 수집하는 데이터이다.

④ 직접입수 데이터 : 고객의 동의를 얻은 전문고객 데이터, 공급업체로부터 구입한 데이터이다.

⑤ 제휴활용 데이터 : 다른 회사가 보유하고 있는 고객데이터를 간접적으로 활용하는 것이다.

(4) 데이터베이스 마케팅 기출 08

① **데이터베이스 마케팅의 개념** : 데이터베이스 마케팅이란 고객의 다양한 정보를 컴퓨터에 축적하여 가공·비교·분석 등을 통해 마케팅활동에 사용할 수 있도록 하는 객관적인 경영기법을 말한다. 데이터베이스 마케팅은 고객별 분석을 통해 고객의 현재가치와 미래가치를 분류하고 지속적으로 유지하는 것을 목적으로 한다.

② **컴퓨터 기반의 시스템 마케팅** : 데이터베이스 마케팅은 고객정보를 단순하게 관리하는 것이 아니라 고객의 속성·구매 등에 관한 데이터를 시스템적으로 처리하는 것이다.

③ **실무적인 마케팅** : 데이터베이스 마케팅은 고객, 단골고객, 데이터, 정보, 시스템 등을 기본으로 하여 고객의 데이터를 검색·분석하며, 새로운 반응 데이터를 데이터베이스로 갱신하여 확장하는 실무적이고도 비즈니스적인 성격이 강한 마케팅이다.

④ **고객유지를 위한 데이터베이스 마케팅** : (1단계) 기존 데이터베이스 분석을 통해 고객을 세분화한다. (2단계) 데이터베이스를 활용하여 고객에게 접근한다. (3단계) 데이터베이스 마케팅의 효과단계이다.

(5) 다이렉트 마케팅 기출 10

① **다이렉트 마케팅의 정의**
  ㉠ 전화, 카탈로그, TV, 라디오광고는 물론 PC 통신, 인터넷쇼핑몰 등을 통해 소비자와 직접적으로 접촉하면서 빠른 시간 내에 고객을 확보하고, 동시에 측정이 가능한 일종의 쌍방향 마케팅이다.
  ㉡ 전개 수단이나 고객과의 접점에 따라 DM, 텔레마케팅, 카탈로그 마케팅, ARS 응답 마케팅, 온라인 마케팅 등으로 세분화할 수 있다.

② **다이렉트 마케팅의 한계**
  ㉠ 정확한 고객 설정의 어려움 : 다이렉트 마케팅은 고객 대상을 정확하게 설정하기가 어렵고, 그 자체만으로는 큰 효과를 기대하기가 어렵다.
  ㉡ 규모의 경제에 따른 효율성에 대한 불확실 : 다이렉트 마케팅이 일대일 소구력이 강한 것은 사실이지만, 고객데이터를 근거로 하지 않는다면 지속적인 데이터 축적이 불가능하다. 하지만 고객 대상을 정확하게 설정하기가 어렵고, 소요되는 비용도 많다.
  ㉢ 약한 전사적 시너지 효과 : 다이렉트 마케팅은 다른 광고매체나 판촉수단과 병행하거나 전사적인 시스템의 지원을 받을 경우에는 커다란 위력을 발휘하지만, 다이렉트 마케팅 그 자체만으로는 효과를 극대화하기가 어렵다.

③ **다이렉트 마케팅의 한계성을 극복하기 위해 필요한 요소**
  ㉠ 정확한 대상 고객의 데이터 축적
  ㉡ 고객에게 제안하는 내용의 소구력
  ㉢ 커뮤니케이션의 기획력과 판매 창출력
  ㉣ 뛰어난 다이렉트 마케팅 전문가
  ㉤ 애프터마케팅의 분석과 피드백
  ㉥ 전략정보시스템과 고객정보통합시스템과의 연계

---

(6) 고객정보통합시스템

① **고객정보통합시스템의 정의** : 변화하는 경영·마케팅·시장 환경에 능동적으로 대응하고, 고객세분화와 밀착관리로 고객충성도를 높이기 위해 분산된 데이터를 효율적으로 통합·관리하기 위한 경영기법이다. 즉, 분산되어 있거나 자체의 통합·조정 기능이 없는 개별 중점 고객정보데이터를 전사적으로 통합하여 관리할 수 있는 것을 말한다.

② **고객정보통합시스템과 데이터베이스 마케팅의 차이점**

구 분	고객정보통합시스템	데이터베이스 마케팅
운영(구축)목적	• 분산데이터의 효율적 통합 • 중복데이터의 최소화 • 통합적 마케팅의 커뮤니케이션 강화	• 고정 고객화 • 판촉물·DM 송부 • 고객서비스 개선
시스템구축 주체	전사적 관점에서 참여	마케팅 관련 부서
컴퓨터 용량	대용량 솔루션 중심	개인용 컴퓨터에서도 가능
업무처리 영역	단위별 업무가 통합되어 있어 전사적 분석까지 가능	주로 단위업무 or 개별 행동특성 분석 위주로 손익분기점 도출 등에 한계발생
운영(구축)의 주요 내용	• 데이터 교차분석(구매·서비스·고정고객) • 고객정보관리시스템 • 판매주문처리시스템 • 고객만족센터시스템 • 마케팅의사결정시스템 • 성과분석시스템	• 단위별 행동 분석 • RFM 행동 분석 • 고객생애가치(CLV) 분석 • 주문 1건당 비용 분석 • 반응률 분석 • DM 발송 및 TM 활용 프로그램
업무의 연계성	매우 강함	약함
데이터 축적·변환	자유롭고 효율적임	비효율적임
유의사항	초기 구축, 프로젝트 기획시 전략수립이 매우 중요	고객정보통합시스템 구축을 전제로 한 활용 또는 업무개선이 필요

③ **고객정보통합시스템의 필요성**

　㉠ 소비자의 욕구에 대한 대응

　㉡ 통합적 커뮤니케이션의 비중 증대에 따른 전사적·통합적인 마케팅체제

　㉢ 데이터베이스의 효율적인 관리를 위한 데이터 웨어하우스(Warehouse) 구축

④ **고객정보통합시스템 구축의 목표**

　㉠ 마케팅 전략 목표의 명확한 설정 : 시장상황, 경쟁자의 상황, 소비자의 생각과 의도를 명확하게 파악하여야 한다.

　㉡ 경쟁적 우위의 탐색 : 기업은 자사의 경쟁적 우위가 무엇인지를 찾아내야만 한다. 여기서 경쟁적 우위란 고객이 그들의 문제를 해결하기 위해 맨 먼저 자사를 찾도록 해주는 제품의 새로운 처리방법이나 특징 등과 같은 포괄적인 것을 의미한다.

⑤ **고객정보통합시스템의 구성(업무단위별 측면에 따라)** 기출 19·16

　㉠ 고객정보관리시스템 : 고객정보 파일, 고객생애가치, MCIF(Marketing Consumer Information File) 등 축적된 고객정보와 고객행태를 관리하고 분석하는 시스템으로, 통합 DBMS(Database Management System)의 핵심시스템이다. ★

개념 Plus

고객정보통합시스템의 구축방향

• 경영목표와 고객정보 통합시스템과의 연계
• 기존고객 유지와 이탈방지
• 신규고객 창출 방법의 개선
• 우수고객 발굴과 생애가치증대
• 저비용·고효율 판촉활동
• 애프터마케팅의 강화

ⓒ 판매주문처리시스템 : 빠른 유통, 거래실적 관리, 거래·배송 처리의 신속, 거래시간과 지리적 장벽 제거, 고객욕구의 신속한 감지 등에 유용하다. 즉, 주문처리의 연계, 새로운 시장 접근, 고객의 욕구 포착, 고객 A/S 만족, 경쟁기업에게 상품을 판매하는 등 신규수입을 창출할 수 있다.

ⓒ 고객콜센터시스템 : 주문·제안·불만·불평 등 고객의 소리를 직접 처리하고 데이터로 관리하며 텔레마케팅과 애프터마케팅 기능까지 하는 것으로, 고객관리는 물론 최근에는 무점포판매, 의사결정지원의 기능까지 담당함으로써 그 기능과 중요성이 더욱 증대되고 있다.

ⓔ 마케팅 의사결정지원시스템 : **마케팅의 4P요소를 기초로 하여 TPS등에서 만들어지는 수많은 고객들의 구매패턴자료를 정보기술로 포착**하고, 그것을 가공화하여 각각의 의사결정을 지원하는 시스템이다.★

ⓜ 성과분석시스템 : 마케팅 활동의 결과를 수치화·계량화하고, 단위 업무별로 투입 대비 수익규모와 비중을 분석하여 향후 마케팅 활동에 대한 전략을 개선·보완한다.

⑥ **고객정보통합시스템의 성공요인**

㉠ 요구사항의 명확화 : 전담팀은 프로젝트를 준비하는 동안 필요로 하는 요구사항에 대한 정리를 모두 완료하여야 한다.

㉡ 철저한 사전준비 : 프로젝트의 신속한 진행을 위해 사용자 요구사항을 미리 정한다.

㉢ 적절한 업무분담 : 고객정보통합시스템 프로젝트에는 주체 회사, 시스템 개발전문 컨설팅 회사, 장비 및 솔루션 지원업체 등 3개 영역의 회사가 공동으로 참여하는 것이 효율적이다.

㉣ 중간보고와 커뮤니케이션 : 프로젝트를 추진하는 데 있어서 관련 담당자들간의 중간 커뮤니케이션이나 시스템 구축 등을 토의할 수 있는 기회를 자주 가져야 한다.

㉤ 기술 이전 노력 : 프로젝트의 시작단계에서부터 전담기술자를 지정하여 해당 기술 요소들을 담당자가 철저히 숙지할 수 있도록 하는 사전노력이 필요하다.

㉥ 고객구매 특성의 분석 : 가능요소를 구매액에 한정하지 말고 구매액과 구매인원 비율, 객단가, 구매건수, 건단가, 내점일, 자·타사 신용카드, 고객분석, 상품권 고객분석, 고객행동 등의 요소에 대하여 분석할 수 있도록 한다. 또한 가입기한(사용기간), 사용금액, 대금납부실적 등의 분석은 우량고객 확보에 큰 도움이 된다.

㉦ 브랜드구매 특성분석 : 자사 제품이나 서비스를 자주 애용하는 단골고객을 살펴보면 점포 내의 특정 층이나 특정 브랜드를 자주 이용하는 고객이 있는데, 이와 같은 데이터도 관리만 할 수 있다면 마케팅 활동에 이용할 수 있다.

㉧ 우수고객분석 : 우수고객분석은 단지 고객의 구매액 비중만을 알아보는 것이 아니라 등급을 기준으로 여러 자료를 이용하여 분석할 수 있는 시스템을 구성할 수 있다.

㉨ 고객유지율 분석 : 고객유지율 분석 또는 브랜치(Branch) 분석을 통하여 더욱 쉽게 각각의 고객을 이해하고 분석할 수 있도록 구축되어야 한다.

㉩ 판촉반응분석 : 국내 기업의 고객정보통합시스템 대부분은 판촉결과의 분석에 약하다. 특히 텔레마케팅에 대한 성과분석 등은 자체 조직구성, 판촉방법, 개인별 텔레마케팅 성과분석, 고정비용지출 대비 이익실현 등을 하나의 단위업무 성격으로 효율성 분석이 가능해야 한다.

04 고객응대기법 기출 19·14·13·12·11

(1) 고객접점(MOT ; Moment Of Truth) 기출 19·13

① 'MOT(Moment Of Truth)'라는 용어를 최초로 주창한 사람은 리차드 노먼(R. Norman)이며, 이 개념을 도입하여 성공을 거둔 사람은 스칸디나비아 에어라인시스템(SAS)항공사의 사장 얀 칼슨(Jan Carlzon)이다. ★

② 고객접점서비스란 고객과 서비스요원 사이의 15초 동안의 짧은 순간에서 이루어지는 서비스로서 이 순간을 '진실의 순간(MOT ; Moment Of Truth)' 또는 '결정적 순간'이라한다. 이 15초 동안에 고객접점에 있는 최일선 서비스요원은 책임과 권한을 가지고 우리 기업을 선택한 것이 가장 좋은 선택이었다는 사실을 고객에게 입증시켜야 한다. ★

③ '결정적 순간'이란 고객이 기업조직의 어떤 한 측면과 접촉하는 순간이며, 그 서비스의 품질에 관하여 무언가 인상을 얻을 수 있는 순간이다. 따라서 고객이 서비스상품을 구매하기 위해서는 들어올 때부터 나갈 때까지 여러 서비스요원과 몇 번의 짧은 순간을 경험하게 되는데, 그때마다 서비스요원은 모든 역량을 동원하여 고객을 만족시켜 주어야 하는 것이다.

④ 이를 뒷받침하기 위해서는 고객접점에 있는 서비스요원들에게 권한을 부여하고 강화된 교육이 필요하며, 고객과 상호작용에 의하여 서비스가 순발력 있게 제공될 수 있는 서비스전달시스템을 갖추어야 한다. 고객은 윗사람에게 결재의 여유를 주지 않을 뿐만 아니라 기다리지도 않기 때문이다.

고객접점 서비스(MOT)

구 분	내 용
개 념	고객이 조직의 어떤 일면과 접촉하는 일로 비롯되며 조직의 서비스 품질에 관하여 어떤 인상을 얻을 수 있는 사건
중요성	• 고객과의 많은 접점에서 단 한 가지라도 나쁜 인상을 준다면 그것으로 고객은 기업의 이미지를 결정 • 서비스기업의 최고의 목표는 최고의 고객서비스이므로 가장 우선적으로 고객과 기업의 접점에 대한 배려가 중요
목 표	접점의 관리를 통해 고객이 우리 기업을 선택한 것이 최선의 대안임을 증명할 수 있도록 하는 것
권한위임	고객과의 접점에서 종업원의 신속한 대응을 위해 필요
고객 배려	기업이 세부까지 신경을 쓰고 있다는 사실을 고객이 느낄 수 있도록 하는 것
유의사항	처음부터 탁월하게 수행하는 것도 중요하지만, 서비스의 불량발생시 빠른 회복은 역전의 기회를 제공

고객응대의 마음가짐

• 고객의 이익과 편익을 우선적으로 생각한다.
• 고객에게 애정으로 대하고, 따뜻한 느낌을 준다.
• 고객의 말을 진지하게 경청한다.
• 고객을 반갑게 맞이하고 기분 좋게 배웅한다.

(2) 고객대기

① 고객대기의 의의

  ㉠ 고객대기는 언제, 어떠한 경우에도 고객을 맞이할 수 있는 준비와 마음가짐이 되어 있는 판매체제를 시행하는 것으로 머천다이징, 쾌적한 공간관리, 매장연출, 그리고 적정한 판매원의 배치와 판매원 각자의 마음가짐에 달려 있는 문제이다.

  ㉡ 대기는 효과적인 접근이 이루어지도록 하기 위한 사전 준비단계로 판매담당자가 제품구매의 의지와 능력을 가진 고객을 탐색하고, 이들에게 접근하기 위한 기회를 포착하는 과정이다. 따라서 단정한 용모와 밝은 표정을 연출하는 자세가 필요하다.

② 판매담당자의 대기 요령 : 가장 바람직한 대기자세는 고객이 판매담당자에게 다가가고 싶은 마음이 생길 수 있도록 하는 것이다.

  ㉠ 바른 자세 : 양손을 겹쳐서(여자의 경우는 오른손을 위, 남자는 왼손을 위에 두거나 주먹을 가볍게 쥐고 재봉선에 밀착) 앞에 모으고 똑바로 서 있어야 한다. 부드럽고 밝은 표정을 담은 채 시선은 고객의 태도나 동작을 관찰한다. 고객을 관찰할 때는 고객이 부담을 느끼지 않는 부드러운 눈초리로 조심스럽게 살피는 것이 중요하다.

  ㉡ 바른 위치 : 고객을 신속히 응대할 수 있는 가장 편리한 장소에 있어야 한다.

  ㉢ 상품점검 : 상품이 제자리에 잘 진열되어 있는지, 진열량이 적절한지, 더럽혀진 상품이 없는지 확인한다. 상품마다 정확한 가격이 정해져 있는지, 정해진 위치에 있고 가격표가 더러워지거나 망가져 있지는 않은가를 확인하고 입체적인 진열이 되어 있을 경우 상품을 꺼내기 쉽게 되어 있는지를 점검한다.

  ㉣ 효과적인 진열연출 : 판매담당자는 보기 좋고 쉽게 고객이 선택하기 쉬운 진열방법에 대한 연구를 해야 한다.

  ㉤ 매장의 청결유지 : POP와 진열대, 그리고 매장바닥을 항상 깨끗하게 청소하여 고객이 매장 밖에서 구경하거나 매장에 들어섰을 때 깔끔하고 상큼한 기분을 갖도록 해야 한다.

(3) 접근(Approach)

① 접근의 개념 : 판매를 시도하기 위해서 고객에게 다가가는 것, 즉 판매를 위한 본론에 진입하는 단계를 말한다. 접근은 실질적인 판매의 출발점으로서 고객이 판매담당자에 대해 짧은 순간에 느끼는 감정(첫인상)이 판매활동의 진행에 매우 크게 영향을 미친다.

② 접근을 위한 준비단계

  ㉠ 필요한 사전공작 : 고객이 최초의 반응을 보일 때까지의 과정을 말한다.

  ㉡ 간접판매술 : 판매원이 먼저 사고 싶은 마음을 일으킬 만한 활동을 충분히 하고, 어떻게 하면 고객이 기꺼이 판매에 관한 이야기에 귀를 기울여 줄 것인가 하는 데 가장 좋은 수단·방법을 가려내는 일이다.

  ㉢ 접근 준비를 위한 스토리(Story) : 어느 정도 화술이 좋은 사람이라 하더라도 사람을 설득하려고 할 때에는 듣고자 하는 기분을 고객이 가지고 있을 때에 비로소 말을 건네는 것이 가장 좋은 방법이다.

개념 Plus

판매사원의 상품판매과정 7단계
- 1단계 : 가망고객 발견 및 평가
- 2단계 : 사전접촉(사전준비)
- 3단계 : 접촉
- 4단계 : 설명과 시연
- 5단계 : 이의처리
- 6단계 : 계약(구매권유)
- 7단계 : 후속조치

ⓔ 예상고객과의 일체감 형성 : 상담을 훌륭하게 이끌어 가는 것은 반드시 고객이 관심을 기울이고 있는 문제만을 이야기하기 때문만은 아니다. 때로는 판매원 자신에게 고객이 주의를 기울이도록 하는 것도 한 가지 수단이다. 즉, 예상고객의 가족의 안부, 사업상의 성공, 혹은 예상고객의 취미나 식도락에 대해서도 큰 관심을 기울이고 있다는 것을 나타내는 것도 한 방법이다.

③ 접근 타이밍
　　㉠ 판매담당자를 찾고 있는 태도가 보일 때
　　㉡ 고객이 말을 걸어오거나 고객과 눈이 마주쳤을 때
　　㉢ 같은 진열코너에서 오래 머물러 있을 때
　　㉣ 매장 안에서 상품을 찾고 있는 모습일 때
　　㉤ 고객이 상품에 손을 댈 때

④ 접근기술 : 접근에 성공하여 다음의 발전된 판매단계로 진입하기 위해서는 우선 성실하게 미소 띤 얼굴로 부드러운 분위기를 조성한 뒤에 예의 바르고 세련된 화술 등의 기능을 발휘하여야 한다.
　　㉠ 호의적인 인상 : 단정한 복장과 예의를 갖추어야 하고, 3S, 즉 Smile(미소), Sincerity(성실성), Soft Touch & Smooth Mood(부드러운 분위기)를 갖추어야 한다.
　　㉡ 세련된 화술 : 판매란 결국 말로 상대를 설득하는 직업이라고 할 수 있으므로 세련된 화술이 판매에서 커다란 비중을 차지한다.
　　㉢ 후광효과(Halo Effect) : 판매원의 좋은 점, 뛰어난 점이 눈에 띄면 그것은 끝까지 고객의 인상에서 사라지지 않고 판매원의 이미지를 부각시키는 데 큰 힘이 되기 때문에 자기 PR을 점잖고 자연스럽게 삽입하는 것도 좋은 아이디어가 될 것이다.
　　㉣ 이야기의 경청 : 이야기를 진행시켜 나감에 있어서 가끔 맞장구도 치고 가벼운 질문도 삽입해서 고객의 이야기를 잘 듣도록 하는 것이 좋은 방법이다.

⑤ 접근방법
　　㉠ 상품접근법 : 판매원이 판매하고자 하는 상품을 예상고객에게 제시하며, 주의와 관심을 환기시키는 데 있어서 상품의 독특한 특징에 의존하거나 흥미 있는 상품의 품질을 지적하는 것을 말한다.
　　㉡ 서비스접근법 : 이전에 구매한 상품에 대하여 수리나 정보제공, 그리고 조언을 해주면서 예상고객에게 접근하는 것을 말한다.
　　㉢ 상품혜택접근법 : 구매자에게 제공될 상품혜택, 예상고객을 연관시키는 설명이나 질문을 갖고 면담을 시작하는 데 사용된다.
　　㉣ 환기접근법 : 예상고객의 호기심을 환기시키고 그의 관심과 흥미를 유발시켜 접근해나가는 방법이다.
　　㉤ 프리미엄접근법 : 예상고객에게 가치 있는 무언가를 무료로 제공하면서 접근한다.
　　㉥ 칭찬접근법 : 예상고객의 주의와 관심을 끌기 위하여 사실에 근거하여 진지하게 칭찬하면서 접근하는 방법이다.
　　㉦ 금전제공접근법 : 인간의 욕망에 근거를 둔 것으로 대부분 사람을 접촉함에 있어서 효과적으로 이용될 수 있다.

ⓞ 친지소개접근법 : 상호친지로부터의 편지, 메모, 소개장을 예상고객에게 제시한다.

ⓩ 공식적 접근법 : 판매원이 예상고객에게 명함을 주며 접근하는 방법으로 산업구매자, 도매상 또는 소매상의 방문에 널리 사용되고 있다. 이러한 접근법은 많은 사람들에 의해 사용되고 있으므로 판매원이 유명한 회사나 신뢰받는 기업을 대리하지 않는다면 관심이나 흥미를 끌기 어렵다.

(4) 고객욕구의 결정

① 고객구매욕구의 파악

  ㉠ 판매를 성공시키기 위해서 판매담당자는 고객욕구의 이해와 그 욕구를 충족시킬 수 있는 상품을 발견하는 것이 무엇보다도 중요하다.

  ㉡ 판매담당자는 고객과의 접촉을 통해 욕구와 구매계획 등에 대해 가능한 많은 지식과 정보를 획득하여야 한다.

  ㉢ 판매담당자가 고객의 욕구를 최상으로 만족시켜줄 수 있는 상품을 발견할 때 판매가 성공할 수 있다.

② **고객구매욕구의 결정방법** : 고객의 욕구파악은 질문으로부터 시작된다. 고객으로 하여금 자신을 자랑할 수 있는 기회를 주면서 말하는 것을 경청하여 고객의 욕구를 파악한다. 이때 판매담당자의 대화법은 질문 → 경청 → 동감 → 응답하는 과정을 반복한다.

| 접 근 | ⇨ | 커뮤니케이션(질문, 경청) | ⇨ | 고객의 욕구 파악 및 결정 |

③ **고객과의 거리**

  ㉠ 고객의 공간 : 고객의 공간이란 고객이 상품을 자유롭고 손쉽게 선택할 수 있도록 연출된 공간을 말한다. 여기에는 선택에 필요한 상품구색이 충분히 갖춰져야 하고, 쇼핑을 보조하는 기능이 상비되어야 한다.

  ㉡ 판매원과 고객과의 거리 : 판매원은 고객의 시야를 차단하거나 고객 공간을 침범해서는 안 되며 접객 효과를 높이는 데 있어 알맞은 간격을 유지해야 한다. 이는 그 점포의 레이아웃과도 관련이 있다. 대체로 50cm 이상 1m 이내의 거리가 고객이 의식하지 않고 대화가 가능한 거리이다.

④ **고객본위의 응대** : 접객에 있어서 고객본위의 응대란 고객이 갖는 우위성을 보증하면서 고객의 동기에 재빨리 호응해서 고객의 가치관에 부응하는 상품제시와 정보제공을 고객의 수준에서 행하는 것을 말한다.

  ㉠ 전문용어를 남용하지 않아야 하며, 사용하는 경우에는 반드시 해설을 붙여서 고객이 이해하기 쉽도록 힘써야 한다.

  ㉡ 고객이 어떠한 특성을 가진 상품을 바라고 있는가를 이해하고 합치하는 상품을 갖추어 제시해야 한다.

  ㉢ 접객 중에는 다른 업무를 보지 않도록 해야 하며, 무례한 태도를 취하지 말아야 한다.

(5) 판매제시

① 판매제시의 의의 `기출` 13 · 12

　⊙ 판매제시는 고객접근과 욕구결정 단계에서 파악된 고객의 욕구를 충족시켜 주기 위해 고객에게 상품을 실제로 보여주고 사용해보도록 하여 상품의 특징과 혜택을 이해시키기 위한 활동으로서, 상품의 실연(제시)과 설명이 핵심이다.

　ⓛ 판매원은 효과적인 의사 전달을 위해 담화, 경청, 제스처, 전시 및 그 밖의 행동에 관한 어떤 결합에 의존하면서 예상 고객에게 설득적인 소구를 행한다.

　ⓒ 고객에 대한 어프로치의 비결은 고객이 구입하고 싶어 하는 상품의 특성, 즉 고객의 취미와 가치관을 재빨리 알아내는 데 있다. 따라서 고객이 어떤 특성을 가진 상품을 원하는가를 이해하고 그 패턴에 합치한 몇 개의 상품을 갖추어 제시하는 것이 좋다. ★

② 판매제시의 4요소

　⊙ 판매원은 고객접촉 및 판매제시의 실행을 위한 전체적인 계획을 개발해야 한다.

　ⓛ 판매원은 고객접촉을 실행하며, 현실적으로 특정한 판매방문과 함께 활용한다.

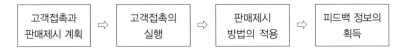

고객접촉과 판매제시 계획 ⇨ 고객접촉의 실행 ⇨ 판매제시 방법의 적용 ⇨ 피드백 정보의 획득

③ 판매제시의 특성

　⊙ 완전성 : 필요한 모든 정보를 취합하여 판매제시를 해야 고객 불만을 예방할 수 있다.

　ⓛ 경쟁심의 배제 : 판매자가 내부적인 주장을 수립하였더라도, 고객과 경쟁은 지양한다.

　ⓒ 명확성 : 고객에게 명확하게 판매제시함으로써 오해의 여지를 줄여야 한다.

　ⓔ 예상고객의 신뢰 획득 : 고객은 판매원의 제시가 사실이라는 확신이 들지 않을 경우 제품을 구매하지 않을 것이기에 고객의 신뢰를 얻는 것이 매우 중요하다.

(6) 판매결정

① 판매결정의 의의

　⊙ 고객이 구매결정을 내리도록 유도하는 과정부터 고객이 대금을 입금하기 전까지를 판매결정(Closing the Sale) 단계로 본다.

　ⓛ '결정(Closing)'이라는 용어는 판매계약에 대한 고객의 동의를 사실상 획득하는 행위를 지적하기 위하여 사용한다.

　ⓒ 판매결정은 판매단계의 만족스러운 완성에 대한 단순한 논리적 결론이다.

② 판매결정의 주요 부분은 가격결정에 할애되므로 판매원들이 어려움을 느낀다. 따라서 판매원은 구매결정이 확정되었다는 의사표시나 행동을 유심히 관찰하여 결정을 해야 한다.

⑩ 판매결정을 내리기 위해서는 고객 반응을 올바르게 포착하여야 한다. 판매결정을 촉구할 때 가장 중요한 것은 타이밍(Timing)이다.

② 판매결정의 촉구방법

㉠ 추정승낙법(가정적 종결법) : 대부분의 판매원이 사용하는 방법으로 가장 응용범위가 넓은 결정 촉구방법이다. 이 방법은 두 가지 안 중에서 양자택일하게 한다.

㉡ 교묘질문법 : 단점을 은폐하고 고객이 상품을 구입함으로써 얻게 되는 이점을 부각하여 설득하는 방법이다.

㉢ 테스트질문법 : 고객의 의중을 알아보기 위해 질문을 던지는 방법으로, 고객의 의중을 알 수 있고 그에 따른 대책을 세울 수 있는 장점이 있다.

㉣ 손득비교법 : 판매 제안의 장점과 단점을 표로 만들어 제시함으로써 고객이 비교하여 결정하기 좋게 하는 방법이다.

㉤ 직접행동법 : 판매원이 구입신청서에 직접 기입해가며 판매하는 방법으로, 물리적 동작법 또는 주문서법이라고도하며 고객이 구입과정에서 중단하기 어렵다.

㉥ 전환법 : 고객을 수세로 몰아넣어 혼란을 야기함으로써 구입에 대한 반대를 하기 힘들게 하는 방법이다.

㉦ 요약반복법 : 고객에게 어필할 수 있는 부분을 요약하고 반복하여 설명하는 방법이다. 고객이 제대로 숙지하고 있는지를 확인해가며 판매하는 방법으로, 판매결정의 촉구방법중 가장 널리 사용되고 있다.

③ 판매결정의 기본자세

㉠ 성공할 것이라는 자신감과 태도가 필요하다.

㉡ 신중하지만 신속한 판매종결이 시도되어야 한다.

㉢ 고객이 원하는 방법으로 판매결정을 시도한다.

㉣ 지금이 구매의 적기라는 강한 근거를 사용한다.

④ 판매결정시 주의사항

㉠ 감사의 인사를 잊어서는 안 된다.

㉡ 가격표를 재확인한 후 가격을 제시한다.

㉢ 받은 금액은 반드시 고객 앞에서 확인의 말을 한다.

㉣ 포장을 위하여 선물용인지, 직접 사용할 것인지를 반드시 물어야 한다.

㉤ 배달 여부를 확인하여 차질이 없도록 한다.

㉥ 마무리한 후 관련 상품을 권한다. 관련 상품을 권할 때에는 절대로 강요가 아닌 도와준다는 기분으로 하여야 한다.

(7) 판매 마무리

소매점에서의 판매의 최종 마무리는 고객의 구매결정 후의 대금 수령·입금, 상품의 포장과 인계, 그리고 전송까지이다.

개념 Plus

컴플레인 마케팅
고객의 불만을 적극적으로 청취하고 바로 시정에 나서거나, 이를 데이터로 만들어 전략으로 활용하는 마케팅 방식을 말한다.

05 고객컴플레인 대응

(1) 컴플레인의 의의

① 고객이 상품을 구매하는 과정에서 또는 구매한 상품에 관하여 품질, 서비스, 불량 등을 이유로 불만을 제기하는 것으로 매장 내에서 종종 발생하는 사항이다. 고객의 불만, 오해, 편견 등을 풀어주는 일을 컴플레인(Complain) 처리라고 하며, 판매담당자의 중요한 임무 중의 하나이다.

② 고객의 컴플레인을 성의껏 처리해주었을 때 고객이 크게 만족하게 되어 자사의 계속구매고객이 될 가능성이 크다.

③ 성의를 다하는 컴플레인의 처리는 매장(회사)의 신뢰도를 높여주고 고객과의 관계를 효과적으로 유지시켜 주는 지름길이 된다.

④ 소비자의 컴플레인은 기업에 막대한 손실을 입힐 수 있으며, 경영자에게도 중요한 영향을 미친다.

(2) 컴플레인의 발생원인 기출 12

① 판매자 측 원인

ㄱ 판매담당자의 고객에 대한 인식부족 : 불량품이나 불만족스런 제품을 구매한 고객은 불만과 더불어 교환을 요구한다. 이 당연한 요구를 무시하거나 교환을 회피하려할 때 컴플레인이 발생한다.

ㄴ 무성의한 고객대응태도 : 고객의 질문에 답변을 하지 않거나 고객의 요구에 대한 일방적인 무시행위, 무성의한 답변, 불친절 등이 컴플레인을 발생시킨다.

ㄷ 제품지식의 결여 : 판매담당자의 부족한 제품지식으로 인한 잘못된 제품설명은 제품 사용상의 문제를 야기함은 물론 컴플레인을 발생시킨다. 정확한 상품지식, 올바른 상품설명으로 불만을 예방할 수 있다.★

ㄹ 제품관리의 소홀 : 제품의 이동 및 진열 중에 불량품이 발생할 수 있는데, 이러한 불량품을 최종점검 없이 판매할 경우 컴플레인이 발생한다.

ㅁ 무리한 판매권유 : 무리한 강매나 강권은 고객이 쇼핑을 통해 얻는 즐거움을 감소시키고 매장에 대한 신뢰감을 떨어뜨려 컴플레인을 발생시킨다.

ㅂ 단기간의 이해집착 : 단기간의 이해에만 집착하여 교환이나 환불을 회피할 경우 컴플레인을 발생시키고 고정고객을 잃게 된다.

ㅅ 약속불이행 : 판매사원과 고객과의 약속은 회사의 고객에 대한 약속이며 개인 간의 약속이 아니다. 회사가 약속하였다는 입장에서, 회사의 신뢰성을 지킨다는 입장에서, 고객과의 약속을 지키기 위해 최선을 다해야 한다. 약속을 지키지 않으면 회사를 믿고 행동한 고객은 시간 및 금전적인 손실에 대한 보상을 요구한다.

ㅇ 보관물품의 소홀한 관리 : 고객으로부터 받은 보관물품을 소홀히 취급하여 파손 또는 분실하였다면 그 고객은 당연히 보상을 요구할 것이다.

ㅈ 일처리의 미숙 : 서툰 포장이나 계산의 착오 등의 일처리 미숙은 고객의 컴플레인을 발생시킨다.

② 고객 측 원인

　㉠ 고객 측의 잘못에 의한 발생원인은 제품, 상표, 매장, 회사에 대한 잘못된 인식, 기억의 착오, 성급한 결론, 독단적인 해석, 고압적인 자세, 할인의 구실을 찾기 위한 고의성 등이 있다.

　㉡ 고객의 잘못이나 고객의 착오 등에 의하여 컴플레인이 발생했을 경우 고객이 잘 납득할 수 있도록 설명하여 이해시킨다.

　㉢ 판매담당자의 잘못이 없다고 하더라도 잘못된 대응은 고객을 적으로 만들 수 있으므로 인내심을 갖고 겸손하고 정성스러운 설명으로 설득해야 한다.

(3) 기업의 컴플레인 대응

① 소비자들의 불만족과 불평에 관심을 가지고 있다는 것을 소비자에게 널리 홍보하는 것이다.

② 기업 안에 소비자 상담실을 설치·운영한다.

③ 소비자에게 정확한 정보를 제공해준다.

④ 공정한 불평처리기준과 불평처리절차를 마련한다.

⑤ 판매원과 종업원에게 불평처리방안을 교육한다.

⑥ 정부 및 소비자단체와 협력한다.

(4) 컴플레인 처리방법

① MTP법

고객의 컴플레인에 대한 처리방법은 더 높은 고객만족향상이라는 차원에서 고려되어야 한다. 고객불평이나 불만의 처리방법으로 MTP법이 자주 사용되고 있는데, MTP법이란 사람(Man), 시간(Time), 장소(Place)를 바꾸어 컴플레인을 처리하는 방법이다.

　㉠ 사람을 바꿈 : 판매사원 → 판매담당

　㉡ 장소를 바꿈 : 매장 → 사무실, 소비자상담실

　㉢ 시간을 바꿈 : 즉각적인 해결방안의 제시보다는 냉각시간이 필요

② 트레일러 콜(Trailer Calls)법

정기적 또는 지속적으로 고객과 전화나 대면으로 접촉하여 만족도 또는 컴플레인 등을 간단하게 서베이하고, 이를 통해 얻은 자료로 데이터베이스를 구축한 후 피드백 과정을 통해 더 나은 서비스를 제공함으로써 고객을 유지해가는 마케팅 전략이다.

(5) 컴플레인 처리단계 기출 15

① 제1단계 : 고객의 불만이나 불평을 듣고, 불평내용과 원인에 대한 정보를 수집한다.

　㉠ 먼저 사과하고 고객의 흥분을 진정시킨다.

　㉡ 선입관을 갖지 말고 관심을 가지고 듣는다.

　㉢ 자기의 의견을 개입시키지 말고, 전체적인 사항을 듣는다.

　㉣ 중요사항을 메모한다.

② 제2단계 : 고객 불만의 원인을 분석하며, 고객의 불평이나 불만에 대한 사실 확인과 원인을 확인한다.

　　㉠ 사실 확인과 문제점을 정의한다.

　　㉡ 원인을 확인한다.

③ 제3단계 : 해결책을 검토하며, 문제해결을 위한 고객요구사항 파악과 만족할 만한 해결 방안을 모색한다.

　　㉠ 고객의 요구사항을 듣는다.

　　㉡ 자기의 권한 내에서 할 수 있는가를 검토한다.

　　㉢ 고객을 만족시킬 수 있는 방안을 검토한다.

　　㉣ 신속한 해결의 일정을 검토한다.

④ 제4단계 : 만족스런 해결방안을 결정하고 고객에게 해결책을 제안한다.

　　㉠ 정중하고 성의 있게 해결책을 설명한다.

　　㉡ 신속하게 처리한다.

　　㉢ 차이가 있을 때 새로운 타결방안을 제시한다.

　　㉣ 권한 이외의 것은 해결과정을 충분히 설명하고 양해를 구한다.

⑤ 제5단계 : 처리결과를 검토한다.

　　㉠ 다시 한 번 사과하고 처리결과의 수용에 대해 감사 인사한다.

　　㉡ 고객불만이 재차 발생치 않도록 미연에 방지한다.

(6) 컴플레인 처리시 유의사항 `기출` 18 · 15 · 13 · 12

① 고객의 말에 동조해가면서 끝까지 충분히 듣는다.

② 전문용어의 사용은 되도록 자제한다.

③ 논쟁이나 변명은 피한다.

④ 고객의 입장에서 성의 있는 자세로 임한다.

⑤ 감정적 표현이나 노출을 피하고 냉정하게 검토한다. ★

⑥ 솔직하게 사과한다.

⑦ 설명은 사실을 바탕으로 명확하게 한다. ★

⑧ 신속하게 처리한다.

⑨ 불만을 가진 고객에 대한 신속한 서비스 회복을 위해서 이행상의 공정성 혹은 절차상의 공정성에 대해 강조하는 것이 좋다. ★

⑩ 각각의 부서에서 고객불만을 처리하는 것보다 고객서비스 창구를 일원화하여 고객불만을 처리하는 것이 좋다. ★

> **컴플레인 처리시의 공정성**
> • 이행상의 공정성 : 지불한 비용에 비해 그들이 받은 혜택에 대한 고객의 지각을 말한다.
> • 절차상의 공정성 : 불만을 해결하기 위해 도입된 절차의 공정성이다.

01 CRM의 도입배경

(1) 고객의 변화

1990년대 후반의 치열한 시장경쟁 및 인터넷의 등장으로 고객이 언제든지 마음만 먹으면 경쟁사로의 이동이 가능해졌고, 다양하고 개성화된 고객의 라이프스타일은 기대와 요구를 양산시켰다. 이에 따라 기업은 변화하는 고객의 기대와 요구에 부응하고 고객을 안정적으로 유지하면서 기업의 경쟁우위를 고수하기 위하여 CRM(Customer Relationship Management)을 도입하게 되었다. ★

(2) 시장의 변화

1990년대 후반 이후 시장규제의 완화, 시장의 성숙, 경쟁사의 증가, 판매채널의 다양화로 인해 시장 수요보다 공급이 증가하면서 생산자 중심에서 구매자 중심의 시장으로 전환되었다. 구매자 중심의 시장에서 고객은 개인의 선호와 욕구에 맞는 상품과 서비스를 찾기 때문에 기업은 고객을 동질적 집단으로 간주하는 매스마케팅에 더 이상 의존할 수 없게 되었다. 따라서 고객의 정보를 기반으로 한 전략적 고객세분화를 통해 목표고객을 설정하고, 이에 맞는 적절한 마케팅믹스를 개발해서 실행하는 고객마케팅 접근전략인 고객관계관리(CRM)을 도입하게 되었다.

(3) IT산업의 발전

컴퓨터 H/W의 저장용량이나 데이터 처리성능이 급속도로 발전하면서 기업은 방대한 양의 고객 관련 데이터를 데이터 웨어하우스에 저장하고 데이터 마이닝과 같은 프로그램을 활용하여 과학적인 고객분석이 가능하게 되었다. IT의 발전은 고객 및 시장에 대한 중요한 정보와 지식을 기업에 제공했을 뿐만 아니라 본격적으로 CRM 도입을 가능하게 하는 기술적인 환경을 형성하게 되었다.

(4) 기업패러다임의 변화

기업조직의 경영방식이 매출중심에서 수익중심으로 기업패러다임이 전환되면서 평생고객 확보를 위한 고객관계 경영방식으로 전환되고 있다.

(5) 마케팅 커뮤니케이션의 변화

고객의 다양성으로 인해 시장이 세분화될 때 획일화된 매스미디어와 브로드캐스팅 광고는 더 이상 효과적이지 못하다. 광고의 효율을 높이기 위해서는 무엇보다도 구체적인 광고의 목표를 세우고 이를 달성하기 위한 목표고객을 찾아낸 후에, 그들의 필요나 욕구를 채워줄 수 있는 차별화된 타깃마케팅이 필요하다. 더불어 단순하게 상품 및 서비스를 고객들에게 알리는 것이 목적이었던 기존의 광고에서 벗어나 고객들과의 장기적인 관계유지 활동을 전개하는 것이 광고의 효율성을 높이는 방안이다.

개념 Plus

마케팅 역할의 변화

과 거	현 재
대중 마케팅	1:1 마케팅
시장점유율	고객점유율
신규고객의 확보	기존고객의 유지 및 강화
제품 중심	관계 중심
대량생산 및 규모의 경제	다양성 및 범위의 경제

---

02 CRM의 개요 기출 13 · 12 · 11 · 09 · 08

(1) 고객관계관리(CRM)의 정의

① CRM은 기업내부에 축적된 고객정보를 효과적으로 활용하여 고객과의 관계를 유지·확대·개선함으로써, 고객의 만족과 충성도를 제고하고, 기업 및 조직의 지속적인 운영·확장·발전을 추구하는 고객관계 제반 프로세스 및 활동으로 정의할 수 있다.★

② CRM은 크게 고객획득단계, 고객강화단계, 고객유지단계, 충성고객단계(고객성장단계)로 구분되는 고객의 생애가치개념을 중요시한다.

③ CRM은 고객과의 거래관계를 구축하고 고객과의 접촉을 통해 형성되는 모든 고객과의 상호작용을 개선함으로써 기업의 경영성과를 지속적으로 향상하고자 하는 경영방식이다.

④ CRM은 각 고객의 세부적인 정보를 관리하고 또한 고객 충성심을 극대화하려는 목적으로 고객의 접촉점 모두를 신중하게 관리하는 과정이다. 즉 고객을 획득하고 유지하며 고객수익성을 향상시키기 위하여 지속적인 커뮤니케이션을 통해 고객 행위에 영향을 주는 모든 현상을 이해하기 위한 전사적 접근체계이다.★

(2) CRM의 구축 목적

① 고객점유율 및 소비점유율(share of wallet) 제고를 통한 매출증대

② 신규고객 획득 및 목표고객선정, 기존고객 유지 및 관계 강화

③ 지속적인 관계를 통한 고객관리 및 고객의 생애가치 극대화 → 고객이탈 예방

④ 통합된 멀티채널을 통한 개별적인 고객에 대한 1:1 마케팅 서비스 제공

⑤ 정보기술에 의한 다양한 정보 분석을 통해 고객에 대한 이해도 상승

⑥ 전사적 차원에서의 관리

(3) CRM의 특성 기출 21 · 14

① 고객들과의 장기적인 관계를 형성하고 유지한다.

② 데이터베이스 마케팅을 적극적으로 활용한다.

③ 고객 지향적이며, 쌍방향 커뮤니케이션이다.

④ 고객생애가치(CLV ; Customer Lifetime Value)를 추구한다.★

(4) CRM의 필요성 기출 16

고객데이터와 정보를 분석·통합하여 개별 고객의 특성에 기초한 마케팅 활동을 계획·지원·평가하는 과정으로 고객과의 지속적 관계를 발전시켜 고객생애가치를 극대화한다.

(5) CRM의 구축과정 기출 14

현황파악 ⇨ 기반구축 ⇨ 고객이해 ⇨ 설계 ⇨ 개발 ⇨ 실행 ⇨ 검토

고객생애가치(Customer Lifetime Value) 기출 21 · 11
- CLV는 한 고객이 고객으로 존재하는 전체 기간 동안 기업에게 제공하는 이익의 합계이다.
- CLV는 한 시점에서의 단기적인 가치가 아니라 고객과 기업 간에 존재하는 관계의 전체가 가지는 가치이다. 또 CLV는 매출액이 아니라 이익을 나타낸다.
- CLV를 산출함으로써 기업은 어떤 고객이 기업에게 이로운 고객인가를 판단할 수 있으며, 그 고객과 앞으로 어떤 관계를 가지는 것이 합리적인가를 파악할 수 있다.
- 반대로 고객의 입장에서 보면 고객 자신이 느끼는 가치에서 고객이 지불하는 비용을 뺀 차이가 얼마인가가 선택의 척도가 된다.

(6) CRM의 장 · 단점

장 점	단 점
• 고객데이터에 대한 일관성 있는 관리	• 구현의 어려움
• 고객데이터 동향의 분석	• 웹 사용의 문제점
• 경쟁우위의 확보	• 자동화의 문제점
• 전자상거래와 웹 기반 CRM의 활성화	• 완벽성의 문제점
• 지식기반의 Self-Service	

(7) CRM의 도입효과 기출 21 · 18 · 17 · 15 · 13

① **교차판매(Cross-Selling) 강화** : 자체 개발한 상품에만 의존하지 않고 관련된 제품까지 판매하는 적극적인 판매방식으로, 고객이 선호할 수 있는 추가제안을 통해 다른 제품을 추가 구입하도록 유도할 수 있다(예 고객이 카메라 구입을 위해 검색한 경우 관련 렌즈와 필름, 액세서리까지 추천하여 구매를 유도하는 것).★

② **상승판매(Up-Selling) 증가** : 동일한 분야로 분류될 수 있는 제품 중 소비자가 희망하는 제품보다 단가가 높은 제품의 구입을 유도하는 판매방법을 말한다. 교차판매와 같이 대체재나 보완재가 있는 상품과 서비스에 더 효과적이다.★

③ **고객유지율(Customer Retention) 증가** : CRM의 가장 큰 목표는 기존 고객의 이탈을 방지하고 유지함으로써 수익성을 극대화하는 데 있다.★

④ **수익성 있는 신규고객 확보** : 신규고객 유치 및 기존고객의 수익성 향상을 기대할 수 있다.

⑤ **비용절감** : 마케팅 및 고객확보에 대한 캠페인 비용을 줄일 수 있다.

(8) CRM의 활용 분야 기출 21

① **판매 분야** : 판매자동화를 통해 콜센터를 활용한 전화판매를 지원하며, 제반적인 영업활동을 지원한다(예 소매점 판매, 현장 판매, 통신 판매, 웹 판매).

② **마케팅 분야** : 캠페인관리를 지원하며 상품관리, 고객데이터관리, 판촉관리, 유통경로관리 등의 기능을 지원한다(예 캠페인, 콘텐츠 개발).

③ **고객서비스 분야** : 영업사원 및 A/S 사원들에게 서비스 관련 내용을 전달하며, 현장사원들이 고객정보를 효율적으로 활용 가능하도록 지원한다(예 콜센터, 웹서비스 등).

④ **그 외 분야** : CRM 업무운영을 위한 제반적인 기능을 지원한다(예 신상품개발, 사업개발).

할인점 CRM
- 짧은 방문주기로 고객관계 형성의 기회가 많음
- 비용 집행의 효율성과 효과성이 중요
- 장바구니 분석을 통한 캠페인에 집중
- 단품수준의 상세분석으로 고객 라이프스타일까지 분석 가능

출제지문 돋보기 OX

01 [21-3]
CRM은 기존에 구매하던 제품과 관련된 다른 제품들의 구매를 유도하는 업셀링(up-selling)을 통해 고객관계를 강화하는 것이다. ( )

02 [13-2]
CRM은 기존의 유치 고객이 반복적·지속적으로 자사제품을 구매하도록 관계를 유지한다. ( )

03 [14-1]
CRM의 구축 절차는 고객의 이해 → 현황파악 → 기반구축 → 검토 → 설계 → 개발 → 실행의 순으로 이루어진다. ( )

정답 1. × 2. ○ 3. ×

e-CRM(electronic CRM)

- 고객에 대한 관리를 위해서 온라인과 오프라인을 동시에 이용할 수도 있는데 인터넷을 통해 단일 통합 채널을 통해서 고객과 접촉하고 고객의 주문활동을 지원함으로서 고객구매정보의 이력화가 가능해진다.
- e-CRM은 지역적 · 시간적 한계를 극복할 수 있는 고객관리방법으로 고객의 커스터마이징(Customizing)이 용이하고, 쌍방향 커뮤니케이션을 통한 고객행동예측이 가능하며 음성, 동영상, FAQ 등 다양한 기술을 이용해서 고객응대를 할 수 있다. 다만 초기 셋업비용이 높지만, 유지관리비용은 상대적으로 낮다.
- 인터넷을 통해 획득한 고객에 대한 정보와 지식을 기반으로, 고객 개인이 필요로 하는 맞춤서비스를 제공할 수 있기 때문에 고객만족도 향상을 기대할 수 있다.

(9) CRM과 매스마케팅의 비교 기출 21 · 20 · 12 · 10

① 주된 관심영역 측면에서 CRM은 고객과 1:1 관계에 있고, 매스마케팅은 집단고객에 있다.

② 판매 측면에서 CRM은 가치를 기반으로 하지만, 매스마케팅은 거래를 기반으로 한다.

③ 전달경로 측면에서 CRM은 통합된 멀티채널로 하지만, 매스마케팅은 물리적 단일 채널로 한다.

④ 마케팅의 성과지표 측면에서 CRM은 고객점유율로 나타나고, 매스마케팅은 시장점유율로 나타난다.

⑤ 고객과의 관계 측면에서 CRM은 고객과의 관계형성에 목표를 두고 있지만, 매스마케팅은 신규고객 개발에 더 많은 의미를 둔다.

⑥ 고객 접근방법 면에서 매스마케팅은 불특정 고객을 대상으로 제품을 밀어 넣기(융단폭격식)를 한다면, CRM은 고객과의 일대일 관계(미사일식)를 중요시한다. ★

⑦ 매스마케팅은 단기적 성과중심인 반면, CRM은 장기적 관계중심으로 움직인다. ★

⑧ 매스마케팅은 수익의 원천을 제품에서 찾는 반면, CRM은 고객에서 찾는다. ★

⑨ 판매 측면에서 매스마케팅은 거래를 기반으로 하지만, CRM은 가치를 기반으로 한다.

CRM과 e-CRM의 차이점 기출 13

- CRM은 비용이 많이 소요되는 반면 e-CRM은 적은 비용이 소요된다.
- 자료수집 측면에서 CRM은 자료수집 채널이 다양하고 분산된 반면 e-CRM은 인터넷의 웹을 기반으로 하는 통합채널을 지향한다.
- e-CRM은 CRM에 비해 시간적 · 지역적 제약에서 비교적 자유롭다.
- e-CRM은 CRM과는 달리 인터넷상에서 간단한 절차에 의해 고객요청을 신속하게 실시간으로 처리할 수 있다.
- 자료분석 측면에서 e-CRM은 웹로그 분석(Web Log Analysis)이 가능하기 때문에 실시간으로 고객성향 및 행동을 분석할 수 있다.

---

01 [12-3]
CRM과 매스마케팅을 매출달성을 위한 고객접근 방법 면에서 미사일식과 융단폭격식으로 비교해 본다면 융단폭격식이 CRM에 가까우며 미사일식이 매스마케팅에 가깝다.
( )

02 [12-3]
매스마케팅은 단기적 성과중심인 반면, 장기적 관계중심으로 움직이는 것이 바로 CRM이다. ( )

03 [13-3]
CRM은 e-CRM에 비하여 시간적 · 지역적 제약에서 비교적 자유롭다.
( )

정답 1. × 2. ○ 3. ×

03 CRM의 도입(구성 및 구현단계)

(1) CRM 도입을 위한 사전 분석 항목 기출 17

구 분		분석 내용
외부환경 분석	고객분석	고객 니즈, 구매결정 요소(KBFs ; Key Buying Factors) 파악
	경쟁사분석	경쟁사의 고객관리 활동, 고객의 경쟁사 상품구매요인 분석
	거시환경분석	거시 경제, 정책 규제, 기술 발달, 사회문화적 환경 분석
내부환경 분석	자사의 고객 지향성 분석	기업전략, 정보시스템, 기업문화 등의 고객 지향성을 분석하여 CRM에 있어서 자사의 기존활동의 문제점 도출
	전략적 적합성 분석	기업전략, 사업전략, 마케팅전략, 고객관리활동, 기업문화 등 적합성 분석
	외부환경에 대한 적합성 분석	자사의 전략이나 또는 활동이 외부환경의 특성 및 변화 방향에 부합되는지 분석

(2) CRM의 유형 기출 12·10

① Analytical(분석적) CRM
  ⊙ 고객들의 정보 활용을 위해서 고객에 대한 데이터를 추출 및 분석하는 시스템이다.
  ⓒ 백 오피스(Back-end Applications, Office)를 지향하며, 고객의 정보를 분석하고 마케팅 활동을 지원하는 시스템이다.
  ⓒ 데이터 마이닝, OLAP(On-Line Analytic Process), RFM 등을 활용해서 마케팅 의사결정을 지원하는 마케팅 지원기능이 중점이다.

② Operational(운영적) CRM
  ⊙ 기업조직 및 고객 간의 관계향상, 기업조직의 전방위적인 업무를 지원한다.
  ⓒ 프론트 오피스(Front-end Applications, Office)에 초점을 두고 구체적인 실행을 지원하는 시스템이다.
  ⓒ ERP가 지니는 기능 중 고객접촉과 관련된 기능을 강화해서 ERP의 기능 확장, CRM 모듈 및 기존 ERP 통합을 통해 영업 및 서비스 등을 지원하는 기능에 중점을 둔다.

③ Collaborative(협업적) CRM
  ⊙ 고객과 기업 간의 상호작용 촉진 위하여 만들어진 고객접점도구(MOT tools)를 포함하는 서비스 애플리케이션으로, 분석 및 운영 시스템의 통합 담당, 교차판매와 상승판매 기능을 수행한다.
  ⓒ 인터넷을 기반으로 한 포털 사이트의 급성장 및 오프라인 기업의 온라인화가 가속화되면서 인터넷에 대응하는 기능에 중점을 둔다.

(3) CRM의 구축을 위한 주요 구성요소

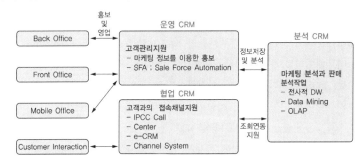

① Front-end Applications(Office)
  ⊙ 고객접점에서 이루어지는 다양한 서비스 활동부분을 지원한다.
  ⓒ 개인별로 차별화된 일대일 마케팅을 실시하면서 충성고객을 확보한다.
  ⓒ E-mail, 채팅, 팩스, 영업사원의 접촉, A/S 방문, 고객으로부터의 전화 등을 지원하는 애플리케이션이다.

② Back-end Applications(Office)
  ⊙ 기업 활동에서는 보이지 않지만, 보이지 않는 면에서 여러 다양한 업무를 지원한다.
  ⓒ 고객접점 채널들과 제품. 서비스가 질 좋은 품질로 공급될 수 있도록 지원한다.

③ Database 구축 : 기업활동을 통해 얻은 데이터를 고객별로 저장·분석하고 관리하여 기업활동을 원활하게 지원한다.

개념 Plus

캠페인 관리용 도구
분류된 고객 개개인에 대한 특성을 바탕으로 해당 고객에 대한 적절한 캠페인 전략을 지원·관리하는 도구로써 애플리케이션, OLAP, Web 등이 다양한 형식으로 관련 부서와 사용자의 목적에 따라 이용될 수 있다.

개념 Plus

데이터 마트(Data Mart)
데이터 웨어하우스의 부분집합으로 제품관리자가 항시 확인해야 하는 데이터를 요약하거나 매우 집중화시켜 제품관리자 집단을 위한 개별적인 데이터베이스를 제공한다.

개념 Plus

CRM의 데이터 이용효과
• 유통채널과의 관계 개선을 위한 정보 획득
• 시장세분화 능력 개선을 위한 정보 획득
• 제품 개선을 위한 고객의 피드백 정보 획득
• 기업내부의 조직역량 강화를 위한 정보 획득

출제지문 돋보기 OX

01   [15-3]
CRM은 고객평생가치 극대화를 통한 고객유지보다는 신규고객 획득에 좀 더 중점을 둔다.   (   )

02   [21-1]
고객관계관리는 전략적 차원이 아닌 단순 정보기술수준에서 활용해야 한다.   (   )

정답 1. × 2. ×

(4) CRM 구현단계 기출 16 · 13 · 11 · 08

① 고객 획득의 단계 : 고객에게 기업의 제품을 판매하고 최초로 관계가 형성되는 단계
② 고객 강화의 단계 : 고객들이 기업으로부터 정보에 대한 만족을 요청하게 되는 단계
③ 고객 유지의 단계 : 고객들이 해당 기업과 계속적으로 관계를 유지하게 되는 단계
④ 고객 성장의 단계 : 고객에게 현 수준보다 더욱 강화된 관계를 형성시키게 되는 단계

04 유통기업의 CRM 구축방안

(1) CRM의 구축을 위한 전제조건 기출 21 · 15

① 시장점유율 보다는 고객점유율에 좀 더 비중을 둔다.
② 신규고객 획득보다는 고객평생가치 극대화를 통한 고객유지에 좀 더 중점을 둔다.
③ 제품판매보다는 고객관계관리에 중점을 두며, 고객관계관리는 단순한 정보기술수준이 아닌 전략적 차원의 수준에서 활용해야 한다.
④ 고객통합 데이터베이스가 구축되어 있어야 한다. 즉, CRM을 위해서는 고객과 관련된 전사적인 정보의 공유체제가 확립되어야 한다.
⑤ 고객 특성을 분석하기 위해 마이닝 도구를 활용한다.
⑥ 마케팅 활동을 대비하기 위한 캠페인 관리용 도구를 이용한다.
⑦ 고객 분석에 필요한 고객의 상세정보를 수집해야 하며, 그 결과를 활용할 수 있도록 제반 업무절차를 정립하고 시행해야 한다.

(2) CRM의 구축과정 및 대표 요소 기술 기출 21 · 15

① 데이터의 수집 : 기업의 내부자료와 외부자료를 수집하는 과정이다.
  ㉠ 내부데이터 : 거래 개설시 입수되는 고객속성 관련정보, 거래 관련자료, 회계정보자료, POS 관련자료, 고객 직접반응자료, 고객 불만처리 관련자료 등
  ㉡ 외부데이터 : 고객정보, 제공업자로서 입수되는 고객속성자료, 라이프스타일 관련자료, 신용평가자료, 제휴활용자료 등
② 데이터의 정제과정 : 데이터에 존재하는 이상치나 중복성을 제거한다. 특히 누락데이터(Missing Data)와 블랭크 데이터(Blank Data)의 문제 등이 중요하다.
③ 데이터 웨어하우스 구축 : 지속적인 고객관리를 위해 필요하다. 이때 자주 분석될 데이터는 데이터 마트(Data Mart)로 관리하고, 데이터 웨어하우스에 대한 비용지출이 어려울 때는 데이터 마트만 운영한다.
④ 고객 분석/데이터 마이닝 : 고객의 선호도나 요구에 대한 분석을 바탕으로 고객행동을 예측하고 고객별 수익성·가치성을 측정한다.
⑤ 마케팅 채널과의 연계 : 분석된 결과를 가지고 영업 부서나 고객서비스 부서 등에서 마케팅 활동의 자료로 활용할 수 있다.
⑥ 피드백 정보 활용 : 마케팅 활동의 결과를 판단하여 의미 있는 정보를 마케팅 자료로 활용하기 위해 피드백 된다.

01 고객접점(MOT ; Moment of Truth)에 대한 설명 중 가장 옳지 않은 것은?

① 고객이 매장에 들어서서 구매를 결정하기까지 수초 동안의 짧은 순간을 '진실의 순간' 또는 '결정적 순간'이라고 한다.

② '결정적 순간'이란 고객이 기업조직의 어떠한 측면과 접촉하는 순간이며, 그 서비스의 품질에 관하여 무언가 인상을 얻을 수 있는 순간이다.

③ 서비스 상품을 구매하는 동안의 모든 고객접점 순간을 관리하고 고객을 만족시켜 줌으로써 지속적으로 고객을 유지하고자 하는 방법이 고객접점마케팅이다.

④ 고객접점에 있는 서비스요원은 책임과 권한을 가지고 고객의 선택이 가장 좋은 선택이었다는 사실을 고객에게 입증시켜야 한다.

⑤ 고객접점에 있는 서비스요원들에게 권한을 부여하고 강화된 교육이 필요하며, 고객과 상호적용에 의하여 서비스가 순발력 있게 제공될 수 있는 서비스 전달시스템을 갖추어야 한다.

02 점원의 설명부족으로 발생한 고객 컴플레인의 처리방법과 가장 관련이 있는 것은?

① 상품의 품질이나 하자 여부에 대해 자세히 다시 점검한다.

② 이 유형의 불만은 아무리 주의하여도 완전히 없애는 것은 불가능에 가깝지만, 우선 상사에게 연락을 취하고 고객에게 정중히 사과한다.

③ 고객의 과실이나 부정을 미연에 방지하는 것이 중요하다.

④ 이 경우에는 개인 차원의 해결로 끝내지 말고, 사후관리로 사원모임 등을 통해 전 판매원에게 내용을 주지시켜 참고하게 하여야 한다.

⑤ 점내에 진열되어 있는 동종 상품에는 문제가 없는지 살펴본다.

03 판매원과 판매활동에 대한 설명으로 가장 옳지 않은 것은?

① 판매활동은 구매자가 구매결정을 내릴 수 있도록 설득하는 활동을 말한다.

② 상품의 희소성과 과시성과 같은 특성도 판매를 위한 상품지식으로 활용된다.

③ 고객과의 감정적 유대에 어필하여 판매원을 위해서 사는 것으로 구매를 유도한다.

④ 상품의 물리적인 특색뿐만 아니라 상품의 효용을 알려 상품의 가치를 전달한다.

⑤ 상품정보는 물론 유행정보 및 생활정보를 제공하는 컨설턴트로서의 역할을 수행한다.

04 고객이 컴플레인을 하는 경우 서비스의 개선과 가장 관련이 없는 것은?

① 고객들의 감정적 대응을 줄이기 위해 적극적으로 고객의 불만을 경청한다.

② 이행상의 공정성은 지불한 비용에 비해 그들이 받은 혜택에 대한 고객의 지각을 말한다.

③ 절차상의 공정성은 불만을 해결하기 위해 도입된 절차의 공정성이다.

④ 신속한 문제해결을 위해 명료한 설명을 제공한다.

⑤ 대 고객 서비스 창구 일원화보다는 각각의 부서에서 고객불만을 처리하도록 창구와 불만처리 단계를 확대한다.

05 다음 중 판매사원의 상품판매과정의 7단계를 순서대로 나열한 것으로 가장 옳은 것은?

① 가망고객 발견 및 평가 → 사전접촉(사전준비) → 설명과 시연 → 접촉 → 이의처리 → 계약(구매 권유) → 후속조치

② 가망고객 발견 및 평가 → 사전접촉(사전준비) → 설명과 시연 → 이의처리 → 접촉 → 계약(구매권유) → 후속조치

③ 가망고객 발견 및 평가 → 사전접촉(사전준비) → 접촉 → 설명과 시연 → 이의처리 → 계약(구매권유) → 후속조치

④ 사전접촉(사전준비) → 가망고객 발견 및 평가 → 접촉 → 설명과 시연 → 이의처리 → 계약(구매권유) → 후속조치

⑤ 사전접촉(사전준비) → 가망고객 발견 및 평가 → 접촉 → 설명과 시연 → 이의처리 → 후속조치→ 계약(구매권유)

06 CRM에서 Front-end Applications, Back-end Appli-cations 그리고 Database 구축 등에 대한 설명으로 가장 적합하지 않은 것은?

① Front-end Applications은 고객접점에서 이루어지는 다양한 서비스 활동부분을 지원한다.

② Front-end Applications은 E-mail, 채팅, 팩스, 영원사원의 접촉, A/S 방문, 고객전화 등으로 고객과 접촉하는 채널을 지원하는 애플리케이션이다.

③ Back-end Applications은 고객을 정의하고 관리기준을 설정함으로써 데이터마이닝을 통해 고객에게 제공하는 제품과 서비스의 품질향상을 지원한다.

④ Back-end Applications은 개인별로 차별화된 일대일 마케팅을 통해 충성고객을 확보한다.

⑤ 고객생애가치를 증대시키기 위해 기업활동에서 얻은 데이터를 고객별로 저장·분석·관리하여 원활한 기업활동을 지원한다.

07 CRM을 구축하기 위한 전제조건과 CRM에 대한 특징으로 가장 옳지 않은 것은?

① 시장점유율 보다는 고객점유율에 좀 더 비중을 둔다.

② 고객평생가치 극대화를 통한 고객유지보다는 신규고객 획득에 좀 더 중점을 둔다.

③ 제품판매보다는 고객관계관리에 중점을 둔다.

④ 고객통합 데이터베이스가 구축되어 있어야 한다.

⑤ 고객 특성을 분석하기 위해 마이닝 도구를 활용한다.

08 CRM(Customer Relationship Management)과 대중마케팅(mass marketing)의 차별적 특성으로 옳지 않은 것은?

① 목표고객 측면에서 대중마케팅이 불특정 다수를 대상으로 한다면 CRM은 고객 개개인을 대상으로 하는 일대일 마케팅을 지향한다.

② 커뮤니케이션 방식 측면에서 대중마케팅이 일방향 커뮤니케이션을 지향한다면 CRM은 쌍방향적이면서도 개인적인 커뮤니케이션이 필요하다.

③ 생산방식 측면에서 대중마케팅은 대량생산, 대량판매를 지향했다면 CRM은 다품종 소량생산 방식을 지향한다.

④ CRM은 개별 고객에 대한 상세한 데이터베이스를 구축해야만 가능하다는 점에서 대중마케팅과 두드러진 차이를 보인다.

⑤ 소비자 욕구 측면에서 대중마케팅은 목표고객의 특화된 구매욕구의 만족을 지향하는 반면 CRM은 목표고객들의 동질적 욕구를 만족시키려고 한다.

09 성공적인 고객관계관리(CRM)의 도입과 실행을 위해 고려해야 할 사항으로 옳지 않은 것은?

① 고객을 중심으로 모든 거래 데이터를 통합해야 한다.
② 고객의 정의와 고객그룹별 관리방침을 수립해야 한다.
③ 고객관계관리는 전략적 차원이 아닌 단순 정보기술수준에서 활용해야 한다.
④ 고객 분석에 필요한 고객의 상세정보를 수집해야 한다.
⑤ 고객 분석결과를 활용할 수 있도록 제반 업무절차를 정립하고 시행해야 한다.

10 CRM의 도입 배경에 대한 설명으로 가장 옳은 것은?

① 고객 데이터를 통해서 계산원의 부정을 방지하기 위한 것이다.
② 고객과의 지속적 관계를 발전시켜 고객생애가치를 극대화 하려는 것이다.
③ 상품계획 시 철수상품과 신규취급 상품을 결정하는 데 도움을 주려는 것이다.
④ 매장의 판촉활동을 평가하는 정보를 제공하여 효율적인 판매촉진을 하려는 것이다.
⑤ 각종 판매정보를 체계적으로 관리하여 상품 회전율을 높이고자 하는 것이다.

11 고객관계관리를 위한 성과지표에 대한 설명으로 가장 옳지 않은 것은?

① 신규 캠페인 빈도는 마케팅 성과를 측정하기 위한 지표이다.
② 고객 불만 처리 시간은 서비스 성과를 측정하기 위한 지표이다.
③ 고객유지율은 판매 성과를 위한 성과지표이다.
④ 신규 판매자 수는 판매 성과를 측정하기 위한 지표이다.
⑤ 캠페인으로 창출된 수익은 마케팅 성과를 측정하기 위한 지표이다.

12 고객관계관리에 대한 설명으로 옳지 않은 것은?

① 시장점유율보다는 고객점유율에 비중을 둔다.
② 고객획득보다는 고객유지에 중점을 두는 것이 바람직하다.
③ 상품판매보다는 고객관계에 중점을 둔다.
④ 획일적 메시지보다는 고객요구에 부합하는 맞춤 메시지를 전달한다.
⑤ 고객맞춤전략은 고객관계관리에 부정적인 영향을 미친다.

13 고객관계관리(CRM)에 대한 설명으로 가장 옳지 않은 것은?

① 신규고객의 유치로부터 시작하는 고객관계를 고객 전 생에 걸쳐 유지함으로써 장기적으로 고객의 수익성을 극대화하는 것이 중요한 목적이다.
② 고객충성도를 극대화하기 위해 개별고객의 구체적 정보를 관리하고 고객과의 접촉점을 세심하게 관리하는 과정, 고객 획득, 유지, 육성 모두를 다룬다.
③ 신규고객확보, 기존고객유지 및 고객수익성 증대를 위하여 지속적인 커뮤니케이션을 통해 고객행동을 이해하고 영향을 주기 위한 광범위한 접근으로 정의하고 있다.
④ 소비자에 대한 정보를 분석하고 장기적인 관계를 통해 이익을 극대화하기 위한 기법으로 전적으로 기업에게만 유익한 마케팅 방법이라는 비판을 받는다.
⑤ 고객에 대한 매우 구체적인 정보를 바탕으로 개개인에게 적합하고 차별적인 제품 및 서비스를 제공하여 고객관계를 유지하고 일대일 커뮤니케이션을 가능하게 해 준다.

01 정답 ①

고객접점서비스(MOT ; Moment of Truth)란 고객과 서비스요원 사이의 15초 동안의 짧은 순간에서 이루어지는 서비스로서 고객이 매장에 들어서서 구매를 결정하기까지 여러 번의 '진실의 순간' 또는 '결정적 순간'을 경험하게 된다.

02 정답 ④

판매점원의 부족한 제품지식으로 인한 잘못된 제품설명은 제품 사용상의 문제점뿐만 아니라 지속적인 컴플레인을 발생시킬 수 있다. 따라서 전 판매원에게 정확한 상품지식과 올바른 상품설명을 해줌으로써 고객 컴플레인을 방지할 수 있다.

03 정답 ③

판매원을 위해서 사는 것보다는 고객자신을 위해서 사는 것으로 구매를 유도한다. 즉 판매원은 고객이 구매의사결정에 대해서 확신을 가질 수 있도록 도와주는 역할을 한다.

04 정답 ⑤

각각의 부서에서 고객불만을 처리하지 말고, 대 고객 서비스 창구를 일원화하여 고객 컴플레인을 처리하는 것이 바람직하다.

05 정답 ③

판매사원의 상품판매과정은 "가망고객 발견 및 평가 → 사전접촉(사전준비) → 접촉 → 설명과 시연 → 이의처리 → 계약(구매권유) → 후속조치"의 7단계 순으로 이루어진다.

06 정답 ④

④는 Front-end Applications에 대한 설명이다.

07 정답 ②

신규고객 획득보다는 고객평생가치 극대화를 통한 고객유지에 좀 더 중점을 둔다.

08 정답 ⑤

소비자 욕구 측면에서 CRM은 목표고객의 특화된 구매욕구의 만족을 지향하는 반면 대중마케팅은 목표고객들의 동질적 욕구를 만족시키려고 한다.

09 정답 ③

고객관계관리는 단순한 정보기술수준이 아닌 전략적 차원의 수준에서 활용해야 한다.

10 정답 ②

①·③·④·⑤ POS의 도입효과에 대한 설명이다.

11 정답 ③

고객유지율은 고객관점에서 고객가치창출과 차별화에 대한 성과를 측정하기 위한 지표이다.

12 정답 ⑤

고객관계관리는 고객과의 관계를 기반으로 고객의 입장에서 상품을 만들고, 고객의 니즈를 파악하여 그 고객이 원하는 제품을 공급하는 것이므로 고객맞춤전략은 고객관계관리에 긍정적인 영향을 미친다.

13 정답 ④

기존의 마케팅 방향이 기업의 입장에서 제품을 생산하고 이익을 극대화하는 것이었다면, CRM은 고객과의 관계를 기반으로 고객의 입장에서 상품을 만들고 고객의 니즈를 파악하여 고객이 원하는 제품을 공급하는 것이다.

인생이란 결코 공평하지 않다. 이 사실에 익숙해져라.

- 빌 게이츠 -

CHAPTER 05 | 마케팅 조사와 평가

최근 5개년 출제경향 회당 평균 2.6문제 출제(5개년 기준 총 15회)

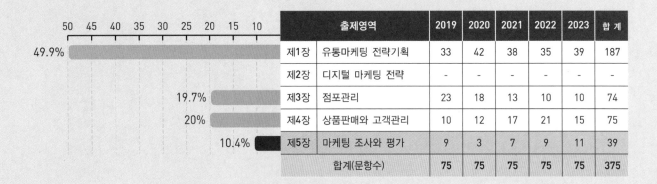

	출제영역	2019	2020	2021	2022	2023	합계
제1장	유통마케팅 전략기획	33	42	38	35	39	187
제2장	디지털 마케팅 전략	-	-	-	-	-	-
제3장	점포관리	23	18	13	10	10	74
제4장	상품판매와 고객관리	10	12	17	21	15	75
제5장	마케팅 조사와 평가	9	3	7	9	11	39
	합계(문항수)	75	75	75	75	75	375

49.9%

19.7%

20%

10.4%

CHAPTER

05

마케팅 조사와 평가

05 · 마케팅 조사와 평가

1 유통마케팅 조사

01 유통마케팅 조사의 개요 기출 13 · 11 · 09 · 08

(1) 마케팅 조사의 의의

① 마케팅 조사란 상품 및 마케팅에 관련되는 문제에 관한 자료를 계통적으로 수집 · 기록 · 분석하여 과학적으로 해명하는 일을 말한다.

② 마케팅 조사의 내용에는 상품조사 · 판매조사 · 소비자조사 · 광고조사 · 잠재적 수요자조사 · 판로조사 등 각 분야가 포괄되며, 시장분석 · 시장실사 · 시장테스트의 3단계로 고찰한다.

③ 시장조사는 마케팅활동의 결과에 대한 조사에서 그치는 것이 아니라 문제해결을 지향하는 의사결정을 위한 기초조사여야 한다.

④ 마케팅 조사는 특수한 상황에 대해 단편적 · 단속적인 프로젝트 기준으로 운영된다.

(2) 마케팅 조사의 방법 기출 18 · 17 · 16 · 14 · 12 · 11 · 10 · 08

① 1차 자료(Primary date) 조사방법

ㄱ 현재의 특수한 목적을 달성하기 위해서 직접 수집하는 생생한 정보를 말한다. ★

ㄴ 문제해결을 위한 조사 설계에 근거하여 수집되는 정보이다.

ㄷ 관찰조사, 실험조사, 설문조사, 행동자료 및 실험조사 등으로 직접 수집한 자료로써 정확도, 신뢰도, 타당성 평가가 가능하다. ★

ㄹ 1차 자료의 조사방법에는 백화점 고객 표적집단면접, 홈쇼핑 고객 심층면접법, 대형 마트 고객만족 전화조사법, 편의점 판촉효과 실험조사법 등이 있다.

ㅁ 1차 자료는 자료의 수집시점과 사용시점이 근접하기 때문에 시기적으로 보다 적절한 분석결과를 얻을 수 있고, 자료수집 목적에 맞는 대상을 미리 설정하고 지속적으로 관찰하여 수집된 자료를 사용할 수 있다는 장점이 있는 반면에 2차 자료에 비하여 자료수집에 있어 시간과 비용 및 인력이 많이 소요된다는 단점이 있다. ★

ㅂ 조사자는 1차 자료, 2차 자료 또는 두 자료 모두를 수집할 수 있으며, 조사자가 필요로 하는 자료가 없거나 기존 자료가 너무 시간적으로 맞지 않고 부정확 · 불완전하거나 신뢰할 수 없을 경우 조사자는 1차 자료를 수집한다. ★

② 2차 자료(Secondary date) 조사방법

    ㉠ 이미 다른 목적을 위해 조사·수집된 자료로 어느 곳인가에 존재하는 정보이다.

    ㉡ 상대적으로 신속한 수집이 가능해 시간과 비용을 상당히 절약할 수 있다.

    ㉢ 2차 자료의 유용성 기준은 데이터의 최신성, 정확성, 객관성, 적합성 등과 분석목적에 부합되는지의 여부이다. 따라서 2차 자료를 사용할 때에는 조사자의 분석 목적에 맞도록 수정·보완이 이루어져야 한다.

    ㉣ 2차 자료에는 정부에서 발표하는 각종 통계자료, 이미 발표된 논문, 신문기사, 각종 기관이나 조사회사에서 발표되는 결과 등이 포함된다. 통계청, 국책연구소, 민간경제연구소, 경제신문사 등의 기관이 수집·배포하는 자료가 대표적인 2차 자료이다.

    ㉤ 2차 자료에는 조사회사에 의하여 표준화된 절차에 따라 정기적으로 수집·저장·분석된 소비패턴에 대한 자료가 포함되고, 고객의 과거 거래시점이나 구매한 상품이나 구매간격 등을 이용하여 구축한 고객생애가치(CLV) 자료도 포함된다.

유통마케팅 조사기법 기출 21·20·18·14·12

1. 심층면접법 : 조사자와 응답자 간 1:1로 질문과 응답을 통해 소매점 서비스에 대한 만족정도, 서비스 개선사항에 대한 의견 등을 응답자로 하여금 진술하게 하는 방법이다. ★
2. 표적집단면접법(FGI, 초점집단면접) : 표적시장으로 예상되는 소비자를 일정한 자격기준에 따라 6~12명 정도 선발하여 한 장소에 모이게 한 후 면접자의 진행 아래 조사목적과 관련된 토론을 함으로써 자료를 수집하는 정성적 마케팅조사기법으로, 정량적 조사에 앞서 탐색조사로 이용된다.
3. 패널조사 : 조사대상이 되는 집단을 사전에 구성한 다음 이 집단의 구성원을 대상으로 조사를 진행하는 것을 말한다. 조사단위는 동일표본으로 유지하며, 장기간 동안 반복 추적한다.
4. 관찰조사 : 대상이 되는 사물이나 현상을 조직적으로 파악하는 조사방법으로서, 자연적 관찰법과 실험적 관찰법으로 구분할 수 있다.
   - 자연적 관찰법 : 어떠한 자극이나 조작을 가하지 않고 일상생활이나 작업 장소에서 자연적으로 발생하는 행동 그대로를 관찰·기록하는 것
   - 실험적 관찰법 : 일상에서 일어나지 않는 행동을 인위적으로 유발하여 조직적·의도적으로 관찰하는 것
5. 실험조사 : 인과관계조사를 위하여 많이 이용되는 방법으로 실험 대상자들을 둘 혹은 몇 개의 집단으로 나눈 후 인과관계의 원인이라고 추정되는 변수를 각 집단에 다르게 조작하여 그 결과가 집단들 간에 다르게 나타나는지를 점검함으로써 변수들 간의 인과관계를 규명한다.
6. 민족지학적 연구조사법(Ethnographic Research) : 고객의 일상 속으로 들어가 가공되지 않은 상태의 삶을 관찰하는 조사기법으로 전통적인 표적집단면접법(FGI)에서 얻을 수 없는 상세한 개인적 정보를 제공한다. 민족지학적 연구는 개별 소비자의 실제 행동과 감정을 상세하게 이해하여 경쟁우위를 획득하는 목적을 달성하는 데 유용한 조사방법이다. ★★
   - 1차 자료를 수집하기 위한 조사방법이다.
   - 자연스러운 환경에서 소비자를 관찰하는 조사방법이다.
   - 수치화되지 않는 정성분석에 필요한 질적 자료를 얻기 위한 조사방법이다.
   - 실험조사(Experimental Research)에 비해 내적타당성이 낮은 조사방법이다.
   - 연구대상의 배경과 정보원들에게 문화적으로 동화되거나 거짓된 정보를 얻을 수 있다.
7. 서베이(Survey)조사 : 목표고객과 경쟁점포를 대표하는 표본을 추출하여 설문 또는 인터뷰 등의 방법으로 조사하는 방법이다(A&U조사 등). ★

(3) 마케팅 조사에 활용되는 척도 기출 19·17

① **명목척도** : 서로 대립되는 범주, 예를 들어 농촌형과 도시형이라는 식의 분류표지로써 표지 상호 간에는 수학적인 관계가 없다.

② **서열척도** : 대상을 어떤 변수에 관해 서열적으로 배열하는 척도로(예 인근 5개 점포와 비교하여 몇 등인지 파악), 선호의 정도는 알 수 없고, 상대적인 순위만을 표현한다.

③ **등간(간격)척도** : 대상 간의 격차를 수량적으로 비교할 수 있도록 표지가 수량화된 경우 측정값의 차에 의해 비교가능하도록 단위가 정해져 있으나 절대영점은 없는 척도이다.

④ **비율척도** : 간격척도에 절대영점(기준점)을 고정시켜 비율을 알 수 있게 만든 척도로, 법칙을 수식화하고 완전한 수학적 조작을 할 때 주로 사용한다. 예를 들어 만족도 등을 구체적인 점수(예 100점 만점 중 평균 82점)로 측정할 수 있다.

점포의 이미지를 측정하기 위한 척도 기출 17·16

1. **어의차이(의미차별화) 척도** : 척도 양끝에 상반된 수식어를 제시하고 이에 대한 응답자의 평가를 측정하는 것으로, 상표나 점포에 대한 이미지, 상품 개념 분석시 사용한다.
   예 ○ 백화점 매장의 이미지는? : (현대적이다 -2 -1 0 +1 +2 복고풍이다)
2. **리커트 척도** : 응답지에서 서술형으로 작성된 질문항목에 대한 동의, 반대의 정도를 표시한다.
   예 ○ 백화점 매장 이미지는 현대적이다. : (매우 그렇다 - 그렇다 - 아니다 - 매우 그렇지 않다)
3. **총합고정 척도** : 응답자에게 일정한 합계점수를 주고, 이 점수를 평가대상에 할당하여 각 대상을 평가하는 방법이다.
4. **등급 척도** : 리커트 척도의 문제를 보완한 방법으로 한 가지 방향만을 물어볼 수도 있다.
   예 ○ 백화점의 서비스는? : (보통이다 - 약간 만족스럽다 - 만족하는 편이다 - 매우 만족한다)
5. **스타펠(Stapel) 척도** : 양극단의 상반된 수식어 대신 한쪽 수식어만 제시한다.
   예 ○ 백화점은? : (3 2 1 현대적이다 -1 -2 -3)

---

02 유통마케팅 조사 방법 및 절차 기출 13·11·10·09

(1) 유통마케팅 조사 방법 기출 20·16·14

마케팅 조사목적의 결정시 사용하는 방법에는 탐색적 조사, 기술적 조사, 인과관계조사 등 세 가지 유형으로 구분한다.

① **탐색적 조사(Exploratory Research)** : 조사에서 해결해야 할 문제를 명확히 정의하고 마케팅전략 및 믹스변수의 효과에 관한 가설을 설정하기 위해 본 조사 전에 사전 정보를 수집할 목적으로 실시하는 조사이다(예 문헌조사, 전문가 의견조사, 사례조사 등).

② **기술적 조사(Descriptive Research)** : 조사 문제와 관련된 마케팅의 현황 및 시장상황을 파악하려는 목적으로 실시하는 조사로, 대부분의 마케팅 조사가 여기에 해당한다(예 소비자의 행동특성, 인구통계적 특성에 대한 조사 등).

③ **인과관계조사(Causal Research)** : 두 개 이상 변수들 간의 인과관계를 밝혀내기 위하여 시행하는 조사이다(예 확률적 관계, 제품가격과 매출액의 관계 등).

(2) 유통마케팅 조사의 절차 기출 21

문제정의 ⇨ 조사설계 ⇨ 자료수집
방법 결정 ⇨ 표본설계 ⇨ 시행 ⇨ 분석
·활용

① 문제 정의 : 환경의 변화 및 기업의 마케팅 조직이나 전략의 변화로 인하여 마케팅 의사결정의 문제가 발생시 마케팅 조사가 필요해지며, 마케팅 조사문제가 정의된다.

② 조사설계 : 정의된 문제에 대해 구성된 가설을 검증하는 조사를 수행하기 위한 포괄적인 계획을 의미하는 것으로, 어떠한 조사를 시행할 것인지를 결정하는 단계이다.

③ 자료수집방법 결정 : 설정된 조사목적에 대해 우선적으로 필요한 정보는 무엇인지, 다시 말해 구체적인 정보의 형태가 결정되어야 하므로, 이 단계에서는 조사목적이 보다 더 구체적인 조사과제로 바뀐다.

④ 표본설계 : 효과적인 자료 수집을 위하여 조사대상 즉 표본을 어떠한 방식으로 선정할 것인지를 결정하는 과정이다.

⑤ 시행과 분석 및 활용

　　㉠ 수집한 자료들을 정리하고 통계분석을 위한 코딩을 한다.

　　㉡ 적절한 통계분석을 실행한다.

　　㉢ 정보 사용자에 대한 이해 정도를 고려해서 보고서를 작성한다.

표본추출방법 기출 17 · 16

- **단순무작위 추출법(simple random sampling)** : 가장 기본적인 표본추출방법으로 각 표본들이 동일하게 선택될 확률을 가지도록 선정된 표본프레임 안에서 각 표본단위들에 일련번호를 부여한 다음, 난수표를 이용해서 선정된 번호에 따라서 무작위로 추출하는 방법이다.
- **체계적 표본추출(systematic sampling)** : 조사단위에 일련번호를 부여하고 이를 등간격으로 나눈 후, 첫 구간에서 하나의 번호를 랜덤으로 선정한 후 등간격으로 떨어져 있는 번호들을 계속하여 추출하는 방법이다.
- **층화표본추출(stratified sampling)** : 모집단을 구성하고 있는 집단에서 집단의 구성요소의 수에 비례해서 표본의 수를 할당하여 각 집단에서 단순무작위 추출방법으로 추출하는 방법이다.
- **집락표본추출(cluster sampling)** : 모집단을 이질적인 구성요소를 포함하는 여러 개의 집락으로 구분한 다음 구분된 집락을 표출단위로 하여 무작위로 몇 개의 집락을 표본으로 추출하고 이를 표본으로 추출된 집락에 대하여 그 구성단위를 전수조사하는 방법이다.
- **할당표본추출(quota sampling)** : 모집단을 어떠한 특성에 따라 세분집단으로 나누고, 나누어진 세분집단의 크기 등에 비례해서 추출된 표본의 수를 결정하여 각 집단의 표본을 판단 또는 편의에 의해 추출하는 방법이다(비확률표본추출방법).
- **판단표본추출(judgement sampling)** : 조사하고자 하는 모집단을 전형적으로 대표하는 것으로 판단되는 사례를 표본으로 선정하는 방법이다. 이 방법은 조사자가 연구목적 달성에 도움이 될 수 있는 구성요소를 의도적으로 표출하는 것으로 모집단 및 구성요소에 대한 풍부한 사전지식을 가지고 있을 때 유용하다(비확률표본추출방법).
- **편의표본추출(convenience sampling)** : 임의로 응답자 모집 편의를 고려하여 특정한 샘플링 기준을 두지 않고 모집하는 방법으로 비확률표본추출방법에 해당한다.

개념 Plus

신제품 개발과정
아이디어 창출 → 아이디어 선별 → 제품 콘셉트 개발 → 사업성 분석과 제품 개발 → 시제품 개발 → 테스팅(평가) → 테스트 마케팅 → 출시
신제품 개발과정 중 시제품 평가단계에서 소비자 반복구매율이 기준치 이상이 되도록 시제품을 개발하여야 한다.

개념 Plus

뉴로마케팅기법
뇌 속에서 정보를 전달하는 뉴런(Neuron)과 마케팅을 결합한 단어로, 무의식적 반응과 같은 두뇌자극 활동을 분석하여 마케팅에 접목시키는 새로운 마케팅 분야를 말한다(예 펩시콜라와 코카콜라의 블라인드 테스트).

출제지문 돋보기 OX

01 [14-2]
특정 소매점에서 여러 판매촉진방법에 따른 매출성과와의 인과성을 규명하고자 하는 경우에 사용될 분석기법으로 적절한 것은 분산분석이다. ( )

02 [20-2]
다차원척도법은 각 대상 간의 객관적 또는 주관적인 관계에 대한 수치적인 자료들을 처리해서 다차원의 공간상에서 해당 대상들을 위치적으로 표시해 주는 일련의 통계기법을 의미한다. ( )

정답 1. ○ 2. ○

03 유통마케팅 자료분석기법 기출 14·11·08

(1) 컨조인트 분석(Conjoint Analysis) 기출 20·18

① 컨조인트 분석의 개념 : 각 제품대안들에 대한 선호순위의 분석을 통해 소비자의 속성평가 유형을 보다 정확히 밝혀내고, 이를 근거로 선호도예측과 시장점유율예측까지도 가능케 하는 분석기법으로, 종속변수가 서열척도인 경우에 적합하다.

② 컨조인트 분석의 목적 : 컨조인트 분석의 목적은 독립변수인 제품·조사대상의 속성들이 종속변수인 제품, 조사대상에 대한 선호도와 선택에 각각 어느 정도의 영향을 미치고, 그 속성들 사이의 관계가 어떠한가를 밝혀내는 데 있다.

③ 컨조인트 분석의 응용분야 : 컨조인트 분석은 신제품 개발, Positioning, 경쟁분석, 가격전략, 시장세분화전략, 광고전략, 유통전략, 마케팅전략 수립에 주로 이용된다.
  ㉠ 제품의 최적 속성 결정
  ㉡ 매출액·시장점유율의 추정
  ㉢ 연구대상제품에 대한 수익성, 사업성 분석
  ㉣ 시장세분화 및 광고·커뮤니케이션의 효율화

(2) 군집분석(Cluster Analysis) 기출 21·14

모집단 또는 범주에 대한 사전 정보가 없을 경우 주어진 관측값들 사이의 유사성과 거리를 활용해서 전체를 몇몇의 집단으로 구분하고, 각 집단의 성격을 파악함으로써 데이터 전체 구조에 대한 이해를 돕는 분석방법이다. 서로 유사한 특성을 지닌 대상을 하나의 집단으로 분류하는 군집분석은 특히 동질적 집단 또는 군집을 분류하는 데 많이 활용된다.

(3) 다차원척도법(Multidimensional Scaling) 기출 20·19·14

① 다차원척도법의 개념 : 각 대상 간 객관적 또는 주관적인 관계에 대한 수치적 자료들을 처리해서 다차원의 공간상에서 해당 대상들을 위치적으로 표시해주는 일련의 통계기법을 의미한다.

② 다차원척도법의 내용 : 다차원척도법은 수치적인 자료만으로 알 수 없는 전체적 관계구조를 공간상에 펼쳐진 그림을 통해서 용이하게 파악할 수 있게 해준다. 사람들이 특정한 대상을 어떻게 생각하고 있는지, 더불어서 그러한 판단의 기준은 무엇인지를 알아내는 데 유용한 방식이다.

(4) 분산분석(ANalysis Of VAriance ; ANOVA) 기출 21·16·14

① 분산분석의 개념
  ㉠ 평균값을 기초로 하여 여러 집단을 비교하고, 이들 집단 간에 차이점이 있는지 가설검증을 통해서 상관관계를 파악하는 통계분석 기법이다.
  ㉡ 변동의 원인이라고 판단되는 인자를 1개만 채택하여, 그 인자의 수준을 몇 단계로 변화시켰을 때 결과가 어떻게 변하는지를 측정한 측정치를 해석하는 것으로서 선택한 인자가 확실히 영향을 미치고 있는지의 여부를 통계적으로 검정하는 방법이다.

② 분산분석의 유형

    ㉠ 일원분산분석법 : '연령별로 임금 차이가 있는가?'와 같이 분석하고자 하는 변수가 1개인 경우를 말한다.

    ㉡ 이원분산분석법 : 성별, 연령별 임금의 차이가 있는지를 분석하고자 하는 경우처럼 독립변수가 2개인 경우를 말한다.

    ㉢ 다원분산분석법 : 성별, 학력별, 연령별 임금의 차이가 있는지를 분석하고자 하는 경우처럼 독립변수가 3개 이상인 경우를 말한다.

③ 분산분석의 사례 : 특정 소매점에서 A제품에 대하여 '가격할인'과 '프리미엄 제공'이라는 2개의 판촉전략을 한달간 실행하였다. 그 기간 동안 카드로 A제품을 구매한 고객을 20대, 30대, 40대, 50대로 분류하여 각 판촉활동의 연령대별 매출액 증감효과 차이를 분석하고자 할 경우 분산분석 기법이 가장 적합하다.

(5) 요인분석(Factor Analysis) 기출 15

① 요인분석의 개념 : 어떠한 알지 못하는 특성을 규명하기 위해 문항 또는 변인들 간의 상호관계를 분석해서 상관이 높은 문항과 변인들을 묶어 이를 몇 개의 요인으로 규명하고 해당 요인의 의미를 부여하는 통계방법을 말한다.

② 요인분석의 목적

    ㉠ 다량의 수의 대상을 유사성을 기준으로 해서 여러 개의 집단으로 군집화한다.

    ㉡ 다량의 본래 변수를 합성변수로 요약함으로써 차후 수행할 상관분석, 회귀분석, 판별분석 등에 포함시킬 때 보다 더 적은 수의 변수를 창출한다.

③ 요인분석의 응용분야 : 사람의 심리적인 특성을 규명하기 위해 개발된 통계적 방법으로써 지능을 밝히는 데 활용되었으며, 최근 들어서는 구조 방정식 모형에서 잠재변수를 밝히는 데에도 활용되고 있다.

투사기법(Projective Technique)의 종류 기출 17

투사기법은 응답자 자신의 행동을 직접 설명하게 하기보다는 다른 사람의 행동을 해석하게 하여 응답자의 동기, 신념, 태도 등을 간접적으로 파악하려는 기법이다.

• 단어 연상(Word Association) : 특정의 자극단어에 대해 피험자가 자신의 마음에 떠오르는 것을 표현하도록 하여 이 반응을 근거로 하는 심리진단을 말한다.

• 문장 완성(Sentence Completion) : 다수의 미완성 문장을 피검자가 자기 생각대로 완성하도록 하는 검사로 단어 연상 검사의 변형으로 발전된 것이다. 다른 투사기법들에 비해 보다 의식된 수준의 심리적 현상들이 반영되는 경향이 있다.

• 그림 응답(Picture Response) : 참석자들에게 백지와 연필을 나누어 주고 사회자가 제시하는 주제에 대해 그림을 그리게 한 후 그 그림에 대한 설명을 통해 소비자 행태에 대한 통찰력을 얻거나 브랜드에 대한 연상 이미지를 파악하는 투사기법이다.

• 역할 연기(Role Playing) : 인간관계 등에 관한 사례를 몇 명의 피훈련자가 나머지 피훈련자들 앞에서 실제의 행동으로 연기하고, 사회자가 청중들에게 그 연기 내용을 비평·토론하도록 한 후 결론적인 설명을 하는 방법을 말한다.

01 유통마케팅 목표 및 성과 평가

(1) 마케팅 성과 평가의 필요성

① 기업에서는 마케팅에 관련한 비용이 꾸준히 증가하고 있지만, ROI 또는 목표 대비 효과 등과 같은 효율적 측면에서의 관리는 명확하게 이루어지고 있지 않다. 이로 인해 각 기업에서는 마케팅으로 인한 성과를 체계적으로 평가·관리할 필요성을 느끼기 시작하였다.

② 국내의 경우 BSC(Balanced Scorecard)와 같은 성과지표에 대한 과학적인 관리가 도입되었으나, 마케팅 부분에 대해서는 이와 관련해서 구체적인 변화가 거의 없었다.

③ 일부 선진기업을 중심으로 마케팅 감사의 성과평가를 통해 마케팅 목표 달성의 측정 및 문제의 원인분석 등의 노력이 진행되고 있으므로 여러 기업들에게 시사하는 바가 크다.

④ 정보기술의 발전으로 인해 기업들의 마케팅 활동에 대한 Reporting 및 Tracking 등과 같은 성과를 측정하는 데 있어 비용의 절감이 가능해졌다.

(2) 마케팅 성과 평가의 모형 기출 21

① 마케팅 성과 평가(MPA ; Marketing Performance Assessment)

ⓒ 마케팅 성과 평가란 마케팅 활동의 결과를 상충적 관계에 놓여 있는 효율성 및 효과성의 측면에서 평가하는 것을 말한다.

ⓒ 마케팅 목표를 얼마만큼 달성했는지를 측정하는 효과성 평가가 필요하며, 이는 마케팅 감사(Marketing Auditing)라고도 한다.

ⓒ 투입한 마케팅 자원 대비 달성 성과를 평가하는 효율성 측면 마케팅 생산성 평가가 있다.

② 앰블러(Ambler)의 마케팅 성과 평가지표 분류

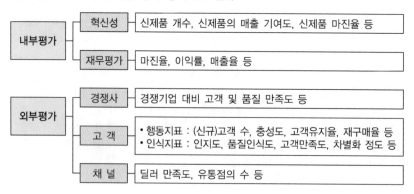

③ 마케팅 채널에 대한 성과 측정지표 **기출** 10

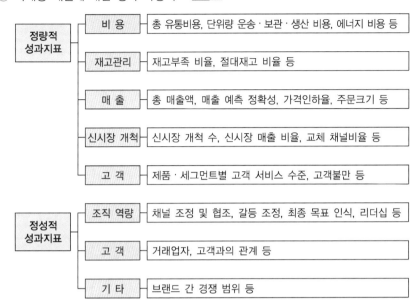

④ Berry의 서비스 마케팅 성과 평가모형

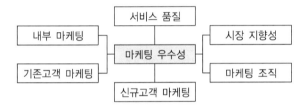

⑤ Hamilton Consulting의 마케팅 성과 평가지표 및 성과의 개선방향

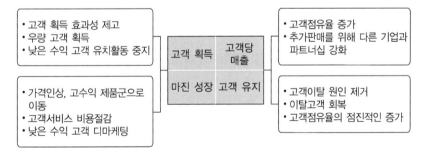

개념 Plus

목표의 SMART 원칙
• Specific(구체적)
• Measurable(측정가능)
• Attainable(달성가능)
• Result Oriented(결과지향)
• Time Bounded(시간제한)

(3) 유통마케팅 목표의 평가

마케팅 목표는 기업조직 전체의 목표 및 전략과 깊은 연관관계를 지녀야 한다. 목표의 경우 해당 목표의 긴급성과 마케팅 이후의 기업조직에 미칠 수 있는 영향력을 기반으로 우선순위를 정해야 한다. 기업조직의 목표를 인지한 후 마케팅 기획의 초반부터 해당 목표가 명확하고 확실하게 규명되어야 한다. 더불어 세부적인 목표는 SMART 원칙에 입각해서 설계해야 한다.

02 유통업 및 유통경로의 성과 평가

(1) 유통성과에 대한 평가 기출 19·16·15·14

① **효율성(efficiency)** : '무엇을 얼마나 어떤 방법으로 생산할 것인가'의 문제로, 최소의 비용으로 최대의 만족을 구한다는 경제행위의 원칙에 의거 생산 또는 소비가 최선으로 이루어졌는가를 평가하는 기준을 말한다.

② **형평성(equity)** : '누구에게 분배할 것인가'의 문제인 분배의 평가기준으로, 바람직한 분배상태를 말하며 주관적인 가치판단의 개입과 시대와 사회에 따라 그 의미가 변한다.

③ **효과성(effectiveness)** : 표적시장이 요구하는 서비스산출을 얼마나 제공하였는가를 측정하는 목표지향적인 성과기준이다.

유통경로의 성과평가척도 기출 19·16

정량적 척도(quantitative measures)

• 단위당 총유통비	• 단위당 수송비
• 단위당 창고비	• 단위당 생산비
• 재고부족방지에 수반되는 비용	• 재고부족비율
• 진부화된 재고의 비율	• 부실채권의 비율
• 상품별 고객서비스 수준	• 예상매출액의 정확성
• 주문처리에서의 오류빈도	• 신규시장 진입의 수
• 신규시장의 매출액 비율	• 거래중단 중간상들의 수와 비율
• 신규 중간상들의 수와 비율	• 손상된 상품의 비율
• 주문의 크기	• 신기술 도입 능력
• 에너지 비용	• 고객 불평의 수

정성적 척도(qualitative measures)

• 경로조정 정도	• 협동수준
• 갈등수준, 상표 내 경쟁의 정도	• 역할에 대한 의견 일치의 정도
• 최상위 목표실현에 대한 의지	• 경로리더십 개발의 정도
• 기능중복의 정도	• 경로 몰입의 정도
• 파워 관계 전개의 정도	• 기능이전의 유연성 정도

유통경로시스템의 성과평가기준 기출 16·15

구 분	내 용
효과성	특정의 유통경로시스템이 유통서비스에 대한 표적고객의 욕구를 충족시키는 정도
생산성	경로구성원이 경로산출물을 얻기 위해 자원을 효율적으로 사용한 정도
공평성	사회적으로 공평한 경로정책을 수행하고 있는지 평가
수익성	자기자본이익률, 총자본순이익률, 매출액영업이익률 등으로 평가
안정성	유동비율과 부채비율을 이용하여 평가

장기적 협력관계를 구축할 필요가 있는 경우 공급업체가 유통업체를 평가하는 기준은 다음과 같다.
- 경제성 : 유통업체의 판매액, 비용, 수익성 등
- 통제성 : 공급업체의 상품에 대한 유통업체의 마케팅 전략을 조정할 수 있는 정도
- 적응성 : 환경변화에 적응하여 유통업체와의 관계를 유연하게 조정할 수 있는 정도, 장기적 협력 관계를 구축할 경우 가장 중요한 평가 기준

(2) 직접제품이익기법(DPP ; Direct Product Profit) 기출 16 · 14 · 08

수익성 분석의 한 기법으로, 각 경로대안의 총 마진에서 직접제품비용을 뺀 제품수익성을 평가하여 직접제품이익이 가장 높은 경로 대안을 선택하는 방법이다. 제품평가에 있어서 고정비를 제외한 변동비만을 고려하여 분석한다는 측면에서 다른 기법과 구별되며, 구매자의 입장에서 특정 공급업자의 개별품목 혹은 재고관리 단위(SKU) 각각에 대한 평가에 가장 적합한 방법이라 할 수 있다.

① 1985년 미국의 Food Marketing Institute는 도 · 소매상들이 사용할 수 있는 표준 DPP 분석기법을 개발하였다.

② 직접제품이익을 추정하는 과정에서 유통경로상에서 발생되어 제품비용에 영향을 준 항목들(직접제품비용)을 모두 원가계산에 반영한다.

③ 직접제품비용은 크게 창고비용, 수송비용, 직접점포비용의 세 가지 원천에서 발생한다.
　　㉠ 창고비용은 창고에 제품을 입고 · 저장 · 취급하는 과정에서 발생되는 인건비, 공간 점유비, 재고비 등을 포함한다.
　　㉡ 수송비용은 제품을 창고에서 개별점포에 수송하는 과정에서 발생되는 비용이다.
　　㉢ 직접점포비용은 재고관리 노무비, 매장노무비, 매대점유비, 재고비 등을 포함한다.

④ 직접제품이익기법(DPP)의 주요 적용분야의 하나는 유통경로 선택이다.

유통경로의 재무성과 측정방법 기출 17

- ROA(Return of Total Assets) : **총자산이익률**이라고 하며, '순이익/총자산'으로 나타낸다. 경영자가 총자산을 얼마나 효율적으로 활용하여 순이익을 발생했는지를 알 수 있다.
- ROI(Return on Investment) : **투자자본이익률**이라고 하며, '순이익/순자본'으로 나타낸다.
- GMROI(Gross Margin Return on Investment) : **총마진수익률**이라고 하며 '총마진율 × 재고회전율'로 나타낸다. 일반적으로 재고에 대한 투자가 총이익을 얼마나 잘 달성하는가를 평가할 수 있는 지표로, 소매업체의 수익성 지표로 사용된다. 상이한 품목, 상품계열, 부문(department)들의 성과를 비교하는 데 사용할 수 있다.
- GMROS(Gross Margin Return Of Square Foot) : **판매면적당 매출총수익률**이라고 하며, GMROI × 재고밀도로 나타낸다. 소매상이 자신의 제품재고투자에 대한 수익성과 재고를 수용하는 소매공간 활용의 밀도를 평가하는 지표로 사용된다.
- 그 밖에 **순자본수익률(ROC), 자기자본이익률(ROE), 매출액증가율, 재고회전율 등**이 있다.

(3) 유통경로별 수익성 측정 방법

① 유통비용분석(Distribution Cost Analysis) : 손익계산서상의 비용항목들이 각 유통경로별 경로활동에 얼마나 효율적으로 투입되었는지를 측정하여 유통경영전략에 따른 유통경로별 수익성을 측정하는 방법이다.

② 전략적 이익모형(Strategic Profit Model) : 순이익률(수익성)과 자산회전율(활동성) 그리고 레버리지비율(안정성)로 구성되어있다.

③ 직접제품수익성(DPP ; Direct Product Profit) : 각 경로대안의 총마진에서 직접제품비용을 뺀 제품수익성을 평가하여 직접제품이익이 가장 높은 경로대안을 선택하는 방법이다.

④ 경제적 부가가치(EVA ; Economic Value Added) : 기업이 영업활동을 통하여 얻은 영업이익에서 법인세, 금융, 자본비용 등을 제외한 금액을 말한다.

⑤ 중간상 포트폴리오분석(Dealer Portfolio Analysis) : 중간상의 특정 제품군에서의 매출성장률과 그 제품군에 대한 중간상 매출액 중 자사제품의 점유율이라는 두 개의 차원상에서 거래 중간상들의 상대적 위치를 토대로 각 중간상에 대한 투자전략을 결정하는 기법이다.

(4) 유통경로구성원의 성과척도 개발 틀

성과성격의 규정 → 평가영역의 구체화 → 성과측정의 관점 인식 → 필요한 자료형태의 결정 → 성과척도문항의 창출

03 유통경로의 영향력(경로파워) 및 갈등관리

(1) 경로파워의 의의

① 경로파워는 한 경로구성원이 유통경로 내의 다른 경로구성원의 마케팅 의사결정에 영향력을 행사할 수 있는 능력으로 정의된다.

② 경로파워는 한 경로구성원이 가지고 있는 힘의 원천과 다른 경로구성원이 특정 경로구성원에 대해 갖는 의존성의 정도에 따라 결정된다.

③ 경로파워가 커지게 되면 다른 경로구성원의 의사결정변수를 통제할 수 있게 된다.

④ 경로파워가 커지게 되면 다른 경로구성원 간의 경쟁이 심해지고, 목표불일치, 의견불일치, 현실지각 차이로 인해 경로갈등을 유발할 수 있다.

⑤ 특정 경로구성원이 다른 경로구성원에 기여한 매출액과 이익이 크면 클수록 경로파워가 증가하게 된다.

(2) 경로파워의 유형 기출 19 · 18 · 16

① 보상적 권력(Reward Power)

경로구성원 A가 B에게 보상을 제공하는 능력(예 판매지원, 영업활동지원, 금융지원, 신용조건, 특별할인, 리베이트, 광고지원, 판촉물지원, 신속한 배달, 지역독점권 제공)★

② 강압적 권력(Coercive Power)

경로구성원 A의 영향력 행사에 경로구성원 B가 따르지 않을 때 A가 처벌을 가할 수 있는 능력(예 상품공급의 지연, 대리점 보증금의 인상, **마진폭의 인하**, 대금결제일의 단축, 전속적 지역권의 철회, 끼워팔기, 밀어내기, 기타 보상적 파워의 철회)★

③ 준거적 권력(Referent Power)

경로구성원 B가 A와 일체감을 갖기를 원하기 때문에 A가 B에 대해 갖는 **영향력**(예 유명 상표를 취급한다는 긍지와 보람, 상호간 목표의 공유, 상대방과의 관계지속 욕구, 상대방의 신뢰 및 결속)★

④ 전문적 권력(Expert Power)

경로구성원 A가 특별한 지식이나 기술을 보유함으로 인해 B에게 미칠 수 있는 영향력(예 경영관리에 관한 상담과 조언, 영업사원의 전문지식, 종업원의 교육과 훈련, 경영정보, 시장정보, 신제품 개발 능력)

⑤ 합법적 권력(Legitimate Power)

경로구성원 A가 B에게 **영향력을 행사할 권리**를 가지고 있고, B가 그것을 받아들일 의무가 있다고 믿기 때문에 발생되는 영향력(예 상표등록, 특허권, 프랜차이즈권리, 기타 법률적 권리)★

⑥ 정보적 권력(Informative Power)

다른 경로구성원이 이전에 얻을 수 없었거나 알 수 없었던 정보나 일의 결과를 제공해준다고 인식하는 경우에 갖게 되는 영향력(예 시장환경 정보, 소비자 정보, 제품 정보, 마케팅 정보)

패키지 소비상품 경로에서 소매상 파워의 증가요인 기출 17

• 식품점, 드럭스토어, 양판점에서 주로 판매되는 품목들이 완만한 매출성장을 보이고 있다.
• 가격이 전략적 무기로 대두됨에 따라 소매상들은 규모의 경제를 추구하게 되었다.
• 소매업계 내 경쟁이 갈수록 치열해짐에 따라 바이어가 부담해야 할 책임이 가중되고 있다.
• 정보기술의 발달로 대부분의 대형 소매상들은 품목별 자료를 확보하고 있다.
• 많은 소비상품시장이 성숙기에 들어섬에 따라 제조업자들은 지속적인 매출 성장을 유지하기 위해 수많은 신상품들을 도입하였고, 이들에 대한 진열공간 확보를 위해 도·매상들에 대한 촉진관리를 제공하였다.

---

(3) 유통경로의 갈등관리 기출 18

① 유통경로갈등의 의의

㉠ 유통경로는 서로 다른 목표를 가진 경로구성원들로 이루어져 있으며, 이들은 각자 자신의 이익을 극대화하기 위해 노력하며 자신과 직접 거래하는 경로구성원과의 관계에만 주로 관심을 가진다. 이때 경로구성원들 간의 **상호의존성**이 커질수록 특정 경로구성원이 다른 경로구성원들의 **목표와 마케팅활동에 관여할 가능성**이 높으며, 그 결과 경로구성원들 간의 갈등도 커지게 된다.

ⓛ 제조업체가 유통경로에서 성공하는지의 여부는 다른 경쟁업체에 비해 거시적인 관점에서 얼마나 **경로구성원들 간의 협조를 이끌어내느냐**에 달려 있다. 각 구성원들의 목표와 그들이 수행해야 할 역할에 대해 **경로구성원들 간에 의견불일치**가 발생하게 되어 **경로갈등**이 생기게 된다. 이러한 의견불일치는 각 경로구성원에 부여된 과업의 성과와 이에 대한 다른 경로구성원들의 기대 간에 차이가 있을 때 비롯된다.

② 유통경로 갈등발생의 이유

ㄱ 정보불일치로 인한 갈등 : 소비자들의 기억 속에 있는 기존의 정보 또는 스키마와 새롭게 제공되는 정보 간의 일치성 및 관련성의 차이로 인하여 발생한다.

ㄴ 영역불일치로 인한 갈등 : 경로구성원 간 상권의 범위 결정과 그 상권 내에서의 역할에 대한 견해 차이가 발생함으로 인해 생기는 갈등을 말한다.

ㄷ 목표불일치로 인한 갈등 : 구성원 사이의 목표가 서로 다르고 이들 목표를 동시에 달성할 수 없기 때문에 스트레스와 긴장이 야기되어, 결국에는 경로갈등이 나타나게 된다. 제조업체의 입장에서는 유통점 내 좋은 위치에 진열하고 싶어 하지만, 유통점의 입장에서는 판매에 도움이 되는 다른 제품을 그 위치에 두고자 하는 경우가 이에 해당한다. 유통경로를 수직적으로 통합함으로써 유통경로 구성원 간 목표의 불일치를 해소하거나 사전에 방지할 수 있다.

③ 갈등의 유형 기출 21 · 19 · 16

ㄱ 수직적 갈등

유통경로상에서 **서로 다른 단계에 있는 구성원 사이에 발생하는 갈등**이다. 가전제품의 도매상이 대규모로 소매상에 공급하는 제조업자와 경쟁하는 것 또는 본부와 가맹점 간의 갈등을 의미한다. ★

ㄴ 수평적 갈등

유통경로의 **동일한 단계에서 발생하는 갈등**이다. 백화점과 백화점 간, 도매상과 도매상 간, 제조업자와 제조업자 간에 경쟁하는 것 또는 상품을 취급하며 서로의 영역을 침범하는 것, 한 가맹점이 전체 가맹점의 이미지를 손상시키는 것 등을 의미한다. ★

④ 일반적 갈등관리방안

ㄱ 경로리더의 지도력을 강화한다.

ㄴ 경로구성원 간의 공동목표의 제시로 협력을 증대시킨다.

ㄷ 경로구성원 간의 커뮤니케이션 강화 및 중재와 조정 등을 통하여 유통경로의 갈등을 감소시킨다.

ㄹ 유통채널 간 시너지 효과를 높이기 위해 차별화된 고객을 목표로 할 때 효과가 가장 크다.

⑤ 제조업체와 유통업체 간의 갈등관리방안

갈등의 유형	갈등발생원인	갈등관리방안
유통채널 간 갈등	채널 간 영역의 중복	채널별 제공가치 차별화
제조업체와 유통업체 간 갈등	힘의 불균형	• 채널파워의 유지 · 강화(브랜드 파워의 유지 · 강화, 채널포트폴리오 구성) • 채널과의 협력

⑥ 중재를 통한 갈등관리방안
  ㉠ 중재는 제3자를 개입시켜 경로갈등을 해소하기 위한 분쟁해결제도이다.
  ㉡ 단심제로 운영되기 때문에 비용과 시간을 절약할 수 있으며, 소송(재판)의 결과와 유사한 수준의 구속력이 발생하고 객관성과 전문성이 확보된다는 장점을 지닌다.
  ㉢ 중재는 절차상 비공개주의에 입각해 진행된다.

(4) 유통경로 갈등의 행동적 해결방식 기출 18 · 14

① 문제해결 : 신뢰와 협동을 바탕으로 새로운 대안을 찾는 것(두 집단의 공통의 목표가 존재, 높은 위험상황에 있을 때)
② 설득 : 상대의 의사결정기준이나 시각을 바꾸려는 시도(공통의 상위목표가 존재하지만 하위목표는 상호 간에 상이한 경우)
③ 협상 : 상호 간에 조금씩 양보하여 타협점을 찾는 것(공통의 목표가 없고 목표의 불일치가 명확하며 협상결과에 대한 기대치가 높을 경우)
④ 정치 : 조정과 중재(상호 간 확실한 목표 불일치 존재를 전제로 하며, 중재와 조정절차를 수행하는 상설기구의 설립으로 유통경로상의 갈등이 발생했을 때 해결방안을 제시)

(5) 갈등의 순기능과 역기능 기출 14

① 갈등의 순기능
  ㉠ 갈등은 경로구성원 간의 의사소통 기회를 늘림으로써 정보교환을 활발하게 만든다.
  ㉡ 고충처리와 갈등해결의 공식창구와 표준절차를 마련하는 데 도움을 준다.
  ㉢ 자신의 과거 행동을 비판적으로 되돌아보게 한다.
  ㉣ 유통시스템 내의 자원을 보다 공평하게 배분해준다.
  ㉤ 갈등의 해결과정에서 동맹체 결성과 같은 수단이 활용되는 경우, 힘이 강한 구성원에 의한 불공정한 힘의 행사를 억제하고 경로구성원 간의 힘의 균형을 이루게 해준다.
  ㉥ 향후 발생 가능한 갈등을 해결할 수 있는 표준화된 방법을 개발해준다.
② 갈등의 역기능
  ㉠ 갈등의 가장 큰 역기능은 비용과 시간, 노력이 낭비된다는 것이다.
  ㉡ 갈등은 경로구성원으로 하여금 독자적으로 기능을 수행하게 하며, 따라서 전체 유통시스템을 비효율적인 것으로 만든다.
  ㉢ 비효율적인 유통시스템은 경제적 측면뿐만 아니라 심리적 측면에서 경로구성원의 만족(신뢰, 몰입)을 감소시킨다. 만족이 감소할수록 상대방에 대한 신뢰도 감소한다.
  ㉣ 신뢰의 감소는 의사결정에 필요한 정보의 공유를 기피하게 만든다. 이에 따라 최적 의사결정이 어려워질 것이다.
  ㉤ 갈등에 의한 신뢰의 감소는 경로선도자가 정보적 힘과 준거적 힘에 의해 경로 구성원의 기능을 조정할 수 있는 가능성이 줄어들게 된다.
  ㉥ 궁극적으로 신뢰의 감소는 더 이상 관계를 유지하고 발전시키고자 하는 의지, 즉 몰입을 감소시킨다.

01 조사에서 해결해야 할 문제를 명확하게 정의하고 마케팅 전략 및 믹스변수의 효과 등에 관한 가설을 설정하기 위해, 본 조사 전에 사전 정보를 수집할 목적으로 실시하는 조사로서 가장 옳은 것은?

① 관찰적 조사(observational research)
② 실험적 조사(experimental research)
③ 기술적 조사(descriptive research)
④ 탐색적 조사(exploratory research)
⑤ 인과적 조사(causal research)

02 유통마케팅 조사방법 중 대규모 집단을 대상으로 체계화된 설문을 통해 자료를 수집하는 대표적인 서베이 기법으로 옳은 것은?

① HUT(Home Usage Test)
② CLT(Central Location Test)
③ A&U조사(Attitude and Usage research)
④ 패널조사(Panel Survey)
⑤ 참여관찰조사(Participant Observation)

03 점포의 이미지를 측정하기 위한 설문이다. 이 설문에 사용된 척도의 유형은?

문) ○○○ 백화점 매장의 이미지는 :
　　현대적이다 −2 −1 0 +1 +2 복고풍이다

① 리커트 척도
② 어의차이 척도
③ 총합고정 척도
④ 등급 척도
⑤ 스타펠 척도

04 (㉠), (㉡) 안에 들어갈 용어로 옳은 것은?

□□할인점은 고객의 만족도를 조사하기 위해 두 가지 척도를 사용하기로 결정하였다. (㉠)척도는 상대적인 순위를 구분하기 때문에 인근 5개 점포와 비교하여 몇 등인지를 알 수 있고, (㉡)척도는 산술적 사칙연산이 가능하고 절대영점을 포함하기 때문에 만족도를 구체적인 점수(예, 100점 만점 중 평균 82점)로 측정할 수 있다는 장점이 있다.

① ㉠ 명목, ㉡ 서열
② ㉠ 명목, ㉡ 등간
③ ㉠ 서열, ㉡ 비율
④ ㉠ 서열, ㉡ 등간
⑤ ㉠ 등간, ㉡ 비율

05 유통마케팅 조사과정 순서로 가장 옳은 것은?

① 조사목적 정의 – 조사 설계 – 조사 실시 – 데이터분석 및 결과해석 – 전략수립 및 실행 – 실행결과 평가
② 조사목적 정의 – 조사 실시 – 조사 설계 – 데이터분석 및 결과해석 – 전략수립 및 실행 – 실행결과 평가
③ 조사목적 정의 – 조사 설계 – 조사 실시 – 전략수립 및 실행 – 데이터분석 및 결과해석 – 실행결과 평가
④ 조사목적 정의 – 실행결과 평가 – 전략수립 및 실행 – 조사 실시 – 데이터분석 및 결과해석 – 대안선택 및 실행
⑤ 조사목적 정의 – 조사 실시 – 데이터분석 및 결과해석 – 조사 설계 – 전략수립 및 실행 – 실행결과 평가

06 유통마케팅 조사에 대한 내용 중 가장 옳지 않은 것은?

① 유통과정에서 정보의 흐름은 생산물의 구매자인 소비자와 시장의 동향을 해명하기 위한 정보의 수집을 포함하며, 이는 마케팅조사에 의해 이루어진다.

② 조사의 범위는 수요자에 관한 시장조사와 생산물, 가격, 경로, 프로모션에 의한 마케팅믹스 요소 그리고 환경요소로서의 경제상황, 경쟁, 기술, 정치, 유행 등 유통활동에 대한 조사를 포함한다.

③ 수요자보다 공급자를 대상으로, 상품 및 서비스를 제조하여 판매할 때까지 모든 과정을 조사하는 것으로, 그 질적인 측면과 양적인 측면에 관해 조사하고 나아가 그 변화를 연구하는 것이다.

④ 주요대상은 매출액 예측, 시장점유율의 측정, 시장동향의 명확화, 조직 이미지의 측정, 브랜드 이미지의 측정, 표적고객 특징의 명확화, 제품과 패키지의 설계, 창고와 점포의 입지, 주문처리, 재고관리 등이다.

⑤ 조사해야 할 문제를 보다 구체화하고, 조사의 전망을 세우는 것부터 시작하며, 이를 바탕으로 목적의 명확화, 대상의 선정, 방법의 결정, 시기 및 예산의 결정, 그리고 결과의 보고와 평가라는 과정이 이루어진다.

07 소매점의 신제품 조사를 위해 표적시장을 잘 반영하리라 생각되는 집단을 대상으로 설문조사를 했다면 어떤 표본추출방법에 해당하는가?

① 편의표본추출
② 판단표본추출
③ 확률비례추출
④ 집락표본추출
⑤ 층화표본추출

08 점포의 이미지를 측정하기 위한 설문이다. 이 설문에 사용된 척도의 유형은?

> – 소비자의 욕구를 파악하기 위한 기법의 하나로 개발되었다.
> – 기본적인 아이디어는 어떤 소매 점포이든 몇 개의 중요한 서비스 기능(속성)을 가지고 있으며, 각 기능(속성)은 다시 몇 개의 수준이나 값들을 가질 수 있다는 것이다.
> – 개별 속성의 각 수준에 부여되는 선호도를 부분가치라 하고, 이 부분가치를 합산함으로써 개별 고객이 여러 개의 대안들 중에서 어느 것을 가장 선호하게 될 지를 예측할 수 있다.

① 컨조인트 분석
② 다차원 척도법
③ 요인분석
④ 군집분석
⑤ 시계열분석

09 유통마케팅 조사의 방법에 대한 내용 중 가장 옳지 않은 것은?

① 질문법은 가장 많이 사용되는 정보수집 방법으로 응답자에게 질문표를 이용해서 직접 질문하여 필요한 정보를 수집하는 것으로, 우송법, 전화법, 면접법 등이 있다.

② 실험법은 실제로 조사대상에게 어떠한 반응을 하도록 시도해보고 그 결과로부터 필요한 정보를 입수하는 방법이다.

③ 소비자 패널조사는 다양한 소비자 그룹에 대해 조사대상을 지속적으로 변경하며 새로운 제품 및 조사항목에 관해 구매나 사용동향을 조사한다.

④ 관찰법은 조사자가 조사 대상자를 현장에서 일정한 기간 동안 관찰하면서 있는 그대로의 사실을 수집하는 방법이다.

⑤ 동기조사는 특정 태도와 행동을 유발하는 심층심리에 접근하고 하는 것으로 'why 리서치'라고도 하며, 심층면접법, 집단면접법 그리고 투영기법 등이 이용된다.

10 아래 글상자에서 설명하는 유통경로의 성과를 평가하는 각각의 차원으로 옳은 것은?

> ㉠ 유통시스템에 의해 제공되는 혜택이 여러 세분시장에서 어느 정도 골고루 배분되고 있는가를 평가
> ㉡ 하나의 경로시스템이 표적시장이 요구하는 서비스산출에 얼마나 제공하였는가를 측정하는 것으로, 투입보다 산출에 중점을 두는 목표지향적 평가

① ㉠ 형평성, ㉡ 효과성
② ㉠ 형평성, ㉡ 효율성
③ ㉠ 효율성, ㉡ 효과성
④ ㉠ 효율성, ㉡ 형평성
⑤ ㉠ 효과성, ㉡ 형평성

11 유통 경로의 성과를 평가하기 위한 정성적 척도에 해당하지 않는 것은?

① 최상위 목표에 대한 인식
② 경로리더십의 개발정도
③ 기능적인 중복의 정도
④ 거래중단 중간상의 비율
⑤ 기능적 이전(functional spinoffs)의 유연성

12 유통경로상의 수평적 갈등의 사례로서 가장 옳은 것은?

① 도매상의 불량상품 공급에 대한 소매상의 불평
② 납품업체의 납품기일 위반에 대한 제조업체의 불평
③ 소매상이 무리한 배송을 요구했다는 택배업체의 불평
④ 제조업체가 재고를 제때 보충하지 않았다는 유통업체의 불평
⑤ 다른 딜러가 차량 가격을 너무 낮게 책정했다는 동일차량회사 딜러의 불평

13 유통목표의 달성 성과를 평가하기 위한 방법으로 옳지 않은 것은?

① 소비자 기대치와 비교
② 경로구성원 간 갈등비교
③ 업계평균과 비교
④ 경쟁사와 비교
⑤ 사전 목표와 비교

14 유통경로에서 발생하는 갈등을 관리하는 행동적 방식으로 가장 옳지 않은 것은?

① 문제해결   ② 설 득
③ 협 상   ④ 협회 공동가입
⑤ 중 재

15 어느 백화점의 경영 현황을 파악하기 위해 2차 자료를 수집하였다. 2차 자료에 해당하지 않는 것은?

① 제품계열별 판매액
② 지점별 주요 제품 재고
③ 직접 조사한 지점별 고객 만족도
④ 고객별 지출액
⑤ 연간 성장률

16 다음 중 2차 자료 조사방법에 해당되는 것은?

① 백화점 고객 표적집단면접
② 홈쇼핑 고객 심층면접법
③ 대형마트 고객만족 전화조사법
④ 편의점 판촉효과 실험조사법
⑤ 유통업체 연감자료 조사법

17 아래 글상자에서 (㉠)~(㉣)에 해당하는 용어를 순서대로 올바르게 나열한 것은?

> (㉠)척도는 대상을 규명하고 분류하는 숫자들을 의미하며, (㉡)척도는 응답자가 질문의 대답들 간의 상대적 정도를 표시할 수 있게 해주는 척도이다. 한편 (㉢)척도는 대상 간 격차를 비교할 수 있고, 이 때 0점은 임의적으로 사용할 수 있다. 마지막으로 (㉣)척도는 절대영점(기준점)을 고정시켜 응답자 간의 절대적 격차를 규명하고, 원래 응답들을 비교할 수 있다.

① ㉠ 명목 – ㉡ 서열 – ㉢ 비율 – ㉣ 등간
② ㉠ 명목 – ㉡ 서열 – ㉢ 등간 – ㉣ 비율
③ ㉠ 명목 – ㉡ 비율 – ㉢ 등간 – ㉣ 서열
④ ㉠ 서열 – ㉡ 등간 – ㉢ 명목 – ㉣ 비율
⑤ ㉠ 서열 – ㉡ 명목 – ㉢ 비율 – ㉣ 등간

18 아래 글상자에서 (가)~(나)에 해당하는 용어를 올바르게 나열한 것은?

> • 소매점의 목표 달성 여부를 판정하는 기준으로는 (가)와 (나)가 사용된다.
> • (가)는 제품의 판매상황을 알려주는 재고회전율과도 관계된다. 재고회전율은 (가)를 평균 재고자산액으로 나누어 얻는다.
> • GMROI(Gross Margin Return On inventory Investment)는 (나)와 재고회전율을 동시에 감안한 개념이다.

① 가 : 연간 매출액, 나 : 경상이익
② 가 : 매출 총이익, 나 : 경상이익
③ 가 : 연간 매출액, 나 : 총이익률
④ 가 : 총영업이익, 나 : 연간 매출액
⑤ 가 : 총매출이익률, 나 : 순매출액

19 재고투자수익률(GMROI)에 대한 설명으로 가장 옳지 않은 것은?

① Gross Margin Return On Inventory Investment를 의미한다.
② 상품의 총이익을 그 상품의 평균재고금액으로 나눈 값이다.
③ 평균재고금액은 매입원가, 소매가격 또는 시장가격을 사용하여 계산한다.
④ 상품의 재고회전율보다 총마진율이 재고투자수익률에 미치는 영향이 항상 더 크다.
⑤ 상이한 품목, 상품계열, 부문(department)들의 성과를 비교하는 데 사용할 수 있다.

01 정답 ④

탐색적 조사는 조사문제를 찾거나 분석대상에 대한 아이디어 또는 가설을 도출하기 위한 조사로, 문헌조사, 전문가 의견조사, 사례조사 등이 해당된다.
③ 기술적 조사는 조사 문제와 관련된 마케팅의 현황 및 시장상황을 파악하려는 목적으로 실시하는 조사로, 대부분의 마케팅 조사가 여기에 해당한다.
⑤ 인과적 조사는 두 개 이상 변수들 간의 인과관계를 밝히려고 시행하는 조사이다.

02 정답 ③

A&U조사는 새로운 시장에 대한 다각적인 연구로, 대규모 소비자들의 성향과 소비 패턴을 심층적으로 연구하는 기법이다.
① HUT(Home Usage Test)는 면접원이 직접 조사 대상자를 찾아가 제품을 사용하게 하고 설문을 받는 조사 방법이다.
② CLT(Central Location Test)는 조사 대상자가 많을 것으로 예상되는 지역에서 응답자들을 일정한 장소에 모이게 한 후 시제품, 광고 카피 등에 대한 소비자들의 반응을 조사하는 방법이다.
④ 패널조사(Panel Survey)는 조사대상을 고정시키고, 동일한 조사대상에 대하여 동일질문을 반복 실시하여 조사하는 방법이다.
⑤ 참여관찰조사(Participant Observation)는 연구하려는 지역이나 집단의 한 구성원이 되어 직접 활동에 참여하면서 자료를 수집하여 분석하는 방법이다.

03 정답 ②

어의차이 척도는 척도 양끝에 상반된 수식어를 제시하고 이에 대한 응답자의 평가를 측정하는 것으로 상표나 점포에 대한 이미지, 상품 개념 분석 시 사용한다.

04 정답 ③

보기 안 ㉠과 ㉡의 내용은 각각 서열척도와 비율척도에 대한 설명이다.

마케팅 조사에 활용되는 척도
• 명목척도 : 서로 대립되는 범주, 예를 들어 농촌형과 도시형이라는 식의 분류표지로서, 표지 상호 간에는 수학적인 관계가 없다.
• 서열척도 : 대상을 어떤 변수에 관해 서열적으로 배열하는 척도로(물질을 무게의 순으로 배열하는 등), 선호의 정도는 알 수 없고, 단지 순위만을 표현한다.
• 간격(등간)척도 : 크기 등의 차이를 수량적으로 비교할 수 있도록 표지가 수량화된 경우 측정값의 차에 의하여 비교할 수 있도록 단위가 정해져 있다.

• 비율척도 : 간격척도에 절대영점(기준점)을 고정시켜 비율을 알 수 있게 만든 척도로, 법칙을 수식화하고 완전한 수학적 조작을 할 때 주로 사용한다.

05 정답 ①

유통마케팅 조사의 절차
문제 정의 → 조사 설계 → 자료수집방법 결정 → 표본설계 → 조사 시행 → 통계 분석 → 전략수립 및 실행 → 실행결과 평가

06 정답 ③

유통마케팅 조사는 공급자보다는 수요자인 소비자 혹은 고객을 대상으로 한다.

07 정답 ②

② 판단표본추출은 조사하고자 하는 모집단을 전형적으로 대표하는 것으로 판단되는 사례를 표본으로 선정하는 방법이다. 이 방법은 조사자가 연구목적 달성에 도움이 될 수 있는 구성요소를 의도적으로 표출하는 것으로 모집단 및 구성요소에 대한 풍부한 사전지식을 가지고 있을 때 유용하다(비확률표본추출방법).
① 편의표본추출 : 임의로 응답자 모집 편의를 고려하여 특정한 샘플링 기준을 두지 않고 모집하는 방법이다.
③ 확률비례추출 : 2단추출법의 대표로, 제1차 추출단위인 군락을 그 크기에 비례하여 제1차 추출하고 제2차 추출은 선택된 군락 안에서 요소를 선발하는 방법이다.
④ 집락표본추출 : 모집단을 이질적인 구성요소를 포함하는 여러 개의 집락으로 구분한 다음 구분된 집락을 표출단위로 하여 무작위로 몇 개의 집락을 표본으로 추출하고 이를 표본으로 추출된 집락에 대하여 그 구성단위를 전수조사하는 방법이다.
⑤ 층화표본추출 : 모집단을 구성하고 있는 집단에서 집단의 구성요소의 수에 비례해서 표본의 수를 할당하여 각 집단에서 단순무작위 추출방법으로 추출하는 방법이다.

08 정답 ①

① 컨조인트 분석에 대한 설명이다. 각 제품대안들에 대한 선호순위의 분석을 통해 소비자의 속성평가유형을 보다 정확히 밝혀내고, 이를 근거로 선호도예측과 시장점유율예측까지도 가능케 하는 분석기법이다.

② 다차원 척도법 : 각 대상 간의 객관적 또는 주관적인 관계에 대한 수치적인 자료들을 처리해서 다차원의 공간상에서 해당 대상들을 위치적으로 표시해 주는 일련의 통계기법을 의미한다.

③ 요인분석 : 어떠한 알지 못하는 특성을 규명하기 위해 문항 또는 변인들 간의 상호관계를 분석해서 상관이 높은 문항과 변인들을 묶어 이를 몇 개의 요인으로 규명하고 해당 요인의 의미를 부여하는 통계 방법을 말한다.

④ 군집분석 : 모집단 또는 범주에 대한 사전 정보가 없을 경우에 주어진 관측값들 사이의 유사성과 거리를 활용해서 전체를 몇몇의 집단으로 구분하고 각 집단의 성격을 파악함으로써 데이터 전체 구조에 대한 이해를 돕는 분석방법을 말한다. 이때 서로 유사한 특성을 지닌 대상을 하나의 집단으로 분류한다.

⑤ 시계열분석 : 동일한 현상을 시간의 경과에 따라 일정한 간격을 두고 반복적으로 측정하여 각 기간에 일어난 변화에 대한 추세를 알아보는 방법이다.

09 정답 ③

소비자 패널 조사는 조사대상을 변경하지 않고 일정 수의 고정된 표본 가구 또는 개인을 선정하여 장기간 반복적으로 조사에 활용하는 방법이다.

10 정답 ①

유통성과에 대한 평가
- 효율성 : '무엇을 얼마나 어떤 방법으로 생산할 것인가'의 문제로, 최소의 비용으로 최대의 만족을 구한다는 경제행위의 원칙에 의거 생산 또는 소비가 최선으로 이루어졌는가를 평가하는 기준을 말한다.
- 형평성 : '누구에게 분배할 것인가'의 문제인 분배의 평가기준으로, 바람직한 분배상태를 말하며 주관적인 가치판단의 개입과 시대와 사회에 따라 그 의미가 변한다.
- 효과성 : 표적시장이 요구하는 서비스산출을 얼마나 제공하였는가를 측정하는 목표지향적인 성과기준이다.

11 정답 ④

거래중단 중간상의 비율은 정량적(양적) 척도에 해당한다. 정량적 척도에는 등간척도와 비율척도가 포함된다.

12 정답 ⑤

수직적 갈등은 유통경로상에서 서로 다른 단계에 있는 구성원 사이에서 발생하는 갈등이고, 수평적 갈등은 유통경로의 동일한 단계에서 발생하는 갈등이다. 따라서 ⑤는 동일차량회사의 딜러 간의 갈등이므로 수평적 갈등에 해당된다.
① 도매상과 소매상의 갈등 – 수직적 갈등
② 납품업체와 제조업체의 갈등 – 수직적 갈등
③ 소매상과 택배업체의 갈등 – 수직적 갈등
④ 제조업체와 유통업체의 갈등 – 수직적 갈등

수평적 갈등
유통경로의 동일한 단계에서 발생하는 갈등으로, 백화점과 백화점간, 도매상과 도매상간, 제조업자와 제조업자 간에 경쟁하는 것 또는 상품을 취급하며 서로 간의 영역을 침범하는 것, 한 가맹점이 전체 가맹점의 이미지를 손상시키는 것 등을 의미한다.

13 정답 ②

경로구성원 간 갈등은 성과를 평가하기 위한 방법이 아니다. 경로구성원이 경로산출물을 얻기 위해 자원을 효율적으로 사용한 정도를 비교하는 것이 평가 방법이 될 수 있다.

14 정답 ④

유통경로에서 발생하는 갈등을 관리하는 행동과학적 방식에는 문제해결, 설득, 협상, 정치적 타결(조정과 중재) 등이 있다. ④ 협회 공동가입은 경로리더의 시스템적 갈등해결방법에 속한다.

15 정답 ③

③은 1차 자료에 해당한다.

16 정답 ⑤

2차 자료 조사방법은 이미 다른 목적을 위해 외부에서 수집된 자료를 조사하는 것으로, 이미 존재하는 정보를 조사한다. ①·②·③·④는 모두 기업내부의 목적으로 정보를 수집하는 1차 자료 조사방법이다.

17 정답 ②

㉠은 명목, ㉡은 서열, ㉢은 등간, ㉣은 비율척도에 대한 설명이다.

18 정답 ③

- 소매점의 목표 달성 여부를 판정하는 기준으로는 (가 : 연간 매출액)과 (나 : 총이익률)이 사용된다.
- 재고회전율은 재고의 평균회전속도로 재고자산에 투자한 자금을 신속하게 회수하여 재투자하였는가를 정하여 보다 적은 자본으로 이익의 증대를 도모하고자 하는 것이 목적이다.
- GMROI는 일반적으로 재고에 대한 투자가 총이익을 얼마나 잘 달성하는가를 평가하는 지표이다.

19 정답 ④

재고회전율과 총마진율은 반비례 관계에 있기 때문에 재고투자수익률에 미치는 영향은 상황에 따라 달라질 수 있다.

작은 기회로부터 종종 위대한 업적이 시작된다.

– 데모스테네스 –

P/A/R/T/4

유통정보

이론 + 필수기출문제

CHAPTER 01 유통정보의 이해

CHAPTER 02 지식경영

CHAPTER 03 주요 유통정보화 기술 및 시스템

CHAPTER 04 유통정보의 관리와 활용

CHAPTER 05 전자상거래

CHAPTER 06 유통혁신을 위한 정보자원관리

CHAPTER 07 신융합기술의 유통분야에서의 응용

CHAPTER 01 | 유통정보의 이해

필수기출문제

최근 5개년 출제경향
회당 평균 3문제 출제(5개년 기준 총 15회)

	출제영역	2019	2020	2021	2022	2023	합 계
제1장	유통정보의 이해	10	6	6	12	11	45
제2장	지식경영	8	6	10	4	3	31
제3장	주요 유통정보화기술 및 시스템	14	18	17	20	22	91
제4장	유통정보의 관리와 활용	11	12	16	12	15	66
제5장	전자상거래	17	18	11	12	9	67
제6장	유통혁신을 위한 정보자원관리	-	-	-	-	-	-
제7장	신융합기술의 유통분야에서의 응용	-	-	-	-	-	-
	합계(문항수)	60	60	60	60	60	300

35 30 25 20 15 10 5

15%

10.3%

30.3%

22%

22.4%

CHAPTER

01

유통정보의 이해

최다 출제 POINT & 학습목표

중요도 ★ 실제 시험에 2회 이상 출제 / ★★ 실제 시험에 3회 이상 출제

❶ 정보, 자료, 지식의 비교

❷ 정보의 특성(정확성, 완전성, 경제성, 신뢰성 등)

❸ 정보기술의 활용

❹ 디지털 경제 법칙(무어의 법칙, 길더의 법칙, 코스의 법칙, 롱테일 법칙 등)

❺ 정형적 의사결정과 비정형적 의사결정

❻ 의사결정상의 오류와 편견(최빈효과, 정박효과, 연상편견 등)

❼ 유통정보시스템의 개념·설계·특징

❽ 의사결정지원시스템(DSS)의 개념과 활용

❾ 유통정보시스템(MKIS)의 개념, 구성요소, 도입효과 등

❿ 빅데이터(BIG DATA)의 의의, 데이터 수집방식

01 · 유통정보의 이해

1 정보의 개념과 정보화 사회

01 정보와 자료의 개념

(1) 정보의 개념 `기출` 14 · 13 · 09 · 08

① 정보란 어떤 행동을 취하기 위한 의사결정을 목적으로 하여 수집된 각종 자료를 처리하여 획득한 지식이다. ★

② 정보란 어떤 사물, 상태 등 관련된 모든 것들에 대해 수신자에게 의미 있는 형태로 전달되어 미래의 불확실성을 감소시켜 주는 것으로써, 수신자가 의식적인 행위를 취하기 위한 의사결정과 선택의 목적에 유용하게 사용될 수 있는 데이터의 집합을 의미한다. ★

③ 협의의 정보는 수집된 자료를 문제해결의 수단으로 해석 · 정리한 지식을, 광의의 정보는 수집가능한 모든 자료들 중 목적달성을 위한 의사결정수단으로 사용되는 지식을 말한다.

④ 정보란 인간이 판단하고, 의사결정을 내리고, 행동을 수행할 때, 그 방향을 정하도록 도와주는 역할을 하는 것이다.

⑤ 정보란 개인이나 조직이 의사결정을 하는 데 사용되도록 의미 있고 유용한 형태로 처리된 자료들이다.

(2) 정보 · 자료 · 지식 간의 관계 `기출` 21 · 19 · 18 · 14

① 자료(Data)

    ⊙ 자료는 아직 특정의 목적에 대하여 평가되지 않은 상태의 단순한 여러 사실이며, 여러 가공을 통해 의미 · 목적 · 유용성 등을 부여받아 유용한 형태로 전환되고 가치를 함유하여 의미 있는 형태로 보관된다. ★

    ⓒ 자료는 유용한 형태로 처리되기 전 있는 그대로의 사실이거나 기록이다. ★

    ⓒ 자료는 어떤 현상이 일어난 사건이나 사실 그대로 기록한 것으로 숫자, 기호, 문자, 음성, 그림, 비디오 등으로 표현된다.

    ⓔ 자료는 그 자체로는 의미가 없으며 이용자의 의도에 맞게 유용한 형태로 전환되고 가치를 지니고 있어야 의미를 가지게 된다. 이렇게 자료가 의미있는 형태로 처리되었을 경우에 비로소 우리는 정보라고 부른다. 따라서 자료가 정보가 되려면 반드시 이용자의 목적에 부합하거나 적합해야 한다. 즉, 데이터에 목적적합성이 부가될 때 비로소 정보가 되는 것이다.

---

② 지식(Knowledge)

　㉠ 지식이란 다양한 종류의 정보가 축적되어 특정 목적에 부합하도록 일반화된 정보로, 자료가 정보로 전환되는 과정에서 활용된다. ★

　㉡ 지식이란 자료나 정보와는 다른 개념으로 행동과 의사결정에 지침을 제공하는 본능, 아이디어, 규칙 그리고 절차 등을 의미한다.

　㉢ 정보를 산출하기 위해서 어떠한 자료가 필요하고, 자료를 어떠한 과정을 거쳐 정보로 변환시켜야 하며, 이러한 자료와 정보를 바탕으로 어떠한 의사결정과 행동을 수행하여야 하는지는 지식에 의해 통제된다.

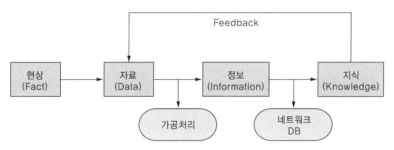

[자료·지식·정보 간의 관계도]

개념 Plus

자료·정보·지식의 비교

구 분	자 료	정 보	지 식
구조화	쉬 움	단위 필요	어려움
부가 가치	적 음	중 간	많 음
객관성	객관적	가공 필요	주관적
의사 결정	관련 없음	객관적 사용	주관적 사용

(3) 정보의 특성　기출 19·16·15·14·12·11·10·09

① 정확성 : 정확성을 갖춘 정보는 실수나 오류가 개입되지 않은 정보로, 데이터의 의미를 명확히 하고 편견의 개입이나 왜곡 없이 정확하게 전달해야 한다.

② 완전성 : 중요한 정보가 충분히 내포되어 있을 때 비로소 완전한 정보라 할 수 있다. 문제해결에 필요한 정보가 완비된 정도를 의미하며, 정성적 가치판단의 기준 중의 하나이다. ★

③ 경제성 : 필요한 정보를 산출하기 위해서는 경제성이 있어야 한다.

④ 신뢰성 : 신뢰할 수 있는 정보는 그 원천자료와 수집방법과 관련이 있다. 신뢰성을 판단하기 위해서는 데이터베이스의 무결성과 정확성을 확인해야 한다.

⑤ 관련성 : 양질의 정보를 취사선택하는 최적의 기준은 관련성으로, 관련성 있는 정보는 의사결정자에게 매우 중요하다. 예를 들어 컴퓨터제조업자에게 목재의 가격이 하락할 것이라는 정보는 관련성이 없기 때문에 필요 없는 정보가 된다. ★

⑥ 단순성 : 정보는 단순해야 하고 지나치게 복잡해서는 안 된다. 너무 정교하거나 상세한 정보는 경우에 따라 의사결정자에게 불필요할 수도 있다.

⑦ 적시성 : 양질의 정보라도 필요한 시간대에 이용자에게 전달되지 않으면 가치를 상실한다. 따라서 정보는 필요한 시점에 제공되어야 그 가치가 발휘된다. ★★

⑧ 통합성 : 개별적인 정보는 많은 관련 정보들과 통합됨으로써 재생산되는 상승효과를 가져온다. ★

⑨ 적절성 : 정보는 적절하게 사용되어야 유용한 정보로서의 가치를 가진다.

⑩ 형태성 : 정보가 의사결정자의 요구에 정보가 얼마나 부합되는 형태로 제공되는가에 대한 정도로, 정보는 제공되는 형태적 측면에서 정보이용자에게 적합해야 한다.

개념 Plus

데이터를 정보로 전환하는 데 필요한 5가지 중요한 활동

데이터가 정보로 전환되기 위해서는 맥락화 → 분류 → 계산 → 정정 → 축약 등의 5가지 활동이 작동되어야 한다.

출제지문 돋보기 OX

01　　　　　　　　[14-1]
정보의 휘발성(Volatile)이란 "정보가 일정기간 이후 소멸되는 상태나 현상"을 말한다.　　( )

02　　　　　　　　[19-3]
'소비자의 기호나 시장의 변화와 관련해서 의사결정이 필요한 경우, 가장 최근의 정보가 필수적이다.' 이 글이 뜻하는 정보의 특성은 정보의 신뢰성이다.　　( )

정답 1. ○　2. ×

⑪ **적량성** : 정보수집의 자동화는 엄청난 양의 다양한 정보를 수집하게 되며, 과다한 정보의 양은 정보의 효율적 이용을 저해하기 때문에 적정한 양의 정보공급이 필요하다.

⑫ **과부하성** : 불필요한 정보를 제공하지 않는 것도 중요하다.

⑬ **접근성** : 저장방법에 의해 영향을 받으며, 정보는 공간적으로 쉽게 접근 가능할수록 가치가 증대되고, 인터넷상의 정보는 VAN에 존재하는 정보보다 접근성이 높다.★

⑭ **입증가능성** : 정보는 입증 가능해야 한다. 입증가능성은 같은 정보에 대해 다른 여러 정보원을 체크해봄으로써 살펴볼 수 있다.

⑮ **누적가치성** : 정보는 생산, 축적될수록 가치가 커진다.

⑯ **매체의존성** : 정보가 전달되기 위해서는 전달 매체(신문, 방송, 컴퓨터)가 필요하다.

⑰ **결과지향성** : 좋지 못한 결과는 정보로서 가치를 인정받지 못한다.

(4) 정보의 유형

① **정보활동 주체별 유형**

㉠ 국가정보 : 국가가 주어진 목표를 추구하고 운영하는 데 필요한 정보로, 경제·외교·안보·치안·노동 등 국가기능을 담당하는 각 부서에 의해 조직적이고 종합적인 방법으로 계속 실시된다.

㉡ 기업정보 : 기업이 사업을 기획하고 경영하며 이윤을 추구하기 위해 필요한 정보로, 기업의 조직·능력·특성에 따라 여러 가지의 형태로 실시된다.

㉢ 단체·법인 정보 : 이윤추구를 목표로 하는 기업 외의 각 단체도 목적을 달성하기 위하여 단체의 조직·능력·특성에 따라 다양한 형태로 정보활동을 수행한다.

㉣ 개인정보 : 개인이 보다 나은 생활을 영위하기 위해 필요로 하는 정보로, 개인의 능력·노력 여부에 따라 취하는 정보활동의 형태가 다르다.

② **표현방식별 유형** : 음성정보, 문자정보, 이미지정보, 동화상정보

③ **활용범주별 유형**

㉠ 내용정보 : 과거에 일어난 일에 관한 기록으로, 어떤 직원이 어떤 일을 해왔으며 언제 태어났는지, 재고는 어디에 얼마나 쌓여 있으며 어떤 고객이 무엇을 주문했는지 등에 대한 역사적 내용을 기록하고 있는 정보를 말한다.

㉡ 형식정보 : 모양(대상물의 형태와 구성)을 묘사하는 정보이다. 자동차의 경우 색상, 장착된 옵션, 가격, 유통시스템 내의 위치 등에 관한 정보를 내용정보라 본다면 피스톤의 정확한 모양, 이를 제조하는 데 사용된 소재와 공정, 허용오차 등에 관한 자료 등은 형식정보라고 볼 수 있다.

㉢ 형태정보 : 컴퓨터를 이용하여 3차원적 공간에서 여러 단계를 거쳐 대상물의 동작을 모의실험함으로써 얻어지는 정보이다. 시뮬레이션을 이용한 형태정보는 고가이면서 위험한 실물실험을 대체함으로써 그 유용성을 인정받고 있다.

㉣ 동작정보 : 정교한 동작으로 즉각 변형되는 정보를 말한다. 예컨대, 산업용 로봇은 정보를 입력받고 그러한 정보(명령)에 따라 기계의 부품을 제작·조립·검사하여 하나의 산출물을 만들어낸다.

④ 정보내용의 형태별 유형

    ⊙ 국가 및 지역별 정보 : 국가 또는 지방에 관하여 수집된 정보를 말한다. 여기에는 국내정보, 국외정보, 미국정보, EC정보, 중동정보 등이 속한다.

    ⓛ 영역별 정보 : 여러 해당 분야에 관해 수집된 정보로 정계정보, 관계정보, 금융계정보, 학계정보, 산업계정보, 언론계정보 등을 포함한다.

    ⓒ 대상별 정보 : 어떤 목적을 추구하는 데 관련되어 있거나, 입장이나 관계가 명료한 상대에 관한 정보를 말한다. 여기에는 고객정보, 경쟁사정보, 공급처정보, 환경단체정보 등이 포함된다.

    ② 내용별 정보 : 사업 또는 업무에 필요한 정보로서 금융정보, 주식정보, 인사정보, 고용정보, 기상정보, 과학기술정보, 군사정보 등 매우 다양하게 분류할 수 있다.

    ◎ 건명별 정보 : 중요한 사업 및 사건에 관련된 것으로서 건명별로 분류하고 정리하는 것이 적절한 정보를 말한다.

(5) 정보의 가치

① 의사결정 관점에서의 정보의 가치

    ⊙ 의사결정의 관점에서 정보의 가치를 측정하는 것이다. 소비자와 기업, 더 나아가서 국가 등 모든 경제주체는 끊임없는 의사결정을 통해 생활을 하고 있다.

    ⓛ 소비자는 한정된 자원을 통해 더 나은 생활의 영위를 위해 끊임없는 선택을 하며, 기업은 소비자가 선택한 상품을 더 효율적으로 생산하기 위한 선택에 직면한다.

    ⓒ 마찬가지로 국가는 정부서비스로 국민을 만족시키고, 국가를 유지하기 위해 항상 의사결정의 연장선상에 서 있다.

② 사회의 변화에 근거를 둔 정보의 가치

    ⊙ 산업사회에서 정보화 사회로 진입하면서 정보가치도 달라졌다. 정보화 시대는 정보가 가치 있는 재화로 인식되는 사회적 특성으로, 정보는 모든 경제주체의 효율적인 의사결정을 가능하게 하여 사회 전체가 최적을 달성할 수 있도록 하는 필수불가결한 도구가 되었다.

    ⓛ 정보화 시대의 정보 가치는 정보통신의 발달로 정보처리와 전달이 신속해지고 일반인이 다양한 정보를 쉽게 접하게 됨으로써 정보에 대한 이용도가 높아져 창출된다.

02 정보화 사회 기출 13 · 12 · 11 · 09

(1) 정보혁명의 의의와 특성

① 정보기술과 정보혁명

    ⊙ 정보기술 : 정보의 수집, 저장, 처리, 검색, 전송 등과 같이 정보의 처리와 유통과정에서 사용되는 모든 기술수단을 포괄한다. 따라서 정보기술은 반도체를 비롯한 컴퓨터 하드웨어, 하드웨어의 운영을 지시하는 컴퓨터 소프트웨어, 통신 네트워크와 전자통신기기 같은 정보통신기기와 해당 소프트웨어 등을 포함한다.

ⓛ 정보혁명 : 정보기술의 혁신으로 종래의 산업사회와는 다른 정보 처리, 유통에 있어 대량화·고도화가 이루어지게 된 것을 말한다. 이러한 혁명은 컴퓨터시스템의 출현으로 인해 절대적 영향을 받아 현대 정보혁명시대를 컴퓨터 혁명시대라고도 한다.

② 정보혁명의 특징

ⓖ 정보기술의 등장으로 발생 : 산업혁명을 주도한 것이 산업기술이었다면 정보혁명을 초래한 것은 정보기술이다. 정보기술은 정보혁명의 원인임과 동시에 결과이기도 하다.

ⓛ 급진적 성격 : 산업혁명은 약 150년이라는 장기간에 걸쳐서 일어났지만 정보혁명은 앨빈 토플러가 『제3의 물결』에서 정보화 사회를 예견한 이후 비교적 짧은 기간 동안 사회의 전 영역에 걸쳐서 일어나고 있다. 정보혁명의 급진적 성격은 수용과 적응이라는 관점에서 여러 가지 문제점을 낳고 있다. 급속한 정보혁명에 일반국민이 적응하지 못하여 생기는 비능률, 불편, 낭비 등 '문화지체현상'이 대표적이다.

ⓒ 정보의 폭증 : 정보혁명 하에서는 정보의 폭증(Information Explosion) 현상이 수반되는데, 이러한 현상은 정보기술의 발달로 더욱 가속화될 것으로 기대된다. 정보의 폭증은 생산면에서 양적 팽창과 유통 및 소비면에서 대량화를 가져오고, 사회구성원 개개인에게는 양면적인 효과가 있다.

| 긍정적 효과 | 정보의 양과 종류가 풍부해져서 개인의 잠재적인 선택가능성이 확대되어 자율적 선택의 여지가 증대된다. |
| 부정적 효과 | 정보의 양과 종류가 지나치게 많아질 경우 개인의 정보선택에 대한 혼란과 부담이 가중되고 정보의 질적 저하가 일어날 수 있다. |

③ 정보혁명의 단계

ⓖ 1단계 정보혁명 : 1970년대 컴퓨터시스템의 도입이후 등장한 산업정보화를 말한다.

ⓛ 2단계 정보혁명 : 1980년대 이후 기업 중심에서 탈피하여 사회와 가정을 중심으로 한 정보의 사회화이다. 즉 정보화 사회의 도래단계로, 산업의 정보화가 이윤 추구라는 경제적 활동에 대한 정보행위를 그 대상으로 하고 있다면 정보의 사회화는 사회 전반에 걸친 정보행위를 포함한다. 정보의 사회화는 기업뿐 아니라 사회, 정치, 문화, 개인생활 등에 대한 정보환경의 질적·양적 변화를 의미한다. 산업의 정보화는 새로운 정보기술을 경영관리와 생산과정에 도입하여 비교적 짧은 기간 내에 정착될 수 있었지만 정보의 사회화는 대상이 광범위하고 일반인들의 정보에 대한 인식이 개선·고취되어야 하기 때문에 단시간 내에 성공적으로 이루어지기는 어렵다.

④ 정보화 추진 요인

ⓖ 개성화 : 다양한 개인적 욕구와 가치관 및 생활양식으로 인한 상품선호의 개성화, 정치욕구의 개성화, 여가선용방법의 개성화 등을 의미한다. 개인적 다양성에 의한 개성화는 다양한 개인별 정보요구를 유발하고 이에 대처하는 사회적 방안으로써 정보화가 추진된다.

ⓛ 민주화와 형평화 : 민주화는 정치, 경제, 행정, 사회 각 부문에 대한 개인의 참여 확대를 가져오며, 형평화는 계층 간, 도농 간, 지역 간의 격차를 해소한다. 개인의 참여확대와 계층 간, 도농 간 또는 지역 간의 격차해소를 위해서는 필요한 정보에 대한 요구와 유통이 증대되며 이를 뒷받침하기 위해서는 정보화가 이루어져야 한다.

ⓒ 국제화 : 국가 간의 상호의존도가 높아지는 국제화가 진전될 경우 국가 간의 정보유통이 급격히 늘어난다. 따라서 정보의 국제화가 성공적으로 수행되기 위해서는 국내에서의 정보화가 먼저 달성되어야 한다.

ⓔ 합리화 : 사회·행정 분야의 합리화는 사회·행정 각 분야에서의 업무능률성과 효율성을 높이려는 노력으로 볼 수 있다. 종래 단순하게 이루어지던 정책결정과 집행이 능률성, 효율성 제고를 위해 복잡한 과정들을 거치게 될 경우 필요정보와 정보유통이 증대될 것이고, 이는 곧 정보화를 자극하는 요인이 된다.

(2) 정보화 사회의 개념 `기출` `11·08`

정보가 경쟁력의 원천이 되는 사회로서, 컴퓨터기술과 전자기술 및 정보·통신기술 등을 통해 가치 있는 정보가 창출·활용되고 모든 생활영역에서 핵심이 되며, 사회구성원의 욕구를 충족시키는 데 정보가 중추적인 역할을 수행하는 사회를 의미한다.

① 물질이나 에너지보다 지식·정보가 더 큰 가치를 가지고 이용되는 사회

② 민간부문의 창의적 활동과 전문성을 중시해 분권화된 조직 및 정부 개입이 축소된 사회

③ 컴퓨터기술과 전자기술 및 정보·통신기술 등의 발달로 지식 집약적이고 다품종 소량 생산체제로 변화된 사회

④ 정보가 중요한 재화로 인식되고 새로운 문화, 사회, 환경, 경제생활에 혁신적인 변화를 가져와서 인간의 삶의 질을 향상시키는 사회

⑤ 정보기술의 발달에 따라 대량의 정보가 유통되며 제품의 생산보다 정보의 가공, 처리, 정리가 더 많은 가치를 낳는 사회

⑥ 정보매체의 확대와 함께 정보의 이용가치가 높아지고, 정보의 공개를 통해 국민의 알 권리가 충족됨으로써 시민의 적극적 참여가 이루어지는 참여적 민주주의가 강화된 사회

⑦ 사회 모든 구성원들이 정보를 쉽게 접할 수 있는 사회

(3) 정보화 사회의 배경

① 정보화 사회는 이용자들의 정보욕구 변화와 이를 충족시키기 위한 정보·통신기술의 진전에 의해 탄생되었다. 정보이용자들의 욕구 다양성과 고도화는 신속한 정보처리능력과 대량의 정보보관능력을 요구하였으며, 정보화 사회를 앞당기는 요인이 되었다.

② 대중 정보·통신기술의 발전을 통해 소비자들은 전세계의 제품에 대한 정보를 얻을 수 있으며, 최상의 조건을 지닌 상품만을 구매할 수 있게 되었다. 즉, 인터넷의 발전은 소비자에게 새로운 매장을 제공하였고 온라인 카탈로그를 통해 대부분의 제품구매가 가능해졌으며, 소비자들은 최저의 가격으로 최상의 상품을 구매할 수 있게 되었다.
→ 정보시스템은 글로벌 기업활동을 성공적으로 수행하기 위한 필수적 요소

③ 컴퓨터 및 통신 네트워크기술의 발달에 따른 정보관리능력의 향상은 기업활동의 소요시간 단축, 오류율 감소 및 비용절감 효과를 제공하였고, 나아가 글로벌 기업활동의 의사결정 지원 능력을 강화시켰다. → 정보화 수준의 가속화

(4) 정보화 사회에서 기업환경의 변화 기출 13

① 글로벌시장체제로의 전환

    ㉠ 진입장벽을 완화시키고 경쟁을 심화시킴으로써 기업들이 소규모 틈새시장(Niche Market)과 특정 고객집단을 겨냥한 경쟁우위전략을 모색하도록 요구한다.

    ㉡ 글로벌시장체제는 규모의 비경제성을 초래하게 되어 기업들로 하여금 대형화하기보다는 전략적 협력관계를 구축하도록 요구한다.

    ㉢ 글로벌시장체제는 세계경제의 규모를 확대시키게 되어 기업들로 하여금 정보시스템을 기초로 한 신속하고 유연한 시스템을 구축하도록 요구한다.

② 소비패턴의 다양화·고급화

    ㉠ 고객의 중요성 강조 : 시장의 지배력은 공급업자로부터 고객에게로 지속적으로 이동되어 왔다. 기업은 고객이 스스로 자신이 원하는 가치를 규정하고 이를 창출하도록 고객의 프로슈머(Prosumer)화를 추구한다.

    ㉡ 기업전략은 고객만족을 목표로 수행 : 기업활동은 궁극적으로 고객의 구매 정도에 의해 평가되며, 고객이 직접 제품을 구매하는 것이 아니라 그 효용을 구매하는 것이다. 즉, 기업의 가장 중요한 기능은 고객을 만족시키는 것이기 때문에 기업은 판매를 증대하기 보다는 고객만족도를 제고함으로써 이익을 확보해야 한다. 따라서 기업활동이란 근본적으로 고객을 만족시키기 위한 일련의 과정이다.

    ㉢ 시간가치에 대한 요구 증대 : 기업들에게 내부 업무프로세스의 단축뿐 아니라 원자재의 공급에서부터 최종소비자에게 이르기까지의 외부 업무프로세스의 단축도 아울러 요구하고 있다. 기업들은 이와 같은 고객요구에 대응하기 위해서 더욱 저렴한 비용으로 고객이 원하는 재화와 서비스를 원하는 장소로 신속히 제공해 줄 수 있는 능력을 보유하도록 요구받고 있다.

③ 제품수명주기의 단축

    ㉠ 소비자의 변화는 기업들로 하여금 소품종 대량 생산시스템에서 다품종 소량 생산시스템으로 나아가 맞춤형 생산시스템으로의 전환을 요구하고 있다. 즉, 구매에서부터 최종소비자에 이르기까지의 전 과정의 효율 제고를 통한 시간단축을 요구하는 것이며, 이에 따라 제품의 수명주기는 더욱 단축되고 있다.

    ㉡ 기업들은 이러한 추세에 대응하기 위한 전략적 방안으로 신속하고 정확한 정보시스템의 구축을 추구하고 있다.

(5) 정보화 사회의 특징

① 정보산업이 중심산업으로 등장

    ㉠ 칸(1967년)이나 벨(1970년)은 정보화 사회에 대해 탈공업사회화로서 물질과 재화를 생산하는 산업은 더 이상 중심산업이 되지 못한다고 보았다. 정보화 사회에서는 정보산업이 중심산업으로 등장하게 된다.

    ㉡ 정보화 사회(Information society)에서 사회를 유지·발전시키는 데 핵심적인 요소는 정보이다. 따라서 정보를 처리하고 제공하는 정보산업이 중심산업으로 되는 것은 당연한 것이라 할 수 있다.

개념 Plus

프로슈머(Prosumer)

- 앨빈토플러의 '제3의 물결'에서 언급한 것으로 '생산자(Producer)'와 '소비자(Consumer)'를 합성한 말이다. ★
- 고객 자신이 기업의 생산과정에 직접 참여하는 것으로 제품 및 서비스도 이제는 소비자가 원하는 방향으로 만들어져야 경쟁력이 있다는 것이다.

② 경제의 소프트화
- ㉠ 정보화 사회가 급속도로 진전되면서 경제의 소프트화가 진행된다. 경제의 소프트화는 전체 산업 중에서 서비스업을 비롯한 제3차 산업의 비중이 증대되는 경제의 서비스화라고 볼 수 있다.
- ㉡ 한 국가의 공업화가 일정 수준에 도달하고 나면 경제성장은 주로 비공업부문의 성장에 의해 이루어지게 되며, 이러한 단계를 초산업화(탈산업화) 또는 정보화 단계라고 한다. 초산업화 단계에서는 경제성장이 서비스산업에 의해 이루어지고 서비스산업의 비중이 증대되는데, 특히 지식·정보산업 분야의 발전이 크게 이루어지게 된다.

③ 경제의 참여적 민주주의화
- ㉠ 정보화 사회가 고도로 진행되면서 시민들의 적극적인 참여로 이루어지는 정치형태인 참여적 민주주의가 더욱 강화되었다.
- ㉡ 정보화 사회에서 직접민주주의가 도입될 수 있는 근거로는 컴퓨터기술과 뉴미디어의 발전을 들 수 있다.

④ 인간생활에 편의 제공 : 정보화 사회에서는 공장자동화, 사무자동화, 가사자동화가 이루어져서 인간생활에 최대한의 편의가 제공될 수 있다.

⑤ 문화적 통일성과 문화적 다양성의 공존
- ㉠ 정보화 사회에서는 공간제약의 감소에 따른 문화적 통일성과 개인적 욕구와 가치관의 다양성에 따른 문화적 다양성이 공존하게 된다.
- ㉡ 정보화 사회에서는 정보통신기술의 발달로 공간적 거리가 별다른 의미를 갖지 못한다. 따라서 특정 문화양식이나 사고방식 또는 물질이 광범위한 지역에서 통용·수용되는 문화적 통일성이 나타난다. 그와 동시에 여러 가지 정보들을 접하고 선택할 수 있는 개개인은 다양한 욕구와 가치관을 갖게 된다. 따라서 개인의 기호와 취향에 적합한 제품들이나 문화형태가 다양하게 나타날 수 있는데, 이것이 문화적 다양성이다.

⑥ 기 타
- ㉠ 정보화 사회에서는 인간과 인간 간의 접촉보다 정보통신매체를 통한 접촉이 증대되어 메마른 인간관계가 형성될 수도 있다.
- ㉡ 정보화에 의해 계층 간 불평등이 해소되기보다 정보독점이나 정보격차에 의한 계층 간·지역 간 불평등이 오히려 심화될 수도 있다.

(6) 정보화 사회의 문제점 기출 19 · 09

① 프라이버시 침해 : 개인적인 정보가 타인에게 공개되는 문제를 들 수 있다. 행정전산망 또는 생활정보망이 구축되면서 사적인 정보가 컴퓨터통신망에 저장되는데, 자신에 관한 정보가 개인 동의 없이 타인에게 누출되어 악용될 수도 있다.

② 정보격차 : 정보격차는 정보에 대한 접근과 이용이 개개인에 있어서 차이가 나는 정보 불평등현상이다. 즉, 산업사회에서의 경제적 불평등과 유사한 정보 불평등이 정보화 사회에서 나타날 수 있다. 정보격차는 정보획득 수단인 뉴미디어의 소유 여부, 개인의 교육수준, 경제적 능력 등에 의해서 나타날 수 있다.

<aside>
개념 Plus

개인정보보호 의무
프라이버시 침해 또는 개인정보 침해의 문제를 방지하기 위해 정보통신서비스 제공자들은 개인정보를 수집·이용하는 경우에는 원칙적으로 정보주체의 동의를 받아야 하며, 정보통신서비스 제공자는 필요한 최소한의 정보를 수집해야 하고, 필요한 최소한의 정보 외의 개인정보를 제공하지 아니한다는 이유로 그 서비스의 제공을 거부하여서는 안 된다. ★
</aside>

<aside>
개념 Plus

개인정보
정보화 사회에서는 프라이버시 침해와 개인정보 침해의 문제가 자주 발생하고 있는데, 이때 개인정보는 생존하고 있는 개인에 관한 정보를 의미하며, 당해 정보만으로는 특정 개인을 알아볼 수 없는 경우에도 다른 정보와 용이하게 결합하여 알아볼 수 있다면 개인정보에 포함된다. ★
</aside>

③ **문화적 종속현상** : 발전된 정보기술을 보유한 국가는 그렇지 못한 국가에 비해 자국의 문화 행태를 전파하는 데 우월한 위치에 있게 된다. 따라서 정보기술이 열악한 국가에는 의사에 상관없이 상대적으로 우위에 있는 국가의 문화양식이나 가치관 등이 침투해 오게 되는데, 이를 정보월경에 의한 문화종속이라 한다.

④ **문화지체현상** : 문화지체현상은 정보기술 같은 첨단과학기술의 발전속도에 비해 인간의 수용능력이 뒤따르지 못함으로써 초래되는 비효율·비능률이다.

⑤ **정보과잉현상** : 정보화 사회에서는 지나치게 많은 정보들이 한꺼번에 제공될 수 있다. 이러한 경우 개개인의 다양한 욕구들을 충족시켜 주기보다 개인의 정보선택에 혼란을 가중시키거나 선택능력을 마비시킬 수도 있다. 또한 엄청나게 많은 정보 하에서 수동적으로 정보를 받음으로써 사고능력이 저하되고 피동적인 인간을 만들어낼 수도 있다.

2 정보와 유통혁명

01 정보기술의 활용

(1) 정보기술의 개념

① **넓은 의미** : 정보의 입수, 처리, 저장, 발표 및 전달과 관련된 모든 형태를 정보기술로 보는 입장으로 정보기술의 개념을 아주 폭넓게 다루고 있다.

② **좁은 의미** : 정보기술을 컴퓨터의 활용, 소프트웨어 응용, 통신 커뮤니케이션으로 규정하고 있으며, 본체 컴퓨터, 정보 처리 능력 및 네트워크와 통신 커뮤니케이션이 정보기술의 본질이라고 주장하는 견해도 있다.

(2) 정보기술의 분류

일반적으로 기술을 분류하면 재료 처리 기술, 운영이나 관리 방식과 관련된 기술, 정보기술(IT ; Information Technology)로 대별할 수 있는데, 이 중 정보기술은 컴퓨터 과학, 경영 정보 시스템, 정보 통신, 공학, 경제학, 법학, 군사학 등의 분야에서 다양하게 다루어지고 있다.

[정보처리기술의 패러다임 변화]

(3) 정보기술이 유통경로의 기능에 미치는 영향 기출 09 · 08

① 재고관리 : 제조업체의 생산계획과 도소매상의 구매계획에 도움을 줌으로써 고객들의 대기시간이 단축되고 재고량이 감소된다. ★

② 수송관리 : 수송현황이 중앙의 데이터베이스에 기록됨으로써 항상 고객에게 신속하고 저렴한 일관 수송서비스를 제공할 수 있다. ★

③ 머천다이징 관리 : 소매상은 상권 내 소비자의 구매성향과 구매습관을 파악한 후 그들이 쉽고 편리하게 구매할 수 있도록 최적의 제품구색을 갖출 수 있다. ★

④ 촉진관리 : 신제품 개발과 신시장 개척을 촉진하고, 기존 촉진활동의 성과가 객관적 자료에 의해 과학적으로 평가된다.

(4) 정보기술이 기업에 미치는 영향 기출 21 · 09 · 08

① 정보기술 발전이 기업경영에 제공하는 기회
  ㉠ 정보기술은 생산성 및 업무효율성 향상의 기초를 제공하며, 업무방법을 변화시킨다. ★
  ㉡ 정보기술은 기업 내외의 기능의 통합을 가능하게 한다.
  ㉢ 정보기술은 많은 산업의 경쟁풍토를 변화시킨다.
  ㉣ 정보기술은 기업의 사명과 기업활동을 재평가하고 재설계한다.

② 정보기술이 조직 구조에 미치는 영향
  ㉠ 정보기술의 도입은 부서 간의 영역 변화, 개인 간의 의사소통 경로의 변화 등과 같은 공식적인 구조의 변화와 함께 비공식적인 조직의 변화도 가져올 수 있다.
  ㉡ 정보기술 도입으로 인해 일상적 업무에 관한 의사결정의 자동화가 증가하였다.
  ㉢ 최고관리자는 전략계획 단계에서(예 R&D계획), 중간관리자는 전술계획 단계에서(예 단기예측), 일선관리자는 운영계획 단계에서(예 재고관리) 정보 역할이 중요하며, 정보사용에 있어 직위가 높을수록 기업 외부 정보에 의존하는 경향이 크다.
  ㉣ 정보기술의 도입으로 인해 판단의 재량권이 축소됨에 따라 업무의 일부가 단순 업무로 변화되어 담당자의 불만이 야기된다.

③ 정보기술이 기업 성장에 미치는 영향
  ㉠ 최근 정보기술의 도입이 업체 간 차별화의 수단으로써 활용이 증대되고 있고 정보기술의 활용능력과 전략 수행능력의 상호의존성이 증대되고 있으며, 정보기술의 급변에 따라 정보기술에 의한 기업의 경쟁우위 지속기간이 짧아지고 있다. ★
  ㉡ 정보기술을 통해 공급사슬관리를 개선함으로써 안전재고량 감소, 수요와 공급의 불확실성 감소, 채찍효과의 감소, 정보의 가시성 증가 등의 효과를 볼 수 있다.
  ㉢ 물류 분야에서 정보기술을 도입하여 활용하게 되면 진입 장벽을 구축하고 새로운 서비스를 창출하는 효과를 가져 올 수 있다.

④ 정보기술의 효율적 운용을 위한 고려사항
  ㉠ 기술 투자에 못지않게 인력 자원의 교육과 훈련에 투자도 필요하다.
  ㉡ 정보기술의 혁신이 서비스 개선의 추진력이 될 수 있다.
  ㉢ 하이테크(High-tech)와 함께 하이터치(High-touch)의 결합이 중요하다. ★
  ㉣ 기술의 사용에 관한 결정이 서비스 전략의 결정에 선행되어서는 안 된다.

출제지문 돋보기 OX

01 [11-3]
정보기술의 도입으로 인해 판단의 재량권이 축소됨에 따라 업무의 일부가 단순 업무로 변화되어 담당자의 불만이 야기된다. ( )

02 [10-1]
정보기술 도입으로 인해 일상적 업무에 관한 의사결정의 자동화가 증가하였다. ( )

정답 1. ○ 2. ○

02 유통정보혁명의 시대

(1) 유통혁명의 정의

① 상품이 유통되고 거래되는 방식이 이전과는 완전히 새롭게 변화하는 것을 말한다.

② 지금까지의 유통과정은 상품이 생산자에게서 도매상과 소매상을 거쳐 소비자에게로 이동하는 것이 일반적이었지만, 최근에는 중간 도매상이 점점 사라져 가는 방향으로 유통과정이 바뀌어 가고 있다. 이러한 유통혁명이 가능해진 것은 소비자의 구매패턴이 다양화되고, 교통과 통신 등의 시설들이 발달했기 때문이다.

③ 유통혁명으로 인해 변화된 모습은 슈퍼마켓, 창고형 할인매장 등에서 볼 수 있다. 이들은 본점을 중심으로 많은 점포를 집중적으로 관리하면서 중간 도매상을 거치지 않고 생산자와 소비자를 직접 연결하고 있다.

④ 유통혁명은 운수, 포장, 보관 등에서도 이루어지고 있다. 화물을 수송할 때 컨테이너를 사용하거나 식품의 신선도를 떨어뜨리지 않고 저온으로 수송하는 방식 등을 예로 들 수 있다.

(2) 유통혁명시대의 특징

① 정보가 빠르게 진전되고 소비자의 욕구가 증대됨에 따라 제조업 위주의 시장지배체제로부터 유통업체 위주의 시장지배체제로 전환되었다.

② 새로운 유통업체들은 고객들의 기대와 요구에 능동적으로 대응함으로써 강한 구매력을 확보하였고, 이를 통해 가격, 포장단위 등과 같은 주요 시장지배요인을 결정하는 주도권을 확보하게 되었다. 특히 유통부문의 고객정보수집이 기업의 성과에 중요한 영향을 미치고 있다.

③ 국민소득수준의 향상, 정보·통신기술의 진전, 고객욕구의 다양화에 기인한 유통혁신 시대에 유통업계에 요구되는 관점이 다음과 같이 변화하였다.

　㉠ 유통업의 기본개념이 물품유통 위주에서 정보유통 위주로 바뀌었다.

　㉡ 개별 기업 중심의 경영체제에서 통합공급체인 경영체제로 바뀌었다.

　㉢ 비용 중심으로부터 시간 중심으로 바뀌었다.

　㉣ 불특정 다수의 대상으로부터 특화된 고객 대상으로 바뀌었다.

유통혁명시대의 특성

구 분	유통혁명 이전의 시대	유통혁명의 시대
관리핵심	개별 기업 관리	공급체인 관리
경쟁우위요소	비용, 품질	정보, 시간
기술우위요소	신제품 개발	정보, 네트워크
고객·시장	불특정 다수	특화 고객
조직체계	독립적, 폐쇄적 조직	유연하고 개방적인 팀 조직
이익원천	수익제고	가치창출

03 유통에 있어서의 정보혁명

(1) 시 간

① 기업에서 업무처리에 걸리는 시간이 단축되어 경영자들의 신속한 판단과 결정이 매우 중요하게 되었다. 유통업에서도 신규업태 개발 및 신규점포 출점에 소요되는 시간, 신상품 출시 후 점포에 진열되어 팔릴 때까지 걸리는 시간, 재고회전일수, 자금의 회전, 직원교육에 들어가는 시간 등에 있어서 신속성이 요구되고 있다.

② 비용절감의 대상이 처음에는 재고를 어떻게 줄일 것인가에 초점이 맞춰지다가 다음에는 판매관리비의 절감으로 옮겨가고, 최근에는 시간을 어떻게 효율적으로 활용하느냐를 가지고 비용관리를 하고 있다.

(2) 정 보

① 정보는 모든 기업운영에 있어 가장 중요한 경영자원이다. 기업 내외에서 다량의 정보를 신속히 수집해 분석하고 유용한 정보를 활용할 체제가 갖추어져 있어야 한다. 예전에는 유통업에서 가장 중요한 것이 입지였으나, 이제는 국경을 넘어서 초공간 개념으로 상권이 넓어지고 있다.

② 초공간(超空間)에서의 소매업은 당연히 정보를 먼저 팔고 나중에 상품을 팔게 된다. 물류에서도 정보의 흐름이 실물의 흐름을 재촉하고 있다. 또한 소매업은 고객정보, 판매정보, 매입정보, 상품정보, 재무정보 등을 가지고 경영에 활용하고 있다. 정보의 질과 속도에 의해 경쟁의 우위가 판가름 나고 있는 것이다.

(3) 관 계

예전에는 고객의 개념이 불특정다수였기 때문에 고객과 일대일의 관계를 맺기보다는 고객층을 나누고 거기에 따라 서로 다른 상품과 판촉방법을 사용했다. 그러나 이제는 고객, 거래선, 직원과의 관계가 어떠하냐에 따라 경쟁에서의 우위가 결정되고 있다.

04 정보화 진전에 따른 유통업태의 변화

(1) 변화의 원인

① 기업들은 정보·통신 기술의 진전에 따라 고도의 정보 시스템을 운영함으로써 다양한 소비자의 욕구를 충족시킬 수 있는 능력을 확보하게 되었다.

② 인터넷의 확산으로 고객들이 다양한 상품정보를 손쉽게 수집하고, 비교할 수 있게 됨에 따라 소비패턴이 고객특성별로 변화하였고, 특히 시간의 개념을 중시하는 경향으로 변화하였다. 이에 대응하기 위해 특정 고객을 대상으로 하는 맞춤 형태의 새로운 업체들이 등장하고 있으며, 정보와 지식을 유통하는 기업들의 역할이 더욱 확대되고, 지식·정보의 생산·소비·유통 기능이 융합화되고 있다.

③ 기업들은 정보·통신 기술의 진전에 따라 고도의 정보 시스템을 운영함으로써 다양한 소비자의 욕구를 충족시킬 수 있는 능력을 확보하게 되었다.

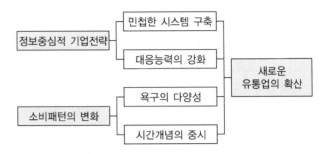

(2) 유통업태의 발전과정

국내 소매업의 경우 1970년대에는 슈퍼마켓이 성장을 주도하였고, 70년대 후반 이후 80년대에는 백화점이 주도하였으나, 90년대에 들어서는 새로운 업태의 선두주자인 할인점이 등장하여 유통업계의 판도를 바꾸어 놓았다. 2000년대에 접어들면서는 전자상거래와 무점포 업태의 성장이 두드러지게 나타나고 있다.

(3) 21세기 유통업의 4가지 변화

① CS(Customer Satisfaction)에서 → CL(Customer Loyalty)로의 변화

② Retail(소매업)에서 → e-Tail(전자소매업)로의 변화

③ Win-Lose(승패관계)에서 → Win-Win(상호이익관계)으로의 변화

④ Sense(경험과 감성)로부터 → Science(과학)로의 변화

> **제4차 산업혁명시대**
> • 2016년 세계 경제 포럼(WEF ; World Economic Forum)에서 화두로 등장하였다.
> • ICT 기술 등에 따른 디지털 혁명에 기반을 두고 물리적 공간, 디지털 공간 및 생물학적 공간의 경계가 희미해지는 기술융합의 시대로 규정하였다.
> • 과학기술적 측면에서 '모바일 인터넷', '클라우드 기술', '빅데이터', '사물인터넷(IoT)' 및 '인공지능(A.I.)' 등이 주요 변화 동인으로 꼽히고 있다.
> • '초연결성(Hyper-Connected)', '초지능화(Hyper-Intelligent)'라는 특성을 가진다.
> • 제4차 산업혁명으로 인해 일자리 지형변화와 사회구조적 변화가 일어날 것으로 전망되고 있다.

(4) 디지털 경제 기출 21 · 19 · 18 · 17 · 13

① **디지털 경제재(상품)** : 디지털로 생산되고 디지털로 유통되며, 디지털로 소비되고 디지털 상태로 저장될 수 있는 모든 상품을 의미한다. 디지털 상품의 실체는 만져 볼 수 없고 단지 컴퓨터를 통해서 내용을 보거나 즐길 수 있다. 물리적 상품이 반복 생산에 드는 가변비용이 높은 데 반해, 디지털 상품은 초기 생산에 드는 고정비용이 높다.

② 디지털 시대 기업의 경영변화

    ㉠ 양적 성장에서 수익성 중심

    ㉡ 지역(Local) 경쟁체제에서 세계(Global) 경쟁체제

    ㉢ 오프라인(Off-line)에서 오프라인과 온라인(On-line) 복합(융합)구조 중심

    ㉣ 원가경쟁에서 고객중심으로 변화

    ㉤ 매스마케팅에서 일대일 마케팅으로의 전환

③ 디지털 시장과 전통적 시장의 차이

기 준	디지털 시장	전통적 시장
정보 불균형	낮 음	높 음
조사 비용	낮 음	높 음
거래 비용	낮음(때로는 거의 없음)	높음(시간, 이동)
가격차별화	낮은 비용, 즉시	높은 비용, 지연
네트워크 효과	강 함	더 약함
중개소멸	더욱 가능/가망 있음	덜 가능함/가망 없음

④ 디지털 시대의 특징

    ㉠ 정보의 신속한 공유가 이루어진다.

    ㉡ 공간의 제약이 줄어들어 경제 및 경영활동이 글로벌화되고 있다.

    ㉢ 기술의 발전 속도가 가속화되고 있다.

    ㉣ 소비자 욕구의 끊임없는 변화로 디지털 제품의 라이프사이클이 점점 짧아지고 있다.

    ㉤ 디지털 컨버전스(Convergence)가 활발히 진행되고 있다.

⑤ 디지털 경제의 법칙 **기출** 21 · 19 · 18 · 17 · 16

    ㉠ 무어의 법칙(Moore's law) : 마이크로 프로세서의 트렌지스터(TR) 수는 매 18개월마다 두 배 증가하는 반면 비용(Cost)은 유지된다는 법칙을 말한다.

    ㉡ 길더의 법칙(Gilder's law) : 광섬유의 대역폭은 12개월마다 세 배 증가한다는 법칙을 말한다. 광대역 엑세스 및 전송능력의 발달로 물리적 매체(DVD, CD 등)로만 이루어지던 디지털 멀티미디어 콘텐츠의 배포를 대용량의 광통신을 통해 인터넷의 가상공간에서도 이용 가능하게 하는 법칙이다. 이를 근간으로 하는 초고속 통신망에 의한 인간 라이프사이클(Life Cycle)의 변혁(재택근무, SOHO, Mobile office, 원격건강진단 시스템)이 생길 수 있다는 내용을 포함한다.

    ㉢ 멧칼프의 법칙(Metcalfe's law) : 네트워크의 가치는 **사용자 수의 제곱에 비례하지만, 비용의 증가율은 일정하다**는 법칙이다. 멀티미디어 융복합 제품, 서비스의 필요성 증가에 따른 AV와 IT 결합제품의 시장 확대가 예상된다. 기반기술로서는 Bluetooth, IEEE1394 등이 있다. ★

    ㉣ 코스의 법칙(Coase's Law) : 거래비용 감소에 따라 기업 내의 조직의 복잡성, 기업 수는 감소한다는 법칙이다. 2개의 독립적인 집단 간의 정보교환 소요비용이 하나의 조직 내에서 두 개의 집단을 관리할 때의 비용보다 커질 때 회사라는 조직이 형성되며, 반대의 경우 조직의 해체가 가속된다. 여기서 비용이란 거래비용, 거래협상비용, 커뮤니케이션비용 등을 포함한다. ★

출제지문 돋보기 OX

01   [16-1]
디지털 경제의 법칙 중 '인터넷의 등장이 시장의 거래비용을 낮추어 기업내 조직의 복잡성과 기업규모는 감소한다.'와 가장 관련이 높은 것은 코스(Coase)의 법칙이다. ( )

02   [14-3]
디지털 경제 법칙 중 무어의 법칙이란 사소해 보이는 80%의 다수가 20%의 소수보다 뛰어난 가치를 창출해낸다는 이론을 말한다. 2004년 크리스 앤더슨(Chris Anderson)에 의해 처음으로 소개되었다. ( )

정답 1. ○ 2. ×

개념 Plus

클라우드 서비스(Cloud Service)
클라우드(Cloud)란 용어는 네트워크를 도식화하여 표현할 때 사용하던 구름모양의 아이콘에서 유래된 것으로 구름과 같은 무형의 공간에서 컴퓨터로 할 수 있는 업무들이 가능하도록 설계한 것을 의미한다. 클라우드 서비스란 영화 · 사진 · 음악 · 미디어 파일 · 문서 · 주소록 등을 사용자의 콘텐츠를 서버에 저장해 두고 스마트폰이나 스마트TV를 포함한 어느 기기에서든 다운로드 후 사용할 수 있는 서비스를 말한다. 국내 클라우드 서비스로는 네이버 N 드라이브, KT 유클라우드와 다음(Daum) 클라우드가 있다.

ⓜ 서프의 법칙(Cerf's Law) : 데이터베이스가 인터넷에 연동되어 조회 및 입력이 가능할 때 데이터베이스의 가치가 급증한다는 것을 나타내는 디지털 경제법칙이다.

ⓗ 롱테일(Long Tail)법칙 : 인터넷과 유통물류 등의 발달로 파레토의 80 : 20의 집중현상에서 발생확률이나 발생량이 상대적으로 적은 부분(하위 80%부분)도 경제적으로 의미가 있게 되었다는 것으로 아마존닷컴(Amazon.com)의 매출에서 비인기 도서의 매출이 전체 매출의 절반 이상을 차지하게 된 것이 대표적 사례이다. ★

⑥ 디지털 경제의 수확체감 및 수확체증의 법칙

ⓖ 수확체감의 법칙 : 노동력이 한 단위 추가될 때 이로 인해 늘어나는 한계생산량은 점차 줄어드는 현상을 말한다. 즉, 생산요소를 추가적으로 계속 투입해나갈 때, 어느 시점이 지나면 새롭게 투입하는 요소로 인해 발생하는 수확의 증가량은 감소한다는 것이다. ★

ⓛ 수확체증의 법칙 : 전통적인 산업에 적용되던 수확체감의 법칙에 대응하는 개념으로, 어떤 기업이 상품을 만들기 위해 생산설비를 갖추고 생산을 시작하여 일정 규모의 생산을 초과하게 되면 비용이 점차 줄어들고 수익이 커지는 현상을 말한다. ★

3 정보와 의사결정

01 의사결정의 이해

(1) 의사결정의 개념

① 의사결정은 여러 대안 중에서 하나의 행동을 고르는 일을 해내는 정신적 지각활동이다. 모든 의사결정의 과정은 하나의 최종적 선택을 가지게 되며, 이 선택의 결과로 어떤 행동 또는 선택에 대한 의견이 나오게 된다.

② 정보처리 관점에서 의사결정은 정보와 반응 사이의 다대일 대응으로 나타난다고 볼 수 있다. 즉, 대개 많은 정보를 지각하고 평가하여 하나의 선택을 하는 것이다.

③ 기업경영 관점에서 의사결정을 정의하면 기업의 소유자 또는 경영자가 기업 및 경영상태 전반에 대한 방향을 결정하는 일이라고 할 수 있다.

④ 심리학적 관점에서는 개별 의사결정들이 어떤 개인의 필요, 선호에 의해 가치를 갖는 상황 안에서 내려지게 되는지를 연구한다.

⑤ 인지심리학적 관점에서 의사결정과정은 환경과 계속적으로 상호작용을 일으키는 가운데에서 행해지는 연속적인 과정으로 봐야 한다.

(2) 의사결정의 상황

① 확실성에 의한 의사결정 : 문제의 본질이 알려져 있을 때 여러 대안 중 하나를 선택하는 것이다.

② 위험도가 있는 상태에서의 의사결정 : 기업 간 위험도와 기업 내 위험도에 대한 경험적 확률을 근거로 한 의사결정이다.

③ 불확실성에 의한 의사결정 : 생길 수 있는 결과의 확률을 알지 못하고 있을 경우에 주관적 확률에 따르는 의사결정이다.

구조화 정도에 따른 의사결정의 예시 기출 21 · 19 · 18

의사결정 구조화	운영적 수준	전술적 수준	전략적 수준
비구조적	-	작업집단 재조직	신규사업 기획
반구조적	현금관리 신용관리 생산일정 일일작업 할당	작업집단 성과분석 종업원 성과평가 자본 예산 프로그램 예산	기업조직 재구축 상품 기획 기업매수 및 합병 입지 선정
구조적	재고관리	프로그램 관리	-

〈출처 : 경영정보학개론, 김세중 외 3인〉

(3) 의사결정의 기준

① **규범적 의사결정** : 기업의 의사결정에 대하여 실천적인 선택원리를 추구하는 것이다.
- ㉠ 규범적 의사결정의 특징 : 과정지향적이 아니라 **결과지향적**이다. 최적해를 도출하기 위한 **일정한 계산절차**를 가지고 있으며, **수학적 수법**을 적용한다.
- ㉡ 규범적 의사결정에 사용되는 경영과학기법 : 선형계획모형, 네트워크모형, 정수계획모형, CPM(Critical Path Method), 목표계획모형, EOQ(Economic Order Quantity, 경제적 주문량), 비선형 계획(Nonlinear)모형 등이 있다.
- ㉢ 규범적 의사결정의 예측모형 : 미래사회의 필요, 목표, 가치 등 규범적인 것을 밝히는 것에서 출발하여 미래의 가능성을 분석하는 방법으로, 과거의 시간계열 데이터를 나타내는 경향선을 미래까지 연장시킨 형태이다. 예측모형에 사용되는 기법으로는 회귀분석모형, 시계열모형, 판별분석(Discriminant Analysis)모형 등이 있다.

② **기술적 의사결정** : 조직에 있어서의 의사결정과정을 분석 · 기술하고 이를 이론화하여 의사결정을 하는 것이다.
- ㉠ 기술적 의사결정의 특징 : 규범적 의사결정이 이윤의 극대화를 위하여 가장 유리한 대체안을 어떻게 선택할 것인가라는 규범을 제공하는 데 비하여, 기술적 의사결정은 기업의 조직 내에서 인간이 의사결정을 어떻게 하는가 하는 사실을 기술하고 분석하는 것이다. 한편, 조직에 있어서의 의사결정과정을 분석하고 기술한다는 점에서 **과정지향적인 연구**이고, 기업의 의사결정은 조직 내의 사람에 의하여 결정되는 것이므로, 의사결정을 분석한다는 것은 결국 인간행동을 연구하는 **행동과학**을 응용하는 것이다. 즉, 의사결정자가 **만족하는 수준**에서 의사결정을 하게 된다는 것이다.
- ㉡ 기술적 의사결정에 사용되는 경영과학기법 : 시뮬레이션, 대기행렬모형, 퍼트(PERT, 사업평가검토기법), 재고모형 등이 있다.

개념 Plus

규범적 의사결정모형
- 선형계획모형 : 한정된 자원을 어떻게 해야 가장 유효적절하게 각종 용도에 배분할 수 있는가 하는 최적배치와 생산계획의 문제, 한정된 총소득액의 최적배분, 몇몇 발송지역에서부터 몇몇 목적지로 상품을 운송할 때 그 운임을 최소화하는 수송문제 등, 1차부등식이라는 제약 하에서 어떤 목적을 최대화 또는 최소화하려는 문제에 모두 적용
- 정수계획모형 : 변수가 실제 생산제품의 숫자를 나타내거나 가부 간의 결정을 해야 하는 경우에 이용되는 선형계획법
- 목표계획모형 : 선형계획법의 확장된 형태라고 할 수 있는 방법으로 다수의 목표를 가지는 의사결정문제 해결에 매우 유용한 기법
- 비선형계획모형 : 목적 함수나 제약 중에 1차가 아닌 함수를 적어도 하나 포함하는 수학적 접근에 의해 문제를 해결하는 수법의 하나로, 최적화 문제, 할당 문제 등에 쓰임

02 의사결정의 종류와 정보

(1) 의사결정의 주체에 따른 분류

① 개인의사결정 : 개인의 목적이나 동기를 충족시키기 위한 의사결정을 말하며, 집단적·조직적 의사결정보다 덜 질서정연하고 덜 시스템적인 과정을 밟는다.

② 조직의사결정 : 조직의 일원으로서 조직의 목적을 위하여 합리적으로 하는 의사결정을 말한다. 조직체의 보다 중요한 의사결정은 경영자 개인에 의해서보다는 각종 위원회, 연구팀, 테스크포스(Task Force) 및 심사회 등의 집단에 의해 이루어지고 있다.

(2) 조직계층에 따른 분류 `기출 15·14`

① 전략적 의사결정

㉠ 주로 기업의 외부문제, 즉 외부환경과의 관계에 관한 비정형적 문제를 다루는 의사결정으로 그 기업이 생산하려는 제품믹스와 판매하려는 시장의 선택 등 기업의 구조에 관련된 의사결정이다. 이는 기업의 성격을 좌우하는 중요한 의사결정이다.

㉡ 전략적 의사결정은 미래의 조직과 환경의 변화를 예측하여 미래의 환경에 적합한 조직을 구축하기 위한 의사결정으로 주로 경영진에 의해 실행된다.

② 관리적(통합적) 의사결정

㉠ 전략적 의사결정을 구체화하기 위하여 기업의 제 자원을 활용함에 있어서 그 성과가 극대화될 수 있는 방향으로 조직화하는 전술적 의사결정이다.

㉡ 경영활동이 조직의 전략적 의사결정에 따라 정해진 정책과 목적에 부합하는가를 판단하는 중간관리자에 의한 의사결정이 이에 해당된다.

㉢ 중간관리층의 임무로서 조직편성 및 변경, 권한 및 책임 한계의 정립, 작업 및 정보의 흐름, 유통경로 선정, 입지결정 등을 조직화하는 일과 자재 및 설비의 조달, 종업원의 훈련과 개발, 자금조달 등에 관한 의사결정 등이 이에 속한다.

③ 업무적(일상적) 의사결정

㉠ 전략적·관리적 의사결정을 구체화하고 동시에 일상적으로 수행되는 정형적 업무에 관한 의사결정 형태로서 주로 일선 감독층이나 실무자에 의해 이루어진다.

㉡ 생산, 판매, 인사, 재무 등과 관련된 하위부문에서 이루어지는 각종 의사결정이 이에 해당된다. 예를 들면 자원배분(예산화), 업무일정계획 수립, 업무의 감독 및 통제활동, 가격결정, 재고수준결정, 연구개발, 비용지출수준결정 등이 이에 속한다.

(3) 업무형태에 따른 분류 – 사이몬(H. A. Simon)의 의사결정유형 `기출 11`

① 정형적(Structured, Programmed) 의사결정

㉠ 일상적이고 반복적으로 일어나며, 의사결정을 해야 할 때마다 새로운 절차를 거치지 않도록 의사결정과정이 구조화되어 있거나 프로그램화되어 있다.

㉡ 정형적 의사결정의 과정은 관습적으로 처리되거나, 대부분의 경우 의사결정을 위한 표준절차나 방침이 조직의 내규 또는 규정 등에 문서로 기록되어 있다.

㉢ 최근 정형적 의사결정은 OR기법과 컴퓨터를 이용해 능률적으로 이루어지고 있다.

② 비정형적(Unstructured, Nonprogrammed) 의사결정
- ⊙ 정형적 의사결정과는 달리 비반복적(일회적)이며 구조화되지 않은 예외적 의사결정으로, 의사결정자가 문제정의에 대하여 나름대로의 판단, 평가, 통찰을 해야 한다.
- ⓒ 신규사업으로의 진입, 돌발사태에 관한 결정 등에 직면했을 때의 의사결정으로, 과거의 전례가 없어 참고할 수 있는 모델이 없는 경우가 많다.
- ⓒ 최근에는 비정형적 상황에서도 의사결정자의 문제해결능력을 제고시키거나 문제해결자를 지원하는 탐색적 컴퓨터프로그램을 활용하는 방법을 추구하기도 한다.
- ⓔ 비정형적 의사결정 방식 중 휴리스틱(직관적 판단)은 짧은 시간과 적은 비용을 사용하는 손쉬운 의사결정방법이다.

정형적 의사결정과 비정형적 의사결정의 예시

구 분 변 수	의사결정의 유형	
	정형적 의사결정	비정형적 의사결정
과업의 유형	단순, 일상적	복잡, 창조적
조직방침에의 의존도	과거 결정으로부터 상당한 지침을 얻음	과거 결정으로부터 지침을 얻지 못함
전형적인 의사결정자	하위층의 종업원	상위층의 경영관리자

03 의사결정의 단계와 정보

(1) 의사결정단계 : 사이몬(H. A. Simon)의 모형 기출 17

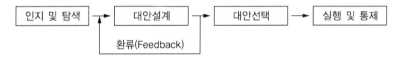

① **인지 및 탐색단계** : 문제의 본질을 인식하고 자료를 수집하는 단계이다. 정보시스템은 의사결정이 필요한 상황에 대한 정보와 문제해결을 위해 필요한 대내외적 환경에 대한 정보를 제공하여야 한다.

② **대안설계단계** : 문제해결을 위해 여러 가지 대안을 계획하는 단계로 의사결정대안을 개발·평가하는 것까지 포함된다. 대안설계단계에서 특히 고려해야 할 점은 의사결정 상황이 정형적인가 비정형적인가 또는 구조적인가 비구조적인가를 파악하는 것이다.

③ **대안선택단계** : 정보시스템을 활용하면 검토 중에 있는 여러 대안 중에서 적절한 대안을 선택하는 데 도움을 받을 수 있다. 실질적으로 대부분의 의사결정자들은 의사결정시 최적 수준보다는 만족할 만한 수준을 선택하는 경향이 있다. 효과적인 의사결정을 내리기 위해서는 정보시스템은 요약 및 조직화된 정보를 제공할 수 있어야 한다.

④ **실행 및 통제단계** : 선택된 여러 가지 대안 중에서 최적의 대안을 실행하고 의사결정의 성공 여부도 추적하게 된다.

개념 Plus

경영상의 의사결정 과정
경영상의 관점에서의 의사결정은 '문제의 인식 → 자료의 수집 → 변수의 통제가능성 검토 → 모형의 구축 → 모형의 정확도 및 신뢰도 검정 → 실행가능성 여부평가 → 실행' 순으로 이루어진다.

(2) 의사결정 과정에서 합리적인 안을 선택하기 위해 고려해야 할 사항

① 정확한 사실 정보의 토대 위에서 이루어져야 한다.

② 과학적 접근이 필요하다.

③ 두 가지 이상의 경쟁 대안을 가지고 있는 것이 좋다.

④ 공익에 저해되지 않으면서 조직의 성과를 극대화할 수 있는 방안을 창출해야 한다.

⑤ 대안의 실행이 어렵거나 결과가 만족스럽지 못할 것으로 판단되면 그 대안을 취소하는 것이 합리적이다.

04 의사결정상의 오류와 정보

(1) 의사결정상의 오류와 편견 기출 17 · 16

① **표현의 차이(Poor Framing)** : 언어나 문맥의 표현 차이에서 의사결정의 오류가 발생한다. 애매한 표현이나 해석의 다양성은 의사결정의 잘못을 초래할 수 있다.

② **최빈효과(Recent Effect, 접근성 오류)** : 정보가 차례대로 제시되는 경우 앞의 내용들보다는 맨 나중에 제시된 내용을 보다 많이 기억하는 경향을 의미한다. 과거의 정보보다 최근에 주어진 정보에 더 큰 비중을 두고 의사결정을 내리는 경향으로 의사결정의 오류를 초래할 수 있다.

③ **정박효과(Anchoring Effect, 과도한 집착, 고정관념 효과)** : 인간의 사고가 처음에 제시된 하나의 이미지나 기억에 박혀 어떤 판단도 그 영향을 받아 새로운 정보를 수용하지 않거나 이를 부분적으로만 수정하는 행동특성을 의미한다. 먼저 선택한 대안을 다른 대안이 뒤집지 못하는 경향으로 인해 종종 의사결정의 오류가 발생할 수 있다.★★

④ **몰입상승효과(Escalation Effect, 결정의 지속성 오류)** : 분명히 잘못된 결정이나 실패할 것이 확실한 일에 고집스럽게 집착하는 심리를 말한다. 일단 한번 이루어진 의사결정을 버리지 않으려는 경향 때문에 의사결정자는 선정된 대안에 문제가 있다는 부정적인 피드백을 무시하는 오류를 범할 수 있다.

⑤ **연상편견(Associative Bias, 대표성 오류)** : 현재의 상황을 고려하지 않고 과거의 성공을 반복 시도하려는 편견효과이다. 과거의 성공에 취해 현재 상황보다는 과거 상황의 연장선상에서 의사결정을 하려는 경우 오류가 발생할 수 있다.

⑥ **과소평가오류** : 친숙하거나 유리한 사건의 확률을 과대평가하고, 부정적인 사건발생의 확률에 대해서는 과소평가하는 경향을 말한다.

⑦ **과도한 확신오류(Overconfidence Bias)** : 자신이 알고 있는 사항의 정확성에 대해 과신하는 경향이 합리적인 의사결정을 저해한다. 자신이 가진 정보의 품질을 과대평가하고 다른 정보의 품질을 폄하하는 경향에서 비롯된 오류이다.

⑧ 선택적 지각(Selective Perception) : 의사결정자가 자신의 편향된 인식을 토대로 사건들을 선택적으로 구성하거나 해석하는 경향을 말한다.

⑨ 사후확신 편견(Hindsight Bias) : 의사결정자가 일단 결과가 실제로 알려지게 되면 사건의 결과가 정확하게 예측될 수도 있었다고 그릇되게 믿는 경우 발생하는 오류이다.

⑩ 집단사고(Group-think)의 오류 : 의사결정에 참여한 그룹은 합의와 응집력을 유지하려는 강한 욕구가 있고, 이러한 욕구는 최선의 결정에 도달하려는 그룹 전체의 욕구보다 우선하는 경향을 말한다. 흔히 팀워크라고 인식되는 상태의 폐해로, 조직원 전체의 최적의 달성보다는 조직원 전체의 합의된 만족이 중시되는 경향에서 나타나는 오류이다.

(2) 의사결정상의 오류와 정보

의사결정상의 다양한 오류와 편견은 인간이 제한된 합리성을 지닌 불완전한 존재임에도 불구하고 객관적인 정보보다는 자신의 이성이나 판단을 지나치게 신뢰하기 때문에 발생한다. 따라서 이러한 오류를 해결하기 위해서는 많은 정보를 기반으로 구축된 정보시스템을 충분히 활용해야 한다.

05 의사결정지원시스템

(1) 의사결정지원시스템(DSS ; Decision Support System)의 개요 기출 16 · 13 · 12 · 11

① 의사결정지원시스템의 개념
경영활동에 있어 비구조적 또는 반구조적인 의사결정을 지원하기 위해 의사결정자가 정보시스템의 데이터와 의사결정 모델을 활용할 수 있도록 해주는 대화식 컴퓨터 정보시스템이다.★

② 의사결정지원시스템의 특성

구 분	내 용
일반적 특성	• 의사결정지원시스템은 의사결정 과정을 비용 중심의 효율적인 면보다는 목표 중심의 효과적인 측면에서 향상시킨다.★ • 의사결정지원시스템은 일련의 체제이다. 따라서 의사결정지원시스템은 의사결정자의 판단을 지원하는 도구이지 그들의 역할을 대신하는 것은 아니다.★ • 의사결정지원시스템은 시스템이다. 컴퓨터 활용을 전제로 하는 인간과 기계의 상호작용 시스템인 것이다.
지원적 특성	• 반구조적 · 비구조적 문제 : 주로 반구조적, 비구조적 문제의 상황에서 인간의 판단과 전산화된 정보를 합쳐 도출할 것으로 의사결정을 지원한다.★ • 전 경영층 지원 : 최고경영자부터 하위 관리자까지 모든 경영 계층을 지원한다. • 개인 및 그룹 지원 : 의사결정집단의 다양한 의견과 그들 개개 의사결정자들이 보유하고 있는 다양한 데이터와 정보를 서로 공유하면서 의사결정을 수행할 수 있도록 지원한다. • 상호 의존적 및 연속적인 의사결정 : DSS는 내부 모델베이스나 지식베이스를 통해 차후 발생하는 의사결정에 도움을 주도록 한다.★

개념 Plus

의사결정 문제의 유형
• 구조적 의사결정 문제 : 주로 운영층이 직면한 문제로, 의사결정에 있어 필요한 일정한 규칙 및 절차가 존재하며, 문제에 대한 해답이 존재하는 경우
• 비구조적 의사결정 문제 : 의사결정에 있어 필요한 일정한 규칙 및 절차가 존재하지 않는 경우
• 반구조적 의사결정 문제 : 의사결정에 있어 필요한 일정한 규칙 및 절차가 일부 존재하는 문제

- 주간 판매량의 비교
- 신제품 판매 전망에 기반한 수입의 예측
- 어떠한 환경에서도 주어진 과거의 실적에 의해 서로 다른 의사결정 대안별 결과 분석

- 거래처리시스템
- 정보보고시스템
- 중역정보시스템
- 의사결정지원시스템
- 전문가시스템

구체적 특성	• 의사결정과정 지원 : 다양한 의사결정 과정의 스타일뿐만 아니라 탐색, 설계, 선택, 구현 등과 같은 의사결정 전 과정에 걸쳐 지원한다. ★ • 다양한 의사결정 유형 지원 : DSS는 모델베이스를 통해 예측모델, 시뮬레이션모델, 최적화모델 등 의사결정자의 유형에 맞는 모델을 제공하면서 사용자 인터페이스를 통해 의사결정자의 유형에 맞게 의사결정 프로세스가 진행되도록 지원한다. • 적응성 및 유연성 : 의사결정자는 반응이 빨라야 하며 환경 변화에 빠르게 대응할 수 있어야 하고, 이러한 변화에 맞서기 위해 DSS를 수용할 수 있어야 한다. • 사용 편리성 : 사용자가 편안함과 친밀성을 느낄 수 있을 정도로 쉬워야 한다. • 효과성 중점 : 의사결정 비용 등과 관련된 효율성보다는 정확성, 시기적절함, 질의 향상 등과 관련된 효과를 높여주는 시스템이다. ★ • 시스템 통제 : 문제를 해결하는 데 있어서 의사결정 과정의 모든 단계는 의사결정자가 통제한다. • 개발 용이성 : 최종 사용자가 스스로 간단한 시스템들을 개발하고 수정할 수 있어야 한다. • 모델링 및 분석 : DSS는 모든 경영계층을 위한 의사결정 프로세스와 모델 그리고 데이터를 제공하여 의사결정을 위한 분석이 가능하도록 한다. • 데이터 검색 : DSS는 기업 내부는 물론 외부의 데이터까지 모두 포함하며, 이를 통하여 다양한 상황에 맞는 모델을 활용할 수 있다. • 독립적이면서 통합적 : 의사결정에 의해 독립적으로 사용할 수 있는 도구가 되어야 한다. 다른 DSS 어플리케이션과 통합될 수 있어야 하고 네트워킹과 웹 기술을 사용하여 내·외부로 분포될 수 있다.

(2) 의사결정지원시스템(DSS)의 등장배경

① 경영자에게 공급되는 정보량이 증대하여 양질의 정보를 선택하고 판단하는 일이 어렵게 되었다.

② 정보가 복잡하게 뒤섞이고 산재해 있기 때문에 이를 체계화하고 공유할 필요성이 대두되었다.

③ 업무전산화, EDI, SCM 도입 등으로 신속한 의사결정의 필요성이 증대되었다. ★

④ 조직의 확대로 의사결정의 즉시성 요구가 커졌다. ★

⑤ 사내 정보는 계층적 구조에 따라 집중·편재되는 경향이 강하기 때문에 의사결정지원시스템의 필요성이 크다. ★

(3) 의사결정지원시스템(DSS)의 효과 및 문제점 기출 16·13·10

① 의사결정지원시스템의 효과

㉠ 의사결정지원시스템을 통하면 사회적 요구·규율 등에 영향 받지 않고 데이터 및 모델의 타당성에 대하여 일관성 있는 평가를 할 수 있다.

㉡ 학습을 촉진함으로써 응용에 대한 신규 수요를 창출하고 정교화를 도출한다.

㉢ 주로 계량적 문제(Quantitative decisions)에 적합하며, 여러 대안들을 비교적 짧은 시간에 최소한의 노력으로 비교 및 분석할 수 있다. ★

② 의사결정지원시스템의 문제점

㉠ 효율적인 모델 구축을 위해서는 기술 전문 인력이 필요하다. ★

㉡ 결과를 맹신할 경우 의사결정의 질이 떨어질 수 있다.

ⓒ 그래픽 또는 인터페이스 등의 기능으로 인해 의사결정지원시스템의 특징을 살리지 못하는 경향이 있다.

ⓔ 모델 설계자가 정해 놓은 사실과 미리 설정된 문제만을 고려하는 경직성이 존재한다. ★

ⓜ 비구조적 문제에 대해 언제나 유용하지는 않다. 따라서 경영자의 판단력을 근본적으로 대체하지는 못한다(최종결정은 의사결정자 자신의 통찰과 주관적 판단을 적용). ★

(4) 의사결정지원시스템(DSS)의 구축시 고려사항

① 유통과정상의 문제를 쉽게 해결할 수 있는 다양한 의사결정모형을 제공해야 한다.

② 유통경영관리자들의 행동특성을 반영한 의사결정방법과 과정이 구현되어야 한다.

③ 사용자 인터페이스 기능의 설계시 정보시스템과 유통경영관리자 간의 상호작용이 용이하도록 하는 방안이 고려되어야 한다.

④ 그래픽을 활용해서 해당 정보처리 결과를 보여주고 출력하는 기능이 있어야 한다.

⑤ 여러 원천으로부터 데이터를 획득해 의사결정에 필요한 정보처리를 할 수 있도록 설계해야 한다. ★

⑥ 의사결정 과정 중 발생 가능한 환경변화를 반영할 수 있도록 유연하게 설계해야 한다.

(5) 의사결정지원시스템(DSS)의 구성

① 데이터베이스관리시스템(DBMS ; Database Management System)

ⓐ 의사결정지원시스템에서 데이터베이스 시스템의 기능은 의사결정에 필요한 각종 데이터를 저장 및 관리하며, 이를 제공하는 데 있다.

ⓑ 데이터베이스에는 조직의 외부 데이터베이스, 내부 데이터베이스, 경영관리자의 개인 데이터베이스가 있다.

② 모델베이스관리시스템(MBMS ; Modelbase Management System)

ⓐ 의사결정에 있어 필요한 여러 가지 모델을 저장하고 있는 모델베이스 및 이들을 관리하는 모델베이스 관리시스템으로 이루어져 있다.

ⓑ 의사결정에 필요한 모델을 개발·수정 및 통제하는 기능을 제공함으로써 의사결정지원에서 중요한 역할을 수행한다.

모델베이스의 유형

전략적 모델	정부의 정책이나 기업 내부자원을 고려하여 기업의 목표를 설정하거나, 그 목표를 달성하기 위해 필요한 자원을 예측하고 기업의 인수·합병 등을 결정하는 최고경영자를 지원한다(→ 전략경영).
전술적 모델	주로 기업의 자원을 할당하고, 통제·평가하는 중간관리층이 사용한다(→ 경영통제).
실무운영 모델	생산계획이나 재고관리, 대차대조표 및 손익계산서 생성 등 단편적인 의사결정업무를 하는 하위관리층이 사용한다(→ 운영통제).
모델생성 블록 및 서브루틴	시계열분석, 회귀분석, 시뮬레이션 등의 경영과학 모델과 사용자가 개발한 모델 등이 포함된다.

개념 Plus

DSS구성으로의 사용자
• 의사결정지원시스템의 사용자들은 기업 경영의 주된 의사결정을 수행하는 경영관리자들이다.
• 사용자는 의사결정에 가장 적당한 모델을 모델베이스에서 선정하며, 필요로 하는 데이터를 DB로부터 받거나 또는 직접 입력해서 대안들을 분석하고 평가하며 가장 최적의 대안을 선택하는 의사결정을 수행한다.

개념 Plus

모듈(Module)
잘 정의된 한 가지 일을 수행하는 프로그램의 논리적인 일부분을 말한다.

개념 Plus

시뮬레이션(Simulation)
복잡한 문제를 해석하기 위한 모델에 의한 실험을 말한다.

③ 사용자 인터페이스(UI ; User Interface)
  ㉠ 데이터의 입·출력, 갖가지 분석 과정에서 나타나는 사용자 및 시스템 간의 인터페이스 환경을 제공하는 시스템 모듈이다.
  ㉡ 그래픽처리 형식 및 메뉴방식을 활용해서 사용자들이 쉽게 이해하고 사용할 수 있는 대화기능을 제공하므로, 대화생성 관리시스템이라고도 한다.

(6) 의사결정지원시스템(DSS)의 범주

① 데이터중심의 의사결정지원시스템 : 보고 및 조회시스템, 중역정보시스템(EIS), 지리정보시스템(GIS) 등이 포함되어 있다. 대규모 정형 데이터 DB에 대한 접근 및 조작을 강조하며, 정형 데이터는 내부회사자료 그리고 가끔은 외부자료의 시계열인 경우가 많다. ★

② 모형중심의 의사결정지원시스템 : 회계 및 재무제표, 시뮬레이션 및 최적화 모형 등을 통해 나온 결과물로 의사결정자에게 대안을 제시 또는 그들의 계획업무를 돕는다.
  ㉠ 모의실험모형(Simulation Model) : 시뮬레이션 또는 위험분석모형 등을 통해 현 행동에 대한 미래 결과 예측을 지원하는 시스템이다. ★
  ㉡ 제안모형 : 내부적으로 결정된 규칙 등에 의해서 필요로 하는 계산을 진행하여 해당 결과를 나타내는 시스템이다.
  ㉢ 통계모형 : 예측목적 및 통계분석에 활용되는 시스템이다.
  ㉣ 최적화 모형(Optimization Model) : 주어진 제약조건 하에서 수리모형을 활용하여 특정 문제에 대한 최적의 대안을 산출하는 시스템이다. ★
  ㉤ 회계모형 : 계획된 수행결과를 회계모델 등을 활용하고 계산함으로써 의사결정자의 의사결정을 지원하는 시스템이다.

③ 지식중심의 의사결정지원시스템
  ㉠ 관리자를 대상으로 행동을 제안하거나 추천해 주는 시스템이다. 특정 분야의 문제 해결을 위한 전문지식을 제공하는 시스템으로 자문시스템, 상담시스템 또는 제안시스템이라고도 한다.
  ㉡ 분류, 구성, 진단, 해석, 계획, 예측 등 사람 전문가에 의존하는 작업에 주로 사용된다. 흔히 데이터 마이닝(Data Mining)과 짝을 이루어 데이터베이스를 깊이 있게 살피는 작업을 수행함으로써 데이터 내용 관계를 만들어낸다.

④ 의사소통중심의 의사결정지원시스템 : 공유 작업을 진행하는 사람들에게 도움을 주려는 의사소통, 협업 및 조율에 집중한다.

⑤ 자료(문서)중심의 의사결정지원시스템 : 자료 등의 제공을 통해 사용자들에 대한 의사결정지원을 하는 것으로 이는 DB 및 기업 조직의 외부 및 내부의 파일로부터 필요로 하는 적절한 자료를 찾고 이를 요약해서 지원하는 것이다.
  ㉠ 분석정보시스템 : 의사결정을 하기 위해 계량적 모형을 통해 DB에서 정보를 얻는 시스템을 말한다.
  ㉡ 자료열람시스템 : 의사결정을 지원하기 위해 DB에 저장된 자료를 검색하는 시스템이다.
  ㉢ 자료분석시스템 : 검색된 자료를 특정 업무에 적합한 분석기법을 활용하여 분석하는 시스템을 말한다.

DSS의 분석적 모델링 대안

조건-결과 (What-If) 분석	여러 가지 변수 값을 변화시켰을 때 결과 값 또는 타 변수 값에 미치는 영향을 분석하는 방법이다. 이는 조건이 변화할 때 그에 따른 결과가 어떻게 달라지는지 를 검증하는 시뮬레이션 방법이다.
민감도 분석	하나의 변수 값이 지속적으로 변화할 때 타 변수 값에 미치는 영향을 보는 것이다.
목표추구 분석 (Goal-Seeking)	What-If 분석과 민감도 분석의 분석 순서를 뒤집어 놓은 것이다. 결과 값 또는 목표변수 값을 미리 정해두고 정해진 값이 얻어질 때까지 타 변수 값들을 지속적 으로 변화시켜주는 분석 방법이다.
최적화 분석	목표추구 분석의 개념을 활용해서 보다 더 복합적인 문제를 해결하기 위한 분석방법이다. 결과 값을 미리 정해두지 않고 여러 가지 제약조건을 만족하는 범위 내에서 최적의 값을 찾을 때까지 분석을 계속하는 것이다.

개념 Plus

마케팅 인텔리전스 시스템
경쟁사의 활동을 추적하고 기회와 위협에 조기경보를 제공하며 전략적 의사결정을 개선하기 위해 정보를 체계적으로 수집·분석하는 시스템이다. 신문이나 판매원들로부터 경쟁사에 대한 정보를 수집하기도 하고 비공식적인 방법으로 정보를 수집하기도 하는 등 외부자료를 많이 활용한다.

(7) 유통경영을 위한 의사결정지원시스템의 활용 기출 16·14·10

① 보고 및 조회시스템 : 유통경영관리자가 기업 내부의 사안에 대해 조사·조회할 수 있는 기능을 제공한다. 보고 및 조회시스템은 목표대비 성과를 점검하는 특이사항 보고, 조회시스템, 지도표시시스템 등으로 구성되어 있다. ★

㉠ 특이사항 보고 : 과거의 실적을 자료로 기업활동의 성과를 계량화하여 사전에 설정된 적정치와 비교한 정보를 생산한다. ★

㉡ 조회시스템 : 인쇄형태의 보고서 작성과 배포과정의 소요시간에 따른 번거로움을 피하기 위해 과거의 자료를 컴퓨터로 데이터베이스화하여 경영자의 필요에 따라 조회 및 열람할 수 있도록 구성한 것이다.

㉢ 지도표시시스템 : 주소, 우편번호 또는 위도별로 필요사항을 표시하는 새로운 조회시스템이다. 지리적인 분포를 표시함으로써 현재의 고객 및 잠재고객의 지역적 분포, 유통경로의 분포를 표시하는 체계로 활용되고 시장규모의 추정, 판매지역의 할당, 입지선정 및 시장분석 등에 활용되고 있다.

② 분석적 모델 : 유통활동에서 발생하는 특정 사안에 대한 발생원인의 규명, 미래의 예측, 대응책 모색 등에 관한 의사결정을 가능하게 한다.

③ 임원정보시스템(ESS ; Executive Support System) : DSS의 특별한 형태로 특히 사용자환경을 쉽게 한 보고 및 조회시스템과 분석적 모델의 결합형태이다. 임원정보시스템(ESS)은 경영실적을 쉽게 파악하고 향후 의사결정에 활용할 수 있는 데 주안점을 둔다.

④ 인공지능시스템(AIS ; Artificial Intelligence System) : 인간의 과거 경험에서 도출된 정보, 과거의 사안에 관한 자료, 시스템에 축적된 정보를 총망라하여 목표지향적인 의사결정과정을 수행하는 시스템으로 **전문가시스템(Expert System)**이 대표적이다.

⑤ **전략정보시스템(SIS ; Strategic Information System)** : 기업에 경쟁적 우위를 가져다줄 수 있도록 정보기술(IT)을 사용하는 정보시스템으로, 기업이 생존을 유지하고 경쟁우위를 확보하기 위한 혁신적인 경영전략을 지원하는 컴퓨터와 통신의 신기술을 활용한 정보시스템이다.

⑥ **중역정보시스템(EIS ; Executive Information System)** : 기업 조직의 중역 또는 최고경영자들이 조직의 성공적 경영을 위해 필요로 하는 조직 내·외부의 정보를 효율적으로 제공할 수 있는 컴퓨터 기반의 정보시스템이다. 요구되는 사용자 인터페이스, 정보의 질, 정보 기술적 능력 등에서 다른 정보시스템과는 차별화된 특징을 가지는 중역정보시스템(EIS)의 구체적인 특성은 다음과 같다.

ㄱ 전략적인 문제를 해결하는 데 요구되는 정보를 제공하여야 한다.

ㄴ 정보를 보다 쉽게 이해할 수 있는 형태로 제공하여야 한다.

ㄷ 사용자가 사용하기 쉬운 인터페이스가 필요하다.

ㄹ 효율적인 운영을 위해 외부의 DB와 연결되어야 한다.

ㅁ 조직의 중역들의 활동을 지원하기 위해 별도의 DB가 존재하는 것이 타당하다. ★

ㅂ 제공하는 정보는 기업 조직의 가장 핵심적인 정보에 초점을 맞춘 것이어야 한다. ★

ㅅ 많은 양의 거래자료 보다는 비교적 짧은 시간에 쉽게 이해할 수 있는 요약된 정보로 제공되어야 한다. 따라서 정보를 제공하는 데 있어 드릴다운 기법이 반드시 필요하다. ★

개념 Plus

드릴다운(Drill-down) 기법
요약된 형태의 데이터 수준에서 보다 구체적인 내용의 상세데이터로 단계적으로 접근하는 분석기법을 말한다.

DSS와 EIS의 비교

구 분	시스템 유형	
	DSS	EIS
사용자	전문가, 분석가, 관리자	기업조직의 중역
주용도	기획, 조직충원, 통제	현황 추적 및 통제
주목적	분석 및 의사결정 지원	현황의 파악
정보의 유형	특정 상황을 지원하기 위한 정보	뉴스, 내부 보고서, 외부정보
구축주체	사용자	IS요원 또는 판매업체

집단의사결정시스템(GDSS ; Group Decision Support System) 기출 17

• GDSS의 개념 : 컴퓨터의 활용에 기초한 집단적 문제해결방식의 시스템으로, 통상의 경영의사결정이 관련된 업무영역의 집단적 의사결정이라는 점을 고려한 시스템이다.

• GDSS의 특징 : 간편한 사용, 일반적이고 특정적인 문제 지원, 환경(절차, 장치, 접근법 등)의 특수 설계, 긍정적·부정적인 그룹형태의 지원, 그룹웨어의 활용 등

• GDSS에서 위치와 시간에 따른 그룹웨어(물리적 장치)의 형태 : 그룹웨어(Groupware)란 기업의 구성원들이 컴퓨터로 연결된 작업장에서 서로 협력해서 업무를 수행하는 그룹 작업을 지원하기 위한 소프트웨어 및 소프트웨어를 포함하는 구조를 의미한다.

구 분		장 소	
		동 일	상 이
시 간	동 일	그룹웨어(실시간 대면회의) • 전자회의시스템 • 전자백판	그룹웨어(실시간 원격회의) • 전자화상회의(Web conference) • 전화회담(Conference calls)
	상 이	그룹웨어(비실시간 회의) • 정보센터 • 팀룸(Shared room)	그룹웨어(회의 없는 회의) • 전자우편(E-Mail), 전자결재 • 음성우편(Voice Mail), 전자게시

01 유통정보시스템의 개념

(1) 유통정보시스템의 정의 [기출] 19·15·13·12·11·10·08

① 유통정보시스템(MKIS ; MarKeting Information System)은 기업의 유통활동 수행에 필요한 정보의 흐름을 통합하는 기능을 통해 전사적 유통(Total Marketing) 또는 통합유통(Integrated Marketing)을 가능하게 하는 동시에 유통계획, 관리, 거래처리 등에 필요한 데이터를 처리하여 유통 관련 의사결정에 필요한 정보를 적시에 제공한다. ★

② 기업의 유통활동 수행에 필요한 정보의 흐름을 통합하는 정보시스템으로 특정 응용분야의 활동과 관련된 자료를 수집·분석·처리하여 의사결정을 하는 데 필요로 하는 정보를 제공해 줄 수 있는 인간과 컴퓨터시스템의 구성요소들로 이루어져 있으며, 하드웨어, 소프트웨어, 데이터베이스, 네트워크, 운영요원 및 절차 등을 포함한다. 하위시스템인 데이터베이스, 구매관리시스템, 인사정보시스템, 수요예측시스템, 주문관리시스템, 수·배송관리시스템, 재고관리시스템, 거래자료처리시스템, 지식업무시스템, 정보보고시스템, 의사결정지원시스템, 중역정보시스템 등으로 구성되어 있다. ★★

(2) 유통정보시스템의 구성요소(David & Olson) [기출] 19·15·13·12

① 하드웨어(Hardware) : 입력, 처리, 출력을 수행하기 위해 사용되는 컴퓨터 장비이다.
② 소프트웨어(Software) : 컴퓨터의 작업을 통제하고, 지시하는 프로그램이다.
③ 데이터베이스(Database) : 조직화된 사실 및 정보들의 집합체이다.
④ 통신 및 네트워크(Telecommunication & Network) : 시스템·고객·기업을 서로 연결시켜 주는 체계이다. 통신과 네트워크를 통해 의사결정에 필요한 다양한 정보를 신속하게 제공받을 수 있고, 기업 간의 연계와 나아가 글로벌 시장으로의 진출도 가능해진다.
⑤ 운영절차(Procedure) : 정보시스템을 활용하기 위한 전략, 정책, 방법, 규칙들이다.
⑥ 인적자원(People) : 시스템 분석가, 프로그래머, 컴퓨터 운용요원, 데이터 준비요원, 정보시스템 관리요원, 데이터 관리자 등을 말한다.

(3) 유통정보시스템의 필요성

① 시장의 확대 : 유통시장이 전면 개방됨에 따라 우리나라의 유통산업은 대형화, 다점포화 등의 양적 팽창이 이루어지고 있다. 확대된 시장을 효율적으로 관리하기 위하여 유통정보시스템이 더욱 필요하게 되었고, 양적 팽창은 선진 유통기업들과의 경쟁을 가능하게 하여 해외시장으로 진출할 터전을 마련할 수 있다.

② 수익성의 향상 : 고객 소비패턴의 다양화와 다품종 소량생산에 따른 비용 및 인건비 상승, 그리고 교통체증의 증가와 복잡한 상품유통제도 때문에 유통비용이 증가하게 되었다. 이러한 여건에서는 유통정보시스템을 통해 운송수단, 판매장, 물류시설 등의 활용도를 높여 기업의 수익성을 향상시켜야 한다.

③ 유통환경의 변화에 능동적 적응 : 유통환경의 변화란 다양해지고 있는 소비자들의 수요, 대량의 판매정보를 신속하고 정확하게 처리해야 하는 환경변화로, 유통업체는 각종 정보를 신속·정확하게 수집해서 환경변화에 능동적으로 적응해야 한다. 능동적 적응이란 소비성향을 신속하게 수집·분석해서 소비자의 변화에 신속히 대응하는 것을 말한다.

(4) 유통정보시스템의 도입효과 기출 19·13·12·11·10·08

① 기업의 전사적 유통, 또는 통합 유통을 가능하게 하고 유통계획, 관리, 거래처리 등에 필요한 데이터를 처리하여 유통관련 의사결정에 필요한 정보를 제공한다.

② 조직 내에서 유용한 정보를 제공함으로써 일상적인 업무, 경영관리·분석, 의사결정 등을 지원한다.

③ 유통정보시스템 도입에 의해 경로활동이 통합됨으로써 주문, 선적, 수취의 정확성을 꾀할 수 있다. ★

④ 유통정보시스템 도입에 의해 경로활동이 통합됨으로써 주문부터 배달까지의 시간을 대폭 축소시킬 수 있게 되어 재고관리 및 고객서비스 수준의 효율을 높일 수 있다. ★

⑤ 기업 간에 전자연계를 통해 거래함으로써 서류 작업을 대폭 축소시킬 수 있고, 서류업무에 따른 관리 인력을 축소시켜 인건비의 절감을 꾀할 수 있다. ★

⑥ 유통정보시스템에 의한 공급자와 수요자 간의 연계는 공급자로 하여금 수요자의 요구사항을 더욱 정확하게 파악할 수 있게 해준다. 이 경우 더욱 정확한 정보교환을 위해 팀 위주로 판매형태가 전환되기도 한다. ★

(5) 유통정보시스템의 부문별 활용

① **영업관리** : 영업사원실적관리, 제품 및 서비스의 판매계획, 지원 및 통제

② **영업활동지원의 자동화** : 사원의 매출실적 및 활동, 관리자의 의사소통 및 지원 등

③ **제품관리** : 제품, 제품계열 또는 브랜드의 계획·통제·지원

④ **광고 및 판촉** : 매체 및 판촉방법 선정과 광고 및 판촉결과에 대한 평가 및 통제

⑤ **수요예측** : 매출에 관한 장·단기 예측

⑥ **시장조사** : 시장변수, 개발 및 경향에 관한 내·외부 데이터 수집 및 분석

⑦ **유통관리** : 기업목표, 시장조사 및 매출활동자료에 근거한 유통전략 및 계획 수립, 유통활동 지원 및 통제

(6) 유통정보시스템의 분류 기출 19·18

① **전략적 기획시스템** : 유통기업의 장기적인 경영전략 수립

② **전술적·운영적 계획시스템** : 유통믹스 등을 통한 유통업체의 기획 및 운영계획 수립

③ **통제·현황보고시스템** : 영업 결과로 산출되는 각종 정보의 조작·이용 등

④ **거래처리시스템** : 유통업체에서 발생하는 각종 거래 자료의 처리, 고객과의 사이에서 일어나는 다양한 업무 처리

(7) 유통정보시스템의 구축 및 관리시 고려사항 기출 13 · 12 · 11 · 10 · 08

① 유통정보시스템은 조직에 필요한 정보제공이나 업무처리를 수행하도록 정보기술을 응용해 놓은 실체로 의사결정을 위해 필요로 하는 자에게 유용하고도 시의적절한 산출결과를 제공해야 한다.

② 유통정보시스템은 경영정보시스템(Management Information System)과 마케팅정보시스템(Marketing Information System)이 상호관련성을 갖고 조직되어야 한다.

③ 다점포 영업을 지향하는 유통경영의 형태에 비추어 정보에 대한 접근의 용이성과 보안성이 동시에 가능한 중앙집중식 데이터 관리와 포괄적인 정보보안을 실현하여야 한다.

④ 좋은 의사결정을 내리려면 모델링이나 예측 같은 정교한 분석기법을 이용해야 한다. 따라서 단순한 거래처리정보보다는 효과적인 의사결정을 지원하기 위한 분석적 모델들이 활용되고 있다.

⑤ 전사적 협력을 기반으로 유통산업의 업무특성을 고려한 개방적시스템의 구축이 필요하다.

⑥ 데이터베이스는 데이터의 중복을 최소화하고 조직의 목적달성, 무결성, 보안성 등을 고려하며 동시에 많은 사용자가 동일 데이터에 접근하더라도 이를 보장할 수 있도록 통합적으로 관리되어야 한다.

02 유통정보시스템의 분석

(1) 유통경영의사결정을 위한 데이터베이스 구축 기출 14 · 13

① 내부 데이터베이스
  ㉠ 내부 데이터베이스의 개념 : 유통정보를 위한 기업의 내부 데이터베이스는 기업이 주관하는 업무와 관련된 데이터이다. 생산, 조달, 판매, 운영, 물류업무 및 고객서비스업무 등과 관련된 데이터베이스를 말한다.
  ㉡ 내부 데이터베이스의 유형

판매 · 영업관련 데이터	조달물류관련 데이터	상품 · 생산관련 데이터	판매물류관련 데이터	고객서비스관련 데이터
• 판매예측 • 판매수당 • 외상매출기록	• 원부자재 재고 • 입찰기록 • 외상매입기록	• 생산계획 • 생산비용 • 품질관리기록	• 재고기록 • 출하기록 • 창고관리기록	• 서비스기록 • 고객불만사례

② 외부 데이터베이스
  ㉠ 외부 데이터베이스의 개념 : 유통기업을 중심으로 비즈니스와 관련된 여러 연구기관 및 기업환경과 관련된 데이터로서 협력업체, 경영정보, 서비스 제공정보, 연구결과, 시장분석, 소비자분석, 정치 · 경제환경 분석, 사회문화 정보 등으로 광범위하다. 기업의 목표와 연관될 수 있는 정보를 데이터베이스화 한 것으로서 주로 SCM(Supply Chain Management, 공급망관리), EDI(Electronic Data Interchange, 전자문서교환) 등과 같은 정보활용기법들이 사용되고 있다.

개념 Plus

유통정보시스템의 기본요건
• 포괄성 및 응용성을 갖춘 정보시스템
• 정형성과 개방성을 모두 갖춘 정보시스템
• 적절한 정보의 조직적인 흐름을 통해 유통경영 의사결정의 지원에 적절한 정보시스템
• 상시적이면서도 급변하는 기업환경에 신속히 대응할 수 있는 정보시스템

개념 Plus

유통정보시스템의 수평적 통합과 수직적 통합
유통정보시스템의 수평적 통합은 개별적으로 분산되어 있는 같은 유형의 경로구성원에 관한 정보의 중앙 집중화를 말하고, 수직적 통합은 두 가지 이상의 서로 다른 유형의 경로구성원들 간에 정보의 유기적 결합을 말한다.

ⓛ 외부 데이터베이스의 유형

기술 정보	생산기술, 공정기술, IT기술, 처리기술, 표준기술 등
경제환경 정보	각종 경제지표, 경기 동향, 환율, 무역수지 등
고객 정보	인구통계 분석, 소비자 심리 조사, 구매 패턴 조사, 수요 조사 등
경쟁사 정보	신상품 정보, 시장 점유율, 마케팅 정보 등
사회문화 정보	세대차이, 종교, 문화 등
정치환경 정보	법률 정보, 기관 정보, 표준 정보, 규제 정보 등

(2) 고객 데이터베이스 분석기법 [기출] 20 · 15 · 10

① R-F-M기법 : 최종구입일(Recency), 구매빈도(Frequency), 구매금액합계(Monetary)의 첫 글자를 따온 것으로서, 고객이 어떤 상품이나 서비스를 구입하였을 때 마지막으로 구입한 날은 언제이고, 총 구매금액은 얼마인지를 토대로 고객정보를 분석하여, 이를 고객관리에 활용하는 기법이다. 데이터베이스 마케팅에서는 점수 부여(Scoring) 방법으로 고객의 가치를 계산하는 방식으로 사용된다. ★★

② MCIF 기법(Marketing Consumer Information File, 고객속성정보파일) : 기존 고객의 구매형태와 고객관리에서 발생한 다양한 데이터(구매기간, 구매횟수, 금액, 장소, 품목, 구매방법 등)를 비교·분석하고, 정보를 서로 교차시켜 마케팅활동에 활용하는 고객관리 및 분석기법을 말한다.

③ 고객생애가치이익 평가기법 : 고객이 자사의 제품을 최초로 구매한 시점부터 최종 거래에 이르는 기간 동안에 구입하고 제공받은 서비스의 총 이용금액에서 고객획득비용, DM 제작 및 발송비용, 매출액, 상품원가, 텔레마케팅 경비 등을 제한 후 영업수익을 산출하여 나타난 생산성을 기초로 고객 1인당 누적가치를 평가한 것이다.

고객데이터의 속성	
1차 정보	현재 당면하고 있는 특정 상황에 맞게 수집되는 정보를 말한다. 특정한 문제해결이나 마케팅 활동에 실제적으로 활용될 수 있는 정보로서, 실제상황과 연계해서 수집되는 만큼 실용성과 실행가능성이 높다. • 인구·사회 통계적 정보 • 인지·지식정보 • 태도·의견정보 • 의도에 관한 정보 • 동기에 관한 정보 • 행동에 관한 정보
2차 정보	기업 내부에서 다른 목적으로 활용하기 위해 수집한 정보나 타 기관에서 다른 목적으로 수집한 정보이다. 2차 정보의 수집은 비용과 시간을 절약할 수 있으며, 일반적으로 1차 정보의 수집에 선행하여 이루어진다. • 내부 2차 정보 : 기업 내부에서 다른 목적으로 수집된 자료로서 회계처리과정에서 작성되는 판매 및 비용 자료가 있다. • 외부 2차 정보 : 외부 간행물 자료나 유통정보, 소비자정보, 민간간행물 등의 기타 정보서비스가 해당된다.

(3) 빅데이터(BIG DATA) 기출 20·19·18·17·16·14

① 빅데이터의 의의

　　㉠ 빅데이터란 디지털 환경에서 생성되는 데이터로 그 규모가 방대하고, 생성 주기도 짧고, 형태도 수치 데이터뿐 아니라 문자와 영상 데이터를 포함하는 대규모 데이터를 말한다.★

　　㉡ 빅데이터 환경은 과거에 비해 데이터의 양이 폭증했다는 점과 함께 데이터의 종류도 다양해져 사람들의 행동, 위치정보와 SNS를 통해 생각과 의견까지 분석·예측할 수 있다.

　　㉢ 기존의 정형화된 데이터뿐만 아니라, 비정형적 데이터까지 포함한 방대한 양의 데이터를 수집하여 다양한 관점에서 신속하게 패턴이나 예측 정보를 제공한다.

　　㉣ 빅데이터의 특징은 3V로 요약해 볼 수 있다. 즉, 데이터의 양(Volume), 데이터의 생성 속도(Velocity), 형태의 다양성(Variety)을 의미한다. 최근에는 여기에 가치(Value)나 복잡성(Complexity)을 포함시키기도 한다.★

　　㉤ 현재의 빅데이터 환경은 과거와 비교해 데이터의 양은 물론 질과 다양성 측면에서 패러다임의 전환을 의미한다. 이런 관점에서 빅데이터는 IT와 스마트혁명 시기에 혁신과 경쟁력 강화, 생산성 향상을 위한 중요한 원천으로 간주되고 있다.

② 빅데이터의 수집 : 빅데이터의 수집은 분산된 다양한 소스로부터 필요한 데이터를 수동 또는 자동으로 수집하는 과정이다. 조직 내외부의 정형적·비정형적 데이터를 수집하게 되는데 이와 관련된 내용은 다음과 같다.★

　　㉠ 로그 수집기 : 웹서버의 로그 수집, 웹로그, 트랜잭션 로그, 클릭 로그, 데이터베이스의 로그 등을 수집한다.

　　㉡ 웹로봇을 이용한 웹 크롤링(web crawling) : 웹문서를 돌아다니면서 필요한 정보를 수집하고 이를 색인해 정리하는 기능을 수행하며, 주로 검색엔진에서 사용한다.

　　㉢ 센싱(sensing) : 온도, 습도 등 각종 센서를 통해 데이터를 수집한다.

　　㉣ RSS 리더(reader) : 사이트에서 제공하는 주소를 등록하면, PC나 휴대폰 등을 통하여 자동으로 전송된 콘텐츠를 이용할 수 있도록 지원한다.

　　㉤ Open API : 이용자가 응용 프로그램과 서비스를 개발할 수 있도록 공개된 운영체제나 프로그래밍 언어가 제공하는 기능을 제어할 수 있게 만든 인터페이스이다.

사물 인터넷(Internet of Things) 기출 19·15

- 현실세계 사물들과 가상세계를 네트워크로 상호연결해 사람과 사물, 사물과 사물 간 언제 어디서나 소통할 수 있게 한 미래 인터넷기술로, 1999년 MIT의 케빈 애쉬톤이 처음 사용하였다.
- 컴퓨터 및 네트워크 기술의 발전을 바탕으로 사람 간 연결을 지원하던 인터넷을 확장해 실세계를 구성하는 모든 개체를 인터넷의 구성원으로 받아들여 정보를 공유하는 것을 말한다.
- 최근 유통정보시스템 구현에 있어 실시간 정보 획득 기반 기술로 초연결사회에 핵심 주요기술로도 꼽히는 기술이다.
- 유무선 네트워크에서의 엔드디바이스(End-device)는 물론, 인간, 차량, 교량, 각종 전자장비, 문화재, 자연 환경을 구성하는 물리적 사물 등이 모두 이 기술의 구성 요인에 포함되며, 가전에서부터 자동차, 물류, 유통, 헬스케어에 이르기까지 다양한 분야에서 활용 가능하다.

개념 Plus

정보시스템에서의 트랜잭션
- 데이터베이스 등의 시스템에서 사용되는 쪼갤 수 없는 업무처리의 단위를 말한다.
- 트랜잭션은 실시간 데이터로써 주로 관계형 데이터베이스 모형을 요구한다.
- 요약의 수준은 낮으나, 높은 수준의 정규화를 요구한다.

출제지문 돋보기 OX

01 [16-1]
빅데이터는 최고 경영자의 직관에 의한 올바른 의사결정을 내리도록 객관적인 데이터를 제공하기 때문에 필요성이 대두되고 있다. (　)

02 [17-2]
사물인터넷(IOT)은 주변 사물들이 유·무선 네트워크로 연결되어 유기적으로 정보를 수집(센싱) 및 공유(클라우드)하면서 상호작용(빅데이터)하는 지능형 네트워킹 기술 및 환경을 의미한다. (　)

정답 1. × 2. ○

03 유통정보시스템의 설계 및 구축

(1) 유통정보시스템의 설계 과정 기출 20·16·13·12·11

① **1단계 경로시스템에 있어서 핵심 의사결정 영역 확인** : 유통정보시스템 구축의 궁극적 목표는 원활한 유통기능의 수행이다. 따라서 경로구성원들은 그들이 수행해야 할 주요 의사결정영역(경로기능)을 먼저 파악해야 한다.

② **2단계 의사결정이 이루어지는 각 수준(제조, 도매, 소매)의 경로구성원 확인** : 제조업자, 도매상, 소매상들 중 누가 상품구색에 관한 결정, 상품가격의 결정, 재고부담 등의 유통 기능을 수행할 것인가에 대한 결정을 말한다.

③ **3단계 의사결정을 내리기 위해 필요한 마케팅정보(매장, 재고, 인력) 확인** : 각 주요 의사 결정영역(유통기능)의 수행에 필요한 구체적인 마케팅정보를 파악한다. 이 단계에서 기업은 경로구성원들에게 필요 이상의 정보가 제공되어 효율적인 경로의사결정이 저해 되지 않도록 유의해야 한다.

④ **4단계 유통정보를 제공하는 방법과 시스템 운영환경의 확인 및 설계** : 경로구성원들은 전 단계에서 결정된 구체적인 마케팅정보의 수집을 누가 담당하며, 수집된 정보를 사용 자에게 어떤 방식으로 전달할 것인지 결정한다.

⑤ **5단계 불확실성·잡음요소를 보완·제거할 수 있는 정보화 프로그램(POS, SCM, ECR 등) 확인** : 대체로 수작업에 의한 정보의 입력 및 전달보다는 정보기술을 이용한 정보의 입력 및 전달의 자동화가 잡음 개입의 가능성을 낮춰준다.

(2) 유통정보시스템의 구축 과정 기출 14·08

유통정보시스템은 기획단계, 개발단계(기술적 구현), 적용단계(실무도입)를 거쳐 구축된다.

기획단계		개발단계(기술적 구현)		적용단계(실무도입)
• 최고경영자의 지원		• 네트워크 및 DB시스템 구축		• 시스템의 단계적 적용
• 전담팀 구성	⇨	• 시스템 분석 및 S/W, H/W설계	⇨	• 사용매뉴얼(지침서) 개발
• 목표설정		• 시스템 통제 방안 마련		• 사용자 교육·훈련
• 시스템설계		• 사용자환경		• 시스템의 문제점 파악과 개선
• 예산책정		• 시험가동 및 시범서비스 운영		

클라우드 컴퓨팅(Cloud Computing) 기출 16
유통채널관리를 위한 시스템 구축시 정보자원의 효율적 활용을 위한 방안으로 크게 3가지가 있다.
- **PaaS(Platform as a Service)** : 플랫폼을 제공하는 서비스로, 기존 하드웨어, 소프트웨어 및 호스트를 구매하여 관리 비용 없이 사용자가 필요한 전반적 클라우드 기반 개발환경을 제공해주는 서비스이다.
- **SaaS(Software as a Service)** : 소프트웨어 형태의 서비스로, 사용자가 인터넷 등을 통해 서비스 제공자가 운영하는 클라우드 기반 애플리케이션 혹은 소프트웨어를 사용하는 서비스이다.
- **IaaS(Infrastructure as a Service)** : 일종의 호스팅 서비스로, 기존에 제공되는 서버 기반의 호스팅이 클라우드 기반으로 제공되는 형태이다. 시스템 인프라 클라우드 서비스라고 불리며, 서버, 네트워킹, 스토리지, 데이터 센터 등과 같은 인프라 자원을 사용한 만큼 비용을 지불한다.

04 정보 네트워크 기출 14·12·11·10·09·08

(1) 종합정보통신망(ISDN)

① ISDN은 디지털종합정보통신망으로 화상회의, 원격감시, 컴퓨터통신, 인터넷, 전화통신, 팩시밀리 송·수신 등을 연결하는 안정된 디지털망을 이용하여 영상, 음성, 문자 등을 주고받을 수 있는 종합형 멀티미디어통신이다.

② 전송속도가 64Kbp~144Kbp로 현대의 이미지, 동영상 등의 대용량 데이터를 고속으로 전송하기에는 다소 무리가 있다. 이를 개선하기 위해 2Mbps~155Mbps의 데이터 고속 전송이 가능한 광대역 종합정보통신망(B-ISDN)이 개발되었다.

(2) 근거리정보통신망(LAN)

특정한 기업의 내부, 건물 안 등에서 컴퓨터, 팩시밀리, 멀티미디어 등을 유기적으로 연결하여 다량의 각종 정보를 신속하게 교환하는 통신망이다. 여러 대의 컴퓨터와 주변장치가 전용의 통신회선으로 연결되며, 그 규모는 한 사무실, 한 건물 등과 같이 비교적 가까운 지역에 한정된다.

(3) 위성추적시스템(GPS)

① 인공위성을 통해 차량 위치를 추적하여 물류정보시스템을 가장 효율적으로 활용할 수 있는 장치이다. 위치정보는 GPS 수신기로 3개 이상의 위성으로부터 정확한 시간과 거리를 측정해 3개의 각각 다른 거리를 삼각법에 따라 현 위치를 정확히 계산할 수 있다.

② 인공위성, 배달차량, 배달센터와의 통신망을 구성해서 중앙컴퓨터에서 인식된 배송차량의 위치, 배송진행과정, 목적지까지의 최적 경로, 배달예정시각, 각종 편의정보 등을 고객들에게 실시간으로 제공한다.

③ 차량의 위치가 파악됨에 따라 배차작업 최적화와 배달시간 단축이 가능하다.

④ 상품을 주문한 고객은 자신의 화물에 대한 배달상황을 인터넷을 통해 알 수 있다.

⑤ 혼잡한 도심지에서 목적지를 쉽게 찾을 수 있도록 하며, 배송사고가 났을 때 그 위치를 신속히 파악하여 구조할 수 있다. 또한 차량추적시스템과 연계함으로써 운행 차량에 대한 완벽한 관리 및 통제가 가능하다.

(4) 지리정보시스템(GIS)

① 지리공간데이터를 분석·가공하여 교통·통신 등과 같은 지형 관련 분야에 활용하는 시스템을 말한다. GIS를 사용하여 매출추정 과정을 시스템화하고, 이를 통해 매출액을 추정하는 상권측정 방법도 점차 확대되고 있다.

② 주제도작성, 공간조회, 버퍼링(buffering)을 통해 효과적인 상권분석이 가능하다.

③ 여러 겹의 지도레이어를 활용하여 상권의 중첩(overlay)을 표현할 수 있다.

④ 점포의 고객을 대상으로 gCRM을 실현하기 위한 기본적 틀을 제공할 수 있다.

⑤ 지도레이어는 점, 선, 면을 포함하는 개별 지도형상으로 구성된다.

개념 Plus

전자문서교환(EDI)
EDI란 거래 당사자가 종이서류 대신 컴퓨터가 읽을 수 있는 표준화된 자료인 전자서류를 데이터 통신망을 통해 컴퓨터와 컴퓨터 간에 교환하여 재입력 과정 없이 직접 업무에 활용할 수 있도록 하는 새로운 전달방식을 말한다.

개념 Plus

부가가치통신망(VAN)
VAN은 컴퓨터를 이용하여 전송에 의한 정보교환이 가능하도록 설치된 정보통신망을 말한다. VAN의 주요 기능으로서는 교환기능, 통신처리기능, 정보처리기능, 전송기능 등이 있다.

개념 Plus

주파수 공용통신(TRS)
주파수 공용통신은 중계국에 할당된 여러 개의 채널을 공동으로 사용하는 무전기 시스템이다. 이동 차량이나 선박 등 운송수단에 탑재하여 이동 간의 정보를 리얼 타임(real time)으로 송수신할 수 있는 통신 서비스이다.

개념 Plus

위치기반서비스(LBS)
이동통신망과 정보기술(IT)을 종합적으로 활용한 위치 정보 기반의 시스템 및 서비스를 말한다. 사용자의 현재 위치를 파악하고 이를 각종 서비스와 연계하여 다양한 상업적 서비스를 제공한다.

개념 Plus

위치자동측정시스템(AVLS)
차량의 운행상황을 파악하는 위치추적 시스템이다. 이동 중인 차량의 위치 및 상태를 추적하여 실시간으로 전자지도에 표시함으로써 차량의 운행상황을 파악하는 서비스이다.

01 아래 글상자의 괄호 안에 들어갈 용어를 순서대로 짝지은 결과로 옳은 것은?

> • (㉠)은(는) 상황정보, 경험, 규칙, 가치가 포함되어 체계화된 결과로 인과, 원인관계를 형성하여 새로운 가치를 창출해 낸 또 다른 사실
> • 피터드러커는 관련성과 목적성이 부여된 사실들을 (㉡)(이)라고 하였음
> • (㉢)은(는) "45개의 재고가 남아있다"와 같이 구체적이고 객관적인 사실 또는 관찰 결과

① ㉠ 데이터, ㉡ 정보, ㉢ 지식
② ㉠ 지혜, ㉡ 지식, ㉢ 데이터
③ ㉠ 정보, ㉡ 지식, ㉢ 사실
④ ㉠ 지식, ㉡ 정보, ㉢ 데이터
⑤ ㉠ 지식, ㉡ 데이터, ㉢ 사실

02 괄호 안에 들어갈 알맞은 단어를 가장 적절하게 나열한 것은?

> • 사용자가 특정한 목적을 달성하기 위해 수집하여 분석한 사실은 (가)라/이라 구분할 수 있다.
> • 사용자에게 특정한 목적이 부여되지 않은 사실이거나, 가공되지 않은 사실은 (나)라고/이라 구분할 수 있다.
> • (다)은/는 정황적이고 어떤 행위를 가능하게 하는 실천적인 (가)로/으로 주어진 상황에 대한 많은 경험과 깊은 사려에 기반을 두고 있다.

① 가 : 자료, 나 : 정보, 다 : 시스템
② 가 : 자료, 나 : 정보, 다 : 지식
③ 가 : 정보, 나 : 자료, 다 : 지식
④ 가 : 정보, 나 : 지식, 다 : 자료
⑤ 가 : 지식, 나 : 자료, 다 : 정보

03 정보는 특별한 관련성과 목적을 가진 데이터이다. 다음 중 데이터를 정보로 전환하는 데 필요한 다섯 유형의 중요한 활동으로 가장 적합하지 않은 것은?

① 맥락화
② 분 류
③ 정 정
④ 대 화
⑤ 축 약

04 정보의 유용성을 판별하기 위한 판단기준에 대한 설명으로 가장 옳지 않은 것은?

① 적시성 : 정보가 의사결정자에게 의미를 갖도록 적시에 제공될 수 있어야 한다.
② 적합성 : 의사결정에 적합하지 않은 데이터가 데이터베이스에 있어서는 안 된다.
③ 신뢰성 : 데이터의 기밀성을 확인해야 한다.
④ 비용효율성 : 데이터의 획득에 소요되는 비용과 그 가치에 대해 평가가 필요하다.
⑤ 비교가능성 : 적합성이 확보된 다른 정보와 비교할 수 있어야 한다.

05 디지털 경제 성장 과정에서 나타나는 주요 변화로 가장 옳지 않은 것은?

① 인터넷을 통한 정보전달 속도 증대
② 고객에 대한 서비스의 효율성 증대
③ 인터넷을 통한 콘텐츠 전송 증대
④ 인터넷을 통한 물리적 제품의 소매 거래 감소
⑤ 영업 및 마케팅 비용 감소

06 아래 글상자의 ⊙, ⓒ에 해당되는 각각의 용어로 가장 옳은 것은?

전통적인 경제학에서 기업의 생산활동은 ⊙이 주로 적용된다고 가정하고 있다. 정보화 사회에 들어서면서 컴퓨터산업을 포함한 정보통신 산업분야에서는 이러한 현상이 적용되지 않는다. 오히려 ⓒ이 적용되고 있다. 브라이언 아서 교수는 농업이나 자연자원을 많이 소모하는 대량생산 체제에서는 ⊙이 지배하고, 첨단기술의 개발과 지식중심의 생산 체제에서는 반대로 ⓒ이 지배한다고 주장하였다.

① ⊙ 수확체증의 법칙, ⓒ 수확불변의 법칙
② ⊙ 수확체증의 법칙, ⓒ 수확체감의 법칙
③ ⊙ 수확체감의 법칙, ⓒ 수확불변의 법칙
④ ⊙ 수확체감의 법칙, ⓒ 수확체증의 법칙
⑤ ⊙ 수확불변의 법칙, ⓒ 수확체감의 법칙

07 4차 산업혁명시대에 유통업체의 대응 방안에 대한 설명으로 옳지 않은 것은?

① 유통업체들은 보다 효율적인 유통업무 처리를 위해 최신 정보기술을 활용하고 있다.
② 유통업체들은 상품에 대한 재고관리에 있어, 정보시스템을 도입해 효율적으로 재고를 관리하고 있다.
③ 유통업체들은 온라인과 오프라인을 연계한 융합기술을 이용한 판매 전략을 활용하고 있다.
④ 유통업체들은 보다 철저한 정보보안을 위해 통신 네트워크로부터 단절된 상태로 정보를 관리한다.
⑤ 유통업체들은 고객의 온라인 또는 오프라인 시장에서 구매 상품에 대한 대금 결제에 있어 핀테크(FinTech)와 같은 첨단 금융기술을 도입하고 있다.

08 디지털 경제 하에서의 유통업 패러다임 변화로 가장 옳지 않은 것은?

① 생산요소를 투입하다 보면 어느 순간 투입 단위당 산출량이 감소하는 수확체감의 법칙이 적용된다.
② 자산의 의미도 유형자산(Tangible Assets)에 국한되지 않고 무형자산(Intangible Assets)으로까지 확대되고 있다.
③ "네트워크의 가치는 가입자 수에 비례해 증대하고 어떤 시점에서부터 그 가치는 비약적으로 높아진다."는 메트칼프(Metcalf)의 법칙이 적용된다.
④ 인터넷의 쌍방향성이라는 특성으로 인해 구매자는 복수의 판매자를 비교하고 가격협상까지 할 수 있는 구매자 주도 시장으로 변화하고 있다.
⑤ 생산자는 제품당 이윤이 줄어들 가능성이 있지만, 거래비용이 낮아져 소비자 수요가 확대되고, 제품의 판매량이 증가함으로써 오히려 전체적으로는 이윤이 늘어날 수 있다.

09 디지털(digital) 기술의 특성으로 가장 올바르지 않은 것은?

① 빛과 같은 속도로 이동하면서 정보를 전달할 수 있는 광속성
② 반복해서 사용해도 정보가 줄어들거나 질이 떨어지지 않는 무한 반복 재현성
③ 정보를 다양한 형태로 가공하고 확대 재생산할 수 있는 용이성
④ 송·수신자가 동시에 서로 정보를 주고받을 수 있는 쌍방향성
⑤ 메트칼프(Metcalfe)의 법칙이 적용되는 수확체감의 법칙성

10 파괴적(Disruptive) 기술에 대한 설명으로 가장 옳은 것은?

① 좀 더 빠른 자동차, 좀 더 대용량의 하드디스크와 같이 이전보다 더 나은 기술적 진보를 이루어 내는 기술을 지칭한다.

② 기존에 시도하지 않았던 새로운 방식으로 일을 처리하거나 새로운 제품이나 서비스를 이끌어내는 기술을 지칭하는 것으로 최근의 사물인터넷, 빅데이터 등이 대표적인 사례이다.

③ 기존 고객이 요구를 만족시켜주어 기존 시장을 확고히 이끌어 나가도록 지원하는 기술을 지칭한다.

④ 일반적으로 새로운 시장을 개척하면서 기존 시장의 가치를 보존시켜 주는 역할을 한다.

⑤ 기존의 시장에서 더 질 높고, 신속하며, 저렴한 상품을 공급하는 경향이 있다.

11 제4차 산업혁명시대의 특징에 대한 설명으로 가장 옳지 않은 것은?

① 2016년 세계 경제 포럼(WEF ; World Economic Forum)에서 화두로 등장하였다.

② 디지털 혁명에 기반하여 물리적 공간, 디지털적 공간 및 생물학적 공간의 경계가 더욱 더 명확해지게 되어 이들 간의 기술 융합을 통한 새로운 공간 생성 시대가 도래하였다.

③ 과학기술적 측면에서 '모바일 인터넷', '클라우드 기술', '빅데이터', '사물인터넷(IoT)' 및 '인공지능(A.I.)' 등이 주요 변화 동인으로 꼽히고 있다.

④ '초연결성(Hyper-Connected)', '초지능화(Hyper-Intelligent)'라는 특성을 가진다.

⑤ 제4차 산업혁명이 가까운 미래에 도래할 것이고, 이로 인해 일자리 지형변화와 사회구조적 변화가 일어날 것으로 전망되고 있다.

12 아래 글상자의 내용에 해당되는 용어로 가장 옳은 것은?

> 인터넷의 등장이 시장의 거래비용을 낮추어 기업내 조직의 복잡성과 기업규모는 감소한다.

① 길더(Gilder)의 법칙
② 무어(Moore)의 법칙
③ 황의 법칙
④ 코스(Coase)의 법칙
⑤ 메트칼프(Metcalf)의 법칙

13 아래 글상자의 내용을 근거로 경영과학 관점의 의사결정 과정을 순차적으로 나열한 것으로 가장 옳은 것은?

> ㉠ 실 행
> ㉡ 문제의 인식
> ㉢ 모형의 구축
> ㉣ 자료의 수집
> ㉤ 실행 가능성 여부 평가
> ㉥ 변수의 통제 가능성 검토
> ㉦ 모형의 정확도 및 신뢰도 검정

① ㉡ - ㉢ - ㉣ - ㉤ - ㉥ - ㉦ - ㉠
② ㉡ - ㉢ - ㉣ - ㉥ - ㉤ - ㉦ - ㉠
③ ㉡ - ㉣ - ㉥ - ㉢ - ㉦ - ㉤ - ㉠
④ ㉡ - ㉣ - ㉥ - ㉦ - ㉢ - ㉤ - ㉠
⑤ ㉡ - ㉣ - ㉦ - ㉤ - ㉢ - ㉥ - ㉠

14 경영자들이 흔히 범하는 의사결정 오류와 편견에 대한 설명으로 가장 옳지 않은 것은?

① 과신 편의 : 의사결정자가 자신이 알고 있는 것보다 더 많이 알고 있다고 판단하는 경우

② 고정관념 효과 : 의사결정자가 최초의 정보에 고정되어, 차후에 계속되는 정보를 적절히 반영하는 데 실패하는 경우

③ 선택적 지각 편의 : 의사결정자가 자신의 편향된 인식을 토대로 사건들을 선택적으로 구성하거나 해석하는 경우

④ 구성 편의 : 의사결정자가 상황에 대한 어떤 면은 배제하면서 다른 면은 선택하여 강조하는 경우

⑤ 자기기여 편의 : 의사결정자가 일단 결과가 실제로 알려지게 되면 사건의 결과가 정확하게 예측될 수도 있었다고 그릇되게 믿는 경우

15 다음 사례에 적용되는 의사결정의 오류로 가장 적합한 것은?

> 1990년 8월 2일 이라크의 쿠웨이트 침공사례로 대규모의 이라크군 탱크가 쿠웨이트 접경으로 접근하는 것을 쿠웨이트 국경수비대가 감지하고도 설마 이라크가 쿠웨이트를 침공할 것으로는 생각지 못하고 평상적인 훈련이라 생각하여 전혀 대비하지 않았다.

① 정박효과(anchoring effect)

② 최빈효과(recent effect)

③ 몰입상승효과(escalation effect)

④ 연상편견(associative bias)

⑤ 표현의 차이(poor framing)

16 경영자의 의사결정을 지원하는 역할을 담당하는 DSS(의사결정지원시스템)의 특성으로 가장 옳지 않은 것은?

① DSS는 의사결정과정을 비용 중심의 효율적인 면보다 목표 중심의 효과적인 측면에서 향상시킨다고 할 수 있다.

② DSS는 문제를 분석하고 여러 대안들을 제시해서 기준에 의한 최적의 대안을 선택하는 과정을 효과적으로 지원하는 것이다.

③ DSS는 의사결정자의 판단을 지원하는 도구이지 그들의 역할을 대체하기 위한 도구가 아니다.

④ DSS는 의사결정자가 정보기술을 활용하여 구조적인 의사결정유형의 문제를 해결하도록 지원하는 시스템이다.

⑤ DSS는 정보기술을 기반으로 한 의사결정과정을 지원하는 인간과 기계의 상호작용 시스템이다.

17 ( ) 안에 들어갈 용어로 가장 옳은 것은?

> 천재지변 등 여러 가지 원인에 의해 구축된 유통정보시스템을 이용할 수 없는 상태로 있는 시간을 말한다. 이용 불가능의 의미는 유통정보시스템이 오프라인이거나 사용할 수 없는 상황에 놓이는 상태를 말한다. 이를 ( )(이)라 부른다.

① 아웃콘트롤타임   ② 다운타임

③ 반응시간   ④ 리시브타임

⑤ 타임아웃

01 정답 ④

정보, 자료, 지식 간의 관계
- 지식(㉠) : 다양한 종류의 정보가 축적되어 특정 목적에 부합하도록 일반화된 정보로서, 자료가 정보로 전환되는 과정에서 활용된다.
- 정보(㉡) : 어떤 행동을 취하기 위한 의사결정을 목적으로 하여 수집된 각종 자료를 처리하여 획득한 지식이다.
- 데이터(㉢) : 어떤 특정한 목적에 대하여 평가되지 않은 상태의 단순한 여러 사실이며, 유용한 형태로 처리되기 전 있는 그대로의 사실이거나 기록이다.

02 정답 ③

가 – 정보, 나 – 자료, 다 – 지식에 해당한다.

03 정답 ④

정보는 데이터와 상황의 조합으로서 가치가 부여되며, 데이터가 정보로 전환되기 위해서는 맥락화, 분류, 계산, 정정, 축약 등의 요소가 작동되어 이루어진다.

04 정답 ③

정보에 대한 신뢰성을 판단하기 위해서는 데이터베이스의 무결성과 정확성을 확인해야 한다.

05 정답 ④

디지털 경제가 성장하면서 인터넷이 확산됨에 따라 다양한 상품정보를 손쉽게 수집하고 비교할 수 있게 되어 인터넷을 통한 물리적 제품의 소매 거래가 증가하였다.

06 정답 ④

㉠은 수확체감의 법칙, ㉡은 수확체증의 법칙에 대한 설명이다.
- ㉠ 수확체감의 법칙 : 노동력이 한 단위 추가될 때 이로 인해 늘어나는 한계생산량은 점차 줄어드는 현상을 말한다. 즉 생산요소를 추가적으로 계속 투입해 나갈 때, 어느 시점이 지나면 새롭게 투입하는 요소로 인해 발생하는 수확의 증가량은 감소한다는 것이다.
- ㉡ 수확체증의 법칙 : 전통적인 산업에 적용되던 수확체감의 법칙에 대응하는 개념으로, 어떤 기업이 상품을 만들기 위해 생산설비를 갖추고 생산을 시작하여 일정 규모의 생산을 초과하게 되면 비용이 점차 줄어들게 되고 수익이 커지는 현상을 말한다.

07 정답 ④

4차 산업혁명은 인공 지능(AI), 사물 인터넷(IoT), 클라우드 컴퓨팅, 빅데이터, 모바일 등 지능정보기술이 기존 산업과 서비스에 융합되거나 3D 프린팅, 로봇공학, 생명공학, 나노기술 등 여러 분야의 신기술과 결합되어 실세계 모든 제품·서비스를 네트워크로 연결하고 사물을 지능화한다.

08 정답 ①

수확체감의 법칙은 전통적인 산업에 적용되던 법칙이다.

09 정답 ⑤

메트칼프의 법칙(Metcalfe's law)
- 네트워크의 가치는 사용자 수의 제곱에 비례하지만, 비용의 증가율은 일정하다는 법칙이다.
- 멀티미디어 융복합 제품, 서비스의 필요성 증가에 따른 AV와 IT 결합 제품의 시장의 확대가 예상된다.
- 기반기술로서 Bluetooth, IEEE1394 등이 있다.

10 정답 ②

하버드대학교의 크리스텐슨(Clayton M. Christensen) 교수가 주장한 파괴적(Disruptive) 기술은 근본적인 변화를 통해 새로운 시장을 개척하고 더 나아가 비소비자시장을 창출하는 것이다. 파괴적 기술 이후 틈새시장을 장악하고 결국에는 기술개발을 통해 주류시장까지도 잠식하게 된다는 것이다.
①·③·④·⑤는 존속적(Sustaining) 기술에 대한 설명이다. 존속적 기술은 기업이나 시장이 이미 하고 있는 방법을 뒷받침하거나 강화하는 것이다.

11 정답 ②

2016년 세계 경제 포럼에서는 제4차 산업혁명의 개념을 ICT 기술 등에 따른 디지털 혁명에 기반을 두고 물리적 공간, 디지털 공간 및 생물학적 공간의 경계가 희미해지는 기술융합의 시대로 규정하였다. 제4차 산업혁명의 특징은 사람, 사물, 공간이 초연결되고, 초지능화하여 산업구조와 시스템이 융합되고 근본적인 혁신이 이루어진다는 점에 있다.

12 정답 ④

코스(Coase)의 법칙에 대한 설명이다.

코스(Coase)의 법칙
영국의 경제학자 로널드 코스(Ronald H. Coase)는 '기업의 본질(The Nature of the Firm)'에서 기업은 제품과 서비스를 생산하고 팔고 유통하는 데에 반복적으로 들어가는 비용을 절감하기 위해 조직된다고 발표하며 처음으로 '거래비용'이라는 용어를 사용하였다. 즉 코즈(Coase)의 법칙에 따르면 기업이 존재하는 이유는 '시장을 통한 거래비용'이 '기업조직을 통한 경제활동비용'에 비해 훨씬 더 높기 때문이다. 다시 말하면 '시장실패' 때문에 '기업'이라는 내부조직이 생겨났다는 것이다. 현대적인 해석은 거래비용이 감소하게 되면 기업 내의 조직의 복잡성, 기업의 수는 감소한다는 것이다. 1990년대 이후 인터넷의 등장으로 거래비용이 획기적으로 낮아짐에 따라, 해당 거래비용을 내부적으로 처리하던 조직의 경쟁력을 약화시키는 현상이 나타났다.

13 정답 ③

경영과학 관점의 의사결정과정
문제의 인식 → 자료의 수집 → 변수의 통제 가능성 검토 → 모형의 구축 → 모형의 정확도 및 신뢰도 검정 → 실행 가능성 여부 평가 → 실행

14 정답 ⑤

⑤는 사후확신 편견(Hindsight Bias)에 대한 설명이다. 예 "내가 이럴 줄 알았어", "거봐 내가 ~한다고 했잖아"

자기기여 편견(Self-Serving Bias)
자존적 편견 = 이기적 편견 = 동기적 편견이라고도 하며, 자신의 성공에 대해서는 내적 귀인으로, 실패에 대해서는 외적 귀인으로 돌리는 경향을 말한다.

15 정답 ①

① 정박효과(anchoring effect) : 인간의 사고가 처음에 제시된 하나의 이미지나 기억에 박혀 어떤 판단도 그 영향을 받아 새로운 정보를 수용하지 않거나 이를 부분적으로만 수정하는 행동 특성을 말한다.
② 최빈효과(recent effect) : 정보가 차례대로 제시되는 경우 앞의 내용들 보다는 맨 나중에 제시된 내용을 보다 많이 기억하는 경향을 말한다.
③ 몰입상승효과(escalation effect) : 분명히 잘못된 결정이나 실패할 것이 확실한 일에 고집스럽게 집착하는 심리를 말한다.
④ 연상편견(associative bias) : 현재의 상황을 고려치 않고 과거의 성공을 반복 시도하려는 효과를 말한다.
⑤ 표현의 차이(poor framing) : 해석의 다양성으로 인해 발생하는 오류로 애매한 표현이 지나치게 많은 경우에 발생한다.

16 정답 ④

DSS는 정형화되지 않는 문제, 즉 주로 반구조적인 의사결정유형의 문제로서 문제의 일부 측면은 계량화할 수 있으나, 일부는 주관적으로 다룰 수밖에 없는 문제에 관해 의사결정자가 효과적인 의사결정을 할 수 있도록 지원하는 것이다.

17 정답 ②

'다운타임(Downtime)'은 시스템을 이용할 수 없는 시간을 일컫는다. 이용 불가능의 의미는 시스템이 오프라인이거나 사용할 수 없는 상황에 놓이는 상태를 가리킨다. 일반적으로 네트워크와 서버에 적용되는 용어이다.

CHAPTER 02 | 지식경영

최근 5개년 출제경향 회당 평균 2.1문제 출제(5개년 기준 총 15회)

	출제영역	2019	2020	2021	2022	2023	합 계
제1장	유통정보의 이해	10	6	6	12	11	45
제2장	지식경영	8	6	10	4	3	31
제3장	주요 유통정보화기술 및 시스템	14	18	17	20	22	91
제4장	유통정보의 관리와 활용	11	12	16	12	15	66
제5장	전자상거래	17	18	11	12	9	67
제6장	유통혁신을 위한 정보자원관리	-	-	-	-	-	-
제7장	신융합기술의 유통분야에서의 응용	-	-	-	-	-	-
	합계(문항수)	60	60	60	60	60	300

35 30 25 20 15 10 5

15%

10.3%

30.3%

22%

22.4%

CHAPTER

02

지식경영

1 지식경영의 개념

01 지식경제와 지식경영 기출 06 · 05

(1) 지식경제

① 지식경제의 개념
　㉠ 지식은 기업경쟁력을 좌우하는 요인이다.
　㉡ 창조적인 지식이 기업의 핵심역량이 된다.
　㉢ 정보통신혁명 이외에 다양한 기술과 지식을 포괄한다.

| 인터넷경제 | ⇨ | 디지털경제
(정보경제, 네트워크경제) | ⇨ | 지식경제 |

② 사회와 경제 패러다임의 변화
　㉠ 사회의 변화 : 농업사회 → 산업사회 → 지식사회
　㉡ 경제의 변화 : 생산경제[농업경제 → 산업경제] → 지식경제
　㉢ 주요 자원의 변화 : 토지 → 석탄, 철광, 노동 → 지식, 무형지적자산

③ 생산경제와 지식경제 사이의 매개요인
　㉠ 정보통신기술의 발달
　㉡ 지식을 경쟁력과 생존을 위한 중요한 자산으로 인식
　㉢ 생산경제를 세계 모든 장소에서 가능하게 하는 세계화, 표준화, 기술 진보

④ 지식경제의 특징
　㉠ 정보기술의 발달로 지식과 정보의 경계가 사라지고 경쟁이 치열하다.
　㉡ 개인의 독특한 지식 및 능력에 따라 가치가 달라지며, 신분의 수직상승이 쉽다.
　㉢ 지식근로자가 출현했다.
　㉣ 수확체증의 법칙을 통한 지식의 상품화로 형성된 무형자산의 가치를 중요시한다.

⑤ 지식사회의 경쟁 및 시장변화
　㉠ 지식사회는 고객중심의 경영이 기업의 수익성과 직결된다.
　㉡ 지식사회는 생산과 소비의 관계변화로, 라이프사이클과 시간에 대한 가치의 관계가 변화하며, 고객과의 지식공유로 인해 기업과 고객이 새로운 관계가 형성된다.

ⓒ 인터넷의 발달로 인해 소비자는 더욱 신중한 구매의사 결정을 내리는 스마트소비가 보편화되고 있다.

ⓔ 정보기술(IT)의 발전으로 소비자의 목소리가 커져서 프로슈머, 크리슈머 등 새로운 소비계층이 등장하였다.

ⓜ 고객중심과 함께 고객 가치창출이 중요해지고 있다. 즉 동일한 제품과 서비스라도 고객이 느끼는 가치가 다르기 때문에 기업의 경영목표는 고객과 가치창출에 맞추어져야 한다.

정보화 사회의 새로운 소비계층 `기출` 21 · 18

프로슈머 (Prosumer)	• 앨빈토플러의 '제3의 물결'에서 언급한 것으로 '생산자(Producer)'와 '소비자(Consumer)'를 합성한 말이다. ★ • 고객 자신이 기업의 생산과정에 직접 참여하는 것으로 제품 및 서비스도 이제는 소비자가 원하는 방향으로 만들어져야 경쟁력이 있다는 것이다.
크리슈머 (Cresumer)	'Creative'와 'Consumer'의 합성어로 크리슈머는 단순한 소비만으로 욕구를 충족하는 수준이 아니라 소비를 통하여 스스로의 개성을 표현하는 창조적인 소비자를 의미한다. 크리슈머의 경영참여는 소비자와 기업과의 커뮤니케이션을 통해 기업이 경영에 필요한 지식과 아이디어를 소비자로부터 얻는 것을 의미한다. ★
크로스쇼퍼 (Cross Shopper)	온라인(모바일 포함) · 오프라인을 넘나들면서 제품의 정보를 수집하여 최적의 제품을 찾아내는 소비자를 일컫는 용어이다.

(2) 지식경영 `기출` 19 · 18 · 13

① **지식경영의 개념** : 지식경영은 조직 내에서 지식을 획득, 창출, 축적, 공유하고, 이를 바탕으로 고객에게 뛰어난 가치를 제공함으로써 조직의 경쟁력을 높이는 경영활동이다. 지식경영은 다음과 같은 특성을 가진다. ★

ⓐ 업무방식을 개선하고 능률적 운영을 공유

ⓑ 구성원의 경험, 지식, 전문성을 공식화

ⓒ 새롭게 창조된 형식적인 지식을 다시 암묵적인 지식으로 순화★

ⓔ 지식 관련 경영활동의 효과성 극대화와 지적자산으로부터 최대의 부가가치를 창출

ⓜ 사고의 자유로운 흐름을 촉진함으로써 혁신을 촉진

② **지식경영의 학자별 정의**

ⓐ 노나카(Nonaka) : 암묵지와 형식지의 선순환 과정을 통해 경쟁우위를 획득하는 조직의 창조적인 활동

ⓑ 칼위그(Karl Wiig) : 지식을 창출 · 조정 · 공유 · 사용하는 일련의 활동

ⓒ 베치만(Bechman) : 고객가치의 제고 및 구성원 경험과 지식공유화

ⓔ 아와드와 가지리(Awad & Ghaziri) : 조직의 프레임워크에 존재하는 지식을 다루는 다자간 학문 비즈니스 모델

ⓜ 스베이비(Sveiby) : 조직의 무형자산을 통해 가치를 창출하는 예술

③ 지식경영의 필요성

ⓐ 정보기술의 발달과 지식의 중요성으로 인해 무형자산의 인식이 바뀌었다.

ⓑ 글로벌 경쟁사회에서는 조직구성원이 획득한 **창조적 지식**이 중요해졌다. ★

ⓒ 기존 학습조직에 대한 이해부족과 부정적인 측면이 지식경영을 등장시켰다.

ⓓ 기업의 경쟁력이 브랜드가치나 지적자산으로부터 유래한다는 인식이 확산되면서 기업의 자산가치를 재무적인 자산중심으로 산출하는 방식에 문제를 제기하였다.

ⓔ 지식사회라는 새로운 패러다임의 출현으로 기업의 관점에서 지식경영은 부가요소가 아닌 생존요소로 간주되고 있다. ★

④ 지식경영이 기업에게 제공하는 기회

ⓐ 기업이 지식경영시스템을 도입함으로써 경쟁력 강화, 기업 운영의 효율성 향상, 지식자원의 자산화, 새로운 지식의 창조능력 증대 등의 효과를 얻을 수 있다. ★

ⓑ 조직구성의 빠르고 합리적인 의사결정을 가능하게 하고, 불필요한 과정을 제거함으로써 효율적인 운영을 통해 비용을 감소시킨다.

ⓒ 학습을 통한 축적된 지식을 활용함으로써 종업원들의 지식에 대한 가치수준을 인식하고 보상하여 종업원들의 사기를 강화하게 한다.

ⓓ 상품과 서비스를 보다 신속하게 시장에 제공할 수 있게 지원함으로써 수입을 증가시키는 효과를 가져올 수 있다.

⑤ 지식경영의 구성요소

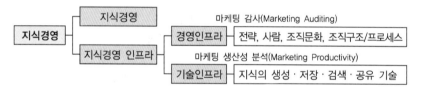

ⓐ 경영인프라

전략(Strateethy)	기업이 어떤 제품으로 시장에서 경쟁우위를 가지고 어떻게 승부할 것인가를 결정하는 것 → 지식경영과 경영전략을 연계
사람(People)	지식의 가장 중요한 원천인 사람을 중요한 조직적 자산으로 이해하는 것 → 동기부여를 통한 가치창출과 보상
조직문화(Culture)	긍정적인 지식문화를 창조하는 것
조직구조/프로세스	지속적으로 학습하는 학습조직을 관리·활용 → 최고지식경영자(CKO) 제도 도입

ⓑ 기술인프라

지식생성기술	데이터웨어하우스, 데이터마이닝(DM), 전자문서관리시스템(EDMS), 하이퍼링크관리시스템 등
지식저장기술	데이터베이스관리시스템(DBMS)
지식검색기술	GUI(Graphic User Interface), 하이퍼링크, 지능검색 에이전트 등
지식공유기술	인트라넷, 메타서버(Meta Sever), 그룹웨어(Groupware)와 전자우편, 네트워크 가상환경(NVE ; Networked Virtual Environment), 토론데이터베이스(DDB), 데이터 컨퍼런싱(Data Conferencing) 등

⑥ 지식경영의 발전과정

구 분		내 용
제1세대	지식경영의 도입기(~1995)	• 지식경영에 대한 체계적인 개념을 정립하는 과정 • 정보기술 역할에 초점(생성지식)
제2세대	지식경영의 성장기(~2000)	• 지식경영을 본격적으로 연구하는 단계 • 구체적인 사례와 실증연구에 의한 조직목표 달성 • 시스템구축과 기업내부지식 활용(지식공유)에 초점
제3세대	지식경영의 확장기(~2005)	• 지식경영의 잠재력 및 포괄성의 재인식 단계 • 전사적 관점에서 지식경영을 지속적으로 발전시키려는 노력
제4세대	지식경영의 혁신기(2006~)	• 기업의 전략적 목표와 비전을 달성하는 단계 • 결합·특화된 창조적 가치집합체의 지식

개념 Plus

지식경영 분석기술의 출현 및 발전단계
리포트(1980년대, 정형화된 데이터) → 스코어카드와 대시보드(2000년대, BI/CRM) → 데이터 마이닝(2010년대, 예측/판별 모델) → 빅데이터(현재, 대규모 데이터처리/인공지능)

웹 3.0의 지식경영

• 웹 1.0 시대 : 온라인 커뮤니티가 단순한 정보를 제공하는 데 머무르며, 사람들은 인터넷에서 생산자의 콘텐츠를 일방적으로 소비한다.

• 웹 2.0 시대 : 정보의 개방을 통해 인터넷 사용자 간의 정보공유와 참여를 이끌어내고, 이를 통해 정보의 가치를 지속적으로 증대한다.

• 웹 3.0 시대 : 지능화된 웹이 이용자에게 맞춤형 콘텐츠 및 서비스를 제공하여 이용자가 원하는 정보, 직관적인 경험을 제공한다.

구 분	웹 1.0	웹 2.0	웹 3.0
시 기	1990~2000	2000~2010	2010~2020
키워드	접속(Access)	참여와 공유	상황인식(Context)
콘텐츠 이용형태	생산자가 이용자에게 일방적으로 콘텐츠 제공 – 이용자는 콘텐츠 소비자	이용자는 콘텐츠의 생산자이며, 소비자이며, 유통자	지능화된 웹이 이용자가 원하는 콘텐츠를 제공 – 개인별 맞춤 서비스 제공
검 색	검색엔진 내부에서만 가능	여러 사이트에 있는 자료의 개방(Open API)	사용자 맞춤형 검색
정보 이용자	인 간	인 간	인간, 컴퓨터(기계)
기반기술	브라우저, 웹 저장	브로드밴드, 서버관리	시맨틱 기술, 클라우드 컴퓨팅, 상황인식
대응단말	PC	주로 PC(모바일 기기 일부)	PC, 모바일기기, 스마트워치, 악세서리 등 다양

02 지식경영 관련 이론

(1) 전략 이론(Strategic Theory)

① 자원의존이론(Resource Dependence Theory)
  ⊙ 어떤 조직도 필요로 하는 다양한 모든 자원을 획득할 수 없다는 것을 전제로, 조직이 환경에서 자원을 획득하고 보존함으로써 생존한다고 강조하는 이론이다.
  ⓒ 환경의 불확실성 극복을 위한 전략적 선택의 중요성과 환경적응결정에 있어서의 관리자의 역할을 강조한다.
  ⓒ 성공적인 지식경영을 위해 핵심자원을 개발하고 전략적으로 활용하게 된다.
  ⓔ 조직의 강·약점을 분석하고 브랜드 인지도와 고객과 공급자와의 관계를 규명한다.
  ⓜ 환경과 전략 간의 적합성에 따라 조직성과가 달라진다고 제안한다.

② 자원기반이론(Resource based Theory)
  ⊙ 동일한 환경 하에서도 개별기업의 성과 차이가 발생하는 원인은 환경적 요인보다는 기업 내부의 고유한 자원(역량)에 있다는 이론이다.
  ⓒ 기업 조직은 장기간에 걸쳐 나름대로 독특한 자원과 역량을 결합하고 구축해가는데, 바로 이들 자원과 능력의 차별적 역량에 근거하여 경쟁우위를 얻을 수 있다.
  ⓒ 조직능력, 핵심역량(Core Competence), 기업문화, 경영자의 능력과 같은 무형자산을 중요하게 다루고 있다.
  ⓔ 지속적인 경쟁우위는 경쟁조직이 쉽게 구입하거나 모방하기 어려운 자원과 역량에 의해 뒷받침될 때만 지속될 수 있다.
  ⓜ 경쟁우위의 원천이 되는 자원은 조직 간 동질성과 이동성을 인정하지 않는다.

> **핵심역량**
> 기업이 보유하고 있는 내부역량으로 경쟁사와 차별될 뿐만 아니라 사업성공의 핵심으로 작용하는 경쟁우위의 원천을 의미한다. 다양한 형태의 유형 및 무형의 자원과 조직 능력에 기반을 두고 있으며, 사용한다고 소멸하지 않으며, 지속적인 학습과 공유를 통해 더욱 향상된다.
>
> **조직의 자원을 모방할 수 없는 이유(Barney)**
> • 자원은 독특한 역사적 산물이기 때문이다.
> • 자원과 지속된 경쟁우위 간의 인과적 관계가 모호하다.

③ 지식기반이론(knowledge based Theory)
  ⊙ 조직의 가장 중요한 전략적 자원이 지식임을 강조하는 이론이다.
  ⓒ 지식은 효과적으로 전이할 수 있는 '형식지'와 그렇지 못한 '암묵지'로 이루어져 있다.
  ⓒ 지속적인 경쟁우위의 원천은 지식이며, 조직학습·조직혁신·비즈니스관리·환경변화에 대한 지원 등을 지원한다.
  ⓔ 조직구성원, 조직부서, 비즈니스 파트너 사이에 분배된 지식을 창출·통합·조정·전이하는 과정에서 경쟁우위가 발생한다.

ⓜ 조직의 경쟁우위는 과거시장에서 조직이 가지는 어떤 입지에서 발생하는 것이 아니라 경쟁기업이 모방하기 어려운 지식에서 발생한다.

④ 상보성이론(Complementarity Theory)
  ㉠ 여러 다양한 자원들 중 어떤 하나의 자원을 더 많이 사용함으로써 다른 자원의 사용에 대한 효과를 증가시킨다고 강조한다. 즉, 다양한 자원들이 함께 공존함으로써 발생하는 가치의 합이 이질적이고 상이한 개별자원이 발생시키는 가치의 합보다 더 크다는 것이다. 그 이유는 바로 시너지 때문이다.
  ㉡ 보완적 상승작용의 새로운 자원, 상호연결성, 통합, 시너지 등으로 나타낸다.
    • 상승작용의 새로운 자원(Co-specialized) : 서로 다른 부분의 상호작용이 조직의 효과성과 효율성을 증가시킨다.
    • 시너지(Synergy) : 상호 보완적 지식이 발생시키는 시너지가 전체 조직성과를 향상시킨다.
    • 상호연결성(Interconnectedness) : 상보성은 두 자원 이상 간에 존재하며 개별자원의 활용에 의한 가치의 합보다 공동자원의 활용이 더 높은 가치를 발생시킨다.
    • 통합(Integration) : 통합능력은 조직의 기존지식과 획득지식을 접목시키는 능력으로, 쉽게 경쟁조직이 모방하지 못한다.

⑤ 상황이론(Contingency Theory)
  ㉠ 환경 또는 상황요인을 조건변수로 하고 조직의 내부특성변수와 성과의 관계를 특정화하는 이론이다.
  ㉡ 조직을 구성하고 있는 다양한 하위시스템 간의 관계를 파악하여 조직의 본질을 이해하고, 특정 환경과 다양한 조건에서 조직이 어떻게 운영되는가를 설명한다.
  ㉢ 어떤 하나의 조직모형에 대한 보편성을 인정하지 않기 때문에 조직과 환경과의 동태적인 성격을 고려한 조직설계를 지향한다.
  ㉣ 과거 조직이 지향하던 단일최고방법(One Best Way)에 대응하여 환경이라는 상황변수를 고려한다.
  ㉤ 조직이 아무리 훌륭한 비즈니스 모델을 구축하더라도 환경에 따라 결과가 달라질 수밖에 없기 때문에 조직전략과 구조는 조직마다 다양하고 독특하다.
  ㉥ 조직환경이 빠르게 변화하는 상황에서 전략은 생존을 위한 필수적인 요건이며, 조직은 환경이 변화함에 따라 최상의 성과를 얻기 위해 스스로 변화해야 한다.

(2) 사회이론(Social Theory)

① 사회교환이론(Social Exchange Theory)
  ㉠ 인간관계는 주고받는 것의 교환과정이며, 그러한 과정을 통해 상호 간에 남는 것이 있다고 판단될 때 인간관계가 지속된다고 보는 이론이다.
  ㉡ 혼자서 이룰 수 없는 개인의 목표를 달성하고자 하는 사람은 유사한 태도를 가지고 있는 타인과의 거래를 통해 목표를 달성할 수 있다.
  ㉢ 대인 간 갈등에서 가장 광범위하게 적용된 이론으로, 명확한 경제적 교환을 다루지 않고도 행동, 감정, 제품, 커뮤니케이션을 포함하는 대인 간 상호작용을 설명한다.

② 사회인지이론(Social Cognitive Theory)
  ㉠ 인간관계는 행동(Behavior ; B), 개인적 요인(Person ; P), 외부환경(Environment ; E) 등 세 차원이 상호작용의 결정요인으로 작용한다.
  ㉡ 반두라(Bandura)는 개인적 요인인 사람이 어떻게 조직을 관리하며 역동적인 거래에 기여하는가에 초점을 두었다.
  ㉢ 다른 사람을 통한 대리경험과 자기규제적, 인지적, 자기반성적 프로세스를 포함한다.
③ 사회자본이론(Social Capital Theory)
  ㉠ 사회자본을 통한 개인의 이익은 지역공동체의 이익과 밀접한 관계가 있다.
  ㉡ 사회자본은 사회 및 제도적인 신뢰, 사회네트워크, 사회규범 등의 사회적 특성을 말한다.

사회적 신뢰	지역사회 일원들 사이에서 발현된 신뢰
제도적 신뢰	공공정책을 세우고 적용하는 데 대한 책임으로 새로운 정책을 수용하고 순응하는 것
사회네트워크	지역사회 일원들 사이에서 맺어진 공식 또는 비공식적 결속
사회규범	공공이익 달성에 필요한 공식 또는 비공식적 규범을 준수하는 것

  ㉢ 사회자본 축적은 공동이익 달성을 위한 집단활동을 장려하고 개인 이익에 기여한다.

(3) 사회기술이론(Sociotechnical Theory)

① 사회기술관점을 적용한 지식경영의 계층
  ㉠ 계층 1(Infrastructure) : 네트워크 구성원 사이의 의사소통을 위한 물리적(하드웨어, 소프트웨어)인 구성요소를 제공한다.
  ㉡ 계층 2(Infostructure) : 네트워크상 행위자 사이에 의사소통을 규제하는 공식적인 규칙을 제공하며, 의사소통을 위한 은유 및 공통언어와 같은 인지적 자원을 제공한다.
  ㉢ 계층 3(Infoculture) : 업무프로세스 주변의 사회적 관계에 내재되어 있고, 행위자가 인정하는 배경지식을 제공하며, 지식과 정보공유에 대한 제약을 결정한다.
② 사회기술적 설계의 목표 : 자율수정이 가능하며 변화에 적응할 수 있고, 조직효과를 위해 개인의 창의적 능력을 발휘할 수 있는 시스템을 구축하는 것을 목표로 한다.
  ㉠ 사회적 시스템 : 사람의 속성(태도, 스킬, 가치관 등), 관계, 보상시스템, 권한구조를 나타내며 조직구성원에게 동기부여를 제공한다.
  ㉡ 기술적 시스템 : 프로세스, 과업, 조직운영에 필요한 기술로 업무를 수행할 수 있는 도구와 능력을 제공한다.

사회기술적 원칙(Cherns)
- 호환성(compatibility)의 원칙
- 변동통제의 원칙
- 정보흐름(information flow)의 원칙
- 지원일치의 원칙
- 다기능(multi-function)의 원칙
- 경계위치(boundary location)의 원칙
- 권력과 권한(power & authority)의 원칙
- 최소 중요 명세서의 원칙

(4) 시스템이론(Systems Theory)

① 시스템의 개념

　㉠ 전체적으로 통일된 하나의 개체를 형성하면서 상호작용을 하는 구성요소들의 집합체를 의미한다. 이는 하나 혹은 그 이상의 공동목표를 달성하기 위하여 투입물을 산출물로 전환시키는 체계적인 처리과정(Process) 내에서 상호작용하는 구성요소들의 유기적인 결합체를 의미한다.

　㉡ 명확한 기능을 수행하거나 목표를 달성하기 위한 사람, 자원, 개념, 절차 등과 같은 요소들의 집합체이다.

② 일반적인 시스템의 모형

　㉠ 환경(Environment) : 시스템의 운용에 영향을 미치지만, 경계 외부에 존재하기 때문에 통제할 수 없는 변수들을 의미한다.

　㉡ 경계(Boundary) : 시스템 외부(환경)와 시스템 내부를 구분하는 영역이지만, 물리적인 경계선이 존재하는 것이 아니라 투입물과 산출물이 통과하는 개념적인 영역이다.

　㉢ 투입(Input) : 시스템을 가동시키기 위해 시스템 내부로 들어오는 모든 에너지를 의미한다.

　㉣ 출력(Output) : 시스템 내부에서 처리되어 외부로 보내지는 모든 결과물이다.

　㉤ 처리(변환) : 주어진 조건 하에서 입력자료를 정해진 절차대로 가공하는 것이다.

　㉥ 통제(Control) : 입력에서 출력에 이르는 모든 처리활동을 통제하는 것으로, 각 단계에서 생성되는 여러 조건들을 판단하여 돌발사태를 해결하는 시스템의 안정화 기능까지 포함한다.

　㉦ 피드백(Feedback) : 처리된 결과가 정확하지 않으면 결과의 일부나 오차를 다음 단계에 다시 입력하여 한 번 더 처리하는 것을 말한다.

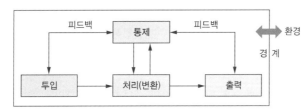

[시스템의 모형]

③ 시스템 이론의 속성

　㉠ 목표지향성 : 조직과 그 하위 시스템은 목표지향적이라 할 수 있다. 일반적으로 시스템의 목적은 부분 간의 균형을 통하여 시스템 자체를 계속 유지하고 발전시켜 전체적 조직을 더욱 성장시키는 것이다.

　㉡ 전체성 : 전체는 부분의 합 이상의 것이라는 의미로 시스템의 유기적 결합은 단순한 합의 개념이 아닌 승의 개념이며 조직의 상승효과, 즉 시너지효과를 지니고 있다.

　㉢ 개방성 : 환경과 끊임없이 상호작용하는 것이 개방시스템의 본질적인 특징이다.

　㉣ 상호관련성 : 시스템과 외부환경과의 상호작용뿐만 아니라 시스템 내 여러 구성요소 간의 상호작용과 상호의존성에 관한 것도 포함된다.

개념 Plus

조직변화를 저해하는 요소
• 소수 지식근로자로만 과업 수행
• 최신 기술의 결여
• 일치하지 않는 의사결정
• 높은 이직률

01 **지식근로자와 지식경영자**

(1) 지식근로자(knowledge worker)

① 지식근로자의 개념
  ㉠ 정보를 나름대로 해석하고 이를 활용해 자신의 일을 끊임없이 개선·개발·혁신하여 부가가치를 올리는 사람
  ㉡ 기업경쟁력 향상을 위해 지금 수행해야 할 일이 무엇이고 그 일을 어떻게 수행해야 하는지 아는 사람
  ㉢ 자신의 하는 일의 부가가치를 높이기 위해 끊임없이 지식투입도를 높여 가는 사람
  ㉣ 지식을 창출하고 가공하며 분배하는 사람
  ㉤ 가치를 창출하는 데 노동보다 두뇌를 사용하는 사람
  ㉥ 일상적 업무수행에서 정보기술을 사용하며 직접적으로 직무와 업무프로세스의 효율성과 효과성에 영향을 미치는 사람

② 지식근로자의 특징 및 핵심역량 7가지

지식근로자의 특징	지식근로자의 핵심역량 7가지
• 독특한 가치관 소유, 조직 문화를 이해하고 수용 • 협업 및 공유 태도 수용 • 개인 및 전문적 성장을 기업의 비전 및 전략목표와 일치시킴 • 혁신적인 능력과 창조적인 마인드 • 자율통제와 자기주도적인 학습 • 새로운 방법을 채택하여 학습	• 전략적인 사고기술 • 지속적인 학습 • 혁신적인 팀워크와 공동 의사결정 • 혁신과 창의성 • 위험감수 • 명확한 활동수행 • 지식책임문화

③ 지식근로자의 생산성을 결정하는 요소
  ㉠ 지식근로자의 생산성을 향상하기 위해서는 '과업(what)의 결정'이 중요하다.
  ㉡ 지식근로자의 생산성 향상에 대한 책임을 개별 지식근로자에게 부과하도록 요구하기 때문에 지식근로자는 자기 자신을 스스로 관리해야만 한다.
  ㉢ 지속적인 혁신은 지식근로자의 작업과 과업, 그리고 책임의 한 부분이어야 한다.
  ㉣ 지식작업은 지속적인 배움과 가르침을 지식근로자의 한 속성으로 포함해야 한다.
  ㉤ 지식근로자의 생산성은 산출량뿐만 아니라 품질도 똑같이 중요하다.
  ㉥ 지식근로자의 생산성을 향상하기 위해서는 지식근로자를 '비용'이 아니라 '자산'으로 인식하고, 확보·유지·보상해야 한다.

(2) 지식경영자(Chief Knowledge Officer)

① **지식경영자의 개념** : 한 기업조직의 지식경영과 지식관리를 책임지는 최고 책임자로, 최근에 많은 기업들이 지식관리 중요성이 대두됨에 따라 CKO를 선임하고 있다. ★

② 지식근로자에 대한 관리
  ㉠ 구성원과 일치하는 업무환경 조성과 유지는 구성원의 업무행동에 대한 기본적인 동기이다.
  ㉡ 유능한 관리자는 노동의 안정성과 관련 기업의 직무에 대한 지속성을 보장하기 위해 지식근로자의 직업욕구와 직무요구사항 사이에 일치(Match)를 보장하려고 노력해야 한다.
  ㉢ 지식근로자의 관리는 조직에게 업무그룹 사이에 협업을 용이하게 하며, 기술생산성 잠재력을 촉진시킨다.

③ 지식경영자의 자질능력 및 주요역할

지식경영자의 자질능력	지식경영자의 주요역할
• 의사소통능력 • 장기적인 전략적 비전 제시 • 기술적인 전문성 • 사업에 대한 통찰력 • 변화관리능력 • 협력 및 조정능력	• 지식경영에 관련된 일들의 전략적 우선순위를 결정한다. • 지식경영의 하부구조를 구축한다. • 지식경영의 프로세스를 관리한다. • 지식경영에 대한 CEO의 지속적인 지원을 확보한다.

④ 지식경영자의 과제
  ㉠ 지식관리(경영)시스템(KMS) 구축에 의한 지식 가치의 충족을 유도해야 한다.
  ㉡ 지식경영 마인드 확산과 CEO에 대한 이해도를 제고해야 한다.
  ㉢ 지식경영에 대한 컨설팅 능력을 배양해야 한다.

02 지적자본과 지식기반조직

(1) 지적자본(Intellectual Capital) 기출 21·15

① 지적자본의 정의
  ㉠ 지적자본은 기업이 보유하고 있는 각종 지식을 일컫는 것으로 특허권, 상표권, 영업권, 기술과 같은 무형 자산을 비롯하여, 해당 자산을 운영하는 연구 개발력, 조직원의 창의력 및 노하우, 경영진의 관리 능력, 기업의 이미지 등을 포괄하는 개념이다.
  ㉡ 기계 설비나 공장 등과 같은 유형의 자산과 달리 회계 장부에 기재되지 않는 비재무적 자본으로서 시장의 가치와 장부의 가치 간의 차이를 나타낸다. 눈으로 볼 수 있는 것이 아니기 때문에 이를 기업 경영에 반영하기가 어렵다는 특성을 지닌다.

② 지적자본의 학자별 정의
  ㉠ 에드빈슨과 설리반(Edvinson & Sullivan)의 정의 : "가치로 전환될 수 있는 지식"
  ㉡ 울리히(Ulrcih)의 정의 : "역량×몰입", 역량은 조직구성원의 지식, 스킬, 속성, 몰입은 열심히 하고자 하는 개인의 의지력
  ㉢ 클라인과 프루삭(Klein & Prusak)의 정의 : "보다 높은 가치의 자산을 생산하기 위해 정형화되고 확보되어 활용할 수 있는 지적물질"

  ② 에드빈슨과 멀론(Edvinsson & Malone)의 정의 : "시장에서 경쟁우위를 제공하는 지식, 응용경험, 조직기술, 고객관계 그리고 전문적 스킬"

  ◎ 스튜어트(Stewart)의 정의 : "포괄적인 유용한 지식"

  ◉ 루스(Roos)의 정의 : "전략관점과 측정관점으로 구분", 전략관점은 지식개발과 지식활용, 측정관점은 인적자원회계와 성과표

③ 지적자본의 구성

  ㉠ 인적 자본 : 개인이 보유하는 지식이나 능력, 경험

인적자원	가치의 전환이 가능한 지식이나 노하우로서 경험, 노하우, 숙련된 기술, 창의성 등
지적자산	타인에게 자신의 소유권을 주장할 수 있는 구체적인 지식으로써 문서, 그림, 프로그램, 자료, 발명, 프로세스 등
지적재산	법적보호를 받는 지적 재산으로, 특허, 저작권, 영업비밀, 상표 등

  ㉡ 구조 자본 : 개인의 지식을 조직의 지식으로 전환시켜 효율적으로 사용할 수 있는 조직역량

직접지원요소	유형의 자원(컴퓨터, 책상, 전화)과 무형지원(정보시스템, 소프트웨어, 작업절차, 마케팅계획 등)
간접지원요소	물리적 요소(건물, 전기, 배선)와 간접적 요소(전략계획, 급여시스템, 원가계산 구조, 공급자 관계 등)

  ㉢ 고객 자본 : 조직과 고객 간의 관계를 의미하며, 브랜드, 고객, 고객충성도, 기업명칭, 유통채널, 업무협의, 라이센스 계약, 프랜차이즈 계약 등이 있다.

(2) 지식기반조직(Knowledge Based Organization)

① 지식기반조직의 정의

  ㉠ 지식과 정보의 활용을 강조하는 조직이다(Drucker).

  ㉡ 새로운 지식을 창조하고 이것을 조직 전체로 확산시켜 다시 상품, 서비스, 시스템으로 형상화시키는 조직이다(Nonaka & Takeuchi, 1998)

  ㉢ 지식의 창출·공유·확산·학습·활용이 활발히 이루어지는 조직이다.

② 지식기반조직의 조건

  ㉠ 통일적이고 구체적인 행동을 유발하는 명확한 공동 목표를 가지고 있어야 한다.

  ㉡ 조직의 리더는 구성원 개개인이 역할을 발휘할 수 있도록 유도하여야 한다.

  ㉢ 하부 조직단위의 업무목표와 실적이 전체 조직의 목표로 피드백될 수 있어야 한다.

  ㉣ 필요한 정보와 지식 그리고 경험이 조직 내에서 공유될 수 있는 탄력적이고 개방적인 조직이어야 한다(양기용, 2000).

③ 지식기반조직의 요소(4P)

  ㉠ 프로세스(Process) : 기존 지식의 효과적인 응용과 새로운 지식의 창조

  ㉡ 장소(Place) : 조직의 경계(지식의 창조와 공유목적을 위해 경계 초월)

  ㉢ 목적(Purpose) : 조직의 사명과 전략(지식전략)

  ㉣ 관점(Perspective) : 조직의 의사결정과 활동에 영향을 미치는 세계관과 문화(지식관점)

개념 Plus

지식경영과 학습조직
- 학습의 결과로서 획득되는 것
- 새로운 신념과 행동체계를 이끔
- 학습을 통해 지식을 얻고, 행동변화를 표출하는 일련의 과정

머천다이징 전략(4P) · 마케팅믹스 전략(4P) · 지식기반조직의 요소(4P)의 차이		
머천다이징 전략	**마케팅믹스 전략**	**지식기반조직의 요소**
• 상품전략(Product)	• 상품전략(Product)	• 프로세스(Process)
• 판매전략(Place)	• 유통전략(Place)	• 장소(Place)
• 가격전략(Price)	• 가격전략(Price)	• 목적(Purpose)
• 촉진전략(Promotion)	• 촉진전략(Promotion)	• 관점(Perspective)

④ 지식기반조직의 특징
　㉠ 조직의 가장 중요하고 가치 있는 자산은 지식이라고 인식하고 있다.
　㉡ 복잡한 조직환경과의 활발한 상호작용을 통해 새로운 지식의 창출과 전파가 원활하게 이루어질 수 있도록 하는 개방성과 유연성을 지니고 있다.
　㉢ 조직 내 지식의 공유와 활용을 장려·보장하는 다양한 공식적·비공식적 의사소통망을 구비하여, 조직 내 지식과 정보의 창출과 흐름이 원활하게 이루어진다.
　㉣ 모든 조직구성원들이 지식을 창출할 수 있는 자율성과 권한을 보유하여야 한다.

⑤ 지식기반조직의 필수지식 및 능력

지식기반조직의 필수지식	**지식기반조직의 필수능력**
• 공급업체에 관한 지식	• 지식에 대한 감시능력
• 고객에 관한 지식	• 지식에 대한 수용능력
• 규제에 관한 지식	• 지식의 흡수와 활용능력
• 기술과 혁신에 관한 지식	• 지식의 가공 능력
• 시장과 경쟁업체에 관한 지식	• 지식의 결론 도출능력
• 자원에 관한 지식	• 의사결정능력

03 조직문화와 지식문화

(1) 조직문화(Organizational Culture)

① 조직문화의 개념
　㉠ 조직문화는 구체적인 정의가 없다.
　㉡ 무형적이며 실체가 없는 가운데 조직의 여러 계층에서 다양하게 존재하고 있다.
　㉢ 조직문화는 가치관, 규범, 실무로 표현된다.

가치관	비가시적이며, 조직이 달성하고자 하는 것과 그것을 위해 어떻게 해야 하는지에 대한 암묵적 취향이다.
규 범	가치관으로부터 나오며 관찰가능하다. 조직구성원이 규명하기 쉬우며 변경이 가능하다.
실 무	가시적이며, 지식의 창조·공유·활용을 지원하는 데 필요한 행동을 변화시킬 수 있는 직접적인 방법이다.

② 조직문화와 행동
    ⊙ 가치관은 규범과 실무를 형성한다.
    ⓛ 관리자는 가치관을 다시 형성하기 위해 규범과 실무를 변경하기도 한다.
    ⓒ 조직문화는 조직변화 및 혁신관리를 위한 중요한 요소이다.
    ② 문화를 구성하고 있는 인적요소는 효과적인 조직성과와 변화관리를 위한 중요한 결정요인이다.
③ 조직문화와 지식의 연결 : 현재의 조직문화가 지식의 창조·공유·활용에 어떻게 영향을 미치는가를 평가하기 위하여 관리자는 먼저 문화가 지식 관련 행동에 실제로 어떻게 영향을 미치는가를 이해해야 한다.

(2) 지식문화(Knowledge Culture)

① 지식문화의 개념 : 지식문화는 조직구성원이 학습을 하고 조직의 경쟁우위를 증진하기 위하여 학습을 활용할 수 있는 조직환경을 의미한다.
② 지식문화의 특징
    ⊙ 지식의 가치를 평가하여 필요한 곳에 제공한다.
    ⓛ 지식을 공유한다.
    ⓒ 다양성의 가치를 평가한다.
    ② 전통적 경영계층에 파괴적인 영향을 미친다.
    ⓜ 지식격자(Knowledge Grid)를 활용하여 조직지식을 지속적으로 평가한다.

지식원천

		안 다	모른다
사용자 인식	안 다	안다는 것을 안다(A) (형식지)	모른다는 것을 안다(B) (알고 있는 무지)
	모른다	안다는 것을 모른다(C) (암묵지)	모른다는 것을 모른다(D) (알지 못하는 무지)

* 지식기반조직은 지식격자의 C와 D요소를 총체적 지식베이스에서 가장 중요한 부분으로 간주한다.

[지식격자(Knowledge Grid)]

04 지식전환 프로세스

(1) 지식의 구분(암묵지와 형식지) 기출 20·18·17·16·15·14·13

철학자 폴라니(M. Polanyi)는 지식경영과 관련하여 지식을 암묵지와 형식지로 구분하였다.

① 암묵지(Tacit Knowledge) : 언어나 기호로 표현하기 곤란한 **주관적 지식**으로, 개인의 **경험을 통하여 익힌 지식**을 말한다. 즉 사람들 머릿속에 들어 있는 지식으로 밖으로 표출되건 되지 않았건 개개인이 가지고 있는 지식을 일컫는다. ★★
    예 개인의 직관, 사고, 숙련, 노하우, 관행 등

② 형식지(Explicit Knowledge) : 언어나 기호로 표현 가능한 객관적 지식으로, 언어나 기호를 통하여 습득된 지식이다. 즉 문서화되어 있고, 보존이 가능하고, 성문화 할 수 있는 것들을 말한다. ★★

예 공식적인 제품 사양, 문서, 데이터베이스, 매뉴얼, 컴퓨터 프로그램 등

③ 암묵지와 형식지의 특징 비교

암묵지의 특징	형식지의 특징
• 주관적, 경험적 지식	• 객관적, 합리적 지식
• 저장, 전파, 모방이 어려움	• 저장, 전파, 모방이 용이함
• 비법이나 노하우의 형태	• 문서나 매뉴얼의 형태

(2) 노나카(Nonaka)의 SECI 모델(지식창조 프로세스) 기출 21·20·19·18·15·14

암묵지와 형식지라는 두 종류의 지식이 사회화(공동화) → 표출화(외재화·외부화) → 연결화(결합화·종합화) → 내면화(내재화)라는 4가지 변환 과정을 거쳐 지식이 창출된다는 이론이다. 즉 노나카 교수는 지식창조가 암묵지와 형식지 간의 상호작용을 통하여 발전해 나간다고 보았다. ★

```
┌─────────────────────────────┐      ┌─────────────────────────────┐
│ 공동화·사회화 : 개인의 암묵지식을 경험   │  ⟹   │ 외재화·표출화 : 암묵지식을 언어로써 형  │
│ 을 통해 타인의 암묵지식으로 전환        │      │ 식지식으로 전환                   │
│ 예 관찰, 모방, 전수, 지도, 현장훈련(OJT) │      │ 예 특허 신청, 제품 매뉴얼 작성, 제품개발 │
│                             │      │    과정의 콘셉트 창출             │
└─────────────────────────────┘      └─────────────────────────────┘
          ⬆                                        ⬇
┌─────────────────────────────┐      ┌─────────────────────────────┐
│ 내면화·내재화 : 형식지식을 개인의 암묵   │  ⬅   │ 연결화·종합화 : 형식지식을 다른 형식지  │
│ 지식으로 체득                   │      │ 식으로 가공·조합·편집             │
│ 예 매뉴얼 습득, 역할연기(롤 플레이),    │      │ 예 요약서 작성, 데이터베이스에서 새로   │
│    시뮬레이션, 노하우 습득          │      │    운 정보창출(데이터마이닝)        │
└─────────────────────────────┘      └─────────────────────────────┘
```

① 사회화(Socialization)
  ㉠ 경험의 공유를 통해 사고모형이나 기량과 같은 **암묵지를 창조**해 내는 과정이다.
  ㉡ 이러한 과정은 관찰, 모방, 전수, 지도, 현장훈련(OJT) 등을 통해서 이뤄지는데, 도제 장인의 기술을 관찰하고, 모방하고 연습함으로써 장인의 솜씨를 배우는 것은 전형적인 사회화 과정이라 할 수 있다. ★
  ㉢ 사회화 과정을 통해 창출되는 지식을 상황지(공감지)라고 하며, 애정·신뢰와 같은 감정적 지식, 제스처와 같은 신체적 지식, 열정이나 긴장과 같은 활력적 지식, 즉흥성과 같은 율동적 지식의 형태로 나타난다.

② 표출화(Externalization)
  ㉠ 개인의 암묵지를 언어나 기호의 형태로 전환하여 **형식지로 표출**하는 과정이다. ★
  ㉡ 제품개발 과정의 콘셉트 창출, 최고경영자 생각의 언어화, 숙련 노하우의 언어화, 고객의 암묵적인 니즈를 표출하고 현재화시키는 일 등은 표출화의 좋은 예이다.
  ㉢ 표출화 과정을 통해 창출되는 지식은 개념지로, 기업의 브랜드 이미지, 신제품 개념, 디자인 기술서 등의 형태로 나타난다.

③ 연결화(Combination)

    ㉠ 개인과 집단이 형식지를 다른 형식지로 가공·조합·편집하여 창조하는 과정이다. ★

    ㉡ 전략, 콘셉트의 구체화 작업, 부문 간 조정으로 경영수치를 만들고, 제품 사양서(메뉴얼) 작성 등이 연결화 과정의 예로 볼 수 있다.

    ㉢ 연결화 과정을 통해 창출되는 지식은 시스템지로서, 제품사양서, 기술사양서, 제품 매뉴얼, 시장동향보고서 등의 형태로 나타난다.

④ 내면화(Internalization)

    ㉠ 형식지가 개인의 암묵지로 체득되는 과정을 말한다. ★

    ㉡ 노하우, 매뉴얼 등을 롤 플레잉(역할연기)에 의해 개개인의 내부에 체험적으로 이해시키는 일이 좋은 예가 될 수 있다.

    ㉢ 내면화 과정을 통해 창출되는 지식은 일상지로, 문화, 노하우, 기능적 스킬 등의 형태로 나타난다.

(3) 칼 위그(K. Wiig)의 지식경영모델 기출 16·14

칼 위그는 지식을 진실, 믿음, 전망, 개념, 판단, 기대, 방법, 노하우 등으로 이루어진 것으로 특정한 상황과 문제해결에 적용하기 위해 축적, 구성, 통합되어 오랜 기간 보유하고 있는 것이라고 정의하면서, 지식의 유형을 다음과 같이 구분하였다. ★

① **일반지식** : 사회에서 통용이 가능한 **명시적인 지식**으로 일상에서 공유되는 지식이다. ★

② **공유되는 전문지식** : 지식근로자들에 의해 독점되며, 그들의 작업을 통해 공유되거나 기술에 내재된 지식을 의미한다.

③ **개인지식** : 암묵적 형태로 일상생활 속에서 무의식적로 사용되는 지식이다.

④ **사실지식** : 데이터 및 인간관계, 측정치, 즉 전형적으로 직접 관찰 가능하고 검증 가능한 지식을 의미한다.

⑤ **개념지식** : 체계나 관점 등을 다루는 지식을 의미한다.

⑥ **기대지식** : 아는 자의 판단, 가정 등을 의미하는 것으로, 의사결정에 이용되는 직관, 예감, 선호도, 경험적 판단 등을 들 수 있다.

⑦ **방법지식** : 추론, 전략, 의사결정 등에 관한 방법을 다루는 것으로, 과거의 실수로부터 교훈을 도출하는 방법이나 추세분석을 기반으로 예측하는 방법 등을 예로 들 수 있다.

(4) 콜린(Collin)의 지식유형의 2차원 분류 기출 14

구 분	형식지	암묵지
조직지	명시지(업무 매뉴얼)	문화지(조직 분위기)
개인지	개념지(개인의 산술능력)	체화지(타이핑 능력)

① **명시지** : 조직차원의 형식지로, 언어로 표기할 수 있는 명시적인 조직수준의 지식이다.

② **개념지** : 개인차원의 형식지로, 추상적이고 개념적인 개인이 독점하고 있는 지식이다.

③ **문화지** : 조직차원의 암묵지로, 조직 분위기와 같이 언어로 표현하기 곤란한 지식이다.

④ **체화지** : 개인차원의 암묵지로, 감각적 지식이나 특정상황과 연결되어 생성되는 지식이다.

(5) 지식경영과 학습조직(Learning Organization) 기출 20 · 18 · 16 · 13

① **학습조직의 개념** : 학습조직은 조직구성원들이 목표를 공유하고 역량을 강화하며, 성과 개선을 위한 지식과 경험을 축적하는 조직을 말한다.

② **학습조직의 학자별 정의**

   ⊙ 학습조직이란 지식을 창출·획득하고 전달하는 데 능숙하며, 새로운 지식과 통찰력을 경영에 반영하기 위하여 기존의 행동방식을 바꾸는 데 능숙한 유기체적인 조직을 말한다(D. Garvin, 1993). ★

   ⓒ 학습이 일어나는 장소로서 사람들이 바라는 결과를 창출하기 위한 능력을 지속 확대해 가는 곳, 새롭고 팽창적인 사고의 패턴이 자라는 곳, 집단적 획일성에서 해방되는 곳, 사람들이 함께 학습하는 방법을 끊임없이 배우는 곳이다(P. Senge).

③ **학습조직의 특징**

   ⊙ 엄격하게 구분된 기능별 부서 간의 경쟁이 아니라, 이들 **부서 간의 협력**을 유도해나가는 **신축적이고 유기적인 조직**이다. ★

   ⓒ 지식의 창출·공유와 활용이 뛰어난 조직으로 문제의 해결능력을 향상시켜 나가는 조직으로 지속적인 학습과 시행착오를 허용하는 조직이다.

   ⓒ 구성원의 권한 강화를 강조하며, 부분 보다는 전체로서의 문화가 중시되는 강한 조직문화가 필수적이다.

   ⓔ 창의와 적응을 위한 의도적인 조직으로, 모든 조직 구성원의 학습 활동을 촉진시킴으로써 조직 전체에 대한 근본적인 변화를 지속적으로 촉진시키는 조직이다.

④ **학습조직이 추구하는 학습목표의 속성** ★

   ⊙ 현재와 미래의 **명확한 비전을 제시**해야 하고, **기회를 창출**할 수 있어야 한다.

   ⓒ **구체적이고 측정 가능한 활동계획**으로, 결과에 대한 **측정이 가능**해야 한다.

   ⓒ **기업목표·개인의 직무와 연계**되어야 한다.

   ⓔ 업무의 전체 흐름을 파악하는 데 기여해야 한다.

⑤ **학습조직의 구축시 고려사항**

   ⊙ 학습목표를 명확히 하고 학습포럼 등의 프로그램이 활성화되도록 지원해야 한다.

   ⓒ 아이디어 교환을 자극할 수 있도록 조직 내의 장벽을 없애야 한다.

   ⓒ 자율적인 환경을 만들어 창의력을 개발하고 학습에 도움이 되는 환경을 조성한다.

⑥ **학습조직의 평가**

   ⊙ 학습조직은 급변하는 환경에 신속하게 대응할 수 있는 능력을 제고시켜 준다.

   ⓒ 학습조직은 수평적이며, 분권화된 조직을 지향한다. 따라서 정보화 시대에 요구되는 조직유형에 부합된다고 할 수 있다. 다만, 학습조직은 구체적인 방법론까지는 제시하지 못하고, 학습조직에 대한 이해부족과 가시적인 결과만을 기대했던 점이 오히려 부정적인 원인으로 지적되고 있다. ★

   ⓒ 학습조직은 조직학습이 지향하는 목표가 구성원들 사이에 적절히 공유되지 않으면 학습내용이 조직혁신에 적합한 것이 되기 어렵다. 또한 기득권을 저해시키거나 구성원들에게 물질적·심리적 부담을 주는 것으로 이루어지게 되면, 조직구성원들이 적극적으로 학습하려는 의욕을 보이지 않게 된다.

개념 Plus

센게의 학습조직의 5가지 수련

피터 생게(P. Senge)는 학습조직의 성립에 필요한 다섯 가지 수련요소로 <u>시스템적 사고를 전제로 하여 개인의 지적 숙련, 사고의 틀, 공동의 비전, 팀 학습을 제시하였다.</u> ★

1. 시스템적 사고(systems thinking) : 학습조직에서는 조직에 영향을 미치는 사건, 조직, 환경들의 상호관련성을 장기적이면서 전체적으로 조망하는 시스템적인 사고가 중시된다. 이러한 기본적인 원리 하에 조직이 학습하기 위해서는 다음의 기술적인 4가지 원리가 필요하다.

2. 개인의 지적 숙련(자기숙련, 자기완성, personal mastery) : 학습하는 개인이 없으면 조직학습도 없으므로, 개인이 스스로 지속적으로 자신의 비전과 에너지를 충만하게 북돋고, 현실을 인지하고 능력과 기술을 습득해가야 한다.

3. 사고의 틀(mental models) : 학습조직의 구성원들은 현실세계를 객관적으로 이해하고 어떤 활동을 할 것인가에 대한 깊은 이해와 형상화를 통해 기존 사고방식을 깨는 과정을 겪어야 한다. 이러한 숙고의 과정이 새로운 것들을 받아들이는 자세를 형성하기 때문이다.

4. 공동의 비전(shared vision) : 학습조직은 조직구성원들에게 단순히 비전을 듣게 하는 것이 아니라 조직의 비전에 스스로 열의를 갖고 몰입하게 하여 결국 학습을 촉진한다.

5. 팀 학습(team learning) : 학습조직은 대화를 통해 구성원들이 함께 사고하고 조직의 의미를 자연스럽게 구체화하도록 함으로써 전체 시스템적 사고에 도움을 준다.

개념 Plus

상황화(contextualization)
다양한 지식사용자와 개별 맞춤을
위해 지식내용의 주요 속성을 규명
하는 것

개념 Plus

CoP(Community of Practice)
지식실행공동체(CoP)는 도제관계
에서 초보자가 전문가와 삶을 공유
하면서 공동생활을 통하여 기술을
습득하며, 멤버십을 확보해 가는 과
정에서 활용되었던 지식 습득방법
을 모방하여 새로운 모습으로 기업
의 지식경영에서 활용되고 있다. 이
는 특정 주제에 대해서 관심 있는 사
람들이 모여 집단을 구성하고 관심
있는 주제나 수행 중인 일에 지속적
으로 상호작용함으로써 서로를 도
우며, 지식을 쌓아 나가는 과정을 말
한다.

05 지식경영 프로세스

(1) 지식경영 프로세스의 단계 구분 기출 20 · 14

① 지식수집과 창조
  ㉠ 지식수집 : 조직의 기존 내부지식 및 노하우와 외부지식을 확인하여 성문화하는 것
  ㉡ 지식창조 : 조직의 과거에 존재하지 않았던 새로운 지식과 노하우를 혁신적으로 개발하는 것
② 지식공유와 분배
  ㉠ 지식수집과 창조 단계 : 지식공유와 분배단계로 전환되는 과정에서 지식의 내용을 평가한다.
  ㉡ 지식공유와 분배 단계 : 지식을 이해(지식습득)하고, 활용(지식활용)하는 과정에서 조직구성원에게 맞춤형 지식을 제공하기 위한 **상황화**가 발생한다.
③ 지식습득과 활용 단계 : 지식내용을 갱신하는 첫 번째 피드백 단계가 된다.

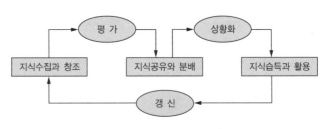

[지식경영 프로세스의 단계]

Gartner Group의 지식경영 프로세스
• 창출(Create) : 새로운 지식을 발견 및 개발하는 단계
• 획득(Capture) : 암묵지를 형식지로 변환하고, 개인지식을 수집해 조직전체에 가용토록 하는 단계
• 체계화(Organize) : 저장 및 검색을 위한 지식의 분류 단계로 색인, 지도 및 프로세스들을 포함
• 접근(Access) : 사용자에 의하여 지식이 배포되거나 요구되는 단계
• 활용(Use) : 지식을 응용하는 단계로 피드백이 지식경영 프로세스의 다른 단계로 들어갈 수 있음

(2) 지식의 포착 기법 기출 20 · 19

① 인터뷰 : 개인의 암묵적 지식을 형식적 지식으로 전환하는 데 사용하는 기법이다. ★
② 현장관찰 : 관찰대상자가 문제해결의 행동을 할 때 관찰, 해석, 기록하는 프로세스이다.
③ 브레인스토밍 : 비판을 허용한다는 것을 전제로, 문제에 대하여 둘 이상의 구성원들이 자유롭게 아이디어를 생산하는 비구조적 접근방법이다. ★
④ 스캠퍼 : "A를 B로 대체해보면 어떨까?" 혹은 "A와B를 결합해보면 어떨까?"와 같은 다양한 관점의 질문을 통해 창의적 사고를 유도함으로써 새로운 제품이나 서비스, 프로세스의 혁신을 돕는 일종의 발상 촉진 기법이다. ★
⑤ 스토리 : 조직학습을 증대시키고, 공통의 가치와 규칙을 커뮤니케이션하고, 암묵적 지식의 포착, 코드화, 전달을 위한 뛰어난 도구이다.

⑥ 델파이 방법 : 다수 전문가의 지식포착 도구로 사용되며, 일련의 질문서가 어려운 문제를 해결하는 데에 대한 전문가의 의견을 수렴하기 위해 사용된다.

3 지식경영 정보기술

01 지식경영 정보기술

(1) 그룹웨어(Groupware)

① 그룹웨어의 개념
  ㉠ 서로 떨어져 있는 구성원들끼리 협동하여 일할 수 있도록 해주는 소프트웨어이다.
  ㉡ 네트워크상에서 구성원들 간의 협업을 증진시키고 지식근로자가 이동하는 데 드는 시간 및 비용을 감소시킨다.

② 그룹웨어의 종류
  ㉠ 공동집필 : 워드프로세싱 프로그램, 그래픽 프로그램, 편집유틸리티 등
  ㉡ 전자우편 : 텍스트 기반 커뮤니케이션
  ㉢ 온라인화면공유 : 적절한 접근권한을 가진 사용자가 원거리 컴퓨터에 원격제어
  ㉣ 전자화이트보드 : 가상의 화이트 그림공간을 제공
  ㉤ 비디오회의 : 전화선과 인터넷을 이용
  ㉥ 다중방식회의 : 전자화이트보드, 텍스트포럼, 오디오, 다중채널 비디오의 실시간 그룹 공유를 지원

(2) 데이터베이스 도구

① 데이터베이스 도구의 개념 : 조직 업무에 관한 비즈니스 인텔리전스의 저장 및 검색, 미래예측을 위한 기반을 형성한다.

② 데이터베이스 도구의 종류
  ㉠ 데이터 웨어하우스 : 데이터베이스에 축적된 자료를 공통의 형식으로 변환하여 일원적으로 관리하는 데이터베이스이다. 고객의 구매동향, 신제품에 대한 반응도, 제품별 수익률 등 세밀한 마케팅 정보 수집에 필수적인 도구이다.
  ㉡ 데이터 마트 : 일반적인 데이터베이스 형태로 갖고 있는 다양한 정보를 사용자의 필요성에 따라 체계적으로 분석하여 기업의 경영활동을 돕는 시스템으로 전체 데이터웨어하우스의 일부 자료를 추출하여 특정 사용자에게 제공한다.
  ㉢ 데이터베이스 관리시스템(DBMS) : 체계적인 방식으로 자료를 저장·처리·관리할 수 있도록 해주는 프로그램이다.
  ㉣ 데이터 마이닝 : 인공지능기법을 통해 각 데이터의 상관관계를 자동적으로 규명한다. 데이터베이스에 있는 정보를 기반으로 경쟁분석, 시장세분화, 추세분석, 민감도분석 등을 예측하는 데 유용한 도구이다.

개념 Plus

지식경영 관련 주요 정보기술
• 인트라넷(Intranet)
• 그룹웨어(Groupware)
• 데이터 웨어하우스
• 데이터 마이닝(Data Mining)
• 푸시, 에이전트
• 문서관리시스템
• 정보검색시스템
• 워크플로우시스템
• RP시스템
• 전자서명(Digital Signature)

(3) 패턴매칭(Pattern matching)

① 패턴매칭의 개념 : 인공지능 분야에서 사용되는 응용프로그램으로서, 경험이 적은 지식 근로자의 의사결정을 도와준다.

② 패턴매칭의 종류

　㉠ 전문가 시스템 : 일반인도 전문지식을 이용할 수 있도록 하는 시스템으로 의료진단 프로세스, 설계시스템 등에 유용하다.

　㉡ 지능에이전트 : 환경에 반응하고 적응하면서 주어진 작업을 자율적으로 수행하는 소프트웨어 프로그램으로, 웹(Web), 상업용 데이터베이스, 인트라넷(Intranet)을 통해 정보를 수집한다. 사용자의 질문을 받아서 적절한 언어로 변환한 다음 검색엔진을 통해 결과순서를 정해준다.

　㉢ 기계학습 시스템 : 환경과의 상호작용에 기반한 경험적인 데이터로부터 스스로 성능을 향상시키는 시스템을 연구하는 것으로 신경망, 데이터마이닝(Data Mining), 의사결정 트리(Decision Tree), 사례기반 추론, 패턴 인식, 강화 학습 등을 포함한다.

(4) 딥러닝(Deep Learning)

① 딥러닝의 개념

　㉠ 다층구조 형태의 신경망을 기반으로 하는 머신 러닝의 한 분야로, 다량의 데이터로부터 높은 수준의 추상화 모델을 구축하고자 하는 기법이다

　㉡ 데이터를 컴퓨터가 처리 가능한 형태인 벡터나 그래프 등으로 표현하고 이를 학습하는 모델을 구축하는 연구를 포함한다.

　㉢ 얼굴이나 표정을 인식하는 등의 특정 학습 목표에 대해 딥러닝은 학습을 위한 더 나은 표현방법과 효율적인 모델 구축에 초점을 맞춘다.

　㉣ 딥러닝의 표현방법들 중 다수는 신경과학에서 영감을 얻었으며, 신경시스템의 정보 처리나 통신 패턴에 기반을 두고 있다.

② 딥러닝의 알고리즘

　㉠ CNN(Convolutional Neural Network) : 딥러닝에서 이미지를 분석하기 위해 패턴을 찾는 데 유용한 알고리즘으로 데이터에서 이미지를 직접 학습하고 패턴을 사용해 이미지를 분류한다. CNN의 핵심적인 개념은 이미지의 공간정보를 유지하며 학습을 한다는 것이다.

　㉡ DBN(Deep Belief Network) : 딥 러닝은 신경망 아키텍처를 사용해 데이터를 처리하기 때문에 심층신경망(DNN ; Deep Neural Network)이라고도 불리는데, 심층신뢰신경망(DBN ; Deep Belief Network)은 알고리즘에 따라 비지도 학습 방법(unsupervised learning)을 기반으로 하는 것을 말한다.

　㉢ RNN(Recurrent Neural Network) : 과거의 정보를 사용하여 현재 및 미래의 입력에 대한 신경망의 성능을 개선하는 딥러닝 신경망이다.

　㉣ LSTM(Long Short-Term Memory) : 은닉층의 메모리 셀(Memory cell)에 입력 게이트, 망각 게이트, 출력 게이트를 추가하여 불필요한 기억을 지우고, 기억해야할 것들을 정하는 것이다.

(5) 인공지능(Artificial Intelligence)

① 인공지능의 개념

㉠ 인간의 학습능력과 추론능력, 지각능력, 자연언어의 이해능력 등을 컴퓨터 프로그램으로 실현한 기술이다.

㉡ 인간의 지능으로 할 수 있는 사고, 학습, 자기 개발 등을 컴퓨터가 할 수 있도록 하는 방법을 연구하는 컴퓨터 공학 및 정보기술의 한 분야로서, 컴퓨터가 인간의 지능적인 행동을 모방할 수 있도록 하는 것을 말한다.

② 인공지능의 활용분야

㉠ 자연언어처리(Natural Language Processing) : 자동번역과 같은 시스템을 실용화한 것으로, 연구가 더 진행되면 사람이 컴퓨터와 대화하며 정보를 교환할 수 있게 되므로 컴퓨터 사용에 혁신적인 변화가 오게 될 것이다.

㉡ 전문가시스템(Expert System) : 컴퓨터가 현재 인간이 하고 있는 여러 가지 전문적인 작업들(의사의 진단, 광물의 매장량 평가, 화합물의 구조 추정, 손해 배상 보험료의 판정 등)을 대신할 수 있도록 하는 것이다.

㉢ 영상·음성 인식 및 로봇공학 : 컴퓨터가 TV 카메라를 통해 잡은 영상을 분석하여 그것이 무엇인지를 알아내거나, 사람의 목소리를 듣고 그것을 문장으로 변환하는 것 등의 일은 매우 복잡하며, 인공지능적인 이론의 도입 없이는 불가능하다.

㉣ 이론증명(Theorem Proving) : 수학적인 정리를 이미 알려진 사실로부터 논리적으로 추론하여 증명하는 과정으로 인공지능의 여러 분야에서 사용되는 필수적인 기술이며, 그 자체로도 많은 가치를 지니고 있다.

㉤ 신경망(Neural Network) : 인간이 뇌를 통해 문제를 처리하는 방법과 비슷한 방법으로 문제를 해결하기 위해 컴퓨터에서 채택하고 있는 구조로, 뇌의 기본 구조 조직인 뉴런과 뉴런이 연결되어 일을 처리하는 것처럼 수학적 모델로서의 뉴런이 상호 연결되어 네트워크를 형성하는 것을 말한다.

지식포털(Knowledge portal)

구 분	내 용
개 념	• 고객, 파트너, 조직구성원과 같은 최종 사용자의 범주 사이에 지식공유를 제공한다. • 데이터 웨어하우스, 데이터베이스시스템, 거래시스템 등에 저장되어 있는 구조적인 자료를 제공한다. • 전자문서, 서류문서, 학습교훈, 이야기 같은 비구조적인 자료를 체계적으로 정리하여 제공한다.
기 능	• 다양한 응용시스템에 저장되어 있는 자료에 접근을 단순화한다. • 조직구성원 사이에 협업을 용이하게 한다. • 고객의 회사 접근을 지원한다.
구 축	• 지식포털 : 거래통합, 워크플로우 통합 • 협업통합 : 공급자통합, 채널통합 • 비즈니스포털 : 고객통합, 가치사슬파트너 통합

(6) 기계학습(Machine Learning)

① **기계학습의 개념** : 컴퓨터 프로그램이 데이터와 처리 경험을 이용한 학습을 통해 정보 처리 능력을 향상시키는 것 또는 이와 관련된 연구 분야로, 자율 주행 자동차, 필기체 문자 인식 등과 같이 알고리즘 개발이 어려운 문제의 해결에 유용하다.

② **기계학습의 종류** : 문제의 형태에 따라 지도학습, 비지도학습 및 강화학습으로 구분한다.

  ㉠ 지도학습(supervised learning) : 입·출력데이터가 제공되어 하나의 미래 함수를 예측가능하도록 하는 것이다.

  ㉡ 비지도학습(unsupervised learning) : 입력데이터만 있고 출력데이터는 없는 경우에 적용한다. 비지도학습은 입력데이터 사이의 규칙성 등을 찾아내는 게 목표인 것으로, 그 결과는 지도 학습의 입력으로 사용되거나 인간 전문가에 의해 해석된다.

  ㉢ 강화학습(reinforcement learning) : 주어진 입력데이터에 대응하는 행동을 취하는 시스템에 대해 적용하는 것으로, 지도학습과 달리 정답 행동이 주어지지 않는 대신, 일련의 행동 결과에 대한 보상이 주어져, 시스템은 보상을 이용해 학습을 행한다.

개념 Plus

지식관리시스템 아키텍처
• 자료 계층 : 다양한 자료의 유형을 통합(메타자료)
• 프로세스 계층 : 응용프로그램기능(시스템 지원, 전문가 파악, 업무프로세스 기록, 협력기관 파악, 새로운 요인 알림)
• 사용자 인터페이스 계층 : 지식자산 접근(개인화를 위한 프로파일, 사용자 관점 또는 표현)

개념 Plus

지식관리시스템에서 시스템의 의미
지식관리시스템에서 시스템은 전체적으로 통일된 하나의 개체를 형성하면서 상호작용하는 구성요소들의 집합체로 하나 또는 그 이상의 공동 목표를 달성하기 위해 외부환경으로부터의 투입물을 내부 상호작용을 통해 산출물로 전환시키는 체계적인 처리과정을 말한다.

02 지식관리(경영)시스템(KMS ; Knowledge Management System)

(1) 지식관리시스템의 개념 [기출 17·14]

① 지식경영과 정보시스템을 결합한 개념으로, 정보기술을 이용하여 개인이나 조직 차원의 지식경영 프로세스를 지원하는 시스템이다. ★

② 기업 내외부적으로 산재해 있는 지식을 가치 있는 지식으로 전환하기 위한 시스템이다.

③ 조직 내의 인적 자원들이 축적하고 있는 개별적인 지식을 체계화하여 공유함으로써 기업경쟁력을 향상시키기 위한 기업정보시스템이다.

④ 창조·저장·공유·활용의 지식 프로세스를 지원·개선하기 위한 정보시스템이다.

(2) 지식경영시스템의 필수사항

① 지식은 의사결정자가 문제발견에 착수하는 데 기반역할을 한다. ★

② 정보하부구조를 보완하는 적절한 지식하부구조가 개발되어야 한다.

③ 인터넷, 인트라넷, 엑스트라넷을 포함한 전사적 네트워크 아키텍처가 구성되어야 한다.

④ 적절한 소프트웨어의 활용이 필요하다.

⑤ 이용성을 높이기 위해 동기부여 측면에서 적절한 보상시스템을 구축해야 한다.

(3) 지식관리시스템의 도입 효과 [기출 21·20·13]

① 기업들은 최선의 관행, 즉 베스트 프랙티스(best practice)를 공유할 수 있다.

② 기업들은 노하우 활용을 통해 제품과 서비스의 가치를 개선할 수 있다.

③ 기업들은 경쟁우위를 창출하기 위한 지식을 용이하게 활용할 수 있다.

④ 기업들은 경영혁신을 위한 적절한 지식을 적절히 포착할 수 있다.

(4) 지식관리시스템의 구축 목적 기출 20

① 재사용 가능한 지식의 적시 제공에 따른 업무 생산성 향상
② 조직 운영의 효율성과 효과성 측면에서 업무 성과 개선
③ 마케팅이나 영업 등과 관련된 전략 정보의 제공에 따른 조직의 역량 강화
④ 정보 기술의 활용으로 암묵지를 형식지화하여 조직의 지식공유체계 구축★
⑤ 부가가치 창출의 잠재성을 가진 지식 축적에 따른 지식의 자산화
⑥ 축적된 지식을 바탕으로 한 고품질 서비스 제공에 따른 기업의 경쟁력 강화

(5) 지식관리시스템의 특징 기출 19 · 16

① 지식창조와 공유의 수단을 제공한다.
② 지식의 저장과 검색을 위한 기능을 제공한다.★
③ 다양한 사용자 사이의 의사소통을 원활하게 한다.
④ 사용자 활동의 조정기능을 수행한다.
⑤ 제품과 서비스 창조, 수정, 분배를 위한 사용자 그룹 간의 협업을 돕는다.
⑥ 프로젝트 진행상황의 추적과 무결성 확보를 위한 통제 프로세스이다.

(6) 지식관리시스템의 분류

① 가이슬러(Geisler)의 분류 : 시스템의 구조, 목적, 기능에 의한 분류
　㉠ 구조 : 시스템이 어떻게 설계되어야 하고 무엇을 포함할 것인가(형식, 내용)
　㉡ 목적 : 시스템이 무엇을 위하여 설계되어야 하는가(실용, 유희, 전체)
　㉢ 기능 : 시스템이 무엇의 영향을 받는가(개인, 조직, 경제, 사회, 시스템, 보관 등)
② 부서와 프로세스에 의한 분류
　㉠ 조직의 부서와 프로세스에 따라 분류
　㉡ 두 차원의 상호작용 영역을 셀로 표현하며 지식경영시스템의 설계지침을 제공

(7) 지식관리시스템의 사이클 기출 20 · 16 · 13

지식관리시스템은 지식이 시간의 흐름에 따라 역동적으로 개선되기 때문에 지식 생성 →
포착 → 정제 → 저장 → 관리 → 유포'의 6단계 사이클을 따른다.★★
① **지식생성** : 지식은 사람들이 일하는 방식을 새롭게 바꾸고 노하우를 개발하는 과정에서
　창조된다.
② **지식포착** : 적합한 콘텐츠를 식별하여 수집하는 것이다.
③ **지식정제** : 수집된 지식은 부가가치가 있는 지식으로 변환하는 과정을 거쳐야 한다.
④ **지식저장** : 유용한 지식은 사람들이 접근할 수 있도록 합리적인 형태로 저장되어야 한다.
⑤ **지식관리** : 잘 보관되어야 하고 적절성과 정확성 입증을 위한 검토가 수행되어야 한다.
⑥ **지식유포** : 지식은 필요로 하는 사람이 언제, 어디에서든지 유용한 형태로 사용할 수
　있도록 제공되어야 한다.

출제지문 돋보기 OX

01 [14-1]
지식관리시스템은 직원들이 입력한
다양한 정보를 체계적으로 정리하
고 전 사원들에게 유통시켜 업무에
활용하도록 하는 정보관리 인프라
로, 첨단정보기술의 조합을 통해 조
직 내에 축적된 각종 지식과 노하우
를 효율적으로 관리하며 이를 상호
공유하도록 하는 것이 그 목표이다.
( )

02 [17-2]
지식관리시스템은 지식을 XML 데
이터 형태로 저장함으로써 비즈니
스 간 데이터 교환비용을 절감해
준다. ( )

03 [21-2]
지식관리시스템은 의사결정을 위한
정보를 제공해주는 시스템으로 의
사결정권이 있는 사용자가 빠르게
판단할 수 있게 돕는다. ( )

정답 1. ○ 2. ○ 3. ×

01 지식경영의 효과로 가장 옳지 않은 것은?

① 기업은 지식경영을 통해 체계적인 지식기반을 구축할 수 있다.

② 기업은 효율적인 지식관리를 통해 급변하는 경영환경에 대한 대처능력을 배양할 수 있다.

③ 기업은 지식경영을 통해 내부역량을 향상시켜 고객만족도를 높임으로써 기업경쟁력을 강화시킬 수 있다.

④ 기업은 지식경영을 활용함으로써 고객과의 관계유지를 통한 새로운 비즈니스 환경에 적응할 수 있다.

⑤ 고객과의 관계증진을 위한 지식경영을 활용함으로써 매스마케팅을 실질적으로 구현시킬 수 있다.

02 다음은 학자들마다 어떠한 용어를 정의한 내용이다. ( ) 안에 들어갈 용어로 가장 옳은 것은?

- 스베이비(Sveiby) : ( )이란 조직의 무형자산을 통해 가치를 창출하는 예술이다.
- 베치만(Bechman) : ( )이란 새로운 조직적 역량을 창출하고 구성원의 높은 업무성과를 가능하게 하며, 혁신적 활동을 촉진시키는 동시에, 고객가치를 제고시킬 수 있도록 구성원의 경험과 지식, 전문성을 공식화 시키는 것이다. 아울러 여기에 보다 자유롭게 접근, 그것을 쉽게 활용할 수 있도록 추진되는 활동이다.
- 위그(Wiig) : ( )이란 기업의 지식관련 경영활동의 효과성을 극대화하고 지식자산으로부터 최대 부가가치를 창출하기 위해 지식을 창출, 갱신, 적용하는 일련의 체계적이고 명시적이며 의도적인 활동이다.

① 핵심역량활동   ② 지식자본측정
③ 프로세스 경영   ④ 성과측정
⑤ 지식경영

03 Wiig(1993)의 지식경영 모델에서 정의한 지식의 유형에 대한 설명으로 가장 옳지 않은 것은?

① 사실지식 : 전형적으로 직접 관찰하고 검증 가능한 콘텐츠 등을 의미한다.

② 전문지식 : 지식근로자들에 의해 독점적으로 보유되는 지식을 의미한다.

③ 일반지식 : 일반적으로 명시적이라기보다는 암묵적인 형태를 가지는 것으로 일상생활에서 무의식적으로 사용되는 지식을 의미한다.

④ 기대지식 : 아는 자의 판단, 가정 등을 의미하는 것으로, 의사결정에 이용되는 직관, 예감, 선호도, 경험적 판단 등을 들 수 있다.

⑤ 방법지식 : 추론, 전략, 의사결정 등에 관한 방법들을 다루는 것으로, 과거의 실수로부터 교훈을 도출하는 방법이나 추세분석을 기반으로 예측을 하는 방법 등을 들 수 있다.

04 지식경영과 지식관리시스템에 대한 설명으로 옳지 않은 것은?

① 지식관리시스템은 지식의 저장과 검색을 위한 기능을 제공한다.

② 지식관리시스템의 도입은 조직 운영의 효율성과 효과성 측면에서 업무 성과를 개선해 준다.

③ 기업에서는 지식관리 중요성이 대두됨에 따라 최고지식 관리책임자(Chief Knowledge Officer)를 선임하고 있다.

④ 기업에서는 지식경영을 통한 경쟁력 확보를 위해서는 지식보안을 통해 철저하게 지식공유가 이루어지지 않도록 통제해야 한다.

⑤ 기업에서 이용하는 지식관리시스템의 이용성을 높이기 위해서는 동기부여 측면에서 보상시스템을 구축해야 한다.

05 지식경영시스템에 대한 설명으로 가장 옳지 않은 것은?

① 공동의 지식창고를 구축할 수 있는 컴퓨터정보시스템이 필요하다.

② 지식의 검색 및 수정기능이 있어야 한다.

③ 지식 디렉토리를 만들어 사용자들이 특정 분야의 전문가를 찾을 수 있도록 해야 한다.

④ 기업 경쟁의 무기인 지식은 구성원들이 개별적으로 보유하거나 특정 장소에 엄격하게 보관되어 있어야 한다.

⑤ 지식오염을 막기 위해 지식경영 책임자나 지식창조 관리자들은 시스템에 확보된 정보가 정확하고 유용한지를 확인하는 관리가 필요하다.

06 지식경영시스템의 역할로 가장 옳지 않은 것은?

① 조직 내 구성원들의 지식을 집약하고, 이를 바탕으로 새로운 지식 창출을 유도한다.

② 조직 내 구성원들을 지식화시켜 기업의 잠재적 경쟁력을 향상시킨다.

③ 지식을 XML 데이터 형태로 저장함으로써 비즈니스 간 데이터 교환비용을 절감해준다.

④ 구성원 간의 지식개인화를 강화하여 푸시(push) 솔루션을 통해 가장 빠른 지식유통망을 확보해준다.

⑤ 기존 시스템의 데이터, 이메일, 파일시스템, 웹 사이트 등 외부지식을 유기적으로 통합하여 기업지식의 기반을 확대해 준다.

07 지식경영시스템의 효과로 가장 옳지 않은 것은?

① 시장정보의 축적, 제품/서비스 향상, 지식의 활용성 증대, 그리고 지식의 공유 등을 통해 기업의 경쟁력을 강화할 수 있다.

② 공간과 시간을 뛰어넘는 Brick and Mortar 유형의 기업 기반이 될 수 있다.

③ 지식공유가 활성화됨에 따라 사내 전문가 그룹이 형성되고 관심 분야 토론 등을 통한 새로운 지식의 창조능력이 증대된다.

④ 지식베이스를 중심으로 축적된 지적 자산이 기업의 자산평가에 반영되어야 할 핵심 무형 자산이 된다.

⑤ 학습효과의 향상, 지속적인 지식창조활동 등을 통한 조직의 지식능력을 높일 수 있다.

08 기업의 내외부적으로 산재해 있는 지식들을 부가가치 있는 지식으로 전환하기 위한 지식관리시스템의 개발 목적과 가장 거리가 먼 것은?

① 재사용 가능한 지식의 적시 제공에 따른 업무 생산성 향상

② 마케팅이나 영업 등과 관련된 전략 정보의 제공에 따른 조직의 역량 강화

③ 정보 기술을 활용하여 형식지를 암묵지화하여 조직의 지식공유체계 구축

④ 부가가치 창출의 잠재성을 가진 지식 축적에 따른 지식의 자산화

⑤ 축적된 지식을 바탕으로 한 고품질 서비스 제공에 따른 기업의 경쟁력 강화

09 노나카의 SECI모델을 근거로 아래 글상자의 내용 중 외재화(externalization)의 사례를 모두 고른 것으로 가장 옳은 것은?

> ㉠ 실무를 통한 학습
> ㉡ 숙련된 기능공의 지식
> ㉢ 숙련된 기능공의 노하우의 문서화
> ㉣ 형식적 지식을 통합하는 논문 작성
> ㉤ 이전에 기록된 적이 없는 구체적 프로세스에 대한 매뉴얼 작성

① ㉠, ㉡   ② ㉡, ㉣
③ ㉢, ㉤   ④ ㉠, ㉢, ㉤
⑤ ㉡, ㉣, ㉤

10 노나카(Nonaka)의 지식변환 유형에 대한 설명으로 옳지 않은 것은?

① 사회화 – 최초의 유형으로 개인 혹은 집단이 주로 경험을 공유함으로써 지식을 전수하고 창조한다.
② 사회화 – 암묵지에서 암묵지를 얻는 과정이다.
③ 외부화 – 개인이나 집단의 암묵지가 공유되거나 통합되어 그 위에 새로운 지가 만들어지는 프로세스이다.
④ 종합화 – 개인이나 집단이 각각의 형식지를 조합시켜 새로운 지식을 창조하는 프로세스이다.
⑤ 내면화 – 형식지에서 형식지를 얻는 과정이다.

11 지식 포착 기법에 대한 설명으로 가장 옳지 않은 것은?

① 인터뷰 – 개인의 형식적 지식을 암묵적 지식으로 전환하는 데 사용하는 기법이다.
② 현장관찰 – 관찰대상자가 문제를 해결하는 행동을 할 때 관찰, 해석, 기록하는 프로세스이다.
③ 브레인스토밍 – 문제에 대하여 둘 이상의 구성원들이 자유롭게 아이디어를 생산하는 비구조적 접근방법이다.
④ 스토리 – 조직학습을 증대시키고, 공통의 가치와 규칙을 커뮤니케이션하고, 암묵적 지식의 포착, 코드화, 전달을 위한 뛰어난 도구이다.
⑤ 델파이 방법 – 다수 전문가의 지식포착 도구로 사용되며, 일련의 질문서가 어려운 문제를 해결하는 데 대한 전문가의 의견을 수렴하기 위해 사용된다.

12 지식을 크게 암묵지와 형식지로 구분할 경우 이에 대한 설명으로 가장 옳지 않은 것은?

① 철학자 폴라니가 '우리는 우리가 말할 수 있는 것 이상의 것을 알 수 있다'라고 한 말은 암묵지와 더 관련이 깊다.
② 암묵지는 언어나 구조화된 체계를 가지고 존재한다.
③ 제품 사양, 문서, 데이터베이스, 매뉴얼, 화학식 등의 공식, 컴퓨터 프로그램 등의 형태로 표현되는 것은 형식지로 분류된다.
④ 암묵지는 개인, 집단, 조직의 각 차원에서 개인적 경험이나 이미지, 혹은 숙련된 기능, 조직 문화, 풍토 등의 형태로 나타난다.
⑤ 형식지는 서술하기 쉽고 객관적, 논리적인 디지털 지식 등이 포함된다.

13 암묵지에 대한 내용으로 가장 옳지 않은 것은?

① 주관적인 지식
② 경험적인 지식
③ 초언어적 지식
④ 명시적인 지식
⑤ 직관적인 지식

14 지식경영과 관련한 형식지의 예로 가장 옳지 않은 것은?

① 제품사양
② 매뉴얼
③ 화학공식
④ 조직문화
⑤ 컴퓨터 프로그램

15 암묵지에 관한 설명으로 가장 옳지 않은 것은?

① 전수하기 어려운 지식
② 경험을 통해 체화된 지식
③ 숙련된 기능 또는 노하우(know-how)
④ 논리적 추론 및 계산에서 생기는 인식
⑤ 말 또는 언어로 표현할 수 없는 주관적인 지식

16 노나카의 지식전환 프로세스인 'SECI모델'에 대한 설명으로 가장 옳지 않은 것은?

① 사회화는 암묵지에서 암묵지를 얻는 과정이다.
② 외재화는 암묵지에서 형식지를 얻는 과정이다.
③ 공동화는 형식지에서 형식지를 얻는 과정이다.
④ 내재화는 형식지에서 암묵지를 얻는 과정이다.
⑤ 지식 변환과정은 직선적이 아닌 복합상승작용이 나타나는 나선형 프로세스로 진행된다.

17 1995년 노나카와 다케우치가 주장한 지식변환의 네 가지 방식과 가장 거리가 먼 것은?

① 사회화는 경험을 공유하고 이에 따라 사고모형이나 기량과 같은 암묵지를 창조해 내는 과정이다.
② 도제 장인의 기술을 관찰하고, 모방하고 연습함으로써 장인의 솜씨를 배우는 것은 전형적인 내면화 과정이다.
③ 암묵지를 형식지로 표현하는 과정을 외부화라 한다.
④ 형식지들을 체계적으로 조직하여 지식체계에 통합시키는 과정을 종합화라 한다.
⑤ 데이터베이스나 컴퓨터 네트워크는 종합화를 하는 데 훌륭한 도구이다.

01 정답 ⑤

매스마케팅은 불특정 다수를 대상으로 상품을 선전하거나 판매를 촉진하는 것으로 다양한 욕구를 가진 소비자들을 충족시키고, 관계증진을 위한 지식경영 활용과는 거리가 멀다. 즉 지식경영을 활용함으로써 '관계마케팅'을 실질적으로 구현시킬 수 있다.

02 정답 ⑤

문제 지문은 지식경영에 대한 정의를 설명하고 있다.

지식경영의 개념
지식경영은 조직내에서 지식을 획득, 창출, 축적, 공유하고, 이를 바탕으로 고객에게 뛰어난 가치를 제공함으로써 조직의 경쟁력을 높이는 경영활동이다.
• 업무방식을 개선하고 능률적 운영 공유
• 구성원의 경험과 지식, 전문성 공식화
• 새롭게 창조된 형식적인 지식을 다시 암묵적인 지식으로 순화
• 지식관련 경영활동의 효과성 극대화와 지적자산으로부터 최대의 부가가치를 창출

03 정답 ③

일반지식은 일반적으로 암묵적이라기보다는 명시적 형태를 가지는 것으로 일상생활에서 의식적으로 사용되는 지식을 의미한다.

04 정답 ④

지식경영은 조직 내에서 지식을 획득, 창출, 축적, 공유하고, 이를 바탕으로 고객에게 뛰어난 가치를 제공함으로써 조직의 경쟁력을 높이는 경영활동이다.

05 정답 ④

지식경영에 있어 성공적인 기업들은 조직의 전략과 그 전략을 실행하는 데 필요한 지식을 규명하고 습득·공유함으로써 경쟁우위를 확보하고 있기 때문에 지식을 구성원들이 개별적으로 보유하거나 특정 장소에 엄격하게 보관되어서는 의미가 없다.

06 정답 ④

구성원 간의 지식 공유 기능을 강화하여 푸시(push) 솔루션을 통해 가장 빠른 지식유통망을 확보해준다. 즉 지식경영시스템은 첨단 정보기술의 지원을 통해 조직 내에 축적되는 각종 지식과 노하우를 효율적으로 관리하고 이를 상호 공유할 수 있도록 해준다.

07 정답 ②

Brick and Mortar 유형의 기업은 물리적인 판매자에 의해서 물리적 제품을 팔고 비즈니스 활동을 오프라인상에서 하는 조직을 말한다. 지식경영시스템에서는 전통적인 Brick and Mortar 기업에서 오프라인과 온라인 전략 모두를 활용하는 'Clicks-and-Mortar' 기업으로 전환되고 있다.

08 정답 ③

지식관리시스템(KMS)은 기업 내외부에 있는 개인의 머릿속에 들어 있는 다양한 암묵지를 전자문서나 시스템에서 공유할 수 있는 형태의 형식지로 바꾸고 이를 구성원들 간에 효과적으로 공유하는 데 있다.

09 정답 ③

외재화는 암묵지식을 언어로써 형식지식으로 전환하는 것이다(예 특허신청, 매뉴얼 작성).

10 정답 ⑤

내면화(Internalization)는 형식지가 암묵지로 변환하는 과정이다.

11 정답 ①

인터뷰는 개인의 암묵적 지식을 형식적 지식으로 전환하는 데 사용하는 기법이다.

12 정답 ②

암묵지는 언어로 표현하기 곤란한 주관적 지식으로, 경험을 통해 익힌 지식을 말한다.

13 정답 ④

④는 형식지에 관한 설명이다. 암묵지는 학습과 체험을 통해 개인에게 습득되어 있지만 겉으로 드러나지 않은 상태의 지식(예 주관적인 지식, 경험적인 지식, 초언어적 지식, 직관적인 지식)을 말한다. 형식지는 정형화되고 문자화된 지식(예 명시적인 지식)을 말한다.

14 정답 ④

①·②·③·⑤는 형식지의 예이고, ④는 암묵지의 예이다.
- 암묵지 : 언어로 표현하기 곤란한 주관적 지식으로 경험을 통하여 익힌 지식을 의미한다(예 직관, 사고, 숙련, 노하우, 조직문화 등).
- 형식지 : 언어로 표현 가능한 객관적 지식으로 언어를 통하여 습득된 지식이다(예 제품사양, 매뉴얼, 화학공식, 컴퓨터 프로그램 등).

15 정답 ④

④는 형식지에 관한 설명이다.

16 정답 ③

형식지에서 형식지를 얻는 과정은 연결화·종합화이다.

17 정답 ②

도제 장인의 기술을 관찰하고, 모방하고 연습함으로써 장인의 솜씨를 배우는 것은 전형적인 사회화 과정이다. 내면화는 형식지를 행동과 실천에 옮김으로써 개인의 암묵지로 변환하는 과정이다.

CHAPTER 03 | 주요 유통정보화 기술 및 시스템

최근 5개년 출제경향

회당 평균 6.1문제 출제(5개년 기준 총 15회)

	출제영역	2019	2020	2021	2022	2023	합 계
제1장	유통정보의 이해	10	6	6	12	11	45
제2장	지식경영	8	6	10	4	3	31
제3장	주요 유통정보화기술 및 시스템	14	18	17	20	22	91
제4장	유통정보의 관리와 활용	11	12	16	12	15	66
제5장	전자상거래	17	18	11	12	9	67
제6장	유통혁신을 위한 정보자원관리	-	-	-	-	-	-
제7장	신융합기술의 유통분야에서의 응용	-	-	-	-	-	-
	합계(문항수)	60	60	60	60	60	300

- 제1장 15%
- 제2장 10.3%
- 제3장 30.3%
- 제4장 22%
- 제5장 22.4%

최다 출제 POINT & 학습목표

중요도 ★ 실제 시험에 2회 이상 출제 / ★★ 실제 시험에 3회 이상 출제

❶ 바코드의 정의 및 구조, 마킹의 유형(소스마킹과 인스토어마킹)

❷ 바코드와 국제표준(GS1, GTIN, SSCC, EPC, UPC, EAN, ISBN 등)

❸ 상품코드체계 및 종류(GTIN-13 · 14코드, ISBN, ISSN, GS1 Data Matrix, QR코드 등)

❹ POS 시스템, RFID 시스템, QR 시스템

❺ POS 시스템의 주요 정보기술(EOS, CAO, VMI 등)

❻ POS데이터의 활용(상품정보관리, 진열관리, 자동발주, ABC 분석 등)

❼ EDI의 개념, 도입목적, 구성요소, 장·단점 등, EDI기반기술(VAN, CALS, 인터넷, 무선인터넷 등)

❽ QR(Quick Response)의 개념, 도입효과, QR의 산업별 적용 형태(ECR, EFR, EHCR)

❾ 유무선 네트워크 기술(비콘, 사물인터넷 등) 및 장비와 인공지능

03 · 주요 유통정보화 기술 및 시스템

1 바코드의 이해

01 바코드와 유통정보화 기출 14·12·10·09·08

(1) 바코드의 정의 기출 19

① 바코드(Bar Code)는 두께가 서로 다른 검은 막대와 흰 막대(Space)의 조합을 통해 **숫자** 또는 **특수기호**를 광학적으로 쉽게 판독하기 위해 부호화한 것이다. 이것을 이용하여 정보의 표현과 수집, 해독을 가능하게 한다. ★

② 문자나 숫자를 나타내는 검은 막대와 흰 공간의 연속을 바와 스페이스를 특정하게 배열해 2진수 0과 1의 비트로 바꾸고 이들을 조합해 정보로 이용하게 되는데, 이들은 **심벌로지**라고 하는 바코드 언어에 의해 만들어진다. ★

[바코드의 심벌로지]

(2) 바코드의 구조 기출 16·15·13·12

① **Quiet Zone** : 바코드 시작문자의 앞과 멈춤문자의 뒤에 있는 공백부분을 가리키며, 바코드 판독기는 바코드의 좌우여백 부분을 통해 바코드의 시작과 종료를 알 수 있기 때문에 필수적인 요소이다. 심벌 좌측의 여백은 전방여백, 우측의 여백은 후방여백이다. ★

② **Start/Stop Character**

　㉠ 시작문자는 심벌의 맨 앞부분에 기록된 문자로 데이터의 입력방향과 바코드의 종류를 바코드 스캐너에 알려주는 역할을 한다.

　㉡ 멈춤문자는 바코드의 심벌이 끝났다는 것을 알려줌으로써 바코드 스캐너가 양쪽 어느 방향에서든지 데이터를 읽을 수 있도록 해준다.

③ **Check Digit** : 검사문자는 메시지가 정확하게 읽혔는지 검사하는 것으로 정보의 정확성이 요구되는 분야에 이용되고 있다.

④ **Interpretation Line** : 사람의 육안으로 식별 가능한 정보(숫자, 문자, 기호)가 있는 바코드의 윗부분 또는 아랫부분을 말한다.

---

⑤ Bar/Space : 바코드는 간단하게 넓은 바, 좁은 바와 스페이스로 구성되어 있으며, 이들 중 가장 좁은 바와 스페이스를 'X'디멘전이라 부른다.

⑥ Inter-character Gaps : 문자들 간의 스페이스(X 디멘전 크기)를 말한다.

[바코드의 구조]

바코드의 색상조합

판독이 가능한 색상조합	판독이 불가능한 색상조합
• 백색바탕에 흑색바/백색바탕에 군청색바/백색바탕에 녹색바/백색바탕에 갈색바 • 노랑바탕에 흑색바/노랑바탕에 군청색바/노랑바탕에 녹색바/노랑바탕에 갈색바 • 오렌지색바탕에 흑색바/오렌지색바탕에 군청색바/오렌지색바탕에 녹색바/오렌지색바탕에 갈색바 • 붉은색바탕에 흑색바/붉은색바탕에 군청색바/적색바탕에 녹색바/붉은색바탕에 갈색바	• 백색바탕에 붉은색바/백색바탕에 노랑색바/백색바탕에 오렌지색바 • 녹색바탕에 갈색바/녹색바탕에 흑색바/녹색바탕에 군청색바 • 흑색바탕에 백색바/흑색바탕에 노랑색바/흑색바탕에 적색바 ※ 붉은색, 노란색은 모두 백색으로 판독하기 때문에 바코드 색상으로 사용할 수 없다.

(3) 바코드의 구분 기출 09

심벌의 형태 차이에 의해 다음과 같이 바이너리코드와 멀티레벨코드로 구분할 수 있다.

① 바이너리코드(Binary Code) : 굵은 바와 좁은 바의 두 종류로 구성되어 2진법을 표현하며, 판독이 쉽고 라벨의 발행이 용이하다. ITF, Code 39 등에 쓰이고 있다.

② 멀티레벨코드(Multi-level Code) : 몇 종류의 두께를 갖는 바와 스페이스로 구성되어 바 두께의 차이로 정보를 표현한다. 고밀도의 정보표현이 가능하며 GS1, Code 128 등에 쓰이고 있다.

(4) 바코드의 이점

① 오독률이 낮아 높은 신뢰성을 확보할 수 있다.

② 바코드에 수록된 데이터는 비접촉 판독이 가능하고 한 번의 주사로 판독이 가능하다.

③ 컨베이어상에서 직접 판독이 가능하여 신속한 데이터 수집이 가능하다.

④ 도입비용이 저렴하고 응용범위가 다양하다.

개념 Plus

심벌의 구성요소
• 좌우여백
• 심벌 체크 캐릭터
• 이중 스타트 캐릭터
• 스톱 캐릭터
• 데이터(AI와 데이터필드)

개념 Plus

바코드 인쇄시 가이드라인
• 일반적으로 소매상품의 경우 상품의 뒷면 우측 하단에 바코드를 인쇄한다.
• 바코드 위치는 일반적으로 상품의 가장자리에서 8mm~100mm의 거리를 유지한다.
• 상품이 원통형인 경우 가능한 바코드를 세워서 인쇄한다.
• 상품이 매우 얇은 경우 일반적으로 상품의 윗면에 바코드를 인쇄한다.
• 대형 상품(중량 13kg 이상, 길이 45cm 이상)의 경우 앞면과 뒷면에 2개의 바코드를 인쇄한다.

개념 Plus

바코드의 최대·최소규격
• 바코드의 최대규격은 표준규격의 200%까지, 최소치에서의 세로 길이는 1.8cm까지 사용하도록 권장된다.
• 최소치는 표준규격의 80%를 기준으로 하지만, 경우에 따라 그 이하로의 규격도 가능하나 계산대(POS)에서 판독 불가능한 경우를 대비해야 한다.

(5) 바코드의 적용 분야

① 유통 관리 : 거래시 발생하는 판매, 주문, 수금 등의 업무를 즉각적으로 컴퓨터에 입력함으로써 모든 판매 정보를 한눈에 알 수 있다.

② 자재, 창고 관리 : 자재의 수급 계획부터 자재 청구, 입고, 창고 재고 및 재고품 재고 파악, 완제품 입고에 이르기까지 자재에 관련된 정보를 추적·관리한다.

③ 근태 관리 : 정확한 출퇴근 시간 및 이를 통한 급여 자료 산출, 출입에 관한 엄격한 통제가 가능하다.

④ 출하 선적 관리 : 제품 출하 및 창고 입출고시 그 정보를 읽음으로써 제품의 수량 파악, 목적지 식별을 신속하게 할 수 있다.

⑤ 매장 관리 : 판매, 주문, 입고, 재고 현황 등 각 매장의 정보를 신속하게 본사 호스트 컴퓨터로 전송하며 또한 POS 터미널 자체 매장 관리도 할 수 있다.

(6) 마킹(Marking)의 유형 [기출] 20·18·16·14·13·11·09·08

① 소스마킹(Source Marking)

ⓐ 소스마킹은 제조업체 및 수출업자가 상품의 생산 및 포장단계에서 바코드를 포장지나 용기에 일괄적으로 인쇄하는 것을 말한다. ★★

ⓑ 소스마킹은 주로 가공식품·잡화 등을 대상으로 실시하며, 인스토어마킹과는 달리 전 세계적으로 사용되기 때문에 인쇄되는 바코드의 체계 및 형태도 국제적인 규격에 근거한 13자리의 숫자(GS1)로 구성된 바코드 심벌로 인쇄해야 한다. ★

ⓒ 국내 제조업체가 자사상품에 소스마킹을 해야 하는 이유로는 다음과 같은 두 가지 요인이 있다. 첫째 대외적인 요인으로서 해외바이어의 요구 및 국내 유통 업체의 요구 등을 들 수 있고, 둘째 대내적인 요인으로서 물류시스템에의 활용, 스캔 데이터(Scan Data)의 활용, EDI(Electronic Data Interchange)시스템에의 활용, 마킹 비용의 절감 및 마킹작업의 생력화 등을 들 수 있다.

개념 Plus

소스마킹의 6하원칙
• 누가(WHO) : 상품제조업체 또는 판매원이
• 왜(WHY) : 판매신장과 재고관리 등 내부관리를 위해
• 언제(WHEN) : 상품포장이나 용기를 인쇄할 때
• 무엇을(WHAT) : 해당 상품번호를 나타내는 바코드심벌을
• 어디에(WHERE) : 포장, 용기에
• 어떻게(HOW) : 포장이나 용기를 인쇄할 때 동시에 바코드를 인쇄

출제지문 돋보기 OX

01 [12-1]
바코드를 부여하는 주체가 제조업체일 경우를 '소스마킹', 소매업체에서 제품에 라벨을 붙일 경우는 '인스토어마킹'이라고 한다. ( )

02 [13-2]
소스마킹은 판매신장과 재고관리 등 내부관리를 위해 상품포장이나 용기를 인쇄할 때 상품제조업체 또는 판매원이 포장이나 용기에 동시에 해당상품 번호를 나타내는 바코드 심벌을 인쇄하며 동일상품에 동일 코드가 지정된다. ( )

정답 1. ○ 2. ○

부문별 소스마킹에 따른 이점	
유통업체 측면	• 마킹비용의 절감 • 바코드 라벨 부착작업의 경감 • 단품정보 수집 • 재고관리의 정확도 향상 • 매출등록계산의 간편화 및 신속화
제조업체 측면	• 출고·배송의 합리화 • 재고관리의 정착도 향상 • 판매정보를 기초로 정확한 생산계획을 수립 • 광고나 촉진관리의 효과를 측정 • 소비자의 요구에 맞춰 신제품을 개발하거나 기존제품을 개량 • 팔리지 않는 상품의 생산중단 및 폐기 • 경쟁품의 가격동향을 파악하여 자사제품의 가격을 시의적절하게 조정 • 시장규모를 파악하여 각 업체별로 시장점유율 파악

② 인스토어마킹(In-Store Marking)

㉠ 인스토어마킹은 각각의 **소매업체**에서 청과 · 생선 · 야채 · 정육 등을 포장하면서 일
정한 기준에 의해 라벨러(Labeler)를 이용하거나 컴퓨터를 이용하여 바코드 라벨을
출력하고, 이 라벨을 일일이 사람이 직접 상품에 붙이는 것을 말한다.★★

㉡ 소스마킹 된 상품은 하나의 상품에 고유 식별 번호가 붙어 전 세계 어디서나 **동일상
품은 동일번호로 식별**되지만, 소스마킹이 안 된 제품, 즉 인스토어마킹이 된 제품은
동일품목이라도 소매업체에 따라 각각 번호가 달라질 수 있다.★

소스마킹과 인스토어마킹의 비교★★

구 분	소스마킹	인스토어마킹
표시장소	생산 및 포장단계(제조, 판매원)	가공 및 진열단계(점포가공센터)
대상상품	가공식품, 잡화 등 공통으로 사용 가능	정육, 생선, 청과 및 소스마킹이 안 되는 가공식품
활용지역	전 세계적으로 공통으로 사용 가능	인스토어 표시를 하는 해당 업체에서만 가능
판독률	판독 오류가 거의 없음	판독시 오독 오류 있음
비용 · 시간	비용과 시간이 적게 소요	비용과 시간이 많이 소요

02 바코드와 국제표준

(1) GS1(Global Standard No.1) 기출 21 · 13 · 10

① GS1은 상품의 식별과 상품정보의 교류를 위한 국제표준 상품코드를 관리하고 보급을
전담하는 기관으로서 세계 100개국이 넘는 국가가 가입한 국제기구이다.★★

② GS1 Korea(대한상공회의소 유통물류진흥원)는 한국을 대표하여 1988년 GS1에 가입하였
으며, 국제표준바코드 시스템의 보급 및 유통정보화를 전담하고 있는 글로벌기관이다.

③ 백화점, 슈퍼마켓, 편의점 등 유통업체에서 최종 소비자에게 판매되는 상품에 사용되는
코드로서 상품 제조 단계에서 제조업체가 상품 포장에 직접 인쇄하게 된다.★

④ GS1코드는 제품에 대한 어떠한 정보도 담고 있지 않으며, GS1코드를 구성하고 있는
개별 숫자들도 각각의 번호 자체에 어떠한 의미도 담고 있지 않다. 즉, GS1코드는 제품
분류(Product Classification)의 수단이 아니라 **제품 식별의 수단**으로 사용된다.

(2) GS1 바코드의 적용절차

① 업체코드 신청 ⇨ ② 상품 품목코드 설정 ⇨ ③ 바코드 인쇄방법 선택 ⇨ ④ 바코드 판독환경
고려 ⇨ ⑤ 바코드 종류 결정 ⇨ ⑥ 바코드 크기 결정 ⇨ ⑦ 바코드 넘버 부여 ⇨ ⑧ 바코드
색상 선택 ⇨ ⑨ 바코드 인쇄 위치 결정 ⇨ ⑩ 바코드 인쇄 품질 검사

① 제1단계(업체코드 신청) : GS1 국제표준바코드를 사용하기 위해서는 한국유통물류진흥
원(GS1 Korea)으로부터 업체코드를 발급받아야 한다.

② 제2단계(상품 품목코드 설정) : 대한상공회의소 유통물류진흥원(GS1 Korea)으로부터 제조업체코드를 발급받은 후, 바코드를 사용하고자 하는 업체에서는 유통업체에 납품할 상품의 개별단위로 상품코드를 설정해야 한다.

③ 제3단계(바코드 인쇄방법 선택) : 바코드 인쇄방법은 바코드의 사용목적과 인쇄량(Quantity)에 따라 달라진다.

④ 제4단계(바코드 판독환경 고려) : 출력하고자 하는 바코드의 종류, 크기, 위치, 선명도(품질) 등은 해당 바코드가 어느 환경에서 판독되는지에 따라 다르다. 바코드가 일반 유통매장에서 판독될 경우에는 GS1 13 바코드를 사용해야 한다.

⑤ 제5단계(바코드 종류 결정)
　㉠ 바코드가 슈퍼나 대형할인마트 등 일반 유통매장에서 판독될 경우에는 GS1 13 바코드를 사용한다.
　㉡ 바코드에 추가정보(일련번호, 유통기한, 단위 등)를 나타내야 할 경우에는 GS1-128(GS1 128) 또는 GS1 DataBar, DataMatrix 바코드를 사용한다. ★
　㉢ 물류단위(박스)에 바코드를 적용하고자 한다면 ITF-14(물류바코드 ; GS1 14) 사용을 고려해보아야 한다.

⑥ 제6단계(바코드 크기 결정)
　㉠ GS1 13 바코드 : 표준크기로부터 **최대 200% 확대**하여 출력할 수 있으며 **최소 80%**까지 축소가 가능하다. GS1 13 바코드를 축소할 때는 특히 바코드의 높이에 주의해야 한다. 전체 배율을 무시하고 인위적으로 높이만 줄여 출력할 경우, 바코드는 판독되지 않는다. ★
　㉡ ITF 14(GS1 14) & GS1 128 바코드 : 물류바코드인 ITF 14와 바코드에 추가정보를 입력할 수 있는 GS1 128 바코드 역시 표준사이즈가 고정되어 있다. ITF 14는 표준사이즈(159mm × 41mm)를 기준으로 50%~200%까지 축소, 확대하여 사용할 수 있다.

⑦ 제7단계(바코드 넘버 부여) : 바코드 아래 부분에 표현되어 있는 번호(바코드 넘버)는 바코드가 판독되지 않을 경우를 대비하여 적혀 있는 중요한 정보다.

⑧ 제8단계(바코드 색상 선택) : 바코드를 출력하기 위한 최적의 색상조합은 흰색바탕에 검은색 바를 사용하는 것이다.
　㉠ 바코드의 바(Bar) 부분은 반드시 어두운 계열의 색상이어야 한다(예 검은색, 짙은 남색, 짙은 갈색, 짙은 녹색 등).
　㉡ 바(Bar)의 색상은 반드시 하나로 통일되어야 한다.
　㉢ 바코드의 배경(바탕)은 반드시 흰색과 같이 엷은 색상을 사용해야 한다.
　㉣ 대부분의 경우, 바코드 배경에는 색상을 부여하지 않는다. 만약 바코드 배경에 색상을 입힐 경우, 바(Bar)의 색상은 반드시 확연히 구별되는 색상을 사용해야 한다.

⑨ 제9단계(바코드 인쇄 위치 결정) : 바코드 인쇄 위치를 결정할 때는 해당 상품 포장 디자인을 담당하는 직원과 협력해야 한다. 바코드 부분이 눈에 잘 띄지 않는 곳에 인쇄되어 있거나, 포장지의 접지면과 같이 바코드가 왜곡돼 표현될 수 있는 경우 다른 위치를 고려해야 한다.

⑩ 제10단계(바코드 인쇄품질 검사) : GS1 바코드는 종류에 따라 스캐너에 의해 판독이 가능한 최소한의 인쇄품질을 획득해야 한다.

(3) GTIN(Global Trade Item Number, 국제거래단품식별코드) 기출 20 · 18 · 17 · 15 · 14

GTIN의 종류에는 GS1-8(8자리), GS1-13(13자리), GS1-14(14자리)가 있으며, 이를 전산으로 처리할 경우에는 모두 14자리로 입력해야 하므로 각 코드의 앞에 '0'을 채워 14자리로 만든 후 데이터베이스에 입력한다.

[GTIN-13 '표준형'의 체계]　　　　　　[바코드의 심벌]

880			→ 국가식별코드
880	912345		→ 제조업체코드 : 유통물류진흥원이 제조업체에게 부여
880	912345	678	→ 상품품목코드 : 제조업체가 자사상품에 부여
880	912345	678 5	→ 체크디지트 : 컴퓨터에서 자동적으로 계산

[GTIN 코드 생성과정]

① **국가식별코드(3자리)** : 첫 3자리 숫자는 국가를 식별하는 코드로 대한민국은 항상 880으로 시작되며, 세계 어느 나라에 수출되더라도 우리나라 상품으로 식별된다. 국가식별코드가 원산지를 나타내는 것은 아니다.★

② **제조업체코드(6자리)** : 6자리 제조업체코드는 대한상공회의소 한국유통물류진흥원에서 제품을 제조하거나 판매하는 업체에 부여하며, 업체별로 고유코드가 부여되기 때문에 같은 코드가 중복되어 부여되지 않는다.★

③ **상품품목코드(3자리)** : 제조업체코드 다음의 3자리는 제조업체코드를 부여받은 업체가 자사에서 취급하는 상품에 임의적으로 부여하는 코드이며, 000~999까지 총 1,000품목의 상품에 코드를 부여할 수 있다.

④ **체크디지트(1자리)** : 스캐너에 의한 판독 오류를 방지하기 위해 만들어진 코드로, 바코드가 정확하게 구성되어 있는가를 보장해주는 컴퓨터 체크디지트를 말한다.

(4) SSCC(Serial Shipping Container Code, 수송용기일련번호) 기출 12 · 11

① 최초 배송인과 최종 수령인 사이에 거래되는 물류단위 중에서 주로 파렛트(pallet)와 컨테이너(contianer) 같은 대형 물류단위를 식별하기 위한 18자리 식별코드이다.

② GS1 코드의 경우에는 코드관리기관으로부터 부여받은 국가코드와 업체코드는 그대로 사용하고 포장 용기의 일련번호를 부여한다. 그리고 확장자와 체크디지트를 덧붙여 18자리를 만든다. 응용식별자 00은 괄호로 묶어 표시한다.

확장자	GS1 업체코드 상품품목코드		체크디지트
N_1	N_1 N_2 N_3 N_4 N_5 N_6 N_7 N_8 N_9 N_{10} N_{11}	N_{12} N_{13} N_{14} N_{15} N_{16} N_{17}	N_{18}

[SSCC 코드의 구성]

(5) GLN(Global Location Number, GS1 로케이션 코드) [기출] 09

① GLN은 전자문서 혹은 GS1-128 체계를 이용하여 한 기업의 물리적, 기능적, 법적 실체를 식별할 때 사용되는 13자리 코드이다. 거래업체 간의 거래시 거래업체 식별 및 기업 내 부서 등을 식별하는 번호로 사용된다.

② GS1-128 체계에서 GLN을 사용하고자 한다면 AI(Application Identifier, 응용식별자)와 함께 사용한다. AI(410) - 배송장소, AI(411) - 송장을 보낼 곳, AI(412) - 구매처를 의미한다. GS1 Korea에서 부여받은 GLN의 구조는 880으로 시작하며 업체코드(6자리), 업체식별코드(3자리), 체크디지트로 이루어져 있다.

③ GS1 로케이션 코드의 식별기능
   ㉠ 법률적 실체 : 기업이나 자회사 또는 관련 기관(예 한국물산 부산창고)
   ㉡ 기능적 실체 : 법률적 실체의 특정 기능 부서(예 한국물산 총무부)
   ㉢ 물리적 실체 : 건물 또는 특정 건물의 특정 위치(예 (주)한국물산)

(6) EPC(Electronic Product Code) [기출] 16 · 15 · 14 · 13 · 12 · 11 · 08

① EPC는 GS1 표준바코드, EAN, UCC 코드와 마찬가지로 상품을 식별하는 코드이다.

② 차이점은 바코드가 품목단위의 식별에 한정된 반면, EPC 코드는 동일품목의 개별상품까지 원거리에서 식별할 수 있다는 것이다. 이를 통해 위조품 방지, 유효기간 관리, 재고 관리 및 상품 추적 등 공급체인에서 다양한 효과를 누릴 수 있다.

③ 동일한 상품이라 하더라도 모든 개체를 개별적으로 식별할 수 있는 일련번호가 추가되어 상품 추적과 상품 이동 상태를 매우 정확히 포착할 수 있고, 이와 동시에 데이터 취합과 처리효율을 높일 수 있다.

④ EPC 코드 체계는 헤더(Header) + 업체코드(EPC Manager) + 상품코드(Object Class) + 일련번호(Serial Number)로 구성된다.

구 분	내 용
헤 더 (Header)	• 헤더는 EPC 코드의 전체 길이, 식별코드 형식 및 필터 값을 정의한다. • 헤더는 가변 길이 값을 가지는데, 현재 2비트와 8비트 값의 헤더가 정의되어 있다(예 H1 H2). • 2비트 헤더는 3개의 값(01, 10, 11)을 가지며, 8비트 헤더는 63개의 값을 가진다. • 헤더는 판독기로 태그의 길이를 쉽게 판단할 수 있도록 돕는 기능을 한다.
업체코드 (EPC Manager)	• EAN 바코드의 업체코드에 해당하며, 각국의 EAN 회원기관이 할당한다. • 8비트의 용량으로 7개의 숫자(0~9) 및 문자(A~F)를 조합하여 약 2억 6천만개 업체코드를 할당할 수 있다(예 M1 M2 M3 M4 M5 M6 M7).
상품코드 (Object Class)	• 바코드의 상품 품목 코드에 해당하며 사용 업체가 할당한다. • 4비트 용량으로 6개의 숫자와 문자를 조합하여 약 1천 6백만개 상품에 코드를 부여할 수 있다(예 O1 O2 O3 O4 O5 O6).
일련번호 (Serial Number)	• 동일상품에 부여되는 고유한 식별번호로서 사용업체가 할당한다. • 6비트로 8개의 숫자와 문자를 조합하여 680억개의 상품에 코드를 부여할 수 있다(예 S1 S2 S3 S4 S5 S6 S7 S8 S9).

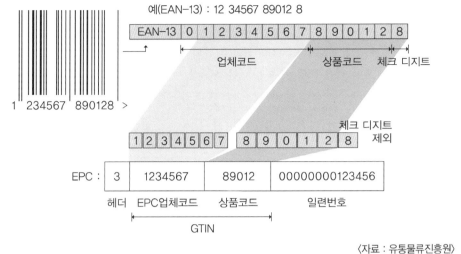

예(EAN-13) : 12 34567 89012 8

[GTIN과 EPC 코드의 호환]

〈자료 : 유통물류진흥원〉

03 공통상품코드(국제표준코드)

(1) UPC(Universal Product Code) 기출 19 · 10

① UPC 코드는 12개의 캐릭터로 구성되어 숫자(0~9)만 표시가 가능하며 세 가지 종류의 유형이 있다. Version A는 표준형으로 12자리를 표현하고, Version E는 단축형으로 8자리를, Version D는 확대형으로 표준형보다 많은 데이터를 표현할 수 있다.

② UPC 코드는 좌측 여백과 좌측 가드패턴, 상품분류 체계번호, 제조업체 번호, 중앙 가드패턴, 상품번호, 검사 문자, 우측 가드패턴, 우측 여백으로 구성된다.

③ 북미지역에서 개발된 체계로, 미국과 캐나다에서만 사용된다. ★

④ 제조업체코드 5자리는 UPC 코드 관리기관인 UCC에서 각 제조업체에 부여한다. ★

[UPC 코드체계(표준형 A)]

(2) EAN(European Artical Number) Code 기출 15 · 12 · 11 · 10

① EAN 코드는 13개의 문자를 포함할 수 있는데, 바코드로 표현하는 것은 12자리이고 맨 좌측의 문자는 수치로 표현된다.

② EAN 코드의 종류에는 EAN-13, 즉 13개의 문자를 포함하는 표준형과 EAN-8인 8개의 문자를 포함하는 단축형 그리고 EAN-14가 대표적이다. ★

개념 Plus

EPC Global Network의 구성요소

• EPC(Electronic Product Code)는 RFID를 이용한 객체식별과 EPC Global N/W을 통한 객체정보 접근 및 교환을 위한 Key이다.

• ONS(Object Naming Service)는 특정 EPC에 대한 질의에 대하여 객체 정보 획득이 가능한 URI 값을 반환함으로써 글로벌 검색서비스를 가능케 하는 구성요소이다.

• ALE(Application Level Event)는 리더가 읽어 들인 RFID 태그 정보를 어플리케이션 계층으로 전달하는 역할을 하는 일종의 미들웨어이다.

• EPCIS(EPC Information Service)는 객체에 대한 정보접근과 교환을 위한 표준 인터페이스로서, 객체 이벤트를 저장하여 객체정보를 여러 어플리케이션에서 사용할 수 있도록 해주는 EPC Global N/W의 가장 중요한 구성요소이다.

개념 Plus

EAN과 UPC의 차이점

• EAN 코드와 UPC 코드는 국제적으로 사용되고 있는 국제표준바코드로, EAN 코드는 북미지역을 제외한 90여개국에서 사용하며, UPC 코드는 북미지역에서 사용하고 있다.

• UPC 코드는 8자리나 12자리로 구성되어 있으나, EAN은 8자리나 13자리로 구성되어 있다.

• EAN은 UPC와 달리 좌측 여백, 좌측 가드패턴, 국가 번호, 제조업체 번호, 중앙 가드패턴, 제품 번호, 검증 문자로 구성된다.

• UPC 심벌이 한 자리의 상품 분류 체계 번호와 5자리의 제조업체 번호로 좌측 6자리를 표현하는데, EAN(표준형 A)은 세 자리의 국가 번호와 네 자리의 제조업체 번호로 좌측 7자리를 표현한다.

개념 Plus

EAN/COM과 EAN/UCC

• EAN/COM : UN/EDIFACT 서브셋의 전자문서 구현 가이드 라인으로, 이는 거래업체들 간에 상업용 데이터의 전송을 자동적으로 처리할 수 있도록 하는 효과적인 방안을 제공하고 있다.

• EAN/UCC : 기업 간 거래와 전자상거래를 촉진시키기 위한 국제표준으로 상품, 서비스, 로케이션에 대한 식별과 추적을 위한 방안을 제공하고 있다. 이러한 시스템은 상품과 서비스의 가치를 증대하고 비용을 절감시킴으로써 SCM과 기업 간 거래업무를 촉진시키는 데 목적을 두고 있다.

개념 Plus

KAN(Korean Artical Number)

• 표준형 상품식별코드(GTIN-13 또는 GS1-13)에 속하며, 한국의 국가식별코드는 880이고, 국제상품코드 관리기관인 'EAN International(또는 GS1 International)'이 부여한다.

• 제조업체코드는 대한상공회의소 유통물류진흥원이 부여한다.

• 상품품목코드는 제조업체코드를 부여받은 업체가 자사 상품에 배정한다.

• 업체에 따라 서로 상이한 상품분류체계를 표준화하기 위한 목적을 갖고 있다.

• 개별상품에 대한 분류기준을 제시하여 상품정보를 효율적으로 검색할 수 있는 키의 역할도 한다.

• POS 데이터서비스 분류단위의 기준으로 활용된다.

• KAN상품분류코드의 구조는 대분류, 중분류, 소분류, 세분류로 되어 있다.

③ EAN-13은 식품, 문구, 자동차용품 및 일반 소매산업에서 주로 활용되며, EAN-14는 멀티팩/수송용기의 고정길이 데이터를 식별하기 위해 주로 사용된다.

④ EAN 코드의 각 캐릭터는 두 개의 바와 두 개의 여백으로 형성된 7개의 모듈로 이루어져 있으며, '0'은 밝은 모듈을, '1'은 검은 모듈을 나타낸다.

[EAN 코드체계(표준형 B)]

04 상품코드체계 및 종류

(1) GTIN-13 코드(표준형) 기출 12

13자리의 숫자로 구성된 코드로 현재 전 세계에서 사용되고 있는 국제표준이며 GTIN-13 코드의 체계는 국가식별코드, 제조업체코드, 상품품목코드, 체크디지트로 구성된다.

[GTIN-13 코드(표준형)의 체계]

① 국가식별코드 : 국가를 식별하기 위한 숫자로 2~3자리로 구성된다.

② 제조업체코드 : 상품의 제조업체를 나타내는 코드로 6자리이다.

③ 상품품목코드 : 각각의 단품을 나타내는 코드로 총 1,000품목에 부여할 수 있다.

④ 체크 디지트 : 스캐너에 의한 판독 오류를 방지하기 위하여 만들어진 코드로 Modulo 10 방식에 의해 계산된다.

(2) GTIN-14 코드(ITF-14 코드) 기출 18·12·10·08

① GTIN-14 코드의 정의 : 업체 간 거래 단위인 물류단위(Logistics Unit), 주로 박스나 파렛트 식별에 사용되는 국제표준물류바코드로서, 생산공장, 물류센터, 유통센터 등의 입·출하 시점에 판독되는 표준바코드이다.

[GTIN-14의 체계]

② GTIN-14 물류식별코드

물류식별코드	코드가 의미하는 내용
0	• GTIN에 따른 식별코드 구분 • 박스 내 소비자 구매단위가 혼합되어 있는 경우
1~8	박스 내에 동일한 단품만이 들어 있는 경우, 물류식별코드는 박스에 포함된 단품의 개수의 차이를 구분한다.
9	추가형(Add-on) 코드가 있는 경우 : 계량형 상품

③ 표준물류바코드 활용이점

   ⊙ 물류센터 내 검품, 거래처별・제품별 분류

   ⓛ 로케이션 관리의 자동화

   ⓒ 물류센터 내 실시간 재고파악을 통한 재고관리의 효율화

   ⓔ 생산에서 배송까지의 제품이동의 신속・정확화

   ⓜ 수주에서 납품까지의 리드타임 단축 등 물류단위 중심의 EDI 거래 촉진

④ GTIN-13과 GTIN-14 비교

물류식별코드	GTIN-13	GTIN-14
코드자리수	표준 13자리, 단축 8자리	14자리
사용처	소비자 구매단위(낱개포장)	기업 간 거래단위(집합포장)
응용분야	POS시스템	재고관리, 입・출고관리 등

(3) ISBN과 ISSN

① ISBN(International Standard Book Number) 기출 13 · 12 · 11

   ⊙ 국제적으로 통합된 표준 도서번호를 각 출판사가 펴낸 각각의 도서에 부여하여 국가 간의 서지정보와 서적유통업무의 효율성을 높이기 위해 만들어졌다.

   ⓛ ISBN은 10자리 숫자로 구성된 바코드 체계로 그 도서가 출판된 국가, 발행자, 서명식별번호와 체크 디지트(C/D, Check Digit)로 구성된다.

   ⓒ ISBN을 표기할 때는 OCR 문자로 된 ISBN과 EAN의 바코드를 함께 쓴다. 이때 10자리인 ISBN과 13자리인 EAN의 자리수를 맞추기 위해 ISBN의 앞에 978을 붙여 단행본임을 표시한다.

   ⓔ ISSN이 부여되는 출판물을 제외한 정부간행물, 교과서, 만화, 팸플릿 등 모든 도서는 물론 멀티미디어 출판물, 점자자료, 컴퓨터소프트웨어 등에도 적용된다.

   ⓜ 일반적으로 ISBN은 도서의 표지와 판권지에 동시에 인쇄한다. 표지에 표시되는 ISBN은 도서유통정보관리를 위한 것으로, ISBN과 함께 EAN 바코드를 표시하며, 판권지에 표시되는 ISBN은 서지정보관리를 위한 것으로 통상 ISBN만을 표시한다.

② ISSN(International Standard Serial Number) 기출 15

   ⊙ 국제표준 연속간행물번호로 모든 연속간행물에 국제적으로 표준화된 코드를 부여한다.

   ⓛ ISSN은 8자리로 구성되어 있으나 맨 앞에 연속(정기)간행물을 표시하는 숫자 977을 넣고, 예비기호 2자리를 포함함으로써 EAN과 호환된다.

개념 Plus

GS1-128 바코드
• GS1-8, GS1-13, GS1-14는 단품 또는 박스단위에 인쇄되는 무의미성・범용성 식별코드이다.
• 바코드에 추가정보(일련번호, 유통기한, 단위 등)를 나타내야 할 경우에는 GS1-128 바코드를 사용한다.

개념 Plus

GS1-8 단축형 바코드
GS1-8 단축형은 인쇄하기에 충분하지 않은 소포장의 작은 상품인 경우에 적합하며, 국가식별코드 3자리, 제조업체코드 3자리, 상품품목코드 1자리, 체크디지트 1자리 등 전체 8자리로 구성된 코드이다.

(4) GS1 DataBar[RSS(Reduced Space Symbology, 축소형 바코드)] 기출 14

① 정상크기의 바코드를 인쇄할 만한 공간이 없는 소형 상품(⑩ 의약품)에 부착할 목적으로 개발한 축소형 바코드이다.

② GS1-14 코드의 입력을 기본으로 하며 종류에 따라 부가 정보의 추가 입력이 가능하다.

③ POS에서 활용가능하고 GS1응용식별자 표준을 활용하여 다양한 정보를 입력할 수 있다.

(5) GS1 Data Matrix(2차원 행렬 바코드) 기출 13·10·08

① 4각형의 검은색 바와 흰 바의 조합을 통해 문자와 숫자를 표시하는 매트릭스형 2차원 바코드로, 미국의 International Data Matrix사가 개발하였으며 ISO/IEC 16022, ANSI/AI MBC 11에 명시된 국제표준이다.

[Data Matrix]

② 4각형의 바를 랜덤 도트(Random dot)라 하는데 스캐너는 심벌 아래쪽과 좌측을 감싸는 L자모양의 두꺼운 바를 기준으로 하여 랜덤 도트가 표시한 데이터를 판독한다.

③ ASCII 128개 문자를 모두 표시할 수 있으며 약 2,300개의 문자 및 저장용량을 가진다.

④ 전 방향 판독이 가능하다.

⑤ 이미지스캐너를 통해서만 판독되며 오류정정능력이 PDF 417에 비해 떨어진다.

⑥ 주로 의료기기 및 의약품의 식별과 부가 정보의 입력을 위해 사용되며, 오류 검출 및 복원 알고리즘에 따라 유형이 구별된다.

(6) QR코드 기출 21·18·17·16

① 대표적인 2차원 바코드로 일본에서 처음 개발되어 물류관리나 공장 자동화에 적합하도록 고안되었다.

② QR코드(버전 40 기준)의 최대 표현 용량은 숫자 7,089자, 문자(ASCII) 4,296자, 한자 등 아시아 문자 1,817자 등이다.

③ QR코드는 네 모서리 중 세 곳에 위치한 검출 패턴을 이용해서 360도 어느 방향에서든지 데이터를 읽을 수 있다는 장점이 있다.

[QR Code]

④ 유통·물류 분야에서 기존 바코드를 대체하는 개념으로 출발한 QR코드는 별도의 리더기 없이 휴대폰을 리더기로 활용할 수 있어, 명함과 같은 개인적인 서비스까지 그 범위가 급속도로 확대되고 있다.

⑤ QR코드는 '오류 복원 기능'을 통하여 코드의 일부가 더러워지거나 훼손된 경우에도 데이터를 복원할 수 있다.

⑥ Micro-QR코드는 위치찾기 심벌이 하나이며, 더 작은 공간에 인쇄를 가능하게 해준다.

⑦ Frame QR은 코드 안에 자유롭게 사용할 수 있는 캔버스 영역을 가진 QR코드로, 캔버스 부분에 문자나 화상을 넣을 수 있다.

⑧ iQR코드는 종래의 QR코드보다 더 많은 정보량을 저장할 수 있으며, 같은 정보량이라면 크기를 더 작게 만들 수 있다.

2 POS 시스템

01 POS(Point Of Sales)시스템의 개요 [기출] 20·13·12·11·10·08·09

(1) POS시스템의 개념

① POS시스템이란 바코드에 부여된 정보를 토대로 자료를 수집·정리하여 경영활동에 이용하는 시스템으로, 판매장의 단품관리, 자동판독, 판매시점에서의 정보입력 등을 컴퓨터로 자동 처리하는 기능을 수행한다.

② POS시스템에서는 상품별 판매정보가 컴퓨터에 보관되고, 그 정보는 발주, 매입, 재고 등의 정보와 결합하여 필요한 부문에 활용된다.

(2) POS시스템의 목적

POS시스템의 목적은 단품관리에 기초한 적절한 재고관리 및 품절관리이다. 예를 들어 POS 시스템을 적절히 이용하면 비인기상품을 줄일 수 있으며, 또한 인기상품의 결품으로 인한 손실을 방지할 수 있다.

(3) POS시스템의 기능

① 단품관리 : 상품을 제조회사별, 상표별, 규격별로 구분하고 상품마다의 정보를 수집·가공·처리하는 단품관리가 가능하다. 이를 위해서는 바코드가 상품에 인쇄되어 있어야 한다.

② 판매시점에서의 정보입력 : 상품에 인쇄되어 있는 바코드를 신속하고 정확하게 자동 판독함으로써 판매시점에서 정보를 곧바로 입력할 수 있어서 시간과 노력을 절약할 수 있다.

③ 정보의 집중관리 : 단품별 정보, 고객정보, 매출정보, 그 밖의 판매와 관련된 정보를 수집하여 집중적으로 관리할 수 있다. 이러한 정보는 필요에 따라 처리 또는 가공되어 필요한 부문에 활용되는 것은 물론 경영상의 의사결정을 하는 데에도 활용된다.

(4) POS시스템의 적용분야

POS시스템은 판매점(편의점, 슈퍼마켓, 백화점, 할인점, 쇼핑센터 등), 음식점, 전문점, 그 밖의 여러 유통분야에 적용되고 있다.

02 POS시스템의 구성과 운용

(1) POS시스템의 구성기기 [기출] 21·13·12

① POS단말기(Terminal) : 슈퍼나 편의점 등 판매장에 설치되어 있는 POS터미널로, 금전 등록기의 기능 및 통신기능이 있다. POS단말기는 본체, 키보드, 고객용 표시장치, 조작원용 표시장치, 영수증발행용 프린터, 컬러모니터, 금전관리용 서랍, 매출표시장치 등으로 구성되어 있다.

개념 Plus

소매점 POS 기본코드
소매점에서 POS시스템 운영에 필요한 기본 코드에는 상품 코드(OCR 표찰 이용), 거래처 코드, 종업원 코드 등이 있다.

개념 Plus

POS 시스템의 상품코드로 활용되는 OCR 표찰의 개념 및 특징
의류처럼 개개의 상품을 하나의 코드로 지정하기가 곤란한 것(색상, 무늬, 사이즈, 디자인 등)에 이용되는 것으로 이미지 내의 글자를 자동으로 인식하는 인공지능 기술을 의미한다.
• 상품속성에 대한 정보를 다량 기입할 수 있다.
• 백화점 및 전문점에 더 적합하다.
• 숫자뿐만 아니라 문자를 직접 입력할 수 있다.
• 코드 통일화가 어려운 상품에 이용된다.

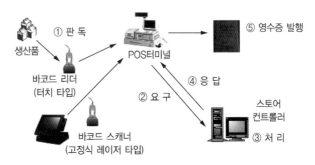

개념 Plus

단품관리의 개념
상품의 품목별 관리를 말한다. 인기
상품과 비인기상품의 파악이 쉽고
종업원의 적정 배치나 적정 재고 유
지가 가능하다.

개념 Plus

POS 데이터서비스(PDS)
슈퍼나 편의점 체인의 POS 데이터
를 통합·가공하여 마케팅 전략 수
립에 유용한 정보를 제조업체에 제
공하는 서비스를 말한다.

개념 Plus

본부 주(호스트) 컴퓨터
POS 시스템은 일반적으로 소매점
포의 계산대에 설치되어 있는 POS
터미널과 점포사무실에 설치되어
있는 점포서버(스토어 컨트롤러) 및
본부의 시스템(주컴퓨터)으로 구성
되는데, 점포가 체인본부나 제조업
자와 연결되어 있는 경우에는 스토
어 컨트롤러에 기록된 각종 정보를
온라인에 의해 본부에 전송한다.

② 바코드 스캐너(Bar Cord Scanner) : 상품에 인쇄된 바코드를 자동으로 판독하는 장치
로 고정 스캐너(Fixed Scanner)와 핸디 스캐너(Handy Scanner)가 있다. 판매량이 많
은 곳에서는 고정 스캐너를, 판매량이 적은 곳에서는 핸디 스캐너를 사용하는 것이 경
제적이다

③ 스토어 컨트롤러(Store Controller ; 메인서버) : 판매장의 판매정보가 POS터미널로부터
전송되어 보관되는 호스트 컴퓨터(Host Computer)이다.
　　㉠ 스토어 컨트롤러 안에는 마스터 파일(Master Files)이 있어서 상품명, 가격, 구입
　　　 처, 구입가격, 구입일자 등에 관련된 모든 정보가 저장되어 있다.
　　㉡ 판매장에서 판매가 이루어지면 자동적으로 판매파일, 재고파일, 구매파일 등을 갱
　　　 신하고 기록한다.

(2) POS시스템의 운용과정 `기출` 16 · 11

> 스캐너가 상품 바코드 판독 → 스토어 컨트롤러로 정보 송신 → 스토어 컨트롤러에서 POS
> 단말기로 발신 → 포스터미널에서 영수증 발행 및 인쇄 → 스토어 컨트롤러가 당일의 상품
> 판매와 관련된 각종 보고서를 작성

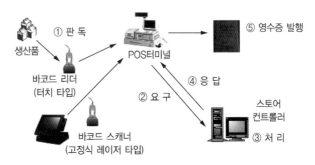

[POS시스템의 흐름]

① 판독 : 소비자가 판매장에서 상품을 구입하고 정산할 때 계산대에 있는 직원은 스캐너
　　를 이용하여 상품 또는 상품의 포장이나 포장용기에 인쇄되어 있는 바코드를 판독한다.
② 요구(정보송신) : 판매관련 정보는 스캐너에서 POS터미널로 전송되고 다시 스토어 컨
　　트롤러에 전송된다.
③ 처리·가공 : 스토어 컨트롤러에는 상품명, 가격, 재고 등의 각종 파일이 있어서 송신된
　　자료를 처리·가공한다.
④ 응답(발신) : POS터미널로부터 스토어 컨트롤러에 수집된 판매정보는 단품별 정보, 고
　　객정보, 가격정보, 매출정보 등이 있는데 이를 다시 POS터미널로 보낸다.
⑤ 영수증 발행 및 인쇄 : POS터미널에서는 고객에게 영수증을 발급해주고 판매상황을
　　감사테이프에 기록한다. 고객용 표시장치에는 상품의 구입가격이 표시된다.
⑥ 보고서 작성 : 하루의 영업이 끝나면 스토어 컨트롤러는 그 날의 상품별 목록, 발주
　　상품별 목록 등의 각종 표를 작성한다. 영업시간 동안에도 영업개시부터 현재 시각까지
　　의 판매상황을 확인할 수 있다. 판매장이 여러 곳에 있는 경우에는 본부의 호스트 컴퓨
　　터와 연결해서 각종 판매정보를 교환한다.

03 POS시스템의 효과 기출 21 · 18 · 17 · 15 · 10 · 09 · 08

(1) 제조업체의 도입효과

① 각 상품의 단위별 판매 동향에 대한 정보 수집과 이를 기초로 한 정보 분석, POS자료와 기타 자료의 교차분석으로 자사 제품의 생산계획을 보다 효과적으로 세울 수 있어 제품 다양화가 가능해진다.

② 그 밖에 경쟁상품과의 판매경향 비교 및 분석, 판매가격과 판매량의 상관관계 파악, 기후변동에 따른 판매동향 분석, 신제품·판촉상품의 판매경향 파악 등이 가능해진다.

(2) 소매업체의 도입효과

① **계산원의 관리 및 생산성 향상** : 계산원이 금전등록기로 입력하는 경우 상품의 혼동, 가격변동, 잘못된 기억, 오타 등으로 오류가 발생할 수 있으나, POS시스템은 스캐너로 판독하기 때문에 이를 방지할 수 있다. 스캐너에 의한 판독으로 계산하는 경우 가격을 입력해서 계산하는 경우보다 시간이 많이 절약되며, 신용카드 결제인 경우 별도의 기기가 필요 없고, 일과 후 정산작업도 자동으로 하므로 정산표를 따로 작성할 필요가 없다.

② **점포 사무작업의 단순화** : POS시스템을 도입하면 정산업무, 매출보고서 등의 서류를 일일이 작성할 필요가 없어서 사무작업이 줄어든다.

③ **가격표 부착작업의 절감** : POS시스템에서는 바코드를 판독하면 되므로 상품가격표를 일일이 부착할 필요가 없다.

④ **고객의 부정방지** : 어떤 고객이 값싼 상품에 부착된 바코드를 비싼 상품에 붙여서 계산 대를 통과하는 경우, 바코드에 점선을 넣으면 바코드를 떼어 낼 때 바코드가 조각나서 결국 부정행위를 방지할 수 있다.

⑤ **품절방지 및 상품의 신속한 회전** : 인기상품과 비인기상품을 쉽게 파악할 수 있어 잘 팔리는 상품은 신속하게 발주 또는 진열량을 늘려 품절을 최대한 방지할 수 있다.

POS시스템 도입을 통해 소매업체가 얻을 수 있는 효과 정리

Hard Merit (직접효과)	• 계산대의 작업능률 향상으로 고객대기시간 감소 및 인건비 절감 • 상품명이 명기된 영수증 발행과 가격표 부착작업의 절감 • 입력누락, 반복입력 등과 같은 입력오류 감소 • 판매원 교육 및 훈련시간 단축과 고객 및 계산원의 부정방지 • 전자주문시스템(EOS)과 연계하여 신속한 주문처리 • 점검 및 정산처리, 점포사무작업 간소화로 점포운영의 합리화
Soft Merit (간접효과)	• 재고파악 용이 및 품절방지와 적정매가관리 • 단품관리로 고수익상품의 조기 파악 및 잘 팔리지 않는 상품의 신속 제거 • 효율적인 상품구색 및 진열 관리와 점포운영 관련 데이터 획득 • 판촉 및 신상품에 대한 평가와 판매목표 달성률 측정 가능 • 시간대별 판매전략 수립과 기회손실 최소화를 통한 매출의 극대화 • 고객정보 파악에 의한 고객관리와 상품의 매출정보를 쉽게 파악 가능

개념 Plus

Hard Merit과 Soft Merit
- Hard Merit(생산성 향상을 위한 단순이익) : 작업효율화, 사무합리화, 데이터처리 고도화 등
- Soft Merit(상품력 강화를 위한 활용이익) : 로스관리, 상품구색과 매대관리, 단품관리 등

04 POS시스템의 도입실무

(1) POS시스템의 실무상의 역할

POS시스템은 상품 매출동향을 파악하여 유통기업은 물론 제조업체의 재고부담 경감에 기여하고, 계획생산, 계획배송 등을 통해 물류업무를 효율화하고 연관업무를 경감시킨다.

(2) POS시스템과 연계가 가능한 주요 정보기술

① 전자주문시스템(EOS ; Electronic Order System) 기출 15 · 13 · 10

ⓐ EOS는 발주자의 컴퓨터에 입력된 주문 자료가 수신자의 컴퓨터로 직접 전송되도록 구축된 전자주문시스템 또는 자동발주시스템이고, 소매점의 EOS 구축목적은 '발주의 시스템화', '품절예방', '점포재고의 적정화' 등이다. ★

ⓑ EOS는 발주자가 주문자료를 수주자의 컴퓨터로 전송함으로써 주문이 이루어진다.

② 자동발주시스템(CAO ; Computer Assisted Ordering)

ⓐ POS를 통해 얻어지는 상품흐름에 대한 정보와 계절적인 요인에 의해 소비자 수요에 영향을 미치는 외부요인에 대한 정보, 그리고 실제 재고수준, 상품수령, 안전재고 수준에 대한 정보 등을 소매업체가 컴퓨터를 이용하여 통합·분석하여 주문서를 작성하는 시스템이다. ★★

ⓑ CAO는 유통업체가 주체가 되어 판매현황을 실시간으로 파악, 분석, 주문함으로써 과잉생산 및 과다재고를 방지할 수 있다.

ⓒ CAO는 상품 판매대의 재고가 소매점포에서 설정한 기준치 이하로 떨어지면 자동으로 발주를 진행하는 풀(Pull) 전략 방식을 채택하고 있다. ★

ⓓ POS 데이터와 EOS를 연계해서 활용하며, 주문내용은 EDI를 통해 물류센터로 전송되며, 소비자의 수요에 신속한 대응이 가능하다.

> **CAO를 성공적으로 운영하기 위해서 필요한 요건**
> • 유통업체와 제조업체가 규격화된 표준문서를 사용하여야 한다.
> • 유통업체와 제조업체간 컴퓨터 소프트웨어나 하드웨어간 호환성이 결여될 때는 EDI문서를 표준화해야 한다.
> • 제조업체는 유통업체의 구매관리, 상품정보를 참조하여 상품보충계획을 파악하고 있어야 한다.
> • 유통업체는 제품의 생산과 관련된 정보, 물류관리, 판매 및 재고관리 수준을 파악하고 있어야 한다.
> • 유통업체와 제조업체간 데이터베이스가 다른 경우에는 EDI와 같은 통합 소프트웨어를 통한 데이터베이스의 변환이 필요하다.

③ 공급자주도형 재고관리(VMI ; Vendor Managed Inventory) 기출 19 · 15 · 12

ⓐ VMI는 점포의 POS시스템 데이터를 거래선(Vandor, 제조업체 또는 협력업체)과 직접 연결하고, 유통업체가 제조업체에 판매·재고 정보를 전자문서교환으로 제공하면, 거래선이 이를 토대로 직접 각 점포에 맞는 CAO를 이용하여 상품의 적정 납품량을 결정해주는 일종의 자동발주 시스템이다. ★★

개념 Plus

자동발주시스템이 효율적으로 운영되기 위한 조건
• 정확한 스캐닝
• 수작업의 제한
• 물류활동과의 일체화
• 일별/주별 변화에 대한 계획

ⓛ VMI를 이용하면 소매점 고객의 점포별 매출 및 재고정보가 공급자인 제조업체 혹은 협력업체에 자동 입력되어 데이터베이스화 되고, 재고현황이 실시간으로 통보됨에 따라, 소매업의 입장에서는 별도의 발주를 필요로 하지 않게 된다. ★

ⓒ VMI를 통하여 유통기업은 각 점의 발주업무를 생략할 수 있고, 제조업체는 최종소비자의 반응을 빠르게 파악하면서 효율적인 생산계획 및 물류계획을 수립하고 시행할 수 있다.

ⓔ 또한 VMI를 통해 공급체인상의 전후방 연관업체 간의 원활한 정보유통이 가능하여 상호 신뢰 관계를 구축할 수 있고, 표준화와 공동화에 기여할 수 있다.

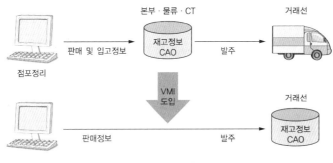

[VMI의 개념]

VMI의 도입 효과 [기출 15·12]

- 고객의 요구에 대해 보다 빠르게 대응할 수 있는 신속대응 시스템(QR ; Quick Response)이 가능해져 고객만족을 증가시킬 수 있다.
- 재고에 관련되는 비용이 줄고, 업무의 비효율성을 감소시킬 수 있어 원가우위의 효익을 얻을 수 있다.
- 발주업무를 생략할 수 있어 주문비용(발주비용)을 감소시키면서 효율적 재고운영이 가능하다.
- 기존보다 정확한 판매정보를 활용하여 매출기회가 증가하고 상품조달비용을 절감할 수 있다.
- 상품의 리드타임의 단축이나 대폭적 재고 감축이 실현된다는 효과를 기대할 수 있다.
- 도입 결과, 머천다이징의 모든 분야에서 파트너간 협조관계가 강화된다.

(3) POS시스템의 연계 운용 [기출 19]

① 전자상거래 연계형 POS : 전자상거래에서의 상품 거래 내역, 지불인증을 가능하게 하고, 홈페이지와 연계해서 인터넷 비즈니스를 가능하게 한다.

② Web POS : 인터넷을 통해 다양한 Web POS정보를 분석하여 효율적인 마케팅 및 서비스를 가능하게 하고, 중간단계의 POS서버가 필요하지 않기 때문에 시스템구축 비용 및 유지보수 비용을 낮출 수 있다.

③ 본·지사형 POS : 지사의 업무정보를 본사에서 실시간으로 통합·집계할 수 있는 환경을 제공한다.

3 POS데이터의 분류 및 활용

01 POS데이터의 특성 및 종류

(1) POS데이터의 특성

① 정보가 매우 상세하고 정확하며, 실시간 처리로 데이터를 작성할 수 있기 때문에 신속히 정보를 활용할 수 있다.

② 시간의 흐름에 따라 계속 발생하는 정보를 지속적으로 수집·활용할 수 있어 정보량이 매우 크다.

(2) POS데이터의 종류

① **상품정보** : 금액정보와 단품정보

      ⊙ 금액정보 : 관심을 가지는 기간 동안 또는 대상에 대해 금액으로 환산하여 얼마를 판매했는가 하는 정보이다.

      ⓒ 단품정보 : 구체적으로 어떤 상품이 얼마나 팔렸는가를 나타내주는 정보이다.

② **고객정보** : 객층정보와 개인정보

      ⊙ 객층정보 : 유통기업을 이용하는 고객은 어떤 사람들인가를 나타내는 정보이다.

      ⓒ 개인정보 : 고객개인의 구매실적, 구매성향 등을 나타내는 정보이다.

02 POS데이터의 수집과 분석

(1) POS데이터의 수집

① 상품데이터는 상품에 바코드가 부착되어 있는 경우에는 바코드를 판독(스캐닝)하면 데이터가 자동으로 입력되고, 바코드가 없을 때는 상품 고유번호를 직접 입력하면 된다.

② 고객데이터는 고객의 신용카드를 POS에 부착된 자기입력장치에 읽히거나 고객번호를 직접 입력하면 된다.

③ 수집된 데이터가 즉시 분석되는 형태를 리얼타임방식이라고 하고, 데이터를 모았다가 나중에 일괄해서 처리하는 방식을 배치(Batch)처리방식이라고 한다.

(2) POS데이터의 분석 기출 19·16

① **매출분석** : 부문별, 단품별, 시간대별, 계산원별 등

② **고객정보분석** : 고객 수, 고객단가, 부문별 고객 수, 부문별 고객단가 등

③ **시계열분석** : 전년 동기 대비, 전월 대비, 목표 대비 등

④ **상관관계분석** : 상품요인분석, 관리요인분석, 영업요인분석 등

      ⊙ 상품요인분석 : 현재의 상품력은 어떤지, 가격은 적절한지, 상품의 구색은 잘 되어 있는지, 신제품의 투입은 적시에 이루어지고 있는지 등을 분석

ⓛ 관리요인분석 : 절품은 없는지, 매장준비상태, 선도는 좋았는지 등을 분석

ⓒ 영업요인분석 : 날씨, 경쟁점의 판촉, 상권 내의 특정 행사, 자체의 판촉효과 분석

POS시스템으로부터 수집되는 데이터 기출 16

구 분	관리목적	데이터의 종류	데이터의 항목
기본 데이터	언제	연, 월, 일 시간대별 데이터	시간별 데이터
	어디서	점별, 부문별 데이터	점별, 부문별 데이터
	무엇을	상품코드별 데이터	상품코드/데이터
	얼마나	판매실적 데이터	판매수량/매출액
	누가	고객별 데이터	고객속성
	어떻게	거래・지불방법	영수증 분석
원인 데이터	왜	상권속성, 점포속성, 매장연출, 매체연출, 판촉연출, 상품속성, 기타	경합상황, 입지조건, 매장면적, 취급상품, 광고/POP, 특매행사, 기타
	어디서	매대별 데이터	점포/매대
	누구에게서	담당자별 데이터	매입, 판매, 물류 담당자. 계산원별 데이터
	기타	POO, POR, SA 데이터 등	발주, 매입, 재고조사 및 계량 등

03 POS데이터의 활용

(1) POS데이터의 활용단계 기출 17・16・13

① 제1단계(단순 상품관리단계) : 기본적인 보고서만을 활용하는 단계이다. 부문별・시간대별 보고서, 매출액의 속보, 품목별・단품별 판매량 조회 등이 이에 속한다.

② 제2단계(상품기획 및 판매장의 효율성 향상단계) : 날씨, 기온, 시간대, 촉진활동, 선반진열의 효율성, 손실, 재고회전율 등의 정보와 연계한 판매량 분석을 통해 상품을 관리한다.

③ 제3단계(재고관리단계) : 수・발주시스템과 연계해서 판매정보를 분석하고, 내부의 재고관리를 하며, 발주량을 자동적으로 산출한다.

④ 제4단계(마케팅단계) : 상품정보와 고객정보를 결합해서 판매 증진을 위한 마케팅을 실시하는 단계이다.

⑤ 제5단계(전략적 경쟁단계) : POS정보를 경영정보와 결합하여 전략적 경쟁수단으로 활용하는 단계이다.

(2) POS정보의 활용

① 상품정보관리

ⓐ POS시스템을 통해 얻은 데이터를 토대로 가공된 정보는 기존의 유통전략을 수정하는 데 활용된다.

ⓑ 데이터에 담겨진 소비자의 욕구에 맞게 점포의 이미지를 설정하고, 그 이미지에 적합한 상품구색, ISM(인스토어 머천다이징), 판촉계획 등이 만들어진다.

ⓒ 상품정보관리는 상품계획을 위한 정보를 통해서 철수상품과 신규취급 또는 취급 확대상품을 결정하는 데에서 기업의 효율성을 제고한다.

② **ABC분석** 기출 16·11·10·09·08

　ⓐ ABC분석의 개념 : ABC분석은 재고자산의 품목이 다양할 경우 이를 효율적으로 관리하기 위하여 재고의 가치나 중요도에 따라 재고자산의 품목을 분류하고 차별적 으로 관리하는 방법이다. 즉 각각의 상품이 현재의 유통경영성과에 기여하는 정도 를 평가하는 가장 일반적인 방법으로, 분류기준은 파레토분석에 의한다. ★★

　ⓑ ABC분석과 상품관리 : 각각의 상품이 매출에 기여하는 정보를 A·B·C군으로 분 류하여 A상품군을 집중 육성하고 Z상품군의 취급은 중단하여 매장의 생산성을 증 대하고자 하는 것이다.

　　• A상품군 : 매출의 80%를 차지하는 상품들
　　• B상품군 : 매출의 15%를 차지하는 상품들
　　• C상품군 : 매출의 5%를 차지하는 상품들
　　• Z상품군 : 매출에 전혀 기여하지 못하는 상품들

매출액 \ 총이익		총이익에 대한 기여		
		A	B	C
총매출에 대한 기여	A	인기/고수익상품	인기/고매출상품	인기/저수익상품
	B	이익상품	준인기상품	취급/철수검토상품
	C	기본/고수익상품	계속취급상품	취급중단상품
	Z	–	취급중단상품	–

　ⓒ 결합 ABC분석과 진열관리 : 매출에 기여하는 인기상품인 동시에 이익에도 기여하 는 상품을 통해 기업의 이익을 추구할뿐만 아니라 품절방지에 노력하고, 매출은 높 으나 이익이 낮다면 미끼상품으로 활용하는 등의 전략적 활용이 필요하다.

③ **진열관리** : 매출을 기준으로 하는 ABC분석의 결과와 이익을 기준으로 하는 ABC분석을 결합한 ABC분석은 상품관리와 함께 진열관리에 활용될 수 있다. 진열관리는 ISM(In-Store Management, 점포관리)의 일종으로, POS정보로부터 얻어진 상권 및 객층의 특성에 맞추어 매장배치와 동선을 연계하여 진열을 관리하는 것을 의미한다. 유통기업은 진열관리를 통해 진열량, 위치 등을 결정하게 된다.

④ **재고관리와 자동발주** 기출 18

　ⓐ 재고관리 : POS시스템으로부터 얻은 데이터의 활용을 통해 단품관리가 가능하므 로, 단품관리를 통해 재고관리가 가능해진다. 즉, POS로부터 얻은 단품별 판매수량 에 근거하여 매입을 하고, 단품별 안전재고, 진열단위 등을 고려하여 **재고를 증가시 키지 않으면서 품절을 방지**하는 적정 발주를 할 수 있게 된다. ★

　ⓑ 자동발주 : POS데이터를 통신망을 통해 본부나 배송센터의 컴퓨터에 전송하여 중 앙집중식으로 집계·관리함으로써 자동발주시스템을 구축할 수 있다.

⑤ **인력관리** : POS데이터는 시간과 장소, 상품에 관한 종합적인 데이터를 제공한다. 따라 서 POS데이터를 통해 작업량을 도출하여 업무할당 및 관리에 이용하면 효율적인 인력 관리와 현재 인력의 생산성·성과관리 등이 가능해진다.

⑥ **고객관리** : POS데이터를 통해 얻는 고객속성정보(성별, 연령, 주소, 직업 등 고객 신상에 관한 정보), 상품이력정보(구입상품, 수량, 금액, 거래횟수 등에 관한 정보)는 고객별 관리 및 판촉활동을 위한 고객정보의 확보에도 활용될 수 있다.

POS데이터(정보)의 활용분야

분 야		목 적	필요한 가공분석
상품정보 관리	매출관리	• 부문별 매출관리 • 매출 총 이익관리 • 시간대별 매출관리	시간대별 매출분석
	상품의 구매계획관리	• 상품관리 • 인기상품 · 비인기상품 관리 • 신상품 도입 · 평가	상품의 판매동향 분석
	진열관리	• 판매장 배치계획	장바구니 분석
	판촉계획	• 적절한 판촉계획 • 적절한 판매가격결정	판촉효과 분석
	발주 · 재고관리	• 발주권고 • 자동 보충발주 • 판매량 예측	적정발주량 산출 및 판매요인 분석
종업원관리		• 계산원관리 • 자금계획의 자동화	계산원별 생산성 분석
고객관리		• 지역마케팅	지역별 · 연령별 판매분석

(3) POS정보와 전략정보시스템

전략정보시스템을 구성하는 자료의 원천은 POS시스템이다. POS시스템은 전략정보시스템에서 생산되는 다양한 정보의 재료가 되는 데이터를 제공하는 원천이 된다.

04 RFID시스템 기출 21 · 19 · 18 · 14 · 12 · 11 · 09 · 08

(1) RFID(Radio Frequency Identification, 무선주파수식별법)의 개념 기출 19

① 자동인식 기술의 하나로 데이터 입력장치로 개발된 무선 주파수(RF ; Radio Frequency)를 이용하여 대상을 인식하는 기술을 말한다. 이 기술은 새롭게 창조된 기술이 아니라, 2차 세계대전 당시 영국 공군이 적의 전투기를 식별하는 데 사용되다가 현재는 민간에 RFID 기술이 도입되어 진화 · 발전되었다. ★

② RFID는 컨테이너나 상품에 부착하여 상품을 직접 스캐너와 같은 인식장치에 접촉하지 않고도 먼 거리에서 해당 정보를 체크할 수 있는 기술을 의미하며, 유통업에서 이를 활용함으로써 상품의 유통과정을 실시간으로 체크하는 것을 가능하게 한다. ★★

③ RFID 기술을 이용하면 태그 안에 물체의 ID를 담아 놓고, 리더기와 안테나를 이용해 태그를 부착한 동물, 사물, 사람 등을 실시간으로 판독 · 관리 · 추적할 수 있다.

④ RFID 기술은 궁극적으로 여러 개의 정보를 동시에 판독하거나 수정·갱신할 수 있는 장점을 가지고 있기 때문에 바코드 기술이 극복하지 못한 여러 문제점들을 해결하거나 능동적으로 대처함으로써 물류, 유통, 조달, 군사, 식품, 안전 등 다양한 산업영역에서 경제적 파급효과를 창출할 수 있는 핵심기술로 각광받고 있다(예 교통카드, 주차관리, 도서관리, 출입통제용 카드, 동물식별, 하이패스용 카드 등).

(2) RFID의 구성요소 기출 19·15·14·12·11·09·08

RFID 시스템은 태그(Tag), 안테나(Antenna), 리더기(Reader), 호스트(Host)로 구성된다. ★

① 태그(Tag)
 ㉠ 사물에 부착되어 사물을 인식할 수 있도록 **필요한 정보를 저장**하고 있는 장치이다.
 ㉡ 생산, 유통, 보관, 소비의 전 과정에 대한 데이터가 입력되는 **IC칩과 안테나로 구성**된다.
 ㉢ 태그는 주파수에 반응하여 입력된 데이터를 **안테나로 전송**한다. ★
 ㉣ 배터리 내장 유무에 따라 **능동형(Active)과 수동형(Passive)으로 구분**한다.

② 안테나(Antenna)
 ㉠ 무선 송수신용 안테나는 정의된 주파수와 프로토콜로 태그에 저장된 데이터를 교환하는 장치이다.
 ㉡ 무선주파수를 발사하며 태그로부터 전송된 데이터를 수신하여 리더로 전달한다.
 ㉢ 다양한 형태와 크기로 제작 가능하며 태그의 크기를 결정하는 중요한 요소이다.

③ 리더(Reader)
 ㉠ 주파수 발신을 제어하고 태그로부터 수신된 데이터를 해독하는 장치이다.
 ㉡ 용도에 따라 **고정형, 이동형, 휴대용으로 구분**한다. ★
 ㉢ 안테나 및 RF회로, 변·복조기, **실시간 신호처리 모듈, 프로토콜 프로세서 등**으로 구성된다. ★

④ 호스트(Host)
 ㉠ 한 개 또는 다수의 태그로부터 읽어 들인 **데이터를 처리**하는 장치이다.
 ㉡ 분산되어 있는 다수의 리더 시스템을 관리한다.
 ㉢ 리더기로부터 발생하는 대량의 태그 데이터를 처리하기 위하여 에이전트 기반의 분산계층 구조로 되어 있다.

바코드와 RFID의 비교 기출 17·12·08

구 분	바코드	RFID
인식방법	광학식(Read Only)	무선(Read/Write)
정보량	수십 단어	수천 단어
인식거리	최대 수십cm	3~5m
인식속도	개별 스캐닝	수십~수백 개/초
관리레벨	상품그룹	개별상품

(3) RFID의 장·단점 기출 18 · 14 · 11 · 10 · 08

장 점	단 점
• 직접 접촉을 하지 않아도 자료를 감지, 인식할 수 있다. ★	• 가격이 비싸다(경제적 문제). ★
• 인식 방향에 관계없이 ID의 인식이 가능하다.	• 정보의 노출 위험성이 있다(보안).
• 인식되는 시간이 짧다.	• 금속, 액체 등의 전파장애 가능성이 있다. ★
• 유지보수가 간편하며, 바코드 시스템처럼 유지비가 들지 않는다.	• 아직 인식의 한계가 있다(기술적 문제).
• Tag는 시스템이나 환경에 맞게 수정이 가능하다.	• 전파가 인체에 영향을 미칠 수 있다(안정성).
• Tag는 먼지, 습기, 온도 등에 제약을 받지 않는다.	• RFID 확산의 법적 대응책이 필요하다.
• Tag는 많은 양의 데이터를 보내고 받을 수 있다.	• 국가별 주파수 대역과 국제적 표준화의 문제점이 있다. ★
• Tag는 재사용이 가능하다.	

(4) RFID의 도입효과 기출 21 · 19 · 18 · 17 · 16 · 15 · 09

① 유통시스템의 RFID 도입효과

　㉠ 효과적인 재고관리 : 생산에서 보관, 유통에 이르기까지 모든 상품의 유통과정이 인터넷을 통해 실시간으로 관리되기 때문에 판매량에 따른 최소 수준의 재고를 유지하면서 효율적인 관리를 할 수 있다. 따라서 과재고로 인해 발생하는 제품의 손실이나 변질 등도 미연에 방지할 수 있다. ★

　㉡ 입출고 리드타임 감소 및 검수 정확도 향상 : 바코드처럼 각 제품의 개수와 검수를 위해 일일이 바코드 리더기를 가져다 댈 필요 없이 자동으로 대량 판독이 가능하기 때문에 불필요한 리드타임을 줄일 수 있다. 또한 모든 과정이 네트워크를 통해 자동으로 이루어지기 때문에 원격지에서도 정확한 정보를 실시간으로 확인할 수 있다. ★

　㉢ 도난 등 상품 손실 절감 : 상품의 수량과 위치를 실시간으로 파악할 수 있기 때문에 도난으로 인한 상품의 손실을 막을 수 있다. ★

　㉣ 반품 및 불량품 추적·조회 : RFID를 이용하면 반품이나 불량품으로 처리된 제품의 수량과 처리 현황 등의 실시간 조회 서비스를 고객에게 제공할 수 있어 고객 만족도를 높일 수 있다.

② 물류시스템의 RFID 도입효과

　㉠ 운영 효율성 제고 : 화물의 이동 경로와 현재 위치를 실시간으로 확인할 수 있어 보다 합리적인 배송 계획을 세울 수 있으며, 만약 배송 지연이 발생할 경우 빠른 대책을 수립하여 효과적인 배송 운영이 가능하다.

　㉡ 화물 입출고 및 환적 시간 단축 : 포장을 일일이 해체하여 안에 있는 물건을 확인할 필요가 없고 박스와 파렛트 등에 부착된 RFID 태그를 통해 입출고 파악이 자동으로 처리되므로, 선적(또는 환적) 시간이 단축된다.

　㉢ 보안성 강화 : RFID 기술을 활용한 전자 봉인(Electronic Sealing)을 이용하여 화물의 도난이나 손실을 방지한다.

　㉣ 대고객 서비스 향상 : 고객이 주문한 상품의 현재 위치를 직접 실시간으로 확인할 수 있기 때문에 보다 높은 만족도를 얻을 수 있다.

개념 Plus

RFID의 특징

• 태그의 데이터 변경 및 추가가 자유롭다.

• 빠른 속도로 일시에 다량의 태그 판독이 가능하다.

• 냉온, 습기, 먼지, 온도 등의 열악한 판독환경에서도 높은 판독률을 보인다.

• 스캐너로 인식하는 것이 아닌, 원거리에서 판독기로 인식한다.

• 손상 염려가 적고, 태그와 판독기 사이에 장애물이 있어도 판독이 가능하다.

• 나무나 직물, 플라스틱 등을 투과하여 정보의 교신이 가능하나, 금속이나 액체가 든 유리의 경우 전파 장애가 발생하여 인식률이 떨어질 수 있어 유의해야 한다. ★

개념 Plus

RFID 태그 선택 시 고려사항

• 판독의 정확도를 최대한 높이려면 부착면 소재와 관계없이 이용할 수 있는 태그 제품을 선택해야 한다.

• 업무 처리 속도와 관련하여 태그를 읽는 데 필요한 속도를 파악하여야 한다.

• 태그를 사용할 환경 조건을 파악하여야 한다.

• 선택한 태그로 원하는 기간 동안 데이터를 저장할 수 있는지를 확인하여야 한다.

01 EDI(Electronic Data Interchange)의 개념

(1) EDI의 의의 기출 21·20·10·09·08

① 기업 사이에 데이터를 효율적으로 교환하기 위해 컴퓨터를 통해서 표준화된 양식의 전자문서 즉, 전자문서표준을 이용해 데이터를 교환하는 정보전달 시스템이다. ★★

② 선적요청서, 주문서, 산업송장 등 기업 간에 교환되는 서식이나 수출입허가서, 수출입신고서, 수출입허가증 등 기업과 행정관청 사이에 교환되는 행정서식을 일정한 형태를 가진 전자메시지로 변환 처리하여 상호 간에 합의한 통신표준에 따라 컴퓨터와 컴퓨터 간에 교환되는 전자문서교환시스템을 말한다.

③ EDI는 구조화된 형태의 데이터, 즉 표준전자문서를 컴퓨터와 컴퓨터 간에 교환하여 재입력 과정 없이 즉시 업무에 활용할 수 있도록 하는 새로운 정보전달방식이다.

④ EDI는 POS와 함께 재고관리 및 매장 내 품절관리와 다량 자료의 반복적 교환이나 가입된 거래상대자에게의 공식서류 전달에 활용된다. ★★

⑤ EDI 도입으로 거래상대방과의 업무절차 개선, 경영혁신 등의 전략적 이점을 얻을 수 있고 수신자가 정보를 재입력할 필요성을 최소화할 수 있어 자료입력 오류를 줄일 수 있다는 이점이 있다. ★

(2) EDI의 도입 목적

① **기업경영 측면** : 주문내용에 대한 지연과 오차감소, 비용절감, 대고객 서비스의 질적 향상을 가져오기 위해서이다.

② **기업관리 측면** : 주문주기 단축으로 JIT(무재고 관리 ; Just In Time) 구매에 따른 재고관리 효율성 증대와 사무처리 인원감축에 따른 인력활용을 극대화하기 위해서이다.

(3) EDI의 구성요소

EDI를 구성하는 중요한 요소로는 EDI표준과 EDI시스템, EDI서비스 관련주체인 EDI서비스 제공사업자와 EDI서비스 이용자 등이 있다. ★

① EDI표준(Standard)

㉠ 사용자간 교환되는 전자문서의 내용, 구조, 통신방법 등에 관한 양식 및 구문 (syntax)을 정한 규칙으로, 이는 언어, 업무처리방식, 컴퓨터 시스템이 서로 다른 거래당사자들이 전자문서를 자유롭게 교환하는데 필요한 공통 언어라 할 수 있다.

㉡ 일반적으로 EDI는 국제연합이 중심이 되어 만든 UN/EDIFACT의 표준을 따른다.

㉢ 그러나 최근에는 VAN 망을 이용한 EDI표준보다는 Open EDI방식이나 Web EDI 방식이 각광을 받고 있으며, 여기에서 한발 더 나아가 두 시스템의 장점을 모두 가지고 있는 차세대 문서전달방식인 'XML/EDI'가 도입되어 유통·제조업체간 상호 협업적 정보교환에 이용되고 있다. ★

개념 Plus

EDI 표준화 현황 기출 21

• EDI 서비스는 1986년 국제연합유럽경제위원회(UN/ECE) 주관으로 프로토콜 표준화 합의가 이루어졌고, 1988년 프로토콜의 명칭을 EDIFACT로 하였으며, 구문규칙 (Syntax Rule)을 국제표준(ISO 9735)으로 채택하였다. ★

• 미국 및 북미지역의 경우 국제표준인 UN/EDIFACT보다 주로 ANSI X.12가 폭넓게 사용되고 있다.

• 국내 EDI 표준으로는 한국전자거래표준원에서 개발과 유지관리를 수행하고 있는 KEDIfact가 있다.

• 현재 공공부문을 비롯한 대부분의 국내 EDI 사업은 KEDIfact 표준전자문서를 적용하고 있으나, 일부 국내 수출 업계가 미국과의 거래에 ANSI X.12에 근거한 방식을 사용하고 있으며, KEDIfact 도입 이전에 구축된 철강, 자동차 부문의 경우에는 사설표준이 사용되고 있다.

〈출처〉 박성득, 「SGML, XML, EDI 통합 및 연계방안」, 한국전산원, 1999, P. 52

② EDI사용자 시스템 : 실제 사용자가 전자문서 작성 및 송수신을 쉽게 처리할 수 있도록 도와주는 하드웨어, 소프트웨어, 응용소프트웨어 등을 의미한다.

③ EDI서비스 제공업자 : EDI서비스의 기본 업무처리나 중계기능을 갖고 있는 부가가치 통신망(VAN)의 사업자들로서 서비스 이용자들 사이에서 업무를 대행해준다.

④ EDI서비스 이용자 : 실제 EDI를 사용하는 최종소비자로서, 제품을 판매하려는 기업과 구매하려는 기업, 정부, 개인 등이 될 수 있다. 이들은 EDI서비스 제공자를 이용함으로써 투자비용의 절감, 송수신 시간의 조정, 보안의 강화 등의 효과를 얻을 수 있다.

EDI표준의 분류

구 분	종 류		내 용
용도별	전자문서표준		전자적으로 전송되는 문서의 종류, 각 문서에 포함되는 정보의 종류, 정보의 전송순서, 정보의 형태, 각 정보의 의미 등에 관한 지침으로 구성
	통신표준		전자문서의 전송시 이용되는 봉투(Envelope)의 형태, 전송속도, 통신프로토콜, 가능한 통신수단 등
	전용표준		특정 기관이 상호정보를 전송하기 위하여 임의로 제정하여 사용하는 표준
사용 범위별	공통 표준	산업표준	UN/EDIFACT에서 제정하지 못하였거나 제정 과정에 있어, UN/EDIFACT의 규칙(Syntax Rules)에 따라 산업 내에서 필요한 메시지를 만들어 사용하는 표준
		국가표준	특정 국가 내에서 모든 업계가 공통으로 사용할 수 있도록 국가 차원에서 제정한 표준
		국제표준	UN/EDIFACT에서 최종적으로 제정한 표준

02 EDI의 이용효과

(1) EDI의 도입효과 기출 15

① 직접적인 효과 : 거래 시간의 단축, 업무처리의 오류 감소, 자료의 재입력 등에 소요되는 비용의 감소 등

② 간접적인 효과 : 인력절감, 재고감소, 관리의 효율성 증대, 효율적인 인력 및 자금관리 등

③ 전략적인 효과 : 거래 상대방과의 관계 개선, 경쟁업체와의 비교우위 확보, 전략적 정보시스템 구축 등

(2) EDI시스템의 도입시 장·단점 기출 15·11·10·09·08

① EDI시스템 도입시 장점

㉠ 독립적인 데이터베이스의 구축이 가능해진다.

㉡ 수작업 감소로 인한 업무의 정확도 증대와 사무인력의 생산성이 증대된다. ★

㉢ 공급업체와의 수·발주시스템에 있어서 효율성을 향상시킬 수 있다.

개념 Plus

인터넷 EDI

• EDI 문서를 전송함에 있어 하부통신 프로토콜로서 TCP/IP, 즉 인터넷(Internet)을 사용하는 것을 의미한다.

• 인터넷 EDI는 지역이나 업종, 시스템에 관계없이 사용자들 상호간에 정보를 교환할 수 있으며, 자체 네트워크를 갖지 못한 사용자들도 손쉽게 EDI 문서를 교환하여 단기간 내에 거래관계를 체결할 수 있다.

• 기존의 부가통신사업자(VAN)를 이용하는 방법의 경우 비싼 통신망 이용료를 지불해야하고 접속에 있어서도 제한이 많았으나, 공개된 통신망에서 표준 프로토콜인 TCP/IP를 사용하는 인터넷 EDI는 자체 네트워크를 갖지 않고도 손쉽게 EDI 전자문서를 전송할 수 있게 한다.

• 인터넷 EDI는 UN/EDIFACT, NSI X.12와 같은 표준메시지를 SMTP/MIME이나 FTP와 같은 인터넷 프로토콜 방식으로 전송하는 경우와 E-form을 이용한 Web-EDI 방식이 있다.

개념 Plus

기업들이 인터넷에서 EDI 역량을 구축하는 이유 [기출] 15

- 인터넷은 비상업적인 네트워크이기 때문에 이를 사용할 경우 기존 VAN 사업자에게 지불하던 네트워크 사용료와 서비스 비용 등을 절감할 수 있다. ★
- 인터넷은 대규모의 접속 가능성으로 폭넓은 비즈니스 활동 범위의 확장에 대한 기반이 된다.
- 인터넷은 거래가 가능한 파트너들에 대해 가장 폭넓게 도달할 수 있는 잠재력을 제공한다.
- 인터넷 기반 EDI에서는 최신 EDI의 사용을 보완하거나 대체가 용이하다.
- 인터넷 기반 EDI에서는 협업, 워크플로우, 검색 엔진과 같은 기능들을 가지고 있다.

② 서류 없는 업무환경으로 오류감소 및 비용절감 효과를 기대할 수 있다. ★

⑩ 거래 상대방과 정보공유로 협력관계를 촉진시킨다.

⑪ 주문과 데이터 관리의 신속화를 꾀할 수 있다.

⑫ 주문사이클 시간의 감소에 의한 필요 재고를 감소시킬 수 있다.

② EDI시스템 도입시 단점

⑦ 시스템 운영비용과 VAN 회선의 유지비가 증가한다.

ⓒ 주문내용 변경에 대한 유연성이 저하된다.

ⓒ 거래 당사자끼리만 통신망을 통해 사용이 가능하다.

② 다른 EDI 프로토콜을 사용하는 기업 간에는 통합적 EDI 실행이 극히 제한된다.

기존의 업무처리 방식과 EDI 방식과의 비교

구 분	기존 방식	EDI 방식
업무처리수단	문서(Paper Document)	전자서류(Electronic Document)
업무처리	서명, 날인	전자서명
전달방법	인편, 우편	자동전달방법, 컴퓨터 간 통신
전달매개체	없음(무역거래 당사자 간에 수많은 전달관계 존재)	무역자동화 사업자(무역거래 당사자와 무역자동화 사업자 간 전달관계만 존재)
전달장비	사람(교통수단), 우체국	컴퓨터, 통신회선

개념 Plus

CPFR(협업설계예측 및 보충)

EDI 기술을 토대로 소매업체와 공급업체를 연결해 생산계획과 수요 예측, 재고관리 등 협업을 가능케 해주는 시스템이다.

03 EDI 기반 기술

(1) 부가가치 통신망(VAN ; Value Added Network)

① VAN의 정의

⑦ 회선을 직접 보유하거나 통신사업자의 회선을 임차 또는 이용하여 단순한 전송기능 이상의 부가가치를 부여한 정보를 제공하는 광범위하고 복합적인 서비스이다.

ⓒ 제공되는 서비스에는 통신처리서비스, 정보처리서비스, TV회의서비스, 정보제공서비스, 국제통신서비스 등이 있다.

② VAN의 유형

⑦ 직접 연결형 : 체인점의 연결 데이터 교환시스템, 도매업이나 제조업이 각각 고정고객선과 직접 연결한 네트워크 시스템

ⓒ 공동이용형 네트워크 : 지역유통 네트워크 및 업계유통 네트워크

ⓒ 업계형 : 기업 간 수평공동형 VAN

③ VAN을 통한 정보의 흐름

⑦ 국내에서 VAN은 소매업체의 본·지점과 납품업체, 제조업체의 본사와 지점이나 영업소 또는 판매업체를 연결하여 각종 유통정보를 교환하는 데 이용되고 있다.

ⓒ VAN업체들은 백화점, 쇼핑센터, 연쇄점 등과 VAN을 구성해서 물류활동을 원활하게 해준다.

(2) CALS(Computer Aided Acquisition Logistics Support) 기출 16·13·09

① **CALS의 정의**

 〉 CALS는 기술적인 측면에서 기업의 설계, 생산과정, 보급, 조달 등을 운영하는 운용
  지원 과정을 연결시키고, 이들 과정에서 사용되는 문자와 그래픽정보를 표준을 통
  해 **디지털화**하여 컴퓨터 환경에서 설계, 제조 및 운용지원 자료와 **정보를 통합**하여
  자동화시키는 개념이다.

 《 최근에는 기업 간의 상거래(B2B)까지를 포괄하는 개념으로, 즉 **광속상거래**(Commerce
  At Light Speed) 또는 초고속 경영통합정보시스템 개념으로 확대되고 있다.★

 》 미국 국방성은 민간으로부터 필요한 군수 물자를 조달받기(B2G방식) 위해 만든 전
  자입찰시스템인 CALS를 구축하여 활용하고 있다.★

② **CALS의 기대효과**

 〉 비용·절감효과

 《 조직 간의 정보공유 및 신속한 정보전달

 》 제품생산소요시간의 단축

 〈 산업정보화에 의한 국제경쟁력 강화

③ **EC, EDI, CALS의 관계**

 〉 EC와 CALS의 핵심은 제품의 설계, 조달, 생산, 판매, 결제, 사후관리 등 비즈니스
  와 관련한 각종 정보를 표준화·디지털화·통합화하여 컴퓨터로 업무를 처리한다
  는 데에 있다.

 《 EC와 CALS는 그 발전과정이나 접근방법이 상이하지만 궁극적으로 모든 상거래를
  전자적으로 처리하고자 한다는 점에서 동일한 개념으로 이해되고 있다. EC는 경영
  적인 측면에서, CALS는 기술적인 측면에서 보는 것이라고 할 수 있다.

 》 EC와 CALS의 중심부분에서 근간을 이루는 핵심정보기술은 전자문서교환이다.

(3) 인터넷(Internet) 기출 19·18·17·16·13·09

① **인터넷의 발전**

 〉 인터넷은 1960년대에 미 국방성의 연구사업으로 만들어진 기간망을 상업적으로 활
  용하면서 시작되었다.

 《 1977년 패킷교환 프로토콜인 TCP(Transmissoin Control Protocol)와 IP(Internet
  Protocol)가 개발되었는데 이것이 인터넷의 통신기반이 되었다.

 》 1986년 미 국립과학재단(NSF ; National Science Foundation)은 여러 지역에 국
  립 슈퍼컴퓨터센터를 건립하고 이들을 서로 연결하는 망을 구축하였다.

 〈 국립 슈퍼컴퓨터센터에 설치된 망과 각 대학의 컴퓨터망을 연결하고 전자메일, 파
  일전송프로토콜(FTP ; File Transfer Protocol), 뉴스그룹 등 정보공유를 위한 응
  용기술을 개발하였는데 이것이 인터넷의 모태가 되었다.

 々 인터넷을 통한 정보교환 범위의 확대는 월드와이드웹(WWW)과 그래픽을 이용한
  웹브라우저의 이용에 의해 촉진되었다.

② 인트라넷(Intranet)

㉠ 방화벽(Firewall)이라는 보안장치에 의해 특정 기업이 독점할 수 있는 인터넷이다.

㉡ 기관이나 기업이 내부 업무의 효율성을 높이고 정보의 활용도를 높이기 위해 소속원에 한해 사용할 수 있게 한 인터넷이다.

㉢ 인트라넷의 외부에서는 내부로 들어올 수 없지만, 내부에서는 외부 인터넷망으로 나갈 수 있도록 구축된 인터넷망이 인트라넷이다. ★

③ 엑스트라넷(Extranet)

㉠ 엑스트라넷은 관련 기업들 간에 보안문제를 걱정하지 않고 전용망처럼 활용할 수 있는 인터넷을 말한다.

㉡ 엑스트라넷은 인트라넷의 발전된 형태로, 내부 사용자나 외부 사용자에게 사용 환경의 차이만 있을 뿐 데이터의 공유는 같이 할 수 있도록 되어 있다.

㉢ 인터넷 데이터와 인트라넷 데이터를 DB로 공유하면서 업무의 효율성을 높일 수 있다.

인터넷, 인트라넷, 엑스트라넷의 비교

구 분	인터넷	인트라넷	엑스트라넷
접 속	공개적	비공개적	반공개적
사용자	제한 없음	특정 기업(집단) 내 소속원	고객, 공급자, 사업 파트너 등
응 용	• 정보 공유 • 정보 검색 • 선전, 광고 • 유즈넷	• 기업 내 정보 및 자원 공유 • 내부 의견교환 • 교육/훈련	• 수주/발주 • 제품 카탈로그 • 비공개 뉴스그룹 • 공동 프로젝트의 공동관리

④ 무선인터넷 기출 14

㉠ 무선인터넷은 이동 전화, 개인 휴대 정보 단말기(PDA) 등의 무선 단말기와 무선 LAN, 블루투스(Bluetooth) 같은 무선데이터 통신망을 이용해 인터넷에 접속하여 데이터 통신이나 인터넷 서비스를 이용하는 것으로 이동 인터넷(Mobile Internet)이라고도 한다.

㉡ 한곳에 고정되어 있지 않고, 이동하면서도 언제 어디서나 유선과 동등한 인터넷 서비스를 이용할 수 있다는 것이 특징이다.

⑤ 텔넷(telnet) 기출 21

㉠ 네트워크 상의 시스템 사용자가 자기 시스템의 자원에 접속하는 것처럼 원격지에 있는 다른시스템에 접속할 수 있게 지원하는 서비스이다.

㉡ 전 세계 어느 지역의 컴퓨터든지 그 컴퓨터가 인터넷에 연결만 되어 있으면 일정한 조건 충족 시 시간이나 공간의 제약 없이 접속할 수 있다.

5 QR시스템 구축 및 효과

01 QR(Quick Response)의 개요

(1) QR시스템의 개념 기출 21·20·19·16·15·14·12

① 상품개발의 짧은 사이클화를 이룩, 즉 생산·유통 관계의 거래당사자가 협력하여 소비자의 욕구에 신속대응하고, 원자재 조달과 생산, 배송에서 고객이 원하는 시간과 장소에 필요한 제품을 공급하기 위한 정보시스템으로, **미국 패션의류업계가 수입의류 시장 잠식에 대한 대응을 위해 섬유업계, 직물업계, 의류제조·소매업계 간의 제휴를 통해 리드타임의 단축과 재고감축, 상품의 적시적량 공급을 목표로 개발·도입한 SCM전략** 기술이다. ★★

② QR시스템은 기본적으로 소비되는 상품에도 필요하지만, 최신 유행의 의류업체에서도 필요하다. 유행성이 강한 상품은 새로운 색상과 스타일이 중요하므로 즉각적으로 대응할 수 있어야 하고, 계절적으로도 민감하므로 빠르게 적응할 수 있어야 한다. ★

③ QR시스템은 소비자의 개성화나 가격지향 시대에 적응하기 위해 기업의 거래선과 공동으로 실시하는 리엔지니어링의 일환으로 제품생산 및 판매에 이르는 모든 프로세스과정에서 **비효율성을 제거함으로써** 비용 절감, 더 나아가서는 소비자 만족의 극대화를 추구하는 고객중심의 사업 전략이라 할 수 있다. ★

(2) QR시스템의 목표

① QR시스템은 소비자들이 원하는 시간에 맞추어 상품을 공급하고 불필요한 재고를 없애 비용을 감소시킨다는 원칙에서 출발하였으며, 정보기술과 참여기술의 활동을 통해 상품에 대한 소비자들의 반응에 신속히 대처하여 비용을 절감한다는 목표를 두고 있다.

② QR시스템의 구현목적은 제품개발의 짧은 사이클(Cycle)화를 이룩하고 소비자 요구에 신속 대응하는 정품을, 정량에, 적정가격으로, 적정장소로 유통시키는 데 있다.

(3) QR시스템의 발전단계

구 분		특 징	기술요소	목 표
1단계	기본 QR 정보기술	소스마킹	POS, EDI 발주	재입력 방지
2단계	자동재고 보충	출하카톤 마킹	POS, 자동발주	시장예측
3단계	파트너십 보충	메이커 창고관리	POS 정보의 공유	파트너십
4단계	공동상품 개발	공동상품 개발	POS 자료분석, DB	상품기획능력
5단계	소매 지원	마이크로 마케팅	POS, EDI, EOS, DB	무점포 판매

(4) QR시스템의 관리방식

① 계산대에서 상품의 바코드를 판독하면, 컴퓨터는 상품명과 가격 등을 자동인식해서 계산 기간을 단축한다.

② 발주점에 이르면 재주문이 자동적으로 이루어진다.

개념 Plus

QR시스템의 구성요소
QR시스템의 구성요소로는 소스마킹(Source Marking), EDI, 인터넷 등 통신시스템, POS시스템, 유통업체코드 등이 있다. ★

출제지문 돋보기 OX

01 [15-1]
QR시스템은 SCM보다는 주로 CRM과 연계되어 있다. ( )

02 [13-2]
QR은 주로 패션 및 섬유관련 제조·유통업체가 유통과정에서 상호 밀접하게 협력하는 시스템으로 의류산업에서 유래하였으며, ECR은 유통업체와 공급자가 상호 밀접한 협력을 통해 유통효율을 높여 고객서비스를 제고하고자 하는 SCM 응용전략으로 식품산업에서 채택하였다. ( )

정답 1. × 2. ○

③ 공급자는 주문을 받으면 공급업자, 주문번호, 목적지, 주문처 등의 정보를 상품에 표시해서 발송한다.

④ 결제는 전자대금결제방식으로 신속히 이루어진다. 전자대금결제는 POS시스템을 통한 신용카드, 선불카드, 은행카드 등이 포함된다.

02 QR(Quick Response)의 효과

(1) QR시스템의 도입

① 활용되는 정보기술 : SCM, EOS, EDI, 전자우편, 팩시밀리, 디지털카메라, 화상회의, 인터넷, 위성추적시스템(GPS) 등

② QR시스템의 구축 : QR시스템의 구축은 기존의 Win-Lose 거래관계를 Win-Win 상호이익의 업무관계로 전환하여 정보네트워크를 축으로 유통과 생산의 파트너십을 확립하는 데서부터 시작된다.

③ QR 도입시 주체별 역할
  ㉠ 정부 : 표준코드 보급 및 EDI 전자문서 확정, 기업의 QR 도입 동기부여
  ㉡ 업계 : 정보기술교환에 따른 업무의 표준화, QR 관련 정보기술 교육 참여
  ㉢ 통신사업자 : 관련기술의 보완, 구축 및 지원

(2) QR시스템의 도입효과 <u>기출</u> 16 · 13 · 12 · 11 · 10 · 09

① 시간과 비용의 절감 : 유통의 흐름을 한 번에 파악할 수 있어 불필요한 시간과 비용을 절약함으로써 기업의 물류혁신을 추구할 수 있다.★

② 재고부담 감소로 인한 경쟁력 강화 : 신속하고 정확한 소비자 수요동향 분석을 할 수 있어 시장변화에 대한 효과적인 대응이 가능하며, 적정 수요량 예측으로 재고량이 감소되고 재고회전율도 향상되어 상품 품절을 방지할 수 있다.★★

③ 기업의 생산비 절감을 통한 경쟁력 강화 : 기업 간, 업종 간의 정보네트워크화에 의한 전자상거래(EC)체제의 구축을 효과적으로 할 수 있어, 매장까지의 상품 대기시간을 2/3 이상 단축할 수 있고 유통과정의 낭비요소를 감소시킬 수 있다.

④ 효율적 체제 구축 : 거래기업 간의 파트너십을 기반으로 한 공동상품계획, 시장수요 예측정보의 공유, 공동상품개발, 효율적인 공급망관리(SCM)의 체제를 구축할 수 있다.

⑤ 제품원가의 절감 : 소비자에 이르기까지 유통상에서 발생하는 각 단계별 불필요한 요소 제거와 시간단축으로 제품원가를 절감할 수 있다.

⑥ 소비자 위주의 제품생산 : 기업간 정보 공유를 바탕으로 소비동향을 분석하고 고객의 요구를 신속히 반영하여 재고품을 감소시킬 수 있다.

⑦ 정보의 공유 : 기업이 필요로 하는 각종 정보를 공유함으로써 안으로는 내수시장의 활성화와 밖으로는 외국기업에 대항할 수 있는 경쟁력을 확보할 수 있다.

⑧ 인터넷 상거래에 능동적으로 대응 : 정보기술을 이용한 QR체제 구축으로 인터넷 상거래에 능동적으로 대응할 수 있어 세계시장에서의 국가산업 경쟁력을 확보할 수 있다.

개념 Plus

FRM(Floor Ready Merchandise)
QR(Quick Response) 시스템에서 점포에 그대로 진열할 수 있도록 행거(Hanger) 설치와 가격 태그(Tag)가 부착된 상품이 물류센터를 경유하지 않고 공장으로부터 소매점포로 직접 보내는 것을 말한다.★

출제지문 돋보기 OX

01 　　　　　　　　　[21-1]
QR시스템 구축시 EDI를 통해 문서 거래의 필요성이 줄어들고 정확성이 늘어난다. 　　　　( )

02 　　　　　　　　　[13-3]
QR시스템 구축시 유통업자와 제조업자간의 정보네트워크를 축으로 하기 때문에 납기를 단축할 수 있다. 　　　　( )

<u>정답</u> 1. O 2. O

03 QR(Quick Response)의 성공요건

(1) QR시스템의 분야

① 제품기획 : 고객의 참여를 통한 제품기획의 기술요소가 포함된다.

② 유연생산시스템 : 컴퓨터지원생산, 단위생산시스템, 자동생산공정, 생산계획 등이 포함된다.

③ 재고관리 : 자동재고관리시스템, 재고수준 절감 및 다품종 소량주문이 포함된다.

④ 정보공유 : 바코드, 스캐닝, 수·발주시스템, 거래업체 간의 정보공유체제 구축 및 POS 정보의 교환시스템 등이 있다.

(2) QR시스템의 성공요소

① 파트너십의 형성 : 생산-유통 관계의 거래당사자들이 협력한다.

② 고객만족도 향상 : 소비자에 대하여 적절한 상품을 적절한 장소에, 적시에, 정량을, 적정한 가격으로 제공하는 것을 목표로 한다.

③ 테크놀로지의 이용 : 공동상품 코드에 의한 소스마킹(Source Marking), 전자문서교환(EDI), 이를 지원하는 바코드, 정보 DB 등의 정보처리기술을 활용한다.

④ 낭비의 제거 : 생산·유통기간의 단축, 재고의 삭감, 투매·반품·손실(Loss)의 감소 등 생산유통의 각 단계에서 합리화를 실현한다.

⑤ 공동이익 : 생산자, 유통관계자, 소비자가 성과를 나누어 가질 수 있다.

04 ECR, EFR, EHCR

(1) ECR(Efficient Consumer Response) 기출 15·13·12·11·10·09·08

① ECR의 도입배경

　㉠ 1990년대 초 미국에서 슈퍼마켓들의 매출신장률 저조, 유통업체의 문제점 중의 하나인 전방구매(Forward Buying)로 인한 공급사슬(Supply Chain)의 비효율성 문제의 해결방안으로 QR(Quick Response, 1985)이 모태가 되어 도입되었다. ★

　㉡ 유통업체와 제조업체가 고객에게 보다 저렴한 가격으로 상품을 제공하고 고객만족도를 높이기 위해 공급체인을 Pull 방식으로 변화시켜 POS시스템 도입을 통하여 제품을 자동보충하는 전략으로 1993년에 개발된 식품분야의 SCM 응용전략이다. ★

② ECR의 개념

　㉠ ECR은 공급체인의 네트워크 전체를 포괄하는 관리기법으로, 최종 소비자에게 유통되는 상품을 그 원천에서부터 관리함으로써 **공급체인의 구성원 모두가 협력**하여 소비자의 욕구를 더 만족스럽게, 더 빠르게, 더 저렴하게 채워주고자 하는 유통관리 전략의 일종이다. ★

　㉡ ECR은 공급업체-제조업체-유통업체 간의 전략적 협조와 컴퓨터에 의한 **자동발주(CAO)**를 기본으로 하며 효율적인 **상품구색, 재고보충, 판매촉진**에 중점을 둔다. ★

개념 Plus

QR 성공사례(의류브랜드 지오다노)

• 공급체인 낭비 요소의 제거 : 고객의 수용정보를 신속하게 입수, 공유하여 공급체인상의 거래 기업들이 즉각적인 수요대응 체계를 구축하였다.

• 경쟁 산업육성 전략 : 정보를 공유할 수 있는 시스템 구축과 소비자 수요에 즉각 대응할 수 있는 파트너십을 구축하였다.

• 상호 협력관계 구축 : 정보교환 기본기술과 상품DB를 공유하는 정보통신시스템을 구축하였다.

• 국제 표준 사용 : QR을 지원하는 시스템을 활용한 상품 및 제품의 자동보충 체계와 공급체인 각 관계에서 리드타임 단축 등에 관한 방안을 구체적으로 실현하였다.

- QR은 1985년 섬유 및 의류업계 중심으로, ECR은 1993년 식품, 잡화, 슈퍼마켓 중심으로 출현하였다.
- ECR이 운송비용을 최소화하는 관점에서 운송수단을 선택하는 데 비해, QR은 소비자욕구에 신속히 대응하기 위해 비용이 높은 항공편으로 배송하기도 한다.
- 수요가 예측 가능하고 마진이 낮으며 제품 유형이 다양하지 않은 기능적 상품의 경우에는 ECR이 QR보다 적절하다. 즉 ECR은 가격이 싸고 회전율이 높은 상품에, QR은 가격이 비싸고 회전율이 낮은 상품에 적합하다.
- 제품이 비교적 혁신적이고 다양하며 유행에 민감하여 수요가 가변적인 상품은 시장에 대한 신속한 대응이 요구되므로 ECR보다는 QR이 더 적합하다.
- ECR은 자동발주 연속보충 시스템이고, QR은 타이밍에 맞는 보충이 중요한 상품에 적합하다.
- ECR은 크로스도킹(CD) 방식의 상품납입이 적합하고, QR은 진열된 상태에서의 상품납입(FRM)이 적합하다.

③ ECR의 목적 : 유통업체의 문제점 중의 하나인 전방구매로 인하여 공급체인에 남아있는 비효율적인 요소들을 공급자와 소매업자가 서로 협력하여 제거함으로써, 생산성을 높임과 동시에 소비자에게 양질의 제품과 서비스를 제공하는 것을 목적으로 한다. ★

④ ECR의 성공요건 : 상품의 개별적 브랜드 관리체제 탈피, 전자문서화된 양질의 정보교환, 소비자 요구에 기초한 즉각적・연속적인 상품 흐름으로 요약된다. ★

⑤ ECR 구현전략(4E) 및 활용분야 : ECR의 추진과정에서 공급체인을 구성하는 기업들은 표준화와 합리화를 실현하게 되고, 유통과정에서는 정보화가 실현된다. 특히 식료품 산업에서 ECR은 유통업체와 공급자가 상호 밀접한 협력을 통해 유통효율을 높여 고객 서비스를 제고하고자 하는 SCM 응용전략이다. ★★

ⓐ Efficient Replenishment(효율적인 재고 보충) : 제조・생산라인에서 판매대에 이르기까지의 소요되는 시간・비용의 최적화를 의미한다.

ⓑ Efficient Promotion(효율적인 판매촉진) : 촉진관리(Promotion management)와 관련해서 소비자를 겨냥한 촉진활동의 효율성 극대화를 의미한다.

ⓒ Efficient Introduction(효율적인 신제품 도입) : 신제품의 도입・개발・상용화 과정의 효율성 증대를 의미한다.

ⓓ Efficient Assortment(효율적인 매장 구색) : 매장 및 제품의 구색 측면에서 판매 시점상의 재고와 공간 생산성의 최적화를 의미한다.

⑥ ECR의 활용이점★

ⓐ 직접적인 이점

상품구색	판매 및 평당 이익률 증대, 상품회전율 증대
재고보충	주문 자동화, 무재고 감소, 분산 창고에 의한 물류, 재고감소, 파손율 감소
판촉활동	제조, 재고, 수송의 최적화, 반송, 공급자 재고, 과다저장 감소
신제품평가	신제품 출시 실패율 감소, 제품평가의 신뢰성 증대

ⓑ 간접적인 이점

소비자	구매조건과 선택의 향상, 보다 신선한 제품의 선택 가능
소매업자	소비자 충성도 향상, 고객 이해와 폭 증진, 공급자와의 관계 증진
제조업자	브랜드 이미지 제고, 소매업자와의 관계 증진

⑦ ECR의 실현도구★

ⓐ 컴퓨터를 이용한 자동발주(CAO) : 판매데이터를 기초로 한 자동발주, 상품에 부착된 바코드를 활용한다.

ⓑ 전자문서교환(EDI) : 컴퓨터 간의 전자적 커뮤니케이션을 통해 발생하는 공급자와 소비자 간의 정보 교환이 비문서화를 실현한다.

ⓒ 지속적인 상품보충(CRP) : 재고량, 유통채널 잔존 주문량, 예측 판매량, 재고 수준 등 공급업자와 소매업자와의 정보공유로서 상품의 흐름을 통제・관리하는 것이다. 이를 통해 재고량과 재고시간을 단축할 있으나, 공급자-소매업자 간 긴밀한 협조체제가 요구된다.

ⓓ 카테고리관리 : 상품관리가 하나 하나의 단품 수준이 아니라 상품의 그룹이나 또는 카테고리 수준에서 이루어지는 것. 즉, 소비자의 입장에서 본 상품개념이다.

ⓜ 크로스도킹(Cross Docking) : 판매시점의 장소와 포장형태를 고려해 공급자가 소매업자에게 상품을 발송하는 것으로, 물류센터 도착 즉시 점포별로 구분되어 적하된 파렛트를 OMR판독과정을 거쳐 분류함으로써 재적재시간과 비용을 절감할 수 있다.

ⓗ 가치사슬분석(VCA) : ECR의 잠재적 이익을 예측하기 위해 제품보충체인과 거래당사자 각자가 수행해야 하는 활동에 대한 정밀한 분석을 선행하고 이 분석과정을 통해 ECR 도구들을 어디에 적용할 것인가를 판단하며, 중복된 활동, 불필요한 활동 또는 필요하지만 적용되지 않는 것들을 구분한다.

ⓢ 활동원가회계(ABC) : ABC 분석을 통해 공급자 및 소매업자는 상품과 관련된 제반비용을 측정하여 그 수익성 수준을 결정하는 도구이다. 상품이 최종소비자에게 이르기까지 비용이 발생되는 수많은 과정을 거치게 되며, 각 과정(여러 종류의 상품취급행위)에서 발생하는 실제비용을 측정함으로써 거래당사자들이 ECR이익을 공유한다.

ⓞ 배송상품의 순서선정 : 배송처에서 상품위치를 고려한 납품준비를 하면 불필요하게 선반 사이를 오가는 일 없이 상품을 진열대에 바로 비치 가능하다.

(2) EFR과 EHCR 기출 11·10·09·08

SCM은 적용되는 산업별로 그 표현을 달리하고 있다. 즉, 섬유·의류 부문에서는 QR(Quick Response), 식료품·잡화 부문에서는 ECR(Efficient Consumer Response), 신선 식품 부문에서는 EFR(Efficient Food service Response), 의약품·의료 부문에서는 EHCR(Efficient Healthcare Consumer Response) 등으로 표현한다. ★

6 유통정보화 기반 기술

01 유무선 네트워크 기술 및 장비

(1) 비콘(Beacon) 기출 19·17·16

① 비콘의 개념 : 블루투스(Bluetooth)를 기반으로 한 스마트폰 근거리 통신기술로, 비콘 단말기가 설치된 지점에서 최대 70m 반경 내에 있는 스마트폰 사용자들을 인식하여 특정 앱을 설치한 사용자에게 알림을 보내거나, 무선결제가 가능하도록 하는 기술이다. ★★

② 비콘의 특징

ⓐ 소량의 패킷 전송으로 동작이 가능하고 두 기기를 연결시키는 페어링(pairing)이 불필요하며, 전력으로 통신하기 때문에 다른 근거리 무선통신 기술에 비해 저비용으로 위치를 인식할 수 있다.

ⓑ 비콘은 비접촉식감지(non-contact detection) 기술로 일대다 및 다대다 서비스 모두 가능하기 때문에 사용자의 취향에 맞는 광고 및 정보 전송, 홈오토메이션, 결제 등의 다양한 능동형 서비스를 제공할 수 있다.

③ 비콘의 활용분야

    ㉠ 매장 내에 고객의 내점 여부에 따라 자동으로 쿠폰이나 포인트를 부여할 수 있다.

    ㉡ 전시회나 박물관에서 현재 관람객이 감상하는 작품에 대한 자동 설명 서비스를 제공할 수 있다.

    ㉢ 가속도 센서나 온·습도 센서를 부착한 비콘을 설치하여 농작물이나 기계의 상태를 원격으로 파악하는 것이 가능하다.

    ㉣ 출결확인시스템과 미아방지서비스 등에도 활용 가능하다.

(2) 사물인터넷(IoT) 기출 21

① 사물인터넷의 개념

    ㉠ 사물에 센서를 부착해 실시간으로 데이터를 인터넷으로 주고받는 기술이나 환경을 말하는 것으로, 세상에 존재하는 유형 혹은 무형의 객체들이 다양한 방식으로 서로 연결되어 개별 객체들이 제공하지 못했던 새로운 서비스를 제공하는 기술이다.

    ㉡ 기존의 인터넷이 컴퓨터나 무선 인터넷이 가능했던 휴대전화들이 서로 연결되어 구성되었던 것과는 달리, 사물인터넷은 책상, 자동차, 가방, 나무, 반려동물 등 세상에 존재하는 모든 사물이 연결되어 구성된 인터넷이라 할 수 있다.

② 사물인터넷의 특징

    ㉠ 사물인터넷은 연결되는 대상에 있어서 책상이나 자동차처럼 단순히 유형의 사물에만 국한되지 않으며, 교실, 커피숍, 버스정류장 등 공간은 물론 상점의 결제 프로세스 등 무형의 사물까지도 그 대상에 포함한다.

    ㉡ 사물인터넷은 자기 식별자와 각각의 특성을 갖는 물리적 사물과 가상 사물로 구성되고, 지능형 인터페이스를 가지며 정보망에 잘 통합되는 특성을 갖기 때문에 사물인터넷에서의 사물은 비즈니스와 정보, 소셜 프로세스의 적극적인 참여자로서 사물 간 혹은 환경과 데이터, 센싱된 환경 정보를 상호 전달·반응을 할 수 있다.

    ㉢ 사물인터넷의 구현을 위해서는 센서, 상황인지 기술, 통신, 네트워크 기술, 칩 디바이스 기술, 경량 임베디드 네트워크 기술, 자율적·지능형 플랫폼 기술, 대량의 데이터를 처리하는 빅데이터 기술, 데이터마이닝 기술, 사용자 중심의 응용 서비스 기술, 웹 서비스 기술, 보안·프라이버시보호 기술 등 다양한 형태의 기술이 필요하다.

(3) 센서(Sensor)

① 사람이 시각, 후각, 촉각 등의 감각기관을 통해 주위 환경이나 대상을 인지하는 것처럼 센서는 기계나 로봇이 주위 환경을 인지하게 해주는 것을 말한다.

② 온도, 압력, 속도와 같은 물리적인 정보를 전기적인 신호로 바꿔주는 장치로 온도 센서, 습도 센서, 가스 센서, 속도 센서, 초음파 센서부터 맥박, 호흡, 혈압 등을 측정하는 바이오 센서, 얼굴이나 동작인식 센서, 뇌파로 생각을 읽는 센서 등 다양한 종류가 있다.

③ 센서는 로봇이나 사물에 내장되어 사물인터넷을 가능하게 하는 필수 구성요소로, 사물끼리 통신을 주고받을 수 있는 통로 및 사물끼리 공통적으로 사용할 수 있는 언어라고 할 수 있다.

(4) 5세대 이동통신(5G)

① 4G LTE 대비 데이터 용량은 약 1,000배 많고 속도는 200배 빠른 차세대 이동통신으로, IMT 2020(International Mobile Telecommunication 2020)은 국제전기통신연합(International Telecommunication Union, ITU)에서 2020년 상용화를 목표로 표준화 계획에 들어간 이동통신 기술이다.

② 5G는 초고속·초저지연·초연결 등의 특징을 가지며, 이를 토대로 가상·증강현실(VR·AR), 자율주행, 사물인터넷(IoT) 기술 등을 구현할 수 있다고 알려져 있다.

③ CDMA(2세대), WCDMA(3세대), LTE(4세대)가 휴대폰과 연결하는 통신망에 불과했던 반면 5G는 휴대폰의 영역을 넘어 모든 전자기기를 연결하는 기술이다.

02 인공지능(AI)과 로봇 프로세스 자동화(RPA)

(1) 인공지능(AI ; Artificial Intelligence)

① 컴퓨터가 인간의 지능 활동을 모방할 수 있도록 하는 것으로, 인간의 지능이 할 수 있는 사고·학습·모방·자기 계발 등을 컴퓨터가 할 수 있도록 연구하는 컴퓨터공학 및 정보기술 분야를 말한다.

② 초기의 인공지능은 게임·바둑 등의 분야에 사용되는 정도였지만, 실생활에 응용되기 시작하면서 지능형 로봇 등 활용 분야가 비약적으로 발전하여 신경망, 퍼지이론, 패턴인식, 전문가 시스템, 자연어 인식, 이미지 처리, 컴퓨터 시각, 로봇공학 등 다양한 분야가 인공지능의 일부분을 이루고 있다.

(2) 로봇 프로세스 자동화(RPA ; Robotic Process Automation) 기출 21

① 비즈니스 과정 중 반복적이고 단순한 업무 프로세스에 소프트웨어를 적용해 자동화하는 것으로, 로봇과 인공지능, 드론 등 인간의 일을 대신할 수 있는 기술 발전이 폭발적으로 이뤄지면서 주목을 받고 있다.

② 기업의 재무, 회계, 제조, 구매, 고객 관리 등에서 데이터 수집, 입력, 비교 등과 같이 **반복되는 단순 업무를 자동화하여 빠르고 정밀하게 수행함으로써** 경영 전반의 업무 시간을 단축하고 비용을 절감할 수 있다.

③ 일반 비즈니스 자동화는 인공지능(AI)과 기계 학습(Machine Learning) 기술을 적용한 비즈니스 관리 위주의 프로세스로 구축된 반면, RPA는 최종 사용자의 관점에서 규칙 기반 비즈니스 프로세스로 설계되어 사람 대신 단순 반복 작업을 끊임없이 대량으로 수행한다.

④ 로봇 프로세스 자동화(RPA)는 현재 규칙이 확실하게 규정된 작업만 처리할 수 있고 사람의 판단력을 대체할 수준은 아니며, 기계학습, 음성인식, 자연어처리와 같은 인지 기술을 적용하여 사람의 인지 능력이 필요한 의료 분야의 암 진단, 금융업계에서의 고객자산관리, 법률판례분석 등에 활용될 수 있다.

01 바코드(bar code)에 대한 설명으로 옳지 않은 것은?

① EAN-8(단축형 바코드)은 단축형 상품식별코드(GTIN -8)를 나타낼 때 사용하는 바코드이다.
② 기존 상품과 중량 또는 규격이 다른 경우 새로운 상품으로 간주하고 새로운 상품식별코드를 부여한다.
③ 바코드 스캐너는 적색계통의 색상을 모두 백색으로 감지하여 백색바탕에 적색 바코드인 경우 판독이 불가능하다.
④ 바코드 높이를 표준 규격보다 축소할 경우 인식이 불가능하다.
⑤ 해당 박스에 특정 상품 입수개수가 다르다면 새로운 표준물류식별코드를 부여한다.

02 바코드 기술에 대한 설명으로 옳지 않은 것은?

① 유통매장에서 이용하는 바코드 시스템의 광학 스캐너는 디지털 신호 뿐만 아니라 아날로그 신호를 읽을 수 있는 입력장치이다.
② 유통매장에서 이용하는 바코드 시스템은 기업의 재고 관리에 도움을 준다.
③ 바코드 시스템은 UPC(Universal Product Code)를 따르고 있다.
④ 바코드는 국가 정보, 제조업체 정보와 제품 정보를 포함하고 있다.
⑤ 바코드에는 상품의 포장지에 막대 모양의 선과 숫자를 이용해 상품 정보를 표시한다.

03 바코드와 관련된 설명으로 가장 옳지 않은 것은?

① 국내에서 사용되는 표준형 KAN코드는 13자리로 바와 스페이스로 구성되어 있다.
② 국가식별, 상품품목, 제조업체, 체크디지트 순서로 구성되어 있다.
③ 효과적인 사용을 위해서는 코드번호에 따른 상품정보 등을 미리 등록해 둔다.
④ 주로 제조업자나 중간상에 의해 부착된다.
⑤ 생산시점에 바코드를 인쇄하는 것을 소스마킹이라고 한다.

04 괄호 안에 들어갈 단어를 순서대로 올바르게 나열한 것은?

(㉠)은/는 상품이나 유통과 관련된 자료를 컴퓨터로 전송하는 데 있어 효과적인 데이터 전송기술이다.
우리나라는 EAN에 가입하여 제조업체의 공동상품코드인 (㉡)을/를 사용하고 있다. 국내에서 사용되는 표준형은 (㉢)자리 숫자와 막대표시로 구성되어 있다. 표준형의 첫 세 자리는 우리나라 국가코드인 (㉣)을/를 사용한다.

	㉠	㉡	㉢	㉣
①	VAN	QR code	11	978
②	ITF	QR code	13	808
③	VAN	UN/EDIFACT	8	880
④	EPC	KAN	11	978
⑤	바코드	KAN	13	880

05 바코드마킹과 관련된 설명 중에서 가장 옳은 것은?

① 제조업체가 생산시점에 바코드를 인쇄하는 것은 인스토어마킹이다.
② 소매상이 자신의 코드를 부여해 부착하는 것은 소스마킹이다.
③ 소스마킹은 생산시점에서 저렴한 비용으로 바코드 부착이 가능하다.
④ 인스토어마킹은 업체간 표준화가 되어 있다.
⑤ 인스토어마킹은 동일상품에 동일코드가 지정될 수 있다.

06 인스토어 마킹(instore marking)에 대한 설명으로 가장 옳은 것은?

① 제품의 생산 및 포장단계에서 마킹된다.
② 각각의 소매업체에서 나름의 기준으로 자유롭게 설정한 별도의 표준 코드체계에 의해 표시된다.
③ 가공식품, 잡화 등 일반적으로 공장에서 제조되는 제품에 붙여진다.
④ 전 세계적으로 공통으로 사용 가능하다.
⑤ 제조업체에서 포장지에 직접 인쇄하기 때문에 인쇄에 따른 추가비용이 거의 없다.

07 GS1 표준 식별코드에 대한 설명으로 가장 옳지 않은 것은?

① 식별코드는 숫자나 문자(또는 둘의 조합)의 열로, 사람이나 사물을 식별하는 데 활용한다.
② 하나의 상품에 대한 GS1 표준 식별코드는 전 세계적으로 유일하다.
③ A아이스크림(포도맛)에 오렌지맛을 신규상품으로 출시할 경우 고유 식별코드가 부여되어야 한다.
④ 상품의 체적정보 또는 총중량의 변화가 5% 이하인 경우 고유 식별코드를 부여하지 않는다.
⑤ 상품 홍보 또는 이벤트를 위해 특정기간을 정하여 판매하는 경우는 고유 식별코드를 부여하지 않는다.

08 2차원의 인식코드로 가장 거리가 먼 것은?

① Maxi코드
② QR코드
③ Code 128
④ Data Matrix
⑤ PDF417

09 최초 배송인과 최종 수령인 사이에 거래되는 물류단위 중에서 주로 컨테이너 같은 대형 물류단위 를 식별하기 위해 개발한 18자리 식별코드는?

① SSCC
② GTIN
③ GDSN
④ UPC
⑤ EPC

10 GS1 식별코드 중에서 상품식별코드는?

① GLN
② GRAI
③ GSIN
④ GINC
⑤ GTIN

11 EPC(Electronic Product Code)의 특성에 대한 설명으로 가장 옳지 않은 것은?

① 위조품 방지기능이 있다.
② 유효기간을 관리할 수 있다.
③ 상품그룹별 품목단위, 즉 동일품목까지 식별할 수 있다.
④ 상품 추적기능이 있다.
⑤ 상품별 재고관리가 가능하다.

12 아래 글상자의 내용에 부합되는 용어로 가장 옳은 것은?

> – 시간기반 경쟁의 장점을 성취하기 위해 빠른 대응 시스템을 개발하는 것이다.
> – 시스템의 프로세싱 시간이 빨라짐으로서 총 리드타임이 줄어든다는 효과를 내게 된다.
> – 의류브랜드 베네통의 경우 시장판매정보를 빠르게 피드백하는 유통시스템으로 신속한 대응을 달성하였다.

① RFID   ② ECR
③ VMI   ④ JIT
⑤ QR

13 POS 시스템에 대한 설명으로 가장 옳지 않은 것은?

① POS 시스템은 유통업체에서 소비자의 상품구매 과정에서 활용되는 판매관리 시스템이다.
② POS 시스템으로부터 얻은 데이터는 유통업체에서 판매전략 수립에 활용된다.
③ POS 시스템에서 바코드의 정보를 인식하는 스캐너(scanner)는 출력장치이다.
④ POS 시스템은 시간별, 주기별, 계절별 상품의 판매특성을 파악하는 데 도움을 제공한다.
⑤ 제조업체는 유통업체로부터 협조를 얻어 POS 시스템으로부터 얻은 데이터를 공유할 수 있고, 이를 통해 제품 제조전략을 수립하는 데 도움을 제공한다.

14 POS시스템의 도입으로 얻을 수 있는 국민경제 측면과 소비자에 대한 효과로 가장 옳지 않은 것은?

① 소비자는 신속하고 정확한 정산 및 상품구입으로 쇼핑시간을 절약할 수 있다.
② 품목별 시장규모의 파악으로 중복투자를 회피할 수 있다.
③ 품목별 재고수준은 증가하나 전체 품목의 재고수준은 감소한다.
④ 품절과 과잉재고 등의 조정으로 물가안정을 도모할 수 있다.
⑤ 컴퓨터산업 및 정보산업 발전 등에 효과가 있다.

15 바코드 기술과 RFID(RadioFrequency IDentification) 기술에 대한 설명으로 옳지 않은 것은?

① 유통업체에서는 바코드 기술을 판매관리에 활용하고 있다.
② 바코드 기술은 핀테크 기술에 결합되어 다양한 모바일 앱에서 활용되고 있다.
③ 바코드 기술을 대체할 기술로는 RFID 기술이 있다.
④ RFID 기술은 바코드에 비해 구축비용이 저렴하지만, 보안 취약성 때문에 활성화되고 있지 않다.
⑤ RFID 기술은 단품관리에 활용될 수 있다.

16 RFID(Radio Frequency Identification)가 유통물류에 제공하는 직접적인 효용으로 옳지 않은 것은?

① 제품이력관리 수월
② 생산품질의 향상
③ 분실 및 멸실의 방지
④ 모조품의 방지
⑤ 품절의 감소

17 POS시스템 구성기기에 대한 설명으로 가장 옳지 않은 것은?

① 스캐너(Scanner)는 상품에 인쇄된 바코드를 판독하는 장치이다.

② 스토어 컨트롤러는 판매, 재고, 구매파일 등을 갱신하고 기록하는 기능을 담당한다.

③ 점포의 POS단말기는 금전등록, 출납, 영수증 발행, 신용카드 판독 등의 기능을 수행한다.

④ POS터미널에는 상품명, 가격, 구입처, 구입가격 등 상품에 관련된 모든 정보가 데이터베이스화 되어 있는 상품마스터 파일이 저장되어 있다.

⑤ 스토어 컨트롤러는 점포가 체인본부나 제조업체와 연결되어 있는 경우 스토어 컨트롤러에 기록된 각종 정보를 본부 주컴퓨터와 송수신 한다.

18 바코드에 대한 설명으로 가장 옳지 않은 것은?

① 제조업자 또는 유통업체(중간상)가 부착할 수 있다.

② 실제로 유용하게 사용되기 위해서는 POS시스템이 구축되어야 한다.

③ 인스토어마킹은 코드 표준화로 소스마킹에 비해 상대적인 비용 및 시간적인 면에서 효율적이다.

④ 소스마킹은 동일상품에 동일코드가 지정된다.

⑤ 유통 외에도 병원, 도서관, 공장 등 대량의 데이터를 신속·정확하게 처리하는 분야에 활용되고 있다.

19 POS(Point of Sale)시스템으로 수집되는 데이터로 옳지 않은 것은?

① 제품 선호도　　② 매출액

③ 지불방법　　　④ 점별 판매량

⑤ 판매된 시간

20 기업의 EDI 도입효과는 직접적인 효과, 간접적인 효과, 전략적인 효과로 구분할 수 있다. 다음 중 EDI의 전략적인 효과로 가장 옳은 것은?

① 관리의 효율성 증대

② 업무처리의 오류 감소

③ 경쟁우위 확보

④ 문서거래 시간의 단축

⑤ 자료의 재입력 감소

21 기업들이 인터넷에서 EDI 역량을 구축하는 이유로 가장 옳지 않은 것은?

① 인터넷은 대규모의 접속 가능성으로 폭넓은 비즈니스 활동 범위의 확장에 대한 기반이 된다.

② 인터넷은 거래가 가능한 파트너들에 대해 가장 폭넓게 도달할 수 있는 잠재력을 제공한다.

③ 인터넷을 이용하면 통신비용은 VAN의 경우보다는 고가이지만 민감한 데이터들의 전송은 VPN을 통해 보호될 수 있다.

④ 인터넷 기반 EDI에서는 최신 EDI의 사용을 보완하거나 대체가 용이하다.

⑤ 인터넷 기반 EDI에서는 협업, 워크플로우, 검색 엔진과 같은 기능들을 가지고 있다.

22 인트라넷의 특징으로 가장 옳지 않은 것은?

① 어떠한 조직 내에 속해 있는 사설 네트워크이다.

② 조직의 정보와 컴퓨팅 자원을 구성원들 간에 서로 공유하도록 지원한다.

③ 개인별 사용자 ID와 암호를 부여하여 인증되지 않은 사용자로부터의 접근을 방지한다.

④ 고객이나 협력사, 공급사와 같은 회사 외부사람들에게 네트워크 접근을 허용한다.

⑤ 공중 인터넷에 접속할 때는 방화벽 서버를 통과한다.

23 QR(Quick Response) 시스템과 ECR(Efficient Consumer Response) 시스템에 관한 설명으로 가장 거리가 먼 것은?

① QR 시스템은 고객이 원하는 시간과 장소에 필요한 제품을 공급하기 위한 물류정보 시스템으로, 미국의 패션의류업계가 수입의류상품의 급속한 시장잠식에 대한 방어목적으로 개발하였다.

② QR 시스템이 원자재 조달 → 생산 → 배송이라는 공급망 전체에 걸쳐 채택된다면, 처리시간의 단축을 통해 누적리드타임이 단축되고 재고의 감소로 이어지며 그 결과 고객에 대한 반응시간 감축 등의 효과를 얻을 수 있다.

③ ECR 시스템의 성공적인 도입을 위해서는 상호간 유익이 되는 강력한 동맹관계가 형성되어야 하며, 성과측정기준이 같지 않더라도 보상시스템은 같은 기준으로 적용되어야 한다는 전제조건이 충족되어야 한다.

④ ECR 시스템은 소비자에게 더 나은 가치를 제공하기 위해 유통기관과 제조기업이 서로 밀접하게 제휴하는 전략이다.

⑤ ECR 시스템이 갖는 혜택으로 제품의 선택과 구매편의 증가, 품절품목 감소, 신선도 증가 등을 꼽을 수 있다. ECR 시스템의 성공적인 도입을 위해서는 최고경영진의 의식의 전환(시스템적 사고), 공급체인 안에서 협력업체와의 파트너십(상생관계) 그리고 시스템의 구축 및 교육이 전제되어야 한다.

24 (   ) 안에 들어갈 용어로 옳은 것은?

> (   )은(는) 원래 봉화나 화톳불 등 위치와 정보를 수반한 전달 수단을 가리키는 말이었고, 사전적 의미로는 등대·경광등·무선송신소 등이지만 21세기 초부터는 주로 '무선표식'을 지칭하는 용어이다. 이는 본질적으로 위치를 알려주는 기준점 역할을 하며, 정보를 전달하기 위해서는 통신기술[단거리 전용 통신방식(DSRC), 초음파, 적외선, 블루투스, CDMA, LTE, WiFi, LiFi 등] 활용이 필요하다. 신호를 전송하는 방법에 따라 사운드 기반의 저주파 (   ), LED (   ), 와이파이 (   ), 블루투스 (   ) 등으로 구분한다. 이 서비스는 스마트폰 앱이 (   ) 신호를 수신해 전용서버에 질의하면 서버가 정보를 취득, 앱에 표시하는 방식으로 작동한다. 물류, 유통분야에서는 창고 내 재고·물류 관리, 센서를 이용한 온도 관리, 전용 AP를 복수로 설치해 어디에 무엇이 있는지 확인하는 등에 활용되고 있다.

① 드론(Drone)
② 무인자동체
③ 비콘(Beacon)
④ 딥러닝(Deep-learning)
⑤ NFC(Near Field Communication)

25 아래 글상자에서 설명하는 인터넷 서비스의 종류로 가장 옳은 것은?

> 네트워크상의 시스템 사용자가 자기 시스템의 자원에 접속하는 것처럼 원격지에 있는 다른 시스템에 접속할 수 있게 지원하는 서비스이다. 세계 어느 지역의 컴퓨터든지 그 컴퓨터가 인터넷에 연결만 되어 있으면 일정한 조건 충족시 시간이나 공간의 제약 없이 접속할 수 있다.

① FTP(File Transfer Protocol)
② Gopher
③ Telnet
④ Usenet
⑤ E-Mail

26 사물인터넷(IoT) 시대의 특징을 인터넷 시대 및 모바일시대와 비교하여 설명한 것으로 가장 거리가 먼 것은?

① 사물인터넷(IoT) 시대는 사람과 사람, 사람과 사물, 사물과 사물 간으로 연결범위가 확대되었다.

② 정보가 제공되는 서비스방식이 정보를 끌어당기는 풀(pull)방식에서 푸시(push)방식으로 전환되었다.

③ 정보 제공 방식이 '24시간 서비스(Always-on)'시대에서 '온디맨드(On-demand)'방식으로 전환되었다.

④ 사물인터넷(IoT) 시대에서는 단순히 원하는 정보를 얻는 데 그치는 것이 아니라, 정보를 조합해 필요한 지혜를 제공해 준다.

⑤ 정보를 얻는 방식이 내가 원하는 무언가를 내가 찾는 것이 아니라, 내가 원하는 무언가를 주변에 있는 것들이 알아서 찾아주는 것이다.

27 아래 글상자에서 설명하는 기술로 옳은 것은?

> 인간을 대신하여 수행할 수 있도록 반복적인 업무를 알고리즘화하고 소프트웨어적으로 자동화하는 기술이다. 물리적 로봇이 아닌 소프트웨어프로그램으로 사람이 하는 규칙기반(rule based) 업무를 기존의 IT 환경에서 동일하게 할 수 있도록 구현하는 것이다. 2014년 이후 글로벌 금융사를 중심으로 확산되었으며, 현재는 다양한 분야에서 일반화되는 추세이다.

① RPA(Robotic Process Automation)

② 비콘(Beacon)

③ 블루투스(Bluetooth)

④ OCR(Optical Character Reader)

⑤ 인공지능(Artificial Intelligence)

28 유선인터넷과 비교하여 무선인터넷만의 서비스 특징을 가장 잘 나타낸 것은?

① 연결성 ② 접근성

③ 보안성 ④ 개인성

⑤ 편리성

29 EDI 기술을 토대로 소매업체와 공급업체를 연결해 생산계획과 수요예측, 재고관리 등 협업을 가능케 해주는 시스템을 무엇이라 하는가?

① CM ② VMI

③ CMI ④ CPFR

⑤ CRP

30 아래 글상자에서 설명하는 인터넷 서비스의 종류로 가장 옳은 것은?

> A몰은 PB제품을 가진 대형 유통업체이다. 발주 및 재고 정보를 제조업체들과 공유함으로써 적절한 재고관리를 가능하게 해주는 (   )을 구축하였다. (   )(으)로 구축된 A몰의 시스템은 재고정보 등 일부 비즈니스 정보들을 승인된 제조업체, 공급업체, 협력업체, 고객 또는 다른 비즈니스 업체들과 안전하게 정보를 공유할 수 있도록 지원한다.

① 인트라넷 ② 인터넷

③ 통합프로토콜 ④ 엑스트라넷

⑤ 이더넷

01 정답 ④

바코드 높이를 표준 규격보다 축소할 경우에도 인식이 가능하다.

02 정답 ①

바코드 시스템의 광학 스캐너는 아날로그 신호를 읽지 못한다. 바코드 시스템은 두께가 서로 다른 검은 막대와 흰 막대의 조합을 통해 숫자 또는 특수기호를 광학적으로 쉽게 판독하기 위해 부호화한 것이다.

03 정답 ②

국가식별, 제조업체, 상품품목, 체크디지트 순서로 구성되어 있다.

04 정답 ⑤

㉠ 바코드 : 두께가 서로 다른 검은 막대와 흰 막대(Space)의 조합을 통해 숫자 또는 특수기호를 광학적으로 쉽게 판독하기 위해 부호화 한 것이다.

㉡ KAN : EAN-13 코드와 동일한 한국 유통 바코드 표준코드이다.

㉢ 13 : 현재 전 세계에서 사용되고 있는 국제표준은 13자리의 숫자로 구성된 GTIN-13 코드이다.

㉣ 880 : 우리나라 국가코드는 880을 사용한다.

05 정답 ③

① 제조업체가 생산시점에 바코드를 인쇄하는 것은 소스마킹이다.

② 소매상이 자신의 코드를 부여해 부착하는 것은 인스토어마킹이다.

④ 소스마킹은 업체간 표준화가 되어 있다.

⑤ 소스마킹은 동일상품에 동일코드가 지정될 수 있다.

06 정답 ②

① 제품의 가공 및 진열단계에서 마킹된다.

③ 정육, 생산, 청과 등 소스마킹이 안 되는 가공식품에 붙여진다.

④ 인스토어 표시를 실시하는 해당 업체에서만 사용 가능하다.

⑤ 소매 점포에서 바코드라벨 부착작업을 전담할 인원이 필요하여 추가비용이 든다.

07 정답 ⑤

GS1코드는 제품 분류의 수단이 아니라 제품 식별의 수단으로 사용되기 때문에 상품 홍보 또는 이벤트를 위해 특정기간을 정하여 판매하는 경우에도 고유 식별코드를 부여한다.

08 정답 ③

Code 128은 1차원의 인식코드로 전체 ASCII 128 문자를 모두 표현할 수 있는 연속형 심볼로지이며, 수치 데이터는 심볼 문자당 두 자리로 표현한다.

09 정답 ①

② GTIN : 국제거래단품식별코드(Global Trade Item Number)

③ GDSN : 글로벌 데이터 동기화 네트워크

④ UPC : 북미지역(미국, 캐나다)에서 사용하는 국제표준 코드

⑤ EPC : 전자상품코드(Electronic Product Code)

10 정답 ⑤

⑤ GTIN(Global Trade Item Number) : 국제거래단품식별코드

① GLN(Global Location Number) : 로케이션 코드

② GRAI(Global Returnable Asset Identifier) : 재활용기식별코드

③ GSIN(Global Shipment Identification Number) : 국제선적식별코드

④ GINC(Global Identification Number for Consignment) : 국제탁송화물식별코드

GTIN(Global Trade Item Number, 국제거래단품식별코드)

공급사슬에서 상품의 정보 검색이나 주문·계약에 필요한 상품 및 서비스의 단위를 식별하는 데 사용되는 번호이다.

• GTIN-13 : 전세계에서 가장 널리 활용되고 있는 표준형 상품식별코드

• GTIN-8 : 소형상품에서 사용되는 단축형 상품식별코드

• GTIN-12 : 북미지역에서 사용되는 상품식별코드(UPC)

• GTIN-14 : 통상 다수의 상품이 포장된 박스상품에 부여되는 식별코드

11 정답 ③

바코드가 품목단위의 식별에 한정된 반면, EPC 코드는 동일품목의 개별상품까지 원거리에서 식별할 수 있다.

12 정답 ⑤

글상자는 QR에 대한 설명이다. QR은 신속하고 정확한 소비자 수요동향 분석을 할 수 있어 시장변화에 대한 효과적인 대응이 가능하며, 적정 수요량 예측으로 재고량이 감소되고 재고회전율도 향상되며 상품 품절을 방지할 수 있다.

13 정답 ③

POS 시스템은 상품에 바코드(barcode)나 OCR 태그(광학식 문자해독 장치용 가격표) 등을 붙여놓고 이를 스캐너로 읽어서 가격을 자동 계산하는 동시에 상품에 대한 모든 정보를 수집·입력시키는 방식이다.

14 정답 ③

POS시스템으로부터 얻은 데이터의 활용으로 단품관리가 가능하므로, 단품관리를 통한 재고관리가 가능해진다. 즉, POS로부터 얻은 단품별 판매수량에 근거하여 매입을 하고, 단품별 안전재고, 진열단위 등을 고려하여 재고를 증가시키지 않으면서 품절을 방지하는 적정발주를 할 수 있게 된다.

15 정답 ④

RFID 기술은 바코드에 비해 가격이 비싸지만 궁극적으로 여러 개의 정보를 동시에 판독하거나 수정·갱신할 수 있는 장점을 가지고 있기 때문에 바코드 기술이 극복하지 못한 여러 가지 문제점들을 해결하거나 능동적으로 대처함으로써 물류, 보안 분야 등 현재 여러 분야에서 각광받고 있다.

16 정답 ②

①·⑤ 유통에 제공하는 효용, ③·④ 물류에 제공하는 효용

RFID의 효용

• 유통시스템의 도입효과 : 효과적인 재고관리, 입출고 리드타임 및 검수 정확도 향상, 도난 등 상품 손실 절감, 반품 및 불량품 추적/조회 등

• 물류시스템의 도입효과 : 운영 효율성 제고, 화물 입출고 및 환적 시간 단축, 보안성 강화, 대 고객서비스 향상 등

17 정답 ④

④는 POS 시스템의 3요소 중 스토어 컨트롤러에 대한 설명이다. 스토어 컨트롤러(Store Controller ; 메인서버)는 판매장의 판매정보가 POS 터미널로부터 전송되어 보관되는 대용량의 컴퓨터 또는 미니 컴퓨터로 호스트 컴퓨터(Host Computer)를 말한다.

18 정답 ③

인스토어마킹(In-store Marking)은 각각의 소매점포에서 청과·생선·야채·정육 등을 포장하면서 라벨러나 컴퓨터를 이용하여 바코드 라벨을 출력하고, 이 라벨을 일일이 사람이 직접 상품에 붙이는 것을 말한다. 따라서 소스마킹에 비해 상대적인 비용 및 시간적인 면에서 비효율적이다.

19 정답 ①

POS시스템은 판매장의 판매시점에서 발생하는 상품별 판매정보를 컴퓨터로 자동 처리하는 시스템으로, 그 정보에는 매출데이터, 점별 판매량, 시간별 데이터, 지불방법, 고객속성 등의 기본데이터를 포함한다.

20 정답 ③

EDI의 도입효과

• 직접적인 효과 : 거래 시간의 단축, 업무처리의 오류 감소, 자료의 재입력 등에 소요되는 비용의 감소 등

• 간접적인 효과 : 인력절감, 재고감소, 관리의 효율성 증대, 효율적인 인력 및 자금관리 등

• 전략적인 효과 : 거래 상대방과의 관계 개선, 경쟁업체와의 비교우위 확보, 전략적 정보시스템 구축 등

21 정답 ③

인터넷 기반 EDI는 개방형 인터넷 프로토콜을 기반으로 하기 때문에 과거 VAN업체를 통해 구축하는 것보다 구축이 쉽고 운영에 드는 통신비용도 저렴하다.

22 정답 ④

인트라넷(Intranet)

• 방화벽(Firewall)이라는 보안장치에 의해 특정 기업이 독점할 수 있는 인터넷을 말한다.

• 기관이나 기업이 내부 업무의 효율성을 높이고 정보의 활용도를 높이기 위해 소속원에 한해 사용할 수 있게 한 인터넷이다.

• 인트라넷의 외부에서는 내부로 들어올 수 없지만, 내부에서는 외부 인터넷망으로 나갈 수 있도록 구축된 인터넷망이 인트라넷이다.

23 정답 ③

강력한 동맹관계보다는 유통 효율을 높이기 위한 표준화와 합리화를 통해 상호 협력관계가 형성되어야 하며, 성과측정기준이 같지 않다면 보상시스템은 다른 기준으로 적용되어야 한다.

ECR의 성공요건

• 효율적 점포진열 : 재고생산성, 소비자 접점에서의 점포공간 최적화

• 효율적 판촉 : 거래 및 소비자 판촉의 전체 시스템 효율성을 극대화

- 효율적 상품의 보충 : 상품 조달 시스템에서의 시간 및 비용 최적화
- 효율적 상품 소개 : 신제품의 개발 및 소개활동의 효과

24 정답 ③

③ 비콘(Beancon)은 블루투스 기반으로 근거리 내에 감지되는 스마트 기기에 각종 정보와 서비스를 제공할 수 있는 무선 통신장치이다.
① 드론(Drone) : 군사작전 또는 무인배송 등에 주로 사용되던 무인항공기로 최근에는 방송촬영, 통신, 환경 등 여러 분야에서 활용되고 있다.
② 무인자동체 : 자체 제어장치와 자체동력으로 지정된 경로를 따라 이동하는 무인운반차량을 말한다.
④ 딥러닝(Deep-learning) : 컴퓨터가 여러 데이터를 이용하여 마치 인간의 두뇌처럼 스스로 학습을 할 수 있도록 하기 위하여 인공신경망을 기반으로 한 기계학습 기술을 말한다.
⑤ NFC(Near Field Communication) : 10cm 이내 가까운 거리에서 다양한 무선 데이터를 주고받는 통신기술로서 13.56MHz의 주파수 대역을 가진다.

25 정답 ③

텔넷(telnet)은 원격지의 컴퓨터를 인터넷을 통해 접속하여 자신의 컴퓨터처럼 사용할 수 있는 원격 접속 서비스로, 텔넷을 이용하려면 원격 컴퓨터를 이용할 수 있는 사용자 계정이 있어야 한다.
① 대량의 파일을 주고받을 때 사용하는 파일 전송 전용 서비스이다.
② 정보의 내용을 주제별이나 종류별로 구분하고, 메뉴로 구성하여 사용할 수 있는 방식으로 인터넷 정보검색 서비스를 말한다.
④ User Network(사용자 네트워크)의 약어로, 특정한 주제나 관심사에 대해 의견을 게시하거나 관련 분야에 대한 그림, 동영상, 실행파일, 데이터파일 등의 자료를 등록할 수 있는 전자게시판의 일종이다.

26 정답 ③

정보 제공 방식이 '온디맨드(On-demand)'방식에서 '24시간 서비스(Always-on)'시대로 전환되었다.

사물인터넷(IoT)
현실 세계의 사물들과 가상 세계를 네트워크로 상호 연결해 사람과 사물, 사물과 사물 간 언제 어디서나 서로 소통할 수 있도록 하는 미래 인터넷 기술로, 1999년 MIT의 케빈 애쉬톤(Kevin Ashton)이 처음 이 용어를 사용하였다. 유무선 네트워크에서의 엔드디바이스(end-device)는 물론, 인간, 차량, 교량, 각종 전자장비, 문화재, 자연 환경을 구성하는 물리적 사물 등이 모두 이 기술의 구성 요인에 포함되며, 가전에서부터 자동차, 물류, 유통, 헬스케어에 이르기까지 다양한 분야에서 활용 가능하다.

27 정답 ①

② 비콘(Beacon) : 블루투스를 기반으로 한 스마트폰 근거리 통신 기술
③ 블루투스(Bluetooth) : 휴대폰, 노트북, 이어폰/헤드폰 등의 휴대기기를 서로 연결해 정보를 교환하는 근거리 무선 기술 표준
④ OCR(Optical Character Reader) : 문서에 새겨진 문자를 빛을 이용하여 판독하는 장치
⑤ 인공지능(Artificial Intelligence) : 컴퓨터가 인간의 지능 활동을 모방할 수 있도록 하는 것으로, 인간의 지능이 할 수 있는 사고·학습·모방·자기계발 등을 컴퓨터가 할 수 있도록 연구하는 컴퓨터 공학 및 정보기술

28 정답 ④

무선인터넷은 기존 유선인터넷에 비해 보다 개인화된 주문형 정보를 제공할 수 있는 서비스 특징을 가지고 있다.

29 정답 ④

CPFR(Collaborative Planning Forecasting and Replenishment)는 협업설계예측 및 보충이라고 하며, 소매업체와 공급업체를 연결해 생산계획과 수요예측, 재고관리 등 협업을 가능케 해주는 시스템이다. 인터넷상에서 실시간 공유되는 판매관련 정보(POS정보)와 소비자 및 시장 관련 정보가 제조업체의 생산관리 스케줄에 신속히 반영되어 공급시슬 상에서 변화에 대한 적응력을 높일 수 있다.
① CM(Category Management)은 유통과 제조가 협력하여 개개의 상품을 관리하는 것이 아니라 상품별 카테고리를 관리하는 경영기법을 말한다.
② VMI(Vendor Managed Inventory)는 효율적인 재고관리를 위해 소매상의 모든 재고관리를 궁극적으로는 그 상위 레벨(도매상 또는 제조업체)의 업체에서 수행함으로써 소매상에서 발생하는 정확한 판매정보를 도매상과 제조업체가 공유하려는 공급자 주도형 재고관리를 말한다.
③ CMI(Co-Managed Inventory)의 경우 전반적인 업무처리의 구조는 VMI(공급자 재고관리)와 같은 프로세스이나, 제조업체와 유통업체 상호간 제품정보를 공유하고 공동으로 재고관리를 하는 것을 말한다.
⑤ CRP(Continuous Replenishment Program)는 소매점의 POS데이터와 연동해 재고의 보충량을 자동으로 계산해 상품을 보충하는 방식이다.

30 정답 ④

엑스트라넷(Extranet)
- 엑스트라넷은 관련 기업들 간에 보안문제를 걱정하지 않고 전용망처럼 활용할 수 있는 인터넷을 말한다.
- 엑스트라넷은 인트라넷의 발전된 형태로, 내부 사용자나 외부 사용자에게 사용 환경의 차이만 있을 뿐 데이터의 공유는 같이 할 수 있도록 되어 있다.
- 인터넷 데이터와 인트라넷 데이터를 DB로 공유하면서 업무의 효율성을 높일 수 있다.

남에게 이기는 방법의 하나는 예의범절로 이기는 것이다.

- 조쉬 빌링스 -

CHAPTER 04 | 유통정보의 관리와 활용

최근 5개년 출제경향　회당 평균 4.4문제 출제(5개년 기준 총 15회)

	출제영역	2019	2020	2021	2022	2023	합 계
제1장	유통정보의 이해	10	6	6	12	11	45
제2장	지식경영	8	6	10	4	3	31
제3장	주요 유통정보화기술 및 시스템	14	18	17	20	22	91
제4장	유통정보의 관리와 활용	11	12	16	12	15	66
제5장	전자상거래	17	18	11	12	9	67
제6장	유통혁신을 위한 정보자원관리	-	-	-	-	-	-
제7장	신융합기술의 유통분야에서의 응용	-	-	-	-	-	-
	합계(문항수)	60	60	60	60	60	300

15% (제1장)
10.3% (제2장)
30.3% (제3장)
22% (제4장)
22.4% (제5장)

CHAPTER

04

유통정보의 관리와 활용

1 데이터 관리

01 데이터베이스(Database)

(1) 데이터베이스의 의의 기출 12

① 데이터베이스(DB)는 정보의 데이터상 중복을 최소화하고 조직의 목적달성, 무결성, 보안성 등을 고려하며 동시에 많은 사용자가 동일 데이터에 접근하더라도 이를 보장할 수 있는 기업의 전략적 자산으로 디지털 정보 활용에 가장 중요한 인프라이다. ★

② 기업의 정리된 데이터들을 조합·가공함으로써 정보(information)를 생산할 수 있도록 조직화된 자료들의 집합을 말한다.

③ 데이터베이스를 통해 자료 중복의 최소화, 자료의 일관성 유지 및 응용프로그램 개발과 중앙통제기능을 통해 사용자들 간의 정보 공유 및 전달이 용이해진다. ★

④ 데이터베이스는 물리적인 디바이스에 자료를 저장하고 그 저장된 자료를 질의하고 인증된 사용자가 이를 공유하여 정상적인 활용이 가능하도록 하는 기능을 말한다.

(2) 데이터베이스의 유형

① **통합 데이터** : 동일 데이터의 중복을 최소화한다.

② **운영 데이터** : 조직 목적 달성에 필수적인 데이터 집합을 말한다.

③ **저장 데이터** : 컴퓨터가 접근할 수 있는 저장매체에 저장된 데이터의 집합을 말한다.

④ **공유 데이터** : 기업에서 여러 사용자가 공유할 수 있는 데이터 집합을 말한다.

(3) 데이터베이스의 구성 요소

① **데이터베이스 시스템** : 여러 응용 프로그램을 공유하기 위해 최소의 중복으로 통합·저장된 운영 데이터의 집합을 말한다.

② **데이터베이스 관리시스템(DBMS)** : 응용 프로그램이 종속이나 중복 없이 데이터베이스를 공유할 수 있게 관리해주는 소프트웨어 시스템을 말한다.

③ **사용자** : 최종 사용자는 응용 프로그래머, 데이터베이스 관리자 등을 포함한 개념이다.

④ **데이터베이스 언어** : 사용자와 데이터베이스 관리시스템의 인터페이스를 제공하는 도구를 지칭한다.

개념 Plus

데이터베이스 구축 관련 용어

• RDB(Relational Database) : 관계형 데이터를 저장 및 수정하고, 관리할 수 있도록 도와주는 데이터베이스로 테이블 스키마가 고정되어 있어 테이블의 확장·축소가 용이하다는 장점이 있다. 또한 테이블을 기반으로 하는 데이터 모델로 표현이 비교적 간단하며 구조를 이해하거나 사용하기 쉽다. ★

• NoSQL(Not Only SQL) : 비관계형 데이터 저장소로 기존의 전통적인 방식의 RDB와는 다르게 설계된 데이터베이스로 테이블간 조인 연산을 지원하지 않는다. 주로 활용되는 방식으로는 Key-Value, Document Key-Value, Column 기반의 NoSQL있다. NoSQL은 테이블-컬럼과 같은 스키마 없이 분산 환경에서 단순 검색 및 추가 작업을 위한 키 값을 최적화하며, 빅 데이터 처리를 위한 비관계형 데이터베이스관리시스템(DBMS)이다. ★

⑤ 데이터베이스 기계 : 데이터베이스 관리 기능을 효율적으로 수행하는 것을 지원할 목적으로 설계된 하드웨어와 소프트웨어를 말한다.

⑥ 스키마(Schema) : 데이터베이스 내의 데이터들의 논리적 구조 및 관계를 기술한 것으로 데이터베이스 내의 개체, 속성, 관계와 이들 간의 제약조건이 표현된다.

스키마(Schema)의 종류 `기출 12`

- 외부 스키마(External Schema) : 응용 프로그래머나 사용자 관점에서의 데이터베이스의 논리적 구조로 서브 스키마 또는 View라고도 하며, 여러 개의 외부 스키마가 존재할 수 있다.
- 내부 스키마(Internal Schema) : 물리적 저장장치 관점에서 본 데이터베이스의 구조로 물리적 스키마로 불리며, 데이터베이스에 대한 접근방법, 물리적 기록매체를 이용하는 정보를 정의한다.
- 개념 스키마(Conceptual Schema) : 기관이나 조직체의 입장에서 본 데이터베이스 전체의 논리적 구조로 논리적 스키마로 불리며, 데이터베이스에 표현되는 정보의 논리적 구조를 정의한다.
- 스타 스키마(Star Schema) : 하나의 사실(Fact)을 중심으로 다수의 정보 차원들이 연결되고, 다차원 모델링을 위하여 이용되는 데이터 구조를 말한다. 스타 스키마 구조는 각 차원별로 하나의 자료 테이블을 갖기 때문에 테이블 간의 조인 횟수가 적어서 검색속도가 빠르고, 데이터베이스의 구조가 단순해서 사용자들의 데이터 모델에 대한 이해가 용이한 장점이 있다. ★
- 눈덩이식 스키마(Snowflake Schema) : 스타 스키마의 차원 테이블을 정규화시킨 모델로, 각 차원에 대한 정규화를 통해서 자료의 무결성을 제고한다. ★

---

(4) 데이터베이스의 특징 및 장점 `기출 19·17`

① 데이터의 중복성(Redundancy)을 최소화한다. ★

② 데이터의 일관성(Consistency)을 유지한다. ★

③ 데이터의 독립성(Independency)을 유지한다.

④ 데이터의 공유성(Sharing)을 최대화한다.

⑤ 데이터의 보안성(Security)을 보장한다.

⑥ 데이터를 표준화(standardization)하여 관리한다.

(5) 데이터베이스 언어(DBL ; Data Base Language)

① 데이터 정의어(Data Definition)

　　㉠ 데이터베이스의 정의 또는 수정을 목적으로 사용하는 언어를 말한다.

　　㉡ 데이터베이스 스키마를 컴퓨터가 이해할 수 있게끔 기술하는 데 주로 사용하고 있다.

② 데이터 조작어(Data Manipulation Language)

　　㉠ 사용자가 데이터를 처리할 수 있게 하는 도구로 사용되는 언어를 말한다.

　　㉡ 사용자와 DBMS 간의 인터페이스를 제공하는 기능을 수행한다.

③ 데이터 제어어(Data Control Language)

　　㉠ 데이터 제어를 정의·기술하는 언어이다.

　　㉡ 주로 데이터 관리 목적으로 데이터베이스 관리자(DBA)가 사용한다.

개념 Plus

ETL(Extract, Transform, Load)

- 추출(Extract), 변환(Transform), 로드(Load)를 나타내며, 수집된 자료를 표준화시키거나 변환하여 목표 저장소에 저장할 수 있도록 도와주는 기술을 말한다.
- 조직에서 여러 시스템의 데이터를 단일 데이터베이스, 데이터 저장소, 데이터 웨어하우스 또는 데이터 레이크에 결합하기 위해 일반적으로 허용되는 방법이다.
- 기업이 전 세계 모든 곳의 수많은 팀에서 관리하는 구조화된 데이터와 구조화되지 않은 데이터를 비롯한 전체 데이터를 가져와 비즈니스 목적에 실질적으로 유용한 형태로 변환하는 프로세스이다.

(1) 데이터 웨어하우스의 개념

① 사용자의 의사결정에 도움을 주기 위해 다양한 운영시스템에서 추출, 변환, 통합되고 요약된 데이터베이스로, 기업이 경쟁력 향상을 위해 신속하고 정확한 의사결정을 할 수 있도록 지원해주는 시스템이다.

② 다양한 온라인 거래처리 프로그램들이나 기타 다른 출처로부터 모아진 데이터들은 분석적인 용도나 사용자 질의에 사용되기 위하여 선택적으로 추출되고 조직화되어 데이터 웨어하우스 데이터베이스에 저장된다.

③ 데이터 마이닝이나 의사결정지원시스템(DSS)은 데이터 웨어하우스의 활용이 필요한 응용프로그램들이다.

(2) 데이터 웨어하우스의 특징 [기출] 18·13·12

① **주제지향성(Subject Oriented)** : 데이터 웨어하우스 내의 데이터는 일상적인 트랜잭션을 처리하는 프로세스 중심 시스템의 데이터와 달리 **일정한 주제별 구성을 필요로 한다.** 예를 들어 보험회사의 경우 프로세스 중심의 시스템으로는 자동차보험, 생명보험, 개인연금보험 등이 해당되지만, 이들의 주제영역을 보면 고객, 약관, 청구 등이 될 수 있다.

② **통합성(Integrated)** : 데이터 웨어하우스 내의 데이터는 고도로 통합되어야만 한다. 예를 들어 기존의 애플리케이션 중심의 환경에서는 남자와 여자를 남/여, Male/Female, 1/0 등으로 다양하게 적용할 수 있으나, 데이터 웨어하우스에서는 이들을 통합해야 한다.

③ **비휘발성(Non-volatile)** : 데이터 웨어하우스는 오직 두 가지 오퍼레이션을 갖게 되는데, 하나는 데이터를 로딩 하는 것이고, 다른 하나는 데이터를 읽는 것, 즉 액세스 하는 것이다. 이는 데이터 웨어하우스에 일단 데이터가 로딩되면 **읽기전용으로 존재한다는** 것으로, 데이터 웨어하우스의 데이터는 오퍼레이셔널 시스템에서 **수시로 발생되는 갱신이나 삭제 등이 적용되지 않으므로** 수시로 변한다는 의미의 '휘발성'을 갖지 않게 된다. ★

④ **시계열성(Time Variant)** : 오퍼레이셔널 시스템의 데이터는 액세스(Access)하는 순간이 정확해야만 의미가 있게 된다. 그러나 데이터 웨어하우스의 데이터는 일정한 시간 동안의 데이터를 대변하는 것으로 '스냅 샷(Snap Shot)'과 같다고 할 수 있다. 따라서 데이터 구조상에 '시간'이 아주 중요한 요소로서 작용한다. 이와 같은 이유에서라도 데이터 웨어하우스의 데이터에는 수시적인 갱신이나 변경이 발생할 수 없다.

(3) 데이터 웨어하우스 구축시 고려할 사항

데이터 웨어하우스는 조직의 데이터베이스로부터 의사결정에 필요한 자료를 통합하여 구축하고 사용자가 요구하는 정보를 필요시점에 제공하기 위한 작업과정으로서, 조직 내의 방대한 자료를 업무 영역별, 사용자 관점에 의하여 분류하여 구축해야 하고, 이러한 정보들은 개별적인 내용이 아니라 각각의 연계되는 자료들을 통합한 형태의 것이 되어야 한다. 또한 조직의 의사결정을 지원하기 위해서는 일정 시점이 아닌 일정 기간의 변동에 따라 데이터의 추세를 분석한 자료가 제공될 수 있어야 한다.

개념 Plus

데이터 웨어하우스의 등장 배경

• 의사결정을 위한 정보 수요의 폭증과 과거의 이력데이터의 중요성이 부각되었다.

• 의사결정을 하는 데 있어 기업 내의 다른 부서, 다른 시스템, 다양한 방식으로 보관된 데이터에 접근하여 다양한 종류의 질적 수행이 가능한 환경의 필요성이 높아졌다.

• 각기 구축된 데이터베이스가 운용되고 시간이 지날수록 그 크기가 커짐에 따라 이를 효과적으로 운용할 수 있는 새로운 형태의 통합된 데이터 저장소가 필요해졌다.

• 고객의 다양한 요구와 환경변화에 신속하게 대응하기 위해 일상 업무지원 뿐만 아니라 데이터 분석이나 의사결정을 지원하는 기업의 전략적 정보 기반 구축이 필요해졌다.

개념 Plus

의사결정을 지원하기 위해 데이터 웨어하우스를 구축함으로써 얻을 수 있는 이점

• 운영시스템을 보호하고 사용자 질의에 신속한 응답 성능을 제공할 수 있다.

• 여러 시스템에 흩어져 있는 데이터들이 데이터 웨어하우스로 통합되므로 사용자는 자신들이 필요로 하는 데이터가 어디에 있는지 신경 쓰지 않고 필요한 데이터를 쉽게 가져다 쓸 수 있다.

• 데이터는 데이터 웨어하우스로 옮겨오기 전에 정제 및 검증 과정을 거치기 때문에 사용자는 양질의 데이터를 사용할 수 있다. 저장되는 데이터들은 필요한 특정 주제 단위로 통합된 데이터로서 다양한 분석 및 빠른 액세스를 제공하기 위한 효과적인 방법으로 저장된다.

① 데이터 웨어하우스 구축요건

　㉠ 업무영역별 사용자 관점의 데이터 : 고객, 영업, 상품 등 업무영역별 사용자의 관심 요건에 따라 분류되어 구축됨으로써 업무 목적에 따라 적절한 정보를 필요한 시점에 제공할 수 있어야 한다.

　㉡ 업무별 관련 사항을 통합한 데이터 : 데이터 웨어하우스는 조직 내의 각종 업무처리 단위별로 구축된 데이터를 전사적 차원에서 서로 연계되는 부분을 통합한 내용으로 구성하여 하나의 독립된 데이터로 표현되어야 한다.

　㉢ 경영활동 기간별 데이터 : 조직의 의사결정지원을 위해서는 특정한 시점만의 자료가 아닌 관심대상 기간의 데이터 변동, 즉 경영활동에 대한 추이분석을 할 수 있는 정보의 형태로 제공될 수 있도록 구축하여야 한다.

② 데이터 웨어하우스 정보제공요건 ; 데이터 웨어하우스는 구축 시점을 제외하고는 갱신이 일어나지 않는 검색 전용 데이터베이스로서, 사용자에게 적절한 정보의 제공을 위한 검색의 효율성에 관점을 두어 설계되어야 한다.

트랜잭션(Transaction)

- 데이터베이스 등의 시스템에서 사용되는 쪼갤 수 없는 업무처리의 단위이다. 여기서 쪼갤 수 없다는 말의 의미는 실제로 쪼갤 수 없다기보다는 만일 쪼개질 경우 시스템에 심각한 오류를 초래할 수 있다는 것이다. 이러한 개념의 기능을 데이터베이스 등의 시스템에서 제공하는 것이 바로 트랜잭션이다.
- 사용자가 시스템에 요구를 시작하여 시스템 내의 처리, 시스템에서 사용자에게 응답하는 모든 처리를 포함한다. 이러한 트랜잭션이 충족해야 하는 기술적인 요건에는 ACID(원자성, 일관성, 고립성, 연속성)가 있다.
- 차수가 낮게 정규화된 테이블들은 읽기 동작이 대부분인 데이터베이스에 많이 쓰이고, 차수가 높게 정규화된 테이블들은 고립시킬 수 있는 트랜잭션들을 많이 쓰는 데이터베이스에 많이 사용된다.

개념 Plus

트랜잭션의 기술적인 요건(ACID)
- 원자성(Atomicity) : 분해 불가, 전체 처리 혹은 전체 수행 안 함(All or Nothing)
- 일관성(Consistency) : 실행 결과 모순 없음
- 고립성(Isolation) : 단독 실행, 동시 실행 불가
- 영속성(Durability) : 완료된 결과 저장

(4) 데이터 웨어하우스의 구성요소 기출 20 · 14

① 소스데이터 : 기업 내에서 발생하는 운영 데이터와 기업외부 데이터가 있다.

② 데이터 웨어하우스 관리도구 : 소스데이터를 추출, 변환, 정제하여 데이터 웨어하우스를 구축하고 이를 유지하는 기능을 담당하는 도구이다.

③ 데이터 웨어하우스 DB : 의사결정을 효과적으로 할 수 있도록 구성되며, 주로 RDBMS(관계형 데이터베이스 관리시스템)나 다차원 DBMS(MDBMS)로 이루어진다.

④ 메타 데이터 : 데이터 웨어하우스에 저장된 데이터에 대한 정보를 저장한다.

⑤ 데이터 마트(Data Mart) : 전사적인 데이터의 부분 집합격으로 특정 사용자나 대상에게 가치 있는 데이터들을 포함하는 작은 웨어하우스를 말한다. ★

⑥ Query & Report : SQL이나 테이블에 대한 지식이 없는 사용자가 쉽게 GUI 환경에서 필요한 데이터를 선택, 조합하여 리포트를 작성하도록 지원하는 도구이다.

⑦ 온랩(OLAP) 도구 : 최종 사용자가 다차원적인 분석을 통해 이미 세워진 비즈니스 가설을 확인하는 데 사용하는 도구이다. ★

OLAP와 OLTP의 비교 기출 19 · 15 · 12 · 10

1. OLAP(On-Line Analytic Process)
   • 고객에 대한 적절한 각종 캠페인을 계획하고 지원한다. ★
   • 사용자에게 제품, 가격, 비용, 지역, 기간 등 상이한 정보에 대해 각 차원을 제공함으로써 일정기간 특정지역에서 특정모델 제품의 판매량, 작년 동월대비판매량, 예상치와 비교 등의 파악에 신속하게 답을 제공해 준다.
   • 사용자가 동일한 데이터를 여러 기준을 이용하는 다양한 방식으로 바라보면서 다차원 데이터 분석을 할 수 있도록 도와주는 의사결정지원시스템이다.
   • OLAP의 주요기능은 다음과 같다.

드릴링(Drilling)	데이터 분석 차원의 깊이를 조절해 가며 분석할 수 있는 기능이다. • 드릴 업 : 가장 요약된 레벨부터 가장 상세한 레벨까지 분석 • 드릴 다운 : 가장 상세한 레벨부터 가장 요약된 레벨까지 분석
리포팅(Reporting)	현재 보고서의 정보를 간단한 대화식 조작을 통해 원하는 형태의 보고서로 나타내는 기능이다.
분해(Slicing&Dicing)	다양한 관점에서 자료를 분석 가능하게 하는 기능이다.
피보팅(Pivoting)	분석 차원을 분석자의 필요에 따라 변경해서 볼 수 있는 기능이다.
필터링(Filtering)	원하는 자료만을 걸러서 추출하기 위해서 이용되는 기능이다

2. OLTP(On-Line Transaction Processing)
   • 은행, 항공사, 슈퍼마켓, 제조업체 등 많은 기업체에서 데이터 입력 및 거래조회 등을 위한트랜잭션 지향의 업무를 쉽게 관리해주는 프로그램이다. ★
   • 데이터베이스는 통상 거래를 다루므로 거래발생 즉시 온라인으로 처리되는 OLTP가 사용되고, 의사결정을 지원하는 데이터웨어하우스(DW)는 축적된 데이터를 분석하는 OLAP를 사용한다. ★

3. OLAP와 OLTP 특징 비교★

구 분	OLAP	OLTP
데이터 구조	단순(사업분석에 적합)	복잡(운영시스템 계산에 적합)
데이터 갱신	주기적/정적	순간적/동적
데이터 내용	배치(Batch)성 데이터	실시간 데이터
데이터 특성	주제중심	거래중심
데이터 사용	고도로 비구조화된 분석처리	고도로 구조화된 연속처리

03 데이터 웨어하우징(Data Warehousing)

(1) 데이터 웨어하우징의 개념 기출 20 · 14

① 경영의사결정을 지원하고 경영자정보시스템(EIS)이나 의사결정지원시스템(DDS)의 구축을 위하여 기존의 데이터베이스에서 요약·분석된 정보를 추출하여 데이터베이스, 즉 데이터 웨어하우스를 구축하거나 이를 활용하는 절차나 과정을 말한다. ★

② 데이터 웨어하우스를 이용하는 사용자의 요구사항에 부응하는 전반적인 시스템의 구축과정이라 할 수 있다. 데이터 웨어하우스를 구축·유지·운영하는 일련의 과정과 절차를 의미한다. 이를 이용하면 최종 사용자는 중간 매개체나 매개자를 거치지 않고 온라인상에서 직접 데이터에 접근할 수 있다.

개념 Plus

데이터 웨어하우징의 목적
데이터 웨어하우징의 궁극적인 목적은 물리적으로 여러 곳에 분산되어 있는 데이터베이스 내에 존재하는 데이터들에 대하여 하나의 논리적인 뷰(View)를 창출하는 것이다.

③ 데이터 웨어하우징은 단순한 데이터의 저장창고가 아니라 관계형 데이터베이스를 근간으로 많은 데이터를 다차원적으로 신속하게 분석하여 의사결정에 도움을 주기 위한 시스템이다.

(2) 데이터 웨어하우징의 필요성

① 기업의 조직업무가 복잡해지고 정보관리의 중요성이 점차적으로 증대되고 있다. 이러한 상황에서 데이터베이스시스템은 파일들의 중복을 없애고 보관 및 저장에 있어서 안정성을 제공해야 한다.

② 사용자가 쉽게 접근할 수 있는 획기적인 전기를 마련해야 하고, 정보의 효용가치를 증대시키는 역할의 필요성이 대두되고 있다.

③ 데이터베이스시스템은 현재까지는 조직의 업무처리를 지원하기 위한 도구로 사용되었으며, 대량으로 발생하는 온라인 트랜잭션을 신속하게 처리하는 데에 중점을 두어 업무처리자동화를 질적으로 향상시켰다.

④ 최근의 경영환경은 급속한 변화에의 대응과 대외경쟁력 강화라는 과제에 직면하고 있어서 급속한 변화를 지원하기 위한 정보시스템의 역할도 이제는 업무자동화에서 한 단계 높은 의사결정지원시스템의 역할이 요청되고 있다.

⑤ 경영효율화를 위하여 조직의 방대한 규모의 데이터들에 대한 가치의 중요성을 인식하고, 정보의 철저한 분석 및 통합으로 사용자에게 보다 고급의 정보를 제공해야 할 필요성을 인식하여야 한다.

(3) 데이터 웨어하우징의 특징

① 기업의 복잡한 조직업무와 다양한 정보를 철저한 분석 및 통합을 함으로써 사용자에게 보다 고급정보를 제공한다.

② 급속한 변화에의 대응과 대외경쟁력 강화를 위해 특정의 주제별로 정보를 분석 및 통합하여 사용자에게 제공한다.

③ 경영자가 전체적 기업 상황의 파악을 가능하게 한다.

04 데이터 마트(Data Mart)

(1) 데이터 마트의 개념 기출 14 · 13 · 12 · 11

① 데이터 웨어하우스로부터 특정한 분야와 관련된 데이터만 특별한 사용자가 이용 가능하게 분리해놓은 것이다.

② 데이터 웨어하우스와 사용자 사이의 중간층에 위치한 것으로, 데이터 마트는 데이터 웨어하우스 구축의 높은 비용 대비 낮은 비용으로 창출할 수 있으며, 주로 전략적 사업단위나 부서를 위해 설계된 작은 규모의 데이터 웨어하우스라고 할 수 있다.★

③ 개별 부서에서 그 부서의 특징에 맞게 데이터를 검색, 가공, 분석할 수 있도록 해놓은 작은 규모의 전자저장공간으로 데이터 웨어하우스의 부분집합이다.

(2) 데이터 마트의 특징

① 데이터 웨어하우스는 정부 기관 또는 정부 전체의 상세 데이터를 포함하는 데 비해, 데이터 마트는 전체적인 데이터 웨어하우스에 있는 일부 데이터를 가지고 특정 사용자를 대상으로 한다.

② 데이터 웨어하우스와 데이터 마트의 구분은 사용자의 기능 및 제공 범위가 기준이다.

③ 데이터 마트 내 대부분의 데이터는 데이터 웨어하우스로부터 복제되지만, 자체적으로 수집될 수도 있으며, 관계형 데이터베이스나 다차원 데이터베이스로 구축한다.

05 데이터 마이닝(Data Mining) 기출 16 · 13 · 11 · 10 · 09

(1) 데이터 마이닝의 개념

① 거대 규모의 데이터로부터 가치 있는 정보를 찾아내는 탐색 과정 및 방법을 의미하는 것으로 데이터베이스로부터 암시적이며 잠재적인 지식을 추출하는 방법, 즉 단순분석이나 다차원분석으로 쉽게 찾아낼 수 없는 내용을 분석하는 것이다. ★

② 데이터 웨어하우스 등 대용량의 데이터베이스로부터 패턴이나 관계, 규칙 등을 발견하여 유용한 지식 및 정보를 찾아내는 과정이나 기술로, 데이터 분석을 통한 판매량 예측, 원인과 결과 분석, 특성에 따른 고객 분류 또는 집단화하는 데 활용한다.

③ 데이터 마이닝은 데이터로부터 새롭고 의미 있는 정보를 추출하는 기술이므로 데이터베이스 구축 후에 적용하며, 데이터로부터 새롭고 의미 있는 정보를 추출하는 기술로 데이터베이스 구축 후에 적용한다. ★

④ 데이터마이닝에서 얻을 수 있는 정보유형에는 연관, 순차, 분류, 군집, 예측정보 등이 있다.

(2) 데이터 마이닝의 등장배경

① 기업의 환경적 측면

　㉠ 정보화시대 도래로 시장 경쟁의 심화 : 정보화사회에서는 정보가 기업경쟁력을 결정하는 가장 중요한 요소로 부각되었으며, 시장환경도 다품종 소량 생산이 요구되는 소비자 주도로, 마케팅 방식도 매스마케팅에서 고객지향마케팅으로 바뀌게 되었다.

　㉡ 고급정보 수집의 필요성 대두 : 경쟁 환경에서의 의사결정지원을 위한 전통적인 정보시스템은 기업 환경의 급속한 변화와 해결하고자 하는 문제 영역이 점차 확대되고 복잡해짐에 따라 한계에 봉착하게 되었다.

　㉢ 기업경영 문제의 근본적 변화 : 기존 정보시스템은 무엇이 일어났는가를 검색하는 것을 기본으로 하고 있지만, 최근에는 기업경영의 문제를 미래에 무엇이 일어날 것인가를 예측하는 것에 초점을 맞추고 있다.

② 기업의 기술적 측면

　㉠ 데이터 양의 기하급수적 증가 : 기하급수적으로 증가하는 데이터의 홍수 속에서 품질 좋은 정보를 찾기 위해 데이터 마이닝이 등장하였다.

ⓒ 하드웨어 측면의 발달 : CPU 속도의 발전, 저장장치의 발전 등

ⓒ 문제 해결을 위한 소프트웨어의 발전 : 여러 가지 분석기법을 구현할 수 있는 소프트웨어들이 상업적으로 발전하였다. 또한 데이터를 자동적으로 수집할 수 있는 소프트웨어와 자동적으로 분석할 수 있는 소프트웨어들도 발전하였다.

(3) 데이터 마이닝의 절차

① 자료의 수집(Data Collection) : 일반적인 출발점으로서 의미를 가지며, 데이터 웨어하우스나 아니면 최소한의 데이터베이스라도 있다면 이 과정은 생략될 수 있다.

② 데이터의 준비(Data Preparation) : 데이터 변형 및 변환, 결괏값 처리, 데이터의 규모 축소 등이 수행되는 단계로, 모두 다 적용할 수도 있고 선택적으로 적용할 수도 있다.

③ 데이터 마이닝의 수행 : 데이터의 준비가 완료되면 지금 해결하고자 하는 문제에 적합한 데이터 마이닝 엔진을 선택하고 분석 과정을 수행하는 단계를 밟게 된다.

④ 데이터 시각화(Data Visualization) : 앞 단계에서 수행된 데이터 마이닝의 결과를 이해하거나 이들 결과를 바탕으로 보다 고급의 정보를 추출하는 단계로, 데이터 마이닝 엔진이나 상황에 따라 생략 가능하다.

⑤ 마이닝 결과의 활용 : 이러한 과정을 거쳐서 얻어지게 된 결과를 실제 기업의 문제에 적용하여 활용하는 단계이다.

(4) 데이터 마이닝의 기법 기출 16 · 15

① 의사결정나무(Decision Tree) : 과거에 수집된 데이터의 레코드들을 분석하여 이들 사이에 존재하는 패턴, 즉 결과값별 특성을 고객속성의 조합으로 나타내는 분류모형을 나무의 형태로 만드는 것이다. 이렇게 만들어진 분류모형은 새로운 레코드를 분류하고 해당 결과값을 예측하는 데 사용된다. ★

② 신경망 분석(Neural Networks) : 인간 두뇌의 복잡한 현상을 모방하여 마디(Node)와 고리(Link)로 구성된 망구조로 모형화하고 과거에 수집된 데이터로부터 반복적인 학습과정을 거쳐 데이터에 내재되어 있는 패턴을 찾아내는 모델링기법이다. 보통 신경망 분석은 주로 분류화와 예측의 목적으로 패턴인식이나 연관관계분석에 기초하여 신용평가, 카드 도용 패턴분석, 수요 및 판매예측, 고객세분화 등 여러 산업에서 활용되고 있다. ★

③ 연관규칙(Association Rule) : 상품 혹은 서비스 간의 관계를 살펴보고 이로부터 유용한 규칙을 찾아내고자 할 때 이용될 수 있는 기법이다. 거래(사건) 속에 포함된 품목(항목) 간의 연관 관계를 발견하고자 할 때 사용하는 데이터 마이닝 기법으로 장바구니분석(Market Basket Analysis)이라고도 한다. ★

④ 군집분석(Clustering) : 어떤 목적 변수(Target)를 예측하기보다는 고객수입, 고객연령과 같이 속성이 비슷한 고객들을 묶어서 몇 개의 의미 있는 군집으로 나누는 기법이다. 전체가 너무 복잡할 때에는 몇 개의 군집을 우선 살펴봄으로써 전체를 개관할 수 있다는 데이터 마이닝 기법이다. ★

⑤ 사례기반추론(CBR ; Case-Based Reasoning) : 주어진 새로운 문제를 과거의 유사한 사례를 바탕으로 문제의 상황에 맞게 응용하여 해결해가는 기법이다.

개념 Plus

오피니언 마이닝(Opinion Mining)
웹사이트와 소셜미디어에 나타난 여론과 의견을 분석하여 유용한 정보로 재가공하는 기술을 말한다. 즉 텍스트를 분석하고 네티즌들의 감성과 의견을 통계·수치화하여 객관적인 정보로 바꿀 수 있는 기술을 말한다.

개념 Plus

장바구니분석
(Market Basket Analysis)
하나의 거래나 사건에 포함되어 있는 항목들 간에 연관성을 파악하는 것으로 "핸드백을 구입하는 젊은 여성은 신발도 함께 구입한다"와 같은 내용으로서 연관성 분석이라고도 한다.

개념 Plus

데이터 마이닝 기법과 CRM에서의 활용용도 연결
• 군집화 규칙 : 제품 카테고리
• 분류 규칙 : 고객이탈 수준 등급
• 순차 패턴 : 로열티 강화 프로그램, 연속 판매 프로그램
• 연관 규칙 : 상품 패키지 구성 정보

개념 Plus

데이터 마이닝의 활용분야
• 데이터베이스 마케팅
• 품질개선
• 이미지분석
• 신용평점시스템의 신용평가모형 개발, 사기탐지시스템, 장바구니분석, 최적포트폴리오 구축 등

2 개인정보보호와 프라이버시

01 개인정보보호의 개념

(1) 개인정보보호의 정의

① 현행 '개인정보보호법'에 따른 개인정보의 정의는 '살아있는 개인에 관한 정보로서 성명, 주민등록번호 및 영상 등을 통하여 개인을 알아볼 수 있는 정보'로 규정되어 있다.

② '정보통신망 이용촉진 및 정보보호 등에 관한 법률'에서도 개인정보를 생존하는 개인에 관한 정보로서 특정 개인을 식별하거나 식별할 수 있는 모든 정보로 규정하고 있어 오늘날 정보처리기술의 발달에 따른 정보의 유용성 측면을 반영시키고 있다.

③ 보호할 가치가 있는 정보라는 측면에서 개인에 관한 모든 정보라기보다는 특정 개인에 대한 식별이 가능한 정보로 한정시키고 있다.

③ 따라서 개인에 관한 정보라 하더라도 익명 처리되어 누구에 관한 정보인지 식별이 안 된다면 개인정보에 속하지 않는다.

④ 개인정보를 직접적으로 해당 개인을 알아볼 수 있는 정보(단순 개인정보), 그리고 간접적으로 다른 정보와의 결합을 통해 해당 개인을 알아 볼 수 있는 정보(복합 개인정보)로 나누어본다면 오늘날 개인정보보호의 문제는 복합 개인정보로 확대되면서 정보통신기술의 발전에 따른 개인정보의 범위와 그 가치의 증대에 초점을 두고 있다.

⑤ 개인정보는 행정, 고객관리, 금융거래 등 사회의 유지와 발전에 필수적인 요소로 기능하고 있으며, 빅데이터 분석이 널리 활용되고 있는 가운데 금융회사를 비롯한 모든 기업의 입장에서도 수익 창출을 위한 자산적 가치가 더욱 높아지고 있다.

(2) 개인정보보호의 유형

① **인적사항** : 성명, 주민등록번호, 주소, 전화번호, 생년월일, 출생지, 이메일 주소, 가족관계 및 가족 구성원 정보 등

② **신체적 정보** : 신체 정보(얼굴, 지문, 홍채, 음성, 유전자 정보, 키, 몸무게 등), 의료·건강 정보(건강상태, 진료기록, 신체장애, 병력 등)

③ **정신적 정보** : 사상, 종교, 가치관 등

④ **개인 신용정보** : 금융거래정보 등(카드번호, 계좌번호, 대출·저축 내역, 부동산 보유 내역, 신용평가정보 등)

⑤ **사회적 정보** : 교육 정보(학력, 성적, 자격증 보유 내역 등), 법적 정보(전과, 범죄 기록, 과태료 납부 내역 등), 근로 정보(직장, 상벌 기록 등), 병역 정보 등

⑥ **기타** : 전화 통화 내역, 웹사이트 접속 내역, 이메일 또는 전화메시지, GPS 등에 의한 위치 정보 등

개념 Plus

개인정보의 구분(개인정보보호법 제2조 제1호 나목)

해당 정보만으로는 특정 개인을 알아볼 수 없더라도 다른 정보와 쉽게 결합하여 알아볼 수 있는 정보는 개인정보에 해당한다. 이 경우 쉽게 결합할 수 있는지 여부는 다른 정보의 입수 가능성 등 개인을 알아보는 데 소요되는 시간, 비용, 기술 등을 합리적으로 고려하여야 한다.

02 개인정보보호 정책

(1) 개인정보 보호위원회

① 개인정보 보호에 관한 사무를 독립적으로 수행하기 위하여 국무총리 소속으로 개인정보 보호위원회를 둔다.

② 보호위원회는 「정부조직법」에 따른 중앙행정기관으로 본다.

(2) 보호위원회의 구성

① 보호위원회는 상임위원 2명(위원장 1명, 부위원장 1명)을 포함한 9명의 위원으로 구성한다.

② 보호위원회의 위원은 개인정보 보호에 관한 경력과 전문지식이 풍부한 사람 중에서 위원장과 부위원장은 국무총리의 제청으로, 그 외 위원 중 2명은 위원장의 제청으로, 2명은 대통령이 소속되거나 소속되었던 정당의 교섭단체 추천으로, 3명은 그 외의 교섭단체 추천으로 대통령이 임명 또는 위촉한다.

③ 위원장과 부위원장은 정무직 공무원으로 임명한다.

(3) 보호위원회의 소관 사무

보호위원회는 다음의 소관 사무를 수행한다.

① 개인정보의 보호와 관련된 법령의 개선에 관한 사항

② 개인정보 보호와 관련된 정책·제도·계획 수립·집행에 관한 사항

③ 정보주체의 권리침해에 대한 조사 및 이에 따른 처분에 관한 사항

④ 개인정보의 처리와 관련한 고충처리·권리구제 및 개인정보에 관한 분쟁의 조정

⑤ 개인정보 보호를 위한 국제기구 및 외국의 개인정보 보호기구와의 교류·협력

⑥ 개인정보 보호에 관한 법령·정책·제도·실태 등의 조사·연구, 교육 및 홍보에 관한 사항

⑦ 개인정보 보호에 관한 기술개발의 지원·보급, 기술의 표준화 및 전문인력의 양성에 관한 사항

(4) 개인정보 침해요인 평가

① 중앙행정기관의 장은 소관 법령의 제정 또는 개정을 통하여 개인정보 처리를 수반하는 정책이나 제도를 도입·변경하는 경우에는 보호위원회에 개인정보 침해요인 평가를 요청하여야 한다.

② 보호위원회가 개인정보 침해요인 평가를 요청을 받은 때에는 해당 법령의 개인정보 침해요인을 분석·검토하여 그 법령의 소관기관의 장에게 그 개선을 위하여 필요한 사항을 권고할 수 있다.

(5) 기본계획

① 보호위원회는 개인정보의 보호와 정보주체의 권익 보장을 위하여 3년마다 개인정보 보호 기본계획을 관계 중앙행정기관의 장과 협의하여 수립한다.

② 기본계획의 포함사항

    ㉠ 개인정보 보호의 기본목표와 추진방향

    ㉡ 개인정보 보호와 관련된 제도 및 법령의 개선

    ㉢ 개인정보 침해 방지를 위한 대책

    ㉣ 개인정보 보호 자율규제의 활성화

    ㉤ 개인정보 보호 교육·홍보의 활성화

    ㉥ 개인정보 보호를 위한 전문인력의 양성

(6) 개인정보 보호수준 평가

① 보호위원회는 공공기관 중 중앙행정기관 및 그 소속기관, 지방자치단체, 그 밖에 대통령령으로 정하는 기관을 대상으로 매년 개인정보 보호 정책·업무의 수행 및 의무의 준수 여부 등을 평가하여야 한다.

② 보호위원회는 개인정보 보호수준 평가에 필요한 경우 해당 공공기관의 장에게 관련 자료를 제출하게 할 수 있다.

③ 보호위원회는 개인정보 보호수준 평가의 결과를 인터넷 홈페이지 등을 통하여 공개할 수 있다.

④ 보호위원회는 개인정보 보호수준 평가의 결과에 따라 우수기관 및 그 소속 직원에 대하여 포상할 수 있고, 개인정보 보호를 위하여 필요하다고 인정하면 해당 공공기관의 장에게 개선을 권고할 수 있다. 이 경우 권고를 받은 공공기관의 장은 이를 이행하기 위하여 성실하게 노력하여야 하며, 그 조치 결과를 보호위원회에 알려야 한다.

(7) 개인정보 보호지침

① 보호위원회는 개인정보의 처리에 관한 기준, 개인정보 침해의 유형 및 예방조치 등에 관한 표준 개인정보 보호지침을 정하여 개인정보처리자에게 그 준수를 권장할 수 있다.

② 중앙행정기관의 장은 표준지침에 따라 소관 분야의 개인정보 처리와 관련한 개인정보 보호지침을 정하여 개인정보처리자에게 그 준수를 권장할 수 있다.

③ 국회, 법원, 헌법재판소 및 중앙선거관리위원회는 해당 기관의 개인정보 보호지침을 정하여 시행할 수 있다.

(8) 자율규제의 촉진 및 지원

보호위원회는 개인정보처리자의 자율적인 개인정보 보호활동을 촉진하고 지원하기 위하여 다음의 필요한 시책을 마련하여야 한다.

① 개인정보 보호에 관한 교육·홍보

② 개인정보 보호와 관련된 기관·단체의 육성 및 지원

③ 개인정보 보호 인증마크의 도입·시행 지원

④ 개인정보처리자의 자율적인 규약의 제정·시행 지원

03 개인정보보호 기술

(1) 개인정보보호 핵심기술

① **개인정보 동의 관리 기술** : 개인정보 수집·이용·제공에 대한 동의 및 동의 철회 등 정보주체의 동의 관리를 지원하는 기술이다.

② **정보주체의 온라인 활동기록 통제** : SNS, 온라인 쇼핑 등에서 정보주체의 동의 없는 활동 기록 수집이나 추적을 방지한다.

③ **다크웹 개인정보 거래 추적 및 차단 기술** : 다크웹에서 개인정보가 불법적으로 유통·거래되지 않도록 모니터링하고 차단한다.

④ **비정형 데이터 개인정보 탐지** : 온라인에서 유통되는 텍스트·영상·음성에서 개인정보를 탐지한다.

⑤ **개인정보 파편화 및 결합 기술** : 개인을 알아볼 수 없도록 개인정보가 포함된 자료를 분해하여 저장하고, 필요한 경우에만 결합해 활용할 수 있도록 지원한다.

⑥ **비정형 데이터에서 선택적 개인정보 파기** : 개인정보 보존기간에 따라 자동 파기하거나, 텍스트·영상·음성에서 원하는 개인정보만 파기한다.

⑦ **차세대 가명·익명 처리 및 결합 기술** : 안전한 데이터 분석 및 활용을 위해 가명·익명 처리와 결합을 지원한다.

⑧ **가명·익명 정보 안전성 평가** : 가명·익명 정보의 재식별 가능성을 측정하여 안전성을 평가한다.

⑨ **개인정보 변조 및 재현데이터 생성** : 실제 데이터와 유사한 모의 데이터를 생성하여 인공지능 학습 시 개인정보 노출을 최소화한다.

⑩ **프라이버시 보존형 개인 맞춤 서비스** : 개인정보를 노출하지 않고도 특정 자격을 증명하거나, 다양한 개인화 서비스를 받을 수 있도록 지원한다.

⑪ **마이데이터 처리 및 관리 기술** : 마이데이터가 안전하게 전송·관리될 수 있도록 종합적으로 지원한다.

(2) 개인정보보호 강화기술(PETs ; Privacy Enhancing Technology)

① **PETs의 개념** : 기업 등 개인정보 처리자의 개인정보 이용을 최소화하고, 데이터 보안은 극대화함으로써 개인정보 보호 관련 법률들이 요구하는 기본 원칙들을 개인정보 처리 과정에서 실제 구현하기 위해 사용하는 기술과 테크닉들을 의미한다.

개념 Plus

마이데이터(mydata)
개인이 자신의 정보를 적극적으로 관리·통제하는 것은 물론 이러한 정보를 신용이나 자산관리 등에 능동적으로 활용하는 일련의 과정을 말한다. 마이데이터를 이용하면 각 종 기관과 기업 등에 분산돼 있는 자신의 정보를 한꺼번에 확인할 수 있으며, 업체에 자신의 정보를 제공해 맞춤 상품이나 서비스를 추천받을 수 있다.

② PETs의 종류

구 분	내 용
동형암호 (Homomorphic Encryption)	• 기존 암호화 방법과 달리 데이터를 복호화하지 않고 암호화된 상태에서 결합하여 연산·분석 등을 가능하게 하는 기술로, 강력한 보안 및 기밀성을 제공한다. • 암호화 된 데이터를 복호화하지 않은 채로 데이터를 분석하거나 연산할 수 있기 때문에, 개인정보를 최소한으로 이용 또는 공유하는 것이 가능해진다.
안전한 다자 컴퓨팅 (Multi Party Computation)	• 단일 장애점(Single point of failure)을 없애고, 안전한 상태를 유지하는 형태의 기술이다. • 안전한 다자 컴퓨팅을 이용하면, A 개인정보 처리자는 개인정보를 B 개인정보 처리자와 공유할 필요 없이, 각각 가명처리되거나 결합된 정보에 같이 접근하여 공동으로 처리할 수 있기 때문에 개인정보 처리자 간에 개인정보를 공유하는 것을 최소화할 수 있다.
차등 개인정보 보호 (Differential Privacy)	• 이미 AI 연산을 통해 1차 변환된 개인정보에 '노이즈'를 추가하여 원본 데이터, 즉 개인정보를 추론하지 못하도록 하는 기술이다. • AI 엔진 개발 시 주로 적용되며, 특히 민감한 개인정보를 학습데이터로 사용하는 의료 분야 및 인공지능 개발 분야 등에서 많이 주목 받고 있다.
영지식 증명 (Zero-knowledge Proofs)	• 정보를 직접 주고받지 않으면서 정보의 유무를 확인할 수 있는 기술이다. • 비밀번호 등 각종 개인정보를 입력하는 절차에서 자주 등장한다.

04 프라이버시의 개념

(1) 프라이버시의 정의

① 통제되어야 하는 개인이나 조직의 권리 또는 개인이나 조직이 소유하는 자료를 의미한다.

② 개인이나 조직에 관한 정보는 허가 없이 수집되어 사용되어서는 안 되며, 조직에 속하는 개인 신상 정보는 인사나 고용, 작업, 서비스 등과 관련이 없는 다른 개인이나 조직 사이에서 부당하게 수집·배포되거나 사용될 수 없다.

(2) 프라이버시의 위상 변화

① 현실세계의 집은 외부의 공적인 장소와 차단하는 공간이지만, 사이버세계의 블로그나 홈페이지는 개인을 다른 개인들과 이어주는 매개체로 바로 공적 영역과 사적 영역을 이어주는 통로가 된다.

② 따라서 사이버세계의 사적 영역과 공적 영역은 현실세계처럼 엄격하게 구분되지 않고, 사적인 것과 공적인 것 사이의 구분이 흐려지며 경계가 불투명해진다.

③ 서비스 제공자는 이용자가 앱이나 소프트웨어 기계에 더 많은 정보를 제공하면 할수록 개인화되고 편리한 서비스를 제공받을 거라고 유혹하며, 신상 정보와 취미, 개인 식별 정보를 입력해야만 플랫폼으로 나갈 기회를 얻을 수 있는 서비스도 많아지고 있다.

④ 자신과 관련된 정보를 많이 제공하면 할수록 그 결과로 개인화된 서비스를 보상받는 반면, 과다한 신분 노출과 과시는 위험할 수 있다.

⑤ 소셜 네트워크 시대가 되면서 프라이버시가 침해당할 위험은 더욱 커지고 있다.

05 프라이버시 보호 기술

(1) 프라이버시 보호모델

① 가능한 추론형태와 프라이버시 노출에 대한 정량적인 위험성을 규정하는 방법이다.

② 직관적이고 단순하다는 장점이 있으나, 동질성, 배경지식, 쏠림현상, 유사성 등으로 인해 재식별 가능성이 존재한다는 단점이 있다.

(2) 연합학습(Federated Learning)

① 다수의 클라이언트와 하나의 중앙서버가 탈중앙 환경에서 협력해서 데이터 모델을 학습하는 기술이다.

② 데이터 분석결과만 외부로 전송하기 때문에 데이터의 직접 유출을 방지할 수 있고, 학습결과를 취합해 더 높은 정확도의 모델을 도출할 수 있으나, 모델수립 시 평가 과정이 필요하다는 단점이 있다.

(3) 재현데이터(Synthetic Data)

① 원본데이터와 유사한 통계적·확률적 특징을 가지는 임의데이터를 의미한다.

② 샘플수를 무한대로 증가시킬 수 있으나, 불일치로 인한 예측 정확도가 감소한다는 단점이 있다.

(4) PPDM(Privacy Preserving Data Mining)

① 개인정보가 포함된 빅데이터에서 개인정보를 보호하면서 데이터를 분석하는 기술이다.

② 통계처리나 기계학습에 사용하는 것으로, 랜덤화 기법을 통해 실용화가 가능하지만 컴퓨팅 환경에 따라 실효성이 모호하다는 단점이 있다.

(5) 동형암호(Homomorphic Encryption)

① 암호화된 상태에서 데이터 연산이 가능한 암호 기술이다.

② 데이터를 암호화하여 외부로 전송할 수 있지만, 처리속도에 한계가 있다.

01 고객충성도 프로그램의 개념 [기출] 21 · 13 · 12 · 10

(1) 고객충성도의 정의

고객충성도란 기업이 지속적으로 고객에게 탁월한 가치를 제공해줌으로써, 그 고객으로 하여금 해당 기업이나 브랜드에 호감이나 충성심을 갖게 하여 지속적인 구매활동이 유지되도록 하는 것이다.

(2) 고객충성도 프로그램

① 고객의 반복적인 구매활동에 대한 보상으로 상품할인, 무료식품, 선물 혹은 여행 같은 인센티브를 제공하기 위해 마련된 마케팅 프로그램이다.
② 데이터 웨어하우스(DW)의 가장 중요한 용도 중 하나는 고객충성도 프로그램을 통해 충성고객(애호고객)을 개발하는 것이다.
③ 고객충성도 프로그램의 기본은 고객을 소비성향에 따라 분류하고 이들에 대한 정보를 체계화하여 크게는 소비세분시장의 요구를 파악하고, 작게는 개별고객의 요구를 파악하여 이에 신속·정확하게 대응하는 것이다.
④ 고객충성도 프로그램을 실행시키기 위해서는 고객관리를 우선시하여야 한다.

(3) 고객충성도 프로그램의 필요성

① 충성고객 보유
② 고객과 고객이 구입하는 상품에 대한 정보 수집
③ 고객충성도 프로그램을 활용함으로써 기존고객의 유지 및 수익성 확보

(4) 고객충성도 프로그램 구축방안

① 고객신뢰의 구축
  ㉠ 역량 확보 : 브랜드가 고객으로부터 신뢰를 얻기 위해서는 경쟁자에 비해 우월한 서비스를 제공할 수 있는 역량을 확보해야 한다.
  ㉡ 일관성 확보 : 신뢰를 얻기 위해서 어떤 상황에서도 고객들에게 일관된 서비스를 제공하는 일관성 확보가 중요하다. 일관성에는 고객들이 브랜드에 기대하는 예측가능성과 정직성이 관련되어 있다.
  ㉢ 차별적 배려 : 충성고객들에게는 차별적인 배려를 제공해야 한다. 고객들은 항상 브랜드로부터 특별한 대우를 받길 기대한다.
② 고객과의 애착 형성
  ㉠ 신뢰가 인지적 차원에서 브랜드와 고객 간의 관계를 강화시켜 준다면 애착은 감성적인 요소라고 할 수 있다.
  ㉡ 애착을 높이기 위해서는 고객들에게 독특한 문화와 개성을 제공하려 노력해야 한다.

02 고객충성도 프로그램을 위한 정보기술

(1) 데이터베이스 관리시스템(DBMS) 기출 17 · 12

① DBMS의 개념

　ㄱ 데이터베이스 관리시스템 다수의 사용자들이 데이터베이스 내의 데이터에 접근할 수 있도록 해주는 소프트웨어 도구의 집합이다.

　ㄴ DBMS는 사용자 또는 다른 프로그램의 요구를 처리하고 적절히 응답하여 데이터를 사용할 수 있도록 해준다.

　ㄷ DBMS는 데이터의 입력, 저장, 추출, 삭제, 수정 등 데이터베이스의 관리를 위한 일반적인 기능을 수행하는 소프트웨어로, 데이터베이스를 작동시키는 데 있어 엔진의 역할을 한다는 의미에서 '데이터베이스 엔진'이라고도 불리며, 데이터베이스의 운용을 지원한다는 의미에서 데이터베이스 서버(Server)라고도 불린다.

② DBMS의 기능

　ㄱ 축적된 자료구조의 정의

　ㄴ 자료구조에 따른 자료의 축적

　ㄷ 데이터베이스 언어에 의한 자료검색 및 갱신

　ㄹ 복수 사용자로부터 자료처리의 동시 실행 제어

　ㅁ 갱신 중에 이상이 발생했을 때 갱신 이전의 상태로 복귀

　ㅂ 정보의 기밀보호

③ DBMS의 특징

　ㄱ 데이터를 통합하여 이용할 수 있다.

　ㄴ 한 번 저장한 데이터로 여러 가지 형태로 변환이 가능한 데이터의 공유가 가능하다.

　ㄷ 데이터의 불일치나 모순성을 해결함으로써 데이터 간의 일관성을 유지할 수 있다.

　ㄹ 데이터를 입력하거나 갱신할 때마다 정확한 값인지를 검사하여 유효한 데이터만 저장함으로써 데이터의 무결성을 유지한다.

　ㅁ 방대한 데이터를 하나의 시스템으로 통합 관리하여 데이터의 보안을 보장한다.

　ㅂ 중앙통제기능을 통해 사용자들 간의 협동과 정보의 공유 및 전달이 용이하도록 각종 양식 및 데이터 처리의 표준화를 시행할 수 있다.

　ㅅ DBMS가 제공하는 다양한 개발 도구를 활용함으로써 응용프로그램의 개발 기간을 단축할 수 있다.

④ DBMS의 한계

　ㄱ 고가의 DBMS와 DBMS를 운영하기 위한 하드웨어 구성으로 비용이 많이 든다.

　ㄴ 서로 다른 데이터들이 연관되어 있고 분산되어 관리되기 때문에 데이터베이스 설계 시 신중해야 한다.

　ㄷ 복잡한 데이터베이스 구조와 여러 사용자들의 동시 사용으로 인한 장애 발생시 정확한 원인 및 상황을 알기 어려워 백업 및 복구에 어려움이 있다.

　ㄹ 각 부서가 각자의 데이터파일을 유지·관리하는 환경과는 달리 DBMS를 사용하는 환경은 통합된 하나의 데이터베이스에 의존하므로 상대적으로 시스템이 취약하다.

개념 Plus

분산 데이터베이스 시스템

• 지리적으로 분산되어 있는 데이터가 실제로 어느 위치에 저장되었는가를 의식할 필요가 없이 필요한 데이터를 검색, 갱신 등 사용할 수 있도록 지원한다. 즉 물리적으로 분산되어 있으나 논리적으로는 집중되어 있는 형태로 구성된다.

• 데이터 지역화를 통해 대규모의 데이터베이스를 사용하는 데 있어 상대적으로 빠른 응답시간과 낮은 비용으로 공유할 수 있다는 장점이 있다.

• 데이터를 분산하여 배치하기 때문에 화재, 지진 등 재난재해 발생시에 전체를 한 번에 잃을 수 있는 위험이 낮다는 장점이 있다.

• 대용량의 데이터를 처리하는 경우에는 여러 사이트에서 병렬로 수행할 수 있어서 데이터처리 시간을 절약할 수 있다.

• 물리적으로 분산되어 있으나 논리적으로는 집중되어 있는 형태로 구성되므로 데이터베이스 설계가 어렵고 구현기술이 복잡하다는 단점이 있다.

- 로그 수집기 : 웹서버의 로그 수집, 웹로그, 트랜잭션 로그, 클릭 로그, 데이터베이스의 로그 등을 수집한다.
- 웹로봇을 이용한 크롤링 : 웹문서를 돌아다니면서 필요한 정보를 수집하고 이를 색인해 정리하는 기능을 수행하며, 주로 검색엔진에서 사용한다.
- 센싱 : 온도, 습도 등 각종 센서를 통해 데이터를 수집한다.
- RSS 리더 : 사이트에서 제공하는 주소를 등록하면, PC나 휴대폰 등을 통하여 자동으로 전송된 콘텐츠를 이용할 수 있도록 지원한다.

Open-API(Open Application Program Interface)

자신이 보유한 정보나 애플리케이션 등을 다른 정보시스템에서 네트워크를 통하여 누구나 활용할 수 있도록 공개한 API로서 다양한 서비스와 데이터를 좀 더 쉽게 이용할 수 있도록 유도하는 개발자 중심의 응용프로그램 인터페이스이다.

e-CRM의 등장배경

- 전자상거래의 활성화로 인하여 온라인상에서 기존 CRM운영의 중요성이 부각되었다.
- 비즈니스 환경이 변화함에 따라 기존 CRM 방식이 지닌 시간과 장소, 채널의 다양성 측면에서의 한계가 노출되었다.

(2) 빅데이터(BIG DATA) 기출 21 · 19 · 18 · 17 · 16 · 14

① 빅데이터의 의의
  ㉠ 빅데이터란 기존 데이터베이스 관리도구로 데이터를 수집, 저장, 관리, 분석할 수 있는 역량을 넘어서는 **대량의 정형 또는 비정형 데이터 집합** 및 이러한 데이터로부터 가치를 추출하고 결과를 분석하는 기술을 의미한다. ★
  ㉡ 인터넷, 카카오톡, 페이스북, 트위터 등을 통해 오가는 모든 메시지, 이미지, 그리고 영상 등을 포괄한다. 즉, SNS(Social Network Service)뿐만 아니라 GPS를 기반으로 한 지도 정보, 날씨 정보처럼 현존하는 정보들을 '중요한 데이터'라는 개념으로 정의하고 주목하기 시작한 데서 '빅데이터'의 시대가 도래하기 시작했다.

② 빅데이터의 필요성★
  ㉠ 빅데이터를 통해 **고객과 장기적인 신뢰관계를 구축**하여 충성고객을 확보하기 위함이다.
  ㉡ 급변하는 시장 환경에 적극적으로 대처하여 **신속한 소비자의 니즈 파악과 대응방안**을 마련하기 위함이다.
  ㉢ 시장의 환경변화와 제품의 트렌드를 빠르게 파악하여 마케팅 **활동과 경영의사결정 과정에 접목**하기 위함이다.
  ㉣ 경쟁력 강화를 위해 경쟁사와 대비되는 **경쟁요소를 발굴**하기 위함이다.

③ 빅데이터 분석의 활용
  ㉠ 미국의 UPS는 약 2억 5천만 개의 주소 데이터를 활용하여 최적화된 배달경로를 탐색하는 등 빅데이터 분석을 활용한 배송경로 최적화를 통해 배송시간 감축 및 관련 비용절감 효과를 얻었다.
  ㉡ 고객의 선호도나 고객행동 예측데이터 등을 활용하여 한 차원 높은 차별화된 고객 서비스를 제공할 수 있게 되었다.
  ㉢ 기상 조건과 독감 발생, 온라인 구매량 사이의 상관관계 분석을 통해 고객의 행동을 예측하여 이전에 미처 알 수 없었던 사실들을 찾아내어 새로운 비즈니스 모델을 찾는 단서로 빅데이터 분석이 활용되었다.

03 e-CRM(Electronic Customer & Relationship Management)

(1) e-CRM의 개념 기출 21 · 19 · 18 · 17 · 16

① e-CRM은 **지역적 · 시간적 한계를 극복**할 수 있는 고객관리방법으로 인터넷을 통해 온라인에서 수집한 고객에 대한 정보와 지식을 기반으로 이를 저장 · 분석하여 가치 있는 고객을 선별하고, 회사가 보유하고 있는 한정된 역량을 가치 있는 고객을 획득 · 유지하는 일에 우선적으로 투자하는 프로세스를 말한다. ★★
② e-CRM을 이용하면 고객에 대한 **일대일 커스터마이징(Customizing)이 용이**하고, 쌍방향 커뮤니케이션을 통한 고객의 행동과 성향을 분석 · 예측이 가능하며 음성, 동영상, FAQ 등 다양한 기술을 이용해서 **실시간으로 고객응대**를 할 수 있다. 다만 초기 셋업비용이 높다는 것이 문제로 지적되기도 하지만, 유지관리비용은 상대적으로 낮다. ★

③ e-CRM은 자료분석 측면에서 웹로그 분석(Web Log Analysis)이 가능하기 때문에 실시간으로 고객성향 및 행동을 분석할 수 있다. 이를 통해 온라인상에서 고객개인이 필요로 하는 일대일 맞춤서비스의 제공이 가능해져 **고객만족도 향상**을 기대할 수 있다. ★

(2) e-CRM의 목적 및 기대효과

e-CRM의 목적	e-CRM의 기대효과
• 인터넷을 통한 고객의 요구에 신속히 대응 • 고객행동에 대한 예측성 제고 • 고객만족도(충성도) 상승 • 궁극적으로 기업의 수익증대	• 시스템 자원 활용도 · 예측의 적시화 및 자동화 • 무형 · 유형의 이익 창출 • 고객서비스 향상 • 개별화를 통한 고객별 일대일 맞춤 서비스 제공

(3) e-CRM의 활용기술

㉠ 데이터 웨어하우스 : 기업이 축적한 고객과 제품, 서비스에 대한 각종 데이터를 통합적으로 관리하는 정보 상자 역할을 한다.

㉡ 데이터 마이닝 툴 : 축적된 데이터를 고객 지원 활동을 위해 분석하거나 직접적으로 마케팅에서 고객 지원 활동에 사용할 수 있도록 지원한다.

㉢ FAQ : 웹사이트에서 고객들이 공통적으로 가진 궁금증을 해결할 수 있도록 제시한다.

㉣ 콜센터 : 전화와 팩스를 통하여 고객 요구에 대응하는 솔루션이다. 웹이나 전화를 통한 주문과 서비스를 지원하기도 한다.

㉤ 실시간 1대1 채팅(고객상담) : 인터넷 채팅과 유사한 형식을 고객서비스에 구현하고 이를 분석함으로써 고객 요구에 효과적으로 대응하도록 지원한다.

㉥ 온라인 마케팅 : 데이터에 근거해 메일 또는 온라인과 오프라인 전체에서 마케팅 활동을 계획, 수립하도록 지원한다.

㉦ 캠페인 관리 : 해당 고객에 대한 적절한 각종 캠페인을 계획하고 지원하며, OLAP(On Line Analysis Processing) 등의 형식을 통한 캠페인 효과 분석까지 지원한다. ★

㉧ 클릭스트림(click stream) : 고객관계관리(CRM)를 위하여 고객이 웹을 이용하는 동안 방문한 사이트, 사이트에 머문 시간, 열람한 광고, 구매한 상품 등의 정보를 기록하고 관리하는 모니터링 기술을 말한다. ★

(4) CRM과 e-CRM의 비교

구 분	CRM	e-CRM
이용대상	오프라인 중심기업	e-Business 기업
중점관리	영업 자동화	차별화, 개인별 맞춤서비스
고객접점	직접방문, DM, 콜센터	인터넷을 통한 단일 통합 채널
시 · 공간	제한, 지역적 한계	하루 24시간, 전세계 대상
구성요소	Sales + Marketing + Service	e-Sales + e-Marketing + e-Service
서비스	주로 TM을 이용한 단순한 질의 응답	음성, 동영상, 멀티미디어, 고객의 관심분야

개념 Plus

웹로그 분석(Web Log Analysis)
방문객이 웹서버에 방문하게 되면 웹서버에는 Access log, Error log, Refferer log, Agent log 등의 자료가 파일 형태로 기록되는데, 이를 근거로 웹의 운영 및 방문 행태에 대한 정보를 분석하는 것을 웹로그 분석이라고 한다. ★★

• Access log : 웹사이트 방문자가 웹브라우저를 통해 사이트 방문시 브라우저가 웹서버에 파일을 요청한 기록과 시간, IP에 관련된 정보에 대한 기록이다.

• Refferer log : 웹서버를 소개해준 사이트와 소개받은 페이지를 기록함으로써 해당 웹사이트를 보기 위해서 어떤 페이지를 거쳐 왔는지에 대한 기록이다.

• Agent log : 사이트 방문자의 웹브라우저 버전, 운영체제의 종류, 화면해상도, 프로그램의 종류 등에 관한 정보로 최적화된 웹사이트를 구성할 수 있는 단서를 제공한다.

• Error log : 웹서버에서 발생하는 모든 에러와 접속실패에 대한 시간과 에러 내용을 모두 기록한다.

개념 Plus

OLAP
(On Line Analytical Processing)
최종 사용자가 다차원 정보에 직접 접근하여 대화식으로 정보를 분석하고 의사결정을 활용하는 과정을 말한다. ★

OLTP
(On Line Transaction Processing)
은행이나, 항공사, 슈퍼마켓, 제조업체 등 많은 기업체에서 데이터 입력이나 거래조회 등을 위한 트랜잭션 지향의 업무를 쉽게 관리해주는 프로그램이다.

전통적 CRM과 소셜 CRM의 비교 `기출` 17

구 분	전통적 CRM	소셜 CRM
주변환경	• 개인적 관계에 중점 • 목표 메시지가 가치를 생성	• 복잡한 협업 관계에 중점 • 대화가 가치를 생성
채 널	고객 프로파일 정보와 고객의 과거 거래 데이터에 기반한 고객정보 확인	내부 확보 정보 외에도 고객의 커뮤니티에 참여한 행동과 소셜 네트워크 프로파일 정보와 같은 외부 정보가 필요
프로세스	• 회사입장으로 개발된 CRM 프로세스 • 프로세스 중심(고객 상호작용과 개별 거래 지원을 위한 프로세스 도입 및 최적화)	• 고객입장으로 개발된 CRM 프로세스 • 대화 중심(브랜드 커뮤니티 구축을 위한 대화 요인들이 포함되고 아이디어 획득 및 더 세밀한 고객 분류)
사고방식	고객과 접점 직원들은 거래 처리를 위해 목표된 메시지만 전달	모든 직원이 상황정보와 경로변경 대화형식으로 신규고객과의 대화
기 술	CRM 솔루션들은 내부 업무프로세스 지원 및 자동화에 초점	소셜 CRM 솔루션들은 내·외부 커뮤니티 생성에 초점

개념 Plus

온라인 마케팅 용어 `기출` 18

• 트랜잭션 로그(Transaction Log) : 레지스트레이션 형식과 쇼핑카트 데이터베이스의 자료와 함께 온라인 산업과 개인 사이트에 대한 유용한 마케팅 정보

• 웹 버그(Web Bug) : 마케팅 이메일 메시지에 숨어 있는 1픽셀의 작은 그래픽 파일을 뜻하며, 웹 버그는 자동적으로 이용자에 대한 정보와 이용자가 방문한 사이트에 대한 정보를 관찰할 수 있도록 모니터링 서버에 정보를 전달함

• 애드 뷰(Ad View) : 특정 시간 사용자가 광고된 배너가 있는 페이지를 방문한 수

• 쿠키(Cookie) : 웹브라우저에서 현재 상태를 보관하기 위해 임시로 사용하는 데이터 파일

• 임프레션(Impression) : 사이트 방문자에 의해 광고가 노출된 횟수. 특히 웹사이트가 한 번 열려 배너 광고가 한 번 노출된 경우를 1임프레션이라고 한다.

개념 Plus

전통적 SCM의 개념
SCM은 제조, 물류, 유통업체 등 유통공급망에 참여하는 모든 업체들이 협력을 바탕으로 정보기술을 활용, 재고를 최적화하고 리드타임을 대폭적으로 감축하여 결과적으로 양질의 상품 및 서비스를 소비자에게 제공함으로써 소비자 가치를 극대화하기 위한 21세기 기업의 생존 및 발전전략이다.

4 e-SCM

01 e-SCM의 개요 `기출` 21 · 13 · 11 · 10

(1) e-SCM의 개념

① 원자재 조달, 생산, 수배송, 판매 및 고객관리 프로세스에서 일어나는 물류흐름과 이와 관련된 모든 활동을 인터넷에 기반하여 실시간으로 통합적으로 관리하는 기법이다. ★

② e-Business 환경에서 디지털 환경의 공급자, 유통채널, 도소매와 관련된 물자, 자금·정보의 흐름을 신속하고 효율적으로 관리하는 활동을 말한다.

③ e-SCM은 고객 그리고 기업 내부의 다양한 욕구를 만족시키고 업무의 효율성을 극대화하려는 전략적 기법이라고 할 수 있다.

④ e-SCM은 전자상거래의 모형 중 B2B 모형에 해당한다.

(2) e-SCM의 도입 목적

① 디지털 환경으로 등장한 새로운 패러다임에 부합할 수 있도록 원재료·제품·정보 흐름을 리엔지니어링 하는 것이다.

② 디지털 기술을 이용하여 판매·원재료·구매·제조·물류활동을 실시간으로 처리하기 위해서 도입한다.

③ 고객에 대한 대응능력을 높이고 새로운 서비스를 제공하여 고객만족도를 높인다.

(3) e-SCM 도입 효과

① **거래·투자비용의 최소화** : 전략적 제휴·아웃소싱 등 가상 네트워크(Virtual Network) 형성을 통한 업무 수행이 용이해지기 때문에 최소한의 자산 보유만으로도 사업수행이 가능하다. 또한 공급사슬(Supply Chain)을 통합함으로써 공급자와 구매자 간 정보 이전에 필요한 비용과 시간을 줄일 수 있다.

② **자동 보충을 통한 재고 감축** : 공급자와 구매자 간 정보 공유에 의해 공급자들은 구매자의 재고정보를 실시간으로 파악하여 구매자들이 필요로 하는 물량을 자동적으로 보충해줄 수 있기 때문에 공급자와 구매자 모두 안전재고 수준을 낮출 수 있다.

③ **개별화된 고객 서비스(Customization) 제공** : 구매자와의 직접 접촉을 통해 획득한 데이터를 분석하여 각 고객들의 니즈를 충족시킬 수 있는 개별화된 서비스 제공이 가능하다.

④ **순환주기의 단축** : 공급사슬(Supply Chain)의 자동화, 중간 유통업체의 제거를 통해 전체 주문이행 사이클 타임의 단축이 가능하다. 이를 통해 고객 니즈 변화에 대한 신속한 대응이 가능해지며, 고객만족도가 증가된다.

⑤ **수평적 확장 용이** : 가상네트워크 형성을 통해 현 사업수행의 인프라 영역 또는 타 산업으로의 진출이 가능하다.

(4) 디지털환경이 SCM에 미친 영향

① **수직적 가치사슬의 해체** : 인터넷의 등장으로 저렴한 비용으로 정보를 공유할 수 있으며 거래업체의 변경이 매우 용이해진다. 또한 고객, 공급업체, 유통업체와의 의사소통 및 협력 관계가 보다 용이해지고 내용이 풍부해진다.

② **직거래의 활성화** : 새로운 비즈니스모델의 출현이 가능하고, 인터넷을 통한 직거래 시장의 활성화가 이루어진다(MRO 시장, 음반판매 등).

③ **아웃소싱의 활성화** : 마케팅 기능만 가진 회사의 출현이 가능하다(가상회사).

④ **재고자산의 최소화** : 연계 및 협업 체제 구축을 통해 재고자산의 최소화를 실현할 수 있다.

(5) e-SCM 실행전략

① **기업주도형**
  ㉠ 기업이 주도적으로 데이터 구축 및 관리
  ㉡ 유연성이 높고, 공급업체의 통제 용이
  ㉢ 고도기술 요구품의 전문적 서비스 제공 가능
  ㉣ 제품구매의 유연성 떨어짐(사전등록업체만 거래)
  ㉤ 자체관리비용 부담(사이트 및 카탈로그 관리비)

② **시장포털형**
  ㉠ 업종 공통의 온라인 전자시장 활용
  ㉡ 포털업체 또는 중개업체가 데이터 구축 및 관리
  ㉢ 구매안내, 지급보증 등의 부가서비스 제공 가능

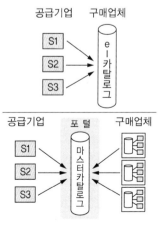

[기업주도형(위), 시장포털형(아래)]

개념 Plus

대량 고객화(Mass Customization)
다수의 고객을 대상으로 각각에게 개별화된 제품이나 서비스를 제공하는 전략이다. 즉, 다품종 대량생산을 추구하는 e-SCM전략으로서 지금까지는 소량개별화 또는 대량무차별 두 가지 형태만 존재했지만 고객 개개인의 특성을 좀 더 정확히 알게 되면 기호에 맞춘 개별화가 가능하게 된다. 이렇게 대량 고객화 혹은 개별화가 진행되면 기존의 공급자가 자신의 니즈를 정확히 파악하고 그에 따라 적절히 대응해 주기 때문에 대상이 된 고객은 공급자를 쉽게 바꾸지 못하게 된다. 이러한 대량 고객화의 개념은 고객허용 리드타임보다 공급 리드타임을 단축하는 것이 가능할 경우에 달성 가능하다

개념 Plus

리드타임(Lead Time)으로 구분되는 e-SCM 전략
• 고객허용리드타임 > 공급리드타임 ⇒ 대량 고객화·개별화(Mass Customization) 전략
• 고객허용리드타임 < 공급리드타임 ⇒ 공급자 주도 재고관리(VMI), 연속 재고보충 계획(CRP) 전략
• 고객허용리드타임 = 공급리드타임 ⇒ 동시(Concurrent) 계획 전략

(6) e-SCM의 성공요인

① **e-비지니스 전략과의 연계** : 기업은 회사전략을 분석과 동시에 수요, 생산규모, 전략적 스케줄링, 성과측정 방안 등 공급사슬의 기본적 요소를 어떻게 운영할 것인가를 결정해야 한다.

② **조직문화 변화** : 구성원들은 전체적인 관점에서 업무를 수행하고 상황 변화에 적절히 대응할 수 있는 지식을 쌓아야 한다.

③ **경쟁우위 확보 원천으로서 IT 정보기술 활용** : IT 정보기술을 활용하여 공급사슬을 통해 타기업과 차별화된 서비스를 제공해야 한다.

(7) e-SCM 혁신방안(물류프로세스 개선)

① 제품설계의 모듈화와 제품차별화 지연(Postponement)전략
② 프로세스의 병렬화와 로지스틱스 채널 분리
③ 직접 주문 배송시스템의 구축과 배송의 Cross-Docking
④ 통합배송(Consolidation) 및 신속한 반응체제 구축(QR)
⑤ JIT(Just-in-time)구매

전통적 SCM과 e-SCM의 차이점

구 분	전통적 SCM	e-SCM
공급체인 프로세스	예측가능, 유통채널의 견고성	유동적, 유통채널의 붕괴
경쟁력	고정자산, 비용	스피드와 지식, 서비스
변화주기	연/월	일/주
공급체인 거래	1 : 1 접점거래	고정가격 책정
N : N 전자상거래, 동적가격 책정	기획(Planning)	관리자와 분석가, 기획 후 실행
모든 참여자	기획과 실행의 동시성	업무환경

〈출처〉 전자상거래와 e-비즈니스, 황하진, 고일상, 박경혜 공저

02 e-SCM 구축을 위한 기반기술

(1) e-SCM 구축을 위한 핵심기술

① **첨단기술을 이용한 물류 기법** : 전자상거래환경(EC), 전자문서교환(EDI), 전자메일/전자게시판(E-mail/BBS), 전자카탈로그(Electronic Catalog), 서류 없는 거래, 사전 선적 통보, 전자자금결제(Electronic Payment)

② **공급자 주도형 재고관리** : QR(Quick Response), AR(Automatic Replenishment, Profile Replenishment), CR(Continuous Replenishment)과 VIM, JIT(Just In Time)

③ **중앙집중관리(일괄구매/일괄배송)** : 공동물류센터, 중앙물류센터, 크로스도킹

④ **상품코드의 표준화(Standard Numbering)** : EAN 상품코드, 바코드 시스템, EPOS

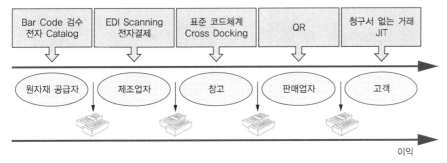

[e-SCM 구축을 위한 기반기술]

(2) e-SCM 구축을 위한 응용기술 [기출] 19·18·15·14·13·12·11·10

① 자동발주시스템(CAO ; Computer Assisted Ordering)★★

　⊙ CAO는 유통소매점포의 기반시스템으로서 상품 판매대의 재고가 소매점포에서 설정한 기준치 이하로 떨어지면 자동으로 보충주문을 하는 것이다.

　⊙ 소매점포의 컴퓨터시스템은 판매대에 진열된 모든 품목에 대하여 입고량과 판매량을 대조해봄으로써 각 상품에 대한 재고를 추적·관리한다.

　⊙ CAO를 성공적으로 이끌기 위해서는 **정확한 POS 데이터, 상품에 대한 판매 예측치, 점포수준의 정확한 재고파악**이 필수적이다. ★

　⊙ 점포·상품별 판매 예측치는 적절한 재고 목표치를 설정하는 데에 사용되며, 시계열적인 판매 데이터, 계획된 판촉행사, 계절조정 등을 기초로 하여 작성된다.

② 지속적인 상품보충(CRP ; Continuous Replenishment Programs)★★

　⊙ CRP는 유통공급망 내에 있는 업체들 간에 상호협력적인 관행으로서 기존의 전통적 관행인 경제적인 주문량에 근거하여 유통업체에서 공급업체로 주문하던 방식(Push 방식)과 달리 **실제 판매된 판매데이터와 예측된 수요를 근거로 하여 상품을 보충시키는 방식(Pull 방식)**이다. ★

　⊙ CRP는 적기에 필요로 하는 유통소매점의 재고를 보충하기 때문에 운영비용과 재고수준을 줄인다.

　⊙ CRP에서는 **POS데이터와 이를 근거로 한 판매예측데이터를 기초로 하여 창고의 재고 보충주문과 선적을 향상시킨다.** ★

　⊙ 가장 보편적인 형태로 운영되는 공급자주도형 재고관리(VMI ; Vendor Managed Inventory)는 물류업체에서 재고데이터와 점포별 주문데이터를 매일 공급업체에 전송하면, 공급업체는 물류업체가 소매점포의 상품 수요를 충족시킬 수 있도록 주문업무를 책임져야 한다. ★

　⊙ CRP는 전반적인 유통공급 과정에서의 상품주문 기능을 향상시킨다.

　⊙ CRP는 또한 유통공급 과정에서의 상품의 흐름을 향상시킬 수 있다.

　⊙ 유통업체가 원가를 절감하고 고객위주의 서비스를 제공하기 위해서는 무엇보다도 재고관리가 중요하다. 이러한 재고관리와 관련하여 효율적인 유통시스템의 정책으로 나타난 것이 바로 CRP이다.

개념 Plus

코피티션(coopetition)
협력(cooperation)과 경쟁(competition)의 합성어로 동종업계 간의 상호 협력과 경쟁을 통해 이익을 추구하는 것을 뜻한다. 1996년 미국 예일대 베리 네일버프 교수와 하버드대 애덤 브란덴버거 교수가 '코피티션'이라는 제목의 책을 공동 저술하면서 처음 등장하였다. 코피티션은 한마디로 말해 '윈윈' 전략에 기초한 것으로 반드시 패자가 있어야 승자가 있다는 도식적 논리를 부정하고 비즈니스 게임에서 참가자 모두가 승자가 될 수 있다는 논리이다.

개념 Plus

CAO의 효율적 운영조건
• 수요관리의 통합화
• 정확한 스캐닝
• 수작업의 제한
• 물류활동과의 일체화
• 일별/주별 변화에 대한 계획

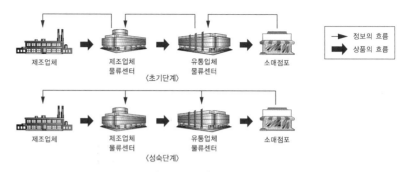

		정보의 흐름
		상품의 흐름

[지속적인 상품보충]

③ CPFR(Collaborative Planning Forecasting and Replenishment)★★

　ⓐ 제조업체와 유통업체 사이에 판매 및 재고 데이터 공유를 통해 수요예측과 주문관리에 이용하고, 효과적인 상품 출원과 재고관리를 지원하는 공급망관리를 위한 모델로 공급사슬흐름을 개선하기 위해서 모든 참여자들이 그들이 원할 때 적정한 원자재 및 완제품을 가질 수 있도록 계획 수립 및 수요 예측을 하고자 하는 기법이다. ★

　ⓑ 인터넷상에서 실시간 공유되는 판매관련 정보와 소비자 및 시장관련 정보는 제조업체의 생산관리스케줄에 신속히 반영되어 공급사슬상 변화의 적응력이 상당히 높아진다.

　ⓒ 다시 말해서, CPFR은 EDI 기술을 토대로 소매업체와 공급업체를 연결해 생산계획과 수요예측, 재고관리 등 협업을 가능케 해주는 시스템으로 유통총공급망(SCM)에서의 정보의 흐름을 가속화하여 재고를 감소시키는 경영전략이자 기술이다. ★

　ⓓ 협업적 계획수립을 위해서는 모든 거래 파트너들이 주문 정보에 대한 실시간 접근이 가능해야 한다. ★

　ⓔ CPFR에서 모든 참여자들은 공통된 하나의 스케줄에 따라서 운영활동을 수행한다.

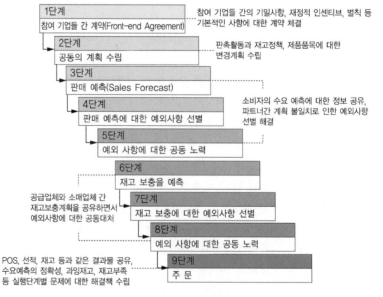

[CPFR의 추진단계]

④ 크로스도킹(Cross Docking)★★

　㉠ 크로스도킹의 개념

　　• 크로스도킹은 창고나 물류센터로 입고되는 상품을 보관하지 않고 곧바로 소매 점포에 배송하는 물류시스템이다. 보관 및 피킹(Picking, 필요한 상품을 꺼내는 것) 작업 등을 생략하여 물류비용을 절감할 수 있다.★

　　• 크로스도킹의 실현을 위해서는 정확한 주문정보 사전입수, 출고될 수량과 상태로 출고시간 전 입고, 입고 후 출고차량별 분류 및 재포장 가능성이 이루어져야 한다.★

　㉡ 크로스도킹의 유형

　　• 파렛트 크로스도킹(Pallet Cross Docking) : 한 종류의 상품이 적재된 파렛트별로 입고되고 소매점포로 직접 배송되는 형태로 가장 단순한 형태의 크로스도킹이며, 양이 아주 많은 상품에 적합하다.

　　• 케이스 크로스도킹(Case Cross Docking) : 한 종류의 상품이 적재된 파렛트 단위로 소매업체의 물류센터로 입고되고, 입고된 상품은 각각의 소매점포별로 주문수량에 따라 피킹되며, 파렛트에 남은 상품은 다음 납품을 위해 잠시 보관하게 된다.

　　• 사전 분류된 파렛트 크로스도킹 : 사전에 제조업체가 상품을 피킹 및 분류해 납품할 각 점포별로 파렛트에 적재·배송하는 형태로 제조업체가 각 점포별 주문사항에 대한 정보를 사전에 알고 있어야 하므로 제조업체에 추가비용이 발생한다.

　㉢ 크로스도킹의 효과 : 물류센터의 물리적 공간 감소, 물류센터가 상품 유통을 위한 경유지로 사용됨, 공급사슬 전체 내의 저장공간 감소, 물류센터의 회전율 증가, 상품공급의 용이성 증대, 재고수준의 감소 등★

⑤ 카테고리관리(Category Management)

　㉠ 카테고리관리의 개념★★

　　• 소비자에게 구매의 편리성을 제공하기 위해 상품 영역별로 매장을 관리하는 것으로 CRM(고객관계관리)의 심장이라고 할 수 있는 중심기능이며, 수급의 매칭을 꾀하는 중요한 역할을 담당하고 있다.

　　• 구체적으로 매장의 상품관리대상을 물적인 특성에 기초한 단품에서 소비자의 요구에 기초한 상품카테고리로 확대하고, 상품카테고리를 전략적 사업단위로 삼아 매장의 생산성을 체크하여 효율적으로 매출이나 수익성 향상을 추구하는 관리기법이라 할 수 있다. 카테고리관리를 수행하고자 하는 기업은 카테고리관리자에게 상품구색, 재고, 상품진열공간 할당, 판촉, 구매 등에 대한 권한을 부여하게 된다.

　　• 카테고리관리는 개별상품이나 브랜드가 아닌 전체 상품군에 대한 이익과 판매를 강조함으로써 유통업체와 공급업체가 장기적인 관점에서 마케팅활동 및 상품기획활동을 공동으로 수행할 수 있게 한다.

　㉡ 카테고리관리의 활용영역

　　• 정보수집 : 주로 POS 스캐닝 데이터와 활동원가회계시스템(ABC ; Activity Based Costing)으로부터 얻을 수 있는 데이터를 수집

　　• 의사결정지원 : 가격결정, 판촉, 물류 등과 같은 카테고리 관리를 위해 수집된 소비자, 시장, 프로세스 정보에 대한 분석

　　• 전자문서처리시스템 통합 : 조달, 주문, 물류기능의 전자문서처리시스템 통합

개념 Plus

크로스도킹의 작업과정

• 물류센터에 하역작업을 할 수 있는 도크(Dock)가 있고 도크의 한쪽은 생산자로부터 제품을 싣고 오는 트럭들이 하역하는 곳이며, 반대쪽은 고객에게 갈 트럭들이 대기한다.

• 여러 생산자로부터의 입고 트럭들이 물류센터에 도착하면 대기하고 있던 고객에게 갈 출고 트럭들로 제품을 옮겨 싣고 바로 고객에게 배송이 이루어진다.

개념 Plus

활동원가회계(ABC)

• ABC는 기존의 전통적인 원가계산 방식의 문제점을 개선하기 위해 도입된 새로운 원가계산방법이다. 즉, 제조간접비를 소비하는 활동이라는 개념을 설정하고, 각 제품별로 활동 소비량에 따라 제조간접비를 배부함으로써, 기존의 전통적인 원가계산 방식에 비해 좀 더 합리적인 원가배부를 목적으로 한다.

• ABC는 SCM 응용기술들이 실제 적용될 경우 그 실행 정도를 측정하는 중요한 수단 중의 하나이다.

• ABC는 SCM 응용기술을 적용하는 기업에 대하여 어느 부문에서 어떻게 이익을 발생시키고 있는지에 대한 명확한 분석을 할 수 있도록 해준다.

03 e-SCM 구축을 위한 정보시스템

(1) 물류정보시스템 기출 10·09·08

① 물류정보시스템의 개념
  ⊙ 물류정보시스템은 생산에서 소비에 이르는 각 단계에 필요 불가결한 물류활동을 구성하고 있는 운송, 보관, 하역, 포장 등의 전체물류 기능을 유기적으로 결합하여 전체적인 물류관리를 효율적으로 수행할 수 있도록 해주는 정보시스템이다.
  ⓛ 물류정보시스템은 컴퓨터와 정보기술을 활용한 종합적인 물류활동을 원활하게 결합하여 기업의 물류관리 효율성을 증대하기 위한 정보제공, 효과적 주문처리, 재고관리, 성과측정, 회계관리 등의 시스템과 유기적으로 연동되는 시스템을 말한다.
  ⓒ 각 하위 시스템이 각종 지원(컴퓨터설비, 데이터베이스, 정보네트워크, 분석도구 등)을 이용할 수 있도록 설계되어야 한다.
  ⓔ 시스템의 목표설정 → 적용범위 설정 → 구축조직 구성 → 업무현상 분석 → 시스템 구축 및 평가의 순으로 구축된다.

② 물류정보시스템화의 목적
  ⊙ 고객서비스의 향상 : 주문받은 상품을 신속하고 정확하게 고객에게 전달함으로써 고객이 만족할 수 있도록 한다.
  ⓛ 물류비의 절감 : 물류의 제반 활동에 수반하는 비능률적인 요인들을 배제하고 개선함으로써 효율적인 물류시스템의 운용을 통하여 전체적인 물류비를 절감한다.

③ 물류정보시스템의 특징
  ⊙ 송화주와 수화주가 격지에서 상호정보 이동을 하는 시스템이다.
  ⓛ 다수 기업 간의 시스템이다(각종 이질적인 물류 관련 업체의 정보이동으로서 다른 종류의 네트워크와의 접속과 VAN 서비스의 요구).
  ⓒ 대량의 정보처리가 필요한 시스템이다(수주, 피킹, 분류 및 수·배송 등 개별화물의 연관 정보처리를 정보의 대량화와 정보의 계절적 변동화).
  ⓔ 현장 밀착형 시스템이다(일선현장 담당자의 현장 환경에 적합한 기기조작).
  ⓜ 서비스 수준형 시스템이다(최소비용으로 서비스 극대화 조치).
  ⓗ 지능형 시스템이다(물류정보와 연결되는 물류기기의 지능화 진전).
  ⓢ 사전처리형 시스템이다(전 단계에서 필요정보를 사전처리).
  ⓞ 시간별·계절별 정보처리량의 변동이 크다.

④ 물류정보시스템의 구분
  ⊙ 수주처리 : 거래활동의 출발점으로 물류활동의 기초가 된다.
  ⓛ 창고관리 : 창고의 입고, 출고, 재고관리 등 창고 관련 정보를 관리하는 시스템이다.
  ⓒ 수·배송관리 : 수·배송관리시스템은 주문 상황에 대하여 적기에 배송체계를 확립하고 최적의 운송계획을 수립함으로써 운송비를 절감하는 시스템이다.
  ⓔ 도매정보 : 도매정보시스템은 대도시 주변, 공단 주변의 수·배송센터, 물류단지의 정보시스템이다.
  ⓜ 물류관리정보시스템 : 수주에서 시작하여 배송에 이르기까지의 모든 과정을 계획·실시·통제(평가)하는 시스템이다.

개념 Plus

기타 물류정보시스템 관련 기술
- DPS(Data Processing System) : 점포로부터 발주자료를 센터의 상품랙(Rack)에 부착한 표시기에 부킹수량을 디지털로 표시하게 하는 시스템으로 작업생산성 향상을 도모한다.
- CIM(Computer Integrated Manufacturing) : 컴퓨터에 의한 통합생산시스템으로 경영의 효율화를 도모하는 시스템이다.
- EOS(Electronic Ordering System) : 매장의 재고관리를 지원하는 시스템으로 재고량이 재주문점에 도달하게 되면 자동발주가 이루어지는 시스템이다.

⑤ 물류정보활동의 운영결정
  ㉠ 전략적 결정 : 제품·서비스, 공정, 시설계획, 시설입지 등에 관한 결정을 의미하며, 기업의 경영전략 및 장기적 목표달성과 관련이 있기 때문에 최고경영층에 의해 수행된다.
  ㉡ 운영적 결정 : 수요를 만족시킬 생산계획, 재고관리 등에 관한 중기적 결정으로, 고객으로부터 주문받아 적정가격으로 적시에 고객을 만족시키는 책임을 수반하며, 중간관리층에 의해 수행된다.
  ㉢ 통제적 결정 : 작업자들의 매일의 일과 제품·서비스의 품질, 생산비 및 간접비, 장비의 보수와 관련되며, 하위관리층이 담당한다.

⑥ 물류정보시스템의 확보 관점

비교기준	전통적 관점	현대적 관점
영향범위	특정 부서	조직 전체
성과기준	정보자원의 효율적 활용 정도	정보처리요구의 충족 정도
개발관점	개발자 관점	사용자 관점
확보할 권리	소유권	사용권

개념 Plus

물류정보의 특성
• 정보의 원천, 처리부문, 대상이 다양하다.
• 타부문과의 연관성이 높다.
• 평상시와 폭주시의 정보량에 차이가 크다.
• 정보의 흐름과 화물의 흐름에 동시성이 요구된다.

(2) 공급망 정보시스템

① 공급망 정보의 역할
  ㉠ 공급망 개선을 위한 정보기술의 역할 : 가용한 정보를 제공, 의사결정에 필요한 유용한 정보를 제공
  ㉡ 공급망 의사결정 지원을 위한 정보의 역할 : 정확성(Accuracy), 적시성(Timeliness) 접근성(Accessibility), 유용성(Usefulness)

② 공급망 정보시스템의 역할
  ㉠ 공급망 프로세스 활동, 기업 내 및 공급망 파트너 간 정보 공유, 나아가 관리를 위한 의사결정을 지원한다.
  ㉡ 공급망 프로세스에 관련된 모든 활동들을 하나의 통합된 프로세스로 연결한다.

③ 공급망 정보시스템의 수준과 역할
  ㉠ 거래지원시스템(Transaction System) : 주문관리, 주문선택, 가격결정 및 청구, 재고할당, 출하·배송, 고객조회
  ㉡ 관리통제(Management Control) : 재무성과 측정(비용, 자산관리), 고객서비스의 측정, 생산성 측정, 품질 측정
  ㉢ 의사결정분석(Decision Analysis) : 차량경로설정 및 스케줄링, 재고수준 및 관리, 네트워크·시설 입지 및 통합, 수직적 통합 대 제3자 물류(아웃소싱)
  ㉣ 전략계획(Strategic Planning) : 전략적 제휴, 역량 및 기회의 개발과 개선, 집중화 및 수익성에 근거한 고객서비스 분석

[공급망 정보시스템의 수준]

개념 Plus

ERP 도입시 유의해야 할 사항★

- 리엔지니어링을 선행 실시하고 현재의 업무방식을 그대로 고수해서는 안 된다.
- ERP 패키지 도입시 구축 전에 데이터의 표준화 및 업무의 표준화가 정립되어야 한다.
- ERP 패키지 도입에 있어 IT 중심으로 패키지를 도입하는 데 중점을 두어 추진되는 프로젝트로 진행되어서는 안 된다.
- 업무상의 효과보다 소프트웨어의 기능성 위주로 적용 대상을 판단해서는 안 된다.
- 최고 경영층을 프로젝트에서 배제시켜서는 안 된다.

개념 Plus

성공적인 ERP 시스템 도입을 위해 고려해야 할 요소★

- 최고경영층의 확고한 의지 및 지원
- 변화관리 실시를 통한 전 사원의 참여 유도
- 단위 부서가 아닌 전사적 차원의 문제 접근
- 경영전략에 연계된 명확한 시스템 구축 목표 수립

(3) 공급망 정보시스템의 구성 기출 21 · 19 · 17 · 15 · 12 · 10 · 08

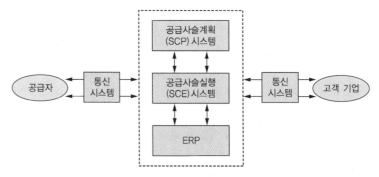

[공급망 정보시스템의 구성]

① **전사적 자원관리(ERP ; Enterprise Resource Planning,) 시스템★★**

　㉠ 생산, 판매, 구매, 인사, 재무, 회계, 물류, 영업 등 기업 내의 모든 경영부문이 균형을 이루면서 제 기능을 발휘할 수 있도록 지원하고 기업업무 전반을 통합 관리하는 경영정보시스템이다.★

　㉡ ERP는 모든 정보가 실시간으로 데이터베이스화되고 각 부서가 이를 공유한다.

　㉢ ERP는 기업의 모든 활동에 소요되는 인적, 물적 자원을 효율적으로 관리한다.

　㉣ 공급사슬계획(SCP) 및 공급사슬실행(SCE)시스템을 위해 필요한 기준정보를 제공한다.★

　㉤ ERP는 기업 내의 부분최적보다 전체최적을 더 우선시한다.

　㉥ ERP는 정보기술의 발전에 기초하여 구축된 시스템으로서 개방형 시스템(Open System), 클라이언트/서버구조(Client/Server Architecture), 데이터베이스(Database), 네트워크(Network), 개발도구 (Development Tools) 등을 주요 구성요소로 하고 있다.

　㉦ ERP시스템의 발전순서는 MRP → MRPⅡ → ERP → Extended ERP과 같다.★

MRP(Material Requirement Planning) 기출 10

제품 생산에 있어 부품 투입 시점과 투입량을 생산계획에 맞추어 컴퓨터로 관리하는 생산관리 시스템을 말한다.★

- MRP-I(Material Requirement Planning, 자재소요량계획) : 기업의 원활한 자재구매 및 자재소요량을 합리적으로 관리하기 위한 재고관리 영역에 국한된 전산화된 관리시스템이다.
- MRP-II(Manufacturing Resources Planning, 생산자원계획) : 자재뿐만 아니라 생산에 필요한 모든 자원을 효율적으로 관리하기 위한 것으로 MRP가 확대된 개념이다. MRP-II는 소품종 대량생산에서 다품종 소량생산으로의 환경변화에 따른 고객지향업무의 부각에 따라 생겨난 것으로, 기존 MRP에 자동화된 공정데이터의 수집, 수주관리, 재무관리, 판매관리의 기능을 추가하여 구체적으로 실현 가능한 생산계획을 제시하는 제조활동 시스템이다.

---

② **공급사슬계획(SCP) 시스템**

　㉠ SCP 시스템은 공급사슬 관점에서 수요와 공급의 균형을 맞추기 위한 계획을 수립하는 역할을 한다.

ⓛ ERP로부터 계획을 위한 기준 정보를 제공받아 통합 계획을 수립하고, 이를 ERP 시스템으로 전달한다.

ⓒ 수요계획, 공급계획, 주생산계획, 공장계획 등으로 구분할 수 있다.

③ 공급사슬실행(SCE) 시스템

ⓖ ERP는 기능별 SCE 시스템과 연동하여 공급사슬에 대한 관리를 수행한다.

ⓛ 주문관리시스템(AOM), 창고관리시스템(WMS), 운송관리시스템(TMS), 재고관리시스템(EOS) 등으로 구성된다.

④ 통신 시스템(Communication System)

ⓖ 기업 내부 구성원과 공급사슬 파트너 간 정보 흐름을 촉진하는 기능을 한다.

ⓛ 인식(ID)기술인 바코드, RFID, 정보의 전송 및 교환을 위한 EDI(전자문서교환), 인터넷 등이 포함된다.

(4) 공급망관리 솔루션

① **공급망 네트워크설계** : 전체 공급망에 걸친(원자재 구매에서 최종소비자 인도까지) 운영 대안의 상충관계(Trade-off)분석을 통해 최적의 공급망네트워크 전략개발을 지원한다.

② **공급망 성과관리** : 공급망 성과지표의 가시성 확보와 문제, 병목발생시 대응할 수 있는 시스템이 가능하도록 하는 조기경보시스템 구축을 통해 공급망 운영성과 목표달성을 지원한다.

③ **판매운영계획** : 고객욕구를 충족시킴과 동시에 자원, 도구, 생산능력의 제약요인을 고려하여 자원관리 계획의 최적화와 통합을 지원한다.

④ **구매관리** : 공급자 및 파트너들의 ERP와 연동한 웹기반 전자조달시스템 적용을 통해 글로벌 소싱 기반을 구축하고, 제휴관계를 지원하며 조달프로세스를 신속화한다.

⑤ **생산계획** : 생산제약요인을 고려하여 공장운영의 상세계획을 지원하고 공급망과 제약요인들이 동기화된 관리를 지원한다.

⑥ **생산일정계획** : 생산계획을 충족시키는 상세일정 계획수립을 지원한다.

⑦ **제조실행** : 다양한 작업현장의 생산활동에 대한 모니터링과 효율적인 통제를 지원한다.

⑧ **운송관리시스템(TMS)** : 배송주문의 지리적 분포, 교통정보, 가용차량대수에 대한 정보를 기반으로 최적차량대수와 배송경로를 도출하고 배송리드타임과 운송비용을 계산한다.

⑨ **창고관리시스템(WMS)** : 물류센터의 운영 효율성과 생산성을 개선하기 위해 입고, 이송, 저장, 피킹, 출하 등을 포함한 창고프로세스를 지원한다.

⑩ **수요계획 및 예측** : 시장동향, 판촉계획, 제품 라이프사이클 등 다양한 변수를 고려하여 정확한 수요 예측을 지원하며, 관련 자료 수집과 활용을 위한 관련 담당자, 부서, 주체 간 효율적인 커뮤케이션을 지원한다.

⑪ **수요충족** : 계획재고(보유 및 운송 중 재고, 생산, 생산계획)에 근거하여 사전 배송일정 약속 · 통보, 조기경보 및 효과적인 주문할당 등 효율적인 주문충족 프로세스를 지원한다.

⑫ **공급망 이벤트관리(SCEM)** : 공급망상에 예외 사항이 발생했을 경우 이를 인지하고 원인을 파악해 그에 따른 적절한 해결방안을 제시하고, 수립한 계획의 변경사항에 대해 각각의 활동주체들이 적절한 대응을 하도록 지원한다.

개념 Plus

APS(Advanced Planning and Scheduling)

• 새로운 관리 이론과 접근 방식의 개발과 함께 컴퓨터 기술과 논리적인 수학 모형 및 알고리즘이 발전함에 따라 기업은 새로운 경영 전략을 달성하기 위해 글로벌 생산계획을 효율적으로 수립하는 방안을 마련했는데 이것이 바로 APS이다.

• APS는 생산, 마케팅, 구매 부서간의 전자적 정보교환으로 수요 및 공급의 변화에 대한 대응과 생산계획 및 재고를 체계적으로 관리할 수 있는 시스템을 의미한다.

• APS는 MRP나 ERP와 같이 생산관리 관련 프로그램으로 생산계획을 수행하는 프로그램을 통칭하나, 자재부족과 생산능력을 동시에 고려한다는 점에서 더 효율적인 시스템이라 할 수 있다.

BSC의 특징
• 장기적 관점의 고객관계에 대한 평가를 포함한다.
• 기업의 학습과 성장 역량의 평가를 포함한다.
• 정성적 성과는 물론 정량적 성과도 포함한다.
• 단기적 성과와 함께 장기적 성과를 포함한다.
• 공급사슬 프로세스의 성과 평가에 활용한다.

04 e-SCM의 성과측정을 위한 도구

(1) 균형성과표(BSC ; Balanced Score Card) 기출 19 · 13 · 12 · 11 · 09

① 균형성과표의 개념
 ㉠ 균형성과표는 SCM 추진을 진행 중이거나 준비 중인 기업(제조, 도매, 물류, 유통)이 자사 및 거래파트너의 SCM 추진의 준비정도, 협업수준 및 그에 대한 성과를 객관적으로 측정할 수 있도록 하는 계량적 평가도구이다.
 ㉡ 균형성과표는 자사의 SCM 추진 역량을 평가하는 것은 물론, 거래 당사자 간의 협업 관점에서 준비도를 평가하며, 특정 취약분야에 대한 우선 순위 설정과 필요한 개선안을 파악하는 데 지침서로 활용된다.
 ㉢ 향후 개선을 위한 전략 방향 수립 및 실행 프로세스를 설정하는 데 도움이 된다.

② 균형성과표의 구성
 ㉠ 전체내용은 유통, 도매, 물류, 제조 등 공급사슬에 관련된 기업 간의 협업의 관점으로 구성된다.
 ㉡ 평가대상을 유통(Retailer), 제조(Supplier), 공동(Joint)의 3개 부문으로 구성하여 자사의 역량을 평가하는 것은 물론, 거래 파트너와의 준비도 및 협력 관계를 평가하도록 구성한다.
 ㉢ 업종, 유통경로, 취급상품에 따라 분류하여 평가하도록 설정한다.

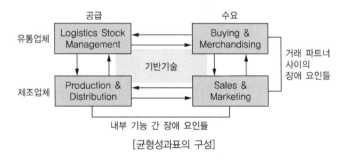

[균형성과표의 구성]

③ 균형성과표의 평가 영역(4개의 영역)
 ㉠ 수요관리 : 수요전략 및 역량
 ㉡ 공급관리 : 공급관리 및 역량
 ㉢ 기반기술 : 정보 및 통신의 표준화
 ㉣ 통합역량 : 합작, e-Business, B2B

④ 균형성과표의 평가 프로세스
 ㉠ 분석 과정을 거쳐 향후 SCM 추진의 목표 및 방향을 설정하기 위한 기초 자료로 스코어카드가 활용된다.
 ㉡ 스코어카드 자체는 객관적 평가수단이기 때문에 무엇보다도 사내 및 거래파트너의 업무 환경 및 프로세스를 객관적으로 평가할 수 있는 전문가 집단이 평가하는 것이 바람직하다.
 ㉢ 일반적으로 전략, 마케팅, 물류, 정보 기술 등의 담당자와 고급 관리자들이 참여하는 다기능팀(Multi-Functional Team)이 구성되어 평가를 수행한다.

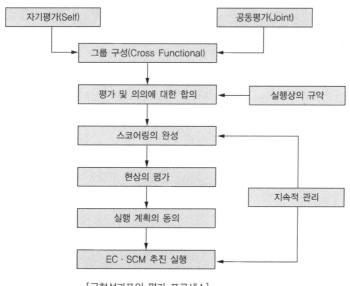

[균형성과표의 평가 프로세스]

BSC(균형성과표)에 포함되는 네 가지 관점 기출 18·16·15
• 재무적 관점 : 주주의 입장에서 성장, 수익성 및 위험과 관련된 전략을 수립하는 것
  예 대표적 측정지표 : 투자수익률, 경제적 부가가치(EVA), 영업이익률, 매출액증가율 등
• 고객관점 : 고객의 입장에서 고객가치창출과 차별화를 위한 전략을 수립하는 것
  예 대표적 측정지표 : 시장점유율, 고객수익성, 고객유지율, 재구매 비율, 고객만족도 등
• 내부 프로세스 관점 : 고객과 주주를 만족시키는 다양한 내부 프로세스 개발을 위한 전략적 우선
  순위를 결정하는 것
  예 대표적 측정지표 : 고객응대시간, 평균 리드타임, 신제품 매출비중 등
• 학습과 성장 관점 : 조직변화, 혁신 및 성장을 지원하는 분위기를 창출하기 위한 전략적 우선순위
  를 결정하는 것(정보시스템 역량, 직원 및 조직 역량)
  예 대표적 측정지표 : 종업원 만족도(EOS), 종업원 유지도(이직률), 종업원 생산성 등

(2) 공급사슬 운영참조 모델(SCOR) 기출 20·18·13·12·10

① SCOR(Supply Chain Operations Reference)의 의의
  ㉠ SCOR 모델은 공급사슬(Supply Chain)의 각종 용어들과 공급사슬 구성 요소들이
    연계되는 과정을 표준화하고, 공급사슬 성과를 측정하여 최선의 실행(Best
    Practice)을 표준화한 것이다.
  ㉡ SCOR 모델은 조직 내외부의 관점에서 성과를 측정할 수 있으며, 공급사슬관리
    (SCM)의 성과측정을 위해 개발된 모형이다. ★
  ㉢ SCOR 모델은 전체적인 공급사슬 성과측정을 위하여 외부적 관점(고객측면)에서는
    공급사슬의 신뢰성, 유연성, 대응성을, 내부적 관점(기업측면)에서는 비용과 자산
    을 성과측정분야로 제시하고 있다. ★

② SCOR 모델은 비즈니스 프로세스의 관점에서 해당 기업의 공급업체로부터 고객에 이르기까지 계획, 공급, 생산, 인도, 회수가 이루어지는 공급망을 통합적으로 분석한다는 데 그 기초를 두고 있다.

② SCOR 모델 프로세스 : SCOR 모델은 계획(Plan), 조달(Source), 제조(Make), 인도(Deliver), 반환(Return)의 5가지 상위 레벨의 관리 프로세스로 구성된다. ★★

ㄱ 계획(Plan) : 비즈니스 목표 달성을 위한 수요와 공급의 균형을 맞추는 프로세스

ㄴ 조달(Source) : 재화 및 용역을 조달하는 프로세스

ㄷ 제조(Make) : 조달된 재화 및 용역을 완성 단계로 변환하는 프로세스

ㄹ 인도(Deliver) : 완성된 재화나 용역을 제공하는 프로세스

ㅁ 반환(Return) : 제품 반송과 관련된 프로세스

③ SCOR 모델의 특성

ㄱ 데이터 흐름이 아닌 업무흐름을 표현하는 프로세스 지향적 모델이다.

ㄴ 프로세스 참조(Reference) 모델이므로 다양한 도구를 활용하여 구현할 수 있다.

ㄷ 프로세스 정의뿐 아니라 성과 항목, 측정 기준(지표), 최선의 실행(Best Practice), IT 지원 기능을 포함한다.

④ SCOR 모델의 활용 이점

ㄱ 기업이 공급사슬을 구축하는 데 참고할 모형을 제공한다.

ㄴ 용어와 비즈니스가 표준화되므로 컨설턴트, 시스템 통합(SI ; System Integration) 업체, 사용자 간의 의사소통이 용이해진다.

ㄷ SCOR을 이용한 자사의 철저한 분석을 통해 프로세스 과부족이나 과잉 처리 등이 표면화되어 대응책 마련이 용이해진다.

ㄹ 한 기업의 경계를 뛰어넘어 표준 비즈니스 프로세스마다 각기 지향해야 할 자세나 개선안을 논의할 수 있다.

ㅁ 비즈니스 프로세스에 대한 체계적인 교육이 가능해진다.

ㅂ 최선의 실행(Best Practice) 선택이나 필요한 소프트웨어 요구사항을 정의할 수 있다.

(3) 공급사슬 운영참조 성과표(SCOR Score Card)

① SCOR Score Card의 개념

SCC(Supply Chain Council)가 개발한 SCOR(Supply Chain Operations Reference)에 포함된 평가 지표로, 현재의 프로세스를 진단하고 개선 목표와의 차이(Gap)를 파악함으로써 개선의 방향을 제시하는 도구이다.

② SCOR Score Card의 평가지표 ★★

관 점	평가지표
내부적 관점 (기업측면)	• 비용 : 총공급사슬관리 비용, 보상 및 반품처리비용, 부가가치생산성 등 • 자산 : 총공급재고 일수, 현금순환 사이클 타임, 순자산회전율 등
외부적 관점 (고객측면)	• 신뢰성 : 인도 성과, 주문 충족 리드타임, 충족률, 완전 주문 충족 등 • 유연성 · 대응성(반응성) : 공급사슬 대응시간, 생산유연성 등

01 데이터 웨어하우스(Data Warehouse)의 특성으로 옳지 않은 것은?

① 데이터 웨어하우스 내의 데이터는 주제지향적으로 구성되어 있다.
② 데이터 웨어하우스 내의 데이터는 시간의 흐름에 따라 시계열적으로 저장된다.
③ 데이터 웨어하우스 내의 데이터는 거래 및 사건의 흐름에 따라 체계적으로 저장된다.
④ 데이터 웨어하우스는 다양한 정보시스템의 데이터의 통합관리를 지원해준다.
⑤ 데이터 웨어하우스는 데이터 마트(Data Mart)의 하위 시스템으로 특정 이용자를 위해 디자인된 특화된 데이터베이스이다.

02 아래 글상자의 ㉠, ㉡, ㉢에 들어갈 용어로 옳은 것은?

㉡와(과) ㉢의 역할은 흔히 유통업에 비유된다. ㉠이(가) 데이터라는 상품을 생산하는 곳이라면, ㉡은(는) 이를 소비자들에게 판매하기 위해 체계적으로 분류해서 저장하고 분배하는 기능을 수행하는 도매상으로, ㉢은(는) 도매상과 소비자 사이에 위치하는 소매상으로 비유할 수 있다. 소비자들은 일상적으로 필요한 대부분의 물품들을 소매상으로부터 쉽고 빠르고 간편하게 구매할 수 있다.

	㉠	㉡	㉢
①	거래처리 시스템	데이터 웨어하우스	빅데이터
②	거래처리 시스템	데이터 웨어하우스	데이터 마트
③	의사결정 시스템	그룹의사결정 시스템	데이터 웨어하우스
④	거래처리 시스템	의사결정 시스템	그룹의사결정시스템
⑤	데이터 마트	데이터 웨어하우스	빅데이터

03 CRM(Customer Relationship Management)에 사용되는 대표적인 요소 기술에 대한 설명이다. 무엇에 대한 설명인가?

데이터 웨어하우스 등 대용량의 데이터베이스로부터 패턴이나 관계, 규칙 등을 발견하여 유용한 지식 및 정보를 찾아내는 과정이나 기술로, 데이터 분석을 통한 판매량 예측, 원인과 결과 분석, 특성에 따른 고객 분류 또는 집단화하는 데 사용된다.

① 데이터 마이닝(Data Mining)
② 데이터 마트(Data Mart)
③ OLAP(Online Analytical Processing)
④ 데이터 큐브(Data Cube)
⑤ 데이터 무결성(Data Integrity)

04 유통정보로부터 의미 있는 고객 성향과 패턴을 알아내기 위해 데이터 마이닝을 활용한다. 주로 사용하는 기법과 그에 대한 설명으로 가장 옳지 않은 것은?

① 분류 – 범주형 자료이거나 이산형 자료일 때 주로 사용하며, 이미 정의된 집단으로 구분하여 분석하는 기법
② 추정 – 연속형이나 수치형으로 그 결과를 규정, 알려지지 않은 변수들의 값을 추측하여 결정하는 기법
③ 예측 – 미래의 행동이나 미래 추정치의 예측에 따라 구분되는 것으로 분류나 추정과 유사 기법
④ 유사통합 – 데이터로부터 규칙을 만들어내는 것으로 어떠한 것들이 함께 발생하는지에 대해 결정하는 기법
⑤ 군집화 – 분류와 같이 이미 정의된 집단이 있어 이를 기준으로 구분하고 이와 유사한 자료를 모으고, 분석하는 결정 기법

05 유통정보 분석을 위해 활용되는 데이터 분석 기법으로 성격이 다른 것은?

① 협업적 필터링(collaborative filtering)
② 딥러닝(deep learning)
③ 의사결정나무(decision tree)
④ 머신러닝(machine learning)
⑤ 군집분석(clustering analysis)

06 데이터 마이닝 기법의 하나인 연관 규칙 분석에 대한 사례이다. 이 사례의 결과가 의미하는 내용으로 가장 옳은 것은?

> 맥주를 구매하는 고객이 동시에 오징어를 구매하는지에 대해 연관 규칙 분석을 실시하여, 맥주와 오징어와의 연관 규칙이 '지지도 = 40%', '신뢰도 = 80%'의 결과를 도출하였다.

① 전체 고객 중에 맥주와 오징어를 동시에 구매한 고객은 40%이며, 맥주 구매 고객의 80%는 오징어를 구매한다는 것이다.
② 전체 고객 중에 맥주와 오징어를 동시에 구매한 고객은 80%이며, 맥주 구매 고객의 40%는 오징어를 구매한다는 것이다.
③ 전체 고객 중에 맥주와 오징어를 동시에 구매한 고객은 80%이며, 오징어 구매 고객의 40%는 맥주를 구매한다는 것이다.
④ 전체 고객 중에 맥주와 오징어를 동시에 구매한 고객은 40%이며, 오징어 구매 고객의 80%는 맥주를 구매한다는 것이다.
⑤ 전체 고객 중에 맥주와 오징어를 동시에 구매한 고객은 80%이며, 맥주 구매 고객의 40%는 오징어를 구매하지 않았다는 것이다.

07 대용량의 데이터베이스로부터 데이터를 분석하는 기법인 데이터 마이닝 과정을 예를 들어 설명한 것으로 가장 옳지 않은 것은?

① 연관성 – 시리얼을 구입한 고객의 70%가 우유를 구입한다.
② 군집 – 배낭을 구입한 고객은 얼마 후 코펠을 구입한다.
③ 분류 – 부도가 나는 고객의 특징은 수입에 비하여 카드 사용 비용이 높다.
④ 상관관계 – 날씨가 더울수록 에어컨의 판매량이 많다.
⑤ 추세 – 새로운 특정상품 판매량의 시계열 경향이 있다.

08 파일처리시스템과 비교하여 데이터베이스시스템의 특징을 설명한 것으로 가장 옳지 않은 것은?

① 특정 응용프로그램을 활용해 개별 데이터를 생성하고 저장하므로 데이터를 독립적으로 관리할 수 있다.
② 조직 내 데이터의 공유를 통해 정보자원의 효율적 활용이 가능하다.
③ 데이터베이스에 접근하기 위해 인증을 거쳐야 하기에 불법적인 접근을 차단하여 보안관리가 용이하다.
④ 프로그램에 대한 데이터 의존성이 감소하게 됨으로써 데이터의 형식이나 필드의 위치가 변화해도 응용프로그램을 새로 작성할 필요가 없다.
⑤ 표준화된 데이터 질의어(SQL)를 이용하여 필요한 데이터에 쉽게 접근하고 정보를 생성할 수 있다.

09 데이터베이스에 저장된 데이터가 갖추어야 할 특성으로 가장 옳지 않은 것은?

① 표준화   ② 논리성
③ 중복성   ④ 안정성
⑤ 일관성

10 데이터베이스 구축과 관련된 용어에 대한 설명으로 가장 옳지 않은 것은?

① RDB - 관계형 데이터를 저장하거나, 수정하고 관리할 수 있게 해 주는 데이터베이스

② NoSQL - Not Only SQL의 약자이며, 비관계형 데이터 저장소로 기존의 전통적인 방식의 관계형 데이터베이스와는 다르게 설계된 데이터베이스

③ RDB - 테이블 스키마가 고정되어 있지 않아 테이블의 확장과 축소가 용이

④ NoSQL - 테이블간 조인(Join)연산을 지원하지 않음

⑤ NoSQL - key-value, Document Key-value, column 기반의 NoSQL이 주로 활용되고 있음

11 데이터를 수집하여 지식으로 활용하는 기술에 대한 설명으로 가장 거리가 먼 것은?

① OLAP는 기술을 이용하여 거래 정보와 이벤트 정보를 수납하고 사전에 정의된 비즈니스 규칙에 따라 정보를 처리하고, 저장하고, 새로운 정보로 갱신한다.

② 데이터 마트는 데이터의 한 부분으로서 특정 사용자가 관심을 갖는 데이터들을 담은 비교적 작은 규모의 데이터 웨어하우스를 지칭한다.

③ 데이터 웨어하우스와 데이터 마트의 구분은 사용자의 기능 및 제공 범위를 기준으로 한다.

④ 데이터마이닝은 원래의 자료 그 자체만으로는 제공되지 않은 정보를 추출하기 위해 자료를 분석하는 과정이다. 업무를 하나의 관점에서 축약하여 경향을 파악하고 더 나은 예측을 위해 활용한다.

⑤ 빅데이터는 기존의 정형화된 데이터뿐만 아니라, 비정형적 데이터까지 포함한 방대한 양의 데이터를 수집하여 다양한 관점에서 신속하게 패턴이나 예측 정보를 제공한다.

12 데이터베이스 관리시스템(DBMS)의 장점으로 가장 옳지 않은 것은?

① 데이터의 중복을 실시간으로 방지해 주고, 운영비가 감소하게 된다.

② 다수의 사용자와 응용 프로그램들이 데이터를 공유하는 것이 가능하도록 지원한다.

③ 데이터 간의 불일치가 발생하지 않도록 하여 데이터의 일관성을 유지할 수 있다.

④ 데이터베이스의 접근 권한이 없는 사용자로부터 데이터베이스의 모든 데이터에 대한 보안을 보장한다.

⑤ 데이터베이스에 저장된 데이터 값과 실제 값이 일치하도록 함으로써 무결성을 유지한다.

13 분산 데이터베이스 시스템에 대한 설명으로 가장 거리가 먼 것은?

① 지리적으로 분산되어 있는 데이터가 실제로 어느 위치에 저장되었는가를 의식할 필요가 없이 필요한 데이터를 검색, 갱신 등 사용할 수 있도록 지원한다. 물리적으로 분산되어 있으나 논리적으로는 집중되어 있는 형태로 구성된다.

② 데이터 지역화를 통해 대규모의 데이터베이스를 사용하는 데 있어 상대적으로 빠른 응답시간과 낮은 비용으로 공유할 수 있다는 장점이 있다.

③ 데이터베이스 구축시 지역적으로 작은 단위로 나누어 물리적으로 분산시켜 구축하기 때문에 데이터베이스 설계가 상대적으로 매우 단순하고 구현기술이 간단하다는 장점이 있다.

④ 데이터를 분산하여 배치하기 때문에 화재, 지진 등 재난재해 발생 시에 전체를 한 번에 잃을 수 있는 위험이 낮다는 장점이 있다.

⑤ 대용량의 데이터를 처리하는 경우에는 여러 사이트에서 병렬로 수행할 수 있어서 데이터 처리 시간을 절약할 수 있다.

14 e-CRM(Customer Relationship Management)에 대한 내용 중 가장 거리가 먼 것은?

① 고객의 커스터마이징(Customizing)이 용이하다.

② 브라우저를 통한 액세스가 가능하다.

③ 고객 및 협력사들과의 보다 향상된 커뮤니케이션이 가능하다.

④ 쌍방향 커뮤니케이션을 통한 고객행동예측이 가능하다.

⑤ PB상품의 이미지를 극대화하기 위해 대형 유통업체에서 활용도가 높다.

15 e-CRM을 기업에서 성공적으로 도입하기 위해 필요한 발전 전략으로 가장 적합하지 않은 것은?

① 다양한 커뮤니케이션 수단을 활용하여 고객 접촉경로의 다양화가 필요하다.

② 소비자의 트렌드를 분석하기보다는 소비자의 유행을 따라가는 서비스를 구사하여야 한다.

③ 고객의 입장에서 꼭 필요한 콘텐츠 구성이 필요하다.

④ 개인의 특성에 맞게 맞춤 서비스로 타사와의 차별화전략이 필요하다.

⑤ 커뮤니티, 오락 등 콘텐츠의 다양화를 통한 활성화전략이 필요하다.

16 아래 글상자의 (   ) 안에 들어갈 용어로 가장 옳은 것은?

> e-CRM은 단 한 명의 고객까지 세분화하여 고객의 개별화된 특성을 파악하고 이들 고객에게 맞춤 서비스를 제공하는 데 목적을 두고 구현한다. 이를 위해 다양한 정보를 수집하고 분석하여 활용하는데, 고객이 인터넷을 서핑하면서 만들어 내는 고객의 (   )는 고객의 성향을 파악할 수 있는 훌륭한 정보가 된다.

① 웹 로그(Web log)

② 웹 서버(Web Server)

③ 웹 사이트(Web Site)

④ 웹 서비스(Web Service)

⑤ 웹 콘텐츠(Web Contents)

17 e-SCM을 위해 도입해야 할 주요 정보기술로 가장 옳지 않은 것은?

① 의사결정을 지원해주기 위한 자료 탐색(data mining) 기술

② 내부 기능부서 간의 업무통합을 위한 전사적 자원관리(ERP) 시스템

③ 기업 내부의 한정된 일반적인 업무 활동에서 발생하는 거래자료를 처리하기 위한 거래처리시스템

④ 수집된 고객 및 거래데이터를 저장하기 위한 데이터 웨어하우스(data warehouse)

⑤ 고객, 공급자 등의 거래 상대방과의 거래 처리 및 의사소통을 위한 인터넷 기반의 전자상거래(e-Commerce) 시스템

18 e-SCM 추구전략 중 고객이 상품을 주문한 후 상품을 받을 수 있기를 기대하는 도착시간인 고객허용리드타임이 실제로 공급업체로부터 유통경로를 거쳐 고객에게 배달되는 총시간인 공급 리드타임보다 짧은 경우에 활용할 수 있는 전략으로 가장 옳은 것은?

① 연속 재고보충 계획 전략

② 대량 개별화 전략

③ 구매자 주도 재고관리 전략

④ 제3자 물류 전략

⑤ 동시 계획 전략

19 유통업체들은 정보시스템 운영을 효율화하기 위해 ERP시스템을 도입하고 있는데 ERP시스템의 발전순서를 나열한 것으로 옳은 것은?

㉠ ERP	㉡ Extended ERP
㉢ MRP	㉣ MRP Ⅱ

① ㉢ – ㉣ – ㉠ – ㉡

② ㉢ – ㉠ – ㉣ – ㉡

③ ㉢ – ㉡ – ㉠ – ㉣

④ ㉠ – ㉣ – ㉢ – ㉡

⑤ ㉠ – ㉡ – ㉢ – ㉣

20 카플란(Kaplan)과 노튼(Norton)이 제시한 균형성과표에 의한 성과측정 요소로 가장 거리가 먼것은?

① 학습과 성장 관점
② 내부 비즈니스 프로세스 관점
③ 전사적 자원관리 관점
④ 재무적 관점
⑤ 고객 관점

22 크로스도킹(Cross Docking)에 대한 설명으로 가장 옳은 것은?

① 케이스(Case) 크로스도킹은 가장 단순한 형태의 크로스도킹으로 한 종류의 상품으로 적재된 파렛트별로 입고되어 소매점포로 직접 배송되는 형태이다.
② 파렛트(Pallet) 크로스도킹은 한 종류의 상품으로 적재된 파렛트 단위로 물류센터에 입고되면 각각의 소매점포별로 주문수량에 따라 피킹이 이루어지는 형태이다.
③ 크로스도킹은 입고 및 출고를 위한 작업의 긴밀한 동기화를 필요로 한다.
④ 크로스도킹은 항상 보관 및 피킹 작업으로 인해 물류비용이 증가할 수 있다.
⑤ 사전 분류된 파렛트 크로스도킹은 물류센터에서 소매점포별로 주문수량을 파렛트단위로 처리한다.

21 공급사슬관리 성과측정을 위한 SCOR(Supply Chain Operation Reference) 모델은 아래 글상자의 내용과 같이 5가지의 기본관리 프로세스로 구성되는데 이 중 ㉠에 해당되는 내용으로 가장 옳은 것은?

> 계획 – 조달 – (㉠) – 인도 – 반환

① 제품 반송과 관련된 프로세스
② 재화 및 용역을 조달하는 프로세스
③ 완성된 재화나 용역을 제공하는 프로세스
④ 조달된 재화 및 용역을 완성 단계로 변환하는 프로세스
⑤ 비즈니스 목표 달성을 위한 수요와 공급의 균형을 맞추는 프로세스

23 전략과 연계하여 성과를 평가하기 위해 유통기업은 균형성과표(Balanced Score Card : BSC)를 활용하기도 한다. 다음 중 균형성과표에 관한 내용으로 옳지 않은 것은?

① 장기적 관점의 고객관계에 대한 평가를 포함한다.
② 기업의 학습과 성장 역량의 평가를 포함한다.
③ 정성적 성과는 제외하고 정량적 성과만을 포함한다.
④ 단기적 성과와 함께 장기적 성과를 포함한다.
⑤ 공급사슬 프로세스의 성과 평가에 활용한다.

01 정답 ⑤

데이터 웨어하우스는 사용자의 의사결정에 도움을 주기 위해 다양한 운영시스템에서 추출·변환·통합되고 요약된 데이터베이스로, 데이터 마트는 데이터 웨어하우스의 구성요소이다.

02 정답 ②

㉠ 거래처리시스템 : 유통업체에서 발생하는 거래자료처리, 고객과 일어나는 다양한 업무 처리
㉡ 데이터 웨어하우스 : 데이터베이스에 축적된 자료를 공통의 형식으로 변환하여 일원적으로 관리하는 데이터베이스로, 고객의 구매동향, 신제품에 대한 반응도, 제품별 수익률 등 세밀한 마케팅 정보수집
㉢ 데이터 마트 : 일반적인 데이터베이스 형태로 갖고 있는 다양한 정보를 사용자의 필요성에 따라 체계적으로 분석하여 기업의 경영활동을 돕는 시스템으로, 전체 데이터 웨어하우스의 일부 자료를 추출하여 특정 사용자에게 제공

03 정답 ①

데이터 마이닝에 대한 설명이다.

04 정답 ⑤

군집화는 목적변수를 예측하기 보다는 고객수입, 고객연령과 같이 비슷한 고객들을 함께 묶어서 몇 개의 의미 있는 군집으로 나누는 것을 목적으로 한다. 전체가 너무 복잡할 때에는 몇 개의 군집을 우선 살펴봄으로써 전체를 개관할 수 있다는 데이터 마이닝 기법이다.

05 정답 ⑤

①·②·③·④는 수집한 데이터를 분석하고 학습하여 어떤 상황을 예측하는 분석 기법이지만, 군집분석은 어떤 목적변수(Target)를 예측하기 보다는 고객수입, 고객연령과 같이 속성이 비슷한 고객들을 묶어서 몇 개의 의미 있는 군집으로 나누는 기법이다.

06 정답 ①

연관 규칙 분석
상품을 구매하거나 서비스를 받는 등의 일련의 거래나 사건들의 연관성에 대한 규칙으로 장바구니분석(market basket analysis)이라고도 한다.

- 지지도 : 전체 거래항목 중 품목 A(맥주)와 품목 B(오징어)를 동시에 포함하는 거래의 비율 = A(맥주)와 B(오징어)가 동시에 포함된 거래 수/전체 거래 수
- 신뢰도 : 품목 A(맥주)와 B(오징어)를 동시에 포함하는 거래 수/품목 A(맥주)를 포함하는 거래 수
- 향상도 : 품목 A(맥주)가 주어지지 않았을 때의 품목 B(오징어)의 확률 대비 품목 A(맥주)가 주어졌을 때의 품목 B(오징어)의 확률의 증가 비율

07 정답 ②

배낭을 구입한 고객이 얼마 후 코펠을 구입한다는 것은 데이터 안의 종속성을 분석하는 '연관분석'과 관련이 있다.

08 정답 ①

데이터베이스시스템은 여러 응용프로그램을 공유하기 위해 최소의 중복으로 통합·저장된 운영 데이터의 집합을 말한다.

09 정답 ③

데이터베이스에 저장된 데이터는 중복성을 최소화해야 한다.

10 정답 ③

RDB는 2개 이상의 데이터베이스 또는 테이블을 연결하기 위해 고유의 식별자를 사용하는 데이터베이스로서, DB를 생성할 때 스키마가 고정되어야 한다. 테이블의 분할과 결합을 자유롭게 할 수 있으며, 내용의 추가나 변경도 다른 것들에게 영향을 주지 않고 실행할 수 있다.

11 정답 ①

①은 거래처리시스템(TPS ; Transaction Processing System)에 대한 설명이다.

OLAP(On Line Analytical Processing)
기업이 고객 데이터 및 판매 데이터를 축적한 데이터베이스를 다차원적으로 분석하고, 시각적으로 표현하기 위한 시스템을 말한다. 데이터웨어 하우스 등을 통해 축적한 대량의 원본 데이터를 다차원 데이터베이스에 저장하고 이것을 다양한 각도에서 검색 집계하여 문제점과 해결책을 발견한다. 최종사용자가 데이터베이스에 쉽게 접근하여 필요로 하는 정보를 직접 작성하고 의사결정에 활용하는 점이 기존의 분석시스템과 다르다.

12 정답 ①

고가의 DBMS와 DBMS를 운영하기 위한 하드웨어 구성으로 비용이 많이 드는 단점이 있다.

13 정답 ③

분산 데이터베이스 시스템은 물리적으로 분산되어 있으나 논리적으로는 집중되어 있는 형태로 구성되므로 데이터베이스 설계가 어렵고 구현 기술이 복잡하다는 단점이 있다.

14 정답 ⑤

PB상품의 이미지를 극대화하기 위해 대형유통업체에서 활용도가 높은 것은 SCM이다. e-CRM은 온라인에서 수집한 고객데이터를 저장, 분석하여 가치 있는 고객을 선별하고, 고객을 획득·유지하는 경영활동이다. 또한 고객의 웹사이트에서 이루어지는 활동들을 기록하여 고객의 행태를 분석하고 그에 맞추어 기업의 여러 가지 홍보, 이벤트, 캠페인 등의 활동을 전개할 수 있다. 지속적인 고객분석을 통하여 고객의 요구에 맞는 맞춤정보를 제공한다.

15 정답 ②

소비자의 유행을 따라가기보다는 온라인상에서 소비자의 행동과 성향 등 트렌드를 분석하여 고객만족을 극대화해야 한다.

16 정답 ①

웹 서버(Web Server)를 통해 이루어지는 내용이나 활동 사항을 시간의 흐름에 따라 기록하는 파일을 웹 로그(Web log) 파일이라 한다.

웹 로그(Web log) 파일
• Access log는 웹사이트 방문자가 웹브라우저를 통해 사이트 방문시 브라우저가 웹서버에 파일을 요청한 기록과 시간, IP에 관련된 정보에 대한 기록이다.
• Refferer log는 웹서버를 소개해 준 사이트와 소개받은 페이지를 기록함으로써 해당 웹사이트를 보기위해서 어떤 페이지를 거쳐 왔는지에 대한 기록이다.
• Agent log는 사이트 방문자의 웹브라우저 버전, 운영체제의 종류, 화면해상도, 프로그램의 종류 등에 관한 정보로 최적화된 웹사이트를 구성할 수 있는 단서를 제공한다.
• Error log는 웹서버에서 발생하는 모든 에러와 접속실패에 대한 시간과 에러 내용을 모두 기록한다.

17 정답 ③

e-SCM은 기업 내부뿐만 아니라 고객의 다양한 욕구를 만족시키기 위해서 원자재 조달, 생산, 수배송, 판매 및 고객관리 프로세스에서 일어나는 물류흐름과 이와 관련된 모든 활동을 인터넷에 기반하여 실시간으로 통합·관리하는 기법이므로 기업 내부에 한정된 거래처리시스템은 e-SCM을 위해 도입해야 할 주요 정보기술로 적절하지 않다.

거래처리시스템
유통업체에서 발생하는 거래자료처리, 고객과 일어나는 다양한 업무를 처리하는 시스템

18 정답 ①

리드타임(Lead Time)으로 구분되는 e-SCM 전략
• 고객허용리드타임 > 공급리드타임 ⇒ 대량 고객화 or 개별화(Mass Customization) 전략
• 고객허용리드타임 < 공급리드타임 ⇒ 공급자 주도 재고관리(VMI), 연속 재고보충 계획(CRP) 전략
• 고객허용리드타임 = 공급리드타임 ⇒ 동시(Concurrent) 계획 전략

19 정답 ①

ERP시스템의 발전순서 : MRP → MRP Ⅱ → ERP → Extended ERP

20 정답 ③

전사적 자원관리 관점은 포함되지 않는다.

BSC(균형성과표)에 포함되는 네 가지 관점
• 재무적 관점 : 주주의 입장에서 성장, 수익성 및 위험과 관련된 전략을 수립하는 것[예 대표적 측정지표 : 투자수익률, 경제적 부가가치(EVA), 영업이익률, 매출액증가율 등]
• 고객관점 : 고객의 입장에서 고객가치창출과 차별화를 위한 전략을 수립하는 것[예 대표적 측정지표 : 시장점유율, 고객수익성, 고객유지율, 재구매 비율, 고객만족도 등]
• 내부 프로세스 관점 : 고객과 주주를 만족시키는 다양한 내부 프로세스 개발을 위한 전략적 우선순위를 결정하는 것[예 대표적 측정지표 : 고객응대시간, 평균 리드타임, 신제품 매출비중 등]
• 학습과 성장 관점 : 조직변화, 혁신 및 성장을 지원하는 분위기를 창출하기 위한 전략적 우선순위를 결정하는 것(정보시스템 역량, 직원 및 조직 역량)[예 대표적 측정지표 : 종업원 만족도(EOS), 종업원 유지도(이직률), 종업원 생산성 등]

21 정답 ④

SCOR 모델은 계획(Plan), 조달(Source), 제조(Make), 배송(Deliver), 반품(Return)의 5가지 상위레벨의 관리 프로세스로 구성되며 이중 제조(Make)는 조달된 재화 및 용역을 완성 단계로 변환하는 프로세스이다.

22 정답 ③

① 파렛트(Pallet) 크로스도킹에 대한 설명이다.
② 케이스(Case) 크로스도킹에 대한 설명이다.
④ 보관 및 피킹 작업 등을 제거함으로써 물류비용을 절감할 수 있다.
⑤ 사전 분류된 파렛트 크로스도킹은 사전에 제조업체가 상품을 피킹 및 분류하여 납품할 각각의 점포별로 파렛트에 적재해 배송하는 형태이다.

23 정답 ③

정량적 성과(객관적으로 쉽게 계량화할 수 있는 지표)뿐만 아니라 정성적 성과(주관적으로 측정자의 조사·분석 의견, 판단 등 수치화가 곤란한 지표)도 포함한다.

모든 전사 중 가장 강한 전사는 이 두 가지, 시간과 인내다.

– 레프 톨스토이 –

CHAPTER 05 | 전자상거래

1 전자상거래 운영

01 전자결제시스템 개요
02 전자결제시스템의 유형

필수기출문제

최근 5개년 출제경향 | 회당 평균 4.5문제 출제(5개년 기준 총 15회)

	출제영역		2019	2020	2021	2022	2023	합계
15%	제1장	유통정보의 이해	10	6	6	12	11	45
10.3%	제2장	지식경영	8	6	10	4	3	31
30.3%	제3장	주요 유통정보화기술 및 시스템	14	18	17	20	22	91
22%	제4장	유통정보의 관리와 활용	11	12	16	12	15	66
22.4%	제5장	전자상거래	17	18	11	12	9	67
	제6장	유통혁신을 위한 정보자원관리	-	-	-	-	-	-
	제7장	신융합기술의 유통분야에서의 응용	-	-	-	-	-	-
	합계(문항수)		60	60	60	60	60	300

35 30 25 20 15 10 5

05 · 전자상거래

1 전자상거래 운영

01 전자결제시스템 개요

(1) 전자결제시스템의 의의 `기출 17 · 13 · 10`

① 전자결제시스템은 컴퓨터, 통신장치와 각종 단말장치를 네트워크로 연결하고 거래 및 결제에 필요한 소프트웨어를 이용하여 고객이 직접 단말을 이용해서 거래 및 결제를 할 수 있는 전자금융 서비스 체계를 말한다. ★

② 판매자나 구매자가 안심하고 인터넷상에서 전자상거래를 할 수 있도록 하기 위해서는 대금결제를 온라인상에서 안전하게 처리할 수 있도록 하는 편리하고 효과적인 전자결제시스템의 구축이 필수적이다.

③ 온라인 네트워크 상에서 안전한 상거래를 지원하기 위한 전자결제시스템은 결제수단에 따라 신용카드결제시스템, 전자화폐결제시스템, 전자수표결제시스템, 전자자금 이체시스템 등으로 구분할 수 있으며, 현재 전자상거래의 주된 대금결제방식으로 그 통용성이 인정되고 있다.

④ 특히 최근 소액 콘텐츠 결제 시장규모가 커짐에 따라 온·오프라인상에서 구매한 대금을 휴대폰 전화번호를 입력하여 사용요금에 포함시키는 소프트웨어 방식의 모바일 지불결제시스템 활용이 증가하고 있는데, 휴대폰은 기본적으로 카드 판독기나 PC 등과 같은 장치에 대한 의존성이 낮기 때문에 지불수단으로서 유리한 장점을 가지고 있다.

(2) 전자결제시스템의 요구조건

① 전자지불 수단의 내용은 어떠한 환경 하에서도 암호학적인 위조변조 등 조작행위가 불가능해야 한다.

② 기존 지불수단(화폐 등)의 관행과 상호보완 및 공존의 관계를 가짐으로써 사생활보호는 물론 돈세탁방지 기능, 거래내역에 대한 세금징수가 이루어질 수 있도록 지원하는 기능이 전제되어야 한다.

③ 기존 화폐의 공간성을 초월하기 때문에 현금의 거래보다 신속하고 사용하기 쉬워야 하므로 이를 감안할 사용자 환경이 필수적이다.

④ 기존 화폐의 제작·유통에 소용되는 비용보다 훨씬 경제적이어야 한다.

개념 Plus

전자결제시스템의 종류
- 인터넷 신용카드결제시스템
- 전자수표시스템
- 전자자금이체 시스템
- 전자화폐 : 네트워크형, IC카드형

개념 Plus

전통적 결제방법의 한계
- 편리성 부족
- 보안성 미흡
- 제한적 적용범위
- 이용의 불편성
- 소액단위 거래지원불가

개념 Plus

전자결제시스템의 특징
- 판매자와 구매자 간의 일대일 대면이 필요 없다.
- 시간과 장소에 관계없이 거래가 가능하다.
- 신용카드, 전자수표, 전자화폐와 같은 디지털 금융수단이 활용된다.
- 운용비용의 감소로 온라인 상거래를 증가시킨다.

(3) 전자결제의 보안 및 인증시스템 `기출` 21 · 19 · 18 · 16 · 15 · 14 · 11 · 10 · 09

① 전자결제의 보안요건★★

㉠ 인증(Authentication) : 거래 상대방의 신분을 확인하여야 한다.

㉡ 기밀성(Confidentiality) : 거래내용이 제3자에게 노출되어서는 안 된다.

㉢ 무결성(Integrity) : 전달 과정에서 정보가 변조되지 않았는지를 확인하여야 한다.

㉣ 부인방지(Non-Repudiation) : 이미 성립된 거래에 대한 부당한 번복을 방지해야 한다.

② SSL과 SET방식★

㉠ SSL(Secure Socket Layer) : 정보보안 소켓 계층으로 신용카드의 정보도용을 방지하기 위하여 개인정보인 카드번호 등을 암호화하여 주는 기술이다. 인터넷 프로토콜의 보안문제를 극복하기 위해 1994년 넷스케이프사에 의해 개발되어, 현재 전세계의 인터넷 상거래 시 요구되는 개인 정보와 신용카드 정보의 보안 유지에 가장 많이 사용되고 있다.

㉡ SET(Secure Electronic Transaction) : 인터넷과 같은 개방 네트워크에서 안전한 신용 카드결제를 지원하기 위하여 비자카드, 마스터카드 등이 중심이 되어 1996년에 개발된 전자결제 표준 프로토콜이다.

구 분	SSL	SET
비 용	저비용	고비용
사용 편리성	간편함	다소 어려움
안정성	다소 낮음	높 음
조작 가능성	상점 단독 가능	다자간의 협력 필요
부인방지	불 가	제 공

전자서명(Digital Signature)의 요구조건 및 기술요소 `기출` 21 · 16

요구조건	내 용	기술요소
인 증	거래 당사자의 신원확인	Certificate
기밀성	정보 자체를 암호화하여 권한이 있는 사람만 접근 가능	암호화
무결성	정보 전달과정에서의 위변조 여부 확인	해시함수
부인방지	정보제공자가 제공사실 및 내용에 대해 부정할 수 없도록 하는 기능	전자서명(PKI)
키 관리	다양한 보안서비스를 제공하기 위해 필수적인 요소로 키 생성 및 등록, 인증, 분배, 폐지, 보관 등을 구현하는 기능	키 관리(PKI)

(4) 전자결제와 암호화 알고리즘 기출 21 · 17 · 16 · 15 · 13 · 12 · 11 · 10 · 09

① 비밀키 암호화 방식(대칭형 알고리즘)★★

- ㉠ 암호화 키로부터 복호화 키를 계산해낼 수 있거나, 반대로 복호화 키로부터 암호화 키를 계산해낼 수 있는 암호화 알고리즘이다.
- ㉡ 대부분 암호화 키와 복호화 키가 동일하기 때문에 안전성을 위해 키를 자주 바꿔야 한다.
- ㉢ 암호화되는 키의 크기가 상대적으로 작아 암호화에 소요되는 속도가 빠르다.
- ㉣ DES(Data Encryption Standard)는 동일한 키로 데이터를 암호화하고 복호화하는 대칭키 암호화 알고리즘의 대표적인 예로, 미국 NITS에서 국가표준으로 정한 것이다.

② 공개키 암호화 방식(비대칭형 알고리즘)★★

- ㉠ 암호화할 때에는 2개의 키를 사용한다. 즉 상대방(송신자)이 요청한 수신자의 공개키(Public Key)로 암호화하며, 복호화 할 때에는 수신자 자신만 알고 있는 개인키(Private Key)를 이용하여 복호화를 실행한다.
- ㉡ 암호화에 사용되는 키와 복호화에 사용되는 키가 달라 어느 한쪽이 가진 키를 이용하여 다른 쪽의 키를 쉽게 계산해낼 수 없다. 비대칭키 암호화 방식이라 하며, 암호화 및 복호화 속도가 비공개키 암호화 방식보다 느리다.
- ㉢ 복호화를 위해 키를 전송할 필요가 없어 대칭키에 비해 안전한 시스템이다.
- ㉣ 대표적인 예로 RSA(Rivest Shamir Adleman)는 인수분해의 난해함을 활용한 암호화 시스템으로 공개키 방식의 암호화 알고리즘을 사용한다.

③ 메시지 다이제스트(Message Digest)
- ㉠ 메시지 다이제스트는 암호화 방법이 아니고, 단방향 해시함수를 이용하여 주어진 정보를 일정한 길이 내의 아주 큰 숫자(해시 값)로 변환해주는 것이다. 이 함수는 One-way이기 때문에 주어진 정보로부터 해시 값을 만들어낼 수는 있어도, 반대로 이 해시 값으로부터 원래의 정보를 복구해낼 수는 없다.

개념 Plus

공개키 인증서(Certification)
인증서 소유자의 신분 확인 정보와 공개키를 암호학적으로 안전하게 연결시키기 위하여 인증기관의 서명용 개인키로 생성한 전자서명 값을 포함한 인증서로 오늘날 보편적으로 사용되는 형식의 인증서는 국제표준기구인 ITU-T에서 개발한 X.509 인증서이다. 공개키 인증서는 일반 국민들이 금융거래 및 전자상거래에서 사용하기 위한 NPKI(National Pub-lic Key Infrastructure) 인증서와 행정기관에서 행정 업무용으로 사용되는 GPKI(Government Public Key Infrastructure) 인증서 등이 있다.

ⓛ 다른 메시지에서 동일한 메시지 다이제스트는 산출될 수 없도록 되어 있다.

ⓒ 송신자가 자신의 비밀키로 메시지 다이제스트를 암호화하면 전자서명이 된다.

ⓔ 대표적인 메시지 다이제스트(Message Digest)로는 Snefru, CRC-32, CRC-16, MD2, MD4, MD5, SHA, Haval 등이 있다.

블록체인(Block Chain) 보안 기술 기출 20 · 18

블록에 데이터를 담아 P2P(Peer to Peer) 방식의 체인형태로 연결, 수많은 컴퓨터에 동시에 이를 복제해 저장하는 분산형 데이터 저장기술로 공공 거래 장부라고도 부른다. 중앙집중형 서버에 거래기록을 보관하지 않고 거래에 참여하는 모든 사용자에게 거래내역을 보내주며, 거래 때마다 모든 거래 참여자들이 정보를 공유하고 이를 대조해 데이터 위조나 변조를 할 수 없도록 한다.

비트코인(Bit Coin)

2009년 '나카모토 사토시'란 프로그래머가 개발한 '사이버 머니' 혹은 '암호화폐'로, 각국 중앙은행이 화폐발행을 독점하고 자의적인 통화정책을 펴는 것에 대한 반발로 탄생했다. 비트코인은 누구나 접속할 수 있는 오픈소스 소프트웨어로 P2P 형식의 거래가 이루어지나, 거래시 거래정보가 공개되고, 화폐가치가 일률적이라 국가 간 환율을 계산하지 않아도 되나, 거래시 일정 수수료가 발생한다.

개념 Plus

블록체인과 물류 공급망 관리
DHL은 물류 분야의 블록체인의 역할을 ⅰ) 신속, 간결한 국제무역 물류, ⅱ) 공급사슬 내에서의 투명성과 추적가능성, ⅲ) 스마트 계약으로 인한 물류업의 프로세스 자동화로 규정하고 있다. Unilever, Wal-Mart가 도입하여 제품추적성, 안전성 확보를 도모한 사례가 있다.

(5) 전자결제와 정보보안의 위협과 방어수단 기출 20 · 18 · 17 · 16

① 정보보안 위협의 종류★

ⓞ **스푸핑(spoofing)** : 외부의 악의적 네트워크 침입자가 임의로 웹사이트를 구성하여 일반 사용자들의 방문을 유도한 후, 인터넷 프로토콜인 TCP/IP의 구조적 결함을 활용해서 사용자의 시스템 권한을 획득한 뒤에 정보를 빼내가는 해킹수법이다.

ⓛ **스니핑(sniffing)** : 타인의 네트워크 트래픽을 도청(eavesdropping)하는 것이다.

ⓒ **웨일링(whaling)** : 경영진(CEO)을 사칭하여 돈을 송금하도록 요구하는 소셜 엔지니어링 사기 행위이다.

ⓔ **스패밍(spamming)** : 수신인이 원하지도 않고 관심도 없는 메시지를 송신하거나 기사를 게재하는 행위를 의미한다.

ⓜ **피싱(phishing)** : 전자우편 또는 메신저를 사용해서 신뢰할 수 있는 사람 또는 기업이 보낸 메시지인 것처럼 가장함으로써, 비밀번호 및 신용카드 정보와 같이 기밀을 요하는 정보를 부정하게 얻으려는 소셜 엔지니어링 사기 행위를 말한다.

ⓗ **패스워드 크래킹(Password Cracking)** : 아무런 허가 없이 무단으로 유닉스(Unix)나 기타 시스템의 암호를 해독하는 행위를 말한다.

ⓢ **디도스(DDos) 공격** : 네트워크에 연결된 여러 대의 컴퓨터로 분산된 공격 거점을 이용하여 특정 서버나 네트워크에 대해 적법한 사용자의 서비스 이용을 방해하고자 시도하는 행위를 말한다.

ⓞ **호스트 위장(Transitive Trust)** : 개인정보를 탈취하기 위해 금융관련 사이트나 구매 사이트 등과 동일하거나 유사한 형태의 웹사이트를 만들고, 이를 사칭하여 중요 정보를 남기도록 유도하는 형태의 공격기법이다.

ⓩ 에드웨어(Adware) : 스파이웨어(Spy Ware)라고도 하며, 마케팅이나 상품광고를 노린 인터넷 광고주들의 웹 사이트에서 컴퓨터 사용자의 명시적인 동의 없이 몰래 설치되어 광고창을 띄우거나, 특정 사이트에 연결하는 등의 불법 프로그램을 말한다.

ⓒ 패킷변조 : 인터넷을 통해 전송 중인 패킷의 내용을 변경하거나 네트워크에 침투하여 컴퓨터 디스크의 데이터를 변경하는 것을 말한다.

ⓚ 권한 상향 조정 : 시스템의 손상을 입힐 목적으로 접근하는 사용자에게 당초에는 허가되지 않은 권한을 시스템이 승인하도록 유도하는 과정을 의미한다.

② 정보보안을 위한 방어수단★

㉠ 방화벽(Fire Wall) : 보안에서 가장 기본적인 시스템으로 신뢰하지 않는 외부 네트워크와 신뢰하는 내부 네트워크 사이를 지나는 패킷을 미리 정한 규칙에 따라 차단하거나 보내주는 기능을 수행한다.

㉡ 침입 탐지 시스템(IDS : Intrusion Detection System) : 네트워크에서 백신과 유사한 역할을 하는 것으로, 네트워크를 통한 공격을 탐지하기 위한 장비이다. 즉 방화벽이 차단하지 못한 내부의 해킹이나 악성코드의 활동을 탐지한다.

㉢ 트래픽 패딩(Traffic Padding) : 흐름의 해석을 방지하기 위하여 실제의 데이터가 아닌 임의의 데이터를 네트워크에 흘림으로써 트래픽 분석을 통한 정보유출을 방지하는 방법이다.

(6) 전자결제와 거래안전장치 기출 14·13·10·09·08

① 후불제 : 전자상거래 업체가 물품대금을 받지 않고 제품을 소비자에게 보내는 것으로, 소비자가 제품을 수령하면 대금결제를 함으로써 거래안전을 도모하는 서비스이다.

② 보상보험 : 전자보증보험은 거래 건에 대해 판매자나 보증보험사에게 보증보험을 가입하는 형태로 구매자가 정당한 물품배송이나 용역제공을 받지 못하면 건별로 보증보험을 보상받을 수 있다.

③ 에스크로(Escrow) 서비스★★

㉠ 에스크로의 개념

• 전자상거래에서 판매자와 구매자가 거래합의 후 상품배송 및 결제과정에서 어느 한쪽의 약속불이행에 대한 거래사고를 예방하기 위하여 거래대금의 입출금을 제3의 회사가 관리하여 판매자와 구매자 모두의 거래안전을 도모하는 서비스이다.

• 에스크로는 구매자에 대한 보호뿐만 아니라 판매자도 후불제를 했을 경우 구매자에게 채권추심을 하는 등의 각종 위험과 비용을 절감해 안심하고 거래를 진행할 수 있는 장점이 있다. 그렇기 때문에 비대면 거래인 전자상거래에서 구매자와 판매자 양측을 전자상거래상의 피해사고로부터 보호할 수 있다.

㉡ 에스크로의 특징

• 구매자와 판매자 중 어느 한 쪽은 에스크로 서비스 회원이어야 한다.

• 전자상거래시 제안된 거래조건에 합의가 되면 개시된다.

• 구매자는 상품수령 후 에스크로 사업자에게 구매승인 여부를 통보해야 한다.

ⓒ 에스크로의 장·단점
- 익명의 상태에서 거래자 간의 신용만으로 거래가 이루어지는 전자상거래에서 매매행위의 신뢰성을 높여준다.
- 에스크로 사업자가 구매자와 판매자 간의 거래에 개입함으로써 거래절차가 복잡해지고, 판매자에게는 에스크로 수수료가 부담이 될 수 있다.
- 구매자는 구매대금을 최종적으로 지불하기 전에 물품을 먼저 검사할 수 있는 기회를 가질 수 있다.
- 신용카드로 구매하는 거래, 10만원 미만의 소액결제, 분할되어 공급되는 재화 등을 구매하는 경우, 배송이 필요하지 않는 재화 등을 구매하는 거래(예 인터넷게임, 인터넷 학원수강)는 에스크로 서비스의 적용에서 제외된다.

④ PG(Payment Gateway) 서비스 : 신용카드의 PG(Payment Gateway) 서비스는 대표 가맹점 서비스와 자체 가맹점 서비스 2가지가 있다.
ⓐ 대표 가맹점 서비스 : PG업체가 중소형 온라인 쇼핑몰을 대표하여 신용카드사와 대표 가맹점계약을 체결하고 거래승인, 매입, 정산 등의 업무를 대행하는 서비스이다. 카드결제정보가 PG 서버에서 처리됨으로써 결제의 안정성과 신뢰성이 보장된다.
ⓑ 자체 가맹점 서비스 : 온라인 쇼핑몰이 신용카드사와 가맹점 계약을 직접 체결하고 PG업체는 결제정보를 중계한다. 자체 가맹점 서비스에서의 정산은 신용카드사가 온라인 쇼핑몰과 함께 직접 처리한다.

02 전자결제시스템의 유형

(1) 인터넷 신용카드결제시스템 기출 10

신용카드결제시스템은 SET의 전송표준과 신용카드를 결제의 기반으로 하는 전자결제 수단으로 전자결제의 방법들 중에서 가장 많이 사용되고 있다.

장 점	단 점
• 세계적으로 널리 유통되어 많은 가맹점과 사용자가 있다. • 신용카드를 사용하는 데 법적·제도적인 제한점이 없다. • 상인은 소비자의 신용확인이 어려운 인터넷 전자상거래에서 신용카드회사의 지불보증을 담보로 소비자와 상거래를 아무 부담 없이 행할 수 있다.	• 카드 소지자의 신용정보 노출이나 불법도용이 우려된다. • 높은 트랜잭션 비용으로 소액결제에 적당하지 않다. • 구매자 및 판매자의 익명성이 보장되지 않는다. • 시스템 유지비용이 과다하다. • 거래처리와 결제업무가 서버에 집중화되어 서버에 과부하가 일어날 수 있다.

신용카드결제시스템은 신용카드 정보의 전송유형에 따라서 네트워크형인 사이버캐시와 카드형인 퍼스트 버추얼 시스템으로 구분된다.

① 사이버캐시(Cyber Cash) 지불시스템 : 1994년에 설립된 사이버캐시(Cyber Cash)사에서 제작한 신용카드를 사용하는 인터넷 전자지불시스템으로, 암호화 알고리즘(RSA)과 SET를 통하여 보안성을 높이고 있다.

개념 Plus

전자지불게이트웨이
전자상거래에서 지불이 원활하게 이루어지도록 지원하는 대행 서비스이다. 이는 일반적으로 전자상거래에서 판매자를 대신하는 계약을 맺고 구매자가 선택한 은행, 신용카드 회사 및 통신사업자 등으로부터 대금을 지급받아 일정액의 수수료를 받고 판매자에게 지급해주는 서비스를 의미한다.

개념 Plus

SFNB
(Security First Net-work Bank)
인터넷상에서 운영되는 최초의 사이버 은행으로 전자자금이체에 대한 다양한 서비스를 제공함으로써 자금이체를 이용한 전자지불을 가능하게 해주고 있다.

② 퍼스트버추얼(First Virtual) 시스템 : 퍼스트버추얼 홀딩스(First Virtual Holdings)사에서 개발한 퍼스트버추얼(FV ; First Virtual) 시스템은 신용카드 번호와 같은 민감한 정보를 인터넷으로 전송하지 않고, 전자우편을 통해 소비자의 구매의사를 확인하는 절차로 구성된 신용카드 모형에 기반을 둔 인터넷 전자지불시스템이다.

(2) 전자수표 결제시스템 기출 10

① 전자수표 결제시스템의 개념 : 전자적인 형태의 수표를 자신의 컴퓨터에서 직접 발행하여 상대방에게 전달함으로써 성립하는 전자상거래 결제시스템을 말한다. 현금가치를 은행에 저장시킨 후 거래 당사자 간에는 은행계좌 간 자금이동을 위한 전자수표만 유통됨으로써 자금보관에 대한 안정성을 확보할 수 있다.

② 전자수표 결제시스템의 특징
  ㉠ 자금이 당사자 간의 은행계좌로 이체되기 때문에 사용자는 은행에 신용계좌를 갖고 있는 사람으로 제한된다.
  ㉡ 발행자와 인수자의 신원에 대한 인증을 반드시 거쳐야 하는 문제로 여러 보안기법이 사용되기 때문에 트랜잭션 비용이 많다.
  ㉢ 거래 사항이 중앙의 데이터베이스에 기록됨으로써 정보의 이용성은 증가되나 익명성이 저하된다.
  ㉣ 거액의 상거래 또는 기업 간 거래시 지불수단으로 적합하다.

③ 넷체크(Net Cheque)
  ㉠ 넷체크 시스템은 DES(Data Encryption Standard) 암호 알고리즘을 이용한 인증 프로토콜인 케르베로스(Kerberos)에 기반을 둔 전자수표에 의한 지불시스템이다.
  ㉡ 넷체크 시스템의 서버에 등록한 사용자들은 인터넷을 통해 다른 사용자 또는 판매자에게 전자수표를 발행하여 제품 또는 서비스 대금을 지불할 수 있다.
  ㉢ 사용방법은 인터넷에서 전자적으로 처리되는 점을 제외하고는 일반수표와 유사하다.
  ㉣ 일반수표에 지불인이 서명을 하는 것과 마찬가지로 계좌 소유자가 수표를 발행했다는 것을 인증하는 방법으로 전자서명이 이용된다. 일반수표와 마찬가지로 수취인은 전자수표에 자신의 전자서명을 통해 이를 배서할 수 있다.
  ㉤ 넷체크는 인터넷에서의 소액거래를 지원할 수 있도록 설계되어 있다.

④ 넷빌(Net Bill)
  ㉠ 넷빌은 1996년 12월 미국 카네기멜론 대학에서 개발한 전자수표 또는 전자직불카드(Electronic Debit Card)방식에 의한 인터넷 결제시스템이다.
  ㉡ Net Bill 시스템에서의 서버는 거래 정보의 교환, 구매자와 판매자 계정을 유지·관리하는 기능을 수행하고 있는데, 이 경우 각 계정은 거래은행 계좌와 상호 연결되어 있어 거래 대금의 이체를 가능하게 하고 있다.

(3) 전자자금이체시스템 기출 10

① **전자자금이체의 개념** : 컴퓨터와 데이터통신을 응용해서 전자 신호에 의한 지불 지시에 의하여 송금이나 결제 등의 자금 이동을 행하는 시스템을 말한다.

② **전자자금이체의 특징**
  ㉠ 기존의 은행권, 어음 등 종이에 의한 수단을 이용하는 것에 비해 시간과 공간의 제약 없이 폭넓은 서비스를 제공한다.
  ㉡ 인터넷을 이용할 경우 은행원이나 별도의 부가적인 장비를 필요로 하지 않기 때문에 처리비용이 저렴하다.

③ **전자자금이체의 종류**
  ㉠ CD/ATM에 의한 출금·계좌이체·서비스이체
  ㉡ ATM에 의한 입금
  ㉢ M/T에 의한 지로이체
  ㉣ 계좌 간의 자동이체·납부자 자동계좌이체
  ㉤ 직불카드에 의한 계좌이체

(4) 전자화폐(Electronic Money or Cash) 기출 16·13·12·10

① **전자화폐의 정의** : 은행 등 발행자가 IC칩이 내장된 카드나 공중정보통신망과 연결된 컴퓨터 및 모바일 디바이스 등에 일정 화폐가치를 전자기호로 저장하고, 이의 지급을 보장함으로써 통신회선으로 자금결제가 이루어지도록 하는 화폐이다. ★

② **전자화폐의 특징**
  ㉠ 일반화폐의 개념인 지불, 가치저장, 가치척도의 기능에 기존 화폐의 문제점을 보완하기 위해 **원격지 통신기능, 휴대 및 보관관리의 편리성, 위조방지 기능**을 추가하였다.
  ㉡ 거래당사자 간에 자금전송이 가능하여 **높은 유연성, 보안성, 익명성**을 제공한다. ★
  ㉢ 현금 사용시 발생되는 운반·보관 비용과 도난 위험 등을 방지할 수 있다.
  ㉣ 시간적·공간적 비용을 줄임으로써 화폐의 공급량 및 유통속도를 증가시킨다.
  ㉤ 중앙은행의 발권비용을 감소시키고 정산의 효율성을 제고시킨다.
  ㉥ 전자화폐는 신용이 없는 계층 또는 예금계좌가 없는 계층도 사용이 가능하다.
  ㉦ 매체에 저장된 화폐가치 자체가 **신뢰성**을 담고 있기 때문에 사용할 때마다 신용 유무 등의 확인절차가 필요 없다.
  ㉧ 거래와 결제가 동시에 완료되며, 비교적 소액의 상품을 구매하는 데 용이하다.

③ **전자화폐의 요건**
  ㉠ 위조가 불가능한 안전성을 지녀야 한다.
  ㉡ 개인의 프라이버시가 보호되어야 한다.
  ㉢ 사용자가 다른 사람에게 자신의 현금을 양도할 수 있어야 한다.
  ㉣ 전자화폐를 복사해 사용하는 이중사용(Double Spending)이 방지되어야 한다.

개념 Plus

전자화폐 발전 배경
• 반도체 기술의 발전
• PC, 모바일 기기의 광범위한 보급
• 소프트웨어의 개발 및 진화
• 네트워크의 발전
• 보안 및 암호기술의 발전

개념 Plus

전자화폐의 특성★
• 유통성, 양도 가능성
• 범용성 및 익명성
• 원격 송금성 및 수송상의 효율성
• 분할 및 통합의 높은 유연성
• 가분성(분할가능성)
• 보안성
• 휴대성 및 전자성
• 비대칭성
• 무한 수명

④ 전자화폐의 유형 구분★★

㉠ IC(Intergrated Circuit)카드형 전자화폐 : IC칩을 내장한 플라스틱 카드에 화폐가치를 저장한 다음 필요할 때 인출하여 사용하는 방식으로, 전자현금의 양도 가능성, 사용방법, 익명성 여부에 따라 분류된다.

• 가치이전 가능성에 따른 분류

개방형 (Open Loop)	IC카드 간에 가치이전 즉 현금이체가 자유로운 시스템이다.★
폐쇄형 (Closed Loop)	IC카드 간 화폐가치의 이전이 불가능한 시스템으로 대부분의 국가에서는 안정성의 이유로 폐쇄형을 채택하고 있다.

• 사용방법에 따른 분류

접촉식	IC카드를 단말기에 삽입하거나 밀착시킴으로써 저장된 정보의 전달이 가능하다.
비접촉식	카드를 단말기의 근거리에 갖다 대는 것만으로도 작동하며, 원거리형, 근거리형이 있다.

• 익명성 여부에 따른 분류

익명 카드	IC카드를 누구에게나 양도할 수 있으며, 별도로 개인에 대한 인증절차가 필요치 않다.
기명식 카드	카드에 인증서가 내장되어 있어서 별도의 인증에 의해서 개인을 식별한 후 사용이 가능하다.

㉡ 네트워크형 전자화폐 : 가상은행 혹은 고객의 PC 등에 디지털 방식으로 화폐가치를 저장했다가 인터넷을 통해 꺼내 쓰는 방식으로 이캐시(e-Cash), 넷캐시(Net Cash), 페이워드(Pay word), 사이버코인(Cyber Coin) 등이 있다.

• 이캐시(e-Cash) : 1995년 미국의 마크 트웨인은행과 네덜란드의 디지캐시사가 제휴를 통해 만든 최초의 온라인형 전자화폐이다.

• 넷캐시(Net Cash) : 캘리포니아 대학에서 개발한 전자지불시스템이다.

• 사이버 코인(Cyber Coin) : 1996년 Cyber Cash사에서 개발한 캐시형 지불시스템으로 신용카드의 단점을 극복하고 소액지불에 주로 사용하고자 개발되었다.

㉢ CAFE(Conditional Access For Europe) 지불시스템 : 유럽 국가 간의 서로 상이한 통화 문제를 해결하고 유럽 국가 간에 일어나는 소액지불을 원활하게 하고자 수립된 프로젝트로 현대 암호화 기술과 보안 프로토콜을 채택함으로써 개인의 프라이버시를 존중하고 안전한 트랜잭션 수행을 가능하게 했다.

전자화폐 유형의 분류
• 휴대가능 여부 : 하드웨어형(IC카드형, CD카드형), 네트워크형(전자지갑형, 선불카드형, 모바일형 등)
• 결제수단 여부 : 가치저장형(IC카드형), 신용카드형(지불지시형), 전송형(네트워크형)
• 가치저장 수단여부 : IC카드형(VISA cash), 네트워크형(E-cash, Net Cash, Payword, Magic Money, Cyber Coin)
• 가치 이전 가능성 여부 : 개방형(몬덱스), 폐쇄형(VISA Cash, 아방트, 프로튼, 덴몬트).

01 보안에 대한 위협요소별 사례를 설명한 것으로 가장 옳지 않은 것은?

① 기밀성 : 인가되지 않은 사람의 비밀정보 획득, 복사 등
② 무결성 : 정보를 가로채어 변조하여 원래의 목적지로 전송하는 것
③ 무결성 : 정보의 일부 또는 전부를 교체, 삭제 및 데이터 순서의 재구성
④ 기밀성 : 부당한 환경에서 정당한 메시지의 재생, 지불 요구서의 이중제출 등
⑤ 부인방지 : 인가되지 않은 자가 인가된 사람처럼 가장하여 비밀번호를 취득하여 사용하는 것

02 전자상거래 보안과 관련한 주요 관점 중 아래 글상자의 ( ) 안에 들어갈 내용을 순서대로 올바르게 나열한 것은?

(가)은/는 인터넷을 이용해 전송되거나 수신되어, 웹에 표시된 정보가 승인되지 않은 다른 사람에 의해 변형이 없음을 보장하는 것이다.
(나)은/는 메시지나 정보가 볼 수 있는 권한이 있는 사람에게만 보이게 하는 것이다.

① 가 : 인증, 나 : 프라이버시
② 가 : 가용성, 나 : 기밀성
③ 가 : 부인방지, 나 : 인증
④ 가 : 무결성, 나 : 기밀성
⑤ 가 : 가용성, 나 : 프라이버시

03 공개키 암호화 방식의 과정을 가장 옳게 나열한 것은?

가. 송신자가 디지털 메시지를 만든다.
나. 송신자가 공용디렉토리에서 수신자의 공개키를 얻은 후 메시지에 적용한다.
다. 암호화된 메시지가 인터넷상으로 전송된다.
라. 수신자 키 적용 후 암호화된 암호문이 생성된다.
마. 수신자가 개인키를 사용해 메시지를 복호화한다.

① 가 – 다 – 마 – 라 – 나
② 마 – 라 – 다 – 가 – 나
③ 다 – 마 – 라 – 나 – 가
④ 가 – 나 – 라 – 다 – 마
⑤ 가 – 나 – 다 – 라 – 마

04 공개키 암호화 기술에 대한 설명으로 가장 옳지 않은 것은?

① 암호화키와 복호화키가 일치하지 않는다.
② 암호화 및 복호화 속도가 비공개키 암호화 방식보다 느리다.
③ 비대칭키 암호화 기술이라고도 한다.
④ 송/수신자가 비밀키를 공유할 필요가 있다.
⑤ 어느 한쪽이 가진 키를 이용하여 다른 쪽의 키를 쉽게 계산해 낼 수 없기 때문에 한쪽의 키를 공개할 수 있다.

05 비밀키 암호화 기술에 대한 설명으로 가장 옳은 것은?

① 비밀키 암호화방식은 암호화할 때에는 상대방의 공개키로 암호화하며, 복호화할 때에는 자신만 알고 있는 개인키를 이용하여 복호화를 실행한다.

② 비밀키 암호화방식은 암호화에 사용되는 키와 복호화에 사용되는 키가 달라 어느 한쪽이 가진 키를 이용하여 다른 쪽의 키를 쉽게 계산해 낼 수 없기 때문에 한쪽의 키를 공개할 수 있다.

③ 비밀키 암호화방식은 암호화되는 키의 크기가 공개키 암호화 방식보다 상대적으로 작아 암호화의 속도가 빠르다.

④ 비밀키 암호화방식은 암호화에 사용되는 키와 복호화에 사용되는 키가 일치하지 않아 비대칭키 암호화 방식이라 한다.

⑤ 비밀키 암호화방식은 복호화를 위해 키를 전송할 필요가 없어 대칭키에 비해 상대적으로 안전한 시스템이다.

06 SET(Secure Electronic Transaction)와 SSL(Secure Socket Layer) 간의 비교 설명으로 가장 옳지 않은 것은?

① SSL은 정보보안 소켓계층으로 신용카드의 정보도용을 방지하기 위하여 개인정보인 카드번호 등을 암호화 하여 주는 기술이다.

② SET는 인터넷과 같은 개방 네트워크에서 안전한 카드결제를 지원하기 위하여 개발된 전자결제 프로토콜이다.

③ 사용편리성 측면에서 SSL은 암호 프로토콜이 복잡하여 다소 어려운 반면에, SET는 간편하다.

④ SSL은 사용자 지불정보가 상점에 노출되나 SET는 상점에 지불정보가 노출되지 않는다.

⑤ 조작가능성 측면에서 SSL은 상점 단독으로 가능하나 SET는 다자간의 협력이 필요하다.

07 아래 글상자의 (　　　)안에 공통적으로 들어갈 용어로 가장 옳은 것은?

> (　　　)은 전자상거래 환경에서 다양한 고객정보, 구매정보 등 폭넓은 데이터를 정교한 빅데이터 분석을 활용해 상품과 서비스에 대한 개선사항을 지속적으로 분석하고, 분석 결과를 사업화에 반영하는 지속가능 마케팅 방법이다. (　　　)은 데이터지표로 말하는 신개념 마케팅 활동이다.

① 피싱(phishing)
② 파밍(pharming)
③ 바이럴 마케팅(viral marketing)
④ 그로스해킹(growth hacking)
⑤ 스미싱(smishing)

08 해킹의 공격유형과 그 설명으로 가장 옳지 않은 것은?

① 유닉스(Unix)나 기타 시스템의 암호를 해독하는 행위를 패스워드 크래킹이라 한다.

② 네트워크상의 데이터를 도청하는 행위를 스니핑이라 하고, 도청하는 해킹 도구를 스니퍼라 한다.

③ 신뢰할 수 있는 클라이언트인 것처럼 속여 공격하는 기법을 스푸핑이라 한다.

④ 네트워크에 연결된 여러 대의 컴퓨터를 이용 분산된 공격 거점을 이용하여 특정 서버나 네트워크에 대해 적법한 사용자의 서비스 이용을 방해하고자 시도하는 행위를 DDos 공격이라 한다.

⑤ 개인정보를 탈취하기 위해 금융관련 사이트나 구매 사이트 등과 동일하거나 유사한 형태의 웹사이트를 만들고 이를 사칭하여 중요정보를 남기도록 유도하는 형태의 공격기법을 클릭스트림이라 한다.

09 다음은 해킹 기법의 일종으로 무엇에 관한 설명인가?

> IP주소 등 네트워크 통신과 관련된 것들을 속이는 것으로 가짜 웹사이트로 사용자가 방문하도록 하여 고객정보를 유출시키고 허위 거래를 성사시킨다.

① 스푸핑(spoofing)
② 스니핑(sniffing)
③ 웨일링(whaling)
④ 스패밍(spamming)
⑤ 피싱(phishing)

10 ( ) 안에 들어갈 용어로 가장 옳은 것은?

> – 로제타넷은 동일한 공급망 내에 존재하는 기업들 간의 상호운용성을 확보하기 위한 ( )기반 전자상거래 표준의 정의로 기본적으로 4가지 구성요소를 포함시킬 것을 제시하고 있다. 메시징서비스, 사전과 어휘, 구현 프레임워크, 비즈니스 프로세스가 그것이다.
> – 1996년 W3C에서 제안하였으며, SGML을 복잡하게 하는 요인인 많은 선택 기법을 채택하지 않아 단순하고 SGML의 장점인 구조성과 융통성을 유지하면서, SGML처럼 확장이 가능하다. 이를 이용하면 데이터베이스 조작이나 환경 설정, 서비스 관련 설정을 더 쉽게 처리할 수 있다.

① HTML
② XML
③ SML
④ Python
⑤ Java

11 아래 글상자에서 설명하는 용어로 옳은 것은?

> 최근 많은 이슈가 되고 있는 비트코인의 기반 기술로, 원장을 금융기관 등 특정 기관의 중앙서버가 아닌 P2P(Peer to Peer・개인간) 네트워크에 분산해 참가자가 공동으로 기록하고 관리하는 기술이다.

① 핀테크
② 비 콘
③ O2O
④ 블록체인
⑤ IDS

12 아래 글상자의 괄호에 들어갈 용어로 옳은 것은?

> ( )는 전자상거래에서 지불이 원활하게 이루어지도록 지원하는 대행 서비스이다. 이는 일반적으로 전자상거래에서 판매자를 대신하는 계약을 맺고 구매자가 선택한 은행, 신용카드 회사 및 통신사업자 등으로부터 대금을 지급받아 일정액의 수수료를 받고 판매자에게 지급해 주는 서비스를 의미한다.

① 전자지불게이트웨이
② Ecash
③ 가상화폐대행서비스
④ EBPP(Electronic Bill Presentment and Payment)
⑤ 전자화폐발행서비스

13 정보보호 및 보안 인증과 관련된 내용이다. (㉠), (㉡), (㉢) 안에 들어갈 용어로 가장 옳은 것은?

> (㉠)은(는) X.509 표준을 준수하여 공인 인증기관에서 발급하는 것으로, 일반 국민들이 금융거래 및 전자상거래에서 사용하기 위한 (㉡) 인증서와 행정기관에서 행정 업무용으로 사용되는 (㉢) 인증서 등이 있으며, 이들을 공인인증서라고 부른다.

① ㉠ 전자서명, ㉡ NPKI, ㉢ GPKI
② ㉠ 보안카드, ㉡ 보안SMS, ㉢ GPKI
③ ㉠ 보안카드, ㉡ Sync, ㉢ Async
④ ㉠ 공개키 인증서, ㉡ Sync, ㉢ Async
⑤ ㉠ 공개키 인증서, ㉡ NPKI, ㉢ GPKI

01 정답 ⑤

인가되지 않은 자가 인가된 사람처럼 가장하여 비밀번호를 취득하여 사용하는 것은 거래 당사자의 신원을 확인하는 '인증'에 대한 사례에 해당한다. 부인방지는 정보교환 및 거래사실의 부인을 방지하는 것으로, 정보제공자가 정보제공사실 및 내용에 대하여 부정할 수 없도록 하는 기능을 말한다.

02 정답 ④

(가)는 무결성, (나)는 기밀성에 대한 내용이다.

03 정답 ④

공개키 암호화 방식의 과정
송신자 A가 수신자 B에게 메시지를 보내는 경우, A는 B에게 B가 보유하고 있는 공개키를 요청 → B는 'RSA알고리즘'에 의해 자신의 개인키(복호화키)와 공개키(암호화키)를 생성 → 공개키를 A에게 전달 → A는 자신이 보내고자 하는 데이터 위에 B의 공개키를 덮어씌워 B에게 전달 → B는 알고리즘에 의해 생성된 개인키, 즉 복호화키를 이용해 원 메시지를 복원

04 정답 ④

공개키 암호화 또는 비대칭 암호화(Asymmetric Encryption)는 공개키(Public Key)와 비밀키(Private Key)를 사용해서 인증, 서명, 암호화 등을 수행한다. 공개키로 암호화된 데이터는 오직 비밀키로 암호를 해독할 수 있으며, 송/수신자가 비밀키를 공유해서는 안 된다.

05 정답 ③

①·②·④·⑤ 비대칭형 암호화(공개키 알고리즘) 기술에 대한 설명이다.

06 정답 ③

사용편리성 측면에서 SET는 암호 프로토콜이 복잡하여 다소 어려운 반면에, SSL은 간편하다.

07 정답 ④

마케팅 기법 가운데 하나인 그로스해킹에 대한 설명이다.

08 정답 ⑤

⑤는 호스트 위장(Transitive Trust) 기법에 대한 설명이다.

09 정답 ①

스푸핑(spoofing)에 관한 설명이다.

10 정답 ②

XML은 1996년 W3C(World Wide Web Consortium)에서 제안한 확장성 생성 언어로서 HTML을 획기적으로 개선하여 홈페이지 구축기능, 검색 기능 등이 향상되었고, 웹 페이지의 추가와 작성이 편리해졌다. 구조적으로 XML 문서들은 SGML(Standard Generalized Markup Language) 문서 형식을 따르고 있다.

11 정답 ④

블록체인은 블록에 데이터를 담아 P2P 방식의 체인 형태로 연결, 수많은 컴퓨터에 동시에 이를 복제해 저장하는 분산형 데이터 저장 기술로 공공 거래 장부라고도 부른다. 중앙집중형 서버에 거래 기록을 보관하지 않고 거래에 참여하는 모든 사용자에게 거래 내역을 보내 주며, 거래 때마다 모든 거래 참여자들이 정보를 공유하고 이를 대조해 데이터 위조나 변조를 할 수 없도록 하는 기술이다.

12 정답 ①

글상자의 내용은 전자지불게이트웨이에 대한 설명이다.

13 정답 ⑤

㉠ 공개키 인증서 : 인증서 소유자의 신분 확인 정보와 공개키를 암호학적으로 안전하게 연결시키기 위하여 인증기관의 서명용 개인키로 생성한 전자서명 값을 포함한 인증서로 오늘날 보편적으로 사용되는 형식의 인증서는 국제표준기구인 ITU-T에서 개발한 X.509 인증서이다.
㉡ NPKI(National Public Key Infrastructure) : 전자서명법에 의한 국가 공개키 기반 구조의 공인전자서명 인증체계로, 민간 부문을 관할한다. 민간 부문의 인증체계는 정부가 관련 법과 제도의 정비, 국가 인증관리체계 정립, 공인인증기관의 지정 및 감독 권한을 가지고 있으며, 한국인터넷진흥원을 최상위인증기관(Root CA)으로 지정하고 인증기관이 공인인증서비스를 제공하는 구조이다.
㉢ GPKI(Government Public Key Infrastructure) : 전자정부법에 의한 정부 공개키 기반구조의 행정전자서명 인증체계로 정부 부문을 관할한다.

CHAPTER 06 | 유통혁신을 위한 정보자원관리

최근 5개년 출제경향 회당 평균 0문제 출제(5개년 기준 총 15회)

	출제영역	2019	2020	2021	2022	2023	합 계
제1장	유통정보의 이해	10	6	6	12	11	45
제2장	지식경영	8	6	10	4	3	31
제3장	주요 유통정보화기술 및 시스템	14	18	17	20	22	91
제4장	유통정보의 관리와 활용	11	12	16	12	15	66
제5장	전자상거래	17	18	11	12	9	67
제6장	유통혁신을 위한 정보자원관리	-	-	-	-	-	-
제7장	신융합기술의 유통분야에서의 응용	-	-	-	-	-	-
	합계(문항수)	60	60	60	60	60	300

- 제1장 15%
- 제2장 10.3%
- 제3장 30.3%
- 제4장 22%
- 제5장 22.4%

※ '제6장 유통혁신을 위한 정보자원관리'는 시험 주관처에서 발표한 2024년 출제기준 개정안에 새로 추가된 이론이므로 최근 5개년 (2019~2023년) 동안 기출문제에 출제된 문항에 포함되지 않습니다.

유통혁신을 위한 정보자원관리

06 · 유통혁신을 위한 정보자원관리

1 ERP 시스템

01 ERP 개념

(1) 전사적 자원관리(ERP ; Enterprise Resource Planning)의 정의

기업 내 생산, 물류, 재무, 회계, 영업과 구매, 재고 등 경영 활동 프로세스들을 통합적으로 연계해 관리해 주며, 기업에서 발생하는 정보들을 서로 공유하고 새로운 정보의 생성과 빠른 의사결정을 도와주는 전사적자원관리시스템 또는 전사적통합시스템을 말한다.

(2) ERP의 목적

① ERP의 주목적은 조직의 모든 기능 영역들 사이에 정보가 끊김 없이 흐르도록 하는 것이다

② ERP를 도입하고 활용함으로써 업무의 처리 방법이나 기업의 구조를 본질적으로 혁신해 생산성을 극대화하는 전략적 접근이라 할 수 있다.

(3) ERP의 기능

① 생산 관리 기능 : 연구개발, 작업 센터 관리, 일정 계획, 자재 흐름 및 생산과 관련되는 정보의 흐름을 최적화하는 데 필요한 기능을 제공한다.

② 재무·회계 기능 : 각 업무 프로세스의 가치를 중심으로 표현되고 기업 내부에서 가치 흐름을 계획·관리·검사할 수 있도록 지원하며 원가 통제, 재무 분석, 비용 관리와 예산 수립 업무 지원 등의 기능을 제공한다. 또한 회계 기능은 수익·비용과 관련되는 의사결정에 필요한 정보를 제공하고 있다.

③ 고객·상품 관리 : 고객에 관한 종합 관리(CRM), 고객의 판매 주문, 가격 결정, 고객 현장 서비스, 서비스 품질 관리 등 업무에 필요한 기능을 제공한다.

④ 공급망관리 : 자재 예측, 구매, 유통, 재고, 협업 등의 업무에 필요한 정보 흐름을 최적화하는 데 필요한 기능을 제공한다.

⑤ 기업 서비스 : 부동산과 시설 관리, 환경과 법, 건강과 안전 관련 사항들, 인센티브와 수수료 관리 등의 기능을 제공한다.

⑥ 인적자원관리 : 기업의 경영 자원인 사람에 대한 인사 계획, 정보 관리, 급여, 교육훈련 등 모든 인사 업무를 지원하는 종합적인 인사관리시스템이라 할 수 있다.

02 ERP 요소기술

(1) ERP 시스템의 구성

생산 부문	물류 부문	회계 부문	인사 부문	공동 부문
• 생산관리 • 품질관리	• 영업관리 • 자재관리	• 재무회계 • 관리회계 • 자금관리	• 인사관리	• 프로젝트관리 • 워크플로우

(2) ERP 시스템의 요소기술

① ERP 시스템은 기업의 전체적인 비즈니스 모델에 대해서 정보 인프라를 제공하는 시스템인 만큼 규모적인 측면에서 매우 광대하며, 기술적으로는 기존의 정보시스템에 비해 많은 데이터를 효율적으로 더 빠른 시간 안에 처리 가능해야 한다.

② ERP는 정보 인프라를 최적으로 지원하기 위하여 클라이언트 서버 시스템, 객체지향기술, 4세대 언어 개발 툴, 개방형 시스템, 데이터 웨어하우스, 인터넷 기술 등과 같은 최신 정보 시스템 기술을 수용하고 있다.

③ 최근 기업 내부를 제어하는 Back Office Application인 ERP와 Business Infrastructure Application인 DBMS 등을 통해 얻어진 Data를 활용한 확장 어플리케이션으로 전략적인 기업경영을 가능하게 하는 솔루션인 SEM(Strategic Enterprise Management), 소비자 및 공급자와의 관계를 제어하는 CRM(Customer Relationship Management), SCM(Supply Chain Manage-ment), 그리고 이들을 이용하여 웹상에서 구매와 판매를 할 수 있도록 하는 전자상거래 솔루션들이 급성장하고 있다.

개념 Plus

전략적 기업경영(SEM ; Strategic Enterprise Management)

기업의 경영 정보를 좀 더 정확히 판단해 최고경영진과 임원으로 하여금 가치 중심의 경영을 전사적으로 구현할 수 있게 해주는 일련의 통합 경영관리 체계이다. 여기서 가치 중심의 경영이란 회사가 추구하는 비전과 목표에 맞는 전략을 수립하고 이를 반영해 비즈니스를 수행함으로써 수익성을 제고하고 사업과 이해당사자(임직원, 투자자, 고객, 정부 등)들의 가치를 증진시키는 것을 의미한다.

03 ERP 구축

(1) ERP의 구축 절차

ERP시스템 구축 절차는 크게 분석(Analysis), 설계(Design), 구축(Construction), 구현(Implementation)의 단계로 구분할 수 있다.

① **착수단계** : 프로젝트 수행 전 준비단계로 계획을 수립하고 팀 구성원을 조직하여 원활한 프로젝트 진행을 위한 물리적 · 기술적 환경을 구축한다.

② **분석단계** : 현재의 업무 프로세스 현황 분석을 통해 ERP 표준 프로세스와 비교하여 차이점을 분석하고 이를 개선할 수 있는 AS-IS를 예측한다.

③ **설계단계** : 분석 단계에서 도출된 정보를 기반으로 필요 부분을 도출하고 설계하는 단계이다. 기존 개발된 부분을 기반으로 추가하는 설계라면 기존 시스템과의 정상적인 인터페이스를 체크한다.

개념 Plus

AS-IS(현재상태, 에즈-이즈)

AS-IS 분석이란 현재의 업무 프로세스를 분석하는 것으로, AS-IS 프로세스 목록 작성, AS-IS 프로세스 체계도 작성, AS-IS 프로세스 정의서를 작성하는 일련의 작업이 수반된다.

④ **구현단계** : 파악된 문제점을 기반으로 설계된 항목을 ERP 시스템으로 구축·운영하는 단계이다. 구축이 완료되면 운영 매뉴얼을 작성하여 업무처리 시 활용하도록 한다.

⑤ **종료단계** : 프로젝트의 완료를 조직 내부 구성원이나 고객사에게 알리고 요구사항에 기반한 구현 및 테스트가 종료되었음을 확인하면, 정상적으로 종료를 선언한 후 운영에 들어간다.

(2) ERP 구축의 성공 요인

개념 Plus

ERP 구축 도입 시의 해결 과제
• ERP에 대한 경영자의 이해
• 경영 전략의 명확화
• 현장 일임 주의에서 탈피
• 전체 최적화의 추구
• 조직의 문화와 풍토에 대한 혁신 의식
• 업무를 위한 정보시스템의 전면적 인 재구축
• ERP 패키지 이용에 대한 불안감 해소
• ERP 패키지에 대한 지식 습득

① 기업의 경영 방침 및 비즈니스 전략과 새로운 시스템의 방향성을 맞추기가 어렵기 때문에 최고 경영진의 의지가 중요하다.

② ERP를 도입하는 목적과 그에 적합한 프로젝트의 범위 및 ERP를 도입하고자 하는 조직 영역 또는 업무영역을 명확히 하여야 한다.

③ 회사 내의 IT 인력과 외부 전문 컨설팅 인력 등 필요 자원을 확보해야 한다.

④ 현재 기업들이 적용하고 있는 ERP Package가 많지만 각각의 성격이 다르므로 도입하고자 하는 회사의 성격을 잘 파악한 다음 가장 적합한 Package를 선정하는 것이 중요하다.

⑤ ERP 구축 시에 비용, 시간, 인원, 기능 등의 면에서 자사의 정보 시스템 부서원의 단독 수행이 불가능할 경우가 대부분이어서 컨설팅 회사의 지원을 의뢰하는 것이 일반적인데, 이때 적절한 선정 기준을 확립하고 그 기준마다 컨설팅사의 평가를 실시하여 최종적으로 어느 컨설팅사에 의뢰할 것인지를 결정한다.

2 CRM 시스템

01 CRM 개념

(1) 고객관계관리(CRM ; Customer Relationship Management)의 개념

① 기업이 고객과 관련된 내외부 자료를 분석·통합해 고객 중심 자원을 극대화하고 이를 토대로 고객특성에 맞게 마케팅 활동을 계획·지원·평가하는 과정이다.

② CRM은 데이터베이스 마케팅(DB marketing)의 일대일 마케팅(One-to-One marketing), 관계마케팅(Relationship marketing)에서 진화한 요소들을 기반으로 등장하게 되었다.

③ 고객데이터의 세분화를 실시하여 신규고객 획득, 우수고객 유지, 고객가치 증진, 잠재고객 활성화, 평생고객화와 같은 사이클을 통하여 고객을 적극적으로 관리한다.

④ 기존 마케팅이 단발적인 마케팅 전술이라면 CRM은 고객과의 지속적인 관계를 유지하면서 '한 번 고객은 평생고객'이 될 수 있는 기회를 만들고, 평생고객화를 통해 고객의 가치를 극대화하는 것이다.

⑤ CRM은 고객의 정보, 즉 데이터베이스를 기초로 고객을 세부적으로 분류하여 효과적이고 효율적인 마케팅 전략을 개발하는 경영전반에 걸친 관리체계며, 이는 정보기술이 밑받침돼 구성된다.

02 CRM 요소기술

(1) CRM의 기본요소

① **시장과 고객에 대한 이해(Know)** : 수익성이 높은 고객과 낮은 고객을 분류하고, 고객 데이터 웨어하우스(Data Warehouse) 및 데이터 마이닝(Data Mining)을 통해 고객가치를 관리한다.

② **최적 서비스 개발(Target)** : 어떤 고객에게, 어떤 제품과 서비스를, 어떤 채널을 통해 판매할 것인가를 고민하여 최적 서비스를 개발한다.

③ **고객 유치(Sell)** : 현재의 우량고객과 유사한 대상을 선별하여 적절한 접근 방식 및 유인을 통해 그들과 새로운 거래관계를 형성하여 신규고객을 유치한다.

④ **기존 고객의 유지(Service)** : 기존 고객의 만족은 또 다른 고객 추천의 바탕이 되므로 CRM에서는 기존 고객의 유지 활동을 매우 중요하게 생각한다. 따라서 고객의 충성도를 창출하고 유지하기 위한 고객서비스를 제공한다.

(2) CRM의 구성요소

관계획득전략	관계유지전략	관계강화전략
• 잠재고객의 추출 • 구매고객으로의 전환 • 고객확보비용 감소 • 이탈고객 재획득	• 고객니즈의 분석 • 고객평가 및 세분화 • 개인화 및 맞춤화 • 이탈 방지	• 핵심고객의 발굴 • 관계의 깊이와 폭 확대 • 고객 네트워크의 전략적 활용

개념 Plus

CRM의 핵심 구성요소
• 비즈니스 목표
• 비즈니스 프로세스
• 비즈니스 전략
• 비즈니스 정보
• 조직역량
• 시스템 기능
• 기술 인프라스트럭처

(3) CRM 시스템의 기술 요소

① **OLTP(On-Line Transaction Processing)** : 데이터베이스 기반 하에 거래처리 관련 개별 데이터를 조회·갱신·삭제하기 위한 처리 시스템이다.

② **OLAP(On-Line Analytical Processing)** : 데이터베이스 기반 하에 다차원적 정보구조 분석을 통해 데이터를 생성·조작·활성화하는 시스템이다.

③ **데이터마이닝(Data-Mining)** : 데이터 속에 내재된 데이터들 간의 패턴이나 관련성을 발견하여 미래에 실행 가능한 지식을 추출해 내고 의사결정에 활용하는 과정이다.

03 CRM 구축

(1) CRM 구축의 전제조건

CRM을 구현하기 위해서는 고객 통합 데이터베이스(DB)가 구축돼야 하며, 구축된 DB로 고객 특성(구매패턴·취향 등)을 분석하고 고객 개개인의 행동을 예측해 다양한 마케팅 채널과 연계돼야 한다.

(2) CRM 시스템의 구축 수립 5단계

① 기업의 특성에 맞는 고객전략 수립 : 고객 개개인이 어떤 채널을 통해 제품 및 서비스를 구매하는지 파악하여 전략을 수립한다.

② 인프라 구축 : 데이터웨어하우스(Data warehouse)와 백오피스(Back office), 프런트 오피스(Front office) 시스템, 전자상거래 등 새로운 커뮤니케이션 채널을 확립하여 정보지원 분석 및 개별고객 분석 등의 활동을 수행한다.

③ 데이터마이닝(Data-Mining)을 통한 고객 분석과 마케팅 실시 : 고객의 성향을 분석하여 구매를 창출하고, 잠재고객층과 충성고객층 등 다양한 고객층을 대상으로 차별화 마케팅 전략을 실시한다.

④ 고객 분석 결과를 실질적으로 판매하는 과정에서 활용 : 교차판매, 추가판매, 재구매 등을 통해 평생고객 가치를 극대화한다.

⑤ 고객 유지를 위한 서비스와 피드백 관리 : 고객과의 유대 강화, 이탈 고객 감소, 기존 고객을 우수고객으로 전환한다.

(3) CRM의 프로세스

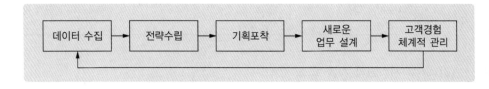

04 유통분야에서의 CRM 활용

(1) 고객과의 관계에서의 활용

① 잠재고객을 발굴할 수 있다.

② 고객충성도를 향상시킨다.

③ Cross Selling(크로스셀링)과 Up Selling(업셀링)을 통해 Profit(이익)을 증대시킬 수 있다.

④ 고객의 이탈을 방지하고 이탈 고객을 재탈환할 수 있다.

개념 Plus

교차판매(cross selling)
고객이 이미 구매한 상품 또는 서비스와 유사하거나 보완적인 다른 상품 및 서비스를 제안하여 고객의 구매범위를 확장하는 전략으로, 기업이 고객의 니즈를 파악하고 관련 상품을 제공하여 고객 만족도와 매출을 증대시키는 데 목적을 두고 있다.

(2) 업무영역에서의 활용

① 마케팅 : 고객의 가치를 분석하고 평가한다.

② 영업 : 고객 접점에서 다양한 정보를 제공하고 적절한 업셀링 및 교차판매를 유도한다.

③ 고객서비스 : 고객 불만 처리 및 고객의 목소리를 청취할 수 있다.

개념 Plus

업셀링(up selling)
고객에게 기존에 구매한 상품이나 서비스와 관련하여 추가적인 상품이나 업그레이드 옵션을 제안하여 고객의 구매액을 늘리는 전략이다. 업셀링은 고객이 사려는 상품의 같은 범주 안에서 상품을 제안하는 것이고, 크로스셀링은 고객이 구매하려는 상품과 관련은 되어 있으나 다른 범주의 상품을 제안하는 것이다.

3 SCM 시스템

01 SCM 개념 기출 12·10·09·08

(1) SC(Supply Chain, 공급사슬)

① 공급사슬의 개념

㉠ 공급사슬은 원자재업자로부터 공장, 창고를 거쳐 소비자에게 최종제품을 전달(혹은 인도)하는 것까지의 모든 활동이 하나의 네트워크로 통합·연결되는 것을 말한다.★

㉡ 기존 개별기업들의 혁신활동의 한계를 극복하기 위해 **공급망 전체를 조망하는** 시야가 필요해짐에 따라 도입된 개념으로 원자재 공급업체, 제조업체, 유통업체, 고객 등을 연결한다. 즉 구매, 생산, 배송, 판매 등을 단편적인 책임으로 보는 것이 아니라 하나의 단일체로서 인식한다.★★

② 공급사슬의 구성요소 기출 08

㉠ 상위흐름 공급사슬(Upstream Supply Chain) : 조직의 첫째 상단에 있는 1차 공급업자와 그들에게 공급해주는 공급업자이다.

㉡ 내부 공급사슬(Internal Supply Chain) : 기업 내 자재의 흐름과 관련된 사슬로 입고분을 출고분으로 전환하는 과정에서 조직이 수행하는 과정이다.

㉢ 하위흐름 공급사슬(Downstream Supply Chain) : 제품을 최종고객에게 전달하는데 관련된 전 과정이다.

(2) 공급사슬관리(SCM ; Supply Chain Management)의 개념 기출 19·16·12·09·08

① SCM은 최종 소비자가 원하는 품질 수준의 제품을 고객이 원하는 양만큼, 원하는 장소에, 가장 싼값에, 원하는 시기에 공급하자는 것에서 시작된 개념이다. 즉 원자재의 조달로부터 제품의 생산과정을 거쳐, 유통망을 통해 고객이 원하는 제품이 고객의 손에 전달되기까지의 모든 과정을 최적화하자는 개념이다.★

② SCM을 통해 기업은 내부 자원뿐만 아니라 자사와 연결되어 있는 공급업체, 제조업체, 유통업체, 창고업체 등을 하나의 연결된 체인으로 간주하여 이들 간의 **협력과 정보교환**에 기초한 확장·통합 물류와 최적 의사결정을 통한 비용절감 및 효율성 증대로 상호이익을 추구한다.★★

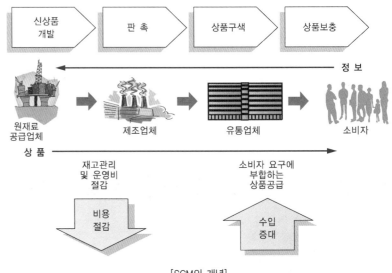

[SCM의 개념]

(3) SCM의 도입 목적

SCM의 목적은 기업 내 무분별한 최적화나 개별 기업단위의 최적화에서 탈피하여, 공급사슬구성 요소들 간에 이루어지는 전체 프로세스를 대상으로 최적화를 달성하는 데 있으며, 이를 바탕으로 양질의 상품 및 서비스를 소비자에게 전달함으로써 소비자는 거기에서 극대의 만족과 효용을 얻는 것이다. ★

(4) SCM의 발전과정

구 분	1세대	2세대	3세대	4세대
시 기	1980년대 초반	1980년대 후반	1990년대 후반	1990년대 후반 이후
철 학	제품중심	시장지향	시장주도	고객주도
형 태	기능별 린(Lean) 방식	린(Lean) 방식	린 방식과 애자일 방식 혼용	애자일(Agile) 방식
핵심요인	품질, 효율성, 리드타임			
성공요인	품 질	비 용	효용성	리드타임
성과척도	주가, 생산비용	투입시간, 물리적비용	시장점유율, 총비용	고객만족, 부가가치

[출처 : Christoper & Towill (2000)]

02 SCM 요소기술

(1) 린(Lean) · 애자일(Agile) 기출 20 · 15 · 12

① 린(Lean) 공급사슬 : 과잉생산, 과잉재고, 보관기간 및 운송시간 등 낭비적 요소를 제거함으로써 생산원가의 절감을 꾀하는 전략이다. 작업공정을 혁신하고 재고를 최대한 줄임으로 생산성과 효율성의 증대를 추구하는 전략으로, 품질에 대한 엄격한 관리를 중시한다.

  ㉠ 많은 생산량, 낮은 변동, 예측가능한 생산환경에 적합한 방식이다.

  ㉡ 주로 편의품이나 생필품과 같은 재고회전이 빠른 상품이 적합하다.

  ㉢ 시장의 수요를 예측할 수 있어야 하고, 라이프사이클이 긴 특징을 가지고 있다.

  ㉣ 생필품 위주로 구성되어 있기 때문에 고객들이 저렴한 가격에 상품을 구입한다.

  ㉤ 주요 상품군은 수익률이 낮은 특징이 있고, 상품에 대한 정보가 풍부해 규칙적인 공급관계가 형성되는 특징이 있다.

② 애자일(Agile, 고객주문대응) 공급사슬 : 고객들이 원하는 바를 파악해 개발 후 시장의 반응을 살피는 방식으로 소규모인원이 신속하게 상품을 개발한 후 지속적으로 운영활동을 수행하는 전략이다. 시장변화를 민첩하게 즉각적으로 받아들이기 위한 전략으로 제품설계부터 출하까지 처리과정이 신속하며, 급변하는 고객의 요구사항에 유연하게 대처할 수 있다.

  ㉠ 수요의 다양성이 높고 예측이 어려운 생산환경에 적합한 방식이다.

  ㉡ 주로 패션의류이라든가 액세서리와 같은 상품에 이용하는 공급사슬로 유행에 민감하기 때문에 라이프사이클이 짧다.

  ㉢ 수요예측이 매우 어렵고, 다양한 상품을 유통시킬 수 있는 특성이 있다.

  ㉣ 주요 상품군은 수익률이 매우 높은 특징이 있고, 고객들은 상품을 이용하면서 느끼는 효용이나 만족감 때문에 상품을 재구매하는 특징이 있다.

린(Lean) 방식과 애자일(Agile) 방식의 차이

속 성	린(Lean) 방식	애자일(Agile) 방식
대표적인 제품	기능성 상품	신상품, 유행상품
시장 수요	예측가능하고 안정적	변동 심함
제품다양성	적 음	많 음
제품수명주기	긴	짧 음
고객유인	비용/가격	유용성
순수 마진	낮 음	높 음
주요 투입비용	물류비	마케팅비
품절 패널티	거래 계약에 따라 다름	즉각적이고 다양
구매 정책	자원 구입	역량 할당
정보 강화	높은 관심	의무적
예측 매커니즘	알고리즘	전문가 자문

[출처 : Christoper & Towill (2000)]

(2) SCM 기술의 다양한 관점 기출 19 · 18

① **흐름 관점(Flow Perspective)** : 흐름 관점은 각 부문들 사이의 재화, 정보, 자금의 흐름을 총체적으로 관리하여 공급사슬의 효율을 증가시키는 전략이다.

② **프로세스 관점(Process Perspective)** : 속도와 확실성을 보장하며 관련된 프로세스를 통해 추가로 발생하는 부가가치를 극대화하여 조직의 이익과 효율성을 증가시키는 방법이다.

③ **정보기술 관점(IT Perspective)** : 자재구매를 위한 의사결정과 계획, 생산스케줄링, 고객배송, 재고를 최적화하는 과정까지를 지원하는 소프트웨어의 넓은 범위이다.

④ **가치사슬 관점(Value Chain Perspective)** : SCM에서 공급이란 실질적으로 공급사슬상의 모든 기능의 공유된 목표이며, 이는 전체 원가와 시장점유율에 미치는 영향 때문에 전략적 중요성을 가진다. SCM은 **고객의 고객에서 공급자의 공급자까지의 전 프로세스에 걸친 가치사슬(Value Chain)의 최적화 및 이를 통한 가상기업(Virtual Enterprise)의 구현으로, 공급자의 공급자에서 시작하여 구매, 제조, 분배, 유통을 거쳐 소비자에게 이르는 모든 재화 및 서비스 그리고 그것의 흐름에 수반되는 가치의 흐름을 통합·연계**하여 전체적인 시스템으로 이해하고 분석하려는 경영 패러다임이다. ★

> **가치사슬(Value Chain)**
> • 기업 활동에서 부가가치가 생성되는 과정을 말한다. 기업을 가치창출 활동들의 결합체로 조명하는 도구로 모든 경영활동을 부가가치 창출여부에 초점을 맞추어 재구성한 것이다.
> • 가치사슬을 추구하는 방법은 공급업체, 유통업체, 소매업체를 하나의 가치사슬로 엮어 마치 하나의 기업이 움직이는 것처럼 통합된 물류시스템을 구현하는 것이다. 즉, 협력업체와의 전반적인 프로세스 관련성을 분석하고 과연 어느 부분에서 동맥경화의 현상이 발생하고 있는 지를 우선적으로 파악해야 한다. 또한 소비자가 원하는 제품이 무엇이며 어떠한 제품을 추가로 제공하여야 하는가의 정보가 즉시 전달되고 반영되어야 한다.
> • 기업의 구매·재고·수주·생산관리와 사후관리까지의 모든 공급체인을 유기적으로 결합하여 실시간 정보를 즉각 반영하고 이에 대응할 수 있어야 한다.

03 SCM 구축

(1) SCM 구축의 필요성

① **높은 물류 비용** : 공급사슬에서 운송비용과 재고비용 등 제조과정 외부의 비용이 부가가치의 60~70%를 차지한다.

② **예측의 불확실성** : 채찍효과(Bullwhip Effect)에 의해 공급사슬의 가장 마지막 소매단계의 주문과 고객수요 성향에 대한 정보가 도매상과 지역유통센터 등의 공급사슬로 전달되는 과정에서 지연이나 왜곡되어 결품, 과잉재고 등의 문제가 발생한다. ★

③ **글로벌화(세계화)** : 기업 활동이 글로벌화 되면서 공급사슬상의 리드타임이 길어지고 불확실해졌다. 또한 부품조달 비용, 인건비, 금융비용, 생산성, 운송비용 등은 국가별·지역별 편차, 관세 및 환율 법규의 국가별 차이, 지역별 제품사양의 차이 등을 감안해야 하고 그에 따라 물류 과정도 복잡하게 되었다.

④ 대량 고객화·개별화(Mass Customization) : 기존의 표준화된 제품을 대량 생산하여 고객에게 밀어내던 방식을 탈피하고 고객의 다양한 요구에 맞추어 제조·납품하는 대량 맞춤서비스가 보편화되고 있다. 대상품목이 많아지면서 재고 및 물류관리를 비롯해 주문관리, 생산계획, 정보관리 및 추적관리도 복잡해져서 공급사슬관리의 중요성이 부각되었다.

⑤ 기업 경쟁의 심화 : 기업 간 경쟁이 치열해짐에 따라 고객지향, 고객만족, 시장요구에 대한 적응을 위하여 공급사슬의 혁신에 대한 요구가 증대되고 있다.

(2) SCM상의 채찍효과(Bullwhip Effect) 기출 21·20·19·18·16·12·11·10·09·08

① 채찍효과의 개념 : 공급자, 생산자, 도매상, 소매상, 고객으로 구성된 공급사슬망에 있어서 소비자 수요의 작은 변동이 제조업체에 전달되는 과정에서 지연·왜곡 및 확대되는 현상이다. 공급사슬망에서 채찍효과가 발생하는 근본적인 원인은 수요예측상의 문제점으로 주문량이 실제의 수요를 정확하게 반영하지 않았기 때문이다. 이러한 정보의 왜곡현상으로 공급사슬망 전체로는 재고가 증가하고 고객에 대한 서비스수준도 떨어지며 생산능력계획의 오류, 수송상의 비효율 등과 같은 악영향이 발생하게 된다. ★★

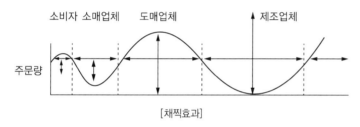

[채찍효과]

② 채찍효과의 주요 발생원인★★
㉠ 다단계(중복적) 수요예측 : 각각의 주체가 독립적으로 수요예측을 행하여 발생하는 수요예측의 부정확성 때문이다.
㉡ 리드타임 : 리드타임이 길어지거나 변동이 있는 경우에 수요변동의 작은 변화라 하더라도 안전재고와 재주문점에 변동을 초래할 수 있기 때문이다.
㉢ 일괄주문 처리 방식(Order Matching) : 각각의 단계에서 주문이 일괄적으로 배치(Batch)되기 때문이다.
㉣ 불규칙적인 가격정책(Price Variations) : 대규모 할인정책의 실시, 즉 프로모션 등 생산업체의 유동적이고 불규칙적인 제품 가격정책의 영향 때문이다.
㉤ 분배문제와 과잉주문 : 공급망에서의 분배문제와 도·소매상의 과잉주문 즉 재고가 부족하다고 느낀 제품에서 일어나는 팬텀(Fantom)수요 때문이다.

③ 채찍효과 제거방안★★
㉠ 공급체인 전반에 걸쳐 수요 및 재고에 대한 정보를 통합·집중화하고 공유한다.
㉡ 최종소비자의 수요 변동 폭을 감소시킬 수 있는 영업전략을 선택한다.
㉢ 판매운영계획(S&OP) 등을 활용해 수요와 공급의 균형을 달성할 수 있도록 한다.
㉣ SCM구축을 통해 제품공급 리드타임을 감축시킬 수 있는 방안을 연구한다.

개념 Plus

팬텀(Fantom) 수요
하류기업은 재고가 부족하다고 느낀 경우에 가능한 재고를 많이 확보하기 위해 실제로 필요한 양보다 많이 발주하는 경향이 있다. 그것 때문에 발생하는 외관상의 수요를 팬텀 수요라 한다.

출제지문 돋보기 OX

01   [20-2]
채찍효과(bullwhip effect)는 실제 소비자 주문의 변화 정도는 적은데 소매상과 도매상을 거쳐 상위단계인 제조업체에 전달되는 변화의 정도는 크게 증폭되는 효과를 설명하는 용어이다.   (   )

02   [19-1]
채찍효과의 적극적 대처방안으로 고객이 선호할만한 대규모 할인정책을 실시한다.   (   )

정답 1. ○   2. ×

ⓜ 공급자재고관리(VMI), 연속재고보충프로그램(CRP), 전자문서교환(EDI) 등을 활용해 공급체인 구성원 간에 전략적 관계를 강화한다.

ⓗ 상시적으로 싼 가격(EDLP)정책을 적절히 활용하거나 제품 할인 가격정책을 펼치되 일정 간격으로 나누어 배분하는 방법을 이용한다.

ⓢ 수요충격을 최소화하기 위한 방안으로 시장 다각화 전략 등을 고려한다.

> **리스크 풀링(Risk pooling)**
> 공급사슬관리(SCM)에서 변동성을 다루기 위한 도구로, 지역별 수요를 통합할 경우 특정 지역의 높은 수요를 다른 지역의 낮은 수요와 상쇄할 수 있어 전체적인 수요의 변동이 작아지게 된다. 따라서 안전재고수준이 낮아지며, 전체적으로 재고수준이 감소한다. 이러한 리스크 풀링의 긍정적인 효과는 유통네트워크 디자인에 있어서 중앙 집중화가 유리하다는 주장의 근거가 된다.

(3) SCM 구축의 성공요인 `기출` 19 · 15

① 기업과 조직의 기초환경

㉠ 기업조직의 최고경영층의 지속적 관심과 지원이 필요하다.

㉡ 기업 내, 기업 간 유기적 체제의 수립과 실행을 위한 정보화 기술이 구축되어 있어야 한다.

㉢ 활동성 원가회계시스템이 도입되어야 한다.

㉣ 기업 내, 기업 간의 파트너십을 강화해야 한다.

② SCM 시스템의 성공요건

㉠ 공급체인 구성원은 경쟁관계에서 동반관계로 전환해야 한다.

㉡ 수요기업과 공급기업 간의 진실한 협력체제가 이루어져야 한다.

㉢ 소매업체와 제조업체 간 협력과 원활한 커뮤니케이션이 이루어져야 한다.

㉣ 물류활동의 통합을 위해 체인 내의 파트너들이 수요, 판매, 재고, 수송 등의 자료를 공유해야 한다.

㉤ 현업을 중심으로 구축해야 하며, 전사적자원관리(ERP), 고객관계관리(CRM) 등의 통합정보시스템 지원은 필수적이다.

물류관리와 공급사슬관리의 비교

구 분	물류관리(전통적 접근방법)	공급사슬관리
공동계획주기	거래에 기반을 둠	지속적
총비용 접근방식	기업비용의 최소화	경로 전체의 비용효율
정보공유	현 거래 유지에 필요한 만큼	기획과 점검과정에 필요한 만큼
재고의 흐름	창고 지향적	유통센터 지향적
공급선의 수	다수 : 경쟁유발	소수 : 조정의 용이함 증대
시간영역	단기적	중장기적
경로리더십	불필요	조정차원에서 필요
위험 및 보상	구성원 개별 책임 및 보상	공동책임 및 보상, 장기적으로 전체 공유

(4) 공급망관리시스템 기출 17

① **카테고리 매니지먼트(CM)** : 유통업체와 제조업체가 공동으로 고객의 관점에서 상품을 카테고리 수준에서 관리하는 경영기법이다.

② **신속대응 시스템(QR)** : 의류업계에서 리드타임 감소, 재고비용 감소, 판매의 증진 등 효과적 성과를 보인 시스템이다.

③ **효율적 고객대응시스템** : 소비자의 만족에 초점을 두고 공급사슬의 효율을 극대화하기 위해 제품의 제조단계부터 도매, 소매에 이르기까지 전과정을 일련된 흐름으로 보아 관련 기업들의 공동참여를 통해 총체적으로 경영효율을 제고하는 기법을 말한다.

④ **협력적 계획, 예측 및 재고보충시스템** : 유통업체와 제조업체가 서로 협력하여 공동으로 수요를 예측하고 계획하며, 재고를 보충하는 시스템이다. 즉 수요예측과 재고보충을 위한 공동시스템을 말한다.

⑤ **공급업체 주도 재고관리(VMI)시스템** : 유통업체에서 발생하는 재고를 제조업체가 전담해서 관리하는 방식이다.

SCM 소프트웨어(Software) 구성

- SCP(Supply Chain Planning)는 의사결정과 계획입안 업무를 지원하는 소프트웨어이며, APS (Advanced Planning and Scheduling)로 불리는 다양한 소프트웨어들이 있다. 구체적으로 보면 수요계획, 행사계획, 재고계획, 자동재고보충계획, 생산계획 등이 있다.
- SCE(Supply Chain Execution)는 주문처리나 물류관리에 따른 SCM을 실행하기 위한 소프트웨어들로 구성된다. 구체적인 솔루션으로는 기업 간 물류흐름을 보다 빠르고 정확하게 구현할 수 있는 ASN(Advanced Shipment Notice)이나 Cross Docking System을 지원하는 주문처리시스템(AOM ; Advanced Ordering Management), 창고관리시스템(WMS ; Warehouse Management System), 차량관리시스템(TMS ; Transportation Management System) 등이 있다.
- ERP를 구축한 기업에서는 기업성과를 높이기 위한 도구로서 SCP를 필요로 하게 되며, SCP를 구현하기 위해서는 SCE가 있어야 한다. ERP가 기업 내의 전사적 자원을 효율적으로 관리하는 것을 목적으로 한다면, SCM은 이보다 넓은 개념으로 기업과 기업 간에 자원, 정보, 자금 등을 통합 관리하여 이해관계에 있는 모든 기업들을 최적으로 관리하는 데에 그 목적이 있다.

개념 Plus

SCM의 응용전략 ★
- 섬유·의류부문 : QR
- 신선식품부문 : EFR
- 의약품·의료부문 : EHCR
- 식품부문 : ECR

개념 Plus

QR(Quick Response)시스템
QR은 의류업체의 재고문제를 해결하기 위한 SCM기법이다. 즉 QR은 생산, 유통관계의 거래 당사자가 협력하여 소비자에게 적절한 시기에, 적절한 양을, 적정한 가격으로 제공하는 것을 목표로 하며, 바코드, EDI, 상품정보 DB 등의 정보기술을 이용하여 생산 및 유통기간의 단축, 재고의 감소, 반품으로 인한 손실의 감소 등 생산, 유통의 각 단계에서 합리화를 실현하려는 전략이다.
- 소매업자 측면에서는 수익증대와 고객서비스 개선효과를 누릴 수 있다.
- 제조업자 측면에서는 생산 및 수요예측이 용이하고 상품 품절을 방지할 수 있다.
- 원자재로부터 최종제품에 이르는 리드타임의 단축과 재고감소가 일어난다.
- 적정 수요량 예측으로 재고량이 감소되고 재고회전율도 향상된다.
- 신속하고 정확한 소비자 수요동향 분석을 할 수 있어 시장변화에 대한 효과적인 대응이 가능하다.

CHAPTER 07 | 신융합기술의 유통분야에서의 응용

1 신융합기술

01 신융합기술의 개요

02 디지털 신기술 현황

03 신융합기술에 따른 유통업체 비즈니스 모델 변화

2 신융합기술의 개념 및 활용

01 빅데이터와 애널리틱스의 개념 및 활용

02 인공지능의 개념 및 활용

03 RFID와 사물인터넷의 개념 및 활용

04 로보틱스와 자동화의 개념 및 활용

05 블록체인과 핀테크의 개념 및 활용

06 클라우드컴퓨팅의 개념 및 활용

07 가상현실과 메타버스의 개념 및 활용

08 스마트물류와 자율주행의 개념 및 활용

최근 5개년 출제경향 회당 평균 0문제 출제(5개년 기준 총 15회)

		출제영역	2019	2020	2021	2022	2023	합계
15%	제1장	유통정보의 이해	10	6	6	12	11	45
10.3%	제2장	지식경영	8	6	10	4	3	31
30.3%	제3장	주요 유통정보화기술 및 시스템	14	18	17	20	22	91
22%	제4장	유통정보의 관리와 활용	11	12	16	12	15	66
22.4%	제5장	전자상거래	17	18	11	12	9	67
	제6장	유통혁신을 위한 정보자원관리	-	-	-	-	-	-
	제7장	신융합기술의 유통분야에서의 응용	-	-	-	-	-	-
		합계(문항수)	60	60	60	60	60	300

※ '제7장 신융합기술의 유통분야에서의 응용'은 시험 주관처에서 발표한 2024년 출제기준 개정안에 새로 추가된 이론이므로 최근 5개년 (2019~2023년) 동안 기출문제에 출제된 문항에 포함되지 않습니다.

신융합기술의
유통분야에서의 응용

07 · 신융합기술의 유통분야에서의 응용

1 신융합기술

01 신융합기술 개요

(1) 융합의 의미와 등장배경

① 융합은 이질적 개체들을 연결·통합해서 가치가 더 커진 새로운 개체를 만들어 내는 혁신활동을 의미한다.

② 특히 4차 산업혁명으로 인해 물리세계, 디지털세계, 그리고 생물 세계가 융합되어 경제와 사회의 모든 영역에 영향을 미치게 되었다.

(2) 신융합기술

① 신융합이란 인공지능, 사물인터넷, 빅데이터, 로봇기술, 자율주행, 가상현실 등 첨단 정보통신기술의 융합을 통해 동일 업종이나 분야가 아닌 전혀 다른 업종 간의 산업이나 분야가 융합되어 새로운 부가가치를 만드는 것을 말한다.

② 3대 핵심 기술 영역

구 분	내 용
디지털 기술	자료의 디지털화를 통한 복합적인 분석이 핵심과제로, 연관 기술에는 사물인터넷, 인공지능, 빅데이터, 공유플랫폼 등이 있다.
바이오 기술	생물학 정보의 분석 및 정밀화를 통한 건강 증진이 핵심과제로, 연관 기술에는 유전공학, 합성 생물학, 바이오 프린팅 등이 있다.
물리학 기술	현실 공간과 가상 공간의 연계를 통한 가상 물리 시스템을 구축하는 것으로, 연관 기술에는 무인 운송수단, 3D 프린팅, 로봇공학, 나노 신소재, 대체 에너지 등이 있다.

개념 Plus

4차 산업혁명

인공지능기술 및 사물인터넷, 빅데이터 등 정보통신기술(ICT)과의 융합을 통해 생산성이 급격히 향상되고 제품과 서비스가 지능화되면서 경제사회 전반에 혁신적인 변화가 나타나는 것을 의미한다.

02 디지털 신기술 현황

(1) 5대 주요 기술 현황

① 사물 인터넷(IoT ; Internet of Things)

  ㉠ 사물에 센서를 부착하여 네트워크를 통해 실시간으로 데이터를 통신하는 기술이다.

  ㉡ 활용 현황 : IoT + 인공지능(AI) + 빅데이터 + 로봇 공학 = 스마트 공장

② 로봇 공학(Robotics)

  ㉠ 로봇 공학에 생물학적 구조를 적용하여 적응성 및 유연성을 향상시키는 기술이다.

  ㉡ 활용 현황 : 로봇 공학 + 생명과학 = 병원 자동화 로봇

③ 3D 프린팅(Additive manufacturing)

  ㉠ 3D 설계도나 모델링 데이터를 바탕으로, 원료를 쌓아 물체를 만드는 제조 기술이다.

  ㉡ 활용 현황 : 3D 프린팅 + 바이오 기술 = 인공 장기

④ 빅데이터(Big Data)

  ㉠ 대량의 데이터로부터 가치를 추출하고 결과를 분석하는 기술이다.

  ㉡ 활용 현황 : 빅데이터 + 인공지능 + 의학 정보 = 개인 맞춤 의료

⑤ 인공지능(AI)

  ㉠ 사고·학습 등 인간의 지능 활동을 모방한 컴퓨터 기술이다.

  ㉡ 활용 현황 : 인공지능 + 사물 인터넷 + 자동차 = 무인 자율 주행 자동차

(2) 디지털 신기술 동향

① 5G와 6G

  ㉠ 급증하는 데이터 사용량에 대응하기 위한 필수 인프라로, 자율주행, 디지털 의료 등 신융합 산업의 핵심 기반기술이다.

  ㉡ 개방형 네트워크의 확산으로 인해 6세대(6G) 기술선점을 위한 국가 간 경쟁이 치열해지고, 빅테크 기업의 참여로 세계 시장 구도가 급변할 가능성이 있다.

  ㉢ 해외 의존도가 높은 단말·장비 핵심부품의 공급망 통제 시에는 경쟁력에 위협이 될 수 있으며, 6세대(6G) 상용화에 대비한 표준 선점이 중요하다.

② 첨단바이오

  ㉠ 첨단바이오 분야는 단기간에 기술자립이 용이하지 않은 기술이다.

  ㉡ 팬데믹 상황이 발생했을 때 경제회복력 격차 극복의 필수 역량으로 부상되어, 기술의 유무가 글로벌 위기 상황에서 대외협상력으로 발휘될 수 있다.

③ 반도체·디스플레이

  ㉠ 우리나라 수출 비중의 약 20% 이상을 차지하는 주력 산업 분야인 반도체·디스플레이는 경제안보의 핵심이자 인공지능, 사물인터넷과 같은 4차 산업혁명의 기반기술이다.

  ㉡ 미국과 중국의 패권 경쟁의 시작점에 있는 기술로, 공급망 확보 경쟁이 치열하기 때문에 경쟁력을 상실하거나 전략적 통제가 있을 시에는 경제안보에 치명적 위협이 되기도 한다.

④ 2차전지
- ㉠ 친환경·전기차의 모빌리티 패러다임으로 전환되어 탄소중립 기조가 강화된 가운데, 2차전지는 친환경 에너지원으로 그 중요도가 급부상하고 있다.
- ㉡ 최근 전기차 보급이 본격화되면서 시장 주도권과 차세대 기술선점, 안정적 공급처 확보를 위한 국가 간 경쟁이 치열한 분야이다.
- ㉢ 우리나라는 세계 최고 수준의 제조기술을 보유하고 있지만, 핵심원료 가공과 소재의 특정 국가 의존도가 높아 공급망 관리와 대응이 필요한 분야이다.

⑤ 첨단로봇 제조
- ㉠ 세계 공급망 재편 및 리쇼어링 흐름에 따라 자국 내 제조 경쟁력 확보 경쟁이 치열한 분야로, 국방 분야에서도 폭넓은 활용성을 가지고 있다.
- ㉡ 특히 제조업 비중이 높고, 로봇밀도가 높은 우리나라 경제 구조상, 선도국 기술종속은 산업 전반의 종속으로 이어질 가능성이 존재하며, 인공지능 기술의 발전에 따라 로봇 활용 영역과 중요도는 더욱 증대되고 있다.

⑥ 양 자
- ㉠ 미·중·일·유럽연합 등 모든 주요국의 공통 전략기술인 양자는 초고속 연산, 초정밀 계측 등 현재 컴퓨팅 기술 한계를 뛰어넘어 신약개발, 금융 등 다양한 산업에서 양자 혁명을 초래할 것으로 전망된다.
- ㉡ 양자 기술은 보안강화와 암호체계 무력화라는 양면성을 가져, 국가안보 관점에서도 매우 큰 전략적 가치를 지닌 기술로 평가받고 있다.

⑦ 우주·항공
- ㉠ 민군 겸용이 가능한 강대국만이 도전해 온 우주기술인 우주·항공 기술은 국가 간 엄격한 기술통제로 인해 자력개발을 통해서만 확보할 수 있었다.
- ㉡ 미래의 우주경제 시스템을 선점한 국가는 세계 경제 패권을 차지할 수 있기 때문에 이로 발생한 국가 간 경제적 차이는 극복하기 어려울 것으로 예상되고 있다.
- ㉢ 무인 비행체의 전장 전용 확대, 도심 항공교통(UAM)의 상용화 추진에 따라 항공기술도 추격자에만 머무를 수는 없는 전략기술이 되었다.

⑧ 사이버 보안
- ㉠ 새로운 디지털 인프라가 확대됨에 따라 공격방법이 다양해지고 있는 상황 속에서 경제와 산업 등 국가 인프라의 보호막이자 방패로서 사이버 보안이 더욱 중요해지고 있다.
- ㉡ 디지털 전환 가속화에 따라 필수적으로 요구되는 기술인 사이버 보안은 반드시 기술자립을 통한 최고 수준의 경쟁력, 즉 정보주권 확보가 필요하다.

03 신융합기술에 따른 유통업체 비즈니스 모델 변화

(1) 신융합기술에 따른 주요 변화 유형

① **스트리밍 플랫폼의 지배** : 온디맨드 스트리밍 플랫폼은 계속해서 성장할 것으로 예상되기 때문에 더 많은 사람들이 영화, TV 프로그램, 음악, 팟캐스트 등 다양한 콘텐츠를 원하는 시간에 어디서나 스트리밍할 수 있는 플랫폼을 이용하게 될 것이다.

② **가상 현실(VR) 및 증강 현실(AR)** : VR 및 AR 기술을 통해 현실 세계와 상호작용하며 콘텐츠를 더욱 몰입적으로 경험할 수 있게 되었다.

③ **개인화된 콘텐츠** : AI 기술의 발전으로 인해 사람들은 자신의 관심사, 취향, 선호도에 맞춰 콘텐츠를 선택하고 개인화된 권장 사항을 제공받을 수 있게 되었다.

④ **소셜 미디어의 진화** : 동영상 콘텐츠의 중요성이 더욱 높아짐에 따라 더 많은 인터랙티브 기능과 실시간 소통 도구가 도입되고 있다.

⑤ **인공지능(AI) 기술의 활용** : AI는 더욱 효율적인 콘텐츠 생성·분석·배포를 가능하게 하여 미디어 산업에 혁신을 가져오고 있다.

⑥ **신뢰와 프라이버시의 중요성** : 가짜 뉴스, 딥페이크 등의 문제로 인해 미디어 사용자들은 신뢰할 수 있는 콘텐츠와 개인정보 보호에 더욱 중요성을 두고 있다. 따라서 블록체인 기술을 활용하여 콘텐츠의 원본성을 검증하고 사용자들의 개인정보를 안전하게 보호하는 방안들이 발전하고 있는 추세이다.

(2) 유통업체의 신융합기술 활용 방식에 따른 변화

① 유통업체들은 AI와 IoT 등 첨단기술이 활용된 차세대 '고객 풀필먼트 센터(Customer Fulfillment Center, CFC)'를 설립하여 디지털 방식으로 고객 주문을 받고 다양한 물품을 한 곳에 모아 동시 배송하면서 효율성을 극대화하고 있다.

② 이커머스 운영을 위한 빅데이터와 머신러닝 등 IT 기술 솔루션인 오카도의 로봇 기술(OSP)이 접목된 CFC에서는 캐비닛 형태의 물류 로봇들이 간격을 촘촘히 유지한 상태에서 레일 위를 오가며 박스에서 물품을 픽업하고, 제어하는 시스템을 통해 개별 로봇들과 실시간 통신하면서 서로 부딪히지 않고 물품을 가져오도록 지시할 수 있다.

③ '아마존 포캐스트' 기술 시스템으로 고객 주문 사항과 구비되어야 할 물품 등을 예측할 수 있다. 시기별 매출 데이터, 날씨·프로모션 등 비즈니스 데이터를 아마존 오로라에 입력하면 최적화된 수요 예측 결과가 애플리케이션 프로그램 인터페이스(API)로 전달된다.

④ 모니트론(Monitron) 서비스는 머신러닝으로 기계의 비정상적 상태를 사전 예측하고 대책을 제시하여 물류장비 관리운영비를 절감시킬 수 있다.

⑤ 온라인 주문 전용 물류센터 MFC(Micro Fulfillment Center)는 소비자들과의 물리적 거리를 최소화해 신속 배송을 실현할 수 있다. MFC를 기반으로 한 온라인 신선식품 배송 옵션은 일반 택배와 함께 '상점 내 픽업', '도로변 픽업', '락커 배송' 등 다양한 형태로 등장하고 있어 소비자 수요를 충족시키는 도심 유통의 핵심 물류거점으로 부상할 가능성이 충분하다.

개념 Plus

온디맨드 소프트웨어 스트리밍 (On-demand Software Streaming) 운영 체계(OS)의 가상 메모리 개념을 확장하여 인터넷 서버에 저장된 응용 프로그램의 실행 모듈을 클라이언트 PC에서 내려 받으면서 실행시키는 기술로, 기존의 응용 프로그램들이 개인용 컴퓨터(PC)에 설치된 이후에야 수행되는 것에 비해, 온디맨드 소프트웨어 스트리밍(SSoD)에서는 설치과정은 서버에서만 이루어지고 클라이언트는 단지 해당 페이지들만 내려 받아 수행하므로 최소의 자원으로도 설치 시와 동일한 효과를 얻을 수 있는 장점이 있다.

01 빅데이터와 애널리틱스의 개념 및 활용

(1) 비즈니스 애널리틱스(BA ; Business Analytics)의 개념

① 비즈니스 인텔리전스가 과거 데이터 및 정형 데이터를 기반으로 무엇이 발생했는지를 분석하여 비즈니스 의사결정을 돕는 도구라면, 비즈니스 애널리틱스는 과거뿐만 아니라 현재 실시간으로 발생하는 데이터에 대하여 연속적이고 반복적인 분석을 통해 미래를 예측하는 통찰력을 제공하는 데 활용된다.

② 비즈니스 인텔리전스가 기업 내 부서별로 소유하고 있는 데이터를 분석대상으로 삼았다면, 비즈니스 애널리틱스는 실시간으로 미래 예측적인 분석을 하기 위해 기업 전체 데이터를 통합·분석하는 형태로 발전하고 있다.

③ 비즈니스 애널리틱스 분야는 데이터의 양이 엄청나게 늘어나게 되고 여기에 덧붙여 기사, 블로그, 이메일, 소셜 데이터 등을 통해 트렌드나 감성을 분석하여 기업 비즈니스 계획에 반영하기 위해 비정형 데이터 분석 역시 큰 폭으로 확장되고 있다.

(2) 빅데이터의 개념

① 빅데이터는 기존 데이터보다 너무 방대하여 기존의 방법이나 도구로 수집·저장·분석 등이 어려운 정형 및 비정형 데이터들을 의미한다.

② 빅데이터 플랫폼은 빅데이터 기술의 집합체이자 기술을 잘 사용할 수 있도록 준비된 환경으로, 기업들은 빅데이터 플랫폼을 사용하여 빅데이터를 수집·저장·처리 및 관리 할 수 있다.

③ 빅데이터 플랫폼은 빅데이터라는 원석을 발굴하고, 보관·가공하는 일련의 과정을 통합적으로 제공해야 한다.

(3) 빅데이터의 활용기술

① **텍스트 마이닝(text mining)** : 자연어 처리 기반 텍스트 마이닝은 언어학, 통계학, 기계학습 등을 기반으로 한 자연언어 처리 기술을 활용하여 반정형·비정형 텍스트 데이터를 정형화하고 특징을 추출하기 위한 기술로, 추출된 특징으로부터 의미 있는 정보를 발견할 수 있다.

② **데이터 마이닝(data mining)** : 대량의 데이터에서 유용한 정보를 추출하는 것을 말한다. 데이터 마이닝을 할 때는 다양한 통계적 기법, 수학적 기법과 인공지능을 활용한 패턴인식 기술 등을 이용하여 데이터 속에서 유의미한 관계, 패턴 등에 대한 규칙을 발견하는 것이다.

③ **지능형 영상 분석** : 영상을 분석하여 내포된 특성을 인식하고 패턴을 추출하는 기술로 목적과 대상에 따라 객체 인식(얼굴, 색상, 글자, 숫자, 사물 등), 상황 감지, 모션 인식 및 추적, 객체 검색 등의 다양한 기능이 포함되어 있다.

개념 Plus

비정형 데이터(unstructured data)
• 사전에 정의된 일정한 규칙이나 구조가 없이 데이터 원본 그대로 저장되고 출력되는 형태의 데이터이다.
• 비정형 데이터에는 동영상이나 오디오 파일과 같은 멀티미디어(Multi-media) 데이터뿐만 아니라, 페이스북(Facebook), 트위터(Twitter)와 같은 소셜네트워크 서비스(SNS, Social Network Service)를 통해 생성된 데이터 등도 포함된다.
• 비정형 데이터가 증가함에 따라 데이터에 대한 처리 기술도 함께 발전하고 있는데, 비정형 데이터의 특징을 추출하는 전처리(Prepro-cessing) 과정을 통해 반정형 데이터 혹은 정형 데이터의 형태로 변환해서 인공지능 분석과 같은 다양한 분야에 활용할 수 있다.

④ **실시간 대용량 스트림 분석** : 실시간 데이터 분석 기술은 지속적으로 갱신되어 시점과 종점이 구분되지 않는 대용량 스트림 데이터에서 패턴을 추출하여 의미 있는 정보를 발견하기 위한 분석 기술이다. 대상 데이터로는 각종 센서 데이터, 영상 데이터, 웹 트래픽, 클릭스트림 데이터, 콜 센터 로그, 보안장비 로그 등이 포함된다.

⑤ **프로세스 마이닝** : 기록되어 있는 이벤트 로그를 분석하여 의미 있는 정보를 찾아내는 것을 목적으로 하는 기술로 빅데이터 시대의 기업 경영 관리에 필수적이다. 프로세스 로그 분석은 프로세스에 대한 통찰, 병목점 식별 및 문제 예측, 업무 수행 규정 위반 검사 및 대책 권고, 프로세스 간소화 등 매우 다양한 목적으로 활용될 수 있다.

(4) 빅데이터의 활용 사례

① 2014년 월드컵과 2016년 올림픽을 개최했던 리우데자네이루는 지능형운영센터(IOC)를 통해 도시 관리와 긴급 대응 시스템을 갖추었다

② IBM의 분석 솔루션이 적용된 지능형운영센터에는 교통, 전력, 홍수, 산사태 등의 자연 재해와 수자원 등을 통합 관리할 수 있는 체계가 갖추어져 있다.

③ IBM이 제공한 고해상도 날씨 예측 시스템은 날씨와 관련한 방대한 데이터를 분석해 폭우를 48시간 이전에 예측한다.

④ 싱가포르는 차량의 기하급수적인 증가로 인한 교통체증을 줄이기 위해 교통량 예측 시스템을 도입하였다. 싱가포르는 이 시스템을 통해 85% 이상의 정확성으로 교통량을 측정하고 있다.

02 인공지능의 개념 및 활용

(1) 인공지능의 개념

① 인간의 학습 능력과 추론 능력, 지각 능력, 자연언어의 이해 능력 등 인간의 지적 능력을 컴퓨터 프로그램으로 구현하는 과학기술이다.

② AI는 현재 자율주행차, 지능형 로봇, 스마트 공장, 스마트 헬스케어, 금융·핀테크, 지능형 서비스·교육 등 4차 산업혁명 분야에서 시장의 확대와 신시장 창출에 필수적인 기반 기술로 역할을 담당하고 있다.

③ 특히 빅데이터의 생성과 대량의 데이터 분석 및 처리 기술의 발전, 하드웨어 성능의 고도화에 따라 기술의 발전과 시장의 급격한 확장이 진행되고 있다.

(2) 인공지능의 활용

① 구글은 스마트폰 이용자를 위해 이메일을 읽고 이용자의 모든 동작을 파악하며, 묻기도 전에 원하는 것을 알아서 검색하고 그 결과를 이용자가 원하는 상황까지 감안해서 알려주는 진정한 의미의 사이버 도우미를 개발하는 목표를 세웠다. 그 일환으로 AI 비서 '구글 어시스턴트(Assistant)', 사물인터넷(IoT) 허브 '구글 홈', AI 모바일 메신저 앱 '알로(Allo)' 등 인공지능을 활용한 서비스를 준비하고 있다.

② IBM은 '디프블루'와 '왓슨'을 개발해 인공지능의 실제 사례를 보여 주며, 구글과 함께 인공지능 분야를 선도하고 있다. 특히 왓슨을 의료 분야에 적용하여 암 환자 치료에 암 환자의 데이터와 각종 의료 데이터를 동원해 암 발견과 최적의 치료를 수행하는 시스템으로 발전하고 있다.

③ 최근에는 왓슨 IoT 기술을 적용한 자율 주행 셔틀버스를 발표했다. 이 버스는 차량 외부에 장착된 센서들로 데이터를 수집하고 이를 활용해 AI가 운전한다. 또한 승객과의 일상 대화가 가능해 승객이 목적지를 말하면 목적지의 최적 경로를 자동으로 운행한다.

④ 마이크로소프트는 '코타나(Cortana)'를 이용자가 가장 먼저 의존하는 디지털 개인 비서로 만드는 데 주력하고 있다. 코타나는 자연어 인식과 기계학습 기능을 갖추고, 검색 엔진 빙(Bing)의 빅데이터를 활용해 정보 검색을 넘어 이용자가 원하는 것을 도와주는 서비스로 발전하고 있다.

⑤ 애플은 음성인식 정보검색 서비스인 '시리(Siri)'의 생태계를 확대하는 데 주력하여, AI 시리를 외부의 앱과 연동해 서비스 확장성을 추진한다.

⑥ 페이스북도 AI 기술을 위한 오픈소스 하드웨어인 빅서(Big Sur)를 공개했는데, 빅서는 머신러닝 데이터를 학습할 때 사용되는 서버로, 데이터 처리 속도를 높였다.

⑦ 중국 바이두의 인공지능 연구소에서 개발한 AI 기술인 WARP-CTC는 컴퓨터가 사람의 말을 인식하기 위해 필요한 머신러닝 기술에 적용됐다.

개념 Plus

빙(Bing)
• 마이크로소프트(MS)가 구글에 대응하기 위해 내놓은 차세대 인터넷 검색 포털 서비스이다.
• 빙은 사용자 편의성을 높이기 위해 검색 결과를 줄이는 대신, 범주별로 정리가 잘 되어 있는 점이 특징이다.

03 RFID와 사물인터넷의 개념 및 활용

(1) RFID의 개념

① RFID는 무선 주파수(RF, Radio Frequency)를 이용하여 물건이나 사람 등과 같은 대상을 식별(IDentification)할 수 있도록 해 주는 기술을 말한다.

② RFID는 안테나와 칩으로 구성된 RFID 태그에 정보를 저장하여 적용 대상에 부착한 후, RFID 리더를 통하여 정보를 인식하는 방법으로 활용된다.

③ RFID는 기존의 바코드(Barcode)를 읽는 것과 비슷한 방식으로 이용되지만, 바코드와는 달리 물체에 직접 접촉을 하거나 어떤 조준선을 사용하지 않고도 데이터를 인식할 수 있다.

④ 여러 개의 정보를 동시에 인식하거나 수정할 수도 있으며, 태그와 리더 사이에 장애물이 있어도 정보를 인식하는 것이 가능하다.

⑤ RFID는 바코드에 비해 많은 양의 데이터를 허용하면서 데이터를 읽는 속도 또한 매우 빠르며 데이터의 신뢰도 또한 높다.

⑥ RFID 태그의 종류에 따라 반복적으로 데이터를 기록하는 것도 가능하며, 물리적인 손상이 없는 한 반영구적으로 이용할 수 있다.

(2) RFID의 활용 사례

① RFID는 이미 우리들의 일상생활에서 다양하게 활용되고 있다.

② 매일 이용하는 교통카드는 대표적인 RFID 태그 중의 하나이며, 고속도로의 하이패스도 RFID 기술을 이용하고 있다.

③ 도서관에서 빌려주는 책이나 의류 매장에서 판매되는 옷, 그리고 할인매장에서 판매되는 와인 등에도 RFID 태그가 부착되어 이용되고 있다.

④ 인건비 절감 및 관리 비용을 줄이기 위해 유통·물류·운송 분야에서 제품의 이동, 반입, 반출 정보의 확인 및 재고 파악 등을 위해 이용되기도 하며, 직원들의 근태 관리 및 출입통제 등의 수단으로 이용되기도 한다.

⑤ 한우나 인삼 등의 농산물 이력 관리나 약품 관리 등 위변조를 방지하기 위한 목적으로도 이용된다.

(3) 사물인터넷(Internet of Things)의 개념

① 세상에 존재하는 유형 혹은 무형의 객체들이 다양한 방식으로 서로 연결되어 개별 객체들이 제공하지 못했던 새로운 서비스를 제공하는 것을 말한다.

② 기존의 인터넷이 컴퓨터나 무선 인터넷이 가능했던 휴대전화들이 서로 연결되어 구성되었던 것과는 달리, 사물인터넷은 책상, 자동차, 가방, 나무 등 세상에 존재하는 모든 사물이 연결되어 구성된 인터넷이라 할 수 있다.

③ 사물인터넷의 표면적인 정의는 사물, 사람, 장소, 프로세스 등 유·무형의 사물들이 연결된 것을 의미하지만, 본질적인 정의는 이러한 사물들이 연결되어 진일보한 새로운 서비스를 제공하는 것이다. 즉, 두 가지 이상의 사물들이 서로 연결됨으로써 개별적인 사물들이 제공하지 못했던 새로운 기능을 제공하는 것이다.

(4) 사물인터넷의 서비스 및 활용

① 클라우드 서비스 : 개인용 컴퓨터 안에서만 저장, 연산, 정보처리, 정보생성 등의 모든 것을 처리할 수 있는 세상에서 이제는 인터넷 단말만 있으면 어디에 있든 인터넷을 통해 업무, 오락, 통신 등 모든 컴퓨터 기능을 얻을 수 있게 되었다.

② 클라우드 컴퓨팅 : 소프트웨어, 스토리지, 서버 등 가상화한 물리 자원을 네트워크를 통해 누구나 공유할 수 있는 풀(pool) 형태로 제공하는 컴퓨팅을 의미한다.

③ O2O : 온라인(online)과 오프라인(offline)이 결합하는 현상을 의미하는 말로, 최근에는 주로 전자상거래 혹은 마케팅 분야에서 온라인과 오프라인이 연결되는 현상에 사용된다. 앞으로의 사물인터넷 서비스는 O2O처럼 구매를 바탕으로 하는 서비스가 다수 등장할 것으로 예상하고 있다.

④ 사물인터넷 기기 관리 기술 : 사물인터넷 서비스 플랫폼은 사물인터넷 서비스에 이용되는 다양한 유형의 디바이스를 관리해야 한다. 이러한 디바이스들은 플랫폼과 연결해주는 네트워크에 대한 의존성이 강하기 때문에 일반적으로 복수의 표준을 준용하고 그와 연동할 수 있는 인터페이스를 정의한다.

⑤ **사물인터넷 보안 기술** : 디바이스나 네트워크의 보안 취약점을 이용하여 사물인터넷 디바이스의 동작이나 디바이스와 관련된 사물인터넷 서비스를 비정상적으로 만드는 등의 다양한 보안 위협에 대처하기 위한 기술을 말한다.

⑥ **암호화 기술** : 악의적인 사용자가 사물인터넷 디바이스나 서비스에 비인가 접근을 하게 되면, 정보 유출은 물론, 데이터의 위·변조, 서비스 거부, 프라이버시 침해 등 다양한 보안 위협에 노출될 수 있다. 이러한 보안 위협에 대처하는 방법의 하나가 디바이스가 생성한 데이터를 암호화해서 전달하는 것이다.

⑦ **3D 프린터** : 일반적인 프린터가 텍스트나 이미지로 구성된 문서 데이터를 이용하는 반면에, 3D 프린터는 3차원 도면 데이터를 이용하여 입체적인 물품을 생성하게 된다. 의료 분야는 가장 적극적으로 3D 프린터 기술을 도입하고 있는 분야로, 관절, 치아, 두개골, 의수 등을 비롯한 인공 귀나 인공 장기를 만드는 데 이용하고 있다.

⑧ **에너지 하베스팅** : 태양광 발전처럼 개별 장치들이 태양광, 진동, 열, 바람 등과 같이 자연적인 에너지원으로부터 발생하는 에너지를 모아서 유용한 전기에너지로 바꾸어 사용할 수 있도록 하는 기술을 말한다.

04 로보틱스와 자동화의 개념 및 활용

(1) 로보틱스의 개념

① 로봇의 물리적인 모습을 구성하는 기계적이고 전기적인 장치를 말한다.

② 로봇에는 기본적으로 두 가지 유형이 있다.

③ 첫 번째 유형은 자동차를 조립하는 데 사용되는 것과 같은, 위치가 고정된 산업 조립라인용이다. 이러한 종류의 로봇은 명확히 정해진 일만을 위하여 설계된, 매우 통제된 환경에서만 작동되어야 한다.

④ 두 번째 유형은 자발적으로 움직이는 로봇으로 구성된다. 이런 로봇들은 실세계에서 작동하도록 설계되는데 의료 로봇이나 생활 로봇, 탐험 로봇, 구조 로봇 등을 꼽을 수 있다.

(2) 로보틱스의 활용

① **코봇(협동로봇)** : 산업의 많은 분야에서 기존 산업용 로봇을 협동로봇으로 대체하거나 보완하고 있다. 코봇은 생산 공정에서 사람과 협력하여 일하는 로봇으로, 인간 작업자를 대체하는 것이 아니라 보조한다.

② **산업용 로봇** : 산업 환경에서 제품을 취급, 조립, 가공하는 데 사용되는 프로그래밍이 가능한 기계로, 대부분 로봇 팔, 그리퍼, 다양한 센서 및 제어 유닛으로 구성되며, 프로그래밍된 대로 자율적으로 임무를 수행할 수 있다.

③ **자동차 분야의 산업용 로봇** : 자동차 분야에서 로봇은 작업 공정을 더 효율적으로 안전하고 빠르고 유연하게 하면서, 자동화 생산 프로세스에서 중요한 역할을 해왔다.

④ **무인운반차** : 스스로 운전하고 자동으로 제어되는 무인운반차는 제조 설비에서 자재를 운반할 때 주로 사용된다.

(3) 자동화 기술(automation technology)의 개념

① 사람이 직접 기계 및 장치를 조작하지 않고 컴퓨터 시스템을 통해 자동으로 작동하게 하는 기술로, IT 및 전자기술을 활용하여 비즈니스 운영을 돕는 기술이라고 할 수 있다.

② 자동화 기술은 가정·회사·공장 등에서 시스템이 자동으로 실행될 수 있도록 하는 작업 장비와, 이와 관련된 프로세스로 구성된다.

③ 근래에 들어서는 자율 주행 자동차처럼 생활의 편리에 관련된 모든 단위에서 자동화 기술 적용이 확대되고 있다.

(4) 자동화 기술의 활용

① 제조업 분야 : 자동차 조립 라인, 로봇공장, 자동화된 창고 등을 통해 생산성을 향상시키고 비용을 절감할 수 있다.

② 에너지 분야 : 스마트 그리드를 통해 전력 수급을 효율적으로 관리하고, 건물 자동화 시스템을 통해 에너지 소비를 최적화할 수 있다.

③ 자동차 산업 : 자율 주행 기술을 통해 운전의 안전성과 편의성을 높일 수 있다.

05 블록체인과 핀테크의 개념 및 활용

(1) 블록체인의 개념

① 누구나 열람할 수 있는 장부에 거래 내역을 투명하게 기록하고, 여러 대의 컴퓨터에 이를 복제해 저장하는 분산형 데이터 저장기술이다.

② 중앙 집중형 서버에 거래 기록을 보관하지 않고 거래에 참여하는 모든 사용자에게 거래 내역을 보내 주며, 거래 때마다 모든 거래 참여자들이 정보를 공유하고 이를 대조해 데이터 위조나 변조를 할 수 없도록 돼 있다.

(2) 블록체인의 활용

① 블록체인에 저장하는 정보는 다양하기 때문에 블록체인을 활용할 수 있는 분야도 매우 광범위하다.

② 대표적으로 가상통화에 사용되는데, 이때는 블록에 금전 거래 내역을 저장해 거래에 참여하는 모든 사용자에게 거래 내역을 보내주며 거래 때마다 이를 대조해 데이터 위조를 막는 방식을 사용한다.

③ 전자 결제나 디지털 인증뿐만 아니라 화물 추적 시스템, P2P 대출, 원산지부터 유통까지 전 과정을 추적하거나 예술품의 진품 감정, 위조화폐 방지, 전자투표, 전자시민권 발급, 차량 공유, 부동산 등기부, 병원 간 공유되는 의료기록 관리 등 신뢰성이 요구되는 다양한 분야에 활용할 수 있다.

(3) 핀테크의 개념

① 핀테크는 금융과 기술의 합성어로 예금, 대출, 자산 관리, 결제, 송금 등 다양한 금융 서비스가 IT, 모바일 기술과 결합된 새로운 유형의 금융 서비스를 뜻한다.

개념 Plus

스마트그리드(Smart Grid)

• '똑똑한'을 뜻하는 'Smart'와 전기, 가스 등의 공급용 배급망, 전력망이란 뜻의 'Grid'가 합쳐진 단어이다.

• 전기 공급자와 생산자들에게 전기 사용자 정보를 제공함으로써 보다 효과적으로 전기 공급을 관리할 수 있게 해주는 서비스이다.

• 전기와 정보통신 기술을 활용해 전력망을 지능화·고도화함으로써 고품질 전력서비스를 제공하고 에너지 이용 효율을 극대화한다.

② 예금, 대출, 자산 관리, 결제, 송금 등 다양한 금융 서비스가 IT, 모바일 기술의 발달과 더불어 새로운 형태로 진화하고 있으며, 넓은 의미에서 이러한 흐름에 해당하는 모든 서비스를 핀테크 서비스라 할 수 있다.

③ 서비스뿐만 아니라 관련된 소프트웨어나 솔루션, 플랫폼을 개발하기 위한 기술과 의사 결정, 위험관리, 포트폴리오 재구성, 성과 관리, 시스템 통합 등 금융 시스템의 개선을 위한 기술도 핀테크의 일부라 할 수 있다.

(4) 핀테크의 활용

① **지급결제** : 일반 금융소비자가 가장 친숙하게 여기는 분야로, 지급결제 서비스는 온라인과 모바일 환경에서 사용자가 쉽고 편리하게 사용할 수 있도록 하는 것이 첫 번째 요건이며, '애플페이'와 '삼성페이' 같은 하드웨어 기반 모바일 간편결제 서비스부터 '카카오페이'와 '라인페이' 같은 앱 기반 간편결제 서비스까지 다양한 서비스가 있다.

② **금융데이터 분석** : 핀테크 기술을 통해 금융 거래 내역이 없어도 몇 가지 설문조사에만 답하면 신용도를 평가받을 수 있다. 예를 들어 "무슨 색을 좋아하나요?", "비 오는 날은 파전을 먹나요, 부추전을 먹나요?"라는 식으로 사용자 취향과 심리 상태를 물어보는 사회심리학과 통계학을 바탕에 둔 치밀한 평가 방법이다.

③ **금융 소프트웨어** : 금융 소프트웨어는 금융 업무를 더 효율적으로 만드는 소프트웨어를 제공하는 것을 의미하는데, 리스크 관리나 회계 업무 등을 더 효율적으로 만드는 것도 여기에 속한다. 페이팔이 자체적으로 꾸린 사기거래탐지(FDS) 기술도 금융 소프트웨어 분야라고 볼 수 있는데, 기존 거래 패턴에서 어긋나는 거래가 일어날 경우 이를 이상 거래로 인식하고 추가 인증을 요구해 사기 거래를 막는 기술이 FDS다.

④ **플랫폼** : 금융기관이 가운데 끼지 않고도 전세계 고객이 자유롭게 금융업무를 처리할 수 있는 기반을 제공하는 분야로, 대표적인 플랫폼 핀테크 회사는 P2P 대출회사 렌딩클럽(Lending Club)이다. 렌딩클럽은 많은 고객에게 남는 돈을 빌리고 그 돈을 다시 많은 고객에게 빌려주면서 투자금 모집과 대출 신청 및 집행을 모두 온라인 플랫폼에서 처리하기 때문에 운영 자금이 많이 들지 않는다.

06 클라우드컴퓨팅의 개념 및 활용

(1) 클라우드컴퓨팅의 개념

① 서버, 스토리지 등의 IT 리소스를 인터넷을 통해 실시간으로 제공하고 사용한 만큼 비용을 지불하는 방식의 컴퓨팅이다.

② 하드웨어나 소프트웨어 등의 자원을 소유하지 않고 사용한 만큼만 지불하기 때문에 비용 측면에서 경제적이다. 또한 필요할 때 필요한 만큼 확장할 수 있는 유연성을 가지며, 일부 서비스에 장애가 생기더라도 나머지 방대한 규모의 서버를 통해 계속해서 서비스의 연속성을 유지시킬 수 있다는 측면에서 높은 가용성을 보장한다.

③ 서비스 구축 측면에서는 클라우드 사업자가 이미 구축해 놓은 시스템을 통해 신속하고 빠르게 서비스의 도입이 가능하다는 장점이 있다.

(2) 클라우드컴퓨팅의 주요 기술

① 가상화 : 물리적인 IT 자원을 논리적으로 구성해서 사용하기 위한 가상 객체 기반 기술로, 하이퍼바이저(Hypervisor), 컨테이너(Container) 등을 기반으로 하는 서버 가상화와, 저장영역을 제어하기 위한 파티션 컨트롤러 기반의 스토리지 가상화, 물리적 네트워크 자원에 대한 논리적 분할 병합을 통한 전송 환경을 제공하는 네트워크 가상화 등이 있다.

② 분산처리 : 대량의 데이터 및 요청을 여러 대의 서버에 나누어서 처리하는 분산 컴퓨팅 기반 기술로, 동시에 여러 개의 연산 등을 수행하는 병렬 컴퓨팅과는 달리 복수의 컴퓨터에서 나누어 처리한다는 특징이 있으며, 대용량 웹서비스와 같이 한꺼번에 많은 양의 요청을 처리하거나, 다수의 사업자가 필요로 하는 서비스를 효율적으로 나누어 처리할 수 있다. 대표적으로 아파치 하둡(Apache Hadoop)이 있으며, 대용량의 데이터를 빠르고 효율적으로 처리하는 데 사용된다.

(3) 클라우드컴퓨팅의 구현 방식

① 퍼블릭 클라우드(Public Cloud) : 클라우드 사업자가 구축해 놓은 시스템에 다수의 기업 혹은 개인이 서비스를 제공받는 형태이다.

② 프라이빗 클라우드(Private Cloud) : 기업 전용 환경을 구축하여 컴퓨팅 리소스를 기업이 원하는 대로 유연하게 이용할 수 있는 형태이다.

③ 하이브리드 클라우드(Hybrid Cloud) : 퍼블릭 클라우드와 프라이빗 클라우드를 적절하게 혼합, 연계시켜 활용하는 형태이다.

(4) 클라우드컴퓨팅 서비스 모델

① 이용하고자 하는 IT 자원의 범위에 따라 크게 SaaS(Software as a Service), PaaS(Platform as a Service), IaaS(Infrastructure as a Service)로 분류된다.

② SaaS는 소프트웨어를 인터넷 네트워크를 통해 필요한 만큼 사용 가능한 서비스로, 마이크로소프트의 오피스 365나 구글 독스(Google Docs)등이 있다.

③ PaaS는 소프트웨어에 대한 실행 및 개발 환경을 서비스로 제공하는 형태로, 빠른 어플리케이션 개발이나 테스트 환경을 구축하는 데 주로 사용하며, IaaS는 서버나 스토리지 같은 대부분의 컴퓨팅 리소스를 네트워크를 통해 서비스로 제공하는 형태로, 저렴한 가격에 빠른 인터넷 서비스 등을 구축하는 데 사용할 수 있는 모델이다.

(5) 클라우드컴퓨팅의 활용

① 대표적인 클라우드 사업자로는 2006년 서비스를 시작한 이래로 가장 많은 이용자를 확보하고 있는 AWS(Amazon Web Services)를 비롯하여, 자사의 다양한 제품군을 클라우드와 연계시켜 놓은 마이크로소프트의 애저(Azure), 인공지능이나 맵(map) 등을 서비스 중인 구글 클라우드 등이 있다.

개념 Plus

하이퍼바이저(Hypervisor)
• 프로세서나 메모리와 같은 다양한 컴퓨터 자원에 서로 다른 각종 운영 체계(OS)의 접근 방법을 통제하는 얇은 계층의 소프트웨어이다.
• 다수의 OS를 하나의 컴퓨터 시스템에서 가동할 수 있게 하는 소프트웨어로 중앙 처리 장치(CPU)와 OS 사이에 일종의 중간웨어로 사용되며, 하나의 컴퓨터에서 서로 다른 OS를 사용하는 가상 컴퓨터를 만들 수 있는 효과적인 가상화 엔진이다.

② 클라우드컴퓨팅은 IT인프라를 확장하고 비용을 절감할 수 있는 방법으로 많이 활용되는데, 기업은 클라우드 서비스를 활용하여 복잡한 IT인프라를 단순화하고 효율적으로 운영할 수 있다.

③ 서버와 스토리지 등을 클라우드에 이전하면서 기업이 직접 유지·보수하는 비용을 절감할 수 있다.

④ 온라인 쇼핑몰, SNS, 게임, 스트리밍 등 다양한 서비스들은 대규모의 데이터를 처리하고, 빠르게 서비스를 제공해야 하기 때문에 클라우드컴퓨팅 기술을 적극 활용하고 있다.

⑤ 기업은 클라우드 기반 데이터 분석 플랫폼을 활용하여 대규모 데이터를 처리하고, 인공지능 기술을 활용하여 효율적인 데이터 분석을 수행할 수 있다.

07 가상현실과 메타버스의 개념 및 활용

(1) 가상현실의 개념

① 마치 실제 존재하는 환경인 것처럼 가상의 환경을 제공하여, 실제 현실과 상호 작용(Interection)을 하는 것과 같은 경험을 제공하는 기술이다.

② 보통은 현실에서 직접 경험하기 힘든 것을 체험하기 위한 용도로 사용된다.

③ 가상현실은 현실과 얼마나 일치하느냐에 따라 그 몰입도가 달라지는데, 이러한 몰입감을 극대화하기 위해 오감의 자극을 적극 활용한다.

(2) 가상현실의 주요 기술

① 멀티모달(Multi-Modal) 기술 : 오감을 활용하여 현장감을 높여주기 위한 기술이다. 주로 신체에 부착된 센서(Sensor) 기반의 웨어러블 장치를 이용해서 구현되며 사용자의 오감을 변화시킨다.

② 하드웨어(Hardware) 기술 : 가상환경의 현장감을 높여주며, 인터페이스를 도와주는 디바이스 기술이다. 대표적으로 머리에 착용하는 HMD(Head-Mounted Display)를 비롯하여, 음성을 전달하는 마이크로폰(Microphone), 손의 반응을 감지하기 위한 데이터 장갑(Data Glove), 위치를 인식하기 위한 웨어러블 위치 센서 등이 있다.

③ 인터랙션 기술 : 가상현실 속에서 걷거나, 뛰거나, 시선(머리)의 방향을 바꿀 때, 이러한 변화를 인지해서 상호 작용할 수 있게 구현하는 기술이다. 신체에 부착된 센서 기반으로 가속도 등을 측정하여 가상환경을 실제 사람이 움직이는 모션(motion)에 맞게 제어한다.

④ 몰입형 디스플레이 기술 : 3D 그래픽 기반의 효과(effect)를 내기 위한 디스플레이 기술과 장시간 활동에도 눈의 피로를 덜어 줄 수 있는 모션 플랫폼(Motion Platform) 기술 등이 있다.

⑤ 콘텐츠 제작 기술 : 가상현실 콘텐츠를 실제 환경과 흡사하게 제작할 수 있도록 지원하는 기술이다. 360도 카메라 및 실사 영상을 위한 파노라마 카메라를 비롯하여, 촬영된 영상을 실제 현실처럼 극대화하기 위한 3D 편집 프로그램 기술 등이 대표적이다.

(3) 가상현실의 활용

① 실내 인테리어 분야에서는 가상환경 기반으로 실내를 꾸미거나 가구의 배치 등을 바꿔 보는 데 활용할 수 있으며, 과학 분야에서는 행성의 탐사나 우주비행 연습 등으로 활용할 수 있다.

② 게임 분야에서는 다양한 스포츠를 실제 경험하는 것처럼 구현할 수 있다.

③ 관광 분야에서는 코로나 등으로 제한되었던 외국 여행을 간접적으로 경험하게 해주었다.

(4) 메타버스의 개념

① '가상', '초월' 등을 뜻하는 영어 단어 '메타(Meta)'와 우주를 뜻하는 '유니버스(Universe)'의 합성어로, 현실세계와 같은 사회・경제・문화 활동이 이뤄지는 3차원의 가상세계를 가리킨다.

② 메타버스는 가상현실(VR)보다 한 단계 더 진화한 개념으로, 아바타를 활용해 단지 게임이나 가상현실을 즐기는 데 그치지 않고 실제 현실과 같은 사회・문화적 활동을 할 수 있다는 특징이 있다.

③ 특히 메타버스는 초고속・초연결・초저지연의 5G 상용화와 2020년 전 세계를 강타한 코로나19 팬데믹 상황에서 확산되기 시작했다.

(5) 매타버스의 활용

① 메타버스는 게임, SNS 뿐만 아니라 교육, 의료 등 모든 산업에 활용할 수 있다.

② 매타버스의 활용을 위해서는 다양한 메타버스 플랫폼 개발, 메타버스를 지원하는 머리 착용 디스플레이(HMD ; Head Mounted Display)와 같은 몰입 기기 활용, 상호 작용 처리기술 및 경험을 분석하고 공유하는 기술, 대규모의 데이터를 전달하기 위한 고성능 유무선 네트워크 기술 등이 필요하다.

08 스마트물류와 자율주행의 개념 및 활용

(1) 스마트물류의 개념

① 코로나19로 인한 글로벌 물류 운송망의 혼란은 물류의 스마트화를 촉진시켰다.

② 특히 이커머스 시장이 커지면서 스마트물류 시장 규모도 매우 커지고 있어, 이에 대응하기 위해 다양한 IT 기술과 시스템이 접목되면서 물류 관련 다양한 분야에 스마트화가 진행되고 있다.

③ 스마트물류의 목적은 물류비용 절감과 효율성 증대로, 많은 기업들이 다양한 분야에서 스마트물류 실현을 위해 힘쓰고 있다.

(2) 스마트물류의 활용

① **풀필먼트 표준화 서비스** : 풀필먼트는 정확한 수요 및 재고 예측, 입출고 상태에 대한 실시간 정보 제공, 더 많고 빠른 배송 등의 강점을 제공한다.

② **하늘길을 이용한 드론배송** : 드론배송솔루션 및 UAM 통합관제플랫폼 전문 기업 파블로 항공이 도심지 비가시권 드론 물류 배송 실증사업을 성공적으로 마치며 총 비행횟수 207회, 누적거리 1,909km의 기록을 달성했다.

③ **자율주행 로봇 이용** : 최근 물류비와 인건비 상승으로 물류 운송용 전문 서비스 로봇 도입이 증가하고 있다. 배송 및 서빙에 서비스로봇을 활용하면 더 빠른 시간 안에 더 많은 업무를 해낼 수 있으며 인건비를 줄일 수 있다.

(3) 자율주행의 개념

① 교통수단이 사람의 조작 없이 스스로 판단하고 운행하는 시스템을 말한다.

② 교통수단 내에 운행하는 사람이 없고 외부에 있는 서버와 통신하며 서버의 명령에 따라 주행하는 무인운전 방식과, 교통수단 내부에 탑재된 인공지능 컴퓨터가 스스로 판단하여 주행하는 방식으로 나눌 수 있다.

(4) 자율주행의 활용

① **철도** : 철도에서 자율주행을 이루기 위해서는 단순한 자동운전뿐만 아니라, 차량이 인공지능을 통해 자동으로 차량 간격을 조절하고 선로전환기도 작동해야 한다. 철도 자율주행은 지상설비를 차상으로 옮기면서 운영효율 및 속도 향상을 시키는 기술이다.

② **자동차** : 자동차 자율주행기술은 주변의 기후, 환경, 설비를 인지해 편하고 안전하게 운전하는 데 중점을 둔다.

③ **항공기 및 선박** : 항공기와 선박은 오토파일럿이란 이름으로 상당 부분 자동화가 진행되어 있는데, 항공기와 선박의 경우 좁은 공간에 밀집해 다니는 자동차와는 반대로 다른 항공기나 선박과 킬로미터 단위로 떨어진 상태로 다니고, 방해물이 거의 없으며 정해진 스케줄에 맞춰 운항하기 때문에 충돌사고가 발생할 가능성이 현저하게 낮다.

④ **로봇** : 실제로 로봇 청소기는 자율주행 로봇의 정의에 상당히 부합하고 있으며, 그 외에도 물류창고, 호텔, 공항 등을 중심으로 자율주행 로봇을 볼 수 있다. 사비오크의 배달 로봇 '대시'는 미국 크라운 플라자 호텔에서 고객에게 물품을 배달하며 활약하고 있고, 아마존은 이미 전 세계 물류창고에서 자율주행로봇 '아마존로봇(AR)'을 적극 활용하고 있다. 우리나라도 LG전자의 자율주행로봇 에어스타가 인천공항에서 안내를 맡고 있으며, 네이버 어라운드 로봇도 부산 YES24 오프라인 중고서점에서 책 수거를 담당하고 있다.

필수암기
필기노트

001 채찍효과(bullwhip effect)

① 정의 : 실제 소비자 주문의 변화 정도는 적은데 소매상과 도매상을 거쳐 상위단계인 제조업체에 전달되는 변화의 정도는 크게 증폭되는 효과

② 제거방안

　㉠ 지나치게 잦은 할인행사 지양

　㉡ S&OP(Sales and Operations Planning) 활용

　㉢ 공급체인에 소속된 각 주체들이 수요 정보를 공유

　㉣ 항시저가정책을 활용해서 수요변동의 폭 감소

　㉤ 공급체인 전반에 걸쳐 수요에 대한 정보의 집중화·공유화

　　↳ 공급체인의 각 단계에서 독립적인 수요예측을 행하는 것은 채찍효과가 발생하는 주요 원인

002 중간상의 선별(분류)기능

① 분류(sorting out) : 이질적 상품을 비교적 동질적인 개별상품단위로 구분하는 것

② 수합(accumulation) : 다수의 공급업자로부터 제공받는 상품을 모아서 동질적인 대규모 상품들로 선별하는 것

③ 분배(allocation) : 동질적 제품을 분배, 소규모 로트의 상품별로 모아서 분류하는 것

④ 구색갖춤(assorting) : 사용목적이 서로 관련성이 있는 상품별로 일정한 구색을 갖추어 함께 취급하는 것

003 유통기업의 경로구조

① 기업형 수직적 경로구조

　㉠ 유통경로상의 한 구성원이 다음 단계의 경로구성원을 소유에 의해 지배하는 형태

　㉡ 유통경로상 통제가 가능하고 제품 생산, 유통에 있어 규모의 경제 실현 가능

　㉢ 시장이나 기술의 변화에 대해 기민한 대응이 어려워 소유의 규모가 커질수록 환경변화에 신속하고 유연하게 대응할 수 없음

　　　　　　　　　　　　　　　　　　　　　　　　　　　　　　　　　↳ 있음(X)

② 관리형 수직적 경로구조

　㉠ 소유권이나 계약 형태가 아닌 경로 리더에 의해 생산 및 유통단계가 통합되는 형태

　㉡ 독립적인 경로구성원 간의 상호 이해와 협력에 의존하고 있지만 협력을 해야만 하는 분명한 계약상의 의무는 없음

③ 계약형 수직적 경로구조 : 가장 일반적인 형태로 생산이나 유통활동에 있어서 상이한 수준에 있는 독립적인 유통기관들이 상호 경제적인 이익을 달성하기 위하여 계약을 체결하고 그 계약에 따라 수직적 계열화를 꾀하는 형태

004 수직적 통합

① 전방통합 : 유통경로상에서 기업이 현재 차지하고 있는 위치의 다음 단계를 차지하고 있는 경로구성원을 자본적으로 통합하는 경영전략으로 제조업체가 도매상을 통합하는 것

② 후방통합 : 전방통합과는 반대로 도매상이 제조업체를 통합하는 것

③ 수직적 통합의 특성

ㄱ 분업에 따른 전문화의 이점을 누리기 힘들어질 수도 있음
　　↳ 분업에 의한 전문화라는 경쟁우위효과를 누릴 수 있음(X)

ㄴ 경우에 따라 비용구조가 증가

ㄷ 조직의 비대화를 가져와 관료화의 문제를 겪기 쉬움

ㄹ 유통경로 구성원에 대한 통제가 용이함

ㅁ 유연성이 줄어들 수 있음

005 정량주문법과 정기주문법의 비교

구 분	정량주문법	정기주문법
리드타임	짧은 편이 낫다	긴 편이 낫다
표준화	표준부품을 주문할 경우	전용부품을 주문할 경우
품목수	많아도 된다	적을수록 좋다
주문량	고정되어야 좋다	변경가능하다
주문시기	일정하지 않다	일정하다
구매금액	상대적으로 저가물품에 사용 ↳ 고가(X)	상대적으로 고가물품에 사용 ↳ 저가(X)

006 물류아웃소싱의 장 · 단점

장 점	단 점
① 비용 절감	① 부적절한 공급업자를 선정할 수 있는 위험에 노출
② 물류서비스 수준 향상	② 핵심지원활동을 잃을 가능성 존재
③ 핵심부분에 대한 집중력 강화	③ 프로세스 통제권을 잃을 가능성 존재
④ 물류 전문 인력 활용	④ 리드타임 장기화

007 제3자 물류가 제공하는 혜택

① 여러 기업들의 독자적인 물류업무 수행으로 인한 중복투자 등 사회적 낭비를 방지할 뿐만 아니라 수탁업체들의 경쟁을 통해 물류효율 향상

② 유통 등 물류를 아웃소싱함으로써 리드타임의 감소와 비용의 절감을 통해 고객만족을 높여 기업의 가치 향상
　　↳ 증가(X)

③ 기업들은 핵심부문에 집중하고 물류를 전문업체에 아웃소싱하여 규모의 경제 등 전문화 및 분업화 효과 극대화

④ 아웃소싱을 통해 제조 · 유통업체는 자본비용 및 인건비 등이 절감되고, 물류업체는 규모의 경제를 통해 화주기업의 비용을 절감

⑤ 경쟁력 강화를 위해 IT 및 수송 등 전문업체의 네트워크를 활용하여 비용절감 및 고객서비스 향상

고객 서비스 특성에 따른 품질평가요소

① 유형성(tangibles) : 서비스 장비 및 도구, 시설 등 물리적인 구성
② 반응성(responsiveness) : 고객의 요구에 신속하게 서비스를 제공하려는 의지
   ↳ 신뢰성(X)
③ 확신성(assurance) : 지식과 예절 및 신의 등 직원의 능력에 따라 가늠되는 특성
   ↳ 반응성(X)
④ 공감성(empathy) : 고객에 대한 서비스 제공자의 배려와 관심의 정도
   ↳ 확신성(X)
⑤ 신뢰성(reliability) : 계산의 정확성, 약속의 이행 등과 같이 정확하고 일관성 있는 서비스 제공
   ↳ 공감성(X)

009 **지연(Postponement) 전략**

지역마다 다양한 고객의 요구에 대응하기 위해 제품을 현지상황에 맞게 변경하여 현지화를 통한 마케팅 성공을 극대화하면서 생산표준화를 통한 비용절감을 얻을 수 있는 방법으로 가장 적합한 글로벌 로지스틱스(Logistics) 전략

① 완전지연(Pull Postponement) : 제조업체에서 Push에서 Pull로 전환되는 접점을 지연시킴
② 물류지연(Logistics Postponement) : 고객화 시점을 고객과 가까운 단계에서 하도록 지연시킴
③ 형태지연(Form Postponement) : 부품 또는 사양의 표준화 또는 프로세스 순서 변경에 의한 물류 및 차별화단계 지연

010 **수요예측기법**

정성적 수요예측기법	• 판매원 추정법 : 판매원들이 수요추정치를 작성하게 하고 이를 근거로 예측하는 기법 • 시장조사법 : 인터뷰, 설문지, 면접법 등으로 수집한 시장 자료를 이용하여 예측하는 기법 • 경영자판단법 : 경영자 집단의 의견, 경험을 요약하여 예측하는 기법 • 델파이법 : 익명의 전문가 집단으로부터 합의를 도출하여 예측하는 기법
정량적 수요예측기법	• 시계열분석 : 시간의 경과에 따라 일정한 간격을 두고 동일한 현상을 반복적으로 측정하여 각 기간에 일어난 변화에 대한 추세를 예측하는 방법 • 이동평균법 : 시계열 예측기법 중 가장 쉽게 적용할 수 있는 방법으로 시계열 자료에 추세, 순환, 계절적 변동이나 급격한 변화가 없고 우연적 변동만 존재하는 경우에 유용하게 적용 • 지수평활법 : 가장 최근 데이터에 가장 큰 가중치가 주어지고 시간이 지남에 따라 가중치가 기하학적으로 감소되는 가중치 이동평균 예측기법 • 회귀분석모형 : 한 변수 혹은 여러 변수가 다른 변수에 미치는 영향력의 크기를 회귀방정식이라고 불리는 수학적 관계식으로 추정하고 분석하는 통계적 분석방법

011 유통채널의 유형

① 전속적 유통채널(exclusive distribution channel) : 일정한 상권 내에 제한된 수의 소매점으로 하여금 자사 상품만을 취급하게 하는 것으로, 귀금속, 자동차, 고급 의류 등 고가품에 적용

② 집중적 유통채널(intensive distribution channel) : 자사의 제품을 누구나 취급할 수 있도록 개방하는 개방적 유통채널이라고도 하며, 식품, 일용품 등 편의품에 적용

③ 선택적 유통채널(selective distribution channel) : 개방적 유통경로와 전속적 유통경로의 중간적 형태로, 의류, 가구, 가전제품 등에 적용

012 수직적 유통경로

① 전체 유통비용 절감 가능

② 높은 진입장벽을 구축할 수 있어 새로운 기업의 진입을 막을 수 있음

③ 필요한 자원이나 원재료를 보다 안정적으로 확보 가능

④ 마케팅 비용을 절감하고 경쟁기업에 효율적으로 대응 가능

⑤ 각 유통단계에서 독자성이나 전문성 상실
  ↳ 동일한 유통경로상에 있는 기관들이 독자성은 유지하면서 시너지 효과도 얻을 수 있음(X)

013 유통경로의 길이(channel length)가 상대적으로 긴 제품

① 표준화된 경량품
  ↳ 비표준화된 전문품(X)
② 시장 진입과 탈퇴가 자유롭고 장기적 유통비용이 안정적인 제품
③ 구매빈도가 높고 규칙적인 제품
  ↳ 구매빈도가 낮고 비규칙적인 제품(X)
④ 생산자수가 많고 생산이 분산되어 있는 제품
  ↳ 생산자수가 적고 생산이 지역적으로 집중되어 있는 제품(X)
⑤ 기술적으로 단순한 제품
  ↳ 기술적으로 복잡한 제품(X)

014 중간상의 필요성

① 총거래수 최소의 원칙 : 중간상의 개입으로 거래의 총량이 감소하게 되어 제조업자와 소비자 양자에게 실질적인 비용 감소를 제공

② 집중준비의 원칙 : 중간상이 있음으로 인해 각 경로구성원에 의해 보관되는 제품의 총량을 감소시킨다는 내용

③ 분업의 원칙 : 다수의 중간상이 분업의 원리로써 유통경로에 참여하게 되면 유통경로과정에서 다양하게 수행되는 기능들, 즉 수급조절기능, 보관기능, 위험부담기능, 정보수집기능 등이 경제적·능률적으로 수행 가능

④ 변동비우위의 원리 : 각각의 유통기관이 적절한 규모로 역할분담을 하는 것이 비용면에서 훨씬 유리하다는 논리에 의해 중간상의 필요성을 강조하는 이론

015 유통경로의 효용

① 시간적 효용 : 보관기능을 통해 생산과 소비 간 시간적 차이를 극복
  ↳ 예시 : 24시간 영업을 하는 편의점은 소비자가 원하는 시점 어느 때나 제품을 구매할 수 있도록 함
② 소유적 효용 : 생산자와 소비자 간 소유권 이전을 통해 효용이 발생
  ↳ 예시 : 제조업체를 대신해서 신용판매나 할부판매를 제공함
③ 장소적 효용 : 운송기능을 통해 생산지와 소비지 간 장소적 차이를 극복
④ 형태적 효용 : 생산된 상품을 적절한 수량으로 분할 및 분배함으로써 효용이 발생

016 기업 경쟁환경의 유형

① 수평적 경쟁 : 할인점과 할인점 간의 경쟁, 백화점과 백화점 간의 경쟁
                                    ↳ 협력업자 경쟁(X)
② 수직적 경쟁 : 제조업자와 도매상 간의 경쟁
③ 수직적 마케팅 시스템경쟁 : [제조업자-도매상-소매상]과 [제조업자-도매상-소매상]의 경쟁
④ 업태간 경쟁 : 할인점과 편의점 간의 경쟁

017 유통환경 분석의 범위

① 미시환경 : 시장의 경쟁 환경, 원료공급자, 기업, 마케팅중간상, 고객, 협력업자 등
            ↳ 거시환경(X)
② 거시환경 : 경제적 환경, 정치·법률적 환경, 기술적 환경, 사회문화적 환경 등

018 경제적 주문량(EOQ)

① 가 정
  ㉠ 수량할인 없음
  ㉡ 각 로트의 크기에 제약조건 없음
  ㉢ 해당 품목의 수요가 일정하고 정확히 알려져 있음
  ㉣ 입고량(주문량)은 일시에 입고
    ↳ 입고량은 주문량에 안전재고를 포함한 양이며 시기별로 분할입고(X)
  ㉤ 리드타임과 공급에 불확실성 없음
② 계산공식

$$\sqrt{\frac{2 \times 주문당\ 소요비용 \times 연간\ 수요량}{연간\ 단위\ 재고비용}}$$

019 앤소프(Ansoff, H. I.)의 성장전략

① 시장침투전략 : 기존 제품-시장 전략을 유지하면서 기존 시장의 점유율을 확대하여 수익을 내는 전략
② 시장개발전략 : 회사의 기존 제품을 가지고 판매 지역 및 고객층 확대 등을 통해 새로운 시장을 개척하여 판매하는 전략
③ 제품개발전략 : 회사의 기존 고객들에게 품목 다양화, 기존 제품 업그레이드 등의 신제품 출시를 통해 시장점유율을 높이는 전략
④ 다각화전략 : 완전히 새로운 제품을 새로운 시장에 판매하는 전략

020 프랜차이즈 유통사업시스템

① 본부는 가맹점과 계약을 체결하여 가맹점에게 상호, 상표, 상징 및 경영노하우를 제공하고, 가맹점은 사업에 필요한 자금을 투자하여 본부의 지도 및 원조
    ↳ 가맹점이 기술과 노하우를 제공(X)
하에 사업을 행하며, 그 보상으로 일정한 대가(로열티)를 본부에 지불
    ↳ 본부가 자본을 투입하여 매장을 직접 운영(X)
② 본부방침에 변경이 있을 경우 가맹점은 그 의사결정에 참여하기 힘듦
③ 가맹점과 본부 간의 계약이 본부의 의사를 따라야 하는 종속계약이기 때문에 계약내용에 대하여 가맹점 희망자의 요구사항이나 조건 등을 반영하기 힘듦
④ 불리한 조건의 가맹계약을 체결하여 계약해지 시 가맹점이 손해를 입는 경우가 발생할 수 있음
⑤ 본부 사세가 약화되는 경우 본부로부터 지도와 지원을 충분히 받기 어려워짐

021 동기부여이론

① 맥그리거(D. McGregor)의 XY이론
    ㉠ 기본적으로 인간의 본성에 대한 부정적인 관점인 X이론과 긍정적인 관점인 Y이론을 제시
        ↳ Y형 인간에 대해 기술(X)
    ㉡ 종업원은 조직에 의해 조종되고 동기부여되며 통제받는 수동적인 존재임
    ㉢ 인간의 행동을 지나치게 일반화 및 단순화하고 있다는 문제가 있음
② 허즈버그의 2요인이론
    인간의 행동에 영향을 끼치는 요인으로 직무환경과 관련된 위생요인(감독, 급료, 작업조건 개선 등)과 직무자체와 관련된 동기요인의 두 가지로 구분
                ↳ 맥그리거의 XY이론(X)
③ 매슬로우의 욕구단계이론
    '1단계 생리적 욕구 → 2단계 안전에 대한 욕구 → 3단계 애정과 소속에 대한 욕구 → 4단계 자기존중의 욕구 → 5단계 자아실현의 욕구'의 계층적 단계로 구성

022 풀필먼트 서비스(Fulfillment Service)

물류 전문업체가 물건을 판매하려는 업체들의 위탁을 받아 배송과 보관, 포장, 배송, 재고관리, 교환·환불 서비스 등의 모든 과정을 담당하는 '물류 일괄 대행
                단계마다 여러 물류회사들이 역할을 나누어 서비스를 제공(X) ↵
서비스'

023 JIT와 JITII

① JIT는 부품과 원자재를 원활히 공급받는 데 초점을 두고, JITII는 부품, 원부자재, 설비공구, 일반자재 등 모든 분야를 대상으로 함

② JIT는 개별적인 생산현장(plant floor)을 연결한 것이라면, JITII는 공급체인(supply chain)상의 파트너의 연결과 그 프로세스를 변화시키는 시스템

③ JIT는 자사 공장 내의 가치 없는 활동을 감소·제거하는 데 주력하는 반면, JITII는 기업 간의 중복업무와 가치 없는 활동을 감소·제거하는 데 주력
  ↳ JITII(X)   ↳ JIT(X)

④ JIT는 푸시(push)형인 MRP와 대비되는 풀(pull)형의 생산방식인데 비해, JITII는 JIT와 MRP를 동시에 수용할 수 있는 기업 간의 운영체제를 의미

⑤ JIT가 물동량의 흐름을 주된 개선대상으로 삼는 데 비해, JITII는 기술, 영업, 개발을 동시화(synchronization)하여 물동량의 흐름을 강력히 통제

024 도매상의 구분

① 제조업자 도매상 : 제조업자가 기능을 통제하며 전체 기능을 수행하는 도매상으로, 제조업자가 제품을 소유·판매하고 대금을 회수

② 브로커 : 구매자와 판매자를 만나게 하는 일이 기본적인 임무이며, 일반적으로 상품을 물리적으로 취급하지 않고 판매의뢰자와 지속적인 기반 위에서 거래를 하는 것은 아님

③ 대리인 : 제품에 대한 소유권 없이 단지 제조업자나 공급자를 대신해서 제품을 판매하는 도매상으로, 도매상들의 많은 기능들, 예컨대 판매지원이나 조사기능 등을 수행하지만 제품에 대한 직접적인 소유권이 없다는 것이 큰 특징

④ 상인도매상 : 가장 전형적인 도매상으로 완전서비스 도매상과 한정서비스 도매상으로 나누어지고, 자신들이 취급하는 상품의 소유권을 보유하며 제조업체 또는 소매상과 관련 없는 독립된 사업체

⑤ 직송도매상 : 생산자와 대량구매계약을 하고 상품은 생산자의 창고나 혹은 보관장소에 그대로 두고서 소매상 혹은 산업소비자로부터 주문이 올 때마다 주문받은 수량을 생산자에게 연락하여 직접 구매자 앞으로 직송하게 한 후 대금만 회수하는 도매상으로, 입지를 선정할 때 취급상품의 물류비용을 고려할 필요성이 가장 낮은 도매상 유형
  ↳ 판매대리점(X), 제조업체 판매사무소(X), 일반잡화도매상(X), 전문도매상(X)

⑥ 수수료상인 : 생산자로부터 위탁에 의하여 상품을 받는 도매상으로, 종종 신용을 제공하고 상품을 비축·전달하며 판매원을 제공

025 기업 수준의 성장전략

① 다각화전략 : 특정 기업이 성장추구, 위험분산, 범위의 경제성, 시장지배력, 내부시장의 활용 등을 목적으로 현재 전념하고 있지 않은 상이한 여러 산업에
  ↳ 기존시장에서 경쟁자의 시장점유율을 빼앗아 오려는 것(X)
  참여하는 것

② 제품개발전략 : 기존시장에 제품계열을 확장하여 진입하거나 신제품을 개발하여 기존시장에 진입하는 것

③ 시장개발전략 : 기존제품으로 새로운 시장에 진입하여 시장을 확대하는 것

④ 시장침투전략 : 기존제품으로 제품가격을 내려 기존시장에서 매출을 높이는 것

026 마이클 포터(Michael Porter)의 산업구조분석모형(5-forces model)

① 공급자의 교섭력이 높아질수록 시장 매력도는 낮아짐
　　　　　　　　　　　　　　　↳ 높아짐(X)
② 대체재의 유용성은 대체재가 기존 제품의 가치를 얼마나 상쇄할 수 있는지에 따라 결정
③ 교섭력이 큰 구매자의 압력으로 인해 자사의 수익성이 낮아질 수 있음
④ 진입장벽의 강화는 신규 진입자의 진입을 방해하는 요소
⑤ 경쟁기업 간의 동질성이 높을수록 암묵적인 담합가능성이 높아짐

027 포터(M. Porter)의 가치사슬분석

기업 활동을 상품의 물리적 변화에 직접적으로 관련되고 가치창출에 직접적으로 기여하는 본원적 활동과 기업 활동을 지원하고 가치창출에 간접적으로 기여하는 보조적 활동으로 구분

① 본원적 활동 : 서비스활동, 판매 및 마케팅, 생산·운영, 내부·외부물류
　　　　　　　　↳ 보조적 활동(X)
② 보조적 활동 : 경영혁신, 인적자원관리, 조달활동, 기술개발

028 옴니채널(omni channel)

① '모든 것, 모든 방식'을 의미하는 접두사 옴니(omni)와 유통경로를 의미하는 채널(channel)의 합성어
② 소비자가 점포, 온라인, 모바일 등 다양한 경로를 넘나들며 상품을 검색하고 구매할 수 있도록 한 서비스
　　↳ 인터넷만을 활용하여 영업(X), 주로 TV를 활용하여 영업(X), 고객에게 미리 배포한 카달로그를 통해 직접 주문을 받는 소매업(X)
③ 각 유통채널의 특성을 결합해 어떤 채널에서든 같은 매장을 이용하는 것처럼 느낄 수 있도록 한 쇼핑 환경
　　↳ 세분시장별로 서로 다른 경로를 통해 쇼핑(X)

029 O2O(Online to Offline)
　　　　　　↳ Online to Online(X)
① 소비자의 구매패턴 변화가 유통산업 구조에 변화를 가져와 옴니채널(Omni Channel)에서 온라인 상거래의 범위를 오프라인으로 확장한 서비스를 제공하는 방식의 사업모델
② 온라인이 오프라인으로 옮겨온다는 뜻으로, 정보 유통 비용이 저렴한 온라인과 실제 소비가 일어나는 오프라인의 장점을 접목해 새로운 시장을 만들어보자는 데서 나옴
③ 스마트폰이 본격적으로 보급되면서 컴퓨터보다는 스마트폰에서의 구매 행위가 더 많은 비중을 차지하고 있는 현상으로 인해 M2O(Mobile-to-Offline)라고
　　　　　　　　　　　　　　　　　　　　　　　　　　　O2M(One to Multi spot)(X), O2M(One to Machine)(X) ↵
불리기도 함
④ 예시 : 특정 지역에 들어서면 실시간으로 스마트폰에 쿠폰 등을 보내주는 서비스, 모바일로 주문한 후 오프라인 매장에서 상품을 인수할 수 있는 스타벅스의 사이렌오더 서비스

030 균형성과표(BSC)

① 전통적인 재무제표뿐 아니라 고객, 비즈니스 프로세스, 학습 및 성장과 같은 비재무적인 측면도 균형적으로 고려
  ↳ 재무적 지표만을 성과관리에 적용한다는 한계(X)
② 고객 관점은 고객유지율, 반복구매율 등의 지표를 활용
③ 학습과 성장의 경우 미래지향적인 관점을 가짐
④ 각 지표들은 전략과 긴밀하게 연계되어 상호작용을 함
⑤ 조직의 지속적 생존을 위해 핵심 성공요인이 중요

031 권력의 원천

① 강압적 권력 : 권력행사자가 권력수용자를 처벌할 수 있다고 생각함
② 합법적 권력 : 법규, 제도, 공식적 규칙에 의해 선출되거나 임명된 리더가 행사하는 권력
  ↳ 합법적 권력은 일반적으로 비공식적 지위에서 나온다(X)
③ 보상적 권력 : 급여인상, 승진처럼 조직이 제공하는 보상에 의해 권력을 가지게 됨
④ 전문적 권력 : 특정 분야나 상황에 대한 높은 지식이 있을 때 발생
⑤ 준거적 권력 : 다른 사람이 그를 닮으려고 할 때 생기는 권력

032 물류활동

① 반품물류 : 애초에 물품 반환, 반품의 소지를 없애기 위한 전사적 차원에서 고객요구를 파악하는 것이 중요
② 생산물류 : 작업교체나 생산사이클을 단축하고 생산평준화 등을 고려
③ 조달물류 : 수송루트 최적화, JIT납품, 공차율의 최소화를 고려
  ↳ 공차율의 최대화(X)
④ 판매물류 : 수배송효율화, 신선식품의 경우 콜드체인화, 공동물류센터 구축 등을 고려
⑤ 폐기물류 : 파손, 진부화 등으로 제품, 용기 등이 기능을 수행할 수 없는 상황이거나 기능수행 후 소멸되어야 하는 상황일 때 그것들을 폐기하는 데 관련된 물류활동

033 보관 효율화를 위한 기본적인 원칙

① 위치표시의 원칙 : 물품이 보관된 장소와 랙 번호 등을 표시함으로써 보관업무의 효율을 기함
② 중량특성의 원칙 : 물품의 중량에 따라 보관 장소의 높낮이를 결정
③ 명료성의 원칙 : 보관된 물품을 시각적으로 용이하게 식별할 수 있도록 보관
④ 회전대응 보관의 원칙 : 물품의 입출고 빈도에 따라 장소를 달리해서 보관
⑤ 동일성·유사성의 원칙 : 유사한 물품끼리 인접해서 보관
  ↳ 통로대면보관의 원칙(X)
⑥ 통로대면보관의 원칙 : 물품의 효율적 보관을 위해 통로면에 보관

034 투자수익률(ROI ; Return On Investment)

① 투자에 대한 이익률
② 순자본(소유주의 자본, 주주의 자본 혹은 수권자본)에 대한 순이익의 비율
③ ROI가 높으면 효과적인 레버리지 기회를 활용했다는 의미로도 해석
④ ROI가 높다고 해서 제품재고에 대한 투자가 총이익을 항상 잘 달성했다고 볼 수는 없음
   ↳ ROI가 높으면 제품재고에 대한 투자가 총이익을 잘 달성했다는 의미(X)
⑤ ROI가 낮으면 자산의 과잉투자 등으로 인해 사업이 성공적이지 못하다는 의미

035 연기-투기이론

① 재고를 어느 구성원이 가지는가에 따라 유통경로가 만들어진다는 이론
② 중간상이 재고의 보유를 연기하여 제조업자가 재고를 가짐
③ 유통경로의 가장 최후시점까지 제품을 완성품으로 만들거나 소유하는 것을 미룸
④ 자전거 제조업자가 완성품 조립을 미루다가 주문이 들어오면 조립하여 중간상에게 유통시킴
⑤ 특수산업용 기계 제조업자는 주문을 받지 않는 한 생산을 미룸

036 기능위양이론

① 다른 유통경로 구성원이 비용우위를 갖는 기능은 위양하고 자신이 더 비용우위를 갖는 일은 직접 수행
   ↳ 연기-투기이론(X)
② 기능위양이론의 핵심은 경로구성원들 가운데서, 특정 기능을 가장 저렴한 비용으로 수행하는 구성원에게 그 기능이 위양된다는 것

037 인사고과의 오류

① 후광효과 : 어떤 사람이 가지고 있는 두드러진 특성이 그 사람의 다른 특성을 평가하는 데 전반적인 영향을 미치는 효과
② 관대화 경향 : 피고과자의 실제능력이나 실적보다 더 높게 평가하는 경향
③ 가혹화 경향 : 고과자가 피고과자의 능력 및 성과를 실제보다 의도적으로 낮게 평가하는 경우
④ 중심화 경향 : 평가자가 평가대상에 대한 긍정 혹은 부정의 판단을 기피하고 중간정도의 점수를 주는 현상
   ↳ 예시 : 마음이 약한 김과장은 팀원들의 인사고과를 전부 보통으로 평가
⑤ 귀인상의 오류 : 관찰자가 다른 이들의 행동을 설명할 때 상황 요인들의 영향을 과소평가하고 행위자의 내적, 기질적인 요인들의 영향을 과대평가하는 경향

038 리더십의 유형

① 민주적 리더십 : 유연함과 책임을 빠르게 형성할 수 있으며, 새로운 것들을 정하는 데 도움이 됨

② 자유방임적 리더십 : 종업원이 더 많은 것을 알고 있는 전문직인 경우에 효과적이며, 종업원에게 신뢰와 확신을 보여 동기요인을 제공
　　　↳ 민주적 리더십(X)

③ 독재적 리더십 : 긴박한 상황에서 절대적인 복종이 필요한 경우 또는 숙련되지 않거나 동기부여가 안 된 종업원에게 효과적인 리더십 유형으로, 자신의
　　지시를 따르게 하기 위해 경제적 보상책을 사용하기도 함

④ 카리스마적 리더십 : 자기 자신과 자신이 이끄는 조직구성원에 대한 극단적인 신뢰, 이들을 완전히 장악하는 거대한 존재감, 그리고 명확한 비전을 갖고
　　일단 결정된 사항에 관해서는 절대로 흔들리지 않는 확신을 가지는 리더십

⑤ 변혁적 리더십 : 조직구성원들로 하여금 리더에 대한 신뢰를 갖게 하는 카리스마는 물론, 조직변화의 필요성을 감지하고 그러한 변화를 이끌어 낼 수 있는
　　새로운 비전을 제시할 수 있는 능력이 요구되는 리더십

⑥ 참여적 리더십 : 업무활동에 대해서 조직구성원과 상의하고 의사결정에 조직구성원을 참여시키고자 하는 리더십 유형으로 적극적 성격의 사람에게 잘 받아
　　들여짐

⑦ 성취지향적 리더십 : 도전적인 작업 목표를 설정하고 그 성과를 강조하며, 조직구성원들이 그 목표를 충분히 달성할 수 있을 것이라고 믿는 리더십 유형으로
　　업무수행능력이 높고, 적극적인 성격과 명예에 대한 욕구가 강한 조직구성원에게 효과적

⑧ 서번트 리더십 : 먼저 경청하며 설득과 대화로 업무를 추진하고, 조직에서 가장 가치 있는 자원은 사람이라고 생각하는 특성을 가진 리더십

039 소매상을 위한 도매상의 역할
　　↳ 시장의 확대(X)

① 다양한 상품구색의 제공

② 신용의 제공

③ 컨설팅서비스 제공

④ 물류비의 절감

040 ROP(재주문점) 산출방법

① 수요가 확실한 경우(안전재고 불필요) : 조달기간 × 1일 수요량
　　↳ 1주 기준으로 재주문하는 것으로 가정할 경우 : 리드타임(주) × 1주 평균판매량

② 수요가 불확실한 경우(안전재고 보유) : 주문기간 동안의 평균수요량 + 안전재고

041 7R's 원칙
　　↳ 적절한 판촉활동(Right promotion)(X)

① 적절한 상품(Right goods)

② 적절한 품질(Right quality)

③ 적절한 시간(Right time)

④ 적절한 장소(Right place)

⑤ 적절한 가격(Right price)

⑥ 적절한 양(Right quantity)

⑦ 적절한 인상(Right impression)

042 체인사업

같은 업종의 여러 소매점포를 직영(자기가 소유하거나 임차한 매장에서 자기의 책임과 계산 아래 직접 매장을 운영하는 것)하거나 같은 업종의 여러 소매점포에 대하여 계속적으로 경영을 지도하고 상품·원재료 또는 용역을 공급하는 사업

① 직영점형 체인사업 : 체인본부가 주로 소매점포를 직영하되, 가맹계약을 체결한 일부 소매점포(가맹점)에 대하여 상품의 공급 및 경영지도를 계속하는 형태의 체인사업

② 프랜차이즈형 체인사업 : 독자적인 상품 또는 판매·경영 기법을 개발한 체인본부가 상호·판매방법·매장운영 및 광고방법 등을 결정하고, 가맹점으로 하여금 그 결정과 지도에 따라 운영하도록 하는 형태의 체인사업

③ 임의가맹점형 체인사업 : 체인본부의 계속적인 경영지도 및 체인본부와 가맹점 간의 협업에 의하여 가맹점의 취급품목·영업방식 등의 표준화사업과 공동구매·공동판매·공동시설활용 등 공동사업을 수행하는 형태의 체인사업

④ 조합형 체인사업 : 같은 업종의 소매점들이 「중소기업협동조합법」에 따른 중소기업협동조합, 「협동조합기본법」에 따른 협동조합, 협동조합연합회, 사회적 협동조합 또는 사회적 협동조합연합회를 설립하여 공동구매·공동판매·공동시설활용 등 사업을 수행하는 형태의 체인사업

043 손익분기점분석

① 손익분기점분석에서는 비용을 고정비와 변동비로 구분하여 매출액과의 관계를 분석

② 손익분기점분석을 통해 목표이익을 얻기 위한 매출액을 계산 가능

③ 손익분기점에서의 손익은 0

④ 매출액이 손익분기점을 넘어 증가하면 이익이 발생하고 손익분기점을 밑돌면 손실이 발생

⑤ 손익분기점 판매량 = 고정비/(단위당 판매가 - 단위당 변동비)
       ↳ 총변동비/(단위당 판매가 - 단위당 고정비)(X)

044 ABC 재고관리방법

① 정량발주시스템과 정기발주시스템을 활용한 재고관리방법

② 80 : 20의 파레토 법칙을 사용하는 재고관리방법

③ 품목의 가치나 상대적인 중요도에 따라 주문량을 결정

④ A 그룹에 포함되는 품목은 대체로 수익성이 높은 품목
       ↳ 수익성이 낮은 품목(X)

⑤ C 그룹에 포함되는 품목은 단가가 낮아 재고관리가 소홀한 경우가 발생

045 상권의 계층적 구조

① 지역 상권(GTA ; General Trading Area) : 가장 포괄적인 상권범위로서 '시' 또는 '군'을 포함하는 넓은 지역범위이며, 도시 간의 흡인범위가 성립하는 범위

② 지구 상권(DTA ; District Trading Area) : 집적된 상업시설이 갖는 상권의 범위로 '구'를 포함

③ 지점 상권(ITA ; Individual Trading Area) : 점포 상권이라고도 하는데, 이는 개별점포가 갖는 상권의 범위

④ 상권의 크기별 구분 : 지역 상권 > 지구 상권 > 지점 상권
  ↳ 논리적 순서 : 광역지역(general area)분석 – 지구상권(district area)분석 – 개별점포(site)분석

046 상권경쟁구조의 분석

① 업태내 경쟁구조 : 유사한 상품을 판매하는 서로 동일한 형태의 소매업체 간 경쟁구조 분석
  ↳ 백화점, 할인점, SSM, 재래시장 상호 간의 경쟁관계(X)

② 업태간 경쟁구조 : 유사한 상품을 판매하는 서로 상이한 형태의 소매업체 간 경쟁구조 분석
  ↳ 동일 상권 내 편의점들 간의 경쟁관계(X)

③ 위계별 경쟁구조 : 도심, 부심, 지역중심, 지구중심의 업종을 파악·분석

④ 잠재적 경쟁구조 : 신규 소매업 진출 예정 사업체 및 업종의 파악·분석
  ↳ 근접한 동종점포 간 보완 및 경쟁관계(X)

⑤ 업체간 보완관계 : 단골고객의 선호도 조사, 고객의 특성 및 쇼핑경향 분석, 연령·소득·직업 등 인구통계학적 특성, 문화·사회적 특성의 파악·분석
  ↳ 상권 내 진입 가능한 잠재경쟁자와의 경쟁관계(X)

047 상권의 구분 및 특성

① 1차 상권
  ㉠ 전체상권 중에서 점포에 가장 가까운 지역을 의미
  ㉡ 소비자의 밀도가 가장 높은 곳
  ㉢ 상대적으로 소비자의 충성도가 높으며 1인당 판매액이 가장 큰 핵심적인 지역

② 2차 상권
  1차 상권을 둘러싸는 형태로 주변에 위치하여 매출이나 소비자의 일정비율을 추가로 흡인하는 지역

③ 3차 상권
  ㉠ 상권으로 인정하는 한계(fringe)가 되는 지역범위로, 많은 경우 지역적으로 넓게 분산되어 위치하여 소비자의 밀도가 가장 낮음
  ㉡ 상권 내 소비자의 내점빈도가 1차 상권에 비해 낮기 때문에 점포 매출액에서 차지하는 비중이 낮음
    ↳ 상권 내 소비자의 내점빈도가 1차 상권에 비해 높음(X)

048 애플바움(W. Applebaum)의 유추법

① 신규점포의 판매예측에 활용되는 기술적 방법
② 유사점포의 판매실적을 활용하여 신규점포의 판매예측
③ 기존점포의 판매예측에도 활용 가능
④ 신규점포와 점포 특성, 고객의 쇼핑패턴, 고객의 사회적·경제적·인구통계적 특성에서 유사한 기존 점포를 선정
    ↳ 유사점포는 신규점포와 동일한 상권 안에서 영업하고 있는 점포 중에서만 선택(X)
⑤ CST(Customer Spotting Technique)지도를 활용하여 신규점포의 상권규모 예측
⑥ 유추법의 절차

> 자기가 개점하려는 점포와 유사한 기존 점포를 선정 → 기존의 유사점포의 상권범위를 결정 → 전체 상권을 몇 개의 단위 지역으로 나누고, 각 지역에서의 유사점포의 매출액을 인구수로 나누어 각 지역 내의 1인당 매출 산출 → 자기가 입지하려는 지역의 인구수에다 앞에서 구한 1인당 매출을 곱하여 각 지역에서의 예상 매출액 계산

049 크리스탈러(W. Christaller)의 중심지이론

① 기본 가정
    ㉠ 지표공간은 균질적 표면(Isotropic Surface)으로 되어 있고, 한 지역 내의 교통수단은 오직 하나이며, 운송비는 거리에 비례
    ㉡ 인구는 공간상에 균일하게 분포되어 있고, 주민의 구매력과 소비행태는 동일
    ㉢ 인간은 합리적인 사고에 따라 의사결정을 하며, 최소의 비용과 최대의 이익을 추구하는 경제인(Economic Man)
    ㉣ 소비자들의 구매형태는 획일적이며, 유사점포들 중 가장 가까운 곳을 선택한다고 가정
    ㉤ 여러 상권이 존재하는 경우 상권중심지를 거점으로 배후 상권이 다른 상권과 겹치지 않음
② 개념
    ㉠ 중심지 : 배후지의 거주자들에게 재화와 서비스를 제공하는 상업기능이 밀집된 장소
    ㉡ 배후지 : 중심지에 의해 서비스를 제공받는 주변지역으로서 구매력이 균등하게 분포하고 끝이 없이 동질적인 평지라고 가정
    ㉢ 도달범위 : 중심지 활동이 제공되는 공간적 한계를 말하는데 중심지로부터 어느 재화에 대한 수요가 0이 되는 곳까지의 거리
    ㉣ 최대도달거리(도달범위) : 중심지에서 제공되는 상품의 가격과 소비자가 그것을 구입하는 데 드는 교통비에 의해 결정
    ㉤ **최소수요충족거리** : 상업중심지의 정상이윤 확보에 필요한 최소한의 수요를 발생시키는 상권범위
       ↳ 최대수요충족거리(X)

050 허프모델(Huff model)

① Huff모델은 소비자의 구매행태를 거리와 매장면적이라는 두 가지 변수로만 설명한 모형으로서 소비자가 점포를 선택함에 있어서 고려되는 다양한 요인들을 반영하지 못한다는 한계가 있음
   ↳ 점포이미지 등 다양한 변수를 반영(X)
② Huff모델은 특정 점포의 **효용**이나 매력도가 높을수록 그 점포가 선택될 확률이 높아진다고 가정
   ↳ 개별점포의 상권이 공간상에서 단절되어 단속적이며 타점포 상권과 중복되지 않는다고 가정(X)
③ 개별 소비자들의 점포선택행동을 **확률적 방법으로 분석**
   ↳ 기술적 방법(descriptive method)으로 분석(X)
④ 특정 점포가 끌어들일 수 있는 소비자 점유율은 점포까지의 방문거리에 반비례한다고 가정
   ↳ 점포별 점유율은 추정하지 못한다(X)
⑤ 각 소비자의 거주지와 점포까지의 물리적 거리는 이동시간으로 대체하여 분석하기도 함

051 수정Huff모델

① 특성
   ㉠ 실무적 편의를 위해 점포면적과 거리에 대한 민감도를 따로 추정하지 않음
   ㉡ 점포면적과 이동거리에 대한 소비자의 민감도는 '1'과 '-2'로 고정하여 인식
   ㉢ Huff모델과 같이 점포면적과 점포까지의 거리 두 변수만으로 소비자들의 점포 선택확률을 추정 가능
   ㉣ 점포매력도가 점포크기 이외에 취급상품의 가격, 판매원의 서비스, 소비자의 구매행동 등 다른 요인들로부터 영향을 받을 수 있다는 점을 고려하지 않음
      ↳ 소비자의 개인별 구매행동 데이터를 활용하여 예측의 정확도를 높인다(X)
   ㉤ Huff모델보다 정확도는 낮을 수 있지만, 일반화하여 쉽게 적용하고 대략적 추정을 가능하게 한 것
② 계산공식

$$P_{ij} = \frac{\dfrac{S_j}{D_{ij}^2}}{\displaystyle\sum_{j=1}^{n} \dfrac{S_j}{D_{ij}^2}}$$

• P_{ij} = i지점의 소비자가 j상업 집적에 가는 확률
• S_j = j상업 집적의 매장면적
• D_{ij} = i지점에서 j까지의 거리

052 컨버스 제1법칙의 공식

$$D_a = \frac{D_{ab}}{1 + \sqrt{\dfrac{P_b}{P_a}}} \quad \text{또는} \quad D_b = \frac{D_{ab}}{1 + \sqrt{\dfrac{P_a}{P_b}}}$$

- D_a : A시로부터 분기점까지의 거리
- D_b : B시로부터 분기점까지의 거리
- D_{ab} : A, B 두 도시(지역) 간의 거리
- P_a : A시의 인구
- P_b : B시의 인구

053 레일리(W. Reilly)의 소매인력법칙

① 두 경쟁도시가 그 중간에 위치한 소도시의 거주자들을 끌어들일 수 있는 상권의 규모는 인구에 비례하고, 각 도시와 중간도시 간의 거리의 제곱에 반비례한다는 이론

② 대도시 A, B 사이에 위치하는 중소도시 C가 있을 때 A, B가 C로부터 끌어들일 수 있는 상권규모를 분석하기 위해 필요한 정보 : 중소도시 C에서 대도시
 ↳ 대도시 A, B 사이의 분기점(X)
 A까지의 거리, 중소도시 C에서 대도시 B까지의 거리, 중소도시 C의 인구, 대도시 A의 인구, 대도시 B의 인구

054 MNL모델

분석과정에서 집단별 구매행동 데이터 대신 각 소비자의 개인별 데이터를 수집하여 활용하는 선택공리에 이론적 근거를 두고 있는 모형으로, 각 점포에 대한
            ↳ 선택공리와 관련이 없다(X)
선택확률의 예측과 각 점포의 시장점유율 및 상권의 크기를 추정 가능

055 회귀분석

① 소매점포의 성과에 영향을 미치는 다양한 요소들의 상대적 중요도를 파악 가능

② 점포성과에 영향을 미치는 영향변수에는 상권 내 경쟁수준과 점포의 입지특성이 포함될 수 있음

③ 표본이 되는 점포의 수가 충분하지 않으면 회귀분석 결과의 신뢰성이 낮아질 수 있음

④ 독립변수와 종속변수 간의 상관관계를 분석해야 하므로 독립변수 상호 간에는 상관관계, 즉 서로 관련성이 없어야 함
        ↳ 분석에 포함되는 여러 독립변수들끼리는 서로 관련성이 높을수록 좋다(X)

056 동선의 심리법칙

① 최단거리실현의 법칙 : 인간은 최단거리로 목적지에 가려는 심리가 있기 때문에 안쪽 동선이라고 하는 뒷길이 발생한다는 법칙
② 보증실현의 법칙 : 인간은 먼저 득을 얻는 쪽을 택하기 때문에 길을 건널 때에도 최초로 만나는 횡단보도를 이용하려는 경향이 있다는 법칙
③ 안전추구의 법칙 : 인간은 본능적으로 위험하거나 모르는 길 또는 다른 사람이 잘 가지 않는 장소에는 가려고 하지 않는 심리가 있다는 법칙
   ↳ 예시 : 사람들은 점포가 눈 앞에 보여도 간선도로를 횡단해야 하는 경우 그 점포에 접근하지 않으려는 경향을 보임
④ 집합의 법칙 : 대부분의 사람들은 군중 심리에 의해 사람이 모여 있는 곳에 모인다는 법칙

057 점포의 입지유형별 분류

① 집심성입지 : 도시의 중심이나 배후지의 중심지 역할을 하는 곳에 점포가 위치하는 것이 유리한 입지유형
② 집재성입지 : 유사업종 또는 동일업종의 점포들이 한 곳에 집단적으로 모여 집적효과 또는 시너지효과를 거두는 입지유형
③ 산재성입지 : 동일점포가 모여 있지 않고 산재하는 것이 유리한 유형
④ 국지적집중성입지 : 동일업종의 점포가 국부적 중심지에 입지하는 것이 유리한 유형
⑤ 목적형입지 : 고객이 구체적 구매의도와 계획을 가지고 방문하므로 단순히 유동인구에 의존하기보다는 상권 자체의 고객창출능력에 의해 고객이 유입되는 입지유형

058 입지와 상권의 개념 구분

① 상권 평가에는 점포의 층수, 주차장, 교통망, 주변 거주인구 등을 이용하고, 입지 평가에는 점포의 면적, 주변 유동인구, 경쟁점포의 수 등의 항목을 활용
   ↳ 입지 평가(X)   ↳ 상권 평가(X)
② 입지를 강화한다는 것은 점포가 더 유리한 조건을 갖출 수 있도록 점포의 속성들을 개선하는 것을 의미
   ↳ 상권(X)
③ 입지는 점포를 경영하기 위해 선택한 장소 또는 그 장소의 부지와 점포 주변의 위치적 조건을 의미
   ↳ 상권(X)
④ 상권은 점포를 이용하는 소비자들이 분포하는 공간적 범위 또는 점포의 매출이 발생하는 지역 범위를 의미
   ↳ 입지(X)
⑤ 상권은 일정한 공간적 범위(boundary)로 표현되고 입지는 일정한 위치를 나타내는 주소나 좌표를 가지는 점(point)으로 표시

059 앵커점포(anchor store)

① 선박을 고정시키는 중심 역할을 하는 닻을 의미하는 '앵커(anchor)'처럼 어떤 상권을 대표하는 상징적인 점포나 대형 상가의 중심이 되는 핵심점포
② 대표적인 앵커점포 : 유통센터나 대형점포, 브랜드 인지도가 높은 점포, 그 지역의 상권 내 가장 번화한 점포인 핵점포
③ 쇼핑센터의 유형별 앵커점포
   ㉠ 파워센터형 쇼핑센터 - 회원제 창고형 소매점
   ㉡ 지역센터형 쇼핑몰 - 할인형 백화점
   ㉢ 초광역센터형 쇼핑몰 - 완전구색형 백화점
   ㉣ 테마/페스티벌센터형 쇼핑몰 - 유명한 식당
   ㉤ 근린형 쇼핑센터 - 하이퍼마켓
         ↳ 의류전문점(X)

060 테넌트(tenant)

상업시설의 일정한 공간을 임대하는 계약을 체결하고, 해당 상업시설에 입점하여 영업을 하는 임차인(임차점포)

061 용적률

① 대지면적에 대한 건축물의 연면적 비율
② 건축물의 연면적이란 건축물 각 층의 바닥면적의 합계
③ 용적률을 산정할 때 지하층의 면적, 지상층의 주차장(해당 건축물의 부속용도인 경우만 해당)으로 쓰는 면적, 주민공동시설의 면적, 초고층 건축물의 피난안전구역의 면적은 제외

062 건폐율

① 대지면적에 대한 건축면적의 비율
  ↳ 대지면적에 대한 건축연면적의 비율(X)
② 대지에 건축물이 둘 이상 있는 경우에는 이들 건축면적의 합계로 건폐율을 계산
③ 각 건축물의 대지에 여유 공지를 확보하여 도시의 평면적인 과밀화를 억제하려는 것

063 지리정보시스템(GIS)

① 개 념
  ㉠ 개별 상점이나 상점가의 위치정보를 점(點)데이터로, 토지 이용 등의 정보는 면(面)데이터로 지도에 수록
  ㉡ 지하철 노선이나 도로 등은 선(線)데이터로 지도에 수록하고 데이터베이스를 구축
  ㉢ 상점 또는 상점가를 방문한 고객을 대상으로 인터뷰조사를 하거나 설문조사를 하여 지도데이터베이스 구축에 활용
  ㉣ 라일리, 컨버스 등이 제안한 소매인력모델을 적용하는 경우에도 정확한 위치정보를 얻을 수 있는 지리정보시스템의 지원이 필요
  ㉤ 대규모 점포의 입지선정뿐만 아니라 소규모 점포의 입지선정에도 활용가능성이 높음
    ↳ 백화점, 대형마트 등의 대규모 점포의 입지선정 등에 활용될 수 있으나, 편의점 등 소규모 연쇄점의 입지선정이나 잠재고객 추정 등에는 활용가능성이 높지 않다(X)
② 기 능
  ㉠ 데이터 및 공간조회 : 지도상에서 데이터를 조회하여 표현하고, 특정 공간기준을 만족시키는 지도를 얻기 위해 조회도구로써 지도를 사용하는 것
    ↳ 버퍼(buffer)(X)
  ㉡ 주제도(thematic map) 작성 : 속성정보를 요약하여 표현한 지도를 작성하는 것이며, 면, 선, 점의 형상으로 구성
  ㉢ 프레젠테이션 지도작업 : 지리적인 형상을 표현한 지도상에 데이터의 값과 범위를 할당하여 지도를 확대·축소하는 등의 기능
    ↳ 위상(X)
  ㉣ 버퍼(buffer) : 어떤 지도형상, 즉 점이나 선 혹은 면으로부터 특정한 거리 이내에 포함되는 영역을 의미하며, 면의 형태로 나타나 상권 혹은 영향권을
    ↳ 데이터 및 공간조회(X)
    표현하는 데 사용
  ㉤ 위상 : 공간적으로 동일한 경계선을 가진 두 지도 레이어들에 대해 하나의 레이어에 다른 레이어를 겹쳐 놓고 지도 형상과 속성들을 비교하는 기능
    ↳ 프레젠테이션 지도작업(X)

064 중심상업지역(CBD ; Central Business District)

① 대중교통의 중심이며 백화점, 전문점, 은행 등이 밀집되어 있음
② 상업활동을 통해 많은 사람들을 유인하므로 도보통행량이 상대적으로 많음
                ↳ 도보통행량이 상대적으로 적음(X)
③ 상업활동으로 많은 사람을 유인하지만 출퇴근을 위해서 통과하는 사람도 많음
④ 일부 중심상업지역은 공동화(空洞化)되었거나 재개발을 통해 새로운 주택단지가 건설된 경우도 있음
⑤ 소도시나 대도시의 전통적인 도심지역에 해당되는 경우가 많음

065 입지매력도 평가원칙

① 고객차단원칙 : 사무실밀집지역, 쇼핑지역 등은 고객이 특정 지역에서 타 지역으로 이동 시 점포를 방문하게 한다는 원칙
② 동반유인원칙 : 유사하거나 보충적인 소매업이 흩어진 것보다 군집해서 더 큰 유인잠재력을 갖게 한다는 원칙
③ 보충가능성원칙 : 두 개의 사업이 고객을 서로 교환할 수 있을 정도로 인접한 지역에 위치하면 매출액이 높아진다는 원칙
④ 점포밀집원칙 : 지나치게 유사한 점포나 보충 가능한 점포는 밀집하면 매출액이 감소한다는 원칙
⑤ 접근가능성원칙 : 지리적으로 인접하거나 또는 교통이 편리하면 매출을 증대시킨다는 원칙

066 소매포화지수(IRS)와 시장성장잠재력지수(MEP)

① IRS는 현재시점의 상권 내 경쟁 강도를 측정
② MEP는 미래시점의 신규 수요를 창출할 수 있는 잠재력을 측정
         ↳ 미래시점의 상권 내 경쟁 강도를 측정(X)
③ IRS 값이 클수록 시장의 포화정도가 낮아 시장의 매력도는 높아지고 시장기회가 커지므로 신규점포 개설에 유리하다고 판단
    ↳ 상권 내 경쟁이 심할수록 IRS도 커진다(X)
④ MEP가 크다는 것은 해당 지역에서의 점포 부족으로 지역 주민들이 다른 지역에서 쇼핑한다는 것을 의미하므로 점포 출점 시 성공가능성이 높다고 판단할 수 있어 입지의 상권 매력성은 높아짐
            ↳ MEP가 클수록 입지의 상권 매력성은 낮아진다(X)
⑤ MEP는 IRS의 단점을 보완해주는 지표로 사용
      ↳ MEP보다는 IRS가 더 중요한 상권 매력성지수(X)

067 판매활동지수(SAI)

타 지역과 비교한 특정한 지역의 1인당 소매매출액을 가늠하는 것으로 인구를 기준으로 해서 소매매출액의 비율을 계산하는 방식
           ↳ 특정지역의 총면적당 점포면적 총량의 비율(X)

068 구매력지수(BPI ; Buying Power Index)

① 매점포의 입지선정과정에서 광역 또는 지역시장의 매력도를 비교분석할 때 특정지역의 개략적인 수요를 측정하기 위해 이용하는 지수

② BPI 표준공식

$$BPI = (인구비 \times 0.2) + (소매 매출액비 \times 0.3) + (유효구매 소득비 \times 0.5)$$

↳ 가장 높은 가중치를 부여하는 변수

069 넬슨(Nelson)의 8가지 소매입지 선정원칙

① 경합의 최소성 : 해당 점포와 경쟁관계에 있는 점포의 수가 가장 적은 장소를 선택하는 것이 유리함

② 상권의 잠재력 : 판매하려는 상품이 차지할 시장점유율을 예측하고 점포개설 비용을 파악하여 분석한 종합적 수익성이 높은 곳이 유리함

③ 양립성 : 상호보완관계에 있는 점포가 서로 인접해 있어서 고객의 흡인력을 높일 수 있는 가능성에 대한 검토

↳ 업종이 같은 점포가 인접해서 상호보완관계를 통해 매출을 향상시킬 수 있음(X)

④ 고객의 중간유인 가능성 : 고객이 상업지역에 들어가는 동선의 중간에 위치하여 고객을 중간에서 차단할 수 있는 입지가 유리함

⑤ 집적 흡인력 : 집재성 점포의 경우 유사한 업종이 서로 한 곳에 입지하여 고객흡인력을 공유하는 것이 유리함

⑥ 성장가능성 : 인구 증가와 소득수준의 향상으로 시장규모나 선택한 사업장, 유통 상권의 매출액이 성장할 가능성에 대한 검토

⑦ 경쟁회피성 : 경쟁점의 입지, 규모, 형태 등을 감안하여 예비창업자의 사업장이 기존 점포와의 경쟁에서 우위를 확보할 수 있는 가능성 및 향후 신규경쟁점이 입점함으로써 창업할 사업장에 미칠 영향력의 정도를 파악하기 위한 방법

⑧ 경제성 : 입지의 가격 및 비용 등으로 인한 수익성과 생산성의 정도에 관한 검토

070 업종형태와 상권과의 관계

① 동일 업종이라 하더라도 점포의 규모나 품목의 구성에 따라 상권의 범위가 달라짐

② 상권의 범위가 넓을 때는 상품품목 구성의 폭과 깊이를 크게 하고, 다목적구매와 비교구매가 용이하게 하는 업종·업태의 선택이 필요함

③ 생필품 : 소비자의 구매거리가 짧고 편리한 장소에서 구매하려 하므로 이런 상품을 취급하는 업태는 주택지에 근접한 입지를 취하는 것이 유리

④ 선매품 : 선매품을 취급하는 소매점포는 보다 상위의 소매 중심지나 상점가에 입지하여 넓은 범위의 상권을 가져야 함

⑤ 전문품 : 전문품을 취급하는 점포의 경우 잠재고객이 지역적으로 널리 분산되어 있으므로 상권의 밀도는 낮으나, 범위는 넓은 특성을 갖고 있음

↳ 고객이 지역적으로 밀집(X)   ↳ 상권의 밀도는 높고 범위는 좁은 특성(X)

071 권리금

① 점포임대차와 관련해 임차인이 누리게 될 장소 또는 영업상의 이익에 대한 대가로 임차보증금과는 별도로 지급되는 금전적 대가

↳ 보증금의 일부(X)

② 상가의 위치, 영업상의 노하우, 시설 및 비품 등과 같은 다양한 유무형의 재산적 가치에 대한 양도 또는 이용에 대한 대가로 지급하는 금전

③ 권리금을 일정 기간 안에 회복할 수 있는 수익성이 확보될 수 있는지를 검토해야 함

④ 신축건물에도 바닥권리금이라는 것이 있는데, 이는 주변 상권의 강점을 반영하는 것이라고 볼 수 있음

⑤ 권리금이 보증금보다 많은 경우가 발생하기도 함

072 점두조사

① 상권분석을 위한 데이터를 소비자를 대상으로 직접 수집하는 방법의 하나로서, 내점객조사법과 조사대상의 특성이 가장 유사
② 점포에서 조사원이 대기하다가 구매결정을 한 소비자에게 질문을 하는 방식으로, 매장을 방문하는 소비자의 주소를 파악하여 자기점포의 상권을 조사하는 방법

073 소매점포의 입지조건

① 유리한 입지
  ㉠ 방사형 도로의 경우 교차점에 가까운 입지
  ㉡ 곡선형 커브(curve)가 있는 도로에서는 안쪽보다 바깥쪽 입지
  ㉢ 보조도로보다는 주도로에 접한 내부획지(inside parcels)
    ↳ 주도로보다는 보조도로에 접한 내부획지(inside parcels)(X)
② 불리한 입지
  ㉠ 점포와 접한 도로에 중앙분리대가 있는 경우
  ㉡ T형 교차로의 막다른 길에 있는 입지

074 점포의 입지조건 평가

① 점포면적이 매출에 영향을 미치기는 하지만 점포면적이 커질수록 단위면적당 매출이 낮아질 수 있으며, 면적이 크지 않아도 매출 효율성을 높일 수 있음
    ↳ 점포면적이 커지면 매출도 증가하는 경향이 있어 점포규모가 클수록 좋다(X)
② 건축선 후퇴로 인해 앞 건물에 가려져 보이지 않는 경우도 발생하므로 건축선 후퇴는 직접적으로 가시성에 부정적인 영향을 미침
      ↳ 건축선 후퇴는 직접적으로 가시성에 긍정적인 영향(X)
③ 점포 출입구 부근에 단차가 없으면 사람과 물품의 출입이 용이하여 좋음
④ 점포 부지와 점포의 형태는 직사각형에 가까울수록 소비자 흡인에 좋음
        ↳ 정사각형(X)
⑤ 평면도로 볼 때 점포의 깊이에 비해 정면너비가 더 클수록 바람직
      ↳ 점포의 정면너비에 비해 깊이가 더 클수록 바람직(X)

075 획지와 각지

① 획지 : 건축용으로 구획정리를 할 때 한 단위가 되는 땅
② 각 지
  ㉠ 개념 : 획지 중 두 개 이상의 도로가 교차하는 곳에 있는 경우로, 접면하는 각의 수에 따라 2면각지, 3면각지, 4면각지 등으로 불림
          각지에는 1면각지, 2면각지, 3면각지, 4면각지 등이 있다(X)
  ㉡ 장점 : 출입이 편리하여 광고 효과가 높음
  ㉢ 단점 : 상대적으로 소음, 도난, 교통 등의 피해를 받을 가능성이 높음

076 티센다각형(Thiessen polygon) 모형

① 공간독점접근법에 기반한 상권 구획모형의 일종

② 소비자들이 가장 가까운 소매시설을 이용하고, 소매 점포들이 규모나 매력도에 있어서 유사하다고 가정

③ 티센다각형의 크기는 경쟁수준과 부의관계를 가짐
   ↳ 정의관계(X)

④ 신규점포의 입지가능성을 판단하기 위한 상권범위 예측에 사용 가능

077 상권의 유형별 특성

구 분	특 성
근린상권	• 주거지 근처에 있고 사람들이 일상적으로 자주 쇼핑하거나 외식을 즐기는 상업지 • 일상생활에서 자주 구입하게 되는 일반상품 위주로 시장이 형성 • 상권범위는 반경 300m 내외의 거리로 도보로 5분 이내에 이동할 수 있는 거리를 상권으로 봄
역세권상권	• 어느 상권보다도 유동인구가 상대적으로 많음 • 임대료나 지가의 수준이 타지역에 비해 높음 • 지상과 지하의 입체적 개발이 이루어지는 경우가 많음 • 교통의 결절점 역할을 수행하는 경우가 많음
아파트단지상권	• 보통 1천 가구 이상을 대상으로 지하 1층, 지상 3층 규모로 형성되어 있으며 아파트단지 주민과 유동인구를 흡입할 수 있는 상권 • 2,000세대 이상이면 정문과 후문의 대중교통수단에 따라 상권이 달라짐 • 처음 상가가 분양되었을 때는 대개 정문 쪽이 분양가가 높고 장사가 잘 되는 편임
주택가상권	• 유동인구와 배후지 거주인구가 유동적이기 때문에 상권특성 분석이 어려움 • 소비형태가 도보로 이루어지기 때문에 입지가 중요 • 상권과 고객이 제한되어 있어 단골고객이 중요 • 대개 버스정류장이나 지하철역 주변 도로변, 재래시장 주변에 상권이 형성되어 있기 때문에 소자본으로 창업하기 유리
사무실상권	• 사무실이 밀집해 있어 주말보다는 평일에 유동인구가 상대적으로 많음 • 고정손님 단골을 많이 확보할 수 있다는 장점을 가지고 있음

078 점포의 매력도를 평가하는 입지조건의 특성

① 접근성 : 얼마나 그 점포를 쉽게 찾아 올 수 있는가 또는 점포 진입이 수월한가를 의미
   ↳ 가시성(X)

② 인지성 : 점포를 찾아오는 고객에게 점포의 위치를 쉽게 설명할 수 있는 설명의 용이도
   ↳ 접근성(X)

③ 가시성 : 점포 전면을 오고 가는 고객들이 그 점포를 쉽게 발견할 수 있는지의 척도
   ↳ 홍보성(X)

④ 홍보성 : 사업 시작 후 고객에게 어떻게 유효하게 점포를 알릴 수 있는가를 의미
   ↳ 인지성(X)

⑤ 호환성 : 점포에 입점 가능한 업종의 다양성 정도 즉, 다양한 업종의 성공가능성을 의미

079 서비스 특징

① 무형성 : 서비스는 객관적 형태로 제시할 수 없으며 물체처럼 만지거나 볼 수 없어 그 가치를 파악하거나 평가하는 것이 어려움

② 비분리성 : 서비스는 제공자에 의해 제공됨과 동시에 고객에 의해 소비되는 성격을 가짐

③ 이질성 : 같은 서비스 업체에서도 종업원에 따라서 제공되는 서비스의 내용이나 질이 달라질 수 있으며, 같은 종업원이라도 시간이나 고객에 따라서 다른 서비스를 제공할 수 있음

④ **소멸성** : 판매되지 않은 제품은 재고로 보관 가능 하지만 판매되지 않은 서비스는 소멸
  ↳ 사례 : 호텔이나 리조트는 비수기 동안 고객을 유인하기 위해 저가격 상품 및 다양한 부가서비스를 제공

080 가격결정방식

① 사양제품 가격책정(optional product pricing) : 기본 제품에 다양한 옵션과 액세서리를 추가 판매하는 것

② 제품라인 가격책정(product line pricing) : 기업이 동일한 제품 계열의 여러 상품을 함께 판매할 때, 상품의 세부 특성에 따라 각각의 가격을 책정하는 것

③ **종속제품 가격책정**(captive product pricing) : 주요한 제품과 함께 사용하여야 하는 종속제품에 대한 가격을 결정하는 방법
  ↳ 포획가격결정이라고도 함. 예시 : 면도기의 가격은 낮게 책정하고 면도날의 가격은 비싸게 책정, 프린터의 가격은 낮은 마진을 적용하고 프린터 카트리지나 다른 소모품의 가격은 매우 높은 마진을 적용

④ 부산물 가격책정(by-product pricing) : 폐기 처리되어야 할 저가치의 부산물 가격을 책정하는 것

⑤ 이중부분 가격결정(two-part pricing) : 서비스 가격을 기본 서비스에 대해 고정된 요금과 여러 가지 다양한 서비스의 사용 정도에 따라 추가적으로 서비스 가격을 결정하는 방법

⑥ 로스리더가격결정(loss leader pricing) : 미끼상품이라고도 하며, 유통업체들이 더 많은 고객을 끌어 모으려는 목적에서 일반적으로 소비자의 신뢰를 받는 브랜드를 대상으로 원가보다도 싸게 팔거나 일반 판매가격보다 훨씬 싼 가격에 판매하는 방법

⑦ 묶음가격결정(price bundling) : 몇 개의 제품을 묶어서 인하된 가격으로 결합된 제품을 제공하는 방법

⑧ 단수가격결정(odd pricing) : 가격이 가능한 최하의 선에서 결정되었다는 인상을 구매자에게 주기 위하여 고의로 단수를 붙여 가격을 결정하는 방법

⑨ **준거가격** : 소비자가 제품의 실제 가격을 평가하기 위하여 이용하는 표준가격
  ↳ 예시 : 일반적으로 소비자는 어떤 상품을 살 때 과거 경험이나 기억, 외부에서 들어온 정보 등에 의해 특정 가격을 떠올리게 됨

⑩ 수요점화가격수준 : 소비자마다 최하 얼마 이상 최고 얼마 미만의 가격이라면 사겠다고 생각하는 범위가 존재

⑪ 명성가격 : 구매자가 가격에 의해 품질을 평가하는 경향이 강한 비교적 고급품목(디자이너 명품 의류나 주류, 시계 등)에 대하여 가격을 결정하는 방법으로, 소비자가 지불가능한 가장 높은 가격을 유지하는 전략

⑫ 원가기반가격결정 : 제품원가에 표준이익을 가산하는 방식

⑬ 경쟁중심가격결정 : 경쟁사 가격과 비슷하거나 차이를 갖도록 결정

⑭ 목표수익률가격결정 : 초기 투자자본에 목표수익을 더하여 가격을 결정하는 방식

⑮ 가치기반가격결정 : 구매자가 지각하는 가치를 가격결정의 중심 요인으로 인식

⑯ 스키밍가격결정 : 초기에 고가정책을 취함으로써 높은 가격을 지불할 의사를 가진 소비자로부터 큰 이익을 흡수한 뒤 제품 시장의 확장에 따라 가격을
　　↳ 후발주자가 시장침투를 위해 선두기업보다 낮은 가격으로 결정(X)
　조정하는 방식
⑰ 상시저가정책(EDLP ; Every Day Low Price) : 수익성 향상보다는 시장점유율 향상에 초점을 두는 전략으로, 대형마트에서 많이 활용
　　↳ 표적시장의 다양성 증가(X)
⑱ 할인가격정책(high/low pricing) : EDLP 전략보다는 고가를 유지하면서, 상황에 따라 저가로 할인하는 가격전략
　　↳ 표적시장의 다양성 증가(O)

081 풀전략(Pull Strategy)과 푸시전략(Push Strategy)

① 풀전략(Pull Strategy)
　㉠ 기업(제조업자)이 소비자(최종구매자)를 대상으로 광고나 홍보를 하고, 소비자가 그 광고나 홍보에 반응해 소매점에 상품이나 서비스를 주문·구매하는
　　마케팅 전략
　㉡ 이미 브랜드가 인지되어 있을 경우 소비자에게 직접 어필하는 전략
　㉢ 광고와 홍보를 주로 사용
　㉣ 풀전략의 예 : 프리미엄
② 푸시전략(Push Strategy)
　㉠ 제조업자가 유통업자들을 대상으로 촉진예산을 인적 판매와 거래점 촉진에 집중 투입하여 유통경로상 다음 단계의 구성원들에게 영향을 주고자 하는
　　전략
　　　↳ 제조업체가 최종 소비자들을 대상으로 촉진믹스를 사용하여 이들이 소매상에게 제품을 요구하도록 하는 전략(X)
　㉡ 유통경로 구성원들이 고객에게까지 제품을 밀어내도록 하는 것
　㉢ 수요를 자극하기 위해서 제조업체가 중간상에게 판매촉진 프로그램을 제공
　㉣ 판매원은 도매상이 제품을 주문하도록 요청하고 판매지원책을 제공
　㉤ 인적판매와 판매촉진이 중요한 역할을 함
　㉥ 푸시전략의 예 : 협동광고, 수량할인, 판매원 훈련프로그램

082 유통업체 브랜드(PB)와 제조업체 브랜드(NB)

① 유통업체 브랜드(PB)
　㉠ 유통업체의 독자적인 브랜드명, 로고, 포장을 가짐
　㉡ 대형마트, 편의점, 온라인 소매상 등에서 PB의 비중을 증가시키고 있음
　㉢ PB를 통해 해당 유통업체에 대한 고객 충성도를 증가시킬 수 있음
　㉣ 유통업체는 PB 도입을 통해 중간상마진을 제거하고 추가이윤을 남길 수 있음
② 제조업체 브랜드(NB)
　㉠ 대규모 제조업체가 전국의 소비자를 대상으로 개발한 브랜드
　㉡ 많은 소비자에게 판매되는 것을 목적으로 하기 때문에 대규모 생산과 대중매체를 통한 광범위한 광고 진행이 일반적임

083 IP(item presentation), PP(point of presentation), VP(visual presentation)

① IP(item presentation) : 고객이 하나의 상품에 대한 구입의사를 결정할 수 있도록 돕기 위한 진열
  ↳ IP의 목적은 판매포인트 전달(X)
② PP(point of presentation) : 판매포인트를 전달하는 것이 목적으로, 어디에 어떤 상품이 있는가를 알려주는 진열
③ VP(visual presentation) : 중점상품과 테마에 따른 매장 전체 이미지 표현을 목적으로 하며, 점포나 매장 입구에서 유행, 인기, 계절상품 등을 제안하기 위한 진열

084 머천다이징(merchandising)

① 개 념
  ㉠ 우리말로 상품기획, 상품화계획 등으로 불림
  ㉡ 머천다이저(merchandiser)는 소매점의 특정 카테고리의 상품을 담당하고 있기 때문에 머천다이저를 카테고리 매니저라 부르기도 함
  ㉢ 머천다이징은 구매, 진열, 재고, 가격, 프로모션 등 광범위한 활동을 포함
  ㉣ 머천다이징의 성과를 평가하는 대표적인 지표 중 하나는 재고총이익률(GMROI)
  ㉤ 머천다이징은 제조업의 머천다이징과 소매업의 머천다이징으로 구분할 수 있음
      ↳ 머천다이징은 유통업체만의 고유 업무로 고객의 니즈에 부합하는 상품을 기획하여 판매하며 제조업체, 서비스업체에는 해당되지 않는다(X)
② 종 류
  ㉠ 크로스 머천다이징 : 연관된 상품을 함께 진열하거나 연관된 상품을 취급하는 점포들을 인접시키는 것으로, 고객들이 연관된 상품들을 동시에 구매할 수 있도록 유도
  ㉡ 인스토어 머천다이징 : 매장에서 적절한 방식으로 상품을 배치하고 상품에 맞는 분위기를 연출하는 등의 전략적 계획으로, 소비자에게 구매의욕을 불러일으키기 위한 점포 상품정책
  ㉢ 스크램블드 머천다이징 : 다양화되고 개성화된 소비자들의 기본욕구에 대처하기 위해 도입된 것으로, 제조업체의 입장 대신 소비자의 입장에서 상품을 다시 분류하는 머천다이징
  ㉣ 카테고리 머천다이징 : 찾기 쉽게 같은 종류끼리 진열하는 것이 아니라 연상되는 제품을 옆에 진열해 은연중에 구매 욕구를 자극하는 것

085 진열방식

① 점블진열(jumble display) : 과자나 라면 같은 상품들을 정돈하지 않고 뒤죽박죽으로 진열하여 소비자들에게 저렴한 특가품이라는 인상을 주려는 진열방식
② 적재진열 : 상품의 진열방식 중 상품들의 가격이 저렴할 것이라는 기대를 갖게 하는 데 가장 효과적인 진열방식
③ 돌출진열(extended display) : 본 매대 전면에 튀어나오게 하는 진열로 일반 진열보다 확장되고 양감 있는 느낌을 주며, 보조기구가 필요한 진열방식
④ 섬진열(island display) : 주통로와 인접한 곳 또는 통로 사이에 징검다리처럼 쌓아두는 진열방식으로 주로 정책상품을 판매하기 위해 활용됨
⑤ 후크진열(hook display) : 눈에 잘 띄지 않는 두께가 얇은 상품 또는 가벼운 상품 등의 진열 시에 주로 활용되는 진열방식으로, 제품 포장의 위쪽에 구멍을 뚫어 걸개에 걸어서 활용하는 방식
⑥ 골든라인진열(golden line display) : 유효디스플레이의 범위 내에서 보다 보기 쉽고 손에 닿기 쉬운 범위의 높이를 말하며, 가장 많은 매출을 올릴 수 있는 가능성을 가진 진열 장소
⑦ 곤돌라진열(Gondola Display) : 많은 양의 상품들이 소비자들에게 잘 보임과 더불어 소비자들로 하여금 풍요함을 직접적으로 느끼게 하면서 상품을 가장 편하게 집을 수 있도록 한 입체식 진열

⑧ 엔드진열(End Cap Display) : 3면에서 고객이 상품을 볼 수 있기 때문에 가장 눈에 잘 띄는 진열방식으로 가장 많이 팔리는 상품들을 진열할 때 많이 사용됨

⑨ 벌크진열 : 과일이나 야채와 같은 상품들을 매대나 바구니 등에 쌓아놓는 방법으로 고객에게 저렴하다는 인식을 줄 수 있고 충동구매를 유발하며 저가격과 저마진 상품에 어울리는 진열방법

⑩ 스타일, 품목별 진열 : 할인점, 식품점, 드럭스토어, 의류 소매점이 흔히 사용하는 방법으로, 스타일이나 품목별로 진열하는 방법

⑪ 색상별 진열 : 색상에 따라 상품을 분류하는 방식으로, 의복이나 액세서리 및 가정용품에 이르기까지 폭넓게 행해짐

⑫ 가격대별 진열 : 선물용이나 특가품을 고를 때는 가격이 우선이기 때문에 선물용이나 특가품 진열에 효과적인 방법

⑬ 아이디어 지향적 진열 : 제품의 실제 사용 시 예상되는 상황을 연출하여 고객들에게 미리 보여주는 방식으로, 가구브랜드의 오프라인 매장에서 주로 사용

086 상품믹스 결정

① 다양성 : 한 점포 내에서 취급하는 상품카테고리 종류의 수를 의미하는 것으로, 다양성이 높을수록 상품구성의 폭이 넓어짐
   ↳ 다양성이 높을수록 점포 전체의 수익성은 높아진다(X)

② 가용성 : 가용성을 높이기 위해서는 특정 단품에 대해 품절이 발생하지 않도록 재고를 보유하고 있어야 함

③ 전문성 : 특정 카테고리 내에서의 단품의 수를 의미

④ 상품믹스를 전문성 위주로 할지, 다양성 위주로 할지에 따라 소매업태가 달라짐

087 소매점 유형과 상품구색

① 편의점 : 좁고 얕은 구색

② 전문점 : 좁으나 깊은 구색

③ 소규모 종합점 : 넓으나 얕은 구색

④ 백화점 : 넓고 깊은 구색

088 자유형 레이아웃과 격자형 레이아웃

① 자유형 레이아웃

   ㉠ 특정 쇼핑경로를 유도하지 않음

   ㉡ 소비자들의 제품탐색을 용이하게 하고 동선을 길게 만드는 장점이 있음
      ↳ 격자형 레이아웃의 장점(X)

   ㉢ 시각적으로 고객의 주의를 끌어 개별 매장의 개성을 표출

   ㉣ 매장의 배치가 자유로워 고객의 충동구매를 유도 가능

   ㉤ 고급상품 매장이나 전문점 같이 고객 서비스를 강조하는 매장에서 주로 활용

   ㉥ 의류상품에 적합한 레이아웃으로 쇼핑의 즐거움을 배가시킬 수 있음

② 격자형 레이아웃

   ㉠ 주동선, 보조동선, 순환통로, 설비표준화로 비용이 절감
       ↳ 격자형 레이아웃의 장점(O)
   ㉡ 쇼케이스, 진열대, 계산대, 곤돌라 등 진열기구가 직각 상태로 되어 있음
   ㉢ 어떤 형태의 배치보다도 판매공간을 효율적으로 사용 가능
   ㉣ 셀프서비스 점포에 필요한 일상적이면서 계획된 구매행동을 촉진
   ㉤ 대형마트, 슈퍼마켓, 드럭 스토어, 버라이어티 스토어, 디스카운트 스토어, 하이퍼마켓, 슈퍼센터, 홈센터, 식료품점 등에서 활용

089 조닝(Zoning)과 페이싱(Facing)

① 조닝 : 점포 레이아웃이 완료된 후 각 코너별 상품군을 계획하고 진열면적을 배분하는 것
② 페이싱 : 특정 상품을 가로로 몇 개 진열하는가를 의미하는 것으로, 소비자 정면으로 향하도록 진열된 특정 상품의 진열량

090 제조업체의 중간상 촉진활동
     ↳ 프리미엄(X)

① 협동광고
② 중간상광고
③ 판매원 인센티브
④ 소매점 판매원 훈련

091 리베이트의 특징

① 소비자가 해당 제품을 구매했다는 증거를 제조업자에게 보내면 제조업자가 구매가격의 일부분을 소비자에게 돌려주는 소비자를 대상으로 하는 판매촉진 방법
         ↳ 제조업체를 대신해 소매업체가 소비자에게 가격할인을 제공(X)
② 지불대금의 일부를 지불인에게 되돌려주는 것이기 때문에 소비자는 리베이트에 따른 소매가격의 인하를 잘 지각할 수 있음
         ↳ 소비자는 리베이트에 따른 소매가격의 인하를 잘 지각하지 못한다(X)
③ 쿠폰보다 처리비용이 더 높음
         ↳ 낮음(X)
④ 소매업체에게 처리비용을 지불할 필요가 없음
⑤ 고가품 판매나 대량 판매 등에서 가격을 할인하는 목적으로 주로 사용
   ↳ 저가 상품에서도 쿠폰만큼의 판촉효과가 나타난다(X)

092 고객관계관리(CRM ; Customer Relationship Management)

① CRM의 도입과 실행을 위한 고려사항
- ㉠ 고객을 중심으로 모든 거래 데이터를 통합
- ㉡ 고객의 정의와 고객그룹별 관리방침을 수립
- ㉢ 단순한 정보기술수준이 아닌 전략적 차원의 수준에서 활용
  - ↳ 전략적 차원이 아닌 단순 정보기술수준에서 활용(X)
- ㉣ 고객 분석에 필요한 고객의 상세정보를 수집
- ㉤ 고객 분석결과를 활용할 수 있도록 제반 업무절차를 정립하고 시행

② CRM의 특성
- ㉠ 신규고객 창출, 기존고객 유지, 기존고객 강화를 위해 이용
- ㉡ 기업에서는 단기적인 고객관계 형성보다는 장기적인 고객관계 형성을 위해 도입
  - ↳ 기업에서는 장기적인 고객관계 형성보다는 단기적인 고객관계 형성을 위해 도입(X)
- ㉢ 다양한 측면의 정보 분석을 통해 고객에 대한 이해도를 높여줌
- ㉣ 유통업체의 경쟁우위 창출에 도움을 제공
- ㉤ 고객유지율과 경영성과 모두를 향상시키기 위해 정보와 지식을 활용

093 CRM과 대중마케팅(mass marketing)의 차별적 특성

구 분	CRM	대중마케팅(mass marketing)
목표고객	고객 개개인을 대상으로 하는 일대일 마케팅 지향	불특정 다수를 대상
커뮤니케이션 방식	쌍방향적이면서도 개인적인 커뮤니케이션 지향	일방향 커뮤니케이션을 지향
생산방식	다품종 소량생산 방식을 지향	대량생산·대량판매 지향
소비자 욕구	목표고객의 특화된 구매욕구의 만족을 지향	목표고객들의 동질적 욕구 만족을 지향
고객 데이터	개별 고객에 대한 상세한 데이터베이스를 구축해야만 가능	개별 고객에 대한 상세한 데이터베이스를 구축하지 않아도 가능

094 확률 표본추출방법

① 단순무작위 추출법 : 모집단의 구성원들이 표본으로서 선정될 확률이 미리 알려져 있고 동일하며, '0'이 아니도록 표본을 추출하는 방법
- ↳ 확률적 표본추출에 해당(O)

② 층화임의 추출법 : 모집단을 적절한 기준 변수에 따라 서로 상이한 소집단으로 나누고, 각 소집단별로 할당된 숫자의 표본을 단순무작위로 추출하는 방법으로, 기준 변수를 잘 선택할 경우 모집단을 대표하는 표본을 얻을 수 있는 장점이 있음

③ 집락표본 추출법 : 모집단이 여러 개의 동질적인 소규모 집단(군집)으로 구성되어 있으며, 각 군집은 모집단을 대표할 수 있을 만큼 다양한 특성을 지닌 요소들로 구성되어 있을 시에 군집을 무작위로 몇 개 추출해서 선택된 군집 내에서 무작위로 표본을 추출하는 방법

④ 계통 추출법 : 모집단 구성원에게 어떠한 순서가 있는 경우에 일정한 간격을 두면서 표본을 추출하는 방법

095 비확률 표본추출방법

① 편의표본 추출법 : 연구 조사자가 편리한 시간 및 장소에 접촉하기 쉬운 대상을 표본으로 선정하는 것
② 판단표본 추출법 : 연구 조사자가 조사의 목적에 적합하다고 판단되는 구성원들을 표본으로 추출하는 것
③ 할당표본 추출법 : 모집단을 어떠한 특성에 따라 세분집단으로 나누고, 나누어진 세분집단의 크기 등에 비례해서 추출된 표본의 수를 결정하여 각 집단의 표본을 판단 또는 편의에 의해 추출하는 방법
④ 눈덩이 표본 추출법 : 연구 조사자가 적절하다고 판단되는 조사대상자들을 선정한 후에 그들로 하여금 또 다른 조사대상자들을 추천하게 하는 방식

096 요인분석

다수의 변수들이 있을 때 변수 간 상관관계를 이용하여 변수의 숫자를 처리하기 쉬운 수준으로 줄이기 위하여 사용하는 분석기법

097 컨조인트 분석

① 소비자의 욕구를 파악하기 위한 기법의 하나로 개발
② 기본적인 아이디어는 어떤 소매 점포이든 몇 개의 중요한 서비스 기능(속성)을 가지고 있으며, 각 기능(속성)은 다시 몇 개의 수준이나 값들을 가질 수 있다는 것
③ 개별 속성의 각 수준에 부여되는 선호도를 부분가치라 하고, 이 부분가치를 합산함으로써 개별 고객이 여러 개의 대안들 중에서 어느 것을 가장 선호하게 될 지를 예측 가능

098 분산분석(ANOVA ; Analysis of variance)

① 3개 이상의 집단들의 평균 차이를 동시에 비교하기 위한 검정방법
② 여러 집단의 평균의 동일성에 대한 검정을 하기 위한 기법으로, 변동의 원인이라고 판단되는 인자를 1개만 채택하여, 그 인자의 수준을 몇 단계로 변화시켰을 때 결과가 어떻게 변하는지를 측정한 측정치를 해석
③ 예 시

공기청정기를 판매하는 A사는 다양한 판매촉진을 통해 매출부진에서 벗어나고자 한다.
가격인하와 할인쿠폰행사 그리고 경품행사가 매출향상에 효과적인가를 판단하기 위해 각 판촉방법당 5개 지점의 자료를 표본으로 선정하여 판촉유형이 매출에 미치는 효과여부에 관한 조사를 실시하기로 했다.

099 유통마케팅 조사방법

① 관찰적 조사(observational research) : 조사원이 직접 또는 기계장치를 이용해 조사 대상자의 행동이나 현상을 관찰하고 기록하는 조사 방법으로, 질문을 통해 알기 어려운 응답자의 민감한 정보 또는 응답자가 기억하기 어렵거나 답변하기 어려운 무의식 행동을 측정 가능

② 기술적 조사(descriptive research) : 조사 문제와 관련된 마케팅의 현황 및 시장상황을 파악하려는 목적으로 실시하는 조사로, 대부분의 마케팅 조사가 여기에 해당

③ 탐색적 조사(exploratory research) : 조사에서 해결해야 할 문제를 명확하게 정의하고 마케팅전략 및 믹스변수의 효과 등에 관한 가설을 설정하기 위해, 본 조사 전에 사전 정보를 수집할 목적으로 실시하는 조사로 문헌조사, 전문가 의견조사, 사례조사 등이 해당

④ 인과적 조사(causal research) : 두 개 이상 변수들 간의 인과관계를 밝히려고 시행하는 조사

100 유통경로 갈등발생의 이유

① 목표불일치로 인한 갈등 : 구성원 사이의 목표가 서로 다르고 이들 목표를 동시에 달성할 수 없기 때문에 스트레스와 긴장이 야기되고, 결국에는 경로갈등이 나타나게 됨

② 정보불일치로 인한 갈등 : 소비자들의 기억 속에 있는 기존의 정보 또는 스키마와 새롭게 제공되는 정보 간의 일치성 및 관련성의 차이로 인하여 발생

③ 영역불일치로 인한 갈등 : 경로구성원 간 상권의 범위 결정과 그 상권 내에서의 역할에 대한 견해 차이가 발생함으로 인해 생기는 갈등

101 POP광고

① 고객의 시선을 집중시키고 호기심을 유발하여 판매점의 이미지 향상과 고객을 점포 내로 유도하는 역할을 통해 충동구매를 자극하는 광고

② 판매원 대신 상품의 정보(가격, 용도, 소재, 규격, 사용법, 관리법 등)를 알려줌

③ 매장의 행사분위기를 살려 상품판매의 최종단계까지 연결시키는 역할 수행

④ 간결하고 임팩트 있는 메시지 전달에 적합
  ↳ 길고 자세한 메시지 전달에 적합(X)

⑤ 판매원의 도움을 대신하여 셀프판매를 가능하게 함

⑥ 찾고자 하는 매장 및 제품을 안내하여 고객이 빠르고 편리하게 쇼핑을 할 수 있도록 도와주어야 함

102 소매아코디언이론

① 제품구색의 변화에 초점을 맞춘 소매업태이론

② 소매상은 제품구색이 넓은 소매업태에서 전문화된 좁은 구색의 소매업태로 변화되었다가 다시 넓은 구색의 소매업태로 변화되어 간다고 설명하는 이론

103 상품수명주기

구 분	도입기	성장기	성숙기	쇠퇴기
마케팅목표	제품인지와 판매증대	시장점유율 확대	경쟁우위	단기수익극대화
가격정책	시장침투가격 (초기고가)	시장침투가격 (저가격)	경쟁대응가격	가격할인
유통정책	부분적 유통	집중적 유통	집중적 유통	선택적 유통
촉진정책	경험프로모션	가치프로모션	가격프로모션	최소한 유지

104 고객의 구매심리 단계별 고객응대

① 주의 단계 : 미지의 판매원과 상품에 대한 불안을 안고 있으므로 일단 대기

② 흥미 단계 : 판매에 대한 접근, POP광고, 셀링포인트를 강조하는 대응
  ↳ 구매 욕구를 지속시켜 소개 판매를 유도(X)

③ 연상 및 욕구 단계 : 정확한 셀링포인트를 설명하여 상품가치를 인식시킴

④ 확신 단계 : 판매조건을 제시하며 구매 단계로 유도

⑤ 구매 단계 후 : 사후관리를 통해 만족을 심어주고 재판매 유도

105 단품관리전략의 기대효과

① 품절 감소

② 상품구색 감소
        ↳ 증가(X)

③ 과잉 재고 감소

④ 매대생산성 증가

⑤ 무리한 가격인하 감소

106 포지셔닝전략의 유형

① 제품속성에 의한 포지셔닝 : 자사제품에 의한 포지셔닝은 자사제품의 속성이 경쟁제품에 비해 차별적 속성을 지니고 있어서 그에 대한 혜택을 제공한다는
  ↳ 예시 : W사는 최상의 품질, 최소로 가공된, 풍미가 가득한, 그리고 천연 그대로 보존된 음식을 제공한다는 철학으로 자사를 포지셔닝, T사는 맛과
    품질이 좋은 오가닉 식품을 합리적인 가격에 제시하는 전문식품소매점이라는 가치제안을 기반으로 자사를 포지셔닝
  것을 소비자에게 인식시키는 전략

② 이미지 포지셔닝 : 제품이 지니고 있는 추상적인 편익을 소구하는 전략

③ 경쟁제품에 의한 포지셔닝 : 소비자가 인식하고 있는 기존의 경쟁제품과 비교함으로써 자사 제품의 편익을 강조하는 방법

④ 사용상황에 의한 포지셔닝 : 자사 제품의 적절한 사용상황을 설정함으로써 타사 제품과 사용상황에 따라 차별적으로 다르다는 것을 소비자에게 인식시키는
  전략

⑤ 제품사용자에 의한 포지셔닝 : 제품이 특정 사용자 계층에 적합하다고 소비자에게 강조하여 포지셔닝하는 전략

107 인적판매

① 소비자와 대화를 나누며 상품 관련 정보를 제공하고 설득하여 판매활동을 종결

② 소비자의 질문이나 요구에 대하여 즉각적인 피드백 가능

③ 소비자마다 다르게 요구하는 사항들을 충족시키기 위해 필요한 방법을 신속하게 제시 가능

④ 다른 촉진활동에 비해 더 효과적으로 소비자반응을 유도해 낼 수 있음

108 쇼루밍(showrooming)

오프라인 점포에서 제품을 살펴본 후 온라인에서 저렴한 가격으로 구입하는 것

109 역쇼루밍

온라인 매장에서 제품을 살펴본 후 실제 구매는 오프라인으로 하는 것

110 고객생애가치(CLV ; Customer Lifetime Value)

① 사용자 한 명이 웹사이트, 앱에 들어와서 이탈하기까지 그 전체 기간 동안 창출하는 가치 지표

② 고객이 일생동안 구매를 통해 기업에게 기여하는 수익을 현재가치로 환산한 금액

③ 고객과 기업 간의 정량적 관계 가치이므로 수치화하여 측정 가능
　↳ 고객과 기업 간의 정성적 관계 가치이므로 수치화하여 측정하기 어렵다(X)

④ 백화점보다는 인터넷쇼핑몰을 이용하는 고객들을 평가하는 데 용이
　↳ 인터넷쇼핑몰보다는 백화점을 이용하는 고객들을 평가하는 데 용이(X)

⑤ 고객의 과거 또는 미래에 예상되는 구매액을 기반으로 기업의 지속적인 수익 창출을 위해 고객유치비용(고객획득비용)을 줄이고, 고객유지비율을 높게 유지하
　↳ 고객점유율(customer share)에 기반(X)
　도록 마케팅 전략을 수립하는 것이 중요하다는 점을 시사

⑥ 고객의 유지율과 비례관계
　↳ 고객의 이탈률과 비례관계(X)

111 교차판매(Cross-Selling)

① 이미 판매한 제품이나 서비스와 관련이 있는 제품이나 서비스를 추가로 판매하는 것

② 자체 개발한 상품에만 의존하지 않고 관련된 제품까지 판매하는 적극적인 판매방식

③ 고객이 선호할 수 있는 추가제안을 통해 다른 제품을 추가 구입하도록 유도할 수 있으며, 대체재나 보완재가 있는 상품과 서비스에 더 효과적

112 구매자 관점 4C와 마케팅믹스 요소 4P의 연결

① 고객가치(Customer value) ↔ 제품(Product)

② 구매비용(Customer cost) ↔ 가격(Price)

③ 고객편의성(Convenience) ↔ 유통(Place)

④ 고객과의 커뮤니케이션(Communication) ↔ 판매촉진(Promotion)

113 점포 레이아웃

① 구석구석까지 고객의 흐름을 원활하게 유도하도록 설계

② 상품운반이 용이하고 고객의 이동은 방해받지 않도록 통로를 구성

③ 구매를 촉진시키기 위해 연관성 있는 상품을 한 곳에 모으는 것이 효율적

④ 고객의 라이프스타일에 따라 상품을 결합하여 고객의 불필요한 동선을 줄임

⑤ 고객 동선은 가능한 한 길게, 작업 동선은 가능한 한 짧게 하는 것이 합리적
   ↳ 고객 동선은 가능한 한 짧게, 작업 동선은 가능한 한 길게 한다(X)

114 소비자 구매행동 유형

① 복잡한 구매행동 : 고관여 구매행동에 해당하며 새로운 제품을 구매하는 소비자의 구매행동으로 포괄적 문제해결을 의미

② 습관적 구매행동 : 소비자가 비교적 낮은 관여도를 보이며 특정 상품에 대한 구매 경험은 많으나 브랜드 간의 차이를 인식하지 못하는 경우에 자주 일어나는 소비자 구매행동 유형

③ 다양성 추구 구매행동 : 저관여 구매행동에 해당하는 것으로 그동안 구매해 오던 상표에 싫증이 나거나, 단지 새로운 것을 추구하려는 의도에서 다른 상표로 전환하는 것을 의미

④ 부조화 감소 구매행동 : 고관여 구매행동에 해당하는 것으로 구매된 상표에 만족하면 그 상표에 대한 호의적 태도를 형성하여 동일 상표를 반복구매하는 것을 의미

115 유통경로에서 발생하는 갈등을 관리하는 행동적 방식
   ↳ 협회 공동가입(X)

① 문제해결

② 설 득

③ 협 상

④ 중 재

116 공급사슬관리(SCM)의 실행

① 공급업체와 효과적인 커뮤니케이션이 적시에 이루어져야 함

② 장기적으로 강력한 파트너십 구축

③ 인적 네트워크의 활용보다 각종 정보기술의 효과적인 활용을 우선시
   ↳ 각종 정보기술의 효과적인 활용보다 인적 네트워크의 활용을 우선시(X)

④ 경로 전체를 통합하는 정보시스템의 구축이 중요

⑤ 고객의 가치와 니즈를 이해하고 만족시킴

117 공급사슬관리의 변화 방향

① 재고 중시에서 정보 중시 방향으로 변화

② 공급자 중심에서 고객 중심으로 변화

③ 거래 중시에서 관계 중시 방향으로 변화

④ 기능 중시에서 프로세스 중시 방향으로 변화

⑤ 푸시(push) 관행에서 풀(pull) 관행으로 변화
   ↳ 풀(pull) 관행에서 푸시(push) 관행으로 변화(X)

118 QR(Quick Response)의 개념

미국의 패션 어패럴 산업에서 공급망에서의 상품 흐름을 개선하기 위하여 판매업체와 제조업체 사이에서 제품에 대한 정보를 공유함으로써, 제조업체는 보다 효과적으로 원재료를 충원하여 제조하고, 유통함으로써 효율적인 생산과 공급체인 재고량을 최소화시키려는 시스템

119 QR(Quick Response)의 효과

① 거래업체 간 정보 공유 체제 구축

② 제품 조달이 매우 빠른 속도로 이루어짐

③ 고객 참여를 통한 제품 기획이 이루어짐

④ 제품 공급체인의 효율성 극대화

⑤ 적정 수요량 예측으로 재고량이 감소되고 재고회전율도 향상되며 상품 품절을 방지
   ↳ 제품 재고를 창고에 저장해 미래 수요에 대비하는 데 도움을 제공(X)

120 QR코드의 장점

↳ 문자나 그림 등의 이미지가 중첩된 경우에도 인식률이 매우 높다(X)

① 작은 공간에도 인쇄 가능

② 방향에 관계없는 인식능력

③ 바코드에 비해 많은 용량의 정보를 저장 가능

④ 훼손에 강하며 훼손 시 데이터 복원력이 매우 좋음

121 QR코드 결제 표준

① 고정형 QR은 소상공인 등이 QR코드를 발급·출력하여 가맹점에 붙여두고, 소비자가 모바일 앱으로 QR코드를 스캔하여 결제처리하는 방식

② 고정형 QR 발급 시 별도 위변조 방지 조치(특수필름부착, 잠금장치 설치 등)를 갖추어야 함

③ 변동형 QR은 보안성 기준을 충족한 앱을 통해 발급하며 위변조 방지를 위해 3분 이내만 발급이 유지되도록 규정

   ↳ 1분(X)

④ 자체 보안기능을 갖추어야 하며 민감한 개인·신용정보 포함 금지

⑤ 가맹점주는 가맹점 탈퇴·폐업 즉시 QR코드 파기 후 가맹점 관리자에게 신고해야 함

122 RFID 태그

① 무선(RF ; Radio Frequency)으로 인식하는 기술

   ↳ QR 코드에 비해 근거리 접촉으로 정보를 확보(X)

② 동시 복수 인증 가능

③ 배터리를 내재한 RFID 태그는 그렇지 않은 태그에 비해 성능이 우월

④ RFID 태그 가격이 지속적으로 하락하고 있어 기업의 유통 및 물류 부분에서의 활용 가능성이 높아지고 있음

⑤ 바코드와 비교할 때, 오염에 대한 내구성이 강함

123 바코드 기술과 RFID 기술

① 유통업체에서는 바코드 기술을 판매관리에 활용

② 바코드 기술은 핀테크 기술에 결합되어 다양한 모바일 앱에서 활용

③ 바코드 기술을 대체할 기술로는 RFID(RadioFrequency IDentification) 기술이 있음

④ RFID 기술은 바코드에 비해 구축비용이 비싸지만, 바코드 기술이 극복하지 못한 여러 가지 문제점들을 해결하거나 능동적으로 대처함으로써 물류, 보안분야

   ↳ 구축비용 저렴(X)

   등 현재 여러 분야에서 각광받고 있음

   ↳ 보안 취약성 때문에 활성화되고 있지 않다(X)

⑤ RFID 기술은 단품관리에 활용 가능

124 바코드의 특성

① 유통업체의 재고관리와 판매관리에 도움을 제공

② 국가표준기관에 의해 관리

③ 컬러 색상도 인식 가능
↳ 컬러 색상은 인식하지 못하고, 흑백 색상만 인식(X)

④ 스캐너 또는 리더기를 이용하여 상품 관련 정보를 간편하게 읽어들일 수 있음

⑤ 국가코드, 제조업체코드, 상품품목코드 등에 대한 정보가 저장

125 바코드의 구성요소
↳ 제조일시(X)

국가식별코드 + 제조업체코드 + 상품품목코드 + 체크디지트

126 EAN(유럽상품)코드

① 소매점 POS 시스템과 연동되어 판매시점관리가 가능

② 첫째 자리는 국가코드로 대한민국의 경우 880

③ 두 번째 자리는 제조업체 코드로 한국유통물류진흥원에서 고유번호를 부여
↳ 생산자가 고유번호를 부여(X)

④ 체크숫자는 마지막 한자리로 판독오류 방지를 위해 만들어진 코드

⑤ 국가, 제조업체, 품목, 체크숫자로 구성

127 GS1 표준 식별코드

① 식별코드는 숫자나 문자(또는 둘의 조합)의 열로, 사람이나 사물을 식별하는 데 활용

② 하나의 상품에 대한 GS1 표준 식별코드는 전 세계적으로 유일

③ A아이스크림(포도맛)에 오렌지맛을 신규상품으로 출시할 경우 고유 식별코드가 부여되어야 함

④ 상품의 체적정보 또는 총중량의 변화가 5% 이하인 경우 고유 식별코드를 부여하지 않음

⑤ 상품 홍보 또는 이벤트를 위해 특정기간을 정하여 판매하는 경우에도 고유 식별코드를 부여
↳ 상품 홍보 또는 이벤트를 위해 특정기간을 정하여 판매하는 경우는 고유 식별코드를 부여하지 않음(X)

128 인스토어마킹(instore marking)과 소스마킹(source marking)

① 인스토어마킹은 부패하기 쉬운 농산물에 적용

② 소스마킹된 상품은 하나의 상품에 고유식별 번호가 붙어 전 세계 어디서나 동일상품은 동일번호로 식별되지만, 소스마킹이 안 된 제품, 즉 인스토어마킹이 된 제품은 동일품목이라도 유통업체에 따라 각각 번호가 달라질 수 있음
  ↳ 인스토어마킹을 통해 바코드를 붙이는 데 있어, 바코드에는 국가식별코드, 제조업체코드, 상품품목코드, 체크디지트로 정형화되어 있음(X)

③ 소스마킹은 인스토어마킹과 달리 전 세계적으로 사용되기 때문에 인쇄되는 바코드의 체계 및 형태도 국제적인 규격에 근거한 13자리의 숫자(GS1)로 구성된 바코드로 인쇄해야 함
  ↳ 제조업체의 경우 인스토어마킹에 있어, 국제표준화기구에서 정의한 공통표준코드를 이용(X)

④ 소스마킹은 제조업체 및 수출업자가 상품의 생산 및 포장단계에서 바코드를 포장지나 용기에 일괄적으로 인쇄하는 것을 말함
  ↳ 소스마킹은 유통업체 내의 가공센터에서 마킹(X)

⑤ 인스토어마킹은 각각의 소매점포에서 청과·생선·야채·정육 등을 포장하면서 일정한 기준에 의해 라벨러를 이용하거나 컴퓨터를 이용하여 바코드 라벨을 출력하고, 이 라벨을 일일이 사람이 직접 상품에 붙이는 것을 말함
  ↳ 소스마킹은 상점 내에서 바코드 프린트를 이용해 바코드 라벨을 출력하기 때문에 추가적인 비용이 발생(X)

129 POS(Point Of Sales) 시스템의 개념

소비자에게 판매될 시점의 데이터를 실시간으로 수집할 수 있도록 기능을 지원하는 정보기술

130 POS(Point of Sale) 시스템의 특성

① 유통업체에서는 POS 시스템을 도입함으로써 업무처리 속도를 개선하고, 업무에서의 오류를 줄일 수 있음

② 유통업체에서는 POS 시스템의 데이터를 분석함으로써 중요한 의사결정에 활용할 수 있음

③ 유통업체에서는 POS 시스템을 통해 얻은 시계열자료를 분석함으로써 판매 상품에 대한 추세 분석을 할 수 있음

④ 유통업체에서는 POS 시스템을 도입해 특정 상품을 얼마나 판매하였는가에 대한 정보를 얻을 수 있음

⑤ POS 시스템을 통해 고객개인의 구매실적과 구매성향 등을 나타내는 정보를 얻을 수 있음
  ↳ 고객의 프라이버시 보호를 위해 바코드로 입력된 정보와 고객 정보의 연계를 금지하고 있어 유통업체는 개인 고객의 구매내역을 파악할 수 없다(X)

131 POS(Point of Sale) 시스템의 구성기기

① POS 터미널 : 판매장에 설치되어 있는 POS 터미널은 금전등록기의 기능 및 통신기능이 있으며, 본체, 키보드, 고객용 표시장치, 조작원용 표시장치, 영수증발행용 프린터, 컬러모니터, 금전관리용 서랍, 매출표시장치 등으로 구성

② 바코드 스캐너 : 상품에 인쇄된 바코드를 자동으로 판독하는 장치로 고정 스캐너(Fixed Scanner)와 핸디 스캐너(Handy Scanner)가 있음

③ 본부 주 컴퓨터 : POS 시스템은 일반적으로 소매점포의 계산대에 설치되어 있는 POS 터미널과 점포사무실에 설치되어 있는 점포서버(스토어 컨트롤러) 및 본부의 시스템(주컴퓨터)으로 구성되는데, 점포가 체인본부나 제조업자와 연결되어 있는 경우에는 스토어 컨트롤러에 기록된 각종 정보를 온라인에 의해 본부에 전송

④ 스토어 컨트롤러 : 상품명, 가격, 구입처, 구입가격 등 상품에 관련된 모든 정보가 데이터베이스화되어 있으며, 자동으로 판매파일, 재고파일, 구매파일 등을 갱신하고 기록하여, 추후 각종 통계자료 작성 시에 사용 가능케 하는 기기

132 POS(point of sales) 시스템으로부터 획득한 정보

↳ 품목의 자재 조달, 제조, 유통채널 이동 이력 관련 정보(X)

① 상품분류체계의 소분류까지 업태별, 지역별 판매금액 구성비

② 상품분류체계의 소분류를 기준으로 해당 단품의 월별 판매금액

③ 품목의 현재 재고정보

④ 제조사별 품목별 판매 순위

133 POS(Point of Sale) System 도입에 따른 제조업체의 효과

↳ 상품구색의 적정화에 따른 매출증대(X)

① 경쟁상품과의 판매경향 비교

② 판매가격과 판매량의 상관관계

③ 기후변동에 따른 판매동향 분석

④ 신제품 · 판촉상품의 판매경향 파악

134 암묵지와 형식지

① 암묵지 : 언어로 표현하기 곤란한 주관적 지식으로, 경험을 통하여 익힌 지식
  ↳ 예시 : 숙련된 기술, 조직 문화, 조직의 경험
② 형식지 : 언어로 표현 가능한 객관적 지식으로, 언어를 통하여 습득된 지식

135 지식창조 프로세스 순서

① 공동화 · 사회화(Socialization) : 암묵지가 또 다른 암묵지로 변하는 과정
② 표출화 · 외재화(Externalization) : 암묵지가 형식지로 변환하는 과정
  ↳ 사례 : 숙련된 기능공의 노하우의 문서화, 이전에 기록된 적이 없는 구체적 프로세스에 대한 매뉴얼 작성
③ 연결화 · 종합화(Combination) : 형식지가 또 다른 형식지로 변하는 과정
④ 내면화 · 내지화(Internalization) : 형식지가 암묵지로 변환하는 과정
  ↳ 형식지에서 형식지를 얻는 과정(X)

136 정보 · 자료 · 지식 간의 관계

구 분	자 료	정 보	지 식
구조화	쉬 움	단위필요	어려움
부가가치	적 음	중 간	많 음
객관성	객관적	가공필요	주관적
의사결정	관련 없음	객관적사용	주관적사용

137 4차 산업혁명시대에 유통업체의 대응 방안

① 보다 효율적인 유통업무 처리를 위해 최신 정보기술을 활용

② 상품에 대한 재고관리에 있어, 정보시스템을 도입해 효율적으로 재고를 관리

③ 온라인과 오프라인을 연계한 융합기술을 이용한 판매 전략 활용

④ 4차 산업혁명은 인공 지능(AI), 사물 인터넷(IoT), 클라우드 컴퓨팅, 빅데이터, 모바일 등 지능정보기술이 기존 산업과 서비스에 융합되거나 3D 프린팅, 로봇공학, 생명공학, 나노기술 등 여러 분야의 신기술과 결합되어 실세계 모든 제품·서비스를 네트워크로 연결하고 사물을 지능화
    ↳ 보다 철저한 정보보안을 위해 통신 네트워크로부터 단절된 상태로 정보를 관리(X)

⑤ 고객의 온라인 또는 오프라인 시장에서 구매 상품에 대한 대금 결제에 있어 핀테크(FinTech)와 같은 첨단 금융기술을 도입

138 딥러닝

① CNN(Convolutional Neural Network) : 딥러닝에서 이미지를 분석하기 위해 패턴을 찾는 데 유용한 알고리즘으로 데이터에서 이미지를 직접 학습하고 패턴을 사용해 이미지를 분류

② DBN(Deep Belief Network) : 딥러닝은 신경망 아키텍처를 사용해 데이터를 처리하기 때문에 심층신경망(DNN ; Deep Neural Network)이라고도 불리는데, 심층신뢰신경망(DBN ; Deep Belief Network)은 알고리즘에 따라 비지도 학습 방법(unsupervised learning)을 기반으로 하는 것을 의미함

③ RNN(Recurrent Neural Network) : 과거의 정보를 사용하여 현재 및 미래의 입력에 대한 신경망의 성능을 개선하는 딥러닝 신경망

④ LSTM(Long Short-Term Memory) : 은닉층의 메모리 셀에 입력 게이트, 망각 게이트, 출력 게이트를 추가하여 불필요한 기억을 지우고, 기억해야 할 것들을 정하는 것

139 EDI(전자문서교환)의 개념

① 기업 간의 거래에 관한 데이터(각종 서류양식)를 표준화하여 컴퓨터통신망을 통해 거래 당사자의 컴퓨터 사이에서 직접 전송신호로 주고받도록 지원하는 기술

② 사례 : 클라우드 기반의 EDI 서비스 업체인 A사는 코로나19로 인해 온라인 쇼핑몰을 통한 주문량이 폭주하면서 그동안 수작업으로 진행하던 주문 수발주 업무의 실수가 많이 발생하고, 업무 담당자들은 재택 근무를 하면서 업무가 지연되거나 공백이 발생하는 경우가 많아 이런 문제를 보완하기 위해서 본 사의 서비스 도입 문의가 늘어나고 있다고 밝힘

140 EDI 시스템

① 데이터를 효율적으로 교환하기 위해 전자문서표준을 이용해 데이터를 교류하는 시스템

② 1987년 3월 유인·행정·무역 및 운송에 관한 EDI 국제표준이 제정
    ↳ 국제표준이 아닌, 기업 간 상호 협의에 의해 만들어진 규칙을 따른다(X)

③ 기존 서류 작업에 비해 문서의 입력오류를 줄여주는 장점이 있음

④ 종이 문서 없는 업무 환경을 구현

⑤ 응용프로그램, 네트워크 소프트웨어, 변환 소프트웨어 등으로 구성

141 공급자재고관리(VMI ; Vender Managed Inventory)의 개념

공급업체와 구매업체의 재고관리 영역에서 구매업체가 가진 재고 보충에 대한 책임을 공급업체에게 이전하는 전략

142 공급자재고관리(VMI)의 목적

① 비즈니스 가치 증가
② 고객서비스 향상
③ 재고 정확성의 제고
④ 재고회전율 향상
  ↳ 재고회전율 저하(X)
⑤ 공급자와 구매자의 공급사슬 운영의 원활화

143 빅데이터의 핵심 특성 3가지

① 규모 : 빅데이터는 크기 자체가 대형임
② 속도 : 빅데이터는 분초를 다툴 만큼 시간에 민감한 경우가 많으므로 데이터를 수집·분석하고 활용하는 속도가 빨라야 함
③ 다양성 : 기존의 전통적인 데이터베이스에서 관리하는 구조적인 데이터와는 달리, 빅데이터는 무수히 많은 종류가 발생할 수 있음

144 보안에 대한 위협요소별 사례

① 기밀성 : 인가되지 않은 사람의 비밀정보 획득, 복사 등
② 무결성 : 정보의 일부 또는 전부를 교체, 삭제 및 데이터 순서를 재구성하거나 정보를 가로채어 변조하여 원래의 목적지로 전송하는 것
③ 부인방지 : 정보교환 및 거래사실의 부인을 방지하는 것으로, 정보제공자가 정보제공사실 및 내용에 대하여 부정할 수 없도록 하는 기능
④ 기밀성 : 부당한 환경에서 정당한 메시지의 재생, 지불요구서의 이중제출 등
⑤ 인증 : 인가되지 않은 자가 인가된 사람처럼 가장하여 비밀번호를 취득하여 사용하는 것
  ↳ 부인방지(X)

145 전자상거래 거래주체별 모델

① B2B : 기업 간 거래
② G2B : 정부 전자 조달
③ G4C : 시민(국민)을 위한 정부
④ B2C : 기업-소비자 간 거래
⑤ C2B : 소비자가 개인 또는 단체를 구성하여 상품의 공급자나 생산자에게 가격, 수량, 부대 서비스 조건을 제시하고 구매하는 역경매의 형태가 일어나는 전자상거래 형태
⑥ C2C : 소비자 간 전자상거래

146 데이터마이닝 기법

① 추정 : 연속형이나 수치형으로 그 결과를 규정, 알려지지 않은 변수들의 값을 추측하여 결정하는 기법

② 분류 : 범주형 자료이거나 이산형 자료일 때 주로 사용하며, 이미 정의된 집단으로 구분하여 분석하는 기법

③ 군집화 : 유사하거나 서로 관련 있는 항목끼리 묶어서 기억하려는 경향
 ↳ 기존의 정의된 집단을 기준으로 구분하고 이와 유사한 자료를 모으고, 분석하는 기법(X)

④ 유사통합 : 데이터로부터 규칙을 만들어내는 것으로 어떠한 것들이 함께 발생하는지에 대해 결정하는 기법

⑤ 예측 : 미래의 행동이나 미래 추정치의 예측에 따라 구분되는 것으로 분류나 추정과 유사 기법

147 대칭키 암호화 방식의 종류
 ↳ RSA(Rivest Shamir Adleman)(X)

① IDEA(International Data Encryption Algorithm)

② SEED

③ DES(Data Encryption Standard)

④ RC4

148 고객충성도 프로그램

① 충성도 프로그램으로는 마일리지 프로그램과 우수고객 우대 프로그램 등이 있음

② 충성도는 행동적 충성도와 태도적 충성도로 구분

③ 충성도 프로그램은 단기적 측면보다는 장기적 측면에서 운영되어야 유통업체가 고객경쟁력을 확보 가능

④ 충성도 프로그램을 운영하는 데 있어, 우수고객을 우대하는 것이 바람직

⑤ 충성도 프로그램 운영에 있어 금전적 혜택보다는 비금전적 혜택을 제공하는 것이 유통업체 측면에서 보다 효율적
 ↳ 비금전적 혜택보다는 금전적 혜택을 제공(X)

149 비정형 데이터

① 개념 : 숫자 데이터와 달리 그림이나 영상, 문서처럼 형태와 구조가 복잡해 정형화되지 않은 데이터

② 예시 : 동영상 데이터, 이미지 데이터, 사운드 데이터, 문서 데이터
 ↳ 집계 데이터(X)

150 지식경영과 지식관리시스템

① 지식관리시스템은 지식의 저장과 검색을 위한 기능을 제공

② 지식관리시스템의 도입은 조직 운영의 효율성과 효과성 측면에서 업무 성과를 개선

③ 기업에서는 지식관리 중요성이 대두됨에 따라 최고지식 관리책임자(Chief Knowledge Officer)를 선임

④ 지식경영은 조직 내에서 지식을 획득, 창출, 축적, 공유하고, 이를 바탕으로 고객에게 뛰어난 가치를 제공함으로써 조직의 경쟁력을 높이는 경영활동
   ↳ 기업에서는 지식경영을 통한 경쟁력 확보를 위해서는 지식보안을 통해 철저하게 지식공유가 이루어지지 않도록 통제(X)

⑤ 기업에서 이용하는 지식관리시스템의 이용성을 높이기 위해서는 동기부여 측면에서 보상시스템을 구축해야 함

151 사물인터넷(Internet of Things) 기술 활용

① 아마존(Amazon)은 유통현장에서 사물인터넷 기술을 이용해 무인매장에서 활용할 수 있는 시스템인 아마존고(Amazon Go)를 개발

② 유통업체에서는 전자상거래 규모 증대에 따라 다양한 유통채널([예] 온라인, 모바일) 통합을 위해 IT 부분에 많은 투자를 수행

③ 유통업체에서는 공급사슬에서의 정보공유가 최적 의사결정에 도움을 주어 비용절감 및 효율성을 증대시켜 경쟁력이 강화되고, 효율성이 증대되기 때문에 긍정적인 견해를 가지고 있음
   ↳ 유통업체에서는 공급사슬에서의 정보공유가 기업의 경쟁력을 약화시키기 때문에 정보공유에 부정적인 견해를 가지고 있다(X)

④ 최근 유통업체들은 고객 빅데이터 분석을 통해 고객의 특성을 파악하고, 이에 기반해 다양한 고객관계관리 전략을 수립해 활용

⑤ 최근 물류업체들은 물류 효율성을 높이기 위해 자율주행 기술을 연구

152 인트라넷(Intranet)의 특징

① 어떠한 조직 내에 속해 있는 사설 네트워크

② 조직의 정보와 컴퓨팅 자원을 구성원들 간에 서로 공유하도록 지원

③ 개인별 사용자 ID와 암호를 부여하여 인증되지 않은 사용자로부터의 접근을 방지

④ 소속원에 한해 사용할 수 있게 한 인터넷
   ↳ 고객이나 협력사, 공급사와 같은 회사 외부사람들에게 네트워크 접근을 허용(X)

⑤ 공중 인터넷에 접속할 때는 방화벽 서버를 통과

153 가상현실(virtual reality)

① 개념 : 어떤 특정한 환경이나 상황을 컴퓨터로 만들어서, 그것을 사용하는 사람이 마치 실제 주변 상황·환경과 상호작용을 하고 있는 것처럼 만들어 주는 인간-컴퓨터 사이의 인터페이스

② 사례 : 이케아는 가상현실 기술을 이용하여 인테리어를 구성해 볼 수 있는 쇼룸을 공개하여 사실적인 3차원 공간으로 랜더링된 가상 쇼룸과 다수의 이케아 가구를 체험할 수 있게 함으로써 고객에게 인테리어 과정을 혁신적으로 탈바꿈시키며 매혹적인 360도 입체 인테리어 경험을 제공

154 디지털 경제시대에 나타나는 특징

① 생산량을 증가시킴에 따라 필요한 생산요소의 투입량이 점점 적어지는 현상이 나타남

② 투입되는 생산요소가 늘어나면 늘어날수록 산출량이 기하급수적으로 증가하는 현상이 나타남

③ 시장에 먼저 진출하여 상당규모의 고객을 먼저 확보한 선두기업이 시장을 지배할 가능성이 높아짐

④ 투입된 생산요소가 늘어나면 늘어날수록 산출량이 기하급수적으로 증가하는 현상이 나타남(수확체증의 법칙)
　↳ 생산요소의 투입량을 증가시킬 때 그 생산요소의 추가적인 한 단위의 투입이 발생시키는 추가적인 산출량의 크기가 점점 감소되는 현상(X)

⑤ 생산량이 많아질수록 한계비용이 급감하여 지속적인 성장이 가능해짐

155 데이터베이스 구축과 관련된 용어

① RDB : 관계형 데이터를 저장하거나, 수정하고 관리할 수 있게 해 주는 데이터베이스

② NoSQL : Not Only SQL의 약자이며, 비관계형 데이터 저장소로 기존의 전통적인 방식의 관계형 데이터베이스와는 다르게 설계된 데이터베이스

③ RDB : 2개 이상의 데이터베이스 또는 테이블을 연결하기 위해 고유의 식별자를 사용하는 데이터베이스로, DB를 생성할 때 스키마가 고정되어 있어 테이블의 분할과 결합을 자유롭게 수행 가능
　↳ 테이블 스키마가 고정되어 있지 않아 테이블의 확장과 축소가 용이(X)

④ NoSQL : 테이블 간 조인(Join)연산을 지원하지 않음

⑤ NoSQL : key-value, Document Key-value, column 기반의 NoSQL이 주로 활용되고 있음

156 데이터웨어하우스의 특징

① 주제별로 정리된 데이터베이스

② 다양한 데이터 원천으로부터의 데이터 통합

③ 과거부터 현재에 이르기까지 시계열 데이터

④ 필요에 따라 특정 시점을 기준으로 처리해 놓은 데이터

⑤ 구축 시점을 제외하고는 갱신이 일어나지 않는 검색 전용 데이터베이스
　↳ 실시간 거래처리가 반영된 최신 데이터(X)

157 인터넷의 특성

① 인터넷은 단일 컴퓨터상에서 이루어졌던 정보처리 업무의 한계를 극복하기 위한 시도에서 출발한 것으로 '정보의 바다(sea of information)'라고도 불림

② 인터넷에는 PC 통신처럼 모든 서비스를 제공하는 중심이 되는 호스트 컴퓨터(서버컴퓨터)도 없고 이를 관리하는 조직도 없음
　↳ 인터넷은 중심이 되는 호스트 컴퓨터를 통해 서비스를 제공(X)

③ 컴퓨터 간의 네트워크 연결로 네트워크 위의 네트워크라고 볼 수 있음

④ 전 세계 수많은 컴퓨터들이 TCP/IP(Transmission Control Protocol/Internet Protocol)라는 통신규약으로 연결되어 있는 거대한 컴퓨터 통신망

158 전자상거래상에서 발생할 수 있는 보안 위협

① 바이러스 : 자기 자신을 복제하여 다른 파일에 확산시키는 컴퓨터 프로그램

② 애드웨어 : 사용자의 동의 없이 설치되는 프로그램으로, 애드웨어 자체는 불법이 아니지만 그에 따르는 보안상의 문제가 위험요소가 됨

③ 스니핑 : 네트워크에 돌아다니는 정보들을 감시하는 일종의 도청 프로그램
   ↳ 스푸핑(X)

④ 파밍 : 웹링크가 목적지 주소를 사칭하는 다른 주소의 웹으로 연결해 주는 것

⑤ 핵티비즘 : 정치적인 목적을 위한 사이버반달리즘과 정보도용을 의미함

⑥ 스푸핑 : 외부의 악의적 네트워크 침입자가 임의로 웹사이트를 구성하여 일반 사용자들의 방문을 유도한 후, 인터넷 프로토콜인 TCP/IP의 구조적 결함을 활용해서 사용자의 시스템 권한을 획득한 뒤에 정보를 빼내가는 해킹수법

159 블록체인

최근 많은 이슈가 되고 있는 비트코인의 기반 기술로, 원장을 금융기관 등 특정 기관의 중앙서버가 아닌 P2P(Peer to Peer · 개인간) 네트워크에 분산해 참가자가 공동으로 기록하고 관리하는 기술

160 거래처리시스템

↳ 문제에 대해 효과적인 의사결정을 할 수 있도록 다양한 기능들을 제공(X)

① 조직을 운영하면서 발생하는 거래 데이터를 신속, 정확하게 처리하는 시스템

② 다른 정보시스템에서 필요로 하는 원천 데이터를 제공

③ 상대적으로 짧은 시간에 많은 양의 데이터를 처리

④ 고객과 접점에서 발생하는 데이터를 관리하는 정보시스템

161 e-비즈니스의 특징

① 소비자 파워의 증대
   ↳ 생산자 파워의 증대(X)

② 인터넷을 기반으로 함

③ 정보 공개를 통한 오픈 경영의 실시

④ 고객 데이터베이스를 기반으로 한 고객 맞춤 서비스 가능

⑤ 모든 업무환경이 인터넷을 통해 이루어지므로 업무통합현상이 나타남

남에게 이기는 방법의 하나는 예의범절로 이기는 것이다.

－ 조쉬 빌링스 －

최빈출
200제

최빈출 200제 문제 + 해설

001

실제 소비자 주문의 변화 정도는 적은데 소매상과 도매상을 거쳐 상위단계인 제조업체에 전달되는 변화의 정도는 크게 증폭되는 효과를 설명하는 용어로 가장 옳은 것은?

① ABC효과
② 채찍효과
③ 베블런효과
④ 바넘효과
⑤ 후광효과

해설

① ABC분석 : 상품의 가치가 동일하지 않기 때문에 기업이익에 미치는 영향을 고려하여 상품을 통계적 방법에 의해 A, B, C 그룹으로 구분하여 관리하는 것으로, A 그룹을 최중점 관리대상으로 선정하여 관리에 노력함으로써 관리효과를 높이려는 분석방법을 의미한다.
③ 베블런효과 : 가격이 오르고 있음에도 불구하고 수요가 줄어들지 않고 오히려 증가하는 현상을 말한다.
④ 바넘효과 : 보편적으로 적용되는 성격 특성을 자신의 성격과 일치한다고 믿으려는 현상을 말한다.
⑤ 후광효과 : 어떤 대상이나 사람에 대한 두드러진 특성이 그 대상이나 사람의 다른 세부적인 특성을 평가하는 데도 영향을 미치는 현상이다.

정답 ②

002

채찍효과(bullwhip effect)를 줄일 수 있는 대안으로 가장 옳지 않은 것은?

① 지나치게 잦은 할인행사를 지양한다.
② S&OP(Sales and Operations Planning)를 활용한다.
③ 공급체인에 소속된 각 주체들이 수요 정보를 공유한다.
④ 항시저가정책을 활용해서 수요변동의 폭을 줄인다.
⑤ 공급체인의 각 단계에서 독립적인 수요예측을 통해 정확성과 효율성을 높인다.

해설

공급체인의 각 단계에서 독립적인 수요예측을 행하는 것은 채찍효과가 발생하는 주요 원인에 해당한다.

정답 ⑤

003

유통기업의 경로구조에 대한 설명으로 옳지 않은 것은?

① 도매상이 제조업체를 통합하는 것은 후방통합이다.
② 유통경로의 수직적 통합을 이루는 방법에는 합작투자, 컨소시엄, M&A 등이 있다.
③ 기업형 수직적 경로구조를 통해 유통경로상 통제가 가능하고 제품 생산, 유통에 있어 규모의 경제를 실현할 수 있다.
④ 기업형 수직적 경로구조는 소유의 규모가 커질수록 환경변화에 신속하고 유연하게 대응할 수 있다.
⑤ 관리형 수직적 경로구조는 독립적인 경로구성원 간의 상호 이해와 협력에 의존하고 있지만 협력을 해야만 하는 분명한 계약상의 의무는 없다.

해설

기업형 수직적 경로구조는 시장이나 기술의 변화에 대해 기민한 대응이 어려워 소유의 규모가 커질수록 환경변화에 신속하고 유연하게 대응할 수 없다.

정답 ④

004

기업에서 사용할 수 있는 수직적 통합 전략의 장점과 단점에 대한 설명으로 가장 옳지 않은 것은?

① 조직의 규모가 지나치게 커질 수 있다.
② 관련된 각종 기능을 통제할 수 있다.
③ 경로를 통합하기 위해 막대한 비용이 필요할 수 있다.
④ 안정적인 원재료 공급효과를 누릴 수 있다.
⑤ 분업에 의한 전문화라는 경쟁우위효과를 누릴 수 있다.

해설

수직적 통합의 특성
• 분업에 따른 전문화의 이점을 누리기 힘들어질 수도 있다.
• 경우에 따라 비용구조가 증가하기도 한다.
• 조직의 비대화를 가져와 관료화의 문제를 겪기 쉽다.
• 유통경로 구성원에 대한 통제가 쉽다.
• 유연성이 줄어들 수 있다.

정답 ⑤

005

다음에서 설명하고 있는 수직적 유통시스템(VMS)은?

> 동일자본이거나 공식적이고 명문화된 계약 배경이 없어도, 점유율이 높거나 판매망이 넓은 제조업자나 유통업자가 경로리더가 되거나 경로구성원을 지원하는 형태

① 기업형 VMS
② 리더형 VMS
③ 자유형 VMS
④ 계약형 VMS
⑤ 관리형 VMS

해설

수직적 유통시스템(VMS)의 유형
- 관리형 VMS : 소유권이나 계약 형태가 아닌 경로 리더에 의해 생산 및 유통단계가 통합되는 형태
- 기업형 VMS : 유통경로상의 한 구성원이 다음 단계의 경로구성원을 소유에 의해 지배하는 형태(전방통합과 후방통합)
- 계약형 VMS : 가장 일반적인 형태로 생산이나 유통활동에 있어서 상이한 수준에 있는 독립적인 유통기관들이 상호 경제적인 이익을 달성하기 위하여 계약을 체결하고 그 계약에 따라 수직적 계열화를 꾀하는 형태

정답 ⑤

006

아래 글상자의 괄호 안에 들어갈 용어를 순서대로 바르게 나열한 것으로 가장 옳은 것은?

> (㉠)은/는 이질적인 생산물을 동질적인 단위로 나누는 과정을 말한다.
> (㉡)은/는 이질적인 것을 모으는 과정을 말한다.
> (㉢)은/는 동질적으로 모아진 것을 나누는 과정을 말한다.

① ㉠ 배분, ㉡ 집적, ㉢ 구색
② ㉠ 구색, ㉡ 집적, ㉢ 분류
③ ㉠ 분류, ㉡ 구색, ㉢ 배분
④ ㉠ 배분, ㉡ 집적, ㉢ 분류
⑤ ㉠ 집적, ㉡ 구색, ㉢ 분류

해설

중간상의 선별(분류)기능
- 분류(sorting out) : 이질적 상품을 비교적 동질적인 개별상품단위로 구분하는 것
- 수합(accumulation) : 다수의 공급업자로부터 제공받는 상품을 모아서 동질적인 대규모 상품들로 선별하는 것
- 분배(allocation) : 동질적 제품을 분배, 소규모 로트의 상품별로 모아서 분류하는 것
- 구색갖춤(assorting) : 사용목적이 서로 관련성이 있는 상품별로 일정한 구색을 갖추어 함께 취급하는 것

정답 ③

007

재고관리관련 정량주문법과 정기주문법의 비교 설명으로 옳지 않은 것은?

구 분	정량주문법	정기주문법
㉠ 표준화	표준부품을 주문할 경우	전용부품을 주문할 경우
㉡ 품목수	많아도 된다	적을수록 좋다
㉢ 주문량	고정되어야 좋다	변경가능하다
㉣ 주문시기	일정하지 않다	일정하다
㉤ 구매금액	상대적으로 고가물품에 사용	상대적으로 값싼물품에 사용

① ㉠
② ㉡
③ ㉢
④ ㉣
⑤ ㉤

해설

정량주문법의 구매금액은 상대적으로 저가물품에 사용하는 반면, 정기주문법의 구매금액은 상대적으로 고가물품에 사용한다.

정답 ⑤

008

물류아웃소싱 성공전략에 대한 설명으로 옳지 않은 것은?

① 물류아웃소싱이 성공하려면 반드시 최고경영자의 관심과 지원이 필요하다.
② 지출되는 물류비용을 정확히 파악하여 아웃소싱 시 비용절감 효과를 측정해야 한다.
③ 물류아웃소싱의 궁극적인 목표는 현재와 미래의 고객만족에 있음을 잊지 말아야 한다.
④ 물류아웃소싱의 기본 목표는 물류비용절감을 통한 효율성의 향상에만 있으므로 전체 물류시스템을 효율성 위주로 개편할 필요가 있다.
⑤ 물류아웃소싱의 목적은 기업 전체의 전략과 조화로워야 한다.

해설
물류아웃소싱의 기본 목표는 물류비용절감뿐만 아니라 고객서비스를 통한 고객만족에 있으므로 전체 물류시스템을 비용절감과 고객서비스 향상의 절충안을 고려하여 개편해야 한다.

정답 ④

009

아웃소싱과 인소싱을 비교해 볼 때 아웃소싱의 단점을 설명한 것으로 옳지 않은 것은?

① 부적절한 공급업자를 선정할 수 있는 위험에 노출된다.
② 과다 투자나 과다 물량생산의 위험이 높다.
③ 핵심지원활동을 잃을 수도 있다.
④ 프로세스 통제권을 잃을 수도 있다.
⑤ 리드타임이 장기화될 수도 있다.

해설
과다 투자나 과다 물량생산의 위험이 높은 것은 인소싱의 단점이다.

정답 ②

010

제3자 물류가 제공하는 혜택으로 옳지 않은 것은?

① 여러 기업들의 독자적인 물류업무 수행으로 인한 중복투자 등 사회적 낭비를 방지할 뿐만 아니라 수탁업체들의 경쟁을 통해 물류효율을 향상시킬 수 있다.
② 유통 등 물류를 아웃소싱함으로써 리드타임의 증가와 비용의 절감을 통해 고객만족을 높여 기업의 가치를 높일 수 있다.
③ 기업들은 핵심부문에 집중하고 물류를 전문업체에 아웃소싱하여 규모의 경제 등 전문화 및 분업화 효과를 극대화할 수 있다.
④ 아웃소싱을 통해 제조·유통업체는 자본비용 및 인건비 등이 절감되고, 물류업체는 규모의 경제를 통해 화주기업의 비용을 절감해 준다.
⑤ 경쟁력 강화를 위해 IT 및 수송 등 전문업체의 네트워크를 활용하여 비용절감 및 고객서비스를 향상시킬 수 있다.

해설
유통 등 물류를 아웃소싱함으로써 리드타임의 감소와 비용의 절감을 통해 고객만족을 높여 기업의 가치를 높일 수 있다.

정답 ②

011

화주기업과 3자물류업체와의 관계에 대한 설명으로 옳지 않은 것은?

① 물류업무에 관한 의식개혁 공유
② 전략적 제휴에 의한 물류업무 파트너십 구축
③ 정보의 비공개를 통한 효율적인 물류업무개선 노력
④ 주력부문에 특화한 물류차별화를 통해 경쟁우위 확보의지 공유
⑤ 화주기업의 물류니즈에 기반한 물류업체의 서비스 범위 협의

해설
정보의 공개를 통한 효율적인 물류업무개선 노력이 필요하다.

정답 ③

012

다음 사례에서 적용된 기법이 다른 하나는?

① 유통업체의 판매, 재고데이터가 제조업체로 전달되면 제조업체가 유통업체의 물류센터로 제품을 배송

② 전자기기의 모듈을 공장에서 생산한 뒤 선박으로 미국이나 유럽으로 보내고 현지에서 각국의 니즈에 맞게 조립

③ 기본적인 형태의 프린터를 생산한 후 해외주문이 오면 그 나라 언어가 기재된 외관을 조립하여 완성

④ 페인트 공장에서 페인트를 만드는 대신에 페인트 가게에서 고객의 요청에 맞게 페인트와 안료비율을 결정하여 최종 페인트로 완성

⑤ 고객들이 청바지 매장에서 신체치수를 맞춰놓고 가면, 일반형태의 청바지를 고객치수에 맞게 바느질만 완성하여 제품을 완성시킴

해설

①은 공급자주도형 재고관리(VMI), ②·③·④·⑤는 지연(Postponement) 전략의 사례에 해당한다.

정답 ①

013

수요예측을 위해 사용하는 각종 기법 중 그 성격이 다른 하나는?

① 판매원 추정법 – 판매원들이 수요추정치를 작성하게 하고 이를 근거로 예측하는 기법

② 시장조사법 – 인터뷰, 설문지, 면접법 등으로 수집한 시장 자료를 이용하여 예측하는 기법

③ 경영자판단법 – 경영자 집단의 의견, 경험을 요약하여 예측하는 기법

④ 시계열 분석 – 종속변수의 과거 패턴을 이용해서 예측하는 기법

⑤ 델파이법 – 익명의 전문가 집단으로부터 합의를 도출하여 예측하는 기법

해설

①·②·③·⑤ 정성적 수요예측기법
④ 정량적 수요예측기법

정답 ④

014

아래 글상자 ㉠과 ㉡에 해당되는 용어로 가장 옳은 것은?

> ㉠은(는) 미래 수요를 예측하는 질적 예측방법의 하나이다. 불확실한 특정 문제(특정기술의 개발가능성, 새로운 소비패턴의 출현가능성 등)에 대해 여러 전문가의 의견을 되풀이해 모으고, 교환하고, 발전시켜 수요를 예측한다.
> ㉡은(는) 시간의 경과에 따라 일정한 간격을 두고 동일한 현상을 반복적으로 측정하여 각 기간에 일어난 변화에 대한 추세를 예측하는 방법이다.

① ㉠ 투사법, ㉡ 시계열분석

② ㉠ 패널조사법, ㉡ 사례유추법

③ ㉠ 투사법, ㉡ 수요확산모형분석

④ ㉠ 델파이기법, ㉡ 시계열분석

⑤ ㉠ 사례유추법, ㉡ 수요확산모형분석

해설

수요예측방법

• 델파이 조사법 : 인간의 직관력을 이용하여 장래를 예측하는 방법으로 미래 사항에 대한 의견을 질문서에 기재한 후 분석한다.

• 시계열분석방법 : 시계열(일별, 주별, 월별 등의 시간 간격)에 따라 제시된 과거자료(수요량, 매출액 등)로부터 그 추세나 경향을 분석하여 장래의 수요를 예측하는 방법이다.

• 사례유추법 : 신제품 개발 시 그와 유사한 기존 제품의 과거자료를 기초로 하여 예측하는 방법이다.

• 확산모형방법 : 새로 등장하는 상품이나 아이디어 혹은 신기술이 사회구성원들에게 어떻게 수용되고 전파되어 나가는지를 설명하는 모형이다.

정답 ④

015

장소의 편의성이 높게 요구되는 담배, 음료, 과자류 등과 같은 품목에 일반적으로 이용되는 유통채널의 유형으로 가장 옳은 것은?

① 전속적 유통채널(exclusive distribution channel)
② 독립적 유통채널(independent distribution channel)
③ 선택적 유통채널(selective distribution channel)
④ 집중적 유통채널(intensive distribution channel)
⑤ 대리점 유통채널(agent distribution channel)

해설

집중적 유통채널은 자사의 제품을 누구나 취급할 수 있도록 개방하는 개방적 유통채널이라고도 하며, 식품, 일용품 등 편의품에 적용한다.
① 일정한 상권 내에 제한된 수의 소매점으로 하여금 자사 상품만을 취급하게 하는 것으로, 귀금속, 자동차, 고급 의류 등 고가품에 적용한다.
③ 개방적 유통경로와 전속적 유통경로의 중간적 형태로, 의류, 가구, 가전제품 등에 적용한다.

정답 ④

016

소비재의 유형별로 일반적인 경로목표를 설정할 경우에 대한 설명으로 가장 옳지 않은 것은?

① 편의품의 경우 최대의 노출을 필요로 하기에 개방적 유통을 사용한다.
② 일부 의약품은 고객 편의를 위해 편의점을 통한 개방적 유통을 사용하기도 한다.
③ 이질적 선매품의 경우 품질비교가 가능하도록 유통시킨다.
④ 동질적 선매품의 경우 가격비교가 용이하도록 유통시킨다.
⑤ 전문품은 구매횟수가 정기적인 것이 특징이기에 개방적 유통을 사용한다.

해설

전문품은 구매빈도가 매우 낮고 상당한 노력을 들여 예산 및 계획을 세우고 정보를 수집하는 것이 특징이기 때문에 전속적 유통을 사용한다.

정답 ⑤

017

수직적 유통경로에 관한 설명 중 가장 옳지 않은 것은?

① 전체 유통비용을 절감할 수 있다.
② 높은 진입장벽을 구축할 수 있어 새로운 기업의 진입을 막을 수 있다.
③ 필요한 자원이나 원재료를 보다 안정적으로 확보할 수 있다.
④ 마케팅 비용을 절감하고 경쟁기업에 효율적으로 대응할 수 있다.
⑤ 동일한 유통경로상에 있는 기관들이 독자성은 유지하면서 시너지 효과도 얻을 수 있다.

해설

동일한 유통경로상에 있는 2개 이상의 기관들이 자신들의 독자성을 유지하면서 자본, 노하우, 마케팅, 자원 등을 결합하여 시너지 효과를 얻을 수 있는 것은 수평적 유통경로이다. 수직적 유통경로는 각 유통단계에서 독자성이나 전문성이 상실된다는 단점이 있다.

정답 ⑤

018

유통경로상에서 기업이 현재 차지하고 있는 위치의 다음 단계를 차지하고 있는 경로구성원을 자본적으로 통합하는 경영전략을 설명하는 용어로 옳은 것은?

① 전방통합(forward integration)
② 아웃소싱(outsourcing)
③ 전략적 제휴(strategic alliance)
④ 합작투자(joint venture)
⑤ 후방통합(backward integration)

해설

① · ⑤ 전방통합은 제조회사가 자사소유의 판매지점이나 소매상을 통합하는 형태이고, 후방통합은 소매상이나 도매상이 제조회사를 통합하는 형태이다.
② 자사의 핵심역량에 집중하면서 비핵심부문을 분사 또는 외주 등의 방법을 통해 기업 가치를 제고하는 전략이다.
③ 경쟁 또는 협력관계의 기업 및 사업부 사이에 일시적으로 협력관계를 구축하는 것을 말한다.
④ 2개 이상의 기업이 특정 기업운영에 공동으로 참여하는 투자방식으로 지분인수를 통해 이루어진다.

정답 ①

019

유통경로의 길이(channel length)가 상대적으로 긴 제품으로 가장 옳은 것은?

① 비표준화된 전문품
② 시장 진입과 탈퇴가 자유롭고 장기적 유통비용이 안정적인 제품
③ 구매빈도가 낮고 비규칙적인 제품
④ 생산자수가 적고 생산이 지역적으로 집중되어 있는 제품
⑤ 기술적으로 복잡한 제품

해설
① · ③ · ④ · ⑤ 유통경로의 길이가 상대적으로 짧은 제품
② 유통경로의 길이가 상대적으로 긴 제품

정답 ②

020

중간상이 있음으로 인해 각 경로구성원에 의해 보관되는 제품의 총량을 감소시킨다는 내용이 의미하는 중간상의 필요성을 나타내는 것으로 가장 옳은 것은?

① 효용창출의 원리
② 총거래수 최소의 원칙
③ 분업의 원리
④ 변동비 우위의 원리
⑤ 집중준비의 원리

해설
② 중간상의 개입으로 거래의 총량이 감소하게 되어 제조업자와 소비자 양자에게 실질적인 비용 감소를 제공하게 된다.
③ 다수의 중간상이 분업의 원리로써 유통경로에 참여하게 되면 유통경로과정에서 다양하게 수행되는 기능들, 즉 수급조절기능, 보관기능, 위험부담기능, 정보수집기능 등이 경제적 · 능률적으로 수행될 수 있다.
④ 무조건적으로 제조와 유통기관을 통합하여 대규모화하기보다는 각각의 유통기관이 적절한 규모로 역할분담을 하는 것이 비용면에서 훨씬 유리하다는 논리에 의해 중간상의 필요성을 강조하는 이론이다.

정답 ⑤

021

아래 글상자 ㉠과 ㉡에 해당하는 유통경로가 제공하는 효용으로 옳게 짝지어진 것은?

> ㉠ 24시간 영업을 하는 편의점은 소비자가 원하는 시점 어느 때나 제품을 구매할 수 있도록 함
> ㉡ 제조업체를 대신해서 신용판매나 할부판매를 제공함

① ㉠ 시간효용, ㉡ 형태효용
② ㉠ 장소효용, ㉡ 시간효용
③ ㉠ 시간효용, ㉡ 소유효용
④ ㉠ 소유효용, ㉡ 시간효용
⑤ ㉠ 형태효용, ㉡ 소유효용

해설
유통경로의 효용
• 시간적 효용 : 보관기능을 통해 생산과 소비 간 시간적 차이를 극복시켜 준다.
• 소유적 효용 : 생산자와 소비자 간 소유권 이전을 통해 효용이 발생된다.
• 장소적 효용 : 운송기능을 통해 생산지와 소비지 간 장소적 차이를 극복시켜 준다.
• 형태적 효용 : 생산된 상품을 적절한 수량으로 분할 및 분배함으로써 효용이 발생된다.

정답 ③

022

기업이 직면하게 되는 경쟁환경의 유형에 대한 설명 중 가장 옳지 않은 것은?

① 할인점과 할인점 간의 경쟁은 수평적 경쟁이다.
② 할인점과 편의점 간의 경쟁은 업태간 경쟁이다.
③ 제조업자와 도매상 간의 경쟁은 수직적 경쟁이다.
④ [제조업자-도매상-소매상]과 [제조업자-도매상-소매상]의 경쟁은 수직적 마케팅시스템경쟁이다.
⑤ 백화점과 백화점 간의 경쟁은 협력업자 경쟁이다.

해설
백화점과 백화점 간의 경쟁은 수평적 경쟁이다.

정답 ⑤

023

유통환경 분석의 범위를 거시환경과 미시환경으로 나누어볼 때 그 성격이 다른 하나는?

① 경제적 환경
② 정치, 법률적 환경
③ 시장의 경쟁 환경
④ 기술적 환경
⑤ 사회문화적 환경

해설

① · ② · ④ · ⑤ 거시환경
③ 미시환경

정답 ③

024

연간 재고유지비용과 주문비용의 합을 최소화하는 로트 크기인 경제적 주문량을 계산하는 과정에서 사용하는 가정으로 가장 옳지 않은 것은?

① 수량할인은 없다.
② 각 로트의 크기에 제약조건은 없다.
③ 해당 품목의 수요가 일정하고 정확히 알려져 있다.
④ 입고량은 주문량에 안전재고를 포함한 양이며 시기별로 분할 입고된다.
⑤ 리드타임과 공급에 불확실성이 없다.

해설

입고량(주문량)은 일시에 입고된다.

정답 ④

025

제품의 연간 수요량은 4,500개이고 단위 당 원가는 100원이다. 또한 1회 주문비용은 40원이며 평균재고유지비는 원가의 25%를 차지한다. 이 경우 경제적 주문량(EOQ)으로 가장 옳은 것은?

① 100단위
② 110단위
③ 120단위
④ 1,000단위
⑤ 1,200단위

해설

경제적 주문량(EOQ)

$$= \sqrt{\frac{2 \times \text{주문당 소요비용} \times \text{연간 수요량}}{\text{연간 단위 재고비용}}}$$

$$= \sqrt{\frac{2 \times 40 \times 4,500}{25}} = \sqrt{\frac{360,000}{25}}$$

$$= \frac{600}{5} = 120$$

정답 ③

026

앤소프(Ansoff, H. I.)의 성장전략 중 아래 글상자에서 설명하는 전략으로 가장 옳은 것은?

> - 기존 제품을 전제로 새로운 시장을 개척함으로써 성장을 도모 하려는 전략을 말한다.
> - 가격이나 품질면에서 우수한 자사 제품을 새로운 세분시장에 배치함으로써 시장 확대가 이루어지도록 하는 전략이다.

① 시장침투전략
② 제품개발전략
③ 시장개발전략
④ 코스트절감전략
⑤ 철수전략

해설

앤소프(Ansoff, H. I.)의 성장전략

- 시장침투전략 : 기존 제품-시장 전략을 유지하면서 기존 시장의 점유율을 확대하여 수익을 내는 전략
- 시장개발전략 : 회사의 기존 제품을 가지고 판매 지역 및 고객층 확대 등을 통해 새로운 시장을 개척하여 판매하는 전략
- 제품개발전략 : 회사의 기존 고객들에게 품목 다양화, 기존 제품 업그레이드 등의 신제품 출시를 통해 시장점유율을 높이는 전략
- 다각화전략 : 완전히 새로운 제품을 새로운 시장에 판매하는 전략

정답 ③

027

프랜차이즈 유통사업시스템에 대한 내용으로 옳지 않은 것은?

① 본부가 자본을 투입하여 매장을 직접 운영하고, 가맹점은 기술과 노하우를 제공하여 빠른 속도로 사업이 전개될 수 있도록 한다.

② 본부방침에 변경이 있을 경우 가맹점은 그 의사결정에 참여하기 힘들다.

③ 가맹점과 본부 간의 계약이 본부의 의사를 따라야 하는 종속계약이기 때문에 계약내용에 대하여 가맹점 희망자의 요구사항이나 조건 등을 반영하기 힘들다.

④ 불리한 조건의 가맹계약을 체결하여 계약해지 시 가맹점이 손해를 입는 경우가 발생할 수 있다.

⑤ 본부 사세가 약화되는 경우 본부로부터 지도와 지원을 충분히 받기 어려워진다.

해설
본부는 가맹점과 계약을 체결하여 가맹점에게 상호, 상표, 상징 및 경영 노하우를 제공하고, 가맹점은 사업에 필요한 자금을 투자하여 본부의 지도 및 원조 하에 사업을 행하며, 그 보상으로 일정한 대가(로열티)를 본부에 지불한다.

정답 ①

028

아래 글상자의 동기부여이론을 설명하는 내용으로 가장 옳은 것은?

> - 맥그리거(D. McGregor)가 제시함
> - 종업원은 조직에 의해 조종되고 동기부여되며 통제받는 수동적인 존재임

① 위생요인에 대해 설명하는 이론이다.

② 인간의 행동을 지나치게 일반화 및 단순화하고 있다는 문제가 있다.

③ 고차원의 욕구가 충족되면 저차원의 욕구를 충족시키기 위해 노력한다.

④ Y형 인간에 대해 기술하고 있다.

⑤ 감독, 급료, 작업조건의 개선은 동기부여 자체와는 관련이 없다.

해설
① 위생요인은 허즈버그의 2요인 이론에 대한 내용이다.

③ 고차원의 욕구와 저차원의 욕구를 구분하는 것은 매슬로우의 욕구단계이론과 관련된 내용이다.

④ 맥그리거(D. McGregor)의 XY이론은 기본적으로 인간의 본성에 대한 부정적 관점인 X이론과 긍정적 관점인 Y이론을 제시하고 있다.

⑤ 위생요인에 해당하는 감독, 급료, 작업조건의 개선 등은 효과가 단기적이므로 동기부여 방법으로는 비효율적이라고 주장하는 이론은 허즈버그의 2요인이론이다.

정답 ②

029

최근 유통시장 변화에 대해 기술한 내용으로 옳지 않은 것은?

① 신선식품 배송에 대한 수요가 증가하고 있다.

② 외식업체들은 매장에 설치한 키오스크를 통해 주문을 받음으로써 생산성을 높이고 고객의 이용 경험을 완전히 바꾸는 혁신을 시도하고 있다.

③ 온라인 쇼핑 시장의 성장세가 두드러지면서 유통업체의 배송 경쟁이 치열해지고 있다.

④ 가공·즉석식품의 판매는 편의점 매출에 긍정적인 영향을 주었다.

⑤ 상품이 고객에게 판매되는 단계마다 여러 물류회사들이 역할을 나누어 서비스를 제공하는 풀필먼트 서비스를 통해 유통단계가 획기적으로 단축되고 있다.

해설
풀필먼트 서비스(Fulfillment Service)는 물류 전문업체가 물건을 판매하려는 업체들의 위탁을 받아 배송과 보관, 포장, 배송, 재고관리, 교환·환불 서비스 등의 모든 과정을 담당하는 '물류 일괄 대행 서비스'를 말한다.

정답 ⑤

030

SCM 관리기법 중 JIT(Just In Time)에 대한 내용으로 옳은 것은?

① JIT는 생산, 운송시스템의 전반에서 재고부족으로 인한 위험 요소를 제거하기 위해 안전재고 수준을 최대화한다.

② JIT에서 완성품은 생산과정품(Work In Process)에 포함시키지만 부품과 재료는 포함시키지 않는다.

③ 구매측면에서는 공급자의 수를 최대로 선정하여 호혜적인 작업관계를 구축한다.

④ 수송단위가 소형화되고 수송빈도가 증가하므로 수송과정을 효과적으로 점검, 통제하는 능력이 중요하다.

⑤ 창고설계 시 최대재고의 저장에 초점을 맞추는 것이지 재고이동에 초점을 맞추는 것은 아니다.

해설

① JIT시스템의 근본적인 목적은 재고를 아주 낮게 유지하여 재고유지비용을 최소화시키는 것이다.

② JIT에서는 부품과 원자재를 원활히 공급받는 데 초점을 둔다.

③ 필요한 부품을 필요한 때, 필요한 곳에, 필요한 양만큼 생산 또는 구매하여 공급한다.

⑤ 물동량의 흐름이 주된 개선사항이며, 재고를 최소한으로 줄인다.

정답 ④

031

JIT와 JITⅡ의 차이점에 대한 설명으로 옳지 않은 것은?

① JIT는 부품과 원자재를 원활히 공급받는 데 초점을 두고, JITⅡ는 부품, 원부자재, 설비공구, 일반자재 등 모든 분야를 대상으로 한다.

② JIT는 개별적인 생산현장(plant floor)을 연결한 것이라면, JITⅡ는 공급체인(supply chain)상의 파트너의 연결과 그 프로세스를 변화시키는 시스템이다.

③ JIT는 기업 간의 중복업무와 가치 없는 활동을 감소·제거하는 데 주력하는 반면, JITⅡ는 자사 공장 내의 가치 없는 활동을 감소·제거하는 데 주력한다.

④ JIT는 푸시(push)형인 MRP와 대비되는 풀(pull)형의 생산방식인 데 비해, JITⅡ는 JIT와 MRP를 동시에 수용할 수 있는 기업 간의 운영체제를 의미한다.

⑤ JIT가 물동량의 흐름을 주된 개선대상으로 삼는 데 비해, JITⅡ는 기술, 영업, 개발을 동시화(synchronization)하여 물동량의 흐름을 강력히 통제한다.

해설

JIT는 자사 공장 내의 가치 없는 활동을 감소·제거하는 데 주력하는 반면, JITⅡ는 기업 간의 중복업무와 가치 없는 활동을 감소·제거하는 데 주력한다.

정답 ③

032

다음 글상자에서 공통으로 설명하는 도매상으로 옳은 것은?

> - 가장 전형적인 도매상
> - 완전서비스 도매상과 한정서비스 도매상으로 나누어짐
> - 자신들이 취급하는 상품의 소유권을 보유하며 제조업체 또는 소매상과 관련 없는 독립된 사업체

① 제조업자 도매상   ② 브로커

③ 대리인   ④ 상인도매상

⑤ 수수료상인

해설

① 제조업자 도매상 : 제조업자가 기능을 통제하며, 전체 기능을 수행하는 도매상으로, 제조업자가 제품을 소유·판매하고 대금을 회수한다.

② 브로커 : 구매자와 판매자를 만나게 하는 일이 기본적인 임무이며, 일반적으로 상품을 물리적으로 취급하지 않고 판매의뢰자와 지속적인 기반 위에서 거래를 하는 것은 아니다.

③ 대리인 : 제품에 대한 소유권 없이 단지 제조업자나 공급자를 대신해서 제품을 판매하는 도매상으로, 도매상들의 많은 기능들, 예컨대 판매지원이나 조사기능 등을 수행하지만 제품에 대한 직접적인 소유권이 없다는 것이 큰 특징이다.

⑤ 수수료상인 : 생산자로부터 위탁에 의하여 상품을 받는 도매상으로, 종종 신용을 제공하고 상품을 비축·전달하며 판매원을 제공한다.

정답 ④

033

입지를 선정할 때 취급상품의 물류비용을 고려할 필요성이 가장 낮은 도매상 유형으로 옳은 것은?

① 직송도매상(drop shipper)
② 판매대리점(selling agents)
③ 제조업체 판매사무소(manufacturer's branches)
④ 일반잡화도매상(general merchandise wholesaler)
⑤ 전문도매상(specialty wholesaler)

해설
직송도매상은 생산자와 대량구매계약을 하고 상품은 생산자의 창고나 혹은 보관장소에 그대로 두고서 소매상 혹은 산업소비자로부터 주문이 올 때마다 주문받은 수량을 생산자에게 연락하여 직접 구매자 앞으로 직송하게 하고 대금만 회수하는 도매상이므로 입지를 선정할 때 취급상품의 물류비용을 고려할 필요성이 가장 낮은 도매상 유형에 해당한다.

정답 ①

034

기업 수준의 성장전략에 관한 설명으로 가장 옳지 않은 것은?

① 기존시장에서 경쟁자의 시장점유율을 빼앗아 오려는 것은 다각화전략이다.
② 신제품을 개발하여 기존시장에 진입하는 것은 제품개발전략이다.
③ 기존제품으로 새로운 시장에 진입하여 시장을 확대하는 것은 시장개발전략이다.
④ 기존시장에 제품계열을 확장하여 진입하는 것은 제품개발전략이다.
⑤ 기존제품으로 제품가격을 내려 기존시장에서 매출을 높이는 것은 시장침투전략이다.

해설
다각화전략은 특정 기업이 성장추구, 위험분산, 범위의 경제성, 시장지배력, 내부시장의 활용 등을 목적으로 현재 전념하고 있지 않은 상이한 여러 산업에 참여하는 것을 말한다.

정답 ①

035

마이클 포터(Michael Porter)의 산업구조분석모형(5-forces model)에 대한 설명으로 옳지 않은 것은?

① 공급자의 교섭력이 높아질수록 시장 매력도는 높아진다.
② 대체재의 유용성은 대체재가 기존 제품의 가치를 얼마나 상쇄할 수 있는지에 따라 결정된다.
③ 교섭력이 큰 구매자의 압력으로 인해 자사의 수익성이 낮아질 수 있다.
④ 진입장벽의 강화는 신규 진입자의 진입을 방해하는 요소가 된다.
⑤ 경쟁기업 간의 동질성이 높을수록 암묵적인 담합가능성이 높아진다.

해설
공급자의 교섭력이 높아질수록 시장의 수익성은 위협을 받게 되어 시장 매력도는 낮아진다.

정답 ①

036

포터(M. Porter)의 가치사슬분석에 의하면 기업 활동을 본원적 활동과 보조적 활동으로 구분할 수 있는데, 이 중 보조적 활동에 속하지 않는 것은?

① 경영혁신
② 서비스활동
③ 인적자원관리
④ 조달활동
⑤ 기술개발

해설
서비스활동은 본원적 활동에 속한다.

정답 ②

037

옴니채널(omni channel) 소매업에 대한 설명으로서 가장 옳은 것은?

① 세분시장별로 서로 다른 경로를 통해 쇼핑할 수 있게 한다.
② 동일한 소비자가 점포, 온라인, 모바일 등 다양한 경로를 통해 쇼핑할 수 있게 한다.
③ 인터넷만을 활용하여 영업한다.
④ 고객에게 미리 배포한 카탈로그를 통해 직접 주문을 받는 소매업이다.
⑤ 인포머셜이나 홈쇼핑채널 등 주로 TV를 활용하여 영업하는 소매업이다.

해설

① 옴니채널(omni channel)은 '모든 것, 모든 방식'을 의미하는 접두사 옴니(omni)와 유통경로를 의미하는 채널(channel)의 합성어로, 온·오프라인 매장을 결합하여 소비자가 언제 어디서든 구매할 수 있도록 한 쇼핑체계이다.
③·④·⑤ 옴니채널이란 소비자가 온라인, 오프라인, 모바일 등 다양한 경로를 넘나들며 상품을 검색하고 구매할 수 있도록 한 서비스로, 각 유통채널의 특성을 결합해 어떤 채널에서든 같은 매장을 이용하는 것처럼 느낄 수 있도록 한 쇼핑 환경을 말한다.

정답 ②

038

아래 글상자의 (   ) 안에 들어갈 용어로 가장 옳은 것은?

> 소비자의 구매패턴 변화는 유통산업 구조에 변화를 가져와, 옴니채널(Omni Channel)에서 온라인 상거래의 범위를 오프라인으로 확장한 서비스를 제공하는 (   ) 방식의 사업모델이 활발히 적용되고 있다.

① O2O(Online to Offline)
② O2O(Online to Online)
③ O2M(One to Multi spot)
④ O2M(One to Machine)
⑤ O2C(Online to Customer)

해설

O2O(Online to Offline)
• 온라인이 오프라인으로 옮겨온다는 뜻으로, 정보 유통 비용이 저렴한 온라인과 실제 소비가 일어나는 오프라인의 장점을 접목해 새로운 시장을 만들어보자는 데서 나왔다.
• 스마트폰이 본격적으로 보급되면서 컴퓨터보다는 스마트폰에서의 구매 행위가 더 많은 비중을 차지하고 있는 현상으로 인해 M2O(Mobile-to-Offline)라고 불리기도 한다.
• 온라인과 오프라인을 연결한 마케팅으로, 특정 지역에 들어서면 실시간으로 스마트폰에 쿠폰 등을 보내주는 서비스와 모바일로 주문한 후 오프라인 매장에서 상품을 인수할 수 있는 스타벅스의 사이렌오더 서비스 등이 대표적이다.

정답 ①

039

균형성과표(BSC)에 대한 설명으로 가장 옳지 않은 것은?

① 고객 관점은 고객유지율, 반복구매율 등의 지표를 활용한다.
② 각 지표들은 전략과 긴밀하게 연계되어 상호작용을 한다.
③ 조직의 지속적 생존을 위해 핵심 성공요인이 중요하다.
④ 학습과 성장의 경우 미래지향적인 관점을 가진다.
⑤ 비용이 저렴하지만 재무적 지표만을 성과관리에 적용한다는 한계를 가진다.

해설

전통적인 재무제표뿐 아니라 고객, 비즈니스 프로세스, 학습 및 성장과 같은 비재무적인 측면도 균형적으로 고려한다.

정답 ⑤

040

권력의 원천과 그 내용에 대한 설명 중 가장 옳지 않은 것은?

① 강압적 권력은 권력행사자가 권력수용자를 처벌할 수 있다고 생각한다.
② 합법적 권력은 일반적으로 비공식적 지위에서 나온다고 볼 수 있다.
③ 보상적 권력은 급여인상, 승진처럼 조직이 제공하는 보상에 의해 권력을 가지게 된다.
④ 전문적 권력은 특정 분야나 상황에 대한 높은 지식이 있을 때 발생한다.
⑤ 준거적 권력은 다른 사람이 그를 닮으려고 할 때 생기는 권력이다.

> **해설**
> 합법적 권력은 법규, 제도, 공식적 규칙에 의해 선출되거나 임명된 리더가 행사하는 권력이므로 공식적 지위에 기반을 두는 권력이다
>
> **정답** ②

041

물류활동에 관련된 내용으로 옳지 않은 것은?

① 반품물류 : 애초에 물품 반환, 반품의 소지를 없애기 위한 전사적 차원에서 고객요구를 파악하는 것이 중요하다.
② 생산물류 : 작업교체나 생산사이클을 단축하고 생산평준화 등을 고려한다.
③ 조달물류 : 수송루트 최적화, JIT납품, 공차율 최대화 등을 고려한다.
④ 판매물류 : 수배송효율화, 신선식품의 경우 콜드체인화, 공동물류센터 구축 등을 고려한다.
⑤ 폐기물류 : 파손, 진부화 등으로 제품, 용기 등이 기능을 수행할 수 없는 상황이거나 기능수행 후 소멸되어야 하는 상황일 때 그것들을 폐기하는 데 관련된 물류활동이다.

> **해설**
> 조달물류는 공차율(전체 운행하는 화물 차량 중 빈 차의 비율)의 최소화를 고려해야 한다.
>
> **정답** ③

042

보관 효율화를 위한 기본적인 원칙과 관련된 설명으로 가장 옳지 않은 것은?

① 위치표시의 원칙 – 물품이 보관된 장소와 랙 번호 등을 표시함으로써 보관업무의 효율을 기한다.
② 중량특성의 원칙 – 물품의 중량에 따라 보관 장소의 높낮이를 결정한다.
③ 명료성의 원칙 – 보관된 물품을 시각적으로 용이하게 식별할 수 있도록 보관한다.
④ 회전대응 보관의 원칙 – 물품의 입출고 빈도에 따라 장소를 달리해서 보관한다.
⑤ 통로대면보관의 원칙 – 유사한 물품끼리 인접해서 보관한다.

> **해설**
> 동일성·유사성의 원칙 – 동일품종은 동일장소에 보관하고, 유사품은 가까운 장소에 보관한다.
>
> **정답** ⑤

043

ROI에 대한 내용으로 옳지 않은 것은?

① 투자에 대한 이익률이다.
② 순자본(소유주의 자본, 주주의 자본 혹은 수권자본)에 대한 순이익의 비율이다.
③ ROI가 높으면 제품재고에 대한 투자가 총이익을 잘 달성했다는 의미이다.
④ ROI가 낮으면 자산의 과잉투자 등으로 인해 사업이 성공적이지 못하다는 의미이다.
⑤ ROI가 높으면 효과적인 레버리지 기회를 활용했다는 의미로도 해석된다.

> **해설**
> ③은 재고투자매출순이익률(GMROI)은 ROI와 항상 같은 방향으로 움직인다고 기술한 지문으로, ROI가 높더라도 비효율적 주문량 산정과 주문주기, 재고 배치 등으로 인해 GMROI는 상대적으로 낮을 수 있기 때문에 GMROI는 ROI와 항상 같은 방향으로 움직인다고는 볼 수 없다.
>
> **정답** ③

044

'재고를 어느 구성원이 가지는가에 따라 유통경로가 만들어진다' 라고 하는 유통경로 결정 이론과 관련한 내용으로 옳지 않은 것은?

① 중간상이 재고의 보유를 연기하여 제조업자가 재고를 가진다.
② 유통경로의 가장 최후시점까지 제품을 완성품으로 만들거나 소유하는 것을 미룬다.
③ 자전거 제조업자가 완성품 조립을 미루다가 주문이 들어오면 조립하여 중간상에게 유통시킨다.
④ 특수산업용 기계 제조업자는 주문을 받지 않는 한 생산을 미룬다.
⑤ 다른 유통경로 구성원이 비용우위를 갖는 기능은 위양하고 자신이 더 비용우위를 갖는 일은 직접 수행한다.

① · ② · ③ · ④는 연기-투기이론과 관련한 내용이다.
⑤는 기능위양이론에 대한 설명으로, 기능위양이론의 핵심은 경로구성원들 가운데서, 특정 기능을 가장 저렴한 비용으로 수행하는 구성원에게 그 기능이 위양된다는 것이다.

정답 ⑤

045

마음이 약한 김과장은 팀원들의 인사고과를 전부 보통으로 평가하였다. 이와 관련된 인사고과의 오류로 가장 옳은 것은?

① 후광효과
② 관대화 경향
③ 가혹화 경향
④ 중심화 경향
⑤ 귀인상의 오류

중심화 경향은 평가자가 평가대상에 대한 긍정 혹은 부정의 판단을 기피하고 중간정도의 점수를 주는 현상을 말한다.
① 후광효과 : 어떤 사람이 가지고 있는 두드러진 특성이 그 사람의 다른 특성을 평가하는 데 전반적인 영향을 미치는 효과를 말한다.
② 관대화 경향 : 피고과자의 실제능력이나 실적보다 더 높게 평가하는 경향을 말한다.
③ 가혹화 경향 : 고과자가 피고과자의 능력 및 성과를 실제보다 의도적으로 낮게 평가하는 경우를 말한다.
⑤ 귀인상의 오류 : 관찰자가 다른 이들의 행동을 설명할 때 상황 요인들의 영향을 과소평가하고 행위자의 내적, 기질적인 요인들의 영향을 과대평가하는 경향을 말한다.

정답 ④

046

리더십에 대한 설명으로 가장 옳지 않은 것은?

① 민주적 리더십은 종업원이 더 많은 것을 알고 있는 전문직인 경우에 효과적이다.
② 독재적 리더십은 긴박한 상황에서 절대적인 복종이 필요한 경우에 효과적이다.
③ 독재적 리더십은 숙련되지 않거나 동기부여가 안 된 종업원에게 효과적이다.
④ 독재적 리더십은 자신의 지시를 따르게 하기 위해 경제적 보상책을 사용하기도 한다.
⑤ 자유방임적 리더십은 종업원에게 신뢰와 확신을 보여 동기요인을 제공한다.

자유방임적 리더십은 종업원이 더 많은 것을 알고 있는 전문직인 경우에 효과적이다. 민주적 리더십은 유연함과 책임을 빠르게 형성할 수 있으며, 새로운 것들을 정하는 데 도움이 된다.

정답 ①

047

먼저 경청하며 설득과 대화로 업무를 추진하고, 조직에서 가장 가치 있는 자원은 사람이라고 생각하는 특성을 가진 리더십의 유형으로 옳은 것은?

① 카리스마적 리더십
② 서번트 리더십
③ 변혁적 리더십
④ 참여적 리더십
⑤ 성취지향적 리더십

① 카리스마적 리더십 : 자기 자신과 자신이 이끄는 조직구성원에 대한 극단적인 신뢰, 이들을 완전히 장악하는 거대한 존재감, 그리고 명확한 비전을 갖고 일단 결정된 사항에 관해서는 절대로 흔들리지 않는 확신을 가지는 리더십을 의미한다.
③ 변혁적 리더십 : 조직구성원들로 하여금 리더에 대한 신뢰를 갖게 하는 카리스마는 물론, 조직변화의 필요성을 감지하고 그러한 변화를 이끌어 낼 수 있는 새로운 비전을 제시할 수 있는 능력이 요구되는 리더십이다.
④ 참여적 리더십 : 업무활동에 대해서 조직구성원과 상의하고 의사결정에 조직구성원을 참여시키고자 하는 리더십 유형으로 적극적 성격의 사람에게 잘 받아들여진다.

⑤ 성취지향적 리더십 : 도전적인 작업 목표를 설정하고 그 성과를 강
조하며, 조직구성원들이 그 목표를 충분히 달성할 수 있을 것이라고
믿는 리더십 유형으로 업무수행능력이 높고, 적극적인 성격과 명예
에 대한 욕구가 강한 조직구성원에게 효과적이다.

정답 ②

048

소매상을 위한 도매상의 역할로 가장 옳지 않은 것은?

① 다양한 상품구색의 제공
② 신용의 제공
③ 시장의 확대
④ 컨설팅서비스 제공
⑤ 물류비의 절감

해설
시장의 확대는 제조업자를 위한 도매상의 역할이다.

정답 ③

049

한 품목의 연간수요가 12,480개이고, 주문비용이 5천원, 제품가
격이 1,500원, 연간보유비용이 제품단가의 20%이다. 주문한 시
점으로부터 주문이 도착하는 데에는 2주가 소요된다. 이때 ROP
(재주문점)는? (1년을 52주, 1주 기준으로 재주문하는 것으로
가정)

① 240개   ② 480개
③ 456개   ④ 644개
⑤ 748개

해설
ROP(재주문점) 산출방법
수요가 확실한 경우에는 안전재고가 불필요하므로 조달기간(리드타임)
에 수요량을 곱하여 구할 수 있다. 문제에서는 1주 기준으로 재주문하
는 것으로 가정하였으므로 주단위의 리드타임과 평균판매량으로 계산
한다.
리드타임(주) × 1주 평균판매량 = 2 × 240 = 480개

정답 ②

050

유통경로 성과를 측정하는 변수 중 정량적 측정변수로 가장 옳지
않은 것은?

① 새로운 세분 시장의 수, 악성부채 비율
② 상품별, 시장별 고객 재구매 비율
③ 브랜드의 경쟁력, 신기술의 독특성
④ 손상된 상품비율, 판매예측의 정확성
⑤ 고객불평건수, 재고부족 방지비용

해설
브랜드의 경쟁력, 신기술의 독특성은 수치로 정확하게 측정할 수 없는
정성적 측정변수에 해당한다.

정답 ③

051

고객이 요구하는 서비스의 수준에 맞추어 물류활동이 '적절하다
(Right)'라는 의미와 관련된 물류의 7R의 내용으로 옳지 않은
것은?

① 적절한 상품(Right goods)
② 적절한 품질(Right quality)
③ 적절한 시간(Right time)
④ 적절한 장소(Right place)
⑤ 적절한 판촉활동(Right promotion)

해설
7R's 원칙
• 적절한 상품(Right goods)
• 적절한 품질(Right quality)
• 적절한 시간(Right time)
• 적절한 장소(Right place)
• 적절한 가격(Right price)
• 적절한 양(Right quantity)
• 적절한 인상(Right impression)

정답 ⑤

052

동일업종의 소매점들이 중소기업협동조합을 설립하여 공동구매, 공동판매, 공동시설활용 등 공동사업을 수행하는 체인사업은 무엇인가?

① 조합형 체인사업
② 임의가맹점형 체인사업
③ 프랜차이즈형 체인사업
④ 직영점형 체인사업
⑤ 자발적 체인(Voluntary chain)사업

해설

체인사업

같은 업종의 여러 소매점포를 직영(자기가 소유하거나 임차한 매장에서 자기의 책임과 계산 아래 직접 매장을 운영하는 것)하거나 같은 업종의 여러 소매 점포에 대하여 계속적으로 경영을 지도하고 상품·원재료 또는 용역을 공급하는 사업

- 직영점형 체인사업 : 체인본부가 주로 소매점포를 직영하되, 가맹계약을 체결한 일부 소매점포(가맹점)에 대하여 상품의 공급 및 경영지도를 계속하는 형태의 체인사업
- 프랜차이즈형 체인사업 : 독자적인 상품 또는 판매·경영 기법을 개발한 체인본부가 상호·판매방법·매장운영 및 광고방법 등을 결정하고, 가맹점으로 하여금 그 결정과 지도에 따라 운영하도록 하는 형태의 체인사업
- 임의가맹점형 체인사업 : 체인본부의 계속적인 경영지도 및 체인본부와 가맹점 간의 협업에 의하여 가맹점의 취급품목·영업방식 등의 표준화사업과 공동구매·공동판매·공동시설활용 등 공동사업을 수행하는 형태의 체인사업
- 조합형 체인사업 : 같은 업종의 소매점들이 「중소기업협동조합법」에 따른 중소기업협동조합, 「협동조합기본법」에 따른 협동조합, 협동조합연합회, 사회적 협동조합 또는 사회적 협동조합연합회를 설립하여 공동구매·공동판매·공동시설활용 등 사업을 수행하는 형태의 체인사업

정답 ①

053

손익분기점분석에 대한 설명으로 가장 옳지 않은 것은?

① 손익분기점에서의 손익은 0이다.
② 손익분기점분석에서는 비용을 고정비와 변동비로 구분하여 매출액과의 관계를 분석한다.
③ 손익분기점분석을 통해 목표이익을 얻기 위한 매출액을 계산할 수 있다.
④ 손익분기점 판매량 = 총변동비/(단위당 판매가 − 단위당 고정비)
⑤ 매출액이 손익분기점을 넘어 증가하면 이익이 발생하고 손익분기점을 밑돌면 손실이 발생한다.

해설

손익분기점 판매량 = 고정비/(단위당 판매가 − 단위당 변동비)

정답 ④

054

ABC 재고관리방법에 대해 옳게 기술한 것은?

① 정성적 예측기법을 활용한 재고관리방법이다.
② 마케팅 비용에 따른 수요예측을 근거로 경제적 주문량을 결정한다.
③ A 그룹에 포함되는 품목은 대체로 수익성이 낮은 품목이다.
④ C 그룹에 포함되는 품목은 단가가 낮아 재고관리가 소홀한 경우가 발생하기도 한다.
⑤ 파레토 법칙과는 상반되는 재고관리방법이다.

해설

① 정량발주시스템과 정기발주시스템을 활용한 재고관리방법이다.
② 품목의 가치나 상대적인 중요도에 따라 주문량을 결정한다.
③ A 그룹에 포함되는 품목은 대체로 수익성이 높은 품목이다.
⑤ 80 : 20의 파레토 법칙을 사용하는 재고관리방법이다.

정답 ④

055

매슬로우(A. Maslow)의 욕구단계이론에 따라 하급욕구에서 고급욕구로 올바르게 나열한 것은?

① 생리적 욕구 – 소속 욕구 – 안전 욕구 – 자존 욕구 – 자아실현 욕구
② 생리적 욕구 – 소속 욕구 – 자존 욕구 – 안전 욕구 – 자아실현 욕구
③ 생리적 욕구 – 안전 욕구 – 소속 욕구 – 자존 욕구 – 자아실현 욕구
④ 생리적 욕구 – 안전 욕구 – 자존 욕구 – 소속 욕구 – 자아실현 욕구
⑤ 생리적 욕구 – 자존 욕구 – 소속 욕구 – 안전 욕구 – 자아실현 욕구

해설

매슬로우(A. Maslow)의 욕구단계이론 : 인간의 욕구가 계층적 단계로 구성되어 있으며, '생리적 욕구 – 안전 욕구 – 소속 욕구 – 자존 욕구 – 자아실현 욕구'와 같이 하위욕구에서 상위욕구로 순차적으로 발현한다는 이론을 말한다.

정답 ③

056

소매점의 입지 선정을 위한 공간분석의 논리적 순서로서 가장 옳은 것은?

① 개별점포(site)분석 – 지구상권(district area)분석 – 광역지역(general area)분석
② 광역지역(general area)분석 – 개별점포(site)분석 – 지구상권(district area)분석
③ 지구상권(district area)분석 – 광역지역(general area)분석 – 개별점포(site)분석
④ 광역지역(general area)분석 – 지구상권(district area)분석 – 개별점포(site)분석
⑤ 개별점포(site)분석 – 광역지역(general area)분석 – 지구상권(district area)분석

해설

계층적 구조
- 지역 상권(GTA ; General Trading Area) : 가장 포괄적인 상권범위로서 '시' 또는 '군'을 포함하는 넓은 지역범위이며, 도시 간의 흡인범위가 성립하는 범위이다.
- 지구 상권(DTA ; District Trading Area) : 집적된 상업시설이 갖는 상권의 범위로 '구'를 포함한다.
- 지점 상권(ITA ; Individual Trading Area) : 점포 상권이라고도 하는데, 이는 개별점포가 갖는 상권의 범위를 말한다.
- 상권을 크기별로 구분하면 지역 상권 > 지구 상권 > 지점 상권의 순서로 진행된다.

정답 ④

057

아래 글상자는 체크리스트(Checklist)법을 활용하여 특정 입지에 입점할 점포의 상권경쟁구조의 분석 내용을 제시하고 있다. 분석 내용과 사례의 연결이 옳은 것은?

┌─────────────────────────────┐
│ ㉠ 업태간 경쟁구조 분석   │
│ ㉡ 보완 및 경쟁관계 분석   │
│ ㉢ 위계별 경쟁구조 분석   │
│ ㉣ 잠재적 경쟁구조 분석   │
│ ㉤ 업태내 경쟁구조 분석   │
└─────────────────────────────┘

① ㉠ – 동일 상권 내 편의점들 간의 경쟁관계
② ㉡ – 상권 내 진입 가능한 잠재경쟁자와의 경쟁관계
③ ㉢ – 도시의 도심, 부도심, 지역중심, 지구중심 간의 경쟁관계
④ ㉣ – 근접한 동종점포 간 보완 및 경쟁관계
⑤ ㉤ – 백화점, 할인점, SSM, 재래시장 상호 간의 경쟁관계

해설

상권경쟁분석
- 업태 내 경쟁구조 : 유사한 상품을 판매하는 서로 동일한 형태의 소매업체 간 경쟁구조 분석
- 업태 간 경쟁구조 : 유사한 상품을 판매하는 서로 상이한 형태의 소매업체 간 경쟁구조 분석
- 위계별 경쟁구조 : 도심, 부심, 지역중심, 지구중심의 업종을 파악·분석
- 잠재적 경쟁구조 : 신규 소매업 진출 예정 사업체 및 업종의 파악·분석
- 업체 간 보완관계 : 단골고객의 선호도 조사, 고객의 특성 및 쇼핑경향 분석, 연령·소득·직업 등 인구통계학적 특성, 문화·사회적 특성의 파악·분석

정답 ③

058

상권을 구분하거나 상권별 대응전략을 수립할 때 필수적으로 이해하고 있어야 할 상권의 개념과 일반적 특성을 설명한 내용 중에서 가장 옳지 않은 것은?

① 1차상권이 전략적으로 중요한 이유는 소비자의 밀도가 가장 높은 곳이고 상대적으로 소비자의 충성도가 높으며 1인당 판매액이 가장 큰 핵심적인 지역이기 때문이다.

② 1차상권은 전체상권 중에서 점포에 가장 가까운 지역을 의미하는데 매출액이나 소비자의 수를 기준으로 일반적으로 약 60% 정도까지를 차지하지만 그 비율은 절대적이지 않다.

③ 2차상권은 1차상권을 둘러싸는 형태로 주변에 위치하여 매출이나 소비자의 일정비율을 추가로 흡인하는 지역이다.

④ 3차상권은 상권으로 인정하는 한계(fringe)가 되는 지역범위로, 많은 경우 지역적으로 넓게 분산되어 위치하여 소비자의 밀도가 가장 낮다.

⑤ 3차상권은 상권 내 소비자의 내점빈도가 1차상권에 비해 높으며 경쟁점포들과 상권중복 또는 상권잠식의 가능성이 높은 지역이다.

해설

3차상권 내에 위치한 고객들은 1차상권 및 2차상권과 비교할 때 고객의 수와 이들의 구매빈도가 적기 때문에 점포 매출액에서 차지하는 비중이 낮다.

정답 ⑤

059

아래 글상자에 기술된 절차에 따르는 상권분석기법을 널리 알린 사람으로 가장 옳은 것은?

> ㉠ 자기가 개점하려는 점포와 유사한 기존 점포를 선정한다.
> ㉡ 기존의 유사점포의 상권범위를 결정한다.
> ㉢ 전체 상권을 몇 개의 단위 지역으로 나누고, 각 지역에서의 유사점포의 매출액을 인구수로 나누어 각 지역 내의 1인당 매출을 구한다.
> ㉣ 자기가 입지하려는 지역의 인구수에다 앞에서 구한 1인당 매출을 곱하여 각 지역에서의 예상 매출액을 구한다.

① 레일리(W. Reilly) ② 컨버스(P. Converse)
③ 허프(D. Huff) ④ 넬슨(R. L. Nelson)
⑤ 애플바움(W. Applebaum)

해설

유추법은 신규점포와 특성이 비슷한 기존의 유사점포를 선정하여 분석담당자의 객관적 판단을 토대로 그 점포의 상권범위를 추정한 결과를 자사점포의 신규입지에서의 매출액을 측정하는 데 이용하는 방법으로, 애플바움(W. Applebaum) 교수에 의해 발전한 방법이다.

정답 ⑤

060

소매상권을 분석하는 기법을 규범적분석과 기술적분석으로 구분할 때, 나머지 4가지와 성격이 다른 하나는?

① Applebaum의 유추법
② Christaller의 중심지이론
③ Reilly의 소매중력법칙
④ Converse의 무차별점 공식
⑤ Huff의 확률적 공간상호작용이론

해설

유추법은 기술적분석에 해당한다.

정답 ①

061

상권분석기법 중 유추법(analog method)에 대한 설명으로 가장 옳지 않은 것은?

① 신규점포의 판매예측에 활용되는 기술적 방법이다.
② 유사점포의 판매실적을 활용하여 신규점포의 판매를 예측한다.
③ 기존점포의 판매예측에도 활용할 수 있다.
④ 유사점포는 신규점포와 동일한 상권 안에서 영업하고 있는 점포 중에서만 선택해야 한다.
⑤ CST(customer spotting technique)지도를 활용하여 신규점포의 상권규모를 예측한다.

해설

기존 유사점포는 동일한 상권 안에서 영업하고 있는 점포 중에서만 선택하는 것이 아니라, 신규점포와 점포 특성, 고객의 쇼핑패턴, 고객의 사회적·경제적·인구통계적 특성에서 유사한 기존 점포를 선정한다.

정답 ④

062

크리스탈러(W. Christaller)의 중심지이론은 판매자와 소비자를 "경제인"으로 가정한다. 그 의미로서 가장 옳은 것은?

① 판매자와 소비자 모두 비용대비 이익의 최대화를 추구한다.
② 소비자는 거리와 상관없이 원하는 제품을 구매하러 이동한다.
③ 판매자는 경쟁을 회피하려고 최선을 다한다.
④ 소비자는 구매여행의 즐거움을 추구한다.
⑤ 소비자는 가능한 한 상위계층 중심지에서 상품을 구매한다.

해설

중심지이론의 기본 가정
• 지표공간은 균질적 표면(Isotropic Surface)으로 되어 있고, 한 지역 내의 교통수단은 오직 하나이며, 운송비는 거리에 비례한다.
• 인구는 공간상에 균일하게 분포되어 있고, 주민의 구매력과 소비행태는 동일하다.
• 인간은 합리적인 사고에 따라 의사결정을 하며, 최소의 비용과 최대의 이익을 추구하는 경제인(Economic Man)이다.
• 소비자들의 구매형태는 획일적이며, 유사점포들 중 가장 가까운 곳을 선택한다고 가정한다.
• 여러 상권이 존재하는 경우 상권중심지를 거점으로 배후 상권이 다른 상권과 겹치지 않는다.

정답 ①

063

크리스탈러(Christaller)의 중심지이론과 관련된 설명으로 가장 옳지 않은 것은?

① 중심지란 배후지의 거주자들에게 재화와 서비스를 제공하는 상업기능이 밀집된 장소를 말한다.
② 배후지란 중심지에 의해 서비스를 제공받는 주변지역으로서 구매력이 균등하게 분포하고 끝이 없이 동질적인 평지라고 가정한다.
③ 중심지기능의 최대도달거리(도달범위)는 중심지에서 제공되는 상품의 가격과 소비자가 그것을 구입하는 데 드는 교통비에 의해 결정된다.
④ 도달범위란 중심지 활동이 제공되는 공간적 한계를 말하는데 중심지로부터 어느 재화에 대한 수요가 0이 되는 곳까지의 거리를 의미한다.
⑤ 상업중심지의 정상이윤 확보에 필요한 최소한의 수요를 발생시키는 상권범위를 최대수요 충족거리라고 한다.

해설

상업중심지의 정상이윤 확보에 필요한 최소한의 수요를 발생시키는 상권범위를 최소수요 충족거리라고 한다.

정답 ⑤

064

소매점포 상권의 분석기법 가운데 하나인 Huff모델의 특징으로서 가장 옳은 것은?

① Huff모형은 점포이미지 등 다양한 변수를 반영하여 상권분석의 정확도를 높일 수 있다.
② 개별점포의 상권이 공간상에서 단절되어 단속적이며 타점포 상권과 중복되지 않는다고 가정한다.
③ 개별 소비자들의 점포선택행동을 확률적 방법 대신 기술적 방법(descriptive method)으로 분석한다.
④ 상권 내 모든 점포의 매출액 합계를 추정할 수 있지만, 점포별 점유율은 추정하지 못한다.
⑤ 각 소비자의 거주지와 점포까지의 물리적 거리는 이동시간으로 대체하여 분석하기도 한다.

해설

① Huff모델은 소비자의 구매행태를 거리와 매장면적이라는 두 가지 변수로만 설명한 모형으로서 소비자가 점포를 선택함에 있어서 고려되는 다양한 요인들을 반영하지 못한다는 한계가 있다.
② 여러 상권이 존재하는 경우 상권중심지를 거점으로 배후 상권이 다른 상권과 겹치지 않는다고 가정하는 것은 중심지이론이다. Huff모델은 특정 점포의 효용이나 매력도가 높을수록 그 점포가 선택될 확률이 높아진다고 가정한다.
③ 개별 소비자들의 점포선택행동을 확률적 방법으로 분석한다.
④ 특정 점포가 끌어들일 수 있는 소비자 점유율은 점포까지의 방문거리에 반비례한다고 가정한다.

정답 ⑤

065

허프(Huff)의 수정모델을 적용해서 추정할 때, 아래 글상자 속의 소비자 K가 A지역에 쇼핑을 하러 갈 확률로서 가장 옳은 것은?

> A지역의 매장면적은 100평, 소비자 K로부터 A지역까지의 거리는 10분 거리, B지역의 매장면적은 400평, 소비자 K로부터의 거리는 20분 거리

① 0.30 　　　　② 0.40

③ 0.50 　　　　④ 0.60

⑤ 0.70

해설

허프(Huff)의 수정모델

$$P_{ij} = \frac{\dfrac{S_j}{D_{ij}^2}}{\displaystyle\sum_{j=1}^{n} \dfrac{S_j}{D_{ij}^2}}$$

- $P_{ij} = i$지점의 소비자가 j상업 집적에 가는 확률
- $S_j = j$상업 집적의 매장면적
- $D_{ij} = i$지점에서 j까지의 거리

따라서 $P_{KA} = \dfrac{\dfrac{100}{10^2}}{\left(\dfrac{100}{10^2}\right) + \left(\dfrac{400}{20^2}\right)} = \dfrac{1}{2} = 0.5$

정답 ③

066

입지후보지에 대한 예상 매출금액을 계량적으로 추정하기 위한 상권분석기법이 아닌 것으로만 짝지어진 것은?

① 유사점포법(analog method), 허프모델(Huff model)

② 허프모델(Huff model), 체크리스트법(Checklist method)

③ 티센다각형(Thiessen polygon)모형, 체크리스트법(Checklist method)

④ 회귀분석(regression analysis)모형, 허프모델(Huff model)

⑤ 다항로짓모델(multinomial logit model), 유사점포법(analog method)

해설

티센다각형은 최근접상가 선택가설에 근거하여 상권을 설정하는 방법으로 상권에 대한 기술적이고 예측적인 도구로 사용될 수 있으며, 체크리스트법은 상권의 규모에 영향을 미치는 요인들을 수집하여 이들에 대한 평가를 통해 시장잠재력을 측정하는 것으로 매출액을 추정하기는 어렵다.

정답 ③

067

수정Huff모델의 특성과 관련한 설명 중 가장 옳지 않은 것은?

① 수정Huff모델은 실무적 편의를 위해 점포면적과 거리에 대한 민감도를 따로 추정하지 않는다.

② 점포면적과 이동거리에 대한 소비자의 민감도는 '1'과 '-2'로 고정하여 인식한다.

③ Huff모델과 같이 점포면적과 점포까지의 거리 두 변수만으로 소비자들의 점포 선택확률을 추정할 수 있다.

④ 분석과정에서 상권 내에 거주하는 소비자의 개인별 구매행동 데이터를 활용하여 예측의 정확도를 높인다.

⑤ Huff모델보다 정확도는 낮을 수 있지만, 일반화하여 쉽게 적용하고 대략적 추정을 가능하게 한 것이다.

해설

허프모델은 점포매력도가 점포크기 이외에 취급상품의 가격, 판매원의 서비스, 소비자의 행동 등 다른 요인들로부터 영향을 받을 수 있다는 점을 고려하지 않는다는 한계가 있다.

정답 ④

068

A시의 인구는 20만명이고 B시의 인구는 5만이다. 두 도시가 서로 15km의 거리에 떨어져 있는 경우, 두 도시간의 상권경계는 A시로부터 얼마나 떨어진 곳에 형성되겠는가? (Converse의 상권분기점 분석법을 이용해 계산하라.)

① 3km
② 5km
③ 9km
④ 10km
⑤ 12km

해설

컨버스 제1법칙의 공식

$$D_a = \frac{D_{ab}}{1+\sqrt{\dfrac{P_b}{P_a}}}$$

$$= \frac{15}{1+\sqrt{\dfrac{5만}{20만}}} = \frac{15}{1+\dfrac{1}{2}} = 10$$

정답 ④

069

대도시 A, B 사이에 위치하는 중소도시 C가 있을 때 A, B가 C로부터 끌어들일 수 있는 상권규모를 분석하기 위해 레일리(W. Reilly)의 소매인력법칙을 활용할 수 있다. 이 때 꼭 필요한 정보로 옳지 않은 것은?

① 중소도시 C에서 대도시 A까지의 거리
② 중소도시 C에서 대도시 B까지의 거리
③ 중소도시 C의 인구
④ 대도시 A의 인구
⑤ 대도시 A, B 사이의 분기점

해설

레일리의 소매인력법칙에 의하면 두 경쟁도시가 그 중간에 위치한 소도시의 거주자들을 끌어들일 수 있는 상권의 규모는 인구에 비례하고, 각 도시와 중간도시 간의 거리의 제곱에 반비례한다. 분기점은 컨버스의 수정소매인력이론에서 필요한 정보이다.

정답 ⑤

070

소비자에 대한 직접적 조사를 통해 점포선택행동을 분석하는 확률모델들에 대한 설명으로 가장 옳은 것은?

① 점포에 대한 객관적 변수와 소비자의 주관적 변수를 모두 반영할 수 있는 방법에는 MNL모델과 수정Huff모델이 있다.
② 공간상호작용 모델의 대표적 분석방법에는 Huff모델, MNL모델, 회귀분석, 유사점포법 등이 해당된다.
③ Huff모델과 달리 MNL모델은 일반적으로 상권을 세부지역(zone)으로 구분하는 절차를 거치지 않는다.
④ Luce의 선택공리를 바탕으로 한 Huff모델과 달리 MNL모델은 선택공리와 관련이 없다.
⑤ MNL모델은 분석과정에서 집단별 구매행동 데이터 대신 각 소비자의 개인별 데이터를 수집하여 활용한다.

해설

① Huff모델은 상업시설(점포)을 방문하는 고객의 라이프스타일과 같은 질적인 부분, 즉 주관적 변수는 측정할 수가 없다.
② 공간상호작용 모델의 대표적 분석방법에는 레일리의 소매중력법칙이 있다.
③ Huff모델은 소비자의 구매행태를 거리와 매장면적이라는 두 가지 변수로만 설명한 모형으로서 소비자가 점포를 선택함에 있어서 고려되는 다양한 요인들을 반영하지 못한다는 한계가 있는 반면, MNL모델은 상권 내 소비자들의 각 점포에 대한 개별적인 쇼핑여행에 대한 여러 관측 자료를 통하여 각 점포에 대한 선택확률의 예측뿐만 아니라, 각 점포의 시장점유율과 상권의 크기(매출액)를 추정할 수 있다.
④ MNL모델은 선택공리에 이론적 근거를 두고 있다.

정답 ⑤

071

소매점포의 입지분석에 활용하는 회귀분석에 관한 설명으로 가장 옳지 않은 것은?

① 소매점포의 성과에 영향을 미치는 다양한 요소들의 상대적 중요도를 파악할 수 있다.
② 분석에 포함되는 여러 독립변수들끼리는 서로 관련성이 높을수록 좋다.
③ 점포성과에 영향을 미치는 영향변수에는 상권 내 경쟁수준이 포함될 수 있다.
④ 점포성과에 영향을 미치는 영향변수에는 점포의 입지특성이 포함될 수 있다.
⑤ 표본이 되는 점포의 수가 충분하지 않으면 회귀분석 결과의 신뢰성이 낮아질 수 있다.

해설
독립변수와 종속변수 간의 상관관계를 분석해야 하므로 독립변수 상호 간에는 상관관계, 즉 서로 관련성이 없어야 한다.

정답 ②

072

사람들은 점포가 눈 앞에 보여도 간선도로를 횡단해야 하는 경우 그 점포에 접근하지 않으려는 경향을 보인다. 이런 현상에 대한 설명으로 가장 옳은 것은?

① 최단거리로 목적지까지 가고자 하는 최단거리 추구의 원칙
② 득실을 따져 득이 되는 쪽을 선택하려는 보증실현의 원칙
③ 위험하거나 잘 모르는 길을 지나지 않으려는 안전추구의 원칙
④ 사람이 운집한 곳을 선호하는 인간집합의 원칙
⑤ 동선을 미리 예상하고 진행하지만 상황에 맞추어 적응하는 목적추구의 원칙

해설
동선의 심리법칙
• **최단거리실현의 법칙** : 인간은 최단거리로 목적지에 가려는 심리가 있기 때문에 안쪽 동선이라고 하는 뒷길이 발생한다.
• **보증실현의 법칙** : 인간은 먼저 득을 얻는 쪽을 택한다. 즉 길을 건널 때에도 최초로 만나는 횡단보도를 이용하려는 경향이 있다.
• **안전추구의 법칙** : 인간은 본능적으로 위험하거나 모르는 길 또는 다른 사람이 잘 가지 않는 장소에는 가려고 하지 않는 심리가 있다.
• **집합의 법칙** : 대부분의 사람들은 군중 심리에 의해 사람이 모여 있는 곳에 모인다.

정답 ③

073

아래 글상자는 입지의 유형을 점포를 이용하는 소비자의 이용목적에 따라 구분하거나 공간균배에 의해 구분할 때의 입지특성들이다. 아래 글상자의 ㉠, ㉡, ㉢에 들어갈 용어를 순서대로 나열한 것으로 옳은 것은?

- (㉠) : 고객이 구체적 구매의도와 계획을 가지고 방문하므로 단순히 유동인구에 의존하기보다는 상권 자체의 고객창출 능력에 의해 고객이 유입되는 입지유형
- (㉡) : 유사업종 또는 동일업종의 점포들이 한 곳에 집단적으로 모여 집적효과 또는 시너지효과를 거두는 입지유형
- (㉢) : 도시의 중심이나 배후지의 중심지 역할을 하는 곳에 점포가 위치하는 것이 유리한 입지유형

① ㉠ 생활형입지, ㉡ 집심성입지, ㉢ 집재성입지
② ㉠ 적응형입지, ㉡ 산재성입지, ㉢ 집재성입지
③ ㉠ 집심성입지, ㉡ 생활형입지, ㉢ 목적형입지
④ ㉠ 목적형입지, ㉡ 집재성입지, ㉢ 집심성입지
⑤ ㉠ 목적형입지, ㉡ 집재성입지, ㉢ 국지적집중성입지

해설
점포의 입지유형별 분류
• **집심성입지** : 배후지 중심부에 입지하는 것으로 중심상가에 입지하는 것이 유리한 유형
• **집재성입지** : 동종업종이 한 곳에 밀집하는 것이 유리한 유형
• **산재성입지** : 동일점포가 모여 있지 않고 산재하는 것이 유리한 유형
• **국지적집중성입지** : 동일업종의 점포가 국부적 중심지에 입지하는 것이 유리한 유형

정답 ④

074

소매점의 입지와 상권에 대한 설명으로 가장 옳은 것은?

① 입지 평가에는 점포의 층수, 주차장, 교통망, 주변 거주인구 등을 이용하고, 상권 평가에는 점포의 면적, 주변 유동인구, 경쟁점포의 수 등의 항목을 활용한다.

② 상권을 강화한다는 것은 점포가 더 유리한 조건을 갖출 수 있도록 점포의 속성들을 개선하는 것을 의미한다.

③ 상권은 점포를 경영하기 위해 선택한 장소 또는 그 장소의 부지와 점포 주변의 위치적 조건을 의미한다.

④ 입지는 점포를 이용하는 소비자들이 분포하는 공간적 범위 또는 점포의 매출이 발생하는 지역 범위를 의미한다.

⑤ 상권은 일정한 공간적 범위(boundary)로 표현되고 입지는 일정한 위치를 나타내는 주소나 좌표를 가지는 점(point)으로 표시된다.

해설

① 상권 평가에는 점포의 층수, 주차장, 교통망, 주변 거주인구 등을 이용하고, 입지 평가에는 점포의 면적, 주변 유동인구, 경쟁점포의 수 등의 항목을 활용한다.

② 입지를 강화한다는 것은 점포가 더 유리한 조건을 갖출 수 있도록 점포의 속성들을 개선하는 것을 의미한다.

③ 입지는 점포를 경영하기 위해 선택한 장소 또는 그 장소의 부지와 점포 주변의 위치적 조건을 의미한다.

④ 상권은 점포를 이용하는 소비자들이 분포하는 공간적 범위 또는 점포의 매출이 발생하는 지역 범위를 의미한다.

정답 ⑤

075

상권분석의 직접적 필요성에 대한 설명으로 옳지 않은 것은?

① 구체적인 입지계획을 수립하기 위해

② 잠재수요를 파악하기 위해

③ 고객에 대한 이해를 바탕으로 보다 표적화된 구색과 판매촉진 전략을 수립하기 위해

④ 점포의 접근성과 가시성을 높이기 위해

⑤ 기존 점포들과의 차별화 포인트를 찾아내기 위해

해설

점포의 접근성과 가시성은 입지분석의 요인에 해당한다.

정답 ④

076

대형상업시설인 쇼핑센터의 전략적 특성은 테넌트믹스(tenant mix)를 통해 결정된다. 앵커점포(anchor store)에 해당하는 점포로서 가장 옳은 것은?

① 핵점포

② 보조핵점포

③ 대형테넌트

④ 일반테넌트

⑤ 특수테넌트

해설

선박을 고정시키는 중심 역할을 하는 닻을 의미하는 '앵커(anchor)'처럼 어떤 상권을 대표하는 상징적인 점포나 대형 상가의 중심이 되는 핵심점포를 앵커점포(anchor store)라고 한다. 따라서 유통센터나 대형점포, 브랜드 인지도가 높은 점포, 그 지역의 상권 내 가장 번화한 점포인 핵점포가 대표적인 앵커점포에 해당한다.

정답 ①

077

쇼핑센터 등 복합상업시설에서는 테넌트믹스(tenant mix) 전략이 중요하다고 하는데 여기서 말하는 테넌트는 무엇인가

① 앵커스토어

② 자석점포

③ 임차점포

④ 부동산 개발업자

⑤ 상품 공급업자

해설

테넌트는 상업시설의 일정한 공간을 임대하는 계약을 체결하고, 해당 상업시설에 입점하여 영업을 하는 임차인을 말한다.

정답 ③

078

고객을 유인하고 쇼핑센터를 활성화하기 위해 쇼핑센터 개발자는 하나 혹은 복수의 대형소매점을 앵커스토어(anchor store)로 입점시킨다. 쇼핑센터의 유형별로 적합한 앵커스토어의 유형을 연결한 것으로서 가장 옳지 않은 것은?

① 파워센터형 쇼핑센터 – 회원제 창고형 소매점
② 지역센터형 쇼핑몰 – 할인형 백화점
③ 초광역센터형 쇼핑몰 – 완전구색형 백화점
④ 근린형 쇼핑센터 – 의류전문점
⑤ 테마/페스티벌센터형 쇼핑몰 – 유명한 식당

해설

근린형 쇼핑센터는 도보권을 중심으로 한 상권의 슈퍼마켓, 드럭 스토어를 중심으로 한 일용품 위주의 소규모 쇼핑센터이다. 근린형 쇼핑센터의 앵커스토어(anchor store)는 슈퍼마켓과 드럭 스토어를 결합시킨 하이퍼마켓(Hypermarket)이 적합하다.

정답 ④

079

대형소매점을 개설하기 위해 대지면적이 1,000m²인 5층 상가건물을 매입하는 상황이다. 해당 건물의 지상 1층과 2층의 면적은 각각 600m²이고 3~5층 면적은 각각 400m²이다. 단, 주차장이 지하 1층에 500m², 1층 내부에 200m², 건물외부(건물부속)에 300m² 설치되어 있다. 건물 5층에는 100m²의 주민공동시설이 설치되어 있다. 이 건물의 용적률로 가장 옳은 것은?

① 210%   ② 220%
③ 240%   ④ 260%
⑤ 300%

해설

용적률

용적률이란 대지면적에 대한 건축물의 연면적 비율을 말한다. 여기서 건축물의 연면적이란 건축물 각 층의 바닥면적의 합계를 말하며, 용적률을 산정할 때 지하층의 면적, 지상층의 주차장(해당 건축물의 부속용도인 경우만 해당)으로 쓰는 면적, 주민공동시설의 면적, 초고층 건축물의 피난안전구역의 면적은 제외한다.

• 건축물의 연면적
 = 1층($600m^2$ – $200m^2$) + 2층($600m^2$) + 3~5층($400m^2 \times 3$) – 주민공동시설($100m^2$)
 = $2100m^2$

• 용적률 = $\dfrac{2,100m^2}{1,000m^2} \times 100 = 210\%$

정답 ①

080

점포 신축을 위한 부지매입 또는 점포 확장을 위한 증축 등의 상황에서 반영해야 할 공간적 규제와 관련된 내용들 중 틀린 것은?

① 건폐율은 대지면적에 대한 건축연면적의 비율을 말한다.
② 대지에 건축물이 둘 이상 있는 경우에는 이들 건축면적의 합계로 건폐율을 계산한다.
③ 대지 내 건축물의 바닥면적을 모두 합친 면적을 건축연면적이라 한다.
④ 용적률 산정에서 지하층·부속용도에 한하는 지상 주차용면적은 제외된다.
⑤ 건폐율은 각 건축물의 대지에 여유 공지를 확보하여 도시의 평면적인 과밀화를 억제하려는 것이다.

해설

건폐율은 대지면적에 대한 건축면적의 비율이며, 용적률은 대지면적에 대한 건축물의 연면적 비율을 말한다.

정답 ①

081

상권분석 및 입지선정에 활용하는 지리정보시스템(GIS)에 대한 설명으로서 가장 옳지 않은 것은?

① 개별 상점이나 상점가의 위치정보를 점(點)데이터로, 토지 이용 등의 정보는 면(面)데이터로 지도에 수록한다.
② 지하철 노선이나 도로 등은 선(線)데이터로 지도에 수록하고 데이터베이스를 구축한다.
③ 상점 또는 상점가를 방문한 고객을 대상으로 인터뷰조사를 하거나 설문조사를 하여 지도데이터베이스 구축에 활용한다.
④ 라일리, 컨버스 등이 제안한 소매인력모델을 적용하는 경우에도 정확한 위치정보를 얻을 수 있는 지리정보시스템의 지원이 필요하다.
⑤ 백화점, 대형마트 등의 대규모 점포의 입지선정 등에 활용될 수 있으나, 편의점 등 소규모 연쇄점의 입지선정이나 잠재고객 추정 등에는 활용가능성이 높지 않다.

해설

지리정보시스템(GIS)은 대규모 점포의 입지선정뿐만 아니라 소규모 점포의 입지선정에도 활용가능성이 높다.

정답 ⑤

082

지도작성체계와 데이터베이스관리체계의 결합으로 상권분석의 유용한 도구가 되고 있는 지리정보시스템(GIS)의 기능에 대한 설명으로 옳은 것은?

① 버퍼(buffer) – 지도상에서 데이터를 조회하여 표현하고, 특정 공간기준을 만족시키는 지도를 얻기 위해 조회도구로써 지도를 사용하는 것이다.

② 주제도(thematic map) 작성 – 속성정보를 요약하여 표현한 지도를 작성하는 것이며, 면, 선, 점의 형상으로 구성된다.

③ 위상 – 지리적인 형상을 표현한 지도상에 데이터의 값과 범위를 할당하여 지도를 확대·축소하는 등의 기능이다.

④ 데이터 및 공간조회 – 어떤 지도형상, 즉 점이나 선 혹은 면으로부터 특정한 거리 이내에 포함되는 영역을 의미하며, 면의 형태로 나타나 상권 혹은 영향권을 표현하는 데 사용될 수 있다.

⑤ 프레젠테이션 지도작업 – 공간적으로 동일한 경계선을 가진 두 지도 레이어들에 대해 하나의 레이어에 다른 레이어를 겹쳐 놓고 지도 형상과 속성들을 비교하는 기능이다.

해설
① 데이터 및 공간조회
③ 프레젠테이션 지도작업
④ 버퍼(buffer)
⑤ 위상

정답 ②

083

중심상업지역(CBD ; Central Business District)의 일반적 입지 특성에 대한 설명으로 가장 옳지 않은 것은?

① 대중교통의 중심이며 백화점, 전문점, 은행 등이 밀집되어 있다.

② 주로 차량으로 이동하므로 교통이 매우 복잡하고 도보통행량이 상대적으로 적다.

③ 일부 중심상업지역은 공동화(空洞化)되었거나 재개발을 통해 새로운 주택단지가 건설된 경우도 있다.

④ 상업활동으로 많은 사람을 유인하지만 출퇴근을 위해서 통과하는 사람도 많다.

⑤ 소도시나 대도시의 전통적인 도심지역에 해당되는 경우가 많다.

해설
중심상업지역(CBD)은 대중교통의 중심지로서 많은 사람들의 유입으로 인해 지가가 가장 높은 지역이며, 상업활동을 통해 많은 사람들을 유인하므로 도보통행량이 상대적으로 많다.

정답 ②

084

소매점의 입지 대안을 확인하고 평가할 때 의사결정의 기본이 되는 몇 가지 원칙들이 있다. 아래 글상자가 설명하는 원칙으로 옳은 것은?

> 유사하거나 관련 있는 소매상들이 군집하고 있는 것이, 분산되어 있거나 독립되어 있는 것보다 더 큰 유인력을 가질 수 있다.

① 접근가능성의 원칙(principle of accessibility)
② 수용가능성의 원칙(principle of acceptability)
③ 가용성의 원칙(principle of availability)
④ 동반유인원칙(principle of cumulative attraction)
⑤ 고객차단의 원칙(principle of interception)

해설
입지매력도 평가원칙
- 고객차단원칙 : 사무실밀집지역, 쇼핑지역 등은 고객이 특정 지역에서 타 지역으로 이동 시 점포를 방문하게 한다.
- 동반유인원칙 : 유사하거나 보충적인 소매업이 흩어진 것보다 군집해서 더 큰 유인잠재력을 갖게 한다
- 보충가능성원칙 : 두 개의 사업이 고객을 서로 교환할 수 있을 정도로 인접한 지역에 위치하면 매출액이 높아진다.
- 점포밀집원칙 : 지나치게 유사한 점포나 보충 가능한 점포는 밀집하면 매출액이 감소한다.
- 접근가능성원칙 : 지리적으로 인접하거나 또는 교통이 편리하면 매출을 증대시킨다.

정답 ④

085

소매점은 상권의 매력성을 고려하여 입지를 선정해야 한다. 상권의 매력성을 측정하는 소매포화지수(IRS ; Index of Retail Saturation)와 시장성장잠재력지수(MEP ; Market Expansion Potential)에 대한 설명으로 가장 옳은 것은?

① IRS는 현재시점의 상권 내 경쟁 강도를 측정한다.
② MEP는 미래시점의 상권 내 경쟁 강도를 측정한다.
③ 상권 내 경쟁이 심할수록 IRS도 커진다.
④ MEP가 클수록 입지의 상권 매력성은 낮아진다.
⑤ MEP보다는 IRS가 더 중요한 상권 매력성지수이다.

해설
② MEP는 미래시점의 신규 수요를 창출할 수 있는 잠재력을 측정한다.
③ IRS 값이 클수록 시장의 포화정도가 낮아 시장의 매력도는 높아지고 시장기회가 커지므로 신규점포 개설에 유리하다고 판단할 수 있다.
④ MEP가 크다는 것은 해당 지역에서의 점포 부족으로 지역 주민들이 다른 지역에서 쇼핑한다는 것을 의미하므로 점포 출점 시 성공가능성이 높다고 판단할 수 있어 입지의 상권 매력성은 높아진다.
⑤ MEP는 IRS의 단점을 보완해주는 지표로 사용된다.

정답 ①

086

소매입지를 선정하기 위해 활용되는 각종 지수(index)에 대한 설명으로 가장 옳지 않은 것은?

① 시장포화지수(IRS)는 특정 시장 내에서 주어진 제품계열에 대한 점포면적당 잠재매출액의 크기이다.
② 구매력지수(BPI)는 주로 통계자료의 수집단위가 되는 행정구역별로 계산할 수 있다.
③ 시장확장잠재력지수(MEP)는 지역 내 소비자들이 타 지역에서 쇼핑하는 비율을 고려하여 계산한다.
④ 판매활동지수(SAI)는 특정지역의 총면적당 점포면적 총량의 비율을 말한다.
⑤ 구매력지수(BPI)는 주로 인구, 소매 매출액, 유효소득 등의 요인을 이용하여 측정한다.

해설
판매활동지수(SAI)는 타 지역과 비교한 특정한 지역의 1인당 소매매출액을 가늠하는 것으로 인구를 기준으로 해서 소매매출액의 비율을 계산하는 방식이다.

정답 ④

087

소매점포의 입지선정과정에서 광역 또는 지역시장의 매력도를 비교분석할 때 특정지역의 개략적인 수요를 측정하기 위해 구매력지수(BPI ; Buying Power Index)를 이용하기도 한다. 구매력지수를 산출할 때 가장 높은 가중치를 부여하는 변수로 옳은 것은?

① 인구수
② 소매점면적
③ 지역면적(상권면적)
④ 소매매출액
⑤ 소득(가처분소득)

해설
BPI 표준공식
BPI = (인구비 × 0.2) + (소매 매출액비 × 0.3) + (유효구매 소득비 × 0.5)

정답 ⑤

088

넬슨(Nelson)은 소매점포가 최대 이익을 확보할 수 있는 입지의 선정과 관련하여 8가지 소매입지 선정원칙을 제시했다. 다음 중 그 연결이 옳지 않은 것은?

① 경합의 최소성 – 해당 점포와 경쟁관계에 있는 점포의 수가 가장 적은 장소를 선택하는 것이 유리함
② 상권의 잠재력 – 판매하려는 상품이 차지할 시장점유율을 예측하고 점포개설 비용을 파악하여 분석한 종합적 수익성이 높은 곳이 유리함
③ 양립성 – 업종이 같은 점포가 인접해서 상호보완관계를 통해 매출을 향상시킬 수 있음
④ 고객의 중간유인 가능성 – 고객이 상업지역에 들어가는 동선의 중간에 위치하여 고객을 중간에서 차단할 수 있는 입지가 유리함
⑤ 집적 흡인력 – 집재성 점포의 경우 유사한 업종이 서로 한 곳에 입지하여 고객흡인력을 공유하는 것이 유리함

해설
양립성은 상호보완관계에 있는 점포가 서로 인접해 있어서 고객의 흡인력을 높일 수 있는 가능성에 대한 검토를 의미한다.

정답 ③

089

소매업태들은 주력상품에 따라 서로 다른 크기의 상권을 확보할 수 있는 입지를 선정한다. 필요로 하는 상권크기가 커지는 순서에 따라 소매업태들을 가장 옳게 배열한 것은?

① 대형마트 < 백화점 < 명품전문점
② 대형마트 < 명품전문점 < 백화점
③ 백화점 < 대형마트 < 명품전문점
④ 명품전문점 < 대형마트 < 백화점
⑤ 명품전문점 < 백화점 < 대형마트

해설
편의품 → 선매품 → 전문품을 취급하는 점포의 순으로 상권이 크다. 따라서 편의품을 주로 취급하는 대형마트 → 선매품을 주로 취급하는 백화점 → 전문품을 주로 취급하는 명품전문점 순으로 상권이 크다.

정답 ①

090

업종형태와 상권과의 관계에 대한 아래의 내용 중에서 옳지 않은 것은?

① 동일 업종이라 하더라도 점포의 규모나 품목의 구성에 따라 상권의 범위가 달라진다.
② 선매품을 취급하는 소매점포는 보다 상위의 소매 중심지나 상점가에 입지하여 넓은 범위의 상권을 가져야 한다.
③ 전문품을 취급하는 점포의 경우 고객이 지역적으로 밀집되어 있으므로 상권의 밀도는 높고 범위는 좁은 특성을 갖고 있다.
④ 상권의 범위가 넓을 때는, 상품품목 구성의 폭과 깊이를 크게 하고 다목적구매와 비교구매가 용이하게 하는 업종/업태의 선택이 필요하다.
⑤ 생필품의 경우 소비자의 구매거리가 짧고 편리한 장소에서 구매하려 함으로 이런 상품을 취급하는 업태는 주택지에 근접한 입지를 취하는 것이 좋다.

해설
전문품을 취급하는 점포의 경우 잠재고객이 지역적으로 널리 분산되어 있으므로 상권의 밀도는 낮으나, 범위는 넓은 특성을 갖고 있다.

정답 ③

091

권리금에 대한 설명 중에서 옳지 않은 것은?

① 해당 상권의 강점 등이 반영된 영업권의 일종으로, 점포의 소유자에게 임차인이 제공하는 추가적인 비용으로 보증금의 일부이다.
② 상가의 위치, 영업상의 노하우, 시설 및 비품 등과 같은 다양한 유무형의 재산적 가치에 대한 양도 또는 이용에 대한 대가로 지급하는 금전이다.
③ 권리금을 일정 기간 안에 회복할 수 있는 수익성이 확보될 수 있는지를 검토하여야 한다.
④ 신축건물에도 바닥권리금이라는 것이 있는데, 이는 주변 상권의 강점을 반영하는 것이라고 볼 수 있다.
⑤ 권리금이 보증금보다 많은 경우가 발생하기도 한다.

해설
권리금은 점포임대차와 관련해 임차인이 누리게 될 장소 또는 영업상의 이익에 대한 대가로 임차보증금과는 별도로 지급되는 금전적 대가를 말한다.

정답 ①

092

상권분석을 위한 데이터를 소비자를 대상으로 직접 수집하는 방법의 하나로서, 내점객조사법과 조사대상의 특성이 가장 유사한 것은?

① 그룹인터뷰조사법
② 편의추출조사법
③ 점두조사법
④ 지역할당조사법
⑤ 가정방문조사법

해설
점두조사란 점포에서 조사원이 대기하다가 구매결정을 한 소비자에게 질문을 하는 방식으로, 매장을 방문하는 소비자의 주소를 파악하여 자기점포의 상권을 조사하는 방법이다.

정답 ③

093

일반적으로 소매점포의 입지조건을 유리한 입지와 불리한 입지로 구분할 때 가장 옳지 않은 것은?

① 주도로보다는 보조도로에 접한 내부획지(inside parcels)가 유리한 입지이다.
② 점포와 접한 도로에 중앙분리대가 있는 경우에는 불리한 입지이다.
③ 방사형 도로의 경우 교차점에 가까운 입지가 유리한 입지이다.
④ 곡선형 커브(curve)가 있는 도로에서는 안쪽보다 바깥쪽 입지가 유리한 입지이다.
⑤ T형 교차로의 막다른 길에 있는 입지는 불리한 입지이다.

해설
보조도로보다는 주도로에 접한 내부획지(inside parcels)가 유리한 입지이다.

정답 ①

094

점포를 개점할 때 고려해야 할 전략적 사항에 대한 설명으로 옳지 않은 것은?

① 점포는 단순히 하나의 물리적 시설이 아니고 소비자들의 생활과 직결되며, 라이프스타일에도 영향을 미친다.
② 상권의 범위가 넓어져서 규모의 경제를 유발할 수 있기 때문에, 점포의 규모는 클수록 유리하다.
③ 점포개설로 인해 인접 주민 또는 소비자단체의 민원제기나 저항이 일어나지 않도록 사전에 대비하여야 한다.
④ 취급하는 상품의 종류에 따라 소비자의 이동거리에 대한 저항감이 다르기 때문에 상권의 범위가 달라진다.
⑤ 경쟁관계에 있는 다른 점포의 규모나 위치를 충분히 검토하여야 한다.

해설
점포의 규모는 클수록 무조건 유리한 것은 아니다. 상권범위가 설정되면 상권규모를 추정하여 그에 따른 점포규모를 추정해야 하는데, 상권 내 구매력에 의한 계산이나 유사지역과의 비교 또는 매장면적 대비 인구비에 의한 계산을 통해 점포의 적정 규모를 산출하고, 법적 가능 면적 및 동원 가능한 자금을 고려하여 최종적인 규모를 확정한다.

정답 ②

095

점포의 위치인 부지 특성에 대한 일반적인 설명으로 가장 옳지 않은 것은?

① 건축용으로 구획정리를 할 때 한 단위가 되는 땅을 획지라고 한다.
② 획지 중 두 개 이상의 도로가 교차하는 곳에 있는 경우를 각지라고 한다.
③ 각지는 상대적으로 소음, 도난, 교통 등의 피해를 받을 가능성이 높다는 단점이 있다.
④ 각지는 출입이 편리하여 광고 효과가 높다.
⑤ 각지에는 1면각지, 2면각지, 3면각지, 4면각지 등이 있다.

해설
각지는 2개 이상의 가로각(街路角)에 해당하는 부분에 접하는 획지(劃地)를 말하며, 접면하는 각의 수에 따라 2면각지, 3면각지, 4면각지 등으로 불린다.

정답 ⑤

096

매력적인 점포입지를 결정하기 위해서는 구체적인 입지조건을 평가하는 과정을 거친다. 점포의 입지조건에 대한 일반적 평가로서 그 내용이 가장 옳은 것은?

① 섬포면적이 커지면 매출도 증가하는 경향이 있어 점포규모가 클수록 좋다.
② 건축선 후퇴(setback)는 직접적으로 가시성에 긍정적인 영향을 미친다.
③ 점포 출입구 부근에 단차가 없으면 사람과 물품의 출입이 용이하여 좋다.
④ 점포 부지와 점포의 형태는 정사각형에 가까울수록 소비자 흡인에 좋다.
⑤ 평면도로 볼 때 점포의 정면너비에 비해 깊이가 더 클수록 바람직하다.

해설
① 점포면적이 매출에 영향을 미치기는 하지만 점포면적이 커질수록 단위면적당 매출이 낮아질 수 있으며, 면적이 크지 않아도 매출 효율성을 높일 수 있다.
② 건축선 후퇴로 인해 앞 건물에 가려져 보이지 않는 경우도 발생하므로 건축선 후퇴는 직접적으로 가시성에 부정적인 영향을 미친다.
④ 점포 부지와 점포의 형태는 직사각형에 가까울수록 소비자 흡인에 좋다.
⑤ 평면도로 볼 때 점포의 깊이에 비해 정면너비가 더 클수록 바람직하다.

정답 ③

097

상권의 경계를 파악하기 위해 간단하게 활용할 수 있는 티센다각형(Thiessen polygon) 모형에 대한 설명으로 옳지 않은 것은?

① 공간독점접근법에 기반한 상권 구획모형의 일종이다.
② 소비자들이 가장 가까운 소매시설을 이용한다고 가정한다.
③ 소매 점포들이 규모나 매력도에 있어서 유사하다고 가정한다.
④ 일반적으로 티센다각형의 크기는 경쟁수준과 정의관계를 가진다.
⑤ 신규점포의 입지가능성을 판단하기 위한 상권범위 예측에 사용될 수 있다.

해설
티센다각형의 크기는 경쟁수준이 높아질수록 작아지므로 반비례, 즉 부의관계를 가진다.

정답 ④

098

다양한 상권의 유형들 중에서 아래와 같은 특성을 갖는 상권은 무엇인가?

- 어느 상권보다도 유동인구가 상대적으로 많음
- 임대료나 지가의 수준이 타지역에 비해 높음
- 지상과 지하의 입체적 개발이 이루어지는 경우가 많음
- 교통의 결절점 역할을 수행하는 경우가 많음

① 근린상권
② 역세권상권
③ 아파트단지상권
④ 일반주택가상권
⑤ 사무실상권

해설
① 근린상권은 주거지 근처에 있고 사람들이 일상적으로 자주 쇼핑하거나 외식을 즐기는 상업지를 말한다. 일상생활에서 자주 구입하게 되는 일반상품 위주로 시장이 형성되며, 상권범위는 반경 300m 내외의 거리로 도보로 5분 이내에 이동할 수 있는 거리를 상권으로 본다.
③ 아파트단지상권은 보통 1천 가구 이상을 대상으로 지하 1층, 지상 3층 규모로 형성되어 있으며 아파트단지 주민과 유동인구를 흡입할 수 있는 상권이다. 2,000세대 이상이면 정문과 후문의 대중교통수단에 따라 상권이 달라지고, 처음 상가가 분양되었을 때는 대개 정문 쪽이 분양가가 높고 장사가 잘 되는 편이다.
④ 주택가상권은 유동인구와 배후지 거주인구가 유동적이기 때문에 상권특성 분석이 어렵다. 소비형태가 도보로 이루어지기 때문에 입지가 중요하며, 상권과 고객이 제한되어 있어 단골고객이 중요시된다. 대개 버스정류장이나 지하철역 주변 도로변, 재래시장 주변에 상권이 형성되어 있기 때문에 소자본으로 창업하기 유리하다.
⑤ 사무실이 밀집해 있어 주말보다는 평일에 유동인구가 상대적으로 많고, 고정손님 단골을 많이 확보할 수 있다는 장점을 가지고 있다.

정답 ②

099

점포의 매력도를 평가하는 입지조건의 특성과 그에 대한 설명이 올바르게 연결된 것은?

① 가시성 – 얼마나 그 점포를 쉽게 찾아 올 수 있는가 또는 점포 진입이 수월한가를 의미
② 접근성 – 점포를 찾아오는 고객에게 점포의 위치를 쉽게 설명할 수 있는 설명의 용이도
③ 홍보성 – 점포 전면을 오고 가는 고객들이 그 점포를 쉽게 발견할 수 있는지의 척도
④ 인지성 – 사업 시작 후 고객에게 어떻게 유효하게 점포를 알릴 수 있는가를 의미
⑤ 호환성 – 점포에 입점 가능한 업종의 다양성 정도 즉, 다양한 업종의 성공가능성을 의미

해설
① 접근성
② 인지성
③ 가시성
④ 홍보성

정답 ⑤

100

점포의 입지조건 평가과정에서 유동인구 및 교통통행량 조사와 관련한 일반적 설명으로 가장 옳지 않은 것은?

① 유동인구의 동선은 일반적으로 출근동선보다 퇴근동선을 중시해서 조사하는 것이 좋다.
② 유동인구의 조사시간은 특정시간보다 영업시간대를 고려하는 것이 좋다.
③ 승용차, 버스, 화물차 등으로 차량의 유형을 구분하여 교통통행량을 분석하는 것이 좋다.
④ 조사위치는 기본적으로 점포 앞보다는 점포에서 일정범위에 있는 여러 지점에서 하는 것이 더욱 바람직하다.
⑤ 주중, 주말, 휴일 등을 구분해서 조사일정을 편성하는 것이 바람직하다.

해설
유동인구 및 교통통행량의 조사위치는 교통발생원과 핵심점포를 중심으로 하는 것이 바람직하다. 기본적으로 점포 앞 통행량은 여러 방향에서 모일 수 있으므로 각 방향에서의 통행량을 입체적으로 조사해야 한다.

정답 ④

101

고객 서비스 특성에 따른 품질평가요소에 대한 설명으로 옳은 것은?

① 유형성(tangibles) – 서비스 장비 및 도구, 시설 등 물리적인 구성
② 신뢰성(reliability) – 고객의 요구에 신속하게 서비스를 제공하려는 의지
③ 반응성(responsiveness) – 지식과 예절 및 신의 등 직원의 능력에 따라 가능되는 특성
④ 확신성(assurance) – 고객에 대한 서비스 제공자의 배려와 관심의 정도
⑤ 공감성(empathy) – 계산의 정확성, 약속의 이행 등과 같이 정확하고 일관성 있는 서비스 제공

해설
② 반응성(responsiveness)
③ 확신성(assurance)
④ 공감성(empathy)
⑤ 신뢰성(reliability)

정답 ①

102

아래 글상자의 서비스 마케팅 사례의 원인이 되는 서비스 특징으로 가장 옳은 것은?

> 호텔이나 리조트는 비수기 동안 고객을 유인하기 위해 저가격 상품 및 다양한 부가서비스를 제공한다.

① 서비스 무형성
② 서비스 이질성
③ 서비스 비분리성
④ 서비스 소멸성
⑤ 서비스 유연성

해설
판매되지 않은 제품은 재고로 보관할 수 있지만 판매되지 않은 서비스는 소멸한다는 것이 서비스의 소멸성이다. 서비스는 재고로 보관할 수 없고, 서비스의 생산에는 재고와 저장이 불가능하여 재고조절이 곤란하기 때문에 호텔이나 리조트는 비수기에 고객을 유인하기 위한 다양한 서비스를 제공한다.

정답 ④

103

가격결정방식에 대한 설명으로 가장 옳지 않은 것은?

① 가격 탄력성이 1보다 클 경우 그 상품에 대한 수요는 가격비탄력적이라고 한다.
② 가격을 결정할 때 기업의 마케팅목표, 원가, 시장의 경쟁구조 등을 고려해야 한다.
③ 제품의 생산과 판매를 위해 소요되는 모든 비용을 충당하고 기업이 목표로 한 이익을 낼 수 있는 수준에서 가격을 결정하는 방식을 원가중심 가격결정이라고 한다.
④ 소비자가 제품에 대해 지각하는 가치에 따라 가격을 결정하는 것을 수요중심 가격결정이라고 한다.
⑤ 자사제품의 원가나 수요보다도 경쟁제품의 가격을 토대로 가격을 결정하는 방식을 경쟁중심 가격결정이라고 한다.

해설
가격 탄력성이 1보다 크면 탄력적, 1보다 작으면 비탄력적, 1이면 단위 탄력적이라고 한다.

정답 ①

104

면도기의 가격은 낮게 책정하고 면도날의 가격은 비싸게 책정한 다든지, 프린터의 가격은 낮은 마진을 적용하고 프린터 카트리지나 다른 소모품의 가격은 매우 높은 마진을 적용하는 등의 가격결정 방식으로 가장 옳은 것은?

① 사양제품 가격책정(optional product pricing)
② 제품라인 가격책정(product line pricing)
③ 종속제품 가격책정(captive product pricing)
④ 부산물 가격책정(by-product pricing)
⑤ 이중부분 가격결정(two-part pricing)

해설

종속제품 가격책정은 주요한 제품과 함께 사용하여야 하는 종속제품에 대한 가격을 결정하는 방법이다.
① 기본 제품에 다양한 옵션과 액세서리를 추가 판매하는 것을 말한다.
② 기업이 동일한 제품 계열의 여러 상품을 함께 판매할 때, 상품의 세부 특성에 따라 각각의 가격을 책정하는 것을 말한다.
④ 폐기 처리되어야 할 저가치의 부산물 가격을 책정하는 것을 말한다.
⑤ 서비스 가격을 기본 서비스에 대해 고정된 요금과 여러 가지 다양한 서비스의 사용 정도에 따라 추가적으로 서비스 가격을 결정하는 방법이다.

정답 ③

105

유명 브랜드 상품 등을 중심으로 가격을 대폭 인하하여 고객을 유인한 다음, 방문한 고객에 대한 판매를 증진시키고자 하는 가격결정 방식은?

① 묶음가격결정(price bundling)
② 이분가격결정(two-part pricing)
③ 로스리더가격결정(loss leader pricing)
④ 포획가격결정(captive pricing)
⑤ 단수가격결정(odd pricing)

해설

로스리더가격결정(loss leader pricing)은 미끼상품이라고도 하며, 유통업체들이 더 많은 고객을 끌어 모으려는 목적에서 일반적으로 소비자의 신뢰를 받는 브랜드를 대상으로 원가보다도 싸게 팔거나 일반 판매가격보다 훨씬 싼 가격에 판매하는 방법이다.
① 묶음가격결정(price bundling) : 몇 개의 제품을 묶어서 인하된 가격으로 결합된 제품을 제공하는 방법

② 이분가격결정(two-part pricing) : 서비스 가격을 기본 서비스에 대해 고정된 요금과 여러 가지 다양한 서비스의 사용 정도에 따라 추가적으로 서비스 가격을 결정하는 방법
④ 포획가격결정(captive pricing) : 종속제품가격결정이라고도 하며, 기본제품의 가격을 낮게 결정하고 부속 제품의 가격을 더 높은 수준에서 설정하는 방법
⑤ 단수가격결정(odd pricing) : 가격이 가능한 최하의 선에서 결정되었다는 인상을 구매자에게 주기 위하여 고의로 단수를 붙여 가격을 결정하는 방법

정답 ③

106

아래 글상자 ㉠, ㉡, ㉢에 들어갈 용어로 옳은 것은?

> 일반적으로 소비자는 어떤 상품을 살 때, 과거 경험이나 기억, 외부에서 들어온 정보 등에 의해 특정 가격을 떠올리게 되는데 이를 (㉠)이라 한다. 또한, 소비자마다 최하 얼마 이상 최고 얼마 미만의 가격이라면 사겠다고 생각하는 범위가 존재하는데 이를 (㉡)이라 한다. 그러나 항상 이렇게 합리적인 방식으로 가격에 반응하지는 않는다. 소비자는 디자이너 명품 의류나 주류, 시계와 같은 제품에 대해서는 가격을 품질이나 지위의 상징으로 여기는 경우가 있다. 따라서 소비자가 지불가능한 가장 높은 가격을 유지하는 전략을 (㉢) 전략 이라 한다.

① ㉠ 준거가격, ㉡ 할증가격, ㉢ 수요점화가격수준
② ㉠ 준거가격, ㉡ 명성가격, ㉢ 할증가격
③ ㉠ 준거가격, ㉡ 명성가격, ㉢ 수요점화가격수준
④ ㉠ 준거가격, ㉡ 수요점화가격수준, ㉢ 명성가격
⑤ ㉠ 할증가격, ㉡ 준거가격, ㉢ 수요점화가격수준

해설

㉠ 준거가격 : 소비자가 제품의 실제 가격을 평가하기 위하여 이용하는 표준가격(Standard Price)을 말한다. 준거가격은 외적 준거가격과 내적 준거가격으로 구분되는데, 외적 준거가격은 구매환경에서 노출되는 가격이며, 내적 준거가격은 제품 경험 및 외부환경에서 얻을 수 있는 정보의 영향을 받는 가격으로, 실제 가격을 비교하거나 판단하는 데 이용되는 구매자 기억 속의 가격을 의미한다.
㉡ 수요점화가격수준 : 소비자마다 최하 얼마 이상 최고 얼마 미만의 가격이라면 사겠다고 생각하는 범위가 존재하는데, 이와 같이 소비자가 구매하려고 고려하게 되는 가격범위는 소비자의 소득수준에 따라 다르다.
㉢ 명성가격 : 구매자가 가격에 의해 품질을 평가하는 경향이 강한 비교적 고급품목에 대하여 가격을 결정하는 방법이다.

정답 ④

107

가격결정방법 및 가격전략과 그 내용의 연결로 옳지 않은 것은?

① 원가기반가격결정 – 제품원가에 표준이익을 가산하는 방식
② 경쟁중심가격결정 – 경쟁사 가격과 비슷하거나 차이를 갖도록 결정
③ 목표수익률가격결정 – 초기 투자자본에 목표수익을 더하여 가격을 결정하는 방식
④ 가치기반가격결정 – 구매자가 지각하는 가치를 가격결정의 중심 요인으로 인식
⑤ 스키밍가격결정 – 후발주자가 시장침투를 위해 선두기업보다 낮은 가격으로 결정

해설

스키밍가격결정은 초기에 고가정책을 취함으로써 높은 가격을 지불할 의사를 가진 소비자로부터 큰 이익을 흡수한 뒤 제품 시장의 확장에 따라 가격을 조정하는 방식으로, 고가전략으로 초기 투자비용을 회수한 뒤 경쟁기업이 진입했을 때 가격할인 경쟁으로 시장점유율을 유지하는 전략이다.

정답 ⑤

108

할인가격정책(high/low pricing)에 대한 상시저가정책(EDLP ; Every Day Low Price)의 상대적 장점으로 가장 옳지 않은 것은?

① 재고의 변동성 감소
② 가격변경 빈도의 감소
③ 평균 재고수준의 감소
④ 판매인력의 변동성 감소
⑤ 표적시장의 다양성 증가

해설

표적시장의 다양성 증가는 할인가격정책(high/low pricing)의 장점이다. 할인가격정책(high/low pricing)은 평소 고가를 유지하면서 상황에 따라 저가로 할인하는 가격전략으로 동일한 상품을 여러 소비자 계층에 판매할 수 있어 표적시장의 다양성이 증가한다.

정답 ⑤

109

촉진믹스전략 가운데 푸시(push)전략에 대한 설명으로 옳지 않은 것은?

① 제조업체가 최종 소비자들을 대상으로 촉진믹스를 사용하여 이들이 소매상에게 제품을 요구하도록 하는 전략이다.
② 푸시전략 방법에서 인적판매와 판매촉진은 중요한 역할을 한다.
③ 판매원은 도매상이 제품을 주문하도록 요청하고 판매지원책을 제공한다.
④ 푸시전략은 유통경로 구성원들이 고객에게까지 제품을 밀어내도록 하는 것이다.
⑤ 수요를 자극하기 위해서 제조업체가 중간상에게 판매촉진 프로그램을 제공한다.

해설

푸시전략은 제조업자가 유통업자들을 대상으로 촉진예산을 인적 판매와 거래점 촉진에 집중 투입하여 유통경로상 다음 단계의 구성원들에게 영향을 주고자 하는 전략이다. 제조업체가 최종 소비자를 대상으로 광고나 홍보를 하고, 소비자가 그 광고나 홍보에 반응해 소매점에 상품이나 서비스를 주문·구매하는 마케팅 전략은 풀전략이다.

정답 ①

110

아래 글상자에서 제조업자의 중간상을 대상으로 한 푸시전략의 예로 옳은 것을 모두 고르면?

> ㉠ 협동광고
> ㉡ 수량할인
> ㉢ 프리미엄
> ㉣ 판매원 훈련프로그램

① ㉠, ㉡, ㉢
② ㉠, ㉡, ㉣
③ ㉠, ㉢, ㉣
④ ㉡, ㉢, ㉣
⑤ ㉠, ㉡, ㉢, ㉣

해설

프리미엄은 자사의 제품이나 서비스를 구매하는 고객에 한해 다른 상품을 무료로 제공하거나 저렴한 가격에 구입할 수 있는 기회를 제공하는 것으로 소비자를 대상으로 한 풀전략의 예이다.

정답 ②

111

유통업체 브랜드(PB)에 대한 설명으로 가장 옳지 않은 것은?

① PB는 유통업체의 독자적인 브랜드명, 로고, 포장을 갖는다.
② PB는 대규모 생산과 대중매체를 통한 광범위한 광고를 수행하는 것이 일반적이다.
③ 대형마트, 편의점, 온라인 소매상 등에서 PB의 비중을 증가시키고 있다.
④ PB를 통해 해당 유통업체에 대한 고객 충성도를 증가시킬 수 있다.
⑤ 유통업체는 PB 도입을 통해 중간상마진을 제거하고 추가이윤을 남길 수 있다.

해설
제조업체 브랜드(NB)는 대규모 제조업체가 전국의 소비자를 대상으로 개발한 브랜드로, 많은 소비자에게 판매되는 것을 목적으로 하기 때문에 대규모 생산과 대중매체를 통한 광범위한 광고 진행이 일반적이다.

정답 ②

112

다음 중 자체상표(private brand) 상품의 장점으로 가장 옳지 않은 것은?

① 다른 곳에서는 구매할 수 없는 상품이기 때문에 차별화된 상품화 가능
② 유통기업이 누릴 수 있는 마진폭을 상대적으로 높게 책정 가능
③ 유통단계를 축소시킴으로써 비교적 저렴한 가격으로 판매 가능
④ 유통기업이 전적으로 권한을 갖기 때문에 재고소요량, 상품회전율 등의 불확실성 제거 가능
⑤ 유사한 전국상표 상품 옆에 저렴한 자체상표 상품을 나란히 진열함으로써 판매촉진효과 획득 가능

해설
자체상표(private brand) 상품은 대량생산주문으로 인해 재고부담이 증가할 수 있는 불확실성을 가지고 있다.

정답 ④

113

효과적인 진열을 위해 활용하는 IP(item presentation), PP(point of presentation), VP(visual presentation)에 대한 설명으로 가장 옳지 않은 것은?

① IP의 목적은 판매포인트 전달과 판매유도이다.
② IP는 고객이 하나의 상품에 대한 구입의사를 결정할 수 있도록 돕기 위한 진열이다.
③ VP의 목적은 중점상품과 테마에 따른 매장 전체 이미지 표현이다.
④ VP는 점포나 매장 입구에서 유행, 인기, 계절상품 등을 제안하기 위한 진열이다.
⑤ PP는 어디에 어떤 상품이 있는가를 알려주는 진열이다.

해설
판매포인트를 전달하는 것은 PP의 목적에 해당한다.

정답 ①

114

머천다이징(merchandising)에 대한 설명으로 옳지 않은 것은?

① 머천다이징은 우리말로 상품기획, 상품화계획 등으로 불린다.
② 머천다이저(merchandiser)는 소매점의 특정 카테고리의 상품을 담당하고 있다. 그렇기 때문에 머천다이저를 카테고리 매니저라 부르기도 한다.
③ 머천다이징은 유통업체만의 고유 업무로 고객의 니즈에 부합하는 상품을 기획하여 판매하며 제조업체, 서비스업체에는 해당되지 않는다.
④ 머천다이징은 구매, 진열, 재고, 가격, 프로모션 등 광범위한 활동을 포함한다.
⑤ 머천다이징의 성과를 평가하는 대표적인 지표 중 하나는 재고총이익률(GMROI)이다.

해설
머천다이징은 제조업의 머천다이징과 소매업의 머천다이징으로 구분할 수 있다. 제조업자의 머천다이징은 스타일, 사이즈, 색상, 품질, 가격에 대한 소비자의 욕구를 파악하는 것에서부터 시작되고, 업무에는 상품디자인, 소재 선정, 정보 수집, 포장 디자인, 가격 결정, 광고와 판매촉진 방법의 결정, 판매지원 등이 포함된다.

정답 ③

115

다양화되고 개성화된 소비자들의 기본욕구에 대처하기 위해 도입된 것으로서, 제조업체의 입장 대신 소비자의 입장에서 상품을 다시 분류하는 머천다이징으로 가장 옳은 것은?

① 크로스 머천다이징
② 인스토어 머천다이징
③ 스크램블드 머천다이징
④ 리스크 머천다이징
⑤ 카테고리 머천다이징

해설

① 크로스 머천다이징 : 연관된 상품을 함께 진열하거나 연관된 상품을 취급하는 점포들을 인접시키는 것으로, 고객들이 연관된 상품들을 동시에 구매할 수 있도록 유도한다.
② 인스토어 머천다이징 : 매장에서 적절한 방식으로 상품을 배치하고 상품에 맞는 분위기를 연출하는 등의 전략적 계획으로, 소비자에게 구매의욕을 불러일으키기 위한 점포 상품정책을 의미한다.
⑤ 카테고리 머천다이징 : 찾기 쉽게 같은 종류끼리 진열하는 것이 아니라 연상되는 제품을 옆에 진열해 은연중에 구매 욕구를 자극하는 것을 말한다.

정답 ③

116

과자나 라면 같은 상품들을 정돈하지 않고 뒤죽박죽으로 진열하여 소비자들에게 저렴한 특가품이라는 인상을 주려는 진열방식의 명칭으로 가장 옳은 것은?

① 돌출진열(extended display)
② 섬진열(island display)
③ 점블진열(jumble display)
④ 후크진열(hook display)
⑤ 골든라인진열(golden line display)

해설

점블진열은 바스켓진열이라고도 하며, 과자, 라면 등의 스낵 같은 상품들을 뒤죽박죽으로 진열하여 정리정돈을 하지 않으므로 상품진열에 대한 작업시간이 절감됨과 동시에 소비자들에게 '저렴하다' 또는 '특가품'이라는 인상을 주게 된다.

정답 ③

117

상품의 진열방식 중 상품들의 가격이 저렴할 것이라는 기대를 갖게 하는 데 가장 효과적인 진열방식은?

① 스타일, 품목별 진열
② 색상별 진열
③ 가격대별 진열
④ 적재진열
⑤ 아이디어 지향적 진열

해설

① 할인점, 식품점, 드럭스토어, 의류 소매점이 흔히 사용하는 방법으로, 스타일이나 품목별로 진열하는 방법이다.
② 색상에 따라 상품을 분류하는 방식으로, 의복이나 액세서리 및 가정용품에 이르기까지 폭넓게 행해진다.
③ 선물용이나 특가품을 고를 때는 가격이 우선이기 때문에 선물용이나 특가품 진열에 효과적인 방법이다.
⑤ 제품의 실제 사용 시 예상되는 상황을 연출하여 고객들에게 미리 보여주는 방식으로, 가구브랜드의 오프라인 매장에서 주로 사용한다.

정답 ④

118

아래 글상자의 ㉠과 ㉡에서 설명하는 진열방식으로 옳은 것은?

㉠ 주통로와 인접한 곳 또는 통로 사이에 징검다리처럼 쌓아두는 진열방식으로 주로 정책상품을 판매하기 위해 활용됨
㉡ 3면에서 고객이 상품을 볼 수 있기 때문에 가장 눈에 잘 띄는 진열방식으로 가장 많이 팔리는 상품들을 진열할 때 많이 사용됨

① ㉠ 곤도라진열 ㉡ 엔드진열
② ㉠ 섬진열 ㉡ 벌크진열
③ ㉠ 측면진열 ㉡ 곤도라진열
④ ㉠ 섬진열 ㉡ 엔드진열
⑤ ㉠ 곤도라진열 ㉡ 벌크진열

진열의 유형

- 곤돌라진열(Gondola Display) : 많은 양의 상품들이 소비자들에게 잘 보임과 더불어 소비자들로 하여금 풍요함을 직접적으로 느끼게 하면서 상품을 가장 편하게 집을 수 있도록 한 입체식 진열이다.
- 엔드진열(End Cap Display) : 엔드 매대는 마트 또는 매장의 진열 시에 맨 끝 쪽에 위치하게 되는 매대로, 최하단이 전방으로 돌출되어 있어서 소비자들에게 진열된 상품에 대한 노출도가 가장 크며, 소비자들을 상대로 점내로 회유하게 만들고, 동시에 일반 매대로 유인하는 역할을 수행한다.
- 섬진열(Island Display) : 점포 매장의 빈 공간에 박스 등의 진열용구를 활용해서 이를 마치 섬과 비슷한 형태로 다량 진열하는 방식이다.
- 벌크진열 : 과일이나 야채와 같은 상품들을 매대나 바구니 등에 쌓아놓는 방법으로 고객에게 저렴하다는 인식을 줄 수 있고 충동구매를 유발하며 저가격과 저마진 상품에 어울리는 진열방법이다.

정답 ④

119

상품믹스를 결정할 때는 상품믹스의 다양성, 전문성, 가용성 등을 따져보아야 한다. 이에 대한 설명으로 옳지 않은 것은?

① 다양성이란 한 점포 내에서 취급하는 상품카테고리 종류의 수를 말한다.
② 가용성을 높이기 위해서는 특정 단품에 대해 품절이 발생하지 않도록 재고를 보유하고 있어야 한다.
③ 전문성은 특정 카테고리 내에서의 단품의 수를 의미한다.
④ 상품믹스를 전문성 위주로 할지, 다양성 위주로 할지에 따라 소매업태가 달라진다.
⑤ 다양성이 높을수록 점포 전체의 수익성은 높아진다.

다양성이 높다고 해서 점포 전체의 수익성이 높아지는 것은 아니다. 소매점이 취급하는 상품의 다양성이 높을수록 상품구성의 폭이 넓어지는 것이며, 상품진열 시에 상품믹스 방식은 상품별로 이익률에 판매구성비를 곱한 판매액 대비 전체 판매이익률이 가장 높게 되도록 판매구성비를 결정하는 것이 좋다.

정답 ⑤

120

소매상은 점포 특성에 맞게 상품구색의 폭(좁음, 넓음)과 깊이(얕음, 깊음)를 결정해야 한다. 아래 글상자에서 소매점 유형과 상품구색을 타당하게 연결한 항목만을 모두 옳게 고른 것은?

> ㉠ 편의점 – 좁고 얕은 구색
> ㉡ 전문점 – 좁으나 깊은 구색
> ㉢ 소규모 종합점 – 넓으나 얕은 구색
> ㉣ 백화점 – 넓고 깊은 구색

① ㉠, ㉡
② ㉢, ㉣
③ ㉠, ㉡, ㉢
④ ㉡, ㉢, ㉣
⑤ ㉠, ㉡, ㉢, ㉣

㉠ 편의점은 보통 편리한 위치에 입지하여 한정된 수의 품목만을 취급하는 식품점이므로 상품구색의 폭이 좁고, 깊이도 얕다.
㉡ 전문점은 상품구색의 폭이 좁지만 취급하는 각 제품계열 안에 있는 품목의 수가 많기 때문에 상품구색의 깊이는 깊다.
㉢ 소규모 종합점은 다양한 상품을 취급하지만 각 제품계열 안에 있는 품목의 수는 한정되어 있으므로 상품구색의 폭은 넓고, 깊이는 얕다.
㉣ 백화점은 식품은 물론 패션, 잡화, 가구, 가전제품, 스포츠용품 등 다양한 상품을 취급하기 때문에 상품구색의 폭이 넓고, 깊이도 깊다.

정답 ⑤

121

점포 배치 및 디자인과 관련된 설명으로 옳지 않은 것은?

① 자유형 점포배치는 특정 쇼핑경로를 유도하지 않는다.
② 경주로형 점포배치는 고객들이 다양한 매장의 상품을 볼 수 있게 하여 충동구매를 유발하려는 목적으로 활용된다.
③ 격자형 점포배치는 소비자들의 제품탐색을 용이하게 하고 동선을 길게 만드는 장점이 있다.
④ 매장의 입구는 고객들이 새로운 환경을 둘러보고 적응하는 곳이므로 세심하게 디자인해야 한다.
⑤ 매장 내 사인물(signage)과 그래픽은 고객들의 매장탐색을 돕고 정보를 제공한다.

자유형 점포배치는 소비자들의 제품탐색을 용이하게 하고 동선을 길게 만들어 쇼핑시간이 길어진다.

정답 ③

122

다음 중 격자형 레이아웃의 장점에 해당하는 것은?

① 시각적으로 고객의 주의를 끌어 개별 매장의 개성을 표출할 수 있다.
② 매장의 배치가 자유로워 고객의 충동구매를 유도할 수 있다.
③ 주동선, 보조동선, 순환통로, 설비표준화로 비용이 절감된다.
④ 고급상품 매장이나 전문점 같이 고객 서비스를 강조하는 매장에서 주로 활용한다.
⑤ 의류상품에 적합한 레이아웃으로 쇼핑의 즐거움을 배가시킬 수 있다.

해설
①·②·④·⑤는 자유형 레이아웃의 장점에 해당한다.

정답 ③

123

아래 글상자의 ㉠과 ㉡을 설명하는 용어들의 짝으로 옳은 것은?

> ㉠ 특정 상품을 가로로 몇 개 진열하는가를 의미하는 것으로, 소비자 정면으로 향하도록 진열된 특정 상품의 진열량
> ㉡ 점포 레이아웃이 완성된 후 각 코너별 상품군을 계획하고 진열면적을 배분하는 것

① ㉠ 조닝   ㉡ 페이싱
② ㉠ 페이싱   ㉡ 조닝
③ ㉠ 레이아웃   ㉡ 조닝
④ ㉠ 진열량   ㉡ 블록계획
⑤ ㉠ 진열량   ㉡ 페이싱

해설
조닝(Zoning)과 페이싱(Facing)
• 조닝이란 레이아웃이 완성되면 각 코너별 상품 구성을 계획하고 진열면적을 배분하여 레이아웃 도면상에 상품배치 존 구분을 표시하는 것을 말한다.
• 페이싱이란 페이스의 수량을 뜻하는 것으로 앞에서 볼 때 하나의 단품을 옆으로 늘어놓은 개수를 말하며 진열량과는 다르다.

정답 ②

124

제조업체의 중간상 촉진활동으로 옳지 않은 것은?

① 프리미엄
② 협동광고
③ 중간상광고
④ 판매원 인센티브
⑤ 소매점 판매원 훈련

해설
프리미엄은 소비자를 대상으로 하는 판매촉진 활동이다.

정답 ①

125

소비자를 대상으로 하는 판매촉진 방법 중 쿠폰과 비교한 리베이트의 특징으로 가장 옳은 것은?

① 쿠폰보다 처리비용(handling costs)이 더 낮다.
② 소매업체에게 처리비용을 지불할 필요가 없다.
③ 저가 상품에서도 쿠폰만큼의 판촉효과가 나타난다.
④ 제조업체를 대신해 소매업체가 소비자에게 가격할인을 제공한다.
⑤ 소비자는 리베이트에 따른 소매가격의 인하를 잘 지각하지 못한다.

해설
① 쿠폰보다 처리비용이 더 높다.
③ 고가품 판매나 대량 판매 등에서 가격을 할인하는 목적으로 주로 사용된다.
④ 소비자가 해당 제품을 구매했다는 증거를 제조업자에게 보내면 제조업자가 구매가격의 일부분을 소비자에게 돌려준다.
⑤ 리베이트는 지불대금의 일부를 지불인에게 되돌려주는 것이기 때문에 소비자는 리베이트에 따른 소매가격의 인하를 잘 지각할 수 있다.

정답 ②

126

CRM 시스템에 대한 설명으로 가장 옳지 않은 것은?

① 신규고객 창출, 기존고객 유지, 기존고객 강화를 위해 이용된다.
② 기업에서는 장기적인 고객관계 형성보다는 단기적인 고객관계 형성을 위해 도입하고 있다.
③ 다양한 측면의 정보 분석을 통해 고객에 대한 이해도를 높여준다.
④ 유통업체의 경쟁우위 창출에 도움을 제공한다.
⑤ 고객유지율과 경영성과 모두를 향상시키기 위해 정보와 지식을 활용한다.

> **해설**
> 기업에서는 단기적인 고객관계 형성보다는 장기적인 고객관계 형성을 위해 도입하고 있다.
>
> **정답** ②

127

성공적인 고객관계관리(CRM)의 도입과 실행을 위해 고려해야 할 사항으로 옳지 않은 것은?

① 고객을 중심으로 모든 거래 데이터를 통합해야 한다.
② 고객의 정의와 고객그룹별 관리방침을 수립해야 한다.
③ 고객관계관리는 전략적 차원이 아닌 단순 정보기술수준에서 활용해야 한다.
④ 고객 분석에 필요한 고객의 상세정보를 수집해야 한다.
⑤ 고객 분석결과를 활용할 수 있도록 제반 업무절차를 정립하고 시행해야 한다.

> **해설**
> 고객관계관리는 단순한 정보기술수준이 아닌 전략적 차원의 수준에서 활용해야 한다.
>
> **정답** ③

128

CRM(Customer Relationship Management)과 대중마케팅(mass marketing)의 차별적 특성으로 옳지 않은 것은?

① 목표고객 측면에서 대중마케팅이 불특정 다수를 대상으로 한다면 CRM은 고객 개개인을 대상으로 하는 일대일 마케팅을 지향한다.
② 커뮤니케이션 방식 측면에서 대중마케팅이 일방향 커뮤니케이션을 지향한다면 CRM은 쌍방향적이면서도 개인적인 커뮤니케이션이 필요하다.
③ 생산방식 측면에서 대중마케팅은 대량생산, 대량판매를 지향했다면 CRM은 다품종 소량생산 방식을 지향한다.
④ CRM은 개별 고객에 대한 상세한 데이터베이스를 구축해야만 가능하다는 점에서 대중마케팅과 두드러진 차이를 보인다.
⑤ 소비자 욕구 측면에서 대중마케팅은 목표고객의 특화된 구매욕구의 만족을 지향하는 반면 CRM은 목표고객들의 동질적 욕구를 만족시키려고 한다.

> **해설**
> 소비자 욕구 측면에서 CRM은 목표고객의 특화된 구매욕구의 만족을 지향하는 반면 대중마케팅은 목표고객들의 동질적 욕구를 만족시키려고 한다.
>
> **정답** ⑤

129

설문조사를 위한 표본추출방법 중 확률적 표본추출에 해당하는 것은?

① 편의표본추출
② 단순무작위 표본추출
③ 판단표본추출
④ 할당표본추출
⑤ 자발적 표본추출

해설

단순무작위 표본추출은 가장 기본적인 표본추출방법으로 각 표본들이 동일하게 선택될 확률을 가지도록 선정된 표본프레임 안에서 각 표본단위들에 일련번호를 부여한 다음, 난수표를 이용해서 선정된 번호에 따라서 무작위로 추출하는 확률적 표본추출에 해당한다.
① 임의로 응답자 모집 편의를 고려하여 특정한 샘플링 기준을 두지 않고 모집하는 방법으로 비확률 표본추출방법에 해당한다.
③ 조사하고자 하는 모집단을 전형적으로 대표하는 것으로 판단되는 사례를 표본으로 선정하는 방법으로 비확률 표본추출방법에 해당한다.
④ 모집단을 어떠한 특성에 따라 세분집단으로 나누고, 나누어진 세분집단의 크기 등에 비례해서 추출된 표본의 수를 결정하여 각 집단의 표본을 판단 또는 편의에 의해 추출하는 방법으로 비확률 표본추출방법에 해당한다.
⑤ 조사의 주제에 대해 강한 흥미를 가지고 조사에 스스로 지원한 사람들로 구성된 비확률 표본추출방법에 해당한다.

정답 ②

130

아래 글상자의 설명을 모두 만족하는 유통마케팅조사의 표본추출방법으로 가장 옳은 것은?

> – 모집단을 적절한 기준 변수에 따라 서로 상이한 소집단으로 나누고, 각 소집단별로 할당된 숫자의 표본을 단순무작위로 추출한다.
> – 기준 변수를 잘 선택할 경우 모집단을 대표하는 표본을 얻을 수 있는 장점이 있다.

① 할당표본추출   ② 군집표본추출
③ 판단표본추출   ④ 층화표본추출
⑤ 편의표본추출

해설

층화표본추출은 모집단을 미리 임의수의 동질적 집단으로 분류하여 각 층에서 공평하게 표본을 임의추출하는 방법으로, 집단 내에는 동질적인 특성을, 집단 간에는 이질적인 특성을 지닌다. 적은 표본으로도 모집단을 대표할 수 있는 표본을 확보할 수 있지만, 층화 시 층화에 대한 명확한 근거가 있어야 한다.

정답 ④

131

마케팅 조사에서 활용되는 통계분석 기법을 설명한 내용이다. 어떤 분석기법인가?

> 다수의 변수들이 있을 때 변수 간 상관관계를 이용하여 변수의 숫자를 처리하기 쉬운 수준으로 줄이기 위하여 사용하는 분석 기법

① 일원분산분석   ② 판별분석
③ 회귀분석   ④ 요인분석
⑤ 컨조인트분석

해설

요인분석은 다수의 변수들 중에서 상관관계가 높은 항목들, 즉 유사한 성격을 가진 항목들끼리 묶어 적은 수의 요인으로 축약시키는 기법이다.

정답 ④

132

아래 글상자에서 설명하는 유통마케팅자료 조사기법으로 옳은 것은?

> – 소비자의 욕구를 파악하기 위한 기법의 하나로 개발되었다.
> – 기본적인 아이디어는 어떤 소매 점포이든 몇 개의 중요한 서비스 기능(속성)을 가지고 있으며, 각 기능(속성)은 다시 몇 개의 수준이나 값들을 가질 수 있다는 것이다.
> – 개별 속성의 각 수준에 부여되는 선호도를 부분가치라 하고, 이 부분가치를 합산함으로써 개별 고객이 여러 개의 대안들 중에서 어느 것을 가장 선호하게 될 지를 예측할 수 있다.

① 컨조인트 분석
② 다차원 척도법
③ 요인분석
④ 군집분석
⑤ 시계열분석

② 다차원 척도법 : 각 대상 간의 객관적 또는 주관적인 관계에 대한 수치적인 자료들을 처리해서 다차원의 공간상에서 해당 대상들을 위치적으로 표시해 주는 일련의 통계기법을 의미한다.
③ 요인분석 : 어떠한 알지 못하는 특성을 규명하기 위해 문항 또는 변인들 간의 상호관계를 분석해서 상관이 높은 문항과 변인들을 묶어 이를 몇 개의 요인으로 규명하고 해당 요인의 의미를 부여하는 통계방법을 말한다.
④ 군집분석 : 모집단 또는 범주에 대한 사전 정보가 없을 경우에 주어진 관측값들 사이의 유사성과 거리를 활용해서 전체를 몇몇의 집단으로 구분하고 각 집단의 성격을 파악함으로써 데이터 전체 구조에 대한 이해를 돕는 분석방법을 말한다. 이때 서로 유사한 특성을 지닌 대상을 하나의 집단으로 분류한다.
⑤ 시계열분석 : 동일한 현상을 시간의 경과에 따라 일정한 간격을 두고 반복적으로 측정하여 각 기간에 일어난 변화에 대한 추세를 알아보는 방법이다.

정답 ①

133

아래 글상자의 상황에서 A사가 선택할 수 있는 분석방법으로 가장 옳은 것은?

> 공기청정정기를 판매하는 A사는 다양한 판매촉진을 통해 매출부진에서 벗어나고자 한다.
> 가격인하와 할인쿠폰행사 그리고 경품행사가 매출향상에 효과적인가를 판단하기 위해 각 판촉방법 당 5개 지점의 자료를 표본으로 선정하여 판촉유형이 매출에 미치는 효과여부에 관한 조사를 실시하기로 했다.

① 요인분석(factor analysis)
② 회귀분석(regression analysis)
③ 다차원척도법(MDS, Multi-Dimensional Scaling)
④ 표적집단면접법(FGI, Focus Group Interview)
⑤ 분산분석(ANOVA, analysis of variance)

분산분석은 3개 이상의 집단들의 평균 차이를 동시에 비교하기 위한 검정방법, 즉 여러 집단의 평균의 동일성에 대한 검정을 하기 위한 기법으로, 변동의 원인이라고 판단되는 인자를 1개만 채택하여, 그 인자의 수준을 몇 단계로 변화시켰을 때 결과가 어떻게 변하는지를 측정한 측정치를 해석한다.
① 어떠한 알지 못하는 특성을 규명하기 위해 문항 또는 변인들 간의 상호관계를 분석해서 상관이 높은 문항과 변인들을 묶어 이를 몇 개의 요인으로 규명하고 해당 요인의 의미를 부여하는 통계방법을 말한다.
② 매개변수 모델을 이용하여 통계적으로 변수들 사이의 관계를 추정하는 분석방법으로, 주로 독립변수(independent variable)가 종속변수(dependent variable)에 미치는 영향을 확인하고자 사용한다.
③ 각 대상 간의 객관적 또는 주관적인 관계에 대한 수치적인 자료들을 처리해서 다차원의 공간상에서 해당 대상들을 위치적으로 표시해 주는 일련의 통계기법을 의미한다.
④ 표적시장으로 예상되는 소비자를 일정한 자격기준에 따라 6~12명 정도 선발하여 한 장소에 모이게 한 후 면접자의 진행 아래 조사목적과 관련된 토론을 함으로써 자료를 수집하는 마케팅조사 기법이다.

정답 ⑤

134

조사에서 해결해야 할 문제를 명확하게 정의하고 마케팅전략 및 믹스변수의 효과 등에 관한 가설을 설정하기 위해, 본 조사 전에 사전 정보를 수집할 목적으로 실시하는 조사로서 가장 옳은 것은?

① 관찰적 조사(observational research)
② 실험적 조사(experimental research)
③ 기술적 조사(descriptive research)
④ 탐색적 조사(exploratory research)
⑤ 인과적 조사(causal research)

해설

탐색적 조사는 조사문제를 찾거나 분석대상에 대한 아이디어 또는 가설을 도출하기 위한 조사로, 문헌조사, 전문가 의견조사, 사례조사 등이 해당된다.
① 조사원이 직접 또는 기계장치를 이용해 조사 대상자의 행동이나 현상을 관찰하고 기록하는 조사 방법으로, 질문을 통해 알기 어려운 응답자의 민감한 정보 또는 응답자가 기억하기 어렵거나 답변하기 어려운 무의식 행동을 측정할 수 있다.
③ 조사 문제와 관련된 마케팅의 현황 및 시장상황을 파악하려는 목적으로 실시하는 조사로, 대부분의 마케팅 조사가 여기에 해당한다.
⑤ 두 개 이상 변수들 간의 인과관계를 밝히려고 시행하는 조사이다.

정답 ④

135

유통경로상의 수평적 갈등의 사례로서 가장 옳은 것은?

① 도매상의 불량상품 공급에 대한 소매상의 불평
② 납품업체의 납품기일 위반에 대한 제조업체의 불평
③ 소매상이 무리한 배송을 요구했다는 택배업체의 불평
④ 제조업체가 재고를 제때 보충하지 않았다는 유통업체의 불평
⑤ 다른 딜러가 차량 가격을 너무 낮게 책정했다는 동일차량회사 딜러의 불평

해설

수직적 갈등은 유통경로상에서 서로 다른 단계에 있는 구성원 사이에서 발생하는 갈등이고, 수평적 갈등은 유통경로의 동일한 단계에서 발생하는 갈등이다. 따라서 ⑤는 동일차량회사의 딜러 간의 갈등이므로 수평적 갈등에 해당된다.
① 도매상과 소매상의 갈등 – 수직적 갈등
② 납품업체와 제조업체의 갈등 – 수직적 갈등
③ 소매상과 택배업체의 갈등 – 수직적 갈등
④ 제조업체와 유통업체의 갈등 – 수직적 갈등

정답 ⑤

136

아래 글상자는 유통경로상 갈등을 초래하는 원인을 설명한 것이다. 이러한 갈등의 원인으로 가장 옳은 것은?

> 프랜차이즈 가맹본부가 가맹점 매출의 일정비율을 로열티로 받고 있는 경우에 가맹본부의 목표는 가맹점 매출의 극대화가 되지만, 가맹점의 목표는 매출이 아닌 수익이기 때문에 갈등이 발생할 가능성이 커진다.

① 추구하는 목표의 불일치
② 역할에 대한 인식 불일치
③ 현실에 대한 인식 불일치
④ 품질요구의 불일치
⑤ 경로파워 불일치

해설

유통경로 갈등발생의 이유
• 목표불일치로 인한 갈등 : 구성원 사이의 목표가 서로 다르고 이들 목표를 동시에 달성할 수 없기 때문에 스트레스와 긴장이 야기되고, 결국에는 경로갈등이 나타나게 된다.
• 정보불일치로 인한 갈등 : 소비자들의 기억 속에 있는 기존의 정보 또는 스키마와 새롭게 제공되는 정보 간의 일치성 및 관련성의 차이로 인하여 발생한다.
• 영역불일치로 인한 갈등 : 경로구성원 간 상권의 범위 결정과 그 상권 내에서의 역할에 대한 견해 차이가 발생함으로 인해 생기는 갈등을 말한다.

정답 ①

137

POP광고에 대한 설명으로 옳지 않은 것은?

① POP광고는 판매원 대신 상품의 정보(가격, 용도, 소재, 규격, 사용법, 관리법 등)를 알려 주기도 한다.
② POP광고는 매장의 행사분위기를 살려 상품판매의 최종단계까지 연결시키는 역할을 수행해야 한다.
③ POP광고는 청중을 정확히 타겟팅하기 좋기 때문에 길고 자세한 메시지 전달에 적합하다.
④ POP광고는 판매원의 도움을 대신하여 셀프판매를 가능하게 한다.
⑤ POP광고는 찾고자 하는 매장 및 제품을 안내하여 고객이 빠르고 편리하게 쇼핑을 할 수 있도록 도와주어야 한다.

POP광고는 고객의 시선을 집중시키고 호기심을 유발하여 판매점의 이미지 향상과 고객을 점포 내로 유도하는 역할을 통해 충동구매를 자극하는 광고이므로 간결하고 임팩트 있는 메시지 전달에 적합하다.

정답 ③

138

아래 글상자의 내용은 상품수명주기에 따른 경로관리방법을 기술한 것이다. 세부적으로 어떤 수명주기 단계에 대한 설명인가?

> ⑦ 충분한 제품공급을 위해 시장범위 역량을 지닌 경로구성원을 확보
> ⑥ 통제가 성장을 방해하는 것이 아니라는 점을 경로구성원에게 확신시킴
> ⑥ 경쟁 제품들의 경로구성원 지원 현황 조사 및 감시

① 도입기   ② 성장기
③ 성숙기   ④ 쇠퇴기
⑤ 재도약기

해설

성장기의 상품관리전략
- 어떤 상품이 도입기를 무사히 넘기고 나면 그 상품의 매출액은 늘어나게 되고 시장도 커지게 된다.
- 성장기에는 수요량이 증가하고 가격탄력성도 커지며, 초기설비는 완전히 가동되고 증설이 필요해지기도 하며, 조업도의 상승으로 수익성도 호전된다.
- 성장기에 가장 조심하여야 할 점은 장사가 잘되면 그만큼 경쟁자의 참여도 늘어나게 된다는 것이다.

정답 ②

139

제품구색의 변화에 초점을 맞춘 소매업태이론으로서, 소매상은 제품구색이 넓은 소매업태에서 전문화된 좁은 구색의 소매업태로 변화되었다가 다시 넓은 구색의 소매업태로 변화되어 간다고 설명하는 이론으로 가장 옳은 것은?

① 소매수명주기이론   ② 소매변증법이론
③ 소매아코디언이론   ④ 소매차륜이론
⑤ 소매진공이론

해설

① 도입기 → 성장기 → 성숙기 → 쇠퇴기의 단계를 거치게 된다.
② 고가격, 고마진, 고서비스, 저회전율 등의 특징을 가지고 있는 백화점이 출현하면(정) 이에 대응하여 저가격, 저마진, 저서비스, 고회전율 등의 반대적 특징을 가진 할인점(반)이 나타나 백화점과 경쟁하게 되며, 그 결과 백화점과 할인점의 특징이 적절한 수준으로 절충되어 새로운 형태의 소매점인 할인 백화점(합)으로 진화해 간다는 이론이다.
④ 진입단계(최저 가격과 최저 비용) → 성장단계(고가격) → 쇠퇴단계(안정적이고 보수적인 업태)를 거치게 된다.
⑤ 기존의 소매업태가 다른 유형의 소매로 변화할 때 그 빈자리, 즉 진공지대를 새로운 형태의 소매업태가 자리를 메운다는 이론이다.

정답 ③

140

고객의 구매심리 단계별 고객응대로 옳지 않은 것은?

① 주의 단계에서는 미지의 판매원과 상품에 대한 불안을 안고 있으므로 일단 대기한다.
② 흥미 단계에서는 구매 욕구를 지속시켜 소개 판매를 유도해야 한다.
③ 연상 및 욕구 단계에서는 정확한 셀링포인트를 설명하여 상품 가치를 인식시킨다.
④ 확신 단계에서는 판매조건을 제시하며 구매 단계로 유도한다.
⑤ 구매 단계 후에는 사후관리를 통해 만족을 심어주고 재판매를 유도해야 한다.

해설

흥미 단계에서는 판매에 대한 접근, POP광고, 셀링포인트를 강조하는 대응을 해야 한다.

정답 ②

141

단품관리전략의 기대효과로 옳지 않은 것은?

① 품절이 줄어든다.
② 상품구색이 증가한다.
③ 과잉 재고가 줄어든다.
④ 매대생산성이 증가한다.
⑤ 무리한 가격인하가 줄어든다.

해설

판매 추세에 따라 발주가 이루어지므로 불요불급한 상품 입고가 줄어들어 상품구색이 감소한다.

정답 ②

142

아래 글상자의 사례 기업들이 실행한 소매점 포지셔닝전략의 유형으로 가장 적합한 것은?

> - W사는 최상의 품질, 최소로 가공된, 풍미가 가득한, 그리고 천연 그대로 보존된 음식을 제공한다는 철학으로 자사를 포지셔닝했다.
> - T사는 맛과 품질이 좋은 오가닉 식품을 합리적인 가격에 제시하는 전문식품소매점이라는 가치제안을 기반으로 자사를 포지셔닝했다.

① 사용상황에 의한 포지셔닝
② 제품군에 의한 포지셔닝
③ 제품속성에 의한 포지셔닝
④ 제품사용자에 의한 포지셔닝
⑤ 경쟁적 포지셔닝

해설

포지셔닝전략의 유형
• 제품속성에 의한 포지셔닝 : 자사제품에 의한 포지셔닝은 자사제품의 속성이 경쟁제품에 비해 차별적 속성을 지니고 있어서 그에 대한 혜택을 제공한다는 것을 소비자에게 인식시키는 전략이다.
• 이미지 포지셔닝 : 제품이 지니고 있는 추상적인 편익을 소구하는 전략이다.
• 경쟁제품에 의한 포지셔닝 : 소비자가 인식하고 있는 기존의 경쟁제품과 비교함으로써 자사 제품의 편익을 강조하는 방법을 말한다.
• 사용상황에 의한 포지셔닝 : 자사 제품의 적절한 사용상황을 설정함으로써 타사 제품과 사용상황에 따라 차별적으로 다르다는 것을 소비자에게 인식시키는 전략이다.

• 제품사용자에 의한 포지셔닝 : 제품이 특정 사용자 계층에 적합하다고 소비자에게 강조하여 포지셔닝하는 전략이다.

정답 ③

143

인적판매에 대한 설명으로 옳지 않은 것은?

① 소비자와 대화를 나누며 상품 관련 정보를 제공하고 설득하여 판매활동을 종결한다.
② 소비자의 질문이나 요구에 대하여 즉각적인 피드백이 가능하다.
③ 소비자마다 다르게 요구하는 사항들을 충족시키기 위해 필요한 방법을 신속하게 제시할 수 있다.
④ 다른 촉진활동에 비해 더 효과적으로 소비자반응을 유도해 낼 수 있다.
⑤ 백화점의 판매원과 같은 주문창출자와 보험판매원과 같은 주문수주자의 두 가지 유형으로 구분된다.

해설

인적판매는 구입을 유도하기 위해 고객 및 예상고객과 직접 접촉하는 것으로 백화점의 판매원과 보험판매원은 모두 주문수주자에 해당한다.

정답 ⑤

144

쇼루밍(showrooming) 소비자의 특징에 대한 설명으로 가장 옳은 것은?

① 주된 구매동기는 제품을 즉시 수령하고, 반품을 더 쉽게 하기 위함이다.
② 온라인에서만 구매하는 온라인 집중형 소비자이다.
③ 오프라인 점포에서 제품을 살펴본 후 온라인에서 저렴한 가격으로 구입하려 한다.
④ 오프라인 상점에서만 직접 경험하고 구매하려는 오프라인 집중형 소비자이다.
⑤ 온라인에서 쇼핑을 즐기지만 정작 구매는 오프라인에서 한다.

해설

쇼루밍(showrooming)은 오프라인 매장에서 제품을 살펴본 뒤 실제 구매는 온라인 등 다른 유통경로로 하는 것을 말하며, 역쇼루밍은 온라인 매장에서 제품을 살펴본 후 실제 구매는 오프라인으로 하는 것을 말한다.

정답 ③

145

고객생애가치(CLV ; Customer Lifetime Value)에 대한 설명으로 옳은 것은?

① 고객생애가치는 인터넷쇼핑몰보다는 백화점을 이용하는 고객들을 평가하는 데 용이하다.
② 고객생애가치는 고객과 기업 간의 정성적 관계 가치이므로 수치화하여 측정하기 어렵다.
③ 고객생애가치는 고객점유율(customer share)에 기반하여 정확히 추정할 수 있다.
④ 고객생애가치는 고객이 일생동안 구매를 통해 기업에게 기여하는 수익을 현재가치로 환산한 금액을 말한다.
⑤ 고객생애가치는 고객의 이탈률과 비례관계에 있다.

해설

① 고객생애가치는 사용자 한 명이 웹사이트, 앱에 들어와서 이탈하기까지 그 전체 기간 동안 창출하는 가치 지표를 말하므로 백화점보다는 인터넷쇼핑몰을 이용하는 고객들을 평가하는 데 용이하다.
② 고객생애가치는 고객과 기업 간의 정량적 관계 가치이므로 수치화하여 측정할 수 있다.
③ 고객생애가치는 고객의 과거 또는 미래에 예상되는 구매액을 기반으로 기업의 지속적인 수익 창출을 위해 고객유치비용(고객획득비용)을 줄이고, 고객유지비율을 높게 유지하도록 마케팅 전략을 수립하는 것이 중요하다는 점을 시사한다.
⑤ 고객생애가치는 고객의 유지율과 비례관계에 있다.

정답 ④

146

"이미 판매한 제품이나 서비스와 관련이 있는 제품이나 서비스를 추가로 판매하는 것"을 의미하는 용어로 가장 옳은 것은?

① 교차판매　　　　② 유사판매
③ 결합판매　　　　④ 묶음판매
⑤ 상향판매

해설

교차판매(Cross-Selling)는 자체 개발한 상품에만 의존하지 않고 관련된 제품까지 판매하는 적극적인 판매방식으로, 고객이 선호할 수 있는 추가제안을 통해 다른 제품을 추가 구입하도록 유도할 수 있으며, 대체재나 보완재가 있는 상품과 서비스에 더 효과적이다.

정답 ①

147

다음 중 마케팅믹스 요소인 4P 중 유통(place)을 구매자의 관점인 4C로 표현한 것으로 옳은 것은?

① 고객비용(customer cost)
② 편의성(convenience)
③ 고객문제해결(customer solution)
④ 커뮤니케이션(communication)
⑤ 고객맞춤화(customization)

해설

4C
• 고객가치(customer value) ↔ 제품(product)
• 구매비용(customer cost) ↔ 가격(price)
• 고객편의성(convenience) ↔ 유통(place)
• 고객과의 커뮤니케이션(communication) ↔ 판매촉진(promotion)

정답 ②

148

점포 레이아웃에 대한 설명으로 가장 옳지 않은 것은?

① 구석구석까지 고객의 흐름을 원활하게 유도하도록 설계한다.
② 상품운반이 용이하고 고객의 이동은 방해받지 않도록 통로를 구성한다.
③ 구매를 촉진시키기 위해 연관성 있는 상품을 한 곳에 모은다.
④ 고객의 라이프스타일에 따라 상품을 결합하여 고객의 불필요한 동선을 줄인다.
⑤ 고객 동선은 가능한 한 짧게, 작업 동선은 가능한 한 길게 한다.

해설

고객 동선은 가능한 한 길게, 작업 동선은 가능한 한 짧게 하는 합리적이고 이상적인 동선의 레이아웃이 이루어져야 한다.

정답 ⑤

149

소비자가 비교적 낮은 관여도를 보이며 특정 상품에 대한 구매경험은 많으나 브랜드 간의 차이를 인식하지 못하는 경우에 자주 일어나는 소비자 구매행동 유형은?

① 고관여 구매행동
② 복잡한 구매행동
③ 습관적 구매행동
④ 다양성 추구 구매행동
⑤ 부조화 감소 구매행동

해설
습관적 구매행동은 구매된 상표에 어느 정도 만족해 복잡한 의사결정을 피하기 위해 동일 상표를 반복구매하는 것을 의미한다.
② 복잡한 구매행동 : 고관여 구매행동에 해당하는 것으로 새로운 제품을 구매하는 소비자의 구매행동으로 포괄적 문제해결을 의미한다.
④ 다양성 추구 구매행동 : 저관여 구매행동에 해당하는 것으로 그동안 구매해 오던 상표에 싫증이 나거나, 단지 새로운 것을 추구하려는 의도에서 다른 상표로 전환하는 것을 의미한다.
⑤ 부조화 감소 구매행동 : 고관여 구매행동에 해당하는 것으로 구매된 상표에 만족하면 그 상표에 대한 호의적 태도를 형성하여 동일 상표를 반복구매하는 것을 의미한다.

정답 ③

150

유통경로에서 발생하는 갈등을 관리하는 행동적 방식으로 가장 옳지 않은 것은?

① 문제해결
② 설 득
③ 협 상
④ 협회 공동가입
⑤ 중 재

해설
협회에 공동가입(joint membership)을 유도하는 것은 '시스템적 갈등해결' 방식에 속한다.

정답 ④

151

공급사슬관리의 변화 방향에 대한 설명으로 가장 옳지 않은 것은?

① 재고 중시에서 정보 중시 방향으로 변화하고 있다.
② 공급자 중심에서 고객 중심으로 변화하고 있다.
③ 거래 중시에서 관계 중시 방향으로 변화하고 있다.
④ 기능 중시에서 프로세스 중시 방향으로 변화하고 있다.
⑤ 풀(pull) 관행에서 푸시(push) 관행으로 변화하고 있다.

해설
푸시(push) 관행에서 풀(pull) 관행으로 변화하고 있다.

정답 ⑤

152

공급사슬관리(SCM)의 실행과 관련한 설명으로 가장 옳지 않은 것은?

① 공급업체와 효과적인 커뮤니케이션이 적시에 이루어져야 한다.
② 장기적으로 강력한 파트너십을 구축한다.
③ 각종 정보기술의 효과적인 활용보다 인적 네트워크의 활용을 우선시한다.
④ 경로 전체를 통합하는 정보시스템의 구축이 중요하다.
⑤ 고객의 가치와 니즈를 이해하고 만족시킨다.

해설
공급사슬관리(SCM)의 효과를 제대로 발휘하고 충족시키기 위해서는 전사적자원관리(ERP), 고객관계관리(CRM) 등의 통합정보시스템 지원은 필수적이기 때문에 인적 네트워크의 활용보다 각종 정보기술의 효과적인 활용을 우선시한다.

정답 ③

153

아래 글상자에서 설명하는 유통정보시스템으로 가장 옳은 것은?

> 미국의 패션 어패럴 산업에서 공급망에서의 상품 흐름을 개선하기 위하여 판매업체와 제조업체 사이에서 제품에 대한 정보를 공유함으로써, 제조업체는 보다 효과적으로 원재료를 충원하여 제조하고, 유통함으로써 효율적인 생산과 공급체인 재고량을 최소화시키려는 시스템이다.

① QR(Quick Response)
② ECR(Efficient Consumer Response)
③ VMI(Vendor Management Inventory)
④ CPFR(Collaborative Planning, Forecasting and Replenishment)
⑤ e-프로큐어먼트(e-Procurement)

해설

② 공급체인의 네트워크 전체를 포괄하는 관리기법으로, 최종 소비자에게 유통되는 상품을 그 원천에서부터 관리함으로써 공급체인의 구성원 모두가 협력하여 소비자의 욕구를 더 만족스럽게, 더 빠르게, 더 저렴하게 채워주고자 하는 전략의 일종이다.
③ 점포의 POS 시스템 데이터를 거래선과 직접 연결하고, 거래선이 직접 각 점포에 맞는 CAO(자동발주시스템)를 이용하여 재발주량을 결정하는 일종의 자동발주 기법이다.
④ 협업설계예측 및 보충이라고 하며, 유통과 제조업체가 정보교환협업을 통하여 One-number 수요예측과 효율적 공급 계획을 달성하기 위한 기업 간의 Work flow이다.
⑤ 전자조달은 구매 요청, 승인, 입찰, 계약에 이르는 일련의 프로세스를 인터넷을 기반으로 전자적으로 수행하는 시스템을 말한다.

정답 ①

154

QR코드의 장점으로 가장 옳지 않은 것은

① 작은 공간에도 인쇄할 수 있다.
② 방향에 관계없는 인식능력이 있다.
③ 바코드에 비해 많은 용량의 정보를 저장할 수 있다.
④ 훼손에 강하며 훼손 시 데이터 복원력이 매우 좋다.
⑤ 문자나 그림 등의 이미지가 중첩된 경우에도 인식률이 매우 높다.

해설

QR코드는 기본적으로 명암대비가 선명해야 인식이 쉬우므로 명암대비가 선명하지 못한 이미지 등이 중첩되면 인식하는 데 어렵거나 인식이 불가능해질 수 있다.

정답 ⑤

155

전자금융거래 시 간편결제를 위한 QR코드 결제 표준에 대한 내용으로 가장 옳지 않은 것은?

① 고정형 QR 발급 시 별도 위변조 방지 조치(특수필름부착, 잠금장치 설치 등)를 갖추어야 한다.
② 변동형 QR은 보안성 기준을 충족한 앱을 통해 발급하며 위변조 방지를 위해 1분 이내만 발급이 유지되도록 규정한다.
③ 자체 보안기능을 갖추어야 하며 민감한 개인·신용정보 포함을 금지하고 있다.
④ 고정형 QR은 소상공인 등이 QR코드를 발급·출력하여 가맹점에 붙여두고, 소비자가 모바일 앱으로 QR코드를 스캔하여 결제처리하는 방식이다.
⑤ 가맹점주는 가맹점 탈퇴·폐업 즉시 QR코드 파기 후 가맹점 관리자에게 신고해야 한다.

해설

변동형 QR은 보안성 기준을 충족한 앱을 통해 발급하며 위변조 방지를 위해 3분 이내만 발급이 유지되도록 규정한다.

정답 ②

156

QR(Quick Response)의 효과에 대한 설명으로 가장 옳지 않은 것은?

① 거래업체 간 정보 공유 체제가 구축된다.
② 제품 조달이 매우 빠른 속도로 이루어진다.
③ 고객 참여를 통한 제품 기획이 이루어진다.
④ 제품 공급체인의 효율성을 극대화할 수 있다.
⑤ 제품 재고를 창고에 저장해 미래 수요에 대비하는 데 도움을 제공한다.

해설

QR은 신속하고 정확한 소비자 수요동향 분석을 할 수 있어 시장변화에 대한 효과적인 대응이 가능하며, 적정 수요량 예측으로 재고량이 감소되고 재고회전율도 향상되며 상품 품절을 방지할 수 있다.

정답 ⑤

157

RFID 태그에 대한 설명으로 가장 옳지 않은 것은?

① RFID 태그는 QR 코드에 비해 근거리 접촉으로 정보를 확보할 수 있다.
② RFID 태그는 동시 복수 인증이 가능하다.
③ 배터리를 내재한 RFID 태그는 그렇지 않은 태그에 비해 성능이 우월하다.
④ RFID 태그 가격이 지속적으로 하락하고 있어 기업의 유통 및 물류 부분에서의 활용 가능성이 높아지고 있다.
⑤ RFID 태그는 바코드와 비교할 때, 오염에 대한 내구성이 강하다.

해설
RFID(Radio Frequency Identification)는 자동인식 기술의 하나로서 데이터 입력장치로 개발된 무선(RF ; Radio Frequency)으로 인식하는 기술이다.

정답 ①

158

바코드 기술과 RFID 기술에 대한 설명으로 옳지 않은 것은?

① 유통업체에서는 바코드 기술을 판매관리에 활용하고 있다.
② 바코드 기술은 핀테크 기술에 결합되어 다양한 모바일 앱에서 활용되고 있다.
③ 바코드 기술을 대체할 기술로는 RFID(RadioFrequency IDentification) 기술이 있다.
④ RFID 기술은 바코드에 비해 구축비용이 저렴하지만, 보안 취약성 때문에 활성화되고 있지 않다.
⑤ RFID 기술은 단품관리에 활용될 수 있다.

해설
RFID 기술은 바코드에 비해 가격이 비싸지만 궁극적으로 여러 개의 정보를 동시에 판독하거나 수정·갱신할 수 있는 장점을 가지고 있기 때문에 바코드 기술이 극복하지 못한 여러 가지 문제점들을 해결하거나 능동적으로 대처함으로써 물류, 보안분야 등 현재 여러 분야에서 각광받고 있다.

정답 ④

159

바코드에 대한 설명으로 가장 옳지 않은 것은?

① 유통업체의 재고관리와 판매관리에 도움을 제공한다.
② 국가표준기관에 의해 관리되고 있다.
③ 컬러 색상은 인식하지 못하고, 흑백 색상만 인식한다.
④ 스캐너 또는 리더기를 이용하여 상품 관련 정보를 간편하게 읽어들일 수 있다.
⑤ 바코드에는 국가코드, 제조업체코드, 상품품목코드 등에 대한 정보가 저장되어 있다.

해설
컬러 색상도 인식이 가능하다.

정답 ③

160

바코드(bar code)에 포함된 정보로 옳지 않은 것은?

① 국가식별코드　　② 제조업체코드
③ 상품품목코드　　④ 체크디지트
⑤ 제조일시

해설
바코드의 구성요소
국가식별코드 + 제조업체코드 + 상품품목코드 + 체크디지트

정답 ⑤

161

EAN(유럽상품)코드에 대한 설명으로 가장 옳지 않은 것은?

① 소매점 POS 시스템과 연동되어 판매시점관리가 가능하다.
② 첫째 자리는 국가코드로 대한민국의 경우 880이다.
③ 두 번째 자리는 제조업체 코드로 생산자가 고유번호를 부여한다.
④ 체크숫자는 마지막 한자리로 판독오류 방지를 위해 만들어진 코드이다.
⑤ 국가, 제조업체, 품목, 체크숫자로 구성되어 있다.

해설
두 번째 자리는 제조업체 코드로 한국유통물류진흥원에서 고유번호를 부여한다.

정답 ③

162

GS1 표준 식별코드에 대한 설명으로 가장 옳지 않은 것은?

① 식별코드는 숫자나 문자(또는 둘의 조합)의 열로, 사람이나 사물을 식별하는 데 활용

② 하나의 상품에 대한 GS1 표준 식별코드는 전 세계적으로 유일

③ A아이스크림(포도맛)에 오렌지맛을 신규상품으로 출시할 경우 고유 식별코드가 부여되어야 함

④ 상품의 체적정보 또는 총중량의 변화가 5% 이하인 경우 고유 식별코드를 부여하지 않음

⑤ 상품 홍보 또는 이벤트를 위해 특정기간을 정하여 판매하는 경우는 고유 식별코드를 부여하지 않음

해설

GS1코드는 백화점, 슈퍼마켓, 편의점 등 유통업체에서 최종 소비자에게 판매되는 상품에 사용되는 코드로서 상품 제조 단계에서 제조업체가 상품 포장에 직접 인쇄하는 것으로 제품 분류(Product Classification)의 수단이 아니라 제품 식별의 수단으로 사용되기 때문에 상품 홍보 또는 이벤트를 위해 특정기간을 정하여 판매하는 경우에도 고유 식별코드를 부여한다.

정답 ⑤

163

인스토어마킹(instore marking)과 소스마킹(source marking)에 대한 설명으로 가장 옳은 것은?

① 인스토어마킹은 부패하기 쉬운 농산물에 적용할 수 있다.

② 인스토어마킹을 통해 바코드를 붙이는 데 있어, 바코드에는 국가식별코드, 제조업체코드, 상품품목코드, 체크디지트로 정형화되어 있어, 유통업체가 자유롭게 설정할 수 없기에 최근 인스토어마킹은 거의 이용되지 않고 있다.

③ 제조업체의 경우 인스토어마킹에 있어, 국제표준화기구에서 정의한 공통표준코드를 이용한다.

④ 소스마킹은 유통업체 내의 가공센터에서 마킹할 수 있다.

⑤ 소스마킹은 상점 내에서 바코드 프린트를 이용해 바코드 라벨을 출력하기 때문에 추가적인 비용이 발생한다.

해설

② 소스마킹된 상품은 하나의 상품에 고유식별 번호가 붙어 전 세계 어디서나 동일상품은 동일번호로 식별되지만, 소스마킹이 안 된 제품, 즉 인스토어마킹이 된 제품은 동일품목이라도 유통업체에 따라 각각 번호가 달라질 수 있다.

③ 소스마킹은 인스토어마킹과 달리 전 세계적으로 사용되기 때문에 인쇄되는 바코드의 체계 및 형태도 국제적인 규격에 근거한 13자리의 숫자(GS1)로 구성된 바코드로 인쇄해야 한다.

④ 소스마킹은 제조업체 및 수출업자가 상품의 생산 및 포장단계에서 바코드를 포장지나 용기에 일괄적으로 인쇄하는 것을 말한다.

⑤ 인스토어마킹은 각각의 소매점포에서 청과·생선·야채·정육 등을 포장하면서 일정한 기준에 의해 라벨러를 이용하거나 컴퓨터를 이용하여 바코드 라벨을 출력하고, 이 라벨을 일일이 사람이 직접 상품에 붙이는 것을 말한다.

정답 ①

164

자기의 수요를 예측하여 해당하는 양을 주문하고자 할 때, 수요 정보의 처리과정에서 왜곡현상이 나타날 수 있다. 소비자에게 판매될 시점의 데이터를 실시간으로 수집할 수 있도록 기능을 지원하는 정보기술로 가장 옳은 것은?

① POS(Point Of Sales) 시스템

② IoT(Internet of Things)

③ BYOD(Bring Your Own Device)

④ ONO(Online and Offline)

⑤ JRE(Java Runtime Environment)

해설

POS 시스템이란 판매시점 정보관리시스템을 말하는 것으로, 판매장의 판매시점에서 발생하는 판매정보를 컴퓨터로 자동 처리하는 시스템이다.

② 사물에 센서를 부착해 실시간으로 데이터를 인터넷으로 주고받는 기술이나 환경을 말하는 것으로, 세상에 존재하는 유형 혹은 무형의 객체들이 다양한 방식으로 서로 연결되어 개별 객체들이 제공하지 못했던 새로운 서비스를 제공하는 기술이다.

③ 회사 업무에 직원들 개인 소유의 태블릿PC, 스마트폰, 노트북 등의 정보통신 기기를 활용하는 것을 일컫는 것으로, 2009년 인텔이 처음 도입하였다.

정답 ①

165

POS(Point of Sale) 시스템에 대한 설명으로 옳지 않은 것은?

① 유통업체에서는 POS 시스템을 도입함으로써 업무처리 속도를 개선하고, 업무에서의 오류를 줄일 수 있다.
② 유통업체에서는 POS 시스템의 데이터를 분석함으로써 중요한 의사결정에 활용할 수 있다.
③ 유통업체에서는 POS 시스템을 통해 얻은 시계열자료를 분석함으로써 판매 상품에 대한 추세 분석을 할 수 있다.
④ 유통업체에서는 POS 시스템을 도입해 특정 상품을 얼마나 판매하였는가에 대한 정보를 얻을 수 있다.
⑤ 고객의 프라이버시 보호를 위해 바코드로 입력된 정보와 고객정보의 연계를 금지하고 있어 유통업체는 개인 고객의 구매내역을 파악할 수 없다.

해설
POS 시스템을 통해 고객개인의 구매실적과 구매성향 등을 나타내는 정보를 얻을 수 있다.

정답 ⑤

166

POS(Point of Sale) 시스템의 구성기기 중 상품명, 가격, 구입처, 구입가격 등 상품에 관련된 모든 정보가 데이터베이스화되어 있으며, 자동으로 판매파일, 재고파일, 구매파일 등을 갱신하고 기록하여, 추후 각종 통계자료 작성 시에 사용 가능케 하는 기기로 가장 옳은 것은?

① POS 터미널
② 바코드 리더기
③ 바코드 스캐너
④ 본부 주 컴퓨터
⑤ 스토어 컨트롤러

해설
① POS 터미널 : 판매장에 설치되어 있는 POS 터미널은 금전등록기의 기능 및 통신기능이 있으며, 본체, 키보드, 고객용 표시장치, 조작원용 표시장치, 영수증발행용 프린터, 컬러모니터, 금전관리용 서랍, 매출표시장치 등으로 구성되어 있다.
③ 바코드 스캐너 : 상품에 인쇄된 바코드를 자동으로 판독하는 장치로 고정 스캐너(Fixed Scanner)와 핸디 스캐너(Handy Scanner)가 있다.
④ 본부 주 컴퓨터 : POS 시스템은 일반적으로 소매점포의 계산대에 설치되어 있는 POS 터미널과 점포사무실에 설치되어 있는 점포서버(스토어 컨트롤러) 및 본부의 시스템(주컴퓨터)으로 구성되는데, 점포가 체인본부나 제조업자와 연결되어 있는 경우에는 스토어 컨트롤러에 기록된 각종 정보를 온라인에 의해 본부에 전송한다.

정답 ⑤

167

POS(point of sales) 시스템으로부터 획득한 정보에 대한 설명으로 가장 옳지 않은 것은?

① 상품분류체계의 소분류까지 업태별, 지역별 판매금액 구성비
② 상품분류체계의 소분류를 기준으로 해당 단품의 월별 판매금액
③ 품목의 자재 조달, 제조, 유통채널 이동 이력 관련 정보
④ 품목의 현재 재고정보
⑤ 제조사별 품목별 판매 순위

해설
POS 시스템을 통해 얻는 정보에는 관심을 가지는 기간 동안 또는 대상에 대해 금액으로 환산하여 얼마를 판매했는가 하는 금액정보와 구체적으로 어떤 상품이 얼마나 팔렸는가를 나타내주는 단품정보 등이 있다.

정답 ③

168

POS(Point of Sale) System 도입에 따른 제조업체의 효과에 대한 설명으로 가장 옳지 않은 것은?

① 경쟁상품과의 판매경향 비교
② 판매가격과 판매량의 상관관계
③ 기후변동에 따른 판매동향 분석
④ 신제품·판촉상품의 판매경향 파악
⑤ 상품구색의 적정화에 따른 매출증대

해설
상품구색의 적정화에 따른 매출증대는 소매업체가 점포관리 측면에서 얻게 되는 효과이다.

정답 ⑤

169

지식의 창조는 암묵지를 어떻게 활성화, 형식지화 하여 활용할 것인가의 문제라고 볼 수 있다. 암묵지와 형식지를 활용한 지식 창조 프로세스 순서대로 나타낸 것으로 가장 옳은 것은?

① 표출화 – 내면화 – 공동화 – 연결화
② 표출화 – 연결화 – 공동화 – 내면화
③ 연결화 – 공동화 – 내면화 – 표출화
④ 공동화 – 표출화 – 연결화 – 내면화
⑤ 내면화 – 공동화 – 연결화 – 표출화

해설
노나카(Nonaka)의 SECI 모델(지식창조 프로세스)
암묵지와 형식지라는 두 종류의 지식이 공동화(Socialization ; 암묵지가 또 다른 암묵지로 변하는 과정), 표출화(Externalization ; 암묵지가 형식지로 변환하는 과정), 연결화(Combination ; 형식지가 또다른 형식지로 변하는 과정), 내면화(Internalization ; 형식지가 암묵지로 변환하는 과정)라는 4가지 변환과정을 거쳐 지식이 창출된다는 이론이다.

정답 ④

170

노나카(Nonaka)의 지식변환 유형에 대한 설명으로 옳지 않은 것은?

① 사회화 – 최초의 유형으로 개인 혹은 집단이 주로 경험을 공유함으로써 지식을 전수하고 창조한다.
② 사회화 – 암묵지에서 암묵지를 얻는 과정이다.
③ 외부화 – 개인이나 집단의 암묵지가 공유되거나 통합되어 그 위에 새로운 지가 만들어지는 프로세스이다.
④ 종합화 – 개인이나 집단이 각각의 형식지를 조합시켜 새로운 지를 창조하는 프로세스이다.
⑤ 내면화 – 형식지에서 형식지를 얻는 과정이다.

해설
내면화(Internalization)는 형식지가 암묵지로 변환하는 과정이다.

정답 ⑤

171

노나카의 SECI모델을 근거로 아래 글상자의 내용 중 외재화(externalization)의 사례를 모두 고른 것으로 가장 옳은 것은?

> ㉠ 실무를 통한 학습
> ㉡ 숙련된 기능공의 지식
> ㉢ 숙련된 기능공의 노하우의 문서화
> ㉣ 형식적 지식을 통합하는 논문 작성
> ㉤ 이전에 기록된 적이 없는 구체적 프로세스에 대한 매뉴얼 작성

① ㉠, ㉡
② ㉡, ㉣
③ ㉢, ㉤
④ ㉠, ㉢, ㉤
⑤ ㉡, ㉣, ㉤

해설
외재화는 암묵지식을 언어로써 형식지식으로 전환하는 것이다([예] 특허신청, 매뉴얼 작성).

정답 ③

172

아래 글상자에서 암묵지에 해당하는 내용만을 모두 나열한 것으로 가장 옳은 것은?

> ㉠ 매뉴얼　　　　　㉡ 숙련된 기술
> ㉢ 조직 문화　　　　㉣ 조직의 경험
> ㉤ 데이터베이스　　㉥ 컴퓨터 프로그램

① ㉠, ㉢, ㉣
② ㉠, ㉢, ㉤
③ ㉡, ㉢, ㉣
④ ㉡, ㉢, ㉣, ㉥
⑤ ㉢, ㉣, ㉤, ㉥

해설
암묵지는 언어로 표현하기 곤란한 주관한 지식으로 경험을 통하여 익힌 지식이다. 따라서 ㉡, ㉢, ㉣이 암묵지에 해당한다.

정답 ③

173

아래 글상자의 ( )안에 들어갈 내용을 순서대로 나열한 것으로 가장 옳은 것은?

구 분	자 료	정 보	지 식
구조화	(㉠)	단위필요	(㉡)
부가가치	(㉢)	중 간	(㉣)
객관성	(㉤)	가공필요	(㉥)
의사결정	관련 없음	객관적사용	주관적사용

① ㉠ 어려움, ㉡ 쉬움, ㉢ 적음, ㉣ 많음, ㉤ 객관적, ㉥ 주관적
② ㉠ 쉬움, ㉡ 어려움, ㉢ 적음, ㉣ 많음, ㉤ 객관적, ㉥ 주관적
③ ㉠ 어려움, ㉡ 쉬움, ㉢ 많음, ㉣ 적음, ㉤ 주관적, ㉥ 객관적
④ ㉠ 쉬움, ㉡ 어려움, ㉢ 많음, ㉣ 적음, ㉤ 주관적, ㉥ 객관적
⑤ ㉠ 어려움, ㉡ 쉬움, ㉢ 적음, ㉣ 많음, ㉤ 주관적, ㉥ 객관적

해설

정보 · 자료 · 지식 간의 관계
• 자료는 그 자체로는 의미가 없으며 이용자의 의도에 맞게 유용한 형태로 전환되고 가치를 지니고 있어야 의미를 가지게 된다. 이렇게 자료가 의미 있는 형태로 처리되었을 경우 비로소 우리는 정보라고 부른다.
• 지식이란 다양한 종류의 정보가 축적되어 특정 목적에 부합하도록 일반화된 정보로서, 자료가 정보로 전환되는 과정에서 활용된다.
• 정보를 산출하기 위해서 어떠한 자료가 필요하고, 자료를 어떠한 과정을 거쳐 정보로 변환시켜야 하며, 이러한 자료와 정보를 바탕으로 어떠한 의사결정과 행동을 수행하여야 하는지는 지식에 의해 통제된다.

정답 ②

174

4차 산업혁명시대에 유통업체의 대응 방안에 대한 설명으로 옳지 않은 것은?

① 유통업체들은 보다 효율적인 유통업무 처리를 위해 최신 정보기술을 활용하고 있다.
② 유통업체들은 상품에 대한 재고관리에 있어, 정보시스템을 도입해 효율적으로 재고를 관리하고 있다.
③ 유통업체들은 온라인과 오프라인을 연계한 융합기술을 이용한 판매 전략을 활용하고 있다.
④ 유통업체들은 보다 철저한 정보보안을 위해 통신 네트워크로부터 단절된 상태로 정보를 관리한다.
⑤ 유통업체들은 고객의 온라인 또는 오프라인 시장에서 구매 상품에 대한 대금 결제에 있어 핀테크(FinTech)와 같은 첨단 금융기술을 도입하고 있다.

해설

4차 산업혁명은 인공 지능(AI), 사물 인터넷(IoT), 클라우드 컴퓨팅, 빅데이터, 모바일 등 지능정보기술이 기존 산업과 서비스에 융합되거나 3D 프린팅, 로봇공학, 생명공학, 나노기술 등 여러 분야의 신기술과 결합되어 실세계 모든 제품 · 서비스를 네트워크로 연결하고 사물을 지능화한다.

정답 ④

175

4차 산업혁명 시대에는 다양한 인공지능 알고리즘을 활용해 혁신적인 유통 솔루션이 개발되고 있다. 유통솔루션 개발에 활용되는 다음의 알고리즘 중 딥러닝이 아닌 것은?

① CNN(Convolutional Neural Network)
② DBN(Deep Belief Network)
③ RNN(Recurrent Neural Network)
④ LSTM(Long Short-Term Memory)
⑤ GA(Genetic Algorithm)

해설

유전자 알고리즘(GA ; Genetic Algorithm)은 자연세계의 진화현상에 기반한 계산 모델로, 진화론의 적자생존과 자연선택의 유전학에 근거한 적응탐색 기법이다.
① 딥러닝에서 이미지를 분석하기 위해 패턴을 찾는 데 유용한 알고리즘으로 데이터에서 이미지를 직접 학습하고 패턴을 사용해 이미지를 분류한다. CNN의 핵심적인 개념은 이미지의 공간정보를 유지하며 학습을 한다는 것이다.
② 딥러닝은 신경망 아키텍처를 사용해 데이터를 처리하기 때문에 심층신경망(DNN ; Deep Neural Network)이라고도 불리는데, 심층신뢰신경망(DBN ; Deep Belief Network)은 알고리즘에 따라 비지도 학습 방법(unsupervised learning)을 기반으로 하는 것을 말한다.
③ 과거의 정보를 사용하여 현재 및 미래의 입력에 대한 신경망의 성능을 개선하는 딥러닝 신경망이다.
④ 은닉층의 메모리 셀에 입력 게이트, 망각 게이트, 출력 게이트를 추가하여 불필요한 기억을 지우고, 기억해야 할 것들을 정하는 것이다.

정답 ⑤

176

아래 글상자의 내용이 설명하고 있는 ㉠에 들어갈 용어로 가장 옳은 것은?

> – 기업 간의 거래에 관한 데이터(각종 서류양식)를 표준화하여 컴퓨터통신망을 통해 거래 당사자의 컴퓨터 사이에서 직접 전송신호로 주고받도록 지원하는 기술로 최근 클라우드 컴퓨팅 (㉠) 서비스가 등장하였다.
> – 클라우드 기반의 (㉠) 서비스 업체인 A사는 코로나19로 인해 온라인 쇼핑몰을 통한 주문량이 폭주하면서 그동안 수작업으로 진행하던 주문 수발주 업무의 실수가 많이 발생하고, 업무 담당자들은 재택 근무를 하면서 업무가 지연되거나 공백이 발생하는 경우가 많아 이런 문제를 보완하기 위해서 본 사의 서비스 도입 문의가 늘어나고 있다고 밝혔다.

① Beacon
② XML
③ O2O
④ EDI
⑤ SaaS

해설
EDI란 전자문서교환이라고 하며, 기업 사이에 컴퓨터를 통해서 표준화된 양식의 문서를 전자적으로 교환하는 정보전달방식이다.

정답 ④

177

EDI 시스템에 대한 설명으로 가장 옳지 않은 것은?

① EDI 시스템은 데이터를 효율적으로 교환하기 위해 전자문서 표준을 이용해 데이터를 교류하는 시스템이다.
② EDI 시스템은 기존 서류 작업에 비해 문서의 입력오류를 줄여주는 장점이 있다.
③ EDI 시스템은 국제표준이 아닌, 기업 간 상호 협의에 의해 만들어진 규칙을 따른다.
④ EDI 시스템은 종이 문서 없는 업무 환경을 구현해 주는 장점이 있다.
⑤ EDI 시스템은 응용프로그램, 네트워크 소프트웨어, 변환 소프트웨어 등으로 구성된다.

해설
1987년 3월 유인·행정·무역 및 운송에 관한 EDI 국제표준이 제정되었다.

정답 ③

178

공급업체와 구매업체의 재고관리 영역에서 구매업체가 가진 재고 보충에 대한 책임을 공급업체에게 이전하는 전략을 일컫는 용어로 가장 옳은 것은?

① CPP(cost per rating point)
② ASP(application service provider)
③ CMI(co-managed inventory)
④ ABC(activity based costing)
⑤ VMI(vender managed inventory)

해설
VMI는 점포의 POS 시스템 데이터를 거래선(Vandor, 협력업체로 통칭)과 직접 연결하고, 거래선이 직접 각 점포에 맞는 CAO를 이용하여 재발주량을 결정하는 일종의 자동발주 기법으로, 유통기업은 각 점의 발주업무를 생략할 수 있고, 제조업체 또는 협력업체는 최종소비자의 반응을 빠르게 파악하면서 효율적인 생산계획 및 물류계획을 수립하고 시행할 수 있다.

정답 ⑤

179

공급자재고관리(VMI)의 목적으로 가장 옳지 않은 것은?

① 비즈니스 가치 증가
② 고객서비스 향상
③ 재고 정확성의 제고
④ 재고회전율 저하
⑤ 공급자와 구매자의 공급사슬 운영의 원활화

해설
재고회전율 저하(×) → 재고회전율 향상(○)

정답 ④

180

빅데이터의 핵심 특성 3가지를 가장 바르게 제시한 것은?

① 가치, 가변성, 복잡성

② 규모, 속도, 다양성

③ 규모, 가치, 복잡성

④ 가치, 생성 속도, 가변성

⑤ 규모, 가치, 가변성

해설

빅데이터의 핵심 특성 3가지
- 규모 : 빅데이터는 크기 자체가 대형이다.
- 속도 : 빅데이터는 분초를 다툴 만큼 시간에 민감한 경우가 많으므로 데이터를 수집·분석하고 활용하는 속도가 빨라야 한다.
- 다양성 : 기존의 전통적인 데이터베이스에서 관리하는 구조적인 데이터와는 달리, 빅데이터는 무수히 많은 종류가 발생할 수 있다.

정답 ②

181

보안에 대한 위협요소별 사례를 설명한 것으로 가장 옳지 않은 것은?

① 기밀성 - 인가되지 않은 사람의 비밀정보 획득, 복사 등

② 무결성 - 정보를 가로채어 변조하여 원래의 목적지로 전송하는 것

③ 무결성 - 정보의 일부 또는 전부를 교체, 삭제 및 데이터 순서의 재구성

④ 기밀성 - 부당한 환경에서 정당한 메시지의 재생, 지불요구서의 이중제출 등

⑤ 부인방지 - 인가되지 않은 자가 인가된 사람처럼 가장하여 비밀번호를 취득하여 사용하는 것

해설

인가되지 않은 자가 인가된 사람처럼 가장하여 비밀번호를 취득하여 사용하는 것은 거래 당사자의 신원을 확인하는 '인증'에 대한 사례에 해당한다. 부인방지는 정보교환 및 거래사실의 부인을 방지하는 것으로, 정보제공자가 정보제공사실 및 내용에 대하여 부정할 수 없도록 하는 기능을 말한다.

정답 ⑤

182

국가종합전자조달 사이트인 나라장터를 전자상거래 거래주체별 모델로 구분하였을 때 가장 옳은 것은?

① B2B   ② G2B

③ G4C   ④ B2C

⑤ C2C

해설

G2B는 정부 전자 조달을 의미하는 정부와 기업 간 거래로, 공공기관이 물품을 구매하거나 시설 공사 등의 서비스를 계약할 때 참가 업체 등록과 입찰에서부터 계약, 대금 지불에 이르기까지 전 단계를 인터넷을 통해 처리하는 시스템이다.
① 기업 간 거래
③ 시민(국민)을 위한 정부
④ 기업-소비자 간 거래
⑤ 소비자 간 전자상거래

정답 ②

183

소비자가 개인 또는 단체를 구성하여 상품의 공급자나 생산자에게 가격, 수량, 부대 서비스 조건을 제시하고 구매하는 역경매의 형태가 일어나는 전자상거래 형태로 가장 옳은 것은?

① B2B   ② P2P

③ B2C   ④ C2C

⑤ C2B

해설

C2B(Customer-to-Business)
소비자 대 기업 간 인터넷 비즈니스로 인터넷이 등장하면서 생겨난 새로운 거래관계로 소비자가 개인 또는 단체를 구성하여 상품의 공급자나 상품의 생산자에게 가격이나 수량 또는 서비스 등에 관한 조건을 제시하고 구매하는 것을 말한다. 이는 인터넷을 통해 고객이 상품에 관한 정보를 생산자 못지않게 확보할 수 있게 되면서 보다 동등한 입장에서의 거래를 가능케 해주는 비즈니스형태라 할 수 있다.

정답 ⑤

184

데이터마이닝에서 사용하는 기법과 그에 대한 설명으로 가장 옳지 않은 것은?

① 추정 - 연속형이나 수치형으로 그 결과를 규정, 알려지지 않은 변수들의 값을 추측하여 결정하는 기법
② 분류 - 범주형 자료이거나 이산형 자료일 때 주로 사용하며, 이미 정의된 집단으로 구분하여 분석하는 기법
③ 군집화 - 기존의 정의된 집단을 기준으로 구분하고 이와 유사한 자료를 모으고, 분석하는 기법
④ 유사통합 - 데이터로부터 규칙을 만들어내는 것으로 어떠한 것들이 함께 발생하는지에 대해 결정하는 기법
⑤ 예측 - 미래의 행동이나 미래 추정치의 예측에 따라 구분되는 것으로 분류나 추정과 유사 기법

해설
군집화는 유사하거나 서로 관련 있는 항목끼리 묶어서 기억하려는 경향으로, 보다 많은 정보를 기억할 수 있고 단기 기억의 용량도 증가시킬 수 있다.

정답 ③

185

대칭키 암호화 방식에 해당되지 않는 것은?

① IDEA(International Data Encryption Algorithm)
② SEED
③ DES(Data Encryption Standard)
④ RSA(Rivest Shamir Adleman)
⑤ RC4

해설
RSA(Rivest Shamir Adleman) 방식은 비대칭키(공개키) 암호화 방식을 이용한다.

정답 ④

186

유통정보 분석을 위해 활용되는 데이터 분석 기법으로 성격이 다른 것은?

① 협업적 필터링(collaborative filtering)
② 딥러닝(deep learning)
③ 의사결정나무(decision tree)
④ 머신러닝(machine learning)
⑤ 군집분석(clustering analysis)

해설
①·②·③·④는 수집한 데이터를 분석하고 학습하여 어떤 상황을 예측하는 분석 기법이지만, 군집분석은 어떤 목적 변수(Target)를 예측하기보다는 고객수입, 고객연령과 같이 속성이 비슷한 고객들을 묶어서 몇 개의 의미 있는 군집으로 나누는 기법이다.

① 협업적 필터링(collaborative filtering) : 많은 사용자들로부터 얻은 기호정보(taste information)에 따라 사용자들의 관심사들을 자동적으로 예측하게 해주는 방법이다. 협력 필터링 접근법의 근본적인 가정은 사용자들의 과거의 경향이 미래에서도 그대로 유지 될 것이라는 전제에 있다.

② 딥러닝(deep learning) : 딥러닝의 핵심은 분류를 통한 예측으로, 컴퓨터가 여러 데이터를 이용해 마치 사람처럼 스스로 학습할 수 있게 하기 위해 인공 신경망(ANN ; Artificial Neural Network)을 기반으로 구축한 기계 학습 기술이다.

③ 의사결정나무(decision tree) : 과거에 수집된 데이터의 레코드들을 분석하여 이들 사이에 존재하는 패턴, 즉 결과값별 특성을 고객 속성의 조합으로 나타내는 분류모형을 나무의 형태로 만드는 것이다. 이렇게 만들어진 분류모형은 새로운 레코드를 분류하고 해당 결과값을 예측하는 데 사용된다.

④ 머신러닝(machine learning) : 방대한 데이터를 분석해 미래를 예측하는 기술로, 컴퓨터가 스스로 학습 과정을 거치면서 입력되지 않은 정보를 습득, 문제를 해결한다.

정답 ⑤

187

고객충성도 프로그램에 대한 설명으로 가장 옳지 않은 것은?

① 충성도 프로그램으로는 마일리지 프로그램과 우수고객 우대 프로그램 등이 있다.
② 충성도에는 행동적 충성도와 태도적 충성도가 있다.
③ 충성도 프로그램은 단기적 측면보다는 장기적 측면에서 운영되어야 유통업체가 고객경쟁력을 확보할 수 있다.
④ 충성도 프로그램을 운영하는 데 있어, 우수고객을 우대하는 것이 바람직하다.
⑤ 충성도 프로그램 운영에 있어 비금전적 혜택보다는 금전적 혜택을 제공하는 것이 유통업체 측면에서 보다 효율적이다.

해설

고객충성도 프로그램은 고객의 반복적인 구매활동에 대한 보상으로 상품할인, 무료식품, 선물 혹은 여행 같은 인센티브를 제공하기 위해 마련된 마케팅 프로그램으로 금전적 혜택보다는 비금전적 혜택을 제공하는 것이 유통업체 측면에서 보다 효율적이다.

정답 ⑤

188

디지털 데이터들 중 비정형 데이터의 예로 옳지 않은 것은?

① 동영상 데이터
② 이미지 데이터
③ 사운드 데이터
④ 집계 데이터
⑤ 문서 데이터

해설

비정형 데이터란 숫자 데이터와 달리 그림이나 영상, 문서처럼 형태와 구조가 복잡해 정형화되지 않은 데이터를 말한다. 따라서 집계 데이터는 숫자 데이터인 정형 데이터에 해당한다.

정답 ④

189

지식경영과 지식관리시스템에 대한 설명으로 옳지 않은 것은?

① 지식관리시스템은 지식의 저장과 검색을 위한 기능을 제공한다.
② 지식관리시스템의 도입은 조직 운영의 효율성과 효과성 측면에서 업무 성과를 개선해 준다.
③ 기업에서는 지식관리 중요성이 대두됨에 따라 최고지식 관리책임자(Chief Knowledge Officer)를 선임하고 있다.
④ 기업에서는 지식경영을 통한 경쟁력 확보를 위해서는 지식보안을 통해 철저하게 지식공유가 이루어지지 않도록 통제해야 한다.
⑤ 기업에서 이용하는 지식관리시스템의 이용성을 높이기 위해서는 동기부여 측면에서 보상시스템을 구축해야 한다.

해설

지식경영은 조직 내에서 지식을 획득, 창출, 축적, 공유하고, 이를 바탕으로 고객에게 뛰어난 가치를 제공함으로써 조직의 경쟁력을 높이는 경영활동이다.

정답 ④

190

유통 및 물류 부분에서 사물인터넷(Internet of Things) 기술 활용에 대한 설명으로 옳지 않은 것은?

① 아마존(Amazon)은 유통현장에서 사물인터넷 기술을 이용해 무인매장에서 활용할 수 있는 시스템인 아마존고(Amazon Go)를 개발하였다.
② 유통업체에서는 전자상거래 규모 증대에 따라 다양한 유통채널([예] 온라인, 모바일) 통합을 위해 IT 부분에 많은 투자를 하고 있다.
③ 유통업체에서는 공급사슬에서의 정보공유가 기업의 경쟁력을 약화시키기 때문에 정보공유에 부정적인 견해를 가지고 있다.
④ 최근 유통업체들은 고객 빅데이터 분석을 통해 고객의 특성을 파악하고, 이에 기반해 다양한 고객관계관리 전략을 수립해 활용하고 있다.
⑤ 최근 물류업체들은 물류 효율성을 높이기 위해 자율주행 기술을 연구하고 있다.

해설

유통업체에서는 공급사슬에서의 정보공유가 최적 의사결정에 도움을 주어 비용절감 및 효율성을 증대시켜 경쟁력이 강화되고, 효율성이 증대되기 때문에 긍정적인 견해를 가지고 있다.

정답 ③

191

인트라넷의 특징으로 가장 옳지 않은 것은?

① 어떠한 조직 내에 속해 있는 사설 네트워크이다.
② 조직의 정보와 컴퓨팅 자원을 구성원들 간에 서로 공유하도록 지원한다.
③ 개인별 사용자 ID와 암호를 부여하여 인증되지 않은 사용자로부터의 접근을 방지한다.
④ 고객이나 협력사, 공급사와 같은 회사 외부사람들에게 네트워크 접근을 허용한다.
⑤ 공중 인터넷에 접속할 때는 방화벽 서버를 통과한다.

> **해설**
> 인트라넷(Intranet)
> • 방화벽(Firewall)이라는 보안장치에 의해 특정 기업이 독점할 수 있는 인터넷을 말한다.
> • 기관이나 기업이 내부 업무의 효율성을 높이고 정보의 활용도를 높이기 위해 소속원에 한해 사용할 수 있게 한 인터넷이다.
> • 인트라넷의 외부에서는 내부로 들어올 수 없지만, 내부에서는 외부 인터넷망으로 나갈 수 있도록 구축된 인터넷망이 인트라넷이다.
>
> **정답** ④

192

아래 글상자의 (   ) 안에 들어갈 용어로 가장 적절한 것은?

> 이케아는 (   ) 기술을 이용하여 인테리어를 구성해 볼 수 있는 쇼룸을 공개하였다. 사실적인 3차원 공간으로 랜더링된 가상 쇼룸과 다수의 이케아 가구를 체험할 수 있다. 고객에게 인테리어 과정을 혁신적으로 탈바꿈시키며 매혹적인 360도 입체 인테리어 경험을 제공한다.

① 가상현실
② 옴니채널
③ 증폭현실
④ 공간가상화
⑤ 3차원 랜더링

> **해설**
> 가상현실(virtual reality)
> 어떤 특정한 환경이나 상황을 컴퓨터로 만들어서, 그것을 사용하는 사람이 마치 실제 주변 상황·환경과 상호작용을 하고 있는 것처럼 만들어 주는 인간–컴퓨터 사이의 인터페이스를 말한다. 사용 목적은 사람들이 일상적으로 경험하기 어려운 환경을 직접 체험하지 않고서도 그 환경에 들어와 있는 것처럼 보여주고 조작할 수 있게 해주는 것이다.
>
> **정답** ①

193

디지털 경제시대에 나타나는 특징으로 가장 옳지 않은 것은?

① 생산량을 증가시킴에 따라 필요한 생산요소의 투입량이 점점 적어지는 현상이 나타난다.
② 투입되는 생산요소가 늘어나면 늘어날수록 산출량이 기하급수적으로 증가하는 현상이 나타난다.
③ 시장에 먼저 진출하여 상당규모의 고객을 먼저 확보한 선두기업이 시장을 지배할 가능성이 높아진다.
④ 생산요소의 투입량을 증가시킬 때 그 생산요소의 추가적인 한 단위의 투입이 발생시키는 추가적인 산출량의 크기가 점점 감소되는 현상이 나타난다.
⑤ 생산량이 많아질수록 한계비용이 급감하여 지속적인 성장이 가능해진다.

> **해설**
> 디지털 경제시대에는 투입된 생산요소가 늘어나면 늘어날수록 산출량이 기하급수적으로 증가하는 현상이 나타난다(수확체증의 법칙).
>
> **정답** ④

194

데이터베이스 구축과 관련된 용어에 대한 설명으로 가장 옳지 않은 것은?

① RDB – 관계형 데이터를 저장하거나, 수정하고 관리할 수 있게 해 주는 데이터베이스
② NoSQL – Not Only SQL의 약자이며, 비관계형 데이터 저장소로 기존의 전통적인 방식의 관계형 데이터베이스와는 다르게 설계된 데이터베이스
③ RDB – 테이블 스키마가 고정되어 있지 않아 테이블의 확장과 축소가 용이
④ NoSQL – 테이블 간 조인(Join)연산을 지원하지 않음
⑤ NoSQL – key-value, Document Key-value, column 기반의 NoSQL이 주로 활용되고 있음

> **해설**
> RDB는 2개 이상의 데이터베이스 또는 테이블을 연결하기 위해 고유의 식별자를 사용하는 데이터베이스로서, DB를 생성할 때 스키마가 고정되어야 한다. 테이블의 분할과 결합을 자유롭게 할 수 있으며, 내용의 추가나 변경도 다른 것들에게 영향을 주지 않고 실행할 수 있다.
>
> **정답** ③

195

데이터웨어하우스의 특징으로 가장 옳지 않은 것은?

① 주제별로 정리된 데이터베이스
② 다양한 데이터 원천으로부터의 데이터 통합
③ 과거부터 현재에 이르기까지 시계열 데이터
④ 필요에 따라 특정 시점을 기준으로 처리해 놓은 데이터
⑤ 실시간 거래처리가 반영된 최신 데이터

해설

데이터웨어하우스는 구축 시점을 제외하고는 갱신이 일어나지 않는 검색 전용 데이터베이스이다. 데이터웨어하우스의 데이터는 일정한 시간 동안의 데이터를 대변하는 것으로 데이터 구조상에 시간이 아주 중요한 요소로서 작용한다. 따라서 데이터웨어하우스의 데이터에는 수시적인 갱신이나 변경이 발생할 수 없다.

정답 ⑤

196

인터넷에 대한 설명으로 가장 옳지 않은 것은?

① 인터넷은 '정보의 바다(sea of information)'라고도 불리고 있다.
② 인터넷은 중심이 되는 호스트 컴퓨터를 통해 서비스를 제공하고 있다.
③ 인터넷은 컴퓨터 간의 네트워크 연결로 네트워크 위의 네트워크라고 볼 수 있다.
④ 인터넷은 단일 컴퓨터상에서 이루어졌던 정보처리 업무의 한계를 극복하기 위한 시도에서 출발하였다.
⑤ 인터넷은 전 세계 수많은 컴퓨터들이 TCP/IP(Transmission Control Protocol/Internet Protocol)라는 통신규약으로 연결되어 있는 거대한 컴퓨터 통신망이다.

해설

인터넷은 컴퓨터가 서버와 클라이언트로 연결되어 TCP/IP를 이용해 정보를 주고 받고 있다. 인터넷에는 PC 통신처럼 모든 서비스를 제공하는 중심이 되는 호스트 컴퓨터(서버컴퓨터)도 없고 이를 관리하는 조직도 없다.

정답 ②

197

전자상거래 상에서 발생할 수 있는 보안 위협과 관련된 설명 중 가장 옳지 않은 것은?

① 자기 자신을 복제하여 다른 파일에 확산시키는 컴퓨터 프로그램을 바이러스라 한다.
② 사용자의 동의 없이 설치되는 프로그램인 애드웨어 자체는 불법이 아니지만 그에 따르는 보안상의 문제가 위험요소가 된다.
③ 스푸핑은 네트워크에 돌아다니는 정보들을 감시하는 일종의 도청 프로그램이다.
④ 파밍은 웹링크가 목적지 주소를 사칭하는 다른 주소의 웹으로 연결해 주는 것이다.
⑤ 핵티비즘은 정치적인 목적을 위한 사이버반달리즘과 정보도용이다.

해설

③은 스니핑(sniffing)에 대한 설명이다. 스푸핑은 외부의 악의적 네트워크 침입자가 임의로 웹사이트를 구성하여 일반 사용자들의 방문을 유도한 후, 인터넷 프로토콜인 TCP/IP의 구조적 결함을 활용해서 사용자의 시스템 권한을 획득한 뒤에 정보를 빼내가는 해킹수법이다.

정답 ③

198

아래 글상자가 설명하고 있는 용어는?

> 최근 많은 이슈가 되고 있는 비트코인의 기반 기술로, 원장을 금융기관 등 특정 기관의 중앙서버가 아닌 P2P(Peer to Peer·개인간) 네트워크에 분산해 참가자가 공동으로 기록하고 관리하는 기술이다.

① 핀테크　　　　　　② 비 콘
③ O2O　　　　　　　④ 블록체인
⑤ IDS

해설

블록체인
블록에 데이터를 담아 P2P 방식의 체인 형태로 연결, 수많은 컴퓨터에 동시에 이를 복제해 저장하는 분산형 데이터 저장 기술로 공공 거래 장부라고도 부른다. 중앙집중형 서버에 거래 기록을 보관하지 않고 거래에 참여하는 모든 사용자에게 거래 내역을 보내 주며, 거래 때마다 모든 거래 참여자들이 정보를 공유하고 이를 대조해 데이터 위조나 변조를 할 수 없도록 하는 기술이다.

정답 ④

199

조직을 운영하면서 발생하는 거래 데이터를 신속, 정확하게 처리하는 거래처리시스템과 관련된 설명 중 가장 거리가 먼 것은?

① 일상적인 업무와 거래를 처리하기에 운영절차가 표준화 되어 있다.
② 문제에 대해 효과적인 의사결정을 할 수 있도록 다양한 기능들을 제공한다.
③ 다른 정보시스템에서 필요로 하는 원천 데이터를 제공한다.
④ 상대적으로 짧은 시간에 많은 양의 데이터를 처리한다.
⑤ 고객과 접점에서 발생하는 데이터를 관리하는 정보시스템이다.

해설

문제에 대해 효과적인 의사결정을 할 수 있도록 다양한 기능들을 제공하는 것은 의사결정지원시스템에 대한 설명이다. 의사결정지원시스템은 인적 자원과 지식 기반, 소프트웨어와 하드웨어 등으로 구성된 일단의 문제해결기법으로, 경영자가 최적의 선택을 할 수 있는 의사결정 과정을 지원하는 시스템이다.

정답 ②

200

e-비즈니스의 특징으로 가장 적합하지 않은 것은?

① 생산자 파워의 증대를 들 수 있다.
② e-비즈니스는 인터넷을 기반으로 한다.
③ 정보 공개를 통한 오픈 경영이 실시된다.
④ 고객 데이터베이스를 기반으로 한 고객 맞춤 서비스가 가능해진다.
⑤ 모든 업무환경이 인터넷을 통해 이루어지므로 업무통합현상이 나타난다.

해설

소비자 파워의 증대를 들 수 있다.

정답 ①

2024 SD에듀 유통관리사 2급 한권으로 끝내기

개정22판1쇄 발행	2024년 01월 05일 (인쇄 2023년 11월 30일)
초 판 발 행	2004년 07월 05일 (인쇄 2004년 06월 25일)
발 행 인	박영일
책 임 편 집	이해욱
저 자	유범진 · 유통관리연구소
편 집 진 행	김준일 · 김은영
표지디자인	김도연
편집디자인	장하늬 · 하한우
발 행 처	(주)시대고시기획
출 판 등 록	제10-1521호
주 소	서울시 마포구 큰우물로 75 [도화동 538 성지 B/D] 9F
전 화	1600-3600
팩 스	02-701-8823
홈 페 이 지	www.sdedu.co.kr

I S B N	979-11-383-4795-2 (13320)
정 가	34,000원